TRATADO DE
DIREITO CIVIL

I

INTRODUÇÃO
FONTES DO DIREITO
INTERPRETAÇÃO DA LEI
APLICAÇÃO DAS LEIS NO TEMPO
DOUTRINA GERAL

ANTÓNIO MENEZES CORDEIRO
CATEDRÁTICO DA FACULDADE DE DIREITO DE LISBOA

TRATADO DE
DIREITO CIVIL

I

INTRODUÇÃO
FONTES DO DIREITO
INTERPRETAÇÃO DA LEI
APLICAÇÃO DAS LEIS NO TEMPO
DOUTRINA GERAL

4.ª edição
(Reformulada e atualizada)
Reimpressão

ALMEDINA
2017

TRATADO DE DIREITO CIVIL

AUTOR
ANTÓNIO MENEZES CORDEIRO

EDITOR
EDIÇÕES ALMEDINA, SA
Rua Fernandes Tomás n.os 76, 78, 80
3000-167 Coimbra
Tel.: 239 851 904
Fax: 239 851 901
www.almedina.net
editora@almedina.net

DESIGN DE CAPA
FBA

PRÉ-IMPRESSÃO
G.C. – GRÁFICA DE COIMBRA, LDA.

IMPRESSÃO | ACABAMENTO
PAPELMUNDE

Dezembro, 2016

DEPÓSITO LEGAL
341453/12

Os dados e as opiniões inseridos na presente publicação
são da exclusiva responsabilidade do(s) seu(s) autor(es).

Toda a reprodução desta obra, por fotocópia ou outro qualquer
processo, sem prévia autorização escrita do Editor, é ilícita
e passível de procedimento judicial contra o infractor.

Biblioteca Nacional de Portugal – Catalogação na Publicação

CORDEIRO, António Menezes, 1953-

Tratado de direito civil. – 4ª ed., reformulada e actualiz. – v.
1º v.: Introdução : fontes do direito : interpretação da lei : aplicação
das leis no tempo : doutrina geral. - p. – ISBN 978-972-40-4776-8

CDU 347

A todos os juristas, formados ou estudantes, de língua portuguesa.

Outras obras do Autor no domínio do Direito civil:

Lições de Direitos Reais, 3 volumes, Lisboa, 1977-78, policopiado;
Lições de Direito das obrigações, 3 volumes, Lisboa, 1978-79, policopiado;
A constituição patrimonial privada, em *Estudos sobre a Constituição*, publicados pelo Prof. Doutor Jorge Miranda, 3.º volume, Lisboa, 1979;
Direitos Reais, 2 volumes, Lisboa, 1979, com reimpressão num volume único, Lisboa, 1993;
Noções Gerais de Direito, Lisboa, 1979-80, policopiado;
Da natureza do direito do locatário, Lisboa, 1980, com diversas reimpressões;
Direito das Obrigações, 2 volumes, Lisboa, 1980, com diversas reimpressões;
O novo regime do contrato-promessa (comentário às alterações aparentemente introduzidas pelo Decreto-Lei n.º 236/80, de 18 de Julho, ao Código Civil), BMJ 306 (1981), 27-59;
Violação positiva do contrato/Anotação a STJ 31-Jan.-1980, ROA 1981, 123-152;
Adopção, Pólis, 1.º volume, Lisboa, 1983;
Alimentos, idem, Lisboa, 1983;
Arrendamento, idem, Lisboa, 1983;
Common Law, idem, Lisboa, 1983;
Costume, idem, Lisboa, 1983;
Da pós-eficácia das obrigações, Lisboa, 1984;
Da boa fé no Direito civil, 2 volumes, Lisboa, 1984, com reimpressão num volume único, Coimbra, 1997 e 7.ª reimpressão, Coimbra, 2011;
Direito das coisas, Pólis, 2.º volume, Lisboa, 1984;
Direito real, idem, Lisboa, 1984;
Direitos Reais/Sumários, Lisboa, 1984-85, policopiado, com diversas reimpressões;
Lei (aplicação da), Pólis, 3.º volume, Lisboa, 1985;
Lei (aplicação temporal da), idem, Lisboa, 1985;
Locação, idem, Lisboa, 1985;
Evolução juscientífica e direitos reais, ROA 1985, 71-112;
Cláusulas contratuais gerais/Anotação ao Decreto-Lei n.º 446/85, de 25 de Outubro, Coimbra, 1986, col. Prof. Doutor Mário Júlio de Almeida Costa, com diversas reimpressões;
Norma jurídica, Pólis, 4.º volume, Lisboa, 1986;
Obrigação, idem, Lisboa, 1986;
Obrigação natural, idem, Lisboa, 1986;
Princípios gerais de direito, idem, Lisboa, 1986;

Registo predial, idem, Lisboa, 1986;
Feitura de leis/Problemas de sistematização, em *A feitura das leis*, II volume (1986), 133-149;
Problemas de aplicação da lei no tempo/disposições transitórias, idem, 359-378;
A "impossibilidade moral": do tratamento igualitário no cumprimento das obrigações, TJ n.° 18 (1986), 5-7 e n.° 19 (1986), 1-5;
Expurgação da hipoteca/Parecer, col. Prof. Doutor José de Oliveira Ascensão, CJ XI (1986) 5, 35-47;
Teoria geral do Direito civil, 2 volumes, Lisboa, 1986-87, policopiado;
Servidão predial, Pólis, 5.° volume, Lisboa, 1987;
Teoria geral do Direito civil/Relatório, Lisboa, 1987, policopiado;
Obrigações em moeda estrangeira e taxas de juros, O Direito 106-119 (1974/87), 119-145;
O novíssimo regime do contrato-promessa, CJ XII (1987) 2, 5-18;
Estudos de Direito civil, 1.° volume, Coimbra, 1987, com várias reimpressões;
Da alteração das circunstâncias/A concretização do artigo 437.° do Código Civil à luz da jurisprudência posterior a 1974, Lisboa, 1987, com diversas reimpressões;
A excepção do cumprimento do contrato-promessa, TJ n.° 27 (1987), 1-7;
Da abertura de concurso para a celebração de um contrato no Direito privado, BMJ 369 (1987), 5-59;
Cumprimento imperfeito do contrato de compra e venda/Parecer, CJ XII (1987) 4, 37-48;
Cessão de exploração de estabelecimento comercial, arrendamento e nulidade formal/ /Parecer, col. Prof. Doutor José de Oliveira Ascensão, ROA 1987, 845-927;
Teoria geral do Direito civil/Relatório, versão impressa e completada, Lisboa, 1988;
Interpretação do artigo 170.°/3 do Código do Notariado/Parecer, Revista do Notariado, ano IX (1988), 405-421;
Acção de despejo, obras sem autorização do senhorio e exercício do direito de resolução/ /Anotação a RLx 19-Nov.-1987, O Direito 120 (1988), 203-241;
Compra e venda internacional, inflação e moeda estrangeira/Anotação a RLx 7-Mai.- -1987, RDES XXX (1988), 69-93;
Direito das obrigações, 3.° volume (coord.), Lisboa, 1989;
O dever de comunicar a morte do arrendatário: artigo 1111.°/5 do Código Civil, TJ 1989, Dezembro, 29-39;
Teoria geral do Direito civil, 1.° volume, 2.ª ed., Lisboa, 1989, com diversas reimpressões;
A caducidade da resolução do contrato de arrendamento/Parecer, col. Dr. António Teles, CJ XIV (1989) 3, 34-40;
Teoria geral do Direito civil, 2.° volume, 2.ª ed. (inc.), 1989-1990;
Servidão legal de passagem e direito de preferência, ROA 50 (1990), 535-575;
Novo regime do arrendamento urbano anotado, co-aut. Dr. Francisco de Castro Fraga e col. Dr.ª Ana Sousa Botelho e Dr.ª Maria Esperança Espadinha, Coimbra, 1990, com diversas reimpressões;
Do levantamento da personalidade colectiva, Direito e Justiça IV (1989/90), 111-139;
Código Civil e Legislação Complementar, introdução, Lisboa, 1991;
Contrato de albergaria a favor de terceiros/Anotação a STJ 22-Jan.-1991, O Direito 123 (1991), 661-689;

Impugnação pauliana de actos anteriores ao crédito – Nulidade da fiança por débitos futuros indetermináveis – Efeitos da impugnação/Anotação a STJ 19-Fev.-1991, ROA 51 (1991), 525-572;
Direito das obrigações, 3.º volume (coord.), 2.ª ed. rev. e aum., Lisboa, 1991;
Arrendamentos de interesse turístico; âmbito do Decreto-Lei n.º 293/77; alterações internas e deteriorações consideráveis como fundamento de despejo/Anotação a STJ 9-Abr.-1992, O Direito 124 (1992), 675-722;
La bonne foi dans l'exécution du contrat/Rapport portugais, em *Travaux de l'Association Henri Capitant*, tomo XLIII (1992), 337-350;
Dolo na conclusão do negócio/Culpa in contrahendo/Anotação a STJ 13-Jan.-1993, O Direito 1993, 145-174;
Da usucapião de imóveis em Macau, ROA 53 (1993), 37-59;
Da nulidade do arrendamento constituído por sentença ex 830.º por falta de consentimento dos consortes/Anotação a STJ 15-Abr.-1993, ROA 53 (1993), 141-164;
Notas breves sobre a fraude à lei, Estudos efetuados por ocasião do XXX aniversário do Centro de Estudos Fiscais, Lisboa, 1993, 121-128;
La circulation du modèle juridique français/Portugal, em *Travaux de l' Association Henri Capitant*, tomo XLIV, 1993, 105-106;
Da inadmissibilidade da recusa de ratificação por venire contra factum proprium/ /Anotação a RPt 18-Nov.-1993, col. Manuel Carneiro da Frada, O Direito 126 (1994), 677-715;
A usucapião em Macau/Parecer, O Direito (revista publicada em Macau), Dez/1993, 4-10;
Contrato de arrendamento; denúncia, âmbito de regime vinculístico/Anotação a RLx 31-Mai.-1983, ROA 54 (1994), 843-849;
Tutela do ambiente e Direito civil, em *Direito do ambiente*/INA, coord. Prof. Doutor Diogo Freitas do Amaral/Dr.ª Marta Tavares de Almeida, Lisboa, 1994, 377-396;
Venda com reserva de propriedade/Incorporação de elevadores/Novo regime dos assentos/Anotação a STJ/Pleno 31-Jan.-1996, ROA 56 (1996), 307-329;
Da aplicação no tempo do regime da denúncia do arrendamento pelo senhorio, mediante a indemnização correspondente a 10 anos de renda (Decreto-Lei n.º 278/93, de 10 de Agosto)/Estudo, CJ/Supremo IV (1996) 1, 5-10;
A posse: perspectivas dogmáticas actuais (sumário da lição síntese), Lisboa, 1996;
A boa fé nos finais do Século XX, ROA 56 (1996), 887-912;
La bonne foi à la fin du vingtième siècle, 26 R.D.U.S. (1996), 225-245 [versão centrada nas experiências alemã e francesa];
O direito de retenção do promitente adquirente, ROA 1997;
A posse: perspectivas dogmáticas actuais, Coimbra, 1997, com 2.ª ed. atualizada, Coimbra, 1999 e 3.ª ed. atualizada, Coimbra, 2000, em diversas reimpressões;
Sumários de direitos reais, Lisboa, 1998-1999;
Contrato-promessa – Artigo 410.º, n.º 3, do Código Civil – Abuso do Direito – Inalegabilidade formal, ROA, 1998, 929-867;
Tratado de Direito civil português, I, tomo 1, Coimbra, 1999;
O levantamento da personalidade colectiva no Direito civil e comercial, Coimbra, 2000;
Tratado de Direito civil português, I, tomo 2, Coimbra, 2000;
Sumários de direitos reais, polic., Lisboa, 2000;

Tratado de Direito civil português, I, tomo 1, 2.ª ed. revista e atualizada, Coimbra, 2000;
Os direitos de personalidade na civilística portuguesa, ROA 2001, 1229-1256;
Da prescrição do pagamento dos denominados serviços públicos essenciais, O Direito, 2001, 769-810;
Tratado de Direito civil português, I, tomo 3, pré-edição sumariada, Coimbra, 2001;
A modernização do Direito das obrigações – I/Aspectos gerais e reforma da prescrição, ROA 2002, 91-110;
Os direitos de personalidade na civilística portuguesa, nos *Estudos em homenagem ao Prof. Doutor Inocêncio Galvão Telles*, vol. 1.º, 2002, 21-40;
Tratado de Direito civil português, I, tomo 2, 2.ª ed., Coimbra, 2002;
A modernização do Direito das obrigações – II/O Direito da perturbação das prestações, ROA 2002, 319-345;
Tratado de Direito civil português, I, tomo 3, 2.ª pré-edição, Coimbra, 2002;
A modernização do Direito das obrigações – III/A integração da defesa do consumidor, ROA 2002, 711-729;
Da compensação no Direito civil e no Direito bancário, Coimbra, 2003;
Da reforma do Direito civil português, O Direito, 2002-2003, 31-44;
Tratado de Direito civil português, I, tomo 3, *Pessoas*, Coimbra, 2004;
Da modernização do Direito civil português – I/Aspectos gerais, Coimbra, 2004;
Igualdade rodoviária e acidentes de viação nas auto-estradas, Estudo de Direito civil português, Coimbra, 2004;
A modernização do Direito português do arrendamento urbano, O Direito 136 (2004), II-III, 11-29;
Da prescrição dos créditos das entidades prestadoras de serviços públicos essenciais, em *Regulação e concorrência*, Coimbra, 2004, 287-332;
Responsabilidade por informações dadas em juízo; levantamento da personalidade colectiva; dever de indemnizar/Anotação a STJ 9-Jan.-2003, ROA 2004, 627-674;
Do Direito privado como Direito comum português, em *Estudos em Honra do Prof. Doutor Ruy de Albuquerque* I (2006), 103-129;
A declaração de não-cumprimento da obrigação, O Direito 138 (2006), I, 25-38;
A aprovação do NRAU (Lei n.º 6/2006, de 27 de Fevereiro): primeiras notas, O Direito 138 (2006), II, 229-242;
O anteprojecto de Código do Consumidor, O Direito 138 (2006), IV, 685-715;
Boa fé, abuso do Direito e materialidade do sistema, anotação ao Acórdão do Tribunal da Relação de Lisboa, de 16-Mai.-2006, O Direito 138 (2006), IV, 895-913;
Die Dogmatisierung des Systemdenkens durch den Begriff Treu und Glauben, na obra em homenagem ao Prof. Dr. Claus-Wilhelm Canaris 1 (2007), 857-869;
Novo regime do arrendamento urbano anotado, Curso "Julgados de Paz", Lisboa, 2007;
A Lei dos Direitos dos Utentes das Auto-Estradas e a Constituição (Lei n.º 24/2007, de 18 de Julho)", ROA 67 (2007), II, 551-572;
O novo regime do arrendamento urbano: dezasseis meses depois; a ineficiência económica no Direito, O Direito 139 (2007), V, 945-971;
Tratado de Direito Civil Português, I – *Parte Geral*, tomo IV, Coimbra, 2007;
Da ineficácia civil: reflexões críticas, O Direito 140 (2008), I, 211-242;
Da confirmação no Direito civil, Coimbra, 2008;

Do abuso do Direito: estado das questões e perspectivas, nos *Estudos em Homenagem ao Prof. Doutor António Castanheira Neves*, Coimbra, 2008;
Os títulos nobiliárquicos em regime republicano, Estudo subjacente à comunicação feita, na Academia das Ciências de Lisboa, Lisboa, 2008;
Da ineficácia civil: reflexões críticas, nos *Estudos em Honra do Professor Doutor José de Oliveira Ascensão*, I vol., Coimbra, 2008, 233-265;
Da enfiteuse: extinção e sobrevivência, O Direito 140 (2008), II, 285-315 e nos *Estudos em Homenagem ao Prof. Doutor Martim de Albuquerque*, I vol., Coimbra, 2010, 101-129;
Títulos nobiliárquicos e registo civil: a inconstitucionalidade da reforma de 2007, ROA 69 (2009), I/II, 19-57;
Eficácia externa dos créditos e abuso do direito, O Direito 141 (2009), I, 29-108;
Da reforma agrária e da natureza das reservas, nos *Estudos em Homenagem ao Prof. Doutor Manuel Henrique Mesquita*, I vol., Coimbra, 2009, 423-447;
Das obrigações naturais: direito ou moral?, na obra de homenagem *Liber Amicorum de José de Sousa e Brito*, em comemoração do 70.º Aniversário, Estudos de Direito e Filosofia, Coimbra 2009, 59-85;
Eficácia externa: novas reflexões, O Direito 141 (2009), IV, 779-799;
Tratado de Direito civil português, II – *Direito das Obrigações*, tomo 1, Coimbra, 2009, tomo 2, Coimbra, 2010, tomo 3, Coimbra, 2010 e tomo 4, Coimbra, 2010;
O novo regime do arrendamento urbano, nos *Estudos em Homenagem ao Prof. Doutor Paulo de Pitta e Cunha*, Lisboa, 2010, 71-88;
Inocêncio Galvão Telles e o Direito das obrigações, O Direito 142 (2010), II, 247-251;
O sistema lusófono de Direito, ROA 70 (2010), 1-105;
A responsabilidade civil do Estado, na obra em *Homenagem ao Prof. Doutor Diogo Freitas do Amaral*, FDUNL, 2010, 883-920 e n'O Direito 142 (2010), IV, 623-658;
Tratado de Direito civil português, IV, Pessoas, Coimbra, 2011;
Da reprodução de fonogramas sem autorização do produtor perante o Direito português vigente, O Direito 142 (2010), V, 829-864, e nos *Estudos em Homenagem ao Prof. Doutor Luís Alberto Carvalho Fernandes*, UCP, 2011.

ADVERTÊNCIAS

O *Tratado de Direito civil* assume um novo formato. Em três planos:

1.º Deixa de ser especificamente português: acolhe elementos jurídico-científicos lusófonos, designadamente angolanos, brasileiros, cabo-verdianos, guineenses, macaenses, moçambicanos, santomenses e timorenses.
2.º Obedece ao Acordo Ortográfico da Língua Portuguesa.
3.º Adota uma numeração seguida dos seus volumes, com redistribuição da matéria; o presente primeiro volume, quarta edição, equivale à revisão atualizada e ampliada da primeira parte da anterior terceira edição do tomo I, da Parte geral.

Os diversos volumes são autónomos, podendo ser revistos, independentemente uns dos outros, de acordo com a evolução legislativa, jurisprudencial e doutrinária das matérias a que se reportam. Não obstante, a dedicatória, a indicação das obras civis do Autor, as abreviaturas e as presentes advertências, tirando as duas últimas, surgem apenas no presente primeiro volume.

Os artigos sem indicação de fonte pertencem ao Código Civil de 1966 ou Código Vaz Serra: salvo se, do contexto, resultar outra conexão.

As indicações bibliográficas e jurisprudenciais surgem no final de cada tomo. Nas citações, segue-se o método habitual, explicitado no nosso *Da boa fé no Direito civil* (1985, 7.ª reimp., 2011). Todavia, as nossas obras são geralmente citadas apenas pelo título simplificado, sem indicação do Autor. Ao longo do texto e do rodapé, a pontuação, o uso de maiúsculas e a indicação completa de obras citadas, podem resultar da conveniência em fazer ressaltar as ideias em jogo.

As decisões judiciais publicadas na *Net*, ITIJ, são citadas pelo número do respetivo processo.

O texto da presente edição deste volume está atualizada com referência a elementos publicados até Outubro de 2011; nalguns casos, até Dezembro desse mesmo ano.

Foi posto todo o cuidado na sua revisão. Todavia, nem o Autor nem a Editora se responsabilizam pelas fontes indicadas. Os práticos são convidados a, em cada caso, confirmarem os precisos textos em vigor.

Lisboa, Dezembro de 2011.

ABREVIATURAS

A) **Revistas, enciclopédias e recolhas de jurisprudência**

AbürgR	– *Archiv für bürgerliches Recht*
ACC	– *Actas da Câmara Corporativa*
Acc. STJ	– *Accordãos do Supremo Tribunal de Justiça*
AcD	– *Acórdãos doutrinais do Supremo Tribunal Administrativo*
AcP	– *Archiv für die civilistische Praxis*
ADC	– *Anuario de Derecho Civil*
ADComm	– *Annales de Droit Commercial*
AG	– *Die Aktiengesellschaft / Zeitschrift für das gesamte Aktienwesen, für deutsches, europäisches und internationales Unternehmens- und Kapitalmarktrecht*
AöR	– *Archiv für öffentliches Recht*
APD	– *Archives de Philosophie du Droit*
ArbR	– *Arbeitsrecht*
ARS	– *Arbeitsrecht Sammlung*
ARSP	– *Archiv für Rechts- und Sozialphilosophie*
BAGE	– *Entscheidungen des Bundesarbeitsgerichts*
BB	– *Der Betriebsberater*
BBTC	– *Banca, borsa e titoli di credito*
BFD	– *Boletim da Faculdade de Direito da Universidade de Coimbra*
BGHZ	– *Entscheidungen des Bundesgerichtshofes in Zivilsachen*
BIRD	– *Bolletino dell' Istituto di Diritto Romano*
BMJ	– *Boletim do Ministério da Justiça*
BOMJ	– *Boletim Oficial do Ministério da Justiça*
Bull/CssFr	– *Bulletin des Arrêts de la Cour de Cassation*
BVerfGE	– *Entscheidungen des Bundesverfassungsgerichts*
CC/Pareceres	– *Câmara Corporativa / Pareceres*
CJ	– *Colectânea de Jurisprudência*

CJ/Supremo	– *Colectânea de Jurisprudência / Acórdãos do Supremo Tribunal de Justiça*
CLP	– *Collecção de Legislação Portugueza*
CollOffSTJ	– *Collecção Official dos Accordãos Doutrinaes do Supremo Tribunal de Justiça*
CR	– *Computer und Recht*
CTF	– *Ciência e Técnica Fiscal*
D	– *Recueil Dalloz*
DAR	– *Deutsches Arbeitsrecht*
DB	– *Der Betrieb*
DDP	– *Digesto delle discipline privatistiche*
DG	– *Diário do Governo*
DHP	– *Dicionário da História de Portugal*
Dir	– *O Direito*
DirCom	– *Il diritto commerciale*
DirFall	– *Il diritto fallimentare e delle società commerciali*
DJ	– *Direito e Justiça*
DJT	– *Deutscher Juristentag*
DJZ	– *Deutsche Juristen-Zeitung*
DNotT	– *Deutscher Notartag*
D.P.	– *Dalloz Periodique*
DR	– *Deutsches Recht* ou *Diário da República*, conforme o contexto
DRZ	– *Deutsche Rechtszeitschrift*
DS	– *Dalloz / Sirey*
DSR	– *Direito das sociedades em revista*
DStR	– *Deutsches Steuerrecht*
ED	– *Enciclopedia del diritto*
Enc.Pólis	– *Pólis / Enciclopédia Verbo da Sociedade e do Estado*
E.R.P.L.	– *European Review of Private Law*
EuDP	– *Europa e diritto privato*
EuGHE	– *Sammlung der Rechtsprechung des Gerichtshofes der Europäischen Gemeinschaft*
EuGAZ	– *Europäische Grundrechte- Zeitschrift*
Eu.L.R.	– *European Law Review*
EuR	– *Europarecht*
FI	– *Il Foro Italiano*
FI(R)	– *Il Foro Italiano (Repertorio generale)*
FP	– *Il Foro Padano*

GAdvRLd	– *Gazeta dos Advogados da Relação de Luanda*
GI	– *Giurisprudenza italiana*
GiurComm	– *Giurisprudenza commerciale*
GmbHR	– *GmbH-Rundschau*
GP	– *Gazette du Palais*
GRLx	– *Gazeta da Relação de Lisboa*
Gruchot	– *Beiträge zur Erläuterung des Deutschen Rechts*, fundado por Gruchot
GrünhutsZ	– *Zeitschrift für das Privat- und öffentliche Recht der Gegenwart*, fundado por Grünhut
GRUR	– *Gewerblicher Rechtsschutz und Urheberrecht*
HRR	– *Höchstrichterliche Rechtsprechung*
HWB/RW	– *Handwörterbuch der Rechtswissenschaft*
HWörtPh	– *Historisches Wörterbuch für Philosophie*
IC	– *Ius Commune*
Il Fall	– *Il fallimento e le altre procedure concorsuali*
IPRax	– *Praxis des Internationalen Privat- und Verfahrensrechts*
J. Law & Ec.	– *The Journal of Law and Economics*
JA	– *Juristische Arbeitsblätter*
JCP	– *Juris Classeur Périodique*
JF	– *Jornal do Foro*
JhJb	– *Jherings Jahrbücher für die Dogmatik des bürgerlichen Rechts*, antigos *Jahrbücher für die Dogmatik des heutigen römischen und deutschen Privatrechts*
JO	– *Jornal Oficial da Comunidade Europeia*
JR	– *Juristische Rundschau*
JTComm	– *Journal des Tribunaux de Commerce*
Jura	– *Jura / Juristische Ausbildung*
JurJb	– *Juristen-Jahrbuch*
JuS	– *Juristische Schulung*
JW	– *Juristische Wochenschrift*
JZ	– *Juristenzeitung*
KritV	– *Kritische Vierteljahresschrift für Gesetzgebung und Rechtswischenschaft*
LM	– *Das Nachschlagewerk des Bundesgerichtshofs in Zivilsachen*, fundado por LINDENMAIER e MÖHRING

LZ	– *Leipziger Zeitschrift für Deutsches Recht*
MDR	– *Monatschrift für Deutsches Recht*
NJ	– *Neue Justiz*
NJW	– *Neue Juristische Wochenschrift*
NssDI	– *Novissimo Digesto Italiano*
NZA	– *Neue Zeitschrift für Arbeits- und Sozialrecht*
NZG	– *Neue Zeitschrift für Gesellschaftsrecht*
PWRE	– *Paulys Realenzyklopädie der klassischen Altertumswissenschaft*, continuada por G. WISSOVA
QF	– *Quaderni Fiorientini*
RabelsZ	– *Zeitschrift für ausländisches und internationales Privatrecht*, fundado por E. RABEL
RCLJ	– *Revue Critique de Législation et de Jurisprudence*
RdA	– *Recht der Arbeit*
RDCC	– *Revista de Direito e Ciência Criminal*
RDCiv	– *Rivista di diritto civile*
RDComm	– *Rivista del diritto commerciale e del diritto generale delle obbligazioni*
RDE	– *Revista de Direito e de Economia*
RDES	– *Revista de Direito e de Estudos Sociais*
RDottComm	– *Rivista dei dottori commercialisti*
RDS	– *Revista de Direito das sociedades*
RDUS	– *Revue de Droit de l'Université de Sherbrooke*
Recht	– *Das Recht*
RGDComm	– *Revue Générale de Droit Commercial*
RGZ	– *Entscheidungen des Reichsgerichts in Zivilsachen*
RHDI	– *Revue Hellénique de Droit International*
RhZ	– *Rheinische Zeitung für Zivil- und Prozessrecht des In- und Auslandes*
RIDA	– *Revue Internationale des Droits de l'Antiquité*
RIDC	– *Revue Internationale de Droit Comparé*
RISG	– *Rivista Italiana per le Scienze Giuridiche*
RivS	– *Rivista della società*
RMP	– *Revista do Ministério Público*
RJ	– *Revista Jurídica*
RLJ	– *Revista de Legislação e de Jurisprudência*
RIW	– *Recht der internationalen Wirtschaft*
ROA	– *Revista da Ordem dos Advogados*

ROHGE	– *Entscheidungen des Reichs-Oberhandelsgerichts*
RS	– *Revue des Sociétés*
RT	– *Revista dos Tribunais*
RTDC	– *Revue Trimestrielle de Droit Civil*
RTDPC	– *Rivista trimestrale di diritto e di procedura civile*
RTh	– *Rechtstheorie / Zeitschrift für Logik, Methodenlehre, Kybernetik und Soziologie des Rechts*
S	– *Recueil Sirey*
SchwAG	– *Schweizerische Aktiengesellschaft*
SchwJZ	– *Schweizerische Juristenzeitung*
SDH1	– *Studia et Documenta Historiae et Iuris*
SeuffA	– *Seufferts Archiv für Entscheidungen der obersten Gerichte in den deutschen Staaten*
SI	– *Scientia Iuridica*
SJZ	– *Süddeutsche Juristenzeitung*
SZRom	– *Zeitschrift der Savigny-Stiftung für Rechtsgeschichte / Romanistische Abteilung*
SZW	– *Schweizerische Zeitschrift für Wirtschaftsrecht*
Thémis	– *Revista da Faculdade de Direito da UNL*
ThLL	– *Thesaurus Linguae Latinae*
TJ	– *Tribuna da Justiça*
TS	– *Tijdschrift voor Rechtsgeschiedenis/Revue d'Histoire du Droit*
Un. Il. L. R.	– *University Illinois Law Review*
VersR	– *Versicherungsrecht. Juristische Rundschau für die Individualversicherung*
VwA	– *Verwaltungsarchiv*
WarnR	– *Warneyer / Die Rechtsprechung des Reichsgerichts*
WM	– *Zeitschrift für Wirtschaft und Bankrecht, Wertpapiermitteilungen*
ZAkDR	– *Zeitschrift der Akademie für Deutsches Recht*
ZBlHR	– *Zentralblatt für Handelsrecht* (em regra, cita-se, atualizadamente, como ZHR)
ZdR	– *Zeitschrift für deutsches Recht*
ZEuP	– *Zeitschrift für Europäisches Privatrecht*
ZfA	– *Zeitschrift für Arbeitsrecht und Sozialrecht*

ZGR — *Zeitschrift für Unternehmens- und Gesellschaftsrecht*
ZHR — *Zeitschrift für das gesamte Handels- und Wirtschaftsrecht*
ZIP — *Zeitschrift für Wirtschaftsrecht*
ZNotV — *Zeitschrift des Deutschen Notarvereins*
ZRP — *Zeitschrift für Rechtspolitik*
ZSR — *Zeitschrift für Schweizerisches Recht*
ZStW — *Zeitschrift für die gesamte Strafrechtswissenschaft*

B) **Tribunais**

AG — *Arbeitsgericht*

BAG — *Bundesarbeitsgericht*
BGH — *Bundesgerichtshof*
BVerfG — *Bundesverfassungsgericht*

CApp — *Cour d'Appel* ou *Corte d'Appelo* (consoante a localidade da sede)
CImp — *Cour Impériale* (corresponde às CApp, durante o ch. segundo império)
CssFr — *Cour de Cassation*
CssIt — *Corte di Cassazione*
CSupl — *Casa da Suplicação*

OLG — *Oberlandesgericht*

RAG — *Reichsarbeitsgericht*
RBr — *Relação de Braga*
RCb — *Relação de Coimbra*
REv — *Relação de Évora*
RGm — *Relação de Guimarães*
RLd — *Relação de Luanda*
RLx — *Relação de Lisboa*
RPt — *Relação do Porto*
ROHG — *Reichsoberhandelsgericht*

SchwBG — *Schweizerisches Bundesgericht*
STA — *Supremo Tribunal Administrativo*
STJ — *Supremo Tribunal de Justiça*
STJ(P) — *Supremo Tribunal de Justiça / Tribunal Pleno*

TC — *Tribunal Constitucional*
TEDH — *Tribunal Europeu dos Direitos do Homem*
TJE — *Tribunal de Justiça Europeu*
TJE/I — *Tribunal de Justiça Europeu (Primeira Instância)*

C) **Outras**

ABGB — *Allgemeines Bürgerliches Gesetzbuch* (austríaco)
ADHGB — *Das allgemeine deutsche Handelsgesetzbuch*
AG — *Aktiengesellschaft*
AktG — *Aktiengesetz*
al. — *alemão*
ALR — *Allgemeines Landrecht für die Preussischen Staaten*
an. — *anotação*

BetrVG — *Betriebsverfassungsgesetz*
BGB — *Bürgerliches Gesetzbuch* (alemão)
BH — *Beiheft*
BLR — *Bayerisches Landrecht*
BN — *Biblioteca Nacional*
BP — *Banco de Portugal*

C. — *Codex*
CA — *Contribuição autárquica*
cast. — *castelhano*
CCom — *Código Comercial*
CCons — *Código do Consumo* (Anteprojecto)
CCoop — *Código Cooperativo*
CE — *Código da Estrada*
ch. — *chamado*
CINS — *Código da Insolvência e da Recuperação de Empresas*, aprovado pelo Decreto-Lei n.º 53/2004, de 18 de Março
CIt — *Codice Civile* (italiano)
CMVM — *Comissão do Mercado de Valores Mobiliários*
CNap — *Code Napoléon*
CNot — *Código do Notariado*
Code — *Code de Commerce*
Codice — = CIt
CódMVM — *Código do Mercado de Valores Mobiliários*, aprovado pelo Decreto-Lei n.º 142-A/91, de 10 de Abril

CPEF	– *Código dos Processos Especiais de Recuperação da Empresa e de Falência*
CPP	– *Código de Processo Penal*
CR	– *Constituição da República*
CRCiv	– *Código do Registo Civil*
CRCom	– *Código do Registo Comercial*
CRP	– *Código do Registo Predial*
CS	– *Código Civil* de 1867 (de SEABRA)
CSC	– *Código das Sociedades Comerciais*
CT	– *Código do Trabalho*, aprovado pela Lei n.º 99/2003, de 27 de Agosto
CVM	– *Código dos Valores Mobiliários*, aprovado pelo Decreto-Lei n.º 486/99, de 13 de Novembro
D.	– *Digesto*
EG	– *Einführungsgesetz zum Bürgerlichen Gesetzbuche*
esp.	– *espanhol*
Est.	– *Estudos*
Et.	– *Études*
Fasc.	– *Fascículo*
FG	– *Festgabe*
fr.	– *francês*
FS	– *Festschrift*
GenG	– *Gesetz betreffend die Erwerbs- und Wirtschaftsgenossenschaften*
GmbHG	– *Gesetz betreffend die Gesellschaften mit beschränkter Haftung*
GS	– *Gedächtnisschrift*
HGB	– *Handelsgesetzbuch*
I.	– *Institutiones*
InsO	– *Insolvenzordnung*
IRC	– *Imposto sobre o rendimento das pessoas colectivas*
IRS	– *Imposto sobre o rendimento das pessoas singulares*
ISP	– *Instituto de Seguros de Portugal*
it.	– *italiano*
IVA	– *Imposto sobre o valor acrescentado*
KG	– *Kommanditgesellschaft*

KGaA	– *Kommanditgesellschaft auf Aktien*
KO	– *Konkursordnung*
Komm	– *Kommentar*
LCCT	– *Lei das cláusulas contratuais gerais*, aprovada pelo Decreto--Lei n.º 445/85, de 25 de Outubro, alterada pelos Decretos--Leis n.º 220/95, de 31 de Agosto e n.º 249/99, de 7 de Julho
LOTJ	– *Lei de Organização e Funcionamento dos Tribunais Judiciais*, aprovada pela Lei n.º 3/99, de 13 de Janeiro
LDC	– *Lei de defesa do consumidor*, aprovada pela Lei n.º 24/96, de 31 de Julho
LSQ	– *Lei das Sociedades por Quotas*
LUCh	– *Lei Uniforme do Cheque*
LULL	– *Lei Uniforme das Letras e Livranças*
Mel.	– *Mélanges*
MitbestG	– *Gesetz über die Mitbestimmung der Arbeitnehmer*
MP	– *Ministério Público*
NF	– *Neue Folge*
ONGA	– *Organizações não governamentais do ambiente*
OP	– *Oferta pública*
OPA	– *Oferta pública de aquisição*
Ord.Fil.	– *Ordenações Filipinas*
R.A.U.	– *Regime do Arrendamento Urbano*
Rec.	– *recensão*
Reimpr.	– *reimpressão*
ROC	– *revisor oficial de contas*
Sc.	– *Scritti*
Sep.	– *separata*
St.	– *Studi*
Supl.	– *Suplemento*
Trad.	– *tradução*
TVG	– *Tarifvertragsgesetz*
UmwG	– *Umwandlungsgesetz*
ZPO	– *Zivilprozessordnung*

ÍNDICE DO PRIMEIRO VOLUME

Outras obras do Autor no domínio do Direito civil 7
Advertências 13
Abreviaturas 15
Índice geral do primeiro volume 25

PARTE I
INTRODUÇÃO

CAPÍTULO I – O DIREITO E A CIÊNCIA DO DIREITO

§ 1.º O Direito

1. Uma Ciência prática 45
2. Cultura e aprendizagem 46
3. Aproximações 47
4. O *continuum* universal; a superação ser/dever-ser 48

§ 2.º Direito e Moral

5. Os termos do problema; breve evolução histórica 51
6. As esferas de moralidade 55
7. Contraposições entre Moral e Direito 56
8. Do neorelativismo ao politicamente correto 58
9. Positividade e liberdade 61

§ 3.º Ordenação e estudo do Direito

10. Do caso à norma, à lei e ao Código 63
11. Quadros ordenadores; História e Direito comparado; receções 64
12. O presente Tratado 65
13. Ensino e doutrina 66
14. A preversão de Bolonha 72

15. Bibliografia 73
16. Revistas, comentários, bases de dados e *Internet* 79

CAPÍTULO II – A CULTURA DO DIREITO CIVIL

§ 4.° Direito civil e parte geral

17. O Direito civil 83
18. A experiência lusófona 84
19. A parte geral do Direito civil 86

§ 5.° Direito público e Direito privado

20. As origens 88
21. A evolução histórica; posições negativistas 90
22. As diversas doutrinas; *a*) Teorias materiais 93
23. Segue; *b*) Teorias do sujeito 97
24. A especialidade do Direito público; diferenciação sistemática 99
25. A contraposição na experiência lusófona 104

§ 6.° O Direito civil como Direito comum

26. Generalidades 112
27. Função jurídico-científica 113
28. Aplicação subsidiária no Direito público 114
29. Papel cultural; importância 115

CAPÍTULO III – GÉNESE E EVOLUÇÃO DO DIREITO CIVIL

§ 7.° Do *ius romanum* ao pandetismo

30. *Ius romanum*; as receções 117
31. A atualidade do estudo do Direito romano 120
32. Tópica e sistemática no privatismo 121
33. A teoria evolutiva dos sistemas: da jurisprudência elegante à pandetística 126

§ 8.° Codificações civis

34. Aspetos gerais 132
35. O Código Napoleão (1804) 133
36. O Código Civil alemão (1896/1900) 139

37. As codificações tardias 144
38. As recodificações dos finais do século XX, princípios do XXI 149
39. A reforma do Código Civil alemão de 2001/2002 156

§ 9.° Classificação germânica e parte geral

40. Origem e receção 170
41. Natureza; as massas histórico-culturais 173
42. Valoração crítica 174

PARTE II
O DIREITO CIVIL DE EXPRESSÃO PORTUGUESA

CAPÍTULO I – O SISTEMA LUSÓFONO DE DIREITO

§ 10.° A revisão do comparatismo tradicional

43. A ideia de sistema no Direito comparado 181
44. Os critérios de determinação; a inversão 183
45. Critérios preconizados 185
46. A massa crítica 186

§ 11.° O peso das relações básicas e a língua

47. O objecto da comparação: a parte geral e as obrigações 188
48. O papel da linguagem 189
49. A coesão científica e linguística do Direito civil 193

§ 12.° O núcleo civilístico no mundo

50. Conspecto geral 195
51. O sistema napoleónico 196
52. O sistema romano-germânico 201
53. O sistema anglo-saxónico 205
54. O sistema islâmico 208
55. O sistema chinês 212

§ 13.° O civilismo português

56. Ordenações 216
57. Pré-codificação 219

58. O Código de Seabra (1867)	227
59. A receção do pandetismo	235
60. O Código Vaz Serra (1966)	238

§ 14.º O civilismo brasileiro

61. Aspetos gerais	243
62. O Código Civil de 1916	246
63. O Código Civil de 2002	248
64. Perspetivas	249

§ 15.º O civilismo lusófono em África

65. Angola	251
66. Cabo Verde	253
67. Guiné	255
68. Moçambique	256
69. São Tomé e Príncipe	256

§ 16.º O civilismo lusófono na Ásia

70. Goa, Damão e Diu	258
71. Macau	260
72. Timor	261

§ 17.º A autonomia do sistema lusófono

73. As perspetivas planetárias	263
74. As línguas nacionais e o Direito	265
75. O papel do português no Direito	266
76. A esfera lusófona	268
77. O sistema lusófono	269

CAPÍTULO II – A DELIMITAÇÃO DO DIREITO CIVIL

§ 18.º O Direito comercial

78. A origem histórica do Direito comercial	275
79. O século XX e a unificação do Direito privado	281
80. Uma comercialidade substancial?	288
81. O problema no âmbito do Código Vaz Serra; a opção atual	294

§ 19.º O Direito do trabalho

82. Origem histórica	297
83. A evolução do Direito do trabalho em Portugal	300
84. O problema da autonomia dogmática..	312
85. Os valores do trabalho como vetores civis.................................	314

§ 20.º O Direito do consumo

86. Origens e fundamentos gerais	317
87. A influência europeia e as leis nacionais	320
88. A natureza; o problema da codificação	325
89. Segue; as especificidades do consumo	329

§ 21.º Outras disciplinas privadas

90. As novas disciplinas comerciais...	334
91. O Direito de autor e o Direito da sociedade da informação	340
92. O Direito do ambiente	341
93. O Direito do urbanismo..	351
94. Os Direitos de conflitos..	352

§ 22.º As aplicações direta e subsidiária do Direito civil

95. O plano dos conceitos	353
96. Os princípios e os institutos	354
97. As soluções...	354

CAPÍTULO III – A INTEGRAÇÃO EUROPEIA

§ 23.º O Direito europeu e o Direito civil

98. Aspetos civis da integração	357
99. Fontes civis europeias; as diretrizes	360
100. As dificuldades científicas da integração europeia	364

§ 24.º A realização das regras civis europeias

101. A jurisdicidade das diretrizes	367
102. A interpretação conforme com as diretrizes............................	370
103. Interpretação e aplicação do Direito civil europeu	373

CAPÍTULO IV – OS DIPLOMAS CIVIS

§ 25.º As leis portuguesas

104. O Código Civil e as suas alterações	377
105. Legislação extravagante	383
106. Diplomas complementares	384
107. A interpretação criativa; a jurisprudência	385

§ 26.º As necessidades de reforma

108. O Direito civil atual	390
109. A oportunidade da reforma	393
110. O âmbito da reforma desejável	396
111. A hipótese de um Código Civil europeu	399

PARTE III
A REALIZAÇÃO DO DIREITO

CAPÍTULO I – DIREITO CIVIL E A REALIZAÇÃO DO DIREITO

§ 27.º As regras de realização

112. A realização do Direito: justeza e legitimidade	407
113. As operações materiais de realização	409
114. A natureza civil das regras de realização	410

§ 28.º As regras jurídico-positivas sobre a realização do Direito

115. Origens: o *corpus iuris civilis*	412
116. O Direito comparado	415
117. O Código de Seabra (1867) e a Lei brasileira de 1942	422
118. A preparação do Código Vaz Serra	423
119. O Título I do Livro I, do Código Civil	426
120. A natureza das normas; as tentativas de reforma	428

CAPÍTULO II – A INFLUÊNCIA DAS CONCEÇÕES GLOBAIS

§ 29.º O dilema: formalismo, positivismo ou irrealismo?

121. Aspetos gerais	433
122. A querela jurisprudência dos conceitos, jurisprudência dos interesses	435

123. Apreciação crítica	440
124. Formalismo e positivismo	443
125. Críticas	447
126. O irrealismo metodológico	452

§ 30.º Os sortilégios do pós-guerra fria

127. Do neonaturalismo à perda dos grandes sistemas	456
128. A jurisprudência analítica	463
129. A jurisprudência problemática	466
130. As sínteses hermenêuticas; a autopoiese; a legitimação	471

§ 31.º Os dados atuais

131. Neopositivismo e análise económica	479
132. Irracionalismo, ética e predomínio da cultura	483
133. Os problemas em aberto	487
134. Referências materiais	490

§ 32.º Os parâmetros da realização do Direito

135. Do juiz-autómato à criatividade da decisão	495
136. Da compartimentação à unidade do processo	497
137. O papel da linguagem	500
138. A dogmática integrada	501

CAPÍTULO III – AS FONTES DO DIREITO

SECÇÃO I – ASPETOS GERAIS

§ 33.º Problemática histórica e dogmática

139. Aceções e questões de fundo	503
140. Evolução lusófona (breve referência)	506
141. O estado real das fontes; a descoordenação	511
142. Inviabilidade de classificações; os tipos	515
143. As fontes europeias; remissão	516

SECÇÃO II – AS FONTES VOLUNTÁRIAS

§ 34.º A lei

144. Etimologia e Direito romano	518

145. Das *leges* e dos *iura*; evolução 521
146. Aceções atuais, classificações e ordenações 524
147. O artigo 1.º, n.º 1 e n.º 2, do Código Civil 527

§ 35.º As "normas" corporativas

148. O corporativismo 533
149. As "normas" corporativas 541
150. A eventual sobrevivência das normas corporativas 544

§ 36.º Os diplomas privados

151. As convenções coletivas de trabalho 547
152. Os negócios normativos 554
153. Os regulamentos privados 555

SECÇÃO III – O COSTUME E OS USOS

§ 37.º O costume

154. Noção e evolução geral 558
155. Os requisitos e os fundamentos 562
156. Modalidades; as relações com a lei 564
157. O costume na lei e na jurisprudência; os usos 566
158. A contraprova: a extinção da colonia 569

§ 38.º Os usos

159. Noção; o artigo 3.º do Código Civil 573
160. Elementos e natureza; confronto com o costume 575
161. Os usos do Código Civil; os usos como estalões (*standards*) .. 576
162. Os usos nos contratos internacionais 581
163. O novo *ius mercatorum* 583
164. Os usos internos; os tipos sociais e os usos bancários 585
165. Natureza; a "boa-fé" 587

SECÇÃO IV – A EQUIDADE

§ 39.º A equidade: coordenadas gerais

166. O artigo 4.º do Código Civil 590

167. Direito romano e elementos gregos 591
168. Noção forte e noção fraca 598

§ 40.° A dogmática da equidade

169. Aspetos doutrinários; as lacunas 603
170. A jurisprudência 606
171. A decisão segundo a equidade 609
172. A natureza da equidade 612

SECÇÃO V – A JURISPRUDÊNCIA E A DOUTRINA

§ 41.° A jurisprudência em geral

173. Aspetos gerais; *case law* e *stare decisis* 614
174. Jurisprudência ilustrativa, exemplar e constante 616
175. O problema da instabilidade jurisprudencial 619

§ 42.° Os assentos e a uniformização da jurisprudência

176. Origem e evolução 622
177. A natureza dos assentos e a questão de constitucionalidade 632
178. A (in)constitucionalidade dos assentos na jurisprudência 637
179. A revogação dos assentos; crítica 639
180. O universo material atingido pela revogação dos assentos 643
181. A inconstitucionalidade da revogação 648
182. A prática subsequente 651
183. A revista ampliada (1995) 653
184. Novos "assentos"? (2007) 658

§ 43.° A jurisprudência como fonte de Direito

185. Aspetos gerais 661
186. A jurisprudência vinculativa 664
187. Os acórdãos uniformizadores como fontes 665
188. A jurisprudência como fonte 667

§ 44.° A doutrina

189. A Ciência do Direito 668

CAPÍTULO IV – A INTERPRETAÇÃO DA LEI

SECÇÃO I – DADOS HISTÓRICO-DOGMÁTICOS

§ 45.º Da pandetística ao Código Civil

190. Thibaut e Savigny	671
191. Receção lusófona	674
192. A preparação do artigo 9.º, do Código Civil	677
193. Apreciação crítica e natureza	681

§ 46.º A projeção das dicotomias clássicas

194. Subjetivismo e objetivismo	683
195. Historicismo e atualismo	686
196. Projeções nos elementos da interpretação	686

§ 47.º A imperatividade da lei

197. *Nemo ius ignorare censetur*	689
198. Proibição de *non liquet*	691
199. A obediência à lei	693

SECÇÃO II – OS ELEMENTOS DE INTERPRETAÇÃO

§ 48.º A letra da lei

200. Aspetos gerais	696
201. O papel da "letra"	698
202. A imputação da "letra"	700
203. A evolução semântica	702
204. Ambiguidades, reflexividade e pragmatismo	704

§ 49.º O elemento histórico-comparatístico

205. Aspetos gerais	707
206. A *occasio legis*; os preâmbulos	709
207. Os trabalhos preparatórios	711
208. As opções subjetivas do legislador	715
209. O peso real do elemento histórico	716

§ 50.º O elemento sistemático

210. Generalidades; os lugares paralelos 718
211. A recondução a princípios 720
212. A dinâmica do sistema; a coerência 722

§ 51.º O elemento teleológico

213. A *ratio legis* 725
214. A interpretação evolutiva 726
215. A ponderação das consequências 727

SECÇÃO III – A INTERPRETAÇÃO NA CIÊNCIA DO DIREITO

§ 52.º A articulação dos elementos da interpretação

216. Classificações perante a letra da lei 729
217. As inferências lógicas 731
218. O sistema móvel da interpretação 732

CAPÍTULO V – A INTEGRAÇÃO DE LACUNAS

§ 53.º As lacunas

219. Noção e enquadramento 737
220. Delimitação 740
221. Modalidades 742
222. A determinação 746

§ 54.º O artigo 10.º do Código Civil

223. Antecedentes 748
224. Os preparatórios 750
225. Compleição geral 753

§ 55.º A analogia

226. Origem e evolução 754
227. Procedimento 756
228. A chamada analogia *iuris* 759

229. O âmbito da analogia; as proibições 761
230. Lacunas e analogia na jurisprudência 763

§ 56.º A norma que o intérprete criaria

231. A origem do artigo 10.º/3 766
232. Procedimento e prática 768

CAPÍTULO VI – A INTERPRETAÇÃO CRIATIVA

§ 57.º Noção e âmbito da interpretação criativa

233. Noção geral 769
234. Motivação e âmbito 770

§ 58.º Manifestações de interpretação criativa

235. A concretização de conceitos indeterminados 773
236. A paralisação de normas injustas 779
237. A redução teleológica 782

PARTE IV
A DINÂMICA DAS FONTES

238. Ideia geral e sequência 787

CAPÍTULO I – A ENTRADA EM VIGOR

§ 59.º As regras aplicáveis

239. O artigo 5.º e a sua preparação 789
240. Elementos históricos 791
241. As leis complementares sobre a entrada em vigor das leis 793

§ 60.º A publicação das leis

242. A regra geral 797
243. A data da publicação 801
244. A natureza da publicação 803

§ 61.º **A vacatio legis**

245. A vacatio	805
246. A contagem do prazo	807
247. Questões práticas	809

CAPÍTULO II – GRALHAS, LAPSOS, ERROS E OMISSÕES NA LEI

§ 62.º **Aspetos gerais**

248. O problema	811
249. O seu posicionamento	812

§ 63.º **O regime das retificações**

250. Até à Lei n.º 3/76, de 10 de Setembro	813
251. Até à Lei n.º 6/83, de 29 de Julho	815
252. A Lei n.º 74/98, de 11 de Novembro	817
253. Balanço	819

§ 64.º **Dogmática geral das retificações**

254. A essência dos erros	820
255. Erros formais e substanciais; erros patentes e não-patentes	821
256. Os óbices do regime das retificações	821
257. As correções jurídico-científicas	822

CAPÍTULO III – A CESSAÇÃO DA VIGÊNCIA

§ 65.º **As regras aplicáveis**

258. O artigo 7.º e a sua origem	825
259. Antecedentes doutrinários	827
260. Quadro geral; o desuso	828

§ 66.º **A caducidade da lei**

261. A caducidade em geral	830
262. As leis transitórias	831
263. A supressão da matéria regulada	832
264. O desuso	833

§ 67.º A revogação da lei

265. Noção e modalidades	834
266. As leis especiais	835
267. Remissões para leis revogadas e não-repristinação	836

CAPÍTULO IV – O DIREITO TRANSITÓRIO

§ 68.º Objeto e evolução histórica

268. Objeto e generalidades	837
269. O Direito antigo	838
270. Direito intermédio; os direitos adquiridos	842

§ 69.º Os princípios clássicos

271. Enunciado; a não-retroatividade	844
272. O respeito pelos direitos adquiridos	845
273. A aplicação imediata da lei	847

§ 70.º A doutrina lusófona e o Código Civil

274. A doutrina portuguesa	849
275. O artigo 12.º e a sua preparação	850
276. A lei só dispõe para o futuro; a não-retroatividade	852
277. A lei dispõe sobre as "condições de validade" (direitos adquiridos)	855
278. A lei dispõe diretamente sobre "o conteúdo das relações" (aplicação imediata)	856
279. As leis interpretativas	857

PARTE V
SITUAÇÕES JURÍDICAS E INSTITUTOS CIVIS GERAIS

CAPÍTULO I – SITUAÇÕES JURÍDICAS

§ 71.º Noção e modalidades

280. Noção, relevo e sequência	863
281. Situações simples e complexas	864

282. Situações unissubjectivas e plurissubjectivas... 865
283. Situações absolutas e relativas; a "relação jurídica"................................ 866
284. Situações patrimoniais e não-patrimoniais.. 867
285. Situações ativas e passivas 868
286. Situações analíticas e compreensivas.. 869

§ 72.º O conceito de direito subjetivo

287. Generalidades e relevo do debate... 871
288. A doutrina de Savigny e a sua evolução... 873
289. A doutrina de Jhering e sua evolução.. 875
290. A síntese de Regelsberger; crítica.. 878
291. Posições negativistas, protecionistas e neoempíricas............................... 882
292. Segue; refutação 885
293. A escola jurídico-formal... 888
294. Solução assumida 892

§ 73.º As modalidades de direito subjetivo

295. Direitos comuns e direitos potestativos... 895
296. Modalidades quanto ao objeto... 899
297. Modalidades quanto ao regime.. 900

§ 74.º Outras situações ativas

298. Poderes e faculdades 903
299. Proteções reflexas e indiretas 905
300. Expectativas... 907
301. Poderes funcionais.. 910
302. Exceções 910

§ 75.º Situações passivas

303. Obrigações e deveres.. 914
304. Sujeições.. 917
305. Ónus e encargos.. 918
306. Deveres genéricos... 919
307. Deveres funcionais 920

CAPÍTULO II – INSTITUTOS CIVIS GERAIS

§ 76.° Instutos civis

308. Noção, natureza e sentido	923
309. Justificação	927
310. Sequência	928

§ 77.° A personalidade e a sua tutela

311. A pessoa humana no Direito civil	930
312. A eficácia civil dos direitos fundamentais	933
313. Os direitos fundamentais no Direito europeu	941
314. A responsabilidade patrimonial	944
315. Os danos morais	948
316. A família	949

§ 78.° A autonomia privada

317. Noção e modos de concretização	951
318. Áreas de incidência	954
319. Tendências atuais	956

§ 79.° A boa-fé

320. Evolução e sentido	958
321. Boa-fé objetiva e boa-fé subjetiva; conceção psicológica e ética	964
322. Concretizações objetivas; os princípios mediantes	966
323. A tutela da confiança	969
324. A primazia da materialidade subjacente	975
325. Aspetos evolutivos	977

§ 80.° A imputação de danos

326. O dano e a sua suportação	979
327. Imputação e responsabilidade civil	981
328. Títulos de imputação	983

§ 81.° A propriedade e a sua transmissão

329. A propriedade; aceções e justificação	986

330. Conteúdo; disponibilidade e transmissão 987
331. A transmissão por morte 988

Índice de jurisprudência... 991
Índice onomástico... 1001
Índice bibliográfico... 1025
Índice ideográfico... 1099

PARTE I

INTRODUÇÃO

CAPÍTULO I
O DIREITO E A CIÊNCIA DO DIREITO

§ 1.º O DIREITO

1. Uma Ciência prática

I. O Direito é o modo científico da resolução de casos. Vamos decompor e explicar essa afirmação.

Diz-se caso a ocorrência humana que comporte, à partida, várias soluções. O caso surge concreto, por se ligar a eventualidades socialmente verificadas, em oposição a hipóteses ou a descrições abstratas. A resolução do caso exprime uma decisão humana que lhe ponha termo: indica a conduta a adotar pelos envolvidos.

O modo científico opõe-se a modo empírico ou a qualquer procedimento aleatório: as soluções a que chegue são previsíveis e têm uma harmonia e uma lógica internas. São justificáveis e podem ser apreendidas e explicadas pela razão.

A resolução científica de casos pressupõe órgãos de decisão, leis e técnicas de realização. A Ciência do Direito ocupa-se de tudo isso, mas tem sempre em vista a saída concreta. É uma Ciência prática; não se limita a conhecer: resolve.

II. O ser humano é gregário. O homem agrupa-se com os seus semelhantes: uma prática habitual entre muitos seres vivos e que aumenta as suas possibilidades de sobrevivência, individual e coletiva. A sociabilidade implica formas de conduta. Mau grado essa dimensão, o ser humano mantém uma autodeterminação própria: cada um tem a liberdade de agir, de acordo com opções interiores. Ao contrário do que sucede com grandes comunidades gregárias, como as das abelhas ou as das formigas, em que cada indivíduo está programado geneticamente para assumir certas condutas, o homem conserva um arbítrio de raiz. Apenas um processo de aprendizagem e um conjunto de imposições exteriores podem assegurar que a sua atividade conflua numa lógica de conjunto. Pois bem: somente uma técnica adequada, na qual se inscreve o Direito, é suscetível de configurar as condutas em causa. Resolve os casos.

III. Numa comunidade muito simples, as regras a observar perante os diversos problemas concretos serão elementares. Mas à medida em que se passe, de uma sociedade de caçadores e de simples colhedores, a sociedades de criadores e de agricultores, sedentarizadas, e, daí, a cidades e a Estados, com divisão de funções e relações pessoais e económicas diversificadas, os problemas possíveis sobem até ao infinito. O Direito, sem perder a sua essência prática, torna-se uma Ciência de grande complexidade, uma vez que os casos são potencialmente ilimitados. Embora o verdadeiro Direito surja, apenas, na solução do caso, a sua Ciência vai debruçar-se sobre tudo o que condicione essa solução. Ficam incluídas as fontes, as leis, as normas, a interpretação, a aplicação, as consequências e todos os aspetos coadjuvantes.

2. Cultura e aprendizagem

I. O Direito é uma Ciência: postula proposições ("leis", no sentido de leis da física ou da química) que tornam previsíveis as soluções para os problemas. Há uma regularidade problemas/soluções que permite apurar essas proposições. Mas aqui acaba o paralelismo com as ciências da natureza.

II. O Direito pode assumir as mais diversas configurações, em consonância com coordenadas históricas e geográficas. Essas configurações inserem-se num conjunto mais amplo, que traduz o modo de ser e de agir da comunidade considerada: a cultura dessa sociedade, numa das suas aceções. A configuração concreta, em cada caso, advém de uma complexidade causal insondável. Intervêm fatores geográficos, climáticos, ambientais, étnicos e, segundo parece, elementos totalmente aleatórios. No atual estado dos nossos conhecimentos, não é possível estabelecer relações causais entre os fatores condicionantes de uma comunidade humana e o concreto Direito que ela acolha. Temos de assumir o Direito como um fator natural e, nesse sentido, como um dado ontológico: o Direito – um determinado Direito – existe e, como tal, deve ser analisado, apreendido e explicado.

III. A natureza cultural do Direito permite ainda apresentar uma dimensão básica: ele depende da aprendizagem. Num paralelo muito útil, o Direito opera como a linguagem: é científico – ou seria inaproveitável –, tem uma configuração dotada por insondável complexidade causal e depende, para funcionar, da aprendizagem.

A aprendizagem do jurídico comporta níveis diferenciados. Qualquer pessoa que se mova em sociedade interioriza numerosos códigos de conduta – ou seria um ser associal, rapidamente banido do convívio dos seus semelhantes. Numa sociedade mais complexa, isso não chega: há que providenciar formas mais elaboradas de aprendizagem jurídica e, no limite, órgãos especializados que a tanto se dediquem. Todo o Direito depende de aprendizagem. Esta, por seu turno, vai modelar o Direito que ministre.

3. Aproximações

I. O Direito é suscetível das mais diversas aproximações. À luz das nossas sociedades, podemos, desde logo, afirmá-lo como um fenómeno sociológico, a analisar de acordo com a Ciência dos grupos humanos (sociologia do Direito). Mas sendo sociológico, o Direito projeta-se na mente de cada um (psicologia jurídica), podendo mesmo considerar-se no plano do funcionamento do cérebro (neurologia do Direito). Em certos termos, o Direito pode ser aperfeiçoado, melhorado ou instrumentalizado a certos objetivos, procurando-se as opções consideradas mais adequadas (política legislativa). O Direito comporta uma reflexão de tipo económico (teoria económica do Direito).

Decisiva é a História do Direito: muitas vezes, apenas em abordagens históricas é possível explicar o que exista. A reflexão filosófica tem, no Direito, um campo de eleição (Filosofia do Direito).

II. Todas as Ciências apontadas estudam o Direito, de acordo com os seus métodos próprios. Além disso, outros sectores do conhecimento podem ser chamados a depor: a linguística, a gramática, a teoria do conhecimento, a teoria do comportamento, a política, as relações internacionais, a ética, a religião e a psicologia das massas. A matemática, com os processos lógicos a ela associados, é útil. Sectores das Ciências naturais, como a biologia, a medicina, a psiquiatria ou as neurociências[1] são da maior importância. Em suma: enquanto fenómeno humano, o Direito comporta inúmeras aproximações. E todas são úteis.

III. Aos juristas interessa, todavia e em primeira linha, o sentido técnico-prático do Direito: a via da solução científica de casos concretos. A aprendizagem jurídico-científica visa o *quid iuris*, isto é, o conteúdo efetivo da saída para o problema a resolver. Podemos, nesse sentido, falar numa abordagem jurídica.

As restantes aproximações ou, se quisermos, a aplicação, ao Direito, de outras ciências são úteis e, quiçá, imprescindíveis. Sem História, não se apreende o que exista (*quod ius*). Sem Filosofia, não se explica o *quod ius*. E sem Moral, não se valora essa mesma realidade. Mas há que partir sempre do Direito e da sua Ciência: a solução do caso é o ponto de largada e o de chegada de toda a galáxia do Direito. Partimos do *quid iuris*, prévio a qualquer outra aproximação: ou esta já não visa o Direito, tornando-se insondável o *quod ius*.

4. O *continuum* universal; a superação ser/dever-ser

I. O Direito *proprio sensu* é isolado para efeitos de análise. O Homem, com as limitações que lhe são próprias, não alcança um saber universal: apenas logra cortes na realidade, procedendo a aprofundamentos sectoriais. Com outra capacidade intelectiva, seria porventura possível analisar o dado humano num grande conjunto, sem necessidade de isolar o Direito. No presente estádio da inteligência humana, isso não é viável. Mesmo limitando a análise ao Direito: não se consegue, neste momento, reunir num corpo coerente de análise todo o ordenamento jurídico. Também aí há que avançar por cortes, com a artificialidade que isso implica.

---

[1] Como exemplos: MICHAEL LINDEMANN, *Recht und Neurowissenschaften*, em JULIAN KRÜPER, *Grundlagen des Rechts* (2010), 245-259 e PETER MANKOWSKI, *Verändert die Neurobiologie die rechtliche Sicht auf Willenserklärungen?*, AcP 211 (2011), 153-195.

II. Uma reflexão atenta mostra que o Direito se inclui num grande *continuum* universal. Apenas através de uma separação, necessariamente deformadora, se torna possível isolar a acima referida Ciência da solução prática dos problemas. Tal separação envolve decisões humanas; essas decisões, ainda que "científicas", dependem do estado de espírito e do estado biológico de quem as tome e da ambiência em que isso suceda. Ou seja: tudo está implicado na grande (des)ordem cósmica que rodeia o ser humano.

A deformação da fatal fragmentariedade do conhecimento deve ser minimamente corrigida por ulteriores sínteses, sempre sindicadas pelos conhecimentos disponíveis.

III. O problema da continuidade universal agudiza-se quando o Direito seja desinserido da realidade social a que pertença. O ser humano conforma-se, em sociedade, com diversas regras de conduta. Além do Direito, podemos apontar regras religiosas, regras morais e regras da boa educação ou trato social. Qualquer pessoa, mesmo sem formação adequada, intui logo as distinções. Adiante veremos que, mau grado as discussões sempre em aberto, há diferenças entre as diversas (denominadas) ordens normativas. A quebra do *continuum* assim alcançada é evidente. O conhecimento tem limites e consequências: há que estar alerta para o tema.

IV. Finalmente, a continuidade torna-se gritante, dentro do próprio Direito. As variáveis jurídicas são tão numerosas que não é hoje possível apreendê-las, no seu conjunto ou, em linguagem técnica: a sua redução dogmática não é viável. Essa limitação deve ser reconhecida e assumida. O estudioso, através de sindicâncias adequadas, deve procurar ter presente a realidade, verificando-se, quando necessário, as distorções provocadas pela lógica do conhecimento humano.

O recurso às Ciências auxiliares do Direito e o confronto histórico e geográfico dos resultados obtidos constituem instrumentos da reposição possível do *continuum* universal.

V. A ideia de *continuum* permite-nos, desde já, superar as contraposições entre ser e dever-ser. O Direito exprimiria algo de normativo, isto é: algo que (ainda) não existe, mas deve existir. Contrapor-se-ia, assim, àquilo que já existe. O Direito seria um dever-ser ou um valor, por oposição a factos, que existem: um ser.

De origem kantiana, a contraposição ser/dever-ser advém da tradução aproximada de *sein/sollen* alemães, deformando as noções. O Direito existe, manifestando-se nas soluções concretas que promova. É "ser"; não (mero) "dever-ser". O enunciado prévio das leis não é Direito; será, quando muito, uma fase no seu conhecimento. Mantemos o Direito como realidade ôntica: não (apenas) deôntica.

§ 2.º DIREITO E MORAL

5. Os termos do problema; breve evolução histórica

I. Para além do Direito, outras ordens indicam soluções para casos. Intuitivamente, percebe-se que são diferentes, podendo ir mais longe. Por exemplo, em face de um pobre, a Moral ou a Religião podem determinar que se preste auxílio. Como reconhecer as regras jurídicas e as decisões que se lhes reportem, em face de ordens concorrentes e não-jurídicas?

A questão coloca-se, em primeira linha, perante a Moral. Nos países de cultura ocidental, quer a Moral, quer o Direito são laicos. Além disso, existem erupções da Moral no campo do Direito: seja para avaliar, do exterior, a idoneidade dos processos e das decisões, seja para, no interior, completar certas saídas. Quando se diga que são nulos os negócios contrários aos bons costumes (280.º/2) pode, em certo entendimento, ter-se em vista o negócio imoral.

Seja para melhor apresentar o Direito e, a partir daí, o Direito civil, seja para, desde já, enquadrar determinadas questões técnicas, cumpre distinguir o Direito e a Moral.

II. Na origem da contraposição entre o Direito e a Moral encontramos, no Ocidente, a receção romana de elementos filosóficos gregos.

No Direito romano mais antigo, podemos, em reconstituição racional, apontar uma indiferenciação entre os costumes[2], tomados como Direito con-

---

[2] A etimologia é curiosa: em alemão, costume/moral diz-se *Sitte*, germânico antigo *sitta*; índico *svdhã*; latim *(con)suetudo*; grego clássico έθος (éthos); no fundo, surge a ideia de que a prática reiterada é a correta e de que qualquer desvio surge condenável.

Quanto a aspetos linguísticos, cabe referir o clássico de RUDOLF VON JHERING, *Der Zweck im Recht*, 5.ª ed. (1916), 12 ss., 16 ss. e 19.

suetudinário e a moral social[3]. Tudo isso corresponderia aos *mores*, de funcionamento espontâneo. Com o desenvolvimento social, apuraram-se técnicas científicas de resolução dos casos. Surge o *ius* ou Direito. *Mores* mantém um duplo sentido residual: o de costume e o de (em linguagem atual) moral social[4]. Mais importante, porventura, do ponto de vista da Filosofia da Linguagem: *mores* ficou disponível para se preencher com novos conteúdos significativos.

Aqui interveio Cícero, no seu *de fato*[5]. Presente a ideia aristotélica de ἠθική (ethike), relativa ao modo de conduta correto, Cícero propõe, para a exprimir em latim, o termo *philosophia moralis*[6]. As práticas sociais (*mores*; *Sitten* em alemão e ἤθη em grego) dão lugar ao que é usual: atuações típicas de grupos coerentes, recebidas pela tradição. Desta feita, *mores* é tomado como uma realidade valorativamente neutra; dizia Cícero, nas *Verrines*: *o tempora o mores*! A (re)valorização dos *mores* exigiu a anteposição de *bonus* (bom): daí a nulidade de contratos *contra bonos mores*[7].

Temos, patente, uma técnica de evolução semântica, parcialmente controlada pelo Homem e de tipo ondulatório e que leva *mos*, de um todo informe, a práticas residuais; da constatação fáctica à reflexão filosófica; do simples facto a um corpo valorativo.

---

[3] MAX KASER, *Das römische Privatrecht*, I – *Das altrömische, das vorklassische und klassische Recht*, 2.ª ed. (1971), § 5 (19 ss.); entre os muitos clássicos: GEORG FRIEDRICH PUCHTA, *Das Gewohnheitstrecht* 1 (1828, reimp., 1965), 1 ss.; ALFRED PERNICE, *Zum römischen Gewohnheitstrecht*, SZRom 20 (1899), 127-171 (149 ss.); ARTUR STEINWENTER, *Zur Lehre vom Gewohnheitstrechte*, Studi Bonfante II (1930), 419-440; MAX KASER, *Mores maiorum und Gewohnheitstrecht*, SZRom 59 (1939), 52-101 (74 ss.); FRANZ WIEACKER, *Römische Rechtsgeschichte* 1 (1988), § 30, II (504 ss.).

[4] CARLO GIOFFREDI, *"Mores"*, NssDI X (1964), 919-921.

[5] MARCO TÚLIO CÍCERO, *De fato* I, 1-5 = ed. bil. latim/alemão, trad. KARL BAYER, *M. Tulli Ciceronis, De Fato/Marcus Tullius Cicero, Über das Fatum* (1963), 6-7; vide G. JÜSSEN, *Moral, moralisch, Moralphilosophie/Lateinische Antike*, HWörtPh 6 (1984), 149-151.

[6] ARISTÓTELES, *Ética a Nicómaco*, II (= *Nikomachische Ethic*, trad. e com. FRANZ DIRLMEIER, 5.ª ed., 1969), 28 ss..

[7] GAIO, *Institutiones*, III, 157 = ed. bilingue latim/alemão de ULRICH MANTHE, *Gaius Institutiones/Die Institutionen des Gaius* (2004), 284-285:

Illud constat, si quis de ea re mandet, quae contra bonos mores est, non contrahi obligationem, veluti si tibi mandem, ut Titio furtum aut iniurium facias [Determina-se o seguinte: não se constitui qualquer obrigação quando alguém se vincule a agir contra os bons costumes, por exemplo que tu devas roubar ou ferir Tício].

§ 2.º *Direito e Moral* 53

III. Na patrística, particularmente em Santo Ambrósio (339 d. C.-397 d. C.), dá-se um acolhimento da stoa, já presente em Cícero, complementada com a virtude (*virtus*) e com o dever de função (*officium*). Santo Agostinho (354-430) reposiciona o homem, agora centrado em Deus, de onde promana a *lex aeterna*[8]; relativiza a virtude em função de dados teológicos (*dilige et quod vis fac*). A Filosofia Moral deixa de ter um (mero) conteúdo disciplinador (Platão/estóicos) para assumir um sentido valorativo metafísico, remontando a Deus[9]. Santo Isidoro de Sevilha (560-636) aponta as pretensões de validade universal do juízo ético, porquanto assente na razão humana[10].

A alta escolástica aprofundou o sentido cristão da Filosofia Moral, distinguindo a teologia[11]. A tradução em latim da Ética a Nicómaco e a subsequente receção do pensamento aristotélico retiram os *mores* como simples condutas[12]. Isso permite (re)tomar a virtude enquanto qualidade interior, dependente da finalidade da atenção considerada. Só a teleologia pode acudir[13].

A reformulação da ideia de Ciência iniciada por John Duns Scotus (1265-1308) e radicalizada por William de Ockham (1288-1348) não se refletiu logo na Filosofia Moral[14]. Abriram-se as portas à relativização humanista: o bem moral é o que, como tal, surge considerado pelo Homem[15].

IV. Na modernidade, a Filosofia Moral passou, em corpo inteiro, para o todo cultural que rodeia a Humanidade. Desde logo, os novos horizontes

---

[8] AURELIUS AUGUSTINUS (SANTO AGOSTINHO), *In epistolam Ioannis ad Parthos/ /Tractatus decem* (415 d. C.) Trat. VII, 8 = ed. bilingue latim/francês de PAUL AGAËSSE (1961), 329. *Dilige, et quod vis fac* é normalmente traduzido por *ama e faz o que queres*; os teólogos previnem contra uma interpretação literal desta máxima, que poderia conduzir ao laxismo (assim, AGAËSSE, ob. cit., 328, nota 1): no contexto, ela traduziria a regra básica da caridade, de onde decorrem as demais virtudes.

[9] G. JÜSSEN, *Moral, moralisch, Moralphilosophie/Lateinische Patristik und lateinische Mittelalter*, HWörtPh 6 (1984), 151-153.

[10] ISIDORO DE SEVILHA, *The Etymologies*, trad. ingl., introdução e notas de STEPHEN A. BARNEY/W. J. LEWIS/J. A. BEACH/OLIVER BERGHOF (2006), II, XXIV, 3 ss. (pp. 79 ss.).

[11] G. WIELAND, *Moral, moralisch, Moralphilosophie*, HWörtPh 6 (1984), 153-156.

[12] S. TOMÁS (1225-1274), *Summa theologica*, Cap. I, Lect II, 2 (11) (ed. Leão XIII, 1882): homo est animal naturaliter politicum et sociale.

[13] ROGER BACON (1214-1294), *Opus maius*, ed. bilingue latim/alemão, com introd. por PIA A. ANTOLIC-PIPER (2008), 36 ss. da introdução e *Pars Prima, Proemium*, 80 ss..

[14] G. WIELAND, *Moral* cit., 154.

[15] *Idem*, 155.

permitem aproximar a Moral de uma multiplicidade possível de condutas[16]. A politização subsequente era inevitável. Para Hobbes (1588-1679), a ética é a Ciência das consequências das paixões[17]. A Filosofia Moral compreenderá, assim, as regras cuja prossecução se torna necessária para assegurar a paz[18]. Locke (1632-1704) racionaliza: a Ética postula uma matemática de conceitos capazes de concitar a concórdia[19]. A grande cisão entre o Homem, enquanto parte da natureza e o Homem, ser pensante, pode resolver-se com a subordinação da Lei Moral ao bem natural[20]. Mas porque Deus preside ao conjunto, temos a inversão de Leibniz (1646-1716): a necessidade física repousa sobre a necessidade moral[21].

V. A liberdade do Homem é (re)construída pelo idealismo alemão. Kant (1724-1804) sublinha que o Homem, pela sua essência racional, se pode libertar dos seus escopos naturais: abstraindo deles ou, até, destruindo-os[22]. Explica Jhering (1818-1892), depois de prodigalizar louvores a Kant que, por esse caminho, se faria andar uma carroça com um discurso: apenas o escopo (o interesse) faz movimentar o homem, mesmo perante interesses não egoístas[23].

---

[16] HEINRICH CORNELIUS AGRIPPA VON NETTESHEIM, *De incertitudine et vanitate scientiarum* (Antuérpia, 1530), LIV = *Über die Fragwürdigkeit, ja Nichtigkeit der Wissenschaften, Künste und Gewerbe*, trad. alemã de GERHARD GÜPNER (1993), 109 ss. (111).

[17] THOMAS HOBBES, *Leviathan or the Matter, Form, & Power of a Common-Wealth Ecclesiasticall and Civil* (1651, reimp., 1985), Part I, Chap. 9 (149).

[18] *Idem*, Part I, Chap. 15 (201 ss.).

[19] JOHN LOCKE, *An essay concerning Understanding Human* = ed. Oxford (1975), Liv. IV, Cap. XVI; no § 4 (ed. cit.), 660: (...) the Understanding of Man (...) it can own no other Guide but Reason.

[20] RT. CALDERA/J. L. DELMONT-MAURI/E. HEYMANN/F. RITTER, *Moral, moralisch, Moralphilosophie/Neuzeit – A Die englische Tradition*, HWörtPh 6 (1984), 156-160 (158--159).

[21] GOTTFRIED WILHELM LEIBNIZ, *Essais de Théodicée sur la bonté de Dieu, la liberté de l'homme et l'origine du mal*, ed. bilingue com trad. alemã de HERBERT HERRING (1999, o original é de 1710), prefácio, 2 ss. ; os homens, mesmo pagãos, entregam-se a rituais religiosos como necessidade física, causada pela moral.

[22] IMMANUEL KANT, *Reflexionen zur Moralphilosophie*, n.º 6586 e n.º 6589 = *Kant's gesammelte Schriften*, ed. Academia Prussiana das Ciências, XIX (1934), 97-98; vide a *Grundlegung zur Methaphysik der Sitten*, ed. Academia cit., IV (1903), 400.

[23] RUDOLF VON JHERING, *Der Zweck im Recht* cit., 189 ss. e 205 ss.; desse Autor, *Recht und Sitte* (s/d), 209 ss..

6. As esferas de moralidade

I. Fruto de toda uma evolução histórico-cultural, que se confunde com a História recente da Humanidade, o termo "Moral" não é unívoco. Ele comporta, em si, todo o património que o antecedeu. Para clarificar a matéria, cumpre distinguir quatro aceções ou quatro esferas de moralidade[24]:

– a Moral autónoma ou Ética da consciência;
– a Ética dos sistemas religiosos ou universais;
– a Moral social ou de grupo;
– a Moral humana.

A Moral autónoma ou Ética da consciência fixa uma ideia de bem como valor em si. O bem deve ser prosseguido por cada um, como um imperativo de consciência. E essa mesma consciência define, em última instância, o que é o bem e como prossegui-lo. A Moral, nesta aceção, atua ainda como instância de controlo e toma corpo com a procura do objetivo pretendido. Está – ou estaria – estreitamente ligada a cada ser humano, independentemente da existência de grupos ou de circunstancialismos.

II. A Ética dos grandes sistemas religiosos ou profanos, também ditos universais, atua igualmente no plano interior das pessoas. Todavia, ela já é preconizada para todos, assumindo o ser ensinada, do exterior, de acordo com certas máximas.
Uma vez que surgem regras de ordem geral, torna-se possível proceder a uma apreciação supraindividual das condutas. Ou seja: a moralidade de cada um, ainda que objeto da consciência individual, pode ser confrontada do exterior, perante atuações concretas.

III. A Moral social ou de grupos dá mais um passo no caminho da exteriorização e do controlo possível que, daí, resulta. Este tipo de Moral postula a exigência de condutas éticas, requeridas, pela sociedade, aos seus membros. Na comunidade considerada, haverá uma escala de valores morais, traduzida em modelos de atuação, que exprimem padrões de conduta corretos.

---

[24] HEINRICH HENKEL, *Einführung in die Rechtsphilosophie*, 2.ª ed. (1977), 67.

Além de uma Moral social de ordem genérica, aplicável a todos, temos uma Moral de grupos: uma Moral particularizada para áreas sensíveis (médicos, advogados ou jornalistas, como exemplos) e aí concretizada em regras deontológicas.

V. Por fim, a Moral humana abrange regras universais, aplicáveis a toda a Humanidade, independentemente dos circunstancialismos. Em princípio, qualquer povo ou qualquer ser humano reconhece tais regras e adere a elas: proibição de crimes contra a paz, contra a Humanidade, contra a Cultura ou contra o ambiente. A Moral humana tende a ser acompanhada por regras jurídicas: mas não necessariamente.

7. Contraposições entre Moral e Direito

I. A tetrapartição acima apontada é provisória: serve objetivos de análise e de exposição. Mas antes de prosseguir, afigura-se útil proceder ao alinhamento entre a Moral e o Direito. Temos, lógica e historicamente, três posições fundamentais:

– a teoria da unidade;
– a teoria da separação;
– a teoria da diferença.

A teoria da unidade entende o Direito como estando ao serviço da ordem moral, de que faria parte. Ela surge no naturalismo escolástico[25] e reaparece, modernamente, em sociedades dominadas por pensamentos totalitários, como o estalinismo e o nazismo[26]. Por vezes, nem se coloca o Direito ao serviço da Moral: antes se reconduzem ambas essas realidades a uma ordem global. O grande objetivo, imortalizado por George Orwell (1903-1950)[27], é o de controlar as consciências.

---

[25] HEINRICH HENKEL, *Einführung in die Rechtsphilosophie*, 2.ª ed. cit., 78.
[26] ARTHUR KAUFMANN, *Recht und Sittlichkeit* (1964), 8
[27] GEORGE ORWELL (pseudónimo de ERIC ARTHUR BLAIR), *Nineteen Eighty-Four* (1949), 326 pp., traduzido em 65 idiomas.

Mesmo amenizada, surge com frequência a ideia de convergência entre a Moral e o Direito[28].

II. A teoria da separação, historicamente defendida por Christian Thomasius (1655-1728) e com ascendentes no pensamento estóico[29], aponta, na Moral e no Direito, ordens distintas com diferenças de natureza e com diferenças funcionais[30]. Os positivistas, que procuram evitar qualquer interferência da Filosofia no Direito, defendem a separação[31]: a presença de fatores morais iria perturbar a harmonia jurídica.

III. A teoria da diferença reconhece a existência de relações e de sobreposições entre a Moral e o Direito. Ela é representada por pensadores, como Pufendorf (1632-1694) e Kant: a conduta moral não se distingue da jurídica, a não ser perguntando, eventualmente, pela sua motivação[32].

A teoria da unidade é contraditada pela observação imediata; além disso, conduziu a resultados historicamente criticáveis, nos quais ninguém admite rever-se. A teoria da separação também não joga com o imediato: a existência de ligações é patente. Fica a da diferença. Mas qual?

IV. De novo surgem várias posições, cujo conhecimento é útil para esclarecer a realidade. Temos[33]:

– o mínimo ético;

---

[28] SANTI ROMANO, *Diritto e morale*, em *Frammenti di un dizionario giuridico* (1947), 64-75 (74-75).

[29] KARL ENGISCH, *Auf der Suche nach der Gerechtigkeit/Hauptthemen der Rechtsphilosophie* (1971), 85.

[30] HEINZ-DIETER ASSMANN, *Recht und Ethos in Zeitalter der Globalisierung*, em KRISTIAN KÜHL, *Juristen-Rechtsphilosophie* (2007), 25-33 (26).

[31] Em especial, HANS KELSEN, *Teoria pura do Direito*, 4.ª ed., trad. port. de JOÃO BAPTISTA MACHADO (1976, mas 1960), 93 ss. e 103 ss..

[32] IMMANUEL KANT, *Die Methaphisik der Sitten* (1797) em *Gesammelte Schriften* 6 (1907), 293-493 (219).

[33] OTTO VON GIERKE, *Recht und Sittlickeit*, Logos 6 (1916/17, reimp., 1963), 211-264; KARL LARENZ, *Sittlickeit und Recht/Untersuchungen zur Geschichte des deutschen Rechtsdenkens und zur Sittenlehre* (1943), 186 ss.; KARL ENGISCH, *Auf der Suche nach der Gerechtigkeit* cit., 84 ss.. Uma panorâmica atual pode ser confrontada em KRISTIAN KÜHL (org.), *Juristen-Rechtsphilosophie* (2007), especialmente nos escritos, aí incluídos, de KRISTIAN KÜHL, *Recht und Moral*, 9-23 e HEINZ-DIETER ASSMANN, *Recht und Ethos im Zeitalter der Globalisierung*, 25-33.

– a coercibilidade;
– a bilateralidade;
– a exterioridade.

Segundo a teoria do mínimo ético, a Moral seria a ordem mais extensa; o núcleo moral mais intenso (por exemplo, não matar) teria cobertura jurídica. Trata-se de uma orientação precipitadamente contraditada com a afirmação de normas jurídicas eticamente neutras: as normas técnicas.

Pela coercibilidade, verificar-se-ia que o Direito, ao contrário da Moral, prevê sanções para a inobservância das regras respetivas. Todavia: há regras jurídicas incoercíveis e que não preveem sanções: as chamadas normas imperfeitas. E também não é claro que as normas morais não possam ser sancionáveis: há sanções sociais difusas, muito eficazes.

A bilateralidade insiste em que, no Direito, surge sempre uma relação entre seres humanos; na Moral, pelo contrário, cada um fica só, com a sua consciência.

Num passo subsequente, dir-se-á que, para o Direito, releva a conduta; para a Moral, a intenção; esta seria interior; aquele, exterior. Mas não: o Direito atende, quanto possível, às intenções das pessoas, enquanto, para a Moral, as condutas relevam.

V. Com estes elementos, poderíamos reposicionar as doutrinas caracterizadoras do Direito[34]. A sua particularidade poderia residir: (a) na estrutura imperativa das suas regras (Kelsen, Fichte); (b) na própria matéria por ele regulada (S. Tomás, Grócio, Pufendorf); (c) no fim do ordenamento (Radbruch); (d) na natureza do sujeito que ponha a regra (J. Austin); (e) na resposta à inobservância da regra (Duguit). Tudo isto faz sentido: mas exige uma dogmática, isto é, uma Ciência aplicada.

8. Do neorelativismo ao politicamente correto

I. A separação entre o Direito e a Moral mantém-se em aberto: nas palavras de Jhering, trata-se do Cabo Horn da Filosofia do Direito[35]. A essa luz, tem sempre interesse prático recordar as diversas teorias: elas dão-nos

---

[34] Vide a síntese de NORBERTO BOBBIO, *Diritto*, NssDI V (1960), 769-776 (770/II ss.).
[35] HEINZ-DIETER ASSMANN, *Recht und Ethos in Zeitalter der Globalisierung* cit., 25.

imagens de uma realidade que tende a escapar[36]. Cumpre ainda sublinhar que, no início do século XIX, as grandes hipóteses estavam desbravadas; elas eram conhecidas, de resto, desde a Antiguidade. Procedemos, hoje, a releituras, embora seja patente uma evolução amoralizadora das nossas sociedades ocidentais, evolução essa que não poderá deixar de ter peso, na contraposição.

II. A Moral e o Direito estão geneticamente ligados[37]; sociólogos apresentam a Moral, numa sociedade moderna, como uma simples reguladora social; o Direito, pelo contrário, seria um fenómeno político[38]. A queda da Moral tradicional é ponto assente: o Direito surge, então, num plano reflexivo, complementando as atuações ou o modo de as coordenar[39]. E a quebra Moral é apontada como um pressuposto democrático: cada um está sujeito, apenas, à Lei[40]. Por esta via, voltamos à teoria da separação, com raízes em Tomasius, na Stoa e em Platão. Uma separação que, todavia, veda, à Moral, qualquer pretensão de julgamento.

O enfraquecimento da Moral de base religiosa, repetidamente observável, nas oscilações da História, é frequente no fim dos ciclos civilizacionais. No nosso tempo, podemos apontar como fatores determinantes da sua ocorrência: (a) o progresso das Ciências e uma certa dificuldade, por parte das religiões tradicionais, designadamente das Cristãs, em se adaptarem, salvaguardando o essencial; (b) a materialização das sociedades, com uma permanente solicitação dos sentidos, em detrimento da espiritualidade; (c) a postura defensiva da intelectualidade, primeiro perante a Guerra Fria e, agora, em face de (alguns) choques culturais ou do simples jogo eleitoral: para evitar incómodos, evita-se formular opções que, depois, possam ser prejudiciais ao próprio; (d) a densificação do Direito que, a pretexto de regulação, ocupa áreas antes reservadas à Moral.

---

[36] *Idem*, 295 ss., 306 ss..
[37] PAULO OTERO, *Lições de Introdução ao Estudo do Direito* I/1 (1998), 266 ss. (279 ss.).
[38] THEODOR GEIGER, *Vorstudium zu einer Soziologie des Rechts*, 4.ª ed. (1987), 251 ss..
[39] JÜRGEN HABERMAS, *Faktizität und Geltung/Beiträge zur Diskurstheorie des Rechts und des demokratischen Rechtsstaats* (1992, 4.ª ed., 1998), 145 e 147.
[40] HEINZ-DIETER ASSMANN, *Recht und Ethos im Zeitalter der Globalisierung* cit., 30.

III. A Moral sofre um processo de relativização: fica acantonada na Moral da consciência e na Moral Humana. Assistimos, porém, ao (re)surgimento de uma Moral social, não assumida mas reforçada, que condiciona fortemente as atuações públicas de todos os atores sociais: o denominado politicamente correto (*political correctness*). A ideia, também antiga, partiu dos Estados Unidos, no início da década de 90 do século passado, sob a bandeira de prevenir o uso de palavras que pudessem sugerir discriminações sensíveis. Desde logo, vai banir-se quanto sugira uma inferioridade histórica das mulheres ou de raças não-brancas e isso mesmo quando a igualdade seja (já) evidente, pacífica e indiscutível. Da semântica, passou-se às ideias[41]: não é adequado abordar (e defender) a proibição do aborto, a heterossexualidade, a religião católica[42], as restrições nos negócios [recorde-se a máxima (ou mínima): para um republicano (?) a única Moral é a Lei], o nuclear, a supremacia da família e assim por diante.

Trata-se de uma Moral "ao contrário": mas eficaz. Sob cominação de sanções sociais muito operativas, protagonizadas por fanáticos que não é "correto" denunciar como tais, surge um código de regras insindicáveis, que ocupam o lugar das antigas morais adstringentes e isso com prejuízo para a própria justeza que possam ter os valores por elas defendidos.

No que agora releva: independentemente das designações, existe um corpo de regras sociais, diferente do Direito e que com este concorre na conformação das sociedades. Para defesa do Direito e dos processos (bons ou maus) a ele ligados, cumpre fazer a destrinça, embora seja evidente o contágio[43].

---

[41] RAINER WIMMER, *Politische Korrektheit (political correctness)/Verschäfter Umgang mit Normen im Alltag*, em FRIEDRICH MÜLLER, *Politik, [Neue] Medien und Sprache das Rechts* (2007), 71-80 (74 ss.). O "politicamente correto" é, ainda, aperfeiçoado pelos "fazedores de opinião" os quais, sob uma neutralidade de fundo, vão cerceando as "anomalias" que detetem; referimos, sobre o tema, WALTER GRASNICK, *Die Meinungsmacher*, em FRIEDRICH MÜLLER, *Politik* cit. (2007), 105-117.

[42] Mas curiosamente, não é politicamente correto criticar outras religiões, designadamente o islamismo, mesmo quando contundam, por exemplo, com a igualdade entre os sexos.

[43] JEAN-FRANÇOIS KERVEGAN, *Rechtliche und moralische Normativität/Eine "idealistisches" Plädoyer für den Rechtspositivismus*, RTh 39 (2008), 23-52 e ROBERT DEINHAMMER, *Menschenrechte und Kulturrelativismus*, ARSP 96 (2010), 51-63.

9. Positividade e liberdade

I. Os estudos de campo sobre a Moral e o Direito dizem-nos que ambos correspondem a códigos de conduta impostos do exterior. No processo de socialização a que se sujeita o jovem ser humano, são-lhe ministradas as ideias do faz/não faças, independentemente de saber se se trata de Moral ou de Direito[44]. Em termos antropológicos, as diversas manifestações da moral tendem para a unificação e aproximam-se do Direito.

Para além disso, poderíamos considerar que uma pura Moral da consciência surge separada do Direito. Cada um tem a sua consciência, ainda que seja irrealista pensar que esta não é instilada do exterior. A Ética dos grandes sistemas, perante a apregoada laicidade do Ocidente, mantém-se separada do Direito; em diversos planos, ela opera como um repositório de juízos morais: aí já funcionaria a diferença. A Moral social, seja a genérica (*maxime*, o politicamente correto), seja a de grupos (deontologias sectoriais) é muito ativa: estamos na fronteira da diferença para a unidade. A Moral humana, através de vários esquemas internacionais, com relevo para o Tribunal Penal Internacional da Haia, tem vindo a juridificar-se: desenha-se a unidade, embora em torno de pontos muito delimitados.

Ao contrário de um juízo *prima facie*, a Moral mantém-se muito ativa. Há que lidar com o fenómeno.

II. A distinção fundamental entre a Moral e o Direito reside na positivação do segundo. O Direito é positivo (*positum*, colocado) porquanto dispõe de um processo científico para a sua aplicação. Mais concretamente: postula formas de produção de regras (códigos, parlamentos ou convenções internacionais), de decisão de casos concretos (tribunais) e de controlo racional de tudo isso. Depende de um ensino universitário e sujeita-se a juízos de oportunidade, de justiça e de adequação.

Pelo contrário: a Moral não está positivada; não tem órgãos de produção ou de aplicação; não dispõe de um procedimento científico de realização; não é controlável, sendo patentes as derivas que sofre, ao sabor dos *media* e dos *opinion makers*.

---

[44] Já NIKLAS LUHMANN, *Das Recht der Gesellschaft* (1993), 76 ss., referia, a propósito da Moral e do Direito, duas diversas formas de integração, do exterior.

A positivação do Direito permite, perante uma regra, perguntar ao sistema se ela é reconhecida como jurídica.

III. Em certos casos, o Direito remete para a Moral, designadamente para a Ética dos grupos ou para deontologias profissionais. Quando isso suceda, há, em regra, meios de reconhecimento, que permitem um mínimo de positivação. Nos nossos dias, a Moral geral (o politicamente correto) exerce um forte constrangimento sobre as deontologias. Cabe, no limite, ao Direito, intervir.

IV. A forte impressividade da Moral social leva a perguntar se não haverá um substrato materialmente jurídico. O Direito afirma-se, apenas, pelo traço, algo formal, da sua positividade?

No momento atual, afigura-se fecunda a ideia de conservar o Direito como uma ordem de liberdade. Kant mantém-se oportuno[45]:

> Age exteriormente de tal modo que o livre exercício do teu arbítrio possa coexistir com a liberdade de cada um, segundo uma lei geral.

A ordem jurídica permite que a liberdade de cada pessoa vá tão longe quanto possível[46]. A Moral limita essa liberdade, embora intente fazê-lo para o bem. Historicamente, isso nem sempre terá sucedido, tal como não é claro que o faça hoje em dia.

---

[45] KANT, *Die Methaphisik der Sitten* cit., 6, 231, também citado, a tal propósito, por KRISTIAN KÜHL, *Recht und Moral* cit., 11.

[46] Ainda que à custa de uma certa ambivalência com a segurança; JOHANNES MASING, *Die Ambivalenz von Freiheit und Sicherheit*, JZ 2011, 753-758.

§ 3.º ORDENAÇÃO E ESTUDO DO DIREITO

10. Do caso à norma, à lei e ao Código

I. O Direito implica, sempre, uma aprendizagem: dirigida a todos os membros da comunidade, enquanto agentes do fenómeno jurídico; e vocacionada para os operadores que tenham a função de decidir os casos ou de preparar essa decisão.

Numa sociedade muito simples – o modelo é a Roma antiga – a aprendizagem dos operadores poderia ser casuística, isto é: explicada com recurso a exemplos, reais ou fictícios. Temos um estudo assente em casos. Mas à medida que a sociedade se torne mais complexa, há que generalizar: obtemos a norma geral e abstrata.

II. As normas podem ser construídas na base de casos. Mas podem ser diretamente elaboradas por entidades competentes: senados, assembleias ou soberanos. Temos leis, no sentido amplo do termo. Tais leis não são, ainda, Direito, uma vez que, por si, não resolvem casos. Surgem como fases num processo mais amplo – o processo de realização do Direito – que, no seu termo, dá azo ao Direito prático, logo real.

As leis podem ser mais ou menos complexas. Pela interpretação, elas permitem elaborar normas, mais próximas da decisão dos casos.

III. A multiplicação das leis equivale a um processo empírico de criação jurídica. Elas surgem de acordo com coordenadas inabarcáveis, dependendo dos mais variados fatores, sem qualquer plano de conjunto. Ao longo da História, surgiram diversas técnicas de as compilar, de modo a facilitar a sua localização e o seu funcionamento. Quando a Ciência do Direito atingiu um grau elevado de evolução (no início do século XIX), foi-se mais longe: procedeu-se a uma elaboração científica de grandes leis, capazes de cobrir todo um sector da vida social. Temos os códigos modernos.

11. Quadros ordenadores; História e Direito comparado; receções

I. O Direito cobre a globalidade da vida social. Para o seu estudo, impõe-se distinguir áreas de especialização ou, pelo menos, de particularização. Temos, como exemplos: para as relações entre as pessoas, o Direito civil; para a organização do Estado e os direitos das pessoas perante ele, o Direito constitucional; para o exercício do comércio, o Direito comercial; para a atuação do Estado, o Direito administrativo; para a determinação dos crimes e das sanções que lhes correspondam, o Direito penal; para a resolução de litígios, o Direito processual civil; para as relações internacionais, o Direito internacional público.

II. Um mapa elementar do universo jurídico parece lógico. Se nos ativermos ao concreto conteúdo das disciplinas, ao porquê do surgimento de uma e não de outras e ao desenvolvimento relativo de cada uma delas, depressa verificamos que não há um plano de conjunto. As áreas jurídicas foram sendo autonomizadas ao sabor de vicissitudes históricas. Estas, pela complexidade causal que as enforma, não são lógicas. Devemos tomá-las como existentes e reelaborar, a partir delas, a matéria jurídica. Qualquer explicação jurídica acaba, inevitavelmente, acompanhada por considerações de ordem histórica.

III. A História tem, no Direito, ainda outra função. No plano jurídico, não é possível fazer verdadeiras experiências. A determinação das consequências de certas regras ou soluções implica estudos que se prolongam por décadas. Não é viável nem seria deontologicamente aceitável sujeitar comunidades humanas às inerentes experimentações. Mas encontramos, na História, um laboratório infindável. Ao longo dos tempos, têm sido concretizadas as mais diversas técnicas jurídicas. E a História diz-nos quais as consequências daí derivadas. Dispomos, hoje, de uma enciclopédia histórica que documenta o mérito comprovado das mais distintas soluções. Cada vez é mais difícil encontrar verdadeiras novidades.

Particularmente no Direito civil: temos esquemas testados há mais de dois mil anos. A repetição das misérias humanas – guerras, opressão, má gestão de recursos, agressões ao ambiente – mostra que a Humanidade teima em não aprender com os seus próprios erros. O século XX, suposto expoente da civilização, dá-nos os piores exemplos da História. Mas no campo da Ciência do Direito, onde não se jogam grandes sortilégios nem líderes iluminados, a experiência histórica é fecunda e funciona.

IV. O Direito é culturalmente diversificado. As distintas línguas dos povos, em situações civilizacionais próximas, comportam locuções equivalentes: uma mesma realidade pode ser comunicada de muitas formas totalmente diferentes, consoante o idioma. Um fenómeno paralelo ocorre com o Direito. Dada a sua natureza cultural, as fórmulas que ditam e explicam soluções equivalentes para casos idênticos variam, até ao infinito. Países como a Inglaterra, a França ou a Alemanha comportam Direitos que obedecem a princípios paralelos e que patrocinam soluções similares para os casos que sejam chamados a resolver. Mas as técnicas são distintas e os ordenamentos que as condicionam divergem, por vezes, ainda mais do que as próprias línguas.

Aqui temos um novo plano de experimentação: o Direito comparado, isto é, a comparação entre diversos Direitos. Por vezes, tal como nas línguas, há certas proximidades que permitem falar em famílias. As potencialidades resultantes do confronto de soluções devem estar presentes em qualquer estudo jurídico.

V. Voltemos à noção inicial: o Direito, como modo científico da resolução de casos. Não é viável transpor o Direito: este não é um corpo, material ou imaterial, que possa transitar de um lado para o outro. Mas é possível ensiná-lo e aprendê-lo.

A Ciência do Direito que se pratique numa latitude pode ser aprendida por juristas de uma latitude diversa e isso independentemente de qualquer fenómeno de dominação militar, política ou económica. Temos o caso extremo do Direito romano: foi acolhido, na Europa, nos séculos XII (universidades), XVI (humanismo) e XIX (pandetismo) e isso muitos séculos depois de ter desaparecido totalmente a sociedade que lhe esteve na base.

Tecnicamente, chamamos a este fenómeno, de tipo jurídico, a receção. Os fenómenos de receção, particularmente no Direito lusófono, isto é, no Direito dos Estados cuja língua seja o português, tornam-se frequentes: a todo o momento são, pela aprendizagem de elementos próprios de outros espaços jurídicos, incorporados os mais variados dados, elaborados em diversas ordens jurídicas. De novo temos de recorrer à História e ao Direito comparado para entender, explicar e aplicar os elementos em causa.

12. O presente Tratado

I. O presente Tratado de Direito civil visa a exposição crítica do Direito civil lusófono. Vai partir do Direito português, referindo as experiências dos demais Países e Territórios que se exprimem em português. A tarefa é ambiciosa mas é possível, dada a proximidade histórica, cultural e científica que existe entre eles.

II. Houve um percurso. Na origem, temos lições de Introdução ao Direito, de Teoria geral do Direito civil, de Direito das obrigações e de Direitos reais, elaboradas pelo Autor. Com o tempo, a matéria densificou-se, completada com estudos sectoriais. No final do século XX, o material reunido afigurava-se suficientemente maduro para uma releitura global, à luz do Direito português. Data, dessa fase, a primeira edição de diversos volumes do Tratado.

A acumulação de experiências pedagógicas no Brasil, em Angola, em Moçambique, em Cabo Verde, na Guiné e em Macau permite dar o passo seguinte e enfrentar um tratamento alargado de toda a matéria civil lusófona.

III. Hoje, com um protagonismo brasileiro (1916), consolidado nos demais espaços lusófonos (1966), o Direito civil de fala portuguesa segue a denominada classificação germânica: organiza-se numa parte geral e, depois, em quatro partes especiais: obrigações, reais, família e sucessões. Será esse o andamento do Tratado.

13. Ensino e doutrina

I. O ensino e a doutrina do Direito civil confundem-se, por largos séculos, com a própria Ciência do Direito. Como veremos, o Direito civil dá corpo ao núcleo fundamental das ordens jurídicas de tipo continental, por oposição aos países de *common law*.

Interessa cingir a análise aos últimos anos e de modo a focar, em especial, a experiência da Universidade de Lisboa, após a sua restauração, em 1913.

No século XIX, assistiu-se a um aprofundamento particular do Direito civil, num prisma codificador. Cientistas do Direito como Corrêa Telles

(1780-1849) e Coelho da Rocha (1793-1850) intentavam prosseguir ordenações e simplificações de fundo, de modo a alcançar um Código Civil. Utilizavam, para tanto, um método descritivo simples, onde os diversos institutos, articulados em termos racionais, se iam sucedendo, apoiados em citações retiradas, sobretudo, dos *digesta* e do Código Napoleão[47].

A elaboração do Código Civil de 1867 deu lugar, como é normal em tais circunstâncias, a uma larga literatura de tipo exegético. Uma elaboração mais cientificamente intensa do Direito civil – portanto, um maior distanciamento em relação ao texto legal, a favor de uma elaboração doutrinária intensa das questões civis – deveu-se a Guilherme Moreira, através da viragem para o pandetismo e a terceira sistemática, por ele protagonizada. Como adiante melhor será focado, a doutrina brasileira antecipara-se já a esse movimento: desde 1856, Teixeira de Freitas introduzira o método pandetístico, definitivamente consignado no Código Civil brasileiro de 1916.

II. Aquando da criação, em 1913, da Faculdade de Estudos Sociais e de Direito de Lisboa[48], vigorava a reforma dos estudos jurídicos aprovada pelo Decreto com força da Lei de 18-Abr.-1911. Nesta apareciam, quanto ao Direito civil:

– Cadeira de Noções Gerais e Elementares das Instituições de Direito Civil;

---

[47] Tem-se em vista, designadamente, o estilo das *Instituições* de COELHO DA ROCHA, pelas quais, ainda nos anos letivos de 1865-1866 e 1866-1867, se ensinou o Direito civil; o "compêndio oficial" mantinha-se, então, o de MELLO FREIRE. Por proposta de PEDRO MONTEIRO, o Código Civil passou a servir de texto do ensino; vide PAULO MERÊA, *Esboço de uma História da Faculdade de Direito*, BFD XXX (1954), 143-167 (143 ss.).

[48] Recorde-se que a Faculdade de Direito de Lisboa, fundada embora antes de 1288, fora transferida para Coimbra, no século XVI; sucederam-se, depois, várias tentativas para relançar o estudo do Direito em Lisboa, sem êxito, até ao advento da República; vide *Os setenta anos da Faculdade de Direito de Lisboa* (1984), 17 ss.. O ensino do Direito civil, neste período, em Coimbra – designadamente na pessoa de GUILHERME MOREIRA – pode ser seguido em BRAGA DA CRUZ, *A Revista de Legislação e de Jurisprudência/Esboço da sua História* 1 (1975), 433 ss., em notas. Sobre as reformas sucessivas dos estudos jurídicos, vide, para além de PAULO MERÊA, cit. na nota anterior, ALMEIDA COSTA, *O ensino do Direito em Portugal no século XX (Notas sobre as reformas de 1901 e de 1911)*, BFD XXXIX (1963), 31-106 e *Leis, Cânones, Direito, Faculdades de*, DHP 3 (reed. 1979), 453-470. Quanto à Faculdade de Direito de Lisboa: MARCELLO CAETANO, *Apontamentos para a História da Faculdade de Direito de Lisboa*, RFDUL XIII (1959), 11 ss.. Diversos elementos podem ser confrontados no nosso *Teoria geral do Direito civil/Relatório* (1988), 144 ss..

– 1.ª Cadeira de Direito Civil;
– 2.ª Cadeira de Direito Civil.

O ensino da *Cadeira de Noções Gerais* – que abrangia matéria depois repartida pela *Introdução ao Estudo do Direito* e pela *Teoria Geral do Direito Civil* – foi confiado, primeiro, a A. Abranches Ferrão e, mais tarde, a José Tavares, que teve grande influência no ensino posterior.

O Decreto n.º 8.578, de 8 de Janeiro de 1923, fixou o seguinte quadro para o ensino do Direito civil:

1.º ano – 1.ª cadeira de Direito civil (Noções Gerais e Elementares);
2.º ano – 2.ª cadeira de Direito civil (1.º e 2.º semestres: Obrigações);
3.º ano – 3.ª cadeira de Direito civil (Família e Sucessões);
4.º ano – 3.ª cadeira de Direito civil (3.º semestre: Direitos Reais).

Era, pois, a vitória da sistemática germânica; a "1.ª cadeira de Direito civil" que mantinha as características da sua antecessora, na reforma de 1911, continuou ligada a José Tavares.

Nova reforma – a do Decreto n.º 16.044, de 13 de Outubro de 1928 – veio introduzir os seguintes ajustamentos:

1.º ano – Cadeira de Direito civil (Noções fundamentais);
2.º ano – Cadeira de Direito civil (Obrigações);
3.º ano – Curso de Direito civil (Direitos Reais);
4.º ano – Cadeira de Direito civil (Família e Sucessões)[49].

Direito civil (Noções fundamentais) foi ensinado por Carneiro Pacheco, Jaime de Gouveia, Paulo Cunha, José Gabriel Pinto Coelho e Luís Pinto Coelho, durante os dezassete anos em que vigorou esta reforma[50]. Obrigada a introduzir a todo o Direito, a disciplina repartia-se, num esforço descritivo, que prejudicava o seu papel científico. Exemplo paradigmático desta forma de ensino do Direito civil é constituído pelas *Noções fundamentais de Direito civil,* de Pires de Lima e Antunes Varela, que continuou a ser utilizada, em Coimbra, no ensino do 1.º ano, depois da própria reforma de 1945, praticamente até aos finais da década de sessenta, num capítulo encerrado apenas com o ensino de Castanheira Neves, na Faculdade de Coimbra.

---

[49] Num esquema que se manteria, as "cadeiras" são anuais e os "cursos", semestrais.
[50] O esforço dalguns destes professores é hoje testemunhado por lições citadas *infra*, na bibliografia.

III. O Decreto-Lei n.° 34.730, de 5 de Julho de 1945, veio fixar nova reforma que, de certo modo e no essencial, ainda está em vigor. O mapa do Curso Geral – no que aqui releva – ficou assim ordenado:

1.° ano – Cadeira de Introdução ao Estudo do Direito[51];
2.° ano – Cadeira de Direito Civil (Teoria Geral);
3.° ano – Cadeira de Direito Civil (Direito das Obrigações);
4.° ano – Curso de Direito Civil (Direito Reais);
– Curso de Direito Civil (Direito da Família);
– Curso de Direito Civil (Direito das Sucessões).

A *Teoria Geral do Direito Civil* foi ensinada, na Faculdade de Direito de Lisboa, por Inocêncio Galvão Telles, Luís Pinto Coelho, José Dias Marques e Paulo Cunha[52].

O ensino da *Teoria Geral* ficou modelado, particularmente, pela figura de Paulo Cunha, em Lisboa, e pela de Manuel de Andrade, em Coimbra, em termos que se mantiveram nas décadas subsequentes. Na verdade, os trabalhos posteriores de Castro Mendes e de Carvalho Fernandes seguiriam o modelo de Paulo Cunha, enquanto os de Mota Pinto aderem, de perto, a Manuel de Andrade[53].

Tentativas renovadoras de Orlando de Carvalho, nos finais da década de sessenta, não se deixaram documentar, por as respetivas *lições* terem ficado muito incompletas.

Seria necessário aguardar os finais do século XX para, nas Faculdades de Direito de Coimbra e de Lisboa, se assistir a um movimento de renovação integral no estudo e no ensino do Direito civil.

---

[51] Após diversos ensaios, entendemos hoje que a disciplina *Introdução ao Estudo do Direito* deve ser globalmente mantida como de Direito civil, o que inclui a metodologia geral. Um País de Direito continental deve iniciar os jovens juristas pela via civil, ainda que alargada a um enquadramento mais amplo.

[52] Houve ainda regências de CASTRO MENDES – em substituição de PAULO CUNHA – e de ISABEL DE MAGALHÃES COLLAÇO, em simultâneo com a de PAULO CUNHA, a partir de 1969-1970, data em que se procedeu a um desdobramento de turmas.

[53] Próximo de PAULO CUNHA, embora atento a MANUEL DE ANDRADE, esteve, também, BIGOTTE CHORÃO, em lições de 1973-74, infelizmente incompletas, na altura em que a reforma de 1972, colocando a Teoria Geral no 1.° ano, provocou, na Faculdade de Direito, a duplicação transitória do seu ensino. Houve, então, regências de PAULO CUNHA, BIGOTTE CHORÃO, CASTRO MENDES e MAGALHÃES COLLAÇO. Esta última não deixaria, contudo, quaisquer lições.

IV. O ensino do Direito civil, no âmbito da Reforma de 1945 e através de sucessivas alterações introduzidas posteriormente, pode sintetizar-se nos seguintes pontos:

- manutenção da técnica da relação jurídica;
- sedimentação das referências bibliográficas e dos problemas a considerar;
- exegese do Código Civil de 1966.

A técnica de relação jurídica resultou de um certo exacerbar das características conceituais ínsitas no pensamento científico subjacente à parte geral do Direito civil. De um puro quadro explicativo, próprio das páginas iniciais dos manuais de Direito, pretendeu fazer-se uma bitola geral do Direito civil e, até, de todo o Direito.

A relação jurídica, assim utilizada, perpetua e reproduz, até aos ínfimos meandros, os óbices que, abaixo, serão apontados à parte geral, para que se remete [54].

Além disso, chama-se a atenção para os seguintes aspectos negativos, ligados à sua utilização:

- num prisma técnico, a relação jurídica não esgota as situações jurídicas possíveis: pretender generalizá-la a toda a matéria equivale ora a esquecer as situações não relativas, ora a distorcê-las, de modo a fazê-las aparentar uma estrutura que, de facto, não têm;
- num prisma didático-científico, a técnica da relação jurídica prejudica uma distribuição dinâmica da matéria, obrigada a seguir os elementos tradicionais constitutivos da pretensa relação e dificulta uma reanimação geral do programa, com abertura de novas rubricas;
- num prisma significativo-ideológico, a técnica de relação jurídica prejudica a posição da pessoa e da sua atividade como cerne imprescindível do Direito civil [55].

---

[54] Cf. *infra*, 174 ss.. A tentativa de NORBERT ACHTERBERG, *Die Rechtsordnung als Rechtsverhältnisordnung* (1982), de reanimar a "relação jurídica", já não tem a ver com a figura aqui criticada.

[55] Outros elementos críticos à relação jurídica e à universalização da sua técnica podem ser confrontados em MENEZES CORDEIRO, *Direitos Reais/Sumários* (2000), 42 ss..

V. A sedimentação das referências bibliográficas e dos problemas a tratar equivale a uma não-renovação doutrinária de fundo, no campo civil, aqui agravada. Trata-se de um problema complexo, que não pode ser mais do que indicado, neste local. Para ele contribuíram fenómenos tão diversos como a complexidade e a vastidão da matéria, o interesse suscitado por disciplinas mais novas – como as do Direito público – ou mais delimitadas – como o Direito penal –, a decadência dos estudos históricos (o Direito romano) e linguísticos (as línguas latina e alemã) e as próprias dificuldades do civilismo, a nível europeu, que depois do grande progresso dos anos vinte e trinta do século XX, estacou, perante o irrealismo metodológico, subsequente à jurisprudência dos interesses. Em muitas questões fundamentais, a doutrina lusófona manteve-se apegada a autores clássicos e importantes, mas antigos, como Enneccerus/Nipperdey (anos 20) e Heck (anos 20/30) e que estiveram, aliás, na base do Código Civil de 1966. O próprio Karl Larenz, apesar de atualizado, é um autor dos anos trinta, do século passado. Toda uma rica geração posterior de cientistas do Direito tem sido desconhecida.

Resultou daqui – em mais uma faceta do desfasamento da introdução e da parte geral – que a matéria do Livro I do Código Civil, no contexto das disciplinas civis, é precisamente a que menos tem progredido, entre nós, nos últimos setenta anos: o fenómeno é flagrante se se proceder a um cotejo com o vizinho Direito das obrigações.

VI. A exegese do Código Civil de 1966 conta-se, porventura, entre os aspetos mais positivos levados a cabo pelos doutrinadores que, após a sua aprovação, deixaram obra escrita.

Por certo que um puro movimento exegético corresponderia a uma incipiência metodológica, devendo considerar-se, há muito, ultrapassado pela Ciência do Direito. No sistema jurídico europeu continental, a lei tem, no entanto, uma posição inquestionável, entre as fontes do Direito, sobretudo quando codificadas. Toda a elaboração científica assenta, no Direito civil, em bases histórico-culturais que não devem ser escamoteadas. Ora essas bases exprimem-se e cristalizam nas grandes codificações.

O desbravar da lei – nas suas conexões internas e externas e nos seus significados – deve anteceder qualquer renovação científica e doutrinária. Neste ponto, foi registado êxito, abrindo-se, pois, as portas a posteriores saltos qualitativos.

VII. A nível universitário, ensino e investigação científica estão indissociavelmente ligados. Tratando-se do Direito, a associação deve alargar-se à denominada prática, isto é, à solução de casos concretos.

A doutrina tradicional do Direito civil, no ensino da introdução e da parte geral, ignorava ainda este último aspeto, numa faceta agravada pela inexistência – ou grande escassez – de jurisprudência nacional, em muitos dos seus temas.

Também aqui se perfila um fator de renovação dos conteúdos e métodos do ensino.

14. A preversão de Bolonha

I. A pretexto da integração europeia, o Governo da época, particularmente o Ministro Mariano Gago, em 2005, entendeu reduzir a licenciatura em Direito a quatro anos e, em geral, dificultar o estudo e o ensino das Humanidades: cortando verbas, impondo uma uniformização artificial do ensino e tornando profissionalmente pouco atraentes as carreiras académica e da investigação, no Direito. E isso sucedeu numa altura em que, mercê da integração europeia, da diferenciação dos institutos e da complexização das sociedades, muita mais matéria havia a estudar. Essa opção, em perfeito contraciclo, permitirá economizar, ao Estado, importâncias mínimas, uma vez que o ensino público é, hoje, custeado pelos alunos e pelas famílias. Além disso, ela tem sido dobrada por dificuldades burocráticas de todo o tipo, em relação à cooperação jurídica lusófona. Nada disto tem a ver com o invocado programa de Bolonha, relativo à interabertura das Universidades europeias: bastaria um mínimo de humildade para, através de rápida consulta ao que se faz nos outros países, se apreender o *qui pro quo*.

II. Há momentos na História das Nações em que os Povos (ou os seus Governos, mas sem reação popular) encetam processos de autodestruição. A cruzada oficial contra as Humanidades, entre as quais o Direito e a sua Ciência, vem inscrever-se nesse contexto. O maior e mais substancial contributo dos nossos Povos para a civilização planetária é, justamente, a lusofonia e o Direito.

Protestámos em sede própria e pelas vias adequadas. Sem êxito. Aqui fica consignada a nossa preocupação: queira Deus que despropositada.

15. Bibliografia

I. Uma bibliografia significativa, na parte geral do Direito civil, seria muito abrangente: ela implicaria a doutrina referente às "partes especiais", à parte geral do Código e à teoria geral, propriamente dita. Além disso, seria necessário lidar com a doutrina estrangeira: a Ciência do Direito não conhece fronteiras, não sendo, a nível universitário, de admitir barreiras linguísticas aos conhecimentos. A feição do Código Civil português em vigor confere ainda o maior interesse à doutrina alemã: as restantes experiências mais divulgadas – designadamente a francesa e a italiana – não comportam uma "parte geral" e, daí, obras dedicadas ao seu estudo.

Neste condicionalismo, opta-se por dar indicações bibliográficas mais extensas, apenas, quanto à doutrina portuguesa. Nas restantes, as indicações são, tão-só, exemplificativas. Indicações complementares e mais específicas serão disseminadas ao longo da exposição, em notas.

II. *Bibliografia portuguesa anterior a 1867*:

- PASCOAL JOSÉ DE MELLO FREIRE, *Institutiones Juris Civilis Lusitani*, 4 tomos, 3.ª ed. (1842); há uma tradução portuguesa, efetuada por MIGUEL PINTO DE MENESES e publ. no BMJ 161 (1966) e 162 a 166, 168, 170 e 170 (1967) sob o título *Instituições de Direito Civil Português;* o livro I diz, no entanto, respeito ao Direito público;
- MANUEL DE ALMEIDA E SOUSA (conhecido como LOBÃO), *Notas de uso prático e críticas, addições, illustrações e remissões à imitação das de Muller a Struvio, sobre todos os titulos e todos os §§ do Livro primeiro das Instituições de Direito Civil Lusitano do Doutor Pascoal José de Mello Freire,* Parte I, *idem,* ao *Livro segundo,* Parte II e *idem,* ao *Livro terceiro,* Parte III; há uma edição da Imprensa Nacional, publicada a partir de 1847, em 32 volumes. Esta obra é conhecida, simplesmente, como *Notas a Mello;*
- MANUEL BORGES CARNEIRO, *Direito Civil de Portugal,* 4 volumes, Lisboa, 1826-1840;
- JOSÉ HOMEM CORRÊA TELLES, *Digesto português,* 9.ª ed. (reimpr.), Lisboa, 1909; a 1.ª ed. é de 1835;
- ANTÓNIO RIBEIRO DE LIZ TEIXEIRA, *Curso de Direito Civil Português ou commentário às instituições do Sr. Paschoal José de Mello Freire sobre o mesmo Direito,* 3.ª ed., Coimbra, 1856;
- M. A. COELHO DA ROCHA, *Instituições de Direito Civil Português,* 8.ª ed. (reimpr.), 2 tomos, Lisboa, 1917; a 1.ª ed. é de 1844.

III. *Bibliografia portuguesa posterior a 1867 e anterior a 1966*:

- JOSÉ DIAS FERREIRA, *Código Civil portuguez annotado*, Lisboa, 5 volumes, 1871 ss. e 2.ª ed., Coimbra, 1894 ss..
- ABEL PEREIRA DE ANDRADE, *Commentario ao Codigo Civil Portuguez* (Art. 359.° e ss), Coimbra, 1895;
- GUILHERME ALVES MOREIRA, *Instituições do Direito civil português*, 1 – *Parte Geral*, Coimbra, 1907[56];
- CAEIRO DA MATTA, *Direito Civil Português* I – *Parte Geral*, Coimbra, 1909;
- A. J. TEIXEIRA D'ABREU, *Curso de Direito Civil*, 1 – *Introdução*, Coimbra, 1910; e *Lições de Direito Civil Português*, 1.ª ed., Coimbra (1898);
- JOSÉ TAVARES, *Os princípios fundamentais do Direito civil*, 1.° vol., 2.ª ed., Coimbra, 1929 e 2.° vol., Coimbra, 1928;
- LUIZ DA CUNHA GONÇALVES, *Tratado de Direito Civil em comentário ao Código Civil Português*, 14 volumes, Coimbra, a partir de 1929;
- J. G. PINTO COELHO, *Direito Civil (Noções fundamentais)*, por J. R. MENDES DE ALMEIDA e J. AGOSTINHO DE OLIVEIRA, Lisboa, 1936-37;
- PAULO CUNHA, *Direito Civil/Teoria Geral da Relação Jurídica*, tomo I por MARGARIDA PIMENTEL SARAIVA e ORLANDO GARCÍA-BLANCO COURRÈGE, Lisboa, 1937/38 e tomo II por MARIA LUÍSA COELHO BÁRTHOLO e JOAQUIM MARQUES MARTINHO, polic., Lisboa, 1936/37[57]; *Teoria Geral de Direito Civil* II e III, polic., Lisboa, 1961-62[58];
- JAIME DE GOUVEIA, *Direito Civil*, por F. C. ANDRADE DE GOUVEIA e MÁRIO RODRIGUES NUNES, Lisboa, 1939[59];
- INOCÊNCIO GALVÃO TELLES, *Cadeira de Direito Civil/Teoria Geral*, por FERNANDO MENDES LEAL e FERNANDO PESSOA JORGE, 2 volumes, Lisboa, 1947-48, dactil.;
- LUÍS PINTO COELHO, *Teoria Geral do Direito Civil*, polic., Lisboa, 1950-51[60] e *Direito Civil/Teoria Geral da Relação Jurídica*, por JOSÉ DIAS BRAVO, 1953, polic.;

---

[56] Existem Lições de GUILHERME MOREIRA anteriores, embora sem indicação de data: provavelmente de 1902-1903.

[57] Trata-se de lições correspondentes à 2.ª cadeira de Direito Civil, abrangendo porém matéria clássica da Parte geral, de acordo com o figurino germânico.

[58] Estas lições policopiadas, sem indicação de autoria, foram objeto de reimpressão, até 1965.

[59] Trata-se de lições dadas ao 1.° ano jurídico, em 1939-40.

[60] Trata-se de lições policopiadas, sem indicação de autoria.

- PIRES DE LIMA/ANTUNES VARELA, *Noções fundamentais do Direito Civil*, 2 volumes, Coimbra, 1945[61];
- JOSÉ DIAS MARQUES, *Teoria Geral do Direito Civil*, 1.º vol., Coimbra, 1958 e 2.º vol., Coimbra, 1959[62];
- LUÍS CABRAL DE MONCADA, *Lições de Direito Civil*, 3.ª ed., 2 volumes, Coimbra, 1959[63]; existe uma 4.ª ed., de 1962, mas publicada apenas em 1995, num volume único[64];
- MANUEL A. DOMINGUES DE ANDRADE, *Teoria Geral da Relação Jurídica*, 2 volumes, Coimbra, 1960[65].

IV. *Bibliografia portuguesa posterior a 1966*:

- JOÃO DE CASTRO MENDES, *Direito civil (Teoria Geral)*, 3 volumes, policop., Lisboa, 1967-1968[66];
- ORLANDO DE CARVALHO, *Direito Civil (Teoria geral da relação jurídica)*, policop., Coimbra, 1968-1969[67] e *Teoria Geral do Direito Civil/Sumários desenvolvidos*, policop., Coimbra, 1981[68];
- PAULO CUNHA, *Teoria Geral de Direito Civil*, policop. Lisboa, 1971--1972 e 1972-1973[69];

---

[61] Esta obra teve várias edições posteriores das quais a última – a 6.ª – corresponde a uma reimpressão de 1973.

[62] A Teoria Geral de DIAS MARQUES veio, assim, a ser a única obra impressa, elaborada apenas pelo seu Autor e que correspondeu à disciplina da Teoria Geral do Direito Civil, antes do Código de 1966. Ela foi antecedida por Lições policopiadas.

[63] Corresponde a uma reimpressão da 2.ª edição, de 1954, a qual retomou um original, de 1931-32 correspondente à disciplina de Noções fundamentais de Direito civil.

[64] As peripécias relativas a esta 4.ª ed. podem ser confrontadas na nota do editor que a antecede.

[65] MANUEL DE ANDRADE faleceu em 1958; trata-se, pois, de uma obra póstuma, publicada por FERRER CORREIA e RUI DE ALARCÃO, aproveitando embora elementos elaborados anteriormente por ANDRADE, com relevo para as Lições coligidas por RICARDO DA VELHA, em 1953. Houve, depois, reimpressões sucessivas.

[66] Esta obra conheceu versões posteriores, a última das quais de 1978; quando faleceu, em 1983, CASTRO MENDES preparava uma nova versão, de que foi publicado o 1.º vol., em 1983, graças a ARMINDO RIBEIRO MENDES e a VASCO DE CASTRO.

[67] Infelizmente incompleto, este escrito seria reimpresso em 1981, com algumas alterações, sob o título *A teoria geral da relação jurídica/seu sentido e limites*.

[68] Também incompleto, este escrito avança um pouco na matéria em relação ao anterior, para o qual remete, aliás, largamente.

[69] Estas lições, infelizmente incompletas, acabariam por ser as únicas correspondentes ao ensino de PAULO CUNHA e escritas por ele próprio; existem, no entanto, apontamentos completos das aulas de PAULO CUNHA, embora não tenham sido publicados.

— CARLOS ALBERTO DA MOTA PINTO, *Teoria Geral do Direito Civil*, 3.ª ed., 1985[70];
— MÁRIO BIGOTTE CHORÃO, *Teoria Geral do Direito Civil*, 3 volumes, policop., Lisboa, 1972-1973[71];
— INOCÊNCIO GALVÃO TELLES, *Teoria Geral do Direito Civil/Sumários*, policop., Lisboa, 1979;
— A. DA PENHA GONÇALVES, *Teoria Geral do Direito Civil*, 1.º vol., policop., Lisboa, 1981;
— PIRES DE LIMA/ANTUNES VARELA, *Código Civil anotado*, 1.º vol., 4.ª ed., Coimbra, 1987;
— ANTÓNIO MENEZES CORDEIRO, *Teoria geral do Direito civil*, 2.ª ed., 2 volumes, policop., Lisboa, 1989-1990;
— HEINRICH EWALD HÖRSTER, *A parte geral do Código Civil português/Teoria Geral do Direito Civil*, Coimbra, 1992;
— JOSÉ DE OLIVEIRA ASCENSÃO, *Direito Civil/Teoria Geral*, Coimbra, I – *Introdução. As pessoas. Os bens*, 2.ª ed. (2000), II – *Acções e factos jurídicos*, 2.ª ed. (2003) e III – *Relações e situações jurídicas* (2002);
— RABINDRANATH CAPELO DE SOUSA, *Teoria Geral do Direito Civil*, 1.º vol., Coimbra, 2003;
— CARLOS ALBERTO DA MOTA PINTO, *Teoria geral do Direito civil*, 4.ª ed., por ANTÓNIO PINTO MONTEIRO e PAULO MOTA PINTO, Coimbra, 2005;
— LUÍS CARVALHO FERNANDES, *Teoria Geral do Direito Civil*, 5.ª ed., Lisboa, 1.º vol., 2009 e 2.º vol., 2010;
— PEDRO PAES DE VASCONCELOS, *Teoria Geral do Direito Civil*, 6.ª ed., Lisboa, 2010.

V. *Bibliografia portuguesa relativa à introdução do Estudo do Direito*:

a) Anterior a 1966

— PAULO CUNHA, *Cadeira de introdução ao Estudo do Direito*, I, por MAURÍCIO CANELAS (1945/46) e II, sem indicação do compilador;

---

[70] Publicada pouco depois da morte do seu Autor – mas ainda preparada por ele – esta obra teve uma primeira edição impressa em 1976; na origem, estão lições de 1967, elaboradas para adaptar o ensino de MANUEL DE ANDRADE ao novo Código Civil; na atualização, colaborou ANTÓNIO PINTO MONTEIRO.

[71] Apresentados como notas das lições, estes elementos, com exceção do 2.º volume, ficaram incompletos.

§ 3.º Ordenação e estudo do Direito   77

– JOSÉ HERMANO SARAIVA, Lições de introdução ao Direito, Lisboa, 1963;
– FERNANDO ANDRADE PIRES DE LIMA e JOÃO DE MATOS ANTUNES VARELA, Noções fundamentais de Direito civil, I, 6.ª ed., Coimbra, 1973.

b) Posterior a 1966

– ANTÓNIO DE CASTANHEIRA NEVES, Lições de introdução ao Estudo do Direito, Coimbra, 1968-1969;
– ANTÓNIO MENEZES CORDEIRO, Noções gerais de Direito, Lisboa, 1979;
– NUNO SÁ GOMES, Introdução ao Estudo do Direito, Lisboa, 1979/1980;
– JOSÉ DIAS MARQUES, Introdução ao estudo do Direito, Lisboa, 1986;
– JOÃO BAPTISTA MACHADO, Introdução ao Direito e ao discurso legitimador, 3.ª ed., Coimbra, 1989;
– MARCELO REBELO DE SOUSA e SOFIA GALVÃO, Introdução ao estudo do Direito, Lisboa, 1991;
– PAULO OTERO, Lições de introdução ao Estudo do Direito, 1.º vol., 2 tomos, Lisboa, 1999;
– INOCÊNCIO GALVÃO TELLES, Introdução ao Estudo do Direito, 10.ª ed., dois volumes, Coimbra, 2000;
– DIOGO FREITAS DO AMARAL, Manual de Introdução ao Direito, 1, Coimbra, 2004;
– JOSÉ DE OLIVEIRA ASCENSÃO, O Direito. Introdução e teoria geral, 13.ª ed., Coimbra, 2005;
– FERNANDO JOSÉ BRONZE, Lições de introdução ao Direito, 2.ª ed., Coimbra, 2006;
– ANTÓNIO SANTOS JUSTO, Introdução ao Estudo do Direito, 4.ª ed., Coimbra, 2009;
– MIGUEL TEIXEIRA DE SOUSA, Introdução ao estudo do Direito, Coimbra, 2012.

VI. Bibliografia estrangeira; a) Alemã[72]:

– KARL LARENZ/MANFRED WOLF, Allgemeiner Teil des Bürgerlichen Rechts, 9.ª ed., Munique, 2004;

---

[72] A bibliografia estrangeira verdadeiramente geral é alemã, uma vez que, como foi referido, de entre os Códigos Civis mais próximos, apenas o BGB tem uma parte geral

– Manfred Löwisch/Daniela Neumann, *Allgemeiner Teil des BGB/Einführung und Rechtsgeschäftslehre*, 7.ª ed., Munique, 2004;
– Bernd Rüthers/Astrid Stadler, *Allgemeiner Teil des BGB*, 16.ª ed., Munique, 2009;
– Dieter Leipold, *BGB I/Einführung und Allgemeiner Teil*, 6.ª ed., Tübingen, 2010;
– Dieter Medicus, *Allgemeiner Teil des BGB*, 10.ª ed., Heidelberg, 2010;
– Hans Brox/Wolf-Dietrich Walker, *Allgemeiner Teil des BGB*, 34.ª ed., Colónia e outros, 2010;
– Helmut Köhler, *BGB/Allgemeiner Teil*, 34.ª ed., Munique, 2010;
– Ulrich Eisenhardt, *Einführung in das Bürgerliche Recht*, 6.ª ed., Heidelberg, 2010;
– Wolfgang Kallwass/Peter Abels, *Privatrecht*, 20.ª ed., Colónia, 2010;
– Eugen Klunzinger, *Einführung in das Bürgerliche Recht*, 15.ª ed., Munique, 2011.

VII. *Segue*; b) *Francesa*[73]:

A bibliografia francesa só fragmentariamente pode ser usada no estudo da parte geral do Direito civil. Uma vez que não adota a classificação germânica, vamos encontrar elementos relativos ao "negócio jurídico" – noção estranha ao Direito francês – nas obras sobre obrigações; as coisas surgem a propósito dos bens; as pessoas, por fim, nos escritos homónimos.

Com estas ressalvas, cumpre indicar[74]:

– Henri e Léon Mazeaud/Jean Mazeaud/François Chabas, *Leçons de Droit Civil*, II/1 – *Obligations/Théorie générale*, 9.ª ed., Paris,

---

comparável à nossa. Das dezenas de títulos disponíveis, optou-se por indicar dez, dos últimos anos, de entre os mais conhecidos.

Dois grandes clássicos são, ainda, muito referidos: Andreas von Tuhr, *Der Allgemeine Teil des Deutschen Bürgerlichen Rechts*, vol. I (1910) e vol. II, tomo 1 (1914) e tomo 2 (1918), com reimpr. em 1957 e Ludwig Enneccerus/Hans Carl Nipperdey, *Allgemeiner Teil des Bürgerlichen Rechts*, 15.ª ed., 1.º vol. (1959) e 2.º vol. (1960); estas duas obras têm versões traduzidas em castelhano. Outras e mais vastas indicações podem ser confrontadas na 2.ª ed. do presente volume deste *Tratado*.

[73] A bibliografia francesa vem indicada por ser mais acessível em função da língua e por permitir interessantes comparações com a alemã; também aqui optamos por referir algumas obras, dos últimos anos, de entre as mais conhecidas.

[74] Pela ordem por que se organiza o presente *Tratado*, na sua parte geral.

1998, II/2 – *Biens*, 8.ª ed., Paris, 1994 e I/2 – *Les personnes*, por FLORENCE LAROCHE-GISSEROT, Paris, 1997;
– JEAN CARBONNIER, *Droit civil*, 4 – *Les obligations*, 22.ª ed., Paris, 2000, 3 – *Les biens*, 19.ª ed., Paris, 2000 e 1 – *Les Personnes*, 21.ª ed., Paris, 2000 ; está disponível uma edição global, de 2004;
– FRANÇOIS TERRÉ/DOMINIQUE FENOUILLET, *Droit civil/Les personnes*, 7.ª ed., Paris, 2005;
– ALAIN BÉNABENT, *Droit civil/Les obligations*, 11.ª ed., 2007;
– GÉRARD CORNU, *Droit civil/Introduction, Les personnes, Les biens*, 13.ª ed., Paris, 2007;
– FRANÇOIS TERRÉ/PHILIPPE SIMLER/YVES LEQUETTE, *Droit civil/Les obligations*, 10.ª ed., Paris, 2009;
– FRANÇOIS TERRÉ/PHILIPPE SIMLER, *Droit civil/Les biens*, 8.ª ed., Paris, 2010.

16. Revistas, comentários, bases de dados e *Internet*

I. O estudo do Direito – particularmente do Direito privado – implica o hábito de ler *revistas jurídicas*. De um modo geral, pode dizer-se que todas as revistas em português acabam por ter relevância civil, devendo ser conhecidas e consultadas[75]. Quatro delas merecem contudo uma referência especial, pela quantidade e qualidade da informação que facultam: as duas primeiras no domínio da doutrina que contêm e as duas últimas no da jurisprudência, mas também com doutrina:

– *O Direito*, suspensa em 1974 e retomada nos finais de 1987;
– *Revista de Legislação e de Jurisprudência* – RLJ;
– *Boletim do Ministério da Justiça* – BMJ;
– *Colectânea de Jurisprudência* – CJ.

---

[75] Assim, e sem preocupações de exaustividade, além das indicadas no texto e de entre as mais relevantes: *Boletim da Faculdade de Direito da Universidade de Coimbra* (BFD); *Ciência e Técnica Fiscal* (CTF); *Direito e Justiça* (DJ); *Gazeta da Relação de Lisboa* (GRLx); *Revista de Direito e de Economia* (RDE); *Revista de Direito e de Estudos Sociais* (RDES); *Revista da Faculdade de Direito da Universidade de Lisboa* (RFDUL); *Revista Jurídica* (RJ); *Revista da Ordem dos Advogados* (ROA); *Revista dos Tribunais* (RT); *Scientia Iuridica* (SI); *Tribuna da Justiça* (TJ).

II. *Comentários e revistas estrangeiras*

No estudo da parte geral do Direito civil, têm interesse imediato os comentários aos diversos códigos civis estrangeiros, com relevo específico para aqueles que, como o Código Vaz Serra e o brasileiro, tenham uma parte geral. Tais comentários podem ser localizados através de qualquer monografia especializada, cabendo salientar, todos quanto ao Código Civil alemão e com a intervenção de dezenas de especialistas:

- SOERGEL, *Bürgerliches Gesetzbuch*, 13.ª ed., Frankfurt, a partir de 2000;
- STAUDINGERS *Kommentar zum Bürgerlichen Gesetzbuch*, Berlim, a partir de 2006[76], em permanente publicação; estão disponíveis muitas dezenas de volumes, ultrapassando as 50.000 p., num custo superior a 20.000 euros; trata-se, neste momento, da maior obra de Direito civil continental;
- *Münchener Kommentar zum Bürgerlichen Gesetzbuch*, 5.ª ed., Munique, a partir de 2008, em curso de publicação; prevê-se que, quando completo, este comentário atinja as 30.000 páginas, em 11 volumes.

Para aprofundar os domínios histórico-dogmáticos da matéria da parte geral, tem o maior relevo:

- MATHIAS SCHMOECKEL/JOACHIM RÜCKERT/REINHARD ZIMMERMANN, *Historicher-kritischer Kommentar zum BGB – I – Allgemeiner Teil*, §§ 1-240, Tübingen, 2003.

Quanto a comentários atualizados e de consulta mais simples, cumpre referir:

- HEINZ GEORG BAMBERGER/HERBERT ROTH, *Kommentar zum Bürgerlichen Gesetzbuch*, 2 volumes, 2.ª ed., 2007;
- ERMAN/WESTERMANN, *Handkommentar zum BGB*, 12.ª ed., Munique, 2008;
- OTMAR JAUERNIG, *Bürgerliches Gesetzbuch*, 2, volumes, 13.ª ed., Munique, 2009;
- HANS PRÜTTING/GERHARD WEGEN/GERD WEINREICH, *BGB Kommentar*, 5.ª ed., Colónia, 2010;
- PALANDT, *Bürgerliches Gesetzbuch*, 71.ª ed., Munique, 2012.

---

[76] O STAUDINGER deixou de fazer referência a edições, indicando apenas a data da publicação. Em rigor, tratar-se-á da 14.ª edição.

No tocante a revistas e tal como vimos suceder no plano lusófono, todos os títulos têm relevância para o Direito civil. As mais conhecidas revistas especializadas em Direito civil, na Alemanha, em Espanha, em França e na Itália são, respetivamente:

– *Archiv für die civilistische Praxis* (AcP);
– *Revista de Derecho Privado* (RDP);
– *Revue Trimestrielle de Droit Civil* (RTDC);
– *Rivista di Diritto Civile* (RDCiv).

Um bom acompanhamento do progresso da Ciência do Direito, com relevo particular para o Direito civil, pode ser conseguido com recurso aos seguintes títulos:

– *Neue Juristische Wochenschrift* (NJW);
– *Juristen Zeitung* (JZ);
– *Juristische Schulung* (JuS);
– *Rivista di Diritto Commerciale e del Diritto Generale delle Obbligazione* (RDComm).

Há muitos outros títulos relevantes[77].

III. *Bases de dados e Internet*
O jurista enfrenta, hoje e como primeira dificuldade, a multiplicação das fontes e dos elementos necessários para o seu desempenho. Tem, assim, a maior utilidade aceder a bases de dados, fechadas ou disponíveis através da *Internet*.

As grandes publicações tendem a estar disponíveis em *CDRom*. Tal o caso da NJW, embora esse esquema seja cada vez mais substituído pelo acesso direto à *Internet*. Como base de dados com vertentes legislativa e jurisprudencial, avulta a LEGIX, da Priberam, de que foi responsável o Dr. Ernesto de Oliveira, a cuja memória prestamos homenagem. A LEGIX disponibiliza, hoje, também a CELEX, importante base de dados jurídicos europeus.

A jurisprudência portuguesa é de livre acesso através da ITIJ.

Os elementos relativos aos Países lusófonos de África – legislação e jurisprudência – são acessíveis pela LEGIS-PALOP, que requer assinatura.

No que tange ao Brasil, vale o sítio da Presidência da República: Planalto.gov.br, de acesso livre.

---

[77] *Vide* a lista de abreviaturas publicada no início desta obra.

Multiplicam-se, na *Internet*, os sítios com informação jurídica útil[78].
Apenas como exemplos nacionais:
– *Faculdade de Direito de Lisboa*: www.fd.ul.pt[79]
– *Faculdade de Direito de Coimbra*: www.fd.uc.pt[80]
– *Ministério da Justiça*: www.mj.gov.pt[81]
– *Tribunal Constitucional*: www.tribunalconstitucional.pt
– *Supremo Tribunal de Justiça*: www.cidadevirtual.pt/stj/
– *Procuradoria-Geral da República*: www.pgr.pt/
– *Ordem dos Advogados*: www.oa.pt.

Estão disponíveis, na *Internet* as decisões de vários tribunais, com relevo para o *Bundesgerichtshof*, bem como as leis de diversos países, mais recentes. São, também, de fácil acesso múltiplas revistas jurídicas e bibliografias variadas, com relevo para obras anglo-saxónicas. Torna-se possível, por esta via, aceder rapidamente a material que, ainda há poucos anos, exigia prolongadas deslocações.

A legislação portuguesa é acessível através de *DRE*, podendo chegar-se à europeia através de *europa.eu.int/eur-lex*; nesta, também a jurisprudência europeia é consultável.

A *Internet* abre grandes perspetivas à divulgação e à investigação jurídicas: ela deverá, agora, promover a elevação da cultura e não o seu abaixamento. A ética universitária veda a referência a obras meramente listadas como tendo sido efetivamente consultadas.

---

[78] *Vide* DETLEF KRÖGER/CHRISTOPHER KUNER, *Internet für Juristen*, 3.ª ed. (2001), 378 pp.. Contra o que por vezes se pensa, a *Internet* não veio provocar, só por si, particulares mutações na Ciência do Direito; THOMAS HOEREN, *Internet und Recht – Neue Paradigmen des Informationsrechts*, NJW 1998, 2849-2861. Ela veio, sim, acelerar o acesso à cultura e a velocidade de trabalho; *vide* THOMAS HOEREN, *Internet und Jurisprudenz/zwei Welten begegnen sich*, NJW 2000, 188-190 e MARKUS KÖHLER/HANS-WOLFGANG ARNDT//THOMAS FETZER, *Recht der Internet*, 7.ª ed. (2011), 336 pp..

[79] Sendo de reter a biblioteca: *www.biblioteca.fd.ul.pt*. Na própria biblioteca, são acessíveis as principais bases de dados do Mundo.

[80] Sendo de reter a biblioteca: *www.fd.uc.pt/biblioteca/bibliosoft/* e os *links jurídicos*: *www.fd.uc.pt/dirnet/index.html*.

[81] Através de *www.dgsi.pt* há acesso aos pareceres da PGR, aos acórdãos do TC, do STJ, do STA, das Relações, à jurisprudência europeia e a diversas bibliotecas; basta entrar em ITIJ, como acima foi dito.

CAPÍTULO II
A CULTURA DO DIREITO CIVIL

§ 4.º DIREITO CIVIL E PARTE GERAL

17. O Direito civil

I. O Direito civil constitui o corpo fundamental do Direito, na sua globalidade. Formado lenta e continuamente através de um processo complicado, apenas comparável com o da própria língua, o Direito civil exprime, por excelência, o modo de viver do povo que o criou e que o aplica.

O Direito civil, mais do que o próprio Direito em geral, surge numa encruzilhada de indomável complexidade histórica e causal. E aí exprime, em sínteses inovadoras, o lastro tradicional das nações a que pertença, o labor quotidiano dos seus tribunais, as iniciativas dos seus legisladores e o produto da investigação e do ensino das suas universidades. No campo civil, depõe todo um mosaico de interações geográficas, políticas, sociais e económicas que talham a compleição do Planeta.

O papel conformador do Direito civil, no conjunto dos ordenamentos que o conheçam, subsiste, ao longo dos tempos: para além das modas e das contingências de cada momento histórico. Trata-se de um fenómeno típico dos diversos países de Direito continental[82]. Nesse sentido, jogam razões estruturais ligadas à cultura ocidental, abaixo afloradas.

---

[82] Usaremos a expressão "Direito continental" ou "de tipo continental" para designar, por oposição aos anglo-saxónicos ou de *common law*, os Direitos de base românica que vigoram no Planeta.

II. No estudo do Direito coloca-se, premente, a questão de saber se ele se exaure na análise das leis ou de certas leis. A resposta é negativa: o Direito é a Ciência que visa solucionar problemas concretos. E a solução depende de múltiplos fatores, entre os quais, naturalmente, as leis e as numerosas relações que, entre elas, se estabeleçam. Mas não só.

A relativa autonomia do Direito, em relação às leis, mais se acentua no caso do Direito civil. Torna-se difícil, perante qualquer "lei" civil, retirar, dela, um sentido imediatamente útil. Em consequência do peso histórico--cultural das proposições civis, cada termo pode implicar uma riqueza significativa apreensível, apenas, através de um estudo alargado da matéria.

O Direito civil surge, por tudo isto, como um domínio reservado aos iniciados.

III. Numa primeira aceção, o Direito civil, como qualquer ramo do Direito, pressupõe um conjunto sistematizado de normas e de princípios jurídicos. Habitualmente, esse conjunto é autonomizado com recurso à ideia de *Direito privado comum*: Direito que regula as relações que se estabeleçam entre pessoas iguais e que, a esse nível, trata particularmente os níveis genéricos da regulação. Adiante veremos o alcance técnico destas considerações. Hoje, entende-se preferencialmente que o Direito civil é delimitado por critérios de tipo histórico-cultural: abarca regras e princípios historicamente derivados do Direito romano e paulatinamente afeiçoados às relações mais diretas, estabelecidas entre pessoas que compartilhem uma vivência.

IV. Numa segunda aceção, o Direito civil exprime uma área da Ciência do Direito: aquela que resolve casos concretos civis. Mas ela vai para além desse estrito campo normativo. De acordo com a tradição continental e dando expressão ao papel nuclear do civilismo, a Ciência do Direito civil, equivale ao grande tronco comum da dogmática jurídica. Por referência ao Direito civil vêm surgindo todas as manifestações da Ciência jurídica especializada.

18. A experiência lusófona

I. O Direito civil lusófono percorreu uma caminhada longa. Como pontos altos, assinalamos a civilização grega, com todos os seus antecedentes, a fundação de Roma, o aparecimento da Ciência do Direito, no século II a. C., a romanização da Península Ibérica, a conquista árabe, a reconquista cristã, a formação dos Reinos no Norte da Hispânia, o aparecimento da nacionalidade, no século XII e toda a subsequente história do País, com relevo para a fundação da Universidade, nos finais do século XIII. Seguiu-se uma evolução complexa, ao longo da Idade Média e da Idade Moderna, rematada por uma expansão ultramarina, que está na base da presença do Direito lusófono nos diversos Continentes e de novas e diversificadas evoluções.

II. O Direito – em especial o civil – para além da riqueza histórica advinda de toda a referida evolução, tem ainda uma particularidade da maior importância, no plano ontológico como no da sua conformação: depende, sempre, de uma aprendizagem especializada.

Enquanto diversas manifestações culturais, com relevo para a língua, comportam uma transmissão inorgânica, levada a cabo no seio das famílias, o Direito, assente embora em códigos de conduta espontaneamente transmitidos, requer instâncias muito especializadas de ensino e de aplicação.

Assim era na Antiguidade, como adiante referiremos a propósito do Direito romano. Mas o fenómeno agravou-se na Idade Média: precisamente o momento histórico mais decisivo para a formação do Direito civil lusófono. A Ciência do Direito passou a ser ensinada, apenas e na prática, nas universidades.

III. O ensino universitário do Direito tem consequências inabarcáveis em toda a sua conformação. Como é evidente, o ensino atém-se ao que exista, com alguma margem de reforma. Em termos históricos, isso implica um papel decisivo das universidades na evolução do Direito civil. Menos sensível a reformas legislativas do que diversos outros ramos normativos, o Direito civil evolui à medida que a elaboração científica permita novas composições.

A Ciência não tem fronteiras. E assim o Direito civil, fenómeno essencialmente próprio de cada nação, torna-se permeável ao acolhimento de leituras, de articulações e mesmo de soluções, experimentadas por outros povos, da mesma ou de diferentes épocas históricas. Técnicas jurídicas mais avançadas, surgidas em qualquer latitude, podem ser adotadas nas universidades. Com o tempo elas irão influenciar gerações de novos juristas que, depois, lhes darão corpo na sociedade civil.

Na Europa e desde o século XII, com o aparecimento das universidades, o Direito civil comporta uma evolução que, sendo eminentemente nacional, transcende quaisquer fronteiras linguísticas ou antropológicas.

IV. Na grande encruzilhada que acima retratámos, o Direito civil lusófono apresenta uma identidade bem marcada: inconfundível com os Direitos dos seus vizinhos no Sul da Europa, na América do Sul, em África ou na Ásia.

Na sequência de uma evolução que abaixo iremos referir, o Direito civil lusófono tem, hoje, uma feição romano-germânica. É um Direito realizado, no Continente europeu, desde a Fundação; mas é um Direito vivo, reanimado por gerações de magistrados e de estudiosos universitários e, daí, vertido nas mais recentes leis civis, com relevo para os Códigos de 1966 e de 2002. O labor universitário, muito permeável a experiências estrangeiras, tomadas em aceção científica, permitiu que o nosso moderno Direito civil se aproxime da pureza latina, precisamente com apoios na Ciência jurídica que mais aperfeiçoou o Direito românico: a alemã.

Todo o sistema atual do Direito civil lusófono deriva desse decisivo fator histórico, cultural e científico. Há que antecipar os aspetos gerais a ele ligados.

19. A parte geral do Direito civil

I. O tratamento germânico do Direito civil foi – e é – ele próprio, o fruto de múltiplas confluências históricas, científicas e universitárias. O Direito civil tem um núcleo que, pura e simplesmente, adveio da História: o Direito romano. Sobre esse núcleo – como veremos – incidiram séculos de estudos e de aperfeiçoamento. Mas o essencial fora feito, já no *ius romanum*.

Ao longo da História, não faltaram tentativas de substituir o Direito puramente histórico, de racionalidade por vezes discutível, por um Direito racional: mais lógico e perfeito. De um modo geral, as tentativas falharam: o Direito, como a língua, tem fórmulas complexas de evolução, não se concebendo, pelo menos no campo civil, "reformas" radicais. Mas entre essas tentativas, uma houve que teve consequências: a levada a cabo, nos séculos XVII e XVIII, pelos racionalistas ou teóricos do Direito natural.

II. Os racionalistas – abaixo examinados de modo mais detido – intentaram substituir os esquemas tradicionais romanos por classificações e definições lógicas. Daí resultou todo um corpo de matéria, com reflexos acentuados no domínio dos contratos. Esse campo, num fenómeno tipicamente civil, não substituiu quaisquer outros que o antecedessem: somou-se a eles. E hoje, ele configura-se como uma área prévia, marcada por abstrações, por definições e por alguns princípios gerais: trata-se, em suma, de um sector que, do Direito civil, intentou fazer uma "teoria geral" e que nos surge nos sistemas civis de inspiração germânica.

III. Na sequência das múltiplas soluções processadas nos Direitos do Continente, o Direito civil é, hoje, um Direito codificado. Antecipando: o Direito civil incluiu-se em grandes diplomas legislativos, elaborados de acordo com coordenadas jurídico-científicas aprontadas nas universidades: os códigos civis.

Em obediência à tradição jurídica racionalista, os códigos de tipo germânico – ou alguns deles – apresentam, logo no início, uma "parte geral". Essa parte geral antecede o subsequente tratamento civil – as "partes especiais"[83] – em termos que não comportam uma articulação inteiramente lógica mas, tão-só, histórico-cultural.

E, na tradição universitária, é por essa parte geral que se inicia o Direito civil.

A necessidade, neste momento histórico, de preservar a identidade do Direito civil lusófono leva-nos a adotar a designação correta da disciplina, tal como flui da História e dos próprios códigos civis: o Código Vaz Serra (1966) e o Código civil brasileiro (2002).

---

[83] Portanto: o Direito das obrigações, Direitos Reais, o Direito de família e o Direito das sucessões, de acordo com o esquema do Código Vaz Serra. No Código brasileiro de 2002, temos a parte geral, o Direito das obrigações, o Direito da empresa, o Direito das coisas, o Direito da família e o Direito das sucessões.

§ 5.º DIREITO PÚBLICO E DIREITO PRIVADO

20. As origens

I. O Direito civil é Direito privado. A contraposição entre o Direito público e o Direito privado – essa é a ordem tradicional dos dois termos – remonta às compilações de Justiniano (século VI). Terá recuperado, todavia, locuções anteriores[84].

Segundo as *institutiones*[85],

> Os preceitos jurídicos são os seguintes: viver honestamente, não prejudicar o próximo e dar a cada um o que é seu. No seu estudo há duas posições[86]: público e privado. O Direito público é o que respeita ao Estado dos assuntos romanos; o privado o que pertence ao interesse privado. Vamos, agora, tratar do Direito privado, o qual é tripartido: ele deriva, com efeito, ou de preceitos naturais ou de (Direito) das gentes ou de (Direito) civil.

Os *digesta*, em texto atribuído a Ulpiano, vão mais longe. Assim[87]:

> No seu estudo há duas posições: público e privado. O Direito público é aquele que respeita ao Estado dos assuntos romanos; o privado ao interesse

---

[84] *Vide*, com indicações, GABRIO LOMBARDI, *Diritto pubblico/Diritto romano*, NssDI V (1964), 1020-1021 e MAX KASER, *Das römische Privatrecht*, I – *Das altrömische, das vorklassische und klassische Recht*, 1, 2.ª ed. (1971), 197.

[85] I. 1.3 e 4; usamos a ed. de THEODOR MOMMSEN/PAUL KRÜGER, *Corpus iuris civilis*, 16.ª ed. (1954), 1/I; *vide* a ed. bilingue latim/alemão de OKKO BEHRENDS, ROLF KNÜTEL, BERTHOLD KUPISCH e HANS HERMANN SEILER, *Corpus Iuris Civilis/Text und Übersetzung* I – *Institutionen*, 2.ª ed. (1997), 2.

[86] *Positiones*, que mantemos à letra. Os clássicos fazem corresponder a *positio* ao τύπος ou à *species* estóica.

[87] ULPIANO, D. 1.1.2; na ed. de MOMMSEN/KRÜGER cit., 29/I; *vide* a cit. ed. bilingue de BEHRENDS e outros, *Digesten 1-10* (1995), 91-92.

§ 5.º Direito público e Direito privado

dos particulares. Há, com efeito, quer interesse público, quer interesse privado: o público consiste nas coisas santas, nos sacerdotes e nos magistrados; o privado é tripartido: provém ou dos preceitos naturais, ou das gentes ou do civil.

II. Os troços citados não têm precisão dogmática. Além disso, o desenvolvimento subsequente das compilações romanas não dá relevo prático à contraposição. Provavelmente, ela tem origem tardia[88].

A ideia de Direito civil é anterior à de Direito privado e, por maioria de razão, à da sua contraposição ao Direito público. O Direito civil é o Direito da cidade e dos cidadãos (*cives*), surgindo, no final da República romana, para designar o conjunto representado pelas XII Tábuas e pela leis subsequentes[89]. Contrapunha-se ao *ius gentium* ou Direito das gentes, aplicável fora da cidade e a relações com não-cidadãos.

Por seu turno, o Direito público (*ius publicum*) surgiu não para se contrapor ao Direito civil, mas para designar o Direito posto pelo *populus*, isto é: o Direito de base legal, aplicável a todos. Já o Direito privado (*ius privatum*) seria o proveniente de contratos entre os particulares: apenas a estes diria respeito[90]. Ou seja: o próprio Direito civil, quando legislado, seria público.

III. Esta leitura pode ser confirmada pelo texto de Papiniano[91]:

> O Direito público não pode ser modificado pelos pactos dos particulares.

Tratar-se-ia, simplesmente, de Direito impositivo, não sujeito à autonomia privada.

---

[88] As *institutiones* de GAIO, embora seguidas de perto pelas de JUSTINIANO, não comportam a referência equivalente à acima transcrita. Vide na ed. publ. de M. DAVID, *Gai institutiones secundum codicis veronensis apographum studemundianum et reliquias in Aegypto repertas* (1964), 3.

[89] Com indicações, MAX KASER, *Das römische Privatrecht*, I/1, 2.ª ed. cit., 199 e GIOVANNI PACCHIONI/CESARE GRASSETTI, *Diritto civile*, NssDI V (1964), 800-807 (800/II).

[90] MAX KASER, ob. cit., 197. MARTIN BULLINGER, *Öffentliches Recht und Privatrecht* (1968), 13, acentua este aspeto, para retirar à contraposição, no Direito romano, qualquer conteúdo material: estaria em jogo, apenas, a origem das normas.

[91] D. 2.14.38 = ed. MOMMSEN/KRÜGER cit., 60/II.

De acordo com o espírito do Direito romano, a contraposição entre o Direito público e o Direito privado não tinha qualquer significado sistemático. Antes haveria que lidar com o Direito civil, o qual incluiria o Direito público: simples tópicos – um e outro – ordenadores da grande matéria jurídica. De todo o modo, as locuções ficaram disponíveis. Nos séculos subsequentes, ser-lhes-ia conferida a maior importância.

21. A evolução histórica; posições negativistas

I. Assente em textos romanos solenes e mau grado a sua ausência de significado dogmático (isto é: diretamente infletido em soluções concretas), a contraposição entre o Direito público e o Direito privado manteve-se, ao longo da História. Assumiu, contudo e nos diversos períodos, alcances diferentes.

À partida e na linha do fragmento de Ulpiano, o Direito público ocupar-se-ia do Estado, enquanto o Direito privado versaria os interesses dos particulares[92]. Em termos de Direito romano, o Direito público perdeu o seu significado com a queda do Império e com o desaparecimento da organização política clássica. Já o Direito privado subsistiu, assente na sua valia técnica e no prestígio da Antiguidade: *non ratione imperii sed rationis imperio* [não em razão do Império, mas pelo império da razão].

II. A Idade Moderna e a afirmação dos novos Estados nacionais constituiu o ensejo histórico para o surgimento do Direito público, agora com um conteúdo efetivo[93]. Ele agrupou as normas novamente criadas para a

---

[92] Jo. Petrus Waldeck, *Institutiones Juris Civilis Heineccianae* (ed. 1887, correspondente à de 1814), 12; Heineccius teve uma especial influência nos nossos clássicos do séc. XIX.

[93] Michael Stolleis, *Geschichte des öffentlichen Rechts in Deutschland* I – *Reichpublizistik und Policeywissenschaft 1600-1800* (1988), 126 ss.. Esta orientação foi precedida pelo esforço do humanismo jurídico que, assente numa nova pedagogia, intentou reler, criticamente, os textos romanos. Assim Donellus (1527-1591) apresenta o Direito público como o acervo de regras sem as quais o Estado não poderia funcionar. Acrescenta que o estudo do Direito deveria principiar pelo Direito privado, uma vez que o Direito público assentaria nele: apenas em certos pontos e a título de exceção dele se desviaria; *vide* Donellus, *Opera omnia* (ed. 1840), 1, 233 e *passim*; sobre o tema, com outros elementos, Bullinger, *Öffentliches Recht und Privatrecht* cit., 18.

§ 5.º *Direito público e Direito privado* 91

consolidação e a disciplina do poder real, apoiado nas prerrogativas da Coroa[94]. No período contemporâneo, mormente no rescaldo das revoluções liberais, desenvolveram-se as doutrinas do Estado e da Administração pública. A preocupação dos juristas não era, já, a de afirmar a autoridade do soberano: antes a de conter o Estado, mantendo uma esfera livre dos cidadãos. A diferença entre o Direito público e o Direito privado aprofunda-se[95]: além das origens, temos, agora, técnicas distintas, jurisdições próprias e modos de ser diferentes. Finalmente, a ideia de Estado de Direito permite lançar a Ciência do Direito público, suplantando as (meras) teorias do Estado e da Administração. As Guerras e a intervenção do Estado conduziriam ao seu adensamento[96]. O estádio jurídico-científico do Direito público acarretaria uma certa aproximação ao Direito privado. Os antecedentes históricos, os particularismos regulativos e uma certa postura dos seus cultores assegurar-lhe-iam, contudo, a autonomia.

III. Na evolução recente do Direito, surgem, periodicamente, posições que relativizam ou que, mesmo, negam a contraposição entre o Direito público e o Direito privado. Podemos apontar três vertentes que a tanto conduziram:

– orientações sócio-comunitárias;
– orientações normativistas analíticas;
– orientações antiliberais de cariz totalitário.

As orientações sócio-comunitárias relevam, no Direito, o papel das organizações intermédias, das coletividades e das associações. Todas elas dariam lugar a regras de atuação irredutíveis ao mundo bipolar do público

---

[94] Os jusracionalistas não chegaram a uma contraposição tão clara: a natureza contratual do Estado, por eles subscrita, dificultava a contraposição que, todavia, tinham subjacente; vide BULLINGER, *Öffentliches Recht und Privatrecht* cit., 32-36.
[95] MICHAEL STOLLEIS, *Geschichte des öffentlichen Rechts* cit., II – *Staatsrechtlehre und Verwaltungswissenschaft 1800-1914* (1992), 51 ss.. Com elementos, BULLINGER, *Öffentliches Recht und Privatrecht* cit., 60 ss..
[96] MICHAEL STOLLEIS, idem, III – *Status- und Verwaltungswissenschaft in Republik und Diktatur 1914-1945* (1999), 66 ss.. Quanto a esta evolução histórica, cumpre ainda referir MARTIN BULLINGER, *Öffentliches Recht und Privatrecht in Geschichte und Gegenwart*, FS Rittner 1991, 69-91 (70 ss.).

e do privado: as normas de ambos os sectores estariam interligadas[97]. Modernamente, vetores deste tipo podem ser retomados por autores que, confrontados com a intervenção do Estado, referem uma erosão política nas ideias[98] ou que, apontando um crescimento histórico na origem da contraposição, sublinham o seu amortecimento perante o Estado social[99].

Por seu turno, as orientações normativistas analíticas vêm dissecar, nas diversas instituições, regras estruturalmente públicas, de acordo com o critério do interesse predominante e da presença de poderes de autoridade[100]. Chegam à conclusão de que, no seio do mais tradicional Direito privado, ocorrem situações públicas: pense-se no Direito da família. E também o Estado atua de acordo com esquemas privados. A distinção não seria clara[101], podendo mesmo ser inconciliável com a ideia de Estado de Direito[102].

Finalmente, orientações totalitárias de extremos opostos vieram negar a contraposição entre o Direito público e o Direito privado: modo cómodo de suprimir a defesa que este último representa, no tocante aos direitos das pessoas. A última experiência histórica que preconizou tal postura foi a da ex-República Democrática Alemã[103]. Também o nacional-socialismo alemão e o fascismo italiano tomaram essa posição[104]; de resto, o direito subjetivo e os próprios contratos, base do Direito privado, também foram atacados[105].

---

[97] OTTO VON GIERKE, *Deutsches Privatrecht* I (1895), 27.

[98] FRANZ BYDLINSKI, *Kriterien und Sinn der Unterscheidung von Privatrecht und öffentlichen Recht*, AcP 194 (1994), 319-351 (347).

[99] WOLFGANG HOFFMANN-RIEM, *Modernisierung von Recht und Justiz/Eine Herausforderung des Gewährleistungsstaates* (2001), 83 ss..

[100] HANS KELSEN, *Allgemeine Staatslehre* (1925, reimp. 1966), 80 ss.. Curiosamente, BULLINGER, *Öffentliches Recht und Privatrecht* cit., 112-116, acaba por concluir em sentido paralelo: nega uma contraposição valorativa (*ergo*: material) entre os dois âmbitos jurídicos. Quanto à releitura de KELSEN, vide OLIVER LEPSIUS, *Hans Kelsen: Allgemeine Staatslehre (1925)*, JZ 2004, 34-35.

[101] HANS KELSEN, *Zur Lehre vom öffentlichen Rechtsgeschäft*, AöR 31 (1913), 53-98 e 190-249 (75 ss.).

[102] *Idem*, 218 e *Allgemeine Staatslehre* cit., 90-91.

[103] BULLINGER, *Öffentliches Recht und Privatrecht in Geschichte und Gegenwart* cit., 69, nota 1.

[104] SALVATORE PUGLIATTI, *Diritto pubblico e privato*, ED XII (1964), 696-746 (696-697), fazendo questão em lembrar que defendeu essa contraposição em 1943.

[105] *Tratado* II/2, 175 ss..

IV. A contraposição entre o Direito público e o privado foi ainda posta em causa por estudiosos de disciplinas que vinham jogar com normas provenientes de ambos os sectores. Foi o que sucedeu com o Direito do trabalho, num período de incipiência inicial[106]. Hoje, o Direito do trabalho é considerado, predominantemente, como Direito privado[107]. As normas públicas que surjam no seu seio são facilmente identificáveis e seguem um regime próprio: seria um grave erro dogmático negar a sua natureza ou o relevo da distinção. Pelo contrário: é precisamente nas disciplinas que abarcam institutos públicos e privados que a clivagem tem um máximo de relevo prático.

V. A existência de uma contraposição entre o Direito público e o Direito privado é um dado existencial, imposto pela História e pela Cultura. Não pode ser negada. A explicação do fenómeno será, porventura, difícil. Mas não se encontre, aí, um pretexto para a fácil saída do negativismo.

22. As diversas doutrinas; *a)* **Teorias materiais**

I. A contraposição entre o Direito público e o Direito privado é explicada com recurso a diversas doutrinas[108]. Todas elas são úteis, mesmo

---

[106] *Vide* as citações de Luís A. Carvalho Fernandes, *Teoria geral do Direito civil*/I – *Introdução; pressupostos da relação jurídica*, 5.ª ed. (2009), 23.

[107] P. ex.: Klaus-Peter Martens, *Die Einheit des Privatrechts und das Arbeitsrecht*, JuS 1987, 337-344 (343/I), falando na convergência e Reinhard Richardi, *Der Arbeitsvertrag im Zivilrechtssystem*, ZfA 1988, 221-255 (254), recordando a natural aplicação das regras civis às situações laborais. Entre nós, a natureza privada do Direito do trabalho era há muito reclamada pela doutrina. Ela veio a ser reconhecida pelo teor geral do Código do Trabalho, aprovado pela Lei n.º 99/2003, de 27 de Agosto e, depois, pelo Código do Trabalho aprovado pela Lei n.º 7/2009, de 12 de Fevereiro.

[108] Cumpre recordar duas monografias: Martin Bullinger, *Öffentliches Recht und Privatrecht/Studien über Sinn und Funktionen der Unterscheidung* (1968), 116 pp. e Detlef Schmidt, *Die Unterscheidung von privatem und öffentlichem Recht* (1985), 341 pp., bem como dois artigos especializados: Ludwig Renck, *Über die Unterscheidung zwischen öffentlichem und privatem Recht*, JuS 1986, 268-272 (269 ss.) e Jörn Ipsen/Thorsten Koch, *Öffentliches Recht und Privatrecht/Abgrenzungsprobleme bei der Benutzung öffentlicher Einrichtungen*, JuS 1992, 809-816 (810 ss.); esta matéria tem sido particular-

quando insustentáveis: contribuem para esclarecer a contraposição. Abandonando um pouco a arrumação tradicional assumida, na nossa literatura[109], por esta matéria, iremos distinguir dois grandes corpos ou grupos de teorias[110]:

– as teorias materiais;
– as teorias do sujeito.

As primeiras fazem assentar a distinção na diversa natureza das próprias regras em si; as segundas dirigem um apelo primordial ao tipo de sujeito da relação ou da situação jurídica. É certo que a norma materialmente pública será encabeçada por um sujeito público e inversamente. Todavia, o ponto de partida é importante, sobretudo quando se abandone o campo do Estado Central.

II. Entre as teorias materiais, podemos apontar[111]:

– a teoria do interesse;
– a teoria da importância;
– a teoria da subordinação;
– a teoria da soberania;
– a teoria da tradição.

A teoria do interesse faz apelo ao texto de Ulpiano, acima traduzido: *publicum ius est quod ad statum rei Romanae spectat, privatum quod ad*

---

mente desenvolvida pelos publicistas, constando de manuais e tratados de Direito administrativo. Bem se compreende: pela sua relativa novidade e pela sua natureza especializada, cabe ao Direito administrativo o ónus da diferenciação.

[109] Essa arrumação tradicional pode ser confrontada na segunda edição da presente obra, 29 ss.. *Vide*, ainda, CARVALHO FERNANDES, *Teoria geral do Direito civil*, 1, 3.ª ed. (2001), 17 ss..

[110] Em moldes próximos: DETLEF SCHMIDT, *Die Unterscheidung von privatem und öffentlichem Recht* cit., 81 ss..

[111] Embora não indicando todas estas teorias: KARL LARENZ/MANFRED WOLF, *Allgemeiner Teil des Bürgerlichen Rechts*, 9.ª ed. (2004), 5 ss., HARTMUT MAURER, *Allgemeines Verwaltungsrecht*, 13.ª ed. (2000), 45 ss., HANS PETER BULL, *Allgemeines Verwaltungsrecht/Ein Lehrbuch*, 6.ª ed. (2000), 47 ss. e DIRK EHLERS, em PETER BADURA/MARTIN BURGI/DIRK EHLERS/HANS-UWE ERICHSEN/FRITZ OSSENBÜHL/HANS-JÜRGEN PAPIER/WOLFGANG RÜFNER, *Allgemeines Verwaltungsrecht*, 12.ª ed. (2002), 38 ss..

singulorum utilitatem. Ao Direito privado caberiam os interesses dos particulares enquanto, por simetria, o Direito público proporcionaria o interesse público[112]. Por seu turno, o interesse público respeitaria a uma generalidade de pessoas, podendo concretamente exigir o sacrifício dos particulares. A teoria faz sentido, pelo prisma do Direito público: este, a ser caracterizado como um corpo normativo ao serviço do Estado e tendencialmente vocacionado para limitar a autonomia privada – pense-se no Direito fiscal ou no Direito público do urbanismo – só pode mesmo justificar-se pelo interesse público. Pelo prisma do Direito civil, porém, não é assim. Desde o antigo Direito romano, há a clara perceção da presença de regras civis que, por estarem ao serviço do interesse comum, não podem ser afastadas pelos particulares. Estas regras são civis pela origem, pelos institutos em que se integram e pelo modo por que são aplicadas: parece haver, aqui, outros tantos critérios que se sobrepõem ao do interesse público. Além desta objeção, o moderno Direito administrativo faculta outra: ao contrário dos inícios, sempre carecidos de legitimação, encontramos hoje direitos subjetivos públicos que, imediatamente, tutelam interesses particulares.

Finalmente: a teoria do interesse é, toda ela, muito apriorística e, quiçá: *naif*. Teríamos de definir criteriosamente a noção de "interesse"[113] e que fixar as suas modalidades "pública" e "privada". Mesmo sem aprofundamento, constata-se que o respeito pelas posições dos particulares é inevitável para a preservação da comunidade: para o interesse público. Por outro lado, a tutela conveniente do interesse público acautela, em última instância, a posição de cada cidadão.

No fundo, a teoria do interesse recorda-nos que o Direito público requer um *plus* de legitimação. Não vale por si, como o privado[114].

III. A teoria da importância, muitas vezes percetível mas formalizada, apenas, por Püttner[115], vem dizer que o Direito público corresponde

---

[112] Em especial, DETLEF SCHMIDT, *Die Unterscheidung* cit., 83 ss..

[113] Será uma tarefa que não podemos deixar de enfrentar a propósito do direito subjetivo.

[114] P. ex.: o direito à vida ou a autonomia privada valem como tais: apenas por haver uma pessoa; já um imposto ou uma expropriação só valem por prosseguirem um objetivo "público" e na medida em que o façam.

[115] GÜNTER PÜTTNER, *Allgemeines Verwaltungsrecht*, 5.ª ed. (1979), 72 ss. (78).

a um sector mais importante do que o privado: prevalece, sobre ele, havendo concurso[116]. No fundo, trata-se de uma versão mais assumida da teoria do interesse. Esta tem, subjacente, a ideia de que o interesse público suplanta o privado. Pois se assim é, haverá que dizê-lo, em vez de recorrer à perífrase do "interesse público". Quanto à crítica: a prevalência do Direito público – que não é absoluta e que requer, por vezes, condicionalismos específicos[117] – é consequência da especial natureza desse sector normativo: não é causa. Procuramos, agora, tal natureza, natureza essa que a importância do Direito público não nos pode, só por si e à partida, dar.

IV. A teoria da subordinação diz-nos que, no Direito público, as relações jurídicas se pautam pela superioridade de uma das partes sobre a outra; no Direito privado, os participantes estão, pelo contrário, em pé de igualdade. Também esta teoria tem uma evidente parcela de verdade: o Direito privado é marcado pela igualdade, enquanto, no Direito público, domina um vetor de autoridade. Todavia, na base, encontramos situações igualitárias no Direito público e posições de autoridade, no Direito privado[118]: bastará, quanto a estas últimas, pensar nos direitos potestativos[119] e, quanto às primeiras, no Direito internacional público.

V. A teoria da soberania[120] admite a ideia subjacente à da subordinação. Mas procura ir mais longe, de modo a contornar as críticas a ela formuladas. O Direito público funcionaria como um Direito especial, portador de autoridade. Mas não se esgotaria nas concretas normas que comportassem os inerentes poderes: haveria que prever regras de legitimação – que apelam para a soberania – e normas de conflito. Há, aqui, uma passagem para o sistema, que deve ser retida. Quanto à crítica: ten-

---

[116] HARTMUT MAURER, *Allgemeines Verwaltungsrecht*, 13.ª ed. cit., 47.

[117] P. ex.: a expropriação por utilidade pública é possível, sacrificando o direito de propriedade dos particulares atingidos; mas só é lícita havendo justa indemnização; *vide* o artigo 62.º/2, da Constituição.

[118] LARENZ/WOLF, *Allgemeiner Teil*, 9.ª ed. cit., 5.

[119] Direitos que permitem a uma pessoa, unilateralmente, modificar a situação jurídica de outra. *Vide infra*, 895 ss..

[120] Apresentada por MANFRED ZULEEG, *Die Anwendungsbereiche des öffentlichen Rechts und des Privatrechts*, VwA 73 (1982), 384-404 (386 ss., 393 ss., 404).

tando captar o Direito público, a teoria da soberania descura, um tanto, o Direito privado.

VI. A teoria da tradição constata que, na base de diversas orientações, certas regras vêm a ser consideradas de Direito público: outras de Direito privado. Na prática corrente, acolhem-se como de Direito público aquelas que, como tal, já eram consideradas. Apenas perante elementos supervenientes ponderosos se poderia proceder a uma requalificação das normas em presença[121]. A teoria da tradição é muito funcional e realista. De facto, como veremos, boa parte da conformação das fronteiras público-privadas é de índole histórico-cultural. Todavia, devemos fazer um esforço suplementar de explicação jurídico-científica.

23. Segue; *b*) Teorias do sujeito

I. As teorias do sujeito também reivindicam raízes romanas. Recordamos que, à partida, Ulpiano apresentava o Direito público como aquele *quod ad statum rei Romanae spectat*. Todas elas andam em torno da especialidade que representa a presença de um corpo de regras destinadas a regular o Estado e os diversos organismos públicos. Isto dito, podem as teorias do sujeito apresentar distintas formulações:

– teoria do sujeito formal;
– teoria do sujeito material;
– teoria da ordenação;
– teoria da competência;
– teoria da gestão pública;
– teoria do Direito especial.

A teoria do sujeito formal diz-nos que o Direito público é o Direito do Estado ou, em rigor, também o de outros organismos públicos. Faz sentido. Não obstante, verifica-se, hoje, que o Estado pode agir como um simples sujeito privado: comprando, vendendo, arrendando ou celebrando os

---

[121] HANS PETER BULL, *Allgemeines Verwaltungsrecht*, 6.ª ed. cit., 54. *Vide* HARTMUT MAURER, *Allgemeines Verwaltungsrecht*, 13.ª ed. cit., 47.

mais variados negócios. Não basta apelar ao Estado: terá de ser o Estado com um *plus* distintivo, que cumpre descobrir. Passa-se, assim, à teoria do sujeito material: haveria, no Direito público, uma atuação do Estado enquanto Estado, isto é: dotado dos seus atributos próprios[122]. Transitar-se-ia, por aqui, para as teorias materiais, com os óbices acima apontados. E designadamente: quais os atributos relevantes e qual a frequência da sua manifestação?

II. A teoria da ordenação[123] vê, no Direito público, um corpo especial de regras. Mais precisamente um "... conjunto de normas jurídicas que só legitimam ou obrigam os sujeitos de direito que se determinam exclusivamente através de normas ou de atos do Estado ..."[124]. Esta teoria pode ser aproximada das teorias institucionais, que veem, no Direito público, um corpo especial de regras destinadas a legitimar a atuação do Estado e dos organismos públicos. Trata-se de uma versão modificada da teoria do sujeito[125]. Merece ser retida. Na sua formulação surge, porém, restritiva, particularmente pela ideia de "exclusividade". Esta não tem, hoje, absoluta consistência.

III. A teoria da competência afirma que, no Direito privado, todos são competentes para agir (*Jedermannkompetenz*). Já no Direito público, apenas o poderiam fazer as pessoas indicadas por uma norma de legitimação[126]. O progresso técnico-jurídico parece-nos evidente. Pergunta-se, todavia, se não será possível ir um pouco mais longe, apontando critérios materiais de competência.

Trata-se do passo que intentou dar a teoria da gestão pública. Segundo Achterberg, o Direito público seria a soma das normas relativas a relações nas quais um dos sujeitos, na base de uma situação legitima-

---

[122] EHLERS, em BADURA e outros, *Allgemeines Verwaltungsrecht*, 12.ª ed. cit., 40 ss. (43).

[123] Apresentada por HANS J. WOLFF, *Der Unterschied zwischen öffentlichem und privatem Recht*, AöR 76 (1950), 205-217.

[124] *Idem*, 210.

[125] Vide HARTMUT MAURER, *Allgemeines Verwaltungsrecht*, 13.ª ed. cit., 45.

[126] ALFONS GERN, *Neuansatz der Unterscheidung des öffentlichen Rechts vom Privatrecht*, ZRP 1985, 56-61 (60/I).

dora, atuaria como gestor (*Sachwalter*) do bem comum[127]. Não parece possível, em cada norma pública, descobrir essa valia do bem comum, no plano da atuação do Estado. Também teríamos de definir o "bem comum": tal como o "interesse comum", ele comporta um nível apriorístico que, todavia, não pode ser dogmatizado sem largos estudos complementares.

IV. Finalmente, temos as teorias do Direito especial, hoje dominantes[128]. Segundo essas teorias, o Direito privado constituiria a base aplicável a todos os sujeitos[129]; o Direito público diferenciar-se-ia pela sua especificidade, funcionando apenas perante determinadas ocorrências ou em face de entidades especialmente legitimadas, por lei, para usar as inerentes prerrogativas.

24. A especialidade do Direito público; diferenciação sistemática

I. O Direito privado – particularmente o civil – constitui o grande pano de fundo sobre o qual vêm, depois, aderir as mais diversas especializações. Todas as relações suscetíveis de se estabelecerem entre os seres humanos, por iniciativa destes, são objeto do Direito privado. A organização livre da sociedade e os princípios a ela relativos são privados[130]. O Direito privado vale por si: adere estritamente às pessoas, não carecendo de se justificar pelos fins que prossiga[131]. Finalmente: o Direito privado

---

[127] NORBERT ACHTERBERG, *Allgemeines Verwaltungsrecht/Ein Lehrbuch*, 2.ª ed (1986), 8 ss. (14).

[128] LARENZ/WOLF, *Allgemeiner Teil*, 9.ª ed. cit., 7, e DIETER LEIPOLD, *BGB I/Einführung und Allgemeiner Teil*, 3.ª ed. (2004), 7.

[129] Não dependendo, pois, da pertença a uma categoria particular de entidades devidamente habilitadas: BERND RÜTHERS/ASTRID STADLER, *Allgemeiner Teil des BGB*, 13.ª ed. (2003), 2.

[130] DETLEF SCHMIDT, *Die Unterscheidung von privatem und öffentlichem Recht* cit., 316.

[131] BYDLINSKI, *Kriterien und Sinn der Unterscheidung von Privatrecht und öffentlichem Recht* cit., 340. Trata-se de uma ideia que remonta a SAVIGNY: FRIEDRICH CARL VON SAVIGNY, *System des heutigen römischen Rechts*, 1 (1840, reimp. 1981), 20 ss. e 28 ss., o qual, de acordo, aliás, com a teoria do Estado disponível na época, intenta dar uma explicação para as múltiplas feições que ele pode apresentar.

advém da História – designadamente do *ius romanum* –, estando menos dependente do legislador[132].

Perante isso, o Direito público – ou os Direitos públicos, já que existem ramos distintos, sendo paradigmático o Direito administrativo – surge como um Direito especial: o Direito que regula a Administração, ou as Finanças Públicas ou quaisquer outros domínios do Estado. Pode falar-se no Direito dos titulares de poderes de soberania[133], no Direito dos princípios da organização do Estado[134] ou, simplesmente, no Direito especial do Estado[135].

II. A natureza especial do Direito público é, à partida, uma construção assente no sujeito ou, pelo menos, no sujeito típico. Mas ela faculta, em simultâneo, explicações atinentes ao seu conteúdo. O Direito público, enquanto Direito especial, atenderá ao denominado interesse público, dando corpo a situações de soberania e de subordinação. No seu âmbito de aplicação, prevalece sobre o Direito privado.

As especificidades materiais do Direito público determinam-se, porém, apenas a nível do sistema. Digamos que as normas de Direito privado se integram num conjunto ordenado e no qual ganham o seu sentido pleno. E é, ainda, nesse conjunto – o sistema – que comportam uma realização, permitindo a solução de casos concretos. De igual modo, as normas de Direito público pertencem a um sistema – ou subsistema – que lhes dá o seu sentido.

III. Nesse plano do sistema, podemos considerar que[136]:

---

[132] *Idem*, 341.

[133] LARENZ/WOLF, *Allgemeiner Teil*, 9.ª ed. cit., 7.

[134] DETLEF SCHMIDT, *Die Unterscheidung von privatem und öffentlichem Recht* cit., 316.

[135] IPSEN/KOCH, *Öffentliches und privates Recht* cit., 812/II e ALFONS GERN, *Neuansatz der Unterscheidung des öffentlichen Rechts vom Privatrecht* cit., 60/I. Insistimos: é essa a sua ontologia, dela derivando as suas características especiais; não deixa de assim ser pelo facto de, ao abrigo da sua autonomia privada, os particulares poderem optar por esquemas "públicos"; quanto a esse aspeto: PAULO OTERO, *Legalidade e Administração Pública. O sentido da vinculação administrativa à juridicidade* (2003), 828 ss.

[136] EUGEN KLUNZINGER, *Einführung in das bürgerliche Recht*, 12.ª ed. (2004), 2-3, WOLFGANG KALLWASS, *Privatrecht/Ein Basisbuch*, 17.ª ed. (2004), 16-17, HELMUTH KÖHLER, *BGB/Allgemeiner Teil*, 28.ª ed. (2004), 6 e MANFRED LÖWISCH/DANIELA NEUMANN, *Allgemeiner Teil des BGB/Einführung und Rechtsgeschäftslehre*, 7.ª ed. (2004), 1.

§ 5.º *Direito público e Direito privado* 101

– nas situações jurídicas privadas, as atuações pautam-se pela igualdade e pela liberdade: as pessoas têm iguais poderes e podem agir sempre que não deparem com uma proibição;
– nas situações públicas, as atuações desenrolam-se segundo a autoridade e a competência: um dos intervenientes pode, unilateralmente, provocar alterações na esfera jurídica alheia e só lhe cabe atuar quando uma norma lho permita.

Esta contraposição entre situações públicas e privadas é estrutural e apresentaria um máximo de utilidade para a determinação dos regimes respetivos. Mas não pode ser sempre atuada: a figura do direito potestativo – portanto, como se verá, de situações nas quais uma pessoa possa, por simples manisfestação da sua vontade, alterar posições jurídicas de outrem – documenta, em zonas pacificamente reconhecidas como privadas, a erupção dos vetores da autoridade e da competência[137].

Os parâmetros da *igualdade* e da *liberdade* enformam, efetivamente, o Direito privado, permitindo distingui-lo do Direito público. Mas eles manifestam-se, apenas, a nível do sistema – ou subsistema – privado na sua globalidade e não, necessariamente, em cada situação jurídica privada em si.

A contraposição entre o Direito público e o Direito privado joga, pois, a nível sistemático: no primeiro, dominam a autoridade e a competência, por oposição ao segundo, pautado pela igualdade e pela liberdade. As situações jurídicas singulares incluem-se num ou noutro dos subsistemas, em função da sua origem histórica ou em obediência a fatores científicos, culturais, de contiguidade ou de mera oportunidade[138]. Tendencialmente, elas irão reproduzir as características do subsistema em que se integrem; em concreto, porém, isso poderá não suceder, sem que a natureza pública ou privada das situações consideradas seja afetada.

---

[137] Um exemplo claro de direito potestativo é dado pelo instituto da servidão legal de passagem, previsto no artigo 1550.º do Código Civil: verificados os pressupostos aí referidos, o titular de um prédio encravado pode, unilateralmente, provocar o aparecimento de uma servidão de passagem, em prédio alheio. Estruturalmente, esta situação seria pública; no entanto, estamos no coração do Direito civil.

[138] Acentuando as contingências históricas que presidem à distribuição dos institutos pelos âmbitos público e privado: DIETER MEDICUS, *Allgemeiner Teil des BGB*, 10.ª ed. (2010), 7.

IV. A contraposição entre os Direitos público e privado vem a tornar-se mais lassa, numa tendência que se agrava perante a extraordinária produção legislativa que caracteriza as ordens jurídicas contemporâneas, a qual vem multiplicar a interpenetração entre as situações estruturalmente públicas e privadas.

Pergunta-se, assim, pela subsistência da contraposição; ciclicamente, aliás, certos sectores doutrinários vaticinam o seu desaparecimento, com ou sem substituição por outras categorias ordenadoras [139]. Particularmente visadas seriam áreas consideradas mais recentes, como o Direito do trabalho [140] ou o Direito bancário [141], onde as regras públicas e privadas se interpenetrariam. Mas sem razão: o estudo dessas disciplinas mostra que a contraposição entre o Direito público e o Direito privado assume, no seu seio, um máximo de relevância, justamente por condicionar o funcionamento concreto dos institutos.

V. A contraposição entre o Direito público e o Direito privado surge, hoje, reforçada e aprofundada, graças às aplicações da ideia de sistema. Apuram-se, assim, novos fatores de diferenciação, que facultam uma separação nítida em relação ao Direito público. Por razões de exposição, tais fatores podem ordenar-se em culturais, teóricos, práticos e significativo-ideológicos.

Num plano cultural, o Direito privado radica na tradição românica, alicerçada em sucessivas receções do Direito romano e coada por um desenvolvimento paulatino da Ciência jurídica, que viabilizou a sua codificação. Pelo contrário, o Direito público assenta numa elaboração racionalista do tecido normativo, em obediência a inflexões diversas; a sua progressão científica não facultou, ainda, uma verdadeira codificação.

Num plano teórico, o Direito privado apresenta-se como uma regulação de relações interindividuais; correspondendo aos avanços e recuos da civilização, ele é pouco sensível a modificações bruscas, antes acompanhando a evolução da Ciência jurídica; o Direito público figura, por seu turno, o regime do relacionamento do Estado com os particulares e, ainda, certos esquemas hierarquizados de distribuição dos bens; traduzindo o

---

[139] *Supra*, 91-93.
[140] *Vide* o *Manual de Direito do trabalho* (1994, reimpr.), 62 e ss..
[141] *Vide* o *Manual de Direito bancário*, 4.ª ed. (2010), 157 ss..

devir das ideias diretoras humanas, ele comporta saltos, podendo ver modificadas, num certo espaço de tempo, muitas das suas bases fundamentais [142].

Num plano prático, a integração de dada problemática no campo público ou no privado faculta, de imediato, inúmeras informações sobre o seu perfil académico, literário, jurisprudencial ou profissional: é certo que a fronteira público-privada, não obstante as imprecisões que se lhe queiram apontar, determina, nos Direitos continentais, a repartição das disciplinas jurídicas, as literaturas especializadas, as jurisdições e as próprias profissões dos juristas.

Num plano significativo-ideológico, o Direito privado corresponde à expressão cultural mais profunda de cada sociedade[143]. Prevenindo ingerências nas esferas dos particulares, evitando intromissões arbitrárias e dando corpo a estruturas que facultem um mínimo de previsibilidade dentro do espaço jurídico-social, o Direito privado tem vindo a ser reconhecido como uma eficaz garantia da posição das pessoas e do seu espaço próprio.

VI. A contraposição entre o Direito público e o Direito privado assume, na atualidade, um sentido que resulta das considerações acima efetuadas. Não está em jogo uma fronteira estrutural absoluta, a nível de situações jurídicas singulares: estas interpenetram-se, podendo mesmo consubstanciar-se conjunções complexas, com elementos públicos e privados[144]. Mas

---

[142] Estas afirmações documentam-se com a História e o Direito comparado. O Direito privado português apresenta uma estabilidade acentuada, que as próprias codificações de 1867 e 1966 – com exceção de pontos sensíveis como o arrendamento ou o Direito da família – não afetam em profundidade; por outro lado, tentativas de "reforma" aprofundadas, como as levadas a cabo nos antigos países socialistas do Leste europeu, de base românica, não conseguiram especificidades que lhe tivessem feito perder a identidade das origens. A esse propósito, era elucidativa a leitura do Código Civil da antiga República Democrática Alemã, de 1975, hoje revogado. As vicissitudes paralelamente ocorridas no domínio do Direito público, em função de coordenadas históricas e geográficas, não requerem maiores demonstrações.

[143] HANS-MARTIN PAWLOWSKI, *Allgemeiner Teil des BGB/Grundlehren des bürgerlichen Rechts*, 6.ª ed. (2000), 3-4, fala, a este propósito, no Direito privado como "princípio de organização".

[144] Modelos mistos surgem no domínio das obras públicas; *vide* WINFRIED BROHM, *Städtebauliche Verträge zwischen privat- und öffentlichem Recht*, JZ 2000, 321-332. Pode-se, ainda, falar numa interação entre o Direito público e o privado: EHLERS, em BADURA e

aflora uma importante clivagem histórica, cultural e científica entre dois pólos significativos do desenvolvimento jurídico, com as mais relevantes consequências, em todos os níveis. A sua supressão, para além de irrealista, iria empobrecer o conjunto. E no campo das ideias, convém recordar que o Direito privado, apto a regular relações interindividuais nas sociedades de tipo diverso, constitui, de modo experimentado e comprovado, o mais eficaz bastião de defesa da pessoa contra as arremetidas do Estado e o arbítrio dos grupos. As experiências totalitárias do conturbado século XX tentaram abdicar da contraposição público/privado. Não foi acaso.

VII. Se desinserirmos uma norma do sistema ou do subsistema a que pertença, a sua ordenação pública ou privada tornar-se-á impossível. E a pertença ao sistema ou subsistema considerados pode obedecer às mais diversas contingências histórico-culturais. Desde logo, a própria conformação continental entre o Direito público e o privado é mais histórica do que lógica[145]. De seguida, a inserção de qualquer relação jurídica nalguns dos sistemas ou subsistemas em presença apenas se explica, muitas vezes, no plano histórico-cultural[146].

De acordo com a lógica continental, apenas em sistema podemos apreender a realidade normativa.

25. A contraposição na experiência lusófona

I. Na experiência lusófona, iremos considerar os elementos europeus subsequentes a Pascoal de Mello (1738-1798)[147-148]. Nas suas *Institutio-*

---

outros, *Allgemeines Verwaltungsrecht*, 12.ª ed. cit., 60 ss.. O Direito público vai acusando modificações nos seus procedimentos científicos, mercê da atuação "informal" da Administração, designadamente através de esquemas privados. *Vide* WILHELM HENKE, *Wandel der Dogmatik des öffentlichen Rechts*, JZ 1992, 541-548 (547) e MARIA JOÃO ESTORNINHO, *A fuga para o Direito privado/Contributo para o estudo da actividade de direito privado da Administração Pública* (1996), 91 ss..

[145] LUDWIG RENCK, *Über die Unterscheidung zwischen öffentlichem und privatem Recht* cit., 268/I.

[146] LARENZ/WOLF, *Allgemeiner Teil*, 9.ª ed. cit., 7.

[147] A evolução do Direito público, contraposto ao privado, está por estudar, entre nós, em termos sistemáticos e ponderando os conteúdos. A presente rubrica visa, apenas, os propósitos deste *Tratado*.

[148] Anteriormente, era comum a utilização da fórmula justinianeia *duae sunt posi-*

nes Juris Civilis Lusitani cum publici tum privati[149], em 5 livros (1789 a 1794), Pascoal de Mello trata o conjunto do Direito português como Direito civil. E dentro do Direito civil, haveria que distinguir o Direito público e o privado. O Direito público[150]:

> (...) respeita à sociedade em geral, e determina os direitos dos imperantes e dos cidadãos.

Uma ideia da matéria considerada de Direito público, por Pascoal de Mello, resulta das rubricas por ele aí tratadas. São elas, seguindo a ordenação dos títulos do livro dedicado ao Direito público: I – Das leis; II – Dos juízos; III – Do direito de punir; IV – Do erário e do fisco; V – Do direito do príncipe nas coisas sagradas; VI – Dos asilos; VII – Das leis agrárias; VIII – Do comércio; IX – Das leis náuticas; X – Do direito de polícia; XI – Do direito militar; XII – Dos direitos e deveres dos cidadãos.

O Direito privado ou particular, que Mello não chega a definir, é o que abrange, ao jeito de Justiniano, as pessoas, as coisas e as ações[151]. Assiste-se, assim, a uma reaplicação da velha contraposição romana, segundo a qual, no Direito civil, haveria que distinguir o Direito público, cogente e, como tal, não sensível à autonomia privada e o Direito particular, supletivo e que as partes poderiam modelar com os seus negócios.

---

tiones; recorde-se JOHANN GOTTLIER HEINECCIUS (HEINECKE) (1681-1741), *Institutiones juris civilis*, sucessivamente reeditado em Coimbra; assim, na ed. de Jo. WALDECK (1814, reed, 1887), 12.

[149] Publicadas, em tradução portuguesa de MIGUEL PINTO DE MENESES, no BMJ, sob o título *Instituições de Direito Civil Português/tanto público como particular*. Mais precisamente: BMJ 161 (1966), 89-200, 162 (1967), 31-139 (*Livro I – Direito Público*), 163 (1967), 5-123 e 164 (1967), 17-147 (*Livro II – Do Direito das Pessoas*), 165 (1967), 39-156 e 166 (1967), 45-180 (*Livro III – Dos Direitos das Coisas*) e 168 (1967), 27-165, 170 (1967), 89-134 e 171 (1967), 69-168 (*Livro IV – Das Obrigações e Acções*) e *História do Direito Civil Português*, BMJ 173 (1968), 45-108, 174 (1968), 5-60 e 175 (1968), 45-108, 174 (1968), 5-60 e 175 (1968), 45-109. O BMJ ordenou a publicação segundo uma sequência inversa em relação à de PASCOAL DE MELLO a qual tinha um alcance substancial. Lamentavelmente, não se indicam as edições sobre que trabalhou o tradutor.

[150] BMJ 161, 94.
[151] BMJ 163, 10.

Esta orientação é retomada em Lobão, embora complicada pela articulação com as classificações do Estatuto da Universidade[152]. Assim distingue no Direito público o universal e o particular subdividindo-se este em Direito público civil e em eclesiástico. O Direito pátrio divide-se, por seu turno, em público e em particular.

Na base destes Autores, parece-nos clara uma tradição lusófona favorável ao critério do objeto. E essa mesma tradição era muito clara no sentido de apontar o Direito civil como o grande tronco jurídico do qual emergia o próprio Direito público.

II. Para os clássicos civilistas do século XIX, foi-se estabelecendo uma diferenciação entre o Direito civil e o Direito público. Ela surgiu em termos de evidência, na qual não parecia necessário insistir. Borges Carneiro, na *prefação* que abria a sua obra, limitava-se a dizer[153]:

> Pelo titulo *Direito Civil* eu intento excluir desta obra 1.º o Direito Publico, 2.º o Criminal, 3.º o que pertence á competencia e á ordem do juizo, que os Francezes incluem em hum *Codigo de Processo*. Com tudo alguma cousa toco daquellas materias, quando ellas tem relação immediata com o *Jus privatum*, ou com os interesses individuaes dos Cidadãos.

Caberia a Liz Teixeira manter viva a tradição de uma contraposição material entre o Direito público e o Direito privado. Eis as suas palavras[154]:

> Nutre um delles tudo o que diz respeito á organização da massa ou corpo d'uma Nação; as individualidades só remotamente são por elle consideradas. É chamado por isso Direito Publico ou Politico.
> O outro ramo introduz-se por todas as relações, que se dão entre os membros da mesma Nação para seus interesses particulares; attende em immediato ás individualidades, á associação em remoto. Chama-se por isso Direito Particular – *Jus Privatum* – e Direito civil em menos larga, ou mais estreita aceção.

---

[152] LOBÃO – aliás: MANOEL DE ALMEIDA E SOUZA – *Notas de uso pratico, e criticas: addições, illustrações, e remissões. (Á imitação das de Muler a Struvio) Sobre todos os Titulos, e todos os §§. do Liv. primeiro das Instituições do Direito Civil Lusitano do Doutor Paschoal José de Mello Freire*, Parte I (1816), 6 ss..

[153] MANUEL BORGES CARNEIRO, *Direito Civil de Portugal*, 1 (1826), I.

[154] ANTÓNIO RIBEIRO DE LIZ TEIXEIRA, *Curso de Direito Civil Portuguez ou commentario às instituições do Sr. Paschoal de Mello Freire sobre o mesmo Direito* (1848), I, 2.ª ed., 5-6; a 1.ª ed. é de 1845 e existe uma 3.ª, de 1856.

§ 5.º *Direito público e Direito privado* 107

Liz Teixeira, liberal, dava já um estatuto mais elevado ao Direito público: influência provável dos administrativistas franceses.

Corrêa Telles apresenta o seu *Digesto Portuguez* como sendo uma obra destinada a colmatar a falta de um Código Civil, sem preocupações de o isolar do Direito público[155].

Uma efetiva ordenação de conceitos ocorre em Coelho da Rocha (1793-1850). Também este Autor aborda o tema pelo prisma do objeto: o Direito público regula as relações dos cidadãos de cada nação com o seu governo, enquanto o Direito particular ou civil se ocupa dos direitos e obrigações respetivas dos cidadãos uns para com os outros[156]:

A situação do Direito civil, na época, fica esclarecida com a explicação de Coelho da Rocha: além do sentido acima expresso, Direito civil abrange três outros sentidos: 1.º Direito positivo por oposição ao natural; 2.º Direito comum por oposição ao canónico; 3.º Direito particular, por oposição ao público e ao criminal[157].

Teremos de recorrer aos primeiros estudiosos do moderno Direito público para encontrar uma contraposição apoiada entre ele e o Direito privado.

III. O liberalismo veio dar uma grande importância ao Direito administrativo, recém-criado como disciplina reformadora do Estado e da Administração. Na reforma setembrista de 1833, que instituiu a Faculdade de Direito fundindo as anteriores Faculdades de leis e de cânones, chegou a pensar-se no estabelecimento de duas classes: a de Direito civil e a de Direito administrativo: sem seguimento[158]. Esta experiência inicial é

---

[155] J. H. CORRÊA TELLES, *Digesto Portuguez ou tratado dos direitos e obrigações civis accomodado ás leis e costumes da Nação Portugueza para servir de subsidio ao "Novo Codigo Civil"* (1909 = 3.ª ed., 1849), 3-5. Chegou a propor-se, no Brasil, que esta obra fosse considerada Direito vigente, para colmatar a ausência de um Código Civil, prometido aquando da independência. A proposta não foi acolhida.

[156] M. A. COELHO DA ROCHA, *Instituições de Direito Civil Portuguez*, 8.ª ed. póstuma (1917 = 3.ª ed., 1846), § 30 (1, 13).

[157] COELHO DA ROCHA, *Instituições de Direito Civil Portuguez*, 8.ª ed. cit., § 33 (1, 15).

[158] PAULO MERÊA, *Como nasceu a Faculdade de Direito*, BFD Supl. XV/Homenagem ao Doutor José Alberto dos Reis, I (1961), 151-168 (152, nota 2). A História da criação do Direito administrativo e do seu ensino, em Portugal, pode em especial ser confron-

importante: boa parte da evolução ulterior do Direito público foi pautada por iniciativas de tipo organizativo do ensino.

Em 1844 foi criada, no 5.º ano jurídico, uma disciplina de *Direito Criminal e Administrativo*. Solução imperfeita, tomada apenas por razões orçamentais: poupar uma cadeira. Apenas em 1853 foi criado o *Direito Administrativo Português e Princípios de Administração*. Foi ainda instituído um *Curso Administrativo*, em três anos, paralelo ao de Direito e que não teve futuro[159].

As referências ao Direito público foram-se enriquecendo, à medida que o liberalismo dotava o Estado de um moderno Direito administrativo[160].

O Direito público acabaria por receber um influxo modernizador a partir dos estudiosos franceses[161]: perdeu-se, assim, o que poderia ter constituído uma interessante experiência lusófona.

No início, os publicistas nacionais limitaram-se a apresentar o Direito administrativo, sem especiais preocupações de integração sistemática. Assim, Justino António de Freitas definia[162]:

---

tada em A. L. GUIMARÃES PEDROSA, *Curso de Sciencia da Administração e Direito Administrativo/Introducção e parte geral* (com um *appendice sobre contencioso administrativo*), 1.ª ed. (1904), 6 ss..

[159] Com elementos, *vide* o nosso *Teoria geral do Direito civil/Relatório*, separata da RFDUL 1988, 14-16.

[160] O fenómeno é flagrante em FERDINAND MACKELDEY, *Manuel de Droit Romain, contenant la théorie des Institutes, précédée d'une Introduction a l'Étude du Droit Romain*, 3.ª ed., trad. J. BEVING (1846), que exerceu grande influência no nosso COELHO DA ROCHA. Aí, o Direito público é contraposto ao privado ao gosto das instituições (71/II); todavia, na introdução, o Direito público é apresentado como "... o conjunto dos preceitos que se reportam à constituição e à administração do Estado, isto é, as relações do poder soberano com os seus sujeitos. O *Direito privado* abrange os princípios que regulam as relações de Direito existentes entre os cidadãos como particulares".

[161] A grande obra de referência sobre toda esta matéria é a de MARIA DA GLÓRIA FERREIRA PINTO DIAS GARCIA, *Da justiça administrativa em Portugal. Sua origem e evolução* (1993), 283 ss. e *passim*. Vide, ainda, MARCELO REBELO DE SOUSA/ANDRÉ SALGADO DE MATOS, *Direito Administrativo Geral – I – Introdução e princípios fundamentais* (2004), 117 ss..

[162] JUSTINO ANTÓNIO DE FREITAS, *Instituições de Direito Administrativo Portuguez*, 2.ª ed. (1861; a 1.ª ed. é de 1857), 4.

§ 5.º Direito público e Direito privado

Direito administrativo é a sciencia da acção e da competencia do poder central, das administrações locaes, e dos tribunaes administrativos nas suas relações com os direitos, com os interesses dos administrados, e com o interesse geral do estado.

Parece indubitável a manutenção de uma noção pelo objeto, de tipo especial.

Também Guimarães Pedrosa, ao definir o Direito administrativo como o Direito do Estado[163] ou como o conjunto de disposições de Direito público que regulam o Estado[164], se mantém nessa linha.

IV. Curiosamente, a civilística do início do século XX veio enfatizar critérios materiais, ligados ao interesse: Guilherme Moreira (1861-1922)[165] e Cabral de Moncada (1888-1974)[166]. Mas também foram acenados os critérios relativos ao sujeito: Teixeira de Abreu (1865-1930)[167] e José Tavares (1873-1938)[168]. Este último critério, ainda que acompanhado pelo primeiro, veio a ser reconhecido como tecnicamente superior, ao longo do

---

[163] A. L. GUIMARÃES PEDROSA, *Curso de Sciencia da Administração*, 1.ª ed. cit., 180.

[164] *Idem*, *Curso de Ciência da Administração e Direito Administrativo*/I – *Introdução e parte I (Parte geral)*, 2.ª ed. (1908), e Parte II (1909), 129.

[165] GUILHERME ALVES MOREIRA, *Instituições de Direito Civil português*, 1 (1907), 7 (...) no direito publico ha sempre, como razão dominante, o interesse collectivo do agregado (...) no direito privado é o interesse individual que constitui o fim dos actos que por elle são regulados).

[166] LUÍS CABRAL DE MONCADA, *Lições de Direito Civil*, 1, 3.ª ed. (1959), 40 = 4.ª ed. póstuma (1995), 44 [... direito privado é aquele cujas normas regulam relações em que o interesse difundido pertence *direta* e *predominantemente* aos indivíduos, como particulares (inclusive ao Estado nessa qualidade) e que o direito público é aquele cujas normas regulam relações em que o interesse defendido é *direta* e *predominantemente* da comunidade ou do Estado como um todo organizado]; o Autor considera esta contraposição como sendo "pelo sujeito".

[167] ANTÓNIO JOSÉ TEIXEIRA D'ABREU, *Curso de Direito Civil*, 1, *Introducção* (1910), 14 e 15 (... direito publico determina a organização do Estado e das suas fracções organicas ... e regula as suas relações com os cidadãos ... direito privado regula as relações dos cidadãos entre si ou d'estes com o Estado, e suas fracções organicas, considerados como meros particulares).

[168] JOSÉ TAVARES, *Os princípios fundamentais do Direito civil*, 1, *Primeira parte: Teoria geral do Direito civil*, 2.ª ed. (1929), 99 (... direito público o que determina a regula a organização do Estado e as suas relações com os indivíduos ... direito privado é o que regula as relações sociais dos indivíduos considerados como particulares ...).

século XX, com relevo para Autores influentes, como Pires de Lima e Antunes Varela[169]. Paulo Cunha (1908-1986) e a escola subsequente, com relevo para Castro Mendes (1929-1983)[170], acolheram o critério do sujeito ou da sua posição. Ainda que sem um grande debate, ele veio a tornar-se dominante, na literatura atual[171].

V. Curiosamente, a publicística tem mantido uma ligação preferencial com a teoria do interesse[172]. O Direito público é apresentado como visando defender o interesse público ou coletivo[173], pelo menos em primeira linha. Tais opções tendem, todavia, a ser matizadas com a assunção da natureza histórico-cultural da distinção[174], assim se fazendo uma aproximação ao pensamento privatístico dominante.

Fica-nos, todavia, uma ideia de justificação significativo-ideológica por parte do Direito público: não vale apenas por existir, como facto ontologicamente irresistível, mas, antes, por ter uma valia que o faça sobrelevar-se além do Direito comum: o referido interesse público.

VI. A contraposição entre o Direito público e o Direito privado, em termos modernos, tem vindo a ocupar a doutrina lusófona, há mais de dois séculos: cerca de 10 gerações de juristas. É certo que muitas das referên-

---

[169] JOÃO DE MATOS ANTUNES VARELA, *Noções fundamentais de Direito civil/Lições do Prof. Dr. Pires de Lima ao Curso do 1.º Ano Jurídico de 1944-45*, I (1945), 20 e 22.

[170] JOÃO DE CASTRO MENDES, *Direito civil (Teoria geral)*, 1 (1967), 13-15.

[171] HEINRICH EWALD HÖRSTER, *A parte geral do Código Civil português/Teoria geral do Direito civil* (1992), 32-33, RABINDRANATH CAPELO DE SOUSA, *Teoria geral do Direito civil*, 1 (2003), 16-20 e LUÍS A. CARVALHO FERNANDES, *Teoria geral do Direito civil*, I – *Introdução/Pressupostos da relação jurídica*, 5.ª ed. cit., 25-26.

[172] Por exemplo: MARCELLO CAETANO/DIOGO FREITAS DO AMARAL, *Manual de Direito administrativo*, 10.ª ed. (1973), 49, MARIA JOÃO ESTORNINHO, *A fuga para o Direito privado* cit., 167 e MARCELO REBELO DE SOUSA/ANDRÉ SALGADO DE MATOS, *Direito administrativo geral* cit., 1, 52. Já AFONSO RODRIGUES QUEIRÓ, *Lições de Direito administrativo*, 1 (1976), embora assentando na ideia de interesse público (125), acaba por se aproximar de uma orientação moderna baseada no sujeito: o Direito público regula a atividade do Estado em sentido lato, enquanto o privado se ocupa de instituições em que todos, tanto sujeitos de Direito privado como de Direito público, podem participar (129).

[173] DIOGO FREITAS DO AMARAL, *Manual de Introdução ao Direito*, 1, com a colaboração de RAVI AFONSO PEREIRA (2004), 252.

[174] Especialmente REBELO DE SOUSA/SALGADO DE MATOS, ob. e loc. ult. cit..

cias são meramente incidentais. Todavia, elas permitem apurar um ciclo lato: a contraposição iniciou-se pela doutrina do sujeito; passou a material; voltou ao sujeito; regressou a material, com diversos elementos de síntese. Os apelos mais recentes são de ordem cultural e sistemática. O recuo registado nos últimos anos no campo prático do publicismo[175] e a definitiva consagração do Estado como o maior operador privado, seja no campo contratual, seja no das sociedades – e isso mau grado uma privatização global da economia, que retirou ao Estado muitos dos seus campos de ação – ocorridos nos últimos trinta anos, não tiveram, ainda, consequências claras na nossa doutrina.

Tudo aponta, não obstante, para uma manutenção do Direito público como o Direito especial, próprio de um determinado sector de atuação do Estado – o da função administrativa – bem delimitado em termos materiais e de tradição. O Direito privado será, em definitivo, o Direito comum nacional.

---

[175] Trata-se de uma situação que já havia sido reconhecida por publicistas nacionais em meados da década de 90 – *vide* VASCO PEREIRA DA SILVA, *Em busca do acto administrativo perdido* (2003, reimp. ed. 1995), 103 ss. e MARIA JOÃO ESTORNINHO, *A fuga para o Direito privado* cit. (o texto remonta a 1996), 121 ss.. De então para cá, ela aumentou grandemente, em termos que justificam um repensar qualitativo do tema. Vide, ainda, PAULO OTERO, *Legalidade e Administração Pública* cit., 282 ss..

§ 6.º O DIREITO CIVIL COMO DIREITO COMUM

26. Generalidades

I. Perante qualquer situação carecida de tratamento jurídico, na ausência de regras especiais – de Direito público ou outras – que tenham pretensão de aplicabilidade, há que recorrer ao Direito civil. Trata-se de uma consequência automática da sua natureza como Direito comum. Digamos que o Direito comum é mais extenso e menos intenso, enquanto o Direito especial, menos extenso, tem, no seu campo de aplicação, maior intensidade.

II. A distinção entre o Direito comum e o Direito especial – ou um Direito especial – é essencialmente relativa: ambos se afirmam um perante o outro e, na medida em que um exista, consubstancia-se o outro. Pode acontecer que um mesmo complexo normativo seja, em simultâneo, especial e comum: especial em relação a um tecido mais vasto, do qual desinsira um subcomplexo normativo; geral em face de áreas ainda mais restritas, que lhe retirem conjunções particularmente adaptadas a necessidades específicas. Assim, o Direito público será especial em relação ao Direito civil; mas é comum relativamente ao Direito fiscal. E no campo privado: o Direito comercial é especial perante o civil e comum em face do Direito das sociedades comerciais.

Podemos adiantar que, dentro do Direito civil, a não haver nenhuma área específica implicada, caímos na parte geral ou no Direito das obrigações.

III. Feitas estas considerações, cumpre dar mais um passo: o Direito civil é o mais comum e o mais abstrato de todos os ramos do Direito. Constitui a base a partir da qual, por especialização, por negação, por complementação ou por inovação, se vão erguendo todos os demais ramos jurídicos normativos. O Direito civil existe, nas sociedades de Direito continental. Não tem de justificar a sua presença ou a sua autonomia. Cabe às disciplinas não-civis a tarefa de explicitar o seu papel, a sua especificidade e as razões de ser da sua autonomia.

27. Função jurídico-científica

I. A Ciência do Direito postula determinadas regras para a realização da intencionalidade normativa, através da solução de casos concretos. Temos em vista a matéria atinente à determinação das fontes, à sua delimitação no tempo e no espaço, à sua interpretação, à integração e à aplicação. Pois bem: a elaboração geral de tais regras, o seu alcance e o seu funcionamento são, nos Direitos continentais, tarefa do Direito civil. No fundo, isso é uma decorrência da sua natureza comum. Poderão outros ramos especializar algumas dessas regras. Quando o não façam e na medida em que isso suceda, cai-se nas regras gerais, de elaboração civil.

II. Também na origem, o Direito elabora conceitos e princípios, com os quais se procede, depois, à realização jurídica, isto é: à caminhada que permite, da fonte, atingir o caso concreto e, depois, ao controlo da decisão que venha a ser encontrada. Noções como as de norma, de relação, de direito subjetivo, de contrato, de prestação, de adstrição, de prazo, de validade ou de eficácia, como meros exemplos, são comuns: logo, civis. Por certo que outras disciplinas podem alcançar noções mais especializadas ou elaboradas. Mas apenas quando necessário, sob pena de se duplicar o que já foi realizado.

III. Poder-se-ia dizer que, pela sua importância universal, toda esta matéria deveria ficar como que *supra partes*, pertencendo a uma disciplina geral ou, até, a um Direito constitucional material. O Direito não é, porém, uma geometria racional. Na origem das diversas regras e noções aqui em causa, vamos encontrar textos civis romanos, jurisprudentes elegantes, jusracionalistas, pandetistas e códigos civis. Autores básicos, como Savigny ou Jhering, são civilistas, surgindo naturalmente acessíveis aos cultores do Direito civil. Não faz sentido sobrepor tarefas nem reestudar o que já é conhecido. Noutro ângulo, poderemos dizer que, num País de Direito continental, o último Direito constitucional material acabará por ser o Direito civil.

28. Aplicação subsidiária no Direito público

I. O Direito civil, enquanto Direito comum (ou o Direito mais comum), tem aplicação subsidiária perante os diversos ramos jurídicos. Iremos referir, agora, essa aplicação no domínio do Direito público, geralmente reconhecida pelos administrativistas[176]. Dependendo da situação lacunosa considerada e da sindicância operada através dos princípios do Direito público, o Direito civil pode ser chamado a complementar ou a integrar as mais diversas situações administrativas[177]. Podemos estar perante institutos que o Direito público preveja, mas não desenvolva – p. ex., a boa-fé, dado o artigo 266.º/2 da Constituição – ou que não refira, mas faça todo o sentido aplicar – p. ex., o enriquecimento sem causa[178]. Não há, aqui, o mínimo deslustro para o Direito público.

II. Pergunta-se qual o fundamento da aplicabilidade subsidiária do Direito civil no campo público e, particularmente, no administrativo. Têm sido invocadas duas teses[179]:

– a dos princípios gerais;
– a da analogia.

Segundo a primeira, o Direito civil daria corpo aos princípios gerais do ordenamento. Na falta de normas específicas, eles tenderiam a prevalecer. Pela segunda, o Direito civil seria chamado a depor quando regulasse um caso análogo ao carecido de regras públicas. As duas teses não se excluem: antes documentam momentos distintos do processo de realização

---

[176] HARTMUT MAURER, *Allgemeines Verwaltungsrecht*, 13.ª ed. cit., 55 ss., com indicações. Na doutrina nacional, essa aplicação é admitida com imensas cautelas – *vide* REBELO DE SOUSA/SALGADO DE MATOS, *Direito administrativo geral* cit., 1, 82.

[177] Como obra de referência: HEINRICH DE WALL, *Die Anwendbarkeit privatrechtlicher Vorschriften im Verwaltungsrecht* (1999, 584 pp.); este Autor examina os mais diversos institutos privados suscetíveis de aplicação no Direito público, incluindo os vários aspetos da boa-fé (238 ss.), a *clausula rebus sic stantibus* (279 ss.) e a lei sobre cláusulas contratuais gerais (290 ss.).

[178] Assim, HERMANN WEBER, *Beitragsrückgewähr nach irrtümlich angenommener Mitgliedschaft in Zwangsverbänden – OVG Hamburg, MDR 1968, 1036*, JuS 1970, 169-175 (170 ss.).

[179] HARTMUT MAURER, *Allgemeines Verwaltungsrecht*, 13.ª ed. cit., 56.

do Direito. O recurso subsidiário ao Direito civil passa pela determinação de uma lacuna no Direito público, pelo estabelecimento da analogia e pela ponderação dos princípios.

III. Determinada a natureza especial do Direito público, a decorrência de uma relação de subsidiariedade entre ele e o Direito civil não oferece dúvidas. Mas ela é ainda reforçada no terreno. Confirma-se, também por esta via, a apontada especialidade.

29. Papel cultural; importância

I. Em síntese, podemos dizer que o Direito civil exprime, em si, a riqueza multidimensional da ordem jurídica a que pertença. Recapitulemos:

– é Direito positivo: traduz regras jurídicas destinadas a facultar soluções de casos concretos surgidos no seu vasto âmbito de aplicação; responde a um *quid iuris*?
– é Ciência do Direito: fixa o caminho que vai das fontes às soluções concretas dos problemas, fazendo-o em termos previsíveis, justificáveis e controláveis; responde a um *quid ius*?
– é Cultura Jurídica: comporta a linguagem, os conceitos, os institutos e as conexões presentes em todas as disciplinas jurídicas e que foram elaboradas no seu seio.

Esta última dimensão é importante. O Direito civil, pela sua carga histórica e pela sua natureza comum, surge como uma permanente bitola de valoração e de apreciação das mais diversas soluções propugnadas por outras disciplinas. Ele compreende as referências que permitem conhecer os progressos e os retrocessos das áreas que repartem o ordenamento. Ele aceita, por fim, as novidades apuradas pelos sectores jurídicos mais particularizados, valora-as e assegura a sua difusão noutras zonas. Tem um papel mediador, facultando, nas dimensões positiva e científica, a unidade e a identidade de um determinado Direito.

II. No atual momento histórico, a preservação e o aprofundamento do Direito civil lusófono constituem um desígnio nacional. O Direito civil – como sucede nos diversos países de Direito continental – corresponde, em simultâneo, ao cerne mais tradicional, mais característico, mais denso e mais avançado da nossa ordem jurídica. A autonomia do Direito lusófono e o seu nível geral valem o que valer a sua Ciência jurídico-civil. Adiante veremos como ela se vem comportando perante o afluxo do Direito europeu. Podemos dizer, quanto sabemos, que o futuro da Nação Portuguesa numa Europa em integração crescente depende da manutenção da língua e do Direito, fundamentalmente civil, apoiado nos demais Estados lusófonos. A desconsideração pelo Direito civil, a favor de disciplinas de circunstância, constitui grave desvio universitário, que todos devem corrigir.

CAPÍTULO III
GÉNESE E EVOLUÇÃO DO DIREITO CIVIL

§ 7.º DO *IUS ROMANUM* AO PANDETISMO

30. *Ius romanum*; as receções

I. O Direito civil é Direito romano atual. O *ius romanum* tem diversas características importantes que relevam para o conhecimento do nosso próprio Direito[180]. Vamos salientar as seguintes:

– é um Direito histórico-cultural, por oposição a voluntarístico: ele surge como paulatina criação da História e não como produto de uma reforma esclarecida;
– é um Direito existencial, por oposição a linguístico ou metajurídico: ele manifesta-se na repetição de fenómenos que legitima;
– é um Direito sistematizado, apenas, em termos internos: tem uma preocupação de regular o igual de modo igual e o diferente de modo

---

[180] *Vide*, como primeira bibliografia, ANTÓNIO DOS SANTOS JUSTO, *Direito privado romano – I Parte geral (Introdução. Relação jurídica. Defesa dos direitos)*, 2.ª ed. (2003), 15 ss., especialmente 20 ss. e *Breviário de Direito privado romano* (2010), SEBASTIÃO CRUZ, *Direito Romano (Ius Romanum)* 1, 4.ª ed. (1984), 33 ss. e PAUL KOSCHAKER, *Europa und das römische Recht*, 4.ª ed. (1966). Muitos dos aspetos focados por este Autor mantêm-se atuais ou viram mesmo aumentar a sua importância; *vide* REINHARD ZIMMERMANN, *Europa und das römische Recht*, AcP 202 (2002), 243-316, referindo, a tal propósito, a "europeização do Direito privado – ob. cit., 247. Quanto a este Autor e ao seu papel no estabelecimento do Direito romano como a base dos atuais ordenamentos civis: STEPHAN MITTELSTEN SCHEID, *Reinhard Zimmermann und das römisch-kanonische Recht als Grundlage einer europäischen Zivilrechtsordnung*, em THOMAS HOEREN (publ.), *Zivilrechtliche Entdecker* (2001), 411-442.

diferente, de acordo com a medida da diferença, de tal modo que apresenta estruturas estáveis, entre os problemas e as soluções; em compensação, a arrumação externa das suas fontes surge caótica;
– é um Direito prudencial: na génese como nos seus desenvolvimentos posteriores, ele impõe-se pela excelência das soluções e pelo peso sócio-intelectual de quem proponha as suas soluções; não deriva da imposição autoritária de qualquer poder;
– é um Direito problemático, formalmente tópico: assenta em premissas endoxais [181] destinadas, *a posteriori*, a apoiar soluções encontradas para os problemas.

O conhecimento do Direito romano é fundamental para o conhecimento do Direito civil. Trata-se de um ponto a reter no estudo de qualquer disciplina privada [182].

II. O Direito romano chegou aos nossos dias como autêntico Direito vigente, embora não idêntico ao *ius romanum*: por isso se fala em Direito romano atual. A sua persistência explica-se através de sucessivos fenómenos de receção.

Sem preocupações de exaustividade ou de reconstrução histórica, podem apontar-se várias receções ou épocas históricas marcadas por esse fenómeno:

– a do Direito comum medieval;
– a da elaboração humanista;
– a da pandetística alemã.

O Direito comum medieval subsequente à fundação das universidades, nos séculos XIII e XIV – recorde-se que em 1288, já estava fundada a Universidade de Lisboa, mais tarde transferida para Coimbra –, implicou uma forte receção do Direito romano. Precedido por uma elaboração canonística – ela própria já muito romanizada, razão que lhe valeu o epí-

---

[181] Quanto à origem aristotélica desta expressão e às suas aplicações, *vide* os nossos *Teoria geral do Direito civil/Relatório* cit., 39, nota 5 e *Ciência do Direito e Metodologia jurídica nos finais do século XX*, sep. da ROA (1989), 30 ss..

[182] *Vide Il Diritto romano nella formazione del giurista, oggi*, introd. Filippo Canceli (1989).

teto de pré-receção – o Direito romano medieval, nos seus quadros como nas suas soluções formais, passou a dominar a atividade de todos os juristas, sempre formados por universidades.

A elaboração humanista ocorreu nos séculos XVI e XVII. Correspondendo a novas aspirações universalistas que, então, tomaram corpo, os humanistas dirigiram a sua atenção para a Antiguidade. A preocupação de reconstituir o verdadeiro Direito romano clássico – o que logo os confrontou com as interpolações – levou-os a apurar vários institutos, descobrindo novas conexões entre eles.

A pandetística alemã desenvolveu-se a partir dos finais do século XVIII. Na sua base esteve a intenção assumida de facultar a aplicação atual do Direito romano [183], respeitado nas suas fórmulas, mas enriquecido, nos conteúdos, através de novas conexões.

III. A permanência, ao longo de toda a História do Direito civil, do fenómeno da receção – que, assim, surge como uma constante da maior importância – deve ser entendida em termos próprios, no plano cultural que lhe compete.

Na receção, assiste-se à adoção, por uma comunidade jurídica, de elementos próprios de outra, presente ou passada, independentemente de situações de dominação política, económica ou social. Mas essa adoção de elementos jurídicos não deve ser entendida como uma transposição de normas, de um espaço para o outro: tal corresponderia a uma conceção positivista das normas e do Direito, abandonada hoje em dia. A receção implica antes a aprendizagem, pelos juristas de uma sociedade, da Ciência jurídica própria de outra sociedade [184]. Assim se compreende não só a essência do fenómeno, mas, também, a sua própria possibilidade.

IV. As raízes romanas – entendidas através das receções – do atual Direito civil são fundamentais para exprimir a sua essência. Mas apenas

---

[183] Recorde-se o título da obra fundamental de SAVIGNY, *System des heutigen römischen Rechts* (Sistema do Direito romano atual), 8 vol., publ. a partir de 1840.

[184] FRANZ WIEACKER, *História do Direito privado moderno,* trad. port. A. HESPANHA (1980), § 7, 129 ss. (134 ss., 250 e 272). *Vide,* em geral, MANFRED REHBINDER, *Die Rezeption fremden Rechts in soziologischen Sicht,* RTh 14 (1983), 305-315 e a obra básica de HELMUT COING, *Europäisches Privatrecht 1500 bis 1800,* Band I, *Älteres Gemeines Recht* (1985), 7 ss. e *passim.*

por si, não a explicam: o Direito atual, apesar de semelhanças formais que vão até à identidade de proposições normativas, não é, efetivamente, Direito romano, tal como vigorou em sociedades há muito desaparecidas.

A explicação reside na evolução entretanto regista na Ciência do Direito e na natureza constitutiva por esta assumida. Trata-se de um aspeto, sempre ligado à História, que cabe considerar. Retenha-se, todavia, o essencial: a dogmática jurídica está intimamente ligada à História, quer em termos puramente cognitivos, quer em moldes argumentativos[185]. O estudo da História é fundamental.

31. A atualidade do estudo do Direito romano

I. O estudo do Direito civil vigente pressupõe conhecimentos de Direito romano. Desde logo assim sucede no plano do funcionamento dos institutos atuais. Esquemas como os da responsabilidade civil, da posse, do usufruto ou da própria contratação exigem, na sua aplicação, informações alargadas que abrangem elementos romanos.

De seguida, o Direito romano é imprescindível para explicar *o porquê* da generalidade das soluções jurídicas civis. Do ponto de vista universitário, é impensável ministrar conhecimentos sem os justificar. Ora, em Direito, justificar uma solução é, antes de mais, explicar como ela surgiu, como se tem concretizado ao longo da História, que interesses e valores serviu e quais as consequências da sua aplicação. Impõem-se, pois, fatores de tipo histórico, nos quais imperam, desde logo, os elementos românicos, na origem do *ius civile*.

II. Cabe ainda acrescentar que todo o Direito civil se torna verdadeiramente aliciante quando apreendido na sua plenitude histórica e cultural. A aprendizagem é mais simples e eficaz. A prática torna-se mais segura e atraente. A produtividade dos juristas aumenta. A genuinidade do Direito civil, na sua riqueza cultural, é preservada.

Sem o Direito romano, acentuam-se as tendências para a memorização árida, para a rotina e para um conceitualismo acético. O Direito lusófono

---

[185] EDUARD PICKER, *Rechtsdogmatik und Rechtsgeschichte*, AcP 202 (2002), 763-859 (858).

torna-se mais sensível ao abastardamento. O estudo do Direito romano é uma necessidade premente[186].

III. A propósito das diversas rubricas civis, seremos levados a traçar uma evolução assente no Direito romano. Trata-se de um *minimum* que não dispensa um enquadramento geral das fontes, da evolução e dos aspetos institucionais do Direito romano, a efetuar em disciplinas específicas, a tanto destinadas.

Recomendamos a leitura, sempre apaixonante, de manuais de Direito romano, com destaque para Artur Montenegro[187], Raúl Ventura[188], Sebastião Cruz[189] e António dos Santos Justo[190]. Disponível temos ainda, em língua portuguesa, da excelente tradução da obra de divulgação de Max Kaser[191], levada a cabo por Samuel Rodrigues[192].

32. Tópica e sistemática no privatismo

I. A remissão do Direito civil, no seu progresso histórico, para o campo da evolução da própria Ciência do Direito, obriga a colocar os temas da tópica e da sistemática. Eles são, aliás, complementares entre si.

---

[186] Vide SEBASTIÃO CRUZ, *Actualidade e utilidade dos estudos romanísticos* (1962) e *Direito romano*, 1.º vol., 4.ª ed. (1984), 117 ss., MENEZES CORDEIRO, *Teoria geral/Relatório* cit., 230, RUY DE ALBUQUERQUE, *Em prol do Direito romano. À maneira de prefácio*, em *Estudos de Direito romano*, vol. I (1989), FERNANDO ARAÚJO, *Actualidade dos estudos romanísticos na formação do jurista*, em *Estudos* cit., vol. II (1989-91), ANTÓNIO DOS SANTOS JUSTO, *A crise da romanística*, BFD 72 (1996), 13-132 e *Direito privado romano* cit., I, 2.ª ed., 100 ss. (103) e JOSÉ ARTUR DUARTE NOGUEIRA, *Direito romano/Relatório* (2000), 19 ss., com diversa bibliografia.

[187] ARTUR MONTENEGRO, *A conquista do Direito na sociedade romana* (1934, reed. 1999), com pref. FERNANDO LUSO SOARES (Filho).

[188] RAÚL VENTURA, *Manual de Direito romano* I (1964), II (1968) e III (1973).

[189] SEBASTIÃO CRUZ, *Direito romano*, 1, 4.ª ed. cit. (1984).

[190] ANTÓNIO DOS SANTOS JUSTO, *Direito privado romano – I Parte geral (Introdução. Relação jurídica. Defesa dos direitos)*, 2.ª ed. cit. (2003).

[191] MAX KASER/ROLF KNÜTEL, *Römisches Privatrecht*, 17.ª ed. (2002); o próprio KASER é autor de outras obras gerais, mais desenvolvidas, de Direito romano: *Das römische Privatrecht* I – *Das altrömische, das vorklassische und klassische*, 2.ª ed. (1971) e II – *Die nachklassische Entwicklungen* (1959).

[192] MAX KASER, *Direito privado romano*, trad. SAMUEL RODRIGUES e FERDINAND HÄMMERLE, ed. F. C. Gulbenkian (1999).

Em termos muito gerais [193], pode dizer-se que a tópica traduz a técnica da justificação da solução dos problemas, enquanto a sistemática se propõe resolver os problemas com recurso a princípios pré-elaborados. A tópica pressupõe que os problemas, desligados entre si, encontrem uma solução extracientífica; mas essa solução deveria, depois, ser fundamentada, de modo a permitir convencer as outras pessoas e, designadamente, o adversário numa discussão. A tópica ensinaria, então, a encontrar os lugares argumentativos para tanto necessários [194].

A sistemática, pelo contrário, apoia-se na existência prévia de princípios assentes, que comportariam as soluções múltiplas para os problemas possíveis. Colocada a questão, restaria, por via dedutiva, obter uma saída justificada pelo modo da sua obtenção.

A contraposição entre tópica e sistemática tem, no Direito, um papel importante[195], que não cabe, agora, discutir [196]. Apenas se pretende, dele,

---

[193] Um aprofundamento desta matéria pode ser obtido em MENEZES CORDEIRO, *Lei (aplicação da)*, Enc. Pólis 3 (1985), 1046-1062 (1055 ss.), *Da boa-fé no Direito civil*, 193 ss., 1132 ss. e *passim* e *Ciência do Direito* cit., 30 ss..

[194] A tópica deve-se a ARISTÓTELES, tendo sido retomada por CÍCERO, com grande influência posterior. Na sua base está a ideia de que o pensamento pode assentar em proposições verdadeiras e indiscutíveis – é o discurso apodítico – ou processar-se a partir de premissas endoxais, isto é, tidas por aproveitáveis por assentarem na opinião de todos, ou de quase todos, ou da maioria, ou dos mais sábios – é o discurso dialético. Ora o *tópico* – lugar argumentativo – destinar-se-ia a promover as premissas endoxais. Na atualidade, a ideia de que o Direito poderia apresentar uma estrutura tópica – com as consequências apontadas no texto – deve-se a THEODOR VIEHWEG, *Topik und Jurisprudenz (Ein Beitrag zur rechtswissenschaftlichen Grundlagenforschung)*, 5.ª ed. (1974, há reimp. de 2000) – a 1.ª ed. é de 1953; uma análise desta obra pode ser confrontada em MENEZES CORDEIRO, *Da boa-fé* cit., 1134 ss.. Entre outra bibliografia aí referida, mencionem-se, quanto à tópica na atualidade: KARL ENGISCH/THOMAS WÜRTENBERGER/DIRK OTTO, *Einführung in das juristische Denken*, 11.ª ed. (2010), 326 ss., nota 26, KARL LARENZ, *Methodenlehre der Rechtswissenschaft*, 6.ª ed. (2005), 145 ss. e *passim*, CLAUS-WILHELM CANARIS, *Systemdenken und Systembegriff in der Jurisprudenz*, 2.ª ed. (1983), 137 ss. e *passim* e *Pensamento sistemático e conceito de sistema na Ciência do Direito*, trad. port. de nossa autoria (1996, 2.ª reimpr.), 243 ss., LARENZ/CANARIS, *Methodenlehre der Rechtswissenschaft*, 3.ª ed. (1995), 317 (continua prevista uma 4.ª ed., agora por CANARIS/LARENZ) e HANS-MARTIN PAWLOWSKI, *Methodenlehre für Juristen/Theorie der Norm und des Gesetzes*, 3.ª ed. (1999), 76-77.

[195] E periodicamente retomado; vide a GRÄFIN VON SCHLIEFFEN, *Wie juristen begründen/Entwurf eines rhetorischen Argumentationsmodells für die Rechtswissenschaft*,

retirar os elementos mínimos necessários para explicar o seu relevo científico no Direito civil.

II. O Direito civil teve uma origem tópica[197]. Quando, na antiga sociedade romana, se atingiu um desenvolvimento sócio-cultural mínimo, tornou-se necessário instituir instâncias de decisão para os conflitos que, porventura, surgissem no seu seio. As soluções para tais conflitos eram alcançadas caso a caso, com base em considerações de oportunidade e de bom senso: não havia normas gerais e abstratas prévias que inculcassem vias de solução. E uma vez obtidas, tais soluções eram justificadas com recurso a referências – a tópicos – que concitassem a aprovação social. O decurso do tempo e o efetivo cuidado posto na decisão dos problemas permitiu o apuramento de certas regularidades de solução: as interações sociais, radicadas em estruturações minimamente estáveis, levam a que o igual seja resolvido de modo igual e o diferente de forma diferente, de acordo com a medida da diferença. Esta regularidade corresponde a uma

---

JZ 2011, 109-116 e DIETER SIMON, *Alle Quixe sind Quase/Aristoteles und die juristische Argumentation*, JZ 2011, 697-703.

[196] O Direito atual não pode, na sua globalidade, considerar-se tópico. De facto, a natureza tópica do Direito acarretaria, de imediato, três consequências: as proposições jurídicas teriam natureza endoxal, assentando na opinião de todos, da maioria ou dos mais sábios; elas seriam firmadas apenas depois de obtidas as soluções; no Direito dominaria tão-só o pensamento dedutivo, traçado desde o tópico endoxal até à conclusão legitimada. Este quadro é inaceitável: as proposições jurídicas, na sua maioria, obtêm-se, em termos controláveis, a partir das fontes; elas não são posteriores às conclusões, antes interferindo, pelo menos, na sua obtenção; no Direito, por fim, não há, apenas, pensamentos dedutivos: a indução e a analogia têm um lugar importante na economia jurídica. Mas a tópica tem um papel de relevo que não pode ser esquecido: em termos extensivos, pode proclamar-se que todo o Direito se consubstancia apenas na solução de problemas concretos; tal solução resulta de uma decisão humana, que liga as fontes aos casos e que, por natureza, se ampara em argumentos mais ou menos lassos, consoante as circunstâncias; em termos intensivos, a tópica surge quando, perante uma lacuna, um conceito indeterminado ou quebra intrassistemática, derivada de uma contradição de princípios ou perante uma questão extrassistemática, provocada por uma incompleitude do ordenamento, se deva construir uma solução que não encontre, no Direito estrito, uma saída unívoca. Sobre estas questões, *vide*, para maiores desenvolvimentos e com bibliografia, *Da boa-fé* cit., 1143 ss.

[197] Trata-se de uma afirmação destinada a explicar a matéria e não de uma rigorosa reconstrução histórica. Quanto à evolução da tópica e da sistemática, *vide* HELMUT COING, *Geschichte und Bedeutung des Systemgedankens in der Rechtswissenschaft* (1956).

certa lógica interna e faculta a formulação de regras que tornem previsíveis as soluções para litígios futuros. A esse conjunto de regras que facultem a obtenção – e a previsão – das soluções para os problemas que venham a colocar-se pode chamar-se sistema interno, na sequência de Heck[198].

Quando as soluções para os problemas se concatenaram entre si, numa série de relações estáveis, de acordo com regras que habilitavam à sua previsão, nasceu a Ciência do Direito civil, identificada com o sistema interno. Se se quiser: a tópica que levou ao nascimento do Direito civil foi, a nível interno, substituída por uma sistemática, necessariamente conectada com o próprio surgir da Ciência jurídica[199].

III. Mas o Direito não se esgota no sistema interno. Como fenómeno cultural, ele exprime-se e consubstancia-se nas suas exteriorizações, cuja regularidade é a sua própria existência[200]. O Direito depende, ontologicamente, da linguagem e das formulações utilizadas para o comunicar e para promover a sua aprendizagem. Tal linguagem e tais formulações dão lugar ao sistema externo, sistema de exposição ou sistema de lecionação.

Sem sistema interno, não há Direito no sentido próprio do termo; mas o sistema externo é dispensável. As regras do Direito podem ser comunicadas e reproduzidas através de casos exemplares ou através de máximas ou fórmulas que não tenham, entre si, qualquer particular arrumação ordenativa. Apenas uma longa evolução da Ciência jurídica permite que o sistema jurídico interno seja dobrado por um externo: até lá, o Direito exprime-se de modo empírico.

O Direito romano tinha uma particular configuração: um sistema interno evoluído, por um lado e a ausência de um sistema externo ou de exposição, por outro. A aprendizagem e a exteriorização do Direito seguiam, então, moldes empíricos. Na forma, o Direito romano era tópico, tal como tópico foi na sua origem e, porventura, no seu desenvolvimento;

---

[198] PHILLIP HECK, *Begriffsbildung und Interessenjurisprudenz* (1932), § 13, 142-143.

[199] Como acima ficou expresso, a Ciência do Direito só é possível, como Ciência, na medida em que exista um conjunto mínimo de regras que facultem uma certa previsão de resultados e que viabilizem um controlo das soluções que se venham a obter.

[200] ERICH FECHNER, *Rechtsphilosophie/Soziologie und Methaphysik des Rechts*, 2.ª ed. (1962), 230.

em substância, surgira a sistemática mínima necessária para se poder falar em Ciência jurídica[201].

IV. A evolução posterior viria a permitir, mais tarde, o estabelecimento de um sistema externo: a exteriorização do Direito passou, também, a seguir moldes racionais, concatenados entre si.

Mas muitas vezes, a inovação jurídica material – portanto, as alterações ao sistema interno – seguiu a via tópica: problemas novos encontram uma solução baseada em argumentos de oportunidade ou de razoabilidade extrajurídicos, justificados *a posteriori*[202]. Consolidada a solução, sobre ela incidiu o labor jurídico intentando, através da análise e da redução dogmáticas, a sua integração num sistema que, só por isso, se via modificado.

V. A separação entre os dois sistemas – o interno e o externo – é uma operação artificial, destinada ao melhor conhecimento da ideia subjacente. Ela deve ser superada por uma síntese que, do Direito, dê uma imagem final consequente.

O Direito, enquanto criação humana e realidade cultural, existe apenas na comunicação e na exteriorização. O sistema externo – e ao contrário do pretendido por Heck e outros positivistas – não é irrelevante para o interno, isto é, para a própria materialidade das soluções a alcançar[203]. O simples facto de se seguir, na exposição da matéria, uma certa ordenação, permite, de imediato, localizar lacunas, detetar desvios, corrigir assimetrias. Boa parte do progresso jurídico tem derivado de simples esforços de organização exterior do Direito. Mas pode-se ir mais longe: aprendido através de quadros linguístico-culturais, o Direito não mais se pode separar deles: tais quadros *são* o Direito e o pensamento jurídico[204].

---

[201] Neste sentido, tem razão COING, *Geschichte und Bedeutung des Systemsgedankes in der Rechtswissenschaft* cit., 33-34, ao afirmar que o Direito romano já teria o seu sistema.

[202] Recorde-se o desenvolvimento fundamental de MARTIM DE ALBUQUERQUE/RUY DE ALBUQUERQUE, *História do Direito português*, 1, 10.ª ed. (1999), 239 ss., sobre o Direito prudencial.

[203] MENEZES CORDEIRO, *Problemas de sistematização* em *A feitura das leis*, 2.º vol. (1986), 135-149 (137 ss.).

[204] WERNER ROTHER, *Elemente und Grenzen des zivilrechtlichen Denkens* (1975), 14 e *passim*.

Daqui resulta que o relevo assumido pelo sistema externo não se denota apenas mercê das articulações criativas permitidas pelos esquemas de exposição. Todas as conceitualizações dogmáticas e as formulações linguísticas, ontologicamente necessárias para a elaboração jurídica, que condicionam em várias dimensões, dependem das vias encontradas para comunicar o Direito.

O Direito é sistema interno e sistema externo, numa ligação ditada pelos condicionalismos que, a cada ordem jurídica, dão uma identidade. Mas nesses "sistemas", a tópica e a sistemática enlaçam-se, facultando e promovendo toda a progressão documentada pela História[205].

33. A teoria evolutiva dos sistemas: da jurisprudência elegante à pandetística

I. As coordenadas constituídas pelas contraposições sistema interno-sistema externo e tópica-sistemática ditaram a génese e as alterações subsequentes no Direito civil e, a partir deste, na Ciência jurídica em geral. O essencial da evolução nos últimos séculos não reside tanto em modificações registadas a nível de fontes: o paralelo entre muitos preceitos do Código Civil e os textos romanos é tão flagrante que poderia deixar entender uma quietude: de facto, inexistente. A solução filia-se nos progressos próprios da Ciência do Direito[206].

Ao contrário do entendimento positivista – que, neste ponto, deve ser considerado como superado – constata-se hoje que as alterações introduzidas no sistema externo implicam e traduzem modificações de fundo, capazes de promover novos tipos de soluções concretas. A teoria evolutiva dos sistemas intenta explicar o essencial dos avanços jurídico-científicos dos últimos séculos através da adoção sucessiva de modelos sistemáticos diferentes na comunicação e na explicação do Direito. Nos termos que seguem.

---

[205] *Vide*, ainda que mais centrado na temática penal, WALTER GRASNIK, *Argumentation versus Interpretation*, JZ 2004, 232-237.

[206] Algumas aplicações da ideia de que a evolução da Ciência do Direito conduz, mesmo perante o imobilismo das fontes, a soluções novas, podem ser confrontadas em MENEZES CORDEIRO, *Evolução juscientífica e direitos reais*, ROA 1985, 71-112.

II. Como foi referido, o Direito encontrava-se, nas compilações romanas – designadamente no *Corpus Iuris Civilis* e nos *Digesta* – em estado de confusão acentuada[207]. As matérias distribuíam-se ao sabor de clivagens histórico-culturais, sem uma preocupação científica, de tal forma que eram frequentes as repetições e as contradições. Além disso, sucedia que a metodologia marcadamente empírica, utilizada para exteriorizar o Direito, provocava um acentuado alargamento das fontes: os textos tornavam-se infindáveis, sendo lenta e morosa a sua apreensão. Ao longo da receção subsequente à formação das universidades, este estado de coisas teve reflexos importantes: glosistas e comentaristas trabalhavam o Direito ao sabor dos fragmentos dos *Digesta* o que, afinando embora a matéria através de uma teia complexa de remissões, não permitia solucionar as dificuldades de que acima se deu conta.

Uma resposta para tal situação foi encontrada pelos humanistas – século XVI – e, principalmente, pelo humanistas franceses, que ficaram conhecidos como jurisprudentes elegantes.

O humanismo jurídico – num reflexo do humanismo em geral – pressupunha um pensamento centrado no homem e modelado pela Antiguidade, sem mediações. Apoiados em Platão e no estoicismo, os humanistas desenvolviam um pensamento universalista e preocupado com certas realidades: o misticismo e a intocabilidade da tradição foram postos em causa. Para além do contingente, eles preocuparam-se com a ordem profunda das coisas, numa atitude que, em Direito, não poderia deixar de se mostrar rica em consequências. Os humanistas viraram também a sua atividade para temas pedagógicos: foram confrontados com os métodos anteriores que, mercê do empirismo da apresentação dos temas jurídicos, acabavam por assentar numa memorização intensa[208]. Apesar de ter surgido em Itália, o humanismo jurídico não daria, aí, frutos claros, tendo sido batido pelo peso do escolasticismo anterior. A sua eficácia mais duradoura fez-se sentir em França, sendo, por isso, conhecido como *mos gallicus* ou

---

[207] O monumento jurídico compilatório mais sistematizado era o das *Institutiones* que, segundo o modelo de GAIO (160 d. C.), se repartiam em *personae, res* e *actiones*.

[208] Quanto ao humanismo jurídico refiram-se D. MAFFEI, *Gli inizi dell'umanesimo giuridico* (1964, reimpr.), NUNO ESPINOSA GOMES DA SILVA, *Humanismo e Direito em Portugal no século XVI* (1964) e HELMUT COING, *Europäisches Privatrecht* cit., 1, 67 ss..

ainda, pelo latim refinado que os seus autores utilizavam, como jurisprudência elegante [209].

A conjugação dos fatores acima descritos explica a movimentação tipicamente humanista tendente a estabelecer uma ordem nova no Direito civil. A matéria dispersa pelo *Corpus Iuris Civilis,* através de cientistas marcantes como Cujacius (1522-1590) e Donellus (1527-1591), foi reagrupada não já ao sabor de meros acasos histórico-culturais, mas de acordo com preocupações globais [210]. A ordenação processou-se reunindo os temas de acordo com certas semelhanças exteriores por eles aparentadas; por exemplo, foram aproximados os fragmentos que referiam a *fides* ou a *bona fides* – boa-fé – ou os que tratavam de coisas.

Nasceu, assim, a sistemática externa. Não assentando num prévio discurso metodológico científico, a sistemática humanista assumia uma feição empírica e periférica: ela reagrupava os temas em função dos aludidos traços superficiais, numa atitude que, embora qualitativamente diferenciada, surgia na sequência direta do empirismo tópico anterior.

Por isso, a sistemática humanista é uma sistemática empírica ou periférica; em homenagem ao seu pioneirismo pode, ainda, considerar-se como a primeira sistemática.

III. As insuficiências da sistemática periférica não poderiam tardar a manifestar-se. Havia que ir mais longe, na assunção expressa da natureza científica do Direito. Para tanto, foi necessária a atuação, no campo jurídico, de uma alteração profunda, a nível cultural, que presidiria ao instituir das ciências modernas: a revolução cartesiana. Dando, como exemplo, certas leis, Descartes explica, no que agora nos interessa, a superioridade do conhecimento unitário que, desenvolvido a partir de uma base bem determinada, seria conduzido por um só critério [211]. A metodologia carte-

---

[209] O *mos gallicus* contrapunha-se ao *mos italicus,* utilizado pelos italianos e correspondente à metodologia escolástica; *vide* WIEACKER, *História do Direito privado moderno* cit., 179 ss..

[210] As obras fundamentais desses Autores constam de: *Jacobi Cujacii Ig. Tolosatis Opera ad Parisiensem fabrotianam editionem diligentissime exactam,* 12 volumes (1758-1783), ed. Paris; existe reimpressão de 1836 – a 1.ª ed. é do séc. XVI – e HUGO DONELLUS, *Opera omnia/Commentatorium de iure civile cum notis Osvaldi Hilligeri* (1840 ss.); a 1.ª ed. é, também, do séc. XVI.

[211] DESCARTES, *Discours de la Méthode* (1637; 5.ª ed. publ. e an. por GILSON, 1976), 11-12.

siana foi transposta para as ciências humanas por Hobbes (1588-1679): daí resultou toda uma nova sistemática jurídica ocidental[212]. Segundo Hobbes, os diversos elementos, como a sociedade, o Estado e o poder, articulam-se mercê de postulados fundamentais: a sobrevivência dos homens, a guerra como estado natural entre eles reinante, a insegurança daí derivada, a necessidade de a superar com recurso ao Estado e à sociedade, o sacrifício da liberdade que isso implica, etc.[213].

Surge, assim, a sistemática jusracionalista, sistemática central ou segunda sistemática, perfeitamente clara nos grandes tratados de Direito natural[214].

A transposição do jusracionalismo – e da sistemática por ele pressuposta – para o Direito civil levantou dificuldades quase insuperáveis. O Direito civil é um dado cultural: ele é pré-dado, derivando da História; ontologicamente, ele não é deduzido de particulares princípios, numa situação rica em consequências. Por isso, os grandes desenvolvimentos, logicamente articulados, do Direito natural, ficaram letra morta: não correspondendo a uma realidade cultural disponível, eles eram inaplicáveis. A utilização da sistemática central no Direito privado só foi possível, em termos limitados, quando implicou um aproveitamento do material pré-dado, vertido nos moldes do jusracionalismo dedutivo. Tal tarefa foi levada a cabo por juristas diferenciados, com relevo para Pufendorf (1632- -1694), na Alemanha e para Domat (1625-1696) e Pothier (1699-1772), em França[215]. Este último, em especial, mercê do seu domínio do Direito

---

[212] Esta conexão, fundamental para o entendimento atual do Direito, foi intuída por WIEACKER na 1.ª ed. da sua *Privatrechtsgeschichte der Neuzeit* (1952), 150, tendo, depois, sido aprofundada por MALTE DIESSELHORST, *Ursprünge des modernen Systemdenkens bei Hobbes* (1968).

[213] THOMAS HOBBES, *De cive* (1642) e *Leviathan or the Matter, Forme and Power of a Commonwealth ecclesiasticall and civil* (1651).

[214] Deve ser referido, pela importância que teria, depois, em várias disciplinas, HUGO GROTIUS, principalmente em *De jure belli ac pacis*. Quanto ao pensamento de GROTIUS, vide *Da boa-fé* cit., 211 ss..

[215] Desses autores, cabe referir: SAMUEL PUFENDORF, *De jure nature et gentium libri octo*, 2.ª ed. (1684); JEAN DOMAT, *Les loix civiles dans leur ordre naturel* (1689 ss.); R. J. POTHIER, *Traité des obligations* (1761), de que existe uma interessante tradução em língua portuguesa de JOSÉ HOMEM CORRÊA TELLES, Lisboa (1835), em dois volumes, entre muitos outros escritos. Para o estudo da sistemática de PUFENDORF, refira-se MALTE DIESSELHORST, *Zum Vermögensrechtssystem Samuel Pufendorfs* (1976); para a de DOMAT, VOELTZEL, *Jean*

romano, teve um importante papel prático – logo: jurídico – podendo ser considerado como um precursor de Savigny.

IV. A sistemática central traduz um estádio importante na evolução da ideia de sistema. Mas ela é irrealista, numa fonte de permanentes tensões com a realidade. Na verdade, não se pode esquecer a essência histórico-cultural do Direito, deduzindo-o, por inteiro, do cadinho de princípios gerais arbitrariamente fixados. Impunha-se, pois, nova síntese, que foi levada a cabo por Savigny (1779-1861). Promovendo definitivamente a autonomização do método jurídico, Savigny caracteriza a Ciência do Direito como filosófica e histórica: filosófica no sentido de sistemática, isto é, de dever, na "...sua conexão interior, produzir uma unidade"[216]; histórica, porque limita o domínio do arbítrio de cada um, a entender, no presente, através da História. A síntese estava feita[217].

Savigny propõe uma formação de conceitos – base da ordenação sistemática do Direito – através da contemplação intuitiva das instituições. Estas, dadas pelo "espírito do povo", eram, no fundo, Direito romano. Savigny recebeu, pois, a herança jusracionalista: conserva uma articulação logicista do sistema, recorre à dedução e utiliza estruturas derivadas de postulados centrais. Mas acolheu, também, a herança romanista da jurisprudência elegante: admite elementos jurídicos pré-dados, anteriores a qualquer sistema e recebidos por via histórico-cultural, através do Direito romano. Ocorre uma síntese, em sentido próprio: os princípios escolhidos para o núcleo do sistema não se obtêm de modo arbitrário, antes derivando da história e da cultura; os elementos existentes na periferia não têm mera origem empírica, antes se ordenando e complementando em função dos princípios gerais presentes no centro. Todo o sistema se movimenta em

---

Domat/Essai de reconstitution de sa philosophie juridique précédé de la biografie du jurisconsulte (1936). Quanto ao Direito natural na formação do atual Direito privado: MARTIN LIPP, *Die Bedeutung des Naturrechts für die Ausbildung der allgemeinen Lehren des deutschen Privatrechts* (1980).

[216] FRIEDRICH CARL VON SAVIGNY, *Juristische Methodenlehre* (1802-1807), pub. G. WESENBERG (1951), 15.

[217] Mais elementos sobre SAVIGNY – e, designadamente, sobre o tema delicado das suas relações com o pensamento kantiano –, podem ser confrontados em *Da boa-fé* cit., 285 ss.. Posteriormente: HORST HAMMEN, *Die Bedeutung Friedrich Carl v. Savignys für die allgemeinen dogmatischen Grundlagen des Deutschen Bürgerlichen Gesetzbuches* (1983).

vias de sentido duplo centro-periferia, numa junção entre cultura e racionalidade ou sistema interno e sistema externo que possibilitará, depois, sucessivos saltos qualitativos no campo jurídico-científico.

Surge, assim, a sistemática integrada ou terceira sistemática, que perdura até aos nossos dias.

Lançada por Savigny, a sistemática integrada foi utilizada – com o acentuar ora de componentes centrais, ora de elementos periféricos – ao longo de todo o século XIX, no espaço jurídico alemão, em trabalhos desenvolvidos sobre os *Digesta* ou *Pandekten*. Conhece-se, por isso, também por *pandetística*. O êxito de Savigny ficou a dever-se à justeza da sua leitura e ao impacto direto que a sua obra teve na consecução de soluções concretas. Os cânones gerais da interpretação, ainda atuais e utilizáveis, foram fixados por Savigny[218]. Explica Rückert que, hoje, eles já não são o coração da dogmática jurídica, mas sim a sua coluna[219]: a herança de Savigny é universal[220].

---

[218] SAVIGNY, *System* cit., 1, §§ 32-51.
[219] JOACHIM RÜCKERT, *Der Methodenklassiker Savigny (1779-1861)*, em RÜCKERT (publ.), *Fälle und Fallen in der neueren Methodik des Zivilrechts seit Savigny* (1997), 25-69 (25 ss. e 65).
[220] HEIKE JOCHUM, *Das Erbe Friedrich Carl von Savignys*, NJW 2004, 568-573 (570).

§ 8.º CODIFICAÇÕES CIVIS

34. Aspetos gerais

I. As codificações civis modernas – as únicas que, verdadeiramente, merecem o título de "codificações" – surgiram quando a Ciência do Direito atingiu um nível que possibilitou a sua confeção e quando as condições sócio-políticas a tanto deram lugar.

Uma codificação é, por excelência, o produto do trabalho jurídico--científico. Ela postula um desenvolvimento intensivo e extensivo do sistema externo, com reduções dogmáticas operosas e um esforço de síntese que remodele, por inteiro, toda a apresentação tradicional dos institutos jurídicos. A nível de solução concreta, isoladamente tomada, a experiência histórica mostra que, muitas vezes, ela visa sancionar o que está e não preconizar novas vias de composição dos problemas. No entanto, no domínio das fontes, ela realiza uma alteração global, suprimindo, quando aprontada, todo o sistema de fontes anterior[221]. E vai, ainda, bem mais longe: modifica a linguagem em aspetos importantes, elabora conceitos abstratos onde antes proliferavam as descrições empíricas e remodela, em profundidade, as diversas proposições jurídicas.

II. Além dos aspetos descritos, já de si de assinalável complexidade, lidamos, agora com o Direito civil, isto é, com um conjunto de representações culturais, ditado pela História, que não está na mão do Homem

---

[221] Recordem-se, a tal propósito, as alterações profundas introduzidas no sistema da Lei da Boa Razão – de 18-Ag.-1769 – pelo Código Civil de 1867; *vide* NUNO ESPINOSA GOMES DA SILVA, *História do Direito português/Fontes do Direito*, 5.ª ed. (2011), 466 ss.. Quanto à Lei da Boa Razão, com indicações, *vide* RUI MANUEL DE FIGUEIREDO MARCOS, *A legislação pombalina /Alguns aspectos fundamentais* (1990), 163 ss..

§ 8.º *Codificações civis* 133

modificar de um momento para outro, sem um sério esforço de evolução. Por isso, uma codificação civil só pode singrar quando o enorme trabalho de redução e síntese, que sempre implica, respeite o tecido interno, nas suas conexões e no seu teor fundamental[222]. Ela deve ser antecedida por toda uma elaboração doutrinária que faculte um perfeito conhecimento do Direito positivo que a preceda, em termos de bem se destrinçar o principal do acessório. Note-se que a elaboração em causa se prolonga por gerações de juristas, implicando, por vezes, um trabalho de séculos.

III. A elaboração científica necessária para efetivar uma codificação civil representa o ponto mais alto da Ciência do Direito continental. Implica duas frentes: um elucidar, em profundidade e em extensão, do Direito positivo vigente e um reformular, também intensivo e extensivo, do sistema das fontes, da conceitualização dos institutos e da formulação das proposições jurídicas, de modo a facultar reduções dogmáticas operacionais e novas sínteses.

O desafio representado pelas codificações civis obteve várias respostas todas histórica e culturalmente situadas. E é nessas dimensões que as devemos considerar.

35. O Código Napoleão (1804)

I. A primeira codificação moderna[223] é, normalmente, reportada ao Código Civil francês de 1804 ou Código Napoleão[224]. Possibilitado pela segunda sistemática, o Código Napoleão surgiu na sequência de um imenso

---

[222] Uma "codificação" inteiramente racional, elaborada sem preocupações de exprimir a cultura jurídica reinante – portanto, o sistema jurídico interno – segue, em regra, o destino dos grandes tratados de Direito natural: não tem qualquer aplicabilidade prática.

[223] O *Allgemeines Landrecht* prussiano, de 1794, tinha já algumas características que prenunciavam a codificação, embora não fosse ainda um verdadeiro código, no sentido atual; cf. WIEACKER, *História do Direito privado moderno*, 2.ª ed. cit., 371 ss..

[224] A designação original era Código Civil dos Franceses; cf. *Code Civil des Français/Édition originale et seule officielle*, An XII – 1804, reimp., sob o título *Code Civil des Français/Bicentenaire/1804-2004*, com apresentação de JEAN-DENIS BREDIN, 2004. Sobre os antecedentes e diversos episódios que acompanharam o Código NAPOLEÃO, tem interesse o catálogo *200 ans de Code Civil/Des lois qui nous rassemblent*/Assemblée Nationale/Cour de Cassation, *Exposition du 12 mars au 15 mai 2004* (2004).

trabalho levado a cabo durante os séculos XVII e XVIII e que visou o conhecimento e o redimensionar do material jurídico-civil. Quer os jurisprudentes elegantes do Humanismo – Cuiacius e Donellus – quer, sobretudo, Domat e Pothier [225] tiveram um papel fundamental nesse domínio; o seu labor ficaria assim conhecido por pré-codificação francesa [226]. A tal propósito, pode considerar-se que, nos finais do século XVIII, a Ciência do Direito ultrapassara largamente a ordem jurídica positivo-formal. O esforço reformador de Napoleão permitiu acertar essa distância.

II. Nos séculos XVII e XVIII, a doutrina continental procurou enfrentar e resolver três questões fundamentais [227]:

– a unificação das fontes;
– a busca de uma sistemática racional;
– a adaptação dos institutos a novas realidades.

A unificação das fontes era um problema particularmente grave em França, dividida numa zona norte, de costumes – ainda que redigidos em termos romanizados – e numa zona sul, de Direito escrito – o *Corpus Iuris Civilis*. Mas para além disso, havia toda uma situação complexa gerada pela existência das compilações justinianeias, de inúmeras leis nacionais, do Direito canónico e de diversos costumes e praxes jurisdicionais.

A busca de uma sistemática racional correspondia à necessidade de encontrar uma ordem para a compreensão e a aprendizagem do Direito ou, se se quiser, de aprontar um sistema externo que superasse as meras ordenações periféricas levadas a cabo pelos jurisprudentes elegantes. Parecendo, hoje, uma tarefa fácil, a sistematização racional levantava, então, dificuldades praticamente insolúveis [228]. Apenas uma atividade aturada, durante o longo período da pré-codificação, possibilitaria perspetivas novas.

---

[225] *Supra*, 128-129. Vide HELMUT COING, *Europäisches Privatrecht 1800 bis 1914*, Band II – *19. Jahrhundert* (1989), 12 ss..

[226] Quanto aos antecedentes do Código NAPOLEÃO *vide*, ainda, JEAN RAY, *Essai sur la structure logique du Code Civil français* (1926), 2 ss..

[227] Estas questões são adaptadas do trabalho de A.-J. ARNAUD, *Les origines doctrinales du Code civil français* (1969).

[228] HANS THIEME, *Das Naturrecht und die europäische Privatrechtsgeschichte* (1947), 25, GIOVANNI TARELLO, *Le ideologie della codificazione nel secolo XVIII* (1974), 21-22 e 57 ss e ARNAUD, *Les origines doctrinales* cit., 7.

§ 8.º *Codificações civis* 135

A adaptação dos institutos a novas realidades tem-se prestado a equívocos que, por desvirtuarem a essência das codificações civis, cabe esclarecer. O Código Napoleão é, com frequência, assimilado a um diploma cheio de intenções perante a revolução liberal e a burguesia industrial que se anunciavam. Há muito se proclama o infundado desta orientação [229]: a primeira codificação traduz apenas o ponto de chegada de uma evolução complexa, iniciada com os comentaristas, renovada pelo humanismo e pela primeira sistemática e infletida pelo racionalismo. Entre a doutrina pré-revolucionária e o Código não há quebras ou, sequer, evoluções significativas; pelo contrário: o Código Napoleão pôs cobro a múltiplas inovações introduzidas durante o período revolucionário, adotando soluções anteriores [230]. A adaptação dos institutos a novas realidades, aquando da efetivação de uma codificação civil, tem, pois, outro alcance: trata-se de generalizar segmentos já aproveitados e comprovados sectorialmente, de consagrar inovações preconizadas pela doutrina, de limar arestas em esquemas há muito conhecidos ou de irradicar fórmulas consideradas, de modo pacífico, como inúteis.

III. Impõe-se ainda efetuar algumas considerações sobre os condicionalismos ambientais que possibilitaram a efetivação das codificações civis e, designadamente, da primeira. Como fator primordial, os estudiosos têm apontado as necessidades político-sociais de simplificação [231], sensíveis em épocas históricas de reconstrução ou de progresso. Tal simplificação postula a introdução de esquemas de tipo económico nas proposições jurí-

---

[229] HERMANN CONRAD, *Code Civil und historische Rechtsschule*, em *Deutschland--Frankreich* II (1943), 59-69 (59) e ESMEIN, *L'originalité du Code Civil*, em *Le livre du centenaire*, 1 (1904), 5.
[230] O Código NAPOLEÃO foi obra de quatro juristas de prestígio e qualidade: PORTALIS (1745-1807), TRONCHET (1726-1806), MALEVILLE (1741-1821) e BIGOT-PRÉAMENEU (1747-1825); todos eles foram, aliás, alvo de perseguições no período revolucionário, como informa ARNAUD, *Les origines doctrinales* cit., 23 ss.. O próprio NAPOLEÃO teve um papel pessoal importante no dinamizar dos trabalhos, assegurando uma conclusão rápida do diploma. As várias peripécias que acompanharam a elaboração do Código Napoleão podem ser confrontadas em SAVATIER, *L'art de faire les lois/Bonaparte et le Code civil* (1927). Outros elementos serão abaixo indicados, a propósito do sistema napoleónico, enquanto grande família planetária do Direito.
[231] TARELLO, *Le ideologie della codificazione* cit., 27.

dicas, de modo a tornar os circuitos do Direito acessíveis aos não-juristas. Além disso, ela implica uma efetiva revogação das regras anteriores – quando não, assistir-se-ia a uma mera compilação – e, ainda, uma condensação nos conteúdos normativos: institutos que traduzam pequenas variações são suprimidos a favor de tipos unitários que a todos abranjam, enquanto as figuras de utilização menos frequente são abolidas[232].

Os grandes pilares de fundo do Código Napoleão residiam nos seus artigos 544 e 1134/1, assim concebidos:

> A propriedade é o direito de gozar e de dispor dos bens da forma mais absoluta, desde que não se faça deles um uso proibido pelas leis e pelos regulamentos.

e

> As convenções legalmente formadas valem como leis para aqueles que as fizeram (...)

Estes preceitos tiveram, contudo, o simples mérito de proclamar com clareza aquilo que já era bem conhecido no Direito anterior. A propriedade remonta ao Direito romano; o facto de se lhe reconhecerem, à partida, limites, denota bem uma preocupação moderadora. O relevo dos contratos ou, mais precisamente, da autonomia privada era, por seu turno, sublinhado já em fases antecedentes[233]. O essencial das inovações integradas num novo estádio político-social cifrou-se, tudo visto, em supressões, como a das antigas corporações[234]: a abertura do Direito privado, assente na ausência de regulações, facultou, por si, uma melhor atuação dos níveis económicos no plano privado[235].

---

[232] Quanto à preparação do Código NAPOLEÃO: FRANÇOIS EWALD (publ.), *Naissance du Code Civil/La raison du législateur/Travaux préparatoires du Code Civil* (2004), 409 pp. e JEAN CARBONNIER, *Droit civil I – Introduction, Les personnes, la famille, l'enfant, le couple* (2004), 127 ss..

[233] DIETER GRIMM, *Soziale, wirtschaftliche und politische Voraussetzungen der Vertragsfreiheit/Eine vergleichende Skizze* em *La formazione storica del diritto europeo* (1977), 1245 e HARALD STEINDL, *Überlegungen zum Verhältnis von Privatrecht, Gewerbefreiheit und Industrialisierung*, IC 15 (1981), 76-107 (79).

[234] HARALD STEINDL, *Zur Genese des Privatrechts als "allgemeines Wirtschaftsrecht"*, FG Coing (1982), 349-386 (352-353).

[235] HARALD STEINDL, *Zur Genese des Privatrechts* cit., 364.

IV. Obedecendo aos parâmetros gerais que sempre justificam uma codificação, o Código Napoleão veio ainda acusar, de modo marcado, o influxo jusnaturalista. Na verdade, o Código em causa apresenta-se como um produto terminal da segunda sistemática, possibilitado embora por exprimir, a vários níveis, a realidade cultural românica.

A presença da sistemática central no tecido napoleónico apresenta-se clara se se tiver em conta a sua sistematização. O Código Napoleão reparte--se, com efeito, por três livros:

Livro I – Das pessoas;
Livro II – Dos bens e das diversas modificações da propriedade;
Livro III – Das diferentes formas por que se adquire a propriedade.

No *livro I* trata-se da matéria referente à posição jurídica do indivíduo e de situações jurídicas familiares; no *livro II*, surgem as coisas, a propriedade e outros direitos reais; no *livro III* são versados as sucessões, doações, contratos em geral, casamento e regimes matrimoniais, contratos em especial, hipotecas e prescrição.

Toda a matéria se desenvolve, pois, a partir de ideias centrais simples e claras: a *pessoa*, enquanto indivíduo, carece de *bens* que *movimenta*, para sobreviver e se expandir. A aplicação destes postulados, por não atentar suficientemente nos elementos pré-sistemáticos que a cultura e a história sempre comportam, mostra-se pouco apta perante os regimes em jogo, como a evolução posterior acabaria por demonstrar.

V. Bem elaborado, escrito em termos claros e de grande elegância[236], o Código Napoleão surgiu como um monumento legislativo de primeira grandeza. Ele impôs-se para além das suas fronteiras naturais, seja pela força das armas napoleónicas, seja por livre adoção – portanto, num fenómeno de receção – dos interessados.

Nuns casos, ele foi simplesmente traduzido e posto em vigor: assim sucedeu na Renânia, onde uma versão alemã do *Code* vigorou até ao advento do BGB[237]. Noutros, ele serviu de modelo inspirador a códigos

---

[236] Ficou célebre a afirmação de STENDHAL, em carta dirigida a BALZAC, em 1840: *En composant la **Chartreuse**, pour prendre le ton, je lisais chaque matin deux ou trois pages du Code Civil*.

[237] Surgiu, assim, uma rica literatura alemã, elaborada sobre o Código Francês, com relevo para ZACHARIÄ VON LINGENTHAL/CARL CROME, *Handbuch des Französichen Civilrechts*, 3.ª ed., 4 volumes (1894).

dotados de grau variável de originalidade[238]. O modelo francês, de base napoleónica, está representado em todo o Mundo e, particularmente, nos países latinos[239]. Hoje, o velho *Code Civil* continua em vigor, embora muito alterado: a evolução das ideias e a pressão do Direito comunitário a tanto têm conduzido[240].

VI. O Código Napoleão foi objeto de duas importantes e sugestivas homenagens, que constituíram pretexto para a realização de estudos aprofundados sobre diversos temas a eles ligados. Tratou-se, respetivamente, do Centenário de 1904 e do Bicentenário de 2004.

Aquando do Centenário, a *Société d'Études législatives* procedeu a uma recolha de estudos diversificados[241]. Foi ponderada, com cuidado, a eventualidade de uma revisão profunda do *Code*: alguns Autores manifestaram-se a favor de tal revisão[242], enquanto outros optaram pela negativa[243]. Os argumentos favoráveis à revisão pareciam sérios e ponderosos. Todavia, o Código Napoleão manteve-se.

O Bicentenário de 2004 foi comemorado sob o signo do Código Civil europeu: ora tido como uma utopia[244], ora considerado como uma opção viável e a prosseguir, mau grado as dificuldades[245], ora como eventuali-

---

[238] Em especial, KONRAD ZWEIGERT/HEINZ KÖTZ, *Einführung in die Rechtsvergleichung auf dem Gebiete des Privatrechts*, 3.ª ed. (1996), § 8 (96 ss.) e WIEACKER, *História do Direito privado moderno* cit., 394-395, ambos com outras indicações.

[239] *La circulation du modèle juridique français*, em *Travaux de l'Association Henri Capitant*, XLIV, 1993.

[240] Para a versão em vigor, *vide* o *Code Civil*, 111.ª ed. da Dalloz (2012); a última alteração data de 9 de Julho de 2011.

[241] *Le Code Civil – 1804-1904 – Livre du Centenaire*, tomo I – *Generalités – Études spéciales* e tomo II – *Le Code Civil à l'Étranger – La question de la Revision* (1904), 1128 pp., abrangendo artigos de 39 Autores, a que se somam mais dois, com documentos.

[242] F. LARNAUDE, *Le Code civil et la nécéssité de sa Revision*, em *Livre du Centenaire* (1904), 899-931, chamando a atenção, entre outros aspetos, para a obscuridade e as lacunas do Código (912-913) e EUSTACHE PILON, *Réforme du Code civil par voie de Revision générale*, idem, 933-951.

[243] MARCEL PLANIOL, *Inutilité d'une révision générale du Code civil*, idem, 953-963.

[244] PHILIPPE MALAURIE, *L'utopie et le bicentenaire du Code Civil*, em PIERRE CATALA e outros (org.), *1804-2004/Le Code Civil: Un passé, un présent, un avenir* (2004), 1-8.

[245] DENIS TALLON, *L'avenir du Code en présence des projets d'unification européenne du Droit civil, 1804-2004* cit., 997-1009.

dade que já perde terreno²⁴⁶. Constituiu, todavia, uma excelente oportunidade para rememorar os antecedentes do *Code*, a sua evolução até aos nossos dias, o seu relacionamento com as outras disciplinas, o seu papel no Mundo e as suas perspetivas²⁴⁷.

36. O Código Civil alemão (1896/1900)

I. A influência dominadora, científica e cultural, do Código Civil francês apenas esmoreceria perante o aparecimento, nos finais do século XIX, de uma nova codificação, assente em dados científicos mais perfeitos e avançados: o Código Civil alemão, conhecido pela sua sigla BGB (*Bürgerliches Gesetzbuch*).

O Código Civil alemão corresponde ao ponto terminal de uma intensa atividade jurídico-científica, que se prolongou por todo o século XIX²⁴⁸. Na base de um estudo aturado do Direito comum – o Direito romano com determinadas adaptações e em certa leitura – os pandetistas foram levados a confecionar um novo sistema civil: as proposições jurídicas singulares, os institutos, os princípios e a ordenação sistemática sofreram remodelações profundas, aperfeiçoando-se, evitando contradições e desarmonias e multiplicando o seu tecido regulativo de modo a colmatar lacunas.

A Ciência jurídica alemã servida, para mais, por uma língua rica e muito analítica e num ambiente de grande aprofundamento das ciências humanas e de intenso pensamento filosófico, depressa ultrapassou as suas congéneres. A doutrina francesa, presa a uma exegese intensa do texto napoleónico, perdeu terreno, até aos nossos dias²⁴⁹.

---

²⁴⁶ LAURENT LEVENEUR, *Le Code Civil et le Droit communautaire*, 1804-2004 cit., 929-951 (950).

²⁴⁷ A obra cit. *1804-2004*, da Université Panthéon-Assas, contém 56 artigos de Autores notáveis, aprofundando esses aspetos. Estão anunciados outros estudos relativos ao Bicentenário, com relevo para *Le Code Civil, 1804-2004, Livre du Bicentenaire*, coed. Dalloz/Litec, 2004. Sobre o Código NAPOLEÃO, a sua evolução, as tentativas de reforma e as homenagens a que deu lugar cf. JEAN-FRANÇOIS NIORT, *Homo civilis/Contribution à l'histoire du Code Civil français*, com prefácio de JEAN-LOUIS HALPÉRIN e posfácio de JEAN CARBONNIER, em dois interessantes tomos, num total de 931 pp..

²⁴⁸ HELMUT COING, *Europäisches Privatrecht* cit., 2, 39 ss..

²⁴⁹ *Vide*, quanto às fraquezas da doutrina privada francesa, sobretudo no campo metodológico, *Da boa fé* cit., 252.

II. O Código Civil alemão tem, subjacentes, as estruturas científicas da terceira sistemática. A pandetística do século XIX aceitou expressamente o Direito romano como elemento pré-dado, elaborado pela História e pela cultura e património insubstituível dos povos. Os elementos assim obtidos eram, no entanto, elaborados e sistematizados em função de pontos de vista unitários: conseguia-se deste modo, a determinação de disfunções, incongruências e incompleitudes, facultando a sua correção. Os pontos de vista unitários que presidiam à ordenação da matéria não se obtinham em termos de escolha arbitrária: os próprios dados periféricos, uma vez concatenados, propiciavam a determinação desses pontos. E a concluir a integração sistemática, recorde-se que os próprios princípios se revelam criativos: por um lado, não há ordenações inóquas; por outro, cabe recorrer aos princípios quando, na periferia, se apurem lacunas irredutíveis.

As preocupações imediatamente ideológicas – patentes no Código Napoleão e, em geral, nas codificações de inspiração liberal – desapareceram da Ciência do Direito, a favor de considerações de predomínio técnico.

III. Para além de corresponder a um elevado desenvolvimento técnico-científico da doutrina que o antecedeu, o Código Civil alemão foi originado por particulares condicionalismos extrínsecos, que explicaram, em certa medida, o seu aparecimento relativamente tardio. Em 1814, sob o entusiasmo provocado pela codificação napoleónica, Thibaut preconizou a efetivação de um Código alemão[250]; mas logo se lhe opôs o próprio Savigny, em nome da natureza cultural do Direito[251]. Às dúvidas científicas vieram somar-se problemas políticos: a unidade alemã só lentamente se ia afirmando, dela dependendo uma codificação eficaz. Os trabalhos

---

[250] ANTON FRIEDRICH JUSTUS THIBAUT, *Ueber die Nothwendigkeit eines allgemeinen bürgerlichen Rechts für Deutschland* (1814).
[251] FRIEDRICH CARL VON SAVIGNY, *Vom Beruf unsrer Zeit für Gesetzgebung und Rechtswissenschaft* (1814); estes escritos podem ser confrontados em *Thibaut und Savigny/Ihre programmatischen Schriften,* publ. HANS HATTENHAUER (1973). A projeção posterior deste debate pode ser aferida em FELIX VIERHAUS, *Die Entstehungsgeschichte des Entwurfes eines Bürgerlichen Gesetzbuches für das Deutsche Reich* (1888), 9 ss. e LEHNSEN, *Was ist am Bürgerlichen Gesetzbuch deutscher Ursprung?* (1933), 13 ss..

codificadores tiveram o seu início depois da proclamação, por Bismark, do 2.º Império alemão[252].

Iniciados os trabalhos, vieram estes a prolongar-se por vinte e três anos de labor sério e intenso[253]. A comissão foi dominada pelo papel de Windscheid[254] que presidiu numa primeira fase e que foi, na sua ausência, sempre representado pelas suas *Pandekten*[255].

Como qualquer codificação, o BGB traduz "uma recolha do já existente e não uma criação de novidades"[256]; sintetiza a Ciência jurídica do século XIX, no que ela tinha de mais evoluído[257].

IV. Na linha da pandetística oitocentista, o BGB apresenta uma sistematização em cinco livros:

Livro I – Parte geral;
Livro II – Direito das relações obrigacionais;

---

[252] LEVIN GOLDSCHMIDT, *Die Codification des Deutschen bürgerlichen und Handels-Rechts*, ZHR 20 (1874), 134-171 (134 ss.), HANS-PETER BENÖHR, *Die Grundlage des BGB – Das Gutachten der Vorkommission von 1874*, JuS 1977, 79-82 (79 ss.) e HELLMUT GEORG ISELE, *Ein halbes Jahrhundert deutsches Bürgerliches Gesetzbuch*, AcP 150 (1949), 1-27 (1).

[253] J. W. HEDEMANN, *Fünfzig Jahre Bürgerliches Gesetzbuch*, JR 1950, 1-4 (1); cf. a introdução de HELMUT KÖHLER ao *Bürgerliches Gesetzbuch* da Beck, 68.ª ed. (2011), IX ss..

[254] BERNHARD WINDSCHEID (1817-1892) foi uma figura cimeira da pandetística tardia, devendo-se-lhe várias inovações técnicas de relevo. A sua obra mais importante – *Lehrbuch des Pandektenrechts*, 3 volumes – teve uma ação fundamental no Código alemão de 1896 e projetou-se noutros ordenamentos, graças às traduções existentes em italiano e em grego. *Vide*, quanto a este Autor, ERIK WOLF, *Grosse Rechtsdenker der deutschen Geistesgeschichte*, 4.ª ed. (1963), 591 ss. e FRANZ WIEACKER, *História do Direito privado moderno*, 2.ª ed. cit., 509 ss..

[255] HANS THIEME, *Aus der Vorgeschichte des Bürgerlichen Gesetzbuchs*, DJZ 1934, 968-971 (970). A formação do BGB pode ser confrontada em: FRANZ WIEACKER, *História do Direito privado moderno*, 2.ª ed. cit., 536 ss.; THILO RAMM, *Einführung in das Privatrecht/Allgemeiner Teil des BGB*, 2.ª ed. (1974), 1, G 13 ss. e L. 193 ss.; KARL LARENZ/ /MANFRED WOLF, *Allgemeiner Teil des deutschen Bürgerlichen Rechts*, 9.ª ed. (2004), 59 ss.; para mais pormenores, *vide* WERNER SCHUBERT, *Materialien zur Entstehungsgeschichte des BGB: Einführung, Biographien, Materialen* (1978); quanto à sua aprovação no *Reichstag*, *vide* MALLMANN, *50 Jahre BGB*, DRZ 1946, 52.

[256] ISELE, *Ein halbes Jahrhundert deutsches Bürgerliches Gesetzbuch* cit., 3.

[257] Nas palavras de HANS DÖLLE, *Das Bürgerliche Gesetzbuch in der Gegenwart* (1950), 15, o BGB não abriu o portão do séc. XX; fechou o do séc. XIX.

Livro III – Direito das coisas;
Livro IV – Direito da família;
Livro V – Direito das sucessões.

Trata-se da chamada classificação germânica do Direito civil à qual, pela sua importância no espaço jurídico lusófono, será consagrado um maior desenvolvimento.

V. O BGB, apesar de escrito, por vezes, numa linguagem complicada – mas, em contrapartida, muito precisa – teve uma grande influência[258]: as dificuldades linguísticas foram compensadas pelo enorme interesse técnico do diploma. Adiantamos que, na Europa, ele exerceu um domínio direto nas codificações tardias: suíça (1907), grega (1940), italiana (1942) e portuguesa (1966). Mas o seu influxo atingiu o Mundo inteiro com relevo, entre outros, para o Brasil (1916 e 2002), a Turquia, o Japão, a Coreia, a generalidade dos países do leste europeu. Recentemente, ele refletiu-se no Código Civil da maior Nação do Planeta: a China.

O essencial deste enorme papel não fica a dever-se a qualquer poderio político ou militar: antes reside, tal como o antigo Direito romano, na Ciência do Direito que lhe está subjacente. Ela pôde enfrentar, com êxito, os dois grandes desafios que lhe foram lançados: primeiro, na Alemanha e depois, no Mundo.

O primeiro desafio derivou da inexistência, no próprio texto do BGB, de normas adaptadas ao trabalho, tal como este se desenvolve nas sociedades industriais[259] ou, mais latamente: desde o início, o BGB estava desa-

---

[258] Vide ZWEIGERT/KÖTZ, *Einführung in die Rechtsvergleichung*, 3.ª ed. cit., 143 ss.; o papel e as origens do BGB foram especialmente recordados, na literatura, a propósito do seu centenário; entre outros, MATHIAS SCHMOECKEL, *100 Jahre BGB: Erbe und Aufgabe*, NJW 1996, 1697-1705, ROLF STÜRNER, *Der hundertste Geburtstag des BGB – nationale Kodifikation im Greisenhalber?*, JZ 1996, 741-752 e HANS SCHULTE-NÖLKE, *Die schwere Geburt des Bürgerlichen Gesetzbuchs*, NJW 1996, 1705-1710.

[259] WILHELM KISCH, *Fünfzig Jahre Bürgerliches Gesetzbuch*, NJW 1950, 1-3 (1), HEDEMANN, *Fünfzig Jahre* cit., 3 e DÖLLE, *Das Bürgerliche Gesetzbuch* cit., 16. Ficaram clássicas, a esse propósito, as críticas movidas na época por OTTO VON GIERKE, *Der Entwurf eines bürgerlichen Gesetzbuchs und das deutsche Recht* (1889), 245 e ANTON MENGER, *Das bürgerliche Recht und die besitzlosen Volksklassen* (1927), 160 ss. (a 1.ª ed. é de 1890). Também o Código Civil francês fora omisso no tocante ao contrato de trabalho; em 1804, no entanto, ainda não se consumara, em França, a Revolução Industrial, o que permitiria entender o silêncio do *Code*.

tualizado²⁶⁰. O segundo adveio das perturbações económicas e sociais profundas que não cessaram de aumentar depois da primeira guerra mundial.

Em resposta ao primeiro problema nasceu o Direito do trabalho, como Direito privado especial e, mais tarde, outros ramos específicos, como o Direito do consumo; o segundo conduziu ao desenvolvimento de vários institutos importantes, no âmbito civil. Apesar de ter conhecido mais de 150 alterações²⁶¹ e atravessando cinco regimes políticos²⁶², o BGB mantém-se a base do Direito privado alemão²⁶³, irradiando toda a sua influência. Em 2001/2002, o BGB foi objeto de uma grande reforma: a maior desde o seu aparecimento, em 1896. Pela sua importância no futuro do Direito lusófono, ser-lhe-á feita oportuna e mais alargada referência.

VI. A publicação do BGB acarretou uma consequência do maior relevo: proporcionou a definitiva divisão dos Direitos de base românica em dois estilos: o estilo francês ou napoleónico e o estilo germânico ou pandetístico²⁶⁴. Esta clivagem demonstra que, mais importante do que os institutos em si ou do que as normas em vigor – por vezes muito semelhantes – é a Ciência que faculta as soluções concretas.

O Direito civil lusófono, com várias especificidades, oscilou entre os dois estilos: passou do napoleónico ao germânico, mercê de um fenómeno de receção, abaixo referido²⁶⁵.

---

260 MICHAEL BARTSCH, *Das BGB und die modernen Vertragstypen*, CR 2000, 3-11 (3).
261 NORBERT HORN, *Ein Jahrhundert Bürgerliches Gesetzbuch*, NJW 2000, 40-46 (42/II); a última alteração data, neste momento, de 27-Jul.-2011: trata-se da Lei da Modernização das Custas Judiciais. Vide o cit., *Bürgerliches Gesetzbuch*, 68.ª ed. da Beck (2011), com introd. de HELMUT KÖHLER.
262 FRANK VAN LOOK, *Die zivilrechtlichen Generalklauseln in der Rechtsprechung des Reichsgerichts 1933-1945*, JR 2000, 89, 97 (89/I) e a saber: o Império, a República de Weimar, o nazismo, o comunismo da ex-RDA e o regime democrático da República Federal Alemã.
263 NORBERT HORN, *Ein Jahrhundert* cit., 46.
264 ZWEIGERT/KÖTZ, *Einführung in die Rechtsvergleichung*, 3.ª ed. cit., § 5 (62 ss.).
265 ZWEIGERT/KÖTZ, *Einführung in die Rechtsvergleichung*, 3.ª ed. cit., 106 ss.. Cf. *infra*, 235 ss..

37. As codificações tardias

I. As duas grandes codificações – primeira e segunda – foram, inquestionavelmente, a francesa e a alemã. Mais do que a importância dos textos em que se consubstanciaram, convém recordar que esteve em jogo o culminar das duas grandes tradições jurídico-científicas do Continente europeu: a segunda sistemática, como produto do jusracionalismo e a terceira sistemática, como resultado da pandetística.

O Direito civil posterior manter-se-ia dentro das balizas resultantes da sistemática savignyana. E nem se poderá falar, por isso, no estagnar da Ciência jurídica: antes se verifica que uma sistemática integrada, articulada numa síntese entre uma periferia cultural e um núcleo científico, destacáveis mas interdependentes, pode evoluir a partir do seu próprio interior.

Nesta sequência, chamaremos "codificações tardias" aos códigos civis surgidos depois do BGB e no seu rescaldo, isto é, aos códigos do século XX; especialmente em causa ficam os Códigos civis suíço (1907), grego (1940), italiano (1942) e português (1966).

II. As codificações tardias têm, essencialmente, as seguintes características:

– são fruto da terceira sistemática;
– correspondem à universalização do Direito e da sua Ciência;
– têm em conta as críticas sectoriais feitas às primeira e segunda codificações e consagram certos institutos novos obtidos já depois delas;
– apresentam desvios provocados pelas diversas realidades nacionais.

As codificações tardias são fruto da terceira sistemática. Foram precedidas pela receção e pelo desenvolvimento de uma Ciência jurídica de tipo pandetístico que, procurando evitar os extremos de um Direito puramente racionalista ou de um Direito empírico no seu todo, efetuou a síntese integrada desses dois níveis jurídicos.

As codificações tardias assentam em transferências culturais relevantes, ocorridas entre diversos espaços nacionais. O Código Napoleão é um produto da doutrina francesa, o BGB, da doutrina alemã. Mas as diversas codificações do século XX tiveram, na sua base, estudos científicos alar-

§ 8.º *Codificações civis*

gados, que não se detiveram em fronteiras nacionais ou linguísticas. Elas correspondem a uma universalização do Direito e da sua Ciência passando, de então em diante, a atuar a uma escala europeia. O fenómeno é claro considerando, ainda que de modo abreviado, a génese dos Códigos suíço, grego, italiano e português.

As codificações tardias aproveitaram as críticas feitas aos códigos anteriores; evitaram erros de conceção – por exemplo, a "parte geral" foi suprimida nos Códigos suíço e italiano – e consagraram, de modo expresso, institutos resultantes de uma elaboração jurisprudencial posterior a 1900 – por exemplo, o abuso do direito, a alteração das circunstâncias ou a violação positiva do contrato.

As codificações tardias apresentam, por fim, uma identidade própria, motivada pelas particularidades dos espaços em que surgiram.

III. O Código Civil suíço teve, na sua origem, os trabalhos de um cientista de génio: Eugen Huber. Considerado como um dos expoentes máximos da literatura jurídica de língua alemã, Huber soube aproveitar as características da realidade suíça, submetendo-a, no entanto, à Ciência pandetística[266].

O Código Civil suíço apresenta a seguinte sistematização:

Livro I – Direito das pessoas;
Livro II – Direito da família;
Livro III – Direito sucessório;
Livro IV – Direito das coisas;
Livro V – Direito das obrigações[267].

---

[266] Quanto às particularidades do Código suíço perante o BGB, *vide* WIEACKER, *História do Direito privado moderno*, 2.ª ed. cit., 561 ss. (566) e GMÜR, *Das schweizerische ZGB verglichen mit dem deutschen BGB* (1965), 39 ss.. Os trabalhos do Código Civil suíço foram publicados por URS FASEL, *Handels- und obligationenrechtliche Materialen*, 2000. Vide, sobre eles, EUGEN BUCHER, *Die Entwicklung des deutschen Schuldrechts im 19. Jahrhundert und die Schweiz/Zugleich Besprechung der Materialien – Edition zum schweizerischen Handels- und Obligationenrecht vons Urs Fasel*, ZeuP 2001, 353-374.

[267] A parte referente às obrigações foi publicada antes do Código Civil, constituindo o *Código das obrigações*. Na atualidade, embora teoricamente surja como o 5.º livro do Código, ela mantém-se independente: tem uma numeração própria de artigos, a principiar pelo primeiro e conserva a designação de *Código das obrigações*.

Desaparece, pois, a parte geral – já na altura tão duvidosa – surgindo apenas um breve capítulo introdutório; os diversos livros articulam-se, depois, entre si em termos considerados como de maior sensibilidade social. O Código civil suíço absorveu, ainda, o Direito comercial.

IV. O Código Civil grego teve, na sua base, uma aplicação milenária do *Corpus Iuris Civilis* e, designadamente, dos *Digesta* ou *Pandektae*. Tal aplicação, não prejudicada durante os quatrocentos anos de ocupação turca que mediaram entre a queda de Constantinopla (1453) e a formação do Estado grego contemporâneo (1821), foi, no século XIX, dobrada pela receção da pandetística alemã, particularmente intensa[268]. Quando, em 1930, se decidiu proceder a uma codificação civil, chegou a ponderar-se a possibilidade de pôr em vigor, simplesmente, o Código alemão traduzido; acabaria, no entanto, por singrar a ideia de um Código nacional[269]. A influência alemã foi determinante, embora o Código suíço também tenha jogado[270].

Manifestam-se ainda os demais fatores que contribuem para, às codificações tardias, dar uma identidade. Assim, além de influxos propriamente gregos, deve sublinhar-se todo um conjunto de ensinamentos científicos, ausentes do BGB, mas desenvolvidos, entretanto, pela doutrina. O Código

---

[268] Vide Zepos, estudos publicados em *Greek law* (1949) e *Twenty years of civil code*, RHDI 20 (1967), 15-27 (15-16); Oeconomidis, *La réception globale des droits étrangers: le droit grec*, RHDI (23) (1970), 333-357 (334-335); Maridakis, *La tradition européenne et le Code Civil hellénique*, St. Koschaker II (1954), 159-179 (164); Paul Koschaker, *Europa und das römische Recht*, 4.ª ed. cit., 131; Sontis, *Das griechische Zivilgesetzbuch im Rahmen der Privatrechtsgeschichte der Neuzeit*, SZRom 78 (1961), 355-385 (381). Note-se que as *Pandekten* de Windscheid, de Dernburg e de Regelsberger haviam sido traduzidas em grego.

[269] Oeconomidis, *La réception globale* cit., 346; Gogos, *Das griechische Bürgerliche Gesetzbuch vom 15 März 1940*, AcP 149 (1944), 78-101 (83); Macriz, *Die Grundgedanken für die Ausarbeitung der Entwurfe eines griechischen Zivilgesetzbuches*, RabelsZ 9 (1935), 586-614 (586).

[270] Zepos, *Der Einfluss des schweizerischen Privatrechts auf das griechischen Zivilgesetzbuch von 1946*, SchwJZ 56 (1960), 358-361 (360). Esclareça-se o problema da datação do Código grego: aprovado em 1940, ele não chegou a entrar, nessa data, em vigor devido à invasão alemã; por isso, ele foi de novo publicado em 1946 tendo, então, principiado efetivamente a vigorar.

grego reparte-se pelas cinco partes germânicas[271]: parte geral, Direito das obrigações, Direito das coisas, Direito da família e Direito das sucessões. As críticas movidas à parte geral não obstaram à sua consagração[272], embora tivessem permitido corrigir alguns dos seus excessos[273]. Os institutos de ponta, descobertos pelos cientistas e apurados pela jurisprudência, tiveram um reconhecimento expresso[274], com reflexos posteriores em Portugal[275].

V. O Código Civil italiano, de 1942, representa a mais autónoma das codificações tardias. Apesar de ter sido o berço da cultura jurídica continental, quer através do antigo Direito romano, quer graças à fundação das universidades, a Itália veio a ceder, primeiro à França e, depois, à Alemanha, a sua posição pioneira: a persistência do escolasticismo, na forma do *mos italicus,* vedou a introdução da sistemática humanista e, mais tarde, da racionalista. No século XIX, as necessidades da reunificação levaram a Itália a optar por uma codificação de tipo napoleónico: o Código Civil de 1865. Para além do papel que as ideias revolucionárias francesas desempenharam na própria reunificação, deve sublinhar-se uma influência direta do pensamento jurídico francês em Itália e, ainda, do próprio Código Napoleão, que chegou a vigorar em várias regiões, na sequência das invasões francesas[276].

---

[271] MACRIS, *Die Grundgedanken* cit., 588 e ZWEIGERT/KÖTZ, *Einführung in die Rechtsvergleichung*, 3.ª ed. cit., 154 ss. (155).

[272] ZEPOS, *Quinze années d'application du Code civil hellénique,* RIDC 14 (1962), 281-308 (282).

[273] Por exemplo, a matéria das coisas foi retirada do livro I e colocada no III, dedicado ao Direito das coisas; vide ZWEIGERT/KÖTZ, *Einführung*, 3.ª ed. cit., 155.

[274] Assim a culpa na formação dos contratos (art. 198), o abuso do direito (art. 281) ou a modificação dos contratos por alteração das circunstâncias (art. 388).

[275] O Código Civil grego está traduzido em alemão por GOGOL (1951) e em francês por MAMOPOULOS (1956), tendo-se tornado conhecido nos meios que prepararam o Código português de 1966. O reflexo mais significativo reside no importante instituto do abuso do direito: o artigo 334.º do Código português é uma tradução literal do artigo 281.º do Código grego.

[276] O Código italiano de 1865 foi precedido, nalguns Estados pré-unitários, por códigos civis de tipo napoleónico. As vicissitudes que rodearam a primeira codificação italiana podem ser confrontadas em ROBERTO DE RUGGIERO, *Instituições de Direito civil,* trad. port. de ARY DOS SANTOS, 1 (1934), § 16 (119 ss.).

Nos finais do século XIX, assistiu-se a uma viragem definitiva da Ciência jurídica italiana para o modelo da terceira sistemática. As *Pandekten* de Windscheid, de Dernburg e de Arndts são traduzidas para italiano, enquanto no ensino se opera uma revolução metodológica[277]. O desenvolvimento do pensamento jurídico-privado teve, ainda, dois outros pilares importantes: por um lado, um extraordinário desenvolvimento dos estudos romanísticos e, por outro, uma pujança marcada de ramos periféricos como o Direito comercial e o Direito do trabalho.

O elevado nível alcançado pela doutrina italiana permitiu encarar uma nova codificação, que consagrou os passos anteriores, por forma alargada: o Código Civil de 1942. Este diploma sistematizou o Direito civil em termos mais aperfeiçoados: absorveu, por um lado, as novas criações jurídico-científicas do século e retomou, por outro, as mais finas construções romanistas. E na execução de um plano ambicioso, ele intentou a unificação do Direito privado, absorvendo o Direito comercial e o Direito do trabalho[278]. A sua repartição é a seguinte:

Livro I – Das pessoas e da família;
Livro II – Das sucessões;
Livro III – Da propriedade;
Livro IV – Das obrigações;
Livro V – Do trabalho;
Livro VI – Da tutela dos direitos.

O Código Civil italiano constitui um fruto notável da Ciência jurídica da primeira metade do século XX. Bastante divulgado em Portugal e no Brasil, ele teria uma influência relevante na codificação de 1966 e na de 2002[279].

---

[277] Cabe recordar os nomes de FADDA e BENSA, de COVIELLO e de SERAFINI, tradutores, respetivamente, de WINDSCHEID, DERNBURG e ARNDTS. A nível de ensino, deve sublinhar-se o trabalho de VITTORIO SCIALOJA.

[278] As disposições de "Direito comercial" estão disseminadas no livro das obrigações, a propósito de contratos singulares e no do trabalho (sociedade, p. ex.).

[279] Quanto ao Código Civil italiano, meio século após a sua entrada em vigor, cf. FABRIZIO MARINELLI, *Gli itinerari del Codice Civile* (1995).

38. As recodificações dos finais do século XX, princípios do XXI

I. A ideia de codificação do Direito civil chegou a parecer esgotada. O segundo terço do século XX foi mesmo proclamado como a "idade da descodificação"[280]. Com efeito:

– novos problemas encontravam solução legislativa à margem dos códigos civis tradicionais: pense-se no Direito do trabalho e no Direito da defesa do consumidor;
– temas antes incluídos nos códigos vieram a, deles, ser retirados: assim sucedeu, em diversos países com as leis sobre a família ou sobre o arrendamento.

Subjacente estava, ainda, um pensamento de tipo cético e pessimista[281], que punha em dúvida a valia do pensamento abstrato e sistemático, de saber transcendental, ancorado na dupla Kant/Hegel. Na ordem do dia estava a tópica, a retórica e uma especial reverência perante os esquemas aparentemente soltos do Direito anglo-saxónico. Este pessimismo era reforçado pelas desconsiderações movidas ao sistema económico assente no mercado, na propriedade privada e na livre iniciativa e à própria democracia como sistema político, apodada (pejorativamente) de "burguesa". Finalmente, ajudavam: o abaixamento dos estudos humanísticos, com quebras na Filosofia, no Direito romano e na própria História em geral.

II. A Ciência do Direito continental retomou, todavia e com alguma facilidade, o seu ascendente sobre o Direito e a produção das leis. E assim, desenhou-se um movimento suficientemente vigoroso para, nos finais do século XX, princípios do século XXI, propiciar o aparecimento de três importantes códigos civis: o do Quebeque (1991), o da Holanda (1992) e o do Brasil (2002). Podemos ainda inserir nesta tendência a já referida e importante reforma do Código Civil alemão, de 2001/2002, com um relevo científico direto, em face do Direito civil lusófono. Como pano de

---

[280] NATALINO IRTI, *L'età della decodificazione*, 4.ª ed. (1999), especialmente 44 ss.; a obra remonta a 1978.
[281] JÖRG REQUATE, *Recht und Justiz im gesellschaftlichen Aufbruch (1960-1975)/ Bundesrepublk Deutschland, Italien und Frankreich im Vergleich* (2003), com diversos elementos.

fundo destas codificações, que por assentarem, com técnicas similares, em matéria já codificada e por codificar, poderemos chamar "recodificações", temos os pontos seguintes:

– apoiam-se numa terceira sistemática a qual, em vez de ser precedida pela pura e simples receção do pandetismo, pode ser alcançada através da evolução integrada do estilo napoleónico[282];
– apresentam uma preocupação envolvente, acolhendo, no Código Civil, ora a matéria comercial (Brasil), ora a matéria do consumo (Alemanha), ora ambas (Quebeque e Holanda).

Além disso, as competentes reformas dão corpo às mais recentes evoluções do pensamento jurídico-científico civil, com relevo para a experiência alemã.

III. Principiamos por uma referência ao Código Civil do Quebeque (1991). O Quebeque é um Estado da Federação Canadiana. Colonizado por franceses, o Quebeque adotou um Direito de tipo continental pré-codificado, seguindo o "costume" de Paris[283]. Em consequência da Guerra dos Sete Anos (1756-1763), que conduziu à derrota das armas francesas no Novo Mundo, o Canadá foi cedido aos ingleses, pelo Tratado de Paris (11-Fev.-1763). Os quadros franceses retiraram-se, abandonando alguns milhares de colonos, particularmente nas margens do Rio Saint-Laurent. Enquadrados pela Igreja Católica e amparados por uma grande natalidade, os colonos franceses, apesar de amputados da mãe-pátria, lograram manter a sua língua e a sua cultura jurídica[284].

Na sequência da conquista britânica, uma proclamação real, de 1763, aboliu todo o Direito canadiano anterior, de base francesa. O Direito inglês, todavia, apenas logrou impor-se no campo penal e no campo comercial; no tocante ao Direito civil, o descontentamento local foi tão forte que, em 1775, o Ato do Quebeque revogou a proclamação de 1763, restaurando o costume francês.

---

[282] Trata-se de uma convergência entre os dois grandes estilos continentais cujo alcance, tanto quanto sabemos, ainda está por investigar.

[283] Estas regras foram assumidas em 1664 para obviar a que, nas colónias da Nova França, as comunidades, mantendo os costumes das suas províncias de origem, viessem a diversificar, em extremo, as regras a observar.

[284] JACQUES LACOURSIÈRE, *Histoire populaire du Québec*, 3 volumes, 1995-1996.

§ 8.° *Codificações civis* 151

As necessidades de clareza e de delimitação do *Common Law* envolvente levaram, por iniciativa de Sir Georges-Étienne Cartier, à preparação do primeiro Código Civil do Quebeque: o Código Civil do Baixo-Canadá, de 1866[285]. Trata-se de um diploma rico, que reflete o substrato francês, a influência do *Common Law* e, ainda, a receção de elementos Suíços (Cantão de Vaud) e da Luisiana. O Código Civil do Baixo-Canadá adotou uma sistematização napoleónica; depois de um Título preliminar, divide-se em 4 livros:

I – Das pessoas;
II – Dos bens, da propriedade e das suas diferentes modificações;
III – Da aquisição e do exercício dos direitos de propriedade;
IV – Leis comerciais.

IV. O Código Civil do Baixo-Canadá cumpriu admiravelmente a sua função, preservando, num universo de *Common Law*, uma ilha de Direito continental e provando, com isso, a capacidade de sobrevivência do Direito civil.

O seu envelhecimento progressivo levou, todavia, a partir de 1955, graças ao esforço do magistrado Thibaudeau-Rinfret, à preparação de uma nova codificação. Cuidadosamente amadurecida ao longo de mais de trinta anos de aturados estudos nacionais e comparatísticos e revista, na fase final, por uma comissão presidida pelo universitário Jean Pineau, a nova codificação foi aprovada, em 1991, como Código Civil do Quebeque.

O Código Civil do Quebeque reparte-se por 10 livros[286]:

I – Das pessoas;
II – Da família;
III – Das sucessões;
IV – Dos bens;
V – Das obrigações;
VI – Das prioridades e das hipotecas;

---

[285] JEAN-LOUIS BAUDOUIN e YVON RENAUD, *Code Civil du Bas Canada*, 1993; a edição vem precedida de uma introdução explicativa sobre as origens do Código.

[286] JEAN-LOUIS BAUDOUIN e YVON RENAUD, *Code Civil du Québec*, 1996, com uma introdução. O Código Civil do Quebeque é bilingue: francês e inglês; todavia, já foi entendido que, havendo discrepância, prevalece a versão francesa, por razões de índole histórico-cultural.

VII – Da prova;
VIII – Da prescrição;
IX – Da publicidade dos direitos;
X – Do Direito internacional privado.

O Código Civil do Quebeque, assente nas investigações das laboriosas universidades canadianas, atinge um grande apuro técnico, uma qualidade avançada a nível de soluções e uma especial capacidade para atualizar a doutrina de base francesa, à luz de categorias modernas, com destaque para a boa-fé. Numa curiosa projeção histórica, podemos considerá-lo como o produto científico-cultural mais evoluído do estilo continental napoleónico[287].

V. Também o Código Civil Holandês deve ser apresentado através de um pouco de História. Os Países Baixos eram terra de receção do Direito romano; foram berço de excelentes juristas, com relevo para Grotius. Em 1806, Napoleão impôs, aos países Baixos e como rei, o seu irmão Luís. Em 1809 foi posta em vigor uma versão do *Code Civil* ligeiramente adaptada aos usos holandeses. Dado o movimento de resistência, Napoleão, em 1810, cerceou as liberdades locais, impondo a versão original do seu Código. Os problemas subsequentes à libertação e que levaram à separação da Bélgica, em 1830, retardaram a preparação de um código nacional: este apenas surgiria em 1838. O *Burgerlijk Wetboek* de 1838 correspondia ao figurino francês[288]. Numa demonstração da complexidade jurídico-cultural da Velha Europa, o Direito civil holandês distancia-se claramente do poderoso vizinho alemão, aproximando-se do francês.

Servida por fortes tradições universitárias, a Ciência jurídica neerlandesa seguiu rumos próprios. Requeria-se uma reforma. Iniciada no segundo pós-guerra – em 1947 – ela só tardiamente daria frutos com a sucessiva publicação dos diversos livros[289]. O conjunto foi aprovado em

---

[287] BAUDOUIN/RENAUD, *Code Civil du Québec Annoté*, a partir de 1995, em 12 volumes.

[288] ZWEIGERT/KÖTZ, *Einführung in die Rechtsvergleichung*, 3.ª ed. cit., 100, falam mesmo "por grosso e em conjunto", numa "tradução do Código Civil francês". Na Bélgica, o Código NAPOLEÃO mantém-se em vigor, até hoje.

[289] EWOUD HONDIUS, *Das neue Niederländische Zivilgesetzbuch/Allgemeiner Teil*, AcP 191 (1991), 378-432, A. S. HARTKAMP, *Einführung in das neue Niederländische*

§ 8.º *Codificações civis*

1991, para entrar em vigor em 1992. O novo *Burgerlijk Wetboek* reparte-se por nove livros[290]:

    I – Direito das pessoas e da família;
    II – Direito das pessoas coletivas;
    III – Direito patrimonial em geral;
    IV – Direito das sucessões;
    V – Direitos reais;
    VI – Parte geral do Direito das obrigações;
    VII – Contratos em especial;
    VII-A – Contratos em especial; continuação;
    VIII – Direito dos transportes.

Seguindo o exemplo suíço e italiano, o novo *Burgerlijk Wetboek* (BW) versa todo o Direito privado, absorvendo o Direito comercial. Além disso, ele contempla áreas sensíveis, como a da tutela do consumidor[291]. Trata-se, em suma, de mais uma excelente evolução do estilo napoleónico que, assim e apesar da contenção provocada pelo estilo germânico, mostra a sua vitalidade. E mau grado essa filiação, à partida pouco sensível a conceitos indeterminados como o de boa-fé, o novo Código holandês, na base de toda uma vivência científica, acolheu um conceito de *redelijkheid en billijkeid* (razoabilidade e equidade)[292], próximo da boa-fé objetiva.

VI. O Direito brasileiro conservou, após a Independência de 1825 (data do reconhecimento português), o Direito civil das Ordenações. Todavia, as condições especiais da grande Nação depressa foram ditando uma evolução específica, apoiada pelo labor de duas Faculdades então criadas:

Schuldrecht, I, AcP 191 (1991), 396-410 e J. B. M. VRANKEN, *idem*, II, AcP 191 (1991), 411-432. Uma exposição elementar de Direito civil holandês: LYDIA JANSSEN, *Burgerlijk recht*, dois volumes, 2003.

[290] Cf. *Verzameling Nederlandse Wetgeving*, 3.º vol., 1992. Para uma edição atualizada: D. A. VERBAAN (org.), *Burgerlijk wetboek/wetboek van burgerlijk rechtsvordering*, 2004/2005. O BW cita-se pelo número do livro e pelo artigo; por exemplo, o artigo 2.8, relativo à boa-fé nas pessoas coletivas, é o artigo 8.º do livro II.

[291] Vide HARTKAMP, *Einführung in das neue Niederländische Schuldrecht* cit., 399. Cf. os artigos 7.5 e seguintes do BW, quanto à "compra pelo consumidor" (*consumentenkoop*), bem como LYDIA JANSSEN, *Burgerlijk recht* cit., 2, 84 ss..

[292] Artigo 6.248; cf. MATTHIAS E. STORME, *La bonne foi/Rapport Néerlandais*, Travaux AHC XLIII (1992), 163-191, com múltiplas indicações.

a de S. Paulo e a de Olinda e Recife. Um primeiro progresso foi registado com o Código Comercial de 1850.

No campo civil, procedeu-se à preparação cuidada de um Código. Um primeiro anteprojeto foi confiado, ainda no tempo do Império, a Teixeira de Freitas, em 1859. Em 1872, esse papel foi confiado a Nabuco de Araújo. Falecido este, os estudos prosseguiram com Felício dos Santos. Com a República (1890), foram os trabalhos confiados a Coelho Rodrigues, que aprontou um projeto: rejeitado. Finalmente, em 1899, foi entregue essa tarefa ao grande jurista Clóvis Beviláqua. A revisão do texto, no Senado, demorou dez anos, especialmente pelo preciosismo literário de Rui Barbosa[293]. O novo Código foi aprovado em 5-Jan.-1916: um texto excelente, onde transpareceria já um bom conhecimento do Direito alemão, em processo de superação do francês.

A evolução subsequente da realidade brasileira acabaria por colocar a hipótese de preparação de um novo Código Civil. Após múltiplos trabalhos, surgiu um projeto, em 1975. Acabaria por ser promulgado em 10-Jan.-2002, após um cuidado processo de revisão. Como sucede com frequência em períodos de pós-codificação, a doutrina brasileira oscila: alguns Autores aplaudem o novo Código, enquanto outros o consideram prematuramente envelhecido. De todo o modo, é um diploma notável. Eis o seu sistema[294]:

Parte Geral
    Livro I   – Das pessoas (1.º a 78.º);
    Livro II – Dos bens (79.º a 103.º);
    Livro III – Dos factos jurídicos (104.º a 232.º)[295];

---

[293] Elementos retirados de RICARDO FIÚZA (org.), *Novo Código Civil Comentado* (2003), XVIII, com introdução desse mesmo Autor; cf., ainda, de ALFREDO CALDERALE, *Il diritto privato in Brasile: dal vecchio al nuovo Codice Civile*, em ALFREDO CALDERALE (org.), *Il nuovo Codice Civile brasiliano* (2003, XV-XLVIII).

[294] Cumpre referir, além do cit. *Novo Código*, por RICARDO FIÚZA, a obra de NELSON NERY JUNIOR/ROSA MARIA DE ANDRADE NERY, *Código Civil Anotado e Legislação Extravagante*, 2.ª ed. (2003) e o grande *Código Civil Comentado*, coordenado por ÁLVARO VILLAÇA AZEVEDO, a partir de 2003.

[295] O livro III, por seu turno, desdobra-se em cinco títulos relativos, respetivamente, ao negócio jurídico, aos atos lícitos, aos atos ilícitos, à prescrição e à decadência (i.é: caducidade) e à prova.

§ 8.º *Codificações civis*

Parte Especial
    Livro I – Do Direito das obrigações (233.º a 965.º)[296];
    Livro II – Do Direito de empresa (966.º a 1195.º)[297];
    Livro III – Do Direito das coisas (1196.º a 1510.º);
    Livro IV – Do Direito da família (1511.º a 1783.º);
    Livro V – Do Direito das sucessões (1784.º a 2027.º);

Livro Complementar – Das disposições finais e transitórias (2028.º a 2046.º).

O Código Civil brasileiro de 2002 acolheu o Direito comercial[298]. Assim:

– entre as várias espécies de contratos incluem-se a comissão (693.º a 709.º), a agência e distribuição (710.º a 721.º), a corretagem (722.º a 729.º), o transporte (730.º a 756.º) e o seguro (757.º a 802.º); além disso, e entre os títulos incluídos no Direito das obrigações, um deles – o VIII – regula os títulos de crédito (887.º a 926.º);
– temos um livro sobre a empresa que versa os comerciantes (966.º a 980.º), as sociedades, não personificadas (986.º a 990.º)[299] e personificadas (997.º a 1141.º), o estabelecimento (1142.º a 1149.º) e os institutos complementares (1150.º a 1195.º) onde se inclui o registo, o nome empresarial, os prepostos e a escrituração;
– o artigo 2045.º revoga o Código Civil de 1916 e o essencial do Código Comercial de 1850.

O Código Civil brasileiro de 2002 procedeu a uma certa unificação do Direito privado. Ficaram fora o Direito do trabalho e o Direito do consumo, matérias que assumem uma importante tradição de estudo autó-

---

[296] Inclui dez importantes títulos: das modalidades, transmissão, inadimplemento e extinção e inadimplemento das obrigações, contratos em geral, várias espécies de contrato, atos unilaterais, títulos de crédito, responsabilidade civil e preferências e privilégios creditórios.

[297] Inclui quatro títulos: do empresário, da sociedade, do estabelecimento e dos institutos complementares.

[298] DIEGO CORAPI, *L'unificazione del codice di commercio e del codice civile in Brasile*, em CALDERALE, *Il nuovo Codice Civile brasiliano* (2003), 3-14.

[299] Abrangendo a sociedade em comum (uma sociedade "de facto", não registada) e a sociedade em conta de participação. Cf. RICARDO FIÚZA, *Novo Código Civil Comentado* cit., 892 ss..

nomo, no Brasil. Os comparatistas têm-lhe dedicado a maior atenção[300]: trata-se do mais avançado diploma em língua portuguesa.

39. A reforma do Código Civil alemão de 2001/2002

I. No dia 11-Out.-2001, depois de um processo legislativo complexo, foi aprovado, na Alemanha, um diploma denominado "Lei para a modernização do Direito das obrigações" ou *Gesetz zur Modernisierung des Schuldrechts*[301]. Veio essa lei alterar algumas dezenas de parágrafos do BGB ou Código Civil alemão e isso na sua área mais nobre: o coração do Direito das obrigações. É a maior reforma, nesse sector, desde a própria publicação do BGB, em 1896[302].

A reforma do BGB de 2001 não deve ser vista de modo isolado. Fruto do novo pensamento sistemático que irrompeu nos anos 80 do século XX, ela surgiu precedida por reformas importantes como a do Código de Comércio, de 1998[303] e a do próprio BGB, de 2000[304]. Mau grado estes antecedentes promissores, ela foi bem mais longe do que se poderia prever. Na verdade, tocou nos pontos seguintes[305]:

– o regime da prescrição;

---

[300] Vide o citado ALFREDO CALDERALE, *Il nuovo Codice Civile brasiliano* (2003), que inclui 13 estudos sobre diversos temas, dos quais 7 de autores portugueses.

[301] Publicado no *Bundesgesetzblatt* I, Nr. 61, de 29-Nov.-2001, 3138-3218.

[302] MARTIN HENSSLER, *Einführung in das Schuldrechtsmodernisierung*, em HENSSLER/GRAF VON WESTPHALEN, *Praxis der Schuldrechtsreform* (2002), 1. Antecipámos o desenvolvimento subsequente nos nossos *A modernização do Direito das obrigações – I/Aspectos gerais e reforma da prescrição*, ROA 2002, 91-110 (91 ss.) e *Da modernização do Direito civil I – Aspectos gerais* (2004), 69 ss..

[303] Com indicações, *vide* o *Manual de Direito Comercial*, 2.ª ed., 223 ss.; trata-se da Lei de 22-Jun.-1998, que veio alterar, designadamente: o conceito de comerciante, o regime da firma, o Direito das sociedades de pessoas, o registo comercial, a tutela das marcas e a concorrência pós-eficaz.

[304] Mais precisamente: a Lei de 27-Jun.-2000, que transpôs a Diretriz 97/7/CE, sobre negociação à distância e introduziu, no próprio BGB, o conceito de "consumidor".

[305] Uma análise completa mas sintética da reforma pode ser confrontada em ALPMANN SCHMIDT, *Express: Reform des Schuldrechts/Das neue BGB*, 2.ª ed. (2002). Refira-se, ainda, WOLFGANG DÄUBLER, *Neues Schuldrecht – ein erster Überlick*, NJW 2001, 3729-3734 e MARTIN SCHWAB, *Das neue Schuldrecht im Überlick*, JuS 2002, 1-8.

§ 8.º *Codificações civis* 157

– o Direito da perturbação das prestações;
– o Direito da compra e venda;
– o contrato de empreitada;
– o contrato de mútuo.

Além disso, transitaram para o BGB diversas leis de tutela dos consumidores, com relevo para a das cláusulas contratuais gerais, para a das vendas a domicílio e para a das vendas à distância, complementadas com regras sobre comércio eletrónico.

O elenco geográfico da reforma é impressionante. Mas o seu significado dogmático e científico surge ainda mais profundo. Foram mexidos – e em profundidade – institutos intocáveis como a prescrição e a impossibilidade, enquanto se procedeu à codificação da *culpa in contrahendo* e da alteração das circunstâncias. Apenas o tempo permitirá apurar o relevo jurídico-científico e prático da reforma: tudo indica, porém, que seja muito considerável[306].

II. A reforma do Direito civil, particularmente na área das obrigações, era falada há muito. No início da década de oitenta do século XX, foram publicadas valiosas coletâneas de pareceres sobre a sua reelaboração[307]. Surgiram, ainda, monografias importantes[308]. Na sequência dessa publicação, o Ministro Federal da Justiça constituiu uma "Comissão para a Reelaboração do Direito das Obrigações" ou *Schuldrechtskomission*, em 1984. Desta Comissão resultou um relatório publicado em 1992[309]. Todavia, não

---

[306] Entre muitos, PETER KREBS, *Die grosse Schuldrechtsreform*, DB 2000, Beilage 14, EBERHARD WIESER, *Eine Revolution des Schuldrechts*, NJW 2001, 121-124, THOMAS WETZEL, *Das Schuldrechtsmodernisierungsgesetz – der grosse Wurf zum 0.01.2002?*, ZRP 2001, 117-126 e BARBARA DAUNER-LIEB, *Die Schuldrechtsreform – Das grosse juristische Abenteuer*, DStR 2001, 1572-1576.

[307] Trata-se dos *Gutachten und Vorschläge zur Überarbeitung des Schuldrechts*, publicados pelo Ministro Federal da Justiça, vol I (1981), vol. II (1981) e vol. III (1983), disponíveis nas bibliotecas das Faculdades de Direito de Coimbra e de Lisboa, num total de cerca de 2700 pp..

[308] Assim, a de JÜRGEN SCHMIDT, *Vertragsfreiheit und Schuldrechtsreform/Überlegungen zur Rechtfertigung der inhaltlichen Gestaltungsfreiheit bei Schulverträgen* (1985), 278 pp..

[309] O *Abschlussenbericht der Komission zur Überarbeiten des Schuldrechts*, de 1992.

se passou logo a uma fase de projeto: anunciavam-se diretrizes comunitárias significativas que poderiam interferir no teor da reforma, tendo-se optado por aguardar a sua publicação.

A reforma parecia esquecida. Todavia, ela foi recuperada com pretexto na Diretriz 1999/44/CE, de 25-Mai.-1999[310], "relativa a certos aspetos da venda de bens de consumo e de garantias a ela relativas"[311], Diretriz essa que deveria ser transposta até 1-Jan.-2002. A Ministra Federal da Justiça retomou, a tal propósito, a reforma do Direito das obrigações, a qual deveria também abranger a transposição da Diretriz 1999/44/CE. No início de Agosto de 2000, foi apresentado à discussão pública um projeto de reforma[312]: o projeto para discussão ou *Diskussionsentwurf*. Esse projeto retomou, em parte, as propostas da Comissão de reforma dos anos 80. Alargou-as, todavia, à transposição de três diretrizes[313]:

– a referida Diretriz 1999/44/CE, de 25-Mai., relativa à venda de bens de consumo;
– a Diretriz 2000/31/CE, de 8-Jun., relativa a certos aspetos legais dos serviços da sociedade de informação, em especial ao comércio eletrónico do mercado interno[314];
– a Diretriz 2000/35/CE, de 29-Jun., que estabelece medidas de luta contra os atrasos de pagamento nas transações comerciais[315-316].

---

[310] Diretriz 1999/44/CE, do Parlamento e do Conselho, de 25-Mai.-1999, JOCE N.º L 171, 12-16, de 7-Jul.-1999.

[311] É essa a designação oficial da versão portuguesa; na versão alemã lê-se "para determinados aspetos da venda de bens de consumo e das garantias de bens de consumo", o que não é rigorosamente o mesmo.

[312] Trata-se do *Diskussionsentwurf eines Schuldrechtsmodernisierungsgesetzes* de 4-Ago.-2000; este projeto estava disponível na *Internet*, num total de 630 páginas, podendo hoje ser comodamente consultado em CANARIS, *Schuldrechtsreform 2002* (2002), 3-347.

[313] Sobre os aspetos comunitários da reforma é fundamental o livro publicado por REINER SCHULZE e HANS SCHULTE-NÖLKE, *Die Schuldrechtsreform vor dem Hintergrund des Gemeinschaftsrechts* (2001), com relevo para o artigo de abertura desses dois autores: *Schuldrechtsreform und Gemeinschaftsrecht*, 3-24.

[314] Diretriz 2000/31/CE, do Parlamento Europeu e do Conselho, de 8-Jun.-2000, JOCE N.º L 178, 1-16, de 17-Jul.-2000.

[315] Diretriz 2000/35/CE, do Parlamento Europeu e do Conselho, de 29-Jun.-2000, JOCE N.º L 200, 35-38, de 8-Ago.-2000.

[316] Na versão alemã: "Para a luta contra a mora no tráfego comercial".

Além disso, o *Diskussionsentwurf* acolheu, no BGB, uma série de legislação extravagante, com relevo para o diploma sobre cláusulas contratuais gerais. Procedeu, ainda, à colocação de epígrafes em todos os §§ do BGB, numa tarefa gigantesca. No tocante a novidades de fundo perante o projeto de 1992, ele alargou, sobretudo, o campo relativo à prescrição e o da compra e venda. No seu surgimento e nas vicissitudes subsequentes foi determinante o impulso político dado por Herta Däubler-Gmelin, então Ministra da Justiça e figura destacada do SPD alemão[317].

III. O *Diskussionsentwurf* correspondeu a uma "solução forte" ou "grande solução" (*grosse Lösung*) para a reforma[318]: a "solução fraca" teria consistido em transpor simplesmente, para diplomas extravagantes, as diretrizes comunitárias, particularmente a da venda a consumidores[319]. A "solução forte" foi amparada em argumentos de diversa ordem. Em primeiro lugar, a fraqueza do sistema vigente: ele estava, há muito, assente em delicados desenvolvimentos jurisprudenciais e doutrinários, sem correspondência em textos legais. De seguida, a necessidade de transpor diretrizes: uma obrigação do Estado alemão – como, de resto, dos demais Estados da União. Depois, o nível de maturação obtido pelos estudos tendentes à reforma, apoiados numa dogmática vigorosa. Por fim, o predomínio da velha ideia de codificação, que drenaria sempre, para o Código Civil, os diplomas extravagantes. Tudo visto: uma reforma ampla seria justificada[320].

---

[317] HERTA DÄUBLER-GMELIN: nascida em Bratislava, no ano de 1943; professora da Universidade Livre de Berlim e especialista, entre outros aspetos, em Direito comunitário; pertencia ao *praesidium* do SPD e foi Ministra da Justiça, desde 27-Out.-1998 e até à formação do segundo governo SPD/Verdes, em 2002.

[318] Justamente de HERTA DÄUBLER-GMELIN, *Die Entscheidung für die sogennante Grosse Lösung bei der Schuldrechtsreform*, NJW 2001, 2281-2289 (2281). Uma síntese: no *Repetitorium* de HEMMER/WÜST, *Die Schuldrechtsreform/Eine komplette Darstellung aller relevanten Probleme des neuen Schuldrechts* (2002), 1 ss..

[319] *Vide* a sua defesa em JAN WILHELM, *Schuldrechtsreform 2001*, JZ 2001, 861-869, HORST HAMMEN, *Zerschlagt die Gesetzestafeln nicht!*, idem, 1357-1359, WOLFGANG ERNST, *Die Schuldrechtsreform 2001/2002*, ZRP 2001, 1-11 e WOLFGANG ERNST//BEATE GSELL, *Nochmals für die "kleine Lösung"*, ZIP 2000, 1812-1816.

[320] HERTA DÄUBLER-GMELIN, *Die Entscheidung für die sogennante Grosse Lösung* cit., 2282 ss. e 2289/I.

Contra a reforma movimentou-se, todavia, um poderoso esforço universitário. Particularmente notados seriam o *simposium* que teve lugar em Regensburg, no mês de Novembro de 2000 e cujas participações foram publicadas[321] e as jornadas da *Deutsche Zivilrechtslehrervereinigung*[322], ocorridas em Berlim, em 30 e 31 de Março de 2001[323].

Manteve-se um forte impulso político favorável à reforma. De 17-Jan.-2001 a 29-Ago.-2001 funcionou a Comissão do "Direito de perturbação das prestações"[324]. O tema delicado da prescrição foi entregue a um "Grupo de trabalho dos Estados da Federação"[325]. Foram constituídos subgrupos, para ponderar determinados problemas[326].

Paralelamente, intensificou-se uma forte oposição à reforma. Numa iniciativa da Universidade de Passau, à qual se juntou um núcleo de conhecidos privatistas de diversas universidades[327], foi organizado um abaixo—assinado que recolheu nada menos de 250 assinaturas de professores privatistas, entre os quais: Adomeit, Deutsch, Emmerich, Hueck, Kegel, Köndgen, Kupisch, Ott, Richardi, Rüthers, Viehweg e Zöllner[328]. No essencial, este movimento explicava que, a pretexto da transposição de diretrizes comunitárias, o Ministério da Justiça propunha-se introduzir modificações estruturais no BGB. Mercê dos prazos fixados para a transposição, a reforma teria de efetivar-se sem a possibilidade de estudos alar-

---

[321] WOLFGANG ERNST/REINHARD ZIMMERMANN (publ.), *Zivilrechtswissenschaft und Schuldrechtsreform* (2001).

[322] Portanto: da *Associação alemã dos civilistas*.

[323] *Vide* a nota de HEINRICH HONSELL, *Sondertagung Schuldrechtsmodernisierung*, JZ 2001, 473-474.

[324] E da qual participou ativamente o Prof. CANARIS; daqui resultaram modificações básicas nos institutos da impossibilidade, da *culpa in contrahendo* e da alteração das circunstâncias.

[325] REINHARD ZIMMERMANN/DETLEF LEENEN/HEINZ-PETER MANSEL/WOLFGANG ERNST, *Finis Litium? Zum Verjährungsrecht nach dem Regierungsentwurf eines Schuldrechtsmodernisierungsgesetzes*, JZ 2001, 684-699 (685).

[326] Em CANARIS, *Schuldrechtsmodernisierung 2002* cit., X, notas 8, 9 e 10, pode ver-se o elenco de personalidades envolvidas.

[327] Os professores: ALTMEPPEN, BRAU, DAUNER-LIEB, ERNST, FLUME, HROMADKA, HUBER, JACOBS, KOLLER, LEENEN, LIEB, LÖWISCH, LUTTER, MUSIELAK, PICKER, RANIERI, STÜRNER e WILHELM.

[328] Tivemos acesso, na época, ao abaixo-assinado, por gentileza do Prof. Doutor António Pinto Monteiro, a quem agradecemos.

gados, com especial cuidado no campo do Direito da perturbação das prestações e da integração das leis do consumo no BGB. Poderiam, daí, advir consequências ainda imponderadas para os diversos sectores do Direito civil. Consequências: insegurança jurídica, com graves custos para a economia, a advocacia e a justiça. Nenhuma pressão jurídica, social ou económica exigiria uma reforma do Direito das obrigações. Este deveria ser aliviado da pressa existente na transposição das diretrizes, a efetivar separadamente[329].

Coube a Claus-Wilhelm Canaris, personalidade politicamente independente, responder[330]. No essencial, procurou explicar que na proposta relativa ao "Direito de perturbação das prestações" não surgia uma única norma ou valoração que correspondesse a uma novidade do ordenamento. Pelo contrário: quer pelo conteúdo, quer pela técnica legislativa, haveria uma aproximação ao BGB. De resto, tudo adviria já da Comissão que concluíra o seu trabalho em 1992. A não-inclusão, no BGB, de novos regimes impostos pela integração europeia e pela tutela dos consumidores iria – ela sim – agravar os custos da justiça. A não se aproveitar a oportunidade, o BGB perderia hipóteses de reforma, ficando condenado a uma secundarização progressiva. Em suma: a "pequena solução" acabaria por jogar contra as perspetivas que ela própria julgaria defender.

IV. Aproveitando os resultados da discussão, o Ministério da Justiça preparou, em 6-Mar.-2001, uma "versão consolidada do projeto de discussão"[331]. Esta "versão consolidada" ou "projeto consolidado" acolheu, em especial, as indicações da "Comissão do Direito das perturbações da prestação"[332]. Por seu turno, quanto ao Direito da prescrição, foi adotado, na sequência do "Grupo de Trabalho dos Estados da União", um projeto espe-

---

[329] Além das indicações referidas *supra*, nota 327, citamos: BARBARA DAUNER--LIEB, *Die geplante Schuldrechtsmodernisierung – Durchbruch oder Schnellschluss?*, JZ 2001, 9-18 (18/II).

[330] C.-W. CANARIS, *Betr.: "Gemeinsame Erklärung zum Vorhaben des Erlasses eines Schuldrechtsmodernisierungsgesetzes im Jahre 2001*, em http://www.lrz–munchen.de/%7Etutorium/erwiderung.htm.

[331] Cujo texto pode ser comodamente consultado em CANARIS, *Schuldrechtsmodernisierung 2002* cit., 349-419.

[332] As minuciosas anotações que acompanham cada § do projeto consolidado dão conta dessa génese.

cífico[333]. O Governo adotou o projeto a 9-Mai.-2001, o qual foi agendado, no Parlamento[334] pelas fações do SPD/Verdes[335], acompanhado de circunstanciada justificação de motivos[336]. A primeira leitura, pelo Parlamento, ocorreu em 13-Jul.-2001. O *Bundesrat* ou Câmara Alta tomou o seu parecer em 13-Jul.-2001. Trata-se de uma posição ponto por ponto, de um modo geral crítica, no sentido de propor reconsiderações ou a manutenção do esquema existente[337]. Respondeu o Governo em 29-Ago.-2001[338]: ora aceitando as sugestões feitas, ora mantendo o esquema já visto no *Bundesrat*. A Comissão de Justiça do *Bundestag* apresentou o seu parecer, também circunstanciado, em 25-Set.-2001[339]. O projeto foi finalmente aprovado, em segunda e terceira leituras, pelo Parlamento ou *Bundestag*, em 11-Out.-2001, pela maioria SPD/Verdes. Houve, na altura, uma campanha de associações empresariais contrária ao projeto, particularmente alarmadas com a generalização da tutela do consumidor. Todavia, o projeto foi sufragado por personalidades de inquestionável independência política, com relevo para o Prof. Claus-Wilhelm Canaris.

Em 1-Jan.-2002, a versão revista do BGB entrou em vigor.

V. Uma vez aprovada, a reforma do BGB de 2001/2002 foi saudada como a grande novidade jurídico-científica, legislativa e civilística dos últimos 100 anos[340]. Fortemente criticada na sua génese, ela foi explicada pela doutrina, com grande premência[341]. Alguns problemas de aplicação

---

[333] Divulgado (apenas) pela *Internet* – cf. JZ 2001, 685, ele pode hoje ser confrontado em CANARIS, *Schuldrechtsmodernisierung 2002* cit., 421-426.

[334] Câmara Baixa ou *Bundestag*.

[335] Um extrato do projeto consta de CANARIS, *Schuldrechtsmodernisierung 2002* cit., 429-565.

[336] *Begründung der Bundesregierung*, em CANARIS, cit., 569-934. A justificação apresentada pelos grupos parlamentares em causa corresponde à do Governo.

[337] A tomada de posição do *Bundesrat* pode ser confrontada em CANARIS, *Schuldrechtsmodernisierung 2002* cit., 935-993.

[338] *Idem*, 995-1049.

[339] *Idem*, 1051-1127. Nos dias 2 e 4-Jul.-2001, segundo informação de CANARIS, a *Rechtsausschuss* ouviu publicamente os peritos na matéria.

[340] STEPHAN LORENZ, § *241a BGB und das Bereicherungsrecht – zum Begriff der "Bestellung" im Schuldrecht*, FS Werner Lorenz 80. (2001), 193-214 (193) e DIETER MEDICUS, introdução a *Neues Schuldrecht*, da Beck (2002), IX.

[341] Cf. a introdução de MARTIN SCHWAB/CARL-HEINZ WITT, *Einführung in das neue Schuldrecht*, 5.ª ed. (2002), V. Efetivamente, ao contrário do que tem sucedido com outras

têm sido apontados[342]; todavia, ela beneficia de uma *benigna interpretatio*[343], nenhuma razão havendo para a recear[344].

Os reflexos da reforma são, hoje, considerados benéficos. No início, observou-se uma multiplicação de escritos de divulgação e de comentários; logo no ano de 2002, apontámos os de Alpmann-Pieper/Becker[345], de Amann/Brambring/Hertel[346], de Dauner-Lieb/Heidel/Lepa/Ring[347], de Ehmann/Sutschet[348], de Haas/Medicus/Rolland/Schäfer/ Wendtland[349], de Henssler/Graf von Westphalen[350], de Huber/Faust[351], de Lorenz/Riehm[352], de Olzen/Wank[353], de Ott/Lüer/Heussen[354], de Weber/Dospil/Hanhörs-

---

reformas legislativas de fôlego, o legislador concedeu, aqui, um prazo relativamente curto de *vacatio*: menos de três meses.

[342] HOLGER ALTMEPPEN, *"Fortschritte" im modernen Verjährungsrecht/Zwei Pannen aus dem Recht der GmbH*, DB 2002, 514-517: este Autor, que já fora muito crítico na fase preparatória, mantém que foi irresponsável ter-se feito a reforma sem ponderar as suas consequências (516/II).

[343] MEDICUS, *Neues Schuldrecht* cit., XI.

[344] MEDICUS, *Neues Schuldrecht* cit., XIV.

[345] ANNEGERD ALPMANN-PIEPER e PETER BECKER, *Reform des Schuldrechts*, 2.ª ed., Münster (2002), VIII + 197 pp..

[346] HERMANN AMANN, GÜNTER BRAMBRING e CHRISTIAN HERTEL, *Die Schuldrechtsreform in der Vertragspraxis/Handbuch für Notare und Vertragsjuristen mit Gestaltungshinweisen und Formulierungsbeispielen*, com contributos de JÜRGEN KALLRATH, PAUL ROBBACH e BERND WEGMANN, Munique (2002), XIV + 574 pp..

[347] BARBARA DAUNER-LIEB, THOMAS HEIDEL, MANFRED LEPA, GERHARD RING, *Das Neue Schuldrecht*, com a colaboração de 16 outros autores, Heidelberg (2002), XVIII + 538 pp..

[348] HORST EHMANN e HOLGER SUTSCHET, *Modernisiertes Schuldrecht/Lehrbuch der Grundsätze des neuen Rechts und seiner Besonderheiten*, com contributos de THOMAS FINKENHAUER e WOLFGANG HAU, Munique (2002), XXIV + 342 pp..

[349] LOTHAR HAAS, DIETER MEDICUS, WALTER ROLLAND, CARSTEN SCHÄFER e HOLGER WENDTLAND, *Das neue Schuldrecht*, Munique (2002), XVIII + 394 pp..

[350] MARTIN HENSSLER e FRIEDRICH GRAF VON WESTPHALEN, *Praxis der Schuldrechtsreform*, com contributos de CHRISTIAN BERESKA, KLAUS BRISCH, HELGE DEDEK, CHRISTOF MUTHERS e ANNIKA SCHMIDT, Colónia (2002), XXXI + 920 pp..

[351] PETER HUBER e FLORIAN FAUST, *Schuldrechtsmodernisierung/Einführung in das neue Recht*, Munique (2002), XXII + 530 pp..

[352] STEPHAN LORENZ e THOMAS RIEHM, *Lehrbuch zum neuen Schuldrecht*, Munique (2002), XXX + 411 pp..

[353] DIRK OLZEN e ROLF WANK, *Die Schuldrechtsreform/Eine Einführung*, Colónia (2002), XI + 155 pp..

[354] SIEGHART OTT, DIETER W. LÜER e BENNO HEUSSEN, *Schuldrechtsreform*, Colónia (2002), XIV + 625 pp..

ter³⁵⁵, e de Westermann³⁵⁶, num total bastante superior a 5000 páginas. Surgem, também, livros específicos sobre pontos da reforma, com relevo para as cláusulas contratuais gerais³⁵⁷, o contrato de construção³⁵⁸ e o contrato de trabalho³⁵⁹. Obras clássicas vão sendo reescritas, por exigência da reforma³⁶⁰, enquanto os comentários tradicionais ao BGB são reformulados³⁶¹, tudo isso a somar a títulos citados ou a citar, sem a mínima pretensão de compleitude.

O aprofundamento de pontos controversos ou mais delicados foi levado a cabo pelas revistas especializadas. Para termos uma ideia do universo doutrinário e jurídico-científico com que lidamos, para além de alguns escritos gerais³⁶² e dos títulos já referidos neste Tratado, assinalamos, sem quaisquer pretensões de exaustividade, pesquisas sobre a prescrição³⁶³,

---

³⁵⁵ HANS-JOACHIM WEBER, JOACHIM DOSPIL e HEDWIG HANHÖRSTER, *Neues Schuldrecht*, Colónia (2002), XVII + 446 pp..

³⁵⁶ HARM PETER WESTERMANN, *Das Schuldrecht 2002/Systematische Darstellung der Schuldrechtsreform*, com a colaboração de mais 6 civilistas, Estugarda (2002), 336 pp..

³⁵⁷ FRANK A. HAMMER (publ.), STEPHAN SÜDHOFF, STEPHANIE GERDES e DANIELA FELSER, *AGB/Notwendige Änderungen nach der Schuldrechtsreform im Werk-, Dienst- und Darlehensvertragsrecht*, Berlim (2002).

³⁵⁸ ANTJE BOLDT, *Der neue Bauvertrag/Schuldrechtsreform und Werkvertrag in der Praxis*, Colónia (2002).

³⁵⁹ MICHAEL ECKERT e CAROLIN WALLSTEIN, *Das neue Arbeitsvertragsrecht/Vertragsgestaltung nach der Schuldrechtsreform und dem AGB – Recht*, Munique (2002).

³⁶⁰ Assim DIETER MEDICUS, *Schuldrecht I – Allgemeiner Teil*, 13.ª ed. (2002) e *Allgemeiner Teil des BGB*, 8.ª ed. (2002), como o próprio dá conta, na sua introdução.

³⁶¹ Logo em 2002 saiu um volume considerável de aditamento ao PALANDT; ainda em 2002, ficou disponível, deste clássico, o *Bürgerliches Gesetzbuch*, 62.ª ed. (2003), que veio englobar a reforma, nos locais próprios. Surgiram, também, de aditamentos ao STAUDINGER e ao *Münchener Kommentar*.

³⁶² RICHARD MOTSCH, *Die Moderniesierung des Schuldrechts*, NJ 2002, 1-10; a *Neue Justiz* era a revista jurídica oficial da ex-RDA, encontrando-se reconvertida a problemas dos "novos" *Länder*.

³⁶³ ALTMEPPEN, *"Fortschritte" im modernen Verjärungsrecht* cit., ANJA AMEND, *Auswirkung des neuen Verjährungsrechts auf das Erbrecht*, JuS 2002, 743-746, FRANK HEERSTRASSEN e THORSTEN REINHARD, *Die Verjährung von Rechtsmängelansprüchen beim Beteiligungskauf nach der Schuldrechtsreform*, BB 2002, 1429-1437 (1436/II, assinalando grandes alterações), DETLEF LEENEN, *Die Neugestaltung des Verjährungsrechts durch das Schuldrechtsmodernisierungsgesetz*, DStR 2002, 34-43 (34), KLAUS J. MÜLLER, *Verjährung des Finlageanspruchs der GmbH nach der Schuldrechtsreform*, BB 2002, 1377-1382, SIEGHART OTT, *Das neue Schuldrecht – Überleitungsvorschriften und Verjährung*, MDR 2002, 1-5, CARL-HEINZ WITT, *Schuldrechtsmodernisierungs 2001/2002 – Das neue Ver-*

sobre a perturbação da prestação[364] (incluindo as diversas rubricas que integram esse domínio, como a mora[365], a impossibilidade[366], os danos de confiança[367], o incumprimento[368], a *culpa in contrahendo*[369], a violação positiva do contrato[370], a base do negócio[371] e o contrato com eficácia protetora perante terceiros[372], sobre a venda comercial fora de estabelecimento[373] e à

---

jährungsrecht, JuS 2002, 105-113, HEINZ-PETER MANSEL/CHRISTINE BUDZIKIEWICZ, *Einführung in das neue Verjährungsrecht*, JURA 2003, 1-12 e FRANK PETERS, *Der Bürge und die Einrede der Verjährung der Hauptschuld*, NJW 2004, 1430-1431.

[364] BARBARA DAUBNER-LIEB e JAN THIESSEN, *Das neue Leistungsstörungsrecht – Leitungshemmend und störaufällig?*, DStR 2002, 809-816, DANIELA MATTHEUS, *Schuldrechtsmodernisierung 2001/2002 – Die Neuordnung des allgemeinen Leistungsstörungsrechts*, NJW 2002, 209-219, PETRA SENNE, *Das Recht der Leistungsstörungen nach dem Schuldrechtsmodernisierungsgesetz*, JA 2002, 424-433, DANIEL ZIMMER, *Das neue Recht der Leistungsstörungen*, NJW 2002, 1-12 e CLAUS-WILHELM CANARIS, *Begriff und Tatbestand des Verzögerungsschadens im neuen Leistungsstörungsrecht*, ZIP 2003, 321-327.

[365] ROLAND SCHIMMER/DIRK BUHLMANN, *Schuldnerverzug nach der Schuldrechtsmodernisierung – Tatbestandsvoraussetzungen und Rechtsfolgen*, MDR 2002, 609-615.

[366] JAN STOPPEL, *Die beiderseits zu vertrende Unmöglichkeit nach neuen Schuldrecht*, JURA 2003, 224-229, CLAUS-WILHELM CANARIS, *Die Behandlung nicht zu ver-trender Leistungshindernisse nach § 275, Abs. 2 BGB beim Stuckkauf*, JZ 2004, 214-225 e REINER SCHULZE/MARTIN EBERS, *Streitfragen in neuen Schuldrecht*, JuS 2004, 265-272, 366-371 (267 ss.).

[367] JAN DIRK HARKE, *Positives als negatives Interesse Beweiserleichterung beim Vertrauenschaden*, JR 2003, 1-5.

[368] CHRISTOPH HIRSCH, *Schadensersatz statt der Leistung*, JURA 2003, 289-298 e MARTIN SCHWAB, *Schadensersatzverlangen und Ablehnungsandrohung nach der Schuldrechtsreform*, JR 2003, 133-140.

[369] MARTIN SCHWAB, *Grundfälle zu culpa in contrahendo, Sachwalterhaftung und Vertrag mit Schutzwirkung für Dritte nach neuem Schuldrecht*, JuS 2002, 773-778 e 872-878, ANDRÉ POHLMANN, *Die Haftung wegen Verletzung von Aufklärungspflichten/Ein Beitrag zur culpa in contrahendo und zur positiven Forderungsverletzung unter Berücksichtigung der Schuldrechtsreform* (2002) e REINER SCHULZE/MARTIN EBERS, *Streitfragen im neuen Schuldrecht*, JuS 2004, 462-468.

[370] ALEXANDER MAYERHÖFER, *Die Integration der positiven Forderungsverletzung in das BGB*, MDR 2002, 549-556.

[371] OLGA YUSHKOVA/GERALD STOLZ, *Der Wegfall der Geschäftsgrundlage vor und nach der Schuldrechtsmodernisierung des Jahres 2001*, JA 2003, 70-76.

[372] MARC ECKEBRECHT, *Vertrag mit Schutwirkung für Dritte – Die Auswirkungen der Schuldrechtsreform*, MDR 2002, 425-428 e MARTIN SCHWAB, *Grundfälle* cit..

[373] HANS CHRISTOPH GRIGOLEIT, *Besondere Vertriebsformen ins BGB*, NJW 2002, 1150-1158.

distância[374], sobre os contratos com consumidores[375] e sobre a inclusão dos regimes das cláusulas contratuais gerais[376] e do crédito ao consumo[377] no BGB). Seguem-se intervenções crescentes sobre a nova feição assumida pelo contratos de compra e venda[378] (arrastando o fornecimento[379]) e a empreitada[380], alterados pela reforma. As modificações introduzidas no

---

[374] NIKO HÄRTING, *Fernabsatz – Änderung durch das Schuldrechtsmodernisierungsgesetz*, MDR 2002, 61-66 e MICHAEL H. MEUB, *Fernabsatz und E-Commerce nach neuem Recht*, DB 2002, 359-363, com observações positivas sobre a reforma (363/I); sem ter diretamente a ver com a reforma, tem interesse consignar THOMAS HOEREN, *E-Business und die Rezession: Was wird vom elektronischen Handel bleiben?*, NJW 2002, 37.

[375] NIKOLAS FISCHER, *Das verbraucherschützende Widerrufsrecht und die Schuldrechtsreform – von § 361a BGB zu § 355 BGB – eine kritische Bestandsaufnahme*, DB 2002, 253-258, RICHARD MOTSCH, *Neues Schuldrecht: Rücktritt vom Kauf*, JR 2002, 221-226 e MARTIN SCHWAB, *Schuldrechtsmodernisierung 2001/2002 – Die Rückabwicklung von Verträgen nach §§ 346 ff. BGB n. F.*, JuS 2002, 630-637.

[376] FRIEDRICH GRAF VON WESTPHALEN, *AGB-Recht ins BGB – Eine erste Bestandsaufbnahme*, NJW 2002, 12-15. Têm sido publicados por FRANK A. HAMMEL, sucessivos volumes (três) sobre a adaptação das cláusulas contratuais gerais: AGB/*Notwendige Änderungen nach der Schuldrechtsreform*, 2002.

[377] PETER BÜLOW, *Verbraucherkreditrecht im BGB*, NJW 2002, 1145-1150.

[378] ULRICH BÜDENBENDER, *Das Kaufrecht nach dem Schuldrechtsreformgesetz*, DStR 2002, 312-318 (312), recordando que os grandes pontos da reforma foram, precisamente, o Direito da perturbação das prestações e o da compra e venda, KURT SCHELLHAMMER, *Die Haftung des Verkäufers für Sach- und Rechtsmängel – Neue Struktur und neuer Mangelbegriff*, MDR 2002, 241-246, *Das neue Kaufrecht: Die Sachmängelrechte des Käufers*, MDR 2002, 301-308 e *Das neue Kaufrecht – Rechtsmängelhaftung, Rechtskauf und Verbrauchsgüterkauf*, MDR 2002, 485-490, STEPHAN LORENZ, *Rücktritt, Minderung und Schadensersatz wegen Sachmängeln im neuen Kaufrecht: Was hat der Verkäufer zu vertreten*, NJW 2002, 2497-2505, HORST EHMANN/HOLGER SUTSCHET, *Schadensersatz wegen kaufrechtlicher Schlechtleistungen – Verschuldens- und/oder Garantiehaftung?*, JZ 2004, 62-72, CHRISTIAN BERGER, *Der Beschaffenheitsbegriff des § 434 Abs. 1 BGB*, JZ 2004, 276-283, HERBERT ROTH, *Standzeit von Kraftfahrzeugen als Sachmangel*, NJW 2004, 330-331 e INA EBERT, *Das Recht des Verkäufers zur zweiten Andierung und seine Risiken für den Käufer*, NJW 2004, 1761-1764.

[379] CHRISTIANE BRORS, *Die Falschlieferung in der Schuldrechtsreform*, JR 2002, 133-136 e TOBIAS LETTZ, *Die Falschlieferung durch den Verkäufer nach der Schuldrechtsreform*, JuS 2002, 866-872. Focando as relações duradouras, ANDREAS KIRSCH, *Schuldrechtsreform und Unternehmen – Umstellungen bei Langzeitverträgen*, NJW 2002, 2520-2523.

[380] MICHAEL H. MEUB, *Schuldrechtsreform: Das neue Werkvertragsrecht*, DB 2002, 131-134, KAI-JOCHEN NEUHAUS, *Dreissig Jahre Gewährleistungshaftung im Baurecht – Vor und nach der Schuldrechtsmodernisierung*, MDR 2002, 131-135 e CRISTOPH

BGB foram, porém, bastante mais longe, tendo repercussões no erro[381], na responsabilidade civil[382] (com referência especial à responsabilidade médica[383]), na reserva de propriedade[384], na locação[385], nos contratos sobre energia[386], nos contratos de viagem[387], na locação financeira[388], na franquia[389] e na publicidade[390].

Finalmente, a reforma do BGB teve – ou vai tendo – um impacto crescente em áreas exteriores ao próprio Código Civil. Assim sucede no Direito comercial[391] e em diversas áreas do Direito das sociedades comerciais[392],

---

TEICHMANN, *Schuldrechtsmodernisierung 2001/2002 – Das neue Werkvertragsrecht*, JuS 2002, 417-424.

[381] MARTIN LÖHNIG, *Irrtumsrecht nah der Schuldrechtsmodernisierung*, JA 2003, 516-522.

[382] FRIEDRICH GRAF VON WESTPHALEN, *Nach der Schuldrechtsreform: Neue Grenzen für Haftungsfreizeichnungs- und Haftungsbegrenzungsklauseln*, BB 2002, 209-216 (215/I: as cláusulas de exoneração terão assumido um âmbito mais restritivo do que o anterior). Esta matéria não se confunde com a reforma da responsabilidade civil, que introduziu alterações no § 249 II 2 do BGB, inserindo, ainda, um novo § nesse Código: o 839a, com o sentido de melhorar a fruição do prejudicado; a reforma em causa entrou em vigor a 1-Ago.-2002; cf. WOLFGANG DÄUBLER, *Die Reform des Schadensersatzrechts*, JuS 2002, 625-630.

[383] ANDREAS SPICKHOFF, *Das System der Arzthaftung im reformierten Schuldrecht*, NJW 2002, 2530-2537.

[384] MATHIAS HABERSACK e JAN SCHÜRNBRAND, *Der Eigentumsvorbehalt nach der Schuldrechtsreform*, JuS 2002, 833-839.

[385] NICOLE RIESE, *Konkurrenz zwischen mietrechtlichen und allgemeinen Vorschriften bei anfänglicher auf einem Sachmangelberuhender Unmöglichkeit*, JA 2003, 162-168.

[386] FRANZ JÜRGEN SÄCKER e KATHARINA VERA BOESCHE, *Die geplante Neuregelung des Energievertragsrechts im Lichte der Schuldrechtsmodernisierung*, BB 2002, 27-34.

[387] ERNST FÜHRICH, *Reisevertrag nach modernisiertem Schuldrecht*, NJW 2002, 1082-1084.

[388] ARND ARNOLD, *Gewährleistung beim Finanzierungsleasing nach der Schuldrechtsreform*, DStR 2002, 1049-1055; o contrato de *leasing* é especialmente atingido através do novo regime do vício da coisa vendida.

[389] JAN PATRICK GIESLER, *Die Auswirkungen der Schuldrechtsreform auf Franchiseverhältnisse*, ZIP 2002, 420-427.

[390] MICHAEL LEHMANN, *Die Haftung für Werbeangabe nach neuem Schuldrecht*, DB 2002, 1090-1094 (1090/I).

[391] DIETER STECK, *Das HGB nach der Schuldrechtsreform*, NJW 2002, 3201-3204.

[392] MARTIN SCHOCKENHOFF e CARSTEN FLEGE, *Neue Verjährungsfragen im Kapitalgesellschaftsrecht*, ZIP 2002, 917-925 (925/II, assinalando as consequências da reforma, e

com um relevo marcante na chamada aquisição de empresas[393]. Muito significativas são, igualmente, as repercussões da reforma no Direito do trabalho[394], em especial através da aplicabilidade das cláusulas contratuais gerais[395].

O próprio Direito da insolvência, conquanto que indiretamente, veio também a ser atingido[396], assim como atingidas foram as reflexões atinentes ao Direito europeu dos contratos[397].

ECKHARD WÄLZHOLZ, *Auswirkungen der Schuldrechtsreform auf Gesellschaften und Geschäftsanteilsabtretung*, DStR 2002, 500-508.

[393] BJÖRN GAUL, *Schuldrechtsmodernisierung und Unternehmenskauf*, ZHR 166 (2002), 35-71, HERMANN J. KNOTT, *Unternehmenskauf nach Schuldrechtsreform*, NZG 2002, 249-256, VOLKER TRIEBEL e GERRIT HÖLZLE, *Schuldrechtsreform und Unternehmenskaufverträge*, BB 2002, 521-537, MANFRED WOLF e JOCHEN KAISER, *Die Mängelhaftung beim Unternehmenskauf nach neuem Recht*, DB 2002, 411-420, WOLFGANG WEITNAUER, *Der Unternehmenskauf nach neuem Kaufrecht*, NJW 2002, 2511-2517 e MATTHIAS JACOBS, *Der Rückgriff des Unternehmers nach § 478 BGB*, JZ 2004, 225-232.

[394] WOLFGANG DÄUBLER, *Die Auswirkungen der Schuldrechtsmodernisierung auf das Arbeitsrecht*, NZA 2001, 1329-1337, KLAUS HÜMMERICH e JOACHIM HOLTHAUSEN, *Der Arbeitnehmer als Verbraucher*, NZA 2002, 173-181, KATHARINA VON KOPPENFELS, *Vertragsstrafen im Arbeitsrecht nach der Schuldrechtsmodernisierung*, NZA 2002, 598-602, WOLF-DIETRICH WALKER, *Die eingeschränkte Haftung des Arbeitnehmers unter Berücksichtigung der Schuldrechtsmodernisierung*, JuS 2002, 736-743 e ANTJE SCHLODDER, *Der Arbeitsvertrag im neuen Schuldrecht* (2004), 280 pp..

[395] GEORG ANNUSS, *AGB-Kontrolle im Arbeitsrecht: wo geht die Reise hin?*, BB 2002, 458-463 (459/I: ao contrário do que sucedia com a hoje revogada lei das cláusulas contratuais gerais, o novo § 310, 4, do BGB, determina a aplicação das regras sobre as cláusulas, com adaptações, aos contratos de trabalho), MICHAEL GOTTHARDT, *Der Arbeitsvertrag auf dem AGB-rechtlichen Prüfstand*, ZIP 2002, 277-289 (289/II), STEFAN LINGERMANN, *Allgemeine Geschäftsbedingungen und Arbeitsvertrag*, NZA 2002, 181-192 (192/II), MARCEL GROBYS, *AGB-Kontrolle von Arbeits- und Dienstverträgen nach dem Schuldrechtsmodernisierungsgesetz*, DStR 2002, 1002-1009 e WOLFGANG HROMADKA, *Schuldrechtsmodernisierung und Vertragskontrolle im Arbeitsrecht*, NJW 2002, 2523-2530.

[396] ANDREAS RINGSTMEIER e STEFAN HOMANN, *Die Answirkungen der Schuldrechtsreform aud die Insolvenzverwaltung*, ZIP 2002, 505-510; relevam, por exemplo, as regras novas sobre prescrição e sobre compra e venda (505/I e 506/II).

[397] OLE LANDO, *Das neue Schuldrecht des Bürgerlichen Gesetzbuchs und die Grundregeln des europäischen Vertragsrechts*, RabelsZ 67 (2003), 231-245.

VI. Cumpridos dez anos sobre a reforma, pode considerar-se que a sua assimilação se fez sem problemas de maior. Críticos da reforma, como Dirk Olzen, reconhecem hoje que os seus receados efeitos negativos não se verificaram[398]. Os comentários[399] e os manuais[400], entendem, também, que não houve problemas, dada a forma intensiva por que tudo foi estudado. A própria literatura do início perdeu parte do seu interesse. Os temas alterados surgem nos locais próprios, enquanto as rubricas gerais vieram a desaparecer.

Devemos ter consciência de que, apesar da aceleração final dos trabalhos, a reforma foi cuidadosamente preparada durante mais de 20 anos, ocupando, no terreno, dezenas de juristas altamente qualificados, em duas gerações. O elevado nível alcançado foi o produto de muito labor.

Quanto à opção de fundo: ela afigura-se acertada. Com efeito, num País de Direito continental, a deriva doutrinária e jurisprudencial provocava – ela sim – dificuldades de comunicação e, logo, um encarecimento do Direito junto das empresas.

Não se mexe num Código Civil de ânimo leve. O despropósito português de, em 2006, ter levado ao Código Civil uma nova Lei do arrendamento, aprontada em 100 dias (!), cheia de erros, inadequada ao que se pretendia e sem quaisquer estudos sérios na sua base não pode repetir-se.

---

[398] DIRK OLZEN, no Staudinger, *Einleitung zum Schuldrecht, §§ 241-243* (2009), Einl, Nr. 201 (70-71).
[399] HARTWIEG SPRAU, no *Palandt*, 71.ª ed. (2012), Einl, Nr. 10 (3).
[400] HANS BROX/WOLF-DIETRICH WALKER, *Allgemeines Schuldrecht*, 34.ª ed. (2010), Nr. 4 (3-4).

§ 9.º CLASSIFICAÇÃO GERMÂNICA E PARTE GERAL

40. Origem e receção

I. Das diversas codificações civis, é devida especial atenção ao modelo alemão. Na verdade, ele compreende a sistematização que preside ao estudo do Direito civil nos países lusófonos e, ainda, aos próprios códigos civis que neles vigoram. A chamada classificação germânica do Direito civil – isto é: parte geral, Direito das obrigações, Direitos reais, Direito da família e Direito das sucessões –, é imputada a Hugo, a Heise e a Savigny.

Gustav Hugo (1764-1844) propõe a seguinte sistematização do Direito civil[401]:

– Introdução (§§ 1-7);
– *Ius in rem* (§§ 8-30);
– *Obligatio: ius in personam* (§§ 31-81);
– Direito de família (§§ 82-96);
– Direitos que pressupõem uma morte (§§ 97-121);
– Processo (§§ 122-146).

Falta, como se vê, a *parte geral*, enquanto se conserva, no Direito civil, a matéria do *processo*.

II. Arnold Heise (1778-1851), por seu turno, vem preconizar a repartição das matérias que segue[402]:

– Parte geral;

---

[401] GUSTAV HUGO, *Institutionen des heutigen römischen Rechts* (1789); os §§ indicados dão ideia do desenvolvimento dado a cada uma das rubricas.

[402] GEORG ARNOLD HEISE, *Grundriss eines Systems des gemeinen Civilrechts/zum Behuf von Pandekten-Vorlesung* (1807). Os seis livros propostos por HEISE desenvolvem-

§ 9.º *Classificação germânica e parte geral*   171

– Direitos reais;
– Direito das obrigações;
– *Jura potestatis;*
– Direito geral das sucessões;
– *Restitutio in integrum.*

Os *iura potestatis* correspondem ao Direito da família. Assim – e com a ressalva da autonomização da *restitutio in integrum*, normalmente inserida nas obrigações – verifica-se, de facto, a presença da classificação germânica, com a inclusão da *parte geral* e a exclusão do *processo*.

III. Finalmente, Savigny (1779-1861) começa por seguir a sistemática de Heise[403]. Vem, no entanto, a propor uma esquematização em sete livros[404]:

1 – Fontes do Direito romano actual;
2 – As relações jurídicas;
3 – Domínio das relações jurídicas sobre as regras de Direito;
4 – Direitos reais;
5 – Direito das obrigações;
6 – Direito da família;
7 – Direito das sucessões.

A "parte geral" desdobrava-se na matéria das fontes, das relações jurídicas e do Direito de conflitos – hoje Direito internacional privado.

Reduzido às cinco partes, o sistema germânico seria adotado pelos pandetistas, ao longo do século XIX, com poucas variações[405]. Finalmente, ela encontraria abrigo no Código Civil alemão de 1896.

-se, respetivamente, pelas pp. 3 ss., 18 ss., 30 ss., 65 ss., 78 ss. e 103 ss.. Registe-se que as duas obras citadas, de Hugo e de Heise, respetivamente, se limitam a indicar o sistema que defendem; não correspondem a uma exposição global da matéria. Vê-se, assim, o relevo que as questões sistemáticas haviam, na época, assumido.

[403] Savigny adota essa sistemática nas suas exposições orais, segundo ele próprio informa, nas cartas que, em 13-Abr.-1810 e em 2-Jan.-1814 escreveu a Heise; *vide* Otto Lenel, *Briefe Savignys an Georg Arnold Heise*, SZRom 36 (1915), 96-156 (116 e 134).

[404] A proposta é feita na abertura do *System des heutigen römischen Rechts*, 1 cit. (1840). No *System*, Savigny não iria, no entanto, para além do livro 3.º (8.º vol.).

[405] As variações cifraram-se nas várias designações atribuídas à *parte geral* – por exemplo, Arndts, *Lehrbuch der Pandekten*, 13.ª ed. (1886), fala em "Dos direitos em

IV. A classificação germânica do Código Civil obteve um acolhimento total no civilismo lusófono. A sua receção não foi obra do acaso, antes tendo acompanhado os progressos do Direito civil ao longo do século XIX. Vamos considerar o caso português, mais difícil do que o brasileiro, abaixo referido[406].

Na origem podemos situar Coelho da Rocha (1793-1850), já citado autor de *Instituições de Direito Civil Portuguez*[407], pelas quais se formaram muitos juristas portugueses. Nessa obra, Coelho da Rocha adotou um plano de exposição inspirado em Mackeldey[408-409]. Mackeldey, por seu turno, era um fino conhecedor dos trabalhos sistemáticos de Hugo, de Heise e de Savigny; o seu *Manual* continha uma parte geral contraposta a uma parte especial, onde versava, sucessivamente, os direitos reais, as obrigações, os direitos da família, o direito da sucessão e o concurso de credores. Coelho da Rocha assumiu, na sua obra, a parte geral; na parte especial, acolheu, num livro I, os direitos das pessoas, equivalendo aos da família, de Mackeldey, com a sucessão hereditária, o direito das coisas, semelhante aos direitos reais do Autor alemão e os direitos enquanto actos jurídicos, próximo das obrigações e das sucessões, da obra tomada como modelo[410].

---

geral" e DERNBURG/BIERMANN, *Pandekten*, 7.ª ed., 1 (1902), em "doutrina geral", tal como REGELSBERGER, *Pandekten* 1 (1893); a parte geral consta de WENDT, *Lehrbuch der Pandekten* (1888), numa tradição que remonta a THIBAUT, *System des Pandekten-Rechts* 1 (1805) – e na anteposição do Direito das coisas às obrigações. Uma divergência notável consta apenas de ALOIS BRINZ, *Lehrbuch der Pandekten*, 2.ª ed. (1873 a 1886), que estuda, depois da introdução, as pessoas, os direitos, as obrigações e as sucessões. Quanto à estabilidade da repartição germânica, com exceção de BRINZ, vide ERNST ZITELMANN, *Der Wert eines "allgemeinen Teils" des bürgerlichen Rechts*, GrünhutZ 33 (1906), 1-32 (1).

[406] *Infra*, 244 ss..

[407] A 1.ª ed. é de 1844 e a 2.ª, de 1848. Seguiram-se várias edições póstumas e, designadamente, a 3.ª, de 1852, a 6.ª, de 1886, a 7.ª, de 1907 e a 8.ª, de 1917.

[408] Di-lo o próprio COELHO DA ROCHA, na *Prefacção* à 2.ª edição das suas instituições; ROCHA usou a tradução francesa abaixo citada.

[409] FERDINAND MACKELDEY, *Manuel de Droit Romain, contenant la théorie des institutes, précédée d'une introduction à l'étude du droit romain*, 3.ª ed., trad. J. BEVING, 1837, já acima citado.

[410] Quanto a COELHO DA ROCHA e ao seu papel na receção do pandetismo vide MENEZES CORDEIRO, *Teoria geral/Relatório* cit., 110 ss. e FERNANDO LUSO SOARES (filho), *As Instituições de Coelho da Rocha: contributo para a formação do Direito civil português moderno. Alguns aspectos* (1996/97, polic.).

§ 9.° Classificação germânica e parte geral

A classificação germânica, ainda que por vezes criticada[411], veio a entrar nos hábitos de trabalho e de pensamento dos juristas nacionais. Em 1902-1903, Guilherme Moreira (1861-1922) publicou uma primeira versão das suas *Instituições de Direito Civil*, ordenada em função da classificação germânica. Provavelmente, jogou a influência brasileira cuja doutrina, desde os meados do século XIX, através de Teixeira de Freitas, já havia aderido ao modelo pandetístico. A partir daí, todo o Direito civil lusófono seguiria essa ordenação.

Os programas das disciplinas da Faculdade de Direito, aprovados em execução da reforma de 1911, consagravam formalmente, no ensino, a classificação germânica do Direito civil[412].

41. Natureza; as massas histórico-culturais

I. A sistematização germânica do Direito civil, ao contrário de certas críticas que, apressadamente, lhe são feitas, nada tem de lógico-axiomático: antes se apresenta como uma síntese tipicamente cultural.

O Direito das obrigações e os Direitos reais ligam-se à tradição românica: são, no essencial, Direito romano atual. O Direito da família e o Direito das sucessões, pelo contrário, correspondem a pólos de desenvolvimento jurídico estranhos a uma articulação lógico-axiomática do Direito civil; eles têm uma origem posterior, com acentuados reflexos canónicos e germânicos[413].

Marcadamente lógico-axiomática é, de facto, a parte geral. Ao contrário das quatro "partes especiais", dadas pela História e pela cultura, a parte geral oferece-se como uma elaboração jusracionalista, enfeudada às técnicas da sistemática central. Através de uma cadeia de autores reconstruída por Schwarz[414], a parte geral de classificação germânica acaba por filiar-se em Pufendorf[415].

---

[411] ABEL PEREIRA DE ANDRADE, *Commentario ao Codigo Civil Portuguez (artt. 359.° e segg.)* I (1895), CXXXIV e CXXXVI, como exemplo.
[412] DG n.° 109, de 10-Mai.-1912, 1698-1709 (1705/I-1706).
[413] A. B. SCHWARZ, *Zur Entstehung des modernen Pandektensystems*, SZRom 62 (1921), 578-610 (581).
[414] Assim, DARJES e NETTELBLAT, discípulos de WOLFF; cf. A. B. SCHWARZ, *Zur Entstehung des modernen Pandektensystems* cit., 590-591, relatando a sistemática interna desses autores, bem como (591-595) a de outros jusracionalistas.

II. A sistematização germânica do Direito civil tem sido criticada por não assentar num critério uno e coerente. A contraposição entre o Direito das obrigações e os direitos reais obedecia a um vetor objetivo, possivelmente mesmo estrutural: nas obrigações, estaria em causa uma prestação, enquanto em direitos reais se jogariam coisas corpóreas; nas obrigações operaria um vínculo entre duas pessoas, enquanto em direitos reais se manifestaria um domínio de uma pessoa sobre uma coisa. Pelo contrário, o Direito da família e o Direito das sucessões redundariam em disciplinas institucionalizadas, respetivamente, em torno da família e da sucessão por morte.
A crítica não procede.

III. A sistematização germânica do Direito civil não se apresenta como uma classificação que deva obedecer a um critério, seja ele qual for. A sistematização de Heise é, antes, um somatório de massas culturais, correspondendo a épocas históricas diferenciadas: o Direito das obrigações e direitos reais ligam-se ao Direito romano[416], o Direito da família e o das sucessões ao Direito comum medieval e a parte geral ao Direito natural do jusracionalismo. O aparente ilogismo da sistematização em causa não é mais do que uma contraprova da natureza histórico-cultural do Direito.

As origens periféricas constituem a força essencial das quatro "partes especiais" do Direito civil; por isso elas têm resistido a séculos de análises e de tentativas de recomposição. A filiação central da "parte geral" é a sua fraqueza; o seu abandono progressivo deve ser assumido como particular corolário desse estado de coisas.

42. Valoração crítica

I. A parte geral do Direito civil presta-se a críticas variadas, que devem ser conhecidas e ponderadas[417]. Tais críticas não visam (nem admi-

---

[415] W. WILHELM, *Zur juristichen Methodenlehre im 19. Jahrhundert* (1958), 62-63; WIEACKER, *História do Direito privado moderno*, 2.ª ed. cit., 425; A. B. SCHWARZ, *Zur Entstehung des modernen Pandektensystems* cit., 588 ss..

[416] Não é, aliás, exato que as obrigações e os direitos reais se possam contrapor entre si em termos de lógica formal. Também aqui a clivagem é histórica.

[417] Uma defesa da parte geral pode ser confrontada em CAPELO DE SOUSA, *Teoria geral* cit., 1, 99 ss.. Vide, ainda, as importantes intervenções publicadas em *Comemorações*

tem) uma revisão do Código Vaz Serra, destinada a suprimir a parte geral: trata-se, apenas, de críticas científicas, destinadas a melhor conhecer a matéria.

As restantes "partes" civis, ditas "especiais", não engrenam em termos lógico-formais; elas têm, no entanto, em comum o facto de assentarem numa distribuição histórico-cultural das matérias, assimilada pela Ciência do Direito e temperada pela experiência. Pelo contrário, a parte geral deriva de um puro exercício teorético: enquanto produto de um discurso central, ela dispensa a Ciência do Direito, modo (único) de solucionar casos concretos. Por isso, a descoordenação entre a parte geral e as "partes especiais" é qualitativamente maior do que a existente no seio destas últimas: há uma justaposição de técnicas muito diversas.

Com este pano de fundo, multiplicam-se, depois, os inconvenientes da parte geral, os quais podem ser sistematizados em científico-metodológicos, regulativos, práticos, didáticos e significativo-ideológicos.

Os inconvenientes científico-metodológicos da parte geral têm a ver com o seu envolvimento científico. A elaboração de uma verdadeira parte geral, na linha de Wieacker, surge como tarefa da Ciência do Direito[418]. Cabe, pois, aos cientistas do Direito manter uma permanente atividade nesse sentido. Mas esse papel teorizador não deve ser assumido por nenhuma lei, diferente, por natureza, de um compêndio de Direito. Aliás, quando o fizesse, o legislador, por perfeito que fosse, cedo seria ultrapassado pela evolução jurídico-científica: o Direito, assim entendido, é mutável, arrastando com ele quaisquer "partes gerais" minimamente desenvolvidas[419].

II. Os inconvenientes regulativos da parte geral ligam-se às dificuldades intransponíveis em articular um conjunto de regras efetivamente gerais, relevantes, por igual, para as diversas partes especiais. E assim, a

---

dos 35 anos do Código civil II (2006) de CLAUS-WILHELM CANARIS, *As funções da Parte geral de um Código civil e limites da sua prestabilidade*, 23-42, de FRANCISCO AMARAL, *A Parte geral do novo Código civil brasileiro. Influência do Código civil português*, 43-55 e de ANTÓNIO PINTO MONTEIRO, *A Parte geral do Código, a teoria geral do Direito civil e o Direito privado europeu*, 57-76.

418 FRANZ WIEACKER, *História do Direito privado moderno*, 2.ª ed. cit., 560.
419 HANS-MARTIN PAWLOWSKI, *Allgemeiner Teil des BGB*, 6.ª ed. (2000), Nr. 29 (13-14).

parte geral ora duplica, ora desampara as partes especiais[420]. O problema é de tal ordem que não tem sido possível confecionar uma verdadeira parte geral[421].

III. Os inconvenientes práticos da parte geral prendem-se com as dúvidas e dificuldades que a concatenação entre ela própria e as partes especiais não deixa de suscitar. Os problemas põem-se logo aquando da própria codificação: por exemplo, para quê separar a matéria dos contratos – artigos 405.º e ss., parte II – da sua formação – artigos 217.º e ss., parte geral – ou porque dispersar a regulação das coisas – artigos 202.º e ss. – do próprio Direito das coisas – artigos 1251.º e ss., parte III? E, naturalmente, eles mantêm-se e agravam-se nas diversas operações atinentes à concretização do Direito, *maxime* na interpretação-aplicação das normas em jogo: o operador jurídico tem de mover-se no seio de duplicações, lacunas e contradições; tantas são, com efeito, as conjunções possíveis entre a parte geral e as especiais[422].

IV. Os inconvenientes didáticos da parte geral são reconhecidos e apontados; segundo Wieacker, "Para uma introdução adequada ao estudo do direito, as lições sobre a parte geral constituem um calvário pedagógico do primeiro grau"[423]. As permanentes abstrações, a necessidade de antecipar matérias "especiais", sob pena de ininteligibilidade do discurso e a

---

[420] Por exemplo: as regras sobre capacidade, pretensamente gerais – artigos 122.º ss. do Código Civil – não têm aplicação nos factos jurídicos tipicamente reais, como se depreende dos artigos 1266.º e 1289.º do mesmo Código, os quais podem ser alargados, pelo menos, à própria ocupação, à acessão, à união e à especificação, nem aos factos jurídicos familiares, sujeitos a regras particulares – artigos 1600.º ss.. No próprio domínio obrigacional, toda a matéria da responsabilidade civil segue, também, regras específicas; *vide* o artigo 488.º.

[421] A crítica tem sido feita ao BGB – *vide* FRANZ WIEACKER, *Zum System des deutschen Vermögensrechts* (1941), 24 –; poderia, porém, ser dirigida ao Código português vigente.

[422] Várias distorções na exposição da matéria, derivadas da parte geral, podem localizar-se nas disciplinas civis específicas; cf. *Direitos reais* 1 (1979), 33 ss. e *Direito das obrigações*, 1 (1987, reimpr.), 32 ss..

[423] FRANZ WIEACKER, *História do Direito privado moderno*, 2.ª ed. cit., 560. Cf. já ZITELMANN, *Der Wert eines "allgemeinen Teils" des bürgerlichen Rechts* cit., 29 ss.. Por último, DIETER MEDICUS, *Allgemeiner Teil des BGB/Ein Lehrbuch*, 10.ª ed. (2010), 17-20.

própria fatalidade de firmar um desenvolvimento incompleto – pois não deveria, a parte geral, proporcionar soluções apenas quando conjugada com alguma das partes especiais? – tornam-na, de facto, pouco acolhedora para o estudo e de difícil ensino[424].

V. Os inconvenientes significativo-ideológicos da parte geral derivam da distorção que ela introduz em toda a temática civil. Questões atinentes às pessoas são remetidas para segundo plano, enquanto o abstracionismo nela reinante põe em causa um esquema efetivo de realização do Direito[425]. Estes inconvenientes agravam-se porquanto a parte geral acarreta, quando adotada, outras opções que, como a relação jurídica, desconhecem aspetos fundamentais do Direito civil.

VI. A ponderação acima efetuada justifica um juízo global negativo em relação à parte geral. O próprio Savigny, em carta dirigida a Heise, manifestara dúvidas quanto à sua manutenção[426]. A sua inclusão no BGB provocou críticas, como as de Zitelmann[427]; tais críticas foram suficientemente conclusivas para, em 1907, a codificação suíça ter evitado a parte geral. O Código grego de 1940-1946 compreenderia, de facto, uma parte geral, ainda que remodelada de modo a evitar certos excessos[428]; não obstante, não deixaria de ser criticada[429]. O Código italiano não inclui qualquer parte geral. Outro tanto sucede com os bens pensados e elaborados Códigos Civis do Quebeque e da Holanda. Mas a evolução do Direito romano atual não é uniforme: a parte geral foi mantida no Código Civil brasileiro de 2002, ainda que em termos aligeirados.

---

[424] Nos anos trinta, na Alemanha, o ensino da parte geral viria a ser suprimido. Na tentativa de nova codificação, ocorrida nessa altura, a doutrina dividiu-se quanto à presença, num futuro código, da parte geral; LARENZ e NIPPERDEY manifestaram-se contra, sendo MANIGK a favor. A defesa da parte geral ficaria, curiosamente, a dever-se a PHILIP HECK, *Der Allgemeine Teil des Privatrechts/Ein Wort der Verteidigung*, AcP 146 (1941), 1-27.

[425] DIETER MEDICUS, *Allgemeiner Teil*, 10.ª ed. cit., 18.

[426] SAVIGNY, carta de 26-Out.-1812, em LENEL, *Briefe Savignys* cit., 129.

[427] ZITELMANN, *Der Wert eines "allgemeinen Teils"* cit., 10 ss. e *passim*. Atualmente, estas críticas foram retomadas por WIEACKER e por MEDICUS, ob. sup. cit..

[428] ZWEIGERT/KÖTZ, *Einführung in die Rechtsvergleichung*, 3.ª ed. cit., 155.

[429] P. ex., ZEPOS, *Quinze années d'application du Code civil hellénique* cit., 282.

De todo o modo, o legislador português de 1966 não foi sensível à evolução contrária à parte geral[430]; as críticas não se fizeram esperar[431].

Estas prevenções são necessárias: essenciais numa exposição sobre a parte geral do Direito civil. Para além dos múltiplos aspetos técnicos em jogo, de que foi dada breve nota, há que ter presente a dimensão científica do problema: radicada na segunda sistemática, a parte geral torna-se, com facilidade, num domínio conceptualista; nele, o irrealismo metodológico e o juspositivismo têm um lugar de eleição[432], numa série de desvios que bloqueiam a efetiva solução de casos concretos. O conhecimento deste estado de coisas é o primeiro passo para a sua ultrapassagem.

---

[430] *Infra*, 241.

[431] Assim ORLANDO DE CARVALHO, *Direito civil (Teoria geral da relação jurídica)* (1968-1969, polic.), 69 ss.. = *A teoria geral da relação jurídica seu sentido e limite*, 2.ª ed. (1981), 73 ss..

[432] Paradigmática é a posição de HECK, *Der Allgemeine Teil des Privatrechts* cit., 7, que remete as formulações gerais para um simples "sistema externo"; recorde-se que, na lógica da jurisprudência dos interesses como de outros pensamentos positivistas, o "sistema externo" seria irrelevante, em termos substantivos. Esta asserção não procede, devendo ser evitada; cf. *supra*, 126, e, ainda, MENEZES CORDEIRO, *Problemas de sistematização* cit., 136 ss..

PARTE II

O DIREITO CIVIL
DE EXPRESSÃO PORTUGUESA

CAPÍTULO I
O SISTEMA LUSÓFONO DE DIREITO

§ 10.° A REVISÃO DO COMPARATISMO TRADICIONAL

43. A ideia de sistema no Direito comparado

I. Na presente época histórica, dominada por uma ideia de globalização, tem o maior relevo prático a determinação da eventual existência de um sistema lusófono de Direito. O comparatismo habitual, dominado pelos sistemas tradicionais, é redutor. Por isso, cumpre principiar pela sua revisão.

O nosso Planeta oferece-nos uma Humanidade repartida por nações, por Estados e por diversas culturas. Acompanhando essa fragmentação singraram, no Globo, diversas Ordens Jurídicas: tendencialmente uma por cada Estado, a que haveria ainda que somar as dos Estados plurilegislativos. Compete ao Direito comparado proceder ao cotejo entre dois ou mais ordenamentos diferentes, de modo a melhor conhecer as essências respetivas, explicando as suas origem e evolução[433]. Sobre o todo recai a reflexão filosófica[434]. Além disso, o Direito comparado permite aperfeiçoar as diversas Ordens Jurídicas[435], acompanhando reformas e ponderando as consequências do que se faça. O Direito comparado é, ainda, um instru-

---

[433] E. GENZMER, *Zum Verhältnis von Rechtsgeschichte und Rechtsvergleichung*, ARSP 41 (1954/55), 326-347 e HELMUT COING, *Die Bedeutung der europäischen Rechtsgeschichte für die Rechtvergleichung*, RabelsZ 32 (1968), 1-23.

[434] JAAKKO HUSA, *Überlegungen zu einer Theorie der Rechtsvergleichung als Rechtsphilosophie*, RTh 40 (2009), 473-492.

[435] HEIN KÖTZ, *Rechtsvergleichung und Rechtsdogmatik*, RabelsZ 54 (1990), 203-216, acentuando os aspetos funcionais da "boa dogmática".

mento necessário para permitir, quando assim seja determinado pelas normas de conflitos, conhecer e aplicar o Direito estrangeiro. Finalmente, o Direito comparado revela-se fundamental nos atuais esforços de aproximação europeia[436]. Podemos dizer que o Direito comparado é, há muito, tomado como uma disciplina básica da Ciência do Direito[437].

II. Uma das tarefas do Direito comparado – porventura a mais básica – é a de ordenar as ordens jurídicas em grandes grupos; também se fala em famílias de Direitos ou em estilos ou modelos jurídicos[438]. Trata-se de uma operação clarificadora, que permite transmitir com eficiência uma grande quantidade de informação e que facilita todas as ulteriores tarefas de investigação.

Pela nossa parte, recuperada a ideia kantiana de sistema[439], falaremos em sistemas de Direito. Estes derivam da possibilidade de reconduzir diversas Ordens Jurídicas nacionais a grandes postulados unitários. Pois bem: quando distintos ordenamentos apresentem, em comum, aspetos ponderosos que os aproximam, distinguindo-os dos demais, podemos ordená-los num sistema. Admitimos, todavia, que a mesma ideia pudesse ser expressa com recurso a "modelo".

III. A noção de sistema, assim tomada, é formal. Podemos arvorar qualquer fator comum a eixo ordenador do sistema. Por essa via, teremos, por exemplo, sistemas de Direito europeus e extraeuropeus; de língua francesa ou de língua inglesa; socialistas ou capitalistas; democráticos ou totalitários, como exemplos.

---

[436] ULRICH EVERLING, *Rechtsvereinheitlichung durch Richterrecht in der Europäischen Gemeinschaft*, RabelsZ 50 (1986), 193-232; HEIN KÖTZ, *Europäische Juristenausbildung*, ZEuP 1993, 268-278; HEINZ-PETER MANSEL, *Rechtsvergleichung und europäische Rechtseinheit*, JZ 1991, 529-534.

[437] FRIEDRICH KÜBLER, *Rechtsvergleichung als Grundlagendisziplin der Rechtswissenschaft*, JZ 1977, 113-118; logo no pós-guerra: KONRAD ZWEIGERT, *Rechtsvergleichung als universale Interpretationsmethode*, RabelsZ 15 (1949/50), 5-21.

[438] H. PATRICK GLENN, *Comparative Legal Families and Comparative Legal Traditions*, em REIMANN/ZIMMERMANN, *The Oxford Handbook of Comparative Law* (2008), 421-440.

[439] Veja-se a introdução à tradução portuguesa de CLAUS-WILHELM CANARIS, *Pensamento sistemático e conceito de sistema na Ciência do Direito*, 2.ª ed. (1996), LXIV ss., ambas de nossa autoria.

O grande desafio está em compor sistemas com base em elementos intrínsecos, que tenham uma efetiva utilidade jurídico-científica.

44. Os critérios de determinação; a inversão

I. A fixação de critérios para a determinação de sistemas ou famílias de Direitos, para efeitos comparatísticos, é um tema clássico do Direito comparado. Têm sido apresentadas várias soluções[440], cabendo referir a de Zweigert/Kötz[441], que estudam, sucessivamente, os seguintes círculos jurídicos: românico, alemão, nórdico, *common law*, extremo oriente (China e Japão) e religiosos (islâmico e hindu). Admitem, ainda, círculos "híbridos"[442], que levantam dificuldades de recondução: o grego, o da Luisiana, o do Québec, o da Escócia, o da África do Sul, o de Israel, o das Filipinas, o de Porto Rico e o da China Continental. Com flutuações, podemos afirmar que a classificação apresentada surge, de uma forma ou de outra, nos diversos estudiosos do Direito comparado[443].

II. Os referidos estudiosos (Zweigert e Kötz), que consideramos representativos do atual comparatismo, apresentam, como estando na base da ordenação por eles preconizada, os critérios seguintes[444]:

1) a origem e o desenvolvimento históricos das ordens jurídicas;
2) uma forma específica do pensamento jurídico nelas dominante;
3) institutos jurídicos especialmente característicos;

---

[440] Remetemos para KONRAD ZWEIGERT/HEIN KÖTZ, *Einführung in die Rechtsvergleichung*, 3.ª ed. (1996), § 5 (62 ss., com indicações). Entre nós: CARLOS FERREIRA DE ALMEIDA, *Introdução ao Direito comparado*, 2.ª ed. (1998), 31 ss. e DÁRIO MOURA VICENTE, *Direito comparado*, I – *Introdução e parte geral* (2008), 63 ss..

[441] ZWEIGERT/KÖTZ, *Einführung in die Rechtsvergleichung*, 3.ª ed. cit., § 6, IV (73).

[442] Sobre esse tema : JACQUES DU PLESSIS, *Comparative Law and the Study of Mixed Legal Systems*, em REIMANN/ZIMMERMANN, *The Oxford Handbook* cit. (2008), 477-512.

[443] RENÉ DAVID/CAMILLE JAUFFRED-SPINOSI, *Les grands systèmes de droit contemporains*, 11.ª ed. (2002), 15 ss. ; estes Autores referem as seguintes famílias: romano-germânica, russa, *common law* e outras (muçulmana, hindu e extremo-oriente); DÁRIO MOURA VICENTE, *Direito comparado* cit., 1, 95 ss., considera, por seu turno, as famílias seguintes: romano-germânica, *common law*, muçulmana, dos sistemas africanos, hindu e chinesa.

[444] ZWEIGERT/KÖTZ, *Einführung in die Rechtsvergleichung*, 3.ª ed. cit., § 5, III (68).

4) o tipo de fontes e a sua interpretação;
5) fatores ideológicos.

A origem e o desenvolvimento históricos permitiriam isolar o sistema da *common law* e, com mais dificuldade, o francês e o alemão; a forma específica do pensamento jurídico contraporia a *common law* aos sistemas continentais; os institutos jurídicos marcantes permitiriam separar a *common law* e contrapor o círculo francês (causa, ação direta, *actio de in rem verso*) ao alemão (cláusulas gerais, contratos reais abstratos, *culpa in contrahendo*, base do negócio, enriquecimento sem causa e registo predial); o tipo de fontes e de interpretação permite, de novo, isolar a *common law*; os fatores ideológicos, a que se acrescentam os religiosos, isola as ordens jurídicas chinesa, hindu, islâmicas e outras[445].

III. Estamos perante critérios empíricos que, do nosso ponto de vista, mais não fazem do que procurar justificar, *a posteriori*, uma ordenação intuída. Abreviando, parece claro que os sistemas de *common law* se distinguem dos continentais por qualquer dos parâmetros em jogo, exceto o "ideológico". A separação entre os sistemas românico (francês) e alemão já é complicada, exigindo referências a técnicas e a institutos especializados. Os elementos ideológicos e religiosos acabaram por ter reflexos em áreas pessoais, familiares e sucessórias. Do ponto de vista científico e nas áreas nucleares, não é discutível a recondução, por exemplo, dos Direitos coreano (Sul), grego, japonês e turco ao sistema germânico.

No fundo, o que se passa é o seguinte: o núcleo histórico do comparatismo trabalha na base da contraposição entre os Direitos alemão, francês e inglês. Só com dificuldade considera outras experiências, fazendo-o em termos por vezes clamorosamente errados.

As pretensões de universalismo hoje patentes nos comparatistas e o próprio fenómeno de globalização obrigam a rever os critérios tradicionais do comparatismo clássico[446]. Há que afinar novos critérios e, provavelmente, que apontar novos sistemas, mais de acordo com um estudo planetário do problema.

---

[445] *Idem*, 68-71.
[446] HORATIA MUIR WATT, *Globalization and Comparative Law*, em REIMANN/ZIMMERMANN, *The Oxford Handbook* cit. (2008), 579-607.

45. Critérios preconizados

I. O Direito, como temos vindo a focar, é uma realidade muito complexa. Pela sua natureza histórico-cultural, obedece a inúmeros parâmetros, de tal modo que, muitas vezes, nem pode ser explicado na sua génese: tem uma natureza ontológica, comparável à da língua. De seguida, implica uma aprendizagem. Desde o Direito romano que perguntar pela essência do jurídico obriga a indagar como se fez o seu ensino. O Direito comporta fenómenos de receção: uma determinada Ciência Jurídica pode ser adotada por uma comunidade, independentemente de fenómenos de dominação económica, política ou militar. Retomemos a receção do Direito romano, ocorrida por três vezes no último milénio, em diversos países: no século XII, com as universidades, no século XVI, com o humanismo e no século XIX, com o pandetismo.

Tanto chega para não ser possível fixar um mapa planetário dos sistemas jurídicos, sem se ter em conta o ensino e as receções da Ciência do Direito. Basta recordar os códigos civis grego, japonês e turco, de estilo germânico, bem como o Código Civil da China Continental, também de tipo alemão. Temos, como primeiro critério, a autonomia do ensino e as receções condicionantes do sistema considerado[447].

II. O relevo do ensino e a eventualidade das receções não devem obnubilar o papel da História e a constância das instituições ou de algumas delas. Um sistema coerente ou está totalmente assente em receções ou depende, nalguma medida, daquilo que o antecedeu. Temos assim, como segundo critério, a consistência histórico-cultural.

III. Um terceiro parâmetro é o da língua. O Direito surge como um domínio linguisticamente condicionado. O Direito romano deve a sua precisão ao latim: um tanto à semelhança do atual Direito alemão, que nunca atingiria o nível de analitismo que o torna tão sedutor, se não fora a língua que o veicula.

---

[447] MICHELE GRAZIADEI, *Comparative Law as the Study of Transplants and Receptions*, em REIMANN/ZIMMERMANN, *The Oxford Handbook* cit. (2008), 441-475.

Não parece realista descobrir sistemas jurídicos planetários sem considerar o fenómeno linguístico. Temos, por isso e como terceiro critério, a independência linguística. Um sistema autónomo assenta num idioma específico[448].

46. A massa crítica

I. Na fixação de grandes sistemas de Direito, temos ainda uma exigência, empírica mas inevitável: a da massa crítica. O moderno comparatismo tem uma pretensão de universalidade. Tal implica que, a um sistema de Direito, se deva exigir uma certa dimensão geográfica e humana.

O Direito alemão será, quanto sabemos, o Direito mais aperfeiçoado e evoluído do Planeta: sejam quais forem os critérios e isso nos seus diversos âmbitos. Seria, porém, deslocado descobrir, nele, um sistema mundial, apenas por ser compartilhado pela Alemanha, pela Áustria e por parte da Suíça. De facto, o essencial do sistema alemão foi recebido por todo o Mundo, tendo conquistado, recentemente, a maior nação do Planeta: a China Continental. Este aspeto é, curiosamente, pouco enfocado (quando não: desconhecido) pelos comparatistas de Além-Reno, mas é bem real.

Podemos admitir que um pequeno País disponha de uma Ordem Jurídica coerente, avançada e totalmente diferente das dos demais: isso não permite falar num "sistema de Direito" mas, tão-só, em Direito autónomo.

II. Que dimensões devemos exigir para se falar em "massa crítica"? Tentemos o método das aproximações, já que o parâmetro é empírico. O Direito inglês, só por si, estaria confinado a um Estado e a um espaço nas Ilhas Britânicas. Mas se considerarmos a sua expansão aos Estados Unidos, a parte do Canadá, a parte da Índia, a Hong-Kong, à Austrália e à Nova Zelândia, teremos uma imagem humana, económica e geográfica que permite considerar presente a tal massa crítica.

---

[448] A diversidade linguística coloca, só por si, específicos problemas ao Direito comparado: VIVIAN GROSSWALD CURRAN, *Comparative Law and Language*, em REIMANN/ /ZIMMERMANN, *The Oxford Handbook* cit. (2008), 675-707; mas vamos mais longe: ela condiciona os sistemas.

§ 10.º A revisão do comparatismo tradicional   187

O Direito francês limita-se ao hexágono gaulês e à Bélgica: é pouco; mas tem manifestações efetivas no Québec, na Louisiana, em vários Estados francófonos e em diversos Países do Norte de África, incluindo o Egito. Além disso, toma corpo em muitos ordenamentos de fala castelhana. Passa no teste.

O Direito islâmico está difundido por dezenas de Estados e aproxima-se da fasquia do bilião de praticantes. A ter efetiva autonomia (isto é: a não se limitar a aspetos familiares mais circunscritos, questão que não tem de ser aqui solucionada), tem, seguramente, uma massa crítica.

Os Direitos chinês e hindú, a não se reconduzirem ao sistema alemão e ao anglo-saxónico, respetivamente, teriam certamente e cada um deles, massa crítica: ultrapassam o bilião de praticantes.

III. Já Direitos como o holandês (evoluído do francês e com cariz próprio) e o italiano (também evoluído do francês, sob influência alemã, e com autonomia vincada), notáveis e muito interessantes, não podem aspirar, com realismo, a "sistemas de Direito" de cariz planetário. Não lograram, no Globo, uma expansão bastante. O mesmo se diga do "sistema" nórdico, circunscrito à Escandinávia e regendo (apenas) algumas dezenas de milhões de pessoas.

IV. A presença de uma massa crítica não é um mero dado quantitativo, com expressão estatística. De facto, apenas a partir de uma certa dimensão teremos universidades bastantes, uma doutrina autónoma, tratados, manuais, monografias e revistas especializadas e uma vivência autossuficiente. Além disso e num Mundo em mutação constante, apenas uma massa crítica dá garantias de perenidade e de futuro.

V. Resta definir "massa crítica". O Mundo que conhecemos resultou da expansão da Europa moderna: primeiro, atlântica e, depois, índica e pacífica. Tirando os casos extremos da China e da Índia, com os seus biliões de habitantes, haverá que requerer, pelo menos, uma presença pluricontinental e algumas centenas de milhões de praticantes. Esses dados fácticos poderão ser reforçados pelo peso cultural (caso de França), pela unidade linguística (*common law*) ou pela elevação doutrinária (caso do sistema germânico).

Veremos como é possível equacionar, nestes domínios, o Direito lusófono.

§ 11.º O PESO DAS RELAÇÕES BÁSICAS E A LÍNGUA

47. O objeto da comparação: a parte geral e as obrigações

I. O Direito comparado deve recair sobre as relações básicas dos ordenamentos em presença: tendencialmente, todos os que possam ser reconduzidos a grandes sistemas. Sem prejuízo pelo papel científico, cultural e social que assumam, não é realista fixar sistemas universais na base de particularismos atinentes à posse, ao Direito de família ou das sucessões, ao Direito constitucional ou à Administração Pública. A História recente mostra que aspetos organizativos e publicísticos fundamentais podem mudar, sem que isso decida do destino sistemático do Direito considerado. Como exemplos: a ex-República Democrática Alemã não deixou o sistema germânico em 1949 (ou 1975, data da publicação do *Zivilgesetzbuch*, que substituiu o BGB), a ele regressando em 1991, com a reunificação: o interlúdio soviético não modificou a cultura profunda do respetivo ordenamento[449]; o Portugal do Estado Novo não mudou de sistema com a Revolução de 1974-1975, nem com a Constituição de 1976.

II. A comparação de Direitos, para ser frutuosa, deve ainda recair sobre realidades comparáveis. Essa comparabilidade exige institutos funcionalmente captáveis e reportados a modelos de decisão jurídica claros e economicamente identificáveis[450].

---

[449] Esta afirmação pode ser demonstrada através de concretização do "princípio da moral socialista", equivalente ao da boa-fé ocidental; *vide* o nosso *Da boa fé no Direito civil*, 1268-1271.

[450] CARLOS FERREIRA DE ALMEIDA, *Direito comparado, ensino e método* (2000), 149 ss..

Tudo isso leva-nos a (nos Direitos que hajam adotado a sistematização germânica) uma parcela da Parte geral e ao Direito das obrigações. Nos nossos dias, qualquer Direito conhece institutos como o contrato, a responsabilidade civil e o enriquecimento sem causa. De resto, é precisamente nesses domínios que trabalha o comparatismo tradicional[451].

III. Além de se reportar a uma realidade objetiva comum aos diversos Povos, a Parte geral e o Direito das obrigações regem as relações básicas entre as pessoas e afinam os diversos conceitos usados, depois, noutras áreas. Está em jogo uma Ciência Jurídica profunda, pouco sensível a modas e a flutuações sócio-políticas. Em suma: exprime, por excelência, a vivência jurídica real, interferindo em todas as outras áreas do ordenamento. Temos em conta a dogmática afinada na Parte geral e no Direito das obrigações material, o qual envolve a doutrina do negócio jurídico e a formação dos contratos, deslocada, nalguns Direitos, para a referida "Parte geral".

IV. Resta adiantar: um sistema de Direito comparatisticamente admitido abrangerá ordens jurídicas reconhecíveis pela dogmática geral e pelos respetivos Direitos das obrigações. Paralelamente, na presença de dogmáticas gerais diferentes e de Direitos das obrigações distintos, não há lugar para a inclusão num mesmo sistema.

48. O papel da linguagem

I. Num breve acervo de nótulas metodológicas introdutórias ao Direito civil, é importante referenciar o papel substantivo da linguagem[452]. Ele é particularmente útil e ilustrativo, quando se fala em Direito comparado.

Na origem, encontramos as correntes que integram a denominada Filosofia da Linguagem e que constituem como que o contraponto cultu-

---

[451] Sempre como paradigma: ZWEIGERT/KÖTZ, *Einführung in die Rechtsvergleichung*, 3.ª ed. cit., 314 ss., 538 ss. e 597 ss., respetivamente quanto ao contrato, ao enriquecimento sem causa e ao delito.

[452] Quanto à linguagem e o Direito, como escrito de referência, mencionamos KLAUS F. RÖHL/HANS CHRISTIAN RÖHL, *Allgemeine Rechtslehre*, 3.ª ed. (2008), 17 ss..

ral aos esquemas abstratos da hermenêutica pós-existencialista[453]. Vamos sintetizar o essencial[454].

II. As fórmulas jurídicas correspondem a abstrações. A sua aprendizagem e a sua comunicação não se fazem em termos de pensamento puro: os seres humanos são obrigados, pelas suas limitações, a operar através da linguagem, isto é, através de figurações fonéticas com correspondência escrita e das subsequentes combinações estudadas pela gramática e pela semântica. Um conceito jurídico é, assim, uma fórmula linguisticamente condicionada ou melhor: ontologicamente linguística. Comunicar um conceito é transmitir a figuração linguística que lhe corresponda. Pensar nesse conceito é, antes de mais, invocar essa mesma figuração. O jurista não "pensa" em termos puros: estes são suscetíveis, apenas, de dar corpo a sentimentos básicos ou a estruturações muito genéricas e indiferenciadas.

III. Este estado de coisas dá azo a três proposições, que compete ter sempre em conta, num qualquer discurso humano. Assim:

– os conceitos são viabilizados ou potenciados pela linguagem;
– as justificações podem ser meramente linguísticas;
– é possível um metadiscurso, isto é, um discurso que não se reporte à realidade em si mas, apenas, às locuções que a descrevam.

Os conceitos são viabilizados ou potenciados pela linguagem: trata-se do ponto de partida de toda a rubrica relativa ao papel substancial da linguagem. O Direito comparado permite ilustrar esta afirmação da melhor forma: uma obrigação será simples ou complexa, consoante o idioma em que ela seja expressa, compreenda ou não um termo para a exprimir; na hipótese negativa, somos obrigados a recorrer a um conjunto

---

[453] FRIEDRICH MÜLLER, *Methodik, Theorie, Linguistik des Rechts* (1997), 55 ss. e GEORG PAVLAKOS, *Persons and norms: on the normative groundwork of discourse-ethics*, ARSP 85 (1999), 7-22; refira-se ainda o já clássico de JOHN LANGSHAW AUSTIN, *How to do Things with Words* (1975), trad. al. *Zur Theorie der Sprechakte*, 2.ª ed. por EIKE VON SAVIGNY (1979) e HEINZ MÜLLER-DIETZ, *Sprache und Recht*, FS Günther Jahr (1993), 127-155 (137 ss.).

[454] Entre nós e com aplicação ao negócio jurídico, veja-se o muito importante 2.º vol. de FERREIRA DE ALMEIDA, *Texto e enunciado na teoria do negócio jurídico* (1990).

de expressões – e, portanto: a um conjunto de deveres – para traduzir o que, de outro modo, surgiria como dever único. Certos contratos ocorrem como tipos autónomos nos Direitos cujos idiomas comportem expressões próprias. Por exemplo: no Direito alemão e no Direito italiano aparece, como autónoma, a figura da "locação de coisa produtiva", ao contrário do que sucede no Direito lusófono; quer a língua alemã, quer a italiana têm termos unitários para designar essa figura: *Pacht* e *affitto*, respetivamente[455]. No limite, podemos afirmar que um Direito nacional – particularmente: um Direito civil nacional – será verdadeiramente distinto dos restantes na medida em que assente numa língua diferenciada[456].

IV. As segunda e terceira proposições também são ponderosas, ainda que por uma via diversa. Vamos vê-las.

Perante um problema, pode-se encontrar uma efetiva solução material que o resolva. Mas pode-se tudo deixar em aberto, recorrendo ao subterfúgio de uma (simples) composição verbal. O exemplo histórico mais conhecido, no campo do Direito, é o da afirmação, na relação de trabalho, de uma situação comunitário-pessoal[457]. Procurando resolver o problema da litigiosidade entre trabalhadores e empregadores, veio pura e simplesmente afirmar-se que, entre uns e outros, haveria uma relação de tipo comunitário-pessoal, que daria corpo a uma solidariedade de interesses. Os problemas continuaram. Linguisticamente, porém, tudo ficou resolvido.

No Código Civil encontramos exemplos de soluções linguísticas: não podendo – ou querendo – optar entre uma orientação objetivista (pensamento da lei) e uma orientação subjetivista (pensamento do legislador), o artigo 9.º/1 remeteu para um (ambíguo) "pensamento legislativo". Tudo ficou resolvido apenas na linguagem[458].

---

[455] Quanto ao *Pacht, vide* os §§ 581 e seguintes do BGB; quanto ao *affitto*, os artigos 1615.º e seguintes do Código italiano.

[456] JEAN-LOUIS SOURIOUX, *Pour l'apprentissage du langage du droit*, RTDC 1999, 343-353 e HANS HATTENHAUER, *Zur Zukunft des Deutschen als Sprache der Rechtswissenschaft*, JZ 2000, 545-551 (546); este Autor – idem, 549 – chama a atenção para os problemas suscitados pela tradução do Código Civil alemão em língua inglesa.

[457] MENEZES CORDEIRO, *Da situação jurídica laboral; perspectivas dogmáticas do Direito do trabalho*, sep. ROA, 1982, 27 ss.. *Vide infra*, 312-313.

[458] A Constituição portuguesa de 1976, na sua versão inicial, era muito pródiga em compromissos vocabulares; visando um consenso inexistente, ela consagrou, lado a lado,

Nos contratos, as soluções linguísticas são frequentes. Querendo contratar mas não conseguindo chegar totalmente a acordo, as partes optam seja por consagrar fórmulas ambíguas seja por, pura e simplesmente, colocar, lado a lado, esquemas contraditórios. Tudo é transferido para o momento da execução do contrato.

Finalmente: o discurso jurídico pode reportar-se não à realidade em si, mas apenas a determinada palavra. Por exemplo, uma discussão sobre a "Justiça" poderá fixar a complexa realidade subjacente ou centrar-se, apenas, sobre o termo "Justiça". Teremos, então, um metadiscurso, fonte de pseudo-soluções, todas elas meramente vocabulares.

Pois bem: o nível meramente linguístico de certas proposições e a possibilidade de metadiscursos podem dificultar o comparatismo. Pense-se no sistema soviético de Direito, perfeitamente consagrado e objeto de análises infindáveis dos comparatistas. Como pode ter desaparecido subitamente? Provavelmente, nunca teve verdadeira autonomia substancial[459]: assentava em abundantes desenvolvimentos linguísticos e dependia de um metadiscurso ideológico que não bulia com as estruturas jurídico-científicas fundamentais.

V. A linguagem, em Direito, deve ser técnica, precisa, simples e correta. Quando se possa exprimir um pensamento ou uma ideia em termos simples, nenhuma vantagem há em fazê-lo de forma complicada. De outro modo, além do mau serviço cultural, poderemos criar situações que ponham em causa a bondade e a natureza científica das soluções que se alcancem.

Cumpre ainda acentuar o seguinte. A linguagem comum, particularmente quando se trate de línguas latinas[460], é muitas vezes imprecisa: ambígua, vaga ou polissémica. Um bom discurso jurídico deve ultrapassar essas limitações apresentando-se, pelo menos, mais preciso. Adiante veremos o papel da língua portuguesa no Direito.

---

princípios contraditórios. A interpretação e, sobretudo, as revisões constitucionais subsequentes ultrapassariam os problemas assim deixados em aberto.

[459] CARLOS FERREIRA DE ALMEIDA, *Introdução ao Direito comparado*, 2.ª ed. cit., 33-34.

[460] FRIEDRICH E. SCHNAPP, *Von der (Un-)Verständlichkeit der Juristensprache*, JZ 2004, 473-481, fez essa mesma afirmação em relação à própria língua alemã, tendencialmente mais precisa do que as latinas.

49. A coesão científica e linguística do Direito civil

I. Com as contingências apontadas, o Direito civil, mormente na Parte geral e no Direito das obrigações, não deixa de apresentar uma especial coesão. Apresenta dois pólos essenciais, que se retratam já no Direito romano[461]: a área contratual e a área delitual. A primeira dá azo à generalidade das obrigações, obrigações essas que servem, em muitos pontos, de matriz à própria matéria delitual; a segunda preenche o domínio fundamental da responsabilidade civil. Mas para além desses dois pólos, o Direito civil dispõe de uma forte estruturação científica.

II. Vamos procurar explicitar a coesão científica do núcleo duro do Direito civil através de alguns tópicos. Assim:

– a extensão da matéria;
– a afinação da linguagem;
– a experimentação e o aperfeiçoamento dos institutos;
– a densidade doutrinária.

A extensão da matéria leva a que poucas questões não tenham um posicionamento civil. Noutros termos: para qualquer problema da vida real, há uma solução de Direito civil. Ainda que, concretamente, devam prevalecer saídas impostas por outras disciplinas, o Direito civil, mormente na área das obrigações, seria sempre capaz de apontar composições equilibradas. Estas, de resto, são úteis, mesmo quando não aplicáveis: têm um papel de sindicância, exprimindo um equilíbrio sistemático que só por especiais razões pode ser quebrado.

III. A afinação da linguagem prende-se com a antiguidade da matéria, o seu contínuo aperfeiçoamento e, sobretudo: com a natureza abstrata dos conceitos básicos e dos regimes a eles relativos. Noutras disciplinas, o Direito é "visível": desde os direitos reais à família, às sucessões, ao Direito público e ao próprio Direito constitucional. Na Parte geral e nas obrigações, há que recorrer a figurações linguísticas. Isso só será funcio-

---

[461] Como veremos, essa contraposição surge, hoje, muito nítida, no sistema anglo--saxónico, através da contraposição entre *contracts* e *torts*.

nal na medida em que as pessoas usem, entre si, uma linguagem precisa. E precisos terão de ser, por maioria de razão, os operadores jurídicos e, *maxime*, o juiz. A essa luz, compreende-se a utilidade do uso instrumental de línguas analíticas, como o latim e o alemão, para melhor apreender o exato alcance dos conceitos. Em consequência desta afirmação, o Direito civil prepara e reelabora a generalidade das formulações linguísticas usadas nas diversas disciplinas privadas e em todo o tecido normativo e jurídico-científico.

IV. A experimentação e o aperfeiçoamento dos institutos têm a ver com a antiguidade, a perenidade e a intensidade do Direito civil. As diversas regras foram aplicadas ao longo da História e em ambiências distintas: muitos milhares de vezes. Existe, nesse nível, um gigantesco laboratório onde as teorias e as saídas podem ser testadas e aperfeiçoadas. O moderno Direito civil é um código de justiça e de equilíbrio: o melhor que a Humanidade logrou aprontar, após milénios de erros e de tentativas.

A maioria das novidades jurídico-científicas surgidas, no passado ou nos nossos dias, tem a ver com o Direito civil: direta ou indiretamente. De novo se manifestam as virtualidades da experimentação e do aperfeiçoamento.

V. Finalmente, a coesão científica do civilismo nuclear apoia-se na densidade doutrinária. Sobre os diversos temas é possível coligir uma bibliografia infinda. A vida de um ser humano seria insuficiente para esgotar um simples desses temas. Torna-se, assim, possível avançar com uma coesão muito elevada.

§ 12.º O NÚCLEO CIVILÍSTICO NO MUNDO

50. Conspecto geral

I. Na presente rubrica, vamos considerar o núcleo civilístico fundamental, constituído pela Parte geral (excluindo as pessoas) e o Direito das obrigações. Efetivamente, é aí que se aloja a maioria da instrumentação própria da Ciência do Direito. E é também nessa área que existe uma maior comparabilidade entre os sistemas, já que estão em causa relações universais. E ainda aí, vamos relevar não propriamente as diversas experiências nacionais mas, antes, os grandes sistemas que repartem o Globo. Tudo isso assenta num conhecimento desenvolvido da matéria, que cumpre remeter para os comparatistas[462].

II. O Planeta, como foi referido, é repartido por centenas de Direitos privados: todos com a sua História, a sua dignidade e a sua aptidão para acolher a reflexão jurídico-científica dos interessados. Na base das considerações acima efetuadas, e apelando aos critérios do ensino e das receções, da consistência histórico-cultural, do condicionamento linguístico e da massa crítica, vamos ser pragmáticos e distinguir cinco grandes famílias ou sistemas planetários:

– o sistema napoleónico;
– o sistema romano-germânico;
– o sistema anglo-saxónico;
– o sistema islâmico;
– o sistema chinês.

---

[462] Em especial: KONRAD ZWEIGERT/HEINZ KÖTZ, *Einführung in die Rechtsvergleichung*, 3.ª ed. cit., 62 ss.; DÁRIO MOURA VICENTE, *Direito comparado* cit., 1, 70 ss..

Outros poderiam ser considerados, como o indiano: a este faremos, todavia, uma referência breve, a propósito da experiência de Goa.

III. Na concretização desses cinco sistemas, vão-nos interessar critérios técnicos, particularmente os mais relevantes, para as relações económicas que todos compartilham. Com efeito, é evidente que os sistemas napoleónico, romano-germânico e anglo-saxónico operam em sociedades muito semelhantes, todas comungantes da cultura ocidental. Aliás, os países que os encabeçam estão empenhados numa experiência de integração económica, social e política que terá, pelo menos, o efeito de os aproximar: especialmente no tocante ao Direito das obrigações. O próprio sistema chinês, à semelhança dos sistemas japonês e coreano, está hoje próximo do romano-germânico, enquanto o Direito de Hong-Kong é de tipo anglo-saxónico.

Apesar de as conexões comparatisticamente mais complexas estarem sempre presentes, vamos privilegiar a contraposição técnica como ponto de partida. No final, testaremos a autonomia de um sistema lusófono.

51. O sistema napoleónico

I. O sistema civil napoleónico resulta do Código Civil francês ou Código Napoleão, de 1804[463]. Recordamos que, na sua origem temos o desenvolvimento próprio da sistemática humanista, montado pelos grandes jurisprudentes elegantes Cujacius (1522-1590) e Donellus (1527-1591) e ordenados por afeiçoados ao jusracionalismo: Domat (1625-1696) e Pothier (1699-1772)[464]. Daí resultaria, mercê da direção exercida por

---

[463] Não nos parece hoje possível falar num sistema românico, que envolveria os Direitos francês, italiano e ibérico-americano; num erro que surge na melhor doutrina – p. ex., WOLFGANG FIKENTSCHER, *Methoden des Rechts in vergleichender Darstellung*/I – *Frühe und religiöse Rechte/Romanischer Rechtkreis* (1975), 425 ss., que se limita, quanto ao Direito português a, transcrevendo Zweigert, se interrogar sobre se ainda pertencerá a esse sistema (e não ao germânico): chega mesmo a considerar o Código de 1966 como uma segunda versão portuguesa do Código francês [a primeira seria o Código de Seabra (!)], ob. cit., 580.

[464] *Supra*, 133 ss.. Quanto à elaboração do Código Civil francês: JEAN-FRANÇOIS NIORT, *Homo civilis/Contribution à l'histoire du Code Civil français*, 1 (2004), com indi-

Napoleão e da presença, em comissão, de jurisconsultos de génio, o primeiro grande código civil.

II. O Código Napoleão acolheu o Direito romano da sua época, dando-lhe uma arrumação racional intuitiva, com projeção do pensamento líbero-individualista. Depois de um título preliminar sobre a publicação, os efeitos e a aplicação das leis em geral (1.º a 6.º), comporta três livros:

Livro I – Das pessoas (7.º a 515.º);
Livro II – Dos bens e das diferentes modificações da propriedade (516.º a 710.º);
Livro III – Das diferentes maneiras por que se adquire a propriedade (711.º a 2283.º).

Trata-se de uma arrumação geral bastante lógica[465], mas que não tem em conta a materialidade jurídica subjacente. Há, pois, que descer às subdivisões do Código, de modo a apreendê-la.

III. A matéria das obrigações (pois o *Code* não contém uma "parte geral") surge incluída no livro III. Com efeito, o livro em causa tem a seguinte arrumação[466]:

Título I   – Das sucessões (720.º a 892.º);
Título II   – Das doações entre vivos e dos testamentos (893.º a 1100.º);
Título III – Dos contratos ou das obrigações convencionais (1101.º a 1369.º);
Título IV   – Dos compromissos (*"engagements"*) que se formam sem convenção (1370.º a 1386.º);

---

cações; FRANÇOIS EWALD (publ.), *Naissance du Code Civil/Travaux preparatoires du Code Civil* (2004) ; a apresentação de JEAN-DENIS BREDIN à ed. *fac símile*, *Code Civil des français/Bicentenaire, 1804/2004* (2004), e a 1.ª parte de AAVV, *1804/2004, Le Code Civil/Un passé, un présent, un avenir* (2004). Entre os Autores do Código Civil, uma referência a PORTALIS (JEAN ÉTIENNE MARIE PORTALIS); vide JEAN-LUC A. CHARTIER, *Portalis, père du Code Civil* (2004), especialmente 143 ss., quanto à preparação do Código Civil e PEDRO SOARES MARTINEZ, *O pensamento filosófico de Portalis*, RFDUL 2006, 9-17.

[465] Vide JEAN RAY, *Essai sur la structure logique du Code Civil français* (1926), 196 ss..

[466] Disponível: *Code Civil* da Dalloz, 111.ª ed. (2012).

Título IV bis	– Da responsabilidade pelo facto de produtos perigosos (1386.º/1 a 1386.º/16)[467];
Título V	– Do contrato de casamento e dos regimes matrimoniais (1387.º a 1581.º);
Título VI	– Da venda (1582.º a 1701.º);
Título VII	– Da troca (1702.º a 1707.º);
Título VIII	– Do contrato de locação (1708.º a 1831.º);
Título VIII bis	– Do contrato de promoção imobiliária (1831.º/1 a 1831.º/5)[468];
Título IX	– Da sociedade (1832.º a 1873.º);
Título IX bis	– Das convenções relativas aos direitos indivisos (1873.º/1 a 1873.º/18)[469];
Título X	– Do empréstimo (1874.º a 1914.º);
Título XI	– Do depósito e do sequestro (1915.º a 1963.º);
Título XII	– Dos contratos aleatórios (1964.º a 1983.º);
Título XIII	– Do mandato (1984.º a 2010.º);
Título XIV	– Da fiança (2011.º a 2043.º);
Título XV	– Das transações (2044.º a 2058.º);
Título XVI	– Do compromisso (2059.º a 2061.º)[470];
Título XVII	– Do penhor (2071.º a 2091.º);
Título XVIII	– Dos privilégios e hipotecas (2092.º a 2203.º);
Título XIX	– Da execução e das graduações de credores (2204.º a 2218.º);
Título XX	– Da prescrição e da posse (2219.º a 2283.º).

Como se vê, releva o título III, quanto às obrigações em geral, o título IV, sobre a responsabilidade civil e os títulos VII a XVI, referentes aos diversos contratos. Depois poderíamos ainda apontar os títulos XVII e XVIII, sobre garantias reais e parte do XX, quanto à prescrição.

A arrumação do Código Napoleão foi adotada pela doutrina francesa, nas diversas fases da exegese[471].

---

[467] Aditado pela Lei 98-389, de 19-Mai.-1998, em transposição da Diretriz n.º 85/374, de 25-Jul., relativa à responsabilidade do produtor.
[468] Aditado pela Lei 71-579, de 16-Jul.-1971, com alterações subsequentes.
[469] Aditado pela Lei 76-1286, de 31-Dez.-1976.
[470] Os artigos 2062.º a 2070.º foram revogados pela Lei de 22-Jul.-1867.
[471] Assim: HENRI-JEAN BAPTISTE DARD, *Code Civil des français avec des notes indicatives des lois romaines, coutumes, ordonnances, edits et déclarations qui ont rapport à chaque article ou Conférence du Code Civil avec les lois anciennes* (1805), 217 ss., quanto

IV. Mais tarde, num esforço a que não é alheia uma certa influência do pensamento jurídico alemão, a doutrina veio a arrumar a matéria em "bens" (direitos reais), Direito das obrigações (em geral), contratos, Direito das pessoas e da família e Direito das sucessões. A ordem respetiva varia, consoante os autores[472].

A preparação do Código Civil alemão foi seguida com interesse em França, sendo de recordar o esforço de Saleilles, na divulgação do BGB no hexágono gaulês[473]. O método alemão aplicado ao Código Napoleão surgiu na Renânia onde, até ao advento do BGB, vigorou uma versão em alemão daquele diploma[474]. Nesse âmbito, Zachariä elaborou um manual de Direito francês, escrito em língua alemã[475] e, mais tarde, vertido para francês[476].

às obrigações; M. DELVINCOURT, *Cours de Code Civil*, tomo 3.º (1824); M. DURANTON, *Cours de droit civil français suivant le Code Civil*, tomo 10 (1830); segue nos tomos subsequentes; M. TROPLONG, *Le droit civil expliqué suivant l'ordre des articles du code, depuis et y compris le titre de la vente ou commentaire du titre VI du livre III du code civil*, 2.ª ed., a partir de 1835; M. L. LAROMBIÈRE, *Théorie & Pratique des Obligations en commentaire des titres III & IV, Livre III, du Code Napoléon*, I (1857) (5 volumes no total); V. MARCADÉ, *Explication theorique et pratique du Code Napoléon*, 5.ª ed., tomo 4 (1859), 328 ss. e tomo 5.º, 5.ª ed. (1859), até 378; FERNAND LAURENT, *Principes de droit civil français*, vol. 15, 3.ª ed. (1878), 469 ss. (Tit. IV, *des contrats ou des obligations conventionnelles en général*), que continuam no vol. 16, no 17 e no 18, no 19, e no 20, todos 3.ª ed. (1878); vol. 1, 3.ª ed. (1878), sobre a codificação; A. M. DEMANTE/E. COLMET DE SANTERRE, *Cours Analytique de Code Civil*, tomo 5, 2.ª ed. (1883), 1 ss.; MARCEL PLANIOL//GEORGES RIPERT, *Traité pratique de droit civil français*, 2.ª ed., tomo VI, *Obligations*, parte I, por PAUL ESMEIN (1952), 1046 pp. (Parte I, contrato e Parte II, 639 ss.), responsabilidade civil; HENRI DE PAGE, *Traité élémentaire de Droit civil belge/Principes – Doctrine – Jurisprudence*, tomo II – *Les obligations*, 3, 1.ª parte (1964), 389 ss. e 2.ª parte, tomo IV, 3.ª ed. (1967) (RENÉ DEKKERS intervém apenas a partir do tomo V).

472 Por exemplo, o grande civilista JEAN CARBONNIER (1908-2003), trata, por esta ordem – *Droit civil*, ed. 2004, 2574 pp.: introdução; pessoas; família; bens; obrigações. Vide C. BUFNOIR, *Propriété et contrat/Théorie des Modes d'acquisition des droits réels et des Sources des Obligations*, 2.ª ed. (1924), 445 ss..

473 RAYMOND SALEILLES, *De la possession des meubles/Études de droit allemand et droit français* (1907) e *Étude sur la théorie générale de l'obligation d'après le premier projet de Code Civil pour l'Empire Allemand*, 3.ª ed. (1914).

474 ELMAR WADLE, *Rezeption durch Anpassung: Der Code Civil und das Badische Landrecht/Erinnerung an eine Erfolgsgeschichte*, ZEuP 2004, 947-960.

475 KARL SALOMO ZACHARIÄ VON LINGENTHAL, *Handbuch des französischen Civilrechts*, 3.ªed., 4 volumes (1827-1828).

476 K.-S. ZACHARIAE, *Le droit civil français*, trad. da 5.ª ed. alemã, por G. MASSÉ//CH. VERGÉ (1857).

Teve influência, vindo a ser aproveitado por Charles Aubry (1803-1883) e Fréderic-Charles Rau (1803-1877), no seu *Cours*, que lhe assumiram o método[477]. A Grande Guerra de 1914-18 veio provocar um afastamento entre os dois grandes pólos do Direito continental. O intercâmbio, que nunca cessou, foi retomado nos anos cinquenta do século XX, intensificando-se com a integração europeia.

No tocante à arrumação interna da matéria relativa às obrigações em geral, é comum distinguir as rubricas seguintes[478]:

— contratos em geral, incluindo a formação, a invalidade, os efeitos, a inexecução e a resolução;
— a responsabilidade civil e o enriquecimento sem causa;
— o regime geral das obrigações, abrangendo a cessão, a extinção e as medidas de coação.

Alguns autores começam, porém, pela responsabilidade civil[479]: numa especial liberdade sistematizadora que é, justamente, possibilitada pelo papel da doutrina, sobre uma ordenação antiquada.

V. Passando ao conteúdo da matéria, o sistema napoleónico caracteriza-se pelos aspetos seguintes:

— utiliza uma linguagem elegante, emotiva e um tanto imprecisa (o francês), que permite conexões intuitivas e compreensivas, por oposição a racionais e analíticas;
— concentra, na doutrina do contrato, toda a matéria relativa ao negócio jurídico: o Direito civil francês desconhece a parte geral;

---

[477] C. AUBRY/C. RAU, *Cours de Droit civil français d'après la méthode de Zachariae*, 6.ª ed., s/d, 8 volumes.

[478] Tal, por exemplo, a arrumação de JEAN CARBONNIER, *Les obligations*, 22.ª ed. (2002, ed. 2004), 1939 ss., 2269 ss. e 2529 ss., de ALAIN BÉNABENT, *Droit civil/Les obligations*, 11.ª ed. (2007), 25 ss., 315 ss. ("obrigações de origem legal") e 515 ss., de FRANÇOIS TERRÉ/PHILIPPE SIMLER/YVES LEQUETTE, *Droit civil/Les obligations*, 9.ª ed. (2002), 25 ss. e 663 ss., embora com subdivisões e de BERTRAND FAGES, *Droit des obligations* (2007), 15 ss. e 339 ss., o qual inclui no final (449 ss.) um "regime geral das obrigações".

[479] Por exemplo, PHILIPPE MALAURIE/LAURENT AYNÈS/PHILIPPE STOFFEL-MUNCK, *Les obligations*, 2.ª ed. (2007): parte I – responsabilidades delituais (11 ss.), parte II – contratos e quase-contratos (177 ss.) e parte III – regime geral (579 ss.).

– lida com uma responsabilidade civil centrada num pressuposto único e vago (a *faute* ou falta), de tal modo que é capaz de cobrir diversos problemas novos que, com o tempo, vieram a surgir;
– apresenta conceitualizações mais antigas: por exemplo, no tocante à arrumação das fontes (com categorias como os quase-contratos e os quase-delitos), às invalidades (com nulidades absolutas e relativas) e ao enriquecimento sem causa;
– acusa dificuldades no acolhimento efetivo de novos institutos, como a *culpa in contrahendo*, os deveres acessórios e a alteração das circunstâncias.

Globalmente, o uso da língua francesa[480] e o envelhecimento do Código Napoleão, que encetou valentemente o seu terceiro século de vigência[481], conduz a uma dogmática menos rigorosa, mais subtil e, tecnicamente, menos eficaz. Deve ainda notar-se que, tradicionalmente, o estudo do Direito era, em França, pouco prestigiado, sendo facilitada a obtenção de graus académicos. Todavia, mantém-se, subjacente, uma grande vitalidade, sendo de sublinhar o recente surto de estudos romanistas, particularmente no âmbito civil[482].

52. O sistema romano-germânico

I. O sistema romano-germânico tem[483], como manifestação mais direta, a consagração da "classificação germânica" do Direito civil, na

---

[480] O elegante (e impreciso) estilo do Código Napoleão já era criticado, por BERNARD WINDSCHEID, *Zur Lehre des Codes Napoleon von der Ungültigweit der Rechtsgeschäfte* (1847, reimp., 1969), V: poria em causa a precisão que advém da completa clareza do pensamento.
[481] ALFONS BÜRGE, *Zweihundert Jahre Code Civil des Français: Gedanken zu einem Mythos*, ZEuP 2004, 5-19.
[482] Como exemplos, embora de distinta valia: JEAN-FRANÇOIS BRÉGI, *Droit romain: les obligations* (2006), 310 pp.; EMMANUELLE CHEVREAU/YVES MAUSEN/CLAIRE BOUGLÉ, *Introduction historique au droit des obligations* (2007), 286 pp.; DAVID DEROUSIN, *Histoire du droit des obligations* (2007), 916 pp.; MARIE-HÉLÈNE RENAUT, *Histoire du droit des obligations* (2008), 137 pp..
[483] Quanto a aspetos gerais do sistema romano-germânico ("do Centro da Europa") vide WOLFGANG FIKENTSCHER, *Methoden des Rechts in vergleichender Darstellung*/III –

pandetística da primeira metade do século XIX e, em especial, a obra de Savigny[484]. O livro dedicado às obrigações corria, *grosso modo*, a matéria tal como ficaria no então futuro BGB. Assim e na base das clássicas *Pandectae* de Windscheid[485], ele abrangia, numa primeira parte, os créditos em geral, envolvendo[486]:

– o conceito de direito de crédito;
– o objeto do crédito (a prestação);
– o conteúdo do crédito;
– os sujeitos do crédito, incluindo a pluralidade;
– a constituição, a modificação e a extinção dos créditos.

Seguia-se, depois, o tratamento das relações de crédito em especial, reportado aos diversos contratos, à responsabilidade civil e ao enriquecimento sem causa[487].

II. No BGB cabe recordar, em primeira linha, o livro I, dedicado à Parte geral, com relevo para o negócio jurídico. Segue-se o livro II, intitulado "Direito das relações obrigacionais", com o seguinte conteúdo[488]:

Secção 1 – Conteúdo das relações obrigacionais (§§ 241 a 304);
Secção 2 – Formação de relações obrigacionais negociais através de cláusulas contratuais gerais (§§ 305 a 310);
Secção 3 – Relações obrigacionais provenientes de contratos (§§ 311 a 359);
Secção 4 – Extinção de relações obrigacionais (§§ 362 a 397);

Mitteleuropäischer Rechtkreis (1976), 37 ss. (Savigny), 101 ss. (Jhering) e 307 ss. (pendulação entre Direito natural e positivismo): a melhor parte da monumental obra de Fikentscher.

[484] Friedrich Carl von Savigny, *Obligationenrecht als Theil des heutigen Römischen Rechts* I (1851), 520 pp. e II (1853), 331 pp.; existe uma 2.ª reimp., 1987. Num primeiro capítulo, Savigny versa o conceito de obrigação (I, 4 ss.), os tipos (I, 22 ss.), os sujeitos (I, 131 ss.) e o objeto das obrigações (I, 295 ss.); num segundo capítulo, é versada a constituição das obrigações, distinguindo-se o contrato (II, 7 ss.) e o delito (II, 293 ss.).

[485] Bernard Windscheid/Theodior Kipp, *Lehrbuch des Pandektenrechts*, 2, 9.ª ed. cit., 1-538.

[486] *Idem*, 1 ss., 13 ss., 86 ss., 193 ss., 237 ss., 355 ss. e 415 ss..

[487] *Idem*, 865 ss. e 959 ss..

[488] Na sequência da grande reforma de 2001, que acrescentou algumas das rubricas; o § 419 foi revogado.

Secção 5 – Cessão de um crédito (§§ 398 a 413);
Secção 6 – Assunção de dívida (§§ 414 a 418);
Secção 7 – Pluralidade de devedores e credores (§§ 420 a 432);
Secção 8 – Relações obrigacionais em especial (§§ 433 a 853).

Na secção relativa às relações obrigacionais em especial, o BGB começa por tratar, em 25 títulos, os contratos de compra e troca, de habitação periódica, de mútuo, de doação, de locação, de comodato, de mútuo de coisa, de prestação de serviço, de empreitada e de mediação, a oferta pública de recompensa, os contratos de mandato e de agenciamento de negócios, a gestão de negócios, os contratos de depósito, de entrega de coisa a estalajadeiro e de sociedade, a comunhão, os contratos de renda vitalícia, de jogo e aposta, de fiança e de transação, a obrigação de informar, a promessa ao portador e a obrigação de exibição de coisa. Temos, aqui, figuras comuns ao Código Napoleão e outras que se prendem mais diretamente com as práticas comercial e jurídica alemãs. Além disso, é patente que não estão em causa, apenas, contratos: lado a lado surgem negócios unilaterais e outros tipos de fontes de obrigações. Finalmente, temos os dois últimos títulos:

Título 26 – Enriquecimento sem causa (§§ 812 a 822);
Título 27 – Atos ilícitos (§§ 823 a 853).

III. A ordenação do BGB, dentro do negócio jurídico e do Direito das obrigações, tem, em geral, sido conservada pela doutrina. Trata-se de uma ordenação profundamente radicada na Ciência do Direito que antecedeu e que acompanhou a preparação do Código alemão: a sua publicação veio, naturalmente, reforçá-la. Todavia, seria engano pensar que a Ciência do Direito subjacente permaneceu estática. Pelo contrário: embora conservando os quadros formais apontados, ela está, hoje, irreconhecível.

IV. A primeira constatação é a de que o sistema alemão do negócio jurídico e das obrigações está mais próximo do *ius romanum* do que o do Código Napoleão e isso mau grado este ser mais antigo. A razão é simples: o BGB assentou na pandetística que representou uma nova receção do Direito romano, agora tomado não num sentido de reconhecimento histórico, mas de reconstituição dogmática atual. O sistema merece assim, plenamente, o epíteto de romano-germânico.

De seguida, verifica-se que se trata de um sistema mais "científico" (menos "ideológico") do que o francês. Particularmente nas obrigações, o BGB eleva-se ao nível de pura Ciência do Direito. As categorias usadas tornam-se de maior precisão e assumem um grau superior de analitismo[489].

V. No plano do conteúdo, o sistema romano-germânico marca os pontos seguintes:

– lida com a parte geral, onde se inclui a temática do negócio jurídico e da sua formação[490]; o Direito das obrigações fica, assim, alijado dessa matéria e dos temas a ela conexos;
– prevê cláusulas gerais de grande relevo, que possibilitaram todo o desenvolvimento jurídico-científico processado no século XX: uma menção especial ao lendário § 242 (o parágrafo real) em que assentaram importantes descobertas jurídicas e que consagra a boa-fé nas obrigações;
– trabalha com um conceito fechado e analítico de responsabilidade civil: houve, assim, que afinar diversos instrumentos;
– apresenta, designadamente após a grande reforma de 2001/2002, as conceitualizações mais avançadas da Ciência do Direito continental.

A linguagem do BGB, que foi cuidadosamente respeitada, aquando da reforma de 2001/2002, é considerada (Helmut Köhler) como antiquada, com frases complicadas e conceitos abstratos. O Código fala para juristas e não para cidadãos, afinando, num sistema completo, o Direito romano da pandetística[491]. O alemão é, já por si, mais rico e mais analítico do que o francês, permitindo mais e melhores formulações. Mas sobretudo: temos uma Ciência do Direito desenvolvida por juristas muito prestigiados, apoiada em dezenas de universidades e num grande rigor académico. Como veremos, o elevado tecnicismo científico do BGB explica a sua

---

[489] Quanto ao confronto entre os Códigos alemão e francês *vide* o curto mas rico texto de Sir BASIL MARKESINIS/HANNES UNBERATH/ANGUS JOHNSTON, *The German Law of Contract/A Comparative Treatise*, 2.ª ed. (2006), 16-19.

[490] A parte geral é considerada como o aspeto mais característico do BGB; *vide* MARKESINIS/UNBERATH/JOHNSTON, *The German Law of Contract* cit., 19-20.

[491] HELMUT KÖHLER, na introdução ao *Bürgerliches Gesetzbuch* da Beck, 68.ª ed. (2011), XIII.

vitalidade, muito para além das áreas de influência política, cultural e económica da Alemanha.

53. O sistema anglo-saxónico

I. O Direito da Inglaterra conheceu uma evolução distinta da dos Direitos continentais, contrapondo-se-lhes diretamente. *Grosso modo*, podemos considerar que ele não sofreu nem a segunda nem a terceira receções do Direito romano, mantendo-se à margem das sistemáticas racionalista e integrada. Consequentemente, passou ao lado das codificações jurídico-científicas do século XIX. A explicação é de ordem histórica[492].

II. Os traços romanos da *Brittania* perderam-se[493]. Seguiram-se elementos anglo-saxões de base consuetudinária[494] e regras normandas, de tipo feudal[495]. Os reis normandos impuseram o francês, com reflexos na linguagem jurídica[496]. O Direito canónico e o Direito romano tiveram, depois, um certo papel.

No século XII (Henrique II, com o seu *chief justiciar* Ranulf Glanvill), ocorreram reformas processuais que lançaram as bases de tribunais independentes, a funcionar com júris[497]. No século XIII (Henrique III, com Henry de Bracton), avançou-se com novos tribunais de jurisdição real,

---

[492] Cabe referir, em especial: THOMAS EDWARD SCRUTTON, *The Influence of Roman Law on the Law of England* (1885, reimp.), 19 ss. e 67 ss., DAVID IBBETSON, *A Historical Introduction to the Law of Obligations* (1999, reimp., 2006) e WOLFGANG FIKENTSCHER, *Methoden des Rechts in vergleichender Darstellug*/II – *Anglo-amerikanischer Rechtskreis* (1975), 15 ss. e 58 ss. (método do caso). De todo o modo, é precisamente na área das obrigações, pela sua objetividade, que o Direito comparado se torna mais estimulante: no clássico de ZWEIGERT/KÖTZ, *Einführung in die Rechtsvergleichung*, 3.ª ed. cit. 314 ss., 538 ss. e 597 ss., a parte especial recai sobre os contratos, o enriquecimento ilegítimo e o delito.

[493] Sir FREDERICK POLLOCK/FREDERIC WILLIAM MAITLAND, *The History of the English Law/Before the Time of Edward I*, 2.ª ed. por S. F. C. MILSON, I (1968) 1 ss..

[494] *Idem*, 25 ss..

[495] *Idem*, 64 ss..

[496] *Idem*, 79 ss.. *Vide*, sobre tudo isto, também H. POTTER'S, *Historical Introduction to English Law and its Institutions*, 4.ª ed. por A. K. R. KIRALFY (1958), 9 ss. e ARTHUR R. HOGUE, *Origins of the Common Law* (1966, reimp., 1985), 15 ss., 33 ss. e 185 ss..

[497] POLLOCK/MAITLAND, *The History of the English Law* cit., 1, 136 ss..

que aplicavam Direito comum (*common law*), por oposição a particularismos consuetudinários locais[498]. Na falta de regras abstratas, foi-se instituindo a regra do respeito pelos precedentes judiciais[499].

O Direito dos contratos era muito incipiente, antes da conquista normanda. Foram necessários séculos de evolução para que a matéria se impusesse[500]. A Igreja sublinhava a importância de cumprir a palavra dada, mesmo sem especiais formalismos primitivos: mas nem sempre a lição era acolhida pelos tribunais.

Foram sendo atribuídas ações de base contratual (p. ex., o *writ of covenant* de *breve de conventione*), permitindo remédios para diversas obrigações[501].

III. A matéria dos delitos (*torts*), correspondentes à violação de deveres legais e às consequências daí derivadas, foi a primeira a desenvolver-se[502]. Só mais tarde vieram os contratos formais (*covenant under seel*) e os simples, apoiados na *consideration*[503].

Não existe, propriamente, uma categoria sistemática "Direito das obrigações": *law of obligations* é usado para tratar o tema no Direito romano[504]. No Direito inglês – e, mais latamente, no sistema anglo-saxónico – surgem duas distintas disciplinas: *contracts* e *torts*. A primeira ocupa-se do negócio jurídico, da sua formação, do conteúdo, das invalidades e do incumprimento[505]; a segunda versa o equivalente à nossa responsabilidade civil delitual[506].

---

[498] *Idem*, 174 ss.; ZWEIGERT/KÖTZ, *Einführung* cit., 180.

[499] SEBASTIEN A. E. MARTENS, *Die Werte des Stare Decisis*, JZ 2011, 348-356 (349/I).

[500] POLLOCK/MAITLAND, *The History of the English Law*, II (1968), 184: o contrato começou por ser um simples prolongamento da propriedade.

[501] *Idem*, II, 184-239.

[502] POTTER'S, *Historical Introductions*, 4.ª ed. cit., 372 ss..

[503] *Idem*, 446 ss.. Vide, quanto à *consideration*, o *Black's Law Dictionary*, 7.ª ed. (1999), 300-301.

[504] Assim no cit. clássico de REINHARD ZIMMERMANN, *The Law of Obligations/Roman Foundations of the Civilian Tradition* (1996).

[505] *Vide*, p. ex., RICHARD STONE, *The Modern Law of Contract*, 6.ª ed. (2006), TREITEL, *The Law of Contract*, 20.ª ed., por EDWIN PEEL (2007) e MINDY CHEN-WISHART, *Contract Law*, 2.ª ed. (2008).

[506] SIMON DEAKIN/ANGUS JOHNSTON/BASIL MARKESINIS, *Tort Law*, 6.ª ed. (2008).

A disparidade técnica acentua-se, ainda, pela não autonomização, no Direito inglês, do Direito comercial[507]. Os contratos comerciais são tratados em conjunto com os demais, de acordo com as opções dos seus autores.

IV. No tocante a *contratos*, o Direito inglês e o norte-americano construíram uma laboriosa parte geral. Com base em Closen, Perlmutter e Wittenberg, podemos apontar a seguinte sequência[508]:

    I – O processo de formação;
    II – Bases para a responsabilidade pré-contratual e para a *restitution*[509];
    III – Exceções à validade do contrato (incluindo as invalidades e a quebra do contrato).

V. Quanto a *torts*, área em que existem, também, diversas arrumações, encontramos, com exemplo na de Markesinis e Deakin:

    I – Introdução;
    II – *Tort of Negligence*;
    III – Formas especiais de negligência;
    IV – Interferência com a pessoa;
    V – Imóveis, móveis e interferência intencional com interesses económicos;
    VI – Responsabilidade objetiva;
    VII – Proteção da dignidade humana;
    VIII – Defesas e remédios.

VI. Para além da total diversidade sistemática, existente entre as obrigações continentais e o seu equivalente anglo-saxónico[510], há que sublinhar uma profunda clivagem conceitual e dogmática. Os conceitos não coincidem, sendo impossível proceder a traduções literais. De um modo

---

[507] Vide o nosso *Manual de Direito comercial*, 2.ª ed. (2007), 72 ss..

[508] MICHAEL L. CLOSEN/RICHARD M. PERLMUTTER/JEFFREY D. WITTENBERG, *Contracts: contemporary cases, comments and problems* (1997), 19 ss., 155 ss. e 255 ss.. Outros conteúdos podem ser vistos em RICHARD STONE, *The Modern Law of Contract*, 6.ª ed. (2006) e em MINDY CHEN-WISHART, *Contract Law*, 2.ª ed. (2008), já citados.

[509] *Grosso modo*, o enriquecimento continental.

[510] Curiosa a rearrumação do Direito alemão, de acordo com a lógica anglo-saxónica; *vide* BASIL S. MARLKESINIS/HANNES UNBERATH, *The German Law of Torts/A Comparative Treatise*, 4.ª ed. (2002).

geral, podemos dizer que as construções anglo-saxónicas são menos diferenciadas, perante as romano-germânicas. Múltiplos institutos como a boa-fé, a *culpa in contrahendo*, a alteração das circunstâncias ou o próprio enriquecimento sem causa só tardiamente chegaram ao Direito anglo-saxónico. Este, por seu turno, tem-se mostrado mais robusto em certas áreas da responsabilidade civil (por exemplo, os *punitive damages*), num fenómeno algo paralelo ao do sistema napoleónico: assente em imprecisões terminológicas e na indiferenciação dos pressupostos da responsabilidade civil.

Na falta de um sistema contratual completo, os contratos anglo-saxónicos tornam-se muito desenvolvidos, procurando prever as diversas hipóteses.

Verifica-se ainda, no Direito dos contratos inglês, uma predileção pela interpretação objetiva[511], enquanto o respeito pelo precedente e a valoração da estabilidade jurisdicional[512] dão, às exposições jurídicas, um estilo apoiado próprio.

54. O sistema islâmico

I. A referência ao Direito islâmico fica fora dos roteiros comuns dos civilistas continentais: apenas os comparatistas mais especializados se lhe reportam. Todavia, afigura-se que, pelo peso humano, demográfico, cultural e sócio-económico que o Islão representa e, ainda, pelas especiais relações que mantém com o espaço lusófono, deve ser feita uma apresentação, ainda que elementar, do tema[513].

---

[511] ANTÓNIO M. MENEZES CORDEIRO, *A interpretação no Direito anglo-saxónico*, O Direito 141, 2009, 665-678.

[512] SEBASTIEN A. E. MARTENS, *Die Werte des Stare Decisis* cit., 355/II.

[513] A bibliografia ocidental sobre Direito islâmico é muito extensa. Assim, em RÜDIGER LOHLKER, *Bibliographie des islamischen Rechts* (2005), 185 pp., podem ser confrontadas 1802 obras. De reter, pelas sínteses que levam a cabo: MALISE RUTHVEN, *Der Islam/Eine Kurze Einführung* (2005), CHRISTINE SCHIRRMACHER, *Der Islam/Eine Einführung* (2005) e MICHAEL COOK, *Der Koran/Eine Kurze Einführung* (2005). Em termos comparatísticos, KONRAD ZWEIGERT/HEIN KÖTZ, *Einführung in die Rechtsvergleichung*, 3.ª ed. cit., 296 ss..

II. O Direito islâmico é uma ordem normativa que não se distingue da Ordem mais vasta formada pelas regras aplicáveis aos crentes. Torna-se difícil fazer qualquer comparação com os Direitos ocidentais laicizados: falta, a estes, uma dimensão teocrática que permita colocá-los num plano comparável com as regras islâmicas. Isto dito, podemos distinguir, no Direito islâmico, quatro fontes: o próprio Corão, texto sagrado revelado por Deus[514], a Suna, que traduz uma série de condutas do Profeta Maomé, fixadas no século IX por El-Bokhâri e por Moslem, dois grandes doutores do Islão, a Idjamâ' ou a opinião unânime dos doutores e o qiyâs ou raciocínio por analogia[515].

Por seu turno, nos níveis normativos, cumpre distinguir a *Shari 'ah*, ou conjunto de condutas esperadas da parte do crente[516] e que, do nosso ponto de vista, englobariam normas religiosas, normas éticas e normas jurídicas e a *Fiqh* ou doutrina jurídica islâmica, sujeita a aprendizagem específica[517].

III. As regras reveladas no século VII visavam uma sociedade delimitada, com características próprias, na Península arábica. A rápida expansão islâmica, primeiro militar e, depois, sócio-cultural, veio exigir uma série de readaptações que, mantendo o espírito do Islão, permitissem

---

[514] Na impossibilidade de aceder ao original em árabe, cotejamos as seguintes traduções: *Alcorão Sagrado/O significado dos versículos*, trad. port. SAMIR AL HAYEK (1994); *The Qur'an/A new translation*, trad. ingl. ABDEL HALEEM (2005, reimp., 2008); *Der Koran*, trad. al. MAX HENNING (2006); *Le Saint Coran*, trad. francesa, intr. LYESS CHACAL (2005).

[515] 'ABN AL-WAHHÂB KHALLÂF, *Les fondements du Droit musulman*, trad. fr. de CLAUDE DABBAK, ASMAA GODIN e MEHREZIA LABIDI MAIZA (2008), 33 ss., 53 ss., 67 ss. e 77 ss.; este Autor acrescenta, ainda, a escolha preferencial, o interesse geral, a presunção de continuidade, as leis dos povos monoteístas e a opinião do próximo. Na nossa literatura: ANTÓNIO VEIGA MENEZES CORDEIRO, *Princípios essenciais do Direito civil muçulmano* (1956, polic.), 5 ss..

[516] MOHAMMAD HASHIM KAMALI, *Shari 'ah Law: An Introduction* (2008), 14 e AHMAD A. REIDEGELD, *Handbuch Islam/Die Glaubens- und Rechtslehre der Muslime*, 2.ª ed. (2008), 105. Uma introdução muito acessível à *Sharî 'ah* pode ser vista em SAÏD RAMADAN, *La Sharî 'ah/Introduction au Droit islamique*, 2.ª ed. (2001).

[517] KAMALI, *Shari 'ah Law* cit., 19 e REIDEGELD, *Handbuch Islam*, loc. cit.. Vide BERNARD BOTIVEAU, *Loi islamique et droit dans les sociétés árabes* (1993), 28 ss..

encarar novas realidades[518]. Nos textos revelados, há pouca matéria relativa ao Direito civil, nas áreas do negócio e das obrigações[519].

O tema dos contratos e da responsabilidade civil são considerados mais técnicos e, nesse sentido, menos dependentes da *Shari 'ah*, concentrando-se a *Fiqh* em matérias de Direito de família e de Direito das sucessões.

De todo o modo, encontramos, no Corão, certas regras básicas. Assim:

Ó vós que sois crentes: não gasteis o vosso património, entre vós, por ninharias; realizai antes o tráfego, por mútuo consentimento e não cometeis suicídio, pois Deus é misericordioso (4,29)[520];

Ó vós que sois crentes: cumpri as vossas obrigações (5,1)[521];

A paga para o mal será (apenas) o mal em igual medida, mas àquele que perdoa e faz a paz, a sua paga será perante Deus; Ele não gosta de quem faz o mal (42,40)[522].

Quanto a específicos contratos:

(...) Deus permitiu a venda, mas proibiu a usura (...) (2,275)[523].

A regra do equilíbrio nos contratos pertence, também, ao acervo islâmico[524].

IV. A doutrina islâmica rejeita o enriquecimento injusto, os contratos de jogo ou de aposta e a usura[525]. A contratação em geral fica sob controlo

---

[518] IGNAZ GOLDZIHER, *Le dogme et la loi dans l'Islam/Histoire du développement dogmatique et juridique de la religion musulmane*, 2.ª ed., trad. FÉLIX ARIN (2005; a 1.ª ed. é de 1920), 27 ss.; N. J. COULSON, *A History of the Islamic Law* (2007), 9 ss. e 75 ss.; WAEL B. HALLAQ, *The Origins and Evolution of Islamic Law*, 5.ª ed. (2008), 29 ss. e 122 ss. e *A History of Islamic Legal Theories* (2007), 3 ss..

[519] CHAFIK CHEHATA, *Essai d'une théorie générale de l'obligation en droit mussulman* (1969, reimp., 2005), 47.

[520] *Alcorão Sagrado* cit., 94 = *Der Koran*, 95 = *The Qur'an*, 53. Na trad. ingl.: (...) *but trade by mutual consent* (...).

[521] *Alcorão Sagrado* cit., 122 = *Der Koran*, 114 = *The Qur'an*, 67. Os comentadores tomam, aqui, obrigações em sentido amplo, as quais são, por vezes, traduzidas por "contratos"; assim, KAMALI, *Shari 'ah Law* cit., 20 e MAX HENNING, *Der Koran*, trad. al. cit..

[522] As traduções variam nos termos usados; ficamos com a alemã: *Der Koran* cit., 468.

[523] *Idem*, 65.

[524] NAYLA COMAIR-OBEID, *The Law of Business Contracts in the Arab Middle East* (1996), 17 ss..

[525] JOSEPH SCHACHT, *An Introduction to Islamic Law* (1982, reimp.), 144.

ético, tendo vindo a desenvolver-se na base da analogia[526]. Os vícios dos contratos são relevados, com destaque para a violência[527].

As necessidades da vida moderna levaram a que a matéria mais técnica venha a assumir feições napoleónicas (Marrocos, Argélia, Tunísia ou Egito), romano-germânicas (Turquia) ou anglo-saxónicas (Paquistão). Os temas delicados da vida das pessoas (família, sucessões ou direitos pessoais) mantêm-se mais próximos da origem, aí surgindo contraposições algo vincadas com o Direito do Ocidente[528]. O Código egípcio de 1948, particularmente na área das obrigações e dos reais, logrou uma síntese islâmico-românica que tem sido apreciada e alargada[529].

O ponto mais delicado da responsabilidade civil conheceu, de todo o modo, o passo decisivo da sua individualização: um esforço conseguido, também, pelo Direito canónico[530].

V. Na atualidade, os grandes interesses islâmicos estipulam, muitas vezes, a aplicação do Direito anglo-saxónico. Todavia, desenvolve-se uma teoria jurídica que, apelando aos princípios clássicos do Islão, toca, com muito virtuosismo, nos temas jurídicos[531]. Os modernos instrumentos contratuais comportam uma exposição islâmica[532], ainda que se afigure uma reflexão sobre dados ocidentais.

---

[526] MOHAMMAD HASHIM KAMALI, *Principles of Islamic Jurisprudence* (2003), 264 ss.; NAYLA COMAIR-OBEID, *Les contrats en Droit musulman des affaires* (1995), 20 ss..

[527] CHAFIK CHEHATA, *Essai d'une théorie générale de l'obligation en droit mussulman* cit., 120 ss..

[528] MATHIAS ROHE, *Der Islam und deutsches Zivilrecht*, em *Beiträge zum Islamischen Recht* II (2003), 35-61.

[529] KILIAN BÄLZ, *Das moderne arabische Recht*, em *Beiträge* cit., 175-187 (1790 ss.). O célebre curso de Direito comparado das obrigações de Betti foi lecionado no Cairo: EMILIO BETTI, *Cours de Droit civil comparé des obligations (1957/58)*, que tem em conta, entre outros, o Código Civil egípcio.

[530] Corão 6, 164: ninguém suportará os pecados de outrem; *The Qur'an* cit., 93; retivemos a trad. de RAMADAN, *La Sharî 'ah* cit., 7.

[531] *Vide*, p. ex., LAWRENCE ROSEN, *The Justice of Islam* (2002), 3 ss., 154 ss. e *passim* e CLAUS LUTTERMANN, *Islamic Finance: Ein Dialog über Recht, Weltwirtschaft und Religionen*, JZ 2009, 706-715.

[532] *Vide* os escritos reunidos por MUNAWAR IQBAL e TARIQULLAH KHAN, *Financial Engineering and Islamic Contracts* (2005) ou os múltiplos contributos reunidos nos *Beiträge zum Islamischen Recht* (6 volumes publicados), de que destacamos, como exemplos,

O indesejável ruído de fundo causado pelo denominado fundamentalismo não deve prejudicar a dignificação universitária, entre nós, da teoria islâmica do Direito civil.

55. O sistema chinês

I. A China representa a maior Nação do Planeta. Hoje, ela mantém relações económicas muito intensas, com todos os países, surgindo como o segundo País mais rico do Mundo, depois dos Estados Unidos. Também aqui se impõe uma breve referência ao sistema chinês das obrigações: a ligação histórica representada por Macau mais o justifica.

Na China, encontramos quatro distintos sistemas: o da China Continental, o da Ilha Formosa, o de Hong-Kong e o de Macau. Este último repousa num Código Civil do tipo romano-germânico, muito semelhante ao português. Ser-lhe-á feita referência a propósito dos Direitos lusófonos[533].

II. Em Hong-Kong vigora um sistema do tipo anglo-saxónico, particularmente na área contratual[534]. Aquando da reunificação com a China, a Lei Básica de 1997[535] especificara que se manteria em vigor, sem prejuízo de alterações, o *common law* pré-vigente. Na verdade, desde o Tratado de Nanquim, assinado em 1842, ficara consignado Hong Kong como possessão britânica. Isso levou a que, num dilatado período finalmente marcado por uma larga expansão económica, fosse implantado um Direito de tipo anglo-saxónico. A influência australiana (variante da *common law* mais estatutária) é apontada. Encontramos, assim, no Direito de Hong Kong, as diversas categorias a que nos habituou o sistema anglo-saxónico. Subjacente, porém, está sempre o velho Direito chinês.

HASSAN REZAEI, *Islamic Sharia and Cyberspace: Reflections on the Interactions of Sharia and Iranian Society in Cyberspace*, em *Beiträge* IV (2004), 105-124.

[533] *Infra*, 260-261.

[534] MICHAEL J. FISHER/DESMOND G. GREENWOOD, *Contract Law in Hong Kong* (2008), 21 ss. e *passim*.

[535] HUALING FU/LISON HARRIS/SIMON N. M. YOUNG (publ.), *Interpreting Hong Kong's Basic Law: the Struggle for Coherence* (2008); com diversos estudos relevantes.

III. A civilização chinesa é bastante anterior, nas suas origens, à romana: uma afirmação também válida para o Direito. Assim, o primeiro corpo de leis chinesas data de 536 a.C.: quase cem anos antes da Lei das XII Tábuas[536]. Todavia, a cultura prevalecente não foi muito favorável ao desenvolvimento de uma autónoma Ciência do Direito.

O pensamento de base postulava uma harmonia entre a terra, o homem e o céu. O homem deveria pautar a sua conduta pela natureza, processando uma conciliação. O sistema social assenta em deveres de harmonia e de adaptação e não em direitos. Os juristas, enquanto portadores de regras abstratas *a priori* válidas, são desconsiderados: incentivariam ao litígio, por oposição à negociação equilibrada[537]. Os tribunais eram muito aleatórios: diz-se que propositadamente, de modo a incentivar a busca de soluções negociadas.

O confucionismo deu lugar a uma sociedade ritualizada, assente na família, geradora de costumes que dispensavam um Direito, como o que conhecemos.

IV. Com a revolução republicana de 1911, pôs-se, na ordem do dia, a adoção de leis modernas, de tipo ocidental. A *common law* não era transponível, mercê das suas características próprias. Deste modo, ainda sob a Dinastia Qing, deposta em 1911, o grande jurista Shen Jiaben (1840-1913), particularmente impressionado pelo êxito do Japão, que havia operado codificações de inspiração alemã, programou um conjunto de reformas, que incluiriam códigos modernos. Assim, no final do período Qing, foi elaborado um projeto de codificação semelhante ao BGB alemão. A queda do Império e as convulsões subsequentes levaram a que, apenas no ano de 1929, fosse aprovado um primeiro Código Civil chinês: também modelado sobre o BGB, embora com abertura a soluções tradicionais chinesas[538]. Trata-se de um diploma que continua a vigorar na Ilha Formosa (Taiwan).

---

[536] Sobre toda a matéria das codificações chinesas, JIAYOU SHI, *La codification du Droit civil chinois au regard de l'expérience française* (2006), 57 ss..

[537] O Direito seria adequado para os bárbaros, que o teriam inventado. Vide RENÉ DAVID/CAMILLE JAUFFRET-SPINOSI, *Les grands systèmes de droit contemporains*, 11.ª ed. cit., 406.

[538] JIAYOU SHI, *La Codification du Droit Civil chinois*, cit. 65-79. Quanto à receção da Ciência Jurídica alemã *vide* ALEXANDER THEUSNER, *Das Konzept von allgemeinem und besonderem Teil im chinesischen Zivilrecht/Mechanismen, Ursachen und dogmatische*

V. O regime popular implantado em 1949 não logrou uma recodificação do Direito civil chinês. A quebra da legalidade levou a que se falasse num certo retorno às tradições conservadoras chinesas (prevenir questões pela negociação), agora sensíveis à necessidade de evitar problemas com o Partido único. A subsequente abertura económica ao exterior, com a readmissão da iniciativa privada, levou à aprovação sucessiva de diversos diplomas avulsos, com relevo para uma lei de contratos, em 1999, de inspiração romano-germânica.

Um projeto do Código Civil de 2002, sujeito a discussão e moldado na tradição do BGB, veio acolher os diplomas em causa[539]. Em certas áreas, como a do Direito intelectual, há que relevar influências anglo-saxónicas[540]. Eis a sua sistematização[541]:

Livro I   – Parte geral;
Livro II   – Direitos reais;
Livro III   – Direito dos contratos;
Livro IV   – Direitos de personalidade;
Livro V   – Direito de família;
Livro VI   – Direito de adoção;
Livro VII   – Direito das sucessões;
Livro VIII   – Direito da responsabilidade civil;
Livro IX   – Direito internacional privado.

A sua aprovação ocorreu em 2011.

VI. *Grosso modo*, o Direito dos contratos chinês apresenta muitas dogmatizações de tipo romano-germânico[542]. Estão nessas condições prin-

---

Hintergründe der Rezeption deutschen Zivilrechts in China, dargestellt am Beispiel der Übernahme des Konzepts von allgemeinem und besonderem Teil (2005), 7 ss..

[539] THEUSNER, *Das Konzept* cit., 81 ss., 103 ss. e 237 ss.; quanto ao projecto, JIAYOU SHI, *La Codification* cit., 250 ss..

[540] Em DONALD C. CLARKE, *China's Legal System: New Developments, New Challenges* (publ.) (2008), podem ver-se oito escritos sobre diversos aspetos do atual Direito chinês; da Société de Législation Comparée, refira-se *Un nouveau regard sur le Droit chinois* (2008), com mais de duas dezenas de estudos diversificados.

[541] Por último, GERT BRÜGGEMEIER/ZHU YAN, *Entwurf für ein chinesisches Haftungsgesetz* (2009), 20.

[542] Em especial PING SHI, *Die Prinzipien des chinesischen Vertragsrechts* (2005), 47 ss..

cípios como o da boa-fé, institutos como a *culpa in contrahendo*[543], as cláusulas contratuais gerais, a perturbação das prestações[544] e a inclusão de terceiros na relação obrigacional. Quanto ao Direito da responsabilidade: beneficiando dos progressos doutrinários registados ao longo do século XX, o sistema chinês assume uma feição pós-industrial: sanciona os atos ilícitos e consigna a responsabilidade objetiva, a responsabilidade pela organização e a responsabilidade por danos ambientais[545].

---

[543] PING SHI, *Dir Prinzipien* cit. 62 ss.; *vide*, a sua aplicação nos seguros: PENG CHENG, *L'information précontractuelle en droit des assurances/Étude de droit comparé français et chinois* (2005), *passim*.

[544] *Vide*, além de PING SHI, MARIE PEI-HENG CHANG, *La résolution du contrat pour inéxecution/Étude comparative du droit français et du droit chinois* (2005), *passim*.

[545] O texto, incluindo traduções em inglês, francês e alemão, pode ser confrontado em GERT BRÜGGEMEIER/ZHU YAN, *Entwurf für ein chinesisches Haftungsgesetz* cit., 116 ss., precedido por elucidativa justificação de motivos.

§ 13.° O CIVILISMO PORTUGUÊS

56. Ordenações

I. Na origem do *ius romanum* em língua portuguesa estão os textos latinos do *Corpus Iuris Civilis*, da Glosa e dos comentadores. O português foi usado nas Leis dos Reis de Portugal, desde o início do século XIII e, depois, nas Ordenações do Reino: Afonsinas (1446-1447), Manuelinas (1512-1514) e Filipinas (1603). Vamos tomar estas como referência, tanto mais que seguiram o esquema das antecessoras[546].

Amparadas no Direito romano, as *Ordenações* eram fragmentárias e tinham um esquema que dificultava a busca da matéria[547].

> Não obstante, as Ordenações tinham o seu sistema. Assim:
>
> – o Livro I, em 100 títulos, trata da organização judiciária e de diversas profissões auxiliares da Justiça;
> – o Livro II, em 73 títulos, ocupa-se dos clérigos, de Igrejas, de foraes, de minas, de prerrogativas da Coroa, da naturalidade e de diversos outros aspetos que têm a ver com pessoas;
> – o Livro III, em 98 títulos, regula diversos aspetos relativos ao processo;
> – o Livro IV, em 107 títulos, versa contratos e testamentos;
> – o Livro V, em 143 títulos, equivale a matéria penal e processual penal.

O estudo das *Ordenações*, particularmente do Livro IV, tem o maior interesse para o Direito civil lusófono, com focagem no Brasil: elas vigoraram, aí, até ao Código Civil de 1916.

---

[546] Usa-se a edição da Fundação Calouste Gulbenkian, equivalente à 14.ª ed. publ. por CÂNDIDO MENDES DE ALMEIDA, do Rio de Janeiro.

[547] As *Ordenações* não continham, apenas, Direito civil: alargavam-se ao Direito público, ao Direito penal e ao processo.

II. Nas Ordenações Filipinas (1603), a matéria das obrigações surgia no Livro IV[548]. Aí eram tratados, por vezes com bastante pormenor, os contratos mais importantes: compra e venda, locação, prestação de serviço, enfiteuse, parceria, mútuo, comodato, penhor, fiança e doação, para além de alguns pontos de Direito de Família.

Tem ainda interesse sublinhar que as Ordenações, depois de regularem diversos contratos em especial, continham significativa matéria que hoje consideramos geral. Assim, surgiam determinadas proibições, a simulação, a proibição de renúncia à tutela jurídica ("desaforamento") e ao foro civil[549], da contratação com presos e da prisão por dívidas, da compensação, e da prescrição. Seguia-se matéria sucessória.

Nas Ordenações, encontram-se o essencial das mais clássicas regras, ainda atuais e perfeitamente adaptadas ao Povo e ao seu tempo[550].

III. Ponto fraco das Ordenações era a responsabilidade civil. Não continham nenhuma previsão geral de responsabilidade. O próprio termo "responsabilidade" nem existia ainda, na língua portuguesa: ele só surge nos princípios do século XIX[551], tendo conhecido um emprego jurídico nos princípios do século XX, através de Guilherme Moreira. Falava-se em *delitos* ou em *perdas e interesses*.

As Ordenações previam situações de responsabilidade obrigacional, a propósito de alguns tipos contratuais. Assim, no tocante a "compras e vendas, feitas por sinal dado ao vendedor simplesmente ou em começo de pagamento", dispunham[552]:

> (...) será elle obrigado de lhe entregar a coisa vendida, se for em seu poder; e se em seu poder não for, pagar-lhe-há todo o interesse que lhe pertencer, assi por respeito do ganho, como por respeito da perda.

---

[548] Quanto à sistematização geral das Ordenações e aos seus antecedentes: *Tratado* I/1, 3.ª ed., 117 ss..

[549] O que se conseguia com "juramentos promissórios" ou de boa-fé, que remetiam as partes para o foro eclesiástico.

[550] De resto, a génese dessas soluções pode ser procurada, em muitos casos, nas indicações dadas nas *Ordenações Afonsinas* (séc. XV).

[551] *Vide* o nosso *Da responsabilidade civil dos administradores das sociedades comerciais* (1996), 400; "responsabilidade" adveio do francês "responsabilité", expressão surgida na segunda metade do séc. XVII (Pascal e Molière), usada, pela primeira vez, em Direito, por DOMAT e oficializada, no Dicionário da *Academie*, apenas em 1798.

[552] Livro 4, Tit. II, Pr. = ed. Gulbenkian, 4-5, 779-780.

No campo do comodato, mandavam[553]:

porque este contracto se faz regularmente em proveito do que recebe a cousa emprestada, e não do que a empresta, fica obrigado aquelle, a que se empresta, guarda-la com toda a diligencia, como se fora sua. E não sómente se lhe imputará o dolo e culpa grande, mas ainda qualquer culpa leve e levíssima.

A responsabilidade delitual ou aquiliana surgia paredes-meias com a matéria penal[554]. Numerosos crimes eram acompanhados por sanções pecuniárias, algumas das quais revertendo para o lesado. Todavia, admitiam as Ordenações que o prejudicado pudesse, em certos casos, desistir da ação penal (querelar) e pedir, apenas, "sua justiça e seu interesse" (indemnização). Assim, quanto a *Em que casos se devem receber querelas*[555]:

E não tolhemos, que em todos os malefícios que forem feitos a alguma pessoa, de que póde querelar por lhe a elle tocar, e pertencer, se querelar não quiser, pode demandar judicialmente contra a parte contraria sua justiça, e seu interesse, e injuria, sendo a parte para isso citada.

Da literatura da época, inferimos que a matéria era colmatada através das *obligationes ex maleficio*, retiradas das *institutiones*[556].

IV. Um certo relevo deve ser dado a temas gerais das obrigações. Embora discretamente inseridos após o tratamento dos diversos contratos em especial, tais temas estavam presentes e revelavam já um tratamento abstrato de certas áreas da matéria. Era, de resto, a tradição do *ius romanum*.

Cumpre ainda recordar que, quando se iniciou, mercê da reforma do Marquês de Pombal (1771-1772), o ensino universitário do Direito pátrio (até então só se ensinava Direito romano e Direito canónico), as Ordenações foram adotadas como manual de estudo[557].

---

[553] Livro 4, Tit. LIII, § 2 = ed. Gulbenkian, 4-5, 847/II.

[554] No próprio Código de Seabra (artigos 2364.º e 2367.º ss., p.ex.) ainda encontramos resquícios desta orientação.

[555] Livro 5, Tit. CXVII, § 21, 1.ª parte = ed. Gulbenkian, 1278/I.

[556] Por ex., HEINECCIUS, *Institutiones Juris Civilis*, ed. WALDECK (1814, reed. 1887), 265 ss. (267): uma obra muito em uso na academia jurídica da época.

[557] *Vide* LUÍS MENEZES LEITÃO, *O ensino do Direito das obrigações/Relatório sobre o programa, conteúdo e método de ensino da disciplina* (2001), 46, com indicações.

As Ordenações vigoraram em Portugal e nas África e Ásia de língua portuguesa até 1867, data da sua substituição pelo Código de Seabra. No Brasil, elas mantiveram-se até 1916, ano da publicação do primeiro Código Civil daquele País. Muitas particularidades do atual Direito lusófono remontam às Ordenações: é um erro grave não as ensinar nas nossas faculdades.

57. Pré-codificação

I. O período que decorre desde a reforma pombalina da Universidade (1772) e até ao Código de Seabra (1867) é o da pré-codificação. Os esforços dos juristas estiveram virados para a grande conquista do Direito civil moderno: a preparação de uma lei civil cientificamente elaborada.

Na origem da pré-codificação podemos colocar os compêndios de Pascoal de Mello (1738-1798)[558]. No tocante ao Direito civil, este Autor inspira-se nas *institutiones*:

Livro II – Direito das pessoas, incluindo a família;
Livro III – Direito das coisas, incluindo parte das sucessões;
Livro IV – Direito das obrigações e ações[559].

Pascoal de Mello assenta na definição das *institutiones*, 3,13, Pr. e reparte, na linha dessa obra, as obrigações provenientes do contrato, do quase-contrato, do delito, do quase-delito e de várias outras figuras. Desenvolve passando às modalidades, aos diversos contratos, aos distintos quase-contratos e aos pagamentos e liberações[560].

O próprio Pascoal de Mello anunciara que apenas se iria ocupar das obrigações surgidas de um contrato, isto é, de um facto lícito[561]. E assim, é

---

[558] PASCOAL JOSÉ DE MELLO FREIRE DOS REIS (1738-1798); quanto a elementos biográficos e bibliográficos *vide* o nosso *Teoria geral do Direito civil/Relatório* (1988), 102-103.

[559] PASCOAL JOSÉ DE MELLO FREIRE DOS REIS, *Institutiones Juris Civilis Lusitani cum Publici tum Privati*, IV – *De obligationibus et actionibus* (1815); existe trad. port. de MIGUEL PINTO DE MENESES, BMJ 168 (1967), 27-165, 170 (1967), 89-134 e 171 (1967), 69-168 (o Livro IV – *Das obrigações e acções*).

[560] Um apanhado no nosso *Da responsabilidade civil* cit., 447; também LUÍS MENEZES LEITÃO, *O ensino do Direito das obrigações* cit., 54-55.

[561] PASCOAL DE MELLO, *Instituições de Direito civil* cit., BMJ 168, 37.

nas *Instituições de Direito criminal português*[562] que ele nos dá a noção de delito e das suas consequências; será um:

> (...) facto ilícito espontaneamente cometido contra a sanção das leis, prejudicial à sociedade ou aos indivíduos, pelo qual se incorre na obrigação de, se possível, reparar o dano, e sofrer uma pena.

Pascoal de Mello escreveu originalmente em português. A sua obra foi publicada em latim por, na época (finais do século XVIII), se ter entendido que isso asseguraria uma maior divulgação. Quanto ao conteúdo, mormente no que respeita às obrigações, Mello atualizou, em função do Direito do seu tempo, designadamente das Ordenações, as proposições do Direito romano: é o nosso *usus modernus pandectarum*. É detetável um estilo menos agudo do que o dos jusracionalistas do século XVIII, o que coloca Mello mais próximo da jurisprudência elegante do *mos gallicum*.

Adotadas no ensino durante muitas gerações[563], as *Instituições* de Pascoal de Mello estiveram na base de todo o progresso ulterior.

II. Na sequência de Pascoal de Mello, Manuel de Almeida e Sousa (conhecido como Lobão) (1744-1817), elaborou uma obra extensa, apresentada como *Notas a Mello*[564], infelizmente incompleta. Além disso, Lobão produziu outros escritos, com relevo para o seu tratado sobre avaliações e

---

[562] PASCOAL DE MELLO, *Instituições de Direito criminal português/Livro único*, trad. de MIGUEL PINTO DE MENESES, BMJ 155 (1966), 43-202 (56).

[563] Vide o nosso *Teoria geral do Direito civil/Relatório* (1988), 104-105, indicando obras ulteriores que se desenvolveram a partir de PASCOAL DE MELLO, com destaque para LOBÃO e para LIZ TEIXEIRA.

[564] MANOEL DE ALMEIDA E SOUSA, *de Lobão*, *Notas a Mello* cit. *supra*, nota 152, Parte I, *idem*, ao *Livro segundo*, Parte II e *idem* ao *Livro terceiro*, Parte III; existe uma ed. da Imprensa Nacional de 1847-1854. Lobão corresponde à localidade onde ALMEIDA E SOUSA exercia a advocacia e por ele inserido, em itálico, depois do nome próprio. HERCULANO deu--lhe um sentido pejorativo, não tendo, por isso, faltado tentativas de o tratar por ALMEIDA E SOUSA; *Lobão* é, contudo, o designativo consagrado, contra o qual já não há que lutar.

Como particular novidade em LOBÃO, que utiliza, nas *Notas a Mello*, um estilo de anotador, conta-se o recurso ao *Código Napoleão*; terá sido o primeiro jurisconsulto de língua portuguesa a fazê-lo.

LOBÃO foi muito produtivo; existe uma edição das suas obras completas, da Imprensa Nacional, acima citada, em 32 volumes. Quanto à sua vida e obra *vide* JOSÉ PINTO LOUREIRO, *Manuel de Almeida e Sousa*, em *Jurisconsultos Portugueses do Século XIX*, 1.º vol. (1947), 240-291.

§ 13.º O civilismo português

danos, com o que integra a lacuna importante da responsabilidade civil[565]. Publicou, ainda, diversos títulos sobre temas diversos da área contratual[566].

Também Coelho da Rocha, nome chave da pré-codificação portuguesa acima referido, iniciou o seu magistério na cátedra de Direito Civil comentando as então já velhas *Institutiones* de Mello[567]; Liz Teixeira, titular da outra cátedra de Direito Civil, seguia método idêntico e publicou lições nesse sentido[568].

O Direito civil português da pré-codificação não deparava com problemas de unidade semelhantes aos que condicionariam, por exemplo, as pré-codificações francesa, italiana e alemã. Tinha, em compensação, dificuldades graves no tocante à multiplicidade e à concatenação das fontes e à atualização de certas soluções.

---

[565] MANOEL DE ALMEIDA E SOUSA, de Lobão, *Tratado Practico das Avaliações e dos Damnos* (1826), 231 pp..

[566] Assim, MANOEL DE ALMEIDA E SOUSA, de Lobão, *Tratado das obrigações reciprocas que produzem acções civis* (1828), 508 pp.; *vide*, com mais elementos, LUÍS MENEZES LEITÃO, *O ensino do Direito das obrigações* cit., 57-58.

[567] PAULO MERÊA, *Esboço de uma história da Faculdade de Direito, 1.º período: 1836-1865*, BFD XXVIII (1952), 99-180 (145, nota 1), dá conta da existência de um comentário de COELHO DA ROCHA a PASCOAL DE MELLO, de 1843, data provável. Podem ver-se outras referências a este trabalho em BRAGA DA CRUZ, *Centenário da Morte de Manuel António Coelho da Rocha*, BFD XXVI (1950), 275-301 (299) e em LUSO SOARES, *As instituições de Coelho da Rocha* cit., 19 ss..

[568] ANTÓNIO RIBEIRO DE LIZ TEIXEIRA, no já referido *Curso de Direito Civil Português ou comentário às instituições do Sr. Paschoal José de Mello Freire sobre o mesmo Direito*, 1.ª ed. (1845) e 3.ª ed. (1856), "feita sobre o exemplar do próprio A., e com as addições e correções, que n'elle se acharam". Na abertura, em 2 volumes, e dirigindo-se *Ao leitor*, TEIXEIRA entendeu desagravar PASCOAL DE MELLO, dizendo (*Curso* cit., I, nota 3, VI): "... tivemos como dever de justiça (...) a publicação d'um escripto imparcial e sincero sobre doutrinas d'aquellas *Instituições*, tão excelentes como deprimidas mas mui ousadas, improcedentes e grosseiras invectivas de Lobão ...". Esta tendência para depreciar Lobão manter-se-ia em certos meios universitários; por exemplo, J. MENDES MARTINS, em *A Faculdade de Direito (Professores e Doutrinas)* (1895), onde dirige longas críticas à Faculdade e aos professores, exprime-se nestes termos:

"Ha muito que a nobre estirpe de Mello Freire se extinguiu, habitando hoje o seu afidalgado solar tão somente os ramelosos netos do venerável Lobão que, por demasiado microscópicos, potencialmente se engalanam com avariadas tradições heráldicas, e, abusando da tolerância dos tempos que vão correndo, procuram em tudo pretexto para se incorporarem no continuo e festival bailarico fin de siècle" (nota prévia não paginada).

Trata-se de uma tendência injustificada.

O problema das fontes foi enfrentado pela Carta de Lei de 18 de Agosto de 1769: a conhecida Lei da Boa Razão[569]. Mas com resultados escassos, no que toca à simplificação: mantinham-se em vigor as múltiplas extravagantes e o Direito romano, desde que fundado na boa razão, havendo ainda, em matérias políticas, económicas, mercantis e marítimas, que recorrer às leis das nações civilizadas da Europa. E a própria "boa razão" que haveria de filtrar o Direito romano foi, pelos *Estatutos* de 1772, remetida para o uso moderno, dele feito, nas nações europeias[570].

A desatualização de certas soluções – designadamente as que dificultavam a circulação dos bens e as referentes aos direitos das pessoas – punha-se por via da evolução acelerada da sociedade oitocentista.

Multiplicavam-se, pois, as tentativas de sistematização das fontes, enquanto, a nível político, se sucediam as pressões para a realização de uma codificação.

Tem interesse referir, no tocante ao esforço sistematizador, o trabalho de Borges Carneiro (1774-1833)[571]; o obreiro da Constituição de 1822 foi, antes de mais, um reputado civilista, tendo publicado o *Direito civil de Portugal*, em 4 volumes, infelizmente incompleto[572]. Virado para a prática,

---

[569] O seu texto pode ser confrontado no Tomo II da *Collecção das Leys, Decretos e Alvarás, que comprehende o feliz reinado del Rey Fidelíssimo D. Jozé o I. Nosso Senhor, desde o anno de 1761 até o de 1769* (1770). Existe uma versão anotada, de CORRÊA TELLES: *Commentario critico á Lei da Boa Razão, em data de 18 de Agosto de 1769* (1845), 110 pp..

[570] Vide CORRÊA TELLES, *Commentario critico* cit., 31 ss.. Os *Estatutos* dispõem nesse sentido em Liv. II, tit. V, Cap. III, 6 e 7 (2.° vol. cit., 434).

[571] ADELINO DA PALMA CARLOS, *Manuel Borges Carneiro*, em *Jurisconsultos portugueses do século XIX*, 2.° vol. (1960), 1-25.

[572] MANUEL BORGES CARNEIRO, *Direito civil de Portugal/contendo tres livros*/I. *Das pessoas*: II. *Das cousas:* III. *Das obrigações e acções*, 1 (1826), 2 (1827), 3 (1828) e 4 (1840, portanto póstumo, pelo cuidado de E. COSTA); este 4.° volume chegaria ao *II Livro: Das Cousas*. Na *prefação*, inserida no início do 1.° vol., CARNEIRO exprime a sua preocupação sistemática:

Pelo titulo *Direito Civil* eu intento excluir desta obra o 1.° o Direito Publico, 2.° o Criminal, 3.° o que pertence á competencia e á ordem do juízo, que os Francezes incluem em hum *Codigo de Processo*. Com tudo alguma cousa toco daquellas materias, quando ellas tem relação immediata com o *Jus privatum*, ou com os interesses individuaes dos Cidadãos.

A obra está dividida em tres Livros, das *Pessoas, Cousas, e Obrigações*, tres objectos de Direito, cuja ordem foi adotada pelo Direito Romano, e é certamente boa e preferível a algumas novas theorias.

§ 13.° O civilismo português

Borges Carneiro escreve em termos claros. O conteúdo é algo limitado: trabalha com Heineccius, Mello e Velasco, aparecendo referências frequentes a Montesquieu e, algumas, a Bentham. Mais do que uma manifestação do *usus modernus*, Carneiro deixou aos vindouros um esforço compendiário da confusa legislação da época, com finas vibrações liberais que, assim, se foram implantando no pensamento civil.

III. A primeira figura-chave da pré-codificação de Seabra foi Corrêa Telles[573]. Este Autor teve o papel importante de divulgar, em língua portuguesa, os grandes nomes da pré-codificação francesa: Domat (1625--1696)[574] e Pothier (1699-1772)[575]. Além disso, elaborou o influente *Digesto Portuguez*, acima referido e que ora recordamos[576]. Retemos, em títulos sucessivos[577]:

---

[573] JOSÉ HOMEM CORRÊA TELLES (1780-1849); *vide* elementos no nosso *Teoria geral/Relatório*, 107-108.

[574] JOSÉ HOMEM CORRÊA TELLES, *Theoria da interpretação das leis/Ensaio sobre a natureza do censo consignativo* (1845; há ed. de 1815, 1824 e 1838), onde traduz, com anotações, a introdução de JEAN DOMAT, *Les loix civiles dans leur ordre naturel*.

[575] JOSÉ HOMEM CORRÊA TELLES, trad. de POTHIER, *Tratado das obrigações pessoais, e recíprocas nos pactos, contratos, convenções, etc.*, 2 volumes (1835).

[576] JOSÉ HOMEM CORRÊA TELLES, *Digesto Portuguez do Tratado dos direitos e obrigações civis accomódado às leis e costumes da Nação portuguesa para servir de subsídio ao "Novo Codigo Civil"* (3.ª ed.), 1849, reimp., 1909; há ed. de 1835 e 1840), 3 volumes; nos diversos volumes, vai variando o subtítulo; existe um suplemento: *Manual de Processo Civil*, como 4.° volume ao Digesto.

[577] CORRÊA TELLES firma, deste modo, o desenvolvimento da matéria – *Digesto Portuguez* cit., I, 3-4 (reimpressão de 1909):

> Julguei (...) que um Tratado dos Direitos e Obrigações Civís, que fosse perfeito, seria o melhor Codigo Civil, que desejar-se possa: porque todos os milhares de questões, que no Foro, ou fóra d'elle, se podem agitar, vem a cifrar-se nisto; se uma parte tem direito, se a outra tem obrigação,
> (...)
> Persuadido d'isto julguei, que as doutrinas sobre Direitos e Obrigações Civís, podem commodamente distribuir-se em tres Livros:
> No 1.° tratando dos Direitos e Obrigações em geral, ou mais geraes; das suas diversas especies; dos modos de as provar; e modos de as dissolver, (...)
> No 2.° tratando dos Direito e Obrigações, que derivam dos diversos estados de pessoas, de que se compõe uma familia: (...)
> No 3.° finalmente, tratando dos Direito e Obrigações relativas á *propriedade*, aos modos de a adquirir e perder; e aos modos de a gozar, conservar e administrar.

I – Disposições gerais;
II – Da ignorância do direito;
III – Dos direitos e obrigações reais e pessoais;
IV – Dos direitos e obrigações condicionais;
V – Dos direitos e obrigações modais ou causais;
VI – Dos direitos e obrigações alternativas;
VII – Dos direitos e obrigações solidárias;
VIII – Dos direitos e obrigações indivisíveis;
IX – Das obrigações de dar, fazer ou não fazer;
X – Dos direitos e obrigações que derivam dos contratos;
XI – Dos direitos e obrigações acessórios;
XII – Dos direitos e obrigações que derivam dos delitos, ou quase-delitos;
(...)
XV – Dos modos de provar os direitos e obrigações;
XVI – Dos modos de fazer cessar os direitos e obrigações.

Estamos perante uma seriação familiar: quiçá atual. Corrêa Telles apoia-se no Código francês e procede a frequentes remissões para autores do *usus modernum* e para as Ordenações. Além disso, são colmatadas lacunas, enquanto começa a tomar forma uma parte geral das obrigações, contraposta aos diversos contratos. O sistema lusófono aproximava-se então do napoleónico, de cujo Código, além da arrumação geral, eram acolhidos muitos conceitos.

IV. A *nível político* jogou, por seu turno, todo um ciclo de esforços conhecido como a *questão do novo Código*[578]. Presente desde a Restauração, a necessidade de uma codificação que clarificasse as fontes civis tem sido colocada na dependência de uma prévia revolução liberal; na realidade, ela dependia da obtenção, por parte da Ciência do Direito, de um estádio que a comportasse. Esta ligação íntima entre codificação e Ciência era aliás conhecida, tendo sido claramente posta por Vicente Cardoso da Costa[579]; explicando não estar em jogo uma simples compilação, escreve:

---

[578] *Vide* RUY DE ALBUQUERQUE/MARTIM DE ALBUQUERQUE, *História do Direito Português*, II vol. (1984-85), 130 ss., e N. E. GOMES DA SILVA, *História do Direito Português*, 2.ª ed. cit., 383 ss..

[579] VICENTE JOSÉ FERREIRA CARDOSO DA COSTA (1765-1834) deixaria claro o seu pendor classificatório e a sua capacidade analítica em *Elementa juris emphyteutici commoda methodo juventuti academicae adornata* (1789); mantendo as suas ideias, contra escritos mais tarde surgidos, em *Analyse das theses de Direito Enfiteutico que se defende-*

Hum Codigo Civil he outra cousa. Ha de ser hum systema de moral civil. Pede por isso huma uniformidade de principios, e de doutrinas, desde a primeira até a última linha: e o seu plano ha de ser conforme a ligação das ideas da Justiça, e do Direito (...) Nem pode ter perfeição, nem ser, como convem, se acaso não for obra de hum só engenho[580].

O radicalismo jusracionalista – central e dedutivista – é manifesto. Cardoso da Costa admitia que o Código Civil devesse, na maior parte, ser comum a todos os povos, pouco se modificando com os séculos; e chegava mesmo a verberar o Código Napoleão por excesso de romanismo[581]. As influências de Bentham, na pretensão de reforma jusracionalística absoluta, são patentes.

Como resulta do quanto foi dito, a mera intenção de codificar, quando não amparada numa prévia elaboração histórico-cultural, a nada conduz. Cardoso da Costa mais não é, assim, do que um complemento político de Pascoal José de Mello, de Lobão, de Borges Carneiro, de Corrêa Telles, de Liz Teixeira e de Coelho da Rocha. Mas também ele teve o seu papel na busca do Código Civil.

V. A segunda figura-chave da pré-codificação lusófona foi Coelho da Rocha[582]. Numa primeira fase, este Autor adotou o esquema de Pascoal de Mello, procurando atualizá-lo através de referências a Pothier, a Mackeldey, a Gustav Hugo e a Corrêa Telles[583].

Todavia, em 1843-1844, Coelho da Rocha faz uma importante inversão e passa a adotar o sistema de F. Mackeldey, acima referido professor

---

rão no presente anno na Universidade de Coimbra (1814). O seu nome ficaria, no entanto, particularmente ligado a *Que he o Codigo Civil*, abaixo citado. Quanto a aspetos biográficos, *vide* LUÍS DA SILVA RIBEIRO, *Vicente Cardoso da Costa*, em *Jurisconsultos Portugueses* cit., I, 421-429.

580 CARDOSO DA COSTA, *Que he o Codigo Civil* (1822), 4.

581 CARDOSO DA COSTA, *Que he o Codigo Civil* cit., 2, 14, nota 12, e 45 ss.. Este Autor concluía o seu trabalho com uma árvore classificatória das matérias, a incluir no Código; foi publicada, à parte, a *Explicação da arvore que representa o projecto do Codigo Civil Portuguez* (1822).

582 MANOEL ANTÓNIO COELHO DA ROCHA (1793-1850); *vide* elementos biográficos e bibliográficos no nosso *Teoria geral/Relatório*, 110 ss. e em LUÍS MENEZES LEITÃO, *O ensino do Direito das obrigações* cit., 72 ss..

583 LUÍS MENEZES LEITÃO, ob. e loc. cit..

em Bona e autor de um Manual de Direito romano, traduzido em francês[584]. Nessa base, elaborou as *Instituições de Direito civil*. Mackeldey optara pela classificação germânica, à qual aditara um título sobre o concurso de credores. Coelho da Rocha, seguindo esse esquema, acabou por transferir a matéria das obrigações para a parte geral[585].

É, pois, na parte geral que, depois de versar o Direito como "faculdade moral" e de expender noções gerais sobre pessoas, sobre coisas e sobre atos, que Coelho da Rocha vem tratar, sucessivamente:

   V – Das obrigações em geral;
   VI – Das perdas e interesses;
   VII – Das obrigações resultantes de atos ilícitos;
   VIII – Da extinção das obrigações;
   IX – Das ações e exceções.

Curiosamente: Coelho da Rocha tinha sistematicamente razão, ao incluir a responsabilidade civil na parte geral. Além disso, o desenvolvimento das rubricas integrava uma certa lacuna na doutrina lusófona: a relativa à responsabilidade civil, já colmatada por Lobão.

A matéria dos contratos em geral e dos contratos em especial ocorria no Livro III – *Dos direitos enquanto aos actos jurídicos*, da parte especial. Aí, após as disposições de última vontade, Coelho da Rocha tratava, sucessivamente:

Secção 2.ª Dos contractos em geral e das transacções:
   Capítulo I   – Dos contractos em geral;
   Capítulo II – Das transacções.
Secção 3.ª Dos contractos gratuitos:
   Capítulo I   – Das doações;
   Capítulo II – Do empréstimo;
   Capítulo III – Do depósito;
   Capítulo IV – Do mandato;
   Capítulo V   – Da negotiorum-gestão.

---

[584] F. MACKELDEY, *Manuel de Droit romain, contenant la théorie des institutions, précédée d'une introduction à l'étude du Droit romain*, trad. da 10.ª ed. alemã, de J. BEVING, 3.ª ed. (1846).

[585] Quanto aos sistemas de MACKELDEY e de COELHO DA ROCHA, vide o nosso *Teoria geral/Relatório*, 112-113 e LUÍS MENEZES LEITÃO, *O ensino do Direito das obrigações* cit., 74-75.

Secção 4.ª Dos contractos onerosos:
Capítulo I – Da compra e venda;
Capítulo II – Da permutação;
Capítulo III – Da locação-conducção;
Capítulo IV – Da sociedade;
Capítulo V – Dos contractos aleatórios;
Capítulo VI – Dos contractos acessórios.

Deve sublinhar-se a atualidade por que são tratados muitos destes temas, sendo importante manter o conhecimento dos clássicos civilistas portugueses do século XIX.

58. O Código de Seabra (1867)

I. Toda a alteração política e científica, acima referida, incitava à preparação de leis modernas[586].

Compreende-se a importância conferida à elaboração de uma codificação que solucionasse a multiplicidade das fontes e facultasse a ordenação das diversas normas. Tal relevo, datado já do século XVII, intensificou-se no final do século XVIII, tendo sido levadas a cabo várias tentativas nesse sentido[587]. As invasões francesas e o advento do liberalismo vieram dar um novo alento ao ideal codificador, foi mesmo encarada a possibilidade de introduzir, como lei vigente, o Código Napoleão[588]. Outras tentativas codificadoras não surtiram efeito, até que foi confiada a tarefa de ela-

---

[586] M. REIS MARQUES, *O liberalismo e a codificação do Direito civil em Portugal. Subsídios para o estudo da implantação em Portugal do Direito moderno* (1987).

[587] Assim: D. Maria I, por Decreto de 31 de Março de 1778, determinou a constituição de uma junta destinada a examinar as múltiplas leis em vigor e a preparar as bases para, depois, se determinar a matéria a incluir no novo Código; em 1787, PASCOAL DE MELLO FREIRE foi incumbido de redigir um projeto parcial, o que não surtiu, também, o efeito desejado: o trabalho de MELLO FREIRE, pronto e revisto, não chegou a ser publicado. Para uma panorâmica completa sobre a pré-codificação portuguesa, com diversos elementos, *vide* os nossos *Teoria Geral/Relatório* cit., 101 ss. e *Da modernização do Direito civil* cit., 21 ss..

[588] Cf. NUNO ESPINOSA, *História do Direito Português*, 2.ª ed. cit., 374 e nota 1, com elementos relativos às tentativas de tradução do Código francês, então realizadas.

boração de um projecto a António Luiz de Seabra (1798-1895)[589], então juiz da Relação do Porto, por Decreto de 8 de Agosto de 1850[590]. Seabra apresentou, efetivamente, um projeto, revisto por uma Comissão, e sujeito a uma discussão pública cientificamente pouco motivada[591]. Os trabalhos de revisão, pautados por vários incidentes, arrastaram-se por anos, até ficarem concluídos, em 1865. O projeto foi apresentado ao Parlamento[592]. Em 1866 houve uma discussão acesa sobre ele, limitada embora ao problema do casamento civil. No tocante às obrigações, área essencialmente técnica, pouco foi dito[593]. A sua aprovação marcou a quebra da unidade formal de fontes do sistema lusófono de Direito: o Brasil manteve, em vigor, as Ordenações.

---

[589] Interessantes elementos biográficos sobre a vida, longa e preenchida, deste grande jurisconsulto português podem ser confrontados em ABEL DE CAMPOS, *Evocação do Visconde de Seabra*, BMJ 169 (1967), 21-58; vide MAXIMINO JOSÉ DE MORAES CORREIA/MANUEL DE ANDRADE, *Em memória do Visconde de Seabra*, BFD XXVIII (1952), 270-301, bem como o nosso *Teoria geral/Relatório*, 117 ss. e LUÍS MENEZES LEITÃO, *O ensino do Direito das obrigações* cit., 79 ss...

[590] Referendado pelo então Ministro da Justiça, FELIX PEREIRA DE MAGALHÃES; DG 9-Ago.-1850, 971.

[591] Foram publicadas algumas apreciações críticas, com relevo para ANTÓNIO BANDEIRA DE NEIVA, *Observações sobre o Projecto de Código Civil* (1860); o tema que mereceu mais interesse foi o do casamento civil.

[592] Em 5-Nov.-1865, pelo Ministro da Justiça, BARJONA DE FREITAS. As vicissitudes que precederam e acompanharam a elaboração e a aprovação do Código de SEABRA, e de que acima se deu breve nota, podem ser confrontadas em: JOSÉ DIAS FERREIRA, *Código civil portuguez annotado* 1 (1890), V ss.; GUILHERME MOREIRA, *Instituições de Direito Civil português* 1 (1907), 22 ss.; TEIXEIRA D'ABREU, *Curso de Direito Civil*, 1 – Introdução (1910), 378 ss.; JOSÉ TAVARES, *Os princípios fundamentais do Direito civil*, 1, 2.ª ed. (1929), 325 ss.; LUÍS CUNHA GONÇALVES, *Tratado de Direito civil* 1 (1929), 121 ss.; JOSÉ GABRIEL PINTO COELHO, *Direito Civil (Noções fundamentais)* (1936-37), 129-131; L. CABRAL DE MONCADA, *Lições de Direito Civil*, 1, 3.ª ed. (1959), 128 ss. e 4.ª ed. póstuma (1995), 116-118.

[593] ANTÓNIO BANDEIRA DE NEIVA, *Observações sobre o projecto de Código Civil* (1861), 115 ss.; este Autor começa de modo demolidor, quanto aos *contractos em geral*:

a epígraphe do capitulo promette muito; mas o capitulo não cumpriu a promessa: tudo ficou a desejar-se.

Porém, na sequência, procede a um mero confronto de redação com códigos estrangeiros; vide LUÍS MENEZES LEITÃO, *O ensino do Direito das obrigações* cit., 79.

II. O Código de Seabra é filho do seu tempo⁵⁹⁴. Ele integra-se no sistema napoleónico, seja a nível de sistemática global, seja pelos princípios, seja, finalmente, em muitas das suas soluções.

Não foi, porém, uma integração servil. Ele beneficiou das críticas à ordenação napoleónica que, então, já ultrapassara o meio século. Além disso, tirou partido da pré-codificação portuguesa e da preparação filosófica do seu autor. Finalmente, o Código manteve linhas de continuidade com o Direito anterior, particularmente o Direito das Ordenações, de modo a concertar uma adaptação à cultura dos povos a que se aplicava.

III. O Código de Seabra assenta na *tradição românica,* trave-mestra de todo o civilismo português. Por isso, os institutos nele consagrados são, em grande medida, os já prenunciados pelo Direito anterior, compartilhados, em simultâneo, pelos diversos ordenamentos continentais.

Como segundo elemento enformador do Código depara-se-nos o pensamento jusracionalista, moldado, teoreticamente, na filosofia de Krause⁵⁹⁵ e, na forma jurídica, apoiado no texto napoleónico⁵⁹⁶. A presença desta linha de influência denota-se, sobretudo, pela sua sistemática:

Parte I — *Da capacidade civil*
— Livro único⁵⁹⁷
Parte II — *Da aquisição dos direitos*
— Livro I — Dos direitos originários e dos que se adquirem por facto e vontade própria independentemente da cooperação de outrem⁵⁹⁸

---

⁵⁹⁴ Mário Júlio de Almeida Costa, *Enquadramento histórico do Código Civil português*, BFD XXXVII (1961), 138-160 e Mário Reis Marques, *O liberalismo e a codificação do Direito civil em Portugal/Subsídios para a implantação em Portugal do Direito moderno* (1987), 147 ss. e 175 ss..

⁵⁹⁵ Filósofo alemão, de feição kantiana, que teria, em Portugal, uma influência bem superior à conhecida na terra de origem. Vide Cabral de Moncada, *Subsídios para uma História da Filosofia do Direito em Portugal* (1938), 41 ss.. Vide, também, C. Gonçalves, *Tratado* cit., 1, 126 e Claus Dierksmeier, *Karl Christian Friedrich Krause und das "gute Recht"*, ARSP 85 (1999), 75-94.

⁵⁹⁶ Cf. J. Tavares, *Princípios* cit., 1, 328, C. Moncada, *Lições* cit., 1, 132-133 e Barbosa de Magalhães, em *Travaux de la semaine internationale de Droit/L'influence du Code civil dans le Monde* (1954), *Portugal*, 632-663 (633 ss.).

⁵⁹⁷ O livro incluía matéria relativa às pessoas e a situações familiares.

⁵⁹⁸ Este curioso livro principiava por um artigo 359.º, assim concebido:

– *Livro II* – Dos direitos que se adquirem por facto e vontade própria e de outrem conjuntamente [599]
– *Livro III* – Dos direitos que se adquirem por mero facto de outrem, e dos que se adquirem por simples disposição da lei [600]

Parte III – *Do direito de propriedade*
– *Livro único*

Parte IV – *Da ofensa dos direitos e da sua reparação*
– *Livro I* – Da responsabilidade civil
– *Livro II* – Da prova dos direitos e de restituição deles.

Desta sistemática resulta clara uma preocupação racionalista, que permite considerar o Código de Seabra como "o mais racionalmente elaborado dos actuais" [601].

IV. A matéria do negócio e das obrigações surge, essencialmente, no Livro II, cujo conteúdo principiava pelo Título I – *Dos contractos e obrigações em geral*, que compreendia doze capítulos:

Capítulo I – Disposições preliminares (641.º a 643.º);
Capítulo II – Da capacidade dos contrahentes (644.º a 646.º);
Capítulo III – Do mutuo consenso (647.º a 668.º);
Capítulo IV – Do objecto dos contratos (669.º a 671.º);

Dizem-se direitos originários os que resultam da própria natureza do homem, e que a lei civil reconhece, e protege como fonte e origem de todos os outros. Estes direitos são:

1.º O direito de existência;
2.º O direito de liberdade;
3.º O direito de associação;
4.º O direito de apropriação;
5.º O direito de defesa.

No seu interior, era tratada a matéria clássica da ocupação, da posse, da prescrição e do trabalho.

[599] Situam-se, nesta repartição, os contratos e obrigações em geral e os contratos em particular, incluindo o de casamento.

[600] Abrange a gestão de negócios e as sucessões por morte.

[601] MONEVA, *apud* JOSÉ CASTÁN TOBEÑAS, *La ordenación sistemática del derecho civil* (1954), 48.

Capítulo V – Das condições e clausulas dos contractos (672.º a 683.º);
Capítulo VI – Da interpretação dos contratos (684.º e 685.º);
Capítulo VII – Da forma externa dos contractos (686.º);
Capítulo VIII – Da rescisão dos contractos (687.º a 701.º);
Capítulo IX – Dos effeitos e cumprimento dos contractos (702.º a 817.º)[602];
Capítulo X – Da caução ou garantia dos contractos (818.º a 1029.º)[603];
Capítulo XI – Dos actos e contractos celebrados em prejuízo de terceiro (1030.º a 1045.º);
Capítulo XII – Da evicção (1046.º a 1055.º).

Esta matéria tem uma certa correspondência no Livro III (Diversas maneiras de adquirir a propriedade), Título III (Dos contratos ou das obrigações convencionais em geral (artigos 1101.º a 1369.º) do Código Napoleão sem, todavia, lhe equivaler.

Seguia-se um Título II – *Dos contractos em particular*, que abrangia:

Capítulo I – Do casamento (1056.º a 1239.º);
Capítulo II – Do contracto de sociedade (1240.º a 1318.º);
Capítulo III – Do mandato ou procuradoria (1319.º a 1369.º);
Capítulo IV – Do contracto de prestação de serviços (1370.º a 1451.º)[604];
Capítulo V – Das doações (1452.º a 1506.º);
Capítulo VI – Do emprestimo (1507.º a 1536.º)[605];
Capítulo VII – Dos contractos aleatorios (1537.º a 1543.º);
Capítulo VIII – Do contracto de compra e venda (1544.º a 1591.º);
Capítulo IX – Do escambo ou troca (1592.º a 1594.º);
Capítulo X – Do contracto de locação (1595.º a 1635.º);

---

[602] Incluindo oito secções: I – Disposições geraes; II – Da prestação de factos; III – Da prestação de cousas; IV – Da prestação como alternativa; V – Do logar e do tempo da prestação; VI – Das pessoas que podem fazer a prestação, e das pessoas a quem deve ser feita; VII – Da proposta de pagamento e da consignação em depósito; VIII – Da compensação; IX – Da sub-rogação; X – Da cessão; XI – Da confusão de direitos e de obrigações; XII – Da novação; XIII – Do perdão e da renuncia.

[603] Abrangendo quatro secções: I – Fiança; II – Penhor; III – Consignação de rendimentos; IV – Dos privilegios creditorios e das hypothecas; a propósito das *hypothecas* surgia uma subsecção VII, relativa ao registo predial, de grande relevo.

[604] Abarcando, em oito secções, o serviço doméstico, o serviço salariado, as empreitadas, as artes e profissões liberais, a recovagem, barcagem e alquilaria, a albergaria ou pousada, a aprendizagem e o depósito.

[605] Subdividido em *commodato* e *mutuo*.

Capítulo XI – Da usura (1636.º a 1643.º);
Capítulo XII – Da renda ou censo consignativo (1644.º a 1652.º);
Capítulo XIII – Do contracto de emprazamento (1653.º a 1705.º);
Capítulo XIV – Do censo reservativo (1706.º a 1709.º);
Capítulo XV – Da transação (1710.º a 1721.º);
Capítulo XVI – Do registo de transmissão do bem e direitos immobiliarios (1722.º).

A correspondência com o Código Napoleão é menor; este diploma não agrupa, de resto, os contratos em particular. Qual o critério? Menezes Leitão suscita a hipótese de os contratos se arrumarem em função da intensidade decrescente dos sacrifícios exigidos às partes no contrato[606]. Parece, contudo, que há uma certa despersonalização crescente: máxima no casamento, baixando na sociedade, no mandato, na prestação de serviços, na doação, no empréstimo e nos contratos aleatórios: todos eles, todavia, com elementos *intuitu personae*. Depois surgiam os contratos onerosos, despersonalizados, da compra e venda à transação.

No Livro III – Dos direitos que se adquirem por mero facto de outrem, e dos que se adquirem por simples disposição da lei, surge, ainda, como objecto do Direito das obrigações:

Título I – Da gestão de negócios (1723.º a 1734.º).

O Título I era relativo às sucessões.

Na Parte IV – Da offensa dos direitos e da sua reparação, tinham, por fim:

Livro I – Da responsabilidade civil (2361.º a 2403.º).

Esse livro compreendia uma série de subdivisões, que consideraremos oportunamente.

V. A sistemática do Código de Seabra era linguisticamente inoperacional. Não vemos como propor, num plano de estudos, uma disciplina chamada "dos direitos que se adquirem por facto e vontade própria e de outrem conjuntamente" ou como escrever um "Manual dos direitos que se adquirem por mero facto de outrem, e dos que se adquirem por simples

---

[606] Luís MENEZES LEITÃO, *O ensino do Direito das obrigações* cit., 81-82, nota 343.

§ 13.º O civilismo português   233

disposição da lei". O cérebro humano tem de colocar, na base, conceitos simples: um fenómeno válido para pedagogos, para legisladores e para cientistas.

A arrumação da matéria, no tocante às obrigações, não era a ideal, por se encontrar dispersa: nada de inultrapassável. Ainda quanto às obrigações, o maior óbice era o da responsabilidade civil: muito incipiente, sobretudo à medida que a revolução industrial veio exigir novas esferas de imputação de danos.

VI. O Código de Seabra foi recebido com alguma frieza pela doutrina: não havia obras explicativas. Das críticas falaremos a propósito do Código Civil de 1966. Quanto a vantagens:

– o Código de Seabra traduziu um aperfeiçoamento no português jurídico, sedimentando conceitos e aceções antes ambivalentes ou imprecisos;
– em geral, o Código conservou as soluções territorialmente mais adequadas[607]; manteve uma continuidade com o que de bom havia no Direito anterior;
– o Código permitiu um tratamento tecnicamente mais avançado, das obrigações;
– o Código constituiu um bom instrumento pedagógico.

O Código de Seabra facultou a viragem para o pandetismo: à sua luz desabrochou a Ciência do Direito.

---

[607] JOSÉ DIAS FERREIRA, *Codigo Annotado* cit., 1, 2.ª ed., XVII, exprime-se nestes termos:

Porém, quanto á doutrina não produziu o codigo civil, como tem acontecido n'outros paizes, revolução profunda nos costumes dos povos e nas suas aspirações sociaes. N'alguns paizes as disposições liberaes da legislação civil teem servido mais ao progresso das instituições politicas, do que os mais avançados capitulos das constituições democraticas.

Entre nós não succedeu o mesmo. O *fundo* do nosso direito civil resentia-se já das idêas liberaes, que foram sempre typo e caracteristico do povo portuguez.

O codigo pois, se fez alteração importante no direito velho, não creou uma revolução nos nossos habitos e costumes, porque as innovações que estabeleceu representam a aspiração dos povos, as reclamações dos nossos habitos e costumes, e as opiniões dos nossos praxistas sustentadas desde largos annos.

VII. O Código Civil de 1867, muito bem elaborado, teve importante influência na civilística portuguesa dos finais do século XIX, princípios do século XX. A literatura típica nele assente foi constituída por grandes comentários ao seu texto[608], enquanto, sob o seu influxo, nasceram várias revistas jurídicas[609], das quais a *Revista de Legislação e de Jurisprudência* e *O Direito,* que ainda se publicam.

Como qualquer codificação, o Código de Seabra traduziu a elaboração científica que o antecedeu, com relevo para os grandes nomes da pré-codificação: Corrêa Telles e Coelho da Rocha[610]. Teve, no entanto, na sua base, o labor de um único jurista de génio – Seabra – o que lhe permitiu ser inovatório, sem contundir com esquemas culturais, perenes por natureza.

A melhor demonstração da qualidade desse diploma reside no facto de ele não ter impedido, a partir de 1900, a viragem da doutrina portuguesa para a terceira sistemática. Em rigor, o velho diploma de 1867 poderia ter sido mantido até aos nossos dias: teria mesmo prevenido um certo positivismo de teor exegético a que se regressou após 1966.

VIII. O Código de Seabra foi, também nas obrigações, seguido por um período exegético: tratava-se, quanto ao estudo e ao ensino do Direito, de o ler em profundidade, explicando as palavras, as conexões e o alcance efectivo. O próprio Código passou a consistir o texto base do ensino do Direito civil português[611].

Não é possível, numa área jurídico-científica como o Direito das obrigações, construir do geral para o especial. Os numerosos problemas e os diversíssimos institutos devem ser aprofundados por si, um por um, de modo a permitir uma apreensão dogmática; só depois se tornam possíveis as grandes sínteses. O Direito português das obrigações tinha, assim, de ser aprofundado na periferia.

---

[608] Também em França, a literatura típica posterior ao Código NAPOLEÃO, redundou em grandes comentários à lei, que ultrapassaram, com frequência, a dezena de volumes.

[609] GUILHERME BRAGA DA CRUZ, *A Revista de Legislação e de Jurisprudência/ /Esboço da sua história*, 1 (1975), 21 ss..

[610] *Vide* as obras citadas *infra*, na bibliografia portuguesa.

[611] *Vide* em LUÍS MENEZES LEITÃO, *O ensino do Direito das obrigações* cit., 87 ss., notas 359 ss., as competentes indicações.

59. A receção do pandetismo

I. Nos finais do século XIX, o Direito português integrava-se no sistema napoleónico de Direito. O esquema geral do Código de Seabra aproximava-se do de Napoleão; o método dominante era o da exegese: diversos institutos seguiam o figurino francês; a cultura geral do País era moldada pelos "caixotes de civilização" (Eça de Queirós) de Além-Pirinéus; finalmente, a língua francesa era, por excelência, a língua académica.
Todavia, desenvolvia-se, nos centros universitários alemães, uma nova Ciência do Direito. Assente nos *digesta*, ela aprofundava, reescrevia e sistematizava os diversos institutos, conseguindo soluções mais diferenciadas e melhor adaptadas aos problemas. A partir de 1850, a doutrina do Brasil foi pioneira, no sentido de, na produção alemã, procurar inspiração para uma reforma aprofundada da Ciência Jurídica civil[612].

II. Um primeiro esforço fora já levado a cabo por Coelho da Rocha. Este Autor, como vimos, ao adotar a sistematização civil de Mackeldey, deu os passos pioneiros no sentido da rearrumação do Direito lusófono. Falta, porém, uma redogmatização do tecido civil, com especial focagem nas áreas mais sensíveis à Ciência do Direito: a parte geral e as obrigações.
O contributo decisivo ficou a dever-se a Guilherme Moreira[613-614]. Do lado de lá do Atlântico, um movimento paralelo fora levado a cabo por Augusto Teixeira de Freitas (1816-1883) que, confrontado com a complexidade das leis civis brasileiras, então existente, preparou uma consolidação já numa base pandetística[615]. Essa orientação refletir-se-ia nos juristas

---

[612] O cenário de uma influência doutrinária brasileira na Faculdade de Direito de Coimbra dos finais do séc. XIX e, em especial, no pensamento renovador de Guilherme Moreira deve ser investigado e confirmado.

[613] Vide os nossos *Teoria geral/Relatório*, 131 ss., *A modernização do Direito civil I – Aspectos gerais* (2004), 37-39, e *Tratado* I/1, 3.ª ed., 111-112 e 127, bem como Paulo Mota Pinto, *Declaração tácita e comportamento concludente no negócio jurídico* (1995), 10 ss. e Luís Menezes Leitão, *O ensino do Direito das obrigações* cit., 107-113.

[614] Guilherme Alves Moreira (1861-1922). Quanto a elementos biográficos e bibliográficos *vide* o nosso *Teoria geral/Relatório*, 131 ss. e Luís Menezes Leitão, *O ensino do Direito das obrigações* cit., 107 ss., com especial atenção às notas de rodapé.

[615] Eugen Bucher, *Zu Europa gehört auch Lateinamerika!*, ZEuP 2004, 515-547 (527, 528 e 531): citamos este escrito pela curiosidade de documentar a afirmação à luz da

subsequentes e, designadamente, em Clóvis Beviláqua, pai do Código Civil brasileiro de 1916[616].

Em traços muito largos, podemos dizer que a receção do pandetismo se cifrou nos seguintes pontos:

- alteração das obras de referência e de consulta: passou-se de autores franceses a autores italianos e alemães;
- progressivo conhecimento do BGB alemão;
- redistribuição das matérias civis de acordo com a classificação germânica: parte geral, obrigações, reais, família e sucessões;
- arrumação, dentro das obrigações, das rubricas em função das obras pandetísticas;
- apuramento de uma parte geral das obrigações;
- acolhimento de diversos institutos desenvolvidos além-Reno;
- afinamento dogmático geral, com a introdução e o desenvolvimento de um pensamento analítico responsivo.

As inerentes novidades são visíveis na obra de Guilherme Moreira, particularmente no volume segundo – *Das obrigações* – das suas *Instituições do Direito civil português*[617].

IV. Mais importante do que a mudança de paradigma cultural e sistemático é o trabalho dogmático feito na periferia. Seja na sua obra central – as *Instituições* – seja em importantes trabalhos periféricos, como os estudos dedicados à responsabilidade civil[618] e à personalidade coletiva[619],

---

literatura alemã; BUCHER (ob. cit., 538) vem admitir, às tantas, uma família hispano-portuguesa de Direito, no que nos parece um desconhecimento das realidades ibéricas e das suas projeções. Já em ZWEIGERT/KÖTZ, *Einführung in die Rechtsvergleichung*, 3.ª ed. cit., 105-107, tal confusão não ocorre.

[616] *Infra*, 245.

[617] De que existe uma pré-edição, de 1902/03 e a obra definitiva, de 1911, com 2.ª ed. póstuma, 1925.

[618] GUILHERME ALVES MOREIRA, *Observações à proposta de lei de 7 de Fevereiro de 1903, em que são interpretados alguns artigos do Código Civil*, RLJ 35 (1903), 513--522, 529-535, 561-569, 577-585, RLJ 36 (1903), 2-8, 17-22, 33-42, 49-55, 65-70, 81-86, 97-101, 129-132, 145-149, 161-165, 177-181, 193-197, 209-213, 224-228, 241-244, 257--260, 273-276, 289-292, 305-308, 32 1-324, RLJ 36 (1904), 353-356, 369-373, 385-389, 104-404, 417-421, 449-452, 465-468, 497-500, 513-517, 529-532, RLJ 37 (1904), 2-5,

Guilherme Moreira reformulou integralmente matérias inteiras, introduzindo outras antes desconhecidas. Estão, nessas condições, a *culpa in contrahendo*, a alteração das circunstâncias, a gestão de negócios, os negócios unilaterais, o contrato em relação a terceiros, o enriquecimento sem causa e o modelo dualista ou analítico da responsabilidade civil.

V. A classificação germânica começara por ser criticada[620], enquanto o próprio ensino inovador deu azo a protestos[621]. Todavia, rapidamente o novo método foi acolhido no ensino, na lei[622] e na Ciência Jurídica subsequente. Os diversos autores que se seguiram a Moreira vieram adotar a nova geografia. Paralelamente, intensificou-se o acesso às literaturas ita-

---

17-20, 33-36, 65-68, 81-84, 97-100, 113-117, 129-132, 145-148, 161-164, 193-196, 209-
-212, 241-244, 256-260, 273-276, 289-292, 305-308, 321-324, 336-340, 353-360, 369-
372, 385-388, 401-404 e RLJ 37 (1905), 417-420, 433-436, 449-452, 465-469, 481-484,
497-500 e 529-532; *Estudo sobre a responsabilidade civil*, RLJ 37 (1905), 561-564, RLJ
38 (1905), 2-5, 17-20, 33-36, 49-52, 65-68, 81-84, 96-100, 113-116, 129-131, 144-147,
177-179, 192-196, 209-212, 224-228, 257-259, 273-275, 305-308, 321-324, 337-340, 353-
-356, 369-356, 369-372 e 385-388, RLJ 38 (1906), 417-420, 433-436, 449-451, 465-468,
481-483, 513-515, 529-532, 545-548 e 561-564, RLJ 39 (1906), 2-5, 17-19, 33-36, 49-52,
81-84, 97-99, 113-1 15, 145-147, 161-164, 193-196, 225-228, 257-259, 289-191, 305-308,
337-339, 353-356, 369-371, 385-388, 401-404 e 417-420 e RLJ 39 (1907), 449-452, 465-
-468, 481-483, 513-516, 545-547, 577-579 e 609-612, com extratos em BFD LIII (1977),
391-554.
619 GUILHERME ALVES MOREIRA, *Da personalidade collectiva*, RLJ 40 (1907) 385-
-388, 401-403 e 433-436, RLJ 41 (1908), 449-45 1, 465-467, 481-483, 513-515, 545-547,
577-579, 593-595, 609-611 e 641-644, RLJ 41 (1908), 2-4, 15-19, 33-35, 49-51, 81-83,
97-99, 129-131, 145-147, 177-179, 193-195, 225-227, 241-243, 257-260, 289-291, 305-
-307, 321-323, 337-339, 353-355, 368-371, 385-387 e 101-404, RLJ 41 (1909), 433-435,
449-45 1, 465-467, 497-500, 513-515, 529-532, 545-547, 561-563, 577-579, 593-595 e
609-611 e RLJ 42(1909), 2-4, 17-19, 33-35, 49-51, 65-68, 81-84, 97-99, 113-115, 129-131,
145-163, 193-195, 225-227 e 257-259.
620 ABEL PEREIRA DE ANDRADE, *Commentario ao Codigo Civil Portuguez (Artt.
359.° e segg.)/Moldado nas prelecções do exmo. sr. dr. Sanches da Gama, lente da sexta
cadeira da Faculdade de Direito da Universidade de Coimbra*, I (1895), CXXXIV e
CXXXV e ANTÓNIO JOSÉ TEIXEIRA DE ABREU, *Curso de Direito civil – vol. I – Introdução*
(1910), 372.
621 ANTUNES VARELA, *Discurso proferido no centenário do Dr. Guilherme Alves
Moreira*, BFD XXXVII (1961), 199-204 (203) e LUÍS MENEZES LEITÃO, *O ensino do
Direito das obrigações* cit., 109-110, nota 451.
622 Decreto 8:578, de 18-Abr.-1923, DG I Série, n.° 8, de 12-Jan.-1923, 51-64.

liana e alemã: quanto a esta, primeiro, através de traduções francesas e italianas e, depois, diretamente, à medida que se difundia, nos meios universitários, o hábito de ler em alemão.

A receção do pandetismo não foi total. Em muitos institutos mantiveram-se elementos da cepa tradicional e, ainda, fatores de origem napoleónica. Digamos que se obteve uma nova síntese: mas com um centro de gravidade claramente romano-germânico.

60. O Código Vaz Serra (1966)

I. O Direito civil ficou irreconhecível, em cerca de meio século: o ensino na base pandetística, tecnicamente mais aperfeiçoado e mais eficaz, levou a que, num período historicamente curto, a Ciência Jurídica basculasse para o sistema romano-germânico. O movimento foi, de resto, facilitado pelo Código Civil brasileiro, de 1916, de clara inspiração alemã.

Punha-se, agora, a questão: valeria a pena fazer um novo Código Civil? A resposta não era inelutável: o Código de Seabra permitira a receção de um pandetismo e o seu desabrochar, em síntese nacional. Logo, ele não era impedimento à nova Ciência, então dominante. Todavia, a elaboração de um novo código civil sempre seria um ensejo para reponderar muita matéria, acertando o passo da lei pelo da História e permitindo reformas sectoriais. Além disso, a revisão do Código Civil inscrever-se-ia na obra reformadora do Estado Novo, sendo apresentada como mais um feito desse regime.

II. A reforma foi desencadeada por Adriano Vaz Serra, em 1944: professor de Direito das obrigações entre 1926 e 1937[623] e Ministro da Justiça em 1944, altura em que o Decreto n.º 33:908, de 4 de Setembro desse

---

[623] Quanto ao ensino de VAZ SERRA vide LUÍS MENEZES LEITÃO, *O ensino do Direito das obrigações* cit., 150-153. Ficaram lições, organizadas por alunos: AFONSO LEITE DE SAMPAIO/ALBERTO LOPES MADEIRA/EDUARDO MARTINS MANSO, *Direito Civil Português/ /Das obrigações (de harmonia com as prelecções do Ex.mo Senhor Doutor Adriano Vaz Serra ao curso do 1.º ano jurídico de 1929-1930)* (1930) e MÁRIO AUGUSTO DA CUNHA, *Direito civil português/Das obrigações* (1935).

mesmo ano[624], determinou que se procedesse à reforma. Subsequentemente, Vaz Serra deixou o Governo para presidir à comissão de reforma, tendo ficado incumbido do projeto na área do Direito das obrigações[625].

III. A elaboração do novo Código foi precedida de críticas dirigidas à codificação de 1867, críticas essas que foram mesmo oficializadas no *Diário do Governo*, através do preâmbulo do Decreto n.º 33.908, de 4 de Setembro de 1944[626]. No essencial, as censuras radicaram nos pontos seguintes:

- o texto do Código de Seabra, nos então oitenta anos de vigência, provocara numerosas dúvidas que convinha esclarecer;
- o Código de Seabra estava já alterado por diplomas extravagantes, de tal modo "...que perdeu em grande parte a característica de um verdadeiro Código";
- "O Código Civil, mesmo para a data do seu aparecimento, nem sempre foi feliz na orientação que seguiu a respeito de certos institutos ou problemas"; o exemplo dado de tal infelicidade era constituído pela responsabilidade civil;
- o Código não regularia institutos ou figuras jurídicas relevantes e necessários;
- a técnica por ele utilizada "não está isenta de reparos";
- o Código seria de um individualismo extremo.

O referido Decreto n.º 33.908 veio determinar que se procedesse à elaboração de um projeto de revisão geral do Código Civil. As orientações fundamentais que deveriam enformar o novo Código Civil foram firmadas, logo no início dos trabalhos, pela comissão de reforma constituída por Manuel de Andrade, Pires de Lima, Paulo Cunha e Vaz Serra, seu presidente.

---

[624] DG I Série, n.º 196, de 4-Set.-1944, 830-836; *vide* ADRIANO VAZ SERRA, *A revisão geral do Código Civil/Alguns factos e comentários*, BMJ 2 (1947), 24-76 = BFD 22 (1947), 451-513.

[625] Quanto à preparação do Código Vaz Serra *vide* ANTUNES VARELA, cit. *infra*, nota 628.

[626] Cf. *Diário do Governo*, 1.ª série, n.º 196 (1944), 830 ss.. *Vide* VAZ SERRA, *A revisão geral do Código Civil/Alguns factos e comentários*, BMJ 2 (1947), 24-76 = BDF 22 (1947), 451-513.

Entre essas orientações gerais figurou a adoção de uma sistematização germânica, devendo existir uma parte geral, "...porque não pareceram concludentes as críticas que ultimamente lhe têm sido feitas"[627].

Na repartição de trabalhos depois efetuada, chegou-se ao seguinte quadro:

– *Parte geral* – Manuel de Andrade;
– *Direito das obrigações* – Vaz Serra;
– *Direito das coisas* – Pires de Lima;
– *Direito da família* – Pires de Lima;
– *Direito das sucessões* – Paulo Cunha.

Manuel de Andrade teve, como colaboradores, Ferrer Correia, cuja atuação foi decisiva, designadamente no domínio do Direito internacional privado, das associações e das sociedades e Rui de Alarcão, no do negócio jurídico. Galvão Telles foi incumbido dos *contratos em especial*; Pinto Coelho, de certas áreas do Direito das coisas; Gomes da Silva, do Direito da família; Galvão Telles, das sucessões; outros peritos foram chamados a intervir.

Os trabalhos destes cientistas seriam, no entanto, bastante alterados por Pires de Lima e Antunes Varela, este último designado Ministro da Justiça a partir de 1955 e a quem se devem dois projetos globais, de 1963 e 1965, conhecidos como 1.ª e 2.ª Revisões Ministeriais e, em 1966, um projeto definitivo, convertido nesse mesmo ano, após brevíssma discussão pública, em Código Civil[628].

IV. O Código Vaz Serra, hoje em vigor, teve um mérito fundamental: consagrou, a nível de fontes e no espaço lusófono, o pensamento da sistemática integrada, com todas as suas consequências, nos planos científicos e culturais. Agitou, ainda, a doutrina nacional, facultando-lhe um salto qualitativo, acompanhado da consagração definitiva de vários institutos.

Não pode, no entanto – e por exclusivas razões científicas – deixar de se formular uma apreciação crítica, que nada tem de desprimoroso para os seus autores; o largo lapso decorrido desde a aprovação do Código, lapso

---

[627] VAZ SERRA, *A revisão do Código Civil* cit., BMJ 2, 34.
[628] ANTUNES VARELA, *Do projecto ao Código Civil* (1966), *Código Civil*, Enc. Pólis 1 (1983), 929-944 e *A elaboração do Código Civil*, em *A feitura das leis* 1 (1986), 17-34.

esse que abrange duas gerações de juristas, permite, de facto, novos pontos de vista apreciativos.
Assim:
- o Código Vaz Serra, apesar das revisões ministeriais, não logrou obter uma unidade cabal; as assimetrias são científicas: contrasta, por exemplo, o elevado nível alcançado no Direito internacional privado com os modestos resultados obtidos em direitos reais;
- o Código Vaz Serra, recebendo embora a terceira sistemática, nasceu, cientificamente, bastante antiquado, correspondendo – com exceções – ao estado da doutrina alemã dos anos vinte e trinta; nalguns pontos, ficaria aquém do grego, apesar de ser bastante mais novo do que este [629];
- o Código Vaz Serra aceitou a classificação germânica, insensível às críticas que há muito lhe eram dirigidas; particularmente chocante foi a manutenção de uma parte geral, sessenta anos depois de Zitelmann e de Huber e vinte anos após o próprio Código italiano;
- o Código Vaz Serra mostrou-se pouco de acordo com as preocupações do seu tempo em áreas sensíveis como a da família e da mulher; seria possível, em 1966, ir-se mais longe, o que o teria preservado das alterações introduzidas, escassos dez anos após a sua aprovação;
- o Código Vaz Serra abusou de definições e de tomadas de posição doutrinárias [630]; a lei comanda, mas não teoriza: ao esquecer esta

---

[629] Como foi dito, as codificações traduzem mais a elaboração que as antecedem do que as perspetivas existentes aquando da sua confeção; a referência feita no texto vai mais longe: o Código não é fruto da Ciência jurídica da década de sessenta do Século XX: ele repousa, no essencial, em estudos feitos na década de cinquenta, mas que haviam utilizado doutrina anterior à Guerra de 1939-45. A documentação desta afirmação exigiria incursões técnicas em vários domínios, sendo, aqui, impossível. Referencie-se, contudo, a não consagração de um dispositivo consagrado às cláusulas contratuais gerais – a pretexto da falta de elaboração científica de matéria, o que não é exato – a não consagração da figura da violação positiva do contrato, o arcaismo de várias das referências feitas à boa-fé ou a própria utilização da técnica de relação jurídica. Elucidativo é ainda o levantamento das referências doutrinárias usadas pelos cientistas que intervieram na elaboração do projeto, com exceções por exemplo, no Direito internacional privado, mais atualizado.

[630] E isso apesar da judiciosa cautela demonstrada pela Comissão inicial de reforma – VAZ SERRA, *A revisão geral* cit., 34:
Resolveu-se que as chamadas definições, ou sejam, as noções gerais de cada

máxima, o legislador civil de 1966 veio tentar conter nas peias da lei uma Ciência que, por definição, está em permanente evolução; o fenómeno não teve, aliás, consequências de maior, a não ser a rápida ultrapassagem doutrinária de múltiplas definições legais, que atingiram o máximo da inadequação no Livro III.

V. De qualquer forma, o Código Vaz Serra – ainda que, por vezes, em oposição às teses defendidas por alguns dos seus autores – recebeu pontos importantes da sistemática integrada. Esta, como foi referenciado, dispõe, por razões intrínsecas, de possibilidades de renovação cujos limites ainda não são conhecidos. Particularmente notável foi uma consagração intensa de conceitos indeterminados, que têm permitido – e permitirão – a descoberta de novas e mais adequadas soluções civis.

O aproveitamento das potencialidades do Código Vaz Serra constitui parte importante das tarefas da doutrina e da jurisprudência lusófonas, nos países em que ele está em vigor.

Adiante veremos a evolução a que ele deu azo e as potencialidades das suas reformas.

---

instituto ou figura, não são de proscrever desde que na parte geral do Código se insira uma disposição declarando que essas noções gerais são apenas orientadoras e não decisivas, salvo quando delas se concluir o contrário. Apesar disto há que fazer uso moderado das noções gerais para evitar que o Código tome o aspecto de texto didáctico;...

§ 14.º O CIVILISMO BRASILEIRO

61. Aspetos gerais

I. O Direito brasileiro encetou, há dois séculos, uma via própria de aperfeiçoamento e de realização. Mantém, todavia, inúmeras ligações ao Direito português: históricas, pessoais, afetivas e, sobretudo, dogmáticas e linguísticas. O Direito brasileiro inclui-se, por direito próprio e pela natureza das coisas, num grande sistema do Direito lusófono. Nas diversas rubricas civis iremos encontrando a similitude periférica que confirma totalmente esta orientação.

II. Na origem, devemos sublinhar que a Independência do Brasil, correspondendo, sem dúvida, à marcha da História e à aspiração do seu Povo, foi acordada a nível dinástico[631]. Aquando das invasões francesas, a Corte portuguesa transferiu-se para o Brasil. E enquanto durou a ocupação estrangeira da Metrópole, depois continuada com a presença britânica, a capital do Império Lusófono ficou em solo brasileiro. A Independência era já um facto. O herdeiro da Coroa portuguesa foi, depois, o primeiro Imperador do Brasil, tendo sido, ele próprio, a proclamar a independência. Não houve, ao contrário do sucedido nas Américas de fala inglesa e de fala castelhana, nem uma rutura, nem uma guerra de libertação. Os contactos entre o Brasil e Portugal mantiveram-se estreitos, após a Independência: muitos juristas do jovem País vinham formar-se em Coimbra, enquanto a emigração portuguesa para o Brasil se intensificou, multiplicando as famílias transatlânticas e assegurando a coesão cultural e linguística.

---

[631] *Vide*, em síntese, JOSÉ ANTÓNIO GONSALVES DE MELLO, *Brasil*, DHP I (1979), 373-382 e JOEL SERRÃO, *João VI*, DHP III (1979), 402-404 e *Pedro IV*, DHP V (1979), 35-39.

III. No campo do Direito privado, o Brasil independente conservou as leis do Reino, com relevo para as Ordenações de 1603 e, nomeadamente para o seu Livro IV: o menos desatualizável, porquanto votado às obrigações[632]. Vieram, sobre elas, acumular-se as leis dos Reis de Portugal e do Brasil, e as Leis do Império do Brasil, a que se seguiram as leis republicanas. Subsidiariamente, aplicava-se o Direito romano, o costume e as leis das nações cultas, mantendo-se formalmente em vigor a Lei da Boa Razão[633].

A situação era tão complexa que houve *consolidações* de inspiração privada, com relevo para a de Teixeira de Freitas[634] e para a de Carlos de Carvalho[635]. Havia que elaborar um Código, o qual fora, de resto, prometido por D. Pedro I, na Constituição de 25 de Março de 1822[636]. Seguiram-se numerosas e movimentadas tentativas de levar a bom termo essa aspiração: sem êxito.

Num breve apanhado, sucedeu o seguinte. Em 22-Dez.-1858, o Ministro da Justiça (Nabuco de Araújo) contratou um jurisconsulto para a elabo-

---

[632] Vigoravam por força da Lei de 20-Out.-1823 (1.º), reforçada pelo artigo 83.º da Constituição Federal, em tudo o que implícita ou explicitamente não contrariasse o sistema do governo e os princípios nele consagrados.

[633] Sobre toda esta matéria *vide* RICARDO FIÚZA (org.), *Novo Código Civil anotado* (2003), XVIII, FRANCISCO AMARAL, *Direito civil/Introdução*, 6.ª ed. (2006), 125 ss. e a introdução de MANUEL PAULO MERÊA, *Codigo Civil Brasileiro Anotado* (1917), V ss.; recorde-se que PAULO MERÊA, professor em Coimbra e, depois, em Lisboa, foi um grande historiador do Direito e, também, um comparatista ilustre; é de retomar a sua tradição de estudos brasileiros, no País.

[634] AUGUSTO TEIXEIRA DE FREITAS, *Consolidação das Leis Civis* (1855), com 5.ª ed. (1915): 155 pp. de excelente introdução, seguidas por um articulado. A matéria tinha já um tratamento pandetístico, surgindo os contratos como direitos pessoais (artigos 342.º e ss.). O autor citava ORTOLAN e ZACHARIAE, para além dos clássicos. Quanto a TEIXEIRA DE FREITAS, M. A. DE SÁ VIANNA, *Augusto Teixeira de Freitas/Traços Biographicos* (1905).

[635] CARLOS AUGUSTO DE CARVALHO, *Direito Civil Brasileiro: recopilado ou nova consolidação das leis civis vigentes em 11 de Agosto de 1899* (1915), 708 pp., com larga introdução e com o sistema germânico, antecedendo os Direitos Reais e o Direito das obrigações (artigos 856.º a 1384.º).

[636] Artigo 179.º, § 18.º:
Organisar-se-há quanto antes um codigo civil e criminal, fundado nas solidas bases da justiça e equidade.

Vide SILVESTRE PINHEIRO-FERREIRA, *Observações sobre a Constituição do Imperio do Brazil e sobre a Carta Constitucional do Reino de Portugal*, 2.ª ed. (1835), 84.

ração de um projeto: precisamente Teixeira de Freitas, que preparou um *Esboço*, que não seguiu. Em 1872, foi disso incumbido o próprio Nabuco de Araújo, que veio a falecer. Em 1878, oferece-se Felício dos Santos para prosseguir, apresentando, passados três anos, uns *Apontamentos para o projecto do Código Civil Brasileiro*. O projeto ainda foi remetido, em 1882, à Câmara dos Deputados, mas sem êxito.

Em 1-Jul.-1889, constituiu-se uma comissão cujos membros assumiram as diversas partes do futuro Código: à semelhança do método seguido com o BGB e, em 1944, com o Código Vaz Serra. Em 1890, foi confiado a António Coelho Rodrigues (1896-1912) a organização do projeto. Este ficou concluído em 11-Jan.-1893[637], mas foi rejeitado pelo Governo.

Por fim, em 1899, foi incumbido Clóvis Beviláqua, insigne professor do Recife, de preparar um novo projeto. Solidamente amparado em ricos conhecimentos civis e comparatísticos[638], Clóvis Beviláqua, apresentou rapidamente o projeto que, após múltiplas vicissitudes, daria lugar ao Código Civil.

Entre os episódios sobrevindos que retardaram o projecto, temos o parecer da Comissão do Senado, subscrito pelo seu presidente, o célebre Ruy Barbosa[639] que, em 3-Abr-1902, criticou fortemente o projeto, particularmente por razões linguísticas[640].

Seguiu-se acesa polémica[641].

---

[637] ANTÓNIO COELHO RODRIGUES, *Projecto do código civil brasileiro precedido de um projecto de lei preliminar* (1893), em 2734 artigos, concluído em Genebra e com uma clara filiação romano-germânica.

[638] De CLÓVIS BEVILÁQUA, retemos: *Resumo de Legislação comparada sobre o direito privado*, 2.ª ed. (1897), 296 pp., patenteando conhecimentos de Direito civil francês e alemão e isso ainda antes do BGB; *Theoria geral do Direito civil* (1908), 433 pp., com a bibliografia europeia do tempo; *Direito das obrigações*, 2.ª ed. (1910), 531 pp., com o tratamento avançado da matéria. Após a aprovação do Código Civil de 1916, de que ele fora o autor, BEVILÁQUA notabilizou-se pelos comentários a esse diploma. Destacamos: *Código Civil dos Estados Unidos do Brasil Commentado*, 2.ª ed., vol. IV, *Direito das Obrigações* 1 (1924) e 2 (1926).

[639] Vide a publicação *Ruy Barbosa/Cronologia da vida e da obra* (1999).

[640] *Projecto do Código Civil Brasileiro (Projecto da Câmara n.º 1 de 1902 e emendas do Senado com Parecer da Comissão Especial*, ed. oficial, e *Trabalhos da Comissão especial do Senado*, vol. I-II, *Parecer e réplica*, de Ruy Barbosa I (1902); o parecer é digno de leitura, sendo uma excelente prosa do melhor português.

[641] ERNESTO CARNEIRO RIBEIRO, *Ligeiras observações sobre as emendas do Dr. Ruy Barbosa feitas à redacção do projecto do Código Civil* (1902) e CLÓVIS BEVILÁQUIA, *Em defesa do projecto do Código Civil brasileiro* (1906), 540 pp..

O projeto final manteve-se, de todo o modo, obra de Clóvis Beviláqua. O Código foi aprovado em 1 de Janeiro de 1916, para entrar em vigor um ano depois.

IV. Os episódios que acompanharam a preparação do Código Civil brasileiro e que se prolongaram por mais de meio século, envolvendo três gerações de ilustres juristas, tiveram uma vantagem: mantiveram uma doutrina em sobressalto, sempre muito atenta ao progresso da Ciência jurídica civil.

Deve ter-se presente que a Ciência jurídica brasileira, na lógica do Direito lusófono que remonta à lei da Boa Razão (18 de Agosto de 1769), está permanentemente aberta às novidades exteriores, selecionando as mais adaptadas à realidade local.

A superioridade técnica dos esquemas da terceira sistemática, da pandetística e do BGB, percetíveis nos finais do século XIX, foi reconhecida e acolhida por juristas brasileiros. O projeto de António Coelho Rodrigues (1893), na linha de Teixeira de Freitas, já adotava a classificação germânica, enquanto Clóvis Beviláqua era um bom conhecedor da língua alemã, cuja doutrina mais significativa citava diretamente.

Guilherme Moreira acedeu à obra de Clóvis Beviláqua, que referia a propósito dos diversos assuntos. Fica a pergunta que já colocámos: até que ponto não ficaremos a dever a receção do pandetismo, a um fenómeno semelhante, ocorrido anos antes no Brasil? Teríamos, aí, as bases para um sistema lusófono concertado e próprio.

62. O Código Civil de 1916

I. Com os antecedentes apontados, chegamos ao Código Civil dos Estados Unidos do Brasil, de 1916. Eis o seu sistema geral:

Parte geral:
   Livro I   – Das pessoas (2.º a 42.º);
   Livro II – Dos bens (43.º a 73.º);
   Livro III – Dos factos jurídicos (74.º a 179.º).

Parte especial:
   Livro I   – Direito da família (180.º a 484.º);
   Livro II – Da posse Direito das coisas (485.º a 862.º);
   Livro III – Do Direito das obrigações (862.º a 1571.º);
   Livro IV – Do Direito das sucessões (1572.º a 1807.º).

A presença de uma parte geral e as quatro partes especiais, ainda que por uma ordem inabitual, logo revelam a presença da classificação germânica do Direito civil. A ordenação analítica dos preceitos, a sua articulação e o modo por que prevalece o tecnicismo confirmam a filiação romano--germânica do segundo grande código lusófono.

II. No tocante aos Direito das obrigações, o Livro III da parte especial tinha a seguinte composição:

Título I   – Das modalidades das obrigações (863.° a 927.°);
Título II   – Dos effeitos das obrigações (928.° a 1064.°);
Título III   – Da cessão do crédito (1065.° a 1078.°);
Título IV   – Dos contractos (1079.° a 1121.°);
Título V   – Das várias especies de contractos (1122.° a 1504.°);
Título VI   – Das obrigações por declaração universal de vontade (1505.° a 1517.°);
Título VII   – As obrigações por actos illicitos (1518.° a 1532.°);
Título VIII – Da liquidação das obrigações (1533.° a 1553.°);
Título IX   – Do concurso de credores (1554.° a 1571.°).

A matéria é familiar ao sistema romano-germânico. Surge um título (o IV) sobre contratos em geral, seguindo-se a matéria dos contratos em especial. As fontes de obrigações diferentes do contrato, corretamente isoladas, são subsequentes aos próprios contratos em especial: como é lógica.

III. É certo que, no Código Civil de 1916, faltam institutos de ponta, como a *culpa in contrahendo*, o abuso do direito ou a alteração de circunstâncias. Todavia, eles também estavam ausentes do BGB, sendo de recordar que o projeto brasileiro ficou pronto, de facto, em 1899.

O Código representou um enorme avanço jurídico-científico, estando por esclarecer a sua influência em Portugal: quiçá maior do que o até agora admitido. À sua luz floresceu a civilística clássica brasileira, com relevo para Clóvis Beviláqua[642], Carvalho de Mendonça[643] e Pontes de Miranda[644] e Orosimbo Nonato[645].

---

[642] *Vide* as obras cit. *supra*, com relevo para o *Direito das obrigações*, 2.ª ed. (1910).
[643] MANUEL INÁCIO CARVALHO DE MENDONÇA, *Doutrina e prática das obrigações ou tratado geral de direitos de crédito*, 4.ª ed., I e II (1956).
[644] PONTES DE MIRANDA, *Tratado de Direito Privado*, XXII ss..
[645] OROSIMBO NONATO, *Curso de obrigações*, 2 volumes, s/d.

63. O Código Civil de 2002

I. A evolução da realidade brasileira, com a urbanização e a industrialização crescentes, levaram ao desejo de preparar um novo Código Civil. Os trabalhos iniciaram-se nos anos 70 do século XX, tendo sido apresentado um projeto, em 1975. Vicissitudes várias levaram a que o Código apenas fosse promulgado em 10-Jan.-2002.

II. Cumpre reter o seu sistema:

Parte Geral
    Livro I – Das pessoas (1.º a 78.º);
    Livro II – Dos bens (79.º a 103.º);
    Livro III – Dos factos jurídicos (104.º a 232.º)[646];

Parte Especial
    Livro I – Do Direito das obrigações (233.º a 965.º)[647];
    Livro II – Do Direito de empresa (966.º a 1195.º)[648];
    Livro III – Do Direito das coisas (1196.º a 1510.º);
    Livro IV – Do Direito da família (1511.º a 1783.º);
    Livro V – Do Direito das sucessões (1784.º a 2027.º);
    Livro Complementar – Das disposições finais e transitórias (2028.º a 2046.º).

III. O Código de 2002 realizou a velha aspiração dos privatistas de acolher a matéria comercial. Assim:

– entre as várias espécies de contratos incluem-se a comissão (693.º a 709.º), a agência e distribuição (710.º a 721.º), a corretagem (722.º a 729.º), o transporte (730.º a 756.º) e o seguro (757.º a 802.º);

---

[646] O livro III, por seu turno, desdobra-se em cinco títulos relativos, respetivamente, ao negócio jurídico, aos actos lícitos, aos actos ilícitos, à prescrição e à decadência (i. é: caducidade) e à prova.

[647] Inclui dez importantes títulos: das modalidades, transmissão, inadimplemento e extinção e inadimplemento das obrigações, contratos em geral, várias espécies de contrato, actos unilaterais, títulos de crédito, responsabilidade civil e preferências e privilégios creditórios.

[648] Inclui quatro títulos: do empresário, da sociedade, do estabelecimento e dos institutos complementares.

além disso, e entre os títulos incluídos no Direito das obrigações, um deles – o VIII – regula os títulos de crédito (887.º a 926.º);
– temos um livro sobre a empresa que versa os comerciantes (966.º a 980.º), as sociedades, não personificadas (986.º a 990.º)[649] e personificadas (997.º a 1141.º), o estabelecimento (1142.º a 1149.º) e os institutos complementares (1150.º a 1195.º) onde se inclui o registo, o nome empresarial, os prepostos e a escrituração;
– o artigo 2045.º revoga o Código Civil de 1916 e o essencial do Código Comercial de 1850.

Fora do Código Civil ficou o Direito do trabalho e o Direito do consumo: disciplinas que, no Brasil, conhecem um grande surto de apuramento e de divulgação. Sobre o novo Código floresce, agora, uma importante literatura, com relevo para o Direito das obrigações[650].

64. Perspetivas

I. O Código Civil de 2002 veio fortalecer a integração do Direito brasileiro (particularmente da Parte geral e do Direito das obrigações) no sistema romano-germânico embora, do nosso ponto de vista, evolua para uma sistema lusófono autónomo.

A inspiração geral do Código, onde é patente alguma influência do Código português de 1966, é a do BGB. Como especificidade temos a relativa unificação conseguida com o Direito comercial, um tanto à luz do sucedido em Itália (1942) e na Holanda (1992). Trata-se, de resto, da melhor forma de atualizar as regras aplicáveis aos contratos comerciais.

II. O aprofundamento jurídico-científico de inúmeras matérias permitiu, ao legislador de 2002, consagrar as figuras emblemáticas da concretização da boa-fé: o abuso do direito (187.º), a *culpa in contrahendo* e a boa execução dos contratos (422.º) e a alteração de circunstâncias (478.º

---

[649] Abrangendo a sociedade em comum (uma sociedade "de facto", não registada) e a sociedade em conta de participação. *Vide* RICARDO FIÚZA, *Novo Código Civil Comentado* cit., 892 ss..
[650] *Vide* o Tratado II/1, 137-138.

a 480.º). Multiplicam-se excelentes investigações periféricas sobre todos esses temas.

No geral, o Código de 2002 não representou qualquer rutura dentro da tradição civilística brasileira: em muitos domínios, particularmente no Direito das obrigações, ele veio manter os esquemas de 1916. A sua aprovação desencadeou um surto de exposições gerais de Direito das obrigações, que merecem a maior atenção[651].

III. A coesão do sistema lusófono, cujo nascimento acompanhamos, depende do diálogo jurídico-científico que se mantenha e intensifique, com o Direito do Brasil. Tal como na língua, essa conexão parece-nos fundamental para preservar, nas próximas gerações, a lusofonia na Europa.

---

[651] Como exemplos: CAIO MÁRIO DA SILVA PEREIRA, *Instituições de Direito civil*, II – *Teoria geral das obrigações*, 21.ª ed., atualizador Guilherme Calmon Noguira da Gama (2004); *idem*, III – *Contratos*, 12.ª ed., atualizador Regis Fichtner (2007); ORLANDO GOMES, *Obrigações*, 17.ª ed., atualizador Edvaldo Brito (2007); *idem*, *Contratos*, 26.ª ed., atualizadores António Junqueira de Azevedo e Francisco Paulo de Crescenzo Marino (2007); SILVIO RODRIGUES, *Direito civil*, 2 – *Parte geral das obrigações*, 30.ªed. (2002), 9.ª tiragem (2008); *idem*, 3 – *Dos contratos e das declarações unilaterais da vontade*, 30.ª ed. (2004); *idem*, 4 – *Responsabilidade civil*, 20.ª ed., 4.ª tiragem (2007); MARIA HELENA DINIZ, *Curso de Direito civil brasileiro*, 2 – *Teoria geral das obrigações* (2009); *idem*, 3 – *Teoria das obrigações contratuais e extracontratuais*, 25.ª ed. (2009); *idem*, *Tratado teórico e prático dos contratos*, 6.ª ed., 5 volumes (2006); ARNOLDO WALD, *Direito civil/2 – Direito das obrigações e teoria geral dos contratos*, 18.ª ed. (2009).

§ 15.º O CIVILISMO LUSÓFONO EM ÁFRICA

65. Angola

I. Angola, com as suas riquezas naturais, o seu vasto território, as paisagens únicas e as suas gentes, tem um grande potencial económico e cultural. O restabelecimento da paz civil deixa esperar um período de intenso desenvolvimento. Tem, pois, o maior interesse seguir a evolução do seu Direito privado.

II. No Direito comercial, o estabelecimento dos princípios de uma economia de mercado foi fixado pela Lei das privatizações, aprovada pela Lei n.º 10/94, de 31 de Agosto e alterada pela Lei n.º 8/2003, de 18 de Abril[652]. Quanto ao Direito comercial propriamente dito, temos a assinalar a Lei das Sociedades Comerciais, adotada pela Lei n.º 1/2004, de 13 de Fevereiro. Trata-se de um diploma de grande fôlego, em 529 artigos e no qual, com adaptações, é patente a influência do Código das Sociedades Comerciais de 1986. Por essa via, o Direito angolano das sociedades mantém uma firme ligação ao Direito continental de filiação germânica. Esse diploma foi antecedido pelo Decreto n.º 47/2003, de 8 de Julho, que criou o Ficheiro Central de Denominações Sociais (FCDS).

III. No tocante ao Código Civil, cabe reter as alterações seguintes:

– Lei n.º 10/77, de 5 de Maio: estabelece novas normas para o registo civil, a filiação e a declaração de óbito e revoga todas as normas em contrário, do Código Civil;

---

[652] Toda esta matéria por ser comodamente seguida em CARLOS MARIA FEIJÓ, *O novo Direito de economia de Angola* (2005), 566 pp..

– Lei n.º 9/78, de 29 de Julho: fixa um novo regime para o divórcio; foi substituída pelo Código da Família, aprovado pela Lei n.º 1/88, de 20 de Fevereiro;
– Lei n.º 3/03, de 14 de Fevereiro: altera o regime dos juros;
– Lei n.º 9/11, de 16 de Fevereiro: modifica o Código Civil no tocante à hipoteca voluntária, à alienação de imóvel, ao contrato de mútuo e à propriedade horizontal.

III. No domínio dos contratos, fora do Código Civil, temos três importantes diplomas a assinalar:

– a Lei sobre as cláusulas contratuais gerais dos contratos (Lei n.º 4/2002, de 18 de Fevereiro);
– a Lei sobre os contratos de distribuição, agência, franchising e concessão comercial (Lei n.º 18/2003, de 12 de Agosto);
– a Lei sobre os contratos de conta em participação, consórcios e agrupamento de empresas (Lei n.º 19/2003, de 12 de Agosto).

A experiência angolana surge sustentada: não se procurou proceder a uma codificação *ad nutum*, patrocinada por alguma instituição internacional. Antes se tem avançado por fases, apoiadas na jovem doutrina jurídica de Angola.

O intercâmbio universitário existente deve ser incrementado.

IV. Além dos aspetos referidos, temos ainda a assinalar alterações implícitas no Código Vaz Serra:

– habitação[653];
– maioridade, que passou para os 18 anos[654];
– associações[655];
– águas[656].

---

[653] Despacho n.º 54/77, de 20 de Agosto; Decreto Executivo Conjunto n.º 11/79, de 24 de Agosto; Despacho Conjunto n.º 57/79, de 29 de Novembro; Decreto Executivo Conjunto n.º 22/80, de 29 de Abril; Decreto n.º 6/92, de 24 de Janeiro; está em causa matéria de ocupação de habitações, de rendas e de despejos.

[654] Lei n.º 68/6, de 12 de Outubro.

[655] Lei n.º 14/91, de 11 de Maio.

[656] Lei n.º 6/02, de 21 de Junho. Quanto ao Direito civil angolano, cumpre citar a excelente obra de CARLOS ALBERTO B. BURITY DA SILVA, *Teoria geral do Direito civil* (2004), 642 pp..

Está em estudo uma recodificação da matéria avulsa entretanto surgida.

66. Cabo Verde

I. Cabo Verde é uma encantadora Nação, com um cunho próprio muito antes da independência formal. No tocante ao Direito civil, o Código Vaz Serra comporta alterações nalguns pontos: o Livro IV foi substituído, após diversas modificações, por um Código da Família adotado pelo Decreto-Lei n.º 58/81, de 20 de Junho; vários preceitos do Livro I cederam o passo ao Código de Menores, do Decreto-Lei n.º 89/92, de 25 de Setembro. No Livro III, foi revogada a matéria das águas, hoje objecto do Código da Água, aprovado pela Lei n.º 41/II/84, de 18 de Junho. As sucessões foram visadas pelo Decreto-Lei n.º 138/85, de 6 de Dezembro, enquanto as associações passaram para a Lei n.º 28/III/87, de 31 de Dezembro.

II. Quanto às obrigações: o Decreto-Lei n.º 56/95, de 18 de Outubro, mexeu na matéria dos juros (559.º e 1148.º) e na exigência de escritura (1143.º e 1239.º). Anteriormente, a Lei n.º 24/II/83, de 12 de Janeiro, fixara uma preferência a favor do inquilino obrigacional.

A Lei n.º 4/V/96, de 2 de Julho, autorizou o Governo a proceder a uma revisão geral do Código Civil, absorvendo, designadamente, os Códigos da Família, dos Menores e da Água e a temática das sucessões. A tarefa foi levada a cabo pelo Decreto Legislativo n.º 12-C/97, de 30 de Junho, tendo o Código Civil sido reconstituído pela Portaria n.º 68-A/97, de 30 de Setembro. A matéria está, pois, alterada, embora sobressaia a estabilidade relativa da Parte geral e do Direito das obrigações: fenómeno natural, tendo em conta a sua substância romano-germânica[657]. Houve ainda alterações introduzidas pelo Decreto-Lei n.º 17/2000, de 27 de Março.

III. Devemos também referir vigorosas reformulações na área empresarial. Assim, o Direito de Cabo Verde mantém em vigor parte do Código

---

[657] Cumpre agradecer os elementos fornecidos pelo Dr. Carlos Veiga.

Comercial de Veiga Beirão (1888). Todavia, abrigou uma importante reforma no Direito das sociedades. O Decreto Legislativo n.º 3/99, de 29 de Março, veio aprovar o Código das Empresas Comerciais, seguindo-se o Decreto-Lei n.º 59/99, de 27 de Setembro, que regulamentou o Registo das Firmas[658].

IV. O Código das Empresas Comerciais abrange os pontos seguintes:
Livro I
    Título I   – Estabelecimento comercial (3.º a 16.º);
    Título II – Formas de cooperação entre empresas comerciais[659] (17.º a 74.º);
    Título III – Empresas Comerciais[660] (75.º a 103.º).
Livro II
    Título I   – Parte geral (104.º a 258.º);
    Título II – Sociedades em nome colectivo (259.º a 271.º);
    Título III – Sociedades por quotas (272.º a 341.º);
    Título IV – Sociedades anónimas (342.º a 458.º);
    Título V – Sociedades em comandita (459.º a 473.º);
    Título VI – Sociedades cooperativas (474.º a 511.º);
    Título VII – Sociedades coligadas (512.º a 539.º).
Livro VIII – Disposições gerais e de mera ordenação social (540.º a 560.º).

V. O Código das Empresas Comerciais de Cabo Verde mostra que, na sua elaboração, foi tida em conta a produção legislativa portuguesa mais recente, com especial relevo para o Código das Sociedades Comerciais. Todavia, houve o cuidado de contemplar algumas especificidades nacionais[661], atendo-se, ainda, a críticas doutrinárias. Trata-se de uma experiência a seguir.

---

[658] Ambos os diplomas estão publicados sob o título *Código das Empresas Comerciais e Registo das Firmas*, Praia, 2003.

[659] Abrange o consórcio, o contrato de associação em participação e o agrupamento complementar de empresas.

[660] Com a firma, escrituração e o balanço e prestação de contas.

[661] Tem o maior interesse a leitura do preâmbulo do Decreto Legislativo n.º 3/99, de 29 de Março.

67. Guiné

I. A Guiné ou Guiné-Bissau constitui um antigo País marcado por múltiplas influências culturais e pela hospitalidade do seu Povo. No presente momento histórico, o seu Direito atravessa uma evolução marcada pela adesão à OHADA, a que abaixo faremos referência.

No que toca ao Direito civil, mantém-se em vigor o Código Vaz Serra, alterado por leis avulsas no domínio da família (Leis n.º 3, n.º 4, n.º 5 e n.º 6, de 1976), dos negócios usurários (Lei n.º 13, de 1997) e do inquilinato (1989)[662].

II. A evolução do Direito comercial da Guiné está marcada pela sua adesão à OHADA (*Organisation pour l'Harmonisation en Afrique du Droit des Affaires*): criada pelo Tratado relativo à harmonização do Direito comercial em África, assinado a 17 de Outubro de 1993 em Porto Luís (Ilha Maurícia). Hoje, ela abrange 16 países: da Zona Franco (CFA) e, ainda, os Comores e a Guiné Conacry, estando aberta a todos os Estados africanos. Anuncia-se a adesão da República Democrática do Congo[663].

A OHADA tem elaborado atos uniformes, particularmente no domínio comercial. Uma vez vertidos em língua portuguesa, tais atos devem conformar as leis internas, substituindo a anterior legislação.

Os meios universitários guineenses, particularmente a Faculdade de Direito de Bissau, mantêm um bom intercâmbio com a Universidade de Lisboa. A experiência da OHADA, fortemente marcada pela influência francófona e com grande apoio francês, implica uma inflexão para a órbita gaulesa. Os atos uniformes, elaborados nessa esfera, apresentam uma grande dificuldade conceitual. A Guiné, como único País aderente portador de uma Ciência Jurídica de tipo germânico, terá excelentes condições para liderar o processo de estudo dos atos uniformes. Para já, é essencial

---

[662] *Vide*, da Faculdade de Direito de Bissau, o Código Civil (com anotações) e Legislação Complementar (2006), intr. de RUI ATAÍDE, 9-14; cf. HIGINO LOPES CARDOSO (org.), *Guiné-Bissau/Índice de Legislação (1975-2005)* (2007), 689 pp. e CLÁUDIA ALEXANDRA DOS SANTOS MADALENO, *Direito das obrigações guineense* (2009), 885 pp..

[663] *Vide* www.ohada.com, onde podem ser confrontados os diversos elementos; JANUÁRIO GOMES/RUI ATAÍDE; *OHADA, Tratado, regulamentos e actos uniformes* (2008), 698 pp..

proceder a uma adequada transposição interna, que não sacrifique a sua tradição jurídica própria. E é fundamental que o Estado português dê um apoio lúcido à cooperação interuniversitária.

68. Moçambique

I. Banhado pelo Índico e rodeado de países anglófonos, Moçambique representa uma significativa guarda-avançada da lusofonia, na África Austral. O seu vasto território, o seu potencial humano e económico e o mosaico de povos e de culturas que representa são garantes de excelente futuro.

II. No plano jurídico, Moçambique privilegiou as reformas na área da família e na das leis comerciais e bancárias. Assim, foi aprovado, após diversas peripécias[664], um novo Código Comercial, adotado pelo Decreto-Lei n.º 2/2005, de 27 de Dezembro. Quanto ao Direito da família[665]: a matéria consta, hoje, da Lei n.º 10/2004, de 25 de Agosto.

III. No tocante à Parte geral e ao Direito das obrigações, mantém-se em vigor o Código Vaz Serra, ainda que com alterações em pontos sensíveis, como o do arrendamento, regulado pela Lei n.º 8/79, de 3 de Julho, alterada pela Lei n.º 8/87, de 19 de Setembro. Em diversos domínios há que operar a sua harmonização com o Código Comercial de 2005, o qual contém matéria genérica, como a relativa às cláusulas contratuais gerais. Nalgumas áreas, como na do arrendamento, a prática social e judicial moçambicana têm vindo a encontrar soluções adaptadas à realidade desse País.

69. São Tomé e Príncipe

I. O Direito privado de São Tomé e Príncipe evoluiu na base de reformas sectoriais. Temos diplomas relativos à banca, aos seguros, aos petró-

---

[664] Vide o nosso *Manual de Direito comercial*, 2.ª ed., 122 ss..
[665] IBRAHIM ABUDO, *A problemática e complexidade da aplicação da Lei de Família em Moçambique* (2008, polic.).

leos e a *off shores*⁶⁶⁶: áreas em que esse belíssimo País terá, por certo, um largo futuro.

II. No que tange ao Código Civil, regista-se a reforma da família, levada a cabo pela Lei n.º 2/77, de 28 de Dezembro, que revogou o seu livro IV. O artigo 122.º foi alterado, passando a maioridade para os 18 anos. No restante e, particularmente, no tocante ao Direito das obrigações, mantém-se em vigor o Código Vaz Serra.

---

⁶⁶⁶ Quanto às leis comerciais santomenses *vide* KILUANGE TINY/RUTE MARTINS SANTOS/N'GUNU TINY, *Investimentos em São Tomé e Príncipe/Legislação Básica* (2006), 461 pp.; cf. *Manual de Direito comercial*, 2.ª ed., 125.

§ 16.º O CIVILISMO LUSÓFONO NA ÁSIA

70. Goa, Damão e Diu

I. O Subcontinente Indiano é, pela História, um grande ponto de encontro de povos e de culturas. O mosaico daí resultante refletiu-se no Direito[667].

O Ordenamento tradicional da Índia assentou numa conceção ética global, que inclui o Direito e da qual promanam deveres para as pessoas. As regras a observar constam de recolhas de máximas e princípios antigos (século VI a. C.), venerados e desenvolvidos. O costume complementa essa matéria. No século XVI, sobreveio uma dominação islâmica, que implantou, nalguns locais, o Direito corânico. Finalmente, a partir do século XIX, ocorre a ocupação britânica, que acabaria por deixar a língua (entre as classes letradas) e a *common law*. As sínteses resultantes destas sobreposições são muito complexas.

II. Os portugueses chegaram à Índia nos finais do século XV. A partir de 1509, constituiu-se, em Goa, um território sob administração portuguesa, alargado a Damão, a Diu e aos enclaves, administração essa que perdurou até 1961. No meio-milénio que isso representa, houve intensa mistura de sangue e de cultura. Grandes juristas portugueses, como Luiz da Cunha Gonçalves, eram goeses.

A independência da União Indiana, no segundo pós-guerra, pôs o problema da subsistência de territórios sob administração estrangeira e, designadamente, do nosso Estado da Índia. O regime de Oliveira Salazar cometeu um grave erro histórico: em vez de, como se impunha, negociar

---

[667] RENÉ DAVID/CAMILLE JAUFFRED-SPINOSI, *Les grands systèmes de droit contemporains*, 11.ª ed. (2002), 373 ss..

com a União Indiana a entrega do Território, com ressalva da sua autonomia, do Direito e do português, manteve uma política belicista que acabou, em Dezembro de 1961, num desastre militar. O Conselho de Segurança das Nações Unidas, paralisado por um veto da União Soviética, nada pôde fazer, enquanto o Ocidente, pouco interessado em conflitos com a União Indiana, se desinteressou do problema. Um pequeno mas muito significativo povo lusófono foi, assim, abandonado.

III. Em 1961 vigorava, em Goa, o Direito civil português, através do Código de Seabra. As demais leis eram portuguesas, com algumas adaptações e o português era a língua usada nos tribunais. Havia uma Relação de Goa, com largas tradições e história: remontava ao século XVI[668].

A tomada de Goa foi seguida, num primeiro momento, por regras que mantiveram em funcionamento as leis e a organização judiciária portuguesas[669]. O pessoal goês que permaneceu foi conservado. Todavia, iniciou-se um rápido e eficaz processo de anglicização da justiça. O português foi suprimido nas escolas: medida grave, uma vez que era, em geral, a segunda língua dos goeses (sendo a primeira o Concanim); a partir daí, as novas gerações seriam anglófonas. Nos tribunais, onde o português começou por sobreviver, a exigência de tradução, em inglês, das peças e dos documentos, acabaria por levar à proscrição da língua portuguesa[670]. Perdida a lusofonia, perdida ficou a Ciência do Direito a que ela deu corpo.

IV. Parte do Código de Seabra sobreviveria: na área da família e em certos domínios das sucessões e da propriedade[671]. E recentemente, já sem complexos de parte a parte, tem-se restabelecido um promissor intercâmbio universitário entre cientistas goeses e portugueses. No tocante às obrigações, funciona a *common law* anglo-saxónico.

---

[668] *Vide*, designadamente, CARMO D'SOUZA, *Legal System in Goa*, vol. I, *Judicial Institutions (1510-1982)* (189 pp.) e vol. II, *Laws and Legal Trends (1510-1969)* (306 pp.).
[669] F. E. NORONHA, *Understanding the Common Civil Code/An Introduction to Civil Law* (2008), 95 ss..
[670] CARMO D'SOUZA, *Legal System in Goa*, vol. I cit., 155 ss. (173 ss.).
[671] DIRK OTTO, *Das Weiterleben des portugiesischen Rechts in Goa*, em 2. *Deutsch-Lusitanische Rechtstage/Seminar in Heidelberg 20/21-11-1992* (1994), 124-141.

A experiência de Goa traduziu a inabilidade do Estado Novo em ver para além do imediato horizonte e a imposição, *manu militari*, do sistema anglo-saxónico, contra o romano-germânico. Fica a História, intocável e uma curiosa interpenetração de sistemas, com implicação do lusófono.

71. Macau

I. A presença lusófona em Macau data do século XVI. Lá esteve Camões, o que, em termos simbólicos, vale qualquer exposição histórica. Acrescente-se ainda que, ao contrário da presença britânica na China, Macau foi português por um acordo livremente celebrado com as autoridades chinesas. Ao longo dos séculos, conviveram em Macau, a comunidade chinesa e a portuguesa, a primeira observando as suas leis e costumes e a segunda mantendo as Ordenações e, depois, o Código de Seabra e o Código Vaz Serra[672], vindos da longínqua Metrópole.

II. Após os convénios que levariam à entrega de Macau à China e aproveitando a cláusula que permitiria a Macau, durante cinquenta anos, manter as suas leis próprias[673], a Administração Portuguesa optou por aperfeiçoar códigos e leis propriamente macaenses. E um dos diplomas então aprontados foi, precisamente, o Código Civil de Macau. Para o efeito, foi nomeado um coordenador (Luís Miguel Urbano), assessorado por uma comissão consultiva local e apoiado, nos temas mais delicados, por jurisconsultos da Metrópole[674]. Assim foi aprovado, pelo Decreto-Lei n.º 39/99/M, de 3 de Agosto, o Código Civil de Macau.

III. O Código Civil de Macau segue, de perto, o Código Vaz Serra. Tem adaptações sensíveis em áreas como o arrendamento, os privilégios ou a família. A matéria das obrigações em geral (Livro II, artigos 391.º a

---

[672] O Código Civil de 1996 foi mandado aplicar a Macau pela Portaria n.º 22 869, de 4-Set.-1967, alterado pela Portaria n.º 318/74, de 23-Abr..

[673] *Vide*, sobre o Direito de Macau, ANTÓNIO KATCHI, *As fontes do Direito em Macau* (2006), 580 pp..

[674] *Vide* a *Nota de abertura* de JORGE NORONHA E SILVEIRA, então Secretário Adjunto para a justiça, à ed. oficial do Código Civil/Versão Portuguesa (1999).

864.º) e a dos contratos em especial (865.º a 1174.º) conserva-se muito próxima da de 1966.

O Código Civil de Macau, designadamente pela existência de uma versão oficial em Chinês, assegura a presença do sistema lusófono na maior Nação do Planeta. O problema reside na necessidade de manter juristas macaenses que conheçam e usem o português. A dificuldade em colocar quadros de vulto nos centros de ensino de Direito em Macau, e isso mau grado as facilidades e a hospitalidade demonstradas pelas entidades chinesas, é o grande óbice à futura manutenção desta experiência. A transformação do território no maior casino do Globo atrai, como era inevitável, a influência da anglo-esfera.

Existe uma literatura macaense de língua portuguesa e com relevo para o Direito civil, que deve ser divulgada.

72. Timor

I. A experiência timorense tem alguns contornos muito particulares: um verdadeiro caso de estudo[675].

Na sequência da invasão de 1975, foi posta em vigor, na então província de Timor, a legislação indonésia. Trata-se de uma situação de facto, uma vez que a independência fora proclamada em 28 de Novembro de 1975 e a ocupação indonésia nunca chegou a ser reconhecida pela comunidade internacional[676].

A legalidade acabaria por ser reposta na sequência da intervenção das Nações Unidas e do referendo que deu larga maioria à independência. Seguiu-se a Constituição de 2002. Qual o Direito em vigor?

II. A Lei n.º 2/2002, de 7 de Agosto, veio dispor (1.º):

> A legislação vigente em Timor-Leste em 19 de Maio de 2002 mantém-se em vigor, com as necessárias adaptações, em tudo o que se não mostrar contrário à Constituição e aos princípios nela consignados.

---

[675] Cumpre agradecer os elementos que nos foram dados pelo Dr. Luís SOTTOMAYOR FELGUEIRAS, ilustre magistrado do Ministério Público e que prestou serviço em Timor.

[676] Quanto a aspetos públicos e de Direito internacional, cf. JORGE MIRANDA (org.), *Timor e o Direito* (2000), com contributos de oito Autores.

Mas qual era a legislação vigente em 19 de Maio de 2002? Logicamente, seria a portuguesa, uma vez que a ocupação indonésia nunca foi reconhecida, nem pela ONU, nem pelo povo de Timor. E nesse sentido, chegou a ser decidido pelo Tribunal de Recurso, em Dili. As confusões daí resultantes, em conjunto com um persistente Direito consuetudinário, levaram o Parlamento de Timor a aprovar uma lei interpretativa: a Lei n.º 10/2003, de 10 de Dezembro, cujo artigo 1.º dispunha:

> Entende-se por legislação vigente em Timor-Leste em 19 de Maio de 2002, nos termos do disposto no artigo 1.º da Lei n.º 2/2002, de 7 de Agosto, toda a legislação indonésia que era aplicada e vigorava "de facto" em Timor-Leste, antes do dia 25 de Outubro de 1999, nos termos estatuídos no Regulamento n.º 1/1999 da UNTAET.

III. No campo civil foi, pois, (re)posta em vigor a Lei indonésia. Está em preparação um Código Civil, de feição timorense, de tipo romano-germânico, muito próximo do modelo de Vaz Serra e que merece a maior atenção[677].

Assinale-se, ainda, que foi aprovada a Lei n.º 4/2004, de 21 de Abril, "sobre sociedades comerciais". Trata-se de um verdadeiro código das sociedades comerciais[678], influenciado pelo Código das Sociedades Comerciais português de 1986, mas que traduz, em diversos pontos, significativas adaptações à realidade local.

Esperemos que os poderes públicos de Lisboa criem condições para a intensificação do intercâmbio científico entre os dois Países e que se acelere a (re)divulgação da fala portuguesa em Timor.

---

[677] República Democrática de Timor Leste/Ministério da Justiça, *Anteprojecto do Código Civil de Timor-Leste*, 2008. O Livro II ocupa, aí, os artigos 332.º a 1170.º.

[678] Com 304 artigos ordenados em moldes continentais: parte geral e diversos tipos de sociedades. Admitimos que o próprio Direito indonésio, mercê da influência holandesa, já manifestasse tendências continentais (por oposição a anglo-saxónicas).

§ 17.° A AUTONOMIA DO SISTEMA LUSÓFONO

73. As perspetivas planetárias

I. O posicionamento do Direito de fala portuguesa, no xadrez mundial, exige uma ponderação de conjunto. Comecemos com o ponto da situação.

Na história recente assistiu-se, num primeiro momento, a uma larga expansão do sistema francês. Pelas armas napoleónicas e, depois, pela força do liberalismo, o modelo do *Code* foi introduzido na Renânia, em Itália, na Península, na Holanda e nas Américas Latinas, de fala castelhana. No início do século XX, a influência do Código Civil francês regrediu, perante a pressão do BGB alemão, tecnicamente superior. Países como o Brasil, a Suíça, a Grécia, a Turquia, o Japão, e, depois, Portugal, adotaram o sistema romano-germânico enquanto outros, como a Itália, se mostraram, desde o início, muito influenciados por ele.

O modelo anglo-saxónico logrou implantações nos domínios britânicos. Além dos Estados Unidos (salvo a Luisiana), vamos encontrá-lo no Canadá (exceto o Québec), na Austrália e na Nova Zelândia e, ainda, em diversas outras colónias e protetorados. Este sistema, pela complexidade da sua aprendizagem, não se mostra capaz de uma receção livre: ele tem-se implantado na sequência de situações de dominação militar ou política.

O modelo islâmico e o modelo chinês, com abertura, nas áreas patrimoniais, aos modelos continentais e, em especial, ao romano-germânico, mantêm-se nos seus espaços próprios.

II. O equilíbrio assim conseguido acusou ruturas, nas duas últimas décadas. A globalização traduziu-se num incremento grande da língua inglesa: a pressão norte-americana e a necessidade prática de encontrar uma língua universal, em que todos se entendam, a tanto conduz. Afirma-

-se, mesmo, a existência de uma anglo-esfera, que daria, aos povos que se exprimam em inglês, uma especial vantagem competitiva, em relação aos restantes[679]. A multiplicação dos contratos internacionais, concluídos em língua inglesa, conduziu a um acréscimo de apelos ao Direito inglês. As dificuldades inerentes à *common law* são contornadas com a adoção de fórmulas muito explícitas.

Paralelamente, porém, a pressão comunitária, no Reino Unido e as necessidades de uniformização comercial, nos Estados Unidos, têm levado a uma "continentalização" dos respetivos direitos contratuais.

Um tanto paradoxalmente: o domínio da língua inglesa não tem trazido, consigo, o do Direito anglo-saxónico: as dificuldades estruturais do velho *common law* a isso conduzem. Noutros termos: a aprendizagem jurídico-científica é mais eficaz na presença de leis codificadas.

III. A adesão da China Continental ao sistema romano-germânico, a somar à do Japão e à da Coreia, parece fazer bascular o Direito civil patrimonial, a nível mundial, para o modelo do BGB. A língua chinesa (mandarim), quando não seja materna, é de muito difícil aprendizagem. O inglês vai manter-se como língua universal, nas relações internacionais.

Quanto à Europa: o alargamento a leste incrementou o inglês, em detrimento do francês e do alemão. Os esforços de unificação do Direito das obrigações têm-se processado em língua inglesa: mas com um modelo codificado avançado (romano-germânico) em vista.

Previsões? A manterem-se as últimas tendências de planetarização da economia e da cultura e a não haver retrocessos induzidos de (sucessivas) crises económicas ou ambientais, no espaço de quatro gerações, haverá um código mundial das obrigações de tipo romano-germânico: em várias línguas, mas uniformizado em inglês. Esse código aplicar-se-á, no início, apenas nas relações plurilocalizadas; mas à medida que for assimilado, tenderá a funcionar nas próprias relações internas. Há que elevar o nível da Ciência jurídica lusófona, para sermos parceiros nesse novo mundo.

---

[679] JAMES C. BENNET, *The Anglosphere Challenge/Why the English-Speaking Nations Will Lead the Way in the Twenty-First Century* (2007).

74. As línguas nacionais e o Direito

I. O domínio previsível do inglês nos negócios não fará desaparecer as línguas nacionais. A experiência mostra que o ser humano normal, mediante um processo de adequada aprendizagem, pode dominar duas ou mais línguas. O bilinguismo ou, mesmo, o multilinguismo serão de regra entre os juristas formados[680]. Pergunta-se, a essa luz, se não será possível um Direito civil a dois tempos: uniforme, a nível internacional e tradicional, no plano interno.

O problema já tem sido estudado pelo prisma da integração comunitária e da preparação de um código civil europeu. De todo o modo, adiantamos algumas reflexões.

II. A grande maioria das relações estabelece-se dentro dos diversos espaços nacionais. A quase totalidade dos processos judicialmente resolvidos tem a ver com questões *intra muros*. Seria, assim, um erro de perspetiva sustentar que os atuais códigos territoriais estão ultrapassados ou, sequer, que prejudicam, a qualquer título, as relações empresariais. No campo das obrigações, já hoje é perfeitamente possível escolher a lei aplicável. Nada se dizendo e nas relações puramentes internas: o Direito nacional é, por definição, o mais adequadamente aplicável. Sofreu todo um longo período de adaptação à realidade local: natureza das coisas.

III. A contraposição entre o sistema napoleónico e o romano-germânico mostra que a língua tem um papel relevante. Há conceitos que (só) se impõem desde que exista uma fórmula vocabular para os exprimir.

É certo que algumas experiências, como a do Direito do Estado Norte-Americano da Luisiana, de feição napoleónica, mostram que o Direito pode sobreviver, mesmo quando se perca a língua que lhe serviu de suporte. Mas isso sucede mercê de um vigoroso esforço das universidades (onde se fala francês) e da disponibilidade da cultura francesa. Em regra, o Direito localmente diferenciado apoia-se numa língua distinta. Perdida a língua, perdido fica o Direito. Vale o exemplo infeliz de Goa.

---

[680] Os especialistas sublinham ainda que os progressos da informática podem, no futuro, remover quaisquer barreiras linguísticas: dispondo de tradutores automáticos muito avançados, cada um poderá exprimir-se na sua própria língua, sendo ouvido, pelo interlocutor, naquela que este queira selecionar.

A manutenção do Direito civil de base territorial depende da vitalidade das línguas em que ele se apoie. Temos em vista uma vitalidade efetiva, no ensino, na economia, nas instâncias de aplicação do Direito, na política e na comunicação social: não uma pura sobrevivência folclórica ou literária.

Haverá, pois, que encontrar um equilíbrio com a anglo-esfera.

IV. Recordamos um troço clássico de Wilhelm von Humboldt (1767-1835)[681]:

> A língua não é, porém, apenas um mero meio de entendimento, mas antes a expressão do espírito e da visão do Mundo dos falantes (...).

Retomando este texto, podemos, com Weir, ir ainda mais longe: a língua não é, apenas, a expressão da visão do Mundo dos falantes: ela conformou, também, essa visão do Mundo[682]. Sendo uma afirmação reconhecida, ela assume, no Direito e nos atuais cenários da integração europeia, um significado acrescido.

O papel substancial da linguagem, investigado e demonstrado, designadamente, por Humboldt, desde o princípio do século XIX[683], é o argumento irrecusável para sustentar a autonomia de qualquer família jurídica.

75. O papel do português no Direito

I. Conhecida a dimensão do Direito civil em português no Planeta, vamos indagar o possível influxo do fator linguístico sobre a sua articulação e sobre o seu modo de desenvolvimento jurídico-científico. A língua

---

[681] WILHELM VON HUMBOLDT, *Über den Dualis* (1827), = *Gesammelte Schriften* (ed. Academia das Ciências Prussiana), VI (1907), 4-30 (4-5), confrontável, também, em WILHELM VON HUMBOLDT, *Schriften zur Sprache*, publ. MICHAEL BÖHLER (2007), 21-29 (21).

[682] TONY WEIR, *Die Sprachen des europäischen Rechts/Eine skytische Betrachtung*, ZEuP 1995, 368-374 (369).

[683] De WILHELM VON HUMBOLDT, além do curioso estudo sobre o dual, acima citado, recordamos *Ueber das Entstehen der gramatischen Formen, und ihren Einfluss auf die Ideenentwicklung* (1822) = *Gesammelte Schriften* (ed. cit.), IV (1905), 285-313, *Über den Zusammenhang der Schrift mit der Sprache* (1838) = *Gesammelte Schriften* (ed. cit.), V (1906), 31-106 e *Über die Verschiendenheit des menschlichen Sprachbaues und ihren Einfluss auf die geistige Entwicklung des Menschengeschlechts* (1836) = *Gesammelte Schriften* (ed. cit.), VI (1907), 1-344.

francesa permite conceitos subtis e difusos, como a *faute*; a alemã é muito precisa e analítica; o inglês é criativo.

Derivam, daí, características que podemos acompanhar nos respetivos sistemas. E o português: terá características que se reflitam nas Ciências Jurídicas que o usem?

II. O uso correto da língua portuguesa, quer oral, quer escrita, implica que se evitem repetições de palavras e cacofonias: seja na mesma proposição, seja em proposições próximas. Há uma musicalidade das frases, perfeitamente natural e de que nos apercebemos apenas quando ela seja quebrada. O legislador, o autor de textos jurídicos e o comum operador que exerça em forma oral ou por escrito, devem evitar as tais repetições ou a proximidade de palavras que, embora gramaticalmente bem inseridas, soem "mal". Esta exigência da nossa língua obriga a uma permanente procura de expressões sinónimas ou equivalentes. Pois bem: aí reside um problema específico para a decisão conceitual. Muitas vezes o termo "obrigação" surge onde era de esperar "dever", "sujeição", "ónus", "encargo" ou "dever genérico" e inversamente: tudo isso por exigência da elegância do português jurídico.

O problema não se põe noutros idiomas, como no alemão: aí, as boas regras não são feridas pela repetição de sons ou de palavras: um trunfo para a precisão jurídica do discurso, ainda que com prejuízo para a (nossa) sensibilidade.

III. A própria elegância linguística que origina o problema deverá constituir a chave para a sua superação. Quando se diga, por exemplo, que a "obrigação" é um "vínculo jurídico" pelo qual uma pessoa "fica adstrita" (397.º, do Código Civil), estão-se a equiparar essas três locuções. Noutros contextos, obrigação, vinculação e adstrição podem ter alcances distintos. Infere-se, daqui, que apenas no conjunto podemos emprestar, a qualquer locução, o seu preciso sentido. Este fenómeno é particularmente relevante no Direito civil. Ele acompanha as diversas formulações conceituais, devendo estar sempre presente.

Em termos práticos, a aplicação, ao Direito, da língua portuguesa conduz a um esforço dos elementos sistemáticos da interpretação, da aplicação e da construção jurídica. Apenas quando inseridos num conjunto, os diversos conceitos vocabularmente expressos são capazes de transmitir uma ideia perfeita.

Além disso, o português jurídico permite fórmulas diáfanas e ambíguas, suscetíveis de esconder lacunas. Há um apelo a elementos circundantes da interpretação, com relevo para a História e o Direito comparado.

76. A esfera lusófona

I. A manutenção de toda uma cultura jurídica nacional, com universidades, livros, revistas, congressos, intercâmbios diversos, leis (logo: Parlamentos, Governos e Soberania) e códigos, exige uma massa crítica: humana, territorial, económica e linguística. Na evolução europeia, sabemos que foi possível, a nações pequenas e pouco povoadas, fazer singrar experiências jurídico-linguísticas próprias. Mas, hoje, a dimensão requerida deve ser repensada: é, seguramente, outra.

Em termos europeus, um Estado/Nação viável deverá reunir cerca de 50 milhões de pessoas, para um território de 300 ou 400 mil quilómetros quadrados. A Espanha estará no limite mínimo: Estados-padrão serão a Alemanha, a França, a Itália, a Polónia ou o Reino-Unido. Aquém desse limite: haverá todo um universo de História, de Cultura, de vivências e, até, de Direito territorial autónomo; mas será quimérico intentar lançar um verdadeiro sistema de Direito, com tudo o que isso implica: falta a massa crítica. O Direito civil, pelas suas exigências de pensamento abstrato partilhado, pelas suas dimensões e pela sua imediata coesão económico-social será, disso, a mais adequada ilustração.

No plano mundial: a referência a um sistema implicará, como foi referido, ou uma dimensão humana da ordem do bilião de pessoas (China e Índia) ou uma expansão considerável através dos diversos continentes, com centenas de milhões de praticantes.

II. A independência portucalense de 1143 e a sua manutenção, em 1385, têm explicações internas. Já a restauração de 1640, em contraciclo com os movimentos integradores, que assistiram à absorção de Nações mais fortes e aguerridas do que a portuguesa, só se explica pela projeção ultramarina e pelo apoio então recebido da Índia, do Brasil e de África: económico, político e sócio-militar[684]. Trata-se de um fator decisivo para a manutenção e progresso de um Direito de expressão portuguesa.

---

[684] Remetemos para a introdução ao nosso *Da modernização do Direito civil*/I – *Aspectos gerais* (2004), 13 ss..

III. Um Estado de 10 milhões de pessoas, numa Europa integrada de 500 milhões, não tem expressão. A manutenção de um sistema jurídico próprio, completo, com tudo o que isso pressupõe e exige, assume custos marginais que, a prazo, a tornarão insustentável. Mas, numa perspetiva mundial, a situação é diversa: fazendo apelo aos falantes do português (a que se poderá juntar, ainda, a Galiza), ultrapassa-se a fasquia dos 250 milhões, incluindo Estados ricos (Angola) e emergentes (Brasil). Recorde-se que o português é a terceira língua europeia mais falada fora da Europa: depois do inglês e do castelhano.

Em suma: o espaço do português jurídico, assente no núcleo duro do Direito civil, já permite uma vitalidade própria, na aldeia planetária global. Vamos trabalhar nessa perspetiva.

77. O sistema lusófono

I. Ao estudioso do Direito civil impõe-se a existência, entre as grandes famílias, de um sistema de Direito lusófono. Esta conclusão pode ser generalizada a toda a Ordem Jurídica.

A ideia, no quadro dos grandes sistemas de Direito, de um sistema lusófono foi apresentada pelo Prof. Erik Jayme[685] e, numa perspetiva mais lata, pelo Prof. Marques dos Santos[686]. Erik Jayme sublinha a especialidade de certos institutos, como os regimes de bens, que influenciaram o Brasil e outros países. Marques dos Santos considera a presença de "uma família jurídica lusitana mais chegada dentro da grande família romano-germânica de direito, que se contrapõe ao mundo anglo-saxónico da *common law*"[687]. Também a proximidade dos esquemas constitucionais dos países de fala portuguesa tem sido enfatizada[688].

---

[685] ERIK JAYME, *Betrachtungen zur Reform des portugiesischen Ehegüterrechts*, FS Imre Zajtay (1982), 261-269 (262-264). Tem ainda interesse referir a recolha de estudos org. por ERIK JAYME, *Das Recht der lusophonen Länder: Tagensereferente, Rechtsprechung, Gutachten* (2000), 249 pp..

[686] ANTÓNIO MARQUES DOS SANTOS, *As relações entre Portugal, a Europa e o Mundo Lusófono e as suas repercussões no plano jurídico* (1999), em *Estudos de Direito internacional privado e de Direito público* (2004), 579-594.

[687] *Idem*, 585.

[688] MANUEL MALHEIROS/MARLIESE REINERT-SCHOERER, *Die Entkolonialisierung und die Verbreitung des portugiesischen Rechtskultur*, em 2. *Deutsch-Lusitanische Rechtstage/Seminar in Heidelberg 20/21-11-1992* (1994), 99-109 (104 ss.).

Dário Moura Vicente, por seu turno, reconhece a similitude dos ordenamentos lusófonos, sublinhando a facilidade de comunicação entre os juristas respetivos e, até, a possibilidade de o jurista de um desses ordenamentos exercer, sem grande esforço, a sua profissão nos demais[689]. Todavia, discorda da autonomia de uma família jurídica lusófona. Por três razões[690]:

– porque lhes falta uma conceção própria do Direito;
– porque "poderosas forças centrífugas" operam em sentido contrário ao de uma inserção num sistema (a União Europeia, o Mercosul e as várias organizações africanas);
– porque, nos países africanos, há um Direito consuetudinário aplicado em detrimento do Direito oficial.

Evidentemente: temos de nos entender quanto ao sentido de "família jurídica"[691]. Se descermos às raízes, encontraremos um Direito ocidental sendo, de todo, impossível distinguir o sistema napoleónico do germânico. Mas um conhecimento mínimo desses ordenamentos logo mostra que são bem diferentes. Admitimos, ainda, que os especialistas nas diversas áreas tenham sensibilidades diferentes quanto ao problema: é natural que o internacionalista privatista se perturbe perante o esvaziamento do Direito internacional privado nacional ou que o publicista dê relevo a aspetos de organização circunstanciais.

Isto dito: no momento atual, nada põe em causa a evidente proximidade dos Direitos lusófonos.

II. Para um correto posicionamento do sistema lusófono, será, com efeito, decisivo o Direito privado comum, fundamentalmente o Direito da parte geral e das obrigações. Ora, a essa luz, afigura-se que o Direito de fala portuguesa é uma família própria, aparentada à romano-germânica (não à napoleónica!), mas dela distinta. Assim, é um sistema:

---

[689] DÁRIO MOURA VICENTE, *Direito comparado* cit., 1, 87-89 (89) e *O lugar dos sistemas jurídicos lusófonos entre as famílias jurídicas*, em Estudos Prof. Martim de Albuquerque (2010), 401-429.

[690] *Idem*, 89.

[691] Em especial, JENS MÜLLER, *Der Allgemeine Teil im portugiesischen Zivilgesetzbuch/Entstehungsgeschichte und ausgewählte Einzelprobleme* (2008), 247 ss., referindo diversas fórmulas de ordenação dos círculos jurídicos.

– com plena autonomia linguística e doutrinária: para quem conheça minimamente a realidade, ele não tem a ver com um pretenso sistema ibero-americano, faltando (e até é pena) contactos com os Direitos de fala castelhana;
– impenetrável a quem, nele, não se tenha formado;
– com uma História própria, totalmente diferenciada: partindo das Ordenações, que remontam ao início do século XV, acolheu elementos franceses, nos princípios do século XIX, mas virou-se para o pandetismo romano-germânico (Brasil, 1856; Portugal, 1903) com o qual, todavia, não se confunde;
– que joga com a teoria do contrato e com a teoria do negócio, em simultâneo;
– com uma responsabilidade civil híbrida, de cunho autónomo;
– que, em cada instituto singelo, tem especificidades;
– que reelaborou já os seus princípios, com leituras autónomas;
– com massa crítica: 10 países ou territórios nos cinco continentes e mais de 250 milhões de praticantes; nove séculos de desenvolvimento autónomo, com leis de estilo próprio; sete séculos de ensino universitário independente; ordens profissionais intocadas, etc..

III. De facto, o Direito civil de expressão portuguesa, pelo estilo, pela linguagem, pelas referências doutrinárias, pela estruturação do discurso e pela configuração do sistema, aproxima-se claramente da família romano--germânica: mais do que os Direitos holandês (napoleónico, embora com uma recente evolução autónoma) e italiano (apontado como intermédio, entre os sistemas romano-germânico e napoleónico). E essa filiação mais reforçada fica se considerarmos o Direito brasileiro, que se encontra nas mesmas circunstâncias[692].

IV. Deve sublinhar-se, ao nível dos "grandes" comparatistas, uma ignorância confrangedora quanto ao sistema português[693]. Um Autor com

---

[692] No sentido de questionar se o sistema português ainda pertencerá ao círculo napoleónico ou se não terá passado para o germânico, ZWEIGERT/KÖTZ, *Einführung in die Rechtsvergleichung*, 3.ª ed. cit., 106-107 e KURT HANNS EBERT, *Rechtsvergleichung/Einführung in die Grundlagen* (1978), 50; também THOMAS HENNINGER, *Europäisches Privatrecht und Methode* (2009), 165.

[693] "O Direito português é tratado superficialmente", nas palavras de JENS MÜLLER, *Der Allgemeine Teil* cit., 266.

a craveira de Eichler, por exemplo, tratando dos vários círculos do Direito, refere um pretenso círculo "ibero-americano", que integraria, *ad nutum*, o Brasil e Portugal, de cujas literaturas não refere uma única obra[694]. Um erro similar comete Eugen Bucher, ao falar numa família hispano-portuguesa de Direito[695]. Inacreditavelmente insuficiente e inexata é, também, a já citada referência de Fikentscher[696].

É óbvio que os Autores não têm o dever (a não ser intelectual) de se pronunciarem sobre o Direito lusófono. Porém quando o façam, devem ter a humildade mínima de se informarem.

V. Mas apesar do inegável parentesco, não pode o sistema lusófono ser incluído, sem menos, nos sistemas romano-germânicos. Com efeito:

– há uma forte barreira linguística, de tal modo que, na prática, apenas no plano da investigação se pode falar num acesso completo e direto às fontes de língua alemã (leis, doutrina e jurisprudência);
– verifica-se, perante os alemães, uma simplificação de diversos conceitos, institutos e construções; os grandes doutrinadores usaram, no essencial, manuais e não estudos monográficos aprofundados;
– mantêm-se institutos tradicionais e esquemas napoleónicos, desconhecidos no Direito alemão;
– o uso da língua portuguesa esbate certos conceitos, multiplica a perífrases e dá azo a um modo próprio de colocação dos problemas.

Por isso, sustentamos, hoje, a autonomia do sistema lusófono: um subsistema com elementos híbridos e uma elaboração coerente própria, dentro de uma família alargada de Direito romano-germânico[697].

---

[694] HERMANN EICHLER, *Gesetz und System* (1970), 76. Mais tarde, este Autor emendou a mão, admitindo a passagem do Direito português ao círculo germânico: *Rechtssysteme der Zivilgesetzbücher* (1983), 118-124 (123).

[695] EUGEN BUCHER, *Zu Europa gehört auch Lateinamerika!*, ZEuP 2004, 515-547 (538).

[696] FIKENTSCHER, *Methoden* cit., 1, 580: o Código de 1966 seria uma segunda versão portuguesa do Código francês!

[697] Nesse sentido fizemos uma comunicação à Academia das Ciências de Lisboa, parcialmente publicada sob o título *O sistema lusófono de Direito*, ROA 2010, 17-119. A ideia foi ainda propugnada a propósito das obrigações.

VI. Ocorre fazer, aqui, uma referência ao escrito de Jens Müller, sobre a parte geral do Código Civil português. Este Autor procede a uma indagação alargada sobre o tema: com acesso direto à literatura portuguesa[698].

Entre diversos pontos com interesse, Müller mostra-se surpreendido por, na opção legislativa de 1966, pela parte geral, não se referir o Código brasileiro de 1916[699]. Tem razão. As explicações possíveis são de ordem subjetiva e política: prendem-se com o desencanto de Salazar perante as orientações do Presidente Getúlio Vargas. Afigura-se-nos, porém, que a parte geral, introduzida no Brasil por Teixeira de Freitas, muito antes do Código de 1916 e retomada por Clóvis Beviláqua, pai do Código em causa[700], teve o seu peso nas opções de Guilherme Moreira e, por aí, do Código Vaz Serra.

O próprio Müller acaba por qualificar o sistema português como híbrido[701]. Todavia, a consideração dos Direitos lusófonos, no seu conjunto, o distanciamento muito grande perante os conceitos napoleónicos (alguns dos quais intraduzíveis, em português, mau grado o parentesco linguístico) e o sistema do Code Civil, a receção incompleta do Direito alemão e as tradição e elaboração próprias permitem falar num sistema (ou subsistema) lusófono autónomo.

---

[698] JENS MÜLLER, *Der Allgemeine Teil im portugiesischen Zivilgesetzbuch/Entstehungsgeschichte und ausgewählte Einzelprobleme* (2008), 318 pp., já citado.
[699] *Idem*, 271.
[700] *Supra*, 235 ss..
[701] JENS MÜLLER, *Der Allgemeine Teil im portugiesischen Zivilgesetzbuch* cit., 276-279.

CAPÍTULO II
A DELIMITAÇÃO DO DIREITO CIVIL

§ 18.º O DIREITO COMERCIAL

78. A origem histórica do Direito comercial

I. Procurando surpreender a concreta configuração do Direito civil, cumpre proceder à sua delimitação de outras disciplinas privadas. Digamos que o Direito civil representa a matéria privada comum depois de, dela, serem retirados outros ramos também privados, mas marcados pela especialidade. Essa especialidade não põe em causa os vetores básicos da igualdade e da liberdade, apanágio de privatismo. Obedece, no entanto, a vetores diferenciados, diversos dos civis.

O primeiro ramo privado especial que cumpre considerar é o Direito comercial. À partida, poderemos dizer que a prática do comércio e o exercício da profissão de comerciante exigiriam regras especialmente adequadas, diferentes das civis. Essa exigência parece ter acolhimento: no Brasil surgiu o Código Comercial de 1850, distinto do Código Civil de 1916, enquanto, no espaço português, também ao lado do Código Civil, funciona um Código Comercial, de 1888: o Código Veiga Beirão, nome do ministro responsável pela sua aprovação[702]. Nos mais de 125 anos da sua vigência, esse Código foi muitas vezes alterado. Surgiram novas áreas, assentes em diplomas distintos, mas sempre consideradas, materialmente, como comerciais. Certos países, como a França e a Alemanha, têm códigos comerciais separados dos civis; outros, como a Itália, a Suíça e o Brasil (após 2002) têm, hoje, apenas códigos civis. A autonomia do Direito comercial não é,

---

[702] *Manual de Direito comercial*, 2.ª ed., 94 ss..

assim, nenhuma evidência cartesiana. Cumpre explicá-la e delimitar o seu sentido. Ela é, fundamentalmente, de natureza histórico-cultural.

II. O Direito romano, tradicionalmente, era tido como omisso, quanto ao Direito comercial. Pela nossa parte, há uma explicação: após o progresso representado pelos *bonae fidei iudicia*, o Direito romano era, todo ele, comercial. Dispensava um corpo de regras especialmente adaptadas, para o efeito[703]. Aquando da receção subsequente a Bolonha (séc. XII), o Direito romano apresentava-se, porém, solene e pouco recetivo ao nascente comércio mediterrânico. E assim, as cidades medievais mercantis, particularmente as italianas, desenvolveram corpos de regras vocacionadas para o comércio[704].

Com efeito, o antigo comércio mediterrânico nunca terá desaparecido por completo. Mas foi drasticamente reduzido: a feudalização do Império, as invasões e, por fim, a vaga islâmica isolaram o Ocidente, dando azo a uma economia de tipo fechado.

A partir do século XI, uma certa estabilização militar e a subsistência do Império de Bizâncio propiciaram, em Itália, o aparecimento e o desenvolvimento do comércio[705]. Os mercadores, por via consuetudinária ou através dos seus organismos, criaram e aperfeiçoaram normas próprias, para reger a sua profissão e os seus interesses[706]. São particularmente referidos estatutos de Génova, de Florença e de Veneza[707], as guildas do Norte da Europa[708] e o *Consolat del Mar*, no Direito marítimo catalão[709-710].

---

[703] *Manual de Direito comercial*, 2.ª ed., 43 ss., onde podem ser confrontados diversos pontos mais desenvolvidos. Defendendo a existência de um Direito comercial romano: PIETRO CERAMI/ALDO PETRUCCI, *Diritto commerciale romano/Profilo storico*, 3.ª ed. (2010), 337 pp..

[704] LEVIN GOLDSCHMIDT, *Universalgeschichte des Handelsrechts*, parte A do *Handbuch des Handelsrechts*, 3.ª ed. (1891, 2.ª reimpr., 1973), 143 ss. e *Handbuch des Handelsrechts*, Teil B, 1 – *Geschichtlich-Literarische Einleitung und Grundlehren* (1875, reimpr., 1973), 38 ss., CARLO PASTERIS, *Diritto commerciale*, NssDI V (1960), 813-819 (813 ss.), FRANCESCO GALGANO, *História do Direito comercial*, trad. port. sem data, 36 ss., VITO PIERGIOVANNI, *Diritto commerciale nel diritto medievale e moderno*, DDP/*Sezione Commerciale* IV (1990), 333-345 (334 ss.) e ANTONIO PADOA SCHIOPPA, *Saggi di storia del diritto commerciale* (1992), 11 ss..

[705] Em especial, FRANCESCO GALGANO, *História do Direito comercial*, trad. port. cit., 31 ss., com diversas indicações.

[706] HELMUT COING, *Europäisches Privatrecht (1500 bis 1800) – Band I – Älteres Gemeines Recht* (1985), 519 ss..

[707] LEVIN GOLDSCHMIDT, *Handbuch des Handelsrechts*, B, 1, 38-40, indicando as fontes.

§ 18.º *O Direito comercial*   277

A necessidade e o êxito do *ius mercatorum* não é hoje explicada com recurso à (mera) luta de classes[711]. Cumpre recordar que o Direito romano, retomado após a formação das universidades, não era já o complexo maneável do *praetor* e dos *jurisprudentes*. Surgia, antes, como um conjunto muito diverso de regras, de conhecimento e interpretação difíceis: bastará ter presente a ausência de qualquer sistema de exposição e o simples – mas determinante – facto de apenas no século XV ter aparecido a imprensa, a qual só no século seguinte se generalizou.

O Direito romano, pelas apontadas circunstâncias práticas, não tinha – pelo menos logo nos séculos XIII e XIV – condições para reger a vida comercial. Houve que fixar regras: algumas mais não faziam do que retomar proposições romanas, como as que impunham o respeito pela boa-fé e pela palavra dada; outras, como as referentes às aquisições *a non domino*, correspondem a novas necessidades económico-sociais[712].

III. Torna-se importante reter os esquemas histórico-culturais que permitiram ao *ius mercatorum* surgir nos Estados modernos[713]. Em primeira

---

[708] MANFRED WEIDER, *Das Recht der deutschen Kaufmannsgilden des Mittelalters* (1934); cf., aí, 1 ss., quanto à origem das guildas, 100 ss., quanto aos seus órgãos e 361 ss., quanto à sua organização política e militar.

[709] LEVIN GOLDSCHMIDT, *Universalgeschichte* cit., 203 ss. (208 ss.) e G. BOURCART, *Esquisse historique du Droit commercial jusqu'au Code de commerce Français de 1807*, ADC XXXIII (1924), 259-283 (275).

[710] Elementos alargados podem ser confrontados em HANSJÖRG POHLMANN, *Die Quellen des Handelsrechts*, na monumental obra organizada por HELMUT COING, *Handbuch der Quellen und Literatur der neueren europäischen Privatrechtsgeschichte*, vol. I *Mittelalter (1100-1500)* (1973), 801-834.

[711] E daí: um tanto ao arrepio da linguagem adotada por GALGANO ou de noções como a de GÉRARD LYON-CAEN que, em 1948, chegou a definir o Direito comercial como o "Direito das instituições específicas do regime económico dito capitalista" – cf., desse Autor, *Contribution à la recherche d'une définition de Droit commercial*, RTDComm II (1948), 577-588 (583) – não temos base científica para explicar o Direito comercial como um Direito "burguês", por oposição ao civil (?), de tipo aristocrático. Nenhum esquema de domínio dispensa a propriedade, seja direta, seja através do exercício de funções na organização do Estado. Finalmente: o Direito civil é, por definição, o ponto de apoio de qualquer classe que se pretenda dominante.

[712] Em HELMUT COING, *Europäisches Privatrecht* cit., 1, 520 e em FRANCESCO GALGANO, *História do Direito Comercial* cit., 44 ss., podem ser confrontadas algumas das novas regras.

[713] Estados modernos – tal como leis comerciais "modernas" – não se confundem, neste contexto, com Estados "contemporâneos": recorde-se que a Idade Moderna princi-

linha, ele foi incluído nas fontes doutrinárias, através de uma adequada integração nos quadros semânticos. Chegou-se, assim, a um Direito "comum" europeu comercial[714], assente numa crescente Ciência do Direito comercial[715]. Importantes tratadistas, como Casaregis[716], permitiram o acolhimento do Direito comercial nas doutrinas nacionais[717].

Decisiva seria a recuperação que, dos estatutos e regras hanseáticas, fizeram os grandes Estados territoriais dos séculos XVII e XVIII[718]. Adotando-os e aperfeiçoando-os, os Estados lograram preservar o fundo sócio-cultural que o *ius mercatorum* representava, evitando a sua diluição no Direito comum.

Foi, designadamente, o que sucedeu em França através das *Ordonnance du Commerce* (1673) e *Ordonnance de la Marine* (1681)[719]. Estes importantes diplomas, preparados sob as ordens de Colbert por Jacques Savary (1622-1690), comerciante em Paris, acolheram muitas das regras estatutárias de origem italiana e neerlandesa[720]. Além disso, eles vieram

---

piou, em 1453, com a queda de Constantinopla terminando, em 1789, com a Revolução Francesa.

[714] KARL OTTO SCHERNER, *Die Wissenschaft des Handelsrechts*, em H. COING, *Handbuch der Quellen*, vol. II – *Neuere Zeit (1500-1800)/Das Zeitalter des gemeinen Rechts*, tomo I – *Wissenschaft* (1977), 797-801.

[715] ULRICH EISENHARDT, *Zu den deutschrechtlichen Wurzeln des Handelsrechts oder wie deutsch ist das deutsche Handelsrecht?*, FS Raisch (1995), 51-65 (53-54).

[716] JOSEPHI LAURENTI MARIAE DE CASAREGIS, *Discursus legalis de commercio*, em dois tomos, Florença, 1719.

[717] LEVIN GOLDSCHMIDT, *Ueber die wissenschaftliche Behandlung des deutschen Handelsrechts und den Zweck dieser Zeitschrift*, ZHR 1 (1858), 1-24 (8), na abertura da prestigiada ZHR, de que foi o fundador. Para além de tratamentos generalizantes, surgiram importantes escritos sectoriais, base das compilações pré-codificadoras do século XVIII. Cf. HONORATI LEOTARDI, *liber singularis, de usuris, et contractibus usurariis coërcendis*, 4.ª ed. (1682) e JOAN. DOMINICI GAITI, *De credito Tractatus ex libris, epistolis, cambiis* (1696).

[718] Em especial: SIEGBERT LAMMEL, *Die Gesetzgebung des Handelsrechts*, em H. COING, *Handbuch der Quellen*, vol. II, tomo II – *Gesetzgebung und Rechtsprechung* (1976), 571-1083.

[719] SIEGBERT LAMMEL, *Die Gesetzgebung des Handelsrechts* cit., 806 ss.. Vide PAUL REHME, *Geschichte des Handelsrechtes* (1914), 183, H. COING, *Europäisches Privatrecht* cit., 1, 521, referindo também a *Ordenanza* de Bilbao (1737) e o Direito marítimo prussiano, de 1727 e ROMUALD SZRAMKIEWICZ, *Histoire du droit des affaires* (1989), 79 ss..

[720] GOLDSCHMIDT, *Handbuch des Handelsrechts*, B, 1 cit., 42-44, indicando fontes. Vide ANTOINE PIROVANO, *Introduction critique au droit commercial contemporain*, RTDComm XXXVIII (1985), 219-263 (243). Quanto a JACQUES SAVARY, vide o seu *Le parfait negociant*, nov. ed., dois tomos, 1763.

uniformizar, em todo o Reino, o Direito comercial e isso numa altura em que o Direito civil, particularmente diferenciado entre o Norte, costumeiro e o Sul, de Direito escrito, apresentava uma feição caleidoscópica[721].

Foram justamente estas leis comerciais dos Estados modernos, com um relevo especial para as ordenanças de Luís XIV, que permitiram conservar, como corpo autónomo, o *ius mercatorum* medieval. Os juristas mantiveram o hábito de lidar, de modo separado, com o Direito civil e o Direito comercial. Preservou-se a cultura comercialística, dando-lhe uma base moderna: o poder soberano do Estado.

Em Inglaterra, onde tais leis não surgiram, o Direito comercial definhou e acabou por desaparecer, integrado no *Common Law*, no século XVIII.

IV. A tradição das ordenanças de Colbert manteve-se, após a Revolução de 1789. Retomada por Napoleão, ela está na origem do *Code de Commerce* francês, de 1807. Materialmente, o *Code de Commerce* acolheu as *Ordonnances* de Colbert[722] tendo, nessa medida, sido relativamente pouco inovador[723]. Aquando da sua preparação, ainda foi sondada a hipótese de incluir a matéria comercial no Código Civil. Todavia, prevaleceu o hábito, então já radicado nos juristas franceses, de trabalhar em separado com a matéria comercial: justamente os códigos colbertianos. Na grande viragem que representou a codificação napoleónica, esta opção preservadora de um fenómeno tipicamente francês permitiu, até hoje, a sobrevivência do Direito comercial, como realidade autónoma. Recorde-se que, pela mesma altura e na Inglaterra, campeã do comércio da época, o Direito comercial perdia a sua autonomia.

O Direito comercial chegava ao século XIX como o Direito dos comerciantes[724]. A tradição anterior tinha uma base nitidamente pessoal,

---

[721] E. THALLER, *De la place du commerce dans l'histoire générale et du droit commercial dans l'ensemble des sciences*, ADComm 1892, 49-70, 97-128, 145-168, 192-215, 257-286 (101).

[722] ALBERT WAHL, *Précis Théorique et Pratique de Droit Commercial* (1922), 7, G. BOURCART, *Esquisse historique du Droit commercial* cit., 281-282 e FRANZ WIEACKER, *Privatrechtsgeschichte der Neuzeit*, 2.ª ed. (1967), 342.

[723] O Código de Comércio tem sido criticado; seria mesmo o menos perfeito dos códigos napoleónicos; efetivamente, houve uma certa precipitação no seu aprontamento: NAPOLEÃO pretendeu enfrentar uma onda de falências, provocada pela guerra com a Inglaterra. Vide a literatura citada nas duas notas anteriores.

[724] HELMUT COING, *Europäisches Privatrecht (1800 bis 1914)* Band II *19. Jahrhundert* (1989), 531.

atribuindo-lhes jurisdição própria. A Revolução Francesa não poderia contemporizar com esse tipo de privilégio. Mas como a autonomia do Direito comercial era vivida como um dado ontologicamente irrecusável, houve que remodelar: a competência dos tribunais de comércio seria ditada não pela qualidade das partes, mas pelo facto que dê azo ao litígio[725]. Resultou daí a adoção de um sistema dito objetivo: o *Code* visava os atos de comércio, indicando depois, num sistema fechado, que atos seriam esses, para efeitos de jurisdição comercial[726]. E os próprios comerciantes vinham definidos por referência aos atos de comércio. Segundo o artigo 1.º/1, do *Code de Commerce*,

> São comerciantes aqueles que exercem atos de comércio e disso fazem a sua profissão habitual.

V. A objetivação do sistema comercial tinha, implícitos, os germes da sua diluição no Direito privado. Efetivamente, a especialidade de um ato mercantil ou de um contrato comercial, quando postos à disposição de qualquer interessado, não é superior à de múltiplos contratos altamente diferenciados e que ninguém iria retirar do Direito civil. Adiante veremos as repercussões que esta problemática teria na evolução do Direito comercial.

Todavia, o Direito comercial francês sobreviveu. Desde logo: mau grado o teor geral acima relatado, ele não é inteiramente objetivo. Integra um *status* de comerciante, com regras específicas e que interferem, depois, no regime dos "atos objetivos". Particularmente importante era, a esse propósito a existência de uma jurisdição especial para os comerciantes. Dispunha o artigo 618.º do *Code de Commerce*, na sua versão original[727]:

> Os membros dos tribunais de comércio serão eleitos numa assembleia composta de comerciantes notáveis e principalmente dos chefes das casas mais antigas e mais recomendáveis pela sua qualidade, espírito de ordem e economia.

Todo o comerciante, desde que alcançasse os trinta anos, podia ser eleito, exigindo-se quarenta para o presidente. Mas sobretudo: a mera exis-

---

[725] Peter Raisch, *Die Abgrenzung des Handelsrechts vom Bürgerlichen Recht als Kodifikationsproblem im 19. Jahrhundert* (1962), 47, nota 167, transcrito também em H. Coing, *Europäisches Privatrecht* cit., 2, 532. Segundo Pirovano, *Introduction critique* cit., 226-227, o Código disfarçou a sua verdadeira intenção: a de tratar os comerciantes.

[726] Pasteris, *Diritto commerciale* cit., 815/I. Trata-se de matéria regulada nos artigos 631.º e seguintes do *Code de Commerce*.

[727] *Les cinq codes* cit., 462.

tência de um Código de Comércio, firme na longa pré-elaboração que o antecedeu, com relevo para os códigos colbertianos, manteve uma cultura comercialística que prolongaria, até hoje, como autónomo, o Direito comercial.

VI. A codificação comercial francesa implicou, ainda, uma outra escolha de fundo, que seria marcante em toda a evolução subsequente: optou pela natureza privada da regulação do comércio[728]. Teria sido possível um modelo alternativo: uma série de deveres de tipo público, dimanados pelas corporações ou pelo Estado, dariam o recorte da atuação comercial. O Antigo Regime apontaria nesse sentido. A opção decidida pelo privatismo foi, então, realizada. Pensamos que ela seria crucial, na subsequente evolução das sociedades ocidentais.

Na linha aberta pelo *Code de Commerce* surgiriam, depois, os diversos Códigos Comerciais da 1.ª geração: o espanhol, de 1829, o português (Ferreira Borges), de 1833, o holandês, de 1838 e o albertino (italiano pré-unitário) de 1842[729].

Na Alemanha, ainda dividida, surgiu o Código Comercial de 1861[730], de tipo misto: objetivo e subjetivo.

Os progressos da comercialística, baseados já em Códigos Civis, possibilitaram a segunda geração dos Códigos Comerciais: o italiano, de 1882, o português (Veiga Beirão), de 1888 e o alemão, de 1898/1900, conhecido pela sigla HGB (*Handelsgesetzbuch*).

Com o século XX, passar-se-ia a uma elaboração mais científica dos códigos civis. A partir dessa altura, o Direito comercial perdeu autonomia. Foi o fim da era dos códigos comerciais.

79. O século XX e a unificação do Direito privado

I. A autonomia do Direito comercial é uma resultante histórico-cultural. Trata-se de uma constatação que nada tem de desprimoroso. Mas

---

[728] ORLANDO DE CARVALHO, *Critério e estrutura do estabelecimento comercial* I – *O problema da empresa como objecto de negócios* (1967), 23 ss.. *Vide*, também, MENEZES CORDEIRO, *Da responsabilidade civil dos administradores das sociedades comerciais* (1997), 79, focando particularmente o "perigo" – debelado pelo *Code* – de fazer cair, no Direito público, toda a matéria das sociedades.

[729] Com elementos, *vide* o *Manual de Direito comercial* cit., 1, 34-36.

[730] *Idem*, 55 ss..

mais: ela não obsta a consequências dogmáticas, antes as potenciando. Compreende-se, de toda a forma e a essa luz que, quando uma codificação comercial coincida com uma civil, se ponha de imediato o problema da manutenção de um dualismo no Direito privado.

A primeira experiência a reter neste domínio é a Suíça, de 1907. O Direito comercial, a propósito da elaboração do Código Civil Suíço, foi integrado no Direito das obrigações[731]. Mesmo âmbitos normativos como os das sociedades comerciais e cooperativas, o Direito da firma e os títulos de crédito tiveram esse destino[732].

O Código Civil Suíço conserva regras próprias para os comerciantes. Mas na forma como em substância, desapareceu o Direito comercial clássico[733].

II. O exemplo suíço foi particularmente defendido em Itália, por Vivante[734].

No fundamental, este Autor explica que a existência de um Direito comercial como corpo normativo autónomo fazia sentido quando o comércio era exclusivamente exercido por comerciantes inscritos em corporações. Numa sociedade moderna, os atos de comércio são acessíveis a qualquer interessado, seja ele comerciante, seja ele um interessado ocasional. Assim sendo, o Direito comercial torna-se parte do Direito privado.

Todas as relações privadas podem ser objeto de uma mesma teoria, tal como é diariamente comprovado pelos tribunais ingleses e norte-americanos[735] e, naturalmente, pela (então) recente experiência suíça. No próprio Direito italiano, nessa altura dividido entre o Código Civil de 1865 e o

---

[731] KONRAD ZWEIGERT/HEIN KÖTZ, *Einführung in die Rechtsvergleichung*, 3.ª ed. cit., 168-169.

[732] Na sequência do ADHGB, chegou a pensar-se na elaboração de um Código Comercial Suíço, tendo mesmo sido preparado um projeto, por MUNZIGER, em 1864; simplesmente, em 1868, essa ideia foi abandonada, a favor de um Direito das obrigações suíço; cf. HANS MERZ, *Obligationenrecht/Allgemeiner Teil*, I (1984), 3-4.

[733] RUDOLF GMÜR, *Das schweizerische Zivilgesetzbuch verglichen mit dem deutschen Bürgerlichen Gesetzbuch* (1965), 179 ss..

[734] CESARE VIVANTE, *Trattato di diritto commerciale*, I – *I commercianti*, 5.ª ed. (1922), § 1.º (1-25), relativo à unidade do Direito privado; trata-se de uma rubrica que surgia já nas anteriores edições do *Trattato*, de VIVANTE, e que este fez questão em manter.

[735] VIVANTE, *Trattato* I, 5.ª ed. cit., 9.

Comercial de 1882, a supressão de juízos comerciais teve um efeito aglutinador: os juízes ordinários, ao aplicar promiscuamente ora o Código Civil, ora o Comercial, com um único processo, acabam por desenvolver um critério uno para decidir controvérsias civis e comerciais[736].

Vivante vai ainda mais longe. O Código de Comércio estabelece regimes favoráveis para os comerciantes. Esse aspeto opera, naturalmente, aquando dos contratos entre comerciantes e não-comerciantes, prejudicando a grande maioria da população[737]. Além disso, o Código de Comércio admitia a prevalência dos usos comerciais, mesmo nas relações entre comerciantes e não-comerciantes. Vivante comenta este preceito como atribuindo, aos comerciantes, uma parcela do poder legislativo[738]. A discussão sobre a natureza civil ou comercial de certos atos, profundamente inútil, tolhe e complica a aplicação da Justiça[739]. A duplicação de institutos prejudica a harmonização de preceitos e de soluções[740]. A presença de dois códigos dificulta o processo científico: é – será – evidente a natureza puramente descritiva de muitas obras de Direito comercial[741].

As considerações de Vivante são ponderosas. Elas obtiveram um acolhimento alargado. Não se trata de fazer desaparecer o acervo histórico do Direito comercial nem de pôr em causa os institutos jurídicos mercantis: apenas se questiona a sua arrumação como *lex specialis*, em paralelo com institutos homólogos do Direito civil. O Direito comercial deveria ser preservado como um sector particular do Direito privado, à disposição de todos, tal como qualquer instituto privatístico, por definição, se encontra. Quando muito, poderíamos admitir disciplinas especiais para certo tipo de organizações[742].

Este entendimento foi acolhido aquando da preparação do Código Civil italiano de 1942: um importante diploma que veio tratar unitaria-

---

[736] VIVANTE, *Trattato* I, 5.ª ed. cit., 10-11.
[737] VIVANTE, *Trattato* I, 5.ª ed. cit., 12.
[738] VIVANTE, *Trattato* I, 5.ª ed. cit., 14. Este Autor – p. 15 – refere, por exemplo, usos bancários como sendo pouco tranquilizantes para os particulares.
[739] VIVANTE, *Trattato* I, 5.ª ed. cit., 16.
[740] VIVANTE, *Trattato* I, 5.ª ed. cit., 17.
[741] VIVANTE, *Trattato* I, 5.ª ed. cit., 17 ss..
[742] Quanto à matéria da autonomia e do critério do Direito comercial temos, entre nós, uma célebre nota de pé de página: a nota 64 de ORLANDO DE CARVALHO, *Critério e estrutura do estabelecimento comercial* cit., que se estende da p. 120 à p. 179, com inúmeras indicações.

mente todo o Direito privado, substituindo o antigo Código de Comércio, de 1882 e o velho Código Civil, de 1865.

III. O Código Civil italiano de 1942 reparte-se por seis livros:

    I – Das pessoas e da família;
   II – Das sucessões;
  III – Da propriedade;
  IV – Das obrigações;
   V – Do trabalho;
  VI – Da tutela dos direitos.

No livro IV – *Das obrigações*, aparece um título III – *Dos contratos singulares*, onde são versados diversos contratos comerciais, lado a lado com os civis. É o que sucede com o reporte, o transporte, a expedição, a agência, a conta-corrente, os contratos bancários[743] e o seguro, entre outros.

Por seu turno, no livro V – *Do trabalho*, surgem títulos sobre as sociedades, as empresas cooperativas e mútuos de seguros, sobre a associação em participação e sobre a concorrência. Aqui temos um sugestivo exemplo quanto à unificação do Direito privado.

Um segundo exemplo é constituído pelo Direito "comercial" inglês: lado a lado são examinados institutos que, para os quadros continentais, seriam ora civis, ora comerciais.

E um terceiro exemplo vem-nos do Brasil: o Código Civil de 2002 revogou o anterior Código Civil, de 1916 e a parte geral do Código de Comércio, de 1850 (artigo 2045.º). No Código Civil encontramos matéria relativa a contratos "comerciais" e às sociedades.

    IV. A unificação do Direito privado levada a cabo em Itália causou algum choque na comercialística local. Na verdade, o Direito comercial moderno viera à luz nas cidades italianas. E em Itália surgiram muitos estudiosos comercialistas consagrados.

    Parece-nos patente, em diversos autores que se pronunciaram no período da reforma ou logo depois dela, uma certa nostalgia pelo perdido Código de Comércio[744]. A decisão de unificação foi tomada com a reforma já

---

[743] E mais precisamente: o depósito bancário, o aluguer de cofres, a abertura de crédito, a antecipação, as operações bancárias em conta-corrente e o desconto.

[744] ALBERTO ASQUINI, *Una svolta storica del diritto commerciale*, RDComm XXXVIII (1940) I, 509-517, descrevendo as tentativas de reforma na primeira parte do

avançada e, também, por alguma preocupação política: tratava-se de introduzir a "empresa" na lei civil, para assim dar corpo ao novo Direito "corporativo" italiano[745]. As tentativas imediatas surgiram no sentido de sedimentar um "novo Direito comercial", assente em ideias institucionalistas e, deste modo, materialmente autónomo[746]. A essa luz, a própria existência de um Código Comercial autónomo seria dispensável[747]. A experiência italiana da unificação, até pela relativa proximidade que a respetiva doutrina tem, nalguns pontos, em relação à nossa, constitui um excelente campo de meditação antes de qualquer reforma do Direito privado.

A melhor doutrina italiana – embora não unívoca – continua hoje a defender os pontos de vista de Vivante[748].

Mesmo as visões mais atualistas do Direito comercial como direito das empresas comerciais e das suas operações – para tentar evitar o escolho representado pelas conceções subjetivistas, de sabor corporativo – não lograram princípios próprios nem, sobretudo, aprontar um sistema diferenciado. Em suma: o Direito comercial poderia conservar uma autonomia expositiva e didática, ficando contudo claro tratar-se de uma parte do todo.

Todas estas considerações parecem ajustadas. O Direito comercial apresenta uma autonomia histórico-cultural que se impõe, ainda hoje: mas por razões mais históricas do que dogmáticas.

---

século XX, ainda com tudo em aberto e *Il diritto commerciale nel sistema della nuova codificazione*, RDComm XXXIX (1941) I, 429-438, já após a unificação, fazendo uma profissão de fé na Ciência do Direito comercial. Tem especial interesse seguir a sucessão de trabalhos de LORENZO MOSSA: *Scienza e metodi del diritto commerciale*, RDComm XXXIX (1941) I, 439-449 e *Il diritto del lavoro, il diritto commerciale ed il Codice Civile*, RDComm XLIII (1945) I, 39-75.

[745] ISIDORO LA LUMIA, *L'autonomia del nuovo diritto delle imprese commerciali*, RDComm XL (1942) I, 1-9. É curioso salientar que FRANCESCO CARNELUTTI profetizou o desaparecimento do Direito comercial até então existente, na sequência da reforma; respondeu LORENZO MOSSA, menos "pessimista"; cf. a correspondência publicada por ALBERTO ASQUINI, *Sulle nuove posizioni del diritto commerciale*, RDComm XL (1942) I, 65-71.

[746] Cf. GIUSEPPE VALERI, *Autonomia e limiti del nuovo diritto commerciale*, RDComm XLI (1943) I, 21-45 e *Il Codice di Commercio I. Come fu suppresso II. Come devrà risorgere*, RDComm XLIII (1945) I, 11-19.

[747] G. FERRI, *Revisione del Codice Civile e autonomia del diritto commerciale*, RDComm XLIII (1945) I, 99-113 e PAOLO GRECO, *Il diritto commerciale fra l'autonomia e la fusione*, RDComm XLV (1947) I, 1-11.

[748] FRANCESCO FERRARA JR./FRANCESCO CORSI, *Gli imprenditori e le società*, 14.ª ed. (2009), 17-19, com indicações diversas.

V. A defesa da autonomia do Direito comercial, subsequente à forte argumentação de Vivante e ao seu êxito no Código Civil italiano de 1942 foi viva, mas pouco profunda. A afirmação de que existe uma vida comercial intensa, que não se compadece com as delongas da vida civil, exigindo celeridade, eficácia e tutela da boa-fé desconhece dois pontos essenciais:

– a generalidade dos atos comerciais é praticada por não-comerciantes – os consumidores finais – pelo que, quantitativa e qualitativamente, o Direito comercial é o Direito de todos e do dia-a-dia;
– o Direito civil, por razões que abaixo retomaremos, mantém-se como a instância científica inovadora onde os conceitos e as soluções mais avançadas devem ser procuradas: a tutela da confiança no comércio, por exemplo, é legitimada pela boa-fé ... civil.

Devemos estar prevenidos contra um tipo de desenvolvimento linguístico que, a partir da palavra "comércio", procede a latos discursos justificativos, que esquecem a realidade sócio-cultural. No dia-a-dia, são celebrados mais negócios comerciais do que civis: nenhuma razão há para pretender, do Direito comercial, fazer uma camada de elite ou de exceção. Uma verdadeira autonomia do Direito comercial teria de ser procurada num plano científico: o Direito comercial disporia de princípios autónomos, métodos próprios e esquemas diferenciados de realização do Direito. Salvo a autonomia didática da Ciência do Direito comercial, desde já adiantamos que não é assim. O Direito comercial não se distingue por especiais procedimentos científicos ou concretizadores – tal como, de resto e por essa via, não se distinguem muitos dos ramos do Direito cuja autonomia é indiscutível.

A autonomia do Direito comercial ou existe ou é indefendível. Estamos no campo do Direito: Ciência – sim – mas Ciência da cultura e do espírito. Por múltiplos acidentes históricos acima bosquejados, os ordenamentos romano-germânicos desenvolveram um corpo de regras ditas "comerciais" ou "mercantis", tendo-se habituado a trabalhar com elas. Não é a única saída; poderá não ser a mais racional nem a mais conveniente. Mas existe e, com os elementos disponíveis, no tempo e no lugar onde opera, afigura-se a mais diferenciadora de situações, a mais rica em termos culturais e humanos e, nessa medida, a mais justa.

A existência de codificações civis e comerciais, enquanto se mantiverem separadas, é fundamental para a preservação dos dados ontológicos que, ao Direito comercial, conferem a sua autonomia.

Tem-se afirmado que as experiências unitárias suíça e italiana não conduziram, nos respetivos espaços, ao desaparecimento do Direito comercial. Não é rigorosamente exato. É verdade que um tipo de problemática ligada à vida dos negócios – portanto: situações jurídicas nuclearmente empresariais, muito mais restritas do que o tradicional Direito comercial –, um tanto à semelhança do atual *merchant law* anglo-saxónico, adquire um tratamento em conjunto, sob o título "Direito comercial". Porém, os clássicos desenvolvimentos jurídico-comerciais, patentes em qualquer manual alemão, francês ou português, perderam-se. O manual típico italiano[749] ocupa-se da empresa, das sociedades, das marcas e de contratos comerciais, ignorando as muitas centenas de páginas que, antes de 1942, eram dedicadas aos comerciantes e aos atos do comércio.

O Direito comercial mantém-se – até por osmose com as experiências vizinhas e por um evidente peso da tradição –, mas é qualitativa e quantitativamente diferente: mais fraco, menos coeso e mais sujeito a fracionar-se em múltiplas disciplinas autónomas.

VI. A autonomia do Direito comercial foi como que tolerada – e salvo quanto ficou dito – em diversos países. Ao longo do século XX, a sua evolução foi marcada pelo aparecimento de leis especiais crescentemente aperfeiçoadas e pela progressiva afirmação de disciplinas comerciais especializadas. Trata-se de um fenómeno que não contradita o facto de atuarem diversos vetores no sentido da universalização e da integração. Mas a autonomia comercial e o âmbito das suas normas dependem sempre do peso da tradição e dos hábitos que os juristas transmitem de geração em geração. Quando, na segunda metade do século XX, os negócios de massa, comerciais por excelência, exigiram regras especiais quanto à sua celebração e ao seu conteúdo, foi o Direito civil que se manifestou: as leis sobre cláusulas contratuais gerais são civis: não comerciais. Não há razões lógicas conhecidas.

Finalmente, é sintomático o facto de o Código Civil holandês de 1991 – a última codificação europeia do século XX – ter também procedido à unificação do Direito privado[750]. Outro tanto fez a primeira codificação do século XXI: a brasileira.

---

[749] Como exemplo, PIETER GIUSTO JAEGER/FRANCESCO DENOZZA/ALBERTO TOFFOLETTO, *Appunti di diritto commerciale* I, 7.ª ed. (2010).
[750] ZWEIGERT/KÖTZ, *Einführung in die Rechtsvergleichung*, 3.ª ed. cit., 100.

As dificuldades de reforma do Código Comercial de Veiga Beirão encontrarão justificações, também neste plano: já não é hoje possível reescrever, *ex novo*, um Código Comercial. Este ou existe, pelo peso da tradição, ou mais não seria do que uma compilação de regras diversas.

Uma exceção é a dos Códigos Comerciais de Macau e de Moçambique, de 2005. A sua análise mostra, todavia, que os legisladores respetivos optaram por incluir matéria como a das sociedades ou a de certos contratos nos novos Códigos quando, em geral, se tem decidido inseri-las em diplomas avulsos.

80. Uma comercialidade substancial?

I. A grande questão a que cabe responder é a da eventual existência de uma ideia substancial de comercialidade. Noutros termos: haverá áreas jurídicas que, pelas suas características materiais intrínsecas, se devam ou possam considerar mercantis? A doutrina atual mostra-se muito cética quanto à possibilidade de isolar uma "comercialidade" em sentido substantivo[751]: isso pressuporia uma característica marcante, presente nas normas comerciais e que as distinguiria das restantes – designadamente civis – o que não é realista.

Recorrendo à História e ao Direito comparado, ficam-nos três hipóteses:

– ou partir de uma ideia material de comerciante;
– ou partir do modo por que se apresente certa atividade humana, para ser comercial;
– ou partir do modo por que certa atividade humana seja preparada e desenvolvida.

O comerciante é a pessoa que pratica atos jurídicos patrimoniais em termos profissionais, isto é, que dirige a sua atividade económica nesse sentido: tal a noção do artigo 13.º, 1.º, do Código Comercial. Num sistema aberto, qualquer pessoa o poderá fazer, ocasional, sazonal, duradoura ou permanentemente. Não é possível fixar fronteiras. Além disso, estaríamos a escamotear o essencial: o comerciante seria o profissional ... do comércio,

---

[751] CLAUS-WILHELM CANARIS, *Handelsrecht*, 24.ª ed. (2006), 6.

continuando tudo por definir. Fica-nos, pois, como hipótese, a formalização do conceito: comerciante é aquele que, nessa qualidade, se encontre inscrito no registo comercial. Chegaríamos, por esta via, a um verdadeiro estatuto profissional de tipo corporativo, o que parece inaceitável: inconstitucional, mesmo[752].

II. Dadas as dificuldades em partir da noção de comerciante, surgiu outra pista: a de usar o modo por que se apresente certa atividade humana lucrativa. A ideia, que remonta a Heck[753], é bastante simples: o que caracteriza o ato comercial não é ser praticado por um comerciante: este pode praticar atos "não-comerciais", enquanto o "não-comerciante" pode levar a cabo atos comerciais em sentido próprio; o ato comercial define-se, antes, por ser pensado e modelado como ato de massa, isto é, como parte de um procedimento destinado a ser repetidamente levado a cabo. Daí que, sempre segundo Heck, no Direito comercial, as práticas e os usos do tráfego assumam um maior relevo do que no Direito civil[754].

Haverá aqui, como nota Canaris, uma parcela de verdade. Mas não obtemos um conceito operacional: temos atos de massa não-comerciais e atos comerciais pensados para operar isoladamente[755].

III. Não se podendo progredir com base no modo por que se apresente certa atividade humana, fica-nos a forma da sua preparação: o ato comercial provém de uma organização de meios destinada a facultá-lo, o que é dizer – e antecipando: de uma empresa. A ideia de empresa tem, no Direito comercial como no Direito em geral, uma aplicação difusa que dificulta – ou impossibilita – a sua dogmatização: isso lhe dá o seu especial interesse, em termos que exigem um desenvolvimento aqui incomportável. Podemos, todavia, ponderar a hipótese de a utilizar como elemento aglutinador do Direito comercial.

---

[752] JÖRG NEUNER, *Handelsrecht – Handelsgesetz – Grundgesetz*, ZHR 157 (1993), 243-290 (286 ss., 288).

[753] PHILIPP HECK, *Weshalb besteht ein von dem bürgerlichen Rechte gesonderter Handels-privatrecht*, AcP 92 (1902), 438-466 (455 ss.).

[754] HECK, ob. cit., 443.

[755] A Lei das Cláusulas Contratuais Gerais, relativa, por definição, aos tais eventos de massa, ignora, de modo ostensivo, a contraposição entre atos civis e comerciais; por outro lado a constituição de uma sociedade comercial não pode ser considerada um "ato de massa", embora, tradicionalmente, tenha natureza comercial.

O recurso à empresa para isolar o Direito comercial tem raízes que remontam aos finais do século XIX. No entanto, seria na vertente antiliberal dos anos trinta do século XX que, ligada a um pensamento "institucionalista", a empresa começaria por ocupar um espaço explicativo. Desde cedo, porém, se verificou que dificilmente o Direito comercial seria o "Direito da empresa": esta não é sujeito de Direito, tão-pouco esgotando o objeto do comércio[756]. A empresa surgiria apenas como referencial: o comerciante seria todo aquele que dispusesse de uma empresa[757] ou, noutros termos: o empresário[758]. A hipótese nunca deixou de ser prejudicada pela ambiguidade do termo "empresa" e pelo facto de esta ser usada como um programa de reforma ou de reativação jurídico-comercial[759]. Mas ela manteve-se, sempre, como ideia atuante[760], vindo a obter o apoio de comercialistas consagrados como Raisch[761] e Karsten Schmidt[762-763]. O conceito

---

[756] Quando muito, poder-se-ia usar diretamente a empresa para agrupar as normas que se lhe reportem – H. A. SCHULTZE-VON LASAULX, *Handel und Gewerbe. Gedanken zur Gruppierung des Rechtsstoffes*, AcP 145 (1939), 234-247: chegar-se-ia, porém e por esta via, ao denominado Direito da economia.

[757] HERMANN KRAUSE, *Kaufmannsrecht und Unternehmensrecht*, ZHR 105 (1938), 69-132 (129); curiosamente, esta fórmula corresponde à que, em 1998, seria introduzida no § 1 do HGB.

[758] O artigo 2082.º do Código Civil italiano veio definir empresário como
(...) o que exerce profissionalmente uma atividade comercial organizada com o fim de produzir ou de trocar bens ou serviços.

[759] ROLF HERBER, *Probleme der gesetzlichen Fortentwicklung des Handels- und Gesellschaftsrechts*, ZHR 144 (1980), 47-73.

[760] Além do referido HERMANN KRAUSE, cf. KARL WIELAND, *Handelsrecht* vol. I – *Das Kaufmänische Unternehmen und die Handelsgesellschaften* (1921), 136 ss. (145) e RUDOLF MÜLLER-ERZBACH, *Deutsches Handelsrecht*, 2-3.ª ed. (1928), 65 ss..

[761] PETER RAISCH, *Geschichtliche Voraussetzungen, dogmatische Grundlagen und Sinnwandkung des Handelsrechts* (1965), 14 ss..

[762] KARSTEN SCHMIDT, *Von Handelsrecht zum Unternehmens-Privatrecht?*, JuS 1985, 249-257; este escrito mereceu a crítica de OLIVER VOSSIUS, *Über das Unternehmens-Privatrecht und wider die Methode aprioristischer Fragestellung in der Rechtswissenschaft*, JuS 1985, 936-939; K. SCHMIDT replicou em *Spekulation oder skeptischer Empirismus im Umgang mit kodifizierten Recht?*, JuS 1985, 939-941. De KARSTEN SCHMIDT cf., em especial, o *Handelsrecht*, 5.ª ed. (1999), 47 ss..

[763] Sobre esta evolução ULRICH PREIS, *Der persönliche Anwendungsbereich der Sonderprivatrechte/Zur systematischen Abgrenzung von Bürgerlichen Recht, Verbraucherrecht und Handelsrecht*, ZHR 158 (1994), 567-613 (570 ss.).

de comerciante consignado no § 1.º do HGB[764] era considerado pouco satisfatório: "salto no escuro", aquando da sua aprovação, em 1897[765], preceito inconstitucional[766] ou mero resquício de estádios anteriores[767]: tudo isso serviu para apelar a uma nova construção: a do Direito comercial assente na empresa. A reforma do HGB, de 1998, deu um passo, embora tímido, nesse sentido[768]: analisámos o tema noutro local[769].

O debate em torno da utilidade da ideia de empresa, para surpreender o Direito comercial, é muito extenso. De todo o modo, fica a ideia de que, embora descritivamente útil, a empresa não dá fronteiras seguras para a comercialidade. No próprio HGB, após a reforma de 1998, tudo parece manter-se em aberto[770]: nem todos os titulares de empresas caem sob o Direito comercial, enquanto este mesmo Direito é aplicável a pessoas que não se podem considerar, com realismo "suportes de empresas".

IV. Não conseguimos apontar um conceito dogmático claro de "comercialidade". Por certo é possível interpretar o âmbito de aplicação do Código Comercial de 1888. Todavia, o resultado a que se chega é histórico e contingente. Fica-nos, pois, a ideia de Direito comercial como algo de histórico-culturalmente propiciado. Teremos aqui a base para uma construção jurídica subsequente, sobretudo numa perspetiva de reforma?

Quando se pretenda determinar um "Direito comercial" em moldes centrais, isto é, aprioristicamente assentes em princípios norteadores ou numa "comercialidade substantiva", acaba por se pôr em crise a sua autonomia. Não foi outro o percurso de Vivante, acima referido[771]. Na litera-

---

[764] *Manual de Direito comercial*, 2.ª ed., 224 ss., quanto ao teor original deste § e às alterações nele introduzidas pela importante reforma de 1998.

[765] MARTIN HENSSLER, *Gewerbe, Kaufmann und Unternehmen/Herkunft und Zukunft der subjektiven Anknüpfung des Handelsrechts*, ZHR 161 (1997), 13-51 (15).

[766] JÖRG NEUNER, *Handelsrecht* cit., 286 ss. e HENSSLER, *Gewerbe, Kaufmann und Unternehmen* cit., 29 ss..

[767] HENSSLER, *Gewerbe, Kaufmann und Unternehmen* cit., 50.

[768] HERBERT LESSMANN, *Vom Kaufmannrecht zum Unternehmensrecht?*, FG Zivilrechtslehrer 1934/35 (1999), 361-381 (381): tal reforma não chegou a erguer o Direito comercial sobre a ideia de empresa; afirmou, todavia – e na ideia deste Autor – o conceito de comerciante, avançando nessa linha.

[769] *Manual de Direito comercial*, 2.ª ed., 224 ss..

[770] CLAUS-WILHELM CANARIS, *Handelsrecht*, 24.ª ed. cit., 9.

[771] *Supra*, 282-283.

tura alemã, Nussbaum já havia chegado a essa conclusão[772], num caminho que, com mais subtileza, seria percorrido pelo clássico Eichler[773]. Na doutrina francesa, Marty explica que boa parte das "especialidades" comerciais foram, afinal, acolhidas no Direito civil[774]; a unificação seria um facto[775], surgindo, como áreas autónomas, o Direito profissional e o Direito do consumidor[776]. Mesmo "autonomistas", como Raisch, reconhecem que, afinal, muitos dos contratos especialmente regulados no Código Comercial não são estruturalmente diferentes dos civis[777].

V. Os pretensos princípios mercantis encontram, hoje, guarida no Direito civil. Vetores como a inovação, a maleabilidade e a tutela da confiança, graças à doutrina da boa-fé, têm sido desenvolvidos nas áreas civis: assim sucede na Alemanha e em Portugal, como exemplos de países que mantêm um código comercial separado do civil.

O internacionalismo do Direito comercial é uma referência constante nos manuais clássicos da especialidade[778]. O Direito comercial, mercê do tipo de problemas que enfrenta, teria uma forte parecença nos diversos países, ao contrário do que sucederia no Direito civil, mais diferenciado. Trata-se de uma afirmação lógica: todavia – e surpreendentemente – sucede o contrário. Temos aqui a contraprova da natureza histórico-cultural do Direito comercial.

Se compararmos o Código Civil de 1966 com o BGB alemão, com o Código Civil italiano – descontando as áreas "comerciais" – e com o próprio

---

[772] ARTHUR NUSSBAUM, *Die Auflösung des Handelsrechtsbegriffs*, ZHR 76 (1915), 325-336.

[773] HERMANN EICHLER, *Die Einheit des Privatrechts*, ZHR 126 (1964), 181-198 (182 ss.); EICHLER – ob. cit., 198 – admite que o Direito comercial tenha certas particularidades.

[774] JEAN-PAUL MARTY, *La distinction du droit civil et du droit commercial dans la législation contemporaine*, RTDComm 1981, 681-702 (685).

[775] MARTY, *La distinction* cit., 685-686. Encontramos opções deste tipo já em ALBERT WAHL, *Précis Théorique et Pratique de Droit Commercial* cit., 3 ss..

[776] MARTY, *La distinction* cit., 694.

[777] PETER RAISCH, *Die rechtsdogmatische Bedeutung der Abgrenzung von Handelsrecht und bürgerlichen Recht/Zugleich ein Beitrag zur analogen Anwendung handelsrechtlicher Normen auf Nichtkaufleute*, JuS 1967, 533-542 (534).

[778] FERNANDO OLAVO, *Direito Comercial* I, 2.ª ed. (1970), 22-23.

Código Napoleão[779], notaremos as semelhanças. Quer pela distribuição das matérias, quer pela linguagem, quer pelas soluções, vê-se que estamos perante uma mesma Ciência, com matizes nacionais. Idêntica operação levada a cabo com os códigos comerciais – e computando, desta feita, as áreas "comerciais" do Código Civil italiano – dão uma imagem inversa. Sem uma prévia iniciação, o comercialista formado à luz do Código Veiga Beirão não conseguirá vogar no HGB, no *Codice Civile* ou, mesmo, no *Code de Commerce*. O Código Vaz Serra é muito mais "internacional" do que o Código Veiga Beirão. Assenta em doutrinas mais recentes e numa receção especialmente cuidada da Ciência jurídica alemã. Vê-se, por aqui, o risco das repetições estereotipadas.

O que nos resta do Código Comercial é fortemente nacional. E na verdade, ele aplica-se ao pequeno comércio, pouco preocupado com implicações internacionalistas. O grande comércio obedece, hoje, a disciplinas comerciais autónomas, marcadas pela receção do Direito comunitário e muito longe dos quadros mercantis de Veiga Beirão ou da comercialística que ainda anima o nosso ensino universitário. A banca, os seguros ou os valores mobiliários documentam-no, à saciedade.

VI. As próprias tendências universalizadoras da primeira metade do século XX, de que as leis uniformes são o mais conhecido exemplo, soçobraram em puras manifestações nacionais. No comércio internacional, os títulos de crédito só por exceção são hoje utilizados. O moderno Direito bancário oferece-nos esquemas mais rápidos e seguros de transferências de fundos, de meios de pagamento e de garantias. A dogmática alemã dos títulos de crédito distancia-se da francesa, muito mais, por exemplo, do que o que sucede com os respetivos Direitos das sociedades comerciais. E nenhum operador português iria trabalhar com doutrinas alemãs ou francesas relativas a obrigações cartulares e isso apesar de nos três países vigorarem as leis uniformes ...

Nas áreas que requerem efetivo internacionalismo, têm surgido tendências integradoras – aliás: menos fortes do que o inicialmente previsto. Tal o caso do Direito das sociedades comerciais, com as sucessivas diretrizes aí surgidas. Mas tudo isso constitui, hoje, uma disciplina autónoma.

O Direito comercial tradicional é, na atualidade, o Direito do pequeno comércio, fortemente nacional. Também por isso merece respeito, estudo

---

[779] Este último desde que conhecida a ordem de arrumação da matéria.

e preservação. Esse papel não minimiza o interesse científico: ele faculta quadros mentais depois aplicáveis a áreas "internacionalizadas". E assim permite, mesmo nesse campo, a defesa da identidade do Direito lusófono. Mas no plano dos princípios como no da dogmática, não há nenhuma diferenciação que perturbe a unidade do Direito privado.

81. O problema no âmbito do Código Vaz Serra; a opção atual

I. A não-autonomização do Direito comercial pôs-se aquando da preparação do Código Civil de 1966.

O Decreto-Lei n.º 33:908, de 4 de Setembro de 1944[780], que autorizou o Ministro da Justiça a promover a elaboração de um projeto de revisão geral do Código Civil, não tomou posição sobre o problema da unificação: o projeto poderia englobar ou não o Direito comercial, conforme o julgasse preferível[781]. Por seu turno, a Portaria n.º 10:756, de 10 de Outubro de 1944, que nomeou uma comissão para curar da reforma[782], determinou que ela se ocupasse primeiro do Direito civil, ficando para ulterior decisão a hipótese de fusão com o Direito comercial[783]. No período de reflexão subsequente, Galvão Telles pronunciou-se a favor da autonomia comercial[784], enquanto Barbosa de Magalhães pugnou pela teoria da unidade[785-786].

---

[780] DG I Série n.º 196, de 4-Set.-1944, 830-836.
[781] Lê-se, aí – DG 196 cit., 835/II – depois de se referirem as experiências unitárias suíça e italiana:

(...) haverá que resolver se ainda subsistem as razões de autonomia do direito comercial ou se, ao contrário, a época atual já se não compadece com a existência de um domínio jurídico à parte, no qual se desenvolvam as atividades comerciais. Por isso se prevê que os trabalhos de revisão abranjam o direito comercial.

A resposta acabaria por ser dada pela inércia.
[782] DG I Série n.º 222, de 10-Out.-1944, 973-974.
[783] Artigo 6.º da Portaria n.º 10:756, no que parece um claro recuo em relação ao texto do preâmbulo do Decreto-Lei n.º 33:908.
[784] INOCÊNCIO GALVÃO TELLES, *Aspectos comuns aos diversos contratos*, RFDUL VII (1950), 234-315 (268 ss.).
[785] BARBOSA DE MAGALHÃES, *A revisão geral do Código Civil, a autonomia do Direito comercial e o problema da codificação*, ROA 10 (1950), 1 e 2, 1-58 (16 ss.); anteriormente, já GUILHERME MOREIRA, *Instituições de Direito civil*, 1 (1911), 147-149, tinha

A aprovação do Código Civil, pelo Decreto-Lei n.º 47 334, de 25 de Novembro de 1966, consagrou, *a contrario*, a autonomia legal do Direito mercantil.

II. Não parece, todavia, que tenha sido apurada, nessa ocasião, uma linha autonomista comercial. A melhor demonstração: não foi possível, nos sessenta anos subsequentes, preparar um Código Comercial. De resto: não conhecemos verdadeiros códigos comerciais europeus ocidentais posteriores a 1900.

A afirmação não é desmentida pelo (chamado) Código de Comércio francês, de 2000. Efetivamente, a Lei de 16-Dez.-1999 veio habilitar o Governo francês a compilar, sem alterações (*à droit constant*)[787] a generalidade dos diplomas comerciais. Em sua execução, uma Ordenança de 18-Set.-2000 veio inserir o Código das Sociedades, aprovado pela Lei de 24-Jul.-1966, no Código de Comércio, outro tanto fazendo com outros diplomas. Nada foi alterado, exceto a numeração dos preceitos dos troços integrados.

A doutrina foi unânime em rejeitar este tipo de "reforma"[788], de manifesta infelicidade.

De facto, a "reforma" veio dificultar o tratamento das sociedades, como disciplina autónoma. Além disso, a alteração da numeração dos preceitos veio complicar a sua localização e a sua consulta[789]. Quanto à subs-

---

sublinhado os inconvenientes pedagógicos da separação entre o Direito civil e o comercial. Também CUNHA GONÇALVES, *Tratado de Direito Civil*, 1 (1929), 74, entendia que a divisão entre o Direito civil e o comercial "... não tem razão de ser e só se funda na formação histórica de algumas especialidades mercantis ...".

[786] Esta contraposição é tanto mais curiosa: subjetivamente, seria de esperar que GALVÃO TELLES, civilista, opinasse pela unidade enquanto BARBOSA DE MAGALHÃES, comercialista, deveria chegar à opção inversa. Não foi isso o que sucedeu, assim se demonstrando o nível científico da controvérsia. De todo o modo, parece-nos que a doutrina maioritária portuguesa seria favorável à unificação do Direito privado: mas sem lograr impressionar o convicto legislador de 1966.

[787] Ou apenas com as alterações necessárias para assegurar a hierarquia das normas, a coerência dos textos e a harmonização jurídica.

[788] Assim, PHILIPPE MERLE, *Droit commercial/Sociétés commerciales*, 9.ª ed. (2003), 30 e G. RIPERT/R. ROBLOT, *Traité de Droit Commercial*, com MICHEL GERMAIN, I/2, *Les sociétés commerciales*, 18.ª ed. (2003), 4.

[789] O texto dos cerca de 500 artigos do *Code des sociétés commerciales* foi transcrito para os artigos L. 210-1 a L. 247-10 do *Code de commerce*, com conversão de artigos

tância: nada se adiantou⁷⁹⁰. Esta inesperada experiência francesa constitui, de facto, um exemplo: a não seguir.

III. Uma revisão aprofundada do Código Civil leva à absorção do Direito comercial ou, pelo menos: das áreas contratuais do Direito comercial: vale a lição brasileira. Sectores instrumentais, como o registo comercial, poderão ser mantidos ou reordenados num registo mais amplo. Apenas as sociedades comerciais poderão apresentar uma autonomia formal, em termos abaixo referenciados⁷⁹¹. Os valores relativos à produção e à circulação de bens não se circunscrevem, hoje, aos clássicos "comerciantes". Ficam abrangidas, por eles, as organizações *non profit*, os profissionais liberais e os agricultores⁷⁹².

Em síntese: o Direito comercial separa-se do civil por puras razões de natureza histórica. Não encontramos justificações de fundo que alicercem a sua autonomia. Mas a situação existente, baseada na separação, deve ser tida em conta.

---

em subnúmeros; *vide* o *Code de Commerce* da Dalloz, 107.ª ed. (2012), com úteis tabelas de correspondência, a pp. 3399-3619.

⁷⁹⁰ Críticos: YVES GUYON, *Le nouveau Code de Commerce et le droit des sociétés*, RS 2000, 647-652, que considera ter-se dificultado o acesso à lei e FRANÇOIS-XAVIER LICARI/JOCHEN BAUERREIS, *Das neue französische Handelsgesetzbuch – ein kritischer Beitrag zur Methode der codification à droit constant*, ZeuP 2004, 132-152, fortemente críticos.

⁷⁹¹ *Infra*, 334-335.

⁷⁹² *Vide* HEINZ KREJCI, *Methodisches, Dogmatisches und Politisches zur Grundstatbestandsbildung im "Handelsrecht"*, FS F. Bydlinski (2002), 219-242 (241).

§ 19.º O DIREITO DO TRABALHO

82. Origem histórica

I. O artigo 1152.º do Código Civil dá a noção tradicional de contrato de trabalho[793]:

(...) é aquele pelo qual uma pessoa se obriga, mediante retribuição, a prestar a sua atividade intelectual ou manual a outra pessoa, sob a autoridade e direção desta.

A pedra de toque da fórmula transcrita reside na subordinação jurídica: uma das partes – o trabalhador – deve obediência à outra – o empregador. Além disso, no plano sócio-económico, o trabalhador tem, em regra, um poder económico e um conhecimento das matérias muito inferior ao do empregador. Desenha-se, logo neste ponto, uma problemática que não poderia deixar de ter consequências complexas, no plano do Direito.

II. No Direito romano, boa parte do trabalho prestado era servil ou familiar. Todavia, a figura do contrato de trabalho concluído entre pessoas livres – a *locatio conductio operarum* – era já conhecida e praticada[794]. Manteve-se, no Direito intermédio, como um instrumento à disposição das

---

[793] Essa noção foi respeitada na antiga Lei do Contrato de Trabalho, aprovada pelo Decreto-Lei n.º 49408, de 24 de Novembro de 1969; todavia, o atual CT entendeu substituir a segunda parte da definição por (...) *a prestar a sua atividade a outra ou outras pessoas, no âmbito de organização e sob a autoridade destas* (artigo 11.º). Independentemente de questões dogmáticas, pena é que se tenha quebrado esta unidade umbilical com o Direito civil.

[794] THEO MAYER-MALY, *Römische Grundlagen des modernen Arbeitsrechts*, RdA 1967, 281-286. Com outros elementos *vide* o nosso *Isenção de horário/Subsídios para a dogmática actual do Direito da duração do trabalho* (2000), 13 ss..

partes. As questões que suscitasse eram enquadradas e resolvidas, sem problemas de maior, pelo Direito civil.

III. A quietude relativa que, durante largos séculos, caracterizou a regulação jurídica do trabalho subordinado sofreu um abalo infrajurídico profundo com a Revolução Industrial. Como é sabido, a generalização do motor a vapor permitiu um incremento da indústria, assente numa organização que punha, frente a frente, os proprietários das fábricas, das máquinas e das matérias-primas e os trabalhadores assalariados. Este fenómeno, que já era conhecido de períodos históricos anteriores[795], ganhou dimensões novas, pela extensão das suas implicações sociológicas. Assim, ele levou a um êxodo em direção às cidades e aos centros industriais nascentes, com o abandono dos campos e a formação de consideráveis massas de assalariados. A breve trecho – e num movimento que se atenuou à medida que se passa dos espaços desenvolvidos para a periferia, onde a industrialização foi mais lenta ou, até, incipiente – toda a estruturação económica, depois social e, por fim, política, sofreu alterações[796].

A Revolução Industrial levantou uma problemática social nova, fonte de conflitos e tensões, que se arrastaram durante o século XIX e conduziram, no seu termo, a novas estruturações: essa situação ficou conhecida como a questão social[797]. A procura do lucro condicionada pela forte concorrência existente na indústria nascente, a abundância da mão-de-obra, a especialização crescente com o concomitante abandono da autossuficiência individual, só possível em comunidades agrícolas, a não-sensibilidade dos poderes públicos para a nova problemática, as grandes concentrações humanas sem as necessárias infraestruturas, a falta de cautelas com o ambiente, a ocorrência cíclica de crises económicas e uma incapacidade

---

[795] Quanto às formas industriais, desde o Renascimento à Revolução Francesa, FRANS VAN DER VAN, *Sozialgeschichte der Arbeit* 2 (1972), 249 ss..

[796] Vide RUDOLF REBBERT, *Geschichte der Industrialisierung* (1972), 17 ss. (Inglaterra) e 52 ss. (Continente).

[797] *Vide* o clássico GUSTAV SCHMOLLER, *Die soziale Frage/Klassenbildung, Arbeiterfrage, Klassenkampf* (1918); certos aspetos da questão social podem ser confrontados em FRIEDRICH ENGELS, *A situação da classe trabalhadora em Inglaterra*, trad. port. (1975); uma visão cristã pode ver-se em JOHANNES MESSNER, *Die soziale Frage*, 6.ª ed. (1956), especialmente 293 ss.. Com elementos jurídicos: ULRICH SELLIER, *Die Arbeiterschutzgesetzgebung im 19. Jahrhundert* (1998), 21.

§ 19.º O Direito do trabalho

cultural de entender, de imediato, o alcance, nas sociedades humanas, dos passos tecnológicos efetuados, conduziram, como se sabe, a uma situação de grande degradação da posição dos trabalhadores por conta de outrem: baixos salários, alongamento do dia de trabalho, más condições de laboração e, em geral, de vida e de cultura, e falta de proteção na infância, na maternidade, na doença, nos acidentes e na velhice.

IV. A problemática originada pela questão social levou os diversos ordenamentos a intervir[798]. Isso sucedeu pelas vias mais diversas: desde movimentos sociais diretamente indutores de soluções jurídicas (greves, contratações coletivas e reintegrações) a iniciativas reformadoras dos Estados (tutela dos menores e das mulheres), passando por pressões de massas sublevadas (duração do trabalho). O Direito do contrato de trabalho, inicialmente civil, veio a ganhar especificidades em três áreas:

– no regime do próprio contrato de trabalho: surgem limitações à autonomia das partes; a lei impõe soluções quanto à cessação do contrato (despedimentos), quanto à manutenção das remunerações ou quanto à forma do seu pagamento, entre muitas outras;
– no aparecimento do Direito coletivo do trabalho: isolado, o trabalhador não tem, em regra, peso negocial, perante a entidade empregadora; o problema pode ser superado se as condições dos contratos forem negociadas, no plano coletivo, por associações que representem um número elevado de trabalhadores (sindicatos); ainda nesse plano coletivo, o Direito tenta disciplinar fenómenos novos, como a greve;
– no domínio das condições de trabalho: o Estado impõe regras imperativas de higiene, de segurança e de proteção, que devem ser cumpridas por todos; a execução dessas regras é, em geral, assegurada diretamente por departamentos especializados do Estado, em termos administrativos.

V. O Direito do trabalho traduz o conjunto das três áreas apontadas – os Direitos individual e coletivo do trabalho e o Direito das condições de

---

[798] Elementos comparatísticos podem ser confrontados no nosso *Isenção de horário* cit., 27 ss. e no *Manual de Direito do trabalho*, 44 ss..

trabalho – e, ainda, a Ciência capaz de estudar unitariamente esse conjunto.

Em tese geral, o Direito do trabalho tornou-se necessário pela afirmada insensibilidade do Direito civil aos problemas sociais subsequentes à revolução industrial. O Direito civil consigna o dogma da igualdade formal entre as partes num contrato. Ora, no mundo do trabalho, essa igualdade não chega: o patente desequilíbrio entre elas exige medidas de proteção tendentes a restabelecer a paridade. Além disso, o Direito civil versa situações jurídicas isoladas, ignorando os fenómenos de massa, isto é: as conjunções nas quais, lado a lado, surjam numerosas situações jurídicas. Estas exigiriam um regime adaptado.

Fica em aberto o saber se, mercê destas realidades, o Direito do trabalho chegou a afirmar regras e princípios diferentes dos civis e se o particularismo que presidiu à sua autonomização, nos meados do século XIX, se mantém, no início do XXI.

83. A evolução do Direito do trabalho em Portugal

I. A evolução do Direito do trabalho em Portugal pode ser comodamente exposta com recurso a uma periodificação em seis fases:

– a fase do Direito civil (1834 a 1891);
– a fase das medidas de proteção (1891 a 1926);
– a fase do Estado Novo (1926 a 1974);
– a fase social (1974 a 1989);
– a fase da reconstrução (1989 a 2003);
– a fase da codificação (2003 em diante).

O Direito do trabalho nasceu, em Portugal, com a supressão das corporações medievais[799]: organismos que enquadravam o acesso às diversas profissões, regulando o seu exercício e assegurando, por essa via, uma certa

---

[799] Decreto de 7 de Maio de 1834, em *Collecção de Decretos e Regulamentos mandados publicar por sua Magestade Imperial o Regente do Reino desde a sua entrada em Lisboa até à instalação das Câmaras Legislativas* (1840), 115, cujo artigo 1.º dispunha:
Ficam extinctos os Logares de Juiz, e Procuradores do Povo, Mesteres, Casa dos vinte e quatro, e os gremios dos differentes Officios.

proteção aos trabalhadores. A medida visava, expressamente, consagrar o princípio liberal da liberdade de indústria; na realidade, não veio mais do que rematar uma longa decadência, iniciada no século XVI e intensificada, em Portugal, a partir de meados do século XVIII[800].

O desaparecimento da ordem antiga deixou os agentes laborais totalmente entregues ao Direito civil. Seguiu-se, assim, uma larga autonomia privada no domínio laboral: a supressão das velhas corporações não deu lugar a qualquer outra regulação, enquanto que, a nível económico como a nível científico, nenhuma alteração jogava a favor do laboralismo. Não havia, no País, uma indústria propriamente dita[801], enquanto, no Direito em geral, se mantinha um esforço codificador, ainda não coroado de êxito.

O pensamento laboral europeu ia sendo conhecido: Vieira da Silva, tipógrafo, tentou constituir o primeiro sindicato português[802]; em 1840, Silvestre Pinheiro Ferreira elabora um Projeto da Associação das Classes Industriosas, que apresentaria, três anos volvidos, às Cortes, sem sucesso[803]; em 1852 registam-se as primeiras greves – entre trabalhadores dos tabacos e tipógrafos[804].

O Decreto de 7 de Maio de 1834, que havia abolido as antigas corporações, foi interpretado no sentido de proibir, para o futuro, quaisquer associações de tipo profissional; os sindicatos e a ação sindical seriam assim, vedados, numa medida complementada pelo Código Penal de 1852 que incriminava a greve e os dirigentes de associações ilícitas, por falta de autorização.

Algumas medidas legislativas destinadas ao melhoramento das condições de trabalho fizeram, também, uma tímida aparição. Não são, no

---

[800] PEDRO SOARES MARTINEZ, *Manual de Direito Corporativo*, 3.ª ed. (1971), 61 ss..

[801] Quanto à incipiente situação industrial então existente, MARIA DA CONCEIÇÃO TAVARES DA SILVA, *Direito do Trabalho* (1964-65), 307 ss. onde se lê, designadamente: "... não há ainda problemas específicos do proletariado industrial pela simples razão de que não existe indústria". A tal propósito, é curiosa e elucidativa a leitura de J. ACÚRSIO DAS NEVES, *Memória sobre os meios de melhorar a indústria portuguesa*, 1820.

[802] COSTA JÚNIOR, *História breve do movimento operário português* (1964), 17; a tentativa ocorreu em 1834, tendo sido, também sem êxito, retomada dois anos mais tarde.

[803] Publ. em *Antologia do pensamento jurídico português/Silvestre Pinheiro Ferreira*, BMJ 12 (1949), 89-156 (95 ss., a apresentação do próprio e 101 ss., o articulado). Em 1846 surgiu a *Caixa de socorros dos empregados da Imprensa Nacional* e, em 1850, foi fundado – ainda que por intelectuais – o primeiro jornal operário, *O Eco dos Operários*. Outras organizações e jornais se lhe seguiriam: *vide* M. TAVARES DA SILVA, *Direito do Trabalho* cit., 318 ss..

[804] FERNANDO EMYGDIO DA SILVA, *As greves* 1 (1913), 269.

entanto, suficientemente relevantes para justificar a autonomização de uma disciplina jurídica[805].

Esta fase é ainda marcada, a nível jurídico, pelo aparecimento, em 1867, da primeira codificação civil[806] e, no plano económico, por uma relativa industrialização do País, com a concomitante erupção de vários fatores periféricos de desenvolvimento laboral[807]: associações, lutas coletivas e iniciativas similares. Ao Código Civil, pelo seu significado profundo no domínio da cultura jurídica, é devida a maior atenção.

Elaborado na linha do Código Napoleónico, de 1804, o Código de Seabra assumia uma feição individualista marcada: todo ele se arquitetava em função da pessoa e dos bens, surgindo os contratos como simples meio de adquirir a propriedade. O contrato de trabalho não teve, nele, qualquer referência expressa, enquanto tal. Trata-se de uma situação comum e explicável: como qualquer codificação, o Código de Seabra veio traduzir a elaboração doutrinária anterior à sua aprovação; ora tal elaboração desconhecia o fenómeno juslaboral.

Não obstante – e complementando o quadro conhecido pelo Direito comum da pré-codificação – o Código de Seabra veio regular o contrato de prestação de serviço doméstico – artigo 1370.° e seguintes – e o contrato do serviço salariado – artigo 1391.° e seguintes. Este último era, efetivamente, o contrato de trabalho; basta atinar no dispositivo do artigo 1392.° do Código de Seabra que consagrava, com clareza, a subordinação laboral:

> O serviçal assalariado é obrigado a prestar o trabalho, a que se propôs, conforme as ordens e direção da pessoa servida. Se assim o não fizer, poderá ser despedido antes que finde o dia, pagando-se-lhe as horas de serviço prestado.

A regulação por ele estabelecida era, no entanto, parca; e a insuficiência perfilava-se, patente, mesmo para a época[808].

---

[805] Regista-se, assim, um Decreto de 27 de Agosto de 1855 (RODRIGO DA FONSECA) – *Collecção official da Legislação Portugueza*, 1855, 294-303 – sobre estabelecimentos insalubres, incómodos e perigosos; visa, no entanto, proteger a saúde, a segurança e os bens dos vizinhos e não dos trabalhadores.

[806] *Supra*, 227 ss..

[807] M. VILLAVERDE CABRAL, *Sobre o século XIX português: a transição para o capitalismo*, Análise Social, XII (45), 1976/1.°, 106-126 (121) e *O desenvolvimento do capitalismo em Portugal no século XIX* (1976), 247 ss. e 270 ss.

[808] CUNHA GONÇALVES, *Tratado* cit., 7 (1933), 573, faz notar que o dispositivo civil português era preferível ao francês ou ao brasileiro, que mantinham a referência a uma

Com relevo laboral pode apontar-se ainda, no Código de Seabra, o contrato de aprendizagem – artigo 1424.º e seguintes. A esse proprósito surgiam já normas protetoras do "aprendiz"[809].

O período ficou ainda marcado por surtos grevistas e pelos primeiros contactos internacionalistas das organizações operárias portuguesas[810]; tudo isto não foi prejudicado pelo agravamento das penas pela greve ou pelo despedimento coletivo, através do artigo 170.º do Código Penal de 1886.

II. A segunda fase, iniciada em 1891, foi provocada pelo Ultimato inglês e pela instabilidade política que se lhe seguiu. A industrialização do País prosseguia o seu curso, em termos que davam já um peso social aos trabalhadores, enquanto o influxo de novas correntes e agrupamentos – desde os republicanos aos anarquistas – provocara uma agitação que o legislador pretendeu minorar[811]: tal a origem das primeiras medidas de proteção laboral.

Foram, assim, publicados:

– o Decreto de 9 de Maio de 1891 sobre associações de classe, para defesa dos interesses dos seus membros; a sua constituição ficava dependente de aprovação dos estatutos pelo Governo, o que, segundo os comentadores, acontecia, por norma, como simples formalidade[812];

– o Decreto de 14 de Abril de 1891 sobre o trabalho de mulheres e de menores: a proteção era prosseguida através de uma série de restri-

---

locação de serviços. Mas estranha que o serviço doméstico tivesse merecido ao legislador de 1867 vinte artigos, enquanto que o contrato do serviço assalariado ou trabalho se contentara com cinco.

[809] Segundo o artigo 1427.º do Código de SEABRA, "Nenhum aprendiz, antes dos catorze anos, pode ser obrigado a trabalhar mais de nove horas em cada vinte e quatro nem, antes dos dezoito, mais de doze". Para CUNHA GONÇALVES, *Tratado* cit., 7, 755, "... deve notar-se quão deshumano era o art. 1427.º ...".

[810] EMYGDIO DA SILVA, *As greves* cit., 271 ss.; M. TAVARES DA SILVA, *Direito do Trabalho* cit., 341 ss.; COSTA JÚNIOR, *Movimento operário* cit., 31 ss.. A nível político, a movimentação traduziu-se pela criação, em 1875, do Partido Socialista.

[811] M. TAVARES DA SILVA, *Direito do Trabalho* cit., 353.

[812] Apesar do silêncio deste diploma, depressa se vieram a formar federações de sindicatos, designadamente no Porto e em Lisboa. Um novo diploma, de 5 de Julho de 1894, viria regular os sindicatos agrícolas. O texto do Decreto de 9-Mai.-1891 pode ser confrontado na *Collecção de Legislação Portugueza* (1891), 227-231.

ções, escalonadas por idades, quanto ao tipo de trabalho e à sua duração, para essas duas categorias consideradas vulneráveis[813];
– o Decreto de 19 de Março de 1891 sobre árbitros-avindores.

Outra legislação se seguiu, designadamente no domínio das condições de trabalho[814].

A proclamação da República, em 1910, não introduziu, por si, alterações no universo laboral[815]. O Decreto de 6 de Dezembro de 1910 veio, na verdade, permitir a greve e o despedimento coletivo[816], revogando a correspondente penalização, inserida no Código Penal; essa permissão era acompanhada de restrições no domínio dos "serviços de interesse público" e de uma proibição para a função pública. A permissão jurídica da greve não teve grandes repercussões de fundo: por um lado, as greves eram frequentes durante a proibição sem que, daí, resultassem particulares consequências; por outro, a permissão de 1910 não impediu a repressão das greves e a perseguição dos grevistas as quais, em certa medida, foram mesmo intensificadas[817]. Caberia de novo ao Estado a introdução, por via legislativa e sempre insular, de algumas medidas jurídico-laborais:

---

[813] Um resumo do dispositivo pode ser confrontado em M. TAVARES DA SILVA, *Direito do Trabalho* cit., 364 ss.. Segundo o preâmbulo desse diploma, "A cobiça natural das empresas deseja nos seus trabalhos o menor porque ele é instrumento dócil e barato e tanto mais barato quanto mais produzir". Avançado para a época, este diploma nem sempre foi, na prática, aplicado.

[814] Assim, por exemplo: Portaria de 7-Ago.-1894, sobre estatísticas de acidentes de trabalho; Decreto de 6-Jun.-1895, sobre inspeção e vigilância na construção civil; Decreto de 24-Set.-1898, sobre fiscalização das caldeiras e recipientes a vapor; Carta de Lei de 24-Mai.-1902 e Decreto de 24-Dez.-1902, sobre substâncias explosivas; Decreto de 28-Fev.-1903 sobre indústrias elétricas, etc. Para mais pormenores, *vide* M. TAVARES DA SILVA, *Direito do Trabalho* cit., 374.

[815] EMYGDIO DA SILVA, *As greves* cit., 295 ss., relata, em páginas muito interessantes, os acontecimentos laborais então registados.

[816] Segundo esse diploma, era "... garantido aos operários como aos patrões o direito de se coligarem para a cessação simultânea do trabalho".

[817] COSTA JÚNIOR, *Movimento operário* cit., 67 ss.. Graves acontecimentos tiveram lugar em 1912, na sequência de uma greve geral proclamada entre os trabalhadores rurais do Alentejo, severamente reprimida; foi decretada uma greve geral revolucionária em todo o País, que acabaria com a tomada, pela polícia e pelo exército, da sede da União das Associações de Classe de Lisboa, a 31-Jan.-1912, numa altura em que esta já havia decidido cessar a greve, e com a prisão de 700 sindicalistas que aí se encontravam, os quais foram conduzidos para navios de guerra. *Vide* MANUEL JOAQUIM DE SOUSA, *O sindicalismo em Portugal*, 2.ª ed. (1974), 90 ss. e ALEXANDRE VIEIRA, *Para a história do sindicalismo em Portugal*, 4.ª ed. (1974), 61 ss..

– o Decreto de 8 de Março de 1911 veio garantir o descanso semanal, já fixado pelo Decreto de 9 de Janeiro desse mesmo ano;
– a Lei n.º 83, de 24 de Julho de 1913, veio fazer correr pelos empregadores o risco de acidentes de trabalho, em certos ramos de atividade considerados perigosos[818];
– a Lei n.º 494, de 16 de Março de 1916, veio criar o Ministério do Trabalho e da Previdência Social;
– o Decreto n.º 5.516, de 10 de Maio de 1919, veio fixar em oito horas por dia e 48 por semana a duração máxima do trabalho normal, aceitando uma das mais célebres reivindicações dos trabalhadores, a nível mundial;
– o Decreto n.º 10.415, de 27 de Dezembro de 1924, veio regular as uniões ou federações de grémios, mencionando, pela primeira vez, de modo expresso, os contratos coletivos de trabalho.

Registe-se, por fim que, culminando uma longa série de esforços, reuniu em Coimbra, no ano de 1919, um Congresso Operário Nacional, que criou a Confederação Geral do Trabalho – C.G.T. –, de predominância anarquista, que teria, na época, grande influência[819].

III. A fase corporativa surgiu como projeção do regime político implantado na sequência da sublevação militar de 28 de Maio de 1926[820]. É possível distinguir, nela, dois subperíodos:

1.º de 1926 a 1966
2.º de 1966 a 1974.

O primeiro subperíodo foi marcado pela formação e consolidação, em termos jurídicos, do pensamento laboral do Estado novo. A ação estadual foi

---

[818] M. TAVARES DA SILVA, *Direito do Trabalho* cit., 176 ss..

[819] Um breve apanhado das evoluções subsequentes, que incluiriam violência e ilegalidades por parte dos empregadores, dos trabalhadores e dos próprios governos republicanos e, ainda, uma série de desacordos dentro da C.G.T. pode ser confrontado em COSTA JÚNIOR, *Movimento operário* cit., 117 ss.; *vide*, também, ANTÓNIO VIANA MARTINS, *Da I República ao Estado Novo* (1976), 51 ss..

[820] No início, tratava-se apenas de mais uma intervenção militar na política, numa prática bastante comum ao longo de todo o liberalismo; uma série de fatores levou, no entanto, a uma perpetuação dos militares no poder e, depois, à ascensão de SALAZAR; o regime adquiriu, assim, um teor ideológico autoritário; *vide* JORGE CAMPINOS, *A ditadura militar 1926/1933* (1975); ANTÓNIO DE FIGUEIREDO, *Portugal: Cinquenta anos de ditadura* (1975).

decisiva, tendo o Direito do trabalho conhecido, nessa altura, um desenvolvimento central. De início, apenas se registou a proibição da greve – Decreto n.º 13.138, de 15 de Fevereiro de 1927. Um sistema mais completo seria prenunciado pela Constituição de 1933 e pelo Estatuto do Trabalho Nacional, aprovado pelo Decreto-Lei n.º 23.048, de 23 de Setembro de 1933.

Na linha das constituições sociais programáticas, filiadas na experiência de Weimar, a Constituição de 1933 veio consagrar direitos relativos ao trabalho, de efetivação mais ou menos imediata; assim o direito ao trabalho – artigo 8.º/1-A – e a liberdade de escolha da profissão – artigo 8.º/7. Os elementos corporativos[821] levaram-se a proscrever, expressamente, a luta de classes, com reflexos imediatos no Direito do trabalho coletivo. Assim,

> artigo 35.º A propriedade, o capital e o trabalho desempenham uma função social, em regime de cooperação económica e solidariedade, podendo a lei determinar as condições do seu emprego ou exploração conformes com a finalidade colectiva.
> artigo 39.º Os conflitos colectivos nas relações de trabalho serão dirimidos nos termos da lei, por conciliação ou por arbitragem, não sendo permitida a suspensão de actividade por qualquer das partes com o fim de fazer vingar os respectivos interesses.

Desta contraposição resultou uma dupla linha de evolução jurídico--laboral no Estado Novo:

> – o Direito do trabalho individual e o Direito das condições de trabalho seguiram, com alguns desvios menores, um rumo comparável ao dos outros ordenamentos ocidentais[822];
> – o Direito coletivo do trabalho, em função das proibições que incidiram sobre as lutas laborais coletivas e a liberdade de associação apresentou uma feição distorcida.

Os principais diplomas de Direito do trabalho cifram-se, neste período no que segue:

---

[821] O corporativismo é uma doutrina política, económica e social difícil de definir, dada a multiplicidade de orientações que comporta ou comportou – cf. ALBERTO XAVIER, *Direito corporativo* (1972), 3 ss.. No essencial, apresentou-se como uma terceira via entre o liberalismo e o socialismo, procurando evitar o dilema indivíduo-Estado com recurso a entes intermédios – as corporações. *Vide infra*, 533 ss., a propósito das "normas corporativas" enquanto fontes de Direito.

[822] Efetivamente, o essencial da legislação em causa manteve-se em vigor até ao Código do Trabalho de 2003.

– a Lei n.º 1.952, de 10 de Março de 1937, aprovou o regime do contrato individual de trabalho, constituindo o primeiro diploma a ocupar-se da matéria;
– o Decreto-Lei n.º 24.402, de 24 de Agosto de 1934[823], aprovou as regras relativas à duração de trabalho, com alterações posteriores;
– a Lei n.º 1.942, de 27 de Julho de 1936[824], veio dispor sobre acidentes de trabalho e doenças profissionais;
– o Decreto-Lei n.º 23.870, de 18 de Maio de 1934[825], veio punir a greve e o despedimento coletivo;
– o Decreto-Lei n.º 36.173, de 6 de Março de 1947[826], veio aprovar o regime das convenções coletivas de trabalho[827].

O segundo subperíodo acusou a necessidade de modernização, imposta por novas circunstâncias e pelo desenvolvimento económico-social então registado. Assim:

– a Lei n.º 2.127, de 3 de Agosto de 1965, veio aprovar o regime dos acidentes de trabalho e das doenças profissionais;
– o Decreto-Lei n.º 47.032, de 27 de Maio de 1966, substituído pelo Decreto-Lei n.º 49.408, de 24 de Novembro de 1969, veio aprovar o regime do contrato individual de trabalho;
– o Decreto-Lei n.º 49.212, de 28 de Agosto de 1969, veio aprovar o regime das relações de trabalho coletivas;
– o Decreto-Lei n.º 409/71, de 27 de Setembro, veio aprovar o regime da duração do trabalho.

A evolução neste segundo subperíodo confirma a dupla linha acima enunciada: as grandes especificidades cifravam-se no Direito coletivo do trabalho. Note-se, no entanto, que o Decreto-Lei n.º 49.212, de 28 de Agosto de 1969, correspondia já a uma elaboração doutrinária considerável, embora incompleta[828].

---

[823] Com alterações introduzidas pelos Decretos-Leis n.º 26.917, de 24 de Agosto de 1936 e n.º 43.182, de 23 de Setembro de 1960.
[824] Com alterações introduzidas pelos Decretos-Leis n.º 27.165, de 10 de Novembro de 1936 e n.º 38.539, de 24 de Novembro de 1951.
[825] Alterado pelo Decreto-Lei n.º 24.836, de 2 de Janeiro de 1935.
[826] Alterado pelo Decreto-Lei n.º 43.182, de 23 de Setembro de 1960.
[827] Outra legislação relativa a este primeiro período do juslaboralismo corporativo pode ser confrontada em M. TAVARES DA SILVA, *Direito do Trabalho* cit., 440 ss..
[828] Apesar de algumas deficiências, a doutrina laboral conheceu um desenvolvimento importante, a partir da década de sessenta, o qual permitiu o surto acima apontado. A ine-

Uma referência favorável é, também, merecida pelo Decreto-Lei n.º 409/71, de 27 de Setembro.

IV. A fase social iniciou-se com a queda do Estado Novo, em 25-Abr.-1974. Na Revolução de 1974-75 não houve, em momento algum, a introdução de modificações radicais, no Direito do trabalho.

É certo que logo em 27 de Maio, o Decreto-Lei n.º 217/74 veio aprovar:

(...) um conjunto de disposições transitórias destinadas a abrir caminhos para a satisfação das justas e prementes aspirações das classes trabalhadoras e a dinamizar a atividade económica.

O artigo 6.º/3 deste diploma determinava que o Governo publicasse:

(...) no prazo de trinta dias, legislação adequada sobre organizações sindicais de trabalhadores e associações patronais, bem como legislação que regulamente a greve, o *lock-out* e as relações coletivas de trabalho.

Este programa não foi cumprido.

O Decreto-Lei n.º 392/74, de 27 de Agosto aprovou um regime de direito à greve e *lock-out*. Considerado restritivo, teve pouca aplicação, vindo a ser substituído pela Lei n.º 65/77, de 26 de Agosto, muito permissiva[829]. O *lock-out*, na linha imposta pela Constituição, está proibido.

---

xistência, no Curso geral da licenciatura em Direito, de uma disciplina de Direito do trabalho foi um óbice gravoso no desenvolvimento da matéria. O Decreto-Lei n.º 23.382, de 20 de Dezembro de 1933, veio introduzir, nos cursos de Direito, um Curso (semestral) de Direito Corporativo, em substituição do Curso de Economia Social; e fê-lo integrando-o no grupo de Ciências Económicas. Este estado de coisas impediu que o Curso de Direito Corporativo se tornasse num verdadeiro Curso de Direito do Trabalho: os programas perdiam-se nas discussões sobre o sentido das doutrinas corporativas e das corporações e esgotavam-se com a orgânica corporativa então em vigor. A situação surgia amenizada apenas a nível de Curso Complementar (6.º ano) onde era, efetivamente, lecionado Direito do trabalho, designadamente na Faculdade de Direito de Lisboa. Fora das Faculdades de Direito, o Direito de trabalho desenvolveu-se no Instituto de Estudos Sociais e no Centro de Estudos Sociais e Corporativos, que editou a importante revista Estudos Sociais e Corporativos (ESC). A reforma de 1972 – Decreto-Lei n.º 364/72, de 28 de Setembro – introduziu, no 3.º ano, um semestre de Direito Corporativo e do Trabalho; não chegou a entrar em vigor, na sequência dos acontecimentos de 1974. Sobre o ensino do Direito do Trabalho, *vide* PEDRO ROMANO MARTINEZ, *Relatório de Direito do trabalho* (1998) e MARIA DO ROSÁRIO PALMA RAMALHO, *Direito do trabalho/Relatório* (2004).

[829] *Manual de Direito do trabalho* cit., 380 ss..

O Decreto-Lei n.º 292/75, de 16 de Junho, fixou salários máximos e mínimos e suspendeu os despedimentos durante trinta dias. Os despedimentos foram regulados, em termos restritivos, pelo Decreto-Lei n.º 372-A/75, de 16 de Julho. Este diploma ainda admitia, ao lado do despedimento com justa causa, despedimentos com base em "motivo atendível". Considerada contrária à Constituição, esta hipótese foi vedada pelo Decreto-Lei n.º 84/76, de 28 de Janeiro.

O Decreto-Lei n.º 372-A/75 foi alterado pelo Decreto-Lei n.º 841-C/76, de 7 de Dezembro, que ampliou o conceito de justa causa, alargando as hipóteses em que ela vinha expressamente prevista. O Decreto-Lei n.º 841-E/76, também de 7 de Dezembro, procurou facilitar o processo de despedimento; essa linha foi, porém, invertida pela Lei n.º 48/77, de 11 de Julho que, com emendas, ratificou o Decreto-Lei n.º 841-C/76, de 7 de Dezembro.

Como balanço, podemos considerar que esta fase recebeu o essencial da legislação do Estado Novo – de resto: bastante avançada, descontando os bloqueios nas áreas coletivas provocados pela ausência de sindicalismo livre e pela proibição da greve. Além disso, liberalizou, quase sem limites, a greve e bloqueou, ao máximo, os despedimentos.

Chegou-se, assim, a um regime rígido: as únicas válvulas eram representadas pelos contratos a termo, facultados pelo Decreto-Lei n.º 781/76, de 28 de Outubro, e pelos despedimentos coletivos. O resultado prático foi o proliferar duns e doutros. A precarização do emprego fez a sua aparição; e nem por isso os trabalhadores já empregados ficavam totalmente ao abrigo do despedimento.

V. A modernização do Direito do trabalho exige que, sem perda do seu sentido social, se aprontem instrumentos capazes de adequar as situações laborais à realidade multifacetada da economia. Na base de uma descompressão associada à perda do radicalismo verificado na Revolução[830], procuraram-se consensos, designadamente no quadro da chamada concertação social. A flexibilização tem progredido, ainda que lentamente. A nova Lei da Cessação do Contrato de Trabalho (LCCT), aprovada pelo Decreto-Lei n.º 64-A/89, de 27 de Fevereiro[831], tentou um certo equilíbrio: reduziu o

---

[830] MONTEIRO FERNANDES, *Direito do trabalho*, 11.ª ed. (1999), 44 ss., fala em "legislação concertada".

[831] Quanto aos episódios que antecederam este diploma e, designadamente, a tentativa de reforma de 1988, fracassada perante o TC 31-Mai.-1988 (MONTEIRO DINIS), DR I Série n.º 141, de 21-Jun.-1988, 2516-2543 = BMJ 377 (1988), 155-218, que a considerou inconstitucional, *vide* o *Manual de Direito do trabalho* cit., 811 ss..

âmbito dos contratos a prazo e abriu o leque das hipóteses de cessação do contrato por razões atinentes à empresa.

Com algumas oscilações, foram sendo tomadas diversas medidas. Assim, quanto à duração do trabalho:

- o Decreto-Lei n.º 48/96, de 15 de Maio, regulou o período de funcionamento dos estabelecimentos comerciais;
- a Lei n.º 21/96, de 23 de Julho, tomou medidas no sentido da semana de 40 horas;
- a Lei n.º 73/98, de 10 de Novembro, veio transpor para a ordem interna a Diretriz n.º 93/104/CE, do Conselho, de 23 de Novembro, relativa à organização do tempo de trabalho[832];
- a Lei n.º 103/99, de 26 de Julho, regulou o trabalho a tempo parcial, facilitando a repartição do trabalho existente[833].

No fundo, estes diplomas têm, subjacente, a necessidade de adaptar o regime laboral à captação de mais empresas. Outros diplomas visam diretamente essa problemática:

- o Decreto-Lei n.º 119/99, de 14 de Abril, alterado pelo Decreto-Lei n.º 186-B/99, de 31 de Maio, relativo ao subsídio de emprego;
- o Decreto-Lei n.º 132/99, de 21 de Abril, referente à política de emprego.

Podemos, assim, considerar claramente que, hoje, estão suplantadas as fases puramente humanitárias e higiénicas, no tocante à temática da duração do trabalho. O Estado prossegue, antes, objetivos mais amplos de integração do trabalhador na sociedade e de pleno emprego.

VI. A fase da codificação adveio da publicação do Código do Trabalho, adotado pela Lei n.º 99/2003, de 27 de Agosto. Trata-se de um diploma maduro, bem estruturado e redigido e de excelente nível técnico-científico. Foi tornado possível pelo desenvolvimento dos estudos jurídico-laborais a partir dos anos 90 do século XX, em particular na Faculdade de Direito de Lisboa e na Universidade Católica Portuguesa. O Código do Trabalho, depois completado pelo Regulamento aprovado pela Lei n.º 35/2004, de 29 de Julho, veio, essencialmente, assumir três papéis:

---

[832] Quanto à Diretriz n.º 93/104/CE, vide ULRICH BAECK/MARKUS DEUTSCH, *Arbeitszeitgesetz Kommentar* (1999), 7.

[833] À luz do Direito anterior, STJ 9-Jul.-1997 (MATOS CANAS), BMJ 469 (1997), 320-333 (330 ss.).

– simplificou uma legislação caótica, dispersa por muita dezenas de diplomas elaborados em períodos históricos distintos;
– harmonizou múltiplas soluções desavindas, adequando as leis nacionais a diversos diplomas comunitários;
– introduziu prudentes reformas em áreas delicadas, em ordem a prosseguir uma modernização do Direito nacional.

As reformas em causa, mercê de uma sempre difícil concertação com as forças laborais e políticas, muito sensíveis a estes temas, ficaram aquém do projetado. De todo o modo, o saldo foi largamente positivo. O Código do Trabalho caracterizou-se, a nível da linguagem e dos conceitos, por um aperfeiçoamento muito marcado, aperfeiçoamento esse que implicou a adoção de múltiplas construções civis. Na verdade, a reforma laboral traduziu-se pela escolha dos instrumentos jurídico-científicos mais avançados: na atualidade, são os civis. Trata-se de um fenómeno patente noutras áreas e que corresponde à atual primazia das economias de mercado. Ele obriga, redobradamente, a perguntar pela verdadeira autonomia do Direito do trabalho.

VII. Seis anos volvidos, optou-se por elaborar um novo Código do Trabalho. Em termos técnicos, a novidade cifrou-se em unificar o anterior Código do Trabalho com o seu Regulamento. Além disso, foram feitos ajustes no sentido da simplificação de procedimentos, da adaptabilidade e da negociação coletiva. O novo diploma resultou da Lei n.º 7/2009, de 12 de Fevereiro e obrigou a uma imensa (re)adaptação da literatura da especialidade: um esforço não correspondente à alteração de fundo.

Neste momento histórico, verifica-se uma grave crise nacional de cariz financeiro e, depois, económico e social[834]. O garantismo social das leis de trabalho não pode impedir o afundamento das empresas e a destruição dos empregos. Pelo contrário: ela agrava, por vezes, esse afundamento, coadjuvada por uma fiscalidade demente e por uma parafiscalidade que suplanta os mais sólidos Estados sociais.

Fica em aberto um grave problema.

---

[834] Com indicações quanto à crise: *Manual de Direito bancário*, 4.ª ed. (2010), 127 ss..

84. O problema da autonomia dogmática

I. O Direito do trabalho surgiu em resposta a problemas específicos. Além disso, ele conheceu uma evolução particularizada, no panorama português. Pergunta-se, agora, se ele tem uma efetiva autonomia dogmática, isto é: se ele se distingue, em termos visceralmente valorativos e jurídico-científicos, do Direito civil. A discussão aprofundada deste tema exige uma ponderação complexa de vários institutos[835]. Fica-nos, todavia, o encargo de, em traços largos, situar o problema e apontar a orientação hoje dominante.

À partida, a dogmática laboral era a civil, particularmente no domínio do Direito das obrigações. Ainda hoje, como vimos, a definição básica do contrato de trabalho consta do Código Civil: artigo 1152.º. As dificuldades encontradas pelo Direito civil para solucionar as questões sociais levaram ao surgimento de novas regras. Até que ponto corresponderiam elas a novos valores e princípios, distintos dos civis? Uma resposta afirmativa foi inicialmente dada por Anton Menger[836] e por Otto von Gierke[837]: estes autores, invocando a tradição germânica, vêm sustentar que entre o trabalhador e o empregador se estabeleceria uma ligação de tipo pessoal, assente na mútua lealdade e da qual resultariam importantes deveres conexos: de cuidado, de tutela e de atenção pela saúde e pela vida dos envolvidos.

II. A ideia foi retomada por diversos estudiosos da primeira metade do século XX[838]. No contrato de trabalho não haveria uma troca simples

---

[835] Sobre o tema, a grande obra de referência é a de MARIA DO ROSÁRIO PALMA RAMALHO, *Da autonomia dogmática do Direito do trabalho*, 2001.

[836] ANTON MENGER, *Das bürgerliche Recht und die besitzlosen Volksklassen*, 5.ª ed. cit., 160 ss..

[837] OTTO VON GIERKE, *Der Entwurf eines bürgerlichen Gesetzbuchs und das deutsche Recht* cit., 245.

[838] Entre outros: HEINZ POTHOFF, *Ist das Arbeitsverhältnis ein Schuldverhältnis?*, ArbR 1922, 267-277, WALTHER OPPERMANN, *Der Gemeinschaftgedanke im Arbeitsrecht*, JW 1937, 5-7 e DENECKE, *Vermögensrechtliches oder personrechtliches Arbeitsverhältnis?*, DAR 1934, 220-223. Outros elementos podem ser confrontados, sobre toda esta matéria, em MENEZES CORDEIRO, *Da situação jurídica laboral: perspectivas dogmáticas do Direito do trabalho*, sep. ROA 1982.

de trabalho por dinheiro: antes haveria uma afetação de uma pessoa a outra, de tal modo que, entre ambas, surgiria uma comunidade de tipo pessoal. A natureza comunitário-pessoal da relação de trabalho teria, depois, as mais diversas consequências a nível de regime, assim se distinguindo das comuns relações civis, particularmente na área das obrigações[839]. Esta construção dogmaticamente diferenciadora do Direito do trabalho fez carreira nos clássicos tratados de Direito do trabalho. Muito aproveitada pelos regimes antiliberais da Alemanha e de Itália, nos anos 30 e 40 do século XX, pela sua capacidade de ilidir a luta de classes e o sindicalismo livre, substituindo-os por uma comunidade empresarial que uniria empregadores e trabalhadores, a conceção comunitário-pessoal do Direito do trabalho manter-se-ia após a Guerra Mundial de 1939-1945.

III. A referida conceção comunitário-pessoal da relação de trabalho entrou em crise e, depois, em declínio a partir da década de 70 do século XX[840]. A ideia de que, no mundo laboral, as relações sejam marcadas pela comunitariedade ou pela pessoalidade poderá suceder, eventualmente, em pequenas empresas. O Direito do trabalho está, todavia, preparado para uma situação bem diversa: a da massificação das relações e a do anonimato do trabalhador. Acaso a estrutura do trabalho industrial repousasse, efetivamente, em comunidades de empresários e de trabalhadores ou se fosse possível descobrir, nas relações de trabalho, verdadeiras ligações de natureza pessoal, não haveria, com probabilidade, qualquer Direito do trabalho como disciplina autónoma. A situação jurídica laboral vem, assim, a ser aproximada das comuns relações de troca, própria do Direito privado patrimonial.

Evidentemente: dentro do universo patrimonial privado, o Direito do trabalho lida com elementos que, embora regulados pelo Direito civil, se apresentam, aí, como mais intensos. Pense-se na especial tutela que os direitos de personalidade do trabalhador podem merecer e, ainda, nas dis-

---

[839] ALFRED HUECK/HANS CARL NIPPERDEY, *Lehrbuch des Arbeitsrechts*, 7.ª ed. (1963), 242 ss., 394 ss. e 405 ss., como mero exemplo.
[840] Nesse sentido surgiram, com escasso intervalo, três monografias hoje clássicas: HERBERT WIEDEMANN, *Das Arbeitsverhältnis als Austausch- und Gemeinschaftsverhältnis* (1966), ERNST WOLF, *Das Arbeitsverhältnis: Personenrechtliches Gemeinschaftsverhältnis oder Schuldverhältnis?* (1970) e PETER SCHWERDTNER, *Fürsorgetheorie und Entgelttheorie im Recht der Arbeitsbedingungen* (1970).

posições que asseguram elevado nível de proteção[841]. A grande questão laboral reside, todavia, na atribuição, ao empregador, de um direito à atuação do trabalhador. Ora essa atribuição ocorre, em geral, no Direito das obrigações. Não há uma particularidade dogmática.

IV. O Direito do trabalho tem uma autonomia assegurada pela especificidade das suas fontes, pela existência de um desenvolvido nível coletivo e pela proliferação de regras imperativas. Tudo isso exige um tratamento unitário e integrado, na base de pontos de vista unitários tipicamente laborais. Chegamos, assim, a uma autonomia sistemática, rica em valores e em soluções adaptadas, mas não a uma Ciência diferenciada.

O Direito do trabalho é, pois, uma relevante disciplina que integra a grande família unitária do Direito privado ou do *ius civile*: o Direito dos cidadãos.

85. Os valores do trabalho como vetores civis

I. A autonomia (meramente) sistemática do Direito do trabalho repousa, todavia, num conjunto específico de valores, que cumpre ter presentes. O trabalhador é, antes de mais, uma pessoa na plenitude dos seus direitos. O Código do Trabalho reconhece-o quando sublinha e reforça importantes liberdades e direitos de personalidade, atuantes no mundo do trabalho: a liberdade de expressão e de opinião, a reserva de intimidade da vida privada, a integridade física e moral e a confidencialidade de mensagens e de acesso à informação (artigos 15.° a 21.°). A proibição de discriminação está assegurada (22.° a 32.°). Valores humanos básicos, como a proteção da maternidade e da paternidade (33.° a 51.°), dos menores (53.° a 70.°), das pessoas com capacidade de trabalho reduzida (71.° a 78.°) ou das pessoas em formação (79.° a 85.°) encontram tutela especial, no Código do Trabalho. Tudo isso é prosseguido na base da técnica jurídico-civil da concessão de direitos e de pretensões e da sua defesa pelo ordenamento.

---

[841] *Vide* os artigos 14.° e seguintes do CT: GUILHERME DRAY, em PEDRO ROMANO MARTINEZ e outros, *Código do Trabalho Anotado*, 8.ª ed. (2009), 139 ss..

II. O atual Direito do trabalho deixou de ser o mero instrumento de tutela dos pobres e desprotegidos. Essa dimensão do início, de tipo paternalista e assistencial, é hoje substituída por uma visão mais cabal e madura: um Direito de pessoas, que têm direitos e que se organizam dentro das necessidades do mundo produtivo.

Vetores tradicionais como o *favor laboratoris* ou princípio da tutela do trabalhador[842], que fizeram a sua época no Direito do trabalho, são hoje abandonados a favor de um levantamento mais preciso e desinibido dos valores civis concretamente ameaçados por eventuais lógicas mecanizadoras do mundo empresarial. Postas as coisas nestes termos, consegue-se uma proteção menos vocabular e ideológica, mas mais eficaz.

III. A queda do Muro de Berlim e o desmoronar dos sistemas de economia planificada – recordamos que a própria China adotou o mercado – não dá, hoje, qualquer alternativa credível ao chamado liberalismo económico[843]. Este deve ser preservado, incluindo contra as próprias forças autodestrutivas que aloje: pense-se na necessidade de defender a concorrência e na de regular os mercados, designadamente os financeiros. Os elementos disponíveis parecem indicar que o liberalismo económico fica completo quando dobrado pela democracia política e pela defesa dos direitos das pessoas. Restringir a liberdade económica pode questionar a liberdade política. Este é o pensamento dos nossos dias: o melhor que, quanto sabemos, foi possível obter após milhares de anos de tentativas, de erros e de sacrifícios. O futuro dirá se estamos no "fim da História"[844] ou se se avizinham retrocessos.

---

[842] MENEZES CORDEIRO, *O princípio do tratamento mais favorável no Direito do trabalho actual*, DJ III (1987/88), 111-139.

[843] As décadas de ataques ideológicos, próprios da Guerra Fria levam a que, ainda hoje, os autores evitem a expressão "capitalismo", a favor dos termos, mais inóquos, de "economia de mercado" e "liberalismo económico".

[844] Recordamos FRANCIS FUKUYAMA, *The End of History and the Last Man* (1992), então algo futurístico, mas cujos traços gerais se têm vindo a confirmar, nos últimos anos; cf. a trad. port., 2.ª ed., de MARIA GOES, sob o título *O fim da História e o último homem*, rev. científica de PEDRO S. M. ALVES (1999). Quanto a apreciações críticas: HOWARD WILLIAMS/DAVID SULLIVAN/GWYNN MATTEWS, *Francis Fukuyama and the End of History* (1997) e JACK LAWRENCE LUZKOW, *The Revenge of History/Why the Past Endures, a Critique of Francis Fukuyama* (2003).

De todo o modo, estes ventos da época confirmam a necessidade de um Direito do trabalho eficaz, descomplexado e de franca feição civil. A autonomia é sistemática: decorre das necessidades da codificação, de estudo, de aplicação e de aprendizagem.

§ 20.º O DIREITO DO CONSUMO

86. Origens e fundamentos gerais

I. O consumidor é, na linguagem económica aceite pelo Direito, o destinatário final dos bens. Nesta aceção, contrapõe-se quer ao produtor, quer ao distribuidor. De notar que não estão necessariamente em causa coisas consumíveis, tal como emergem do artigo 208.º, do Código Civil[845]. O consumidor pode concluir o circuito económico adquirindo coisas tecnicamente não-consumíveis.

Em rigor, a expressão técnica preferível deveria ser consumador e não consumidor. Temos dois étimos latinos distintos: *consummare* (realizar ou terminar), na base de consumar e *consumere* (destruir ou absorver), na origem de consumir. Ora o "consumidor" (*consummator*) é-o por consumar o circuito económico, adquirindo o bem final e não por consumir o bem adquirido (seria, então, o *consumptor*): essa opção depende da natureza do bem e das decisões do adquirente, sendo juridicamente indiferente.

Em francês, diz-se, no campo do Direito do consumo, *consommateur* e *consommer*[846] e não *consompteur* e *consumer*: expressões corretas, mas para designar o autor e o ato de consumir (comer, assimilar). Quanto a coisas consumíveis: na língua de Molière, são *consomptibles* e não *consommables* ...

Toda a subsequente confusão de étimos advém de más traduções do francês, que contagiaram o alemão jurídico. Aí usa-se *verbrauchen* quer para as coisas consumíveis (*verbrauchbare Sache*, § 92 do BGB), quer para o consumidor (*Verbraucher*, § 13 do BGB) quando, em rigor, este seria o *Vollender* (consumador).

---

[845] *Tratado* I/2, 2.ª ed. (2002), 155-156.
[846] Vide JEAN CALAIS-AULOY/FRANK STEINMETZ, *Droit de la consommation*, 6.ª ed. (2003), 8.

A apontada confusão etimológica está ... consumada. O barbarismo envolvido não é inóquo: chamando-se consumidor ao consumador, está-se a pequena distância de exigir que ele possa, mesmo ... consumir os bens. Teria, pois, de ser pessoa singular. Adiante veremos o infundado desta opção, todavia bastante radicada.

Pois bem: o Direito do consumo viria dispensar ao consumidor, enquanto elo terminal do circuito económico, um regime especial, tendencialmente mais favorável.

II. O Direito visou, desde o início, proteger os fracos[847]. Quer no Direito romano, quer no antigo Direito lusófono, surgem normas destinadas a acautelar a posição dos adquirentes. Nos finais do século XIX, os progressos económicos derivados da revolução industrial e do desenvolvimento dos meios de transporte vieram multiplicar exponencialmente os bens à disposição dos interessados. Paralelamente, deu-se um alongamento do circuito económico, de tal modo que o adquirente final não tem qualquer contacto com o produtor. Quando fique mal servido, pouco ou nada poderá fazer junto deste, enquanto os intermediários facilmente descartariam qualquer responsabilidade.

O problema agudiza-se com a publicidade e as suas técnicas de criar necessidades aparentes, a satisfazer com bens vistosos, mas de qualidade nem sempre assegurada. O Estado intervinha em casos extremos: por exemplo, para proteger a saúde pública. Quanto ao resto: caberia ao mercado resolver.

III. A interiorização do circuito económico como algo de finalisticamente dirigido ao consumidor e os sucessivos progressos efetivados no domínio dos transportes, da eletricidade e da eletrónica, levaram a que, globalmente, toda a sociedade fosse virada para um consumo sem limites absolutos. Pensadores de diversa formação vieram exigir uma proteção.

Podemos falar numa cobertura ideológica da tutela do consumidor. No pós-guerra de 1945, economistas como J. K. Galbraith vieram sublinhar

---

[847] Quanto à História do Direito do consumo: EIKE VON HIPPEL, *Verbraucherschutz*, 3.ª ed. (1986), 5 ss..

os excessos do capitalismo, no prisma dos cidadãos destinatários dos bens[848].

Em 1957, o norte-americano Vance Packard explicou que a publicidade visava a manipulação do consumidor[849]. Trata-se de um tema presente sempre que se discutam questões de excessos de publicidade[850].

Uma referência especial deve ser feita a Marcuse, alemão emigrado nos Estados Unidos, desde 1934, e Autor, em 1964, da obra *One-Dimensional Man*[851]. Com recurso às categorias da dialética hegeliana[852], é posta em causa a paridade que, supostamente, subjazeria às opções dos consumidores[853].

Uma consagração impressiva da universalidade do tema ficou associada às muito citadas palavras do Presidente John F. Kennedy, na sua mensagem ao Congresso, de 1962: *Consumers, by definition, include us all*[854].

A aprovação de regras de tutela do consumidor pareceria, assim, matéria fácil e consensual. Os problemas não tardariam.

IV. Por definição, o consumidor irá suportar todos os custos do processo conducente à disponibilidade dos bens que ele procura. As cautelas e os controlos que o legislador queira impor traduzem-se em novos custos pagos, fatalmente, pelo próprio consumidor. As medidas a encarar terão, de certo modo, de se custear a si próprias, reduzindo custos alhures, den-

---

[848] J. K. GALBRAITH, *American Capitalism/The Concept of Countervailing Power* (1952); um troço significativo pode ser conferido em JOHN KENNETH GALBRAITH, *The Essencial Galbraith* ed. ANDREA D. WILLIAMS (2001), 2 ss..

[849] VANCE PACKARD, *The Hidden Persuaders* (1957, 46.ª reimpr., 1976); PACKARD especifica a persuasão como consumidores (8 ss.) e como cidadãos (155 ss.).

[850] Assim: ALFONS VOGT/STEFAN VOGT, *Die Entwicklung des Wettbewerbsrechts in der Zeit von 1975 bis 1979*, NJW 1981, 12-17 (16), a propósito de jogos publicitários e KARL-HEINZ FEZER, *Imagewerbung mit gesellschaftskritischen Themen im Schutzbereich der Meinung- und Pressfreiheit*, NJW 2001, 580-583 (581/I).

[851] HERBERT MARCUSE, *One-Dimensional Man/Studies in the Ideology od Advanced Industrial Society* (1964), com 2.ª ed., nova introdução por DOUGLAS KELLNER (1991); cf., aí, p. ex., 4 ss., quanto às falsas necessidades.

[852] KLAUS ADOMEIT, *Herbert Marcuse, der Verbraucherschutz und das BGB*, NJW 2004, 579-582 (580/I).

[853] *Idem, Die gestörte Vertragsparität/ein Trugbild*, NJW 1994, 2467-2469 (2468).

[854] Vide o subtítulo de ADOMEIT, *Herbert Marcuse* cit., 579, bem como EIKE VON HIPPEL, *Verbraucherschutz*, 3.ª ed. cit., 6.

tro do circuito económico. Mas essa redução só é pensável na parcela em que se combatam preços monopolistas ou práticas abusivas que distorçam a verdade do mercado. Além disso, haverá que contar com a resistência dos agentes que ocupem segmentos a montante do circuito económico. Novo obstáculo é, ainda, constituído pela postura dos consumidores, desorganizados e motivados pelo "feitichismo" das mercadorias.

O Direito tradicional português continha regras de proteção aos adquirentes, inseridas no contrato de compra e venda. Não eram suficientes para suportar um sector autónomo de tutela do consumidor. Tal sector acabaria por advir pela força das "ideologias" dos consumidores e da pressão comunitária. Assim sucedeu nos diversos países europeus[855].

87. A influência europeia e as leis nacionais

I. O Tratado de Roma, na versão de 1957, não continha nenhum preceito relativo aos consumidores. Além disso, ele perfilhava um pensamento "produtivista", preocupando-se, essencialmente, em abolir os entraves à livre circulação dentro das fronteiras comunitárias[856]. Apenas 15 anos volvidos, na Cimeira de Paris, os fundadores da Comunidade assentaram em que, para além dos objetivos puramente económicos, haveria que melhorar as condições de vida das populações, com reforço da tutela dos consumidores. Em 1975, o Conselho adotou um "programa preliminar da CEE para uma política de proteção e de informação do consumidor[857], assente em cinco direitos fundamentais, a ele reconhecidos:

– o direito à proteção das suas saúde e segurança;
– o direito à proteção dos seus interesses económicos;
– o direito à reparação dos danos sofridos;

---

[855] *Vide* as duas obras de referência: PETER BÜLOW/MARCUS ARTZ, *Verbraucherprivatrecht* (2003), 14 ss. e BETTINA HEIDERHOFF, *Grundstrukturen des nationalen und europäischen Verbrauchervertragsrechts/Insbesondere zur Reichweite europäischer Auslegung* (2004), 1 ss. e 41 ss..

[856] NORBERT REICH, *Der Verbraucher im Binnenmarkt*, em NORBERT REICH/HANS--W. MICKLITZ, *Europäisches Verbraucherrecht*, 4.ª ed. (2003), 9-80 (14 ss.).

[857] CALAIS-AULOY/FRANK STEINMETZ, *Droit de la consommation*, 6.ª ed. cit., 35 e NORBERT REICH, *Der Verbraucher im Binnenmarkt* cit., 16.

– o direito à informação e à formação;
– o direito à representação ou a ser ouvido.

A consagração comunitária em conjunto com a divulgação dos temas dos consumidores levaram à aprovação da Lei n.º 29/81, de 22 de Agosto: o primeiro regime de defesa do consumidor[858]. O momento foi acompanhado pelos primeiros estudos alargados sobre o Direito do consumo[859]. Verificava-se um amadurecimento que justificou o passo seguinte: a Revisão Constitucional de 1982 introduziu um artigo 110.º – hoje 60.º – relativo aos "direitos dos consumidores", que transcrevemos, na versão atual[860]:

1. Os consumidores têm direito à qualidade dos bens e serviços consumidos, à formação e à informação, à proteção da saúde, da segurança e dos seus interesses económicos, bem como à reparação dos danos.
2. A publicidade é disciplinada por lei, sendo proibidas todas as formas de publicidade oculta, indireta ou dolosa.
3. As associações de consumidores e as cooperativas de consumo têm direito, nos termos da lei, ao apoio do Estado e a ser ouvidas sobre as questões que digam respeito à defesa dos consumidores, sendo-lhes reconhecida legitimidade processual para defesa dos seus associados ou de interesses coletivos ou difusos.

É patente o enunciado comunitário de 1975, particularmente no n.º 1.

II. Entretanto, o Ato Único de 1987 estabeleceu um horizonte para o mercado interno: 31-Dez.-1992. Além disso, facilitou os esquemas de

---

[858] A Lei n.º 29/81 foi acompanhada por outros diplomas sugestivos: o Decreto-Lei n.º 195/82, de 21 de Maio, sobre associações de consumidores e o Decreto Regulamentar n.º 8/83, de 5 de Fevereiro, relativo ao Instituto Nacional de Defesa do Consumidor. Como curiosidade: o texto da Lei n.º 29/81, de 22 de Agosto, pode ser confrontada, em língua inglesa, em anexo a EIKE VON HIPPEL, *Verbraucherschutz*, 3.ª ed. cit., 392-397; desse anexo constam outras leis, da época.

[859] Com relevo para CARLOS FERREIRA DE ALMEIDA, *Os direitos dos consumidores* (1982), 360 pp., e *Negócio jurídico de consumo/Caracterização, fundamentação e regime jurídico*, BMJ 347 (1985), 11-38.

[860] O texto foi alterado pelas Revisões de 1989 (o n.º 1) e de 1997 (o n.º 3). Com elementos: J. J. GOMES CANOTILHO/VITAL MOREIRA, *Constituição da República Portuguesa Anotada* I, 4.ª ed. (2007), 778 ss. e JORGE MIRANDA/RUI MEDEIROS, *Constituição Portuguesa Anotada* I, 2.ª ed. (2010), 1169 ss..

tomada de decisão. Com um risco: o de se proceder a uma harmonização das legislações com alinhamento pelas menos protetoras. Por isso, o artigo 100.º a – hoje: 95.º – do Tratado, no seu n.º 3, veio dispor:

> A Comissão, nas suas propostas previstas no n.º 1 em matéria de saúde, de segurança, de proteção do ambiente e de defesa dos consumidores, basear-se-á num nível de proteção elevado, tendo nomeadamente em conta qualquer nova evolução baseada em dados científicos. No âmbito das respetivas competências, o Parlamento Europeu e o Conselho procurarão igualmente alcançar esse objetivo.

No plano interno, agora fortalecido com o apoio constitucional e com a inspiração europeia, foram adotados diplomas importantes, com relevo para o Decreto-Lei n.º 238/86, de 19 de Agosto, que fixa a obrigatoriedade do uso da língua portuguesa nas informações sobre bens ou serviços oferecidos ao público[861], para o Decreto-Lei n.º 253/86, de 25 de Agosto, que define práticas comerciais, designadamente a da redução de preços, pelo prisma da defesa do consumidor[862] e para o Decreto-Lei n.º 213/87, de 28 de Maio, que estabelece normas sobre bens e serviços que possam implicar perigo para os consumidores.

III. No plano comunitário, inicia-se uma produção de diretrizes com relevo no plano da defesa do consumidor[863]. A sua transposição origina novas regras nacionais. Assim e como exemplo:

– Diretriz n.º 87/355/CEE, de 25-Jun.-1987[864], relativa a imitações perigosas: foi transposta pelo Decreto-Lei n.º 150/90, de 10 de Maio[865];
– Diretriz n.º 91/493/CEE, de 22 de Julho[866], referente à produção e colocação no mercado de produtos da pesca, alterada pela Diretriz

---

[861] Alterado pelo Decreto-Lei n.º 42/88, de 6 de Fevereiro e reforçado pelo Decreto-Lei n.º 62/88, de 27 de Fevereiro, no tocante a máquinas, aparelhos, utensílios e ferramentas.

[862] Alterado pelo Decreto-Lei n.º 73/94, de 3 de Março.

[863] BETTINA HEIDERHOFF, *Grundstrukturen des nationalen und europäischen Verbrauchervertragsrechts* cit., 42 ss..

[864] JOCE N.º L 192, 49-50, de 11-Jul.-1987.

[865] Ret. DR I Série, n.º 175/90, de 31-Jul.-1990, 1.º Suplemento.

[866] JOCE N.º L 268, 15-34, de 24-Set.-1991.

n.º 95/71/CE, de 22 de Dezembro[867]: foi transposta pelo Decreto-Lei n.º 375/98, de 24 de Novembro;
– Diretriz n.º 96/22/CE, de 29 de Abril[868], que proíbe a utilização de certas hormonas, na produção animal; foi transposta pelo Decreto-Lei n.º 150/99, de 7 de Maio;
– Diretriz n.º 98/6/CE, de 16 de Fevereiro[869], relativa à fixação de preços: foi transposta pelo Decreto-Lei n.º 162/99, de 13 de Maio;
– Diretriz n.º 2002/99/CE, de 16 de Dezembro[870], com regras sobre a política sanitária aplicáveis à produção, transformação, distribuição e introdução de produtos de origem animal destinados ao consumo humano.

Podemos afirmar, através de muitas dezenas de diplomas similares, que existe toda uma área, marcadamente técnica, em que a defesa do consumidor se consubstancia em preceitos regulamentares.

Paralelamente, surgiram as grandes diretrizes civis de tutela do consumidor[871]: n.º 85/374/CEE, de 25 de Julho, sobre responsabilidade do produtor[872], n.º 85/577/CEE, de 20 de Dezembro, referente a contratos celebrados fora do estabelecimento, n.º 2008/48/CEE, de 23 de Abril, quanto a crédito ao consumo, n.º 94/47/CE, de 26 de Outubro, sobre direitos reais de habitação periódica, n.º 97/7/CE, de 20 de Maio, quanto a vendas à distância e n.º 99/44/CE, de 25 de Maio, reportada a vendas de bens de consumo[873].

Verifica-se, ainda, outro ponto relevante: temas de ordem mais geral vêm a ser aproximados, comunitariamente, da tutela do consumidor. Tal o caso da Diretriz n.º 93/13/CEE, de 5 de Abril, sobre cláusulas abusivas nos contratos com consumidores. O Tribunal de Justiça da Comunidade vem

---

[867] JOCE N.º L 332, 40-41, de 30-Jan.-1995.
[868] JOCE N.º L 125, 3-9, de 21-Mai.-1996.
[869] JOCE N.º L 80, 27-31, de 18-Mar.-1998.
[870] JOCE N.º L 18, 11-20, de 23-Jan.-2002.
[871] *Infra*, 362 ss..
[872] Uma das mais referidas na nossa jurisprudência; p. ex., RPt 13-Jul.-2000 (MOREIRA ALVES), CJ XXV (2000) 4, 179-182, RPt 6-Mar.-2001 (DURVAL MORAIS), CJ XXVI (2001) 2, 166-169 e STJ 29-Mar.-2001 (MIRANDA GUSMÃO), CJ/Supremo IX (2001) 1, 192-196.
[873] Referida mesmo antes da transposição em RLx 23-Mai.-2002 (ANA PAULA BOULAROT), CJ XXVII (2002) 3, 85-86 (86).

produzindo decisões importantes que permitem modelar aspetos significativos da presente área jurídica[874].

Toda esta matéria não tem unidade dogmática: a não ser por referência ao Direito civil[875].

IV. A prática colhida e os elementos comunitários recomendavam uma revisão mais aprofundada da Lei de Defesa do Consumidor, de 1981. Surgiu uma autorização legislativa: a da Lei n.º 60/91, de 13 de Agosto, que invocava a adequação ao ordenamento comunitário e ao novo enquadramento constitucional. Sem seguimento. Apenas cinco anos mais tarde, a Lei n.º 24/96, de 31 de Julho, fixou o regime legal aplicável à defesa dos consumidores. Poucos dias antes, a Lei n.º 23/96, de 26 de Julho, criara mecanismos destinados a proteger o utente de serviços públicos essenciais. A Lei n.º 24/96 – Lei de Defesa do Consumidor ou LDC – originou diversa legislação complementar.

As diretrizes civis foram sendo objeto de transposição para leis civis extravagantes. Registaram-se atrasos: imputáveis à turbulência política mais do que à impreparação dos departamentos especializados. Todo um sector ganhou, entretanto, corpo, em torno da publicidade. Vigora o Código da Publicidade, aprovado pelo Decreto-Lei n.º 330/90, de 23 de Outubro, com alterações subsequentes, a última das quais adotada pela Lei n.º 81/2011, de 11 de Abril. Há diversas diretrizes envolvidas.

V. No plano comunitário, cumpre referir o Tratado de Amsterdão, de 2-Out.-1997, que conduziu ao (atual) artigo 169.º do Tratado de Lisboa[876], cujo n.º 1 cumpre reter:

> A fim de promover os interesses dos consumidores e assegurar um elevado nível de defesa destes, a União contribuirá para a proteção da saúde,

---

[874] REINER SCHULZE/HANS SCHULTE-NÖLKE (publ.), *Casebook/Europäisches Verbraucherrecht* (1999), onde podem ser confrontados vinte casos exemplares da área do consumo, acompanhados de interessantes comentários.

[875] TOBIAS TRÖGER, *Zum Systemdenken im europäischen Schuldvertragsrecht/Probleme der Rechtsangleichung durch Richtlinien am Beispiel der Verbrauchsgüterkauf--Richtlinie*, ZeuP 2001, 525-540; este Autor recorda logo o ceticismo suscitado pelas diretrizes e pondera a hipótese de uma codificação europeia plena.

[876] DIRK STAUDENMEYER, *Europäisches Verbraucherschutzrecht nach Amsterdam//Stand und Perspektiven*, RIW 1999, 733-737 (734), ponderando as alterações; a anterior numeração era a de artigo 153.º.

da segurança e dos interesses económicos dos consumidores, bem como para a promoção do seu direito à informação, à educação e à organização para a defesa dos seus interesses.

No fundo, estamos perante a reposição do programa da velha cimeira de Paris: de 1975. A forma solenemente assumida para o papel da União deixa esperar ulteriores atuações comunitárias em prol do consumidor. Foram, ao tempo do Tratado de Amsterdão, apontadas três hipóteses[877]:

– a harmonização sectorial, de acordo com os problemas concretos;
– o desenvolvimento de um Direito privado especial do consumidor;
– a codificação europeia do núcleo do Direito civil aqui relevante.

Por exclusão de partes, parece prevalecer a primeira hipótese. Uma (verdadeira) codificação europeia tem levantado dificuldades intransponíveis[878], enquanto o Direito privado especial do consumo não tem apoio nas fontes e nos princípios. Vamos conferi-lo, de seguida.

88. A natureza; o problema da codificação

I. A primeira questão a enfrentar, antes de se abordar o tema da natureza do Direito do consumo é, de certo modo, prejudicial: estamos perante um certo sector normativo e jurídico-científico dotado de alguma unidade? À partida, temos como princípios (já) tradicionais da defesa dos consumidores: a formação e a informação, a tutela da saúde e da integridade física, a proteção dos interesses económicos e a associação e participação. Mas esses princípios são (demasiado) gerais, surgindo, de um modo ou de outro, em todo o Ordenamento.

Isto dito, verifica-se que o "Direito do consumo" abrange:

– regras sobre a formação dos contratos[879];

---

[877] *Idem*, 736-737.
[878] *Infra*, 364 ss..
[879] HANS-W. MICKLITZ, *Vertragsrecht*, em REICH/MICKLITZ, *Europäisches Verbraucherrecht*, 4.ª ed. (2003), 457-734. Vide BÜLOW/ARTZ, *Verbraucherprivatrecht* cit., 52 ss.. e BETTINA HEIDERHOFF, *Grundstrukturen des nationalen und europäischen Verbrauchervertragsrechts* cit., 295 ss..

– publicidade;
– responsabilidade civil[880];
– regras técnicas sobre o tratamento e a apresentação de certos produtos;
– regras processuais[881];
– regras sancionatórias;
– regras administrativas.

Não vemos unidade. Temos regras civis (o núcleo nobre), regras processuais, regras sancionatórias, regras administrativas e regras "técnicas". Um estudo razoável sobre estes temas obrigaria a dominar disciplinas distintas. Em consciência: perante o estado dos nossos conhecimentos, não há hipóteses sérias de reduzir tudo a uma disciplina una. Além do que já ficou dito, temos ainda de lidar com temas comunitários, do ambiente[882], da concorrência e bancários[883]. As exposições alargadas sobre tudo isto, que nos surgem na doutrina francesa, são possíveis à custa da profundidade das análises[884]. Não é essa a nossa tradição jurídica.

II. Podemos cingir o debate ao núcleo civil: formação de contratos, publicidade e responsabilidade. Os Direitos continentais oferecem-nos dois modelos:

– o modelo francês, centrado no Código do Consumo, de 1993;
– o modelo alemão, que transpôs os temas "civis" para o Código Civil[885].

---

[880] *Idem, Produktsicherheit und freiher Warenverkehr*, 849-938 e *Haftung für fehlerhafte Produkte und Dienstleistungen*, 1031-1081.

[881] *Idem, Rechtsschutz*, 1083-1233.

[882] CAROLA GLINSKI, *Umweltqualität*, em REICH/MICKLITZ, *Europaïsches Verbraucherrecht*, 4.ª ed. (2003), 939-1030.

[883] NORBERT REICH, *Finanzdienstleistungen, idem*, 735-847.

[884] Vide o conteúdo de CALAIS-AULOY/STEINMETZ, *Droit de la consommation*, 6.ª ed. cit., com recurso ao índice (625-631). Estes Autores apontam, de resto e muito claramente, a natureza pluridisciplinar do Direito do consumo – ob. cit., 16-18.

[885] *Supra*, 156 ss.. A matéria pode hoje ser seguida nos correspondentes §§ do BGB. Vide, como exemplo, a prenotação aos §§ 346-354 de DAGMAR KAISER, no *Staudingers Kommentar* (2004), 459 ss. e BEATE GSELL, também no *Staudingers Kommentar, Eckpfeiler des Zivilrechts* (2011), 559-624.

§ 20.º *O Direito do consumo* 327

Acontece, todavia, que o Código do Consumo francês não é um verdadeiro Código. Sem partes gerais nem definições de princípios, ele agrupa, nos seus cinco livros[886]:

– a informação dos consumidores e a formação dos contratos;
– a conformidade e a segurança dos produtos e dos serviços;
– o endividamento do consumidor;
– as associações de consumidores;
– instituições.

A própria doutrina francesa do consumo reconhece que este diploma é meramente compilatório, originando diversas disfunções e críticas[887]. Mesmo admitindo que a técnica usada em França, há já cerca de trinta anos, pudesse ser melhorada: não é possível codificar disciplinas tão diversas. Além disso, a própria doutrina francesa reconhece as vantagens que adviriam da inclusão do Direito do consumo no Direito civil[888].

---

[886] Vide *Code de la consommation*, da Dalloz, 16.ª ed. (2011), com. YVES PICOD, 2362 pp., com legislação complementar. O Código foi organizado pela Lei n.º 93-949, de 26-Jul.-1993, sendo acompanhado por um regulamento organizado pelo Decreto n.º 97-298, de 27-Mar.-1997. Podem, aí, ser confrontadas as efetivas fontes dos textos em vigor. No Direito italiano, para além de diversas regras reconduzidas ao Código Civil, temos a considerar a Lei n.º 281, de 30-Jul.-1998, diversas vezes modificada e relativa aos direitos dos consumidores e dos utentes. Vide GUIDO ALPA/VANNA LEVI (org.), *I diritti degli consumatori e degli utenti* (2000), 668 pp., com diverso material. Aproveitando um momento político interno, o Decreto Legislativo n.º 206, de 6 de Setembro de 2005, veio aprovar um denominado *Codice del consumo*. Este diploma agregou diversos preceitos relativos à matéria, incluindo os resultantes de transposições comunitárias. Vide ENZO MARIA TRIPODI//CLAUDIO BELLI, *Codice del consumo* (2006), 868 pp., anotado e com indicações. O Código de consumo italiano foi, por último, alterado pelo Decreto Legislativo n.º 79/2011, de 23 de Maio.

[887] CALAIS-AULOY/STEINMETZ, *Droit de la consommation*, 6.ª ed. cit., 32; não tem um critério geral, como explica DOMINIQUE BUREAU, *Vers un critère général?*, em DOMINIQUE FENOUILLET/FRANÇOISE LABARTHE, *Faut-il recodifier le Droit de la consommation?* (2002), 52-84 (56).

[888] MARIE-STÉPHANIE PAYET, *Droit de la concurrence et droit de la consommation* (2001), 288 ss., depondo na mesma linha FRANÇOIS TERRÉ, na excelente *Synthèse* que apresenta a DOMINIQUE FENOUILLET/FRANÇOISE LABARTHE, *Faut-il recodifier le Droit de la consommation?* cit., 187-205 (188), embora reconhecendo a habituação francesa ao *Code* existente.

III. A situação alemã da integração do núcleo essencial de defesa do consumidor no Código Civil foi maduramente pensada. Enquanto Código universal, ele deveria conter, à partida, os vetores atinentes à proteção dos fracos[889]. Nos estudos realizados no início da década de 80 do século XX e que levariam à reforma de 2001/2002, foi especialmente ponderada a conveniência em inserir (ou não) a temática do consumo na lei civil fundamental[890]. A resposta foi positiva: ela deveria ser acolhida no BGB[891]. A integração foi ponderada: após cuidadoso debate, ela surgiu, de certo modo, logo acolhida na reforma de 27-Jun.-2000, relativa ao euro e a contratos à distância. Inseriu-se, nessa ocasião e no § 13 do BGB, uma noção de consumidor[892].

Prosseguiram os trabalhos relativos ao que seria a grande reforma de 2001/2002. De novo os estudos realizados confirmaram a orientação da inserção, no BGB, da matéria do consumo[893]. Realizada a reforma, a doutrina, mesmo quando crítica em relação a diversos aspectos envolvidos, considera acertada a opção de colocar, no BGB, as regras da tutela do consumidor[894].

IV. Um cotejo mínimo entre as experiências francesa e alemã revela, de imediato, a primazia indiscutível da segunda sobre a primeira. Seja em termos dogmáticos (isto é: jurídico-científicos), seja no campo da diferenciação e previsibilidade das soluções, seja finalmente, no domínio da eficácia quanto à efetiva defesa do consumidor. E entre nós?

---

[889] HARM PETER WESTERMANN, *Sonderprivatrechtliche Sozialmodelle und das allgemeine Privatrecht*, AcP 178 (1978), 150-195 (176-177).

[890] HARM PETER WESTERMANN, *Verbraucherschutz/Empfiehlt sich bei der Aufnahme bisher entwickelter Verbraucherschutzvorschriften (z. B. Abzahlungsgesetz, AGB-Gesetz, Fernunterrichtsschutzgesetz) in das Bürgerliche Gesetzbuch eine einheiliche Abgrenzung ihrer Anwendung?/Gutachten und Vorschläge zur Überarbeitung des Schuldrechts*, Band III (1983), 7-122.

[891] *Idem, maxime* 118.

[892] *Vide*, com diversos elementos, HANS W. MICKLITZ, no *Münchener Kommentar*, I, 5.ª ed. (2006), prenot. §§ 13 e 14, Nr. 1 e ss. (399 ss.) e JÜRGEN ELLENBERGER, no Palandt, 71.ª ed. (2012), § 13 (22-23).

[893] *Supra*, 326.

[894] WULF-HENNING ROTH, *Europäischer Verbraucherschutz und BGB*, JZ 2001, 475-490 (487); este Autor não deixa de ter em mente outras soluções, como a francesa – *idem*, 476/II; todavia, ponderação feita, opta claramente pela integração no Código Civil.

As grandes opções científico-culturais foram realizadas em 1903, por Guilherme Moreira, após a antestreia, em 1846, de Coelho da Rocha[895]: prevalece, mediante adequada aculturação, o estilo germânico. O legislador civil de 1966 confirmou, com o selo definitivo de um Código Civil, esse tipo de opção. Ela é praticada há seis gerações de juristas. Seria bem estranho verificar-se, a propósito do Direito do consumo, uma inversão histórica. Haverá razões para a protagonizar? Impõe-se uma ponderação, ainda que elementar, das especificidades do consumo.

> Esteve em preparação, durante vários anos, uma reforma do Direito do consumo português. Dela foi incumbida uma Comissão de excelente nível, presidida pelo Prof. António Pinto Monteiro. Os trabalhos desta Comissão foram prejudicados pela instabilidade política, a qual só permite reformas de curto prazo. Todavia, essa Comissão pôde levar a cabo a preparação de um anteprojeto de Código do Consumo, tornado público. Trata-se de um normativo envolvente, que abrange matéria processual e sancionatória além de, naturalmente, disciplinar com critério a problemática do consumo[896].
> Pela nossa parte e pelas razões acima expostas, preferiríamos que as regras materiais do consumo fossem inseridas no Código Civil[897]. A Comissão poderia receber mandato para iniciar os estudos eventualmente conducentes a essa solução: constituiria mesmo um prelúdio a uma revisão mais ampla do Código. Todavia, não sendo desde já possível encarar essa hipótese mais ambiciosa, melhor seria rever e aprovar rapidamente o anteprojeto existente, que honra a nossa Ciência do Direito. A experiência obtida com a sua vigência permitiria então, num segundo tempo, decidir sobre a sua eventual passagem para o Código Civil.

89. Segue; as especificidades do consumo

I. A primeira questão que agita o Direito do consumo é a própria noção de consumidor[898]. Insistem os estudiosos na inexistência de um

---

[895] *Vide supra*, 235 ss..
[896] Comissão do Código do Consumidor, *O Código do Consumidor/Anteprojecto* (2006), 302 pp., com apresentação de ANTÓNIO PINTO MONTEIRO.
[897] *Vide*, ainda, o nosso *Anteprojecto de Código do Consumidor*, O Direito 2006, 685-715.
[898] JEAN CALAIS-AULOY/FRANK STEINMETZ, *Droit de la consommation*, 6.ª ed. cit., 6 ss..

conceito unitário, perante o Direito europeu[899]. Em cada complexo normativo haverá, pois, que proceder a uma ponderação adequada. O § 13 do BGB alemão decidiu, todavia, arriscar uma definição:

> Consumidor é toda a pessoa singular que conclua um negócio jurídico com uma finalidade que não lhe possa ser imputada a título empresarial ou de profissional livre.

Cumpre reter o essencial: o consumidor surge como elo final no processo económico; ele adquire o bem ou o serviço sem fins empresariais e sem ser um profissional livre[900]. Infere-se, daqui, que o próprio empresário ou profissional liberal, quando adquira bens ou serviços fora do seu específico âmbito de atuação produtiva, deve ser tratado como consumidor.

Pergunta-se, depois, se apenas a pessoa singular pode ser consumidora, para efeitos de "beneficiar" do Direito do consumo. A doutrina francesa responde pela negativa: a pessoa coletiva, fora do seu específico âmbito profissional, pode ser consumidora, beneficiando das regras que não pressuponham a individualidade biológica[901]. Já a definição do § 13 do BGB alemão parece limitar a tutela às pessoas singulares. A doutrina mais criteriosa mostra-se extremamente crítica, perante essa restrição[902]. A correção opera por três vias:

– admitindo um leque extenso de "pessoas singulares": o Direito alemão tradicional não reconhece personalidade a certas associações, a sociedades civis e a sociedades comerciais em nome coletivo que, assim, permitiriam a tutela própria dos consumidores;
– permitindo a aplicação analógica das regras do consumo às próprias pessoas coletivas;

---

[899] HANS-W. MICKLITZ, no *Münchener Kommentar*, I, 5.ª ed. cit., Prenot. §§ 13 e 14, Nr. 80 (437) e NORBERT REICH, *Der Verbraucher im Binnenmarkt* cit., 46.

[900] *Vide* uma aplicação deste princípio em STJ 11-Mar.-2003 (AFONSO CORREIA), CJ/Supremo XI (2003) 1, 122-126 (123/II).

[901] CALAIS-AULOY/STEINMETZ, *Droit de la consommation*, 6.ª ed. cit., 7 e 8.

[902] KARL LARENZ/MANFRED WOLF, *Allgemeiner Teil des Bürgerlichen Rechts*, 9.ª ed. cit., 764 (§ 42, Nr. 38) e MICKLITZ, no *Münchener Kommentar*, I, 5.ª ed. cit., § 13, Nr. 13 (453).

– constatando noções mais amplas de "consumidor" em leis especiais; p. ex.: no crédito ao consumo[903].

II. A discussão em torno do "consumidor" e da sua eventual limitação às pessoas singulares é um excelente exemplo dos inconvenientes de, no Direito do consumo, pretender cortar as fontes com o Direito civil. A atual doutrina da personalidade coletiva explica que os destinatários das normas de conduta, permissivas, impositivas ou proibitivas, são, sempre e exclusivamente, os seres humanos[904]. Podem sê-lo em modo singular ou em modo coletivo. Neste último caso, a imputação a uma pessoa coletiva vai desencadear todo um regime, em regra complexo, e que concluirá por concretos desempenhos de seres humanos, isto é: de pessoas singulares. Serão sempre estas, em última análise, que irão beneficiar dos bens e serviços.

Perante uma regra de Direito do consumo, deveremos ponderar – como é de boa Ciência – quais os valores envolvidos e qual o escopo do legislador. Poderá resultar uma limitação a pessoas singulares ou, pelo contrário, uma tutela de pessoas coletivas e, por essa via, de pessoas singulares. A mensagem especial do Direito do consumo é a da não-intervenção direta no circuito económico. A pessoa tutelada – singular ou coletiva – sê-lo-á na medida em que, no caso considerado, opere como elo final do circuito económico. Se agir profissionalmente, seja a título empresarial seja como profissional livre, não se justifica este tipo de tutela.

O porquê da restritividade alemã é claro, em face do Direito civil. Os meios económicos alemães reagem mal perante leis de tutela, tanto mais que, na Alemanha, elas têm aplicação efetiva, contrariamente ao que sucede nos países do Sul. Recordamos que a (antiga) Lei alemã das cláusulas contratuais gerais não tinha aplicação a comerciantes. Razões de sistema explicam que o § 13 do BGB limite a noção de consumidor a pessoas singulares. Nos países lusófonos não há nenhuma razão para tais restri-

---

[903] Quanto à variabilidade do conceito de "consumidor" nas diversas diretrizes cf., ainda, WOLFGANG FABER, *Elemente verschiedener Verbrauchbegriffe in EG-Richtlinien, zwischenstaatlichen Übereinkommen und nationalen Zivil- und Kollisionsrecht*, ZeuP 1998, 854-892 (855 ss.).

[904] *Tratado*, IV, 594 ss..

ções[905]. A lei sobre cláusulas contratuais gerais opera também em defesa de empresários, individuais ou coletivos – artigo 17.º do Decreto-Lei n.º 446/85, de 25 de Outubro. Aliás: excluir as pessoas coletivas (mera categoria formal) de todo um sector normativo equivaleria a um ressuscitar do princípio da especialidade[906]: um retrocesso conceitual de todo impensável, para mais num sector normativo que procura uma melhor apreciação da realidade económica e social[907].

III. O Direito do consumo tutela os destinatários finais do circuito económico, especialmente em três planos:

– assegurando uma cabal informação[908];
– prevendo o ressarcimento de eventuais danos;
– dispensando um direito à reflexão e ao arrependimento[909].

Estes vetores aparecem, de modo repetido, nos mais diversos âmbitos do consumo. Pois bem: dispensado o último, que aparece como um contrapeso ao poder da publicidade, podemos considerar que se trata de regras puramente civis.

De facto, a grande especialidade das regras do consumo – e das diretrizes que as originam – reside na preocupação de, pela uniformidade da tutela, prevenir distorções na concorrência, na dinâmica na atribuição de direitos e no "ativismo judiciário" que propiciam[910]. Mas nada disto transcende o Direito civil.

---

[905] Em RLx 27-Set.-2001 (FERNANDA ISABEL PEREIRA), CJ XXVI (2001) 4, 106-108 (107/II), considera-se que uma pessoa coletiva não é consumidora, para efeitos de venda a domicílio; consegue-se, porém, uma tutela por outra via.

[906] *Tratado*, IV, 671 ss. e 674 ss..

[907] A limitação do Direito do consumo a pessoas singulares nem sequer é tradicional, antes correspondendo, como se diz no texto, a mero reflexo conceitual. Assim, o *Consumer Protection Charter* do Conselho da Europa, de 17-Mai.-1973, vem definir *consumer* como *a physical or legal person to whom goods are supplied and services provided for private use*. Vide VON HIPPEL, *Verbraucherschutz*, 3.ª ed. cit., 3, nota 1.

[908] BETTINA HEIDERHOFF, *Grundstrukturen des nationalen und europäischen Verbrauchervertragsrechts* cit., 365 ss..

[909] *Idem*, 394 ss. e BÜLOW/ARTZ, *Verbraucherprivatrecht* cit., 26 ss..

[910] NORBERT REICH, *Die Vorlagepflicht und teilharmonisierten Rechtsgebieten am Beispiel der Richtlinien zum Verbraucherschtuz*, RabelsZ 66 (2002), 531-552 (551).

Em compensação, temas importantes como a autonomia privada[911], a tutela da confiança[912], a informação[913] ou a responsabilidade[914], aprofundados no Direito civil e basilares para qualquer tutela consistente do consumidor, são civis. Perder-se-ão quando os estudiosos da matéria quebrem o contacto permanente com a disciplina-mãe.

IV. O núcleo substancial do Direito do consumo é Direito civil. E nem muito diferenciado: fica aquém do Direito do trabalho e, até, do Direito comercial.

A prática de, do Direito do consumo, fazer uma lata disciplina horizontal, com regras técnicas, administrativas, processuais e penais é possível, como em qualquer outro sector civil. Por exemplo, assim sucede com o arrendamento, com a propriedade ou com a família. As exposições horizontais têm interesse prático e permitem sempre ventilar os problemas. Mas nessa base, não é pensável quebrar a unidade do Direito civil.

O consumo deve ser estudado no Direito civil. Iremos encontrar, na sequência, algumas das suas regras[915]. Qualquer reforma consistente deverá – ao que pensamos – inseri-lo no Código Civil.

---

[911] REINHARD DAMM, *Privatautonomie und Verbraucherschtuz*, VersR 1999, 129-141 (137 ss.).

[912] BETTINA HEIDERHOFF, *Vertrauen versus Vertragsfreiheit im europäischen Verbrauchervertragsrecht*, ZeuP 2001, 769-788 (776 ss.) e *Grundstrukturen* cit., 295 ss..

[913] CALAIS-AULOY/STEINMETZ, *Droit de la consommation*, 6.ª ed. cit., 51 ss., e 354 ss., como exemplos.

[914] MICKLITZ, *Haftung für fehlerhafte Produkte* cit., 1034 ss..

[915] *Tratado* I/3, 3.ª ed., 653 ss..

§ 21.º OUTRAS DISCIPLINAS PRIVADAS

90. As novas disciplinas comerciais

I. No Direito privado agitam-se outras disciplinas, que cabe referir. E em primeira linha ocorrem diversos ramos autonomizados do clássico Direito comercial. Num sentido amplo, este abrangê-las-á. Todavia, seja na prática do ensino e da investigação, seja no próprio plano da especialização dos juristas, esses ramos têm vindo a distanciar-se do tronco comum. O Direito comercial tende a manter-se como a disciplina do estatuto geral do comerciante e dos contratos comerciais[916].

Uma primeira disciplina, hoje autónoma, é a do Direito das sociedades. A matéria a elas relativa constava, inicialmente, do Código Comercial de 1888, a propósito de um "contrato especial de comércio" – artigos 104.º a 106. Já na altura, porém, as sociedades tinham um nível regulativo que transcendia largamente o que quer se pudesse reconduzir a um mero contrato. Na evolução subsequente, os planos regulativos, organizatórios e fiscalizadores das sociedades foram florescendo, requerendo uma legislação extravagante em crescimento. A integração europeia e as múltiplas diretrizes de teor societário ampliaram esse fenómeno, já centenário.

Exigências dogmáticas e práticas ditaram uma especialização crescente do Direito das sociedades. Surgiram princípios próprios, técnicas específicas e uma indomável quantidade de informação. Hoje, o Direito das sociedades dispõe de cultores próprios, de publicações especializadas e de uma ambiência característica[917]. Trata-se de um Direito privado, que acolheu no seu próprio seio a matéria das sociedades civis, constante dos

---

[916] *Vide* o plano geral do *Manual de Direito comercial* cit., com as indicações dele constantes.
[917] *Direito das sociedades*, 3.ª ed., 257 ss..

artigos 980.º e seguintes, do Código Civil⁹¹⁸, mas que requer um tratamento claramente diferenciado.

Toda esta evolução foi sancionada pelo legislador: o Decreto-Lei n.º 262/86, de 2 de Setembro, aprovou o Código das Sociedades Comerciais. Alterado dezenas de vezes, o Código das Sociedades Comerciais suporta uma disciplina de primeiro plano, disciplina essa que, ao contrário do Direito comercial, segue uma clara rota de afastamento do Direito civil.

II. Como disciplina comercial em crescente especialização temos, ainda, o Direito da concorrência. Carecido da unidade institucional patente no Direito das sociedades, a concorrência joga com três áreas normativas:

– a defesa da concorrência;
– os grupos de sociedades;
– a concorrência desleal.

A defesa da concorrência, muito impregnada de regras europeias e de diretrizes comunitárias, assenta no regime jurídico aprovado pela Lei n.º 18/2003, de 11 de Junho⁹¹⁹, na autoridade da concorrência, adotada pelo Decreto-Lei n.º 10/2003, de 18 de Janeiro, e em regras atinentes a práticas individuais proibidas, previstas no Decreto-Lei n.º 370/93, de 29 de Outubro, alterado pelos Decretos-Leis n.º 140/98, de 16 de Maio e n.º 10/2003, de 18 de Janeiro⁹²⁰. A Lei n.º 46/2011, de 24 de Junho, criou o tribunal de competência especializada para propriedade intelectual e o tribunal de competência especializada para a concorrência, regulação e supervisão.

---

⁹¹⁸ *Idem*, 354 ss.. O Direito das sociedades alemão vai ainda mais longe, prenunciando uma possível evolução do Direito português: tende a abranger a matéria das pessoas coletivas, incluindo as associações, as fundações e outras realidades *non profit*.

⁹¹⁹ Vide ADALBERTO COSTA, *Regime Legal da Concorrência* (2004), 15 ss.. Esta matéria corresponde, *grosso modo* à Lei Alemã contra as Limitações da Concorrência ou GWB (*Gesetz gegen Wettbewubsbeschränkungen*), em plena reformulação; cf. RAINER BECHTOLD/MARTIN BUNTSCHECK, *Die Entwicklung des deutschen Kartellrechts 2001 bis 2003*, NJW 2003, 2866-2874 (2866 ss.). Foi alterada pela Lei de 25-Nov.-2003; cf. JOACHIM STARCK (intr.), *Gewerblicher Rechtsschutz mit Wettbewerbs- und Urherberrecht* (2004), 938 ss..

⁹²⁰ A nível de recolha de fontes, nacionais e europeias, a obra de referência é, hoje a de JOSÉ LUÍS DA CRUZ VILAÇA/MIGUEL GORJÃO-HENRIQUES, *Código da Concorrência* (2004), 1242 pp..

Os grupos de sociedades têm guarida nos artigos 481.º e seguintes do Código das Sociedades Comerciais[921]; poderia ser considerado em conjunto com as regras sobre concentração e a concorrência.

Por fim, temos o sector importante da concorrência desleal. Na experiência alemã, que por ser a mais evoluída do Continente e por não repugnar à portuguesa, podemos tomar como referência, ela é objeto de uma lei específica, totalmente renovada em 2004: a lei contra a concorrência desleal[922]. A lei portuguesa trata o tema, com conotações sancionatórias. O artigo 317.º do CPI, aprovado pelo Decreto-Lei n.º 36/2003, de 5 de Março[923], considera concorrência desleal:

> (...) todo o ato de concorrência contrário às normas e usos honestos de qualquer ramo de atividade económica, nomeadamente (...).

As várias alíneas desse preceito precisam, depois, diversos comportamentos tipificados como integrando a concorrência desleal.

III. Segue-se o Direito da propriedade industrial. A propriedade industrial, como resulta do artigo 1.º do já referido Código da Propriedade Industrial ou CPI, aprovado pelo Decreto-Lei n.º 36/2003, de 5 de Março, desempenha a função de:

> (...) garantir a lealdade da concorrência, pela atribuição dos direitos privativos sobre os diversos processos técnicos de produção e desenvolvimento da riqueza.

Os direitos privativos reportam-se a bens intelectuais. Temos:

– patentes: recaem sobre invenções novas, implicando atividade inventiva, se forem suscetíveis de aplicação industrial (51.º/1 do CPI);
– modelos de utilidade: *idem*, mas com uma proteção conseguida por uma via mais acelerada (117.º/2 do CPI);

---

[921] *Manual de Direito das sociedades*, 1.ª ed., 809 ss..

[922] Conhecida pela sigla UWG (*Gesetz gegen den unlauteren Wettbewerb*); cf. HELMUT KÖHLER, *Das neue UWG*, NJW 2004, 2121-2127. A UWG de 2004 veio substituir a anterior, datada de 1909.

[923] Com alterações introduzidas pela Lei n.º 16/2008, de 1 de Abril, que procedeu à sua republicação, em anexo.

– topografias de produtos semicondutores: conjunto de imagens relacionadas, quer fixas quer codificadas, que representem a disposição tridimensional das camadas de que o produto se compõe (154.º do CPI);
– desenhos ou modelos: as aparências de totalidade ou de parte de um produto resultante das características de, nomeadamente, linhas, contornos, cores, forma, textura ou materiais do próprio produto e da sua ornamentação (173.º do CPI);
– marcas: sinais ou conjuntos de sinais suscetíveis de representação gráfica, nomeadamente palavras, incluindo nomes de pessoas, desenhos, letras, números, sons, a forma do produto ou da respetiva embalagem, desde que sejam adequados a distinguir os produtos ou serviços de uma empresa dos de outras empresas (222.º/1, do CPI).

A lei refere ainda as recompensas, o nome e insígnia de estabelecimento e as denominações de origem e indicações geográficas (271.º, 282.º e 305.º, todos do CPI). Toda esta matéria envolve uma técnica jurídica específica, com uma linguagem própria. Postula diversas regras administrativas, mas é visceralmente privada. Acusa um forte influxo do Direito europeu.

IV. O Direito dos títulos de crédito pertencia ao núcleo mais clássico do Direito comercial. Abrange a matéria relativa a letras, a livranças, a cheques e a eventuais títulos atípicos. Inicialmente, estavam incluídos no Código Comercial, tendo depois passado a ser objeto das leis uniformes. Em termos dogmáticos, a matéria dos títulos de crédito sempre apresentou uma especial autonomia, no âmbito comercial. Cedo surgiu uma literatura especializada, com cultores próprios: as regras desviantes, muito precisas e bastante características que os enformam a tanto conduziram.

A separação está, hoje, consumada. Alguma literatura, particularmente na Alemanha, vem aproximar os títulos de crédito do Direito bancário, integrando-os nos manuais a ele relativos.

V. O Direito bancário regula, por um lado, o sistema financeiro e as instituições de crédito (Direito bancário institucional) e, por outro, a atividade das instituições de crédito, no seu relacionamento com os particulares (Direito bancário material). Latamente, trata-se do Direito do dinheiro[924].

No início, o Direito bancário ocupava-se dos denominados contratos bancários, inseridos ou aflorados nos Códigos Comerciais: vejam-se os artigos 362.º a 365.º do nosso Código Veiga Beirão. Verificou-se, com o andar do tempo, que as instituições de crédito tinham um importante papel económico e que o seu regular funcionamento implicava uma supervisão especializada do Estado ou de organismos de tipo público, ainda que independentes: só deste modo haveria uma confiança generalizada do público. Surgiu, assim, um corpo de regras relativas ao sistema financeiro e às próprias instituições, corpo esse que, hoje, está profundamente marcado pela transposição de diretrizes comunitárias[925]. Paralelamente, o Direito dos contratos bancários, continuamente enriquecido com novas figuras, veio a atingir um grande desenvolvimento. Existem múltiplas ligações entre os Direitos bancários institucional e material. A matéria, na sua globalidade, pende hoje para o Direito privado: o Direito material é um claro Direito comercial especializado, enquanto as instituições de crédito são dominadas pelo Direito das sociedades comerciais. Há uma intensa utilização de categorias e de normas civis, bem como uma multiplicação de diplomas extravagantes[926].

VI. O Direito dos seguros, tal como o Direito bancário, tem uma área institucional e uma área material. Esta última liga-se ao contrato de seguro, hoje objeto do regime aprovado pelo Decreto-Lei n.º 72/2008, de 16 de Abril, que revogou os artigos 425.º a 462.º do Código Comercial. Lado a lado existe uma volumosa legislação extravagante e complementar. À partida, o contrato de seguro equivale a um contrato comercial

---

[924] *Manual de Direito bancário*, 4.ª ed. (2010), 43 ss., HANS-PETER SCHWINTOWSKI/ /FRANK A. SCHÄFER, *Bankrecht/Commercial Banking – Investment Banking*, 2.ª ed. (2004), 4, SIEGFRIED KÜMPEL, *Bank- und Kapitalmarktrecht*, 3.ª ed. (2004), 1 e HANS-PETER SCHWINTOWSKI, *Bankrecht*, 3.ª ed. (2011), § 1, 2 (2).

[925] Especialmente a Diretriz n.º 2006/48/CE, de 14 de Junho, modificada pela Diretriz n.º 2008/24/CE, de 11 de Março; a primeira Diretriz citada veio codificar múltiplas diretrizes anteriores; a matéria foi transposta pelo Regime Geral das Instituições de Crédito e Sociedades Financeiras, aprovado pelo Decreto-Lei n.º 298/92, de 31 de Dezembro, muito alterado.

[926] MENEZES CORDEIRO/CARLA MORGADO, *Leis da banca anotadas*, 3.ª ed. (2005).

dotado de uma técnica específica. Todavia, verifica-se que as seguradoras só podem desempenhar cabalmente o seu papel se dispuserem da confiança que lhes advém de uma especial supervisão do Estado. Surge, aqui, o Direito institucional dos seguros, com sólidas ligações ao Direito material e, também ele, hoje marcado pela receção de diretrizes importantes[927].

O Direito dos seguros é, globalmente, um Direito comercial especializado. A sua essência privada não oferece dúvidas, mau grado a multiplicação das suas fontes[928].

VII. O Direito dos valores mobiliários apresenta-se como outra disciplina comercial especializada[929]. Inicialmente, o Código Comercial regulava a matéria atinente aos corretores (64.º a 81.º) e às operações de bolsa (351.º a 361.º). Esses eixos levaram ao desenvolvimento do mercado de capitais, o qual, ainda que com recuos, se veio a popularizar. Surgiam leis de fôlego especializadas, com relevo para o Código do Mercado de Valores Mobiliários, aprovado pelo Decreto-Lei n.º 142-A/91, de 10 de Abril, hoje substituído pelo Código dos Valores Mobiliários, adotado pelo Decreto-Lei n.º 486/99, de 13 de Novembro, com alterações subsequentes[930]. O Código dos Valores Mobiliários assegura a transposição de diversas diretrizes.

Os valores mobiliários são, fundamentalmente, ações, obrigações e outros títulos relacionados com sociedades comerciais. À partida, eles regem-se por normas privadas adequadas. Todavia, o funcionamento do mercado mobiliário exige toda uma supervisão complexa, organizada por entidades independentes: temos, aqui, um Direito mobiliário institucional, que se entrelaça com o material. No seu conjunto, o Direito mobiliário é privado. Obedece a vetores próprios e dispõe de uma técnica cuidada.

---

[927] Por último as Diretrizes n.º 2002/12/CE e 2002/13/CE, ambas de 5 de Março. Toda esta matéria tem sido transposta para o Regime Geral das Empresas Seguradoras, aprovado pelo Decreto-Lei n.º 94-B/98, de 17 de Abril e várias vezes alterado, a última das quais pelo Decreto-Lei n.º 251/2003, de 14 de Outubro.

[928] MENEZES CORDEIRO/CARLA MORGADO, *Leis dos seguros anotadas* (2002).

[929] Quanto à disciplina em causa, à sua índole e ao seu conteúdo: PAULA COSTA E SILVA, *Direito dos valores mobiliários/Relatório* (2004). No tocante ao conteúdo: PAULO CÂMARA, *Manual de Direito dos valores mobiliários*, 2.ª ed. (2011), 896 pp..

[930] A última das quais, neste momento, foi introduzida pelo Decreto-Lei n.º 85/2011, de 29 de Junho.

VIII. O Direito marítimo tinha a sua sede no Código Comercial. Diversa legislação extravagante tem vindo a enriquecer essa matéria[931], que dispõe das mais nobres tradições. Podemos apontar, no Direito marítimo, a presença de vetores específicos e, de igual modo, a prevalência de uma especial técnica de manuseio dos problemas. Não obstante, é uma clara disciplina comercial especializada[932]. Logo: privada.

91. O Direito de autor e o Direito da sociedade da informação

I. O Direito de autor é o ramo do Direito privado que regula as criações intelectuais do domínio literário, científico e artístico, por qualquer modo exteriorizadas, nos termos do artigo 1.º/1 do CDADC. A matéria está regulada pelo Código do Direito de Autor e dos Direitos Conexos aprovado pelo Decreto-Lei n.º 63/85, de 14 de Março, com alterações subsequentes, designadamente as introduzidas pela Lei n.º 16/2008, de 1 de Abril, que procedeu à sua republicação, em anexo.

Em termos subjetivos, o autor de uma criação intelectual tem um direito relativo à sua obra. Ele abrange:

– os denominados direitos morais de autor, pelos quais este pode reivindicar a paternidade da sua obra e opor-se a que outrem a deturpe[933];
– os direitos patrimoniais, que facultam ao autor um exclusivo do aproveitamento económico da sua obra.

Toda esta matéria é objeto de um ramo especializado[934], com níveis já consideráveis de aproximação europeia[935].

---

[931] JANUÁRIO GOMES, *Leis Marítimas* (2004), 1053 pp..

[932] JANUÁRIO GOMES, *O ensino do Direito marítimo*, 2 volumes (2004).

[933] RLx 2-Jul.-2002 (RUA DIAS), CJ XXVII (2002) 4, 63-66 (65/I): "Ninguém gosta de ver a sua obra, seja artística, literária ou outra, plagiada, adulterada ou, simplesmente, alterada".

[934] Com indicações: MANFRED REHBINDER, *Urheberrecht*, 13.ª ed. (2004), especialmente 67 ss. quanto ao posicionamento do Direito de autor no sistema jurídico, bem como PAUL W. HERTIN, *Urheberrecht* (2004), 5 ss. e, entre nós, LUÍS MENEZES LEITÃO, *Direito de autor* (2011), 13-15.

[935] TORBEN ASMUS, *Die Harmonisierung des Urheberpersönlichkeitsrechts in Europa* (2004), 25 ss., com elementos comparativos (128 ss.).

§ 21.º Outras disciplinas privadas 341

Faremos aqui uma referência ao tema do Direito da sociedade da informação[936]. Na sua base está a constatação de que, nas sociedades pós-industriais, a informação, tomada em sentido lato, envolve e condiciona o conjunto da vida social. O Direito intervém nos mais diversos níveis: direitos de personalidade, Direito de autor, Direito das comunicações, comércio eletrónico, *internet* e diversas manifestações de responsabilidade civil. A própria matéria da comunicação social é, aqui, chamada a intervir[937].

O Direito da sociedade da informação surge como uma disciplina horizontal: abrange, em função de critérios funcionais e pragmáticos, diversas matérias. Todavia, tem uma capacidade interpretativa que permite apenas vetores comuns, com reflexos na aplicação.

92. O Direito do ambiente

I. O Direito do ambiente é o sector normativo que se ocupa da prevenção, da manutenção e da reparação dos fatores ambientais relativos ao Planeta Terra. Simultaneamente, ele abrange o sector jurídico-científico que estuda e que aplica as correspondentes regras.

O Planeta tem vida desde há mais de 3,5 biliões de anos. Essa vida – a admitir que seja natural – ter-se-á desenvolvido mercê de especiais circunstâncias ambientais: a Terra situa-se, dentro do sistema solar, numa zona que permite a presença de água em estado líquido; dispõe de um núcleo de ferro em rotação capaz de gerar um campo magnético que detém as partículas energéticas solares; é orbitada pela Lua, satélite natural de grandes dimensões que estabiliza o eixo de rotação, prevenindo saltos climáticos; é acompanhada por planetas exteriores – Júpiter e Saturno – de grandes dimensões que capturam asteróides e cometas, assegurando uma especial segurança no sistema solar interior; assume dimensões médias: suficientes para reter uma atmosfera, mas não tão grandes que conduzam a uma imensa

---

[936] Com indicações: DÁRIO MOURA VICENTE, *Problemática internacional da sociedade da informação* (2004), 12 ss.. *Vide* o conteúdo de JOEL TIMÓTEO RAMOS PEREIRA, *Compêndio jurídico da sociedade da informação* (2004), 1072 pp..

[937] UDO BRANAHL, *Medienrecht/Eine Einführung*, 4.ª ed. (2002), 135 ss., e 199 ss. e FRANK FECHNER, *Medienrecht*, 4.ª ed. (2003), 96 ss..

pressão. Mas de igual importância é o facto de a vida, uma vez surgida, operar como um todo que gera e mantém o próprio ambiente de que vai depender e ao qual se adapta. Sabemos hoje que os seres vivos produziram o oxigénio que respiramos; regulam o anidrido carbónico e o albedo[938], de modo a equilibrar a temperatura; estabilizam a salinidade; moderam os desertos. A interdependência entre a vida e o ambiente é de tal ordem que podemos considerar a Terra, no seu conjunto, como viva: a hipótese Gaia. Ao longo da sua História, a vida na Terra tem sido perturbada por diversos fatores exógenos. O mais conhecido foi a queda do asteróide, na América Central que, há 63 milhões de anos, terá provocado a extinção dos dinossáurios, pondo fim ao Cretácio e dando origem ao Terciário e ao advento dos mamíferos. Todavia, as potencialidades do ecossistema sempre têm permitido a recuperação, com novos desenvolvimentos evolutivos.

O equilíbrio gaiano foi quebrado pela Humanidade. Desligando-se das leis naturais, o Homem iniciou um processo de exploração e de destruição de sistemas ecológicos: desflorestação de continentes inteiros, poluição de cursos de água, pesca intensiva e perturbações de toda a ordem. A interferência humana no equilíbrio do Planeta intensificou-se com a industrialização, acompanhada do ataque à atmosfera com uma libertação de biliões de toneladas de CO_2. O CO_2 – em conjunto com outros gases – aumenta o efeito de estufa e conduz a uma subida global da temperatura. Acontece ainda – a descoberta é relativamente recente – que o Sol tem vindo a aumentar a sua atividade: um fenómeno natural, estudado e, hoje, previsível. Há 3,5 biliões de anos, essa atividade seria cerca de 40% inferior à atual, numa situação compensada pelo efeito de estufa: calcula-se que a temperatura média nunca terá ultrapassado em muito a atual. À medida que foi aumentando a atividade solar, o biossistema foi compensando, absorvendo o CO_2 e baixando o efeito de estufa. Justamente: a Terra e a vida que a envolve estão, hoje, próximas dos limites de compensação. A não haver perturbações, calcula-se que a vida não poderá sobreviver mais de 200 ou 300 milhões de anos ao contínuo aquecimento solar. A pressão humana vem a ocorrer num momento de especial vulnerabilidade do ecossistema global.

---

[938] Ou seja e em síntese: o acréscimo de luminosidade do Sol (e de calor) aumenta a fotossíntese; logo baixa o CO_2, diminui a estufa e a temperatura mantém-se estável; nas zonas equatoriais, as florestas aumentam a evaporação, absorvendo o calor; geram-se nuvens que refletem para o espaço a radiação solar, baixando ou mantendo a temperatura; o calor estival dissipa-se no inverno: o gelo e a neve refletem para o espaço a radiação solar, assegurando o equilíbrio.

§ 21.º Outras disciplinas privadas 343

A esta luz, compreende-se o enorme significado do Direito do ambiente[939]. Tudo indica que ele irá dominar as próximas gerações. Nas palavras de Kloepfer: o Direito do ambiente tem futuro, porque, sem ele, não haverá futuro algum[940].

II. A tutela do ambiente sempre foi uma realidade, desde os primórdios. No entanto, ela surgia muito sectorialmente. Predominava a ideia de que o homem podia usar, sem limites, os recursos naturais, alterando, por todas as formas, os ciclos naturais da Terra. A necessidade de uma tutela assumida do ambiente é, em termos históricos, muito recente: datará dos últimos trinta ou quarenta anos[941]. A assunção, pelos legisladores, da necessidade de preventiva, repressiva ou reconstitutivamente tutelar o ambiente deu azo, nos vários espaços jurídicos, a uma proliferação de regras específicas. Tais regras surgiram sem qualquer preocupação de articulação conjunta, nos mais diversos quadrantes económico-sociais. Por isso, o Direito do ambiente pôs especiais problemas de sistematização. Num primeiro momento, a existência de um "Direito do ambiente" dependia da tarefa de recolher, nos variados sectores, as normas que tivessem a ver com o fenómeno ambiental. Num segundo, foi-se mais longe: seria necessário que as diversas regras se ordenassem concatenadamente e que, delas, fosse possível inferir princípios reitores; tais princípios poderiam, depois, ser usados na confeção de novas regras ou, até, verificados os competentes pressupostos, na resolução imediata de casos concretos.

O desafio reside em passar de um Direito do ambiente puramente sistemático, isto é, apenas assente numa recolha de normas relativas ao ambiente, para um Direito do ambiente dogmático: um Direito do ambiente ordenado, com princípios e linhas de aplicação[942]. A autonomização de

---

[939] Com muitas indicações: REINHARD SPARWASSER/RÜDIGER ENGEL/ANDREAS VOSSKUHLE, *Umweltrecht/Grunzüge des öffentlichen Umweltschutzrechts*, 5.ª ed. (2003), 3.

[940] MICHAEL KLOEPFER, *Umweltrecht*, 3.ª ed. (2004), 9; esta obra, com as suas 1963 páginas maciças, mantém-se clássica.

[941] Em especial: HANS PAUL PRÜMM, *Umweltschutzrecht/Eine systematische Einführung* (1989), 18 ss., onde, para além de medidas romanas, se referem as regras adotadas por FREDERICO II da Sicília, em 1231, e o regulamento de Milão, de 1590, sobre a recolha do lixo e PETER-CRISTOPH STORM, *Umweltrecht/Einführung in ein neues Rechtsgebiet*, 7.ª ed. (2002), 17.

[942] Neste domínio, cabe fazer uma referência especial ao Direito do ambiente alemão que, pelo número e qualidade das suas publicações jurídico-ambientais, tem o papel

um Direito material do ambiente é feito à custa das disciplinas jurídicas que primeiro viram nascer as normas jurídicas implicadas. Mas nunca totalmente: desde logo por haver normas que, mau grado a sua vocação ambiental, nunca cortam – nunca cortam totalmente – as ligações com as áreas de origem. Pense-se, por exemplo, no Direito constitucional do ambiente. E de seguida porque o Direito (material) do ambiente não assumiu, ainda, o papel de absorver todas as normas de que carece. Por exemplo: a responsabilidade civil, mau grado o largo papel ambiental que assume, mantém-se uma disciplina civil.

III. A defesa do ambiente é feita com recurso a normas oriundas de áreas normativas muito variadas: Direito administrativo[943], Direito penal[944] e, mesmo, Direito constitucional[945].

O desenvolvimento das necessidades ambientais leva, finalmente, à produção de regras diretamente ambientais, com relevo para leis gerais do ambiente. Dois bons exemplos serão os constituídos pela Lei de Bases do Ambiente portuguesa, aprovada pela Lei n.º 11/87, de 7 de Abril[946], ou pela Lei alemã de responsabilidade ambiental (*Umwelthaftungsgesetz* ou *UmweltHG*), de 10 de Dezembro de 1990[947]. Tais diplomas contêm regras

---

liderante. Há já três revistas jurídicas especializadas em Direito do ambiente: *Umwelt- und Planungsrecht, Natur und Recht* e *Umwelt- und Technikrecht*. Quanto a manuais especializados, para além dos já citados de KLOEPFER, de SPARWASSER, de PRÜMM e de STORM, refira-se REINER SCHMIDT/HELMUT MÜLLER, *Einführung in das Umweltrecht*, 6.ª ed. (2001).

[943] PETER HAMBURGER, *Ausbau des Individualschutzes gegen Umweltbelastungen als Aufgabe des bürgerlichen und des öffentlichen Rechts*, 56, DJT (1986), 1.º vol., 16 ss..

[944] JOHAN W. GERLAH, *Die Grundstrukturen des privaten Umweltrechts im Spannungsverhältnis zum öffentlichen Recht*, JZ 1988, 161-176 (161).

[945] GERLAH, *Grundstrukturen des privaten Umweltrechts* cit., 163-164 e SPARWASSER/ENGEL/VOSSKUHLE, *Umweltrecht*, 5.ª ed. cit., sendo interessante atentar no plano geral desta obra.

[946] Cumpre assinalar, com legislação extravagante e complementar, VASCO PEREIRA DA SILVA/JOÃO MIRANDA, *Verde Código/Legislação de Direito do ambiente* (2004) e JOSÉ EDUARDO FIGUEIREDO DIAS/JOANA MARIA PEREIRA MENDES, *Legislação ambiental sistematizada e comentada*, 4.ª ed. (2004).

[947] GERD LANDSBERG/WILHELM LÜLLING, *Umwelthaftungsrecht* (1991), 624 pp. e, em especial, JÜRGEN KOHLER, *Umwelthaftungsgesetz* (2010), 1-596, integrado no Staudinger, a propósito do Direito das coisas. Sobre o diploma, ERWIN DEUTSCH, *Umwelthaftung: Theorie und Grundsätze*, JZ 1991, 1097-1102.

§ 21.º Outras disciplinas privadas   345

que, materialmente, propenderiam para diversos ramos: do Direito administrativo ao civil, passando pelo penal. Em suma: num movimento de ida e volta típico das humanísticas, podemos considerar que o Direito do ambiente recolhe regras oriundas de outras disciplinas e enriquece, em simultâneo, essas outras disciplinas com normas cuja elaboração ele próprio propicia.

Uma referência especial deve ser feita ao Decreto-Lei n.º 147/2008, de 29 de Julho, relativo à responsabilidade por danos ambientais[948]: é muito importante a aplicação prática desse diploma.

IV. O reconhecimento, no Direito civil, de níveis ambientais de tutela implica uma determinação material do Direito do ambiente. A ideia mais geral tem a ver, como já se referiu, com a preservação e, se necessário, reconstituição dos ciclos naturais da Terra.

Pode-se, porém, ir hoje um pouco mais longe e tentar formular princípios (materiais) gerais do Direito do ambiente. Temos[949]:

– o princípio da prevenção;
– o princípio da causa;
– o princípio da repartição comunitária;
– o princípio da cooperação;
– o princípio da integração.

O princípio da prevenção manda que, no domínio ambiental, as providências jurídicas não se limitem à reparação de danos ou à detenção de atividades potencialmente perigosas; antes cabe impedir, na base, a ocorrência de danos ambientais. Compreende-se o princípio: os danos ambientais são de reparação problemática e, por vezes, mesmo impossível.

O princípio da causa determina que, pelos danos ambientais, responda quem lhes deu origem. Na sua simplicidade, este princípio põe de

---

[948] *Tratado* II/3, 693 ss..

[949] KLOEPFER, *Umweltrecht*, 3.ª ed. cit., 168 ss., com muitas indicações, *Vide*: WILFRIED ERBGUTH/SABINE SCHLACKE, *Umweltrecht*, 3.ª ed. (2009), 449 pp.; HANS-JOACHIM KOCH, *Umweltrecht*, 3.ª ed. (2010), 840 pp.; REIMER SCHMIDT, *Umweltrecht*, 8.ª ed. (2010), 380 pp.. Entre nós, cabe referir VASCO PEREIRA DA SILVA, *Verde cor de Direito/Lições de Direito do ambiente*, 2002 e a excelente monografia de MARIA DA GLÓRIA FERREIRA PINTO DIAS GARCIA, *O lugar do Direito na protecção do ambiente* (2007), 536 pp..

lado os fundamentos clássicos da responsabilidade civil, assentes na culpa e na ilicitude.

O princípio da repartição comunitária implica que, na falta ou insuficiência do causador, os danos ambientais sejam repercutidos na comunidade, através dos orçamentos dos Estados.

O princípio da cooperação recorda que a defesa do ambiente é tarefa do Estado e da sociedade; não pode ser levada a cabo apenas por meios de autoridade, antes exigindo esquemas de concertação.

O princípio da integração coloca o Direito do ambiente numa área especialmente sensível ao Direito europeu e ao ordenamento mundial: exige uma escala planetária de realização.

Além dos princípios fundamentais, outros têm sido apontados pela doutrina ambientalista. Assim:

- o princípio da manutenção do *statu quo*[950], também dito proibição do retrocesso: não se admitem medidas que, mesmo transitoriamente, impliquem perdas ambientais; a recuperação é sempre problemática;
- o princípio da cautela, correspondendo à regra *in dubio pro securitate*: no domínio ambiental, havendo dúvidas, deve-se optar sempre pela solução mais segura;
- o princípio da proteção, que obriga à tomada de todas as medidas necessárias para evitar danos *antes* de eles ocorrerem;
- o princípio da durabilidade: a tutela ambiental não se contenta com soluções provisórias ou de meio prazo: tudo deve ser pensado a longo prazo;
- o princípio da ponderação: as soluções ambientais nunca devem atender, apenas, a um vetor: todos devem ser ponderados; designadamente: não se deve, em nome da tutela de um segmento ecológico, esquecer outro ou outros;
- o princípio da minimização: em termos ambientais, todos os processos devem ser acompanhados desde o início até ao fim, de modo a diminuir riscos e perigos; na doutrina norte-americana: *cradle to grave* ou do berço ao túmulo.

---

[950] Expressão abreviada de *in statu quo ante* (no estado em que se encontrava anteriormente). *Status quo*, muitas vezes usado, não é correto.

Estes princípios devem ser doseados aquando da sua aplicação. O jurista, quando aplique leis de tutela do ambiente pode, neles, encontrar úteis auxiliares de interpretação. De todo o modo, eles tendem a aflorar nas diversas normas que assumam teor ambiental, pelo prisma, hoje comum, da proteção.

V. Fixadas as referidas coordenadas gerais, vamos considerar o Direito privado do ambiente. Podemos distinguir[951]:
– o Direito privado do ambiente em sentido estrito, que se ocupa, direta e especialmente, de questões ambientais;
– o Direito privado do ambiente em sentido amplo, relativo a todas as normas que possam também relacionar-se com temas de ambiente.

Devemos trabalhar com ambos. E em qualquer das aceções, a presença de níveis civis na tutela do ambiente permite alinhar algumas vantagens que, daí, resultam para uma perspetiva ambientalista. Assim[952]:
– permite a qualquer particular intervir, por si, em questões ambientais; mais latamente: faculta, nesse domínio, a intervenção de entidades privadas, *maxime* das associações para defesa do ambiente;
– faculta poupanças por parte dos serviços públicos, os quais se poderão concentrar nas tarefas onde, verdadeiramente, sejam insubstituíveis;
– completa o défice estrutural do Direito público: justamente porque submetido ao princípio da competência – e bem desejável é que tal continue – o Direito público, perante questões novas, tem de aguardar o aparecimento de leis que habilitem a Administração a atuar; o problema não se põe no Direito privado, visto o princípio da liberdade;
– assume um plano transnacional de eficácia: a sentença civil pode, em princípio, ser executada no estrangeiro, enquanto a decisão administrativa vive, em regra, dominada pelo princípio da territo-

---

[951] KLOEPFER, *Umweltrecht*, 3.ª ed. cit., 433 ss..
[952] DIETER MEDICUS, *Umweltschutz als Aufgabe des Zivilrechts – aus zivilrechtlicher Sicht,* em *Umweltschutz und Privatrecht*/5. *Trier Kolloquium zum Umwelt- und Technikrecht,* adiante citado, simplesmente, *Umweltschutz und Privatrecht* (1990), 5-33 (6 ss.).

rialidade; trata-se de um ponto fundamental uma vez que a tutela do ambiente, para ser eficaz, tem de se fazer aquém e além fronteiras;
– assegura um papel conformador de atitudes e formador de mentalidades: a tutela ambiental tem de assentar numa modificação cultural muito séria, que o Direito civil pode auxiliar.

VI. A relevância do Direito civil no domínio ambiental é importante e deve ser salientada. E isso com tanta mais veemência quanto é evidente que o publicismo tendeu a absorver, num primeiro momento, o Direito do ambiente[953]. No entanto, não há que cair em exageros de sinal contrário nem, muito menos, numa guerra de escolas para a apropriação do Direito do ambiente. O Direito privado tem, no campo ambiental, fraquezas estruturais que recomendam sempre um acompanhamento público[954]. Desde logo por, pelo menos na versão tradicional, ser um Direito restitutivo: a tutela do ambiente tem de ser preventiva e salvaguardadora. De seguida, os esquemas privados derivam das iniciativas particulares. Ora estas dependem do nível cultural das populações. O ambiente tem de ser defendido, também (sobretudo?) em áreas atrasadas ou despovoadas. Pense-se, ainda, na tutela dos mares e da atmosfera. Aí, os poderes públicos devem atuar.

Em suma: a necessidade de incrementar o Direito privado do ambiente joga, apenas, em defesa dos valores ambientalistas. Ela não se processa, de forma alguma, em detrimento de outras áreas normativas. A situação ambiental é, aliás, de tal modo premente que todos os dispositivos jurídicos disponíveis – e muitos outros ainda por apurar – são poucos para vencer a longa batalha, que se avizinha, para a defesa do Planeta.

VII. Em termos de generalidade, pode afirmar-se que o tratamento privatístico dos valores com significado ambiental dá azo à sua privatização[955]. Aparentemente simples, esta privatização coloca dificuldades téc-

---

[953] Os ambientalistas são, em geral, cientistas do Direito com uma formação publicística. Os departamentos universitários de Direito do ambiente funcionam, também em geral, anexos aos institutos de Direito público.
[954] MICHAEL KLOEPFER, *Umweltschutz als Aufgabe des Zivilrechts – aus öffentlich-rechtlicher Sicht*, em *Umweltschutz und Privatrecht* (1990), 35-70 (40).
[955] Num sentido menos amplo, KLOEPFER, *Umweltschutz als Aufgabe des Zivilrechts* cit., 59.

nicas e culturais profundas, que não podem deixar de ser referidas e enfrentadas.

O Direito civil tradicional é um Direito intensamente humanístico ou, mais precisamente, antropocêntrico. A tutela da natureza intervinha sempre e só por se tornar necessária para a defesa dos interesses ou dos direitos das pessoas. Outros axiomas incontornáveis surgiam em torno desse postulado e *maxime*: apenas a pessoa humana pode ser sujeito de direitos ou, mais latamente, destinatária de posições favoráveis[956]. Essa situação tem vindo a ser revista. Aqui será possível, tão-só, indicar alguns traços dessa evolução muito profunda que, paulatinamente, ocorre nos nossos dias.

A vida, tanto quanto sabemos, está confinada ao nosso Planeta. Parece também seguro que ela só surge e só se mantém em condições muito especiais de equilíbrio e de estabilidade. A sua presença, na Terra não é fatal nem é ilimitada. Os seres vivos, mesmo privados de inteligência, dependem desse equilíbrio que, uma vez rompido, não se restabelece – ou não se restabelece de imediato. Pela delicadeza, pela raridade, pelas potencialidades de evolução, pelo que significam para as gerações futuras e pela potencialidade de desfruto que traduzem para as pessoas atuais, os seres vivos e o equilíbrio donde derivam e que exprimem valem por si[957].

Na base deste pensamento, seria possível reconverter vários instrumentos civis. O próprio direito subjetivo deixaria de estar conectado com a vontade ou a pessoa para, formalmente, exprimir áreas de liberdade e de proteção conferidas em prol de valores. A grande questão estaria em saber

---

[956] Por exemplo: os maus tratos a animais só poderiam ser proibidos por (e na medida em que) ferirem a sensibilidade das pessoas que os presenciassem ou deles tivessem conhecimento. Daí dois corolários óbvios: seria legítimo torturar o animal desde que não houvesse testemunhas ou desde que tal sucedesse em recintos reservados a "afeiçoados" (!): tal a lamentável prática das "touradas". O novo pensamento ambientalista diria: o animal representa, só por si, um valor, que deve ser respeitado em todas as circunstâncias.

[957] Não é inteiramente seguro que as religiões superiores conduzam, desde logo, a uma filosofia ambientalista. Vencedoras de lutas milenárias para impor a ideia da defesa e do primado da pessoa – ponto de que não se abdica, por constituir o ponto inicial de qualquer defesa ambiental – elas tendem a centrar-se, ainda hoje, no *homo*. Também nesse domínio se processa, contudo, uma evolução excelente: homem e natureza são frutos da Criação; um e outro foram feitos à Imagem de Deus. Orientações de tipo gaiano correspondem a uma sensibilidade própria do Catolicismo e com raízes profundas: recorde-se o pensamento de São Francisco ou de Santo António, pregando aos peixes.

quem poderia atuar nos termos dos "direitos" ou valores não humanos. Uma técnica puramente publicística assacaria tudo isso ao Estado ou entidades equiparadas. Muitas vezes, assim será ou terá de ser. Justamente a "privatização" do ambiente procurará imputar a tutela ambiental a particulares, agindo como tal. Deste modo, será reconhecida legitimidade para atuar os tais "direitos" ou valores da natureza a associações para defesa do ambiente, a vizinhos interessados ou, em certos casos, a qualquer cidadão.

VIII. O Direito civil tem um papel direto nas diversas dimensões ambientais[958]. Desde logo nos campos cultural e instrumental: o Direito do ambiente lida com direitos, com obrigações, com acordos, com associações, com a responsabilidade e com os mais diversos institutos civis. A Lei de Bases do Ambiente (LBA)[959] recorre a direitos das pessoas e à responsabilidade civil: veja-se o importante artigo 41.º, sobre a responsabilidade objetiva por danos ambientais[960]. A Lei n.º 35/98, de 4 de Abril, veio definir o estatuto das organizações não governamentais de ambiente (ONGA): trata-se de associações civis que visam exclusivamente a defesa e valorização do ambiente ou do património natural. Outros diplomas ambientais têm níveis civis significativos: pense-se nas fontes atinentes à proteção da paisagem e ao património cultural.

O próprio Código Civil, designadamente na área dos direitos de vizinhança – artigos 1346.º e seguintes – tem regras de tipo ambiental, consignadas em três princípios[961]:

– o poder do proprietário de proibir atos prejudiciais;
– a prevenção de determinados perigos;
– a manutenção da ordem natural.

O Direito privado do ambiente é Direito civil. Tem todo o interesse estudá-lo em conjunto com regras públicas, mas sempre sem perder a liga-

---

[958] Vide o nosso *Tutela do ambiente e Direito civil*, em *Direito do ambiente*, coord. DIOGO FREITAS DO AMARAL/MARTA TAVARES DE ALMEIDA (1994), 377-396 (382 ss.).

[959] Aprovada pela Lei n.º 77/87, de 7 de Abril, alterada pela Lei n.º 13/2002, de 19 de Fevereiro.

[960] Vide, com indicações, KLOEPFER, *Umweltrecht*, 3.ª ed. cit., 452 ss..

[961] O nosso *Tutela do ambiente* cit., 385 ss., com maiores desenvolvimentos. A matéria é muito analisada pelos juristas ambientalistas: KLOEPFER, *Umweltrecht*, 3.ª ed. cit., 437 ss..

ção à grande província a que pertence[962]. As características especiais dos países lusófonos permitem afirmar que a defesa do ambiente passa, antes de mais, pelo exercício, pelos particulares interessados e pelas ONGA, dos direitos que a lei confere. A lógica do Direito privado defende o ambiente.

93. O Direito do urbanismo

I. Urbanismo traduz a problemática atinente à urbe ou à cidade, particularmente: a utilização do solo para efeitos de construção. Estão em causa aspetos técnicos, políticos, sociais e ambientais de grande complexidade, os quais solicitam as mais diversas áreas normativas[963]. Acresce ainda que o tema da construção dá azo a uma legislação complexa e muito mutável[964]. Estão em causa normas civis e normas administrativas, além das mais variadas regras processuais.

II. O Direito do urbanismo constitui uma disciplina horizontal. No sentido: de, a propósito do urbanismo, efetuar um corte nas várias disciplinas chamadas a intervir. A possibilidade de sistematizar regras heterogéneas não é neutra: tem virtualidades interpretativas e aplicativas, permitindo ainda estabelecer novas harmonias e apurar princípios. O Direito do urbanismo tende a ser estudado, entre nós, por administrativistas. Todavia, o direito de construir e as diversas faculdades envolvidas são direitos privados, sujeitos à lógica do *ius civile*. Há que atender a essa dimensão.

---

[962] MICHAEL RONELLENFITSCH/RÜDIGER WOLF, *Ausbau des Individuaischutzes gegen Umweltbelastungen als Aufgabe des bürgerlichen und des öffentlichen Rechte?*, NJW 1986, 1955-1961 (1960), HARM PETER WESTERMANN, *Das private Nachbarrecht als Instrument des Umweltschutzes*, em *Umweltschutz und Privatrecht* (1990), 103-132 (108 ss.), JOHANN W. GERLAH, *Privatrecht und Umweltschutz im System des Umwelrechts* (1989), 177 ss. e STAUDINGER/JÜRGEN KOHLER, *Umwelthaftungsrecht* (2002), 539 pp., justamente incluído no Direito das coisas.

[963] FERNANDO ALVES CORREIA, *Manual de Direito do Urbanismo*, 1, 2.ª ed. (2004), 19 ss. e 54 ss..

[964] Vide FERNANDO ALVES CORREIA, *Direito do ordenamento do território e do urbanismo*, 6.ª ed. (2004), 702 pp..

94. Os Direitos de conflitos

Os Direitos de conflitos são essencialmente o Direito transitório e o Direito internacional privado. O Direito transitório insere-se no artigo 12.º do Código Civil e visa os conflitos no tempo. O Direito internacional privado ocorre nos artigos 25.º e seguintes do Código Civil, reportando-se aos conflitos no espaço. Trata-se de matéria que tem vindo a ser objeto de convenções internacionais e de normas comunitárias. Os Direitos de conflitos têm técnicas próprias e uma cultura diferenciada. Todavia, em termos históricos como no plano dogmático, eles integram a grande galáxia do Direito civil.

§ 22.º AS APLICAÇÕES DIRETA E SUBSIDIÁRIA DO DIREITO CIVIL

95. O plano dos conceitos

I. O papel cultural e jurídico-científico do Direito civil foi já objeto de múltiplas referências. Trata-se de fator estrutural próprio dos Direitos continentais e que se reflete nas mais diversas disciplinas. Todavia, no campo do Direito privado e com uma referência particular às disciplinas especiais, esse fenómeno é mais vincado. Como vetor, podemos sublinhar que, na falta de indicações sérias em contrário, são civis os conceitos usados no Direito comercial, no Direito do trabalho, no Direito do consumo e nas demais disciplinas privadas, desde as novas áreas comerciais ao Direito privado do ambiente, ao Direito da sociedade da informação e aos Direitos de conflitos.

II. Na sua simplicidade, essa constatação tem duas consequências metodológicas importantes:

– não há, em princípio, que reconstruir conceitos comuns, no âmbito das disciplinas especiais: antes se impõe uma sindicância sobre a operacionalidade dos conceitos civis;
– o estudo de qualquer disciplina especial deve ser sempre acompanhado pelo conhecimento atualizado do Direito civil: de outro modo, poder-se-á laborar com fórmulas arcaicas ou já melhoradas.

No fundo, o Direito civil não pertence apenas aos civilistas: opera como património comum de todos os juristas. Podemos falar, nesta área, de uma aplicação direta do Direito civil, nos campos em que não devam prevalecer normas especiais.

96. Os princípios e os institutos

I. Prosseguindo, cabe esclarecer o tema da aplicação dos princípios e dos institutos civis. Quando nos coloquemos num plano de generalidades, podemos afirmar que eles são comuns às mais diversas disciplinas privadas e, porventura, ao próprio Direito público. Se tivermos em mente a tutela da personalidade, a autonomia privada, a boa-fé, a imputação dos danos e a propriedade, logo verificaremos que se trata de realidades diretamente aplicáveis em todo o ordenamento. Por certo que, nos processos de adensamento a que haja lugar, se irá atender à especialidade das matérias. A autonomia privada aplicada no Direito comercial, no Direito do ambiente ou no Direito administrativo poderá conduzir a soluções próprias. O instituto em jogo será sempre o mesmo.

II. Também aqui poderemos falar de aplicação direta do Direito civil. Como consequências paralelas às já anunciadas: não vale a pena duplicar princípios e cumpre sempre acompanhar, ainda que sob sindicância, o devir civil.

97. As soluções

I. Chegamos, por fim, às soluções dos casos. Fora do campo estritamente civil, até que ponto poderemos recorrer a este para enquadrar e resolver casos concretos? A resposta não deve ser apriorística. Ela depende da densidade da área considerada e do seu distanciamento em relação à disciplina-mãe. Por exemplo: nos contratos comerciais, com ênfase nos bancários, verifica-se que a regulação especial é muito fragmentária, quiçá inexistente[965]. O recurso às regras civis é direto e indiscutível. Já no Direito administrativo, apenas após esgotadas as hipóteses interpretativas e analógicas *in loco* se poderá chegar ao Direito civil. A aplicação é meramente subsidiária. Por vezes, o recurso ao Direito civil, a título subsidiário, resulta de lei expressa: os artigos 3.º e 2.º dos Códigos Comercial e das Sociedades Comerciais, respetivamente, como exemplos. Com fre-

---

[965] Atente-se no teor dos artigos 362.º e 363.º do Código Comercial: os únicos preceitos tradicionais relativos aos contratos bancários.

quência, porém, apenas se chega à aplicabilidade subsidiária do Direito civil através de considerações sistemáticas.

II. Os diplomas especiais evitam, muitas vezes, referir o recurso, ainda que subsidiário, ao Direito civil. Para além da necessidade, sentida pelos seus autores materiais, de bem vincar a autonomia das respetivas disciplinas e a sua compleitude, joga a preocupação normativa de não facultar, pela fuga fácil para o Direito civil, o esvaziamento da especialidade.

Uma disciplina madura não tem complexos. Apoia-se numa ciência – a Ciência do Direito – e lança mão, quando oportuno, dos instrumentos mais adequados para resolver problemas. O Direito civil, pela sua omnipresença, tem sempre propostas de solução. Cabe ao intérprete-aplicador especializado decidir, quando necessário, da sua operacionalidade.

CAPÍTULO III
A INTEGRAÇÃO EUROPEIA

§ 23.º O DIREITO EUROPEU E O DIREITO CIVIL

98. Aspetos civis da integração

I. O Tratado de Roma (1957) veio constituir a Comunidade Económica Europeia englobando, na época, seis Estados: Alemanha, Bélgica, França, Holanda, Itália e Luxemburgo. Seguiram-se alargamentos sucessivos: Reino Unido, Irlanda e Dinamarca (1973), Grécia (1981) e Espanha e Portugal (1986). Em 1992, o Tratado de Maastricht constituiu a União Europeia, numa linha de crescente integração. Houve novas adesões: Áustria, Finlândia e Suécia (1995)[966]. Sobrevieram os Tratados de Amesterdão (1997) e de Nice (2000) e a introdução da moeda única (2002). Surge o projeto de Constituição Europeia (2003) assinado em Roma (2004) e rejeitado por referendos em França e na Holanda. Operou, em 1-Mai.-2004, um importante alargamento: Estónia, Letónia, Lituânia, Malta, Polónia, Eslováquia, Eslovénia, Chéquia, Hungria e Chipre.

Num quinto alargamento, vieram para a União a Bulgária e a Roménia. Em 2007, foi assinado o Tratado de Lisboa, rejeitado por um referendo irlandês mas, depois, aprovado por novo referendo, da mesma Irlanda.

Diz-se Direito europeu o conjunto dos Tratados que regem a União Europeia (Direito primário) e, ainda, o das normas produzidas pelos órgãos europeus resultantes desses Tratados (Direito secundário ou derivado)[967].

---

[966] A Noruega rejeitou, por referendo, a sua adesão.
[967] HELMUT LECHELER, *Einführung in das Europarecht*, 2.ª ed. (2003), 112 ss. e 127 ss., por todos. Entre nós e sobre esta rubrica: FAUSTO DE QUADROS, *O Direito da União Europeia* (2004).

II. Como ponto de partida, fica claro que os tratados europeus são omissos quanto à unificação dos Direitos civis dos Estados membros[968]. Diversas iniciativas foram tomadas tendo em vista uma dupla preocupação[969]:

– a tutela dos cidadãos;
– a igualização das condições de concorrência.

Resulta, daqui, um conjunto de vetores a que se tem chamado "Direito privado comunitário"[970]. Esse conjunto é, de todo, insuficiente para sedimentar um verdadeiro ramo científico e normativo.

Dentro do Direito privado, a área mais densa, em termos de cobertura comunitária, é constituída pelo Direito das sociedades[971]. Na base dos artigos 50.º/2, *f*) e 54.º do Tratado de Lisboa, que preveem atuações do Conselho e da Comissão no sentido de coordenar a proteção dos sócios e de terceiros, têm surgido diversas diretrizes que cobrem áreas significativas do Direito das sociedades, particularmente as de capitais[972]. Além disso, há que contar com alguns regulamentos[973]. Faz sentido proceder a uma exposição conjunta da matéria, a que se chamará Direito europeu das sociedades[974]. A exposição é, no entanto, parcelar. O Direito europeu das sociedades nunca poderia, sem o (forte) apoio do Direito nacional pertinente, reger os meandros de qualquer sociedade. O próprio estatuto das sociedades anónimas europeias (SE), estudado durante mais de 40 anos para permitir um esquema igual, para esse tipo de sociedades, em toda a Europa, desistiu da

---

[968] BERNHARD NAGEL, *Wirtschaftsrecht der Europäichen Union/Eine Einführung*, 4.ª ed. (2003), 326.

[969] Trata-se de referências que surgem dispersas – vg.: CHRISTIAN KOENIG/ANDREAS HARATSCH, *Europarecht*, 4.ª ed. (2003) (disponível: a 7.ª ed., de 2010, com 733 páginas), 302 e NAGEL, *Wirtschaftsrecht der Europäischen Union*, 4.ª ed. cit., 98 ss. e 272 ss. –, mas que se apresentam fundamentais.

[970] Com indicações, IRENE KLAUER, *Die Europäisierung des Privatrechts* (1998), 21 ss. e MARTIN GEBAUER, *Grundfragen der Europäisierung des Privatrechts* (1999), com rec. PETER KINDLER, AcP 199 (1999), 695-705.

[971] *Direito das sociedades*, 3.ª ed., 187 ss..

[972] Vide o seu elenco em *Direito das sociedades*, 3.ª ed., 190 ss.. Para mais elementos, cf. o nosso *Direito europeu das sociedades* (2005), 67 ss. e *passim*.

[973] Com relevo para o Regulamento (CEE) n.º 2137/85, de 25 de Julho, sobre agrupamentos europeus de interesse económico e o Regulamento 2157/2001, do Conselho, de 8 de Outubro, sobre sociedades anónimas europeias.

[974] MATHIAS HABERSACK, *Europäiches Gesellschaftsrecht*, 4.ª ed. (2011), 1 ss..

unificação: remeteu largas áreas para o Direito nacional do local da sede. No Direito civil a situação é diversa. Falta, de todo, um mínimo de densidade comunitária que permita lançar as bases de um verdadeiro Direito civil europeu. A fragmentação seria, aí, muito maior.

III. Ao contrário do que poderia resultar de uma abordagem superficial, as experiências de integração legislativa e de unificação são antigas. Os seus efeitos são conhecidos: uma série de fatores tem, de facto, inviabilizado uma verdadeira unificação.

Tomemos como exemplo as leis uniformes sobre letras, livranças e cheques. Quanto a letras e livranças foram assinadas, em Genebra, a 7-Jun.-1930, três convenções referentes, respetivamente: a uma lei uniforme; a certos conflitos de leis; ao imposto de selo[975]. Foram aprovadas pelo Decreto-Lei n.º 23 721, de 29 de Março de 1934 e confirmadas e ratificadas por Carta de 10 de Maio de 1934. A Convenção de Genebra relativa ao cheque foi assinada em Genebra a 19-Mar.-1931: aprovou a respetiva lei uniforme. Ela foi aprovada, entre nós, pelos diplomas relativos às letras e livranças, acima referidos. As leis uniformes foram adotadas por numerosos outros países, com relevo para a Alemanha, a França e Itália. São idênticas – tanto quanto as traduções jurídicas o permitam. Todavia, transpostas para países distintos, com tradições e ciências próprias, acabaram por divergir. Hoje, o Direito cambiário é nacional, sendo frequente que normas "idênticas" propiciem soluções diversas.

IV. A História ia-se repetindo, com o advento do Tratado de Roma e a subsequente integração. Num primeiro tempo, pensou-se que a unificação material de áreas sensíveis, como o Direito bancário, não deixaria de operar[976]. Verificou-se, depois, a dificuldade, perante as irredutíveis especificidades científico-culturais de cada Estado-Nação. Passou-se, então, a diretrizes: estas, carecidas de transposição, permitiriam as necessárias adaptações nacionais. Mas até aqui há problemas, seja na conceção, seja na execução. Optou-se, por fim, por diretrizes de enquadramento, isto é, diretrizes que abdicando do Direito material, se limitem a prescrever con-

---

[975] As Convenções de Genebra foram discutidas e preparadas durante décadas. Traduziram, pelo menos aparentemente, a afetiva confluência das diversas Ciências jurídicas nacionais.
[976] Vide algumas indicações no *Manual de Direito bancário*, 4.ª ed., 199 ss..

dições mínimas para que as diversas instituições sejam reconhecidas nos vários países.

Em que ponto estamos, no tocante a estas questões, no Direito civil?

99. Fontes civis europeias; as diretrizes

I. O Tratado da União Europeia[977] contém determinadas normas com relevo civil[978]. Trata-se de Direito primário. Estão nessas condições:

- os princípios do respeito pela dignidade humana, da liberdade e da igualdade – artigo 2.º;
- as liberdades fundamentais da livre circulação de mercadorias – 28.º a 34.º – e da livre circulação de pessoas, de serviços e de capitais – 45.º a 66.º, do Tratado sobre o funcionamento da União Europeia;
- a defesa da concorrência – 101.º a 106.º;
- a defesa dos consumidores – 169.º;
- a defesa do ambiente – 191.º a 193.º, todos do mesmo Tratado sobre o funcionamento.

O Tratado prevê a aproximação das disposições legislativas dos Estados-Membros que tenham incidência direta no mercado comum – 127.º a 133.º. Além disso, há que jogar com a política monetária, subjacente à moeda única – 105.º a 115.º.

Estes aspetos são estruturantes da União Europeia. Eles não fazem diretamente apelo ao Direito privado. Todavia, é manifesto que será justamente por meios jurídico-privados que eles poderão ser levados à prática. De resto: mais não fizeram do que dar corpo europeu a regras há muito implantadas nos diversos países da União.

II. Além das regras primárias, acima enunciadas, as instituições europeias aprovaram, ao abrigo das competências que lhes são atribuídas pelo

---

[977] Ou (hoje) Tratado de Lisboa. *Vide* a publicação de MARIA LUÍSA DUARTE/CARLOS ALBERTO LOPES, *Tratado de Lisboa*, 2.ª ed. (2010).

[978] JOHANNES KÖNGDEN, *Die Rechtsquellen des Europäischen Privatrechts*, em KARL RIESENHUBER, *Europäische Methodenlehre/Handbuch für Ausbildung und Praxis* (2006), 133-158.

Tratado da União, diversos instrumentos com eficácia jurídica e, particularmente: diretrizes. Trata-se do Direito secundário ou derivado.

Nos termos do artigo 288.° do Tratado sobre o funcionamento da União, os órgãos comunitários podem recorrer a dois tipos de atos normativos: os regulamentos e as diretrizes[979]. Os primeiros são diretamente aplicáveis em todo o território da União. Exemplo paradigmático de regulamentos é o dos instrumentos que estabelecem e regulam o euro como moeda comunitária[980]. Os órgãos da União recorrem a regulamentos quando seja vital que o mesmo texto vigore em todos os Países. As diretrizes, pelo contrário não são, por si, aplicáveis. Elas dirigem-se aos Estados requerendo, da parte destes, a adoção de medidas internas: as leis de transposição.

Com relevância civil temos, neste momento, diversas diretrizes a reter.

Diretrizes ou "diretivas"? A questão tem alguma relevância: constitui um primeiro palco de aferição da cultura jurídica portuguesa, enquanto parte do todo mais complexo da cultura nacional. Em português correto, diretriz é preferível. Diretiva equivale a um galicismo e coaduna-se mais com instruções concretas do que com normas de procedimento. De todo o modo, como diretiva surge correntemente nos textos comunitários escritos em português, reservá-la-emos para as transcrições, ficando diretriz para o nosso próprio discurso.

Diretriz, feminino de diretor, pode surgir como substantivo ou como adjetivo. Já diretiva deveria ser, apenas, adjetivo. A forma substantivada difundiu-se após a Guerra de 1914-1918, traduzindo um plano geral, a concretizar pelos executantes. Mas também aí prevaleceu o bom português "diretriz".

Atualmente, a Sociedade de Língua Portuguesa considera diretriz como o termo preferível[981]. Quanto aos textos de Bruxelas: é evidente que eles não são linguisticamente vinculativos. Aliás tais textos caracterizam-se pelo mau português em que vêm expressos: nunca poderiam ser tomados como exemplo de boa linguagem, nem é esse o seu papel[982].

---

[979] P. ex., CHRISTIAN KOENIG/ANDREAS HARATSCH, *Europarecht*, 4.ª ed. cit., 97 ss..

[980] Mais precisamente os Regulamentos n.° 1103/97/CE, de 17 de Junho, n.° 874/98/CE, de 11 de Maio e n.° 2866/98/CE, de 31 de Dezembro.

[981] *Grande Dicionário da Língua Portuguesa*, vol. IV, 266/I.

[982] O mesmo fenómeno ocorre noutros idiomas: os autores queixam-se da linguagem usada pelos textos comunitários, nas diversas línguas.

Pretender alicerçar *diretiva* em considerandos jurídico-comunitários não faz qualquer sentido. Já o mau manuseio da própria língua-mãe é um prelúdio preocupante a qualquer dogmática subsequente[983].

III. Cumpre dar conta das diretrizes que mais diretamente têm reflexos civis. De fora iremos deixar as diretrizes comerciais – particularmente as de Direito das sociedades[984] – e as laborais. Assim:

– Diretriz n.º 84/450/CEE, de 10 de Setembro, relativa à publicidade enganadora[985], alterada pela Diretriz n.º 97/55/CE, de 23 de Outubro[986]; foi transposta pelo Código da Publicidade[987];
– Diretriz n.º 85/374/CEE, de 25 de Julho, relativa à responsabilidade do produtor[988]; foi transposta pelo Decreto-Lei n.º 383/89, de 6 de Novembro;
– Diretriz n.º 85/577/CEE, de 20 de Dezembro, relativa à tutela do consumidor perante contratos celebrados fora do estabelecimento[989]; foi transposta pelo Decreto-Lei n.º 272/87, de 3 de Julho;
– Diretriz n.º 87/102/CEE, de 22 de Dezembro de 1986, relativa ao crédito ao consumo[990]; foi transposta pelo Decreto-Lei n.º 359/91, de 21 de Setembro, tendo sido alterada pela Diretriz n.º 98/7/CE, de 16 de Fevereiro[991], transposta pelo Decreto-Lei n.º 101/2000, de 2 de Junho;

---

[983] Para mais elementos sobre o tema *vide* o nosso *Vernáculo jurídico: directrizes ou directivas?*, ROA, 2004, 609-614.

[984] *Vide*, quanto a estas, o nosso *Direito europeu das sociedades* cit., 127 ss..

[985] JOCE N.º L 250, 17-20, de 19-Set.-1984; foi modificada pela Diretriz n.º 97/55/CE, do Parlamento Europeu e do Conselho, de 6 de Outubro, JOCE N.º L 290, 18-23, de 23-Out.-1997.

[986] JOCE N.º L 290, 18-23, de 23-Out.-1997.

[987] Aprovado pelo Decreto-Lei n.º 330/90, de 23 de Outubro, diversas vezes alterado, a última das quais pelo Decreto-Lei n.º 275/98, de 9 de Setembro, que transpôs a Diretriz n.º 97/55/CE, de 6 de Outubro, referida na nota anterior.

[988] JOCE N.º L 210, 29-33, de 7-Ago.-1985; foi alterada pela Diretriz n.º 1999/34/CE, do Parlamento Europeu e do Conselho, de 10 de Maio, JOCE N.º L 141, 20-21, de 4-Jun.-1999, por seu turno transposta pelo Decreto-Lei n.º 131/2001, de 24 de Abril.

[989] JOCE N.º L 372, 31-33, de 31-Dez.-1985.

[990] JOCE N.º L 42, 48-53, de 12-Fev.-1987.

[991] JOCE N.º L 101, 17-23, de 1-Abr.-1998.

– Diretriz n.° 91/250/CEE, de 14-Mai.-1991, relativa à tutela de programas de computador[992]; foi transposta pelo Decreto-Lei n.° 252/94, de 20 de Outubro;
– Diretriz n.° 92/100/CEE, de 27 de Novembro, relativa ao direito de aluguer, ao direito de comodato e a certos direitos conexos aos direitos de autor[993]; foi transposta pelo Decreto-Lei n.° 232/97, de 27 de Novembro;
– Diretriz n.° 93/7/CEE, de 15 de Março, relativa à saída indevida, do seu território, de bens culturais[994]; aguarda transposição[995];
– Diretriz n.° 93/13/CEE, de 5 de Abril, relativa a cláusulas abusivas nos contratos com consumidores[996]; foi transposta pelo Decreto--Lei n.° 220/95, de 31 de Agosto e pelo Decreto-Lei n.° 249/99, de 7 de Julho[997];
– Diretriz n.° 93/83/CEE, de 27 de Setembro, relativa a emissões por satélite e por cabo[998]; foi transposta pelo Decreto-Lei n.° 333/97, de 27 de Novembro;
– Diretriz n.° 93/98/CEE, de 29 de Outubro, relativa à duração da tutela de certos direitos de autor[999]; foi transposta pelo Decreto-Lei n.° 334/97, de 27 de Novembro;
– Diretriz n.° 94/47/CE, de 26 de Outubro, relativa à tutela dos direitos reais de habitação periódica[1000]; foi transposta pelo Decreto-Lei n.° 180/99, de 22 de Maio;

---

[992] JOCE N.° L 122, 42-46, de 17-Mai.-1991.
[993] JOCE N.° L 346, 61-66, de 27-Nov.-1992.
[994] JOCE N.° L 74, 74-79, de 27-Mar.-1993; esta Diretriz foi alterada pela Diretriz n.° 96/100/CE, do Parlamento Europeu e do Conselho, de 17-Fev.-1997, JOCE N.° L 60, 59-60, de 1-Mar.-1997.
[995] De todo o modo, a Resolução da Assembleia da República n.° 34/2000, de 4 de Abril, aprovou, para ratificação, a Convenção da UNIDROIT sobre Bens Culturais Roubados ou Ilicitamente Exportados, assinada em Roma, em 24-Jul.-1995; esta Convenção foi ratificada pelo Decreto n.° 22/2000, de 4 de Abril. Cf. o tomo II deste *Tratado*, § 7.°.
[996] JOCE N.° L 95, 29-34, de 21-Abr.-1993.
[997] Este segundo diploma visou dar satisfação a funcionários comunitários que entendiam ter sido o Decreto-Lei n.° 220/95, de 31 de Agosto, insuficiente. Não era esse o caso, tendo, do Decreto-Lei n.° 249/99, resultado incongruências, abaixo referidas.
[998] JOCE N.° L 248, 15-21, de 6-Out.-1993.
[999] JOCE N.° L 290, 9-13, de 24-Nov.-1993.
[1000] JOCE N.° L 280, 83-87, de 29-Out.-1994.

- Diretriz n.º 97/7/CE, de 20 de Maio, relativa à tutela do consumidor nas vendas à distância[1001]; foi transposta pelo Decreto-Lei n.º 143/2001, de 26 de Abril[1002];
- Diretriz n.º 98/27/CE, de 19 de Maio, relativa a ações inibitórias para defesa dos consumidores[1003]; foi transposta pela Lei n.º 25/2004, de 8 de Julho;
- Diretriz n.º 99/44/CE, de 25 de Maio, relativa a certos aspetos da venda de bens de consumo e das garantias a ela relativas[1004]; foi transposta pelo Decreto-Lei n.º 67/2003, de 8 de Abril;
- Diretriz n.º 2000/31/CE, de 8 de Junho, referente a certos aspetos legais da sociedade de informação, em especial do comércio eletrónico[1005]; foi transposta pelo Decreto-Lei n.º 7/2004, de 7 de Janeiro;
- Diretriz n.º 2008/122/CE, de 14 de Janeiro, relativa à proteção do consumidor quanto a certos contratos de utilização periódica de bens[1006];
- Diretriz n.º 2009/136/CE, de 25 de Novembro, que altera diretrizes anteriores quanto ao serviço de redes e serviços de comunicações eletrónicas[1007].

100. As dificuldades científicas da integração europeia

I. O cerne da realização das fontes civis europeias residirá na sua interpretação e na sua aplicação. Pergunta-se, agora, se se deve prever uma interpretação e uma aplicação "europeias" ou se, pelo contrário, as inerentes fontes devem ser tratadas como fontes portuguesas comuns.

A questão prende-se com o sentido técnico-jurídico da "integração europeia". Pretende-se nivelar e igualizar os diversos ordenamentos? Haveria que fazer apelo a interpretações e aplicações uniformes e, provavelmente, a uma ordem jurisdicional puramente comunitária. Adiantamos

---

[1001] JOCE N.º L 144, 19-27, de 20-Mai.-1997.
[1002] Com Ret. n.º 13-C/2001, de 31 de Maio.
[1003] JOCE N.º L 166, 51-55, de 11-Jun.-1998.
[1004] JOCE N.º L 171, 12-16, de 7-Jul.-1999.
[1005] JOCE N.º L 178, 1-16, de 17-Jul.-2000.
[1006] JOCE N.º L 33, 10-30, de 3-Fev.-2009.
[1007] JOCE N.º L 337, 11-36, de 18-Dez.-2009.

já – pelo menos no atual estado dos nossos conhecimentos – que não é esse o sentido da integração europeia. O objetivo não é igualizar – ou não se recorreria a meras diretrizes ou a regulamentos tipo "torso": apenas o de harmonizar, aproveitando, para isso, as Ciências nacionais.

Devemos perguntar frontalmente se é pensável uma uniformização do Direito privado, dadas as conhecidas diversidades científicas e linguísticas do Velho Mundo. Pois bem: no atual estado dos nossos conhecimentos, tal uniformização não é possível.

III. É certo que os Direitos privados europeus tiveram um tronco comum: o Direito romano de receção ou *ius commune*. Porém, a formação irresistível dos Estados nacionais pôs termo a essa unidade. O Direito privado resistiu: ainda no século XVIII, a doutrina surgia em latim, circulando sem fronteiras. Já então particularismos locais de todo o tipo diferenciavam bem os ordenamentos: pense-se nas Ordenações do Reino, desde o século XV.

O jusracionalismo, a adoção das línguas nacionais no ensino e na prática do Direito e, depois, os códigos franceses diferenciaram, em definitivo, os Direitos da Europa. A experiência anglo-saxónica (vagamente) paralela à dos parlamentos franceses pré-revolucionários, seguiu rumos distantes. Os Direitos de cá e de lá do Reno integraram estilos diferentes. A Itália, a Holanda, a Grécia, os Países Nórdicos e a Espanha: outros tantos universos distintos e vivos. No seio dos países do Sul, avulta a experiência portuguesa, claramente germânica, mas totalmente inconfundível com o Direito alemão e muito diferente dos Direitos espanhol, francês e italiano.

O Direito não é uma lei (ou muitas): estaríamos perante um retrocesso positivista que ninguém admitiria subscrever. O Direito é, antes, uma vivência coletiva que exala uma Ciência capaz de resolver problemas. Para tanto, ela consubstancia todo um processo de realização: da fonte ao caso. Princípios, conceitos indeterminados, esquemas integradores e conexões variadas: tudo conflui, com a mediação criativa do juiz, para resolver o caso concreto.

IV. Temos, depois, o problema incontornável da linguagem[1008]. Como vimos, as fórmulas jurídicas estão ontologicamente dependentes da

---

[1008] TONIO WALTER, *Entwurf einer Richtlinie zur sprachlichen Gestaltung europarechtlicher Texte*, NJW 2004, 582-584, onde, num texto humorístico, se apontam as dificuldades linguísticas do "Direito europeu".

linguagem que lhes dê corpo e forma[1009]. Resulta daqui que, na presença de línguas distintas, qualquer integração está votada ao fracasso. A língua inglesa tende a impor-se, a nível de negócios, como idioma universal. No entanto, fazer dela a língua jurídico-científica dos povos da Europa representaria um passo irrealista: pelo menos nas próximas gerações. E mesmo então o resultado final ficaria longe da uniformização, uma vez que a língua inglesa iria veicular ... um Direito não-inglês. Além disso, vários países europeus, com relevo para a França e a Itália, defendem cuidadosamente o uso, no Direito, das respetivas línguas[1010]. E o uso da língua-mãe é, ainda, necessário pelo ponto de vista da tutela do consumidor[1011].

O Tribunal de Justiça Europeia lida com a variedade linguística requerendo, para a interpretação de pontos controversos, o cotejo entre os textos escritos nas várias línguas em presença, como abaixo melhor será referido[1012]. A questão não é, porém, de mera tradução: há ainda que trabalhar com o Direito comparado[1013] e com uma grande complexidade de elementos. Podemos admitir estudos aprofundados em grandes causas: mas nunca num labor diário.

V. Finalmente, cabe sublinhar que o Direito primário tem vertentes interpretativas próprias[1014]. Só com reserva se pode recorrer aos preparatórios, uma vez que ele depende, por vezes, de acordos que transcendem as discussões anteriores. Por seu turno, o Direito secundário não pode ignorar o primário[1015]: seja pela legitimidade que dele decorre, seja pela necessidade de construir, com as diversas peças, um todo coerente[1016].

[1009] *Supra*, 189 ss. e 265 ss..
[1010] ALESSANDRO SOMMA, *Sprachgesetzgebung in Frankreich und Italien: Rechtsnationalismus oder Schutz der Schwächeren?*, ZeuP 1998, 701-715. Vide ARMIN BOGDANDY, *Deutsche Rechtswissenschaft im europäischen Rechtsraum*, JZ 2011, 1-6.
[1011] *Tratado* I/1, 3.ª ed., 655.
[1012] *Infra*, 368.
[1013] ANDREAS SCHWARTZE, *Die Rechtsvergleichung*, em KARL RIESENHUBER, *Europäische Methodenlehre* (2006), 75-92 e LARS-PETER BRANDT, *Die Chancen für eine einheitliche Auslegung eines Europäischen Zivilgesetzbuches* (2009), 305 pp. (98 ss.).
[1014] MATTHIAS PECHTSTEIN/CAROLA DRECHSLER, *Die Auslegung und Fortbildung des Primärrechts*, idem, 159-183.
[1015] STEFAN LEIBLE/RONNY DOMRÖSE, *Die Primärrechtskonforme Auslegung*, idem, 184-216.
[1016] STEFAN GRUNDMANN, *Systemdenken und Systembildung*, idem, 217-243.

§ 24.º A REALIZAÇÃO DAS REGRAS CIVIS EUROPEIAS

101. A jurisdicidade das diretrizes

I. O papel das diretrizes e das normas de transposição no Direito privado de hoje coloca problemas metodológicos. A interpretação de diretrizes constitui tarefa complexa[1017]. Um dos elementos clássicos da interpretação é, sabidamente, o sistemático: os diplomas não são interpretados de modo isolado, antes devendo ser situados na lógica do ordenamento a que pertençam.

As diretrizes não se inserem numa ordem jurídica coerente[1018]. Elaboradas por técnicos formados à luz de Ciências jurídicas diversas, elas apresentam, com frequência, um mosaico de conceitos. A reconstituição do seu conteúdo normativo exige, muitas vezes, um recurso intenso ao Direito comparado. Fala-se, nesse domínio, de uma comparação valorativa de Direitos[1019]. Bons autores veem, logo aí, um caos[1020].

[1017] Com um tratamento modelar: CLAUS-WILHELM CANARIS, *Die richtlinienkonforme Auslegung und Rechtsfortbildung im System der juristischen Methodenlehre*, FS Bydlinski (2002), 47-103. *Vide*, ainda, HERRMANN, *Richtlinienumsetzung durch die Rechtsprechung* cit., 87 ss. e KARL RIESENHUBER, *Die Auslegung*, em *Europäische Methodenlehre* (2006), 244-272.

[1018] Entre 1961 e 1991, a título de exemplo, foram elaboradas mais de 750 diretrizes. Mau grado este número elevado, as diretrizes não constituem qualquer corpo harmónico de normas. *Vide* CHRISTOF SCHMIDT, *Der Einfluss europäischer Richtlinien auf das innerstaatliche Privatrecht am Beispiel des Einwendungsdurchgriffs bei verbundenen Geschäften* (1997), 1 ss..

[1019] MARTIN SCHWAB, *Der Dialog zwischen dem EuGH und nationalen Exegeten bei der Auslegung von Gemeinschaftsrecht und angeglichenem Recht*, ZGR 2000, 446-478 (446).

[1020] WERNER SCHROEDER, *Die Auslegung des EU-Rechts*, JuS 2004, 180-186 (180/I).

II. Verificam-se, ainda, problemas de transposição linguística ou tradução. O português é uma das línguas oficiais da União: os textos em vernáculo fazem fé, tal como os escritos noutras línguas. Simplesmente, as traduções levadas a cabo, perante conceitos complexos, resultam, por vezes, incorretas ou incompreensíveis. Haverá então – ainda que a título de auxiliares de interpretação – que recorrer a versões escritas noutros idiomas[1021], para melhor entender a mensagem normativa subjacente[1022].

Os diversos atos europeus surgem nos idiomas oficiais da União. Por sérias que sejam, é evidente que as traduções não comunicam mensagens idênticas. Fundamental seria conhecer a língua mental dos autores materiais dos textos: e muitas vezes, serão vários, com diversas línguas-mães. O estudo aprofundado de um texto comunitário exige o confronto entre versões em várias línguas: pelo menos em alemão e em francês, além do vernáculo. Aliás, os textos vertidos em português, por vezes, nem fazem sentido, havendo que recorrer a versões noutras línguas[1023]. E naturalmente: não basta conhecer os idiomas; impõe-se, sempre, uma sindicância de Direito comparado[1024]. Abaixo veremos como a jurisprudência do Tribunal Europeu de Justiça tem procurado ultrapassar o problema da diversidade linguística nos textos normativos[1025].

III. Quanto à aplicação ou, mais latamente, à juridicidade, importa sublinhar que as diretrizes são comandos dirigidos, em primeira linha, aos

---

[1021] Particularmente em francês e em alemão; os textos em inglês suscitam, por vezes, novos problemas. Vide, sobre o tema, MARCUS GALDIA, *Rechtsvergleichendes Übersetzen* em *The European Legal Forum* (2003), 1-5.

[1022] Também SCHROEDER, *Die Auslegung des EU-Rechts* cit., 185/I.

[1023] O problema nem é específico das versões em português. P. ex., JÖRG ANKELE, *Zum Vorschlag der Kommission der Europäischen Gemeinschaften für eine Zweite gesellschaftsrechtliche Richtlinie*, BB 1970, 988-992 (989/II, nota 7), a propósito da então proposta de 2.ª Diretriz, afirma ter-se visto constrangido a trabalhar com a versão em francês, por a versão alemã se encontrar errada em vários pontos.

[1024] O problema é agravado pela presença de conceitos próprios de certos ordenamentos e que não comportam traduções em idiomas diversos daquele que lhe deu corpo. O exemplo de escola mais conhecido é o da *faute* francesa, sem tradução correta em português, italiano ou alemão ... enquanto a nossa culpa não comporta tradução exata em francês.

[1025] *Infra*, 374.

Estados[1026]. Estes ficam obrigados a transpô-las, de acordo com o que delas resulte[1027]. Se os competentes diplomas de transposição não forem elaborados[1028], os Estados poderão incorrer em responsabilidade perante as competentes instâncias comunitárias. E quanto aos particulares? Pode o particular lesado pela não transposição indevida ou pela transposição tardia, insuficiente ou incorreta, de uma diretriz, prevalecer-se destas e, daí, retirar direitos e pretensões?

A solução consagrada é a seguinte: os particulares podem invocar diretamente as diretrizes contra os próprios Estados faltosos; não o podem, porém, fazer contra outros particulares[1029].

IV. O TJE tomou posição clara quanto à primeira proposição em acórdão de 17-Dez.-1970 (caso SACE contra a República Italiana): verificou-se, aí, que o Estado italiano não transpusera determinada diretriz, de onde resultou continuar a cobrar certas taxas; o Tribunal reconheceu que a SACE S.p.A., empresa visada, tinha, perante isso, direitos contra o Estado que as jurisdições internas deveriam salvaguardar[1030].

Esta posição foi mantida. O TJE, em 5-Abr.-1979 (caso Ratti contra a República Italiana) decidiu, numa questão relativa a embalagens de solventes, que o Estado em falta quanto à transposição de uma diretriz não poderia invocar esse facto para, dele, se prevalecer contra um particular[1031]. A opção foi aprofundada em TJE 19-Jan.-1982 (caso Ursula Becker, contra as Finanças de Münster): numa questão fiscal, decidiu-se que o Estado não podia prevalecer-se de não-transposições, particularmente quando as normas da Diretriz em causa fossem suficientemente explícitas[1032].

A segunda proposição documenta-se no acórdão do TJE 26-Fev.-1986 (caso Marshall contra a Autoridade de Saúde de Southampton e South-West

---

[1026] Entre nós, ainda tem interesse confrontar Augusto Rogério Leitão, *O efeito jurídico das directivas comunitárias na ordem interna dos Estados membros*, DDC 14 (1982), 7-59.

[1027] Koenig/Haratsch, *Europarecht*, 4.ª ed. cit., 98-99, por todos.

[1028] Questão autónoma é a da eficácia de diretrizes já em vigor, mas antes de expirado o prazo de transposição: Christian Hofmann, *Die Vorwirkung von Richtlinien*, em Karl Riesenhuber, *Europäische Methodenlehre* (2006), 366-387.

[1029] Com elementos, Christof Schmidt, *Der Einfluss europäischer Richtlinien* cit., 4-5; sinteticamente: Ernst R. Führich, *Wirtschaftsprivatrecht*, 6.ª ed. (2002), 17.

[1030] TJE 17-Dez.-1970 (SACE), Proc. 33/70, disponível na *Internet*.

[1031] TJE 5-Abr.-1979 (Tullio Ratti), Proc. 148/78, disponível na *Internet*.

[1032] TJE 19-Jan.-1982 (Ursula Becker), Proc. 8/81, disponível na *Internet*.

Hampshire): num assunto de aposentações, um particular não pode fazer valer uma Diretriz não transposta contra outro particular: apenas contra o Estado ou organismos equiparados ainda que, com isso, se quebre a igualdade entre esses organismos e outros similares, de natureza privada[1033].

A não-invocabilidade de diretrizes ainda não transpostas, nas relações entre particulares, já tem sido afirmada – e bem – na nossa jurisprudência: STJ 19-Set.-2002[1034], STJ 18-Dez.-2002[1035] e RLx 29-Mai.-2003[1036].

102. A interpretação conforme com as diretrizes

I. Pergunta-se se a interpretação e a aplicação de diplomas de transposição de diretrizes não deverá obedecer a regras especiais. Particularmente em causa está o mote da interpretação conforme com as diretrizes[1037].

A interpretação conforme com as diretrizes surge especialmente referida como tópico argumentativo na própria jurisprudência do Tribunal de Justiça Europeu. Como exemplos: 23-Jan.-2003 (Sterbenz)[1038], 20-Nov.--2003 (Unterpertinger)[1039] e 7-Jan.-2004 (Comissão v. Reino de Espanha)[1040]. Esse mesmo tópico é usado para defender que as normas de

---

[1033] TJE 26-Fev.-1986 (Marshall), Proc. 152/84, disponível na *Internet*.
[1034] STJ 19-Set.-2002 (OLIVEIRA BARROS), CJ/Supremo X (2002) 3, 46-51.
[1035] STJ 18-Dez.-2002 (MOITINHO DE ALMEIDA), CJ/Supremo X (2002) 3, 167.
[1036] RLx 29-Mai.-2003 (LÚCIA DE SOUSA), CJ XXVIII (2003) 3, 97-98.
[1037] CLAUS-WILHELM CANARIS, *Die richtlinienkonforme Auslegung* cit., 79 ss., ULRICH EVERLING, *Rechtsvereinheitlichung durch Richterrecht in der Europäischen Gemeinschaft*, RabelsZ 50 (1986), 193-232 (224-225), PETER HOMMELHOFF, *Zivilrecht unter dem Einfluss europäischer Rechtsangleichung*, AcP 192 (1992), 75-105 (95), MAREK SCHMIDT, *Privatrechtsangleichende EU-Richtlinien und nationale Auslegungsmethoden*, RabelsZ 59 (1995), 569-597 (572), ULRICH EHRICHE, *Die richtlinienkonforme Auslegung nationaler Rechte*, RabelsZ 59 (1995), 598-644 (612 ss.), MARTIN SCHWAB, *Der Dialog zwischen dem EuGH und nationalen Exegeten bei der Auslegung von Gemeinschaftsrecht und angeglichenem Recht*, ZGR 2000, 446-478 (465 ss.), WOLF-HENNING ROTH, *Die richtlinienkonforme Auslegung*, em KARL RIESENHUBER, *Europäische Methodenlehre* (2006), 308-333 e CLEMENS HÖPFNER, *Die systemkonforme Auslegung/Zur Auflösung einfachgesetzlicher, verfassungsrechtlicher und europarechtlicher Widersprüche im Rechte* (2008), 249 ss..
[1038] TJE 20-Jan.-2003 (Sterbenz), Proc. n.º 16/01, n.º 28, disponível na *Internet*.
[1039] TJE 20-Nov.-2003 (Unterpetinger), Proc. n.º 212/01, n.º 14, disponível na *Internet*.
[1040] TJE 7-Jan.-2004 (Comissão contra Reino de Espanha), Proc. n.º 58/02, n.º 4, disponível na *Internet*; a hipótese aqui suscitada situar-se-ia mesmo na área penal.

transposição dos Estados não podem ser usadas para interpretar as diretrizes[1041]. Além disso, a interpretação conforme traduz uma dimensão de aplicação imediata das diretrizes[1042].

II. Efetivamente, os diplomas de transposição têm um objetivo claramente assumido: o de verter, para a ordem interna, uma orientação valorativa adotada pelo legislador comunitário. Tal orientação, a ser minimamente expressa, poderá ser complementada pela interpretação, que não deixará de atender à diretriz em causa: quer a *occasio*, quer a *ratio legis* apontam para isso[1043]. O método comparativo e a funcionalização dos diplomas deverão ajudar[1044].

A interpretação conforme com a diretriz a transpor não pode, todavia, esquecer três pontos:

– que a diretriz admite, em regra, várias hipóteses de transposição e, ainda, um espaço de manobra dos Estados; ora, nos limites da diretriz em jogo, há que procurar determinar a exata medida em que o Estado exerceu essa sua liberdade, determinação essa a fazer à luz do Direito interno;
– que as diretrizes não podem prevalecer sobre certas regras internas e, *maxime*, sobre a Constituição;
– que o Estado pode ter decidido violar a diretriz: será (porventura) responsável, mas a norma de transposição, pelo menos perante particulares, deve ser interpretada em si.

Todas estas considerações são oportunas para a aplicação. Neste nível, há que refletir nas consequências das decisões, à luz das diretrizes de origem, na medida em que devam ser tidas em conta.

III. As boas interpretação e aplicação dos diplomas de transposição exigem o conhecimento e a própria interpretação das diretrizes em causa.

[1041] Proc. n.º 152/02 (caso Terra Beudedarf-Handel GmbH): conclusões da advogada geral, disponíveis na *Internet*.
[1042] TJE 5-Out.-2004 (BERNARD PFEIFFER), Proc. n.º C-397/01, NJW 2004, 3547-3550.
[1043] STJ 9-Mai.-2002 (RIBEIRO COELHO), CJ/Supremo X (2002) 2, 55-58 (58/I).
[1044] SCHROEDER, *Die Auslegung des EU-Rechts* cit., 183/II e 185/II.

O jurista europeu fica, assim, obrigado a manusear permanentemente o Direito comparado[1045]. Quer isto dizer que, num sistema nacional que acolha diplomas de transposição, a unidade interpretativa e aplicativa do conjunto fica comprometida.

O Direito português nem é dos mais atingidos: mercê das suas características próprias, o seu estudo sempre requereu intensos níveis comparatísticos.

IV. A interpretação conforme com as diretrizes pode ainda ser esclarecida com recurso à questão do seu fundamento. Surgem três orientações[1046]:

– a da vontade do legislador nacional, aquando da transposição;
– a da precedência do Direito europeu;
– a da força vinculativa do Tratado da União.

A primeira orientação não é satisfatória. Estamos numa área em que domina a "vontade" do legislador europeu e não a do legislador nacional. Esta, todavia, pode ser marginalmente relevante, como nos casos em que a diretriz seja transposta antes do prazo obrigatório.

A segunda pressuporia que a diretriz fosse *self-executing*: não é, em regra, o caso. Os comandos comunitários, enquanto tais, não se dirigem às situações reguladas pelas normas de transposição.

Fica a terceira orientação: a jurídico-positividade dimanada do artigo 249.º/3, do Tratado da União, obriga, por uma lógica de sistema, à interpretação conforme. Esta funciona como o embrião de uma Ciência do Direito capaz de acolher e de tratar o Direito nacional e o Direito comunitário, na área em que se interpenetram: a das normas de transposição.

V. Cumpre ainda exarar uma certa preocupação recente pelo que se pode considerar um excesso de europeísmo. Uma interpretação conforme com as diretrizes implica que estas veiculem uma mensagem coerente e, daí, que se possa falar num "sistema europeu". Acima deixámos expressas dúvidas quanto a esse ponto. Além do que ficou dito, no plano científico,

---

[1045] JÜRGEN BASEDOW, *Grundlagen des europäischen Privatrechts*, JuS 2004, 89-96 (91/II).

[1046] O debate, com a indicação dos diversos autores envolvidos, pode ser seguido em CANARIS, *Die richtlinienkonforme Auslegung* cit., 49-55.

recordamos que um "sistema europeu" pressuporia[1047]: (a) uma base económica coerente; (b) uma ordem política supranacional; (c) uma cultura da administração; (d) uma capacidade de conquistar a adesão dos povos; (e) uma cultura jurídica. No campo dos princípios, deram-se passos[1048]. Mas os limites interpretativos não podem ser ignorados[1049].

Pois justamente: a invocação de uma interpretação conforme com as diretrizes pode levar os operadores (*maxime*: o juiz) para além do teor das leis de transposição[1050], pondo em crise a confiança dos cidadãos e a transparência do sistema[1051]. Para além das prevenções feitas, impõe-se um controlo global sobre a interpretação "europeia" e os seus limites.

103. Interpretação e aplicação do Direito civil europeu

I. O Direito civil europeu não tem especificidades interpretativas e aplicativas perante o restante Direito europeu. Vamos passar, de todo o modo, em revista algumas regras de interpretação comunitária[1052].

No Direito comunitário, particularmente na jurisprudência do TJE, não se procede à distinção entre interpretação e integração de lacunas ou, sequer, à interpretação criativa (*Rechtsfortbildung*). De acordo com a prática francesa, tudo é considerado "interpretação", ainda que esta recaia sobre normas análogas, sobre princípios ou sobre o conjunto do sistema, para resolver questões carecidas de normas aplicáveis.

[1047] JULIA LAFFRANQUE, *Europäisches versus estnisches Rechtssystem/Anschein oder Wirklichkeit?*, RTh 38 (2007), 203-218 (204).

[1048] AXEL METZGER, *Allgemeine Rechtsgrundsätze im Europäischen Privatrecht: Ansätze für eine einheitliche Methodenlehre im Europäischen Mehrebenensystem*, RTh 40 (2009), 313-335 e ARMIN VON BOGDANDY, *Prinzipien der Rechtsfortbildung im europäischen Rechtsraum*, NJW 2010, 1-5, mais centrado no Direito público.

[1049] RALPH CHRISTENSEN/MARKUS BÖHME, *Europas Auslegungsgrenzen/Das Zusammenspiel von Europarecht und nationalem Recht*, RTh 40 (2009), 285-311.

[1050] STEPHAN PÖTERS/RALPH CHRISTENSEN, *Richtlinienkonforme Rechtsfortbildung und Wortlautgrenze*, JZ 2011, 387-394.

[1051] BORIS SCHINKELS, *Unbegrenzte richtlinienkonforme Rechtsfortbildung als Haftung Privater für Legislativunrechte?/Für ein subjektives Recht auf Transparenz*, JZ 2011, 394-401.

[1052] No desenvolvimento subsequente temos em especial conta os elementos constantes de MARCUS LUTTER, *Die Auslegung angeglichenen Rechts*, JZ 1992, 593-607.

Ainda no Direito comunitário e em sede geral, o Direito primário e o secundário deveriam sujeitar-se às mesmas regras interpretativas. Embora esse princípio pareça óbvio – dele, de resto, dependendo a própria unidade jurídico-científica do Direito civil europeu – a jurisprudência do TJE tem operado uma certa distinção, nesse domínio: aceita regras diversas para os Direitos primário e secundário, um tanto à imagem do que sucede, nos Direitos nacionais, com a interpretação do Direito constitucional e do Direito ordinário[1053].

II. No tocante ao Direito primário, o ponto de partida é constituído pela interpretação literal: as regras valem com o sentido óbvio e imediato que delas resulte. Quanto ao problema da diversidade linguística, o TJE decidiu em vários acórdãos exemplares – TJE 5-Dez.-1967[1054], 12-Nov.--1969[1055] e 12-Jul.-1979[1056] – que o sentido a validar deveria resultar do cotejo entre as versões feitas nas diversas línguas oficiais. Na época, porém, elas eram quatro, enquanto lidamos hoje com vinte e cinco línguas, ainda que algumas não sejam oficiais. Na prática, haverá que ter em conta a língua do litígio e as chamadas línguas de trabalho.

Os fatores considerados decisivos são o sistemático e o teleológico, animados com os objetivos do Tratado[1057] e de acordo com a obtenção do

---

[1053] ALBERT BLECKMANN, *Zu den Auslegungsmethoden des EuGH*, NJW 1982, 1177-1182 (1178/II); MATTHIAS PECHSTEIN/CAROLA DRECHSLER, *Die Auslegung und Fortbildung des Primärrechts* cit., 161 ss..

[1054] TJE 5-Dez.-1967, Proc. n.º 19/67 (Van der Vecht), na *Internet*: "A necessidade de uma interpretação uniforme dos regulamentos comunitários exclui que o texto de uma disposição seja considerado isoladamente, antes exigindo, em caso de dúvida que seja interpretado e aplicado à luz das versões estabelecidas nas outras três línguas". (Não existe em português; usou-se a versão francesa).

[1055] TJE 12-Nov.-1969, Proc. n.º 29/69 (Erich Stauder), na *Internet*: "(...) a necessidade de uma aplicação e, daí, de uma interpretação uniformes exclui que o texto seja considerado isoladamente numa das suas versões, antes requerendo que seja interpretado em função do fim prosseguido, à luz, designadamente, das versões escritas em todas as línguas". (*Idem*, quanto à versão francesa).

[1056] TJE 12-Jul.-1979, Proc. n.º 9/79 (Marianne Koschniske), na *Internet*: "A necessidade de uma interpretação uniforme (...) exige que ele seja interpretado e aplicado à luz das versões estabelecidas noutras línguas oficiais", a propósito do sentido de *diens echtgenote*, expressão holandesa literalmente equivalente ao francês *son épouse*, mas que deve ser interpretada latamente. (*Idem*, quanto à versão utilizada).

[1057] TJE 20-Set.-1988, Proc. 302/86 (Comissão c. Dinamarca), na *Internet*: admite validar medidas legislativas que levantem menos obstáculos às trocas livres.

efeito útil[1058]. Já ao elemento histórico é dada pouca importância: uma vez que o Direito dos Tratados é, em regra, um Direito de compromisso, não seria útil, para o seu entendimento, recorrer a elementos anteriores[1059].

III. Na interpretação do Direito secundário, há que ter em conta a interpretação conforme com o primário[1060]. Os elementos históricos têm, aqui, já grande importância, admitindo-se o recurso aos projetos e a outros trabalhos preparatórios[1061]. O sentido a reter é mais marcadamente subjetivo[1062], valendo conhecer as ponderações feitas, por exemplo, na Comissão, no decurso do competente processo legislativo ou as tomadas de posição do Parlamento[1063].

Em diversas áreas mais marcadamente técnicas, como sucede no campo do Direito do consumo, torna-se inultrapassável o conhecimento da ordem jurídica dadora, isto é: do Direito que esteve na origem da opção assumida pelo legislador europeu. Aos poucos, a dogmática das diretrizes vem ganhando vida própria. Começam a surgir estudos sobre a sua aplicação analógica e sobre as hipóteses de, na sua base, operar uma interpretação criativa[1064]. Também a teoria económica tem sido avocada, enquanto auxiliar de interpretação do Direito privado europeu[1065].

[1058] TJE 17-Jan.-1980, Proc. n.º 792/79 (Camera Care, Ltd.), na *Internet*, referindo a necessidade de "garantir o efeito útil". (Não existe em português; usou-se a versão francesa).

[1059] GÜNTHER CHRISTIAN SCHWARZ, *Europäisches Gesellschaftsrecht* (2000), 58 (Nr. 82).

[1060] BLECKMANN, *Zu den Auslegungsmethoden* cit., 1178/I; LEIBLE/DOMRÖSE, *Die primärrechtskonforme Auslegung* cit., 201 e *passim*.

[1061] SCHWARZ, *Europäisches Gesellschaftsrecht* cit., 60.

[1062] BLECKMANN, *Zu den Auslegungsmethoden* cit., 1179/I, sendo todavia necessário que os competentes elementos se encontrem publicados.

[1063] MARCUS LUTTER, *Die Auslegung angeglichenen Rechts* cit., 600-601.

[1064] Temos em mente: PETER FRIEDRICH BULTMANN, *Rechtsfortbildung von EG-Richtlinienrecht*, JZ 2004, 1100-1106; JORG NEUNER, *Die Rechtsfortbildung*, em KARL RIESENHUBER, *Europäische Methodenlehre* (2006), 292-307.

[1065] JENS-UWE FRANCK, *Zum Nutzen der ökonomischen Theorie für das Europäische Privatrecht*, idem, 120-131 e, em geral, CHRISTIAN KIRCHNER, *Die ökonomische Theorie*, idem, 93-119.

IV. O Tribunal de Justiça Europeu e o Tribunal de Primeira Instância garantem o controlo do Direito comunitário primário e secundário, perante os dispositivos do Tratado[1066].

De entre as várias formas de atuação de que o Tribunal de Justiça dispõe, avulta o das decisões prejudiciais, tomadas nos termos do artigo 234.º do Tratado[1067-1068]. Trata-se de um esquema habilmente montado para conseguir uma quadratura aparentemente impossível:

– a de evitar qualquer intrusão nos sistemas judiciários dos Estados-membros;
– garantindo, todavia, a uniformidade do Direito comunitário aplicado, nos diversos países, pelos tribunais respetivos.

O tribunal nacional confrontado com alguma dúvida de aplicação do Direito europeu, primário ou secundário, colocará o problema, em abstrato, ao Tribunal de Justiça Europeu[1069]. Este decidirá a questão, sem se imiscuir no caso concreto: tarefa do tribunal nacional.

Tudo isto assenta na ideia da possibilidade de quebrar o processo de realização do Direito, numa operação hoje considerada impossível. De todo o modo, por via prejudicial, o Tribunal de Justiça tem vindo a precisar fontes interpretativas importantes.

[1066] *Vide* o artigo 220.º do Tratado (ex-artigo 164.º). A jurisprudência europeia constitui um fator importante de desenvolvimento do "Direito civil europeu"; cf. CHRISTIAN W. A. TIMMERMANNS, *Zur Entwicklung des europäischen Zivilrechts*, ZeuP 1999, 1-5 (3).

[1067] SCHWARZ, *Europäisches Gesellschaftsrecht* cit., 61 e 63 e, em geral, KRAUSSER, *Das Prinzip begrenzter Ermächtigung im Gemeinschaftsrecht* cit., 57.

[1068] Quanto ao artigo 234.º do Tratado (ex-artigo 177.º), cf. ULRICH EHRICKE, em STREINZ, *EUV/EGV* (2003), 2064 ss..

[1069] Todavia, não haverá lugar ao reenvio prejudicial para o TJE quando esteja meramente em causa o Direito interno e a sua compatibilidade com o Direito comunitário: STJ 7-Mar.-2002 (BARATA FIGUEIRA), CJ/Supremo X (2002) 1, 132-133.

CAPÍTULO IV
OS DIPLOMAS CIVIS

§ 25.º AS LEIS PORTUGUESAS

104. O Código Civil e as suas alterações

I. Na presente rubrica, iremos considerar o panorama das leis civis vigentes em Portugal. Acima demos conta de alguns elementos sobre a situação do Código Vaz Serra noutros países lusófonos[1070].

Dentro da lógica continental e em obediência à sua própria tradição, o Direito português dispõe de um Código Civil: o Código VAZ SERRA, datado de 1966 e de cuja elaboração se deu nota[1071].

Apesar de recente – em termos históricos – a codificação portuguesa de 1966 foi já objeto de múltiplas alterações. Tais alterações podem repartir-se por três áreas, de acordo com as motivações científicas que lhes subjazam. Encontram-se, assim:

– alterações correspondentes a modificações de fundo introduzidas em obediência a reformas de base;
– alterações provocadas por institutos instáveis, que não lograram, da parte da Ciência do Direito, um desenvolvimento suscetível de concitar uma codificação estável do seu normativo;
– alterações em pontos precisos originadas por meras questões de conjuntura.

[1070] *Supra*, 251 ss..
[1071] *Supra*, 238 ss..

Em qualquer dos casos, a alteração pode ser modificativa – quando introduza novos textos no Código – ou derrogativa – quando repouse na supressão de textos do Código, substituídos por legislação extravagante.

II. Alterações correspondentes a modificações de fundo foram as introduzidas pelo Decreto-Lei n.º 496/77, de 25 de Novembro. Este diploma visou adaptar o Código Civil a certas particularidades constitucionais e, designadamente, à supressão da discriminação dos antes chamados "filhos ilegítimos", à irradicação de limitações que impendiam sobre a mulher casada e à eliminação de restrições que interferiam na liberdade de associação. Mas a competente Comissão de Reforma entendeu levar mais longe as alterações, modificando múltiplos aspetos – no Direito da família e no Direito das sucessões – em áreas não requeridas pela Constituição[1072]. Acabaram, assim, por ser atingidos, particularmente, os livros I, IV e V do Código Civil.

Também equivaleu a uma alteração de fundo a supressão da *enfiteuse* – artigos 1491.º ss. – operada através dos Decretos-Leis n.ºs 195-A/76, de 16 de Março[1073] e 233/76, de 2 de Abril[1074], para a enfiteuse de prédios rústicos e urbanos, respetivamente[1075]. Desta feita, houve apenas uma

---

[1072] A Reforma de 1977, apesar de tornada necessária pelo desfasamento do legislador de 1966 no domínio da família, tem sido criticada pela doutrina das mais diversas escolas; muito positivista, mais preocupada com o Direito comparado do que com a Ciência do Direito, a Reforma do Decreto-Lei n.º 496/77 ressentiu-se, efetivamente, da total ausência de discussão pública dos temas nela tratados, bem como da inexistência de trabalhos de campo sobre a realidade nacional.

[1073] Alterado pela Lei n.º 22/87, de 24 de Junho e pela Lei n.º 108/97, de 16 de Setembro.

[1074] Alterado pelo Decreto-Lei n.º 226/80, de 15 de Julho e pelo Decreto-Lei n.º 335/84, de 18 de Outubro. Os senhorios diretos receberam o direito a uma indemnização, desde que exercido num prazo prorrogado, por último, pelo Decreto-Lei n.º 73-A/79, de 3 de Abril.

[1075] A Constituição da República proíbe expressamente o "regime do aforamento" no seu artigo 96.º/2: desconhecendo-se as possibilidades de, da enfiteuse, fazer um direito real *ad meliorandum*, com grandes potencialidades, por exemplo, no domínio da política agrícola, optou-se por dar nível constitucional a uma matéria que, tradicionalmente, é regulada por lei ordinária. Curiosamente, o Código Civil brasileiro de 2002 tomou uma postura semelhante: cf. o seu artigo 2038.º.

alteração derrogativa, motivada, no essencial, por preocupações ideológicas[1076].

Ainda de fundo foi a supressão do instituto dos assentos, levada a cabo pelo artigo 4.º/2 do Decreto-Lei n.º 239-A/95, de 12 de Dezembro: uma reforma infeliz, justificada por meros pruridos conceituais[1077].

Finalmente, vamos entender existir alteração de fundo no Decreto-Lei n.º 343/98, de 6 de Novembro, que inseriu modificações com vista à introdução da moeda euro com curso legal no País. Nova conversão de valores foi feita pelo Decreto-Lei n.º 323/2001, que alterou o artigo 1323.º.

III. As alterações provocadas por institutos instáveis que, embora incluídos no Código Civil, não haviam logrado um desenvolvimento científico capaz de suportar uma codificação tinham, classicamente, o seu núcleo no arrendamento. Porém e após inúmeras modificações, o legislador acabaria por retirar, do Código Civil, as regras referentes ao arrendamento rural e ao arrendamento urbano, grandes fautoras de instabilidade. O arrendamento rural, após várias vicissitudes, veio a encontrar guarida no Decreto-Lei n.º 294/2009, de 13 de Outubro.

No tocante ao arrendamento urbano, verificou-se o seguinte. Ele foi colocado no Código Civil, recolhendo, nesse ponto, legislação anterior.

Após uma instabilidade que se manifestou em várias centenas de diplomas, o arrendamento urbano acabaria por ser retirado do Código Civil pelo Decreto-Lei n.º 321-B/90, de 15 de Outubro, que aprovou o Regime do Arrendamento Urbano ou RAU. Todavia, as alterações prosseguiriam, traduzindo agora uma instabilidade do próprio RAU.

Assim, assinalamos as seguintes, todas relativas a preceitos do RAU: Decreto-Lei n.º 278/93, de 10 de Agosto; Lei n.º 13/94, de 11 de Maio; Decreto-Lei n.º 163/95, de 13 de Julho; Decreto-Lei n.º 257/95, de 30 de Setembro; Lei n.º 135/99, de 28 de Agosto; Decreto-Lei n.º 64-A/2000, de

---

[1076] Mantêm-se situações de enfiteuse; vide o nosso *Da enfiteuse: extinção e sobrevivência*, O Direito, 2008, 285-315; em sentido diverso: J. J. GOMES CANOTILHO/ABÍLIO VASSALO ABREU, *Enfiteuse sem extinção. A propósito da dilatação legal do âmbito normativo do instituto enfitêutico*, RLJ 140 (2011), 206-239, a continuar.

[1077] MENEZES CORDEIRO, *Da inconstitucionalidade da revogação dos assentos*, em *Estudos Comemorativos dos Vinte Anos da Constituição* (1996), 799-811. Quanto à revogação dos assentos, vide infra, 639 ss..

23 de Abril; Decreto-Lei n.º 329-B/2000, de 22 de Dezembro; Leis n.º 6 e n.º 7/2001, ambas de 11 de Maio.

Há ainda que lidar com inúmeros diplomas complementares, da ordem das dezenas, relativos a rendas, à recuperação de imóveis e a diversos aspetos relacionados com o arrendamento urbano.

A Resolução do Conselho de Ministros n.º 124/2004, de 19 de Agosto, mandatou o Ministro das Cidades, Administração Local, Habitação e Desenvolvimento Regional para coordenar e concretizar as medidas necessárias à revisão do regime jurídico do arrendamento urbano. Efetivamente, desde 1990 se vinham prolongando os estudos tendentes a uma reforma profunda do arrendamento urbano, com supressão, pelo menos para o futuro, do regime vinculístico: um regime de especial proteção aos inquilinos e que, hoje, perdidas as razões sociais do início, provoca a ausência de um mercado de arrendamento e a degradação dos centros das cidades. Chegou a estar pronto todo um pacote legislativo[1078], tendo a Assembleia da República aprovado ponto por ponto uma pormenorizada lei de autorização legislativa, que previa a reinserção, no Código Civil, da matéria atinente ao arrendamento urbano. Tudo isso veio a caducar perante o anúncio da dissolução da Assembleia, decidida pelo Presidente da República, em Novembro de 2004. A reforma profunda do arrendamento acabaria por ser decidida: uma questão de tempo.

Assinale-se, ainda, que prolifera uma jurisprudência florescente, com relevo para várias declarações de inconstitucionalidade com força obrigatória geral: TC n.º 410/97, de 23 de Maio[1079], TC n.º 114/98, de 13 de Março[1080], TC n.º 55/99, de 19 de Fevereiro[1081] e TC n.º 97/2000, de 17 de Março[1082].

O então novo Governo, decidido a resolver o problema em 100 dias (!), retalhou o projeto de 2004, de modo a reintroduzir, nele, um vinculismo de raiz. Além disso, desvirtuou-o tecnicamente, acabando por levar, ao Código Civil, vários barbarismos[1083]. O todo foi acompanhado por um lote surrea-

---

[1078] Cf. MENEZES CORDEIRO, *A modernização do arrendamento urbano*, O Direito 2004, 235-253.
[1079] DR I Série-A, de 8-Jul.-1997.
[1080] DR I Série-A, de 13-Mar.-1998.
[1081] DR I Série-A, de 8-Jul.-1999.
[1082] DR I Série-A, de 13-Abr.-2000.
[1083] *Vide*, com elementos, os nossos *A aprovação do NRAU (Lei n.º 6/2006, de 27 de Fevereiro): primeiras notas*, O Direito 2006, 229-242 e *O Novo Regime do Arrendamento Urbano: dezasseis meses depois, a ineficiência económica no Direito*, O Direito 2007, 945-971.

lista de diplomas complementares, alguns feridos de inconstitucionalidades (mesmo orgânicas)! O País perdeu uma oportunidade única de recolocar no mercado inúmeras habitações. O preço foi pago pelos jovens, pelo estado de degradação das cidades e pelo trânsito demente para os subúrbios.

Resta acrescentar que esta opinião é, hoje, pacífica. O futuro dirá se ainda vale a pena reformar, neste domínio, seja o que for.

IV. Temos, de seguida, áreas que pareciam merecer uma certa estabilidade vieram, subitamente, a movimentar-se. Assim, é o que sucede:

– com o Direito da família, continuamente alterado, com relevo para a adoção – Decretos-Leis n.º 185/93, de 22 de Maio e n.º 120/98, de 8 de Maio[1084] e Lei n.º 31/2003, de 22 de Agosto – para a filiação – Decreto-Lei n.º 227/94, de 8 de Setembro, Lei n.º 84/95, de 31 de Agosto, Lei n.º 21/98, de 12 de Maio e Decreto-Lei n.º 273/2001, de 13 de Outubro[1085] – e para o casamento e divórcio – Decretos-Leis n.º 163/95, de 13 de Julho, n.º 329-A/95, de 12 de Dezembro e n.º 35/97, de 31 de Janeiro[1086], Leis n.º 47/98, de 10 de Agosto, n.º 59/99, de 30 de Julho e n.º 16/2001, de 22 de Junho e Decreto-Lei n.º 272/2001, de 13 de Outubro[1087], Lei n.º 61/2008, de 31 de Outubro, Decreto-Lei n.º 100/2009, de 11 de Maio[1088], Lei n.º 9/2010, de 31 de Maio – e para a filiação – Lei n.º 14/2009, de 1 de Abril – e o apadrinhamento civil – Lei n.º 103/2009, de 11 de Setembro;
– com matéria obrigacional suscetível de repercussões no campo processual: é o que sucedeu com o Decreto-Lei n.º 38/2003, de 8 de Março, que alterou o regime jurídico da ação executiva, atingindo inúmeros preceitos do próprio Código Civil e, depois, com o Decreto-Lei n.º 199/2003, de 10 de Setembro[1089], que pretendeu resolver dúvidas causadas pelo diploma anterior;

[1084] Ret. n.º 11-C/98, de 30 de Junho.
[1085] Ret. n.º 20-AR/2001, de 30 de Novembro.
[1086] Ret. n.º 5-C/97, de 28 de Fevereiro.
[1087] Ret. n.º 20-AS/2001, de 30 de Novembro.
[1088] Ret. n.º 34/2009, de 19 de Maio.
[1089] Rec. n.º 16-B/2003, de 31 de Outubro, embora sem relevância no que toca ao Código Civil.

– com áreas particulares da ordenação dominial, sublinhando-se a superfície – Decreto-Lei n.º 257/91, de 18 de Julho – a propriedade horizontal – Decreto-Lei n.º 267/94, de 25 de Outubro – e a compropriedade – Decreto-Lei n.º 68/96, de 31 de Maio;
– com a aceleração dos negócios, designadamente permitida pela informática: a transmissão, oneração e registo de imóveis – Decreto-Lei n.º 263-A/2007, de 23 de Julho – constituição imediata de associações – Lei n.º 40/2007, de 24 de Agosto – atos civis – Decreto-Lei n.º 324/2007, de 28 de Setembro – atos patrimoniais – Decreto-Lei n.º 116/2008, de 4 de Julho.

V. Alterações originadas por meras questões de conjuntura são as introduzidas, por exemplo, pelo Decreto-Lei n.º 236/80, de 18 de Julho, no contrato-promessa – e que já foram corrigidas pelo Decreto-Lei n.º 379/86, de 11 de Novembro – pelo Decreto-Lei n.º 200-C/80, de 24 de Junho, quanto a taxas de juros, pelo Decreto-Lei n.º 262/83, de 16 de Junho, quanto a negócios usurários e à cláusula penal, pelo Decreto-Lei n.º 163/95, de 13 de Julho, quanto à forma de certos negócios ou pelo Decreto-Lei n.º 59/2004, de 19 de Março, quanto aos limites de responsabilidade fundada em acidentes de viação[1090].

Em princípio, deve evitar-se modificar o Código Civil para responder a questões de conjuntura. Um Código corresponde a um edifício científico: a sua evolução deve ser a de Ciência do Direito. Alterações pontuais provocam, por vezes, distorções reflexas extensas, inconvenientes em termos teóricos e práticos[1091]. Quando, porventura, um certo regime se mostre sensível a frequentes alterações conjunturais, a solução preferível é a de o retirar do Código.

[1090] Na opinião de PEDRO ROMANO MARTINEZ, muitas destas alterações não são apenas conjunturais: elas exprimiriam, na época, uma instabilidade estrutural da matéria ligada ao valor da moeda, ou dela dependente. A ser assim, elas integrar-se-iam no segundo dos grupos de alterações, acima referido. No que toca às alterações centradas no arrendamento, considera este Autor que, mais do que uma incapacidade científica em operar as competentes reduções dogmáticas, haveria uma conjunção política responsável pela instabilidade denotada.

[1091] Quanto às distorções provocadas pelo Decreto-Lei n.º 236/80, de 18 de Julho – e depois corrigidas, como foi dito, pelo citado Decreto-Lei n.º 379/86, de 11 de Novembro – MENEZES CORDEIRO, *O novo regime do contrato-promessa*, BMJ 306 (1981), 27-59 e *Tratado* II/2, 346 ss..

105. Legislação extravagante

I. Um Código Civil deve ser um diploma abrangente. Nesse sentido depõem os próprios objetivos que explicam e justificam uma codificação: pense-se na simplificação codificadora e na sua natureza abrogativa, em relação ao Direito anterior. Tudo seria posto em causa quando um Código contivesse apenas parte das fontes correspondentes ao seu âmbito de regulação.

Os modelos puros nunca têm uma tradução prática cabal. Por isso, ao lado de um Código Civil, há sempre que lidar com:

– legislação extravagante;
– diplomas complementares.

A legislação extravagante equivale às fontes que, versando a matéria tratada no Código Civil, não se incluam, no entanto, no seu texto. Os diplomas complementares ocupam-se de matérias que, embora não correspondendo às tratadas no Código, com elas tenham conexões significativas.

Também o arrendamento rural foi retirado do Código Civil: o seu regime consta, hoje, do Decreto-Lei n.° 385/88, de 25 de Outubro, alterado pelo Decreto-Lei n.° 524/99, de 10 de Dezembro.

II. Encontramos, depois, matéria paralela, ainda que não tenha chegado a ter assento no Código Civil. Tal o caso do arrendamento florestal, regido pelo Decreto-Lei n.° 394/88, de 8 de Novembro e do denominado direito real de habitação periódica, regulado – após várias flutuações legislativas – pelo Decreto-Lei n.° 275/93, de 5 de Agosto, muito alterado pelo Decreto-Lei n.° 180/99, de 22 de Maio, em transposição da Diretriz n.° 94/47/CE e, depois, pelos Decretos-Leis n.° 22/2002, de 31 de Janeiro, n.° 76-A/2006, de 29 de Março e n.° 37/2011, de 10 de Março, que republicou o Decreto-Lei n.° 275/93, de 5 de Agosto, em termos consolidados.

III. Um importante diploma civil – o Decreto-Lei n.° 446/85, de 25 de Outubro, alterado pelos Decretos-Leis n.° 220/95, de 31 de Agosto e n.° 249/99, de 7 de Julho – veio aprovar o regime das cláusulas contratuais gerais.

106. Diplomas complementares

I. Os diplomas complementares que, classicamente, acompanham um Código Civil são:

– o *Código de Processo Civil*, aprovado pelo Decreto-Lei n.º 44.129, de 28 de Dezembro de 1961, com múltiplas alterações subsequentes, designadamente as introduzidas pelos Decretos-Leis n.º 329-A/95, de 12 de Dezembro e n.º 180/96, de 25 de Setembro – que constituem, no seu conjunto, uma complexa reforma; as derivadas dos Decretos-Leis n.º 125/98, de 12 de Maio, n.º 315/98, de 20 de Outubro e n.º 375-A/99, de 20 de Setembro; de seguida, numa série sem fim à vista, temos ainda as alterações introduzidas no Código de Processo Civil pelos seguintes diplomas: Decreto-Lei n.º 183/2000, de 10 de Agosto[1092]; Lei n.º 30-D/2000, de 20 de Dezembro; Decreto-Lei n.º 272/2001, de 13 de Outubro; Decreto-Lei n.º 323/2001, de 17 de Dezembro; Lei n.º 13/2002, de 19 de Fevereiro; Decreto-Lei n.º 38/2003, de 8 de Março, que alterou profundamente a ação executiva, pondo em marcha um esquema de muito difícil aplicação prática[1093]; Decreto-Lei n.º 199/2003, de 10 de Setembro, que procurou corrigir o diploma anterior[1094]; Decreto-Lei n.º 324/2003, de 27 de Dezembro; Decreto-Lei n.º 53/2004, de 18 de Março; Lei n.º 6/2006, de 27 de Fevereiro (Novo Regime do Arrendamento Urbano); Decreto-Lei n.º 76-A/2006, de 29 de Março; Lei n.º 14/2006, de 26 de Abril; Lei n.º 53-A/2006, de 29 de Dezembro; Decreto-Lei n.º 303/2007, de 24 de Agosto (regime de recursos)[1095]; Decreto-Lei n.º 34/2008, de 26 de Fevereiro (injunções); Decreto-Lei n.º 116/2008, de 4 de Julho (simplificações); Lei n.º 61/2008, de 31 de Outubro (divórcio); Decreto-Lei n.º 35/2010, de 15 de Abril (prazos); Decreto-Lei n.º 52/2011, de 13 de Abril; a permanente instabilidade nas leis de processo não tem justificação científica; como diploma extravagante cumpre referir o Decreto-Lei n.º 269/98, de 1 de Setembro, que comporta uma ação especial para o cumprimento de determinadas obrigações pecuniárias; este diploma foi alterado pelo Decreto-Lei n.º 383/99, de 23 de Setembro, pelo

---

[1092] Ret. n.º 7-S/2000, de 31 de Agosto e n.º 11-A/2000, de 30 de Setembro.
[1093] Ret. n.º 5-C/2003, de 30 de Abril.
[1094] Este diploma é ainda servido por uma série de Decretos-Leis complementares.
[1095] Ret. n.º 99/2007, de 23 de Outubro.

Decreto-Lei n.º 32/2003, de 17 de Fevereiro, que transpôs a Diretriz n.º 2000/35/CE, de 29 de Junho, pelo Decreto-Lei n.º 38/2003, de 8 de Março e pelo Decreto-Lei n.º 324/2003, de 27 de Dezembro;
– o *Código da Insolvência e da Recuperação de Empresas*, de excelente nível, aprovado pelo Decreto-Lei n.º 53/2004, de 18 de Março, e que visou pôr termo às complicações e às insuficiências da complexa legislação anterior; foi alterado, ainda no período de *vacatio*, pelo Decreto-Lei n.º 200/2004, de 18 de Agosto, que procedeu, em anexo, à sua republicação e, depois, pelos: Decreto-Lei n.º 76-A/2006, de 29 de Março; Decreto-Lei n.º 282/2007, de 7 de Agosto; Decreto--Lei n.º 116/2008, de 4 de Julho; Decreto-Lei n.º 185/2009, de 12 de Agosto;
– o *Código de Registo Civil*, aprovado pelo Decreto-Lei n.º 131/95, de 6 de Junho; este Código foi profundamente alterado pelo Decreto--Lei n.º 36/97, de 31 de Janeiro e, depois, pelos Decretos-Leis n.º 120/98, de 8 de Maio e n.º 375-A/99, de 20 de Setembro e outros; a última alteração foi introduzida pela Lei n.º 7/2010, de 15 de Março;
– o *Código de Registo Predial*, aprovado pelo Decreto-Lei n.º 224/94, de 6 de Junho e diversas vezes alterado, a última das quais também pelo Decreto-Lei n.º 185/2009, de 12 de Agosto;
– o *Código do Notariado*, aprovado pelo Decreto-Lei n.º 207/95, de 14 de Agosto e já diversas vezes alterado, a última das quais pelo Decreto-Lei n.º 116/2008, de 4 de Julho.

II. Não há fronteiras estanques entre as disciplinas. Por isso, no estudo do Direito civil, deve existir uma permanente disponibilidade para lançar mão de todas as fontes úteis. Além das referidas como complementares, há ainda que mencionar a Constituição da República, o Código Comercial, o Código das Sociedades Comerciais e o Código do Trabalho.

107. A interpretação criativa; a jurisprudência

I. Como temos referido, a lei é apenas uma fonte parcelar do Direito civil. O conhecimento das soluções concretas exige o contributo da Ciência do Direito, particularmente útil e necessário em certas áreas sensíveis.

Somos, assim, levados à interpretação criativa do Direito.

A interpretação criativa do Direito – *Rechtsfortbildung*, em equivalente aproximado – constitui referência comum nas obras atuais sobre a parte geral do Direito civil[1096]. Constitui, na verdade, um ponto importante no Direito civil atual, devendo-lhe ser feitas algumas menções suplementares.

A interpretação criativa do Direito articula-se como afloramento da natureza constituinte de Ciência do Direito. Ela explica, fundamentalmente, como é possível, em certas áreas civis, a obtenção de um Direito diferente, perante o imobilismo das fontes.

Podemos apontar quatro linhas que facultam tal interpretação criativa:

– a integração sistemática;
– o primado da teleologia e a ponderação das consequências da decisão;
– a concretização de conceitos indeterminados;
– a integração de lacunas.

II. A integração sistemática tem a ver com a natureza global da realização do Direito. Perante um problema singular, não se pode aplicar, apenas, uma norma jurídica isolada, desinserida do ordenamento. Cabe, sempre, "aplicar" a ordem jurídica. Resulta daí que uma norma aparentemente estática possa assumir alcance diverso, em função de modificações ocorridas noutras latitudes. Podem tais modificações ser legislativas – por exemplo, alterações em princípios gerais modificam o sentido de normas aparentemente intocadas – ou científicas – novas composições, articulações ou leituras de aspetos genéricos vêm agir sobre fontes que, isoladamente tomadas, permaneceriam estáticas[1097].

III. O primado da teleologia e a ponderação das consequências da decisão constituem elementos importantes do dinamismo civil. O Direito

---

[1096] HEINZ HÜBNER, *Allgemeiner Teil des Bürgerlichen Gesetzbuches* (1985), 57 ss. e, para uma visão de conjunto, HELMUT COING, *Introdução* à 13.ª ed. do STAUDINGERS *Kommentar zum BGB*, 1, (1995), an. 126, 199, 204 e 210 ss., com múltiplas indicações bibliográficas. Em termos técnicos, *vide* HANS-MARTIN PAWLOWSKI, *Methodenlehre für Juristen/Theorie der Norm und des Gesetzes*, 3.ª ed. (1999), 207 ss.. Em língua portuguesa, referimos LÚCIO GRASSI DE GOUVEIA, *Interpretação criativa e realização do Direito* (2000). *Vide, infra*, 769 ss..

[1097] *Vide* uma aplicação deste vetor em MENEZES CORDEIRO, *Evolução juscientífica* cit., 91 ss..

não estatui em abstrato: ele pretende a prossecução de determinados objetivos, em termos de efetividade. A mesma norma, prosseguindo os mesmo fins pode, assim, dar lugar a soluções diversas, desde que se modifiquem as condições em que ela vá ser aplicada.

O primado da teleologia está na base das operações conhecidas da aplicação analógica e da redução teleológica; e ele impera, ainda, no atualismo que domina a moderna teoria interpretativa[1098].

Mas há que ir mais longe: não releva apenas o prolongamento teleológico das normas: as simples decisões refletem, como constitutiva, a área das suas consequências. Por isso se diz que os modelos de decisão devem comportar, como componentes, as consequências das suas próprias saídas[1099]: conforme as consequências que se prefigurem, assim o sentido a assumir pela aplicação. A ponderação das consequências da decisão constitui novo fator de interpretação criativa do Direito: também por aqui pode acontecer que a mesma fonte ou a mesma norma, confrontadas com consequências variáveis em função de circunstancialismos ambientais, venham a propiciar soluções diferentes.

IV. Os conceitos indeterminados são aqueles que não permitem comunicações claras quanto ao seu conteúdo[1100]. Tal pode ocorrer por polissemia, vaguidade, ambiguidade, porosidade ou esvaziamento: polissemia quando tenha vários sentidos, vaguidade quando permita uma informação de extensão larga e compreensão escassa, ambiguidade quando possa reportar-se a mais de um dos elementos integrados na proposição onde o conceito se insira, porosidade quando ocorra uma evolução semântica com todo um percurso onde o sentido do termo se deva encontrar e esvaziamento quando falte qualquer sentido útil[1101].

[1098] O relevo do pensamento teleológico tem sido particularmente enfocado por CLAUS-WILHELM CANARIS, *Pensamento sistemático e conceito de sistema*, na trad. port. já citada. Vide PAWLOWSKI, *Methodenlehre*, 3.ª ed. cit., 217 ss..

[1099] MENEZES CORDEIRO, *Lei (aplicação da)*, em Enc. Pólis 3 (1985), 1046-1062 e *Tendências actuais da interpretação da lei: do juiz-autómato aos modelos de decisão jurídica*, TJ 12 (1985), 1 ss. e MARTINA RENATE DECKERT, *Folgenorientierung in der Rechtsanwendung* (1995).

[1100] *Da boa fé* cit., 1176 ss., com bibliografia.

[1101] A aplicação constitucional destas categorias pode ser confrontada em GOMES CANOTILHO, *Constituição dirigente* (1982), 430 ss..

A aplicação de um conceito indeterminado obriga a uma prévia concretização ou preenchimento com valorações. As diversas possibilidades comunicativas por ele propiciadas devem ser ponderadas, escolhendo-se, à luz dos elementos científicos disponíveis, a mais adequada.

Perante este estado de coisas, um mesmo conceito indeterminado pode comportar soluções muito diferentes, ao longo dos tempos: institutos como a boa-fé ou os bons costumes constituem, por excelência, a base da interpretação criativa do Direito civil.

V. A integração das lacunas, por fim, deixa em aberto um largo campo para a atuação constitutiva da Ciência do Direito[1102].

A mera localização das lacunas varia, independentemente das fontes, com a Ciência do Direito e a evolução da realidade subjacente. Áreas integralmente cobertas por tecido jurídico podem revelar-se, a uma melhor consideração, como lacunosas; a materialidade a regular pelo Direito pode, por seu turno, seguir rumos não previstos, arvorando-se, desse modo, igualmente como lacunosa.

Para além da localização, a integração assume-se como sector vocacionado para a interpretação criativa. Integrada pelo intérprete-aplicador, a lacuna mantém-se em aberto. Nova operação de aplicação requererá uma nova integração, independente daquelas que, com referência à mesma questão, tenham sido feitas. Todos os fatores sistemáticos e científicos, já referenciados, podem agir sobre o tema, propiciando integrações diversificadas.

VI. As quatro linhas apontadas, atuando em conjunto, numa articulação facultada pela Ciência do Direito, asseguram, ao Direito civil, uma vitalidade permanente.

Seria vão, no Direito civil português como noutros ordenamentos, pretender conhecer a matéria com recurso, apenas, ao estudo e à análise do Código Civil e de outras leis. A sua interpretação-aplicação é criativa; o modo por que ela se processe é, pois, de conhecimento indispensável.

Assim se chega ao papel da jurisprudência[1103]. Cristalizando, através das suas decisões, o verdadeiro Direito, enquanto solução de casos con-

---

[1102] *Vide*, com indicações bibliográficas atualizadas, PAWLOWSKI, *Methodenlehre*, 3.ª ed. cit., 210 ss. e *infra*, 737 ss..

[1103] ANTÓNIO SANTOS ABRANTES GERALDES, *Valor da jurisprudência cível*, CJ/Supremo VII (1999) 2, 5-20 e *infra*, 614 ss..

cretos, a jurisprudência assume-se como dado fundamental na realização de uma ordem jurídica.

A jurisprudência é imprescindível para o conhecimento do Direito civil. Muitos dos institutos jurídicos resultantes do Código Civil só podem ser entendidos à luz da aplicação que, deles, têm feito os nossos tribunais. Adiante sublinharemos os aspetos práticos envolvidos.

§ 26.º AS NECESSIDADES DE REFORMA

108. O Direito civil atual

I. Modelado por uma complexa evolução histórica e pelos acasos das receções universitárias e, depois, doutrinárias e legislativas, o Direito português apresenta traços distintivos estruturais próprios do estilo germânico e, ainda, elementos específicos da sua particular posição geográfica e cultural.

É um Direito codificado. A aprendizagem e a reflexão aplicativa fazem-se num diálogo com leis cientificamente estruturadas – por oposição a precedentes emblematicamente decididos. Mas um tanto em desvio à prática alemã atual, o Direito português mantém uma maior ligação à exegese dos diplomas, tendo dificuldades, na sua aplicação, em transcender a letra da lei.

É um Direito conceitualizado e analítico. As leis usam conceitos definidos – por vezes, elas próprias os definem! – privilegiando as situações típicas isoladas, nas regras que estabelecem. A arrumação da matéria segue canais construtivistas – veja-se a Parte I, do Código Civil, com a sua serviência à relação jurídica –, por oposição a pragmáticos. A formulação das ideias arrima-se a pressupostos lógico-dogmáticos, de preferência a fórmulas impressivas. Pense-se na dissociação dos pressupostos da responsabilidade civil. Em obediência à conceitualização, encontramos institutos bloqueados e valorações impraticáveis. Assim: a insuscetibilidade de aquisição, por usucapião, do direito do locatário.

É um Direito dotado de elevada abstração. Os modelos codificados aplicam-se a um universo lato de casos concretos, muito diversificados. As distintas proposições assentam em generalidades que requerem, depois, todo um esforço de concretização. Essa dimensão escapa, todavia, ao próprio Código: fica nas mãos de uma aprendizagem capaz de percorrer toda uma paleta de vias conhecidas: desde a exegese à jurisprudência dos interesses e desde a jurisprudência valorativa ao nexoalismo integrado.

É um Direito que opera com conceitos indeterminados. A natureza complexa do sistema em que assenta condescende com áreas de diversa densidade normativa. Em determinados institutos, esta pode ser tão ténue que não encontramos uma proposição clara. Obrigado a lidar com institutos como o da boa-fé, o dos bons costumes ou o da ordem pública, o intérprete-aplicador fica um tanto na posição do integrador de lacunas: ele terá de, na base dos dados basilares do sistema (re)construir uma mensagem normativa que, propositadamente, lhe chegou ténue. A abstração e a operatividade com conceitos indeterminados – em conjunto com os demais traços distintivos, aliás – tornam o Direito português particularmente dependente de uma Ciência decidida e sensível que o conheça e que seja capaz de conduzir a sua concretização aplicativa.

Finalmente, a estrutura germânica do Direito português assegura-lhe uma elevada recetividade a elementos exteriores, sendo suscetível de permanentes reformas. A sistemática savignyana é aberta: interna e externamente. Torna-se, assim, apta para considerar problemas novos, os quais, para um sistema fechado, nem seriam reconhecidos como relevantes.

As reformas podem ser puramente interiores: conseguidas através de redimensionamentos ou de novas aplicações de conceitos indeterminados. E podem, naturalmente, advir de novidades legislativas.

II. O Direito civil lusófono assume, ainda, outras características importantes: não sendo, à partida, estruturantes, elas dão-lhe, todavia, uma feição inultrapassável.

No plano legislativo, é um Direito prolixo. Mau grado a existência de envolventes codificações, sucedem-se as mais diversas alterações legislativas. No campo civil: ora se modifica o Código, ora se legisla extravagantemente. Há institutos causticados – o arrendamento ou a adoção – enquanto outros surgem *ab initio* fora do Código: as cláusulas contratuais gerais. A situação atingiu uma dimensão só por si legitimadora de reforma.

No que tange à realização, o Direito civil de expressão portuguesa é lasso e atomístico. Digamos que os operadores jurídicos nacionais revelam um individualismo que prejudica o Direito enquanto Ciência dotada de vetores previsíveis e controláveis. Torna-se frequente o inimaginável noutras latitudes: depois de conquistados certos estádios ou certas soluções, surgirem posições doutrinárias que esqueçam tudo o processado ou ocorrerem decisões judiciais que deem corpo à orientação que já ninguém defende há muito. Na origem: a desorganização científica das Universidades, com carreiras académicas assentes no autodidatismo e no desconhecimento da produção da própria Terra-Mãe e a desatualização de obras correntemente usadas pelos aplicadores. Com frequência, são citados escritos ainda do âmbito de Seabra, deles se retirando decisões concretas.

Este estado de coisas, enquanto não for corrigido na origem, implica um maior cuidado na atualização das leis.

Finalmente, o Direito português exige um estudo francamente mais complexo do que o requerido pelos Direitos vizinhos. As sucessivas receções de estilos diversos, a permanente abertura legislativa e a especial sensibilidade a novidades jurídico-científicas obriga o civilista interessado a um permanente estudo do Direito comparado e a um especial esforço de atualização.

A reforma em curso que, invocando abusivamente a declaração de Bolonha, entendeu encurtar o curso de Direito desconhece, além do mais, a realidade nacional.

III. O Direito civil português acusa, nos últimos anos, uma acelerada aportação de elementos comunitários. Decorre uma integração económica e política sem limites à vista. Nesse movimento, o Estado Português vem ficando obrigado a transpor sucessivas diretrizes, enquanto alguns regulamentos diretamente aplicáveis fazem a sua aparição. O atual sistema nacional mostra, já, traços indeléveis, daí derivados.

Grosso modo, podemos dizer que as transposições comunitárias apresentam um estilo germânico: fruto do predomínio alemão nas instâncias técnico-jurídicas da União e na superioridade do pensamento que o sustenta. Assim, têm sido acolhidos, sem sobressalto, os mais diversos elementos. Por vezes, mesmo, o Direito português adiantou-se ao comunitário, antecipando diretrizes ainda em estudo. De todo o modo, elas têm vindo a multiplicar a extravagância de muitos diplomas.

Cumpre ainda referir que as aportações comunitárias têm obtido, em certos casos, um tratamento mais burocrático do que jurídico-científico. Funcionários zelosos sacrificam à letra de Bruxelas, mais do que a uma verdadeira transposição material: já se registam lapsos clamorosos, nesse domínio. Uma codificação envolvente corrigiria certos excessos de dedicação.

109. A oportunidade da reforma

I. A decisão política de preparar o que seria o Código Civil português de 1966 ou Código VAZ SERRA assentou em críticas dirigidas ao Código anterior: veja-se o preâmbulo do Decreto n.º 33.908, de 4 de Setembro de 1944. A História repete-se. Como vimos, o próprio Código VAZ SERRA incorreu, *ab initio*, em diversas críticas de fundo, que se prendem com a sua desatualização científica e com o arcaísmo de várias das suas soluções[1104].

A recuperação universitária de 1977 permitiu extensa reforma: onze anos após a publicação do Código! Todavia, o pecado original ocorrera: em muitos pontos, o terreno perdido em 1966 aumentou, nos últimos cinquenta anos.

Estas críticas – hoje históricas – não diminuem o mérito do diploma: o mais avançado dos até hoje publicados. Como o grande cientista responsável pelos progressos registados – muitos deles severamente causticados nas "revisões ministeriais" – cabe recordar Vaz Serra: o pai do núcleo básico do Código. De todo o modo, podemos dizer que, desde o início, o Código Vaz Serra ficou aquém das potencialidades do Direito civil português.

II. A ideia de uma História em aceleração parece quase um lugar comum: a que Hubble veio dar uma dimensão cósmica. Impõe-se contenção, nas ideias como na literatura. O distanciamento possível permite descobrir ciclos. A revolução industrial (terá havido outra?) provocou uma aceleração. Depois, houve um abrandamento. Podemos adiantar que a distância entre 1800 e 1900 é superior à que se verifica entre 1900 e 2000. Vaticina-se que o Mundo de 2100 será reconhecível para o cidadão de 2000: mais do que este último para o de 1900 ...

Isto dito: entre 1966 e a atualidade, houve mudanças políticas e sociais acentuadas; mas mais pelo arcaísmo artificial de 1966 do que por uma verdadeira evolução universal, ética e social. Neste plano, podemos dizer que nada (a não ser a singularidade da manutenção tardia do Estado

---

[1104] *Vide supra*, 238 ss.. Outros elementos podem ser conferidos nos nossos *Da reforma do Direito civil português*, O Direito 2002-2003, 31-44 e *Da modernização do Direito civil português*, I cit., 56 ss..

Novo) obrigaria, em tão curto lapso de tempo, a preparar uma nova codificação civil.

Num nível mais imediatamente jurídico, houve, porém, uma evolução interna a ter em conta. Em primeiro lugar: jurídico-científica. O Código de 1966 foi obra de professores, na base de instrumentação algo experimental. Foram previstos institutos indeterminados, de grande potencial, mas cujo influxo prático era desconhecido. Como seria acolhida a ideia de que a "interpretação não deve cingir-se à letra da lei" – artigo 9.º/1 – ou como seriam aplicadas as concretizações objetivas da boa-fé – artigos 227.º/1, 239.º, 334.º, 437.º e 762.º/2? A resposta é simples: não foram aplicadas. Elas só seriam eficazes vinte anos após a promulgação do Código: altura em que uma nova geração de juristas, já formados à luz de uma Ciência mais avançada, conseguiu, neles, ver mensagens normativas compreensíveis.

Hoje dispomos de uma Ciência jurídica mais aprofundada, mais praticável e, sobretudo: mais difundida, junto dos diversos operadores jurídicos. Essa Ciência consegue aproveitar elementos civis consagrados em 1966. Mas é mais exigente, quanto ao todo. A pressão sobre velhos textos e sobre articulações ultrapassadas é um dado do dia-a-dia.

De seguida, há que lidar com uma evolução legislativa. Em 1966, o Código Civil era, potencialmente, sede de todo o Direito civil, cinquenta anos volvidos, ele deixou escapar muitas situações civis. Basta pensar nas cláusulas contratuais gerais, nos negócios de consumo, na contratação à distância, no arrendamento, no crédito, e no Direito internacional privado. Múltiplas diretrizes têm sido vertidas em diplomas avulsos quando, materialmente, são civis. Portugal enfrenta um dilema: ou desiste de se assumir como terra de codificação, capaz de reduzir os seus diplomas em função de critérios jurídico-científicos ou tem de assumir a necessidade de uma (re)codificação. Um Código enfraquecido permite ambições: porque não um código do inquilinato, um código da família ou um código do consumo?

Por fim: adensa-se a necessidade de reformas de fundo de âmbito variado, e a que o legislador civil não deve ficar alheio. Para quando uma reforma consistente do arrendamento? E a da responsabilidade civil? Mantemos uma compra e venda contrária a todas as tendências do instituto? E a empreitada civil? E o arcaísmo da prescrição?

Uma recodificação civil seria um ponto privilegiado para uma discussão sobre a modernidade de muitas das nossas estruturas coletivas: as mais importantes.

III. Portugal, tal como a sua Terra, tem um Direito aberto ao exterior. Cabe-lhe, dessa vulnerabilidade, fazer força, aprendendo com os erros dos outros e escolhendo as melhores soluções.

O Direito comparado diz-nos que a uma (pretensa) idade da descodificação, se seguiu uma verdadeira idade da recodificação. Temos três importantes e envolventes códigos que o demonstram: o Código Civil do Quebeque, de 1991, o da Holanda, de 1992 e o do Brasil, de 2002. Durante anos – décadas! – juristas experientes desses países mediram os prós e os contras da manutenção das suas velhas codificações e da sua substituição por códigos integralmente novos, pronunciando-se pelo último termo de alternativa. Sublinhe-se ainda, como ponto de partida para outras reflexões, que o Código Holandês absorveu o Direito do consumo e o Direito comercial, enquanto o Brasileiro abrange este último, com destaque para as sociedades comerciais.

Uma atenção especial é merecida pela grande reforma do Código Civil alemão de 2001/2002. Após uma preparação que durou mais de 20 anos, o legislador alemão fez a seguinte tríplice opção:

– acolher, no Código Civil, as diretrizes civis a transpor;
– modernizar diversos institutos, em função do estádio atual da Ciência do Direito;
– recodificar, no próprio Código, diversos institutos que vagueavam em diplomas extravagantes.

Muito debatida – mexer, em profundidade, no texto sagrado de 1896/1900 não se fez sem resistência! – a reforma acabaria por ser acolhida, sendo aplicada sem sobressaltos.

Finalmente: uma prevenção, para que cabe estar atento. A integração europeia vem obedecendo a incontroláveis calendários políticos. Os pequenos países são vulneráveis a tendências uniformizadoras. Manter um Direito caldeidoscópico, complexo, desincentivador e fonte de contraditas é fragilizar o País perante códigos de Bruxelas. Uma defesa consequente da cultura nacional levará a que, com tempo, se mantenha um Direito português ... de nível europeu ou acima dele. Qualquer transposição estranha perderá razão de ser: interna e externa.

110. O âmbito da reforma desejável

I. O âmbito da reforma do Código Civil pode ser fixado em opções: fraca, média e forte. Recorremos a esta tripartição para efeitos de exposição. No fundo, ela exprime os três cenários possíveis:

– correções pontuais;
– recodificar o Direito civil;
– codificar o Direito privado português.

Grosso modo: a solução fraca é a do Código italiano; a média é ilustrada pelo Código alemão; a forte, pelo brasileiro. Vamos ver.

O recurso a correções pontuais do Código Civil seria, no fundo, dar continuidade ao que vem sendo feito. Todos os anos, os ficheiros somam alterações ao Código Civil, motivadas seja por questões de fundo, seja por contingências. De todo o modo, alguns pontos poderiam ser encarados:

– a reforma das "incapacidades" dos maiores;
– a reforma das fundações;
– a correção do contrato-promessa;
– a recuperação do arrendamento urbano.

A reforma da adoção já foi feita, tendo sido inserida no Código Civil.

Em traços muito largos, podemos adiantar que, no tocante às "incapacidades" – portanto: interdição e inabilitação – se impõe, há muito, a opção por institutos mais dignificantes e mais flexíveis. Tal sucede com o "acompanhamento", adotado em França, em 1968 e na Alemanha, em 1991. O envelhecimento da população e a multiplicação de estruturas de apoio, públicas e privadas, permite outros horizontes. O tema deve ser estudado imediatamente.

Quanto às fundações: a desconfiança do Estado Novo em relação à iniciativa privada não se justifica. Reformas recentes, em todo o Mundo, mostram a utilidade que as fundações podem ter, também no campo económico, empresarial e familiar.

O contrato-promessa sofreu, em 1980 e 1986, correções apressadas, que visaram enfrentar o tema do deslizar do valor da moeda. Há que repor a justiça e o equilíbrio, agora que desapareceram as causas que motivaram tais reformas.

O arrendamento urbano foi retirado, em 1990, do Código Civil. Pretendeu-se prevenir o fluxo de modificações contínuas e pôr cobro a uma extraordinária massa de diplomas extravagantes. A alucinada reforma de 2006, conduzida à pressa, sem senso e sem o sentido das proporções, levou barbarismos ao Código Civil: não devem manter-se.

A solução fraca seria facilmente exequível. Além disso, ela nem teria de se concretizar *in totum*: as diversas modificações seriam reconduzidas ao Código, à medida que estivessem prontas.

Pois bem: a solução não é, em rigor, nenhuma reforma do Direito civil português. Apenas traduziria o prolongamento do estudo vivido após a reforma de 1977. Não constitui uma alternativa às duas outras hipóteses antes podendo, se for o caso, conviver com elas.

II. A opção média seria, de algum modo, o equivalente à "grande" reforma do BGB alemão, de 2001/2002.

No fundamental, ela prosseguiria um tríplice objetivo:

– inserir, no Código Civil, o produto da transposição das diretrizes civis;
– recodificar, na lei civil fundamental, os diplomas extravagantes;
– atualizar algumas áreas, reformulando os competentes institutos.

A transposição das diretrizes civis já vem sendo feita para diplomas extravagantes. Trata-se de matéria que deveria constar do Código Civil. E para o Código Civil deveriam passar os diversos diplomas extravagantes, com relevo para os relativos às cláusulas contratuais e ao arrendamento: urbano e rústico.

As leis de consumo são civis. Está em preparação um Código do Consumidor, sob a direção de um professor de superior capacidade e competência. Todavia, esta iniciativa irá quebrar a unidade do Direito civil português, reduzindo a pouco a eficácia diária do Código Civil. Deve ser repensada. O estilo germânico, perfeitamente corporizado no novo BGB, mostra que é possível. As regras processuais seriam, obviamente, reconduzidas à sede própria.

Quanto a reformas de fundo, elas seriam inúmeras e careceriam de um estudo especializado. Como exemplos, impõe-se rever:

– o Direito internacional privado, hoje praticamente substituído pela Convenção de Roma; e, depois, pelos regulamentos comunitários Roma I e Roma II;

– os direitos de personalidade, introduzindo, pelo menos o direito à vida e alargando o domínio dos danos morais;
– as pessoas coletivas, adensando o tema das associações e reformando, em profundidade, as fundações;
– as incapacidades dos maiores, abolindo as ultrapassadas interdição e inabilitação;
– a celebração dos negócios jurídicos;
– a forma dos negócios jurídicos;
– a impossibilidade;
– as garantias do cumprimento e a execução das obrigações;
– os pressupostos da responsabilidade civil;
– o tema das indemnizações;
– o contrato de compra e venda;
– o contrato de arrendamento;
– o contrato de empreitada;
– as relações de vizinhança;
– a propriedade horizontal.

Também no campo da família e no das sucessões se impõe uma reflexão cuidada.

Qualquer reforma civil digna desse nome teria de se interessar por todos estes pontos e, provavelmente, por outros. Muitos deles estão já estudados, noutros países, tendo sofrido uma meditação nacional. Noutros, haveria caminhos a desbravar. Com algum impulso político seria possível, num horizonte de dois anos, pôr de pé um projeto a discutir.

Na introdução de novos textos no Código haveria que observar cuidados formais e sistemáticos: nada que não esteja ao alcance da Ciência do Direito nacional, desde que esta não se perca em mesquinhas guerras de liderança e em protagonismos efémeros.

III. A solução forte encararia, de imediato, a preparação do terceiro Código Civil português; no fundo: do segundo, para o qual o de 1966 teria servido de *intermezzo* preparatório.

As grandes opções são conhecidas pelos civilistas portugueses e encontram-se totalmente justificadas e experimentadas noutros países:
– a unificação do Direito privado;
– a consagração de um livro às pessoas e à família;
– a reordenação científica do Direito civil;

– a recodificação revista de toda a matéria;
– a atualização de todos os institutos.

Como opção forte mas matizada, seria possível prever:

– um Código Civil, que revogasse os atuais Códigos Civil e Comercial, absorvendo todos os contratos privados e o Direito do consumo;
– um Código das Sociedades, que regesse, ao estilo dos tratados atuais, as associações, as fundações, as sociedades civis puras, as sociedades comerciais e as cooperativas;
– um Código Marítimo, que desse, a esse sector normativo, o peso que a tradição exigiria, em Portugal.

Como inconveniente, teríamos a quebra com os países lusófonos que mantêm o Código Vaz Serra. O ideal seria versar o tema no âmbito da CPLP. Mas haveria, aí, um grande caminho a percorrer.

IV. Em anteriores edições deste Tratado, propendemos para uma solução forte[1105]. Com os elementos disponíveis, ela seria exequível, num prazo de quatro a cinco anos. A instabilidade do País e da Europa recomenda, todavia, que se aguardem novos equilíbrios, sustendo tal tarefa. Fica-nos, pois e ao alcance, a solução média, mas a encarar, apenas, se houver condições de estabilidade e de diálogo lusófono que permitam um labor conjunto aprofundado.

111. **A hipótese de um Código Civil europeu**

I. Apesar de elementos linguísticos e jurídico-científicos francamente adversos, têm surgido aspirações à confeção de um Código Civil europeu. Fica claro que a União não tem competência para se ocupar da matéria[1106]. De todo o modo, o Parlamento Europeu pronunciou-se, em 1989, no sentido de se iniciar um esforço de harmonização do Direito privado dos Esta-

---

[1105] *Tratado* I/1, 3.ª ed. (2005, reimp., 2011), 276 ss..
[1106] Cf. NORBERT HORN, *Ein Jahrhundert Bürgerliches Gesetzbuch*, NJW 2000, 40-46 (46).

dos membros[1107], numa resolução retomada em 1994[1108], com referência a "certos sectores". O interesse político deste tema tem levado a novas declarações de intenção, com relevo para a resolução do Parlamento Europeu de 15-Nov.-2001, relativa à aproximação do Direito civil e comercial dos Estados-Membros[1109].

Em abstrato, a ideia faria sentido. Em vez do panorama fragmentário oferecido pelas diretrizes e regulamentos existentes, teríamos um diploma único, com vantagens integrativas[1110]. Os "custos de transação" das operações europeias, hoje confrontadas com Direitos distintos, baixariam[1111]. O impacto do "Código europeu" poderia ser matizado, desde que se aplicasse, apenas, a relações que extravasassem o círculo de um único Estado[1112].

De todo, a Comissão não demonstrou qualquer entusiasmo pela ideia[1113], enquanto Governos como o alemão a consideraram do domínio da Utopia[1114]. Mantém-se o debate[1115].

II. Mau grado estes começos pouco promissores, verificaram-se iniciativas universitárias e particulares[1116]. Na cimeira dos ministros da justiça

---

[1107] JOCE N. C 158, de 26-Mai.-1989, 400.

[1108] JOCE N. C 205, de 25-Jul.-1994, 518.

[1109] O texto da resolução pode ser conferido em ZeuP 2002, 634-640; sobre esse tema, CHRISTIAN VON BAR, *Die Resolution des Europäischen Parlaments vom 15. November 2001 zur Annährung des Zivil- und Handelsrechts der Mitgliedstaaten*, ZeuP 2002, 629-633. Cf. KARL VON WOGAU, *Modernisierung der Europäischen Gesetzgebung*, ZeuP 2003, 695-700.

[1110] FRITZ RITTNER, *Ein Gesetzbuch für Europa*, FS Mestmäcker (1996), 449-459 (450) e REINER SCHULZE, *Auf dem Weg zu einem europäischen Zivilgesetzbuch?*, NJW 1997, 2742-2743 (2742).

[1111] OTTO TEMPEL/THOMAS WEGERICH, *Tagung für Rechtsvergleichung 1996*, NJW 1997, 36-40 (37).

[1112] SCHULZE, *Auf dem Weg zu einem europäischen Zivilgesetzbuch?* cit., 2743.

[1113] ABBO JUNKER, rec. a *Towards a European Civil Code*, 2.ª ed., abaixo referido, NJW 1999, 2427.

[1114] GÜNTHER CHRISTIAN SCHWARZ, *Unternehmensrecht von den Herausforderungen des europäischen Binnenmarktes*, NJW 2000, 3481-3482 (3481).

[1115] Vide PETER SCHLECHTRIEM, *"Wandlungen des Schuldrechts in Europa" – wozer und wohin*, ZeuP 2003, 213-221 e HEINZ KÖTZ, *Savigny v. Thibaut und das gemeineuropäische Zivilrecht*, ZeuP 2003, 431-435.

[1116] Assim: a obra coletiva de ARTHUR HARTKAMP, MARTIJN HESSELINK, EWOUD HONDIUS, CARLA JOUSTRA e EDGAR DU PERRON, *Towards a European Civil Code*, 2.ª ed.

§ 26.º As necessidades de reforma

de Colónia, em 1999, foi manifestado interesse pela matéria. A Comissão foi incumbida de preparar um relatório, pronto nos finais de 2001.

A ideia de Código Civil europeu tem sido diversamente valorada[1117]. Pode falar-se numa certa "retoma" oficial, particularmente quando a Comissão, um tanto no rescaldo da "Constituição Europeia" vem pedir um "Direito contratual coerente"[1118]. Na parte atinente ao Direito das obrigações, iremos ponderar as iniciativas em curso.

No atual estádio dos nossos conhecimentos, a unificação do Direito privado europeu só seria possível com o sacrifício da realidade existente: uma amputação cultural única na História. Não parece haver forma de proceder a uma mera harmonização: a diversidade cultural deve estar sempre presente[1119].

(1998), 652 pp.. Um papel foi assumido pelo "Grupo de Tilburgo", com trabalhos no campo da responsabilidade civil, cuja unificação defende; cf. JAAS SPIER/OLAV A. HAAZEN, *The European Group on Tort Law ("Tilburg Group") and the European Principles of Tort Law*, ZeuP 1999, 469-493; vide ULRICH MAGNUS, *Elemente eines europäischen Deliktsrechts*, ZeuP 1998, 602-614. Muito ativo, também, o *Study Group on a European Civil Code*, presidido por CHRISTIAN VON BAR, com estudos na área da propriedade e da responsabilidade aquiliana. Refira-se, ainda, numa organização de GUIDO ALPA/EMILIO NICOLA BUCCICO, *La riforma dei codici in Europa e il progetto di codice civile europeo* (2002), com intervenções importantes de GUIDO ALPA, de STEPHEN SWANN, de LUIZ DIEZ-PICAZO, de MARTJIN HESSELINK, de EWAN MCKENDRICK e de NICOLÒ LIPARI, além de diversas comunicações. Tem ainda interesse apontar iniciativas no campo contratual: *Die "Principles of European Contract Law"*, III, ZeuP 2001, 707-713. Sobre toda esta matéria, vide o já citado LARS-PETER BRANDT, *Die Chancen für eine einheitliche Auslegung eines Europäischen Zivilgesetzbuches* (2009), 305 pp..

Entre nós, merece uma referência especial o colóquio organizado pela Faculdade de Direito de Coimbra, em 23 e 24-Jun.-2000, de onde resultou a publicação *Um Código Civil para a Europa* (2002), com diversas intervenções, nacionais e estrangeiras, JOSÉ SIMÕES PATRÍCIO, *Do euro ao Código Civil europeu? Aspectos da convergência legislativa* (2001), 97 ss. e TERESA SILVA PEREIRA, *Proposta de reflexão sobre um Código Civil europeu*, ROA 2004, 497-608 (533 ss.). Menções mais recentes podem ser confrontadas em SALVATORE PATTI, *Kritische Anmerkungen zum Entwurf eines europäischen Vertragsgesetzbuches*, ZeuP 2004, 118-131 (118 ss.) e no *Tratado* II/1, 237 ss..

[1117] STEFAN GRUNDMANN, *Europäisches Schuldvertragsrecht – Struktur und Bestand*, NJW 2000, 14-23 (23). Cf. CHRISTOPH U. SCHMID, *Legitimacy Conditions for a European Civil Code* (2001), 4 ss. (5, nota 11, com larga bibliografia).

[1118] BARBARA DAUNER-LIEB, *Auf dem Weg zu einem europäischen Schuldrecht?*, NJW 2004, 1431-1434 (1432/I).

[1119] ERIK JAYME, *Die kulturalle Dimension des Rechts/ihre Bedeutung für das Internationale Privatrecht und die Rechtsvergleichung*, RabelsZ 67 (2003), 211-230 (214).

III. Em termos práticos, não há vantagens em alargar, só para o fazer, as dimensões "europeias" dos Direitos internos. As relações económicas processam-se, hoje, nos moldes seguintes:

– a grande maioria das situações submete-se ao Direito de um único Estado; as partes conhecem-no e, à partida, ele constitui o esquema melhor adaptado para resolver os problemas que ocorram;
– para a pequena minoria de situações plurilocalizadas, as partes escolhem a lei que lhes convenha; normalmente: a mais adaptada ou a mais segura.

Os "custos de transação" são comportáveis.
Já perante o "Direito europeu", as dúvidas são máximas:

– as suas interpretação e aplicação levantam problemas e exigem estudos especializados;
– nunca se sabe qual o entendimento que os tribunais nacionais irão dar às regras "transpostas"; geralmente, vamos deparar com entendimentos divergentes: pense-se na experiência das Convenções de Genebra e das leis "uniformes";
– a conciliação entre diretrizes e leis de transposição surge sempre como uma suplementar área de fricção.

Em suma: dúvidas, dificuldades, incerteza no resultado e custos de transação seguramente acrescidos: tal o resultado de regras uniformes. Além disso, a não haver uma jurisdição "europeia", parece óbvio que se manterão as divergências. A própria hipótese de proceder a uma "codificação europeia" de aplicação facultativa – ou seja: que apenas funcionaria caso, para ela, as partes remetessem – não é isenta de dificuldades: poderia servir de esquema destinado a contornar regras imperativas locais, designadamente no tocante à tutela do consumidor[1120].

IV. A experiência dos Estados plurilegislativos, como os Estados Unidos e o Canadá, mostram que a existência de Direitos internos diferenciados não é obstáculo à integração e ao desenvolvimento. Por certo

---

[1120] MARCUS MÜLLER, *Gefahren einer optionalen europäischen Vertragsordnung*, EuZW 2003, 683-686.

que existem áreas "uniformes" e, até, uma jurisdição federal. Mas a variedade mantém-se e é bem acolhida. Nunca se explicou porque não seria, assim, na Europa onde, além do mais, temos de lidar com a diversidade linguística.

Em termos técnicos – jurídico-científicos, culturais e mesmo estéticos – a diversidade de Direitos privados europeus anda ligada à variedade linguística e à riqueza histórico-cultural. Ela torna possível testar soluções diferentes e, através de um intercâmbio que sempre existiu, apurar e divulgar as melhores.

Os partidários da "unificação" têm o ónus de vir a terreiro dar as suas razões.

V. Em defesa do Código Civil europeu só vemos razões políticas. Haveria que erguer um Estado Europeu ainda que à custa das culturas nacionais, relegadas para "particularismos locais". A língua europeia (o inglês?) teria de ser adotada nos diversos textos legais, nos atos oficiais e no ensino do Direito. A imagem do Código europeu em várias línguas seria um permanente perigo para a unidade jurídico-científica.

Os custos seriam enormes (mesmo os económicos) e as vantagens diminutas. Tanto basta para rejeitar tal cenário que, de "europeu", teria o nome. Mas com uma ressalva: se o Direito nacional prosseguir na atual rota de dispersão, de prolixidade e de assistematismo, qualquer solução racionalizadora poderá ganhar terreno. Bruxelas fará o que Lisboa, de todo, não logre realizar. Temos, aqui, mais um incentivo especial para o estudo do Direito português e para a ponderação das reformas desejáveis.

VI. A atual conjuntura económico-financeira, com uma patente incapacidade, por parte dos órgãos europeus, em tomar medidas de defesa do euro, parece fazer retroceder o cenário de um Código Civil europeu.

Mas num Mundo que parece tender para a instabilidade, tudo será possível.

PARTE III

A REALIZAÇÃO DO DIREITO

CAPÍTULO I
O DIREITO CIVIL E A REALIZAÇÃO DO DIREITO

§ 27.º **AS REGRAS DE REALIZAÇÃO**

112. A realização do Direito: justeza e legitimidade

I. O postulado básico da dimensão jurídica reside na primazia da solução[1121]. O Direito propriamente dito surge apenas com a decisão do caso. Mas essa decisão, a ser científica – e deve ser científica, ou teremos mero arbítrio – há-de proceder de um processo alongado que a afeiçoe e a legitime. Vamos ver.

A solução do caso configura-se como uma decisão humana, tomada por um agente: o intérprete-aplicador, o operador jurídico ou, no limite, o juiz. A decisão em causa surge como o epílogo de uma série de operações: de estudo, de apreensão dos factos e das normas, de ponderação e de seleção. Tudo isso é conformado pela Ciência jurídica, num conjunto a que chamamos a realização do Direito. Quando observe todos os ditames, a decisão do caso é correta ou, se se quiser: justa.

II. A efetiva solução do caso depende, ainda, de uma segunda ordem de fatores. A positivação do Direito implica entidades capazes para decidir, isto é: instâncias de aplicação do Direito, como tal reconhecidas pela organização social. Essas instâncias, para lá da identidade das pessoas que as ocupem, devem proceder segundo regras prefixadas, muitas vezes dota-

---

[1121] Em termos de posicionamento comunicativo – JASPER LIPTOW, *Das Fallrecht als Modell sprachlicher Praxis*, em FRIEDERICH MÜLLER, *Politik, [Neue] Medien und die Sprache des Rechts* (2007), 56-69 – e, também, materiais.

das de publicidade. Quando tudo isso se mostre reunido, diz-se que a decisão é legítima: provém da entidade competente e surge no termo de um procedimento justamente destinado à sua prolação.

III. A realização do Direito envolve, pois, dois planos distintos:

– o da justeza ou cientificidade da decisão, isto é, o do conjunto das regras materiais que conduzem à correta solução do caso;
– o da legitimidade da decisão, ou seja, o acervo das normas que indiquem quem decide e como deve ser preparada e tomada a decisão.

O primeiro plano tem a ver com o Direito substantivo; o segundo, com o Direito processual ou adjetivo.

IV. A natural falibilidade humana implica que a decisão, mau grado todas as cautelas, possa estar errada. Nessa altura, se o procedimento prescrito tiver sido observado, ela é, não obstante, legítima. Quando o Supremo Tribunal faça má aplicação da lei e chegue a um erro judiciário, nada mais há a fazer. A decisão falaciosa terá, todavia, de ser respeitada, por surgir como legítima. De outra forma, nenhum sistema seria funcional. A decisão ampara-se, na eventualidade de estar errada, apenas no processo. Mas não podemos, daí, dar o salto e afirmar que o Direito é, apenas, a Ciência da tomada (formal) de decisões, no sentido de a via da sua legitimação.

O Direito lida, sempre, com as duas faces: a justeza e a legitimidade.

V. A separação entre a justeza da decisão e a sua legitimidade equivale a um corte numa realidade incindível. Por razões elementares de estudo e de funcionalidade, o corte é inevitável. Todavia, afigura-se intuitivo que justeza e legitimidade funcionam em conjunto. Terá de haver regras que explicitem quando uma decisão (boa ou má) deva ser havida por definitiva. Mas isso não dispensa nenhum dos passos anteriores.

As regras de procedimento relevam também para a justeza. E esta só pode ser alcançada através de um processo idóneo. Paralelamente: não há legitimação completa sem observância das regras materiais. A decisão final – no fundo: o Direito – surge apenas aquando de uma síntese operativa entre a justeza e a legitimidade[1122].

[1122] GERD ROELLECKE, *Zur Unterscheidung von Rechtsdogmatik und Theorie/am*

113. As operações materiais de realização

I. Mau grado a síntese final que origina o (verdadeiro) Direito, razões de racionalidade analítica, assentes em sólida tradição, levam a que o Direito substantivo e o Direito adjetivo sejam cultivados em separado.

Dentro do Direito substantivo – fundamentalmente, Direito civil – é possível distinguir uma série de operações que conduzem à decisão constituinte final. Vamos antecipar, para clareza na exposição.

II. O primeiro passo na realização do Direito reside na determinação de um caso, isto é, de uma situação relacional humana, que exija uma solução exterior. Feita tal determinação, há que valorar o caso, apurando a sua natureza: uma questão de família? Um contrato? Um tema de propriedade? Um crime? Um imposto?

Isto feito, cumpre analisar o facto capaz de conter uma regra aplicável (a fonte). Haverá um costume aplicável? Uma lei? Um precedente?

Selecionada a fonte, cabe, dela, extrair uma regra funcional (a norma). Para tanto, fala-se em interpretação. Esta pode ser coroada de êxito. Mas pode falhar: o operador, dispondo da fonte, constata que a mesma não contém elementos suficientes para se chegar (logo) à norma. Temos uma lacuna, a qual obriga a novas operações tendentes ao seu preenchimento (a integração).

A norma aplica-se ao caso, desde que o mesmo tenha sido afeiçoado, isto é: desde que lhe tenham sido retiradas as excrescências consideradas irrelevantes, reconduzindo-o a um núcleo operacional (a qualificação).

Posto isso, toma-se uma decisão, a qual deve, ainda, ser testada na sua justificação e nas suas consequências, antes de ser dada como final.

III. Todas estas operações, conquanto que materialmente descritas, são irreais, uma vez que, como veremos, o processo de realização do Direito é unitário. Mas elas tornam-se indispensáveis, para efeitos de estudo e de análise.

Beispiel der Konzepte Hegels und Luhmanns, JZ 2011, 645-652, coloca Hegel como dogmático e Lehmann como descritivo: ilustra a ideia.

Tais operações obedecem a regras: quando não, todo o processo de realização do Direito perderia a sua natureza científica, pondo em causa a própria cientificidade da decisão. Essas regras, dentro da ordem jurídica considerada, são tendencialmente universais. De outro modo, teríamos um fator de complexidade suplementar, sem vantagens e que iria introduzir níveis de aleatoriedade na decisão.

Finalmente: embora reportadas à lei, trata-se de regras que, com adaptações, se aplicam às diversas fontes do Direito.

114. A natureza civil das regras de realização

I. A realização do Direito tem implicações de toda a ordem. Como adiante será referido, ela é infletida por doutrinas globais, de tipo religioso, de tipo político, de tipo económico e de tipo filosófico. O jurista não pode deixar de atender a essas dimensões. Mas além disso, ela é, mais concretamente, objeto de regras normativas e de regras de experiência: são as denominadas regras relativas às fontes do Direito e à sua interpretação.

Pergunta-se qual a disciplina jurídica adequada para estudar as regras relativas à realização do Direito.

II. Em termos racionais, dir-se-ia que tais regras, interessando a todos os ramos do Direito, deveriam constituir uma disciplina geral, como que *supra partes*. Já se tem suscitado mesmo a hipótese de elas deverem ser reconduzidas ao Direito constitucional[1123].

Neste momento, o estudo das regras sobre as fontes de Direito, a sua interpretação e a sua aplicação é feito numa disciplina geral de "introdução ao estudo do Direito". Dá corpo à pretensão de um posicionamento superior e igualitário dessa matéria. E salvo o que se dirá de seguida, nada há a objetar, desde que a matéria seja (bem) dada num contexto dogmático.

III. O cultivo de regras atinentes à realização do Direito fora de qualquer dogmática, isto é, sem inserção numa disciplina que se ocupe de

---

[1123] BERND RÜTHERS, *Methodenfragen als Verfassungsfragen?*, RTh 40 (2009), 253-283.

casos concretos, é artificial. Ele conduziu, ao longo do último século, ao que abaixo chamaremos irrealismo metodológico. Multiplicam-se os estudos de maior profundidade, numa linguagem acessível apenas a iniciados, mas sem qualquer influência no labor efetivo dos tribunais.

Torna-se fundamental, quer pedagógica, quer ontologicamente, que a realização do Direito seja exposta e concretizada em disciplinas dogmáticas. O caso concreto e a sua solução constituem a única bússola fiável.

IV. A dogmática constitucional é muito estreita. Exceto nos domínios organizativos, que proporcionam casos delimitados, as regras constitucionais (mesmo quando diretamente aplicáveis) funcionam como um prelúdio, por vezes contingente, a institutos que irão ser concretizados nas diversas disciplinas (mais) dogmáticas.

V. Fica-nos, ainda, o aspeto fundamental. Por razões histórico-culturais já explanadas e a que haverá ocasião de, repetidamente, regressar, num sistema de Direito continental, de base romano-germânica (dito, significativamente, um sistema de *Civil Law*), os conceitos básicos, as ligações fundamentais e a metodologia são elaboradas pelo Direito civil. Os outros sectores normativos podem especializar, quando necessário, alguns desses elementos. Mas seria surrealista virem reescrever tudo o que já foi feito há milénios.

Esta situação torna-se vantajosa. Uma vez que as regras atinentes à realização do Direito aspiram a uma aplicação universal, é de esperar que o seu cultivo, sendo dogmático, se dê na disciplina que apresente a maior generalidade e a maior capacidade de atingir os confins do jurídico. Falamos, naturalmente, no Direito civil.

VI. Em suma: seja por razões ontológicas, confirmadas pelas diversas doutrinas continentais, seja por razões de oportunidade facilmente apreensíveis, as regras de realização do Direito são, materialmente, civis.

Pela mesma ordem de ideias, podemos acrescentar-lhes as regras sobre conflitos de normas: temporais e espaciais. As primeiras estão na base do Direito transitório; as segundas, na do Direito internacional privado.

§ 28.º AS REGRAS JURÍDICO-POSITIVAS SOBRE A REALIZAÇÃO DO DIREITO

115. Origens: o *corpus iuris civilis*

I. Esclarecida a natureza civil das normas atinentes à realização do Direito, cabe perguntar pela sua positividade jurídica. Compete ao legislador ou, mais latamente, ao Direito, formular as regras que devam presidir à realização do programa jurídico ou tratar-se-á de matéria que releva da literatura ou da gramática? E quando a Lei se considere competente para tal matéria, deve vertê-la em regras e levá-las aos códigos civis?

Estas questões não encontram respostas únicas. Ele posiciona-se numa área em que, por excelência, tem interesse conhecer a evolução histórica e as soluções praticadas nos diversos países.

II. Na literatura romana, usava-se o termo *interpretatio* com um sentido amplo: de certo modo, equivaleria ao que chamamos a realização do Direito. *Interpretatio* deriva de *inter* (entre; no meio de) e *pretatio*, raiz *pres*, na base de *pretium* (preço): o que se dá em troca de ou o que fica de permeio entre o interessado e o bem.

Nas fontes, a *interpretatio* surge, em Roma, através de Tácito, para exprimir a equivalência entre os Deuses romanos e os germânicos[1124]. Tal

---

[1124] TÁCITO (CORNELIUS TACITUS), *De Germania* (98 d. C.), 43 = ed. anotada de ALFRED GUDEMANN (1916), 215-216:

praesidet sacerdos muliebri ornatu, sed deos interpretatione Romana Castorem Pollucemque memorant.

[o sacerdote preside, vestido de mulher, mas os deuses, na interpretação romana, recordam Castor e Polux.]

interpretatio permitira já larga equivalência entre os Deuses romanos e os gregos.

Nas fontes jurídicas, a *interpretatio* começou por exprimir uma exposição sistemática da matéria[1125]. Mais tarde, alcançou-se a *interpretatio* como a obtenção do sentido de um preceito ou de um negócio[1126].

III. Uma semântica juridificada recorda que, no início, o Direito, a Moral e a Religião constituíam um conjunto de regras que ordenavam a sociedade. Cabia, nessa altura, aos sacerdotes proceder à descoberta dos *mores*, enquanto intermediários entre eles e os cidadãos. A *interpretatio* confundia-se (ou equivalia) à descoberta do Direito. Diz Pompónio[1127]:

> Na nossa cidade, decide-se ou de acordo com o Direito escrito, ou seja, segundo a lei ou vale o Direito civil propriamente dito que, como Direito não escrito, só consiste na interpretação dos jurisconsultos (...) [quod sine scripto in sola prudentium interpretatione consistit ...].

Interpretar era o poder de criar o Direito. Fonte única, no início, a doutrina veio a ser concorrida pelas outras fontes, à medida que se foram desenvolvendo[1128].

IV. No período republicano, a jurisprudência valia por si mesma: assente na autoridade dos prudentes, ela era acatada de modo espontâneo[1129]. Augusto, procurando ordenar a matéria, ameaçada por uma multiplicação de jurisprudentes com poucos conhecimentos, estabeleceu o *ius*

[1125] I. I. 1.2 = 2.ª ed. de OKKO BEHRENDS e outros (1997):

primo levi ac simplici, post deinde diligentissima atque exactissima interpretatione singula tradantur.

Na tradução alemã, *interpretatione* foi vertida por in (...) *Fassung*.

[1126] KLEINFELLER, *Interpretatio*, PWRE 9/2 (1916), 1709-1712 (1709). Vide WOLFGANG SCHMID, *Die Interpretation in der Altertumswissenschaft* (1971), 151 pp., com escritos de sete autores.

[1127] POMPÓNIO, D. 1.2.1.12 = ed. OKKO BEHRENDS e outros, II, 99.

[1128] PAPINIANO, D. 1.1.7.pr. = ed. OKKO BEHRENDS e outros, II, 93.

[1129] Quanto a toda a evolução do instituto: SEBASTIÃO CRUZ, *Direito romano* cit., 1, 4.ª ed., 280 ss.; ANTONIO D'EMILIA, *Sulla dottrina quale fonte del diritto*, SDHI 11 (1945), 13-36; BIONDO BIONDI, *Funzione della jurisprudenza romana nella scienza giuridica e nella vita moderna*, RDCiv X (1964), 1-13 (5 ss.). No Direito atual: JEAN BOURANGER, *Notations sur le pouvoir créateur de la jurisprudence civile*, RTDC 1961, 417-441.

publice respondendi ex auctoritate principis: o próprio Imperador concedia, a alguns jurisprudentes, o poder de dar *responsa*, que gozariam de autoridade especial. Adriano (117-138) deu-lhes autoridade total: passaram a funcionar como fontes imediatas do Direito.

Mais tarde, ao longo do Império, foram sendo introduzidas limitações nesse poder[1130]. Ele punha em causa o progressivo centralismo jurídico.

V. No século VI, Justiniano mandou proceder às grandes compilações: surgiu o *corpus iuris civilis*[1131]. Os *digesta* foram promulgados em 16 de Dezembro de 533, através da constituição Δέδωκεν[1132]. Nessa constituição, eram proibidos quaisquer comentários (τῶν νόμων ὑπομνήματα γράφειν)[1133], bem como limitada a própria interpretação (*Alias autem legum interpretationes, immo magis perversiones eo iactare non concedimus* ...)[1134]. O que estava em causa era, todavia, a interpretação criativa romana, dotada de autoridade como fonte do Direito. O ensino dos *digesta* implicava a possibilidade de os explicar e anotar, sendo que o próprio Justiniano procedeu a uma aprofundada reforma das escolas jurídicas.

Ao longo da História foi-se, porém, muito mais longe. Os glosadores e os comentadores medievais mantiveram vivos, pela sua interpretação muitas vezes criativa, os textos clássicos, assegurando a sua atualidade.

VI. Tem ainda interesse referir a semântica grega. À *interpretatio* no sentido de apuramento e de explicação de um texto correspondia a ἑρμήνευσις [hermeneusis], expressão derivada de Ἑρμῆς [Hermes]: filho de Zeus e de Mea, Hermes era o mensageiro dos deuses e, subsequentemente, o Deus das relações pacíficas, protetor do comércio e das viagens, intérprete das ordens divinas, Deus da palavra e da eloquência e Deus orientador das almas.

[1130] KLEINFELLER, *Interpretatio* cit., 1711.

[1131] Com elementos, SEBASTIÃO CRUZ, *Direito romano* cit., 1, 4.ª ed., 441 ss..

[1132] *Tanta* é a designação comum dessa constituição em latim e Δέδωκεν, em grego; as duas versões não correspondem, pelo que são citadas separadamente. A versão grega é considerada original; o seu texto, acompanhado de tradução alemã, consta em OKKO BEHRENDS e outros, *Corpus iuris civilis* cit., II, 1-17.

[1133] Δέδωκεν, 21 = ed. OKKO BEHRENDS cit., II, 15; também SEBASTIÃO CRUZ, *Direito romano* cit., 1, 4.ª ed., 461 e 466, quanto ao troço em causa.

[1134] *Tanta*, 21 = ed. OKKO BEHRENDS cit., II, 87; SEBASTIÃO CRUZ, *Direito romano* cit., 1, 4.ª ed., 462; diz o trecho:

> De resto, também não admitimos as interpretações das leis, que conduzem sempre a perversões de porte (...).

Não é de excluir que a *hermeneusis* grega, na origem da nossa hermenêutica, tenha tido um papel na evolução da *interpretatio* romana.

116. O Direito comparado

I. O Direito comparado permite ilustrar as mais diversas soluções. Uma primeira distinção, dentro dos países de Direito continental, opera entre aqueles cujos ordenamentos prevejam regras explícitas sobre a realização do Direito (Áustria, Suíça, Itália, Portugal, Espanha e Brasil), como exemplos, por ordem cronológica das leis vigentes) e aqueles que trabalhem, apenas, com a doutrina (França e Alemanha)[1135].

II. Começando por estes últimos, verifica-se que o Código Napoleão apenas contém duas normas com alguma relevância neste domínio: o artigo 4.º, que proíbe o juiz de se recusar a decidir, sob pretexto de silêncio, de obscuridade ou de insuficiência da lei e o artigo 5.º, que veda ao juiz decidir por via de disposições gerais e regulamentares. As regras de interpretação são de elaboração doutrinária[1136]. Na sequência de aprovação do Código, deu-se um surto de exegese, isto é, o predomínio de uma orientação metodológica que repousa na apreensão do sentido do texto[1137]. Bugnet, em frase muito citada[1138], chegou a afirmar:

> não conheço o Direito civil, só ensino o Código Napoleão.

[1135] Sobre toda esta matéria, com muitas indicações: THOMAS HENNINGER, *Europäisches Privatrecht und Methode* (2009), XXXI + 496 pp.. Também tem interesse FRITZ-RENÉ GRABAU, *Über die Normen zur Gesetzes- und Vertragsinterpretation* (1993), 224 pp., ainda que pouco preciso e com erros, por exemplo, no tocante ao Direito português (*idem*, 37-39).

[1136] JEAN CARBONNIER, *Droit civil/Introduction*, 20.ª ed. (2000). Nr. 24, 55-56, MURAD FERID/HANS JÜRGEN SONNENBERGER, *Das französische Zivilrecht*, 1/1, *Einführung und Allgemeiner Teil*, 2.ª ed. (1994), 1 B 101 ss. (172 ss.) e THOMAS HENNINGER, *Europäisches Privatrecht und Methode* cit., 113 ss..

[1137] FRANÇOIS TERRÉ, *Introduction générale au droit*, 7.ª ed. (2006), n.º 551 (451). Em especial, cabe ainda referir: D. CHARMOT/A. CHAUSSE, *Les Interprètes du Code civil*, em *Le Code civil (1804-1904)/Livre du Centenaire* (1904), 131-172, JULIEN BONNECASE, *L'école de l'exégèse en Droit civil*, 2.ª ed. (1924), 285 pp., EUGÈNE GAUDEMET, *L'interprétation du Code civil en France depuis 1804* (1935), VII + 75 pp..

[1138] FRANÇOIS GÉNY, *Méthode d'interprétation et sources en droit privé/Essai critique* I, 2.ª ed. (1954), 30.

O passar do tempo levou ao abandono da pura exegese, a favor de métodos mais alargados. Hoje, a técnica da interpretação[1139] parte do elemento gramatical. Sendo o sentido menos claro, recorre-se ao conjunto das conexões legais. Os preparatórios podem ter um certo papel. Não sendo suficientes, queda, por indução, elaborar princípios que, depois, terão aplicação.

Em termos comparatísticos, podemos dizer que a interpretação, em França, tem uma profundidade e uma geometria inferiores ao que sucede, noutros espaços, como na Alemanha ou em Portugal[1140]. A doutrina francesa fala numa pluralidade de métodos: consoante o tipo de fonte em jogo, a sua datação ou outros elementos, assim o intérprete-aplicador beneficiará uma ou outra via interpretativa[1141].

III. O espaço jurídico alemão, pelas diversas características que enformam a sua vida universitária, pelas necessidades da estrutura económico--social e pelo atraso na codificação, foi o que, durante o século XIX, mais longe levou o estudo da metodologia jurídica. Para já, assinalamos as obras de Thibaut (1772-1840)[1142] e de Savigny (1779-1861)[1143], dedicadas à interpretação jurídica e onde foram fixados os quadros que, ainda hoje, dominam a estruturação lógica de realização do Direito. A eles regressaremos[1144]. As correntes significativas e as novidades metodológicas ocorridas nos dois últimos séculos são de origem ou de inspiração alemã[1145]. Por isso, iremos encontrá-la a propósito da exposição corrida da matéria aqui em jogo.

[1139] FRANÇOIS TERRÉ, *Introduction générale au droit*, 7.ª ed. cit., n.º 552 (452); *vide* os *Travaux de l'Association Henri Capitant*, XXIX (1978), *L'interprétation par le juge des règles écrites*.

[1140] THOMAS HENNINGER, *Europäisches Privatrecht und Methode* cit., 127.

[1141] FRANÇOIS TERRÉ, *Introduction générale au droit*, 7.ª ed. cit., n.º 554 (454).

[1142] ANTON FRIEDRICH JUSTUS THIBAUT, *Theorie der logischen Auslegung des römischen Rechts* (1799, reimp., 2007), 190 pp..

[1143] FRIEDRICH CAR VON SAVIGNY, *Juristische Methodenlehre* (1802-1803), por JAKOB GRIMM, publ. por GERHARD WESENBERG (1951), 73 pp.; SAVIGNY regressou ao tema no seu *System des heutigen römischen Rechts* 1 (1840, reimp., 1981), onde versa a natureza geral das fontes do Direito (6-66), as fontes do Direito romano atual (66-205) e a interpretação das leis (206-330).

[1144] *Infra*, 681 ss..

[1145] CHRISTIAN BALDUS, *Auslegung und Analogie im 19. Jahrhundert*, em *Europäische Methodenlehre/Handbuch für Ausbildung und Praxis* (2006), 33-74 (38 ss., quanto

No tocante a regras jurídicas legisladas, o Direito alemão não contém diretrizes explícitas sobre o tema da realização do Direito[1146].

A Constituição, no seu artigo 20.º/3, limita-se a proclamar que a legislação está submetida à ordem constitucional e que o poder executivo e a jurisprudência estão sujeitas à lei e ao Direito[1147]. Por seu turno, o artigo 2.º da EGBGB [a lei de introdução ao BGB] proclama que "lei, no sentido do BGB é qualquer norma jurídica": uma expressão que abrange o costume.

A matéria fica entregue à doutrina e à Ciência do Direito. E a tal propósito, surge sempre oportuno o dito de Radbruch[1148]:

> O intérprete pode entender melhor a lei do que o seu criador a entendeu e a lei pode ser mais inteligente do que o seu autor – e deve mesmo ser mais inteligente do que o seu autor.

IV. O Código Civil austríaco de 1811 (ABGB) foi, de entre os diplomas modernos, o que primeiro explicitou regras de interpretação. Vamos reter as regras mais significativas[1149]:

§ 6.º   Na aplicação de uma lei não lhe deve ser dado qualquer outro sentido do que o que resulte do sentido próprio das palavras, na sua conexão e da clara intenção do legislador.

§ 7.º   Quando não se possa resolver um caso com base nas palavras nem no sentido natural da lei, deve fazer-se apelo a casos semelhantes determinados na lei e aos fundamentos de outras leis com isso aparentadas. Quando o caso se mantenha duvidoso, deve-se, com respeito às

---

a Savigny, 56 ss., quanto à distinção entre interpretação e analogia e 66 ss., sobre a exegese, em França). De entre os numerosos estudos sobre SAVIGNY, cabe referir, por último neste momento, WOLFGANG PAUL REUTTER, *"Objektiv Wirkliches" in Friedrich Carl von Savigny Rechtsdenken, Rechtsquellen und Methodenlehre* (2011), XIX + 478 pp..

[1146] THOMAS HENNINGER, *Europäisches Privatrecht und Methode* cit., 45 ss..
[1147] MICHAEL SACHS, *Grundgesetz Kommentar*, 5.ª ed. (2009), Art. 20, Nr. 103 ss. (808 ss.); KARL-PETER SOMMERMANN, em HERMANN VON MANGOLDT/FRIEDRICH KLEIN/ /CHRISTIAN STARCK, *Kommentar zum Grundgesetz*, II, 2.ª ed. (2010), Art. 20, Nr. 226 ss. (97 ss.).
[1148] GUSTAV RADBRUCH, *Rechtsphilosophie*, 8.ª ed. por ERIK WOLF/HANS-PETER SCHNEIDER (1973), § 15 (206); também cit. em WOLFGANG FIKENTSCHER, *Methoden* cit., 4, 132.
[1149] FRANZ BYDLINSKI, em PETER RUMMEL (org.), *Kommentar zum ABGB* 1 (1983), 12 ss. e 26 ss..

circunstâncias cuidadosamente consideradas e amadurecidas, decidir de acordo com os princípios do Direito natural.

§ 10.º Só se pode recorrer aos costumes nos casos em que uma lei remeta para eles.

A evolução do Direito austríaco veio, nas décadas subsequentes, matizar os preceitos do ABGB, que se mantêm formalmente em vigor[1150]. A interpretação usa critérios objetivos e subjetivos: parte do sentido literal da lei, passa ao semântico, à interpretação histórica e à objetivo-teleológica. A redução teleológica é admitida ainda que, por vezes, reconduzida à interpretação. Quanto às lacunas rebeldes à analogia: os princípios do Direito natural são entendidos como princípios gerais de Direito[1151].

Como veremos, o ABGB austríaco influenciou o Código de Seabra.

V. O Código Civil suíço, de 1907 (ZGB), abre com algumas regras gerais sobre a realização do Direito[1152]: das mais conhecidas e influentes da Europa. Vamos tomar nota[1153]:

Artigo 1.º (Aplicação do Direito)

(1) A lei aplica-se a todas as questões jurídicas, para as quais, segundo o teor verbal ou a interpretação, opere uma determinação.

(2) Quando, da lei, não se possa retirar qualquer norma, o juiz deve decidir de acordo com o Direito consuetudinário e, caso este também falte, segundo a regra que ele criaria como legislador.

(3) Ele considera a doutrina consagrada e a jurisprudência.

Artigo 2.º (Atuação de boa-fé)

(1) Cada um deve exercer os seus direitos e executar as suas obrigações segundo as regras da boa-fé.

(2) O abuso manifesto de um direito não é protegido por lei.

[1150] Os competentes elementos, com indicações jurisprudenciais, podem ser vistos em THOMAS HENNINGER, *Europäisches Privatrecht und Methode* cit., 100 ss..

[1151] FRANZ BYDLINSKI, no RUMMEL, *Kommentar* cit., 1, 31.

[1152] ARTHUR MEIER-HAYOZ, no *Berner Kommentar/zum schweizerischen Gesetzbuch. Einleitung/Artikel 1-10 ZGB* (1962), 78 ss..

[1153] A tradução livre aqui proposta deriva da versão em alemão; a francesa, igualmente oficial, não é totalmente coincidente.

Artigo 4.º (Equidade)

Quando a lei remeta o tribunal para a discricionariedade, para a ponderação das circunstâncias ou para um fundamento importante, ele deve encontrar a sua decisão segundo o Direito e a equidade.

Como particularidade, temos, desde logo, o apelo subsidiário ao Direito consuetudinário, para integrar lacunas. Trata-se de dar corpo aos costumes tradicionais das comunidades suíças. Hoje, considera-se o seu papel como escasso.

No tocante ao método de interpretação: também aqui se disputam orientações subjetivistas e objetivistas, procurando-se um equilíbrio entre elas[1154]. O pluralismo metodológico é reconhecido[1155]. O apelo ao Direito que o juiz criaria, conhecido como "criação livre do Direito" (*freie Rechtsfindung*)[1156], remonta a Aristóteles[1157] e deu azo a diversos subcritérios[1158]: o juiz deve trabalhar na base de uma "norma" suscetível de aplicação geral, de modo a respeitar a igualdade; deve justificar o decidido e apoiar-se na doutrina e na jurisprudência; nessa dimensão, tem em conta os princípios gerais do Direito e o Direito comparado.

VI. No Direito italiano, a matéria relativa às fontes do Direito e à aplicação da lei consta da Lei preliminar ao Decreto Régio n.º 262, de 16 de Março de 1942, relativo ao Código Civil.

Esse dispositivo exerceu um especial fascínio junto do legislador de 1966: tem um interesse acrescido conhecê-lo. Reparte-se por dois capítulos, com o seguinte teor geral:

Capítulo I – Das fontes do Direito

1.º Indicação das fontes;
2.º Leis;
3.º Regulamentos;

[1154] Com elementos, THOMAS HENNINGER, *Europäisches Privatrecht und Methode* cit., 82 ss..

[1155] *Idem*, 89 ss..

[1156] ERNST A. KRAMER, *Juristische Methodenlehre*, 2.ª ed. (2005), 173 ss..

[1157] ARISTÓTELES, *Ética a Nicómaco*, Liv. V, Cap. 10 = ed. bilingue H. RACKHAM (reimp., 1994), 313 ss., a propósito da equidade.

[1158] Com indicações, THOMAS HENNINGER, *Europäisches Privatrecht und Methode* cit., 91-92; *vide* ARTHUR MEIER-HAYOZ, no *Berner Kommentar* cit., 156 ss..

4.º Limites da disciplina regulamentar;
5.º Normas corporativas;
6.º Formação e eficácia das normas corporativas;
7.º Limites da disciplina corporativa;
8.º Usos;
9.º Recolhas de usos.

Capítulo II – Da aplicação da lei em geral

10.º Início da obrigatoriedade das leis e dos regulamentos;
11.º Eficácia da lei no tempo;
12.º Interpretação da lei;
13.º Exclusão da aplicação analógica das normas corporativas;
14.º Aplicação das leis gerais e excecionais;
15.º Abrogação das leis;
16.º Tratamento do estrangeiro;
17.º a 31.º [revogados].

Retemos o artigo 1.º:

São fontes do Direito:
1) As leis;
2) Os regulamentos;
3) As normas corporativas;
4) Os usos.

De especial relevo, também, o artigo 12.º, sobre a interpretação, o qual dispõe:

1. Ao aplicar-se a lei, não se lhe pode atribuir outro sentido que não o resultante do próprio significado das palavras, segundo a sua conexão e a intenção do legislador.
2. Se uma controvérsia não puder ser decidida segundo uma disposição precisa, consideram-se as disposições que regulem casos similares ou matérias análogas; se o caso permanecer ainda duvidoso, decide-se segundo os princípios gerais do ordenamento jurídico do Estado.

Os preceitos introdutórios do Código italiano têm originado alguma literatura[1159]. Pelo seu papel no atual Código Vaz Serra, retomaremos a matéria.

[1159] GIOVANNI BIANCO, em PIETRO RESCIGNO, *Codice civile* 1, 7.ª ed. (2008), 1 ss., com indicações.

§ 28.º *As regras jurídico-positivas sobre a realização do Direito*

VII. O Código Civil espanhol compreende um título preliminar, relativo às normas jurídicas, sua aplicação e eficácia[1160]. O título preliminar desdobra-se em cinco capítulos:

    I – Fontes do Direito (1.º e 2.º);
    II – Aplicação das normas jurídicas (3.º a 5.º);
    III – Eficácia geral das normas jurídicas (6.º e 7.º);
    IV – Normas de Direito internacional privado (8.º a 12.º);
    V – Âmbito de aplicação dos regimes jurídicos civis coexistentes no território nacional (13.º a 16.º).

Tem interesse reter algumas regras quanto às fontes e à aplicação da Lei. Assim:

Artigo 1.º

1. São fontes do ordenamento jurídico espanhol a lei, o costume e os princípios gerais do Direito.
2. Carecem de validade as disposições que contradigam outras, de categoria superior.
3. O costume só rege na falta de lei aplicável, sempre que não seja contrário à moral ou à ordem pública e resulte provado.
Os usos jurídicos que não sejam meramente interpretativos de uma declaração de vontade são considerados costume.
4. Os princípios gerais do Direito aplicam-se, na falta de lei ou de costume, sem prejuízo do seu caráter informador do ordenamento jurídico.
5. As normas jurídicas contidas nos tratados internacionais não terão aplicação direta em Espanha enquanto não tiverem passado a fazer parte do ordenamento interno, mediante a sua publicação integral no "Boletim Oficial do Estado".
6. A jurisprudência complementará o ordenamento jurídico com a doutrina que, de modo reiterado, estabeleça o Tribunal Supremo ao interpretar e aplicar a lei, o costume e os princípios gerais do Direito.
7. Os Juízes e os Tribunais têm o dever inexcusável de resolver em todo o caso os assuntos de que conheçam, atendo-se ao sistema de fontes estabelecido.
(...)

[1160] Na redação dada pelo Decreto n.º 1384/1974, de 31 de Maio, em conformidade com a autorização conferida pelo artigo 1.º da Lei n.º 3/1973, de 17 de Março.

Artigo 3.º

1. As normas interpretar-se-ão segundo o sentido próprio das suas palavras, em relação com o contexto, os antecedentes históricos e legislativos e a realidade social do tempo em que hajam de ser aplicadas, atendendo fundamentalmente ao seu espírito e finalidade.

2. A equidade será ponderada na aplicação das normas, ainda que as resoluções dos Tribunais só possam repousar exclusivamente nela quando a lei expressamente o permita.

Artigo 4.º

1. A aplicação analógica das normas procederá quando estas não contemplem um ponto específico, mas regulem outro semelhante, entre os que se constate identidade de razão.

2. As leis penais, as excecionais e as de âmbito temporal não se aplicam a fontes nem em momentos distintos dos compreendidos expressamente nelas.

3. As disposições deste Código aplicar-se-ão como supletivas nas matérias regidas por outras leis.

O papel dado ao costume explica-se pela realidade regional de Espanha: esta abrange diferenciadas comunidades locais.

117. O Código de Seabra (1867) e a Lei brasileira de 1942

I. O Código de Seabra versa a matéria da realização do Direito em termos muito parcelares. Fá-lo no Título I – *Da capacidade civil, e da lei que a regula em geral*, do Livro único da Parte I. Chamamos a atenção para alguns preceitos[1161]:

Artigo 9.º Ninguem póde eximir-se de cumprir as obrigações impostas por lei, com o pretexto de ignorância d'esta, ou com o do seu desuso.

Artigo 11.º A lei, que faz excepção ás regras geraes, não póde ser applicada a nenhuns casos, que não estejam especificados na mesma lei.

[1161] JOSÉ DIAS FERREIRA, *Codigo Civil Portuguez Annotado*, 1, 2.ª ed. (1894), 18 ss., 23 ss. e 25 ss.; LUIZ DA CUNHA GONÇALVES, *Tratado de Direito civil em comentario ao Codigo Civil português* 1 (1929), 386 ss., 415 ss. e 465 ss..

Artigo 16.° Se as questões sobre direitos e obrigações não podérem ser resolvidas, nem pelo texto da lei nem pelo seu espirito, nem pelos casos análogos, prevenidos em outras leis, serão decididas pelos princípios de direito natural, conforme as circunstancias do caso.

II. A influência, no interessante artigo 16.°, do Código Civil austríaco, parece indesmentível. Abaixo consideraremos a matéria, à luz do sistema lusófono vigente[1162].

III. No Brasil, conserva-se em vigor o Decreto-Lei n.° 4.657, de 4 de Setembro de 1942 ou Lei de Introdução ao Código Civil, com alterações subsequentes, a última das quais resultante da Lei n.° 12.376, de 30 de Dezembro de 2010. O legislador brasileiro (e bem) resistiu à tentação de, a propósito do Código Civil de 2002, alterar esta matéria. Retemos três dos seus preceitos:

Artigo 3.° Ninguém se escusa de cumprir a lei, alegando que não a conhece.

Artigo 4.° Quando a lei for omissa, o juiz decidirá o caso de acordo com a analogia, os costumes e os princípios gerais de direito.

Artigo 5.° Na aplicação da lei, o juiz atenderá aos fins sociais a que ela se dirige e às exigências do bem comum.

118. A preparação do Código Vaz Serra

I. No âmbito da preparação do que seria o Código Civil de 1966, a matéria introdutória foi confiada a Manuel de Andrade (1899-1958).

Pela importância que Manuel de Andrade teve na doutrina subjacente à Parte geral do Código Civil, vamos recordar o seu trajeto jurídico-científico.

Manuel de Andrade absorveu, nas raízes, o pandetismo evoluído de formação germânica. Testemunha-o, desde logo, a sua dissertação de doutoramento sobre a interpretação das leis, apresentada como introdução à tradução de Ferrara. Domina, aí, um pensamento jurídico integrado onde,

---

[1162] *Infra*, 748 ss..

mercê sobretudo de Heck, Andrade medita questões metodológicas com projeção efetiva nos problemas. O nível jurídico-cultural sobressai vivamente no panorama da época: as referências a Heck, Gény, Enneccerus, Brütt ou Radbruch multiplicam-se, deixando adivinhar o universo facultado pela bibliografia em língua alemã[1163]. A oito décadas de distância e dispondo de um panorama cabal da literatura jurídica existente nos anos em que Andrade dissertou[1164], pode formular-se alguma crítica que, no fundo, traduz um agravamento de tendências já verificadas em Guilherme Moreira. E designadamente: houve um excessivo conectar aos positivistas, sobretudo Heck, quando, na altura, se agitava toda uma linha de pensamento metapositivo, dos neo-kantianos (Stammler, Steinbach, Binder, na primeira fase) aos neo-hegelianos (Erich Kaufmann, Binder, na segunda fase e Larenz, na primeira); os próprios positivistas foram delimitados, faltando os contributos de Bierling ou Ehrlich, nas vertentes psicológica e sociológica, enquanto o Direito livre sucumbia a críticas sumárias. Ausente também, e num complemento normal do positivismo heckiano, uma colocação histórica da problemática envolvida; Savigny só é, aliás, referido de passagem.

II. Manuel de Andrade apresentou um bosquejo de projeto de título preliminar do Código Civil, intitulado *Fontes de direito/Vigência, interpretação e aplicação da lei*: como tal o considerava o seu Autor, estando prevista uma publicação mais aperfeiçoada e justificada. Infelizmente, a doença e a morte surpreenderam-no prematuramente. Todavia, o então Ministro da Justiça Antunes Varela optou pela sua publicação póstuma[1165], mau grado a relutância mostrada pelo próprio Autor[1166].

[1163] Segundo informação que nos foi dada por JOÃO ANTUNES VARELA, MANUEL DE ANDRADE aprendera a ler em língua alemã sozinho, apenas com uma gramática e um dicionário; efetuava traduções literais com rapidez, escapando-lhe, porém, a expressão oral. O próprio ANTUNES VARELA praticava a língua alemã nos mesmos moldes.

[1164] No *Ensaio sobre a teoria da interpretação das leis*, MANUEL DE ANDRADE cita 101 autores, alguns dos quais *apud*, como indica no local. Os 10 mais referidos, por ordem decrescente de citações, são: HECK, GÉNY, ENNECCERUS, FERRARA, BRÜTT, DONATI, COVIELLO, CARNELUTTI, DE RUGGIERO E SCHREIER. Registe-se que, para além das citações de circunstância, o trabalho está bem assente em múltiplos autores, sendo referidos, ainda, nomes como ENDEMANN, KOHLER, VON TUHR, COSACK, BIERLING (ainda que *apud* SCHREIER), STAMPE (ainda que *apud* HECK), OERTMANN e STAMMLER (embora esporadicamente). Anote-se que tanto HECK como ENNECCERUS são citados no original.

[1165] MANUEL AUGUSTO DOMINGUES DE ANDRADE, *Fontes de Direito/Vigência, interpretação e aplicação da lei*, BMJ 102 (1961), 141-166.

[1166] *Idem*, 141-142, a nota explicativa.

Ficam abrangidos 11 artigos que, com poucas alterações, passaram ao Código Civil. Veremos tais artigos nos locais próprios.

O título preliminar do Código Civil acabou por ficar refém do prematuro falecimento de Manuel de Andrade. A matéria poderia ter sido mais trabalhada[1167], sendo ainda certo que sofreu alterações que lhe retiraram os aspetos cientificamente mais notáveis.

III. A opção relativa às normas sobre a realização do Direito foi tomada pela Comissão de reforma, logo no início. Transcrevemos, da ata respetiva, o essencial quanto a esse ponto[1168]:

i) *Devem incluir-se no Código normas gerais sobre a interpretação das leis bem como sobre a aplicação das leis no tempo e no espaço (regras de conflitos)? Qual a sua localização?*
Resolveu-se afirmativamente quanto à primeira questão. Quanto à segunda, deliberou-se que figurem numa lei de introdução ao Código Civil, visto se tratar de regras de aplicação geral, isto é, válidas também em outros ramos de direito, salvos os desvios que lá devam introduzir-se-lhes. A sua inclusão numa lei de introdução ao Código Civil justifica-se, já pela tradição, já pela maior importância deste Código. Esta matéria fica a cargo do vogal incumbido da parte geral.

A opção parece não ser inóqua. Caso surja numa lei autónoma, ainda que de introdução ao Código Civil, será de esperar um teor mais englobante, uma vez que, nessa eventualidade, todos os ramos do Direito seriam visados. Já a sua inclusão no próprio Código Civil poderia ser redutora. Ora, na preparação do Código Vaz Serra, usou-se um anteprojeto de lei de introdução para inserir as regras em jogo no próprio Código Civil[1169].

A questão ultrapassa-se: mesmo integradas formalmente no Código Civil, tais regras podem ter alcance geral. Estamos num sistema de *Civil Law*. Fazer, disso, uma guerra territorial entre publicistas e privatistas não dignifica uma doutrina adulta.

[1167] José Hermano Saraiva, *Apostilha crítica ao projecto de Código Civil (Capítulos I e II)*, ROA 1967, 5-141 (7).
[1168] Adriano Pais da Silva Vaz Serra, *A revisão geral do Código Civil/Alguns factos e comentários*, BMJ 2 (1947), 24-76 (36).
[1169] José Hermano Saraiva, *Apostilha crítica* cit., 9.

IV. Na discussão que antecedeu a aprovação do Código Civil, avultou, neste domínio da realização do Direito, a crítica feita na Ordem dos Advogados por José Hermano Saraiva, e que foi muito aplaudida pelos sectores que se consideraram marginalizados, aquando da sua preparação[1170]. De facto, alguns dos preceitos merecem críticas. Todavia, deixamos claro um ponto: em matéria desta natureza, torna-se muito fácil fazer críticas de toda a ordem. Há, pois, que tomar a lei (qualquer lei!) como um espaço de desenvolvimento jurídico-científico. As críticas que faremos a tal propósito visam esse desenvolvimento e não a substituição da lei.

V. Na passagem do anteprojeto de Manuel de Andrade para o projeto de Antunes Varela, foram amputadas normas muito interessantes e que o desenvolvimento do meio século subsequente ao Código Civil veio confirmar. Assim, desapareceu o artigo 9.º/5 do anteprojeto, que admitia a redução teleológica[1171]:

É consentido restringir o preceito da lei quando, para casos especiais, ele levaria a consequências graves e imprevistas que certamente o legislador não teria querido sancionar.

Desapareceu, igualmente, o artigo 10.º/2 do anteprojeto[1172], referente a lacunas de colisão:

O antagonismo insanável entre duas estatuições legais importa a eliminação dessas estatuições.

A estas como a outras escolhas, é difícil não associar a política dirigista do Estado Novo: qualquer evolução jurídico-científica, capaz de pôr em causa a autoridade, era vista com desconfiança. A Ciência do Direito não é, todavia, sensível a preocupações desse tipo.

119. O Título I do Livro I, do Código Civil

I. Na sequência dos apontados antecedentes, o Código Civil abre o seu Livro I – Parte geral, com um Título I: das leis, sua interpretação e aplicação. Abrange três capítulos:

[1170] Marcello Caetano, *Manual de Direito administrativo*, 1, 10.ª ed. (1973), 114.
[1171] Manuel de Andrade, *Fontes de Direito* cit., 145.
[1172] *Idem*, loc. cit..

§ 28.º As regras jurídico-positivas sobre a realização do Direito 427

I – Fontes do Direito (1.º a 4.º);
II – Vigência, interpretação e aplicação das leis (5.º a 13.º);
III – Direitos dos estrangeiros e conflitos de leis (14.º a 65.º).

II. No tocante às fontes, temos os preceitos que, seguidamente, identificamos pelas epígrafes respetivas:

1.º Fontes imediatas;
2.º Assentos;
3.º Valor jurídico dos usos;
4.º Valor da equidade.

Quanto à vigência, interpretação e aplicação das leis, temos:

5.º Começo de vigência da lei;
6.º Ignorância ou má interpretação da lei;
7.º Cessação de vigência da lei;
8.º Obrigação de julgar e dever de obediência à lei;
9.º Interpretação da lei;
10.º Integração das lacunas da lei;
11.º Normas excecionais;
12.º Aplicação das leis no tempo. Princípio geral;
13.º Aplicação das leis no tempo. Leis interpretativas.

O capítulo III reporta-se ao Direito internacional privado.

III. Os diversos preceitos serão analisados a propósito das rubricas respetivas. Uma apreciação de conjunto é, desde já, possível.

O legislador histórico embrulhou-se, manifestamente, em cautelas e indecisões, acabando por produzir resultados escassos. O modelo mais diretamente seguido foi o italiano. Todavia:

– reduziu-se o elenco das fontes, limitando-as à lei e às normas (?) corporativas;
– consignaram-se referências ambíguas aos usos e à equidade, de tal modo que não se alcança a sua natureza de fontes;
– deu-se um tratamento rebuscado à vigência e à interpretação da lei.

Evitou-se ainda uma referência à hierarquia das leis, à Constituição e aos limites dos regulamentos. Torna-se difícil não ver, também aí, o espírito do Estado Novo, que só com dificuldade admitia o primado do Direito.

IV. O Título I, do Livro I, do Código Civil está, hoje, amputado. Assim:

- a referência a "normas corporativas" perdeu alcance com a extinção dos organismos corporativos (que foi, todavia, progressiva) e com a supressão da sua capacidade de fazer normas, a menos que se lhes dê um sentido atualista diverso, o que não recomendamos;
- os assentos foram abolidos pelo Decreto-Lei n.º 329-A/95, de 12 de Dezembro, aparentemente por um mau entendimento da jurisprudência constitucional, como veremos[1173]: eram o único instituto tradicional português, presente no elenco do Código Civil;
- o Direito internacional privado foi, em larga medida, substituído pela Convenção de Roma sobre a Lei Aplicável às Obrigações Contratuais, de 19 de Junho de 1980[1174], hoje substituída pelo Regulamento (CE) n.º 593/2008, de 17 de Junho de 2008, referente à lei aplicável às obrigações contratuais (Roma I)[1175] e o Regulamento (CE) n.º 864/2007, de 11 de Julho, relativo à Lei aplicável às obrigações extracontratuais (Roma II)[1176].

120. A natureza das normas; as tentativas de reforma

I. As mexidas, diretas e indiretas, no Título I, do Livro I, do Código Civil, vieram somar-se a um descontentamento antigo causado junto dos cultores do Direito público.

Marcello Caetano chama, desde logo, a atenção para o facto de o Governo da época ter fixado quatro meses de discussão pública ... a acabar em Setembro. Além do prazo ser curto, ainda lhe foram retiradas as férias[1177].

[1173] *Infra*, 639 ss..
[1174] DR I Série-A, n.º 28, de 3-Fev.-1994, 522-527.
[1175] JOCE N.º L 177, 6-16, de 4 de Julho de 2008.
[1176] JOCE N.º L 199, 40-49, de 31 de Julho de 2007.
[1177] MARCELLO CAETANO, *O projecto de Código Civil*, O Direito 98 (1966), 211-216 (211).

Quanto às diversas críticas sobressai logo a do artigo 1.º, que deixaria de fora a produção das autarquias locais[1178].

As críticas foram retomadas no *Manual de Direito administrativo*, a propósito das fontes. Lei, para Marcello Caetano, admitiria um sentido amplíssimo: toda a norma jurídica definida por um poder acatado e competente[1179]; ora, segundo ele, o Código Civil limitaria a Lei a uma disposição proveniente de órgãos estaduais.

II. A grande objeção residiria na estreita base jurídico-científica de apoio ao Código Civil, na área em estudo. Explica Marcello Caetano[1180]:

> Mas as condições em que foi publicado e posto em vigor o projeto de Código não permitiram o exame amplo e autorizado do texto, e por isso tais disposições saíram de tal modo imperfeitas que não podem ser aceites pela Ciência jurídica.
> Assim, quando muito, elas vigorarão (porque são direito positivo) no âmbito traçado pelo artigo 3.º do Decreto-Lei n.º 47 344, isto é, no âmbito da legislação civil.

Quanto ao método, tem razão. Não se prepara uma lei geral sobre fontes e sobre interpretação sem ouvir especialistas das várias áreas, e isso mesmo quando a lei em causa seja, formalmente, integrada num Código Civil. Jogou a pressa do momento e o jeito autoritário de legislar: algo que, infelizmente, também sucede em regimes democráticos.

Fica a pergunta: os artigos 1.º a 11.º, do Código Civil, aplicam-se, apenas, ao Direito civil?

A hipótese de limitar esses preceitos ao Código Civil deixa em aberto a questão de saber se, para o Direito público, existe algum sistema de fontes explícito. Paulo Cunha suscitava a hipótese de, nesse âmbito, se aplicar a Lei da Boa Razão (18-Ago.-1769), uma vez que o próprio Código de Seabra não a teria revogado: pelo menos em relação ao costume.

[1178] MARCELLO CAETANO, *O projecto de Código Civil* cit., 215-216.
[1179] MARCELLO CAETANO, *Manual de Direito administrativo* cit., 1, 10.ª ed., n.º 35 (81).
[1180] MARCELLO CAETANO, *Manual de Direito administrativo* cit., 1, 10.ª ed., n.º 38 (84).

III. O artigo 1.º do Código Civil é insustentável. A generalidade dos civilistas critica-o[1181]. Outros preceitos inseridos no capítulo inicial do Código são verberados. Mas isso não permite alijar os preceitos, com tranquila generalidade. Afigura-se necessário proceder a uma determinação analítica da sua natureza. E temos, neles, situações diferenciadas. Assim:

- são preceitos de enquadramento: 1.º (fontes imediatas) e ex-artigo 2.º (assentos);
- são preceitos remissivos, porquanto totalmente dependentes de uma concretização que só a doutrina pode fazer: 3.º (valor jurídico dos usos), na parte em que refere boa-fé, 4.º (valor da equidade), no que tange à própria equidade, 8.º (obrigação de julgar e dever de obediência à lei), no seu n.º 3, relativo à interpretação e aplicação uniformes do Direito, 9.º (interpretação da lei), 10.º (integração de lacunas da lei) e 11.º (normas excecionais);
- são preceitos injuntivos os 5.º (começo de vigência da lei), 6.º (ignorância ou má interpretação da lei), 7.º (cessação da vigência da lei), 8.º (obrigação de julgar e dever de obediência à lei), 12.º aplicação das leis no tempo; princípio geral) e 13.º (*idem*; leis interpretativas).

Os preceitos de enquadramento são isso mesmo. A sua escassa felicidade não incomoda, uma vez que não vinculam, pela sua própria estrutura, a quaisquer condutas.

Os preceitos remissivos atribuem, conquanto que com margens variáveis, poderes ao intérprete-aplicador, para definir o seu preciso conteúdo. Os diversos ramos do Direito dispõem da liberdade jurídico-científica de, neles, fazerem as adaptações convenientes. Não vemos razões para queixas.

Os preceitos injuntivos, com todas as hipóteses de interpretações extensivas ou restritivas e, ainda, de aplicação analógica ou de restrição teleológica, devem ser respeitados. Só assim não será quando normas especiais os afastem.

IV. Com estas precisões, os dois primeiros capítulos do Código Civil são, de facto, de aplicação geral. Pelo seu próprio conteúdo, têm essa

---

[1181] P. ex., OLIVEIRA ASCENSÃO, *O Direito/Introdução e Teoria Geral*, 13.ª ed. cit., 284, 288 e *passim*.

intenção normativa: não se imagina, hoje, uma ordem jurídica coerente em que as diversas disciplinas pretendam reinventar os conceitos básicos da Ciência Jurídica. Mas que assim não fosse: o Direito civil, enquanto Direito comum, aplica-se em todas as áreas do ordenamento, sempre que não seja afastado.

V. A abertura do Código Civil, com a sua referência a fontes imediatas do Direito, que seriam, afinal, "leis" e "normas corporativas" (1.º) torna-se de crítica fácil e imediata. Se a isso somarmos a figura dos assentos, questionada pelo neopositivismo constitucional em voga e a tecnicidade permitida pelas regras sobre publicação e *vacatio*, temos uma situação que autoriza todas as pretensões de reforma.

É evidente que qualquer jurista, incluindo os publicistas, tem total legitimidade para opinar sobre o Código Civil e, para mais, em área de aplicação geral, como é o caso: pressupõe-se, obviamente, que tenha a humildade de estudar os temas em jogo, muito antigos e complexos: não foram inventados em 1966.

Isto dito, cumpre referir duas ilustres propostas de reforma: de Diogo Freitas do Amaral[1182] e de Jorge Miranda[1183], respetivamente.

Freitas do Amaral considera ultrapassados os artigos 1.º a 4.º: o mapa atual das fontes seria muito mais extenso, incluindo as europeias; a definição de lei é inaceitável; as normas corporativas deviam ter sido abolidas com o Estado Novo[1184]; os assentos foram (mal) revogados; os usos têm (hoje) uma amplidão maior do que a resultante do Código. No restante, o Autor propõe pequenos ajustes.

Jorge Miranda amplia o sentido das críticas de Freitas do Amaral[1185]. Apresenta um projeto de articulado de "Lei sobre Diplomas Normativos" que, no essencial: limita-se aos tais "diplomas"; adita regras sobre a prática da publicação das leis; insere dispositivos constitucionais; retoca os precei-

---

[1182] DIOGO FREITAS DO AMARAL, *Da necessidade de revisão dos artigos 1.º a 13.º do Código Civil*, Themis 1 (2000), 9-20.

[1183] JORGE MIRANDA, *Em vez do Código Civil, uma lei sobre leis*, Legislação 47 (2007), 5-23.

[1184] FREITAS DO AMARAL, *Da necessidade de revisão* cit., 13, chega a afirmar que foi lamentável o Decreto-Lei n.º 496/77, de 25 de Novembro, que adequou o Código Civil à Constituição, não ter cuidado de revogar esses preceitos. A Comissão de Reforma, dominada, de resto, pela Professora ISABEL DE MAGALHÃES COLLAÇO, não se esqueceu do assunto: entendeu (e bem) que ele era inóquo, sendo descabido, a dez anos de vigência do Código, (re)abrir o tema eterno das fontes.

[1185] JORGE MIRANDA, *Em vez do Código Civil* cit., 7-8.

tos do Código Civil sobre interpretação e integração da lei e sobre a sua aplicação, designadamente no tempo. Tem a originalidade de deixar de fora as fontes não-legais: provavelmente, manter-se-iam, num futuro e depauperado Código Civil.

Com o devido respeito, não vemos que, salvo no tocante às "leis", os projetos apresentados justifiquem uma revisão do Código Civil ou uma substituição dos preceitos em causa.

O Direito comparado mostra que, em todo o Mundo, se evitam alterações a esse nível: as controvérsias científicas são infindáveis e ninguém pode ter a pretensão de encontrar uma fórmula que se mantenha válida daqui a umas décadas. Ora os textos antigos são inóquos, não manietando a Ciência do Direito.

Quanto às "leis": o Código Civil foi menos conseguido, nesse ponto. Mas quer pelo assunto, quer pela forma inadequada por que foi tratado, é dobradamente inóquo. Não justifica a alteração, tanto mais que as alternativas se prestariam, de imediato, a críticas.

CAPÍTULO II
A INFLUÊNCIA DAS CONCEÇÕES GLOBAIS

§ 29.º O DILEMA: FORMALISMO, POSITIVISMO OU IRREALISMO?

121. **Aspetos gerais**

I. O Direito – já o dissemos – insere-se no grande *continuum* universal. Mormente na dimensão humana e cultural de que ele decorre, apenas por abstração amputante é possível desinserir o Direito do todo a que ele pertence. Entende-se, deste modo, que a realização do Direito fique condicionada pela realidade mais ampla que o rodeie. Essa influência denota-se em diversos planos. Podemos, para efeitos de análise, distinguir:

– a feitura das leis;
– a conformação do processo de realização;
– as opções dos operadores jurídicos.

II. As leis são preparadas por entidades humanas. No Direito civil, elas resultam de uma paulatina evolução histórica: apenas em áreas limitadas podemos ver a marca da escolha histórica. Mesmo de âmbito (mais) restrito, há sempre alguma capacidade reformista, por parte de cada comunidade e relativamente ao seu tempo. As escolhas que sejam feitas dependem de conceções políticas, sociais ou económicas que dominem os decisores[1186].

[1186] Donde o pôr-se a hipótese de um dever, a cargo do legislador, de fundamentar as suas opções: KYRILL-A. SCHWARZ/CHRISTOPH BRAVIDOR, *Kunst der Gesetzgebung und Begründungspflicht des Gesetzgebers*, JZ 2011, 653-659. Vide OTA WEINBERGER, *Gesetzgebung und Motivation*, em ILMAR TAMMELO/ERHARD MOCK, *Rechtstheorie und Gesetzgebung*, FS Robert Weimar 1 (1986), VIII + 437 pp., com escritos de 27 Autores, 117-131.

O processo de realização, com as suas fases e os seus sortilégios, depende de opções humanas. Delas deriva, em maior ou menor grau, a solução do caso, o que é dizer: o Direito. Sustentamos a natureza científica desse processo. Mas tal natureza é infletida, a vários títulos, pelas correntes metodológicas dominantes. Estas, por seu turno, pertencem ao grande devir do pensamento humano.

Finalmente, o operador jurídico – *maxime*, o juiz – dispõe de um espaço de decisão. Será maior ou menor, consoante o caso a resolver: mas nunca é nulo. O juiz irá determinar-se, também, pelas suas próprias conceções, as quais se aproximarão do pensamento dominante na sociedade a que pertence.

III. Uma breve consideração das conceções globais e das suas linhas de evolução torna-se, assim, incontornável[1187].

Como veremos, a situação metodológica atual conduz a uma superação das clássicas fases de realização do Direito, fases essas que, por razões de estudo, não deixaremos, contudo, de ponderar em separado. Algo paradoxalmente, afigura-se mais esclarecedor analisar as fases em causa (as fontes, a interpretação e a integração) apenas depois de conhecer a superação permitida pela situação atual[1188].

Deve-se ainda ter presente que o Direito se insere num conjunto de Ciências Sociais: contribui para elas e recebe, em contrapartida, diversos influxos que elas dispensam. Ficam abrangidas a feitura de leis[1189], a interpretação[1190] e a própria conduta do juiz[1191]. Tudo isso será abrangido, em síntese possível, pelas conceções globais que seguem.

[1187] Atualizamos e simplificamos uma investigação realizada a propósito da tradução, em português, da obra de CLAUS-WILHELM CANARIS, *Systemdenken und Systembegriff in der Jurisprudenz*, 2.ª ed. (1983), sob o título *Pensamento sistemático e conceito de sistema na Ciência do Direito*, ed. Gulbenkian, que tomou corpo numa introdução nossa (IX-CXIV) e que serviu de base a uma publicação autónoma, sob o título *Ciência do Direito e metodologia jurídica nos finais do século XX* (1989), separata da ROA, 81 pp..

[1188] *Vide infra*, 503 ss. e 671 ss..

[1189] WOLFGANG NAUCKE, *Über die juristische Relevanz der Sozialwissenschaften* (1972), 72 pp., 23 ss..

[1190] *Idem*, 34 ss.; HUBERT ROTTLEUTHNER, *Rechtswissenschaft als Sozialwissenschaft* (1973), 277 pp., 43 ss..

[1191] HUBERT ROTTLEUTHNER, *Rechtswissenschaft* cit., 91 ss..

122. A querela jurisprudência dos conceitos, jurisprudência dos interesses

I. A metodologia jurídica, nos finais do século XIX e na primeira metade do século XX foi dominada, a nível de discurso, por uma afirmada querela entre a jurisprudência dos conceitos e a jurisprudência dos interesses. A matéria tem sido relativizada pelos estudos mais recentes. Não obstante, ela deixou sequelas nas diversas obras. Cabe expor-lhe os termos.

A jurisprudência dos conceitos tem, na origem, o construtivismo jusracionalista de Christian Wolf (1679-1754)[1192]: é, pois, um erro atribuir a sua paternidade a Savigny ou a Puchta, como por vezes sucede. Simplificando, a técnica jurídica resultaria do seguinte: na base de grandes princípios, era deduzida toda uma articulação lógico-formal de conceitos. O conceito seria causal, relativamente às decisões dos problemas. Recolhidos os factos, estes seriam subsumidos no conceito que lhes caberia, daí resultando a decisão[1193]. Sendo, por exemplo, uma situação configurável como um direito real, o regime resultaria desta última figura. Desde já adiantamos que esta postura, muito criticada ao longo da história, é ainda hoje correntemente praticada, pelo menos na aparência, dando corpo à maioria das decisões judiciais. E em muitos casos mais simples, ela conduz, com rapidez, a soluções adequadas.

II. Subsequente ao conceptualismo racionalista, temos a denominada escola histórica. Com antecedentes em Gustav Hugo (1764-1844), ela foi aprofundada, desenvolvida e divulgada por Savigny (1779-1861)[1194].

[1192] FRANZ WIEACKER, *Privatrechtsgeschichte der Neuzeit*, 2.ª ed. (1967, reimp., 1996), 320. Vide CHRISTIAN NUNN, *Rudolf Müller-Erzbach 1874-1959/Von der realen Methode über die Interessenjurisprudenz zum kausalen Rechtsdenken* (1998), 237 pp., 52.

[1193] JULIUS BINDER, *Bemerkungen zum Methodenstreit in der Privatrechtswissenschaft*, ZHR 100 (1934), 4-83 (7 ss.).

[1194] Sobre toda esta matéria, em especial: FRANZ WIEACKER, *Privatrechtsgeschichte*, 2.ª ed. cit., 378 ss. e KARL LARENZ, *Methodenlehre*, 6.ª ed. cit., 11 ss.. Os textos básicos conotados com a jurisprudência dos conceitos podem ser confrontados em WERNER KRAWIETZ (publ.), *Theorie und Technik der Begriffsjurisprudenz* (1976), VI + 437 pp., com 22 peças significativas. Vide, aí, a introdução do próprio WERNER KRAWIETZ, *Zur Einleitung: juristische Konstruktion, Konstruktion, Kritik und Krise dogmatischer Rechtswissenschaft*, ob. cit., 1-10.

Recordamos os seus postulados básicos[1195]: o Direito é dado pela paulatina evolução do espírito do Povo, isto é, pelo Direito romano; sobre ele incide a atividade filosófica, ou seja, sistemática; constrói-se, assim, um pensamento sistemático que lida, em simultâneo, com dados centrais e com a periferia, abrindo as portas a um sistema aberto, heterogéneo, móvel e cibernético. Os conceitos são elaborados na base da contemplação intuitiva da realidade ou seja, o estudo das fontes.

Mas a partir daí, intromete-se o conceptualismo: a solução dos problemas flui da subsunção, nos mesmos, dos factos relevantes. Só não haverá uma pura jurisprudência dos conceitos porque estes estão em permanente (re)formulação.

A jurisprudência dos conceitos é atribuída a Georg Friedrich Puchta (1798-1846), aluno e sucessor de Savigny. Aproveitando a elaboração conceitual já disponível, Puchta procurou organizar a matéria, numa "genealogia dos conceitos"[1196]. Estudos mais atuais relativizam a imputação, a Puchta, de uma jurisprudência dos conceitos radical[1197]. O conceitualismo ter-se-ia mantido ao longo do século XIX, sendo, inclusive, imputado também a Bernhard Windscheid (1817-1892), um dos pais do BGB alemão: uma asserção também contestada por estudos mais recentes[1198]. A formação de conceitos por contemplação intuitiva da realidade, a entender como razão prática, remonta ao pensamento transcendental kantiano[1199]. Será exagero pretender que ela dominou a Ciência do Direito oitocentista.

[1195] *Supra*, 126 ss..

[1196] WALTER WILHELM, *Zur juristischen Methodenlehre im 19. Jahrhundert* (1958), 76 ss.; FRANZ WIEACKER, *Privatrechtsgeschichte*, 2.ª ed. cit., 400 ss.. As obras básicas de PUCHTA são: *Cursus der Institutionen*, 20.ª ed. (1893), *Pandekten*, 8.ª ed. (1856) e o clássico *Gewohnheitsrecht*, I (1828) e II (1837), já citados.

[1197] HANS-PETER HAFERKAMP, *Georg Friedrich Puchta und die "Begriffsjurisprudenz"* (2004), XVIII + 534 pp. (78 ss., quanto ao método da inversão e à pirâmide de conceitos e 463 ss., quanto a conclusões). *Vide* CHRISTOPH-ERIC MECKE, *Puchtas und Jherings Beiträge zur heutigen Theorie der Rechtswissenschaft*, ARSP 95 (2009), 540-552.

[1198] ULRICH FALK, *Ein Gelehrter wie Windscheid/Erkundungen auf den Feldern der sogennanten Begriffsjurisprudenz* (1989), IX + 256 pp. (72 ss., 215 ss. e 222 ss., focando o reconhecimento da irrecusável liberdade de movimentos do juiz).

[1199] WOLFGANG BESSNER, *Die Begriffsjurisprudenz, der Rechtspositivismus und die Transzendentalphilosophie Immanuel Kants als Grundlagen der Soziologie und der politische Ethik Max Webers* (1968), XXIII + 140, 31 ss., 99 ss. e *passim*.

§ 29.° O dilema: formalismo, positivismo ou irrealismo?

III. A jurisprudência dos conceitos nunca foi assumida por ninguém. O próprio termo (*Begriffsjurisprudenz*) foi inventado por Rudolf von Jhering (1818-1892), de modo a melhor poder criticar essa orientação. Disse Jhering[1200]:

> Com isso toquei no ponto que a atual jurisprudência dos conceitos, como eu lhe chamo, contém em si. Cada jurisprudência opera com conceitos, o pensamento conceitual e o jurídico são equivalentes (...)

O próprio Jhering, depois de uma fase conceptualista (ele fora aluno de Puchta), veio a preconizar novas soluções para diversos problemas e a criar institutos, multiplicando a referência a interesses. Em diversas áreas, Jhering insistiu na verificação dos verdadeiros interesses subjacentes, em detrimento de deduções conceituais[1201]. Nasceu a jurisprudência dos interesses, ainda não baptizada como tal[1202].

IV. A linha aberta por Jhering foi aproveitada por Philipp Heck (1858-1943)[1203]. Com antecedentes na sua habilitação de 1889[1204], a opção de Heck firmou-se em 1912, num discurso de aniversário do Rei[1205]

[1200] RUDOLF VON JHERING, *Scherz und Ernst in der Jurisprudenz*, 13.ª ed. (1924, reimp., 1992), 347.

[1201] Como obra de cúpula desta fase de JHERING (o "segundo" JHERING), podemos referir *Der Zweck im Recht* 1 (1877), XVI + 557 pp. e 2 (1883), XXX + 716 pp.; questões como o direito subjetivo e a personalidade coletiva foram reformuladas, com recurso aos interesses.

[1202] Sobre o tema, ANTÓNIO CASTANHEIRA NEVES, *Jurisprudência dos interesses*, em Digesta 2 (1995), 215-246.

[1203] Sobre toda esta matéria, FRANZ WIEACKER, *Privatrechtsgeschichte*, 2.ª ed. cit., 574 ss. e KARL LARENZ, *Methodenlehre*, 6.ª ed. cit., 49 ss.. Os textos básicos que documentam esta corrente podem ver-se em GÜNTER ELLSCHEID/WINFRIED HASSEMER, *Interessenjurisprudenz* (1974), VII + 508 pp., com 23 peças. Uma síntese apoiada consta de PETER SPEIGER, *Interessenjurisprudenz in der deutschen Rechtsprechung/Analysen von höchtrichterlichen Entscheidungen zu Streitfragen aus den Zivilrecht* (1984), XVIII + 195 pp..

[1204] PHILIPP HECK, *Das Recht der grossen Haverei* (1889), XXXV + 839 pp.. Vide, ainda e de HECK, a recensão a FELLNER, *Die rechtlich Natur der Inhaberpapier*, ZHR 37 (1890), 277-284 e recensão a VON BAR, *Theorie und Praxis des Internationalen Privatrechts*, ZHR 38 (1890), 305-319.

[1205] PHILIPP HECK, *Das Problem der Rechtsgewinnung* (1912), 2.ª ed. (1932), IV + 52 pp..

e em sucessivas intervenções de cariz metodológico[1206], reaparecendo em manuais civis[1207]. O facto de, na raiz, Heck ter sido um comercialista constitui um ponto não focado pela doutrina e que explica a orientação pragmática assumida. Philipp Heck foi professor em Tübingen; a sua doutrina foi acompanhada por outros professores dessa Universidade: Max Rümelin (1861-1931)[1208] e Heinrich Stoll (1884-1955)[1209]. Em conjunto, estes autores formaram a escola de Tübingen, à qual veio aderir Rudolf Müller-Erzbach (1874-1959)[1210].

No essencial, a jurisprudência dos interesses oferecia a seguinte via metodológica[1211]. Os conceitos não são causais das soluções a que se che-

---

[1206] PHILIPP HECK, *Gesetzesauslegung und Interessenjurisprudenz* (1914), VII + 319 pp.; *Begriffsbildung und Interessenjurisprudenz* (1932), VII + 228 pp.; *Interessenjurisprudenz* (1933), 36 pp.; *Die Interessenjurisprudenz und ihrer neuen Gegner*, AcP 142 (1936), 129-202 e 297-332; *Rechtsphilosophie und Interessenjurisprudenz*, AcP 143 (1937), 129-196; *Rechtserneuerung und juristische Methodenlehre* (1936), 47 pp.. As obras metodológicas de HECK, expurgadas de repetições, foram publicadas por ROLAND DUBISCHAR: PHILIPP HECK, *Das Problem der Rechtsgewinnung. Gesetzesauslegung und Interessenjurisprudenz. Begriffsbildung und Interessenjurisprudenz*, publ. ROLAND DUBISCHAR, com um posfácio de JOSEF ESSER (1968), 229 pp..

[1207] PHILIPP HECK, *Grundriss des Schuldrechts* (1929), XVI + 492 pp. e *Grundriss des Sachenrechts* (1930), XV + 540 pp..

[1208] MAX RÜMELIN deixou o seu nome ligado a diversos estudos civilísticos e metodológicos; assim, desse Autor: *Schadensersatz ohne Verschulden* (1910), 74 pp.; *Die Gerechtigkeit* (1920), 65 pp.; *Die Billigkeit im Recht* (1921), 82 pp.; *Die Rechtssicherheit* (1924), 72 pp.. Além disso, foi responsável por intervenções importantes sobre Windscheid e sobre Jhering: *Bernhard Windscheid und sein Einfluss auf Privatrecht und Privatwissenschaft* (1907), 48 pp. e *Rudolf von Jhering* (1922), 84 pp., sendo de enfocar, no prisma da jurisprudência dos interesses, aqui em causa, a obra *Erlebte Wandlungen in Wissenschaft und Lehre* (1930), 77 pp..

[1209] Em especial, HEINRICH STOLL, *Begriffe und Konstruktion in der Lehre der Interessenjurisprudenz*, FG Philipp Heck, Max Rümelin, Arthur Benno Schmidt (1931), 60-117.

[1210] RUDOLF MÜLLER-ERZBACH, *Rechtsfindung auf realer Grundlage*, DJZ 1906, 1235-1238; idem, *Die Relativität der Begriff und ihre Begrenzung durch den Zweck des Gesetzes/zur Beleuchtung der Begriffsjurisprudenz*, JhJb 61 (1912), 343-384; idem, *Wohin führt die Interessenjurisprudenz/Die rechtspolitische Bewegung im Dienste des Rechtssicherheit und des Aufbaus der Rechtswissenschaft* (1932), VIII + 134 pp.; idem, *Die Hinwendung der Rechtswissenschaft zum Leben und was sie hemmt* (1939).

[1211] FRANZ WIEACKER, *Privatrechtsgeschichte*, 2.ª ed. cit., 575-576. Vide JULIUS BINDER, *Bemerkungen zum Methodenstreit* cit., 51 ss..

gue. Na origem, temos os interesses genéticos, objeto de ponderação pelo legislador. Na aplicação, cabe reconstituir a ordenação de origem.

O ponto básico seria o da noção de "interesse". Heck – como de resto Jhering – usa "interesses" em termos amplos. Ficariam abrangidos aspetos humanos, económicos, morais e religiosos, carecidos de regulação jurídica[1212]. Tem relevo, para além das proclamações, verificar, no terreno, como funciona o pensamento de Heck.

V. Quanto à interpretação, Heck começa por fixar a ideia de que o juiz deve surpreender a ponderação de interesses feita pela lei: e isso na base da vontade do legislador[1213]. Para tanto, haveria que atentar nos pareceres, nos relatórios e nos protocolos dos debates parlamentares[1214]. Além da vontade psicológica do legislador, seria importante captar a sua vontade normativa, na base dos antecedentes históricos[1215], tudo pelo prisma do balancear[1216] dos interesses. Em casos simples, os jurisprudentes dos interesses admitiam a simples subsunção, cabendo ao juiz, com o seu sentimento jurídico-intuitivo, verificar a idoneidade do processo[1217].

VI. Não havendo solução por essa via – o que seria possível dada a incompleitude da ordem jurídica[1218] – caberia transpor os juízos valorativos da lei para os conflitos de interesses similares[1219]. Estar-se-ia perante um efeito remoto dos juízos de valor legais (*Fernwirkung gesetzlicher Werturteile*)[1220]. Faltando de todo tais juízos, o juiz ficaria legitimado para proceder à sua própria valoração, como bitola substitutiva[1221].

[1212] PHILIPP HECK, *Das Problem der Rechtsgewinnung* cit., 27-29; idem, *Begriffsbildung und Interessenjurisprudenz* cit., 38-40.
[1213] PHILIPP HECK, *Gesetzesauslegung* cit., 59 ss..
[1214] *Idem*, 105 ss..
[1215] *Idem*, 64 ss. e 95 ss..
[1216] Quanto ao uso do termo "ponderação" ou "balanceamento" (dos interesses) em Direito: JOACHIM RÜCKERT, *Abwängung – die juristische Karriere eines unjuristischen Begriffs oder: Normenstrenge und Abwängung im Funktionswandel*, JZ 2011, 913-923.
[1217] HEINRICH STOLL, *Juristische Methode* cit., 9 e *Begriff und Konstruktion in der Lehre der Interessenjurisprudenz*, 60 ss., uma orientação depois sufragada por HECK, *Begriffsbildung*, cit., 115 ss. (116), valorizando o "sentimento jurídico".
[1218] PHILIPP HECK, *Gesetzesauslegung* cit., 21 e HEINRICH STOLL, *Methode* cit., 8.
[1219] PHILIPP HECK, *Gesetzesauslegung* cit., 225.
[1220] *Idem*, 232; HEINRICH STOLL, *Methode* cit., 14.

123. Apreciação crítica

I. A jurisprudência dos conceitos – ou a imagem que dela foi dada – incorre em três críticas fundamentais: o artificialismo na conceção dos conceitos relevantes, o método da subsunção e o método da inversão[1222].
Quanto à conceção dos conceitos, uma de duas:

– ou se trata de deduções centrais, altura em que, provavelmente, não irão corresponder à realidade histórico-cultural que é o Direito;
– ou operam como simplificações da realidade existente, escamoteando aspetos que poderão ser significativos na decisão.

Por seu turno, o método da subsunção pode ser esquematizado no seguinte: o conceito, supostamente causal de decisão é, por natureza, mais pobre do que a realidade a que se vai aplicar; ora, para decidir, o intérprete-aplicador usa o conceito para nele subsumir a realidade, de modo a compor a premissa menor do silogismo judiciário[1223].

> Ou seja: a decisão resulta do silogismo judiciário, assim composto; a premissa maior é a norma obtida pela interpretação (p. ex., o contrato de compra e venda tem as seguintes consequências); a premissa menor é o facto relevante devidamente qualificado, isto é, subsumido num conceito (p. ex., A e B celebraram um contrato de compra e venda); decisão: as consequências x aplicam-se a A e B).
> A chave está na premissa menor: uma vez que se possa afirmar que A e B celebraram uma compra e venda, tudo é automático. Mas como chegar a essa conclusão (apenas) pela subsunção?

A decisão é redutora, podendo ignorar elementos fundamentais que, por não caberem no conceito, são erradicados.

Finalmente, o método da inversão[1224]: justamente porque os conceitos são insuficientes, perante a realidade que neles é subsumida, o aplica-

---

[1221] PHILIPP HECK, *Gesetzesauslegung* cit., 238-239; MAX RÜMELIN, *Erlebte wandlungen in Wissenschaft und Lehre* (1930), 50; HEINRICH STOLL, *Methode* cit., 15.

[1222] Sobre toda esta matéria: KARL LARENZ, *Methodenlehre*, 6.ª ed. cit., 19 ss..

[1223] Quanto ao silogismo judiciário: HANS-JOACHIM KOCH/HELMUT RÜSSMANN, *Juristische Begründungslehre/Eine Einführung in Grundprobleme der Rechtswissenschaft* (1982), XI + 383 pp., 14 ss., 31 ss. e *passim*.

[1224] PHILIPP HECK, *Was ist diejenige Begriffsjurisprudenz, die wir bekämpfen?*, DJZ 1909, 1457-1461 (1458 e 1460).

dor vê-se constrangido a introduzir, nos elementos que irão decidir a operacionalidade do conceito, uma premissa não constante: nem da lei (a premissa maior) nem do próprio conceito (a menor).

II. As críticas à jurisprudência dos conceitos, ainda que formuladas com menor clareza, foram tão intensas que se transformaram em lugares-comuns. A jurisprudência dos conceitos tornou-se o bombo da festa (*Prügelknabe*)[1225] das obras gerais: ninguém se reconhecia nela, enquanto o epíteto "conceitualista" ganha uma dimensão pejorativa.

Afigura-se necessário pôr os pés em terra e ter o sentido das proporções. O cinzelamento conceitual é imprescindível para uma boa dogmática e uma correta e previsível Ciência do Direito[1226]. Mas não é suficiente: e aí, a jurisprudência dos interesses também não está isenta de críticas. Em primeiro lugar, cumpre sublinhar a insuficiência do termo "interesse". À partida – e a observação é válida para as línguas latinas, para o alemão e para o inglês – "interesse" é polissémico. Temos:

- um sentido objetivo: o interesse exprime a capacidade que um bem assuma para satisfazer necessidades comprováveis do sujeito; a pessoa tem interesse nos alimentos do dia-a-dia;
- um sentido subjetivo: interesse traduz a relação de apetência que ocorre entre os desejos de uma pessoa e os bens aptos a satisfazê-los; o alcoólico tem interesse na bebida, ainda que, objetivamente, ela só o prejudique;

[1225] JOHANN EDELMANN, *Die Entwicklung der Interessenjurisprudenz/Eine historisch-kritische Studie über die deutsche Rechtsmethodologie vom 18. Jahrhundert bis zum Gegenwart* (1967), 114 pp., 26; a referência à figura do *Prügelknabe*, para enfatizar as críticas repetitivas à jurisprudência dos conceitos, advém de HEINRICH LANGE, *BGB/Allgemeiner Teil, Ein Studienbuch*, 3.ª ed. (1956), 61; trata-se de uma edição antiga; a obra foi continuada por HELMUT KÖHLER, estando disponível a 33.ª ed., de 2009.

[1226] RUDOLF SOHM, *Ueber Begriffsjurisprudenz*, DJZ 1909, 1019-1023 (1021-1023), chamando a atenção para o papel dos conceitos; também relevante: F. VIERHAUS, *Die Freirechtsschule und die heutige Rechtspflege*, DJZ 1909, 1169-1175; a ambos PHILIPP HECK respondeu no já citado *Was ist diejenige Begriffsjurisprudenz, die wir bekämpfen?*, DJZ 1909, 1457-1461. PAUL OERTMANN, *Interesse und Begriff in der Rechtswissenschaft* (1931), 100 pp., sublinha que cabe (re)formular corretamente os conceitos e não substituí-los por interesses; ora OERTMANN foi responsável por grandes progressos jurídico-científicos, com relevo para a invenção da "base do negócio".

– um sentido técnico-jurídico: o interesse traduz a porção da realidade protegida pelo Direito e que, uma vez atingida, dá azo a um dano.

Pergunta-se, agora, que interesses são "causais" e de quê. Os interesses objetivos podem ser ordenados pelo Direito: mas não são bitola de si próprios. Os subjetivos ficam ao cuidado de cada um: o Direito, quando muito, proibirá certas manifestações expressas de "apetência": drogas ou armas, por exemplo. Os interesses técnico-jurídicos (que aparentemente são sufragados por Heck) pressupõem a prévia aplicação do Direito.

Há que estar prevenido relativamente ao impacto vocabular das expressões. Quando se diga que, em Direito, os conceitos não são determinantes; que decisivos, sim, são os interesses, parece ter sido dito algo de muito profundo e rico em consequências. Mas sem o auxílio de todo um complexo jurídico, incluindo o de alguns conceitos, nada teremos avançado: afinal, tudo é interesse e todos têm interesses. Como veremos, a insuficiência da referência a interesses levou à sua evolução para valorações, o que é já algo de totalmente distinto.

IV. Mas se a referência a interesses se afigura insuficiente, outras e mais sérias críticas podem ser movidas à jurisprudência dos interesses. Elas resultam do que já foi dito e que abaixo desenvolveremos, implicando o conhecimento da dogmática efetiva em jogo[1227]. Retemos, todavia:

– descamba numa fuga subjetivista da interpretação; releva, sempre, a vontade do legislador (histórico) na ponderação dos interesses;
– implica um positivismo reforçado: nessa ponderação dos interesses, atende-se às opções do legislador e, nunca, à "Filosofia";
– deixa o intérprete-aplicador desamparado, perante lacunas e conceitos indeterminados.

[1227] Em especial: RUDOLF WIETHÖLTER, *Begriffs- und Interessenjurisprudenz*, FS G. Kegel (1977), 213-263; MANFRED WOLF, *Philipp Heck als Zivilrechtsdogmatiker/Studien zur dogmatischen Umsetzung einer Methodenlehre* (1996), XIV + 323 pp.; MARIETA AUER, *Methodenkritik und Interessenjurisprudenz/Philipp Heck zum 150. Geburtstag*, ZEuP 2008, 517-533.

§ 29.º O dilema: formalismo, positivismo ou irrealismo?

Este último aspeto deve ser precisado. Heck sublinha que o conceito indeterminado implica uma norma de delegação: o legislador habilita o juiz a ponderar, ele próprio, os interesses em presença. Tem razão. Mas em tal eventualidade, o juiz não pode (não deve) decidir arbitrariamente. Para além das estritas ponderações legais de interesses, haverá valores e princípios que asseguram a cientificidade do que o juiz venha a decidir.

Heck foi ainda levado, pela coerência da ponderação dos interesses, a desconsiderar o sistema externo ou sistema de exposição. Podemos ir mais longe: a jurisprudência dos interesses, presa no universo, rico mas unidimensional, da língua alemã, não valoriza os níveis linguísticos. Ora estes são, como hoje sabemos, decisivos.

124. Formalismo e positivismo

I. Transcendendo a querela sectorial da jurisprudência dos conceitos//jurisprudência dos interesses, cabe alargar o campo de ponderação dos vetores em jogo.

As grandes novidades ocorridas no Direito, nos tempos modernos, deram-se no século XIX. Referimos, em especial, o êxito das primeiras codificações, a revolução metodológica de Savigny, o aparecimento, desenvolvimento e decadência da exegese moderna[1228] e da jurisprudência dos conceitos e a divulgação da jurisprudência dos interesses, ambas acima referidas. Outras orientações mais tarde desenvolvidas, tais como o Direito livre[1229], o formalismo neokantiano[1230] ou o psicologismo[1231]

[1228] Recorda-se que exegese desenvolveu-se em torno do Código Napoleão e mercê do fascínio por ele provocado, podendo ser tipificada em quatro fases. Na primeira, – 1804 a 1830 – assiste-se à sua implantação, graças a autores como DELVINCOURT; na segunda, – 1830-1880 – dá-se o seu apogeu, com relevo para AUBRY e RAU, DEMOLOMBE, LAURENT, MARCADÉ e TROPLONG; na terceira, – 1880-1900 – ocorre um declínio, ainda que com tentativas de renovação, cabendo referir BAUDRY-LACANTINERIE, BUFNOIR, HUC e SALEILLES; por fim, uma quarta fase, dita de exegese tardia, com prolongamentos pelo século XX, até hoje, assenta em CAPITANT, MAZEAUD e MAZEAUD, DE PAGE, PLANIOL e RIPERT. Esta persistência explicará o isolamento metodológico francês em relação aos demais países do ocidente europeu. Cabe referir ainda, entre nós, ANTÓNIO CASTANHEIRA NEVES, Escola da exegese, Digesto 2 (1995), 181-201.

[1229] Na origem, OSKAR BÜLOW, Gesetz und Richteramt (1885), XII + 48 pp.. A essa corrente ficou especialmente ligado HERMANN KANTOROWICZ, Der Kampf um die Rechts-

datam do século XIX. Esta profusão explicará porventura, num certo paradoxo, a quietude subsequente: as grandes opções possíveis estavam equacionadas; a evolução posterior limitar-se-ia a repensá-las e a aprofundá-las.

II. A entrada em vigor do Código Civil alemão, em 1900, foi precedida por um surto, rápido mas intenso, de formalismo jurídico. Com a sua elaboração, a ciência oitocentista ficara exangue. Sob a pressão ameaçadora de um positivismo naturalista que parecia não ter limites exteriores ao conhecimento humano, o pensamento jurídico intentou refugiar-se na especulação idealista transcendental. Aproveitando categorias gnoseológicas kantianas, Stammler apela, como bitola, ao "Direito justo", consonante com o "ideal social"; este seria definido como "a ideia de uma forma, incondicionalmente válida, na qual a substância das aspirações sociais condicionadas se acolha ou a ideia de um método geral válido, segundo o qual, como lei fundamental geral e como medida orientadora formal, um querer e exigir jurídico possa ser determinado"[1232]. Repetidamente afirmado como forma[1233], o Direito poderia, afinal, apreender-se e desenvolver-se através dos quadros mentais disponíveis, num apriorismo teorético típico do idealismo.

O formalismo jurídico, nesta aceção, raramente foi assumido com o desassombro stammleriano. Mas ele manteve-se, persistente, graças à subsistência de alguns dos fundamentais quadros neo-kantianos: a separação

---

wissenschaft (1906), 50 pp.; quanto a esse Autor, *vide* KARLHEINZ MUSCHELER, *Hermann Ulrich Kantorowicz/Eine Biographie* (1984), 129 pp., especialmente 29 ss.. Entre nós, *vide* ANTÓNIO CASTANHEIRA NEVES, *Escola do Direito livre*, Digesta 2 (1995), 193-201.

[1230] RUDOLF STAMMLER, *Das Recht der Schuldverhältnisse in seiner allgemeinen Lehren* (1897).

[1231] ERNST RUDOLF BIERLING, *Juristische Prinzipienlehre*, a partir de 1894.

[1232] RUDOLF STAMMLER, *Das Recht der Schuldverhältnisse* cit., 42. A ideia seria retomada e desenvolvida em *Die Lehre von dem richtigen Recht*, 2.ª ed. (1964, reimp.), 140 ss. (143).

[1233] RUDOLF STAMMLER, *Theorie der Rechtswissenschaft* (1911), 113 ss., 291 ss., e *passim*, *Wesen des Rechtes und der Rechtswissenschaft* (1913), 17, 26, 34 ss. e 43 e *Lehrbuch der Rechtsphilosophie*, 3.ª ed. (1928), 55, 65, 98 e *passim*. O formalismo (neo-kantiano) não foi implantado *ex novo* por STAMMLER; ele deriva do próprio KANT, com raízes no fracasso do iluminismo ingénuo anterior e projetando-se, de modo direto, em SAVIGNY, THIBAUT e nos seus seguidores. *Vide* ANTONIO NEGRI, *Alle origini del formalismo giuridico* (1962), 11 ss., 98, 103 e *passim*.

entre o ser e o dever-ser, base de cortes sucessivos e convictos com as realidades transportadas pelos "seres normativos", a contraposição entre Direito e Moral e um isolamento das proposições jurídicas na sua própria estrutura, com desinteresse pelas suas consequências e, num limite tantas vezes alcançado – ainda que contra o posicionamento expresso de Stammler – pelo próprio plano teleológico das normas[1234]. A tendência, ainda hoje flagrante, de difundir exposições jurídicas pejadas de definições abstratas e de conexões amparadas apenas nos conceitos definidores de que provêm ilustra, de modo eloquente, a implantação profunda do formalismo jurídico.

III. As codificações, essencialmente redutoras e simplificadoras, provocam, num primeiro tempo, atitudes positivistas. Trata-se de uma conjunção facilmente demonstrada na França pós-1804, na Alemanha pós-1900, em Portugal pós-1966 e no Brasil pós-2002. As fronteiras do positivismo vão, no entanto, bem mais longe do que o indiciado pelos exegetismos subsequentes às codificações. Os positivismos jurídicos, seja qual for a sua feição, compartilham o postulado básico da recusa de quaisquer "referências metafísicas"[1235]. O universo das "referências metafísicas" – ou "filosóficas" (Heck) – alarga-se com a intensidade do positivismo: são, sucessivamente, afastadas as considerações religiosas, filosóficas e políticas, num movimento que priva, depois, a Ciência do Direito de vários dos seus planos. No limite, cai-se na exegese literal dos textos, situação comum nos autores que consideram intocáveis as fórmulas codificadas. Mas o positivismo novecentista assumiu outras configurações, com relevo para a jurisprudência dos interesses, que exerceu, no espaço lusófono, uma influência quase constante, até aos nossos dias. Vamos retomá-la.

Como vimos, a jurisprudência dos interesses afirmou-se na crítica ao conceptualismo anterior. Os conceitos não poderiam ser causais em relação às soluções que, pretensamente, lhes são imputadas: a causalidade das saídas jurídicas deveria ser procurada nos interesses em presença[1236]. Apa-

---

[1234] Vide quanto a estes diversos aspetos, WOLFGANG FIKENTSCHER, *Methoden des Rechts in vergleichender Darstellung*, III – *Mitteleuropäischer Rechtskreis* (1976), 7 ss., 21 ss. e 39.

[1235] Vide T. TSATSOS, *Zur Problematik des Rechtspositivismus* (1964), 9-11.

[1236] PHILIPP HECK, *Weshalb ein von dem bürgerlichen Rechte gesondertes Handelsprivatrecht?*, AcP 92 (1902), 438-466 (440-441), *Begriffsbildung und Interessenjurispru-*

rentemente promissora, esta posição cedo limitou o alargamento jurídico-científico que veio potenciar. Procurando prevenir a intromissão de qualquer metajuridicismo, a jurisprudência dos interesses acabou por procurar os juízos que, sobre os interesses, fossem formulados pelo próprio legislador[1237]. A limitação à lei e aos seus textos não se faria esperar.

A jurisprudência dos interesses, pela voz de Heck, declarou, de modo reiterado, bater-se em duas frentes: a da jurisprudência dos conceitos e a da doutrina do Direito livre[1238]. Mas o seu grande objetivo residiu antes numa terceira frente: a da Filosofia do Direito, que pretendeu irradicar da aplicação do Direito. E assim foi, quer de modo direto, afirmando a incapacidade das considerações metajurídicas para intervir em casos concretos[1239], quer de modo indireto, através do apelo a "interesses" ou "realidades da vida"[1240]. Reafirmava-se o positivismo, apontado logo nos anos trinta do século XX, por autores como Binder[1241] e recordado por Alexy[1242], no final desse século. A jurisprudência dos interesses tinha, por esta via, um sucesso fácil em perspetiva: ela justificava uma desatenção – quando não ignorância – por temas que extravasassem os limites estreitos do *jus positum*[1243]. Ficava justificado aquilo que, cada vez mais, se desenha como a imensa quebra cultural provocada, nas Ciências Humanas e nas chamadas periferias, nos finais do século XX e que ameaça continuar no século XXI.

---

denz cit., 72 ss., 91 ss. e *passim*, *Das Problem der Rechtsgewinnung*, 2.ª ed. cit., 9 ss. e *Interessenjurisprudenz* cit., 10 ss.. Vide KARL ENGISCH/THOMAS WÜRTENBERGER/DIRK OTTO, *Einführung in das juristische Denken*, 11.ª ed. (2010), 313 ss..

[1237] PHILIPP HECK, *Begriffsbildung* cit., 106, p. ex..

[1238] PHILIPP HECK, *Interessenjurisprudenz und Gesetzestreue*, DJZ 1905, 1140-1142, *Begriffsbildung* cit., 9 e *Die Leugnung der Interessenjurisprudenz durch Hermann Isay*, AcP 137 (1933), 47-65.

[1239] PHILIPP HECK, *Begriffsbildung* cit., 9 e *Rechtsphilosophie und Interessenjurisprudenz*, AcP 143 (1937), 129-196.

[1240] PHILIPP HECK, *Die reine Rechtslehre und die jungösterreichische Schule der Rechtswissenschaft*, AcP 122 (1924), 173-194 (176) e *Interessenjurisprudenz* cit., 12.

[1241] JULIUS BINDER, nas já citadas *Bemerkungen zum Methodenstreit in der Privatrechtswissenschaft*, ZHR 100 (1934), 4-83 (61)

[1242] ROBERT ALEXY, *Begriff und Geltung des Rechts* (1992), 13 ss..

[1243] Quanto à crítica da jurisprudência dos interesses, com indicações *Da boa-fé*, 362 ss., *Evolução juscientífica e Direitos reais*, ROA 1985, 71-112 (81 ss., nota 28) e *Ciência do Direito e Metodologia jurídica nos finais do século XX*, 1989, acima citada, cujos termos agora atualizamos.

§ 29.º O dilema: formalismo, positivismo ou irrealismo? 447

IV. O formalismo e o positivismo, apresentados, respetivamente, como o predomínio de estruturas gnoseológicas de tipo neokantiano e como a recusa, na Ciência do Direito, de considerações não estritamente jurídico-positivas, constituem o grande lastro metodológico do século XX.

No fundo, afloram aqui duas grandes cepas do pensamento jurídico moderno e contemporâneo: o jusracionalismo, ele próprio manifestação exacerbada do jusnaturalismo tradicional e o cientismo, transposição para as humanísticas das posturas intelectivas desenvolvidas perante as Ciências da Natureza.

Este lastro, a sua apreciação crítica e as subsequentes tentativas de superação condicionaram todo o pensamento jurídico do final do século XX, numa situação que se prolonga pelo presente século XXI.

125. Críticas

I. A crítica a um postulado jurídico-científico tem, subjacente, a afirmação de um postulado de natureza diversa. Não obstante, tratando-se do formalismo e do positivismo, podem ser adiantadas observações que, por compartilhadas, hoje, pelos diversos quadrantes do pensamento jurídico, devem considerar-se sedimentadas.

O formalismo assenta numa gnoseologia pouco consentânea com os dados atuais da antropologia e da própria teoria do conhecimento. Na realidade, o conhecimento *a priori* tem sempre, subjacente, quadros mentais comunicados do exterior e, como tal, mutáveis, falíveis e sujeitos à crítica. Porventura mais importante do que a própria valoração filosófica global do formalismo é o concreto apontar das suas insuficiências, quando transposto para o domínio jurídico.

> O formalismo stammleriano tem sido criticado por duas grandes linhas do pensamento jurídico-filosófico do século XX: o neo-hegelianismo de Binder, Erich Kaufmann e Larenz e o próprio neo-kantismo tardio sudocidental alemão, com tónica em Rickert, Lask e Radbruch. O neo-hegelianismo jurídico correspondeu ao influxo, no Direito, de uma evolução geral do pensamento filosófico, encarado como via para a superação de um neokantismo que havia esgotado as potencialidades do seu discurso[1244].

[1244] A esse propósito, *vide* os clássicos HEINRICH SCHOLZ, *Die Bedeutung der Hegelschen Philosophie für das philosophische Denken der Gegenwart* (1921), 3 ss., 24 ss. e

No campo jurídico-filosófico, o neo-hegelianismo também se impôs por superação – mais do que por negação – do neokantismo. Num aspeto relevante e hoje quase esquecido, os primeiros críticos de fundo a Stammler foram-no ainda, num prisma neokantiano: assim as observações de Julius Binder (então na sua fase pré-hegeliana)[1245], retomadas com clareza por Erich Kaufmann[1246], de que os conceitos stammlerianos puros são o resultado de uma abstração generalizante a partir da realidade jurídica empírica e não se impõem como conceitos categoriais aprioristicos, no sentido de Kant. Prosseguindo na via hegelianizante, Julius Binder, enfocando, do Direito justo stammleriano, uma aderência à jurídico-positividade em termos meramente teorético-abstratos, acaba por intentar a superação:

> (...) é justa a norma jurídica que corresponda ao sentimento de justiça de alguém

e

> (...) a tarefa da pessoa pensante só pode estar em subir da subjetividade do sentimento à objetividade da razão, do sentimento, da ideia[1247].

Erich Kaufmann, por seu turno, faz um diagnóstico correto do formalismo neokantiano e das suas consequências na Ciência do Direito:

> Mostra-se, no neokantismo, o destino do racionalismo formal que só pode levar a resultados através de empréstimos do empirismo, através de captações de conteúdos, portanto, através de hipostasiações inconscientes de dados empíricos para realidades metafísicas ou através de substituições psicológicas e sociológicas das suas formas puras[1248].

Questionando, de modo repetido, o formalismo e a inútil e complicante contraposição entre forma e conteúdo[1249], Erich Kaufmann procede a

---

37 ss., HEINRICH LEVY, *Die Hegel-Renaissance in der deutschen Philosophie* (1927), 5, 17 ss. e 30 ss. e ERICH KAUFMANN, *Hegels Rechtsphilosophie* (1931) = *Gesammelte Scriften*, 3, *Rechtsidee und Recht* (1960), 285-296 (289).

[1245] JULIUS BINDER, *Rechtsbegriff und Rechtsidee/Bemerkungen zur Rechtsphilosophie Rudolf Stammlers* (1915), V ss. e *passim*.

[1246] ERICH KAUFMANN, *Kritik der neukantischen Rechtsphilosophie/Eine Betrachtung über die Beziehung zwischen Philosophie und Rechtswissenschaft* (1921), 11.

[1247] JULIUS BINDER, *Philosophie des Rechts* (1925), 779 e 782.

[1248] ERICH KAUFMANN, *Kritik der neukantischen Rechtsphilosophie* cit., 10-11.

[1249] ERICH KAUFMANN, *Kritik* cit., 7, 9, 14, 16, 18, 45 e 98-99.

§ 29.° O dilema: formalismo, positivismo ou irrealismo?

uma admirável superação hegeliana do formalismo neokantiano. Diz ele:

> Nem o seu (de Stammler) "ideal social" nem os seus "princípios do Direito justo" bastam, no seu formalismo abstrato, para resolver esta questão aguda do Direito privado (...) Stammler está em erro sobre o fundamento verdadeiro das decisões dadas por ele com o mais fino tato jurídico: este não está (...) numa sobreavaliação do geral-abstrato, mas antes na concretização da relação jurídica especial[1250].

Propõe-se, assim, a utilização do conceito geral-concreto hegeliano. Finalmente, Larenz, numa primeira e mais filosófica parte da sua obra imensa, intenta, em reação perante a esterilidade do pensamento anterior, tirar partido, na Filosofia e na Ciência do Direito, das ideias básicas de Hegel. Com efeito, pode apontar-se, no discurso de Larenz, a manutenção do idealismo mas em termos críticos, a opção por desenvolvimentos e investigações centrados em institutos concretos e o avançar, com recurso a um pensamento ondulado, à imagem da dialética hegeliana[1251].

O neokantismo sudocidental alemão intentou também uma revisão crítica do formalismo stammleriano. Para tanto, movimentou-se, particularmente, em duas diretrizes: a da colocação cultural do Direito[1252] e a da necessidade da complementação dos esquemas formais com valores ou outras referências[1253]. Desta forma, ficaram abertas as portas para a ulterior "jurisprudência das valorações"; não obstante, a manutenção dos quadros gnoseológicos formais[1254] deixaria aberta a via para o irrealismo metodológico.

[1250] E. KAUFMANN, *Das Wesen des Völkerrechts und die clausula rebus sic stantibus/ /Rechtsphilosophische Studie zum Rechts-, Staats- und Vertragsbegriffe* (1911), 206-207.

[1251] KARL LARENZ, *Hegels Zurechnungslehre und der Begriff der objektiven Zurechnung/Ein Beitrag zur Rechtsphilosophie der kritischen Idealismus und zur Lehre von der "juristischen Kausalität"*, V ss., *Das Problem der Rechtsgeltung* (1929), 30 ss. e *Hegels Begriff der Philosophie und der Rechtsphilosophie*, em BINDER/BUSSE/LARENZ, *Einführung in Hegels Rechtsphilosophie* (1931), 5-29.

[1252] HEINRICH RICKERT, *Kulturwissenschaft und Naturwissenschaft*, 2.ª ed. (1910), 5 ss. e 139 ss., e *Die probleme der Geschichtsphilosophie/Eine Einführung*, 3.ª ed. (1924), EMIL LASK, *Rechtsphilosophie*, em *Gesammelte Schriften*, 1 (1923), publ. EUGEN HERRIGER, 275-331 (309) e GUSTAV RADBRUCH, *Grundzüge der Rechtsphilosophie* (1914), 184 ss..

[1253] HEINRICH RICKERT, *Die Probleme*, 3.ª ed. cit., EMIL LASK, *Rechtsphiosophie* cit., 313 ss. e GUSTAV RADBRUCH, *Grundzuge* cit., 84 ss..

[1254] P. ex., HEINRICH RICKERT, *Der Gegenstand der Erkenntnis/Einführung in die Tranzendentalphilosophie*, 6.ª ed. (1928), 69, e *passim*.

II. O primeiro óbice que se opõe ao formalismo reside na natureza histórico-cultural do Direito. Numa conquista da escola histórica contra o jusracionalismo antecedente, sabe-se que o Direito pertence a uma categoria de realidades dadas por paulatina evolução das sociedades. Como temos vindo a sublinhar, a sua configuração apresenta-se, pelo menos no atual estádio dos conhecimentos humanos, como o produto de uma inabarcável complexidade causal que impossibilita, por completo, explicações integralmente lógicas ou racionais. Assim sendo, o Direito deve ser conhecido de modo direto, tal como se apresenta.

O segundo obstáculo reside na incapacidade do formalismo, perante a riqueza dos casos concretos. Na verdade, todas as construções formais assentam num discurso de grande abstração, marcado pela extrema redução das suas proposições. Quando invocadas para resolver casos concretos, tais proposições mostram-se insuficientes: elas não comportam os elementos que lhes facultem acompanhar a diversidade de ocorrências e, daí de soluções diferenciadas.

III. O positivismo[1255], por seu turno, soçobra em quatro aspetos decisivos, todos eles reconhecidos. Em primeiro lugar, um positivismo cabal não admite – não pode admitir – a presença de lacunas[1256]. E quando,

---

[1255] Tem-se em vista, naturalmente, a noção de positivismo acima firmada e equivalente à recusa, no Direito, da intromissão de elementos de tipo "filosófico"; tal noção é, aliás, comum. Uma noção mais estrita, que reconduz o positivismo ao "positivismo dogmático" subsequente a THIBAUT, pode ser confrontada em DIETRICH TRIPP, *Der Einfluss der naturwissenschaftlichen, philosophischen und historischen Positivismus auf die deutsche Rechtslehre im 19. Jahrhundert* (1983), 168 ss. e 286., sendo viáveis outras noções – além do próprio TRIPP, vide, p. ex., LAWRENCE M. FRIEDMANN, *Das Rechtssystem im Blickfeld der Sozialwissenschaften* (1981, versão alemã), 259 ss.. Não obstante, os resultados obtidos pelos "positivismos não-dogmáticos" permitem generalizar a crítica figurada no texto. Na verdade, não se joga uma questão de qualificação, mas de própria validade das decisões. Estas não podem ser limitadas à estrutura formal-abstrata das fontes, demasiado estrita perante a vida do Direito; vide STEFAN HAMMER, *Geltung und diskursive Legitimität/Zur institutionellen Abhängigkeit der Geltungsbegriffs*, em *Rechtsgeltung*, publ. CSABA VARGA/OTA WEINBERGER, ARSP EH 27 (1986), 37-50.

[1256] KARL BERGBOHM, *Jurisprudenz und Rechtsphilosophie*, 1 (1892), 371 e 373. Fórmula similar equivale a admitir lacunas, mas afirmando que elas terão sempre a sua integração perante o sistema; vide HERMANN HEITMANN, *Die Stellung der Interessenjurisprudenz innerhalb der Geschichte der juristischen Methodenlehre* (1936), 21 ss. (25).

§ 29.º O dilema: formalismo, positivismo ou irrealismo?   451

levado pela evidência, acabe por aceitá-las, não apresenta, para elas, qualquer solução material[1257]: a integração da lacuna – operação que, por excelência, exige o contributo máximo da Ciência do Direito – realizar-se-á, pois, à margem do pensamento jurídico.

Um tanto na mesma linha, verifica-se, depois, que o positivismo não tem meios para lidar com conceitos indeterminados, com normas em branco e, em geral, com proposições carecidas de preenchimento com valorações: estas realidades, cada vez mais difundidas e utilizadas nos diversos sectores do ordenamento, carecem, na verdade, de um tratamento que, por vezes, tem muito em comum com a integração das lacunas[1258]. E tal como nesta, também naquelas o *jus positum* pode não oferecer soluções operativas: o positivismo cairá, então, no arbítrio do julgador[1259].

Muito importante, na crítica ao positivismo, é a sua inoperacionalidade em situações de contradições de princípios. A possibilidade de tais contradições, há muito presente em Karl Engisch[1260], por exemplo, encontra-se equacionada, exemplarmente, por Claus-Wilhelm Canaris[1261], numa esquematização que não oferece dúvidas ou dificuldades. Ora, a postura metodológica juspositiva não pode, perante o fenómeno, senão negá-lo, ignorá-lo ou remeter a sua solução para os acasos das decisões subjetivas.

[1257] Torna-se exemplar, a tal propósito, a posição de PHILIPP HECK; num caso concreto, pode faltar uma lei que indique uma solução, ainda que por efeito remoto; há, então, que recorrer à analogia, mesmo que de Direito; e "quando falhem os juízos de valor legais, então podem vir em consideração os juízos de valor dominantes na comunidade jurídica e o próprio juízo de valor do juiz". Vide PHILIPP HECK, *Gesetzesauslegung* cit., 230 e 238. A importância dada pela jurisprudência dos interesses às lacunas e à sua integração, num relevo que foi, na altura, bem entendido – OSKAR RIEDEL, *Rechtslücken and Rechtsschöpfung/Ein Beitrag zur der Lükcenlehre* (1933), 58 ss. – e que se tornava ainda maior pelo papel dado aos denominados "conceitos de delegação" através dos quais o legislador, abdicando de decisões sobre os interesses em presença, remete para o juiz a sua formulação – cf. PHILIPP HECK, *Rechtsgewinnung*, 2.ª ed. cit., 5, *Begriffsbildung* cit., 91 e 109, *Grundriss der Schuldrechts* (1929, reimp. 1958), 13 e 19 e *Die Interessenjurisprudenz und ihre neuen Gegner*, AcP 142 (1936), 129-202 e 297-332 (316) – foi, pois, muito além dos resultados obtidos no domínio das técnicas da sua integração.

[1258] Assim, *vide* as referências de HECK aos "conceitos de delegação" citadas na nota anterior.

[1259] Vide supra, 439.

[1260] KARL ENGISCH, *Die Einheit der Rechtsordnung* (1935), 64.

[1261] CLAUS-WILHELM CANARIS, *Pensamento sistemático* cit., 204 ss. e *passim*.

Finalmente, o jurídico-positivismo detém-se perante a questão complexa mas inevitável das normas injustas. Desde logo, a ideia de "injustiça" de uma norma regularmente produzida é de difícil – quiçá impossível – representação para as orientações que, do *jus positum*, tenham uma conceção autossuficiente: falece uma bitola que viabilize o juízo de "injustiça". De seguida, falta, ao positivismo, a capacidade para, perante injustiças ou inconveniências graves no Direito vigente, apontar soluções alternativas.

IV. As críticas acima alinhadas contra o formalismo e o positivismo constatam, no fundo, a insuficiência de ambas essas posturas perante as necessidades da efetiva realização do Direito. Esta, contudo, não se detém: obrigado, pela proibição do *non liquet*, a decidir, o julgador encontrará sempre uma qualquer solução, mesmo havendo lacuna, conceito indeterminado, contradição de princípios ou injustiça grave. Munido, porém, de instrumentação meramente formal ou positiva, o julgador terá de procurar, noutras latitudes, as bases da decisão. A experiência, a sensibilidade, certos elementos extrapositivos e, no limite, o arbítrio do subjetivo, serão utilizados. Dos múltiplos inconvenientes daqui emergentes, dois sobressaem: por um lado, a fundamentação que se apresente será aparente: as verdadeiras razões da decisão, estranhas aos níveis jurídico-positivos da linguagem, não transparecem na decisão, inviabilizando o seu controlo; por outro, o autêntico e último processo de realização do Direito escapa à Ciência dos juristas: a decisão concreta é fruto, afinal, não da Ciência do Direito, mas de fatores desconhecidos para ela, comprometendo, com gravidade, a previsibilidade, a seriedade e a própria justiça de decisão.

Num paradoxo aparente em que as humanísticas são pródigas: o formalismo e o positivismo, tantas vezes preconizados em nome da segurança do Direito acabam por surgir como importantes fatores de insegurança.

126. O irrealismo metodológico

I. O Direito é um modo de resolver casos concretos. Assim sendo, ele sempre teve uma particular aptidão para aderir à realidade: mesmo quando desamparado pela reflexão dos juristas, o Direito foi, ao longo da História, procurando as soluções possíveis. A preocupação harmonizadora dos jurisprudentes romanos permitiu um passo da maior importância, que não mais se perderia: a procura incessante de regras predeterminadas ou predetermináveis para a resolução dos problemas. Assim, do Direito, se fez uma Ciência.

A meditação sobre as bases, os fundamentos, a justificação e a forma de operar da Ciência do Direito – portanto, de algum modo, o nível filosófico e metodológico do Direito – acompanhou, durante boa parte do seu percurso milenário, toda a Filosofia das Ciências Humanas.

II. A situação descrita veio a alterar-se. Designadamente com Savigny e a escola histórica, procedeu-se à confeção de um método puramente jurídico[1262]. Esse método, que era suposto corresponder a um discurso sobre o processo de realização do Direito vai, ele próprio, tornar-se objeto de novos discursos.

Ou seja, num fenómeno que a moderna Filosofia da Linguagem bem permite isolar, pode considerar-se que a autonomização metodológica do Direito comportou um preço: o do aparecimento de um metadiscurso que, por objeto, tem não já o Direito, mas o próprio discurso sobre o Direito. Surge, então, uma metalinguagem, com metaconceitos e toda, uma sequência abstrata que acaba por não ter já contacto com a resolução dos casos concretos[1263].

III. A resposta metodológica à crise aberta pelo desabar das grandes construções formalistas e positivistas seguiu caminhos diversificados, abaixo aludidos. Tais caminhos elevaram-se, porém, a metadiscursos jurídicos: simples discursos sobre um já esgotado discurso metodológico. Dominados pelas categorias interpretativas savignyanas e pelo funcionalismo tardio de Heck, eles perderam o contacto com a solução dos casos concretos. No Direito privado, o fenómeno pode ser equacionado com a afirmação de que – e, pelo menos, até há pouco tempo – e desde a já mais do que centenária jurisprudência dos interesses, não há qualquer influxo

---

[1262] Subjacente a esta posição está o conhecido e neokantiano esquema da formação intuitiva dos conceitos, a partir das instituições históricas. Mais longe, há que procurar raízes no jusracionalismo e no *cogito* cartesiano.
[1263] *Vide* FRITHOF HAFT, *Juristische Rethorik*, 8.ª ed. (2009), 95 ss. e *passim*.

do discurso metodológico sobre o próprio Direito[1264]. Domina o irrealismo metodológico[1265].

IV. O irrealismo metodológico, enquanto fenómeno histórico-cultural devidamente situado, emerge de uma complexidade causal de análise difícil. Como foi dito, ele tem, na base, a incapacidade demonstrada pelos esquemas formalistas tradicionais e pelo positivismo em acompanhar as novas necessidades enfrentadas pelo Direito. Mas tal fator, já de si importante, viu o seu influxo multiplicado pela especialização dos juristas.

No período do Direito comum, os diversos ramos jurídico-normativos eram cultivados pela generalidade dos juristas. A evolução subsequente implicou um desenvolvimento sem precedentes, em termos quantitativos, do material requerido para a solução de casos concretos. A multiplicação das fontes, da doutrina e da jurisprudência e a própria complexização das situações vocacionadas para a intervenção do Direito, atingiram, ao longo do século XX, uma proporção que inviabiliza qualquer controlo alargado, realizado por uma única pessoa.

A especialização fez, então, uma aparição intensiva, começando, em pouco tempo, a revelar efeitos profundos. Fraturas culturais acusam uma presença crescente. Num primeiro tempo, este fenómeno, inicialmente pouco patente, veio conduzir, por exemplo, o Direito privado, o Direito administrativo e o Direito penal, para vias culturais diferentes; a Metodologia e a Filosofia do Direito eram cultivadas, independentemente, por

---

[1264] Esta situação, ainda que não desenvolvida, tem sido sugerida por diversos autores. Assim, HANS-MARTIN PAWLOWSKI, *Gedanken zur Methode der Gesetzesauslegung*, AcP 160 (1961), 209-237 (210-211), REIMER SCHMIDT, *Die Bedeutung der Entwicklung von Wirtschaft und Wirtschaftsrecht für das klassische Privatrecht/Eine Skizze*, FS Nipperdey I (1965) e KARL LARENZ, *Methodenlehre der Rechtswissenschaft*, 6.ª ed. (2005), 57-58, 687-699. Na verdade, os Autores mencionaram a influência da jurisprudência dos interesses; mas a partir dela, não há nada mais a registar.

[1265] A demonstração cabal desta afirmação exige uma investigação dogmática que siga a evolução de um instituto marcadamente sensível às flutuações metodológicas subjacentes; quando se verifique que tal instituto revela, a partir de certo estádio, uma total insensibilidade ao discurso metodológico, ao ponto de os próprios autores que defendem certas orientações de base, se mostrarem incapazes de proceder, no instituto em causa, a qualquer aplicação, há que concluir: o discurso metodológico é, na realidade, um metadiscurso irreal. Intentou-se proceder a essa investigação em *Da boa-fé*; *vide*, aí e em especial, 395 ss..

juristas dogmáticos de qualquer desses domínios. Depois foi-se mais longe. Os próprios níveis metodológicos e filosóficos sofreram os influxos da especialização: vieram a ser aprofundados por estudiosos que, do Direito, não tinham já qualquer valência efetiva. Por seu turno, o círculo fechou-se quando os desenvolvimentos metodológicos e filosóficos atingiram uma dimensão de profundidade e hermetismo tais que se tornaram inacessíveis aos não-iniciados. Qualquer jurista prático que folheie uma "metodologia" poderá confirmá-lo: há algumas (e excelentes) em língua portuguesa, nas quais falta o plano dogmático.

V. O irrealismo metodológico veio, pelos fatores genéticos apontados e, ainda, pela especialização dos juristas, a atingir proporções consideráveis. Um metadiscurso inacessível para os juristas comuns e sem preocupações jurídico-positivas contracenava com uma Ciência Jurídica estiolada ao nível da vetusta jurisprudência dos interesses.

A evolução do Direito, comandada por oscilações ambientais nunca repetidas, colocava os juristas perante situações desconhecidas, que requeriam soluções.

Tal o dilema da Ciência do Direito: perante problemas novos, ou se intensifica um metadiscurso metodológico irreal, inaplicável a questões concretas e logo indiferente ao Direito, ou se pratica um formalismo ou um positivismo de recurso. Em qualquer dos casos, as soluções são ora inadequadas ora assentes em fundamentações aparentes, escapando ao controlo da Ciência do Direito.

§ 30.° OS SORTILÉGIOS DO PÓS-GUERRA FRIA

127. Do neonaturalismo à perda dos grandes sistemas

I. No rescaldo do esquecimento dos grandes sistemas jurídico-filosóficos, o pensamento do Direito deteve-se perante o dilema positivismo-irrealismo metodológico. Algumas pontes foram, contudo, conservadas: o Direito efetivo manteve certa atenção junto dos metadiscursos metodológicos, esforçando-se, ainda que com muita moderação, por captar algumas das mais impressivas diretrizes por eles elaboradas.

A partir da década de oitenta do século XX, embora com raízes anteriores, pode falar-se em discursos metodológico-dogmáticos que intentaram quebrar o dilema. Tais discursos exprimem o resultado de percursos longos, por vezes complexos, abaixo esquematizados e que se podem considerar como produtos evoluídos, respetivamente, das tradições positivistas, formalistas e sistemáticas. São possíveis novas sínteses, que à crítica compete avaliar.

II. Impõe-se, antes de mais, um conspecto geral da panorâmica metodológica do pós-guerra fria, isto é, subsequente aos anos oitenta do século XX. Como pano de fundo, pode falar-se no abandono das grandes construções jurídico-filosóficas. Para tanto, contribuíram fatores variados mas convergentes: um certo nihilismo correspondente à queda do Direito natural[1266],

---

[1266] MOTOTSUGO NISHINO, *Ein Versuch zur Rekonstruktion der Rechtsontologie*, em *East und West/Legal Philosophie in Japan*, ARSP BH 30 (1987), 130-138 (330) e FRANZ HORNER, *Die neuscholastische Naturrechtslehre: Möglichkeiten und Grenzen*, em *Woraus kann man sich noch berufen? Dauer und Wandel von Normen im Umbruchszeiten*, ARSP BH 29 (1987), 19-33. O Direito natural conhecera um surto, depois da Segunda Guerra Mundial e em reação aos barbarismos então ocorridos. Passada uma geração, ficou a História.

um relativismo extremo no tocante à Moral[1267], um agnosticismo crítico contrário a quaisquer tomadas de posições e, porventura, uma progressiva assimilação da natureza histórico-cultural do Direito, agora entendida como base de um novo humanismo, fonte autónoma de soluções[1268]. Tem--se, de facto, vindo a assentar na coexistência, no domínio jurídico, de múltiplas camadas normativas, surgidas em obediência a variáveis muito diversificadas. Assim sucede, como foi visto, com o Direito civil no seu todo, através da classificação germânica: ao *ius romanum* (obrigações e reais) soma-se o Direito comum canónico-medieval (família e sucessões) e o Direito do racionalismo (parte geral)[1269].

O esbatimento das grandes construções jurídico-filosóficas deu lugar a um ecletismo redutor: perante os diversos problemas, todas as correntes do pensamento são, em princípio, chamadas a depor. Tal postura só é possível à custa de uma simplificação das doutrinas, com custos evidentes para a sua profundidade.

A redução das ideias, a uns quantos brocardos surge, ao lado do abandono das grandes construções, como um fator genético da panorâmica metodológica do pós-guerra fria. Pouco assumida, ela tem sido, no entanto, justificada com a autonomia da Metodologia jurídica perante a Filosofia[1270] e, dentro da própria Metodologia, com o apelo a uma especialização por áreas diferenciadas como a lógica deôntica, a hermenêutica, a semântica ou a informática[1271]. Em termos muito gerais, pode considerar-se

---

[1267] PETER KOLLER, *Über Sinnfälligkeit und Grenzen des moralischen Relativismus*, ARSP BH 29 (1987), 55-70; em "tempos cínicos" fala, a tal propósito, ILMAR TAMMELO, *Zur Philosophie der Gerechtigkeit* (1982), 135; a relatividade histórica e o relativismo da cultura e dos conceitos são enfocados em ROLF ZIMMERMANN, *Wahrheit – Sinndeutung – Kritik/Eine Elementare Positionsbestimmung zur Philosophie der Sozialwissenschaften*, ARSP LXXII (1986), 1-20. Acima referimos o ressurgimento de uma nova Moral, implacável, em torno da ideia de politicamente correto.

[1268] O relativismo e o irracionalismo subjacentes surgiam já, de algum modo, na segunda fase de JHERING – vide DIETRICH TRIPP, *Der Einfluss des naturwissenschaftlichen, philosophischen und historischen Positivismus* cit., 257 ss., que, por isso, fala em "falso positivismo"; a evolução então iniciada conduziu, porém, tão-só, a um encurtar do horizonte operativo posto à disposição da Ciência do Direito, através do positivismo subsequente.

[1269] *Supra*, 86 ss..

[1270] GÖRG HAVERKATE, *Gewissheitsverluste im juristischen Denken/Zur politischen Funktion der juristischen Methode* (1977), 12.

[1271] G. ZACCARIA, *Deutsche und italienische Tendenzen in der neueren Rechtsmethodologie*, ARSP LXXII (1986), 291-314 (291).

que a simplificação redutora referenciada potencia novas sínteses. Mas abre sempre as portas a um empobrecimento cultural, com perdas evidentes para o conhecimento da realidade.

III. A jurisprudência dos interesses reduzira, em extremo, as referências atendíveis, para efeitos de resolução de casos jurídicos. A coberto de um apelo à "realidade da vida", tudo quanto extravasasse os juízos do legislador era rejeitado ou esquecido.

Só bastante mais tarde, num esforço constante, se procedeu a um alargamento paulatino dos elementos relevantes para o decidir jurídico. Três notas podem, nesse particular, ser salientadas: os apelos ao racionalismo, à Moral e à Política.

O racionalismo – agora não entendido apenas como um conhecimento pela razão, mas antes como um progredir metódico, norteado por regras[1272] – vai facultar uma recuperação de elementos para o processo de realização do Direito[1273]; a própria crítica histórica, sempre de base racional, a tanto conduz[1274], sendo certo que, em qualquer circunstância, o ponto de vista racional é sempre ponderado[1275].

A Moral, apesar de todo o relativismo que nela se queira introduzir, existe e condiciona a vida que o Direito legitima; além disso, sublinha-se hoje que alguns dos seus princípios são objetivamente demonstráveis[1276], com ganhos evidentes, para uma interpenetração com certos níveis jurídi-

---

[1272] Portanto uma *Verfahrensrationalität* e não, tão-só, um *Vernunfterkenntnis*; vide RUDOLF STRANZINGER, *Rationalitätskriterien für Gerechtigkeit*, ARSP BH 29 (1987), 101--129 e JAN M. BROEKMAN, *Die Rationalität des juristischen Diskurses*, em WERNER KRAWIETZ/ROBERT ALEXY, *Metatheorie juristischer Argumentation* (1987), 89-125 (113-114).

[1273] Vide, p. ex., os conhecidos contributos de KARL R. POPPER sobre probabilidades e verosimilhança – *Logik der Forschung* (1982, 1.ª ed., 1935), 144 ss. – ou sobre a teoria racional da tradição – *Conjectures and Refutations: the Grouth of Scientific Knowledge* (1965), 120 ss..

[1274] Ainda de KARL POPPER, recorde-se *Das Elend des Historizismus*, 2.ª ed. (1969) e, naturalmente, *Die offene Gesellschaft und ihre Feinde*, 6.ª ed. (1980).

[1275] CHRISTOPH VON METTENHEIM, *Recht und Rationalität* (1984), 62 ss., GÖRG HAVERKATE, *Gewissheitsverluste im juristischen Denken* cit., 33 ss., ARTHUR KAUFMANN, *Über die Wissenschaftlichkeit der Rechtswissenschaft*, ARSP LXXII (1986), 425-442 (425 ss.) e STRANZINGER, *Rationalitätskriterien für Gerechtigkeit* cit., 116 ss..

[1276] OTA WEINBERGER, *Freiheit und die Trennung von Recht und Moral*, ARSP BH 29 (1987), 154-166.

cos de decisão. O tema, já visto quanto às distinções entre Direito e Moral, será abaixo retomado, a propósito da jurisprudência ética[1277].

A Política, por fim, no sentido nobre do termo, sem propriamente instrumentalizar o Direito, na linha das leituras radicais[1278], permite conhecer mais profundamente o método jurídico, no qual sempre aflora[1279]; intervém no processo de formação das leis[1280] e recorda a presença, ao lado de um esquema teorético de normas jurídicas, de "normas sociais" nem sempre, com ele, concordantes[1281].

O alargamento potenciado por estes fatores – aliás apenas exemplificativos – rasgaria novos horizontes dogmáticos.

IV. No alargamento progressivo dos dados sujeitos a tratamento jurídico, teve peso a denominada jurisprudência das valorações. Na sua base encontra-se a insatisfação causada pela manutenção tardia da jurisprudência dos interesses e, em geral, do positivismo jurídico. O influxo da Filosofia dos valores, presente, aliás, no neokantismo[1282], permitiu uma trans-

---

[1277] *Supra*, 56 ss. e *infra*, 461 ss., respetivamente.

[1278] Refira-se a obra *Materialismus und Idealismus im Rechtsdenken/Geschichte und Gegenwart*, publ. KARL A. MOLLNAN, ARSP BH 31 (1987), onde se pode seguir o estado da questão na ex-República Democrática Alemã e, aí, em especial, LOTHAR LOTZE, *Das Recht als Instrument*, 162-167 e WERNER MAIHOFER, *Idealismus und Materialismus im Rechtsdenken der Gegenwart*, 185-195.

[1279] GÖRG HAVERKATE, *Gewissheitsverluste im juristischen Denken* cit., 55 ss., VON METTENHEIM, *Recht und Rationalität* cit., 64 e 86, com particular referência a POPPER e HORST ZINKE, *Die Erkenntniswert politischer Argumente in der Anwendung und wissenschaftlichen Darstellung der Zivilrechts/Eine Untersuchung zur Bedeutung der "Kritischen Theorie" für die Jurisprudenz* (1982), 24 ss..

[1280] No qual participam disciplinas diversificadas como o constitucionalismo, a teoria do Direito, a Filosofia, a Sociologia, a Ciência Política, a Economia e as Finanças; cf. HERMANN HILL, *Einführung in die Gesetzgebungslehre*, Jura 1986, 57-67 (57) e *Rechtsdogmatische Probleme der Gesetzgebung*, Jura 1986, 286-296.

[1281] PAUL TRAPPE, *Prozesse der Macht in der pluralistischen Demokratie*, ARSP BH 29 (1987), 142-153 e KARL-JÜRGEN BIEBACK, *Inhalt und Funktion des Sozialstaatsprinzips*, Jura 1987, 229-237 (237).

[1282] A referência a "valores" logo recorda a contraposição, de raiz kantiana, entre o "ser" e o "dever-ser" – HEINRICH RICKERT, *Der Gegenstand der Erkenntnis* cit., 214; além disso, ela é comum na literatura mais característica da primeira parte do século XX – GUSTAV RADBRUCH, *Grundzüge* cit., 84 ss., EMIL LASK, *Rechtsphilosophie* cit., 281 e HEINRICH RICKERT, *Geschichtsphilosophie*, 3.ª ed. cit., 115. *Vide* ROBERT REININGER, *Wertphilosophie*

posição: a uma ponderação de interesses, causalmente considerados pelo legislador, contrapõe-se um sopesar de valores[1283]; a solução final não poderia, numa clara tradição heckiana, ser o produto de qualificações conceituais, antes advindo do peso relativo dos valores subjacentes[1284]. Deve aliás afirmar-se, com frontalidade, que o apelo muito comum, feito na literatura do segundo pós-guerra, à "jurisprudência das valorações", considerada mesmo dominante nalguma doutrina, não tem suscitado estudos cuidados minimamente compatíveis com essa afirmação[1285]. No fundo, jogou-se uma reconversão linguística de grandes dimensões que, à custa da precisão das palavras, intentou compor uma imagem não positivista de uma jurisprudência envelhecida. Partindo de uma certa preocupação em alargar as bitolas de ponderação de interesses[1286], – incluindo, de novo, o recurso ao sistema e aos conceitos[1287] – a jurisprudência das valorações,

---

und Ethik, 2.ª ed. (1946), 143 ss. e KARL ENGISCH/THOMAS WÜRTENBERGER/DIRK OTTO, *Einführung in das juristische Denken*, 11.ª ed. cit., 198 ss..

[1283] ADALBERT PODLECH, *Wertungen und Werte im Recht*, AöR 95 (1970), 185-223 (185 ss., 196 e *passim*); KARL LARENZ, *Methodenlehre*, 6.ª ed. cit., 119 ss. e 214 ss.; WOLFGANG FIKENTSCHER, *Methoden des Rechts in vergleichender Darstellung*, III – *Mitteleuropäischer Rechtskreis* (1976), 307 ss. e IV – *Dogmatischer Teil* (1977), 381 ss.; HANS HATTENHAUER, *Die geistesgeschichtlichen Grundlagen der deutschen Rechts* (1987), 183 ss. e JENS PETERSEN, *Von der Interessenjurisprudenz zur Wertungsjurisprudenz/Dargestellt an Beispielen aus dem deutschen Privatrecht* (2002), XI + 101 pp., 7-8, fazendo, de seguida, uma série de aplicações.

[1284] HARRY WESTERMANN, *Wesen und Grenzen der richterlichen Streitentscheidung im Zivilrecht* (1955), 12 ss. e HEINRICH KRONSTEIN, *Rechtsauslegung im wertgebundenen Recht* (1957), 26 s..

[1285] ERNST MEYER, *Grundzüge einer systemorientierten Wertungsjurisprudenz* (1984), 5. Quanto à difusão da jurisprudência das valorações, RENÉ A. RHINOW, *Rechtssetzung und Methodik* (1979), 26 ss..

[1286] Assim: HELMUT COING, *System, Geschichte und Interesse in der Privatrechtswissenschaft*, JZ 1951, 41-485 (483 e 485); HEINRICH HUBMANN, *Grundsätze der Interessenabwägung*, AcP 155 (1956), 85-134 (97 ss.) e *Wertung und Abwägung im Recht* (1977), 3 ss.; HANS-MARTIN PAWLOWSKI, *Problematik der Interessenjurisprudenz*, NJW 1958, 1561-1565; JOSEF ESSER, *Interessenjurisprudenz heute*, JurJb 1 (1960), 111-119 (117); WOLFGANG FIKENTSCHER, *Roscoe Pound/Von der Zweckjurisprudenz zur "Sociological Jurisprudence"*, FS Larenz/70 (1973), 93-108.

[1287] Em especial, HANS-MARTIN PAWLOWSKI, *Zum sog. Verfolgungsrecht der Gerichtsvollziehers/Eine Kritik der Interessen- und Wertungsjurisprudenz*, AcP 175 (1975), 189-221 (219 ss.), *Die Funktion der Wertbegriffs in der Rechtswissenschaft*, JuS 1976, 351-356 (352 ss.) e *Methodenlehre für Juristen/Theorie der Normen und der Gesetzes*, 3.ª ed. (1999), 67 ss.

§ 30.º Os sortilégios do pós-guerra fria

por falta de desenvolvimentos que capacitassem uma intervenção efetiva, acabou por surgir como uma das áreas que maior guarida assegurou ao irrealismo metodológico.

Na década de 80 do século XX, através das investigações de Bihler, alcançou-se uma ideia mais precisa de "valoração"; esta viria a ser entendida como um processo tendente ao aparecimento de um sentimento jurídico o qual, por seu turno, traduz um esquema de identificação espontâneo, num conflito jurídico, com uma das posições em presença[1288]. O manuseio destas noções exige, porém, uma instrumentação desenvolvida já por um pensamento jurídico bem diverso[1289].

V. A panorâmica metodológica do final do século XX requer uma particular referência à "jurisprudência ética".

A Moral, assente numa afirmada interioridade, foi, na tradição de Kant, mantida diferente do Direito, fenómeno exterior[1290]. A separação daí resultante e um exacerbar da relatividade da Moral[1291] – no fundo um expediente linguístico para melhor entronizar o positivismo – a par com o declínio do Direito natural, vieram, progressivamente, a eliminar quaisquer critérios de apreciação da Ordem Jurídica. Mas esta não pode ser bitola de si própria.

As Ciências Humanas dos nossos dias permitem encarar a uma nova luz estes problemas clássicos. Como foi dito, a Moral, num dado antropológico objetivamente demonstrável é, ainda, um fenómeno da cultura. Assim, ela depende sempre de uma aprendizagem sendo, nessa medida,

---

[1288] MICHAEL BIHLER, *Rechtsgefühl, System und Wertung/Ein Beitrag zur Psykologie der Rechtsgewinnung* (1979), 59, 68, 135, 142 ss. e *passim*.

[1289] ERNST MEYER, *Grundzüge einer systemorienrterten Wertungsjurisprudenz* cit., 12 (funcionalidade), 42 ss. (hermenêutica), 59 ss. (teoria unitária da interpretação do Direito e da interpretação criativa do Direito), etc.. MEYER, ob. cit., 23, apenas aponta um papel efetivo da jurisprudência das valorações no domínio do Direito geral da personalidade.

[1290] HEINRICH HENKEL, *Einführung in die Rechtsphilosophie*, 2.ª ed. cit., 78-79 e KARL ENGISCH, *Auf der Suche nach der Gerechtigkeit* cit., , 87. Vide, ainda, GOTTHARD PAULUS, *Die juristische Fragestellung des Naturrechts* (1979), 11, AMANDUS ALTMANN, *Freiheit im Spiegel der rationalen Gesetzes bei Kant* (1982), 44 ss. e HEINRICH GEDDERT, *Recht und Moral/Zum Sinn eines alten Problems* (1984), 41 ss., 86 ss. e 104 ss..

[1291] PETER KOLLER, *Über sinnfülligkeit und Grenzen der moralischen Relativismus* cit., 50 ss..

imposta do exterior. As regras de conduta – jurídicas ou morais – com os competentes códigos de "permitido", "proibido" ou "obrigatório" são ministradas aos sujeitos sem uma particular diferenciação[1292]. A superação de Kant – e de novo os quadros hegelianos têm aqui um papel – permite reponderar, agora com o apontado reforço antropológico, novas equações para o problema. A Moral representa uma cultura[1293], uma organização global[1294] e conflui, com as suas finalidades, no reforço da organização global – portanto da sociedade e das suas projeções – em que se inclua ou a que pertença[1295].

As regras jurídicas distinguem-se das demais regras sociais, apenas, pela sua inclusão assumida num particular processo de decisão, ou seja: pela sua sujeição estrita à Ciência do Direito[1296], o que envolve, como acima foi visto, a sua positivação. Mas isso não absorve todas as regras. À necessidade de elementos suprapositivos[1297] soma-se o realismo no estabelecer das soluções: estas, fatalmente influenciadas pelos cenários culturais que presidem ao seu encontrar, apresentam níveis éticos que não devem ser ignorados[1298].

É, pois, hoje um lugar-comum: a jurisprudência é – deve ser – ética[1299]. Resta saber se não há, aqui, um novo logro linguístico, destinado a dar coberturas a um conjunto imutável de soluções. Como haverá a opor-

---

[1292] ROSEMARIE POHLMANN, *Recht und Moral/Kompetenztheoretisch betrachtet*, ARSP BH 13 (1980), 225-242 (230 ss.), que se apoia na teoria moral cognitivo-genética, de KOHLBERG. Vide supra, 56 ss..

[1293] WILHELM SAUER, *System der Rechts- und Sozialphilosophie*, 2.ª ed. (1949), 211.

[1294] ERICH FECHNER, *Rechtsphilosophie/Soziologie und Methaphysik der Rechts* (1962), 196.

[1295] JÜRGEN HABERMAS, *Strukturwandel der Öffentlichkeit/Untersuchungen zu einer Kategorie der bürgerlichen Gesellschaft* (1969), 127.

[1296] H. GEDDERT, *Recht und Moral* cit., 309 ss..

[1297] ADALBERT PODLECH, *Recht und Moral*, RTh 3 (1972), 129-148 (133) e RUPPERT SCHREIBER, *Ethische Systeme als Kriterien zur Bewertung von Rechtsordnungen*, em ILMAR TAMMELO/AULIS AARNIO, *Zum Fortschritt von Theorie und Technik in Recht und Ethik*, RTh BH 3 (1981), 255-261.

[1298] LOTHAR PHILIPPS, *Über Relationen – im Rechtsleben und in die Normlogik*, RTh BH 3 (1981), 123-139.

[1299] Vide, ainda, p. ex., HERBERT SCHAMBECK, *Richteramt und Ethik* (1982), 18 ss. e MICHAELA STRASSER, *Notwendigkeit eines Gerechtigkeitsbegrifes in einer Gesellschaftsvertragstheorie*, RTh BH 3 (1981), 281-291.

tunidade de desenvolver, deixa-se claro que uma Ciência do Direito nova implica sempre uma dogmática renovada.

128. A jurisprudência analítica

I. Sobre o pano de fundo acima esquematizado surgem, depois, algumas correntes de pensamento que tiveram a sua voga. Assim sucedeu com a teoria analítica do Direito ou jurisprudência analítica.

A jurisprudência analítica tem, na origem, transferências culturais operadas do espaço anglo-saxónico para o continental e, particularmente, para a Alemanha e para a Itália. O condicionalismo político-económico do segundo pós-guerra surgiu favorável a esse tipo de transferência; além disso, o modo de pensar "analítico", com as suas classificações de normas e princípios, com o seu positivismo agravado e com o jusracionalismo de recurso que sempre o informa, confluiu no produto tardio da jurisprudência dos interesses. A evolução da jurisprudência analítica conduziu, contudo e nos últimos anos, a latitudes inesperadas para o núcleo primordial desse tipo de pensamento.

II. Como foi dito, a jurisprudência analítica assenta em transposições culturais anglo-saxónicas, realizadas para o Continente europeu. Teve um particular relevo a divulgação da obra de Hart[1300], fruto de uma tradição que remonta a Austin, a Bentham e a Hobbes[1301].

Para além de alguns traços comuns, com relevo para o reinvindicar dessa tradição, a teoria analítica do Direito não tem unidade: ela comporta múltiplos desenvolvimentos independentes, que se alargam desde a ideia de *common sense* até ao conhecimento e manuseio da linguagem[1302]. Firme no aforismo *auctoritas, non veritas, facit legem*, a teoria analítica é

[1300] H. L. A. HART, *O conceito de Direito*, trad. port. de ARMINDO RIBEIRO MENDES, ed. Fundação Calouste Gulbenkian (1987).
[1301] IAN McLEOD, *Legal Theory*, 4.ª ed. (2007), 72 ss..
[1302] WOLFGANG MINCKE, *Die finnische Rechtstheorie unter dem Einfluss der analytischen Philosophie* (1979), 9 ss. e K. OPALEK, *Sprachphilosophie und Jurisprudenz*, em KRAWIETZ/OPALEK/PECZENIK/SCHRAMM, *Argumentation und Hermeneutik in der Jurisprudenz*, RTh BH 1 (1919), 153-161 (153-154). Em geral, vide: *Sprache und Analysis*, publ. RÜDIGER BUBNER (1968); C. A. VAN PEURSEN, *Phänomenologie und analytische Philosophie* (1969); JOHN HOSPERS, *An Introduction to Philosophical Analysis*, 2.ª ed. (1970), cuja

positivista no sentido mais estrito do termo, numa situação agravada, no Continente, pela aproximação ao normativismo kelseniano[1303]. Outras das suas características, em simplificada generalização, podem ser formuladas com recurso às seguintes proposições[1304]: ela implica uma posição empírica, mas racionalista e antimetafísica; ela cultiva a clareza conceitual, preocupando-se com a linguagem e a sua utilização; admite uma contraposição intrínseca entre proposições descritivas e prescritivas; aceita a adstringência da lógica; proclama a excelência da crítica ética às soluções preconizadas pelo Direito.

III. O empirismo da jurisprudência analítica prende-se ao pragmatismo do início. As derivações operadas são, contudo, de tipo dedutivo, numa postura agravada pela recusa de intromissões morais[1305]. A racionalidade omnipresente intenta apresentar-se mais a nível de fundamentação das soluções do que no plano da pesquisa dos pontos de partida[1306].

A clareza conceitual, a refletir na linguagem, cifrou-se, desde logo, no *ordinary language approach* preconizado para a abordagem da teoria filosófica[1307]. Posteriormente, foi-se mais longe: na sequência da teoria dos jogos de linguagem apresentada por Wittgenstein[1308], chegou-se à

---

simples ordenação da matéria é eloquente; DIRK KOPPELBERG, *Die Aufhebung der analytischen Philosophie/Quine als Synthese von Carnap und Neurath* (1987).

[1303] Em especial, G. ZACCARIA, *Deutsche und italienische Tendenzen in der neueren Rechtsmethodologie*, ARSP LXXII (1986), 291-314 (297). Vide P. MAZUREK, *Analytische Rechtstheorie*, em ARTHUR KAUFMANN/WINFRIED HASSEMER, *Einführung in Rechtsphilosophie und Rechtstheorie der Gegenwart* (1977), 164-173 (164 ss.).

[1304] G. ZACCARIA, *Deutsche und italienische Tendenzen* cit., 294, RAFFAELE DE GIORGI, *Wahrheit und Legitimation im Recht/Ein Beitrag zur Neubegründung der Rechtstheorie* (1980), 125 ss., 150 ss., 180 ss. e 195 ss., e WINFRED HASSEMER, *Juristische Hermeneutik*, ARSP LXXII (1986), 195-212 (198). Entre nós, *vide* a obra incontornável de DAVID DUARTE, *A norma de legalidade procedimental administrativa* (2006), 997 pp., com múltiplas e fundamentais indicações.

[1305] P. MAZUREK, *Analytische Rechtstheorie* cit., 170 ss..

[1306] RAINER HEGSELMANN, *Normativität und Rationatität/Zum Problem praktischer Vernunft in der analytischen Philosophie* (1979), 165 ss. e DE GIORGI, *Wahrheit und Legitimation im Recht* cit., 195 ss..

[1307] HANS LENK, *Metalogik und Sprachanalyse/Studien zur analytischen Philosophie* (1973), 30 ss..

[1308] Tem-se em vista a segunda fase de WITTGENSTEIN, portanto a das *Philosophical Investigations*, em contraposição à do *Tractatus Logico-Philosophicus*, ainda preso

ideia do relevo substantivo da linguagem[1309]. Este aspeto – que não se liga, como consequência, à jurisprudência analítica continental, embora lhe deva a sua divulgação – teve importância, sendo difícil prever até onde poderá obrigar à revisão da doutrina jurídica tradicional: a linguagem não é simbólica: ela corporiza as próprias ideias, viabilizando-as, condicionando-as ou detendo-as na fonte – o próprio espírito humano – facultando a sua aprendizagem e divulgação e abrindo as portas à crítica e às reformulações[1310]. Tocar na linguagem é tocar nas ideias. Além disso, a própria linguagem pode suportar o discurso, assim erguido a metadiscurso, num fenómeno que, com facilidade, pode passar despercebido: toma-se então, por discurso jurídico o que mais não é do que um locubrar sobre dados linguísticos pré-elaborados[1311].

A separação entre proposições descritivas e prescritivas[1312], num estrito dualismo que recorda o *Sein/Sollen* neo-kantiano, teve na origem a preocupação correta em levantar os elementos constituintes do discurso. A adstringência da lógica e a possibilidade da crítica ética às soluções de Direito apresentam-se, por fim, como o produto dos racionalismo e empirismo pragmático subjacentes.

IV. No grande devir das ideias humanas, a teoria analítica tem, por certo, o seu lugar. No entanto, ela incorre em várias observações e, tal como se apresenta, numa crítica frontal.

---

pela ideia da neutralidade da linguagem; cf. LUDWIG WITTGENSTEIN, *Schriften* 8. vol., (1964). Vide E. e W. LEINFELLNER/H. BERGHEL/A. HÜBNER, *Wittgenstein and his Impact on Contemporary Thought/und sein Einfluss auf die gegenwärtige Philosophie*, 2 (1980) e ERNST TUGENDHAT, *Selbstbewusstsein und Selbtbestimmung/Sprachanalytische Interpretationen* (1979), 91 ss. e 114 ss.

[1309] FRITJOF HAFT, *Juristische Rhetorik*, 8.ª ed. cit., 93 ss.. ERNST TUGENDHAT, *Vorlesung zur Einführung in die sprachanalytische Philosophie* (1976), 197 ss.. Vide, entre nós, JOANA AGUIAR E SILVA, *Para uma teoria hermenêutica da Justiça/Repercussões jusliterárias no eixo problemático das fontes e da interpretação jurídica* (2011), 454 pp., 15 ss..

[1310] Cumpre referir KLAUS F. RÖHL/HANS CHRISTIAN RÖHL, *Allgemeine Rechtslehre/Ein Lehrbuch*, 3.ª ed. (2008): uma obra monumental, cuja análise ultrapassaria largamente o âmbito desta introdução.

[1311] FRITJOF HAFT, *Recht und Sprache*, em KAUFMANN/HASSEMER, *Einführung in Rechtsphilosophie und Rechtstheorie der Gegenwart* (1977), 112-131.

[1312] ROBERT WEIMAR, *Zur Theoriebildung in der Rechtswissenschaft*, GS Tammelo (1984), 703-722 (707 e 710), bem como ZACCARIA, *Deutsche und italienische Tendenzen* cit., 294.

As observações orbitam em torno da imprecisão atual da própria ideia de "jurisprudência analítica". Em oposição às coerência e clareza linguísticas que era suposto defender, a "jurisprudência analítica" tem-se tornado num subterfúgio linguístico destinado a dar abrigo a construções de irredutibilidade crescente. Tais construções encontram, na vaguidade da locução, uma primeira ordem de fundamentação aparente. Tudo isto, na medida em que se verifique, deve ser repensado.

A crítica frontal cifra-se no seguinte: perante o dilema positivismo *versus* irrealismo metodológico, a jurisprudência analítica optou decididamente pelo primeiro e abriu as portas ao segundo. Sucedem-se as obras e os desenvolvimentos: não há, no entanto, neles, quaisquer soluções – ou quaisquer particulares soluções – para as grandes questões do Direito privado: lacunas, conceitos indeterminados, contradições de princípios e normas injustas têm, assim, de procurar saída noutras latitudes.

129. A jurisprudência problemática

I. A jurisprudência problemática apresenta-se como uma segunda grande corrente do pensamento jurídico recente. No seu ativo, esta linha jurídico-metodológica conta a própria criação do Direito, na Antiguidade e o seu desenvolvimento subsequente, até aos nossos dias: na verdade, foi na base da solução concreta de problemas também concretos que se sedimentou o trabalho dos jurisprudentes romanos e que, mais tarde, foi decantado todo o Direito comum[1313]. Sobre essa base problemática incidiu, contudo, durante séculos, uma Ciência generalizadora que, na busca de regras e princípios, esqueceu os problemas da origem.

Em 1953, ao relançar a ideia básica de que o Direito é e permanece uma técnica de resolução de problemas, Theodor Viehweg traçou as bases da moderna jurisprudência problemática[1314].

[1313] Quanto ao Direito prudencial, o importante desenvolvimento de MARTIM DE ALBUQUERQUE/RUY DE ALBUQUERQUE, *História de Direito Português* 1 (1984/85), 185 e *passim*.

[1314] THEODOR VIEHWEG, *Topik und Jurisprudenz/Ein Beitrag zur rechtwissenschaftlichen Grundlagenforschurng*, 5.ª ed. (1974), 130 pp..

II. Segundo Viehweg, o Direito só na aparência comporta uma estrutura sistemática, que possibilite a dedução de todas as suas proposições e competentes soluções a partir de uns quantos axiomas de base. Na verdade, quatro planos decisivos impossibilitariam tal contextura para a Ciência do Direito: a escolha dos princípios de base e seus conceitos é, logicamente, arbitrária; a aplicação do Direito requer, perante as proposições pré-elaboradas, extensões, restrições, assimilações, concentrações e passos similares; a necessidade de recurso à linguagem, sempre multissignificativa, impossibilita derivações; a apreensão da matéria de facto, condicionante de qualquer solução, escapa ao sistema[1315]. Perante tal situação, quedaria uma natureza tópica para o Direito: dado um problema, chegar-se-ia a uma solução; de seguida, tal solução seria apoiada em tópicos, em pontos de vista suscetíveis de serem compartilhados pelo adversário na discussão, pontos de vista esses que, uma vez admitidos, originariam respostas lógicas infalíveis. Em suma, a Ciência do Direito deveria ser entendida como um processo especial de discussão de problemas, havendo que tornar tal esquema claro e seguro, graças ao desenvolvimento de uma teoria da praxe[1316].

III. O pensamento viehwegiano foi exemplarmente criticado por Canaris[1317]. Em síntese, pode dizer-se que o Direito não é, na essência, tópico, antes surgindo sistemático – em sentido não axiomático – numa tradição que remonta ao *ius romanum*. Não obstante, sectorialmente, a tópica faz a sua erupção. Pense-se, por exemplo, na integração de certas lacunas ou no manuseio de conceitos indeterminados. Não se aprofundam, agora, estes aspetos.

Cabe, no entanto, situar a tópica no contexto da metodologia jurídica dos nossos dias.

A tópica teve um vivo sucesso, depois de ter passado despercebida nos anos subsequentes ao estudo de Viehweg. O mérito da ideia foi enfocado[1318]; mas sobretudo, assistiu-se a um vulgarizar do termo "tópicos" –

[1315] THEODOR VIEHWEG, *Topik und Jurisprudenz*, 5.ª ed. cit., 84-90.
[1316] THEODOR VIEHWEG, *Topik und Jurisprudenz*, 5.ª ed. cit., 14, 25-34 e 95-110.
[1317] CLAUS-WILHELM CANARIS, *Systemdenken und Systembegriff in der Jurisprudenz*, 2.ª ed. cit., 135 ss. = ed. port., 255 ss..
[1318] De entre a inumerável bibliografia, refiram-se: KARL ENGISCH, rec. a VIEHWEG, *Topik und Jurisprudenz*, ZStW 69(1957), 596-601 (596 e 599) e *Einführung in das juris-*

muitas vezes expresso no grego alatinado, mais impressivo, "topoi" – que veio, assim, a conhecer um emprego alargado, mesmo em áreas onde, com total propriedade, se deveria antes dizer "princípios", "vetores" ou, até, "normas". A pretexto de adesões tópicas, redobrou-se na crítica ao pensamento sistemático, sem atentar no facto de os argumentos de Viehweg – conhecidos, aliás, há muito – atingirem, tão-só, um certo tipo de sistema: o axiomático-dedutivo.

A vulgarização da tópica, clara acha na fogueira do irrealismo metodológico, deve ser combatida em nome das mais elementares precisão e seriedade de linguagem.

IV. Não obstante, a jurisprudência problemática, assente na tópica, veio agitar uma série de sectores do conhecimento; facultou, assim elementos importantes para as novas sínteses que se desenham e, designadamente: abriu as portas à retórica jurídica, à lógica jurídica, a uma nova linha linguística e habilitou os juristas com a instrumentação necessária para agir – ou explicar a sua atuação – perante lacunas rebeldes a qualquer tipo de integração sistemática ou equivalentes.

A retórica jurídica remonta à Antiguidade. O seu esquecimento perante o assalto jusracionalista não a fez – não podia fazer – desaparecer; apenas impediu o seu estudo assumido, com claras perdas para a cientificidade do discurso jurídico. Apresentada como ciência de argumentação, ela serviu para fixar as premissas endoxais[1319] das quais, depois, derivaria

---

tischen Denken, 11.ª ed. cit., 326 ss.; ADOLF ARNDT, *Gesetzesrecht und Richterrecht*, NJW 1963, 1273-1284 (1277); NORBERT HORN, *Zur Bedeutung der Topiklehre Theodor Viehwegs für eine einheitliche Theorie der juristischen Denkens*, NJW 1967, 601-608 (601) e *Topik in der rechtstheoretischen Diskussion*, em DIETER BREUER/HELMUT SCHANZE, *Topik/ /Beiträge zur interdiziplinären Diskussion* (1981), 57-64 (57); OLOF EKELÖF, *Topik und Jura*, em *Le raisonnement juridique* (1971), 43-62 (43); GERHARD OTTE, *Zwanzig Jahre Topik-Diskussion: Ertrag und Aufgaben*, RTh 1 (1970), 183-197 (183); PAN J. ZEPOS, *"Topik" und "Glaubhaftmachung" im Prozess*, FS Larenz (1973), 289-292 (290); OTTO PÖGGELER, *Dialektik und Topik*, em *Rehabilitierung der praktischen Philosophie*, 2 (1974), 291-331 (305); REINHOLD ZIPPELIUS, *Das Wesen des Rechts/Eine Einführung in die Rechtsphilosophie* (1978), 192; SAMUEL STOLJAR, *System and Topoi*, RTh 12 (1981), 385-393 (385 e 386); KARL ALLGAIER, *Toposbewusstsein als literaturwissenschaftliche Kategorie*, em BREUER/SCHANZE, *Topik* cit. (1981), 264-274 (264); PEDRO SOARES MARTINEZ, *Filosofia do Direito*, 3.ª ed. (2003), 408 ss. e KARL LARENZ, *Methodenlehre*, 6.ª ed. cit., 145 ss..

[1319] Propõe-se o termo "premissa endoxal" para exprimir a proposição formada εξ ενδόζων ou seja, a proposição assente em pontos admitidos pelas partes numa discussão,

a justificação para a solução preconizada para o problema. A retórica jurídica teria assim, para visões tópicas (ainda que atenuadas) do Direito, um verdadeiro papel de base. A doutrina veio, contudo, enfocar o seu relevo no domínio da justificação, fundamentação e legitimação das decisões[1320].

A lógica, também antiga, faz, no Direito, uma aparição renovada. Introduzida pelos estudos pioneiros de Klug e Schreiber[1321], e amparada na lógica simbólica desenvolvida por Carnap[1322], o qual aliás foi também pioneiro nas suas aplicações linguísticas[1323], a lógica jurídica assentou nos campos abertos pela jurisprudência problemática, dando hoje lugar a uma

---

mercê da autoridade de todos, de quase todos, da maioria ou dos mais sábios; a premissa endoxal, por dedução silogística, conduz ao discurso dialético, no sentido aristotélico, assim se contrapondo ao discurso apodítico, que avança na base de premissas verdadeiras. Vide ARISTÓTELES, *Tópicos*, versão bilingue greco-francesa, de BRUNSCHWIG (1967), 1, 1,4 (1); a este último se deve a ideia de introduzir o termo "endoxal" – exato antónimo de paradoxal – para prevenir as traduções comuns inexatas de premissas εζ ἐνδόζων, embora não a use, depois, na versão francesa dos *Tópicos*; vide BRUNSCHWIG cit., XXXV, nota 1. Quanto a ARISTÓTELES, HANS GEORG GADAMER, *Hermeneutik als Theoretische und praktische Aufgabe*, RInTPh n° 127-128 (1979), 239-259 (244 ss.) e JOZEF A. R. KEMPER, *Topik in der antiken rhetorischen Techne*, em BREUER/SCHANZE, *Topik* cit. (1981), 17-32 (23).

[1320] ROBERT ALEXY, *Theorie der juristischen Argumentation/Die Theorie des rationalen Diskurs als Theorie der juristischen Begründung* (1978), com rec. apreciativa de HELMUT RÜSSMANN, RTh 10 (1979), 110-120 (120); existe uma 2.ª ed. da obra de ALEXY, de 1991, com um posfácio em que responde a críticas (*vide*, aí, 399-435). SCHEIDER//SCHROTH, *Sichtweisen juristischer Entscheidung/Argumentation und Legitimation*, em KAUFMANN/HASSEMER, *Einführung in Rechtsphilosophie und Rechtstheorie der Gegenwart* (1977), 254-272; AULIS AARNIO/ROBERT ALEXY/ALEKSANDER PECZENIK, *Grundlagen der Juristischen Argumentation*, em KRAWIETZ/ALEXY, *Metatheorie juristischer Argumentation* (1983), 9-87 (9 ss.); RITA ZIMMERMANN, *Die Relevanz einer herrschender Meinung für Anwendung, Fortbildung und wissenschaftliche Forschung des Rechts* (1983), 95 ss. e passim; HERMANN HUBA, *Juristische Rhetorik*, Jura 1987, 517-521 (517).

[1321] ULRICH KLUG, *Juristische Logik*, 4.ª ed. (1982; a 1.ª ed. é de 1953), XV + 189 pp. e RUPERT SCHREIBER, *Logik des Rechts* (1962), 100 pp..

[1322] RUDOLF CARNAP, *Abriss der Logistik mit besinderer Berücksichtigung der Relationstheorie und ihrer Anwendung* (1929), VI + 114 pp.; e *Einführung in die symbolische Logik/Mit besonderer Berücksichtigung ihrer Anwendungen*, 2.ª ed. (1960), XII + 241 pp..

[1323] RUDOLF CARNAP, *Überwindung der Methaphysik durch logische Analyse der Sprache* (1931), em *Metaphysik*, publ. GEORG JÁNOSKA/FRANK KAUZ (1977), 50-78, *Bedeutung und Notwendigkeit/Eine Studie zur Semantik und modalen Logik* (1972, versão alemã de *Meaning and Necessity*, 1967) e *Logische Syntax der Sprache*, 2.ª ed. (1968).

literatura imensa, cada vez mais especializada[1324-1325]. Na postura problemática, a lógica teria um duplo papel: na fundamentação das premissas endoxais, dado o largo poder convincente dos "tópicos lógicos"; na justificação das soluções obtidas a partir dessas premissas, numa derivação que se reclama da lógica absoluta. Mais tarde, a lógica jurídica foi desenvolvida apenas por si, sem atentar nesses domínios aplicativos.

A linguagem, por seu turno, sofreu o duplo influxo da retórica e da lógica, na linha acima referida. Trata-se de um desenvolvimento que veio confluir na tradição wittgensteiniana da jurisprudência analítica, num reforço que deixa antever possibilidades futuras[1326].

Finalmente, a jurisprudência problemática revela todas as suas potencialidades no domínio das lacunas rebeldes aos processos sistemáticos de integração – portanto à analogia e aos princípios gerais: impedido de denegar justiça, o intérprete-aplicador terá de buscar uma saída razoável que, então, intentará justificar nos tópicos que encontrar.

V. Como foi referido e salvo o que se dirá quanto ao processo de realização do Direito, o pensamento jurídico não é, puramente, um pensamento tópico ou problemático[1327]. A apreciação que agora importa fazer põe-se, contudo, noutras latitudes.

A jurisprudência analítica é, de algum modo, o produto do positivismo dos princípios do século XX. Paralelamente, pode considerar-se a jurisprudência problemática como o resultado do evoluir do formalismo.

[1324] Sobre a lógica no Direito, OTA WEINBERGER, *Logische Analyse in der Jurisprudenz* (1979), 27 ss. e *passim*.

[1325] Quanto à literatura geral sobre a lógica e a lógica na Filosofia, com claras projeções no Direito, cumpre referir: AXEL BÜHLER, *Einführung in die Logik/Argumentation und Folgerung*, 3.ª ed. (2000), 320 pp.; FRANZ VON KUTSCHERA/ALFRED BREITKOPT, *Einführung in die moderne Logik*, 7.ª ed. (2000), 215 pp.; ANSGAR BECKMANN, *Einführung in die Logik*, 2.ª ed. (2003), 382 pp.; THOMAS ZOGLAUER, *Einführung in die formale Logik für Philosophen*, 3.ª ed. (2005), 176 pp.; WESLEY C. SALMON, *Logik*, trad. alemã JOACHIM BUHL (2006), 287 pp.; PAUL HOYNINGEN-HUENE, *Formale Logik/Eine philosophische Einführung* (2006), 335 pp..

[1326] *Vide* a já referida GRÄFIN VON SCHLIEFFEN, *Wie juristen begründen/Entwurf eines rhetorischen Argumentationsmodells für die Rechtswissenschaft*, JZ 2011, 109-116, a qual originou o escrito de DIETER SIMON, *Alle Quixe sind Quase/Aristoteles und die juristische Argumentation*, JZ 2011, 697-703.

[1327] CANARIS, *Systemdenken*, 2.ª ed. cit., 141 ss. = ed. port., 262 ss..

As linhas de evolução que, originadas na tópica viehwegiana, animaram a literatura da argumentação jurídica e da lógica jurídica são, assumidamente, linhas formais. A bondade ou a conveniência das soluções a que conduzam são-lhes indiferentes; tudo assenta na pureza da derivação ou da justificação apresentadas. Acresce ainda que a literatura relativa à argumentação e à lógica tem vindo a assumir um grau de hermetismo que a torna, em absoluto, inacessível aos não-iniciados. Não há, sequer, a pretensão de, por uma forma ou outra, interferir no apontar das soluções concretas. Estes aspetos, em conjunto com a já mencionada vulgarização da referência a "topoi" fazem, da jurisprudência, problemática um dos grandes pilares do irrealismo metodológico.

Mas como qualquer ideia humana, a jurisprudência problemática contribui, também, para as novas sínteses metodológicas.

Essas sínteses prolongam-se no ainda jovem século XXI.

130. As sínteses hermenêuticas; a autopoiese; a legitimação

1. No domínio das perspetivas metodológicas da atualidade, cabe ainda fazer referência ao pensamento ontológico que, com raízes em Hegel, e de Heidegger a Gadamer, está na base das sínteses hermenêuticas em curso. Tais sínteses derivam, também, do encontro desse pensamento ontológico continental com as jurisprudências analítica e problemática, bem como com a preocupação, finalmente assumida, de superar o irrealismo metodológico.

O pensamento jurídico é um pensamento objetivo: ou não é científico[1328]. A vontade livre pautada pelo Direito deriva a sua natureza apenas no quadro do Estado juridicamente organizado[1329] ou, se se quiser, no

---

[1328] WERNER KRAWIETZ, *Recht und Rationalität in der modernen Systemtheorie*, GS Tammelo (1984), 723-739 (724), fala da objetivação como um processo de racionalização.

[1329] MICHAEL W. FISCHER, *Soziologische Geltung? Über Hegels Beitrag zur Soziologisierung der Wirklichkeitsvertändnisses*, em VARGA/WEINBERGER, *Rechtsgeltung*, ARSP BH 27 1986), 24-36, R. DE GIORGI, *Abstraktion versus Institution? Phänomenologie und Geltungsgrund des Rechts in der Frühphilosophie des jungen Hegels*, FS Troller 80. (1987), 95-105 (95 ss.) e JOSÉ LAMEGO, *Hermenêutica e jurisprudência*, I – *Hermenêutica e motivos hermenêuticos na jurisprudênda de valoração e na Filosofia do Direito analítica* (polic., 1987), 42 ss. e *Hermenêutica e jurisprudência/Análise de uma "recepção"* (1989), 85 ss..

âmbito de um Direito pré-dado. Aberto ao exterior, o Homem apreende o Direito cuja existência reside na sua regular concretização[1330]. A hermenêutica adota, a esta luz, o papel de motor do processo jurídico: ela é pressuposta, sempre, por qualquer discussão. A linguagem assume, assim, um papel constituinte mais profundo. A apreensão hermenêutica da realidade – para o caso, da realidade jurídica – só é possível porque o sujeito cognoscente conhece de antemão a linguagem em jogo e o alcance da instrumentação nela usada[1331]. Há, pois, todo um conjunto de pré-estruturas do saber, a que se poderá chamar o pré-entendimento das matérias.

Esta perspetiva, em si simples, põe em crise todos os modelos formais de discurso jurídico[1332]; não há, apenas, um entendimento da matéria; esta é o entendimento[1333], confundindo-se com a linguagem que o suporta.

II. Surge, assim, a ideia de círculo do entendimento[1334], transposta para a hermenêutica jurídica por Friedrich Müller[1335] e Josef Esser[1336] e,

---

[1330] MARTIN HEIDEGGER, *Sein und Zeit* (1927), § 13 = *Gesamtausgabe*, 2 (1964), 80 ss. e *Brief über den Humanismus* (1949) = *Wegmarken* (1967), 145-194 (149 ss.); *vide* ERICH FECHNER, *Rechtsphilosophie*, 2.ª ed. cit., 230 e OTTO PÖGGELER, *Heidegger und die hermeneutische Philosophie* (1983), 171 ss..

[1331] HANS-GEORG GADAMER, *Wahrheit und Methode*, 4.ª ed. (1975), 250 ss.; cf., também de GADAMER, *Mensch und Sprache* (1966) = *Gesammelte Werke*, 2 (1986), 146-154.

[1332] Recordem-se as críticas de HEGEL às conceções formais de Direito natural; *vide* G. PAULUS, *Die juristische Fragestellung des Naturrechts* cit., 14 ss..

[1333] HASSAN GIVSAN, *Der verweigerte Dialog/Notizen zur Leitfrage des Symposions: "Worauf kann man sich noch berufen"*, ARSP BH 29 (1981), 9-18 (9):

O título hermenêutico não está primordialmente para a arte da interpretação ou o método do entendimento, mas deve antes mostrar a metafísica do ser e da tradição que lhe subjazem (e a palavra metafísica é utilizada apesar de Heidegger).

Vide OTTO PÖGGELER, *Heidegger und die hermeneutische Philosophie* cit., 247 ss.. e KEN TAKESHITA, *Von der Normativen zur Ontologischen Auffassung des Rechts*, ARSP BH 30 (1987), 167-176 (175 ss.).

[1334] HANS-GEORG GADAMER, *Vom Zirkel des Verstehens* (1959) = *Gesammelte Werke*, 2 (1986), 57-65.

[1335] FRIEDRICH MÜLLER, *Normstruktur und Normativität/Zum Verhältnis von Recht und der juristischen Hermeneutik, entwichelt an Fragen der Verfassungsinterpretation* (1966), 50 e *Strukturierende Rechtslehre* (1984), 47 ss..

[1336] JOSEF ESSER, *Vorverständnis und Methodenwahl in der Rechtsfindung/Rationalitätsgrundlage richterlichen Entscheidungspraxis*, 2.ª ed. (1972), 137 ss.; sobre esse escrito,

mais tarde, por uma série de outros Autores, com relevo para Karl Larenz[1337-1338]. Explica essa construção que, no Direito, há uma particular relação entre o problema e a resposta; na busca desta, recorre-se a normas que se tornam inteligíveis por utilizarem uma linguagem e uma conceitologia pré-conhecidas pelo intérprete-aplicador; essas mesmas normas são procuradas pelo pré-julgamento sobre a ordenação e a própria solução que, para o problema, o mesmo intérprete-aplicador tenha visualizado, num momento prévio. Surge, assim, a imagem do círculo ou espiral hermenêutica; perante um problema, o intérprete-aplicador terá de efetuar tantas idas e vindas entre o pré-entendimento e o entendimento em si quantas as necessárias para a sua integração.

Este poentar gnoseológico – tal como gnoseológica é a relação entre o Direito e a realidade[1339] – abre, desde logo, perspetivas completamente diversas à estruturação do discurso jurídico: o pré-entendimento das questões opera em modelos concretos de problemas; a espiral hermenêutica desenvolve-se entre questões e pré-questões, soluções e pró-soluções, tudo em termos gerais-concretos. A hipótese histórica de quebra da insolubilidade da relação entre o conceito abstrato e o caso real ganha consistência; seria, porventura, a maior conquista da Ciência do Direito, desde que Savigny tornou operacional um modelo de sistematização integrada do Direito.

Deve ainda ter-se presente que, na própria lição gadameriana, o relevo do pré-entendimento permite explicar o peso da tradição[1340], cujo papel, sempre relevante, não era, antes, assumido.

---

vide HANS-JOACHIM KOCH, *Zur Rationalität richterlichen Entscheidens*, RTh 4 (1973), 183-206 (197-198); uma adoção da ideia pode ser vista em PAWLOWSKI, *Zum sog. Verfolgunsrecht* cit., 200 ss..

[1337] KARL LARENZ, *Methodenlehre*, 6.ª ed. cit., 202 ss.; vide MONIKA FROMMEL, *Die Rezeption der Hermeneutik bei Karl Larenz und Josef Esser* (1981), 1 ss., 12 ss., 44 ss., 55 ss. e *passim*. Uma explicação esquemática pode ser confrontada em OLAF MUTHORST, *Grundlagen der Rechtswissenschaft/Methode – Begriff – System* (2011), 42 ss..

[1338] JOACHIM HRUSCHKA, *Das Verstehen von Rechtstexten* (1972), 43; HORST ZINKE, *Die Erkenntniswert politischer Argumente* cit., 109 ss.; HASSEMER, *Juristische Hermeneutik* cit., 207 ss. (210).

[1339] HANS VON GLEICHENSTEIN, *Die Allgemeinheit des Rechts/Zum fragwürdigen Gerechtigkeltspathos sozialstaatlichen Rechtsreformen* (1919), 14.

[1340] HANS-GEORG GADAMER, *Wahrheit und Methode*, 4.ª ed. cit., 256 ss. e 261 ss..

E no Direito, entende-se, a essa luz, o relevo da experiência profissional do intérprete-aplicador, no domínio, por exemplo, da aplicação jurisprudencial[1341].

III. Nas sínteses hermenêuticas dos nossos dias, tiveram ainda peso várias diretrizes derivadas da panorâmica geral metodológica do final do século XX e, ainda, múltiplas indicações dadas pelas acima denominadas jurisprudências analítica e problemática.

Assim, cabe referir a integração de ramos do saber, os quais não devem ser deformados no seu conteúdo pelas limitações humanas que obrigam a um cultivar separado das diversas disciplinas. Desde logo se recordam as relações mutuamente enriquecedoras entre a Hermenêutica e o Direito[1342], incluindo a dogmática[1343], entre a própria Hermenêutica, a Lógica e a Semântica[1344], e, naturalmente, a Filosofia da linguagem[1345]. Depois aviva-se o relacionamento entre o Direito, o poder e a estrutura social[1346], agora também no sentido enriquecido de o próprio caso concreto ser parte do mundo vivo[1347]. Os valores fundamentais, designada-

---

[1341] KARL LARENZ, *Methodenlehre*, 6.ª ed. cit., 206 ss..

[1342] WINFRIED HASSEMER, *Juristische Hermeneutik* cit., 195.

[1343] FRIEDRICH MÜLLER, *Strukturierende Rechtslehre* cit., 381 ss.. A própria dogmática comporta uma Ciência e uma Técnica, em termos abaixo examinados – cf. AULIS AARNIO, *Denkweisen der Rechtswissenschaft* (1979), 33 ss. – ou, como quer ALEKSANDER PECZENIK, *Grundlagen der juristischen Argumentation* (1983), 153 ss., no que parece representar uma superação das categorias analíticas, um misto de teorias descritivas e doutrinas valorativas.

[1344] CHRISTIANE und OTA WEINBERGER, *Logik, Semantik, Hermeneutik* (1979) e OTA WEINBERGER, *Logische Analyse in der Jurisprudenz* (1979), 27 ss. e 127 ss..

[1345] PETER SCHIFFAUER, *Wortbedeutung und Rechtserkenntnis/Entwickelt an Hand einer Studie zum Verhältnis von verfassungskonformer Auslegung und Analogie* (1979), 71 ss.; MARKUS THIEL, *Recht und Sprache*, em JULIAN KRÜPER, *Grundlagen des Rechts* (2010), 230-244.

[1346] L. FRIEDMANN, *Das Rechtssystem im Blickfeld der Sozialwissenschaften* cit., 179 ss. e ERNST E. HIRSCH, *Rechtssoziologie für Juristen/Eine Aufsatzsammlung* (1984), 86 ss..

[1347] JAN SCHAPP, *Hauptprobleme der juristischen Methodenlehre* (1983), 6 ss., NIKLAS LUHMANN, *Die Lebenswelt – nach Rücksprache mit Phänomenologen*, ARSP LXXII (1986), 176-194 (176 ss.), E. HIRSCH, *Rechtssoziologie für Juristen* cit., 127 ss. e ROBERT WEIMAR, *Rechtswissenschaft als Weltbild*, FG Troller (1987), 351-368 (356 ss.).

mente na sua formulação constitucional, conquistam uma dimensão de efetiva capacidade de decisão[1348].

Os próprios níveis adjetivos e instrumentais assumem uma dimensão substantiva, devendo ser consideradas no todo.

IV. As ideias básicas de interações entre disciplinas do saber, de círculo hermenêutico e de dogmaticidade do sistema são ilustradas, ainda, pela denominada autopoiese jurídica.

Autopoiese advém do grego αύτο (*auto*; o próprio) e ποίησις (*poiesis*, criação): equivale a autocriação. Trata-se de um neologismo introduzido pelos chilenos Humberto Maturana (biólogo) e Francisco Varela (biólogo e filósofo) que, em 1979, publicaram um escrito sobre os princípios da autonomia biológica[1349]. Cada ser vivo, explicam, opera como um sistema autopoiético: envolve uma rede fechada de produções moleculares as quais, com as suas interações, reproduzem a mesma série molecular que as originou. A lógica da autopoiese foi transposta para as humanísticas pelos próprios Humberto Maturana e Francisco Varela[1350].

No campo jurídico, a autopoiese confluía claramente com as ideias de o Direito como sistema reflexivo, capaz de perpetuar soluções, sem quebra de identidade[1351]. Coube a Gunther Teubner proceder a uma apli-

---

[1348] PETER SCHIFFAUER, *Wortbedeutung und Rechtserkenntnis* cit., 28 ss. e 41 ss., RITA ZIMMERMANN, *Die Relevanz einer herrschenden Meinung* cit., 106 ss., FRIEDRICH MÜLLER, *Strukturierende Rechtslehre* cit., 184 ss., ERHARD MOCK, *Rechtsgeltung Legitimation und Legitimität im demokratischen Verfassungsstaat*, ARSP BH 27 (1986), 51-58 e ROBERT ALEXY, *Rechtssystem und praktische Vernunft*, RTh 18 (1987), 405-419.

[1349] FRANCISCO J. VARELA, *Principles of Biological Autonomy* (1979), XX + 303 pp. e HUMBERTO R. MATURANA/FRANCISCO J. VARELA, *Autopoesis and Cognition/The Realization of Living* (1980), XXX + 141 pp. (p. ex., 94 e *passim*).

[1350] HUMBERTO R. MATURANA/FRANCISCO J. VARELA, *Der Baum der Erkenntnis/die biologische Wurzeln menschlichen Erkennens* (2009), 280 pp.; FRANCISCO J. VARELA, *Der mittlere Weg der Erkenntnis/der Brückenschlag zwischen wissenschaftlicher Theorie und menschlicher Erfahrung* (1995), 414 pp..

[1351] Assim: NIKLAS LUHMANN, *Kommunikation über Recht in Interaktionssystemen*, em *Ausdifferenzierung des Rechts/Beiträge zur Rechtssoziologie und Rechtstheorie* (1981), 53-72 (63 ss.) e, já com referência à autopoiese, *The Unity of the Legal System*, em GUNTHER TEUBNER (org.), *Autopoietic Law/a New Approach to Law and Society* (1988), VIII + 380 pp., 12-35.

cação da autopoiese ao sistema jurídico[1352]. Este, na sua manutenção e na sua reprodução, manteria as conexões do início, operando num hiperciclo autossustentado. A autopoiese permitiria identificar relações circulares dentro do sistema jurídico e analisar a sua dimensão interna e as suas interações externas[1353]. Como o próprio Teubner aponta, a autopoiese aplicada ao Direito poderia indiciar o regresso a um sistema fechado[1354]. Todavia, ela é útil por ser necessária para a sua estabilização[1355].

Em suma: a autopoiese ficou como mais um instrumento de análise e de explicação do Direito. Tem o atrativo suplementar de, funcionando na biologia, no conhecimento e na sociologia ilustrar, sem mais um corte na realidade, o *continuum* universal que se impõe aos cientistas das várias proveniências.

V. Aspeto relevante das sínteses em curso prende-se com os níveis legitimadores do discurso. Seja num prisma sociológico[1356], seja por pura via hermenêutica[1357], verifica-se que uma determinada solução vale, para

---

[1352] GUNTHER TEUBNER, *Autopoiese im Recht/zum Verhältnis von Evolution und Steuerung im Rechtssyztem* (1986); idem, *Introduction to Autopoietic Law*, em *Autopoietic Law/a New Approach* cit. (1988), 1-11; idem, *Evolution of Autopoietic Law*, loc. cit., 217-241.

A obra de referência de GUNTHER TEUBNER, neste campo, é *Recht als autopoietisches System* (1989), 227 pp., traduzida em inglês (1993) e em português (1993), por JOSÉ ENGRÁCIA ANTUNES, ed. Fundação Gulbenkian.

[1353] GUNTHER TEUBNER, *Introduction to Autopoietic Law* cit., 6: uma referência que faz, inevitavelmente, lembrar o círculo hermenêutico de GADAMER.

[1354] GUNTHER TEUBNER, *Recht als autopoietisches System* cit., 23.

[1355] *Idem*, 24.

[1356] NIKLAS LUHMANN, *Legitimation durch Verfahren*, 2.ª ed. (1975), 30 ss.. As críticas a LUHMANN – JOSEF ESSER, *Vorverstandnis*, 2.ª ed. cit., 207, R. ZIPPELIUS, *Legitimation durch Verfahren?*, FS Larenz 70. (1973), 293-304 (302 ss.) e J. LLOMPART, *Gerechtigkeit und geschichtliches Rechtsprinzip*, ARSP 67 (1981), 39-60 (50-51) – cifram-se mais no extremismo da sua leitura (apenas o processo legitimaria e a legitimação seria condição suficiente de validade) do que à sua inexatidão: afinal, na complexidade das sociedades atuais, apenas na base da legitimação processual é possível decidir em grande escala, enquanto a autoridade argumentativa pesa decisivamente nas estruturas da racionalidade jurídica; vide NORBERT HORN, *Rationalität und Autorität in der juristischen Argumentation*, RTh 6 (1975), 145-160 (150 ss.).

[1357] ROBERT ALEXY, *Die Idee einer prozeduralen Theorie der juristischen Argumentation*, em AULIS AARNIO/ILKKA NIINILUOTO/JURKI UUSITALO, *Methodologie und*

além do seu conteúdo e apesar dele, por surgir através da entidade competente ou mediante um processo a tanto adequado[1358]. Esta validação processual das decisões jurídicas surge integrada no todo hermenêutico: apenas por razões de análise científica pode, dele, ser desinserida[1359].

A legitimidade do discurso hermenêutico opera pelo consenso das soluções em que se corporiza[1360]. Mais do que um dado sociológico ou político[1361] ou do que uma hipótese racional ou razoável de elaboração teorética[1362], o apelo ao consenso permite aferir a bondade das soluções através da sua confluência no sistema donde promanem.

Erkenntnistheorie der juristischen Argumentation, RTh BH 2 (1981), 177-188 (178): a verdade surge enquanto tal como produto de um discurso racional; GÜNTHER STAHLMANN, *Zur Theorie der Zivilprozessrechts/Von der Legitimation durch Erkenntnis zur Legitimation durch Verfahren* (1979); DE GIORGI, *Wahrheit und Legitimation im Recht* cit., 233 ss.; SCHEIDER/SCHROTH, *Sichtweisen juristische Entscheidung/Argumentation und Legitimation*, em KAUFMANN/HASSEMER, *Einführung in Rechtsphilosophie* cit., 254-272.

[1358] HERMANN HUBA, *Juristische Rhetorik* cit., 517 ss..

[1359] Vide o nosso *Litigância de má-fé, abuso do direito de ação e culpa "in agendo"*, 2.ª ed. (2011), 32 ss..

[1360] ROLAND DUBISCHAR, *Einführung in die Rechtstheorie* (1983), 70 ss., JOSEF ESSER, *Vorverständnis*, 2.ª ed. cit, 13 e *Juristisches Argumentieren im Wandel des Rechtsfindungskonzepts unseres Jahrhunderts* (1979), 10 e 15 e OTA WEINBERGER, *Logische Analyse als Basis der juristischen Argumentation*, em KRAWIETZ/ALEXY, *Metatheorie juristischer Argumentation* (1983), 159-232 (212), *Die Rolle des Konsenses in der Wissenschaft, im Recht und in der Politik*, em AARNIO/NIINILUOTO/UUSITALO, *Methodologie und Erkenntnistheorie der juristischen Argumentation*, RTh BH 2 (1981), 147-165 (148 ss.) e *Analytische-Dialektische Gerechtigkeitstheorie/Skizze einer handlungstheoretischen und non-kognitivischen Gerechtigkeitslehre*, em TAMMELO/AARNIO, *Zum Fortschritt von Theorie und Technik in Recht und Ethik*, RTh BH 3 (1981), 307-330 (327 ss.).

[1361] ALFRED BÜLLESBACH, *Systemtheoretische Ansätze und ihre Kritik*, em KAUFMANN/HASSEMER, *Einführung in Rechtsphilosophie und Rechtstheorie der Gegenwart* (1979), 235-253 (236 ss.), DUBISCHAR, *Einführung in die Rechtstheorie* cit., 79 ss. e ULRICH STEINVORTH, *Über die Rolle von Vertrag und Konsens in der politischen Theorie*, ARSP LXXXII (1986), 21-31.

[1362] MICHAELA STRASSER, *Notwendigkeit eines Gerechtigkeitsbegriffes in einer Gesellschaftsvertragstheorie*, RTh BH 3 (1981), 281-291, PETER KOLLER, *Theorien des Sozialkontrakts als Rechtsfertigungsmodelle politischen Institutionen*, FG Weinberger (1984), 241-275 (243), HANS-JÜRGEN KÜHN, *Soziale Gerechtigkeit als moralphilosophische Forderung/Zur Theorie der Gerechtigkeit von John Rawls* (1984), 13 ss. e JAN M. BROEKMAN, *Zur Ontologie des juristischen Sprecheakts*, FG Troiler (1987), 231-242 (231 ss.).

Chega-se, com isto, à necessidade de um discurso sistemático renovado que, do Direito, ponha a tónica no inter-relacionar das regras com os factos[1363].

[1363] Refira-se a nova construção de ARTHUR KAUFMANN, *Vorüberlegungen zur einer juristischen Logik und Ontologie der Relationen*, RTh 17 (1986), 257-276 (265 e 273), que põe, justamente, o Direito, não na norma nem no caso, mas na sua relação.

§ 31.º OS DADOS ATUAIS

131. Neopositivismo e análise económica

I. A situação metodológica do Direito civil corresponde à da Ciência do Direito, no seu todo. Mas em termos mais marcados: estamos perante o núcleo duro dos sistemas continentais. Torna-se complexo e arriscado efetuar balanços críticos, relativos aos nossos dias, para mais em sectores fluidos, como o da metodologia[1364]. E a dificuldade mais se adensa se tivermos em conta que, neste momento, domina uma indefinição generalizada. A civilização em curso parece esgotada; mas não se desenha, no horizonte, qualquer alternativa credível.

Com esse toque de humildade, vamos prosseguir.

II. Os sortilégios do século XX acabaram por (re)alimentar o irrealismo metodológico. Mantém-se difícil, para um operador jurídico, mesmo muito habilitado, retirar dados úteis da jurisprudência analítica, da jurisprudência problemática ou das sínteses hermenêuticas.

Tais dificuldades, associadas a quebras culturais universitárias, grangearam um novo positivismo. Fundamentalmente assente em textos constitucionais ou em opções supranacionais, pretende-se uma concretização, na forma, de catálogos fundamentais, independentemente de juízos de oportunidade "filosóficos". A jurisprudência constitucional relativa à interrupção da gravidez ilustra-o[1365]. Não haverá outra alternativa para o irrealismo metodológico?

[1364] No tocante à evolução histórica do Direito e do seu método, desde a Antiguidade, STEPHAN KIRSTE, *Die Zeitlichkeit des positiven Rechts und die Geschichtlichkeit des Rechtsbewusstseins/Momente der Ideengeschichte und Grundzüge einer systematischen Begründung* (1998), 475 pp..

[1365] *Tratado*, IV, 322 ss..

III. Na verdade e no último quartel do século XX, a possibilidade da quebra do irrealismo metodológico tornou-se real, através do novo pensamento sistemático. Os problemas e as soluções podiam ser perspetivadas através de um horizonte duplamente amplo: em dimensão histórico-valorativa e em dimensão interdisciplinar. Sustentamos a validade desta orientação, potencialmente inesgotável e com efetivos reflexos na resolução de casos concretos. A jurisprudência portuguesa, a partir de 1985 e através, por exemplo, da concretização da boa-fé está, hoje, irreconhecível. Temos, contudo, o problema das referências materiais em aberto, para o qual não parece haver saída.

Com efeito, a guerra fria, que se prolongou entre 1945 e 1989, moldou duas gerações de universitários. Com projeções complexas no interior dos diversos países – pense-se nos acontecimentos portugueses de 1974/1976 e nas perseguições então movidas a estudiosos de diversos quadrantes –, a guerra fria levou, a prazo, à difusão de uma postura defensiva, pouco motivada, marcada pelo relativismo e pelo agnosticismo. Ninguém assume o risco de uma postura capaz de passar por politicamente incorreta. Os êxitos da tópica e do pragmatismo analítico deverão muito ao ambiente que, acima, procurámos bosquejar.

IV. O termo da guerra fria e o colapso da alternativa soviética deixaram lacunas curiosas, por preencher. O pensamento sistemático, só por si, não resolve. Fruto, ele próprio, da guerra fria, o pensamento sistemático apenas oferece uma ferramenta capaz de estabelecer pontes entre o método e a dogmática. Mas não dá, em si, referências materiais. Onde procurá-las?

O positivismo relativista virou-se para as constituições. Assistiu-se, assim, ao influxo dos direitos fundamentais e ao multiplicar das inconstitucionalidades. Mas essa via não facultava, por si, um sistema de valores[1366]. Esgotou-se, chegando a vez de uma ética ingénua, baseada no sentimento moral mais imediato. A simples observação demonstra a necessidade de uma certa coesão social que, só por si, o Direito não alcança. Cabe à Moral ajudar[1367]. Os frutos são escassos, mas existem.

[1366] UDO DI FABIO, *Grundrechte als Werteordnung*, JZ 2004, 1-8 (1).
[1367] THOMAS RAISER, *Recht und Moral, soziologisch betrachtet*, JZ 2004, 261-266 (266).

V. A marca fundamental do tempo mantém-se, porém, no positivismo[1368]. Abandonada pela metodologia, a dogmática tem, sozinha, de encontrar soluções.

Neste ambiente, podemos apontar, como o último acontecimento metodológico do século XX, a erupção, no Continente, do pensamento materialista norte-americano, conhecido como "análise económica do Direito" ou *law and economics*.

Com raízes anteriores, particularmente no economista Ronald H. Coase[1369], a análise económica do Direito foi particularmente divulgada por Richard A. Posner[1370]. Entre nós, a análise económica ficará ligada à obra de Fernando Araújo, a qual vai muito para além de uma simples exposição sobre a doutrina em jogo[1371].

No fundamental, a análise económica explica que a conduta humana é, nas suas diversas opções, enformada por postulados de ordem económica. Na celebração de um contrato, no exercício das faculdades de proprietário ou na decisão que pode levar à prática de um crime, o agente determina-se em função da maior utilidade que possa retirar de bens escassos. Ora sendo assim, pergunta-se porque não aplicar a metodologia económica ao tratamento de problemas jurídicos.

VI. A análise económica prende-se, filosoficamente, ao naturalismo utilitarista benthamiano e aos seus prolongamentos pragmáticos e realistas norte-americanos[1372]. Ela chegou a apresentar uma enorme pujança na Alemanha, batendo, a larga distância e em curto espaço, a influência das correntes metodológicas anteriores. Muito significativo é o facto de, ao

---

[1368] ARMIN ENGLÄNDER, *Grundzüge des modernen Rechtspositivismus*, Jura 2000, 113-118.

[1369] R. H. COASE, *The problem of social cost*, J. Law & Econ. 3 (1960), 1-44; trata-se, segundo estimativas norte-americanas, do artigo mais citado de sempre.

[1370] RICHARD A. POSNER, *Economic Analysis of Law*, 5.ª ed. (1998), 802 pp.; a 1.ª ed. é de 1973. A literatura é muito numerosa; por exemplo: NICHOLAS MERCURO/STEVEN G. MEDEMA, *Economics and the Law/From Posner to Post-Modernism* (1997) e HANS PETER SCHWINTOWSKI, *Ökonomische Theorie des Rechts*, JZ 1998, 581-588.

[1371] FERNANDO ARAÚJO, *Teoria económica do contrato* (2007), 1340 pp.; esta obra, para além da criatividade própria, contém um conjunto inabarcável de indicações sobre o tema.

[1372] Quanto às bases da análise económica do Direito, cf. HORST EIDENMÜLLER, *Effizienz als Rechtsprinzip*, 2.ª ed. (1998), 21 ss. e *passim*.

contrário de boa parte das outras orientações, a análise económica pretender ter uma efetiva projeção dogmática. Ocupa-se dos problemas e das soluções: não apenas de grandes princípios[1373]. Parece, porém, ter já passado de moda, perdendo o impacto inicial[1374]. Por várias razões e, designadamente, pelo seguinte: atinge um desenvolvimento muito difícil para os não iniciados, acabando por desaguar no grande Pacífico do irrealismo metodológico.

VII. Impõe-se alguma prudência. A condenação sumária da análise económica do Direito, precipitadamente feita por determinados sectores respeitáveis, não é admissível. Ela tem, antes de mais, de ser estudada e avaliada pelos seus frutos dogmáticos. Esse estudo foi, hoje, realizado entre nós por Fernando Araújo, demonstrando (em nosso entender) que diversos institutos jurídicos têm a ganhar, no plano da otimização das soluções, com as aportações da *law & economics*.

Com este reconhecimento que se impõe, julgamos poder sublinhar que a análise económica tem, no espaço anglo-saxónico, marcado pelas fraquezas (ou inexistência?) de um sistema externo, um evidente papel ordenador que lhe falta no Continente. Mantém, contudo, uma ambiguidade de raiz: ela oferece-se como um guião de política legislativa, como um auxiliar de interpretação ou como uma bitola de decisão?

Além disso, um problema normativo complexo tem, nos Direitos continentais, variáveis histórico-culturais que não podem ser alijadas. Tais variáveis são a-económicas: antieconómicas mesmo e porventura. Uma análise económica pura e dura não substitui um processo cabal de realização do Direito. Em termos mais concretos, censura-se à análise económica do Direito[1375]:

– o desconsiderar a especificidade da Ciência do Direito;
– o assumir um papel destrutivo dos esquemas existentes, sem estar à altura de os substituir;

[1373] Vide HANS-BERND SCHÄFER/CLAUS OTT, *Lehrbuch der ökonomischen Analyse des Zivilrechts*, 4.ª ed. (2005), XXXVII + 713 pp..

[1374] Este fenómeno não era detetável aquando da elaboração da 2.ª ed. da presente obra em 2002; cf., aí, 50 ss..

[1375] FRANK LAUDENKLOS, *Methode und Zivilrecht in der ökonomischen Analyse des Rechts*, em JOACHIM RÜCKERT, *Fälle und Fallen in der neueren Methodik des Zivilrechts seit Savigny* (1997), 289-313 (307).

– o prejudicar os fracos, adotando, em nome de puros esquemas económicos, atitudes associais;
– o pôr em causa a cultura jurídica.

A análise económica propõe esquemas explicativos que, por vezes, fazem lembrar os do marxismo. Não tem, todavia, a mensagem de base humanista que podemos descobrir nos originais de Karl Marx[1376]. Aguardemos.

Em aberto fica, agora, a determinação exata do papel da última "novidade" metodológica do decorrido século XX. Registe-se, todavia, que a sua ação mais vincada surgiria precisamente no Direito civil e, dentro deste, na responsabilidade e nos contratos[1377]. Neste momento, boa parte das opções jurídicas é comandada por variáveis económicas. Mas de modo acrítico, porquanto com desconhecimento dos esquemas que permitiriam exprimir, no Direito, um *optimum* custos/benefício. A análise económica conserva um potencial explicativo e prático (logo: dogmático) que justifica um seu estudo mais alargado e mais divulgado.

132. Irracionalismo, ética e predomínio da cultura

I. O século XXI anunciava-se sob um regresso aos grandes sistemas morais, religiosos ou profanos, em releituras atualistas. A sua primeira década deixa temer que essa não seja a evolução em curso. Na verdade, aguarda-se uma multiplicação de problemas climatéricos, ambientais, demográficos e sanitários[1378] a que se somam, agora, inultrapassáveis crises financeiras e económicas. Apesar de prevenidos pelos cientistas das diversas especialidades, os Governos do Ocidente não se preocupam: a

---

[1376] HENRIQUE DA SILVA SEIXAS MEIRELES, *Marx e o Direito civil (para a crítica histórica do "paradigma civilístico")* (1990), 359 ss. e *passim*. A dureza da linguagem marxista esbateu o que chamamos o humanismo de base: um erro semântico global, estreitamente ligado a uma ideia de poder e de tomada do poder e que pôs em crise a sobrevivência do "materialismo histórico" e do "socialismo científico".
[1377] SCHÄFER/OTT, *Lehrbuch*, 4.ª ed. cit., 121 ss. e 393 ss.; vide THOMAS J. MICELI, *Economics of the Law* (1997), 39 ss. e 71 ss..
[1378] ADOLF LAUFS, *Ein Jahrhundert wird besichtigt/Rechtsentwicklungen in Deutschland: 1900 bis 1999*, JuS 2000, 1-10 (10).

democracia, com o seu esquema de eleições periódicas e de mandatos temporários, dobrada pelo egoísmo dos cidadãos, que apenas pensam no curto prazo[1379] – e nunca nas gerações vindouras! – demora na reação, assim se perdendo preciosas décadas.

A febre do imediato tem provocado, em vários níveis e com reflexos no Direito, opções irracionais. Temos, aí, o produto do grande vazio subsequente à Guerra Fria, com a indiferença ambiental, o terrorismo suicida e acéfalo, as guerras sem projetos subsequentes, as opções voluntaristas e impensadas e a incapacidade de aprontar uma regulação global. No plano interno, podemos apontar o bloqueio de reformas ou a sua imposição sem qualquer estudo universitário prévio, a enorme pressão para o abaixamento cultural e científico das nossas Faculdades, a produção legislativa demente e o aparente abandono da identidade nacional, sacrificada a um despesismo/economicismo que será implacavelmente julgado pela História. A Filosofia fora substituída pela Ideologia. Esta tarda, porém, em encontrar um sucessor, sendo certo que já não pode, por si, constituir motor de coisa nenhuma. A não se conseguir o anunciado regresso aos grandes sistemas, assistiremos a um progresso do desinteresse e do nihilismo, por todo o Ocidente e, em especial, pela Europa.

II. Isto dito, parece possível detetar um certo interesse pela Filosofia transcendental, designadamente por temas kantianos[1380]. A ponderação jurídico-racional da matéria em jogo[1381] e a busca de um sistema de valoração jurídico-privada[1382], ambas na esteira de Kant, constituem temas de preocupação recente. Na mesma rota podemos inserir os estudos relativos

---

[1379] JÖRG TREMMEL, *Institutionelle Verankerung der Rechte nachrückender Generationen*, ZRP 2004, 44-46.

[1380] Entre nós, JOSÉ LAMEGO, *"Teleologia da liberdade" e conceito de Direito: a compreensão criticista da juridicidade como exigência de "constitucionalização" do ordenamento jurídico* (2001), 362 ss. e *passim* e *O essencial sobre a Filosofia do Direito do idealismo alemão* (2011).

[1381] KRISTINA KASTENDIECK, *Der Begriff der praktischen Vernunft in der juristischen Argumentation/Zugleich ein Beitrag zur Rationalisierung und ethischen Legitimation von rechtlichen Entscheidungen unter Unsicherheitsbedingungen* (2000), 190 ss..

[1382] JOACHIM GOEBEL, *Das System privatrechtlicher Wertung und die demokratische Genese des Rechts*, ARSP 2003, 372-386 e CRISTOPH VON METTENHEIM, *Kant, die Moral und die Reform der Revision*, NJW 2004, 1511-1514.

a conceitos tradicionais, numa linha de rejuvenescimento[1383], bem como o sublinhar do papel prático da Filosofia[1384].

A pesquisa genética e o tema complexo da dignidade humana e do respeito pela vida[1385] apelam à isenção e à representatividade das figurações éticas[1386]. Todavia, as normas morais vinculam, mesmo quando desrespeitadas[1387]: um *minimum* para prevenir a transformação da autonomia em anomia. Em suma: haverá que reconstruir um edifício de referências a partir de posições cuja bondade seja pacífica e que se teçam em torno da dignidade humana e dos valores naturais e ambientais.

III. Apesar do relativismo que sempre envolve, cumpre referir, como campo atual de pesquisa e de progresso social, o tema do relevo dos modelos culturais no desenvolvimento das economias e no progresso das sociedades respetivas. Temos em mente os trabalhos do norte-americano de origem nipónica Francis Fukuyama[1388] sobre o papel da confiança e as estruturas sociais que a ela conduzem. Sociedades em que, como na norte-americana tradicional, dominem relações de confiança permitem a estruturação de entidades intermédias consistentes, base de grandes empresas produtivas. Pelo contrário, nas sociedades do Sul da Europa, como a italiana ou a francesa – e fácil seria, neste domínio, incluir as lusófonas –, pautadas pela desconfiança, as relações são lassas, mal ultrapassando a família nuclear. Os modelos de desenvolvimento apoiam-se no Estado e requerem, deste, um auxílio contínuo: óbice evidente para o desenvolvimento económico e social.

O pensamento de Fukuyama – que retoma muito da estrutura da ação e da articulação desta em sistema, em modelos estudados por Talcott Par-

---

[1383] JOACHIM HRUSCHKA, *Kant Rechtsphilosophie als Philosophie des subjektiven Rechts*, JZ 2004, 1086-1092.

[1384] DIETMAR VON DER PFORDTEN, *Was ist und wozu Rechtsphilosophie?*, JZ 2004, 157-166 (163/II).

[1385] TATJANA HÖRNLE, *Menschenwürde und Lebenschutz*, ARSP 2003, 318-338 e UDO DI FABIO, *Grundrechte als Werteordnung* cit., 6/I.

[1386] STEFAN GROTEFELD, *Wie wird Moral ins Recht gesetz?*, ARSP 2003, 299-317.

[1387] S. O. WELDING, *Die begriffliche Struktur moralischer Normen*, ARSP 2003, 562-569.

[1388] FRANCIS FUKUYAMA, *Trust/The Social Virtues and the Creation of Prosperity* (1995); há trad. port. de CARLOS LEITE BORGES, Gradiva, 1996.

sons[1389] – insere-se nas releituras da História possibilitadas pela queda do Muro de Berlim e pelo fim do comunismo, como sistema credivelmente alternativo ao capitalismo liberal. Com recuos, a História documentaria uma marcha para as economias de mercado e para a democracia liberal. O motor seria constituído pela lógica das Ciências Naturais: qualquer outro sistema gera bloqueios, tendendo a ser substituído. A obtenção de um mercado mundial e de sociedades democráticas constituiriam o fim da História[1390]. Mera ficção? Um conjunto perturbador de indícios parecia confirmar essa evolução. Mas ela foi parcialmente interrompida pela crise de 2007/2012 (ou 2014?), pelo menos no que toca ao progresso assegurado das economias de mercado. Os (ex-)seguidores do pensamento soviético aplaudiram a desgraça. Não parece possível ressuscitar, todavia, a alternativa marxista. A evolução política liberalizante, em curso no Mediterrâneo e noutros países, vai ao encontro do "fim da História". Por resolver fica a ordenação económica mundial: provavelmente sem solução, até que exista um Governo Planetário efetivo, contrapartida da globalização[1391]. Aguardemos novos estudos de Ciências Sociais, bem como a evolução dos próximos anos.

Em termos jurídicos, tais conceções sublinham a especial legitimidade dos modelos contratuais, em detrimento das intervenções do Estado e a capacidade organizadora das iniciativas privadas, num patente reforço significativo-ideológico do Direito privado.

Estas considerações abrem todo um universo de sugestões para estudos futuros, tendo já penetrado na literatura continental[1392].

[1389] No início da década de 80 do séc. XX, tentámos um aproveitamento dogmático da teoria da ação, de PARSONS, bem como uma primeira divulgação, do seu pensamento, entre nós; vide *Da boa-fé* cit., 880 ss.. Passou despercebido. No oceano subsequente de afazeres, não voltámos a insistir.

[1390] FRANCIS FUKUYAMA, *The End of History and the Last Man* (1992 reimpr., 2002).

[1391] No que transcenda o mero tópico vocabular; FRITZ HERMANNS, *Die Globalisierung*, em FRIEDRICH MÜLLER, *Politik, [Neue] Medien und die Sprache des Rechts* (2007), 165-189.

[1392] Em mente temos a investigação de TANJA RIPPERGER, *Ökomomik des Vertrauens* (1998), que elenca, designadamente (268): os mecanismos da confiança nas categorias económicas, a capacidade explicativa dos modelos económicos e o concreto entendimento dos efeitos da confiança.

133. Os problemas em aberto

I. Os problemas atuais do Direito civil são, também, os da Ciência do Direito, com algumas particularidades, que importa sublinhar.

A radicação, no discurso jurídico, do pensamento sistemático possibilitou as codificações. Trata-se de um dado fundamental, abaixo examinado e que, corporizando a Ciência do Direito, domina por inteiro a civilística da atualidade.

O influxo das codificações na metodologia jurídica implicou tendências positivistas, num largo leque que se estendeu desde a exegese formal à jurisprudência dos interesses; elas devem ser superadas, em termos conhecidos, nos quais não há que insistir[1393].

II. A civilística atual procura enquadrar e solucionar três questões fundamentais:

– a efetiva assunção da Ciência do Direito;
– a adaptação dos códigos a situações novas;
– o aprofundamento aperfeiçoado dos níveis interno e externo do sistema, o que pressupõe a consciência das suas limitações.

A efetiva assunção da Ciência do Direito constitui o desafio decisivo enfrentado pela civilística dos nossos dias. O Direito transcende o empirismo e o arbítrio na medida em que obedeça a regras cognoscíveis, isto é, desde que surja como científico. A Ciência jurídica só se apresenta como tal quando resolva, efetivamente, casos concretos: é constituinte.

A influência real do discurso metodológico nos níveis aplicativos – existencialmente necessários – do Direito deteve-se, a partir da década de trinta do século XX, como foi referido: à jurisprudência dos interesses seguiu-se um longo período de letargia, durante o qual os desenvolvimentos metodológicos não tiveram influxo visível nas soluções concretas – e logo na Ciência do Direito[1394].

[1393] CASTANHEIRA NEVES, *Escola da exegese* e *Jurisprudência dos interesses*, trabalhos publicados em *Digesta*, 2 (1995), 193-201 e 215-246, respetivamente, com indicações. Examinando uma série de problemas concretos, o já referido JENS PETERSEN, *Von der Interessenjurisprudenz zur Wertungsjurisprudenz* (2001), 32 ss..

[1394] KARL LARENZ, *Methodenlehre der Rechtswissenschaft*, 6.ª ed. cit., 58 e o nosso *Da boa-fé* cit., 400 ss..

Esta situação é duplamente inconveniente:

– na falta de uma Ciência do Direito efetiva, o discurso jurídico mantém-se no nível da jurisprudência dos interesses, sendo mesmo patentes certas regressões; ora a crítica ao positivismo e ao conceptualismo está feita e é pacífica: as suas limitações são conhecidas, havendo que transcendê-las;
– apenas a Ciência do Direito permite justificar e controlar as decisões; na sua falta ou perante a sua insuficiência, manifesta-se o sentimento, o empirismo, o arbítrio ou a atuação de cripto-fundamentações.

Pode pois assentar-se que só a Ciência do Direito faculta o desenvolvimento de soluções concretas, em consonância com os níveis culturais da atualidade; só essa mesma Ciência permite, pelo combate ao empirismo, ao arbítrio ou ao sentimento, afirmar o Direito, enquanto tal[1395-1396].

III. Os grandes códigos civis foram aprovados em períodos de alterações sociais rápidas e profundas. As próprias codificações tardias cedo enfrentaram condições para que não tinham sido pensadas. Trata-se de uma situação natural: as codificações representam um ponto de chegada: elas exprimem os aspetos essenciais em que se atingiu relativo consenso, dentro dos quadros jurídico-científicos que presidiram à sua elaboração. Uma vez em vigor, elas logo se confrontam com novas realidades e com a própria evolução do pensamento jurídico. Os codificadores devem estar conscientes desse estado de coisas: cabe-lhes evitar definições ou tomadas de posição doutrinárias e disseminar, com cautelas bastantes, conceitos indeterminados que facultem áreas de crescimento futuro, através de concretizações jurisprudenciais e de propostas dos estudiosos.

Em qualquer dos casos, o problema da adaptação dos códigos civis a novas realidades constitui um tema básico sempre atual. Recorrendo, na

---

[1395] MENEZES CORDEIRO, *Tendências actuais da interpretação da lei: do juiz-autómato aos modelos de decisão jurídica*, TJ 12 (1985), 1 ss., com indicações, publicado, também, na RJ, 1987. Para uma introdução à aprendizagem jurídica, *vide* FRITJOF HAFT, *Einführung in das juristische Lernen*, 6.ª ed. (1997).

[1396] Não deve, daí, inferir-se que a Ciência do Direito tenha já encontrado solução para todos os problemas que possam surgir, e que lhe sejam submetidos – cf. WADGI SABETE, *La théorie du droit et le problème de la scientificité*, ARSP 85 (1999), 95-111 (95-96); na falta de solução "científica", haverá regras de processo que permitam encontrar soluções razoáveis, ainda que fora do sistema.

medida do possível, a uma interpretação atualista, utilizando conceitos indeterminados ou descobrindo lacunas ocultas, a Ciência do Direito tem meios para proceder a tal adaptação. Ela deve impor-se, aliás, como uma tarefa permanente.

IV. As soluções paradoxais, injustas ou contraditórias são sempre uma constante do Direito, obra humana. O esforço para reduzir ou evitar tais imperfeições inscreve-se entre as tarefas básicas dos juristas. Impõe--se, pois, um aperfeiçoamento do sistema interno. Mas o sistema externo – dele indissociável – coloca-se, também, como objeto desse esforço. As melhorias alcançadas na ordenação, na exposição e na comunicação do Direito facultam, direta e indiretamente, progressos relevantes no conhecimento do sistema interno e na realização, em geral, de todo o Direito.

V. Em todo o esforço postulado pelos aspectos acima sublinhados, há a registar dois campos de relevo: a internacionalização da Ciência do Direito e a permanente mobilidade da terceira sistemática.

A Ciência do Direito não conhece fronteiras. Através de fenómenos de receção e de transferência culturais, o Direito pode ser apreendido e divulgado para além das fronteiras políticas e linguísticas, de modo a formar grandes espaços jurídico-científicos. Trata-se de um fator determinante no atual Direito civil lusófono que deve, todavia, passar sempre pelo crivo das condicionantes linguísticas e do Direito comparado. Este fator é hoje agudizado pela integração europeia, em termos acima estudados[1397].

A terceira sistemática – ao contrário das anteriores – está em condições de assegurar e incentivar todos os desenvolvimentos subsequentes. Traduzindo apenas um modelo de interação centro/periferia, a sistemática integrada pode evoluir nos seus princípios básicos, sendo ainda capaz de, em qualquer momento, aceitar problemas inteiramente novos, buscando, para eles, soluções.

VI. Como consequência de todos estes esforços, a dogmática civil tem vindo a assumir um cinzelamento crescente[1398]. As construções aperfeiçoam-se e diferenciam-se.

[1397] *Supra*, 357 ss..
[1398] Cf. WOLFGANG ZÖLLNER, *Zivilrechtswissenschaft und Zivilrecht im ausgehenden 20. Jahrhundert*, AcP 188 (1988), 85-100.

Surge uma preocupação ampliada com a casuística. As decisões jurisprudenciais, outrora ausentes, fazem a sua aparição nos manuais universitários, mormente lusófonos.

Contraponto da complexidade crescente da Ciência civil é a contínua especialização dos juristas e da literatura. Donde um papel acrescido para a parte geral do Direito civil: intentar manter os grandes quadros jurídicos e permitir conexões interdisciplinares fundamentais para a harmonia do sistema.

134. Referências materiais

I. As leituras globais recentes, como a análise económica do Direito e a economia da confiança, operam como instrumentos de análise. Não dão conta, porém, de rumos ou de objetivos materiais. Para um correto entendimento do Direito civil e para uma efetiva consecução dos seus valores, esses objetivos são necessários. Vamos referir, tendo em mente a experiência lusófona, alguns dos problemas em aberto.

O predomínio do mercado tem levado o Direito civil – ou, mais latamente, o Direito privado – a áreas antes reservadas ao Direito público. O Estado é o maior contratante privado: de bens e serviços e de trabalho. A gestão de departamentos e institutos públicos é assimilada à das sociedades comerciais. De resto, a forma societária privada é cada vez mais adotada. Nos diversos campos antes intervencionados, verifica-se um predomínio crescente da autonomia privada: pense-se no trabalho e no arrendamento. Deve o Direito civil chamar a si os valores clássicos do interesse público e do bem comum ou caber-lhe-á, antes quedar-se pelo pressuposto da igualdade formal das partes?

II. Admitindo que o Direito civil não deva ser agnóstico, antes lhe competindo, com o largo *instrumentarium* posto ao seu serviço pela Ciência do Direito, procurar um equilíbrio global e relacional, pergunta-se: e não deverá essa sua ação estender-se aos sectores não-patrimoniais da vida em sociedade, designadamente às áreas das pessoas e da família? O tópico da pessoa humana, individualmente tomada é, hoje, muito forte: mal seria preciso insistir na tutela dos direitos fundamentais e de personalidade e na prevalência que estes tendem a assumir no confronto com direitos de diversa natureza. Mas se assim é, será coerente desamparar a vida pré-natal e esquecer a tutela *post mortem*? E quanto à família: serão indiferentes, para o Direito civil, a ocorrência de divórcios, o destino dos filhos e as uniões de facto, hetero ou homossexuais? Tanto dá, mesmo quando esteja em jogo o futuro de crianças? É lícito ao Direito civil, articular valores e fazer opções ou tudo isso ficará remetido para as malhas, cáusticas mas juridicamente indiferentes, do politicamente correto?

III. A solução fácil de afirmar esses e outros problemas como apanágio da Política, da Moral ou da Religião não é satisfatória. Por certo que a Política, a Moral e a Religião têm uma palavra a dizer, que deve ser escutada. Mas o próprio Direito civil representa, em si, uma tradição milenária de aperfeiçoamento: cabe-lhe tomar posição. O "politicamente correto" que já equacionámos como uma "Moral social" muito eficaz, só por si, acaba por propiciar saídas desconexas e insatisfatórias[1399]. O relativismo cultural[1400] não pode pôr em crise a coerência das decisões (do Direito)[1401].

[1399] As preocupações de laicização do Direito e do Estado são um condimento do positivismo – GERD ROELLECKE, *Die Entkoppelung von Recht und Religion*, JZ 2004, 105-110 (107); todavia, o "combate" pela secularização (que, no Ocidente, não faz hoje o mínimo dos sentidos) conduz a situações como estas: o Tribunal Constitucional alemão veio decidir, em 1995 – BVerfG 16-Mai.-1995, NJW 1995, 2477-2483, com excelentes votos de vencido dos Conselheiros SEIDL e SÖLLNER e da Conselheira HAAS – que a presença de crucifixos nas escolas públicas, na Baviera, contrariava a liberdade religiosa prevista no artigo 4/I da Constituição alemã; mas em 2003, o mesmo Tribunal entendeu ser necessária uma lei explícita para proibir, a uma professora funcionária pública, o uso, em funções, do véu islâmico – BVerfG 24-Set.-2003, NJW 2003, 3111-3122, com excelentes votos de vencido dos Conselheiros JENTSCH, DI FABIO e MELLINGHOFF. Em boa verdade entendemos que, hoje, quer o crucifixo, quer o véu islâmico têm um alcance cultural: religioso apenas para os crentes. Mas se se proíbe um, proíbe-se o outro: é uma evidência cartesiana para o Direito civil. Tentar harmonizar ambas as decisões – p. ex.: RONALD POFALLA, *Kopftuch ja – Kruzifix nein?*, NJW 2004, 1218-1220, explicando que o crucifixo representava um perigo concreto para a liberdade religiosa, enquanto o véu islâmico apenas traduziria um perigo abstrato – mal esconde o problema subjacente: o da deriva das decisões, quando assentes no "politicamente correto", em vez de perfilhar uma qualquer coerência valorativa.

[1400] ROBERT DEINHAMMER, *Menschenrechte und Kulturrelativismus*, ARSP 96 (2010), 51-63 e (de novo!) BERND LADWIG, *Das islamische Kopftuch und die Gerechtigkeit*, ARSP 96 (2010), 17-33.

[1401] MATHILDE COHEN, *The Rule of Law as the Rule of Reasons*, ARSP 96 (2010), 1-16.

A resposta para estes problemas deve ser procurada na Ciência do Direito e na coerência do ordenamento. Apesar das dúvidas e das negações[1402], sustentamos que o Direito é uma Ciência: obedece a leis e chega a resultados previsíveis. As suas próprias falhas podem ser detetadas, racionalizadas e corrigidas, integrando um processo de conhecimento[1403]. Por outro lado: havendo uma unidade sistemática do ordenamento[1404], ela própria projeção do postulado básico de tratar o igual de modo igual e o diferente de forma diferente, de acordo com a medida da diferença, ter-se-á que chegar a uma harmonia de soluções, sob pena de disfuncionalidades. Por exemplo: se existe uma lata tutela do ser humano nascido, não é possível obliterar totalmente uma proteção pré-natal; ou então: se o destino das crianças é relevante, não pode ser indiferente a ocorrência de divórcios ou a natureza das uniões. De outro modo, o Direito estaria a cair na incongruência da autocontradição.

IV. Questão aparentemente delicada é formular as referências materiais. Existem, no Direito, valores e composições de interesses que se imponham ao intérprete-aplicador e ao próprio legislador, independentemente dos jogos de normas e de princípios? Haverá, a este nível, um "Direito natural" que a todos ocorra e por todos deva ser respeitado? Se sim, a Ciência do Direito, através da sua lógica sistemática e nos termos acima apontados poderia, deles, retirar um máximo de aproveitamento.

Este problema não tem, tanto quanto sabemos, uma solução científica única. A história dos esforços destinados a encontrá-la confunde-se com a da própria Humanidade: não é este o local próprio para a descrever. Vamos, tão-só, apontar algumas ideias capazes de suscitar um consenso alargado.

V. Na busca de referências materiais – e ficando assente que nos movemos no campo jurídico – há que caminhar do especial para o geral e

---

[1402] Assim, HANS-EBERHARD HEYKE, *Ist "Rechtswissenschaft" eine Wissenschaft?*, RTh 2003, 229-244.

[1403] JENS-PETER DAMAS, *Ist die Rechtswissenschaft eine Wissenschaft?/Fallibilismus als Erkenntnistheorie der Rechtswissenschaft*, RTh 2003, 186-199.

[1404] ROMANO MINWEGEN, *Der Topos der "Einheit der Rechtsordnung" und des Rechtspositivismus im Lichte der Logik*, RTh 2003, 505-517.

do concreto para o abstrato. O Direito é sempre solução concreta. As referências materiais sê-lo-ão, também – ou não terão conteúdo jurídico.

Por isso, o primeiro passo consiste em encontrar – e em praticar – uma dogmática que dê lugar a referências materiais, isto é: que permita ao intérprete-aplicador uma margem a preencher, para além da estrita comunicação normativa.

Na Ciência do Direito atual, marcada por grande densidade reguladora, o campo mais promissor para a erupção de valores materiais reside nos conceitos indeterminados: conceitos que não têm um conteúdo comunicativo imediato e claro, antes devendo ser preenchidos, em cada caso, com valorações[1405]. O caso paradigmático é o conceito de boa-fé, abaixo estudado.

Repare-se: a não se admitir uma margem para o intérprete-aplicador, a busca de referências materiais é inútil: simples saída linguística para encobrir um positivismo de tipo exegético.

VI. O segundo passo tem a ver com o conhecimento do Direito. Tal conhecimento não é apenas domínio das fontes: joga-se, antes, a Ciência do Direito, na sua dimensão de dogmática integrada.

O Direito tem, progredido, ao longo de milénios. A História mostra que os retrocessos são possíveis. De todo o modo, parece-nos experimentalmente demonstrável um caminhar, nos últimos duzentos anos, caracterizado pelos seguintes pontos:

– tutela da pessoa humana: os tratamentos cruéis e degradantes e a pena de morte têm vindo a recuar estando, na Europa, praticamente abolidos;
– a supressão de discriminações: o estatuto de diminuição em função do sexo, da raça, das crenças, das convicções ou de outros fatores arbitrários ou negativos vêm regredindo, sendo de esperar a sua total desaparição;
– o respeito pelos direitos adquiridos: alcançado um direito, apenas justificadamente e com compensação ele poderá desaparecer;

[1405] Quanto à interpretação destes conceitos: SUDABEH KAMANABROU, *Die Interpretation zivilrechtlicher Generalklauseln*, AcP 202 (2002), 662-688; a concretização destes conceitos poderá ser interpretação ou integração consoante se situe no campo previsto pelo legislador ou fora dele – ob. cit., 678 e 687.

– o poder da palavra dada e da confiança: quem se vincule livremente deve ficar ligado ao que fez;
– a tutela dos recursos, de riqueza e da própria vida: não se pode, *ad nutum*, atingir bens valiosos ou prejudicar a natureza;
– a busca do social e do progresso: o Direito deve assegurar uma distribuição equitativa da riqueza, promovendo a elevação cultural e económica das sociedades.

Estas e outras proposições enformam inúmeros institutos[1406]. O melhor que a Humanidade tem conseguido, no tocante a códigos de conduta, foi vertido em leis, particularmente nos experimentados diplomas civis. Nem sempre com a clareza devida: mas o intérprete-aplicador, auxiliado pela sua Ciência, pode determiná-lo. O verdadeiro Direito tende para a justiça, abrigando "valores materiais". Há que conhecê-lo.

VII. O terceiro passo, aparentemente formal, é decisivo para preservar a materialidade do sistema: ele tem a ver com a preparação da decisão e com a sua especificidade[1407]. Não há problemas iguais. No entanto, as soluções devem ser previsíveis. É importante sublinhar que áreas relativamente "formais", como o clássico Direito das obrigações, vêm assumindo uma "materialização", isto é: adotam a defesa de valores subjacentes, como a liberdade individual, o equilíbrio ou a tutela do consumidor[1408].

Apenas uma Ciência do Direito muito afinada será capaz de tratar cada questão com as especificidades que ela tenha, sendo, não obstante, previsível. A Ciência é a melhor garantia contra o arbítrio, o improviso e a injustiça.

[1406] O ponto de partida poderá ter na base um bom catálogo de direitos fundamentais.
[1407] *Vide* HEINER ALWART, *Die Vernünftigkeit des Bundesverfassungsgerichts*, JZ 2000, 227-232.
[1408] CLAUS-WILHELM CANARIS, *Wandlungen des Schuldvertragsrechts – Tendenzen zu einer "Materialisierung"*, AcP 200 (2000), 273-364 (277, 282 e 359 ss.).

§ 32.º OS PARÂMETROS DA REALIZAÇÃO DO DIREITO

135. Do juiz-autómato à criatividade da decisão

I. Centramos o Direito na solução do caso: solução científica, porquanto subordinada a regras que a tornam previsível e imune ao arbítrio. Perante isso, o juiz – arquétipo do operador jurídico – operaria como um simples autómato. Conhecidos os factos atinentes ao caso, a decisão seria inevitável e predeterminada.

O automatismo do decisor iria ainda ao encontro de ponderosos postulados políticos de tipo liberal, assentes na decisão de poderes. A opção jurídica seria exercida pelos parlamentos, aquando da feitura das leis. Perante estas, o juiz não teria margem de decisão: caber-lhe-ia, tão-só, apurar os factos e aplicar, automaticamente, o Direito.

II. Este quadro, de tipo teórico, foi perturbado, no terreno, por quatro tipos de obstáculos, aparentemente insuperáveis e que vimos, acima, atingirem o positivismo[1409]:

– as lacunas;
– os conceitos indeterminados;
– as contradições de princípios;
– as leis injustas.

A lacuna, como veremos, surge quando um caso carecido de regulação jurídica, em função da sua própria natureza e por exigência do sistema, não a tenha. Nessa eventualidade, caberá ao intérprete-aplicador, através de vários procedimentos, como o recurso à analogia ou aos princípios,

---

[1409] *Supra*, 450-452.

encontrar uma solução. Esta, todavia, já não será automática: antes exige uma atividade inovadora (ou criativa) do intérprete-aplicador.

III. Os conceitos dizem-se indeterminados quando correspondam a formulações linguísticas que não comportem um conteúdo claro. Locuções como boa-fé, bons costumes ou equidade são conceitos indeterminados. Haverá, por certo, regras destinadas a facultar a concretização de tais conceitos. Mas não se consegue, por essa via, chegar a um automatismo. O juiz, perante um conceito indeterminado, fica numa posição mais cómoda do que a de pura lacuna, já que sempre haverá algum substrato comunicativo de que poderá partir. Mas, tal como na lacuna, será exigida uma atividade inovadora: há que acrescentar, ao conceito, quanto nele falte para chegar ao caso a decidir.

IV. Pela lógica do sistema, não há, num mesmo ordenamento, normas em contradição, isto é: proposições aplicáveis a um mesmo caso e que conduzam a soluções diferenciadas ou não-conciliáveis. Em tal eventualidade atuarão outras regras que permitam, das normas em presença, escolher a que se aplica. Por exemplo: prevalece a norma mais recente, tendo-se a anterior por revogada ou aplica-se a norma especial, em detrimento da geral e no campo de aplicação daquela. Quando, de todo, não seja possível eleger a norma prevalente, ambas se anulam, surgindo uma denominada lacuna de colisão.

Com os princípios, não é assim. A dogmática atual aceita a eventualidade de princípios em contradição, isto é, de princípios que, aplicados a um mesmo caso, exigiriam soluções diferenciadas. A igualdade e a liberdade podem contradizer-se, em casos concretos. A Ciência do Direito faculta técnicas de ponderação que, no concreto, permitem determinar o princípio que prevalece sem que, por isso, o princípio preterido perca virtualidade.

Pois bem: quando se imponha decidir num ponto de contradição de princípios, não há automatismo. O juiz terá em conta uma série de elementos que, de novo, conferem natureza criativa ao que ele decida.

V. Temos, por fim, a hipótese de leis injustas. Para um positivismo extremo, não há leis injustas. A lei é lei e, daí, sempre justa. O naturalismo veria uma lei injusta naquela que se oponha ao Direito natural. Mas qual o critério? Fica-nos, hoje, uma ideia mais operacional: lei injusta é aquela

§ 32.º *Os parâmetros da realização do Direito*

que se coloque em oposição ao sistema – aos valores do sistema – na sua globalidade. Normalmente, tal lei será, igualmente, inconstitucional. Mas não necessariamente: a "injustiça" advém, aqui, da contrariedade ao sistema. No plano da realização do Direito, isso coloca questões delicadas. A lei inconstitucional dispõe de esquemas jurídico-positivos tendentes à sua irradicação. A lei injusta solicita esquemas jurídicos mais subtis, como o apelo ao abuso do direito. A Ciência do Direito atual conhece o fenómeno e sabe lidar com ele.

VI. As quatro situações figuradas (lacunas, conceitos indeterminados, princípios em contradição e leis injustas) mostram que a realização do Direito não pode ser considerada sempre automática. Casos haverá em que o seu conteúdo é muito simples. Em regra, todavia, surge sempre uma margem de decisão.

Resta concluir que, embora científica e, nessa medida previsível, a realização do Direito é constitutiva ou, se se quiser criativa. A Ciência do Direito estrutura-se, deste modo, como um conjunto de proposições argumentativas, dirigidas à vontade do decisor. Do ponto de vista da decisão realizadora: ela não é meramente cognitiva: é volitivo-cognitiva, uma vez que, além da apreensão de múltiplos elementos exteriores, exige sempre uma (auto)determinação da vontade decisória.

136. **Da compartimentação à unidade do processo**

I. A tradição analítica na resolução de casos apelava a uma compartimentação das diversas fases a percorrer pelo decisor jurídico. Designadamente e em síntese:

(1) ele deveria, num oceano de elementos jurídicos eventualmente relevantes, determinar a fonte competente;
(2) posto isso ele teria de, pela interpretação, obter, da fonte, a norma relevante para o caso considerado;
(3) eventualmente, ele poderia deparar-se com uma lacuna; em tal eventualidade, a norma a aplicar resultaria da integração;
(4) na base, ao decisor caberia, de um universo de acontecimentos, extrair o facto ou os factos relevantes;
(5) tais factos deveriam de ser reconduzidos a conceitos jurídicos, isto é: subsumidos em tais conceitos ou qualificados;

(6) finalmente, perante a norma aplicável e o facto, devidamente qualificado, que se enquadrasse na sua previsão, teríamos a realização do Direito e a solução do caso.

As diversas fases acima sumariadas podem, ainda, ser decompostas. Assim, a da interpretação abarca a apreensão da letra, o domínio dos elementos lógico-sistemáticos, o conhecimento da elaboração histórica da fonte, a obtenção dos fatores atuais e a determinação do objetivo da lei. Tudo isso é útil para o aperfeiçoamento científico da matéria.

II. A experiência mostra que o intérprete-aplicador, quando encontra as (boas) soluções de Direito, não segue tal compartimentação. Desde logo, o raciocínio jurídico clássico opera por analogia. Confrontado com um caso, o decisor lembrar-se-á, de imediato, de ter visto um caso idêntico ou similar. Efetuará, com as adaptações eventualmente necessárias, a transposição de soluções. Isto dito: não é possível procurar uma fonte pertinente se não se tiver um conhecimento dos factos relevantes; não é de encarar uma interpretação se o operador não conhecer a ou as soluções possíveis; não é viável determinar os factos pertinentes, sem uma apreensão do caso e da solução.

Temos, aqui, uma concretização do círculo hermenêutico, fixado para o conhecimento humano[1410]. Perante um caso, o decisor irá de facto para o Direito e inversamente tantas vezes quanto as necessárias para determinar uns e outros.

III. Regressando ao processo de realização do Direito: não há uma compartimentação nas suas fases. O processo é unitário[1411], uma vez que o decisor trabalha, em conjunto, com todos os seus elementos. A decisão humana que dá corpo à resolução do caso sintetiza, de cima a baixo e em simultâneo, as diversas fases. E assim é mesmo quando, por razões de análise, ele venha, depois, a decompô-las.

[1410] *Supra*, 472 ss..
[1411] ARTHUR KAUFMANN, *Das Verfahren der Rechtsgewinnung* cit., 8 ss., refere um "sincretismo metodológico".

IV. O processo de realização do Direito não se queda pelas seis fases acima apontadas.

A montante do processo, temos o pré-entendimento da matéria, isto é, o conjunto de conhecimentos e de experiência que permite, ao decisor, intuir a saída que lhe permite localizar fontes, interpretá-las, isolar factos, qualificá-los e decidir. Sem o pré-entendimento, o processo fica bloqueado: o decisor não saberia, sequer, o que procurar e onde. Esse pré-entendimento comporta, ainda, representações valorativas, opções político-sociais, sensibilidades e aversões. Tudo isso pode interferir na decisão: razão pela qual deve ser estudado, de modo a isolar as facetas deslocadas ou perniciosas.

V. A jusante do processo, o decisor deve ainda ocupar-se das consequências da solução. Antes de a oficializar, tornando-a efetiva, o operador jurídico vai ponderar se a saída encontrada tem consequências compatíveis com o que ela própria pretende. Impõe-se a técnica intuitiva de pensar em consequências. Confrontado com saídas contraproducentes ou paradoxais, o decisor reiniciará todo o processo, até encaixar os diversos elementos. Pode suceder que uma decisão aparentemente correta tenha consequências contrárias ao projeto normativo. Nessa altura, deverá ser revista[1412]. Ao intérprete-aplicador cabe desenvolver uma capacidade de "pensar em consequências". Surge mesmo uma Ciência com esse objetivo: a sinépica[1413], à qual tem sido sensível o nosso Supremo Tribunal de Justiça[1414].

O círculo hermenêutico alarga-se, logo no início, ao pré-entendimento e à ponderação das consequências da decisão.

VI. A realização do Direito integra, tudo visto, um processo volitivo-cognitivo. Uma solução jurídica não é automática: envolve, sempre, uma decisão humana. Num mar de elementos que enformam a decisão de um problema complexo, nenhuma matemática permite – no atual estádio dos nossos conhecimentos – graduar argumentos e aprontar soluções. Ape-

---

[1412] O nosso *Ciência do Direito e metodologia jurídica* cit., 73-74, com indicações bibliográficas.
[1413] WOLFGANG FIKENTSCHER, *Synepëik und eine synepëische Definition des Rechts* em *Entstehung und Wandel rechtlicher Traditionen* (1980), 53-120.
[1414] STJ 14-Out.-1997 (TORRES PAULO), CJ/Supremo V (1997) 3, 82-83 (83).

nas uma vontade livre, ponderada a matéria e gerida pelo pré-entendimento e pela Ciência, poderá apontar uma solução, decidindo-a. O processo não é arbitrário, no sentido de puramente volitivo[1415]. Ele emerge de conhecimentos. Mas o passo final é, sempre, uma decisão humana, proferida, de resto, por quem tenha a legitimidade para o fazer[1416]. A decisão é controlável, no sentido de poder ser (re)tomada por qualquer operador que disponha dos mesmos elementos. Mas mantém-se cognitivo-volitiva[1417].

137. O papel da linguagem

I. Num breve acervo de nótulas metodológicas introdutórias ao Direito civil, é importante referenciar de novo o papel substantivo da linguagem.

Na origem, encontramos as correntes que integram a denominada Filosofia da Linguagem e que constituem como que o contraponto cultural aos esquemas abstratos da hermenêutica pós-existencialista[1418]. Vamos sintetizar o essencial[1419].

[1415] Ou, se se quiser: não se deve estatuir com recurso, apenas, a valorações próprias; cf. JENS PETERSEN, *Von der Interessenjurisprudenz zur Wertungsjurisprudenz* cit., 96.

[1416] ANUSHEN RAFI, *Kriterien für ein gutes Urteil* (2004), 79 ss., refere os elementos a que deve obedecer a boa decisão: retoma o essencial do que acima ficou exarado.

[1417] MENEZES CORDEIRO, *Ciência do Direito e metodologia jurídica* cit., 71 ss.. Por esta síntese, supera-se o dilema tradicional entre o cognitivismo e o decisionismo; cf. PAVEL HOLLÄNDER, *Kognitivismus versus Dezisionismus in der Gerichtsanwendung der Charta der Grundrechte und der Grundfreiheiten?*, RTh 2003, 487-504. Quanto ao papel indispensável dos juristas, vide RUY DE ALBUQUERQUE, *Direito de juristas – Direito de Estado*, RFDUL 2001, 751-807.

[1418] FRIEDRICH MÜLLER, *Methodik, Theorie, Linguistik des Rechts* (1997), 55 ss. e GEORG PAVLAKOS, *Persons and norms: on the normative groundwork of discourse-ethics*, ARSP 85 (1999), 7-22; refira-se ainda o já clássico de JOHN LANGSHAW AUSTIN, *How to do things with Words* (1975), trad. al. *Zur Theorie der Sprechakte*, 2.ª ed. por EIKE VON SAVIGNY (1979).

[1419] Entre nós e com aplicação ao negócio jurídico, veja-se o muito importante 2.º vol. de FERREIRA DE ALMEIDA, *Texto e enunciado na teoria do negócio jurídico* (1990), bem como MIGUEL TEIXEIRA DE SOUSA, *Linguagem e Direito*, nos *Estudos em Honra do Professor Doutor José de Oliveira Ascensão*, II (2008), 267-290.

II. As fórmulas jurídicas correspondem a abstrações. A sua aprendizagem e a sua comunicação não se fazem – pelo menos por agora – em termos de pensamento puro: os seres humanos são obrigados, pelas suas limitações, a operar através da linguagem, isto é, através de figurações fonéticas com correspondência escrita e das subsequentes combinações estudadas pela gramática e pela semântica. Um conceito jurídico é, assim, uma fórmula linguisticamente condicionada ou melhor: ontologicamente linguística. Comunicar um conceito é transmitir a figuração linguística que lhe corresponda. Pensar nesse conceito é, antes do mais, invocar essa mesma figuração. O jurista não "pensa" em termos puros: estes são suscetíveis, apenas, de dar corpo a sentimentos básicos ou a estruturações muito genéricas e indiferenciadas.

III. Todo o processo de realização do Direito vem a ser condicionado e potenciado pela linguagem mental do decisor. Há locuções autojustificativas; há-as pejorativas: tudo isso joga na decisão, devendo ser controlado pelo Direito e pela sua Ciência.

138. A dogmática integrada

I. A Ciência do Direito é a ciência das soluções dos casos concretos: torna-se importante repeti-lo. A dogmática jurídica – no sentido que atualmente se dá ao termo – exprime a Ciência do Direito em ação.
Na base do desenvolvimento anterior, poderemos exprimir as aspirações atuais da metodologia civil através do apelo a uma dogmática integrada.

II. O Direito civil é cultura jurídica[1420]. A decisão correta deve integrar-se no seu tempo e no meio geográfico, humano e social em que se vai tornar efetiva[1421]. O intérprete-aplicador deve "sentir" o seu meio, ade-

---

[1420] Quanto ao papel cultural do Direito, ERNST-JOACHIM LAMPE, *Rechtsanthropologie. Entwicklung und Problem*, ARSP 85 (1999), 246-269 (165).
[1421] O sistema jurídico já não pode ser tomado como estrutura normativa isolada; é, também, um processo social; cf. GERT RIECHERS, *Rechtssystem als normative Struktur und sozietaler/Anforderungen an eine Theorie der Positivität des Rechts*, RTh 29 (1998), 497-563. Consequentemente: exige-se uma dogmática "socialmente" sensível.

quando a decisão a todas as coordenadas envolvidas. Compreende-se, a esta luz, a importância de certos juízos especializados: tribunais de família, tribunais do trabalho ou tribunais criminais. Os juízes e todos os demais agentes de justiça – incluindo os advogados! – com assento e prática nesses tribunais especializados estarão, assim, em boas condições para, através do pré-entendimento compartilhado e de uma ponderação criteriosa das decisões, realizar o Direito.

III. Na linha apontada, a dogmática é verticalmente integrada. A Ciência do caso concreto alarga-se ao pré-entendimento e à ponderação das consequências da decisão. Não há procedimentos isolados. Uma ponderação abstrata não é Direito: a integração é necessária, abrangendo, através dos esquemas apurados no domínio da realização do Direito, todas as dimensões culturais relevantes[1422].

IV. Aos diversos problemas, não se aplica uma norma isolada: é sempre o Direito, no seu conjunto, que é chamado a intervir. Temos, assim, uma dogmática horizontalmente integrada.

Qualquer problema concreto implica numerosas regras. Uma questão de propriedade tem – ou pode vir a ter – implicações civis, familiares, administrativas, de registo e fiscais. Tudo pode jogar na decisão. Além disso, a realização de qualquer fonte pode bulir com valorações produzidas por múltiplos (e, por vezes, afastados) institutos jurídicos.

Uma verdadeira dogmática deve, em permanência, abrir portas, lançar pontes e estabelecer nexos entre os diversos quadrantes jurídicos. Exige-se uma integração total, numa linha própria da globalização dos nossos tempos.

[1422] MIRIAM MECKEL, *Kulturelle Konfrontation oder Kommunikative Konvergenz in der Wertgesellschaft?/Kommunikation im Zeitalter der Globalisierung*, RTh 29 (1998), 425-440.

CAPÍTULO III
AS FONTES DO DIREITO

SECÇÃO I
ASPETOS GERAIS

§ 33.º PROBLEMÁTICA HISTÓRICA E DOGMÁTICA

139. Aceções e questões de fundo

I. Na tradição continental, são fontes do Direito os modos de revelação das normas jurídicas. Procurando evitar a metáfora, também se usou, no mesmo sentido, o termo "facto normativo"[1423].

O português "fonte" advém do latim *fons*, grego φένω (phénô), abrir, donde φόνος (phónos)[1424]. A sua utilização metafórica para significar a produção de Direito ocorreu com Cícero[1425], no século I a. C..
A metáfora "fonte" foi oficializada nas compilações de Justiniano (século VI d. C.)[1426].

[1423] JOSÉ DIAS MARQUES, *Introdução ao Estudo do Direito*, 3.ª ed. (1970), 197 ss..
[1424] SEBASTIÃO CRUZ, *Direito romano* I – *Introdução. Fontes*, 4.ª ed. (1984), 162.
[1425] MARCO TÚLIO CÍCERO, *De officiis libri tres*, III, 72 = ed. HUBERT ASHTON HOLDEN (1996), 120 = versão bilingue latim/alemão de HEINZ GUNERMANN (1976), 21.
> Ex quo intellegitur, quoniam iuris natura fons sit, hoc secundum naturam esse, neminem ida gere ut ex alterius praedetur inscitia.
> [... a fonte do Direito é a natureza ...]

[1426] C. 8.53.34.4 = ed. PAULUS KRÜGER, *Corpus Iuris Civilis* II (1880), 364/II:
> (...) an ex totius stipulationis fundamento et fonte eius, ex quo annuae donationes profluxerunt (...)

Hoje, o termo está generalizado, nos diversos idiomas continentais (*sources*, *Quellen*), de tal modo que, *summo rigore*, de metáfora ficará, tão-só, a origem.

A noção deve ser contextualizada, de acordo com coordenadas histórico-dogmáticas. A referência a "fontes" pode ter:

– diretamente, um papel regulativo;
– uma dimensão sistematizadora;
– uma função de espaço descritivo;
– uma feição de debate metodológico.

II. Em períodos históricos anteriores ao surgimento dos Estados modernos pós-colbertianos, de tipo centralizado, e particularmente em momentos de receção ou em países multinacionais, discutir e regular as fontes equivalia a assumir opções de Direito positivo efetivo. Visava-se a primazia de certas fontes (predominantemente: a lei nacional), em detrimento do costume, de leis regionais ou de práticas anteriores. Esta dimensão mantém-se, hoje, em Estados federais (Brasil) e em Estados que comportem largas comunidades regionais (Angola). No primeiro caso, há que ordenar as fontes estatais e estaduais[1427]; no segundo, que posicionar o costume[1428].

Nesta dimensão, o tema das fontes é jurídico porque visa a solução de casos. Comporta dois níveis:

– o do reconhecimento da fonte;
– o da sua hierarquização.

Esta última pode operar por duas vias: ou pela fixação de uma hierarquia abstrata, que funciona sempre, quando duas ou mais fontes conduzam a normas não coincidentes: por exemplo, a lei prevalece sempre sobre

---

[1427] PAULO DOURADO DE GUSMÃO, *Introdução ao Estudo do Direito* (1986), 153 ss. e 159 ss.; também no Brasil o costume tem um papel autónomo, dada a existência de numerosos povos indígenas.

[1428] O artigo 7.º da Constituição de Angola de 2010 reconhece o costume, nos termos seguintes:

É reconhecida a validade e a força jurídica do costume que não seja contrário à Constituição nem atente contra a dignidade da pessoa humana.

o costume; ou pela adoção de regras de conflitos que apontem, para o caso em jogo, a fonte prevalente: por exemplo, em matéria temporal, aplica-se a Lei do Reino enquanto que, em temas que possam envolver pecado, funciona o Direito canónico.

III. Perante ordens jurídicas estabilizadas, a ordenação das fontes não é sentida como um tema ordenador, sobre o qual caiba tomar posição. Trata-se, tão-só, de sistematizar a matéria, em termos expositivos, seja para a ordenação de códigos, seja para a lecionação do Direito.

IV. A função das "fontes" como espaço descritivo está, normalmente, associada à dimensão sistematizadora, embora não se confunda com ela. Cabendo explicar temas como o da formação e o da operacionalidade da lei ou do regulamento, agrupa-se o conjunto em torno da velha expressão metafórica. A abrangência e a ordenação desse espaço nunca são inocentes, no sentido de irrelevantes para as decisões a que se chegue. Mas o seu papel só mediatamente é jurídico, no sentido de dogmático efetivo.

V. Por fim, a fonte do Direito pode visar não "a descrição analítico-sistemática" da matéria envolvida, mas "o próprio problema da constituição normativa do Direito positivo" (Castanheira Neves)[1429]. Sob o tema fonte vai debater-se a temática subjacente do fundamento da jurídica-positividade e da pertença da mesma a um concreto ordenamento ou *corpus iuris*. Naturalmente: esta aceção é sempre pertinente, mas não abdica das restantes, antes as pressupondo.

VI. Cumpre ainda dar conta de utilizações não técnicas do termo "fontes de Direito". Estas podem reportar-se a dimensões histórico-culturais (o Direito romano é a fonte do Direito lusófono), a áreas sócio-políti-

---

[1429] ANTÓNIO CASTANHEIRA NEVES, *Fontes do Direito*, Digesta 2 (1995), 7-94 (93-94). O Autor expusera (38 ss.) e criticara (45 ss.) a "teoria tradicional", expendendo os tópicos para uma certa teoria revista (54 ss.), concluindo, em síntese, que a (94):

(...) validade normativo-jurídica é referida a uma realidade histórico-cultural através de certos modos ou instâncias constituintes que impõem a determinação de uma normatividade jurídica suscetível de se inserir por uma objetivação dogmática no corpus iuris e de adquirir por isso mesmo, vigência normativo-jurídica.

cas (o Povo ou as instituições populares são a fonte última do Direito), a posicionamentos políticos (a Constituição é a fonte do ordenamento) ou a opções pedagógicas (o ensino ou a doutrina são as fontes do jurídico).

Salvo quando o contexto seja esclarecedor, há que evitar usos não técnicos de "fontes do Direito".

140. Evolução lusófona (breve referência)

I. No Direito romano, a matéria era complexa. Para além do costume básico, vários órgãos foram adquirindo, ao longo dos séculos, a competência para fazer leis, as quais tinham designações próprias, em função da sua origem. No século II d. C., é reconhecido, aos jurisprudentes, o poder de constituir o Direito. Em texto atribuído a Papiniano, distinguem-se as fontes de Direito civil e de Direito pretoriano[1430]:

> Assim, é Direito civil o que resulta de leis, de plebiscitos, de senatus-consultos, de decretos imperiais e da autoridade dos prudentes. Direito pretoriano é o que os pretores introduzem no interesse público, para apoiar, para completar ou para corrigir o Direito civil.

Com o tempo, as diversas fontes de Direito romano, tal como resultaram das compilações, unificaram-se num todo, o qual veio a ser recebido, nos vários Países, ao longo da História.

II. No Direito lusófono aponta-se, logo na fundação do Reino (1143) o predomínio do Direito consuetudinário e foraleiro[1431], seguido de um período de receção do Direito comum (1248-1446)[1432]. A fundação da Universidade portuguesa (Lisboa, 1288) foi decisiva, difundindo-se o Direito canónico e o Direito romano. Tudo isso era ainda animado por leis e decisões que os sucessivos Reis adotaram, seja perante questões de ordem geral, seja para solucionar problemas concretos.

[1430] PAPINIANO, D. 1.1.7 = *Corpus Iuris Civilis/Text und Übersetzung* II – *Digesten 1-10*, por OKKO BEHRENDS, ROLF KNÜTEL, BERTHOLD KUPISCH e HANS HERMANN SELLER (1995), 93-94. As várias fontes vinham, depois, sistematizadas.

[1431] NUNO ESPINOSA GOMES DA SILVA, *História do Direito Português/Fontes do Direito*, 5.ª ed. (2011), 147 ss..

[1432] *Idem*, 191 ss..

§ 33.° *Problemática histórica e dogmática* 507

A multiplicação das fontes internas (as Leis) e a sua coordenação com o Direito comum levaram D. João I a determinar a sua ordenação. Antecedidas pelas chamadas Ordenações de D. Duarte[1433], vieram à luz as Ordenações Afonsinas (1447). Deu-se início ao período ou época das Ordenações[1434].

III. As Ordenações Afonsinas ocuparam-se do problema das fontes, regulando-o, em termos práticos, sob o título sugestivo: *Quando a Ley contradiz aa Degratal, qual dellas fe deve guardar*[1435]. Fixava-se a hierarquia seguinte:

– no julgamento de questões recorria-se, em primeiro lugar, às fontes nacionais: lei do Reino, estilo da Corte e costume longamente usado;
– subsidiariamente (não havendo fontes nacionais), atendia-se às fontes assim seriadas:

(1) Direito romano, em matéria temporal, salvo se contrário ao Direito canónico e se a sua observância envolvesse pecado;
(2) Direito canónico em matéria espiritual e na temporal, havendo pecado;
(3) Glosa de Acúrsio, na falta de regras romanas ou canónicas;
(4) Comentário de Bártolo, na falta das anteriores;
(5) Decisão do Rei, na ausência de fontes[1436].

IV. As Ordenações Manuelinas ocuparam-se das fontes no seu Livro II, Título V: *Como fe julguaram os cafos, que nom forem determinados por*

[1433] *Ordenações del-Rei Dom Duarte* (ed. Gulbenkian, 1988), introd. MARTIM DE ALBUQUERQUE, V-XXVI.
[1434] NUNO ESPINOSA, *História do Direito Português*, 5.ª ed. cit., 301 ss.. *Vide* PAULO FERREIRA DA CUNHA/JOANA AGUIAR E SILVA/ANTÓNIO LEMOS SOARES, *História do Direito/Do Direito romano à Constituição Europeia* (2005), 456 ss..
[1435] *Ordenações Afonsinas* (2.ª ed. Gulbenkian, 1998), Livro II, Título IX (161 ss.); *vide* NUNO ESPINOSA, loc. cit., 315 ss., que recorda alguns troços essenciais, com síntese, *idem*, 331-332.
[1436] *Ordenações Afonsinas*, Liv. II, Tit. IX (ed. Gulbenkian, 164):
(…) em tal cafo feja remetido aa noffa Corte, e guarde-fe fobre ello a noffa determinaçom.

Noffas Ordenaçoens[1437]. Manteve-se o esquema afonsino, mas com algumas subtilezas[1438]:

– as Leis Imperiais (o Direito romano) *Mandamos soomente guardar pola boa razam em que fam fundadas*;
– as posições de Acúrsio e de Bártolo eram antecedidas pela *comum opiniam dos Doutores*, quando esta fosse diversa.

V. As Ordenações Filipinas (1603)[1439] passaram a matéria para o Livro II, Título LXIV. Conservaram o mesmo esquema de fontes, embora dando agora prevalência à opinião de Bártolo, quando houvesse várias opiniões entre os Doutores.

Manteve-se a justificação do apelo ao Direito romano: pela boa razão em que se fundaria. A fonte assume, aqui, o fundamento da sua jurídica positividade. O sistema foi complementado com o aparecimento dos assentos, abaixo examinados[1440].

VI. Como importante marco subsequente, temos a Lei da Boa Razão (18 de Agosto de 1769), *declarando a authoridade do Direito Romano, e Canonico, Assentos, Estylos, e Costumes*[1441].

Na tradição do progressivo afirmar do poder real (do poder do Estado, na manifestação exterior que, então, assumia), considera-se que, sob as Ordenações Filipinas, as fontes imediatas do Direito eram a vontade real, corporizada na Lei e o *utrumque ius* (ambos os Direitos, isto é, o romano e o canónico)[1442]. Proliferavam, no entanto, outras fontes (mediatas): o estilo, o costume, as glosas e os comentários. Além disso, como vimos pela evolução das Ordenações, surgiam contradições entre as fon-

---

[1437] *Ordenações Manuelinas* (ed. Gulbenkian, 1984), Liv. II, Tit. V, 21 ss..
[1438] *Idem*, 21.
[1439] *Ordenações Filipinas* (ed. Gulbenkian, 1985), Livros II e III, 663-665.
[1440] *Infra*, 622 ss..
[1441] Pode ser confrontada em *Ordenações Filipinas*, Liv. II e III, ed. Gulbenkian, 725-730 e no tomo II da *Collecçaõ das Leys, Decretos e Alvarás, que comprehende o feliz reinado del Rey Fidelíssimo D. Józé o I. Nosso Senhor, desde o anno de 1761 até o de 1769* (1770). Existe uma versão anotada de JOSÉ HOMEM CORRÊA TELLES, *Commentario critico á Lei da Boa Razão, em data de 18 de Agosto de 1769* (1845), 110 pp..
[1442] ELTJO J. H. SCHRAGE, *Utrumque Ius/Eine Einführung in das Studium der Quellen des mittelalterlichen gelehrten Rechts* (1992), 137 pp..

tes, o que obrigou a criar uma hierarquia. Sob o jusracionalismo, encabeçado pelo Marquês de Pombal, a autoridade do Príncipe devia contracenar com a (boa) razão[1443]. Neste pano de fundo, fixou-se o seguinte sistema:

– quanto às fontes nacionais, para além da supremacia da lei, estabelecia-se que o estilo da Corte só vigoraria quando resultasse de Assento da Casa da Suplicação; o costume, por seu turno, só seria observado quando reunisse três requisitos: ser conforme com a boa razão; não contrariar as leis; ter mais de cem anos[1444];
– quanto ao Direito subsidiário, a aplicar na falta de fontes nacionais, fixava-se: o Direito romano, quando conforme com a boa razão e, nas matérias políticas, económicas, mercantis e marítimas, as leis das nações civilizadas da Europa[1445].

O Direito canónico perdia eficácia como fonte, sendo remetido para os tribunais eclesiásticos. Outro tanto sucedia com a Glosa de Acúrsio, com a opinião de Bártolo e, daí, com a *communis opinio*.

A amplidão que, mau grado estas simplificações, assumia o Direito romano levou a que, nos Estatutos da Universidade de 1772, se fixasse como caminho para o indagar, o recurso ao *usus modernus pandectarum*[1446].

O recurso ao Direito estrangeiro, na área do Direito comercial, teve especiais consequências na conformação dessa disciplina: consequências que se mantêm, particularmente no Direito das sociedades lusófono, muito aberto ao exterior[1447].

VII. O Código de Seabra (1867), como é próprio de uma codificação civil, procurou fazer a unificação das fontes. Assim, no seu artigo 9.º, vedava o costume contrário à lei:

> Ninguém pode eximir-se de cumprir as obrigações impostas por lei, com o pretexto de ignorância d'esta, ou com o seu desuso.

[1443] NUNO ESPINOSA, *História do Direito Português*, 5.ª ed. cit., 467.
[1444] *Lei da Boa Razão*, § 14 (730/I, da ed. Gulbenkian); quanto à supremacia das fontes nacionais, *idem*, § 9/2 (728/I).
[1445] *Idem*, § 9/3 (728/I).
[1446] NUNO ESPINOSA, *História do Direito Português*, 5.ª ed. cit., 469, em nota.
[1447] *Direito comercial*, 3.ª ed., 93 ss. e o nosso *Editorial: a importância do Direito das sociedades*, RDS 2009, 5-8 (6).

Desaparecia qualquer via de apelo subsidiário ao Direito romano, ao *utrumque ius* ou ao Direito estrangeiro. Segundo o importante artigo 16.º:

> Se as questões sobre direitos e obrigações não puderem ser resolvidas, nem pelo texto da lei nem pelo seu espírito, nem pelos casos análogos, prevenidos em outras leis, serão decididas pelos princípios de direito natural, conforme as circunstâncias do caso.

O preceito tem interesse para o conhecimento do Direito positivo vigente: a esse propósito será retomado[1448].

No projeto de 1860, surgia o antepassado do artigo 16.º definitivo: o artigo 13.º, cuja redação era a seguinte[1449]:

> Se as questões sôbre direitos e obrigações não poderem ser resolvidas, nem pelo texto da Lei, nem pelo seu espirito, nem pelos casos análogos previstos em outras leis, regular-se-hão pelos princípios gerais de equidade, segundo as circunstancias do caso; e sem que possa recorrer-se a nenhuma legislação estrangeira, a não ser como em testemunho d'essa mesma equidade.

As várias influências que jogaram nessa redação foram examinadas por Bandeira de Neiva, bastante crítico[1450]. Vicente Ferrer Neto Paiva[1451], por seu turno, veio lamentar a referência à legislação estrangeira: poria em causa a autonomia nacional. Seabra respondeu, dando parcialmente razão a Vicente Ferrer. De todo o modo, acabaria por ser suprimida a referência a Direitos estrangeiros e por se substituir a equidade por princípios de Direito natural[1452].

[1448] *Infra*, 737 ss. e 754 ss..
[1449] Confrontável em ANTÓNIO DA CUNHA PEREIRA BANDEIRA DE NEIVA, *Observações sôbre o Projecto do Codigo Civil* (1860), 16.
[1450] *Idem*, 16-19.
[1451] VICENTE FERRER NETO PAIVA, *Reflexões sobre os sete primeiros titulos do livro unico da parte 1.ª do Projecto do Codigo Civil portuguez* (1859).
[1452] ANTÓNIO LUÍS DE SEABRA, *Resposta às reflexões do Sr. Doutor Vicente Ferrer Netto Paiva sobre os sete primeiros Capítulos do projecto do Código Civil Portuguez* (1859), 22. A matéria pode ser ainda seguida, com outros elementos, em NUNO ESPINOSA, *História do Direito Português*, 5.ª ed. cit., 520-523.

141. O estado real das fontes; a descoordenação

I. De regresso à noção técnica de fonte, ficam ainda várias questões em aberto. À partida, dir-se-á que os modos de revelação de normas jurídicas podem ser voluntários, isto é, dependentes da vontade humana a qual se dirige, expressamente, para a produção de normas ou não-voluntários, porquanto reconhecidos na sociedade, mas sem que se possam apontar decisões de governantes que a tanto tenham conduzido. O paradigma da produção voluntária de normas será a lei, enquanto como da produção não-voluntária surge o costume.

A lei terá a particularidade de intervir a montante da decisão e do próprio caso: sendo geral e abstrata, ela fica disponível para (ajudar a) resolver litígios, quando surjam e caso surjam.

Já o costume não tem essa preocupação: ele funciona espontaneamente e é observado quando se verifiquem os pressupostos do caso que o solicite.

II. Dentro da lei, as possibilidades são inúmeras. Desde logo a lei pode ser inovatória, correspondendo a uma efetiva decisão de política legislativa, de modo a conformar desta ou daquela forma a conduta dos membros da sociedade. Mas pode tratar-se de (mera) lei compilatória ou codificadora, que aceite e recolha o Direito anterior, servindo-o, aos seus concidadãos, por forma a melhor facultar a realização da matéria. Seria pura estultícia pretender que os contratos devem ser cumpridos (406.º/1), que a posse pode dar lugar à propriedade através da usucapião (1287.º) ou que o parentesco é fonte de relações familiares (1576.º) porque ... assim foi decidido pelo Governo, quando, pelo Decreto-Lei n.º 47 344, de 15 de Novembro de 1966, aprovou o Código Civil. Essa Lei deu arrumação a matéria que estava há muito em vigor e cuja "fonte" remontará, pelo menos, ao *corpus iuris civilis*. De resto, é nessa base que o Código Vaz Serra continua a vigorar em numerosos países que alcançaram a sua independência e cujo bom senso logo considera que não se trata de uma "lei colonial", mas de Direito, puro e simples.

Isso não quer dizer que, ao Código Civil, não possam ser levadas leis circunstanciais, algumas bem dispensáveis, por pura iniciativa de governantes cujos nomes nem serão lembrados pelos especialistas. Distinguimos, assim, em termos materiais:

– leis comuns, correspondentes ao Direito tradicional, paulatinamente elaborado, provenientes do Direito romano ou de leis antigas e que foram vertidas nos códigos modernos;
– leis estaduais, que devem a sua existência à decisão reguladora de órgãos públicos competentes.

Torna-se evidente que as técnicas interpretativas, integrativas e aplicativas, num e noutro caso, não podem ser idênticas. E é ainda óbvio que os legisladores se devem coibir de mexer nas leis comuns sem estudos muito adequados e sem passar pela opinião das Universidades. São como que "leis reforçadas", embora essa categoria se lhes não aplique.

As leis comuns estão muito próximas do costume. Todavia, são vividas como leis, retirando, destas, a sua jurídica-positividade.

III. Uma distinção importante, que parece subjacente ao Código Civil, contrapõe fontes imediatas às fontes mediatas.

A fonte imediata vale por si. Retira, de si própria, a sua jurídica-positividade. Já a fonte mediata vale, apenas, quando, para ela, remeta uma fonte imediata. Assim, será fonte imediata a própria lei (1.º/1). Já os usos funcionam como fontes quando a lei o determine (3.º/1): seriam fontes mediatas. Mas alguém que respeite um uso está a fazê-lo por existir uma lei que para ele remeta? E o intérprete-aplicador, confrontado com a aplicação de um uso, vai interpretá-lo como? Fará sentido a "despromoção" do uso quando é ele que vai revelar (criativamente!) a conduta exigível e a solução para o caso?

Naturalmente: a fonte imediata não deixará de o ser quando, para ela remeta uma outra fonte. Mas a fonte "mediata" é fonte, independentemente do *ranking* de que se arrogue a "imediata".

IV. A ideia de fonte como *quid* portador de jurídica-positividade e, portanto, reconhecido pelo sistema como apto para introduzir normas jurídicas é fecunda. Mas marca os seus próprios limites.

Vamos supor uma lei de grande complexidade: por exemplo, o artigo 1253.º do Código Civil, relativo à distinção entre posse e detenção. Nenhum cidadão retirará, daí, seja o que for: apenas um jurista formado saberá explicar os meandros em causa e as regras que, daí, podem resultar para a vida social. Qual é a fonte? A jurídica-positividade veio da lei: aliás: lei comum e não, propriamente, o Decreto-Lei n.º 47 344, de 25 de Novembro de 1966. Mas a(s) norma(s) só surgem pelo labor doutrinário: não se trata de mera interpretação; antes de uma (re)construção de um instituto complexo, que impõe a leitura de textos romanos. Além disso, toda esta matéria ficará no limbo das teorias até que uma decisão judicial dê corpo ao Direito.

V. Outra questão é a suscitada pela sobreposição de fontes potencialmente dotadas de autonomia. Um cidadão celebra e cumpre um contrato. Porquê? Para respeitar o artigo 406.º/1 do Código Civil? Nem se lembrará disso. Para evitar os meandros do Decreto-Lei n.º 32/2003, de 17 de Fevereiro, que transpôs a Diretriz n.º 2000/35, de 29 de Junho, a qual tomou medidas para lutar contra os atrasos nos pagamentos nas transações comerciais? Não é credível. Por assumir um costume imemorável e óbvio de cumprir o que se assume? Mais provável. Por, numa relação contratual, ser elementar cumprir para receber a contraprestação, numa tradução interindividual de reciprocidade? Quase seguro. Por razões éticas? Seguro. Pergunta-se, agora, qual é a fonte da norma: cumprir o contratado?

Está-se perante uma confluência de fontes, que obriga a falar num sincretismo jurídico. Várias (todas?) depõem no mesmo sentido, ainda que, provavelmente, o decisor refira, na justificação, a lei comum, isto é, o Código Civil.

VI. Temos, depois, o fenómeno dos institutos ditos "tipos sociais". Partamos de um exemplo: um dos contratos mais importantes do nosso tempo é o contrato de abertura de conta bancária[1453]. Através desse contrato, o banqueiro e o seu cliente regulam o essencial de uma subsequente relação bancária complexa, que envolve giro bancário, depósitos, transferências, recebimentos e, eventualmente, emissão de cheques, emissão de cartões e concessão de crédito. Alguns desses aspetos (p. ex., o cheque) têm base legal. Os outros não têm: aplicam-se, sectorialmente, certas (e recentes) determinações do Banco de Portugal. Podemos, todavia, considerar que o regime do contrato de abertura de conta não tem regime adotado pela lei. Todavia, as suas regras são bem conhecidas e estão estabilizadas. Chama-se-lhe um "tipo social" de contrato (por oposição a "tipo legal").

[1453] *Manual de Direito bancário*, 4.ª ed. (2010), 262 ss. e 505 ss..

Qual é a fonte? Aparentemente, os "usos", "usos" esses que, mediante uma interpretação "corretiva", são retirados do artigo 407.º, do Código Comercial[1454]. No terreno, esses "usos" foram recolhidos pelas cláusulas contratuais gerais dos bancos e aplicam-se porque os particulares, quando abrem conta, aderem a eles. Mas então a fonte é contratual? Trata-se de regras gerais e abstratas ...

Em certos países, como a Alemanha, contratos importantes como a locação financeira (*leasing*) e a cessão financeira (*factoring*) não têm qualquer base legal. Funcionam na base de "tipos sociais", dão azo a regras estabilizadas, vertidas em tratados e originam centenas de decisões. A doutrina fala em Direito consuetudinário. Entre nós, o legislador tem a pena leve: já regulou (duas e três vezes ...) tudo isso. Fica a questão: o Direito consuetudinário pode fixar em pormenor contratos financeiros de grande complexidade? Será um Direito consuetudinário equiparável ao de uma comunidade rural, que dispõe de bens comuns?

VII. Algumas palavras quanto a leis. Existe uma hierarquia oficial que se retira do artigo 8.º da Lei n.º 74/98, de 11 de Novembro, na redação dada pela Lei n.º 42/2007, de 24 de Agosto, relativo à numeração e apresentação dos diplomas e do artigo 112.º da Constituição. Joga, ainda, uma série de regras inseridas na Constituição e em diplomas complementares.

Mas um sistema coerente de fontes, que se preocupe com o Direito enquanto Ciência de resolução de casos, fica insatisfeito. As determinações genéricas dos bancos e das seguradoras, sobre juros, informações ou pagamentos, são leis? O que dizer das condições gerais dos transportes, adotadas pelas grandes empresas públicas? E pelas pequenas empresas privadas regionais?

Uma circular do Banco de Portugal (nem se trata de um Aviso!) pode ser bem mais importante para a coletividade do que muitas e boas leis do Parlamento. As decisões genéricas da Direção-Geral das Contribuições e Impostos ou da Segurança Social mexem profundamente com as pessoas. São leis? Mesmo quando ilegais e, até, desconexas, essas regras são obedecidas: o cidadão, mesmo jurista experiente e conhecedor, preferirá, em regra, segui-las do que entrar num contencioso extremado e dispendioso.

[1454] *Manual de Direito bancário*, 4.ª ed., 192.

Qual é a fonte? E o que dizer das determinações das companhias do telefone, do gás e da eletricidade? Uma campanha publicitária pode veicular regras que a generalidade dos destinatários irá observar. Com base em quê?

VIII. Tudo isso se complica com a erupção de regras extrajurídicas, mas muito eficazes na sociedade e às quais, no limite, o Direito tem de prestar atenção. Há regras do "politicamente correto" contra as quais é perigoso, social e até fisicamente, reagir. Surgem "sanções" típicas, que envolvem *mobbing* e, até, *bullying*[1455]. Trata-se de costume (ainda que condenável)?

142. Inviabilidade de classificações; os tipos

I. Uma análise elementar sobre as fontes do Direito, tomadas no seu sentido técnico de modos de revelação de normas jurídicas, mas efetuada com base não (apenas) no texto legal sobre fontes, mas antes na realidade jurídico-social existente, mostra uma situação inorgânica, insuscetível de ser reconduzida a classificações coerentes.

Vamos apontar três razões:

- o Direito, particularmente o Direito civil, é-nos dado, em grande parte, por irredutível evolução histórica; torna-se irreal reconduzir essa matéria às fontes atuais que o tenham compilado ou codificado;
- na origem, operaram muitas fontes, hoje desaparecidas, em obediência a acentuada complexidade; pode haver interesse interpretativo em recuar e (re)estudar algumas das fontes em causa; por exemplo, um estudo de profundidade média sobre ações possessórias obriga a estudar o edito do pretor;
- para além do próprio Estado, as sociedades modernas dispõem de técnicas de criação jurídica, que transcendem os modos constitucionais explícitos.

[1455] *Tratado* IV, 169.

II. O panorama existente não obedece a nenhuma lógica reconhecível. Apenas podemos fazer descrições típicas de certos modos de criação (e de revelação) de normas jurídicas (mais) estabilizadas, procurando apontar-lhes as características (mais) marcantes.

Tal como sucede frequentemente com as tipologias, as diversas categorias podem surgir em planos diferentes, podem ter densidades diversas, podem obedecer a critérios distintos e podem, mesmo, apresentar áreas de sobreposição.

Além disso, na apresentação dos diversos tipos, recorre-se, por vezes, a critérios e tradições históricos, sem grande lógica formal, mas aos quais os juristas estão afeiçoados.

III. Nestes termos, fixamos os seguintes tipos de fontes:

– a lei, entendida em sentido amplo, de modo a abranger o Direito comum (*ius commune*) hoje vertido em códigos, as leis formais (Parlamento e Governo) e as leis materiais (todas as outras);
– as normas corporativas;
– os diplomas privados;
– o costume, enquanto categoria tradicional;
– os usos;
– a equidade;
– a jurisprudência;
– a doutrina.

Alguns desses tipos requerem um estudo especializado. Serão, nessa medida, remetidos para as competentes disciplinas.

143. **As fontes europeias; remissão**

I. O artigo 288.º do Tratado de Lisboa prevê, como atos jurídicos da União:

– o regulamento: tem carácter geral, é obrigatório nos seus diversos elementos e tem aplicação direta em todos os Estados-membros;
– a diretriz: vincula o Estado-membro destinatário quanto ao resultado a alcançar, mas deixa às instâncias nacionais a competência quanto à forma e aos meios;

– a decisão: é obrigatória em todos os seus elementos; quando designa destinatários, só é obrigatória para estes; distingue-se do regulamento por não ter carácter geral.

Esse preceito acrescenta, ainda, as recomendações e os pareceres, explicando que não são vinculativos.

II. Do seu teor, são fontes europeias o regulamento e a diretriz. Acima verificámos as especificidades quanto às suas interpretação e aplicação. Para aí remetemos[1456].

[1456] *Supra*, 373 ss..

SECÇÃO II
AS FONTES VOLUNTÁRIAS

§ 34.º **A LEI**

144. Etimologia e Direito romano

I. A expressão lei é polissémica: seja no uso corrente, seja na própria utilização técnico-jurídica. O fenómeno torna-se habitual, quando se lida com conceitos nucleares de uso frequente, ricos em conotações significativo-ideológicas.

Há que conhecer o problema, antes de trabalhar com ele. Comecemos pela etimologia.

II. Nas línguas latinas (*loi*, em francês; *legge*, em italiano; *ley*, em castelhano; *lege*, em romeno), lei advém do latim *lex*[1457]. Mas a origem de *lex* divide os especialistas.

Surgem cinco teorias principais[1458]. Assim, *lex* poderia derivar:
(1) de *legere* (ler): na *lex publica* haveria uma leitura de uma proposta prévia, feita perante o povo reunido nos comícios e que a aprovaria; na *lex privata*, o texto do contrato seria previamente escrito em tábuas, para que as partes o pudessem ler;

[1457] Genitivo *legis* e plural *leges*; como é sabido, línguas como o português, o castelhano ou o francês formaram-se, nos substantivos, em torno do acusativo (*legem*), enquanto outras, como o italiano e o romeno, advieram do nominativo, num fenómeno que se denota sobretudo nos plurais: em "s", nas primeiras e em "i" ou "e", nas segundas.

[1458] FELICIANO SERRAO, *Legge (diritto romano)*, ED XXIII (1973), 794-849 (794), com indicações e SEBASTIÃO CRUZ, *Direito romano*, 1, 4.ª ed. cit., 200-201.

(2) de *eligere* (escolher, eleger): a feitura de uma *lex* pressuporia uma escolha ou opção prévia;
(3) de *ligare* (ligar, atar, obrigar): a *lex* adstringe os seus destinatários a determinada conduta;
(4) de *legare* (legar, delegar, dar mandato a): a *lex* provém de uma função ou de um mandato, concedido ao legislador;
(5) de *locus* (lugar, sítio), sânscrito *lagh*: a *lex* fixa ou posiciona uma realidade que, de outro modo, estaria em mutação.

Entre nós, Sebastião Cruz opta, ainda que de modo não-exclusivo, pela primeira teoria: *lex* adviria de *legere* ou ler[1459]. A doutrina maioritária[1460] e a generalidade dos dicionários de latim[1461], preferem, todavia, a quarta: *lex* adveio de *lego* (*legare, legatum*), uma vez que implica uma (de)legação a favor de quem a faça, como sucedia no regime romano.

III. Já no Direito romano, *lex* enriquecia os sentidos comuns que comportava com níveis significativo-ideológicos. Traduzia, quando usada, uma ideia de justo, de adequado e de equidade.

Cícero, discutindo o sentido de *lex*, fazia uma aproximação ao grego νόμος (*nomos*): o que é atribuído em partilha e, a partir daí, o uso e o costume. Nessa base, Cícero aproximava *lex* de (*e*)*legere* (eleger, escolher), fazendo a seguinte contraposição: em grego, estaria mais em causa o elemento equidade, enquanto em latim, sobrelevaria a ideia de escolha[1462]. Ambas as aceções poderiam ser aproximadas.

Na *lex* como noutras latitudes, operou a síntese entre o espírito subtil grego e pragmatismo eficaz romano, contribuindo para a riqueza do termo: uma riqueza que cabe conhecer e aprofundar e, não, alijar. Digamos que os gregos assentavam numa base material, enquanto os romanos privilegiavam a abordagem processual da lei[1463].

[1459] SEBASTIÃO CRUZ, *Direito romano*, 1, 4.ª ed. cit., 201.
[1460] FELICIANO SERRAO, *Legge (diritto romano)* cit., 794-795, referindo as fontes.
[1461] Além dos referidos em SERRANO, ob. e loc. cit.: *Grosses Schulwörterbuch Lateinisch-Deutsch*, da Langenscheidt (2001), 727/I; FÉLIX GAFFIOT/PIERRE FLOBERT, *Dictionnaire Latin-Français* (2000), 913/II.
[1462] MARCO TÚLIO CÍCERO, *De Legibus* I, 6 = *Opera* III, ed. Joannes Manfrè (1753), 163.
[1463] W. KRAWIETZ, *Gesetz* em HWörtPh 3 (1974), 480-493 (481).

IV. O Direito romano conheceu uma evolução de muitos séculos. A *lex* obteve, nas várias épocas, um tratamento diferenciado.

Nas construções clássicas, distinguia-se a *lex privata* da *lex publica*[1464]. A *lex privata* advinha da vontade das partes, através do que hoje chamamos contrato: *uti lingua nuncupassit ita ius esto*[1465].

A *lex publica* resultava de uma proposta aprovada pelo *populus*[1466]. Era rogada pelo magistrado com poderes para o fazer[1467]. A *lex*, neste sentido, concorria com as demais fontes do Direito romano, designadamente o *senatus consultum* e os *plebiscita*. Explicam os romanistas que o *ius civile* adveio, fundamentalmente, das XII Tábuas, dos jurisconsultos e do *edictum*[1468]. A maioria das *leges* tem a ver com o que hoje chamamos Direito público.

V. Com todos estes elementos, tem interesse relevar as definições dadas pelos próprios juristas romanos. Para Gaio[1469].

Lei é aquilo que o povo ordena e determine. Plebiscito é o que a plebe ordena e determine.

Como se vê, a noção é puramente formal, revelando a preocupação de contrapor a lei ao plebiscito[1470].

[1464] Por isso, *lex* era mais amplo do que a nossa lei; *vide* CARLO LONGO/GAETANO SCHERILLO, *Storia del diritto romano/Costituzione e fonti del diritto* (1935), 160 ss..

[1465] *XII Tábuas*, VI,1: conforme for dito por palavras, assim seja o direito.

[1466] PAPINIANO, D. 1.3.1, abaixo citado, nota 1471; VINCENZO ARANGIO-RUIZ, *Storia del diritto romano*, 7.ª ed. (1966), 84 ss..

[1467] O processo da proposta e da aprovação pode ser seguido em FELICIANO SERRAO, *Legge (diritto romano)* cit., 826 ss. e em SEBASTIÃO CRUZ, *Direito romano*, 1, 4.ª ed. cit., 207 ss.. *Vide*, ainda, ANTÓNIO SANTOS JUSTO, *Breviário de Direito Privado Romano* (2010), 31 ss..

[1468] FELICIANO SERRAO, *Legge (diritto romano)* cit., 812/I. Uma lista de *legges* hoje conhecidas pode ser confrontada em GIANNETTO LONGO, *"Lex"*, NssDI IX (1963), 786-794 (789-794).

[1469] GAIO, *Institutiones* 1, 3 = ed. bilingue ULRICH MANTHE (2004):

Lex est quod populus iubet atque constituit, plebiscitum est quod plebs iubet adque constituit.

[1470] O *plebiscitum* era uma deliberação da plebe, tomada no competente comício e que, após diversas peripécias históricas, veio a ser equiparada à lei; *vide* SANTOS JUSTO, *Breviário* cit., 32-33.

Uma noção de tipo (mais) material é a de Papiniano[1471]:

A lei é um preceito geral [*commune praeceptum*], uma decisão de homens prudentes, um meio de coerção contra delitos que, voluntária ou involuntariamente sejam cometidos e uma promessa da comunidade da república.

Na verdade, Papiniano aproxima-se de Cícero e do νόμος grego. A lei acabaria por traduzir a norma[1472] ou qualquer tipo de norma, independentemente do seu valor ou do seu conteúdo e fosse qual fosse a sua origem: pública ou privada[1473].

VI. Em alemão, lei diz-se *Gesetz*: expressão a que se recorre para exprimir o latim *lex* ou o grego νόμος. *Gesetz* significaria, à letra, "posto", "colocado": provém de *setzen* que tem precisamente e entre outros, o sentido de pôr, meter ou colocar. Por contágio histórico-cultural podemos, a propósito de *Gesetz*, seguir os meandros evolutivos de *lex*, desde o Direito romano até aos nossos dias[1474]. Afigura-se, todavia, que *Gesetz*, mau grado a polissemia que, por esse contágio, acaba por envolver, sempre traduz uma ideia de maior precisão do que *lex*.

Em inglês, surge o termo *law* que, todavia, significa o Direito e a sua Ciência. *Law*, como regras, advém do inglês antigo tardio *lager*, significando local ou colocação[1475]. Aproxima-se, assim, do *Gesetz* alemão e do étimo germânico *legen*.

145. Das *leges* e dos *iura*; evolução

I. A evolução de *lex* foi ditada, num primeiro momento, pelas vicissitudes do Império Romano. A progressiva centralização imperial fez desaparecer os esquemas coletivos de aprovação das leis. O absolutismo

---

[1471] PAPINIANO, D. 1.3.1. = ed. OKKO BEHRENDS e outros, II, 111:

Lex est commune praeceptum, virorum prudentium consultum, delictorum quae sponte vel ignorantia contrahuntur coercitio, communis reipublicae sponsio.
[1472] FELICIANO SERRAO, *Legge (diritto romano)* cit., 839/II.
[1473] GIANNETTO LONGO, *"Lex"* cit., 787/I.
[1474] *Vide* a excelente síntese de W. KRAWIETZ, *Gesetz* cit., 482 ss..
[1475] *Vide The Oxford Dictionary of English Etymology* (1966), 518.

crescente centralizou, no imperador, a inovação jurídica[1476]. Este legislava através de constituições imperiais as quais, com o tempo, vieram a ser conhecidas como *leges*[1477].

Na época das grandes compilações, contrapunham-se as *leges* aos *iura*[1478]: as primeiras eram inovadoras e correspondiam às constituições imperiais; os segundos abarcavam a massa geral do *ius romanum* e, particularmente, o labor dos jurisprudentes.

II. A queda do Império Romano foi acompanhada por um enorme retrocesso cultural[1479]. Perderam-se as condições mínimas necessárias para o funcionamento do Direito romano. O costume veio a impor-se como a principal fonte.

O Direito romano, ainda que de forma muito vulgar, manteve alguns dos seus quadros. Nos períodos de alguma acalmia social e militar, os novos soberanos bárbaros fizeram aprontar súmulas de *iura* e de leis por eles próprios adotadas, dando, ao conjunto, a designação de *leges*. Assim surgiram a *lex romana burgundionum* e a *lex romana wisigothorum*.

A *lex romana burgundionum*, atribuída ao Rei Gundobado (467-516), foi aprontada no final do século V[1480]. Traduziu uma visão mais restrita, de entre o panorama das *leges* germânicas que sucederam à queda do império e implicou os maiores desvios em relação ao Direito romano. Os burgúndios vieram a ser absorvidos pelo Reino dos Francos, sendo a *lex burgundionum* substituída pela *wisigothorum*.

A *lex romana wisigothorum*, conhecida como Breviário de Alarico, deve-se a Alarico II e foi aprovada por uma assembleia, em 506. Comportava *leges* e *iura*, que aproveitavam (alguns) comentários dos juristas[1481].

[1476] CARLO LONGO/GAETANO SCHERILLO, *Storia del diritto romano* cit., 334 ss..

[1477] FELICIANO SERRAO, *Legge (diritto romano)* cit., 848 ss..

[1478] VINCENZO ARANGIO-RUIZ, *Storia del diritto romano*, 7.ª ed. cit., 353 ss..

[1479] GUIDO ASTUTI, *Legge (diritto intermedio)*, ED XXIII (1973), 850-871 (852 ss.).

[1480] FRIEDRICH CARL VON SAVIGNY, *Geschichte des römischen Rechts im Mittelalter 2 – Geschichte des römischen Rechts in den neuen germanischen Staaten*, 2.ª ed. (1834, reimp., 1986), 1-9; GUIDO ASTUTI, *Lezioni di storia del diritto italiano/Le fonti* (1953), 33-34; as várias edições existentes da *lex* em causa podem ser confrontadas em GIANNETTO LONGO, "*Lex romana burgundium*", NssDI IX (1963), 817-818 (817/II).

[1481] SAVIGNY, *Geschichte des römischen Rechts* cit., 2, 67 ss.; GIANNETTO LONGO, "*Lex romana burgundium*" cit., 818-819; FRANZ WIEACKER, *Privatrechtsgeschichte der*

§ 34.º A lei   523

A *lex wisigothorum* tem um especial interesse uma vez que os Visigodos, inicialmente fixados no Sul da França (capital em Toulouse), vencidos pelos Francos (*Vogladum*, 507), estabeleceram-se na Península (capital em Toledo), até serem vencidos pelos Árabes (*Guadalete*, 711).

III. Carlos Magno reconstituiu, formalmente, o Império (800, com a *renovatio imperii*). Essa ocorrência foi acompanhada pelo reforço do poder real: passou a "legislar", sem necessidade de recorrer a assembleias. Ao lado de um Direito consuetudinário que supria o desaparecimento de um Direito diferenciado e das instituições especializadas de aplicação jurídica, foram tomando corpo, nas novas nações, *leges* e *capitularia* feudais[1482].

O renascimento do Direito romano, levado a cabo pelas universidades, a partir do século XII, precedido pelo Direito canónico, permitiu isolar a ideia de *utrumque ius*. A este contrapor-se-iam as iniciativas dos monarcas: as leis. Estas eram imputadas, desde S. Tomás, à razão[1483]. Não faltaria uma evolução puramente voluntarística de lei (Hobbes), o contracenar com as exigências da razão (Montesquieu)[1484].

A conceção de lei que, assim, se poderia desenhar era complicada pelo facto de, a propósito de compilações que incluíam Direito romano, se falar, também, em leis. Estas oscilavam entre a manifestação da vontade do soberano (do Estado) e o Direito, no seu conjunto. Este foi o sentido levado pelos normandos para Inglaterra, que aproveitaram *law* para designar todo o Direito.

IV. A evolução das sociedades, do Direito e, sobretudo, da sua Ciência permitiu que, no Continente e ao longo do século XIX, se desenvolvessem as codificações[1485]. Estas, como é sabido, pretendem ordenar, em termos científicos, todo o Direito relativo a um grande sector sócio-jurídico.

Neuzeit, 2.ª ed. (1967, reimp., 1996), 38 ss.; NUNO ESPINOSA, *História do Direito Português*, 5.ª ed. cit., 78 ss..

[1482] Sobre toda esta matéria, GUIDO ASTUTI, *Legge (diritto intermedio)* cit., 854 ss..
[1483] W. KRAWIETZ, *Gesetz* cit., 483.
[1484] *Idem*, 483-486, como exemplo. A literatura é infindável, podendo confrontar-se nessa obra. Entre nós, *vide* JORGE MIRANDA, *Manual de Direito Constitucional*, 5, 2.ª ed. (2000), 127, também com indicações.
[1485] *Supra*, 132 ss..

Reordenam o Direito existente, respeitando a sua compleição histórico--cultural. Grandes monumentos como o Código Napoleão ou o BGB alemão são, no fundo, Direito romano (obrigações e reais) e Direito comum (família e sucessões), devidamente harmonizados, completado, atualizado e ordenado. Consegue-se, com essa técnica que levou séculos a apurar, uma grande diferenciação de soluções, em termos muito mais sintéticos do que os assumidos pelo *corpus iuris civilis*.

O uso jurídico chama "leis" aos grandes códigos, repositórios de séculos de evoluções conturbadas e que desaguam, em última instância, no Direito romano. No fundo, são os *iura* do fim do Império Romano. E "leis" são ainda as determinações que os diversos Estados entendem adotar e publicar.

Temos, aqui, uma ambivalência inultrapassável, com a qual há que viver.

146. Aceções atuais, classificações e ordenações

I. A evolução subsequente já explicaria, só por si, uma fatal polissemia do termo "lei", no português jurídico da atualidade. Essa dimensão mais se acentuou, todavia, por ação das constituições políticas e da doutrina que sobre elas recaiu. Procurando definir os poderes do Estado e proceder à sua repartição pelos diversos órgãos, as constituições prodigalizaram o poder de definir, seja em abstrato, seja no concreto, as atitudes exigíveis aos cidadãos. E para tanto, ora usaram "lei", ora recorreram a outras designações.

As tentativas jurídico-constitucionais de unificar, numa definição, a noção de lei (noção material ou estrutural) deram origem seja a fórmulas deste tipo:

> (...) o acto legislativo no âmbito da Constituição de 1976, pode definir-se como todo o critério político de decisão produzido, revelado e publicado sob a forma típica de lei pelos órgãos titulares da sub-função legislativa, que se mostre apto a exprimir uma supremacia relacional no respeitante aos demais actos normativos de Direito interno, atinentes às restantes funções constituídas do Estado-Colectividade (Blanco de Morais)[1486].

[1486] CARLOS BLANCO DE MORAIS, *As leis reforçadas/As leis reforçadas pelo procedimento no âmbito dos critérios estruturantes das relações entre actos legislativos* (1998), 131.

seja a correlações desta natureza:

> A lei em sentido material corresponde a lei como acto da função legislativa (...)[1487].
>
> (...) assentamos numa divisão tricotómica das funções do Estado – função política, função administrativa e função jurisdicional. E subdistinguimos na primeira a função legislativa (*legislatio*) e a função governativa ou política *stricto sensu* (*gubernatio*) consoante se traduz em actos normativos (directa ou indirectamente, explícita ou implicitamente) e em actos de conteúdo não normativo[1488].

II. Em suma: a definição de lei, enquanto medida do Estado, leva os publicistas a conectá-la com a função legislativa. Esta, por seu turno e sob pena de círculo inextrincável, será feita decorrer da doutrina da separação dos poderes, precedida por uma diferenciação dos mesmos que, no mínimo, será histórico-cultural.

Podemos aceitar que o legislador constituinte, em consonância com as conceções dominantes na época histórica em que estatua, possa conformar o conceito formal de lei, isto é: aquilo a que, para efeitos de procedimentos constitucionais, se irá chamar lei. Mas não vemos que o conceito dogmático de lei, isto é, a lei material, tomada como realidade jurídico--científica, logo prática, dependa dos acasos (importantes, sem dúvida, mas acasos) de movimentos militares ou de eleições. Haverá que prosseguir.

III. O uso corrente, mesmo jurídico, de lei, revela as aceções subsequentes:

- a lei como Direito e a sua Ciência; equivale ao inglês *law*;
- a lei como Direito de origem estadual, por oposição ao costume, à equidade, à jurisprudência e à doutrina;
- a lei como norma jurídica de origem estadual, por oposição a quaisquer outras;
- a lei como produto do exercício da função legislativa do Estado;
- a lei como diploma que, no momento considerado, se diga "lei", pelos textos em vigor.

[1487] JORGE MIRANDA, *Manual de Direito Constitucional* cit., 5, 2.ª ed., 133.
[1488] *Idem*, 22.

Enquanto produto da função legislativa, a lei obriga a novas distinções. Assim, *latissimo sensu*, ela reporta-se a manifestações dessa função independentemente do tempo, do modo, das regras que se lhe apliquem e dos seus destinatários; abrange a lei constitucional e a lei ordinária, de eficácia interna ou de eficácia externa; *lato sensu*, ela retrata a lei ordinária, interna ou externa; *stricto sensu*, ela equivale ao "ato normativo da função política" de eficácia externa, isto é, dirigido à comunidade política ou às relações entre órgãos do poder[1489].

Como diploma que, no presente momento e à luz da Constituição de 1976 se chame "lei", esta abrangerá as leis (do Parlamento), os decretos-leis (do Governo) e os decretos legislativos regionais (dos parlamentos regionais): é o que se alcança do artigo 112.°/1 da Constituição o qual, todavia e com prudência, refere "atos legislativos"[1490].

IV. Nenhum dos apontados sentidos se pode considerar incorreto. Cabe aos operadores jurídicos, diretamente ou pelo contexto, quando usem "lei", explicitar em que universo se movem.

Não obstante toda a cautela que a polissemia recomenda, existe uma contraposição entre lei formal e lei material. Nestes termos:

– a lei formal corresponde a um diploma como tal designado; por via do artigo 112.°/1 da Constituição, ela abrange as leis, os decretos-leis e os decretos legislativos regionais;
– a lei material equivale a um diploma dimanado pelo Estado e que contenha normas jurídicas, isto é: proposições imperativas, gerais e abstratas.

Os dois conceitos coincidem, ou não, entre si. Uma lei formal pode não conter quaisquer normas jurídicas, não sendo, por isso, lei material; e podem leis materiais não assumir a forma (constitucional) de lei.

V. Os diversos conceitos de lei não se deixam ordenar através de classificações. A classificação pressupõe uma definição lógica, que opere por

---

[1489] JORGE MIRANDA, *Manual de Direito Constitucional* cit., 5, 2.ª ed., 124-125, de onde são retirados os termos indicados.
[1490] JORGE MIRANDA/RUI MEDEIROS, *Constituição Portuguesa Anotada*, II (2006), 256 ss., com indicações.

genus proximum e *differentia specifica*. Verifica-se, todavia, que "lei", nas suas múltiplas aceções, não corresponde a preocupações lógicas: antes obedece a acasos históricos, culturais e políticos, vagamente afeiçoados pelas necessidades da dogmática jurídica.

Resta concluir: a lei comporta várias aceções as quais apenas são discerníveis através de descrições aproximadas da realidade a que se reportam. Tais descrições dão lugar a tipos, em sentido próprio, equivalendo a conceitos gerais-concretos, na terminologia hegeliana. Entre eles pode haver sobreposições e incompatibilidades sem que, por essa via, se tornem inviáveis ou impraticáveis.

147. O artigo 1.°, n.° 1 e n.° 2, do Código Civil

I. O artigo 1.° do Código Civil surge epigrafado "fontes imediatas". O seu n.° 1 e a 1.ª parte do seu n.° 2 reportam-se à lei. Dispõem:

    1. São fontes imediatas do direito as leis e as normas corporativas.
    2. Consideram-se leis todas as disposições genéricas provindas dos órgãos estaduais competentes (...)

No anteprojeto de Manuel de Andrade, o artigo 1.°, sem epígrafe, tinha um estilo e um conteúdo diferentes. Dizia[1491]:

    I – São fontes do Direito:
        a) As leis;
        b) As normas corporativas.
    II – *a)* Consideram-se leis todas as disposições genéricas emanadas dos órgãos estaduais competentes.

Para a enumeração das fontes, Manuel de Andrade buscou inspiração no artigo 1.° do Código Civil italiano, de 1942[1492]. Sob a epígrafe "indicação das fontes", dispõe esse preceito:

    São fontes do direito:
    1) As leis;

[1491] MANUEL DE ANDRADE, *Fontes de direito* cit., 141.
[1492] *Supra*, 144 ss.; quanto à preparação desse Código, dispomos, hoje, da interessante obra de NICOLA RONDINONE, *Storia inedita della codificazione civile* (2003), XVIII + 814 pp..

2) Os regulamentos;
3) As normas corporativas;
4) Os usos.

O projeto de Código italiano, primeiro publicado, não fazia qualquer referência a uma indicação de fontes[1493]. O preceito foi introduzido numa fase tardia. Visaria resolver uma "teima" que opunha os comercialistas, defensores dos usos, aos "corporativo-laboralistas", que pretendiam a primazia, sobre eles, das normas corporativas[1494]. Mais ligados ao regime fascista de Mussolini, estes últimos levaram a melhor. O regime caiu: mas o alto nível técnico do Código (não certamente o do artigo 1.º) assegurou a sua sobrevivência. Não se pôs o problema de abrogar as "normas corporativas": o preceito era inóquo.

Ao inspirar-se no Código italiano, Manuel de Andrade não sabia que perfilhava a opção dos "corporativo-laboralistas" italianos, contra os comercialistas ou, mais latamente, os privatistas. A "história inédita" do Código italiano só foi tornada pública no início do século XXI.

II. Qual é a explicação histórica para o artigo 1.º do Código de 1966, à luz das opções conscientes dos seus autores? As justificações dadas por Manuel de Andrade são escassas, mas interessantes. Desde logo, ele considerava o texto do capítulo sobre fontes como[1495]:

(…) um simples esboço, destinado a ser ulteriormente precisado, corrigido e completado. Esta declaração liminar visa de um modo especial as disposições do Capítulo I, porque só à última da hora, sob a influência do Código italiano, se resolveu inseri-las no Projecto. Claro que do mesmo carácter de vaguidade e de insegurança participa a própria exposição subsequente.

Prossegue Manuel de Andrade, em texto que não deve ser esquecido[1496]:

[1493] MARIANO D'AMELIO, *Codice civile/Libro primo (Persone e famiglia)* (1940), 6 ss.; o projeto começava com um preceito relativo ao início da obrigatoriedade das leis. Vide NICOLA RONDINONE, *Storia inedita* cit., especialmente 100 ss.. O capítulo sobre fontes foi aditado já em 1942: *idem*, 564.
[1494] NICOLA RONDINONE, *Storia inedita* cit., 609 ss..
[1495] MANUEL DE ANDRADE, *Fontes de direito* cit., 146.
[1496] *Idem*, 147.

2. O art.º 1.º contém uma indicação sumaríssima das fontes do Direito. Passaram-se em claro as variadas distinções e subdistinções que o termo "leis" comportaria. Entendeu-se que a indicação minuciosa daquelas fontes não tem o seu lugar num Código civil; que ela demandaria, para estar certa quanto aos nomes e às definições, longas pesquisas, impossíveis neste momento; e que, ainda por cima, ela tornaria mais difícil sem vantagem de maior, por obrigar a especificações dispensáveis, a redação dos textos que formam o Capítulo II.

Ainda se pensou em restringir o conceito de "lei" aos diplomas promulgados pelo Chefe do Estado, abrindo para os outros diplomas emanados de qualquer autoridade ou organismo público uma nova categoria, chamando-lhes "ordenações" na generalidade dos casos, e "posturas" quando procedentes de autoridades locais (*maxime* das autarquias). Mas pôs-se de parte a ideia, pelas razões apontadas, e também pelas dificuldades que se depararam quanto às fontes do Direito próprio das Colonias, não falando já na estranheza que poderia causar o termo "ordenações", para mais com a significação particular que lhe seria atribuída.

A influência italiana foi ao ponto de, no artigo 3.º do projeto (artigo 3.º do Código), se ter feito prevalecer as "normas comparativas" sobre os usos: a referida vitória do "corporativismo" sobre o Direito comercial. Mas sobre isso não foram dadas específicas justificações.

Manuel de Andrade esclarece ainda onde foi buscar o sentido muito vasto em que tomou o termo "lei": veio de Enneccerus/Nipperdey[1497]. Todavia, essa origem apenas esclarece sobre os "órgãos estaduais competentes", remetendo-os para a Constituição. Foi acrescentado "genéricas" e retirada a referência ao texto fundamental: o primeiro ponto para distinguir a lei de comandos concretos; o segundo, provavelmente, por discrição política.

[1497] *Idem*, 147. MANUEL DE ANDRADE cita a 13.ª ed. do *Lehrbuch*. De facto, LUDWIG ENNECCERUS/HANS CARL NIPPERDEY, *Allgemeiner Teil des Bürgerlichen Rechts*, 1, 15.ª ed. (1959) ou, para recorrermos ao texto que terá inspirado diretamente ANDRADE, a trad. castelhana de BLÁS PEREZ GONZÁLEZ/JOSÉ ALGUER da 13.ª ed. alemã (1943), no local por ele precisado, dizem:

Lei (em sentido material) é uma proposição jurídica ou um conjunto de proposições jurídicas, ditada e publicada pelos órgãos do Estado competentes, conforme a Constituição.

III. Na passagem do anteprojeto para o projeto, decidiu-se[1498] passar ao largo da natureza provisória e rudimentar que o próprio Manuel de Andrade atribuía ao seu escrito, entronizando-o[1499]. Mas isso foi feito com alterações:

– quanto ao estilo, o que se afigura normal, uma vez que cabia uniformizar os troços de diversas proveniências, que vieram a formar o Código Civil;
– quanto ao fundo, aditando a fontes, o adjetivo "imediatas".

Antunes Varela, no ensino do Direito civil, degradava o costume, explicando que, pelo menos no Direito privado, ele não constituía uma "fonte autónoma, imediata de direito"[1500]. No Código Anotado, verdadeira justificação de motivos das revisões ministeriais por ele levadas a cabo, explica que a lei e as normas corporativas são fontes imediatas[1501],

(...) em contraposição aos assentos, usos e equidade, cuja força vinculativa provém da lei, que define os termos e limites da sua obrigatoriedade.

IV. Capta-se a ideia: aparentemente, o legislador de 1966 pretendeu consignar em lei o fundamento da jurídica-positividade: algumas fontes (as "mediatas") só vigorariam por, para elas, remeterem as imediatas. Claro está: isso obrigaria a considerar também "mediatas" as normas corporativas, num passo que não foi dado. Mas não joga. Com efeito:

– qualquer estudioso das fontes do Direito considerará como fonte "imediata", no sentido de dotada de autónoma jurídica-positividade, o costume, lado a lado com a lei; ora o Código, na sequência dos ensinamentos de Antunes Varela, parece reconduzi-los aos usos;

[1498] A decisão terá partido de JOÃO ANTUNES VARELA, Ministro da Justiça na época, coautor, com FERNANDO ANDRADE PIRES DE LIMA, de *Noções fundamentais de Direito civil* 1, 6.ª ed. (1964, reimp., 1973), e que aproveitou para introduzir algumas das suas ideias, na lei civil fundamental.

[1499] *Vide* JOSÉ HERMANO SARAIVA, *Apostilha crítica* cit., 7.

[1500] PIRES DE LIMA/ANTUNES VARELA, *Noções fundamentais de Direito civil* cit., 1, 6.ª ed., 93.

[1501] PIRES DE LIMA/ANTUNES VARELA, *Código Civil Anotado*, 1, logo na 1.ª ed. (1967), 10.

– a jurídica-positividade interessará à teoria do Direito, mas não ao Direito civil; confrontado com uma fonte, o intérprete-aplicador irá, dela, retirar (imediatamente) uma norma, seja qual foi a complexidade constitucional que tenha sido observada na sua produção.

A referência a fontes "imediatas" parece corresponder a uma repartição didática, aliás discutível[1502]. Não devia ter sido levada ao Código. Isto dito: não incomoda, uma vez que, como tem sido dito, não tem relevância civil.

V. A enumeração do artigo 1.º não foi conseguida. A definição de lei do n.º 2, 1.ª parte, surge muito ampla. Torna-se questionável a oportunidade de definir, num Código, o que seja lei: sintomaticamente, os críticos que pretenderiam alterar esses preceitos do Código Civil, não apresentam qualquer definição alternativa. Sendo evitável, esse dispositivo tem, todavia, uma vantagem: recorda que, para o Direito civil, todas as fontes estão sujeitas a interpretação e, nessa medida, a integração no sistema.

A crítica, muito veemente, dos juspublicistas de que o Código teria esquecido o regulamento administrativo o qual não poderia, de forma alguma, ser reconduzido à lei[1503], não tem peso. O decisivo, segundo esses críticos, residiria no facto de os regulamentos, mesmo provenientes do Conselho de Ministros, corresponderem à função administrativa do Estado e não à sua função político-legislativa. Além disso, os regulamentos das autarquias e da demais administração autónoma, bem como os da administração indireta do Estado, não proviriam de "órgãos estaduais". Pois bem: o Direito civil é um Direito de pessoas e para pessoas. Perante um diploma normativo, o particular vai sofrer-lhe as consequências, seja qual for a designação que lhe atribuam as correntes juspublicísticas em voga. Saber se um diploma do Governo advém da função política ou da função administrativa é, no terreno,

---

[1502] LUÍS CABRAL DE MONCADA, *Lições de Direito civil/Parte geral*, 1, 3.ª ed. (1959), 89, em nota, considera "fontes mediatas" aquelas que, de facto, possam influenciar as restantes. Seriam fontes, apenas em sentido sociológico, razão pela qual considera esta categoria "absolutamente inútil e irrelevante para a Ciência do Direito". Não é este, todavia, o sentido de "fonte mediata", no Código Civil. Neste ponto, não tem razão a referência de JOSÉ H. SARAIVA, *Apostilha crítica* cit., 11.
[1503] DIOGO FREITAS DO AMARAL, *Da necessidade de revisão dos artigos 1.º a 13.º do Código Civil* cit., 12.

tudo menos óbvio: poderá, até, vir das duas. Decidir que uma postura camarária, que pode ter o mesmo teor do que um diploma a aprovar pelo Estado (central) não é lei porque a Câmara não é órgão estadual será boa técnica administrativa, mas conceitualiza e, com isso, condiciona a decisão. Na vida real, as pessoas sentem muito mais a autoridade das Câmaras e de outras realidades paraestaduais, do que a do (longínquo) Parlamento. Por certo que o Direito público dá (ou deve dar) meios acrescidos para reagir perante regulamentos. E é ainda verdade que o acima transcrito Código italiano autonomizou os regulamentos, coisa que, porventura mal, não fez o Código de 1966. Mas isso dito: o regulamento (e similares), quando contenha normas, pode ser reconduzido a um sentido amplíssimo de lei.

Aplicar-se-lhes-ão regras importantes, como a exigência de publicação, a interpretação adequada e sistemática, a integração conveniente e a não-retroatividade de princípio.

As leis, mesmo más, são úteis.

§ 35.º AS "NORMAS" CORPORATIVAS

148. O corporativismo

I. O corporativismo designa uma corrente de pensamento, primeiro social e, depois, sócio-política, que se desenvolveu a partir dos finais do século XIX. Na origem, teve preocupações cristãs suscitadas pela questão social e pela dureza da luta de classes dela resultante.

A questão social foi causada pela revolução industrial: primeiro em Inglaterra e, depois, em diversos países da Europa e do Mundo. A generalização do motor a vapor permitiu um incremento da indústria, assente numa organização que punha, frente a frente, os proprietários das fábricas, das máquinas e das matérias-primas e os trabalhadores assalariados. Este fenómeno, que já era conhecido de períodos históricos anteriores[1504], ganhou dimensões novas, pela extensão das suas implicações sociológicas. Assim, ele levou a um êxodo em direção às cidades e aos centros industriais nascentes, com o abandono dos campos e a formação de consideráveis massas de assalariados. A breve trecho – e num movimento que se foi atenuando à medida que se passa dos espaços desenvolvidos para a periferia, onde a industrialização foi mais lenta ou, até, incipiente – toda a estruturação económica, depois social e, por fim, política, sofreu alterações[1505].

II. A revolução industrial levantou uma problemática social nova, fonte de conflitos e tensões, que se arrastaram durante o século XIX e conduziram, no seu termo, a novas estruturações: essa situação ficou conhecida

---

[1504] Quanto às formas industriais, desde o Renascimento à Revolução Francesa, recordamos FRANS VAN DER VAN, *Sozialgeschichte der Arbeit*, 2 (1972), 249 ss..
[1505] RUDOLF REBBERT, *Geschichte der Industrialisierung* (1972), 17 ss. (Inglaterra) e 52 ss. (Continente) já referido.

como a questão social[1506]. A procura do lucro condicionada pela forte concorrência existente na indústria nascente, a abundância da mão de obra, a especialização crescente com o concomitante abandono da autossuficiência individual, só possível em comunidades agrícolas, a não-sensibilidade dos poderes públicos para a nova problemática, as grandes concentrações humanas sem as necessárias infraestruturas, a falta de cautelas com o ambiente, a ocorrência cíclica de crises económicas e uma incapacidade cultural de entender, de imediato, o alcance, nas sociedades humanas, dos passos tecnológicos efetuados, conduziram a uma situação de grande degradação da posição dos trabalhadores por conta de outrem: baixos salários, alongamento do dia de trabalho, más condições de laboração e, em geral, de vida e de cultura, e falta de proteção na infância, na maternidade, na doença, nos acidentes e na velhice.

A questão social deu azo a reformas progressivas, destinadas a proteger os trabalhadores e que se foram sucedendo, na segunda metade do século XIX[1507]. Mas além disso, propiciou movimentos de massas[1508], bem como doutrinas, destinadas a enquadrá-los. Assim nasceram o marxismo, as várias orientações socialistas, a doutrina social da Igreja e o cooperativismo[1509].

III. De entre as doutrinas surgidas no rescaldo da questão social conta-se a do corporativismo.

O corporativismo adveio de uma corrente cristã sócio-romântica, que via, no regresso a uma organização medieval edílica, a solução para os dra-

---

[1506] Recordamos o clássico GUSTAV SCHMOLLER, *Die soziale Frage/Klassenbildung, Arbeiterfrage, Klassenkampf* (1918); certos aspetos da questão social podem ser confrontados em FRIEDRICH ENGELS, *A situação da classe trabalhadora em Inglaterra*, trad. port. (1975); uma visão cristã pode ver-se em JOHANNES MESSNER, *Die soziale Frage*, 6.ª ed. (1956), especialmente 293 ss.. Com elementos jurídicos: ULRICH SELLIER, *Die Arbeiterschutzgesetzgebung im 19. Jahrhundert* (1998), 21.

[1507] Com indicações, *vide* o nosso *Isenção de horário/Subsídios para a dogmática actual do Direito da duração de trabalho* (2000), 27 ss..

[1508] O mais emblemático foi o da Comuna de Paris (18-Mar.-1871 a 28-Mai.-1871), que envolveu a tomada da Capital francesa por assembleias eleitas, predominantemente operárias e que se saldou pela retomada de Paris pelo exército, seguida de violenta repressão, que envolveu cerca de 20.000 fuzilamentos, sem julgamento. Antes disso, a Comuna, em represália, havia executado diversos reféns, entre os quais o arcebispo de Paris (GEORGES DARBOY) e diversos dominicanos e jesuítas.

[1509] Na base das cooperativas, a não confundir com o corporativismo, na origem das corporações.

mas sociais. Na Idade Média, os mestres, os companheiros e os aprendizes estavam enquadrados em corporações profissionais, que fixavam mínimos e asseguravam uma certa assistência social. No seio das (hoje ditas) empresas dominava uma ideia de cooperação e de assistência mútua, em que cada um ocupava o seu lugar. Os trabalhadores de base, em vez de se organizarem entre si, articulavam-se numa estrutura vertical, de acordo com a arte ou ofício que exercesse; o mesmo sucederia com o dono da exploração. O corporativismo entendia poder recriar essa realidade: as empresas e, mais latamente, os sectores de atividade, articular-se-iam na vertical, aproximando, num espírito de solidariedade de sector, trabalhadores e patrões, de modo a substituir a ideia de luta e de confrontação por uma solidariedade profissional.

Sendo, em si, mais uma peça nas doutrinas que intentavam resolver pacificamente a questão social, o corporativismo não implicava nenhum plano de tomada do poder. Todavia, na conturbada Europa subsequente à Grande Guerra de 1914-1918, que viu surgir as primeiras revoluções comunistas, com relevo para a Revolução de Outubro na Rússia, depois União Soviética, o corporativismo foi aproveitado para dar cobertura linguística a regimes autoritários ou, mesmo, ditatoriais, centrados no poder pessoal de líderes carismáticos.

A partir dessa altura, o corporativismo dobra-se de uma doutrina política e económica difícil de definir, dada a multiplicidade de orientações que comportou[1510]. Oficialmente, apresentava-se como uma terceira via entre o liberalismo e o socialismo, procurando suplantar o dilema indivíduo/Estado, com recurso a entes intermédios: as corporações que, por sectores, agrupariam os trabalhadores e os patrões, em torno de um ideário nacionalista de colaboração entre classes. A literatura portuguesa da época é abundante. Muitos dos mais ilustres universitários portugueses da

---

[1510] ALBERTO XAVIER, *Direito corporativo* (1972), 3 ss.. Com diversas precisões: MAURICE-H. LENORMAND, *Manuel pratique du Corporatisme* (1938), 399 pp.; FERRUCCIO PERGOLESE, *Corporativismo*, NssDI IV (1959), 861-864, com indicações; AMADO DE AGUILAR, *Donde veio e para onde vai o corporativismo português/Ensaio sobre o lugar do corporativismo na História* (s/d), 72 pp.; AUGUSTO DA COSTA, *Factos e princípios corporativos* (1934), 263 pp.; *idem, A nação corporativa/Textos legais, comentados e justificados*, 3.ª ed. (1937), 474 pp.; ANTÓNIO RIBEIRO DA SILVA E SOUSA, *Diálogos fáceis sobre a economia corporativa, moral e humana* (1941), 95 pp.; JOÃO MANUEL CORTEZ PINTO, *A corporação/Subsídios para o seu estudo* (1956), 348 pp..

área do Direito associaram o seu nome ao estudo, principalmente jurídico, da matéria[1511]. Houve, mesmo, escritos de nível metodológico e filosófico elevado, sobre a matéria[1512].

III. O termo "corporativismo", bem como algumas das suas ideias, foram aproveitadas, em moldes ora propagandísticos ora efetivos, pelo regime fascista de Mussolini e por certos regimes autoritários, como o do Estado Novo, designadamente para combater o sindicalismo livre. Resultou, daí, um descrédito acentuado. Algumas das suas teses, com outros epítetos, têm encontrado abrigo em programas políticos muito variados; assim, por exemplo, o relevo dado ao "poder local" ou às "associações culturais". As referências a um neocorporativismo surgiram nos escritos da década de oitenta do século XX, tendo, depois, caído em desuso, com o incremento do liberalismo subsequente a 1989 e com o desabar do comunismo soviético.

Na Alemanha, o ideário corporativo traduziu-se pela introdução, no Direito do trabalho, de uma relação comunitário-pessoal entre o empregador e o trabalhador[1513]. Todavia, o regime nazista assumiu uma tal expressão de força, assente no *Führerprinzip*, que dispensou meandros linguísticos.

Em Itália, o corporativismo foi associado ao fascismo de Mussolini (1922-1943). Deu azo, não obstante, a grandes reformas, particularmente no Direito do trabalho, onde foram montadas as corporações[1514]. Também por aí, a ideia das corporações chegou ao Código Civil italiano de 1942 daí pas-

---

[1511] *Vide*: MARCELLO CAETANO, *Lições de Direito Corporativo* 1, 1935; FEZAS VITAL, *Curso de Direito Corporativo*, 1940; ADRIANO MOREIRA, *Direito Corporativo*, Lisboa, 1951; SOARES MARTINEZ, *Manual de Direito Corporativo*, 3.ª ed. cit.; OLIVEIRA ASCENSÃO, *Direito corporativo* (1964, reimpr. 1971); ALEXANDRE COELHO DO AMARAL, *Corporativismo e Direito corporativo* (1969/70); SÉRVULO CORREIA, *Sumários de Direito Corporativo* (1971); ALBERTO XAVIER, *Direito corporativo* (1972); VITAL MOREIRA, *Direito corporativo* (1973).

[1512] NUNO CABRAL BASTO, *Ordem natural e organização plural*, ESC VI, 24 (1967), 115-154 e RUI MACHETE, *Os princípios e classificações fundamentais do corporativismo*, SI XVIII, 99-100 (1969), 398-440.

[1513] *Vide* o nosso *Da situação jurídica laboral: perspectivas dogmáticas do Direito do trabalho*, sep. ROA, 1982. *Vide supra*, 297 ss..

[1514] Assim sucedeu com a *Carta del lavoro* italiana de 1927; *vide* CELESTINO ARENA, *La carta del lavoro: schema dell'ordine corporativo* (1938), VIII + 548 pp..

sando ao português, de 1966. Alguns pensadores de nível deram cobertura ao fascismo, pelo menos no início: tal o caso de Giovanni Gentile (1875--1944), através de interpretações neo-hegelianas.

Manifestações do ideário corporativo, normalmente para encobrir experiências autoritárias antiliberais e antissoviéticas surgiram em França, com Pétain (1940-1945), em Espanha, com Franco (1938-1975), em diversos países do Leste europeu até ao termo da II Guerra Mundial e, fora da Europa: no Brasil (Getúlio Vargas, 1930-1945), na Argentina (Péron, 1943-1952) e no México (Cardenas, 1934-1940). Cumpre ter presente que os movimentos deste tipo são, em regra, fortemente populistas. Assentam na propaganda e na exaltação nacionalista e saldam-se, numa primeira fase, pelo restabelecimento da ordem pública e por reformas que melhoram as condições dos trabalhadores e das classes mais pobres.

A doutrina portuguesa da fase final do Estado Novo intentava ultrapassar o incómodo representado pelas conexões antidemocráticas do corporativismo com recurso à distinção entre o corporativismo formal e o substancial. No formal, as corporações são meros instrumentos ao serviço do Estado; no substancial, elas são formadas de modo espontâneo e natural, com valores e interesses próprios, devendo ser respeitadas pelo Estado[1515].

O corporativismo material era aproximado do pensamento institucionalista, o qual se apoiaria em sete princípios: espontaneidade, pluralismo, subsidiariedade, solidariedade, cooperação voluntária, autonomia e personalismo[1516]. A esta luz, podemos admitir que o regime do Estado Novo, a ter-se democratizado, teria permitido a evolução das corporações – ou de algumas delas – para instituições livres, com um papel útil no domínio da cultura, da assistência social e da regulação de alguns mercados.

Hoje, sabemos pela (dura) experiência, que o mercado livre, só por si, não resolve os problemas, antes os agrava; e a História mostrou que a planificação estadual não é praticável. A haver terceira via, ela poderia passar por esquemas autorregulativos a que, em homenagem às antigas corporações medievais, se poderiam chamar "corporações". Não houve visão e a História não espera.

IV. O corporativismo português correspondeu ao período da II República ou Estado Novo (1926-1974)[1517]. Sob o poder pessoal de António de

---

[1515] ALBERTO XAVIER, *Direito corporativo* cit., 1, 4.
[1516] *Idem*, 7 ss..
[1517] O Estado Novo foi, obviamente, uma República (a segunda), ainda que autoritária: república e democracia não são sinónimos; e as melhores democracias do Mundo são

Oliveira Salazar, desenvolveu-se uma cobertura ideológica de cariz tradicionalista e populista, que aproveitou as ideias, um tanto vagas, do corporativismo[1518].

Foi no Direito do trabalho que o corporativismo do Estado Novo deixou mais marcas jurídicas. Podemos distinguir dois subperíodos: (a) de 1926 a 1966; (b) de 1966 a 1974.

O primeiro subperíodo foi marcado pela formação e consolidação, em termos jurídicos, do pensamento social do Estado Novo. A ação estadual foi decisiva, tendo o Direito do trabalho conhecido, nessa altura, um desenvolvimento central. De início, apenas se registou a proibição da greve – Decreto n.º 13.138, de 15 de Fevereiro de 1927. Um sistema mais completo seria prenunciado pela Constituição de 1933 e pelo Estatuto do Trabalho Nacional, aprovado pelo Decreto-Lei n.º 23.048, de 23 de Setembro de 1933.

Na linha das constituições sociais programáticas, filiadas na experiência de Weimar, a Constituição de 1933 veio consagrar direitos relativos ao trabalho, de efetivação mais ou menos imediata; assim o direito ao trabalho – artigo 8.º/1-A – e a liberdade de escolha da profissão – artigo 8.º/7. Os elementos corporativos levaram-se a proscrever, expressamente, a luta de classes, com reflexos imediatos no Direito do trabalho coletivo. Assim,

artigo 35.º A propriedade, o capital e o trabalho desempenham uma função social, em regime de cooperação económica e solidariedade, podendo a lei determinar as condições do seu emprego ou exploração conformes com a finalidade coletiva.

artigo 39.º Os conflitos coletivos nas relações de trabalho serão dirimidos nos termos da lei, por conciliação ou por arbitragem, não sendo permitida a suspensão de atividade por qualquer das partes com o fim de fazer vingar os respetivos interesses.

---

monarquias. Não tem alcance científico nem rigor histórico vir negar a natureza republicana do Estado Novo e chamar, ao regime derivado da Constituição de 1976 ... II República.

[1518] Apontam-se como, influências ideológicas do Estado Novo, CHARLES MAURRAS (1863-1952), defensor de um nacionalismo integral e o Integralismo Lusitano, movimento primeiro monárquico e depois nacionalista, que desenvolveu algumas ideias a partir de 1913, mas cujos dirigentes acabaram por se tornar oposicionistas ao regime do Estado Novo.

§ 35.° As "normas" corporativas

Desta contraposição resultou uma dupla linha de evolução jurídico-
-laboral no Estado Novo:

– o Direito do trabalho individual e o Direito das condições de trabalho seguiram, com alguns desvios menores, um rumo comparável ao
dos outros ordenamentos ocidentais;
– o Direito coletivo do trabalho, em função das proibições que incidiram sobre as lutas laborais coletivas e a liberdade de associação
apresentou uma feição distorcida.

Os principais diplomas de Direito do trabalho ciframser-se, neste período
no que segue:

– a Lei n.° 1.952, de 10 de Março de 1937, aprovou o regime do contrato individual de trabalho, constituindo o primeiro diploma a ocupar-se da matéria;
– o Decreto-Lei n.° 24.402, de 24 de Agosto de 1934, aprovou as
regras relativas à duração de trabalho, com alterações posteriores;
– a Lei n.° 1.942, de 27 de Julho de 1936, veio dispor sobre acidentes
de trabalho e doenças profissionais;
– o Decreto-Lei n.° 23.870, de 18 de Maio de 1934, veio punir a greve
e o despedimento coletivo;
– o Decreto-Lei n.° 36.173, de 6 de Março de 1947, veio aprovar o
regime das convenções coletivas de trabalho.

O segundo subperíodo acusou a necessidade de modernização, imposta por novas circunstâncias e pelo desenvolvimento económico-social
então registado. Assim:

– a Lei n.° 2.127, de 3 de Agosto de 1965, veio aprovar o regime dos
acidentes de trabalho e das doenças profissionais;
– o Decreto-Lei n.° 47.032, de 27 de Maio de 1966, substituído pelo
Decreto-Lei n.° 49.408, de 24 de Novembro de 1969, veio aprovar o
regime do contrato individual de trabalho;
– o Decreto-Lei n.° 49.212, de 28 de Agosto de 1969, veio aprovar o
regime das relações de trabalho coletivas;
– o Decreto-Lei n.° 409/71, de 27 de Setembro, veio aprovar o regime
da duração do trabalho.

A evolução neste segundo período confirma a dupla linha acima enunciada: as grandes especificidades cifravam-se no Direito coletivo do trabalho. Note-se, no entanto, que o Decreto-Lei n.° 49.212, de 28 de Agosto de
1969, correspondia já a uma elaboração doutrinária considerável, embora
incompleta.

Uma referência favorável é, também, merecida pelo Decreto-Lei n.º 409/71, de 27 de Setembro, abaixo referido, a propósito das convenções coletivas de trabalho.

V. O sistema jurídico corporativo não se limitava a versar as relações de trabalho. Através de uma série de organismos (corporações) de filiação obrigatória, ele regia áreas significativas da economia, fixando preços, margens, condições de comercialização e qualidades dos produtos. De certo modo, podemos dizer que ele antecipou, ainda que numa base formalmente associativa, aquilo que hoje se chama "regulação" e "entidades reguladoras".

As corporações vinham previstas na Constituição de 1933. O seu artigo 16.º dispunha:

> Incumbe ao Estado autorizar, salvo disposição da lei em contrário, todos os organismos corporativos morais, culturais ou económicos, e promover ou auxiliar a sua formação.

O artigo 17.º do mesmo diploma explicitava que esses organismos:

> (...) visarão principalmente objetivos científicos, literários, artísticos ou de educação física; de assistência, beneficiência ou caridade; de aperfeiçoamento técnico ou de solidariedade de interesses.

O sistema infraconstitucional foi fraco: o Estado Novo não parecia acreditar nas corporações: organismos potencialmente incómodos, caso se auto-organizassem. O Decreto-Lei n.º 29:110, de 12 de Novembro de 1938, estabeleceu um primeiro quadro-geral, explicitando que as corporações seriam criadas por decreto, precedendo parecer do Conselho Corporativo. O Decreto-Lei n.º 29:111, do mesmo dia, fixava os interesses e atividades representados na Câmara Corporativa, agrupando-os (artigo 4.º) em (a) interesses económicos, culturais e morais; (b) autarquias; (c) administração pública, acrescentando ainda (artigo 5.º) representantes dos advogados, dos médicos, dos engenheiros e dos agrónomos, silvicultores e veterinários. O sistema foi sendo montado: mas com pouca convicção.

As bases para a instituição das corporações foram promulgadas, apenas, pela Lei n.º 2086, de 22 de Agosto de 1956: trinta anos após a queda da I República. Entre outros aspetos, esse diploma – uma Lei de Bases: considerava as corporações pessoas coletivas de Direito público (I); fixava os órgãos das corporações (VIII); sujeitava os regimentos das corporações a aprovação ministerial (XIII); previa, como primeiras corporações a instituir, as da lavoura, da indústria, do comércio, dos transportes e turismo, do crédito e seguros e da pesca e conservas.

O sistema corporativo foi-se desenvolvendo, alcançando alguma complexidade[1519]. Tínhamos organismos corporativos:

(a) morais e culturais;
(b) económicos, que abarcavam, como organismos primários, os sindicatos e os grémios, as casas do povo e as casas de pescadores, como organismos intermédios, as federações e uniões de sindicatos e, na cúpula, as corporações, incluindo as da lavoura, dos transportes e turismo, do crédito e seguros, da pesca e conservas, da indústria, do comércio, da imprensa e artes gráficas e dos espetáculos.

Todas estas entidades implicavam os seus diplomas legais, regras internas, poder regulativo e regras de fundo.

149. As "normas" corporativas

I. O Código Civil refere normas corporativas no seu artigo 1.º/1, 1.º/2, 2.ª parte, 1.º/3 e 3.º/2. Recordemos os textos:

Artigo 1.º (Fontes imediatas)

1. São fontes imediatas do direito as leis e as normas corporativas.

2. (...) são normas corporativas as regras ditadas pelos organismos representativos das diferentes categorias morais, culturais, económicas ou profissionais, no domínio das suas atribuições, bem como os respetivos estatutos e regulamentos internos.

3. As normas corporativas não podem contrariar as disposições legais de caráter imperativo.

Artigo 3.º (Valor jurídico dos usos)

2. As normas corporativas prevalecem sobre os usos.

No anteprojeto de Manuel de Andrade[1520], as normas corporativas já surgiam, ao lado das leis, como fontes, embora se não lhes chamasse "ime-

---

[1519] *Vide* a enumeração de ALBERTO XAVIER, *Direito corporativo* II (1972), com a colaboração de CARLOS PAMPLONA CORTE-REAL, 18 ss..

[1520] MANUEL DE ANDRADE, *Fontes de direito* cit., 141-142.

diatas". A definição de normas corporativas surgia no artigo 1.º/II, *b*), em termos mais simples que os depois inseridos no Código:

> São normas corporativas as ditadas por organismos representativos de categorias profissionais ou económicas, nos limites das suas atribuições, bem como os respectivos estatutos e regulamentos internos.

O projeto final acrescentou as "categorias morais" e as "categorias culturais", de modo a completar o mapa oficial das corporações, adotado pelo Estado Novo[1521] e de que acima foi dada conta.

O mesmo projeto de Manuel de Andrade já subordinava as normas corporativas às disposições legais imperativas (1.º/III), fazendo-as prevalecer sobre os usos (3.º/II).

II. O modelo de Manuel de Andrade e, depois, do Ministro Antunes Varela, foi o do Código Civil italiano, mas apenas em parte. Com efeito, o Código italiano era mais explícito, compreendendo, sobre o tema em estudo:

– o artigo 1.º, que colocava as normas corporativas entre os regulamentos e os usos, no elenco das fontes do Direito;
– o artigo 5.º que considerava normas corporativas:

> (…) as ordenações corporativas, os acordos económicos colectivos, os contratos colectivos de trabalho e as sentenças da magistratura do trabalho nas controvérsias colectivas.

– o artigo 6.º que remetia a formação e a eficácia das normas corporativas para o Código Civil e as leis especiais;
– o artigo 7.º, que impedia as normas corporativas de derrogar as disposições imperativas da lei e dos regulamentos;
– o artigo 8.º, que fazia prevalecer as normas corporativas sobre os usos.

Como se vê, o Código italiano estabelecia um sistema coerente para as normas corporativas, às quais dava um conteúdo alargado. Já Manuel de Andrade e, depois, o Código vieram retirar (ou não vieram referir), entre as normas corporativas, os acordos económicos coletivos, os contratos coletivos de trabalho e as sentenças da magistratura do trabalho.

[1521] E constante do artigo 17.º da Constituição Política de 1933, como refere, de resto, o próprio MANUEL DE ANDRADE, *Fontes de direito* cit., 147-148.

III. Seguindo os movimentos transalpinos dos anos trinta, o Código Civil fez questão de marcar a supremacia do Estado (as normas corporativas não podem contrariar leis imperativas) e a da organização sócio-económica pública, sobre o Direito comercial (as normas corporativas prevalecem sobre os usos). Politicamente, quer esta opção quer a própria referência, num diploma como o Código Civil, a "normas corporativas", tendo em conta a sua conotação com o fascismo italiano e isso mais de vinte anos após a queda do regime de Mussolini, regime esse com o qual ninguém, após 1945, ousaria identificar-se, surgem surpreendentes: foram sufragadas por professores universitários do mais alto nível, dos quais seria de esperar contenção e bom senso[1522].

Em termos formais, estranha-se a contraposição entre "leis" e "normas corporativas": ou se dizia "normas legais" e "normas corporativas" (fórmula inadequada já que as fontes contêm normas mas não são, elas próprias, normas) ou se optava por "leis" e "diplomas corporativos". Andrade não chegou a rever o seu projeto e Varela decidiu entronizá-lo, mesmo contra a vontade do seu Autor.

Em termos materiais, não se entende como considerar as "normas corporativas" como "fontes imediatas": parece claro que elas retiram a sua jurídica-positividade da lei e não de elas próprias.

Em suma: a meio século de distância, todo este episódio se afigura uma ligeireza surpreendente.

IV. As "normas corporativas" do Código Civil eram assim consideradas não pela sua materialidade, mas pela origem: provinham dos organismos corporativos[1523]. As próprias regras (estaduais) relativas às corporações eram leis.

Por seu turno, as normas corporativas pela origem podiam ser puramente orgânicas (regiam a sua estrutura e o seu funcionamento) ou materiais, quando visassem a sua atividade e as dos seus membros. Nestas últimas podiam-se incluir as convenções coletivas de trabalho[1524]. Evidentemente: a mera origem das "normas" era fraco apoio para justifi-

---

[1522] DIOGO FREITAS DO AMARAL, *Manual de introdução ao Direito* 1 (2004), 358, considera que se tratou de uma homenagem tardia ao "sistema corporativo" criado pelo Estado Novo.

[1523] ALBERTO XAVIER, *Direito corporativo* 1 cit., 41 ss..

car uma dogmática autónoma. A preocupação em cercear uma verdadeira materialidade não-estadual matou, no berço, uma autonomia efetiva da fonte em causa.

150. A eventual sobrevivência das normas corporativas

I. As normas corporativas, pela sua origem e pela sua conexão com o fascismo italiano, estavam formalmente ligadas à II República ou Estado Novo. Pergunta-se, por isso, se a queda desse regime, em 25-Abr.-1974, e a entrada em vigor da Constituição de 1976 não terão revogado ou feito caducar tais normas.

Para além das conexões político-culturais acima sublinhadas, as normas corporativas não exprimiam, na sua generalidade, nada de especialmente incompatível com o regime pós-25 de Abril. Pelo contrário: a lógica dirigista que enformava muitas delas até poderia ir ao encontro do ideário estatizante que dominou o País, mormente durante o ano de 1975 e que encontrou lugar em muitas das disposições iniciais da Constituição de 1976. As normas corporativas, em si, não são materialmente contrárias à Constituição. Poderia haver uma ou outra situação em que essa contrariedade surgisse: mas nessa altura, não ofereceria dúvidas considerá-las revogadas ou inconstitucionais.

II. Tem ainda interesse verificar como foi resolvido o problema em Itália. Após a queda do regime de Mussolini, em 1942[1525], as normas corporativas continuaram em vigor. O Decreto Legislativo n.º 369, de 23-Nov.-1944, suprimiu as fontes corporativas. Mas deixou em funcionamento as normas corporativas já emanadas, com a eficácia originária, sem prejuízo das ulteriores modificações (artigo 43.º).

O funcionamento das normas corporativas manteve-se, em tudo o que elas não contraditassem os princípios constitucionais.

III. Após a queda da II República, e ao contrário do que sucedeu em Itália, não se procedeu a uma supressão global dos organismos corporati-

---

[1524] *Idem*, 44.
[1525] Esse regime foi ainda restabelecido, durante dois anos, no Norte de Itália, pela força das armas alemãs.

vos. Antes se foram sucedendo os diplomas de extinção sectorial, os quais se prolongaram por duas décadas.

Os sindicatos recuperaram, logo no plano dos factos, a sua independência. Aliás, ainda antes de 25-Abr.-1974, em vários sindicatos-chave, já haviam sido eleitas direções que se opunham frontalmente ao regime do Estado Novo.

Quanto às corporações económicas, em síntese: o Decreto-Lei n.º 443/74, de 12 de Setembro, extinguiu as corporações dependentes do Ministério da Economia; não terá sido prontamente executado uma vez que, dez anos depois, foi alterado pelo Decreto-Lei n.º 203/84, de 15 de Junho; o Decreto-Lei n.º 482/74, de 25 de Setembro, extinguiu os grémios da lavoura[1526]; o mesmo sucedeu com os grémios da banca (Decreto-Lei n.º 296/75, de 19 de Junho) e dos seguros (Decreto-Lei n.º 306/75, de 21 de Junho). Pouco antes, o Decreto-Lei n.º 293/75, de 16 de Junho, dera 60 dias aos grémios de inspiração facultativa, para passarem a associações patronais, prazo esse que foi prorrogado pelo Decreto-Lei n.º 684/75, de 10 de Dezembro, em nova demonstração da morosidade da extinção.

Algumas corporações cobravam determinadas taxas, das quais dependiam. Uma das vertentes do desmantelamento do sistema foi a da abolição de tais taxas. Assim, o Decreto-Lei n.º 122/75, de 10 de Março, extinguiu as taxas dos organismos corporativos do sector da panificação; o Decreto-Lei n.º 144/76, de 19 de Fevereiro, extinguiu todas as taxas; o Decreto-Lei n.º 253/77, de 15 de Junho, veio ainda extinguir as taxas cobradas pelo Grémio dos Armadores de Pesca do Bacalhau e da Comissão Reguladora do Comércio de Bacalhau; o sector da pesca foi, de resto, particularmente resistente: o Decreto-Lei n.º 116/82, de 19 de Outubro, extinguiu o Grémio dos Armadores da Pesca da Sardinha e o Decreto-Lei n.º 107/94, de 23 de Abril, alterado pelo Decreto-Lei n.º 281/95, de 26 de Outubro, o dos Armadores de Pesca do Arrasto.

A extinção de organismos corporativos levou a que o respetivo pessoal transitasse para o correspondente organismo do Estado.

As normas corporativas orgânicas foram, assim, desaparecendo progressivamente.

[1526] Os grémios da lavoura, para além das dimensões "corporativas", tinham um papel técnico e científico importante, no apoio aos agricultores. A sua extinção, acompanhada pela destruição física de muito do seu espólio, levada a cabo, em certas localidades, por circunstâncias políticas que não ficarão na História, contribuiu para a decadência da agricultura.

IV. Pergunta-se, agora, pelo destino das normas de produção corporativa, previstas no Código Civil.

Tais normas, na medida em que não tenham sido implícita ou explicitamente revogadas pela legislação posterior à queda do Estado Novo, subsistem, até aos nossos dias. Muitas delas, designadamente as resultantes de convenções coletivas de trabalho, foram sendo incorporadas pelas convenções subsequentemente negociadas e adotadas[1527]. Mantêm a natureza de "normas corporativas"? E se surgirem novas regras similares, serão normas corporativas?

V. Uma "sobrevivência" de normas corporativas, após a extinção dos organismos corporativos, só teria alcance jurídico-científico quando fosse possível indicar um teor material para as normas em causa.

O regime do Estado Novo não logrou fazê-lo: a categoria "normas corporativas", tal como emerge da 2.ª parte do artigo 1.º/1, define-se pelo traço formal da sua origem (produção corporativa) e pelo do seu objeto (estatutos e regulamentos internos). Mas subentende-se a mensagem: haveria normas jurídicas de produção não-estadual. O corporativismo, ao considerar *ad nutum* as corporações como pessoas coletivas de Direito público (base I da Lei n.º 2086, de 22 de Agosto de 1956) matava (no ovo), essa hipótese: em termos substanciais, as corporações acabavam por se reconduzir ao Estado, em sentido muito amplo, mas ainda real: a jurídica-positividade das normas corporativas advinha da autoridade estadual. A liberalização da sociedade, posterior à Constituição, tornou, paradoxal e teoricamente possível, verdadeiras "normas corporativas".

Esse lugar afigura-se-nos preenchido pelo que abaixo chamaremos "diplomas privados": verdadeiras fontes do Direito, de produção não-pública (não estadual, em sentido amplo), com uma dogmática diferenciada. Todavia, não vemos vantagem em ressuscitar as "normas corporativas" do Código Civil: isso implicaria uma reconstrução que iria contundir com a letra da lei e com a História, tal como ocorreu.

As normas corporativas vão desaparecendo paulatinamente, à medida que venham a ser substituídas ou, simplesmente, revogadas.

[1527] Quanto ao sector bancário, *vide* o nosso *Convenções colectivas de trabalho e Direito transitório: com exemplo no regime da reforma no sector bancário*, Est. Oliveira Ascensão II (2008), 1489-1511.

§ 36.º OS DIPLOMAS PRIVADOS

151. As convenções coletivas de trabalho

I. As convenções coletivas de trabalho correspondem a acordos, por vezes de grande extensão, concluídos entre entidades representativas dos trabalhadores (os sindicatos) e dos empregadores (as associações patronais) e que se destinam a reger, em termos gerais e abstratos, as diversas questões que possam cair sob o seu âmbito. Ficam abrangidas as prestações diretamente laborais, a duração do trabalho, as categorias, as promoções, as prestações acessórias, o sindicalismo na empresa, as regalias circunlaborais e diversos aspetos assistenciais, incluindo reformas[1528]. A matéria consta, hoje, do Código do Trabalho de 2009: artigos 476.º a 509.º[1529]. Qual a origem desta matéria?

> Na sequência do liberalismo, que aboliu as anteriores corporações e da revolução industrial, os trabalhadores ficaram numa situação grave de carência: dado o êxodo rural, havia uma sobreoferta de trabalho, que esmagava os salários e as condições de vida. A presença de aglomerados de trabalhadores e a difusão de diversas doutrinas de teor social levaram a que os trabalhadores se unissem, se organizassem em sindicatos e recorressem à greve: a cessação concertada do trabalho, de modo a obter melhores condições remuneratórias e ambientais.
>
> A greve deu azo a que os sindicatos, através dos seus representantes, negociassem, com as entidades empregadoras ou com as entidades que a estas representassem, os diversos aspetos relevantes para o universo laboral.

[1528] *Manual de Direito do trabalho*, 231 ss..

[1529] *Vide* LUÍS GONÇALVES DA SILVA, em PEDRO ROMANO MARTINEZ e outros, *Código do Trabalho anotado*, 8.ª ed. (2009), 1155 ss..

Assim surgiram os contratos coletivos de trabalho, que têm, entre outras, uma interessante característica: embora negociados e concluídos como contratos, eles dão, depois, lugar a regras gerais e abstratas (normas jurídicas) capazes de se aplicar a uma infinidade de situações singulares. A contratação coletiva floresceu em diversos instrumentos[1530], facultando uma dogmática cada vez mais especializada.

II. O Direito inglês foi o primeiro a reconhecer as convenções coletivas[1531]. No Continente, foram pioneiros os alemães[1532], sendo as convenções praticadas (e respeitadas) muito antes do seu reconhecimento legal, pela *Tarifvertragsverordnung* de 1918[1533]. A conclusão de convenções coletivas generalizou-se, depois, nos diversos países, impostas pelas necessidades reais de ultrapassar, no terreno, os conflitos de trabalho.

Em Portugal, as primeiras convenções coletivas surgiram no século XX. O desinteresse universitário votado, na época, a essa matéria, não permite proceder à sua datação exata[1534]. Quanto a referências doutrinárias: em 1905, Cunha Gonçalves afirma, quanto ao contrato coletivo, que:

(...) não entrou elle ainda nos hábitos do nosso operariado (...)[1535].

[1530] Maria do Rosário Palma Ramalho, *Negociação colectiva atípica* (2009).

[1531] *Collective bargaining* e *collective agreement*. Vide Elias/Napier/Wallington, *Labour Law/Cases and Materials* (1980), 1 ss. e 60 ss., C. D. Drake, *Labour Law*, 3.ª ed. (1981), 220 ss. e Rideout/Dyson, *Principles of Labour Law*, 4.ª ed. (1983), 345 ss..

Uma exposição alargada sobre o Direito do trabalho no sistema anglo-saxónico pode ser confrontada, em língua latina, na obra de Marco Papaleoni, *Il diritto del lavoro nel paesi a "common law"*, 2 volumes (1982).

[1532] A primeira convenção coletiva de trabalho alemã foi celebrada em 1873, com os tipógrafos; em 1906, já havia 3.000 e, em 1913, 13.000.

[1533] Reinhard Richard, *Kollektivegewalt und Individualwille bei der Gestaltung des Arbeitsverhältnisses* (1968), 212 ss.. A bibliografia é infindável, remetendo-se para o Tratado II/2, § 10.º.

[1534] M. Tavares da Silva, *Direito do trabalho* (1964), 408 e 411, afirma que não há indicações precisas sobre a contratação coletiva antes de 1933; Bernardo Xavier, *Convenção colectiva de trabalho*, Enc. Pólis 1 (1983), 1303-1311 (1305), escreve, por seu turno: "Parece, contudo, que se celebraram os primeiros contratos coletivos após o reconhecimento do direito à greve".

[1535] Cunha Gonçalves, *A evolução do movimento operário em Portugal* (1905), 95.

Nessa ocasião, Ruy Ulrich defende as vantagens da contratação coletiva, fonte de progresso social e laboral[1536].

O Decreto n.º 10.415, de 27 de Dezembro de 1924, veio atribuir, às federações e uniões de sindicatos, capacidade para celebrar contratos coletivos de trabalho.

III. O Estado Novo admitiu a figura, sujeitando-a, contudo, a homologação estadual. Assim, o Estatuto do Trabalho Nacional, aprovado pelo Decreto-Lei n.º 23.048, de 23 de Setembro de 1933, veio dispor:

Artigo 32.º Os sindicatos nacionais e os grémios ajustam entre si contratos coletivos de trabalho destinados a regular as relações entre as respetivas categorias de patrões e de trabalhadores. O contrato coletivo de trabalho consubstancia a solidariedade dos vários fatores de cada ramo das atividades económicas, subordinando os interesses parciais às conveniências superiores da economia nacional.

Artigo 33.º Os contratos coletivos de trabalho, uma vez sancionados pelos organismos corporativos superiores aprovados pelo Governo obrigam os patrões e trabalhadores da mesma indústria, comércio ou profissão, quer estejam ou não inscritos nos grémios e sindicatos nacionais respetivos[1537].

Foram-se sucedendo os regimes relativos às convenções coletivas de trabalho: a Lei n.º 1952, de 21 de Março de 1937, estabeleceu um primeiro regime, sujeitando-as à aprovação do Subsecretário de Estado das Corporações e Previdência Social. Não obstante, a doutrina que primeiro se ocupou dessa matéria, trouxe-a para o Direito privado[1538], ainda que certas

---

[1536] RUY ULRICH, *Legislação operária portugueza* (1906), 440 ss.; diz este Autor, ob. cit., 442:
> Como se vê, na organização collectiva operaria tudo se liga ao contracto collectivo. E a explicação é simples: é porque esse contracto, como toda a organização collectiva do trabalho, surge e impõe-se como producto natural da organização industrial moderna.

[1537] O artigo 34º do ETN dispunha, também, sobre contratos coletivos, determinando o seu conteúdo obrigatório.

[1538] Assim, CUNHA GONÇALVES, *Tratado de Direito civil*, 7 (1933), 576 ss.; desse Autor, *Tratado* 1 vol. (1929), 324, onde, quatro anos antes do ETN, se falava no contrato coletivo de trabalho, dizendo, designadamente:
> E, se essa convenção é aplicável a operários que nela não interviram, não é porque ela seja um acto-regra ou uma lei, mas sim por serem cláusulas permanentes

vozes apelassem, antes, ao Direito público[1539]. Um sistema mais desenvolvido adveio do Decreto-Lei n.º 36.177, de 6 de Março de 1947. Finalmente, o Decreto-Lei n.º 49.212, de 28 de Agosto de 1969, alterado pelo Decreto-Lei n.º 492/70, de 22 de Outubro, veio dotar a Ordem Jurídica portuguesa de um regime atualizado da matéria. Só não foi até ao fim, por não (re)conhecer a greve e as lutas laborais coletivas.

IV. Após a queda do Estado Novo, foram tomadas diversas medidas para tentar controlar a desordem nas empresas[1540]. Apenas o Decreto-Lei n.º 164-A/76, de 28 de Fevereiro, revogou o Decreto-Lei n.º 49.212, de 28 de Agosto de 1969, substituindo-o por novo regime, não muito diverso. Seguiram-se várias alterações e, depois, um outro regime: o do Decreto-Lei n.º 519-C/79, de 29 de Dezembro, que se manteve em vigor até ser absorvido pelo Código do Trabalho de 2003 e, depois, pelo de 2009. O Código do Trabalho regula a formação das convenções coletivas, a sua vigência e a sua revisão.

As convenções coletivas comportam um conteúdo obrigacional, que estabelece direitos e obrigações entre os sindicatos e as entidades empregadoras que as celebrem e um conteúdo regulativo, que rege, em termos gerais e abstratos, as situações neles previstas.

As hipóteses regulativas das convenções em causa são muito latas[1541]. Como exemplo, elas podem conter:

– regras atinentes ao conteúdo dos contratos individuais de trabalho: as cláusulas próprias que regem as distintas situações jurídicas

---

do contrato de trabalho, às quais cada operário, pedindo trabalho, dá a sua tácita adesão, como sucede nos contratos de transportes urbanos ou e caminho de ferro, nos seguros, e outros casos análogos.

RAÚL VENTURA, *Teoria da relação jurídica de trabalho*, 1 (1944), 183; este mesmo Autor – ob. cit., 176 – afirma que o estudo do contrato coletivo compete ao Direito corporativo e não ao do trabalho.

[1539] ANTÓNIO DA MOTTA VEIGA, *A regulamentação do salário* (1944), 149 ss. (154 ss.). Anteriormente, esta posição foi assumida pela interessante sentença de MANUEL REBELO DE ANDRADE, Juiz da 3.ª Vara do Tribunal do Trabalho de Lisboa, de 8-Fev.-1941, ROA 1, 2 (1941), 477-485 (478-479): defende-se, aí, com base na doutrina italiana, uma visão normativista do contrato coletivo, ainda que referindo posições contrárias.

[1540] Vejam-se algumas indicações no *Tratado* II/2, 123-124.

[1541] P. ex., SCHAUB/KOCH/LINCK, *Arbeitsrecht-Handbuch*, 11.ª ed. (2005), 1939 ss..

podem ser moldadas pelas convenções coletivas, nos seus diversos aspetos: salários, tipo de trabalho e condições da sua prestação, pausas, férias, promoções, etc.;
– regras relativas ao modo de celebração dos contratos individuais: pode ser tratada a forma de celebração desses contratos e, até – ainda que com limites – a fórmula para o recrutamento do pessoal;
– regras sobre a cessação da situação laboral: os diversos aspetos relativos à cessação do contrato de trabalho, com relevo para o processo disciplinar, constituem campos regulativos idóneos para as convenções coletivas;
– regras sobre as condições de trabalho: todo o condicionalismo que preside à prestação do trabalho, nos aspetos diretos e ambientais – portanto abrangendo elementos que se prolongam desde os instrumentos laborais até a fatores circundantes, como cantinas ou infantários –, surge na regulação coletiva convencionada;
– regras sobre a empresa: cabe, por fim, referir o domínio, hoje decadente no Sul, das normas relativas à empresa, maxime no que toca à participação dos trabalhadores na sua gestão.

Naturalmente: as convenções têm limites. Segundo o artigo 478.º/1 do Código do Trabalho, elas não podem contrariar normas legais imperativas, não podem regulamentar atividades económicas e não podem conferir eficácia retroativa às suas cláusulas, salvo se de natureza salarial.

V. A discussão quanto à natureza das convenções coletivas de trabalho é clássica, surgindo diversas teorias[1542]. Podemos agrupá-las em três grandes grupos:

[1542] Vide MANFRED O. HINZ, *Tarifhoheit und Verfassungsrecht/Eine Untersuchung über die tarifvertragliche Vereinbarungsgewalt* (1971), 34 ss. e HANS HOFBAUER, *Der Rechtscharakter der Tarifverträge und der Allgemeinverbindlicherklärung* (1974), 15 ss., cujas recolhas de opiniões são bastante envolventes. Com múltiplas indicações, abaixo retomadas, REINHARD RICHARDI, *Kollektivgewalt und Individualwille bei der Gestaltung des Arbeitsverhältnisses* (1968), 130 ss.. Em geral, cf. ainda WOLFGANG ZÖLLNER, *Die Rechtsnatur der Tarifnormen nach deutschem Recht/Zugleich em Beitrag zur Abgrenzung von Rechtssetzung und Privatautonomie* (1966). Entre nós: NUNO CABRAL BASTO, *A natureza da convenção colectiva de trabalho. Supostos epistemológicos da sua indagação*, ESC 30 (1969), 60-87.

– teorias negociais;
– teorias sociais;
– teorias público-normativas.

As teorias negociais intentam explicar a eficácia das convenções coletivas sem recorrer a esquemas público-jurídicos de legitimação dos seus comandos: a chave residiria no acordo fechado entre as partes coletivas. As teorias sociais procuram encontrar, de algum modo, um ponto de equilíbrio entre as posições negociais e as público-normativas; servem, para o efeito, explicações que vão desde teses institucionais até ao apelo ao pluralismo normativo. As teorias público-normativas recorrem, por fim, às comuns hierarquias de produção normativa, nelas integrando as convenções coletivas.

VI. A problemática posta pela natureza das convenções coletivas obedeceu, em termos históricos, às tentativas de as emancipar, dando-lhes eficácia prática e autonomia conceitual, mas mantendo a sua independência perante o Estado. À vertigem publicizadora, provocada pela necessidade de alargar os seus efeitos, seguia-se a necessidade de autonomização privada[1543]. A experiência mostra que, mais do que as tradicionais soluções autolimitativas do Direito público, o Direito privado consegue os melhores resultados no controlo do poder. Mas a simples consideração da matéria deixa entender como o Direito privado não foi diretamente pensado para enquadrar semelhante problemática. Haverá sempre adaptações, com reflexos qualitativos.

A Constituição garante a liberdade sindical – artigo 56° – nos termos mais latos. Designadamente, os trabalhadores podem constituir as associações sindicais que quiserem – n° 1, a) – e inscreverem-se livremente nelas – n° 1, b). A independência dos sindicatos está garantida, em termos formais – artigo 56°/4. As associações de empregadores atuam, por seu turno, como associações privadas – artigo 440°/2 do CT – garantidas, também, na Constituição – artigo 46°. As convenções coletivas são celebradas pelos sindicatos e pelas associações de empregadores ou pelos empregadores. As convenções coletivas obrigam apenas as pessoas que as celebrem ou

---

[1543] As convenções coletivas são, ainda, um poder privado de conformação de situações jurídicas: MICHAEL COESTER, *Vorrangprinzip des Tarifvertrages* (1974), 62 ss..

que estejam filiadas nas entidades celebrantes – artigo 496°/1, do Código do Trabalho.

Há autonomia e num plano de igualdade: a autonomia é privada.

Com as particularidades, que têm a ver com deveres instrumentais, as convenções coletivas surgem no termo do livre exercício de poderes de celebração e de estipulação. Elas formam-se nos moldes contratuais e têm eficácia porque as pessoas constituíram livremente associações para que estas, também em liberdade, contratassem em termos coletivos.

Os poderes que explicam este mecanismo não são originários, antes assentando numa normativização conferida pelo Direito objetivo. Mas isso ocorre precisamente com os diversos negócios jurídicos incluindo os contratos.

A autonomia coletiva representa assim uma particular forma de autonomia privada; as convenções coletivas de trabalho são negócios (privados) coletivos[1544].

VII. Pelo prisma agora em jogo, as convenções coletivas de trabalho são verdadeiras fontes de Direito. Elas contêm normas (proposições gerais e abstratas) aplicáveis aos casos nelas previstos, normas essas que se obtêm pela interpretação: uma interpretação que, de resto, se aproxima mais da lei do que da dos negócios. Pode haver lacunas e conceitos indeterminados aos quais se prestarão os cuidados competentes, nessas eventualidades. Permitem a construção de princípios. Podem entrar em conflito: temporal, espacial, hierárquico ou pessoal. Temporal quando duas ou mais convenções se sucedam no tempo; espacial sempre que uma situação tenha conexões territoriais com mais de uma convenção (p. ex., ao trabalhador que vá de Lisboa para o Porto, aplica-se a convenção coletiva do distrito de Lisboa ou a do distrito do Porto, quando sejam distintas?); hierárquico quando vários instrumentos laborais coletivos de diversa natureza sejam tendencialmente aplicáveis à mesma situação e pessoal quando, a

---

[1544] Nesse sentido, RICHARDI, *Kollektivgewalt und Individualwille* cit., 164. Vide, ainda, quanto à natureza privada das convenções coletivas, por vários prismas, LAURA CASTELVETRI, *Analisi critica dei sistema contrattuale vigente nelle valutazioni della dottrina*, RDLav 1 (1982), 385-425 (397 ss.) e DORA BRIGUORI SPINA, *Contributo all'analisi dei rapporti tra la norma inderogabile e il contratto collettivo*, RDLav 1 (1982), 249-286 (251 ss., 281). Entre nós, a qualidade de negócio da convenção coletiva é enfatizada por PEDRO ROMANO MARTINEZ, *Direito do trabalho*, 7.ª ed. (2007), 1153.

uma mesma pessoa, possam ser tendencialmente aplicáveis convenções distintas[1545].

Em suma: trata-se de fontes efetivas do Direito, de natureza privada e com uma dogmática própria. São facultadas pela lei, que lhes fixa limites: mas a sua força criativa advém delas próprias e dos parceiros quer as subscrevam.

152. Os negócios normativos

I. As convenções coletivas de trabalho nasceram e desenvolveram-se num nicho problemático próprio: os conflitos laborais e os problemas a eles ligados. Não foram antecipadamente previstas por nenhum legislador e obrigaram a um grande esforço dogmático para serem reconhecidas, aprofundadas e enquadradas.

Depara-se-nos, agora, uma outra hipótese de fonte do Direito, mas de índole ainda mais marcadamente privada: a dos negócios normativos.

II. O negócio jurídico, designadamente quando tenha natureza contratual, visa, à partida, solucionar uma questão concreta. Não origina normas jurídicas: estas, marcadas pela generalidade e pela abstração, aplicam-se a um conjunto indefinido de situações.

Sucede todavia que certos contratos, designadamente quando visem situações duradouras, estejam de tal modo montados que, deles, resultem proposições estruturalmente normativas.

Pense-se num contrato de sociedade. Concluído entre os sócios fundadores, ele vai originar uma série de regras que se irão aplicar no futuro, caso ocorram os factos nelas previstos e sejam quais forem as pessoas (e poderão ser milhares) que venham a ser sócias. Este fenómeno leva a que, ao contrato de sociedade, se apliquem regras de interpretação próximas da das leis e não da dos negócios[1546].

[1545] *Vide* os nossos *O princípio do tratamento mais favorável no Direito do trabalho actual*, DJ III (1987-88), 111-139 e *Dos conflitos temporais de instrumentos de regulamentação colectiva de trabalho*, em *Estudos em Memória do Professor Doutor João de Castro Mendes* (1994), 457-473.

[1546] *Direito das sociedades* I, 3.ª ed., 494 ss..

Outra situação conhecida é a do contrato-quadro (*Rahmenvertrag*)[1547]. As partes, sabendo que no futuro irão celebrar diversos contratos, fixam antecipadamente regras gerais e abstratas a que eles vão obedecer. A figura da norma jurídica perfila-se, de novo.

III. Em termos exclusivamente culturais, os negócios normativos são (meros) negócios. Advêm do exercício da autonomia privada e vinculam apenas quem, a eles, tenha aderido. Mas isso não lhes retira a imperatividade: também muitas leis se aplicam, apenas, a quem, voluntariamente, se coloque no seu campo de aplicação.

É ainda certo que os negócios, mesmo normativos, retiram a sua jurídica-positividade da lei: designadamente, do artigo 406.º/1, que determina que os contratos sejam cumpridos. Não deixam, todavia, de revelar as normas jurídicas que contenham. De resto, a própria lei é vinculativa porque assim o determina a Constituição: por essa ordem de ideias, a única fonte de Direito seria a *Grundnorm* kelseniana[1548].

Apoiados na tradição das convenções coletivas de trabalho, temos, aqui, uma margem para inserir os negócios normativos numa teoria das fontes de Direito, através dos diplomas privados.

153. Os regulamentos privados

I. Algumas entidades privadas, designadamente associações, adotam regulamentos internos. Tais regulamentos complementam os estatutos nas mais diversas áreas: direitos e deveres dos sócios; funcionamento da direção ou da fiscalização; uso de bens sociais; competições e certames organizados pela associação; exercício do poder disciplinar e sanções. Esses regulamentos podem ser aprovados pela assembleia geral ou pela direção.

Juridicamente, eles retiram a sua força vinculativa dos próprios estatutos. Muitas vezes, os interessados em certas prestações subordinam-se, voluntariamente, ao competente regulamento. Por exemplo, aquando de um concurso de automóveis, os concorrentes declaram submeter-se ao regulamento. E os regulamentos tendem a ser acompanhados de sanções:

[1547] LARENZ/WOLF, *Allgemeiner Teil*, 9.ª ed. cit., § 23, Nr. 112-114 (428).
[1548] HANS KELSEN, *Reine Rechtslehre*, 2.ª ed. (1960, reimp., 1967), 196 ss. (204 ss.).

ou não surtiriam efeito[1549]. Nalguns casos, como na justiça dispositiva, estão montados esquemas complexos para aplicação de tais sanções, no plano nacional e internacional. Temos, ainda, regulamentos nas sociedades, os quais podem ter natureza laboral[1550].

II. Pergunta-se pela natureza de tais regulamentos. A sua natureza privada não levanta dúvidas: eles nascem e conformam-se fora de quaisquer poderes de soberania estaduais. Mas a sua potencialidade normativa não deixa de se impor: os regulamentos privados são fonte de proposições imperativas, gerais e abstratas, que se aplicam quando se concretizem os factos neles previstos.

III. Os regulamentos privados são, deste modo, fontes materiais de Direito. O artigo 1.º/2, *in fine*, do Código Civil, considerava fontes imediatas do Direito, a título de normas corporativas, os estatutos e os regulamentos internos das diversas corporações. As corporações do Estado Novo eram, todavia, entidades públicas, pelo que tais elementos poderiam desaguar na lei. Hoje, falamos de verdadeiras e próprias entidades privadas.

Reconduzimos, com tranquilidade reforçada, os regulamentos aqui em causa à categoria dos diplomas privados.

IV. Finalmente, podemos inserir ainda nesta rubrica os códigos de conduta. Certas entidades, nomeadamente associações representativas de sectores económicos, podem aprovar regras coerentes de certa extensão ("códigos"), relativas à atuação profissional dos seus membros[1551]. Tais códigos, em regra publicitados junto dos potenciais clientes dessas entidades, dão azo a efetivas normas de conduta. São diplomas privados.

[1549] *Tratado* IV, 3.ª ed., 758 ss..
[1550] Segundo o artigo 104.º/1 do CT,

A vontade contratual do empregador pode manifestar-se através de regulamento interno da empresa e a do trabalhador pela adesão expressa ou tácita ao mesmo regulamento.

Vide PEDRO ROMANO MARTINEZ, *Código do Trabalho anotado*, 8.ª ed. cit., 305 ss..
[1551] Quanto a códigos de conduta no campo financeiro: *Manual de Direito bancário*, 4.ª ed., 194 ss..

V. Os regulamentos aprovados por entidades associativas de Direito público, como sucede com as ordens profissionais, têm a natureza de regulamentos e, portanto, de leis em sentido muito amplo. A matéria documenta-se perante o acórdão do TC n.º 3/2011, de 4 de Janeiro, que declarou com força obrigatória geral a inconstitucionalidade do artigo 9.º-A/1 e 2, do Regulamento Nacional de Estágio da Ordem dos Advogados, aprovada pela deliberação n.º 3333-A/2009, de 16 de Dezembro, do Conselho Geral[1552].

[1552] TC n.º 3/2011, de 4 de Janeiro (JOÃO CURA MARIANO), DR I Série, n.º 17, de 25-Jan.-2011, 502-507 (506/II).

SECÇÃO III
O COSTUME E OS USOS

§ 37.º O COSTUME

154. Noção e evolução geral

I. O costume é comumente definido como uma prática social reiterada (o *corpus*) acompanhada da convicção da sua obrigatoriedade (o *animus*).

Nas sociedades primitivas, muito simples, o costume era a fonte, por excelência, do Direito. Os membros do grupo deveriam observar as condutas habituais, desde sempre respeitadas e com as quais todos contariam, considerando-as inevitáveis. O comportamento desviante contrariava o costume, sendo sancionado. Ainda neste estádio, o costume tendia a absorver o que hoje chamamos Direito, Moral e Religião.

Com a positivação do Direito e o desenvolvimento da Ciência jurídica, o costume foi isolado, enquanto fonte autónoma.

II. Historicamente, sabemos que o Direito romano, na origem, terá tido origem consuetudinária[1553]. Com o desenvolvimento voluntarístico do Direito (leis, editos, *senatus-consulta* e jurisprudentes) o puro costume recuou, ou foi absorvido.

Pergunta-se, agora, que ideia tinham os próprios romanos, como primeiros cientistas do Direito, sobre a matéria. Quanto a um Direito consue-

---

[1553] MAX KASER, *Das römische Privatrecht* cit., 1, 2.ª ed., § 5, I (29); *vide* RICCARDO ORESTANO, *Dal* ius *al* fas/*Rapporto fra diritto divino e umano in Roma all'età primitiva all'età classica*, BIDR XLVI (1939), 194-273 (216 ss.).

§ 37.º O costume

tudinário propriamente dito, os romanistas respondem pela negativa[1554]: esse tema, ainda que com base em Direito romano, desenvolveu-se com a pandetística. Conheciam, todavia, práticas consuetudinárias, embora em troços de autenticidade duvidosa.

Gaio refere o costume apenas no início das suas *institutiones*[1555]:

> Todos os povos, que se regem por leis e costumes, aplicam em parte o seu próprio Direito e em parte o Direito comum dos homens e todas as pessoas.

subsequentemente, não lhe dá qualquer tratamento. Nas *institutiones* de Justiniano, distingue-se o Direito escrito do não escrito[1556]. Quanto a este último[1557]:

> O Direito não escrito advém quando o uso comprove. Então o costume longamente usado, aceite por aqueles que o pratiquem, é semelhante a uma lei.

Os *digesta*, em texto atribuído a Ulpiano, repetem a contraposição de Gaio[1558]. Depois de expor as fontes, com recurso a um fragmento de

---

[1554] MAX KASER, *Das römische Privatrecht* cit., 1, 2.ª ed., § 48, I (196), com muitas indicações.

[1555] GAIO, *Institutiones* I, 1 = ed. bilingue publ. e traduzida por ULRICH MANTHE, *Die Institutionen des Gaius* (2004), 36-37. Diz o original:

Omnes populi, qui legibus et moribus reguntur, partim suo proprio, partim communi omnium hominum iure utuntur.

[1556] I. 1.2.3 = *Corpus iuris civilis/Text und Übersetzung*, por OKKO BEHRENDS e outros cit., 1, 2.ª ed., 3. Vale a pena reter o texto:

constat autem ius nostrum aut ex scripto aut ex non scripto, ut apud Graecos: των νόμων οϊ μεν εγγραφοι, οϊ δε αγραοι. Scriptum ius est lex, plebi scita, senatus consulta, principum placita, magistratuum edicta, responsa prudentium.
[o nosso Direito consta de Direito escrito e não escrito, tal como com os gregos: algumas normas são escritas outras não escritas. Direito escrito são a lei, os plebiscitos, os *senatus-consulta*, as determinações imperiais, os editos dos magistrados e as opiniões dos prudentes.]

[1557] I 1.2.9 = ed. OKKO BEHRENDS cit., 5. Em latim:

ex non scripto ius venit, quod usus comprobavit, nam diuturni mores consensu utentium comprobati legem imitantur.

[1558] D. 1.1.6 = ed. OKKO BEHRENDS cit., II, 93.

Juliano, admite-se o recurso ao costume, na falta de leis escritas[1559]: *inveterata consuetudo pro lege non immerito custoditur* [O costume inveterado é guardado como lei com mérito][1560].

Mas a matéria dos costumes foi evoluindo no Direito romano[1561]. No *Codex*, exigia-se expressamente a conformidade com a razão, aditando-se ainda a não contrariedade à lei[1562]:

> A autoridade do costume e do uso longamente praticados não é vil; mas a sua validade não é tanta que vença quer a razão, quer a lei.

Provavelmente os surtos de Direito consuetudinário que surgiram no Império, à medida que as províncias desabavam, levou a autoridade imperial a precaver-se.

III. Ao longo da História, o costume conheceu momentos altos. O Direito romano, enquanto ordenamento de base legal, edital e doutrinário, fez recuar o costume. Conhecia-o, como vimos, mas, pelo seu desenvolvimento, fê-lo regredir às províncias e aos meios rurais. Em sociedades muito diferenciadas, surgem continuamente casos para os quais não é possível apontar costumes preexistentes.

A queda do Império Romano e o imenso retrocesso sócio-cultural que isso provocou levaram ao ressurgimento do costume: um fenómeno reforçado pelo advento de novos dominadores – os povos germanos – cujos ordenamentos eram, no essencial, de base consuetudinária[1563].

Muito interessante foi ainda a manutenção, mormente no Sul da Europa, do Direito romano, mas sob forma consuetudinária. Digamos que o Direito de origem voluntarística e racional, privado dos seus suportes institucionais (magistrados, funcionários, livros, escolas e meios de coerção estadual), simplificava-se e mantinha-se na prática dos povos. E essa

---

[1559] JULIANO, D. 1.3.32.pr. = ed. OKKO BEHRENDS cit., II, 115.

[1560] *Idem*, D. 1.3.32.1.

[1561] Sobre toda esta matéria: GAETANO SCHERILLO, *Consuetudine (diritto romano)*, NssDI IV (1960), 301-310 (302 ss.).

[1562] C. 8.53.2 = ed. CHRISTOPH HENR. FREIESLEBEN, II (1740), 773:

consuetudinis ususque longaevi non vilis autoritas est: verum non usque adeo sui valitura momento, ut aut rationem vincat, aut legem.

[1563] Sobre a matéria, com indicações, GUIDO ASTUTI: *Consuetudine (diritto intermedio)*, NssDI IV (1960), 310-320.

§ 37.º O costume

mesma base contribuiu para uma formatação romana, de novos costumes, como os atinentes à estruturação feudal[1564]. Apesar do desenvolvimento do Estado (do poder real) e da fundação das Universidades, o Direito consuetudinário manteve-se como a fonte principal, na baixa Idade Média e no início da Moderna[1565].

Também o Direito canónico reconheceu o costume, ainda que dentro de limites: não contrariar a lei canónica no seu todo e corresponder ao prolongamento do que ela já estabeleça[1566]: *ius non scriptum, diuturnis populi moribus, et cum aliquo legislatioris consensu, introductum.*

IV. O costume mereceu a atenção dos juristas desde a Antiguidade. Documentam-no os trechos romanos acima referidos. Ao longo da História, esse interesse manteve-se, sendo em regra acompanhado de manifestações de simpatia. O costume traduziria algo de genuinamente nacional e popular, estando bem adaptado à sociedade onde surgisse e tendo uma eficácia de princípio bem assegurada.

Com a racionalização do Direito e as codificações, o costume regrediu. Cabe ter presente que o costume representa – ou pode representar – um lastro contrário a quaisquer inovações. Além disso, ele perpetua – ou pode perpetuar – esquemas arcaicos de dominação social e de distribuição de bens. Entra em conflito com reformadores, sobretudo quando se pretenda modernizar a sociedade.

Vimos, acima, a evolução desta matéria nas fontes lusófonas[1567]. Paradigmática, a Lei da Boa Razão (18 de Agosto de 1769) só reconhecia o costume não-contrário à lei, conforme com a razão e que apresentasse mais de cem anos de duração.

V. O costume manteve alguma vitalidade em Estados descentralizados, que comportassem vários povos ou nações, como a Espanha, enquanto especificidades regionais e em espaços que houvessem retardado a codificação do seu Direito civil, como a Alemanha.

[1564] *Idem*, 311.
[1565] *Idem*, 315.
[1566] ARNALDO BERTOLA, *Consuetudine (diritto canonico)*, NssDI IV (1960), 333-334 e ANNA RAVÀ, *Consuetudine (diritto canonico)*, ED IX (1961), 443-455.
[1567] *Supra*, 216 ss. e 506 ss..

A pandetística foi a corrente que, nos termpos modernos, mais longe levou o estudo do costume. Seja no Direito romano, seja no Direito moderno e seja, ainda, no Direito público e no Direito eclesiástico, autores como Puchta analisaram longamente o seu conceito e validade, os seus requisitos, o seu reconhecimento e a sua prova[1568]. Savigny também se dedicou ao tema, pelo prisma do Direito romano em si[1569] e pelo prisma do Direito romano atual[1570]. Particularmente visado foi o fundamento da sua validade, enquanto fonte de normas[1571]. A tal propósito pode falar-se no espírito do povo, na vontade comum dos membros da comunidade ou na própria natureza das coisas[1572].

155. Os requisitos e os fundamentos

I. O costume, pelas apontadas características da espontaneidade e do nacionalismo popular, tem condimentos que originam um pré-entendimento aprazível. Além disso, ele torna-se de mais fácil intuição do que de explicação.

Quando dele se pretenda fazer uma fonte do Direito, o sentimento não chega: há que sujeitá-lo a um tratamento analítico e científico. Para tanto, importa destrinçar os seus requisitos e os fundamentos de validade.

II. Um primeiro requisito será a conduta: o *corpus*. A conduta deve ser generalizada ou, pelo menos, conjunta: *con* + *sueto*. O preciso âmbito da conduta não é predefinido nas fontes; será, todavia, considerável, de tal modo que a generalidade dos membros da comunidade seja capaz de o identificar.

Exige-se, como segundo requisito, que a conduta seja reiterada e que isso suceda há já algum tempo. Quanto tempo? As fontes não são precisas,

---

[1568] GEORG FRIEDRICH PUCHTA, *Das Gewohnheitesrecht* I (1828), XVI + 234 pp. e II (1837), XV + 292 pp.; *vide*, aí, I, 77 ss., 91 ss. e 104 ss. e II, 24 ss., 151 ss. e 223 ss..

[1569] FRIEDRICH CARL VON SAVIGNY, *System des heutigen römischen Rechts* 1 (1840), 34 ss..

[1570] *Idem*, 76 ss..

[1571] ERNST ZITELMANN, *Gewohneitsrecht und Irrthum*, AcP 66 (1883), 323-468 e GUSTAV RÜMELIN, *Das Gewohneitsrecht*, JhJb XXVII (1889), 153-252 (164 ss.).

[1572] FRANZ ADICKES, *Zur Lehre von den Rechtsquellen ins besondere über die Vernunft und die Natur der Sache als Rechtsquellen* (1872), XII + 81 pp.; *vide*, aí, 28 ss., 38 ss. e *passim*.

§ 37.º O costume

mas será um tempo significativo[1573]. No Baixo Império, surgia a exigência de vinte anos; a Lei da Boa Razão, requer cem. Teoricamente, mais importante do que a duração da conduta, seria a intensidade. Mas apenas um prolongamento no tempo permite, sequer, identificar a prática e dela retirar normas de conduta.

III. A racionalidade ou razoabilidade da conduta é, por vezes, entendida como um requisito posto pela lei. Como tal é irrelevante, para o costume em si. É certo que, quando reconhecem o costume, as leis exigem racionalidade: já o *codex* assim o anunciava[1574]. E quando não haja lei ou quando a lei seja irrelevante, para indagar da existência do costume?

O costume aqui em causa é o costume-fonte do Direito. Não se trata de um mero dado sociológico, mas de um facto ao qual se atribui a solução científica de um caso. O costume deve ser reconhecível como Direito, para a sociedade considerada. Nessa medida, ele terá de ser reconduzível a uma harmonia de conjunto, integrando princípios gerais. A prática que se exprima num mero exercício de força, num puro arbítrio aleatório ou numa manifestação chocante para a comunidade não é Direito nem, logo, costume jurídico. Admitimos pois, como terceiro requisito do costume, a sua racionalidade, no sentido de compatibilidade com o Direito no seu todo.

Já o reconhecimento pela lei não é requisito necessário, salvo o que de seguida se dirá quanto ao fundamento do costume.

IV. O fundamento do costume tem sido imputado a vários fatores[1575]. Desde logo, na autoridade do sujeito que o reconheça: mas isso equivaleria a considerar esse mesmo sujeito como a fonte do Direito.

Fundamento muito vincado assentaria na conduta dos próprios sujeitos praticantes: eles agiriam na base da convicção da obrigatoriedade da conduta (*opinio iuris vel necessitatis*)[1576]. Contra esta conceção, dita sub-

---

[1573] Temos expressões como *inveterata consuetudo*, *diuturni mores* e *consuetudinis ususque longaevi* (*autoritas*), nas fontes acima citadas.

[1574] C. 8.53.2, acima citado.

[1575] NORBERTO BOBBIO, *Consuetudine (teoria generale)*, ED IX (1961), 426-442 (429/I ss.).

[1576] ENNECCERUS/NIPPERDEY, *Allgemeiner Teil des Bürgerlichen Rechts*, 1, 15.ª ed. (1959), § 38, I (261), refere que o costume vigora "através do exercício que manifesta uma

jetiva, manifestou-se energicamente Ferrara[1577]: se há *opinio iuris*, é porque já há Direito ou, se se quiser: a convicção de obrigatoriedade é consequência e não causa dessa obrigatoriedade.

Passa-se, então, a um fundamento objetivo: a própria matéria regulada, por exigir, por hipótese, um tratamento jurídico que o costume lhe vem dispensar, seria o fundamento desta fonte. A hipótese tem consistência: mas deixa por distinguir o costume do mero uso.

Também o reconhecimento pelo juiz tem sido apontado como fundamento do costume: uma solução questionável e que nos leva ao tema do confronto com a lei, abaixo apontado. Abaixo veremos a opção possível, quanto ao fundamento do costume.

156. Modalidades; as relações com a lei

I. O costume tem sofrido, ao longo dos tempos, as mais diversas distinções. Assim:

– quanto à sua duração, pode falar-se em costume centenário, multissecular ou imemorial;
– quanto ao âmbito de vigência, o costume será nacional, regional ou local;
– quanto à matéria a que respeite, poderá ser público ou privado, civil ou comercial, obrigacional, real, familiar ou sucessório, processual, intencional ou europeu;
– quanto ao suporte, poderá ser escrito ou meramente oral.

II. As relações entre a lei e o costume constituem um capítulo delicado[1578]. Pergunta-se, desde logo, se a aplicação do costume pelos órgãos

---

vontade de valia jurídica da comunidade" em sentido psicológico. O salto para a juridicidade só pode advir da positivação.

[1577] NORBERTO BOBBIO, *Consuetudine* cit., 432; também PAUL OERTMANN, *Civilistische Rundschau*, AbürgR 1897, 102-148 (110), faz uma referência objetivista ao costume; mantém-se curioso o estudo de THEODOR GERSTNER, *Eisenbahn-Betriebs-Reglement und Verkehrs-Ordnung, ihre Entstehung und ihre rechtliche Natur*, AöR 11 (1896), 161-250 (165 ss.), onde a matéria é tratada, também, objetivamente.

[1578] GUSTAV RÜMELIN, *Das Gewohnheitsrecht* cit., 186 ss. e 225 ss.; FRANZ ADICKES, *Zur Lehre von den Rechtsquellen* cit., 70 ss..

jurisdicionais do Estado não será um requisito da sua validade e eficácia. Tradicionalmente, respondia-se que o costume vale por si. A resposta não é satisfatória: o costume é fonte do Direito na medida em que esteja positivado, isto é, em que corresponda à solução científica de casos, mediante uma aprendizagem adequada e instâncias específicas de aplicação. Um costume informe, observado na sociedade apenas sob a cominação de sanções inorgânicas, equivaleria a uma mera Moral social. Nas sociedades atuais, o "costume" que, sistematicamente, seja ignorado pelos tribunais e outros órgãos de aplicação, não é fonte do Direito.

III. Perante a lei, o costume pode ser *contra legem*, *secundum legem* e *praeter legem*: *contra legem* quando seja contrário à lei; *secundum legem* quando corresponda à lei; *praeter legem* quando estatua numa área que a lei haja deixado por regular.

O costume *contra legem* pode ser puramente passivo ou ativo: no primeiro caso, o costume conduz a que certa lei deixe de se aplicar, por se ter generalizado a opinião de que não vigora; fala-se, então, em desuso; no segundo, além de se abdicar da lei, passa-se a uma prática consuetudinária contrária ou diversa da da mensagem legal. Desde sempre, os legisladores lutaram para afastar costumes *contra legem*. Pode mesmo adiantar-se que muitas leis terão surgido para contraditar práticas consuetudinárias: ou não teriam utilidade. Mas o dado não é definitivo: o desuso documenta-se. Há leis que nunca foram revogadas mas que, pelo seu conteúdo, vão perdendo oportunidade, até serem desconsideradas pelos tribunais. Será uma forma menos visível de costume: mas existe.

O costume *secundum legem* é generalizado. As boas leis – e será a maioria – funcionam não só por serem leis, mas sobretudo por corresponderem a práticas habituais, a que todos se sentem obrigados. Normalmente, ninguém saberá apontar concretamente a que lei obedece quando cumpre um contrato, quando usa um imóvel que lhe pertença ou quando pague impostos. Podemos até adiantar que, a assim não ser, a vida em sociedade seria impossível.

O costume *praeter legem* manifesta-se nas áreas onde faltem leis. Ele é muito importante no Direito internacional e no Direito comercial.

157. O costume na lei e na jurisprudência; os usos

I. O Código Civil de 1966, ao contrário, como vimos, da Lei brasileira e da Constituição angolana[1579], não refere o costume entre as fontes do Direito. Menciona os usos (artigo 3.º); mas estes têm sido apontados como uma realidade diversa do costume. O silêncio do Código Civil foi propositado. Logo no início dos trabalhos que conduziriam à feitura do Código Civil, a Comissão decidiu "que não se admita o costume como fonte do direito, mantendo-se a orientação atual"[1580]. Explica Vaz Serra[1581]:

> Admitir o costume como fonte do direito seria introduzir um elemento de indecisão acerca do direito em vigor. E, ainda que se não equiparasse à lei e só se lhe reconhecesse valor obrigatório na falta dela, é, na ausência da lei que preveja a espécie vertente, mais consentânea com a necessidade de certeza e com a justiça relativa, mandar observar a analogia (...).
> O favor de que ainda hoje goza o costume vem-lhe do prestígio da escola histórica, contrária à legislação, e para a qual o espírito do povo é a fonte última de todo o direito.
> Mas esta conceção é puramente dogmática e indemonstrável.

Manuel de Andrade reforçou a ideia[1582]; diz:

> Devo notar ainda, quanto à matéria deste Capítulo I, que dos textos propostos resulta claramente, embora sem lá estar *apertis verbis*, a exclusão do costume como fonte de Direito. Isso mesmo, aliás, é o que está de acordo com a conceção reinante em Portugal, como também noutros países latinos. Diverso é o caso, como todos sabem, nos países germânicos, onde a mística da chamada escola histórica, acentuadamente pró-consuetudinária, perdura vivez, sob formas ou fórmulas um tanto renovadas. Mas não vejo motivo racional – nem tão-pouco clima propício – para se pôr de parte a tendência que está radicada entre nós.

Esta solução, na qual terá pesado a doutrina de Ferrara[1583], foi criticada em vários planos e, designadamente, por esquecer o Direito interna-

---

[1579] *Supra*, 504.
[1580] ADRIANO VAZ SERRA, *A revisão geral do Código Civil* cit., 37.
[1581] *Idem*, 64-65.
[1582] MANUEL DE ANDRADE, *Fontes de direito* cit., 148-149.
[1583] Ao objetivar o costume, FERRARA retirou-lhe parte do peso próprio, designadamente no confronto com a lei.

cional, essencialmente consuetudinário e o Ultramar português, ao qual o Código se iria aplicar[1584]. Como se vê, prevaleceram critérios político--positivos, dominados pela "certeza" na explicação do Direito.

II. Todavia, encontramos, em diversas leis, previsões que referem o costume. Assim:

- o artigo 348.º/1 do Código Civil, a propósito das provas, determina que compete àquele que invocar direito consuetudinário[1585]; fazer a prova da sua existência e do seu conteúdo; este preceito equivale ao antigo artigo 517.º/1 do Código de Processo Civil[1586], revogado pelo Decreto-Lei n.º 47 690, de 11 de Maio de 1967;
- o artigo 1400.º do Código Civil refere os costumes na divisão das águas; no n.º 1, manda que se mantenha a distribuição de águas fruídas em comum, feita segundo um costume seguido há mais de vinte anos; no n.º 2, estende a obrigatoriedade do costume aos co-utentes que não sejam donos da água, sem prejuízo dos direitos do proprietário.

III. O costume tem ainda relevância direta perante a Lei dos Baldios. Dizem-se baldios os terrenos que não têm proprietário e que são aprovei-

---

[1584] JOSÉ HERMANO SARAIVA, *Apostilha crítica* cit., 13 ss..
[1585] O preceito em causa pode, literalmente, prestar-se a confusão. Dispõe:

Àquele que invocar direito consuetudinário, local, ou estrangeiro compete fazer a prova da sua existência e conteúdo; (...)

Semelhante fórmula pode querer dizer que tal prova se reporta ao Direito consuetudinário local e ao Direito consuetudinário estrangeiro ou ao Direito consuetudinário, ao Direito local e ao Direito estrangeiro. O elemento sistemático e o teleológico validam esta última interpretação; de facto, não é apenas o Direito consuetudinário estrangeiro que deve ser provado; a razão desse preceito explica-se seja qual for a fonte do Direito em causa. Em aberto fica o saber-se o que entender por Direito local (nacional); à partida, será o Direito de vigência localizada, que não seja suposto ser conhecido pelo Tribunal.
[1586] Esse preceito dispunha:

A parte que funde a sua pretensão sobre direito consuetudinário, local ou estrangeiro, que o tribunal desconheça, deve produzir a prova da existência e do conteúdo da regra invocada; mas o juiz deve oficiosamente servir-se de todos os meios ao alcance do tribunal para obter o respectivo conhecimento, podendo dirigir-se ao Ministério da Justiça.

tados em comum, normalmente em termos florestais e pecuários, pelos moradores vizinhos. Tais situações existem desde a fundação do Reino, no século XII e têm sobrevivido a séculos de reformas e de tentativas de abolição[1587]. Neste momento, eles são reconhecidos e regulados pela Lei n.º 68/93, de 4 de Setembro, alterada pela Lei n.º 89/97, de 30 de Julho. Pois bem: no regime aplicável, essa Lei remete, de modo repetido:

– para os usos e costumes: 1.º/3, 5.º/1, 11.º/1, 15.º/1, o) e r), 18.º/1 e 21.º, j) e o);
– para a utilização tradicional: 10.º/3;
– para o reconhecimento usual: 33.º/3 e 7;
– para as regras consuetudinárias: 6.º/1, 18.º/1 e 33.º/6.

IV. No Brasil como na África lusófona, existem e funcionam costumes que asseguram a coesão das comunidades rurais. As leis reconhecem-nos ainda que, seguindo a lição da Constituição de Angola, eles não devam contrariar a Lei Fundamental nem os direitos das pessoas. A essa luz, são de afastar todos os costumes que envolvam mortes ou mutilações humanas[1588].

No campo internacional, costume é considerado como a principal fonte do Direito[1589]. Cabe, depois, articulá-lo com os tratados[1590]. Cabe recordar que, na célebre decisão do Tribunal Internacional de Justiça da Haia, de 12 de Abril de 1960, quanto ao direito de passagem para os enclaves do Estado da Índia, na União Indiana, foi aplicado Direito consuetudinário[1591].

[1587] *Tratado* I/2, § 8.º (89 ss.).

[1588] Vide AUGUSTO SILVA DIAS, *Problemas de Direito penal numa sociedade multicultural/O chamado infanticídio ritual*, RPCC 1996, 2, 209-232 e *Faz sentido punir o ritual do fanado?/Reflexões sobre a possibilidade da excisão clitoridiana*, RPCC 2006, 2, 187-238, ambos relativos à Guiné.

[1589] ANDRÉ GONÇALVES PEREIRA/FAUSTO DE QUADROS, *Direito internacional público*, 3.ª ed. (1993), 155 ss.; CIRO LIPARTITI, *Consuetudine (diritto internazionale)*, NssDI IV (1960), 327-333; FABIO ZICCARDI, *Consuetudine (diritto internazionale)*, ED XI (1961), 476-501.

[1590] PATRÍCIA GALVÃO TELLES, *The interaction between treaty and custom in international law*, O Direito, 1997, 269-311.

[1591] *Direito de passagem por território indiano*, número especial da Themis, 2004, 82 ss..

V. O costume tem sido reconhecido pelos nossos tribunais ainda que, por vezes, em situações difíceis de discernir, perante os usos. Assim:

> RCb 27-Jan.-2000: fez-se aplicação do artigo 1400.º, reconhecendo um costume na divisão das águas[1592];
>
> RPt 1-Dez.-2010: relativamente às expressões "chaves na mão", "construção de estrutura e toscos", "casa até ao telhado", "estrutura, alvenaria e massas toscas", está-se perante costumes da arte ou ofício em que todos confiam[1593].

VI. No domínio comercial, diversos contratos de grande relevo prático alcançaram uma estabilização regulativa, embora não constem da lei. Trata-se dos denominados "tipos sociais", abaixo referidos[1594]. Tais contratos são considerados, de um modo geral e entre nós, sujeitos aos usos e não ao costume.

A questão será abordada a propósito dos usos. Adiantamos, de todo o modo, a nossa explicação: em português jurídico, quando se refere um costume pressupõe-se uma norma imperativa, dotada de jurídica-positividade; o (simples) uso reporta-se a uma regra supletiva, que se aplica quando, para ela, exista uma remissão, legal ou negocial.

158. A contraprova: a extinção da colonia

I. Contraprova importante, quanto à natureza imperativa das normas consuetudinárias e às relações daí resultantes com a lei é dada por um instituto vigente no Arquipélago da Madeira: a colonia.

Diz-se colonia – ou contrato de colonia – a situação pela qual uma pessoa (o senhorio) dá, em exploração, um terreno, a outra (o colono), com o fito de o melhorar, realizando benfeitorias. Essas benfeitorias ficam na propriedade do colono, devendo ser pagas pelo dono, se este pretender pôr cobro ao contrato. As benfeitorias eram transmissíveis por via sucessória e podiam ser alienadas, ficando o adquirente na posição de novo colono. Quanto à retribuição, ela consiste ou numa percentagem das colheitas ou

---

[1592] RCb 27-Jan.-2000 (NUNO CAMEIRA), Proc. 2941/99.
[1593] RPt 1-Dez.-2010 (FILIPE CAROÇO), Proc. 2456/08.4.
[1594] *Infra*, 585 ss..

em parte de determinadas colheitas[1595]. A colonia surgiu como um esquema particularmente adequado para promover a exploração da Ilha da Madeira: era necessário construir socalcos e levadas para a água, num enorme esforço que só cativaria o colono se lhe fosse reconhecida a propriedade das benfeitorias. Tecnicamente, a colonia surge como um direito real consuetudinário: tem a ver com o aproveitamento de coisas corpóreas. A colonia, enquanto direito real, é oponível a terceiros. Por isso, tem natureza imperativa: não pode ser reconduzida a um simples uso, ao qual a vontade contratual das partes tivesse vindo reconhecer juridicidade.

II. O Código Civil, no seu artigo 1306.°/1, veio proibir a constituição, com carácter real, de limitações ao direito de propriedade. A colonia era atingida. Procurando resolver dúvidas, o Decreto-Lei n.° 47 937, de 15 de Setembro de 1967, veio proibir, para o futuro, os contratos de colonia: os que se realizassem com esse nome seriam havidos como arrendamentos. Dispunha o artigo 1.°/2, desse diploma:

> Os contratos de colonia celebrados até à entrada em vigor deste decreto-lei subsistem na forma convencionada e do direito costumeiro e usos locais; são-lhes, porém, aplicáveis, imperativamente, as disposições dos artigos seguintes.

As disposições subsequentes oficializavam a propriedade das benfeitorias na esfera do colono, sujeitando-as a registo; fixavam preferências recíprocas; davam, ao colono, um direito de retenção sobre as mesmas; asseguravam uma indemnização, no caso de cessação.

[1595] PEDRO PITTA, *O contrato de "colonia" na Madeira* (1929), correspondente a uma comunicação feita à Academia das Ciências de Lisboa, 84 pp., 11 ss.; RAMON HONORATO CORREA RODRIGUES, *Questões económicas – I – À margem da colonia na Madeira/ /produção, divisão da propriedade, nível de vida da população rural e agrícola* (1953), 149 pp., 25 ss., afirmando que a colonia foi o fator mais importante do desenvolvimento e engrandecimento da Madeira; MANUEL SOARES DA ROCHA, *"A colonia" no Arquipélago da Madeira e a questão que gerou* (1957), 105 pp.; um apanhado resumido pode ser confrontado em JOSÉ DE OLIVEIRA ASCENSÃO, *A tipicidade dos direitos reais* (1968), 227-232. Tem um especial interesse a leitura do preâmbulo do Decreto Regional n.° 13/77/M, de 18 de Outubro – DR I Série, n.° 241, de 18-Out.-1977, 2511-2512.

III. A Constituição de 1976 veio, no seu artigo 101.º/2, dispor:

Serão extintos os regimes de aforamento e colonia e criadas condições aos cultivadores para a efetiva abolição do regime de parceria agrícola.

Essa proibição manteve-se nas revisões constitucionais subsequentes, constando hoje do artigo 96.º/2[1596]. Porquê? A razão é ideológica. Se a colonia implicava um desequilíbrio, cabia à lei corrigir. Parece todavia claro que, sem o incentivo da propriedade, as benfeitorias não serão feitas; e o senhorio, não querendo vender, ou conserva a terra inculta ou dá-a em aproveitamentos precários, que nunca darão azo às impressionantes realizações que, ainda hoje, se veem na Madeira. Considerações paralelas poderiam ser feitas quanto à enfiteuse.

Como lhe competia, o legislador ordinário veio dar execução à regra constitucional. A Lei n.º 77/77, de 29 de Setembro, que adotou as bases gerais da reforma agrária, dispôs no seu artigo 55.º:

1. São extintos os contratos de colonia existentes na Região Autónoma da Madeira, passando as situações daí decorrentes a reger-se pelas disposições do arrendamento rural e por legislação estabelecida em decreto da Assembleia Regional.
2. O Governo apoiará as iniciativas dos órgãos de governo da Região da Madeira, integradas nos princípios norteadores da Reforma Agrária, para a resolução das situações decorrentes da extinção da colonia.

E de facto, duas semanas volvidas, o Decreto Regional n.º 13/77/M, de 18 de Outubro, veio extinguir a colonia. *Grosso modo*, isso fez-se:

– dando ao colono o direito de remir a propriedade do solo onde possua benfeitorias (3.º/1);
– exceto se o senhorio for pobre (5.º/1) ou tiver habitação própria no local, no tocante ao logradouro (6.º/1);
– sendo o senhorio indemnizado (7.º);
– em alternativa, não querendo o colono exercer o seu direito, cabe ao senhorio a remição das benfeitorias, em certas condições (8.º);

[1596] J. J. GOMES CANOTILHO/VITAL MOREIRA, *Constituição da República Portuguesa anotada*, 1, 4.ª ed. (2007), 1063-1064; JORGE MIRANDA/RUI MEDEIROS, *Constituição Portuguesa Anotada*, II (2006), 177.

– ressalvando-se a habitação do colono (9.º);
– e dando a este uma indemnização (10.º).

IV. A proibição da velha colonia consuetudinária deu origem a um imenso contencioso, com elevada litigiosidade. Houve que criar serviços públicos e um Fundo Especial para a Extinção da Colonia[1597]. A indemnização foi objeto de Lei da Assembleia da República: a Lei n.º 62/91, de 13 de Agosto. Surgiram centenas de decisões judiciais, incluindo acórdãos de uniformização[1598], decisões de "cristalização" do existente[1599] e declarações sectoriais de inconstitucionalidade com força obrigatória geral[1600], numa agitação que se prolonga décadas após a extinção de 1977[1601]. Tudo isso para efetivar uma proibição que data do Código Civil.

Não se tratou, pois, de pôr cobro a um uso: fácil teria sido impedir as atuações em que ele se traduzisse. Havia, sim, um verdadeiro instituto consuetudinário.

[1597] *Vide* o Decreto Regulamentar Regional n.º 15/99/M, de 30 de Novembro.

[1598] STJ 22-Nov.-1995 (TORRES PAULO), Proc. 080682.

[1599] STJ 4-Jul.-1996 (SOUSA INÊS), Proc. 96B157: os direitos reais envolvidos não mais poderiam ser transmitidos *inter vivos*, com grande prejuízo para os titulares envolvidos.

[1600] TC n.º 62/91, de 13 de Março (SOUSA E BRITO), DR I Série-A, n.º 91 de 19-Abr.-1991, 2245-2247; temos nota de, pelo menos, onze acórdãos do Tribunal Constitucional sobre colonia.

[1601] STJ 22-Fev.-2005 (REIS FIGUEIRA), CJ/Supremo XIII (2005) 1, 88-90; STJ 24-Jun.-2010 (ORLANDO AFONSO), Proc. 592/03.

§ 38.º OS USOS

159. Noção; o artigo 3.º do Código Civil

I. Diz-se uso, na noção habitual, uma prática social reiterada, independentemente da convicção da obrigatoriedade. Esta, caso exista, não é tida em conta, quando se refira o (mero) uso.

O Código Civil nada dispõe, em geral, quanto ao costume. Mas no que respeita aos usos, contém um pequeno subsistema regulador. No seu artigo 3.º, epigrafado "valor jurídico dos usos", dispõe:

> 1. Os usos que não forem contrários aos princípios da boa fé são juridicamente atendíveis quando a lei o determine.
> 2. As normas corporativas prevalecem sobre os usos.

No anteprojeto de Manuel de Andrade, o mesmo n.º 1 era expresso em termos de maior elegância[1602]:

> Os usos não contrários à boa fé têm relevância jurídica quando assim esteja determinado na lei.

Não foi feliz o "revisor ministerial", ao mutilar a fórmula de Manuel de Andrade. Além da inelegância "forem"/"são", substituiu "boa fé" por "princípios da boa fé" e isso quando a boa-fé equivale, por si, a um princípio; e trocou "têm relevância jurídica" por "são juridicamente atendíveis": fica-se sem saber de que poderá depender tal "atendibilidade", depois de haver, para eles, uma remissão legal.

[1602] MANUEL DE ANDRADE, *Fontes de direito* cit., 142.

II. A fonte inspiradora de Manuel de Andrade foi o artigo 8.º das disposições preliminares do Código Civil italiano[1603]. Sob a epígrafe "usos", dispõe esse preceito:

> 1. Nas matérias reguladas pelas leis e pelos regulamentos, os usos só têm eficácia quando sejam reclamados por eles.
> 2. As normas corporativas prevalecem sobre os usos, ainda que reclamados pelas leis e pelos regulamentos, salvo se dispuserem diversamente.

Recorde-se que, segundo o artigo 1.º, os usos surgiam, entre as fontes, em quarto e último lugar (depois das leis, dos regulamentos e das normas corporativas). O artigo 9.º admitia usos publicados em recolhas oficiais de entes e de órgãos para tanto autorizados: presumir-se-ia a sua existência, até prova em contrário.

III. Ao elaborar o seu anteprojeto, Manuel de Andrade acolheu as ideias de que os usos só valeriam quando a lei para eles remetesse e de que eles cedem perante as normas corporativas. Quanto à boa-fé: esse Autor reconhece que se inspirou em Enneccerus/Nipperdey[1604] e, logo, no Direito alemão[1605].

Este aspeto, pela sua importância, merece ser aprofundado. Enneccerus/ /Nipperdey[1606], relativamente aos usos e às práticas do comércio (*Verkehrssitte* e *Handelsbräuche*). Segundo esses Autores, os usos, quando concordes com a boa-fé, seriam aplicáveis nas hipóteses seguintes:

[1603] Na literatura italiana, avultam os escritos de CAJO ENRICO BALOSSINI, *Il diritto delle consuetudine e degli usi* (1974), 362 pp. e *Usi (Teoria degli)*, NssDI XX (1975), 200-209.

[1604] *Idem*, 148.

[1605] No Direito alemão, a boa-fé surge ligada aos usos por razões históricas: ao longo do século XIX, os tribunais comerciais alemães depararam com um comércio em forte expansão, mas sem qualquer lei comercial moderna para aplicar; usaram, além do *corpus iuris civilis*, de manuseio sempre complicado, a ideia de boa-fé, na sua vertente de respeito pela confiança e pela materialidade das situações e os usos, desde que conformes com a boa-fé.

[1606] LUDWIG ENNECCERUS/HANS CARL NIPPERDEY, *Allgemeiner Teil des Bürgerlichen Rechts*, 1, 15.ª ed. (1959), § 41, II (272); MANUEL DE ANDRADE trabalhou com uma edição anterior, idêntica, neste ponto, à última edição, aqui citada.

(a) na interpretação dos negócios jurídicos; de facto, o § 157 do BGB determina que os contratos sejam interpretados segundo a exigência da boa-fé, com consideração pelos costumes do tráfego;
(b) sempre que, para eles, as partes remetam;
(c) no âmbito do § 242, do BGB: o devedor fica obrigado a efetivar a prestação como o exija a boa-fé, com consideração pelos costumes do tráfego;
(d) quando a lei especificamente para eles apele.

Manuel de Andrade restringiu, no seu anteprojeto, a relevância dos usos à quarta situação de Enneccerus/Nipperdey. Mas acrescentou[1607]:

> Resta advertir que nos lugares próprios deve considerar-se a relevância dos usos no tocante à interpretação dos contratos (ou outros negócios de natureza patrimonial), à execução de quaisquer prestações devidas, e ainda que as partes podem remeter para eles, de modo expresso ou tácito, quando estipulem sobre matérias não subtraídas à sua disponibilidade.

O legislador, particularmente Antunes Varela, não considerou esta recomendação. O Código não se refere aos usos em matéria de interpretação (236.° a 238.°) ou de integração de negócios (239.°), nem no tocante à execução das obrigações (762.°/2). Tão-pouco se lhes reporta como hipótese de remissão das partes. Foi pena.

IV. Como se vê, o Código Civil, na versão final, restringiu em extremo o papel dos usos. Recorreu, em simultâneo, aos modelos italiano e alemão para multiplicar as restrições. E ainda aí, delimitou as hipóteses de relevância.

Subjacente está uma evidente desconfiança, em relação aos usos. Além disso, manifesta-se a não-sensibilidade dos seus ilustres Autores ao Direito privado, no seu todo, designadamente ao Direito comercial.

160. Elementos e natureza; confronto com o costume

I. Como foi adiantado, o uso traduz-se numa prática social reiterada. Temos, como elementos:

[1607] MANUEL DE ANDRADE, *Fontes de direito* cit., 148, de novo referindo ENNECCERUS/NIPPERDEY.

– a atuação social; tal atuação deve ter uma extensão mínima, sendo adotada por diversos membros da comunidade: condutas isoladas ou restritas não dão corpo a usos;
– a atuação repetida: só o reiterar da conduta permite identificar um uso;
– uma certa antiguidade: a própria repetição implica estabilidade nas condutas.

II. A reflexão sobre os usos juridicamente relevantes – e como abaixo veremos, eles são numerosos, nas áreas comerciais e bancárias – permite apurar um outro requisito: a sua patrimonialidade. Por certo haverá usos não patrimoniais (por exemplo, nos casamentos a noiva vai vestida de branco e nos funerais, os homens levam gravata preta): mas tais usos não são juridicamente relevantes. Em compensação, os usos relativos a contratos internacionais de transportes (*incoterms*) e de compra e venda (*trade terms*, como exemplos) e os usos bancários (contrato de abertura de conta, como exemplo), têm natureza comercial e, logo, patrimonial.

Em compensação, o requisito da espontaneidade levanta dúvidas. Num primeiro momento (o do proto-uso), haverá espontaneidade, seja na criação seja, pelo menos, na adoção. Mas desde o momento em que o uso se generalize e, para ele, apontem ou a lei ou a jurisprudência, perde-se esse fator.

III. O confronto habitual entre o costume e os usos explica que o primeiro tem, em si próprio, o fundamento da jurídica-positividade. Seja pela *opinio iuris vel necessitatis*, seja pela especial matéria que sobre ele recaia, seja pelo fenómeno da positivação, o costume tem uma capacidade de autoafirmação que falece ao uso.

Daí resulta um ponto prático decisivo, já adiantado: quando se aplique um costume lida-se com uma norma imperativa. O recurso ao uso traduz uma simples norma supletiva: funciona quando as partes para ela remetam ou, pelo menos, quando não a afastem.

161. Os usos do Código Civil; os usos como estalões (*standards*)

I. A dogmática dos usos implica o levantamento dos lugares civis que se lhes reportam. Assim:

artigo 3.º: valor jurídico dos usos;
artigo 234.º: a declaração de aceitação é dispensável, designadamente, por via dos usos;
artigo 560.º/3: as restrições relativas ao anatocismo não são aplicáveis se forem contrárias a regras ou usos particulares do comércio;
artigo 763.º/1: a prestação deve ser realizada integralmente e não por partes, exceto se outro for o regime convencionado ou imposto por lei ou pelos usos;
artigo 777.º/2: quando seja necessária a fixação de um prazo para o cumprimento, quer pela natureza da prestação, quer pelas circunstâncias, quer pela força dos usos e as partes não acordarem, a fixação é deferida ao tribunal;
artigo 885.º/2: se, por estipulação das partes ou por força dos usos, o preço não tiver de ser pago no momento da entrega, o pagamento será efetuado no lugar do domicílio que o credor tiver ao tempo da entrega;
artigo 919.º: na venda sob amostra, o devedor assegura a existência, na coisa vendida, de qualidades iguais às da amostra, salvo se da convenção ou dos usos resultar que esta serve somente para indicar de modo aproximado as qualidades do objeto;
artigo 920.º: ficam ressalvadas as leis especiais ou, na falta destas, os usos sobre a venda de animais defeituosos;
artigo 921.º/1: o vendedor pode ficar obrigado, por convenção das partes ou por força dos usos, a garantir o bom funcionamento da coisa vendida;
artigo 921.º/2: no silêncio do contrato, o prazo da garantia de bom funcionamento expira seis meses após a entrega da coisa, se os usos não estabelecerem prazo maior;
artigo 924.º/3: na venda a contento, o vendedor pode fixar um prazo razoável para a resolução, se nenhum for estabelecido pelo contrato ou, no silêncio dele, pelos usos;
artigo 925.º/2: na venda sujeita a prova, esta deve ser feita dentro do prazo e segundo a modalidade estabelecida pelo contrato ou pelos usos; se tanto o contrato como os usos forem omissos, observar-se-ão o prazo fixado pelo vendedor e a modalidade escolhida pelo comprador, desde que sejam razoáveis;
artigo 937.º: na venda sobre documentos, a entrega da coisa é substituída pela entrega do seu título representativo e de outros documentos exigidos pelo contrato ou, no silêncio deste, pelos usos;
artigo 940.º/2: não há doação na renúncia a direitos ou no repúdio de herança ou legado, nem tão-pouco nos donativos conformes aos usos sociais;
artigo 1037.º/1: não obstante convenção em contrário, o locador não pode praticar atos que impeçam ou diminuam o gozo da coisa pelo locatá-

rio, com exceção dos que a lei ou os usos facultem ou o próprio locatário consinta em cada caso, mas não tem obrigação de assegurar esse prazo contra atos de terceiro;

artigo 1039.°/1: o pagamento da renda ou aluguer deve ser efetuado no último dia de vigência do contrato ou do período a que respeita, e no domicílio do locatário à data do vencimento, se as partes ou os usos não fixarem outro regime;

artigo 1122.°/1: quanto à parceria pecuária, na falta de convenção quanto a prazo, atender-se-á aos usos da terra; na falta de usos, qualquer dos contraentes pode, a todo o tempo, fazer caducar a parceria;

artigo 1128.°: ainda quanto à parceria pecuária, no que não estiver estabelecido nos artigos precedentes devem ser observados, na falta de convenção, os usos da terra;

artigo 1158.°/2: se o mandato for oneroso, a medida da retribuição, não havendo ajuste entre as partes, é determinada pelas tarifas profissionais; na falta destas, pelos usos; e, na falta de umas e outros, por juízos de equidade;

artigo 1163.°: quanto à aprovação tácita do mandato: tem-se por verificada no silêncio do mandante, por tempo superior àquele em que teria de pronunciar-se, segundo os usos ou, na falta destes, de acordo com a natureza do assunto;

artigo 1167.°: o mandante é obrigado (b) a pagar ao mandatário a retribuição que ao caso competir e fazer-lhe provisão por conta dela, segundo os usos;

artigo 1323.°/1: no tocante a animais e coisas móveis perdidas, observam-se, além de outras regras, os usos da terra, sempre que os haja;

artigo 1682.°/4: quanto à alienação ou oneração de móveis, pelos cônjuges, não há imputação na meação quando se trate de donativo conforme aos usos sociais;

artigo 1718.°: o regime de bens do casamento não pode ser fixado, no todo ou em parte, por simples remissão genérica para uma lei estrangeira, para um preceito revogado, ou para usos e costumes locais;

artigo 2110.°/2: não estão sujeitas a colação as despesas com o casamento, alimentos, estabelecimento e colocação dos descendentes, na medida em que se harmonizem com os usos e com a condição social e económica do falecido;

artigo 2326.°: se o testador não especificar as atribuições do testamenteiro, competirá a este (a) cuidar do funeral do testador e pagar as despesas e sufrágios respetivos, conforme o que for estabelecido no testamento ou, se nada se estabelecer, consoante os usos da terra.

§ 38.º Os usos

Na versão original, o Código Civil referia ainda, no artigo 1066.º/3, os usos locais, quanto à não renovação do arrendamento rural, no artigo 1087.º, os usos quanto ao prazo para o arrendamento feito ao cultivador direto e, no artigo 1667.º/1, os usos e a condição dos cônjuges, quanto ao governo doméstico entregue à mulher.

O atual regime do arrendamento rural, aprovado pelo Decreto-Lei n.º 294/2009, de 13 de Outubro, não refere os usos. Quanto ao governo doméstico entregue à mulher: foi suprimido pelo Decreto-Lei n.º 496/77, de 25 de Novembro.

II. Como se vê, os usos são objeto de remissão, pelo Código Civil, em oito grupos de situações:

– na da conclusão do contrato, quanto à dispensa de aceitação (234.º);
– nas obrigações em geral, quanto ao anatocismo (560.º/3) e à realização da prestação (763.º/1 e 777.º/2);
– na compra e venda, designadamente nas modalidades mais marcadamente comerciais (885.º/2, 919.º, 920.º, 921.º/1, 922.º/2, 924.º/2, 925.º/2, 937.º);
– na locação, de forma moderada (1037.º/1 e 1039.º/1);
– na parceria pecuária, contrato de tipo agrário (1122.º/1 e 1128.º);
– no mandato, particularmente nas vertentes comerciais (1158.º/2, 1163.º e 1167.º);
– no achamento (1323.º/1);
– no campo das doações, da família e das sucessões, designadamente no que tange a donativos e certas despesas: 940.º/2, 1682.º/1, 2110.º/2 e 2326.º.

Temos, ainda, a proibição de remeter para os usos, no artigo 1682.º/4.

III. Em termos práticos, a área que mais atenção tem merecido, aos tribunais, é a do anatocismo (juros de juros). A existência de um uso bancário que permita o funcionamento alargado do anatocismo é afirmado por vária jurisprudência: STJ 14-Mar.-1990[1608], RLx 7-Jul-1993[1609] e RLx 31-Out.-1996[1610]. REv 9-Jul.-1996 admite esse uso em geral, mas consi-

---

[1608] STJ 14-Mar.-1990 (BARROS SEQUEIRA), BMJ 395 (1990), 556-560 (558).
[1609] RLx 7-Jul-1993 (CRUZ BROCO), CJ XVIII (1993) 3, 151-152 (151).
[1610] RLx 31-Out.-1996 (SILVA SALAZAR), CJ XXI (1996) 4, 147-149 (149/I).

dera que ele não se coaduna com a atividade das cooperativas[1611]. Diogo Leite de Campos contesta a existência de tal uso[1612]. Outra jurisprudência reconhece o desfavor civil relativamente ao anatocismo (STJ 14-Fev.--1995[1613]), requer que ele seja invocado e provado em cada caso[1614] ou refere, em geral apenas, a sua possibilidade (STJ 8-Mar.-2003[1615]).

Nos termos gerais (348.°), quem invocar a existência de um uso deve prová-lo. O tema do anatocismo veio perder acutilância judicial porque passou a ser contemplado nas cláusulas dos contratos bancários. Ele é ainda objeto de um especial esclarecimento, ao consumidor. O controlo pelo sistema (a "boa-fé" do artigo 3.°/1) deve ser efetivo, particularmente na área em jogo.

IV. Os usos podem também ter um papel significativo no tocante à concretização de certos conceitos indeterminados. Por exemplo: a remissão do artigo 487.°/2 para o bom pai de família, na determinação da culpa, e na base da qual se pode extrapolar um critério de diligência, em geral[1616]. Fixar, em sectores específicos, qual o grau de diligência exigível pode implicar o conhecimento das "práticas" ou das "boas práticas", na área em causa. Estamos perante um elemento no qual os usos podem ser úteis[1617], falando-se, ainda, em estalões (*standards*)[1618]. Estes funcionam como fontes mediatas, no sentido de atuarem no âmbito da concretização de tais conceitos, fontes primárias[1619].

Finalmente: os usos podem ter um papel no pré-entendimento do juiz e interferir, nessa medida, em toda a sequência de realização do Direito. O controlo desse processo implica, deste modo, a sensibilização da Ciência do Direito para os usos.

[1611] REv 9-Jul.-1996 (MOTA MIRANDA), CJ XXI (1996) 4, 278-280 (279/I).

[1612] DIOGO LEITE DE CAMPOS, *Anatocismo/Regras e usos particulares do comércio*, ROA 1988, 37-62 (61).

[1613] STJ 14-Fev.-1995 (CARDONA FERREIRA), CJ/Supremo III (1995) 1, 82-84 (84).

[1614] RPt 16-Mar.-1998 (GONÇALVES FERREIRA), CJ XXIII (1998) 2, 206-208 (208/I).

[1615] STJ 8-Mar.-2003 (EZAGÜY MARTINS), CJ/Supremo IX (2003) 2, 34-38 (37/I).

[1616] *Tratado* II/1, 450 e 452 ss.; existem lugares paralelos, aí referidos.

[1617] KUNTZE-KAUFHOLD, *Legal best Practices: von der tatsächlichen zur guten Übung in der Rechtsanwendung*, ARSP 95 (2009), 102-119.

[1618] *Vide* a obra coletiva publicada por THOMAS M. J. MÖLLERS, *Geltung und Faktizität von Standards* (2009), 293 pp., com escritos de onze autores.

[1619] THOMAS M. J. MÖLLERS, *Standards als sekundäre Rechtsquellen/Ein Beitrag zur Bindungswirkung von Standards*, idem (2009), 143-171.

162. Os usos nos contratos internacionais

I. O Direito comercial moderno surgiu, em parte, por via dos usos e práticas comerciais das cidades italianas e hanseáticas, na Idade Média[1620]. Figuras como a letra de câmbio ou o cheque eram praticadas muito antes de terem sido acolhidas nas leis. Seria costume? Normalmente, fala-se em usos: só se lhes sujeitavam as pessoas que pretendessem comerciar em certas praças. Digamos que os usos comerciais não eram intrinsecamente imperativos: estavam à disposição de quem pretendesse beneficiar do respetivo regime.

II. Mais tarde, vieram a surgir as grandes codificações de Direito comercial, ao longo do século XIX. Mas tais codificações depressa foram dobradas por novas práticas comerciais, num movimento que se intensificou ao longo do século XX, à medida que os códigos envelheciam.

Os usos comerciais estão na origem dos diversos contratos que preenchem o essencial da vida económica: a banca, os seguros e os transportes. Muitos usos têm sido absorvidos pela lei: o legislador aproveita-os, normaliza-os e promulga-os com o selo da própria autoridade. Mas alguns subsistem, fora do alcance atual do legislador, designadamente nos contratos internacionais, onde operam como cláusulas típicas.

Assim, particularmente no sector dos transportes, foi-se tornando habitual a utilização de cláusulas típicas, expressas pelas siglas respetivas em inglês. Pense-se, por exemplo, nas cláusulas FOB (*free in board*) ou CIF (*cost, insurance and freight*). A lista de siglas em uso foi-se alongando, com inevitáveis flutuações. Para evitar os inconvenientes daí resultantes, a Câmara de Comércio Internacional, de Paris[1621], procurou interpretar as cláusulas em uso, consolidando-as. Assim surgiram os *incoterms*: de *international commercial terms*[1622]. Foram publicadas versões sucessivamente mais aperfeiçoadas: a primeira data de 1936, seguindo-se versões

---

[1620] *Manual de Direito comercial*, 2.ª ed., 46 ss..
[1621] www.iccwbo.org/
[1622] BAUMBACH/HOPT, *Handelsgesetzbuch*, 35.ª ed. (2012), anexo 6 (1613 ss.) e DIETER MARTINY, *Internationale Formulare*, em REITMANN/MARTINY, *Internationales Vertragsrecht*, 6.ª ed. (2006), 602 ss.. Entre nós: LUÍS DE LIMA PINHEIRO, *Direito comercial internacional* (2005), 325 ss..

de 1953, de 1980, de 1990, de 2000 e de 2010[1623]. Como se vê, a tendência é a de uma revisão de dez em dez anos[1624].

III. Além dos *incoterms*, cumpre ainda referir os *trade terms*[1625]. Trata-se de cláusulas usualmente presentes em contratos internacionais, particularmente de compra e venda, mas que têm uma especial presença nos contratos de transporte, mesmo internos. Uma primeira versão normalizada foi publicada, em 1923, pela Câmara de Comércio Internacional, sendo a última versão de 1953[1626]. Não têm a solidez dos *incoterms 2010*; além disso, verifica-se a existência de diversas versões, algumas de proveniência norte-americana[1627]. Correspondem, tecnicamente, a cláusulas contratuais gerais, que devem ser comunicadas e esclarecidas por quem as proponha à adesão de outrem, nos termos gerais. Mas não foram inventados por nenhum utilizador: advêm do uso.

IV. Damos, de seguida, alguns exemplos de *trade terms* que têm surgido – e sido aplicados – nos nossos tribunais:

CAD (*cash against documents*): o comprador só pode receber a mercadoria depois de comprovado o pagamento do preço faturado[1628];

COD (*cash on delivery* ou *collect on delivery*): o comprador deve pagar no ato de entrega da mercadoria; a cláusula não se mostra cumprida se o transportador se limitar a aceitar um (mero) cheque[1629];

FCL (*full container load*): tratando-se do transporte de um contentor selado, compete ao interessado provar que o desaparecimento da carga se deu durante o transporte.

[1623] Com indicações, VERENA KLAPPSTEIN, em THOMAS HEIDEL/ALEXANDER SCHALL, *HGB/Handkommentar* (2011), § 346, Nr. 69 ss. (2177 ss.).

[1624] *Vide* uma lista de *incoterms*, no *Manual de Direito comercial*, 2.ª ed., 704 ss..

[1625] CLAUS-WILHELM CANARIS, *Handelsrecht*, 24.ª ed. (2006), 343.

[1626] BAUMBACH/HOPT, *Handelsgesetzbuch*, 35.ª ed. cit., 1614 ss. e MARTINY, *Internationale Formulare* cit., 604 ss.. Cf. KARSTEN SCHMIDT, *Münchener Kommentar/HGB* V (2003), § 346, Nr. 61 ss. (63 ss.).

[1627] Diversos "dicionários" de *trade terms* podem ser confrontados na *net*.

[1628] STJ 8-Jul.-2003 (FERNANDO ARAÚJO DE BARROS), CJ/Supremo XI (2003) 2, 147-151 (149/II).

[1629] RPt 2-Jul.1996 (GONÇALVES VILAR), BMJ 459 (1996), 604 e RPt 15-Jan.-2002 (MÁRIO CRUZ), CJ XXVII (2002) 1, 184-186 (185/I): cheque esse que – já se vê – nem tinha provisão.

Toda esta área exige uma especialização crescente.

163. O novo *ius mercatorum*

I. O comércio põe em contacto agentes de todo o Mundo: floresce, a nível internacional. Como atividade humana, o comércio internacional carece de regras. Na Idade Média, ele seria universal: além do próprio Direito civil que, assente no Direito canónico e na receção do Direito romano, não conheceu fronteiras dentro do Ocidente, as próprias práticas comerciais se assemelhavam: era o *ius mercatorum*[1630].

Esse *ius mercatorum*, ainda que gerado por usos e hábitos de praças distintas, tenderia a aproximar-se. Dizia Lord Mansfield, em 1757:

>A lei mercantil, a tal propósito, é a mesma em todo o Mundo. Partindo das mesmas premissas, as conclusões das mesmas razão e justiça devem ser universalmente idênticas[1631].

Tal unidade perdeu-se com as codificações dos Estados territoriais dos séculos XVII a XIX[1632]. A partir daí, passou a haver uma tradição europeia bipolar, quanto ao Direito comercial: nacionalista e universalista[1633].

II. As necessidades do comércio internacional não podiam ceder perante um nacionalismo radical. Na base de uma nova concertação podemos apontar a ideia de Savigny de uma comunidade de Direito internacional, constituída por Estados soberanos[1634], cujas ordens jurídicas se reconhecessem mutuamente. Tal esquema está na base do Direito internacional privado.

[1630] *Vide* RUDOLF MEYER, *Bona fides und lex mercatoria in der europäischen Rechtstradition* (1994), 56 ss. e URSULA STEIN, *Lex mercatoria: Realität und Theorie* (1995), 4.

[1631] Citado em CLIVE M. SCHMITTHOFF, *Das neue Recht des Welthandels*, RabelsZ 28 (1964), 47-77 (47, nota 1).

[1632] CLIVE M. SCHMITTHOFF, *Das neue Recht* cit., 49 e RUDOLF MEYER, *Bona fides und lex mercatoria* cit., 69 ss..

[1633] RUDOLF MEYER, *Bona fides und lex mercatoria* cit., 19.

[1634] FRIEDRICH CARL VON SAVIGNY, *System des heutigen römischen Rechts*, 8 (1842), 15 ss..

Mas havia que ir mais longe: os esquemas das normas de conflitos são complicados e não dão – ou não dão sempre – satisfação à celeridade e à segurança requeridas pelo comércio internacional.

III. Em 1929, o jurista alemão Grossmann-Doerth suscitou a hipótese de, no comércio internacional, funcionar um conjunto de costumes, de formulários de empresas e de condições preconizadas por associações de comércio, que se aplicariam diretamente a situações comerciais internacionais[1635].

A ideia foi retomada nos anos 60 e 70 do século XX. Em detrimento do Direito internacional privado, apresentar-se-iam regras comerciais de tipo material, suscetíveis de resolver problemas[1636]. Esse conjunto, assente nos usos comerciais internacionais[1637], em convenções, em leis-modelos ou no Direito consuetudinário[1638] e no princípio *pacta sunt servanda*[1639], assumiria uma natureza de corpo, um tanto à semelhança do antigo *ius commune*[1640]. O papel da boa-fé seria, nesse domínio, de grande importância[1641].

IV. A ideia é aliciante. Entre nós, ela obteve importantes contributos de Marques dos Santos[1642] e de Lima Pinheiro[1643]. Contudo, não tem sido

---

[1635] HANS GROSSMANN-DOERTH, *Der Jurist und das autonome Recht des Welthandels*, JW 1929, 3447-3451 (3448).

[1636] URSULA STEIN, *Lex Mercatoria* cit., 13 e 19.

[1637] KARL-HEINZ BÖCKSTIEGEL, *Die Bestimmung des anwendbaren Rechts in der Praxis internationaler Schiedsgerichtsverfahren*, FS Beitzke (1979), 443-458 (456 ss.).

[1638] FRITZ FABRICIUS, *Internationales Handelsrecht und Weltfrieden – Eine Bestandsaufnahme*, FS Schmitthoff (1973), 100-144 (141).

[1639] ALEKSANDAR GOLDSTAJN, *The New Law Merchant reconsidered*, FS Schmitthoff (1973), 172-185 (179); *vide* o próprio SCHMITTHOFF, *Das neue Recht des Welthandels* cit., 59 e MICHAEL JOACHIM BONELL, *Das autonome Recht des Welthandels – Rechtsdogmatische und rechtspolitische Aspekte*, RabelsZ 42 (1978), 485-506 (486-487).

[1640] BONELL, *Das autonome Recht des Welthandels* cit., 496.

[1641] Além da já citada monografia de RUDOLF MEYER, *Bona fides und lex mercatoria*, cabe referir HANS JÜRGEN SONNENBERGER, *Treu und Glauben – ein supranationaler Grundsatz?*, FS Odersky (1996), 703-721.

[1642] ANTÓNIO MARQUES DOS SANTOS, *As normas de aplicação imediata no Direito internacional privado/Esboço de uma teoria geral*, 1 (1990), 656-690.

[1643] LUÍS LIMA PINHEIRO, *Contrato de empreendimento comum (joint-venture) em Direito internacional privado* (1998), 605 ss..

possível proceder a uma dogmatização unitária. Aparentemente, surgem duas linhas: uma orientação puramente empírico-descritiva das relações de comércio internacionais e uma orientação que procura construir uma ordem mercantil independente dos Estados[1644].

A simples discussão sobre a eventual existência da *lex mercatoria* induz uma fragilidade de raiz[1645]. Muitas vezes, ela é referida a propósito das arbitragens internacionais; todavia, só raramente a *lex mercatoria* ocorre nas decisões da CCI[1646]. Apesar de tudo, as partes preferirão remeter para uma das leis em presença – ou para um regulamento preciso – em vez de tudo deixar cair numa fórmula pouco explícita.

De todo o modo, a *lex mercatoria* fica-nos como um potencial motivo de normas materiais de comércio, assente nos usos e capaz de, no limite, reger o tráfego internacional[1647].

164. Os usos internos; os tipos sociais e os usos bancários

I. No plano interno, há igualmente usos comerciais importantes. Os mais significativos dão lugar aos tipos sociais de contratos.

Diz-se contrato típico aquele cujas cláusulas nucleares constam da lei[1648]. As partes não são, em regra, obrigadas a observá-las: trata-se de esquemas legais disponíveis: as partes podem desviar-se deles, estipulando as cláusulas que, em concreto, mais lhes convenham.

Apesar de meramente supletivos, os tipos legais de contratos têm um duplo interesse:

– representam, no termo de longa evolução histórica, tendencialmente, as soluções mais justas e equilibradas;
– dispensam as partes, quando queiram contratar, de (re)elaborar todo um complexo articulado.

[1644] URSULA STEIN, *Lex Mercatoria* cit., 179 ss. e 200 ss. (o resumo).
[1645] HANS-JOACHIM MERTENS, *Das lex mercatoria-Problem*, FS Odersky (1996), 857-872 (857).
[1646] URSULA STEIN, *Lex Mercatoria* cit., 5, nota 22.
[1647] MERTENS, *Das lex mercatoria-Problem* cit., 864.
[1648] Com elementos: *Tratado* II/2, 191 ss..

Tipos legais de contratos são os constantes do Código Civil: dezasseis, desde a compra e venda à transação (artigos 874.° a 1250.°). São ainda tipos contratuais legais outras figuras constantes do Código Comercial e de diversos diplomas avulsos.

II. Ao lado dos tipos contratuais legais temos tipos sociais: encadeamentos de cláusulas habitualmente praticadas em determinados sectores, muitas vezes dotados de designação própria e que, mau grado a não-formalização em lei, traduzem composições equilibradas e experimentadas. Tipos sociais muito importantes são, por exemplo, os contratos de abertura de conta (bancária)[1649] e de concessão comercial[1650]. O tipo social, mau grado a falta do selo oficial, pode funcionar em moldes paralelos aos do tipo legal: também ele evita, às partes, o terem de se repetir em lugares comuns, ao mesmo tempo que afeiçoa as soluções historicamente mais equilibradas.

Noutros ordenamentos, como no alemão, os tipos sociais dão azo a regras consideradas consuetudinárias[1651]. Entre nós, a lesteza do legislador, que tudo regula com prontidão, confere pouca margem aos tipos sociais: transforma-os em legais, como sucedeu com a locação financeira e com a cessão financeira. Verifica-se, ainda, que os tipos sociais são, com frequência, alvo de pequenas codificações, feitas em cláusulas contratuais gerais. Haverá, então, que proceder ao seu controlo material, através da Lei das Cláusulas Contratuais Gerais.

III. O artigo 3.°/1 do Código Civil dá relevância aos usos quando, para eles, a lei remeta. No Direito bancário português existe uma remissão geral para os usos[1652].

Segundo o artigo 407.° do Código Comercial,

> Os depósitos feitos em bancos ou sociedades reger-se-ão pelos respetivos estatutos em tudo quanto não se achar prevenido neste capítulo e mais disposições legais aplicáveis.

[1649] *Manual de Direito bancário*, 4.ª ed., 505 ss..

[1650] *Manual de Direito comercial*, 2.ª ed., 673 ss..

[1651] É o que sucede com os contratos de locação financeira (*leasing*) e de cessão financeira (*factoring*).

[1652] Quanto aos usos como fonte do Direito bancário, *vide* o *Manual de Direito bancário*, 4.ª ed. cit., n.° 57 (191 ss.).

A referência a "estatutos" reporta-se, na realidade, aos "usos"[1653]. "Estatutos" corresponde à expressão usada no artigo 310.º do Código de Comércio Espanhol, fonte do citado artigo 407.º. No preceito espanhol, eles designam os usos. Como "estatutos", em sentido português, nem fariam sentido: o banqueiro individual não tem estatutos enquanto os das sociedades não se ocupam dos depósitos, como é evidente[1654].

Temos, pois, um preceito que, no tocante ao depósito bancário, remete para os usos. O depósito bancário surge, muitas vezes, integrado em séries negociais complexas, que incluem, como exemplos, a abertura de conta, a convenção de cheque, a concessão de determinados créditos e, ainda, a prestação de certos serviços. Podemos admitir a vigência, *ex lege*, de usos que abarquem todo esse negócio complexo, por interpretação extensiva e atualista do artigo 407.º do Código Comercial. Caso a caso se procederá à sindicância *ex bona fide*. Os nossos tribunais acolhem, por vezes e sem sobressalto, usos bancários[1655].

165. Natureza; a "boa-fé"

I. Os usos traduzir-se-iam em meras práticas sociais. Só por si, não dariam azo a normas jurídicas[1656], isto é, a proposições capazes de resolver casos concretos. Como foi dito, por aí se distinguiriam do costume o qual teria, em si, essa potencialidade[1657].

[1653] Assim: STJ 26-Jun.-1980 (RODRIGUES BASTOS), BMJ 298 (1980), 354-357 (356), STJ 8-Mai.-1984 (MOREIRA DA SILVA), BMJ 337 (1984), 377-384 (382), REv 9-Nov.-1989 (RAÚL MATEUS), CJ XIV (1989) 5, 258-261 (259, 2.ª col.) e RCb 29-Out.-1991 (COSTA MARQUES), CJ XVI (1991) 4, 122-124 (123, 1.ª col.).

[1654] Vide a explicação confluente de LUIZ CUNHA GONÇALVES, *Comentário ao Código Comercial Português*, 2 (1914), 383-384; cf. AURELIANO STRECHT RIBEIRO, *Código Comercial Português/actualizado e anotado*, vol. II (1939), 303.

[1655] Assim: RLx 3-Jun.-2003 (PIMENTEL MARCOS), CJ XXVIII (2003) 3, 101-105 (103/I), onde se refere, como uso, a prática do lançamento em conta dos cheques depositados, com a cláusula "salvo boa cobrança".

[1656] CARLOS MOTA PINTO, *Teoria geral do Direito civil*, 4.ª ed., por ANTÓNIO PINTO MONTEIRO e PAULO MOTA PINTO (2005), 66.

[1657] ENNECCERUS/NIPPERDEY, *Allgemeiner Teil* cit., 1, 15.ª ed., § 41, IV (273); *vide* ERICH DANZ, *Laienverstand und Rechtsprechung (§§ 157, 242 BGB)*, JhJb 38 (1899),

O artigo 3.º/1 é demasiado restritivo, como é hoje pacífico[1658]: coloca-se em contracorrente relativamente ao conjunto do Direito privado atual. A ser tomado à letra, irradicaria os usos comerciais, que alimentam áreas nobres do ordenamento.

II. Os usos podem adquirir relevância prescritiva por uma de três vias:

— através da lei, que para eles remeta; tal a mensagem do artigo 3.º/1; nessa eventualidade, a lei poderá fazê-lo totalmente, de modo que os usos assumam uma função regulativa; mas pode remeter para eles apenas para auxiliarem na interpretação de negócios jurídicos ou para complementarem a sua integração; a lei portuguesa não documenta, todavia, estas duas últimas hipóteses;
— através do costume: caso o uso funcione como norma imperativa *a se*, manifesta-se uma fonte autónoma do Direito;
— através da autonomia privada: as partes, quando celebrem livremente os seus contratos, podem fazê-lo estipulando cláusulas ou remetendo, simplesmente, para as práticas habituais no sector.

Em qualquer dos casos, os usos são fontes de Direito: são eles que permitem a revelação de normas jurídicas. E fazem-no diretamente: por isso, contra a qualificação legal, eles não podem deixar de surgir como fontes imediatas do Direito.

III. Se bem atentarmos nas figuras dos usos comerciais consagrados e nos tipos contratuais sociais, verifica-se que a juridificação dos usos, que eles consubstanciam, acaba por ser imputada ao sistema, no seu conjunto. Eles *são sistema*, independentemente da possibilidade de os intercalar na pirâmide kelseniana.

Uma doutrina experiente como a alemã não tem dúvida relativamente a esses tipos, em considerá-los Direito consuetudinário. Entre nós, dada a forte aversão do legislador civil de 1966, relativamente ao costume, aver-

---

373-500 (454-454) e *Rechtsprechung nach der Volkanschaung und nach dem Gesetz/Ein Beitrag zur Lehre von Gewohnheitsrecht und zur Gesetzauslegung*, JhJb 54 (1909), 1-81 (15 ss.).

[1658] JOÃO BAPTISTA MACHADO, *Introdução ao Direito e ao discurso legitimador* (1983), 158-159 e 161-162: não cabe à lei atingir fontes como o costume.

são essa que surge reforçada pelos constitucionalistas pós-1976 (veja-se o destino dos assentos), não soaria bem dar esse passo[1659].

Fica-nos, pois, a saída dos usos como fontes de Direito, para integração no sistema.

IV. O artigo 3.º/1 exige, para a aplicabilidade dos usos, que os mesmos não sejam "contrários à boa-fé". Vimos a sua origem, de resto confessada por Manuel de Andrade: ela reside na conexão entre *Treu und Glauben* e *Verkehrssitte*, a qual remonta à jurisprudência comercial alemã do século XIX. E entre nós?

Já se tem visto, na sindicância *ex bona fide*, uma exigência de racionalidade[1660], uma forma de combater os "usos manhosos"[1661] e um conceito "ético-moral" (sic), a apreciar em cada caso pelo julgador[1662]. Esta última solução, vinda dos ilustres autores do Código Civil, nesta área, surpreende: afastou-se o costume pela insegurança que poderia ocasionar e permite-se que o julgador decida, caso a caso, em função de bitolas éticas para as quais não se dá qualquer critério?

A boa-fé tem, hoje, um sentido estabilizado: não se compreenderia que, a propósito de cada uma das suas diversas manifestações, os autores se afadigassem a montar um sistema *ad hoc*, sem terem em conta de que estamos perante uma das áreas mais densificadas, em termos de jurisprudência e de doutrina, do Direito civil.

A boa-fé opera como um princípio do sistema jurídico, desdobrado em dois subprincípios: o da tutela da confiança e o da primazia da materialidade subjacente. Assim, não são atendíveis usos que defrontem aquilo com que, legitimamente, os interessados poderiam contar (confiança). E tão-pouco são operativos os usos que desvirtuem a função sócio-económica do instrumento de cuja concretização se trate. Nada temos, aqui, de muito diferenciado: a própria lei que contradite esses vetores será paralisável por abuso do direito.

[1659] Todavia, *vide* DIOGO FREITAS DO AMARAL, *Introdução ao estudo do Direito* 1 (2004), 373 ss., com uma vigorosa defesa do costume, enquanto fonte autónoma do Direito.
[1660] OLIVEIRA ASCENSÃO, *O Direito*, 13.ª ed. cit., 278.
[1661] JOSÉ HERMANO SARAIVA, *Apostilha crítica* cit., 35.
[1662] PIRES DE LIMA/ANTUNES VARELA, *Código Civil Anotado*, 1, 4.ª ed. cit., 54.

SECÇÃO IV

A EQUIDADE

§ 39.º **A EQUIDADE: COORDENADAS GERAIS**

166. O artigo 4.º do Código Civil

I. O artigo 4.º do Código Civil – o último constante do capítulo sobre as fontes do Direito – dispõe, sob a epígrafe "valor da equidade":

Os tribunais só podem resolver segundo a equidade:

a) Quando haja disposição legal que o permita;
b) Quando haja acordo das partes e a relação jurídica não seja indisponível;
c) Quando as partes tenham previamente convencionado o recurso à equidade, nos termos aplicáveis à cláusula compromissória.

Na origem, temos o anteprojeto de Manuel de Andrade, que continha um artigo 4.º, semelhante ao que hoje consta do texto, mas formalmente mais feliz[1663].

[1663] MANUEL DE ANDRADE, *Fontes de direito* cit., 142-143. A fórmula de MANUEL DE ANDRADE era mais elegante. Desde logo, o corpo do artigo não continha o "só", que nada acrescenta, a não ser ênfase, dispensável num texto legal; onde surge "haja disposição legal que o permita" dizia-se "haja atribuição legal nesse sentido", mais sintético e elegante; onde figura "haja acordo das partes" constava "as partes assim o requeiram de comum acordo" o que parece óbvio, já que se fala em decisão do juiz; onde se menciona "relação jurídica", ANDRADE usava o plural: óbvio, uma vez que não se vai discutir uma única relação jurídica; finalmente, o excurso "as partes tenham previamente convencionado o recurso à equidade" fica aquém da fórmula do anteprojeto "as partes previamente o tenham convencionado": repetir "equidade" no corpo do artigo e na alínea *c)* é um erro for-

II. Não é hábito inserir-se a equidade entre as fontes do Direito. Donde veio a inspiração de Manuel de Andrade? A alínea *a)* parece óbvia: quiçá dispensável. A alínea *b)* resultou do artigo 114.º do Código de Processo Civil italiano[1664], que dispõe[1665]:

> O juiz, seja na primeira instância, seja no tribunal de recurso, decide do mérito da causa segundo a equidade quando, a respeito de direitos disponíveis pelas partes, elas lhe façam um pedido concorde nesse sentido.

A alínea *c)* é um desenvolvimento da anterior: desnecessário, aliás.

III. A equidade é uma noção delicada, fortemente modelada pela História. Não se torna pensável locubrar sobre o tema sem conhecer as bases em que repousa. Vamos, por isso, retomar o essencial[1666].

167. Direito romano e elementos gregos

I. No Direito romano clássico, certas fórmulas processuais apareciam ligadas à expressão *bonum et aequum*. Na opinião dos romanistas, tal expressão vinha atribuir ao juiz uma certa margem para calcular o montante da condenação[1667]. O exemplo mais claro da *actio in bonum et*

---

mal a evitar, para mais num Código Civil. O porquê das alterações introduzidas no texto de MANUEL DE ANDRADE, sempre no sentido de piorar a redação, constitui pergunta colocada há cinquenta anos: sem resposta.

[1664] MANUEL DE ANDRADE, *Fontes de direito* cit., 148. Acrescenta esse ilustre Autor:

> Parece-me evidente a sua justificação, desde que já se admite no nosso Código de processo que para o juízo arbitral as partes podem convencionar que os árbitros decidam *ex aequo et bono*. Agora passa a ser-lhes possível conferir um poder análogo às próprias justiças ordinárias. Quanto ao disposto no art. 4.º, *c)*, trata-se do natural prolongamento do estatuído na alínea *b)*.

[1665] *Vide*, na época, GIAN GIACOMO TRAVERSO, *Codice di procedura civile annotato*, 3.ª ed. (1957), 89-90 e, posteriormente, F. CARPI/M. TARUFFO, *Commentario breve al codice di procedura civile*, 6.ª ed. (2009), 427-429.

[1666] *Vide* os nossos *Da boa fé*, 1197 ss., *A decisão segundo a equidade*, O Direito 1990, 261-280 e *Aquisição de empresas*, separata da ROA (1995), 65 ss..

[1667] O clássico fundamental neste ponto é, ainda hoje, FRITZ PRINGSHEIM, *Bonum et aequum*, SZRom 52 (1932), 78-155 (85 ss.). Refiram-se, ainda, ALEXANDER BECK, *Zu den*

aequum concepta era a *actio iniuriarum*[1668]: influenciada por institutos gregos[1669], a *iniuria* exprimia uma (simples) agressão desconforme com o Direito, praticada sobre uma pessoa ou uma coisa[1670] e, assim sendo, apenas uma certa liberdade do *iudex* permitiria calcular o montante da indemnização.

Em termos linguísticos, *bonum et aequum* aparece como um fortalecimento de *aequus*[1671], que remontaria ao indo-europeu *ékáh-uno*, igual[1672]. São conhecidos paralelos no grego clássico em *eikos* – conveniente, verdadeiro, exato e justo – e ao sânscrito *aika*, ligado às ideias de igualdade e de proporção[1673].

II. De *aequus* passou-se à virtude abstrata correspondente: *a aequitas*[1674]. Ela própria entendida como igualdade[1675], chegaria a ser deificada, surgindo a figura da deusa *Aequitas*, personificação divina da equidade[1676].

Grundprinzipien der bona fides im römischen Vertragsrecht, FS Simonius (1955), 9-27 (11), GERARDO BROOGINI, *Iudex arbiterve/Prolegomena zum officium des römischen Privatrichters* (1957), 107, nota 43, GIUSEPPE GROSSO, *Richerche intorno all'elenco classico dei "bonae fidei iudicia"*, RISG 1928, 39-96 (45-46), MAX KASER, *Das römische Zivilprozessrecht* (1966), 244, THOMAS, *Observations sur les actions in bonum et aequum conceptae*, NRH 25 (1901), 541-584 (549), MORITZ WLASSAK, *Zur Geschichte der negotiorum gestio* (1879), 162.

[1668] FRITZ PRINGSHEIM, *Bonum et aequum* cit., 86 e 101. Em sentido mais amplo cf. ARRIGO MANFREDINI, *Contributi allo studio dell'"iniuria" in età repubblicana* (1977), 168-169.

[1669] HERMANN FERDINAND HITZIG, *Beiträge zur Geschichte der iniuria im griechischen und römischen Recht* (1899), 54 ss..

[1670] DIETRICH VON SIMON, *Begriff und Tatbestand der "Iniuria" im altromischen Recht*, SZRom 82 (1965), 132-187 (160-161).

[1671] KIPP, *Aequitas*, na *Paulys Realenzyklopädie der klassischen Altertumswissenschaft*, por G. WISSOWA, I, t. 1 (1893), 598-604 (598).

[1672] AUSFELD, *Aequus*, no *Thesaurus Linguae Latinae*, 1 (1900), 1928; *vide*, desse Autor e na mesma publicação, *Aequitas*, 1013-1017. Recorde-se a expressão alemã atual *gleich*.

[1673] ANTONIO GUARINO, *Equità (diritto romano)*, NssDl 6 (1960), 619-624 (620).

[1674] AUSFELD, *Aequitas* cit., 1013.

[1675] VON SOKOLOWSKI, *Der Gerechtigkeitsbegriff des römischen Rechtes*, St. Bonfante (1930), 1, 191, VITTORIO SCIALOJA, *Del diritto positivo e dell'equità* (1880), *Studi giuridici*, III, 1.ª parte (s/d), 14 e GEORGE CIULEI, *L'equité che Cicéron* (1972), 22-23.

[1676] V. AUST, *Aequitas*, na *Paulys Realenzyklopädie*, I, t. 1 cit., 604-605; *vide* PAUL LATTE, *Römische Religionsgeschichte* (1960), 322, nota 1.

§ 39.º A equidade: coordenadas gerais

Esta riqueza significativa da *aequitas* explica como, desde cedo, ela tenha assumido vários sentidos. Uma tripartição, sistematizada por Kipp[1677] e aprofundada por Pringsheim[1678], permite apontar, na *aequitas*, três particulares aceções[1679]. Assim:

– a *aequitas* como bitola de crítica ao Direito e como princípio do seu aperfeiçoamento; na verdade, o simples decurso do tempo torna qualquer Direito injusto; a *aequitas* permitiria aqui lançar uma ponte entre o Direito do passado e o do futuro, como princípio da justiça[1680];
– a *aequitas* como um princípio de interpretação do Direito: os contratos, os testamentos e as próprias leis não devem ser entendidos segundo a letra, mas antes segundo o espírito subjacente a cada caso[1681];
– a *aequitas* como um modo de decisão diferente do Direito: a decisão do caso concreto seria encontrada, não segundo uma ordem firme, mas de acordo com o sentir do juiz[1682].

Estas aceções não são estranhas entre si nem, muito menos, opostas: é de esperar a existência de múltiplas e possíveis conexões entre elas. Assume ainda interesse referenciar que, de acordo com as regras históricas que normalmente presidem à elaboração de conceitos muito abstratos, a *aequitas* terá sido precedida por certas manifestações concretas. Assim,

---

[1677] KIPP, *Aequitas* cit., 600-602.
[1678] FRITZ PRINGSHEIM, *Aequitas und bona fides*, Conf. XIV cent. Pandette (1930), 183-214 (194).
[1679] Diversos elementos podem, hoje, ser confrontados em TOBIAS KLEITER, *Entscheidungskorrekturen mit unbestimmter Wertung durch die klassische römische Jurisprudenz* (2010), XII + 266 pp.; vide aí, quanto à *equitas*, a *aequus* e a *aequissimum*, 2 ss., 30 ss. E 49 ss..
[1680] FRANCESCO CALASSO, *Equità*, I – *Premesse storica*, ED 15 (1966), 65-69 (66), e FRITZ PRINGSHEIM, *Aequitas und bona fides* cit., 194. HERMANN LANGE, *Jus aequum und ius strictum bei den Glossatoren*, SZRom 71 (1954), 319-347 (321-322), permite ainda aqui fazer uma distinção: a *aequitas* poderia exprimir um esquema de ponderação voluntarística do Direito ou, antes, uma ordem objetiva, independente dos homens, ora prévia em relação ao Direito, ora em sua oposição.
[1681] PRINGSHEIM, *Aequitas und bona fides* cit., 195-196.
[1682] PRINGSHEIM, *Aequitas und bona fides* cit., 197.

tem-se admitido que, no período clássico, o pretor, *adiuvandi vel supplendi vel corrigendi iuris civilis gratia propter utilitatem publicam*[1683], tenha usado os seus poderes sempre que deparasse com uma norma inadequada – *ius iniquum*. Seguiu-se a generalização: o pretor orientava-se pela *aequitas*, para corrigir o *ius*[1684].

A tal propósito, convirá ainda recordar a definição de *aequitas* apresentada por Riccobono[1685]:

> *Aequitas* identifica-se com aquela experiência comum e com o conjunto de instintos morais e intelectuais que constituem uma espécie de sabedoria prática empírica, mais profunda e mais densa do que qualquer construção artificial de homens sabedores.

III. Apresenta um especial relevo, para captar o sentido da *aequitas*, ter presente que se trata de uma noção fortemente marcada pelo pensamento grego[1686]. A esse propósito, impõe-se recordar a ideia de ἐπιείκεια (*epieikeia*)[1687], dada por Aristóteles:

[1683] PAPINIANO, D. 1.1.7 = OKKO BEHRENDS e outros cit., II, 94-95.

[1684] GUARINO, *Equità* cit., 620-621 e V. SCIALOJA, *Del diritto positivo e dell'equità* cit., 2.

[1685] SALVATORE RICCOBONO, *La definizione dei "ius" al tempo di Adriano*, BIDR 53-54 (1948), 5-82 (33).

[1686] Em especial, BASTNAGEL, *De aequitate in iure romano*, BIDR 45 (1938), 357, ANTONIO CARCATERRA, *"Justitia" nelle fonti e nella storia del diritto romano*, ACI Verona II (1951), 40, CIULEI, *L'équité chez Cicéron* cit., 20, GUARINO, *Equità* cit., 620, H. F. JOLOWICZ, *Roman foundations of modern law* (1957), 56, PRINGSHEIM, *Aequitas und bona fides* cit., 193, 197 e 199, e JOHANNES STROUX, *Die Griechischen Einflüsse auf die Entwicklung der römischen Rechtswissenschaft* (1933) = *Römische Rechtswissenschaft und Rhetorik* (1949), 105. Entre nós, *vide* MÁRIO BIGOTTE CHORÃO, *Equidade* em *Temas Fundamentais de Direito* (1986), 85-94 (87).

[1687] Nas traduções do grego, ἐπιείκεια surge muitas vezes como equidade. Mas essa equivalência vocabular não é recomendável: apesar da influência da ἐπιείκεια grega na *aequitas* romana, as duas noções não se confundem, obedecendo a espíritos diferentes com sensibilidades próprias. Alguns autores, como RICCOBONO, *La definizione del "ius"* cit., 53 ss., exacerbam mesmo as diferenças: a *aequitas* romana traduz "unidade", "igualdade" e "equilíbrio", enquanto a ἐπιείκεια aponta para "conveniente", "oportuno" e "apropriado". Não obstante, mesmo com eventuais diferenças, todos concordam na existência de estreitos contactos entre as duas noções. Quanto ao sentido de ἐπιείκεια em ARISTÓTELES refira-se, ainda, FRANCESCO D'AGOSTINO, *Epieikeia/Il tema dell'equità nell'antichità grega* (1973), 7.

(...) a ἐπιείκεια, sendo justa, não se reconduz àquela justiça que é conformidade com a lei, mas é antes um corretivo trazido à justiça legal (...) Quando, pois, a lei coloca uma regra universal, e surge, em seguida, um caso particular que escapa a essa regra universal, é então legítimo, na medida em que a disposição adotada pelo legislador seja insuficiente e errónea, por causa do seu carácter absoluto, trazer um corretivo, para obviar a esta omissão, editando o que o próprio legislador editaria se ele lá estivesse e o que ele teria prescrito na lei se tivesse tido conhecimento do caso em questão[1688].

Trata-se de uma fórmula nitidamente mais forte do que o possível no *ius romanum*, claramente marcado por preocupações de precisão e de segurança. Não obstante, ela manteve-se como um lastro subjacente a muitos textos.

De facto, não se encontra, em textos jurídicos, uma receção pura e simples da ἐπιείκεια aristotélica. A estrutura do processo e a natureza do Direito romano conduziram à apropriação, pelo pretor, da ἐπιείκεια, ou à sua remissão para trechos retóricas.

IV. Aristóteles distingue com clareza a ἐπιείκεια da δικαιοσύνη (dikaiosyne): justiça. O justo equivale ao legal e ao igual: legal na medida em que provoca e conserva a felicidade e os seus elementos dentro da comunidade política; igual porquanto implicando a noção de proporcionalidade ínsita na repartição a operar no quadro da comunidade – justiça distributiva – e nas relações entre cidadãos – justiça comutativa[1689]. Diferente é a ἐπιείκεια: embora pertencendo, também, ao género da justiça, ela implicaria uma modificação vantajosa do justo, nos parâmetros acima citados. Esta contraposição não passou à Ciência do Direito romano; aliás é de ter presente que, apesar de conhecido, nomeadamente por Cícero, Aristóteles não teve muito influência direta em Roma, virada para o estoicismo e o paripateticismo. Outros aspectos da ἐπιείκεια e da justiça aristotélicas teriam porém um certo influxo. Aristóteles – com incidência na *Ética a Nicómaco* – consumou a laicização da justiça, no que se distanciou do próprio Platão. Até ele, o justo era sempre alcançado com a mediação de relações comple-

---

[1688] ARISTÓTELES, *Ética a Nicómaco*, 5.10 = 1137 b 11-12 e 19-23 = RENÉ ANTOINE GAUTHIER/JEAN YVES JOLIF, *Introduction, traduction et commentaire*, 2.ª ed. (1970), 1, 2, 157.

[1689] ARISTÓTELES, *Ética a Nicómaco*, 5.1-4. = 1129 a 3-1132 b 9 = trad. fr. GAUTHIER/JOLIF cit., 120-134.

xas com a divindade; a superação dessa fase representa um progresso notável para a Ciência do Direito, que foi dado, também, pelo *ius romanum*[1690]. A própria ideia da correção à lei, a operar pela ἐπιείκεια refletiu-se, para além da atividade do pretor, em textos retóricos; recorde-se Cícero[1691]:

> Contra scriptum: leges in consilio scriptoris, et utilitate communi, non in verbis consistere; quam indignum sit, aequitatem litteris urgeri, quae voluntate eius, qui scripserit defendatur.

Cabe ainda recordar que a ἐπιείκεια não é de invenção aristotélica. Ela surgia já em Heródoto. Mas com um sentido diferente. Assim, tentando convencer Lykophron, desavindo com seu pai, Periandros, a voltar para Corinto, para assumir a sua governação, disse-lhe, nomeadamente, a sua irmã[1692]:

πολλοί δικαίων τὰ ἐπιεικέστρα προτιδεῖσι

que Mattioli[1693] traduz por "Muitos preferem a equidade à justiça estrita", mas que seria melhor traduzido por "Muitos preferem o razoável ao Direito", como consta da tradução alemã de Horneffer[1694]. Fixa-se, pois, nessa altura, o sentido da ἐπιείκεια como razoável[1695].

Nessa linha, a ἐπιείκεια conheceria um emprego puramente retórico, amoral, como técnica de atuação política ou de governo, atestada, por exemplo, nas peripécias relatadas por Tucidides, da guerra do Peloponeso[1696]. Esta orientação repercutir-se-ia em Platão, no seu antilegalismo – "o monarca perfeito é sempre de preferir à mais perfeita legislação" – expressando a arte do governo superior[1697]. A contraposição Platão/Aristóteles fica clara

---

[1690] Sobre a laicização da justiça em ARISTÓTELES, *vide* GAUTHIER/JOLIF, *Éthique* cit., II, 1, 325 e, sobre o papel diminuto da metafísica na *Ética a Nicómaco*, *idem*, I, 1, 50-51.

[1691] *De inventione*, 2.48.

[1692] HERÓDOTO, 3,53 = DIETSCH/KALLEMBERG, *Herodoti Historiarum Libri* IX, 1 (1939), 233.

[1693] *Apud* D'AGOSTINO, *Epieikeia/Il tema dell'equità nell'antichità greca* (1973), 7 e 7²³.

[1694] HORNEFFER, *Herodot Historien/Deutsche Gesamtausgabe*, por HORNEFFER//HAUSSIG/OTTO (1955), 205.

[1695] DIHLE, *Herodot und die Sophistik*, Philologus 196 (1962), 218, faz notar que, embora sem frequência, aparece, em HERÓDOTO, a marca da argumentação sofística.

[1696] D'AGOSTINO, *Epieikeia* cit., 40 e 48-49, p. ex..

[1697] D'AGOSTINO, *Epieikeia* cit., 51-63.

se se recordar que, no primeiro, a ἐπιείκεια surge tratada em escritos políticos e, no segundo, em escritos éticos.

V. No período pós-clássico, houve um retrocesso marcado na formulação independente de vários conceitos. A *aequitas*, atribuída como faculdade ora ao juiz ora ao imperador, veio a confundir-se com outras noções antes distintas, como o *bonum et aequum* e a *bona fides*[1698].

Toda esta confusão teve como efeito prático restringir a *aequitas*. Na verdade, estava fora de causa vir conceder ao *judex* – que por vezes, na época, nem formação jurídica tinha – os latos poderes criativos e corretivos que o pretor outrora tivera. Por isso, os poderes da equidade acabariam por formalmente ser reservados ao imperador: segundo uma constituição de Constantino, acima citada, *inter aequitatem iusque interpositum interpretationem nobis solis et oportet et licet inspicere*[1699].

VI. A rica evolução por nós sumariada deixou rastos palpáveis nos nossos dias[1700]. Através das diversas receções do Direito romano, os ordenamentos e as próprias culturas do continente europeu captaram, lado a lado, as distintas aceções de *aequitas* e a própria ἐπιείκεια aristotélica[1701].

[1698] FRITZ PRINGSHEIM, *Aequitas und bona fides* cit., 208 e 209. Um dos factos de confusão foi a perda do processo clássico, bipartido entre o *praetor* e o *judex*. Os textos foram interpolados, provavelmente sob Iustinianus/Tribunianus justamente para substituir *praetor* por *judex*. São referidos, como exemplos, fragmentos de ULPIANO: D. 11.1.21 *Ubicumque iudicem aequitas moverit, aeque oportere fieri interrogationem dubium non est* e D. 13.4.4.1 *in summa aequitatem quoque ante oculos habere debet iudex, qui huic addictus est*; sobre ambos impendem acusações de interpolações; vide ERNST LEVY/ERNST RABEL, *Index interpolationum quae in Iustiniani Digestis inesse dicuntur*, 1 (1927), 146 e 198-199.

[1699] C. 1.14.1; também MAX KASER, *Das römische Privatrecht*, 2 – *Die nachklassischen Entwicklungen* (1959), 243, BASTNAGEL, *De aequitate in iure romano* cit., 361, e GEORG EISSER, *Zur Deutung von "Summum ius summa iniura" im römischen Recht*, em *Summum ius summa iniuria/Individualgerechtigkeit und der Schutz allgemeiner Werte im Rechtsleben*, publ. pela Universidade de Tübingen (1963), 1-21 (20-21).

[1700] Além dos escritos históricos acima citados tem ainda interesse referir KARL ENGISCH, *Auf der Suche nach der Gerechtigkeit/Hauptthemen der Rechtsphilosophie* (1971), 180 ss., e, apesar de desatualizados, FRITZ GILLIS, *Die Billigkeit/Ein Grundform des freien Rechts* (1914), 58 ss. e MAX RÜMELIN, *Die Billigkeit im Recht* (1921), 82 pp., especialmente centrado no Código Suíço.

[1701] A tais aceções é ainda possível acrescentar contributos canónicos, com novos e enriquecedores alcances, como, por exemplo, o de *misericordia*; cf. FERDINAND ELSENER,

Ela deixou reflexos no processo pré-moderno[1702] e no Direito do racionalismo[1703].

Como haverá oportunidade de retomar, as diversas sensibilidades acabaram por se agrupar em dois cernes mais impressivos: uma equidade lata, que traduz um modo de decisão para além do Direito e que, por isso, ficará de certa forma reservada ao legislador, e uma equidade estrita, que implica apenas certos corretivos ao Direito legislado.

168. Noção forte e noção fraca

I. A equidade é, hoje em dia, objeto de referências dispersas[1704]: a sua riqueza significativa permite que, muitas vezes sem grande precisão de linguagem, os textos jurídicos se lhe reportem.

A doutrina tem procurado agrupar as múltiplas menções existentes. Chegou-se assim, como foi referido, a duas aceções fundamentais[1705]:

– uma noção mais "fraca", que, partindo da lei positiva, permitiria corrigir injustiças ocasionadas pela natureza rígida das normas abstratas, aquando da aplicação concreta;

Billigkeit und Gnade im kanonischen Recht, Summum ius (1963), 168-190 (169), e PIO FEDELE, *Equità canonica*, ED 15 (1966), 147-159.

[1702] PETER OESTMANN (org.), *Zwischen Formstrenge und Billigkeit/Forschungen zum vormodernen Zivilprozess*, com escritos de 11 Autores (2009), XIII + 342 pp..

[1703] WOLFRAM MAUSER, *Billigkeit/Literatur und Sozialethik in der deutschen Aufklärung/Ein Essay* (2007), 245 pp..

[1704] Vide JOSEF ESSER, *Wandlungen von Billigkeit und Billigkeitsrechtsprechung im modernen Privatrecht*, Summum ius (1963), 22-40 (23), bem como GERRICK FREIHERR VON HOYNINGEN-HUENE, *Die Billigkeit im Arbeitsrecht/Ein Beitrag zur rechtsdogmatischen Präzisierung der Billigkeit im Zivilrecht, dargestellt am Beispiel des Arbeitsrechts* (1978), XIX + 285 pp., 26 ss..

[1705] Assim: JÜRGEN BAUMANN, *Grenzen der Individualen Gerechtigkeit im Strafrecht*, Summum ius cit. (1963), 116-144 (118); KARL ENGISCH, *Auf der Suche nach der Gerechtigkeit* cit., 182; JOSEF ESSER, *Wandlungen* cit., 29; FROSINI, *Nozione di equità*, ED XV (1966), 69-82 (82); WERNER GRAMSCH, *Die Billigkeit im Recht* (1938), 15; HEINRICH HENKEL, *Einführung in die Rechtsphilosophie*, 2.ª ed. (1977), 420-421; HENRI MAZEAUD, *Les notions de "droit", de "justice" et d'"équité"*, FS Simonius (1955), 229-233 (232-233); ANTONIO NASI, *Giudizio d'equità*, ED XV (1966), 107-146 (115) e SALVATORE ROMANO, *Prinzipio di equità*, ED XV (1966), 83-106 (83 ss.).

– uma noção mais "forte", que prescinde do Direito estrito e procura, para os problemas, soluções baseadas na denominada justiça do caso concreto.

Estas aceções, como já tem sido notado, têm a ver com as relações entre a equidade e o Direito; elas não dão, contudo, o próprio conteúdo da equidade.

II. A equidade, tanto na aceção "fraca" como na aceção "forte", prende-se com a vertente individualizadora da justiça[1706]. O julgador, ao decidir, terá de se preocupar apenas com o problema que lhe é posto, sem ponderar a necessidade de, mais tarde, vir ter de decidir outras questões do mesmo modo.

A partir daqui, porém, há que reconhecer a presença de dois diversos problemas: uma questão de Direito positivo, consistente em saber até que ponto se reconhece ao legislador a possibilidade de decidir com recurso à equidade e, por essa via, de adaptar ou de ignorar o Direito estrito, e uma questão de metodologia do Direito, que se traduz na indagação de qual a realidade última a ter em conta, então, pelo mesmo julgador.

Numa obra de Direito civil, cabe partir do Direito positivo para abordar a temática metodológica.

III. O Código Civil vigente não define a equidade[1707]. Tem-na, porém, repetidamente em conta, em termos que, no seu conjunto, permitem alcançar algumas conclusões. Assim:

[1706] Assim: KARL ENGISCH, *Auf der Suche nach der Gerechtigkeit* cit., 185, HEINRICH HENKEL, *Rechtsphilosophie*, 2.ª ed. cit., 423 e 424 e WILHELM SAUER, *Die Gerechtigkeit/Wesen und Bedeutung im Leben der Menschen und Volker* (1959), 137.

[1707] No Código de Seabra apenas incidentalmente a equidade era referida. Aquando da elaboração do projeto, rejeitou-se a referência à equidade como critério de integração de lacunas – cf. JOSÉ TAVARES, *Os Princípios Fundamentais do Direito Civil*, 1, 2.ª ed. (1929), 176-177 e *supra*, n.º 138, VII – antes se optando pela referência ao "Direito natural"; não obstante, o apelo à equidade – à justiça do caso concreto – com esse papel integrador ganhou adeptos, principalmente nos últimos tempos de vigência do Código; cf. OLIVEIRA ASCENSÃO, *O Direito/Introdução*, 13.ª ed. cit., 245 ss., e CASTANHEIRA NEVES, *Questão- -de-Facto – Questão-de-Direito ou o Problema Metodológico da Juridicidade*, 1 (1967), 278 ss. (317).

4.º: os tribunais só podem resolver segundo a equidade quando haja disposição legal que o permita, quando haja acordo das partes e a relação jurídica não seja indisponível ou quando as partes tenham previamente convencionado o recurso à equidade, nos termos aplicáveis à cláusula compromissória;

72.º/2: quando, no exercício de uma atividade profissional, duas ou mais pessoas tenham nomes total ou parcialmente iguais, o tribunal deve decretar as providências que, segundo juízos de equidade, melhor conciliem os interesses em presença;

283.º/1: em vez de anulação do negócio usurário, o lesado pode requerer a sua modificação de acordo com juízos de equidade;

339.º/2: havendo danos causados em estado de necessidade, quando o perigo não for provocado por culpa exclusiva do autor da destruição, pode o tribunal fixar uma indemnização equitativa e condenar nela não só o agente, como aqueles que tiraram proveito do ato ou contribuíram para o estado de necessidade;

400.º/1: a determinação da prestação, efetuada por uma das partes ou por terceiro, deve ser feita segundo juízos de equidade, se outros critérios não tiverem sido estipulados;

437.º/1: em certas condições, a alteração das circunstâncias pode dar lugar à modificação do contrato segundo juízos de equidade;

462.º: quando, tendo em vista uma promessa pública, várias pessoas tiverem cooperado conjunta ou separadamente e todas tiverem direito à prestação, será esta dividida equitativamente, atendendo-se à parte que cada uma delas teve nesse resultado;

489.º/1: a pessoa não imputável pode ser obrigada, por motivo de equidade, a reparar os danos que cause;

494.º: a indemnização devida nos termos de responsabilidade fundada na mera culpa ou negligência pode ser equitativamente fixada em montante inferior ao que corresponderia aos danos causados;

496.º/3: havendo danos não patrimoniais, o montante da indemnização será fixado equitativamente pelo tribunal;

566.º/3: quando não for possível averiguar o valor exato dos danos, o tribunal julgará equitativamente dentro dos limites que tiver por provados;

812.º/1: a cláusula penal manifestamente excessiva pode ser reduzida pelo tribunal de acordo com a equidade;

883.º/1: no contrato de compra e venda, quando se verifique a insuficiência de determinadas regras para a determinação do preço, é o mesmo determinado pelo tribunal, segundo juízos de equidade;

992.º/3: no contrato de sociedade, quando não se fixe o quinhão do sócio de indústria nos lucros nem o valor da sua contribuição, será o mesmo estimado pelo tribunal segundo juízos de equidade;

993.º/1: na sociedade, quando se convencione que a divisão de lucros ou de perdas seja feita por terceiro, deve este fazê-lo segundo juízos de equidade, sempre que não haja estipulação em contrário;

1158.º/2: no contrato de mandato oneroso, a retribuição, quando não tenha sido ajustada pelas partes nem seja determinável pelas tarifas profissionais, é fixada por juízos de equidade;

1215.º/2: no contrato de empreitada, quando sejam introduzidas alterações no plano da obra de tal monta que o preço seja elevado em mais de 20%, o empreiteiro pode denunciar o contrato e exigir uma indemnização equitativa;

1407.º/2: na administração de coisa comum, quando não seja possível formar a maioria legal, a qualquer dos consortes é lícito recorrer ao tribunal, que decidirá segundo juízos de equidade.

O elenco de referências, acima alinhado, logo mostra que, em caso algum, fica o juiz com liberdade de decidir arbitrariamente. Boa parte das remissões para a equidade têm a ver com obrigações que oferecem dificuldades na sua quantificação abstrata. Assim acontece, de modo repetido, com situações indemnizatórias e compensatórias e ainda com a retribuição correspondente a determinados bens ou serviços. Por isso, a exata quantificação terá de ser feita *in concreto* pelo julgador. Daí não se infira, porém, que este pode fixar o que entender. Nos diversos casos, a lei fixa as margens dentro das quais operará a equidade; por exemplo, no estado de necessidade, o juiz deve atender à atividade do agente, ao proveito que terceiros tenham retirado do ato ou à contribuição que eles tenham dado para a criação do estado de necessidade – artigo 339.º/2; e na diminuição da indemnização causada por "mera culpa" deve o juiz atender à culpabilidade do agente, à situação económica deste e do lesado e às demais circunstâncias do caso, para além de, naturalmente, se dever ainda atender a todas as regras que condicionam e delimitam a obrigação de indemnizar, em geral.

Mesmo nas situações em que o papel do julgador não seja, apenas, o de quantificar uma prestação – por exemplo, as providências a decretar em face da identidade de nomes profissionais, segundo o artigo 72.º/1, do Código Civil – é claro que a margem de discricionariedade é limitada: há posições jurídicas atribuídas por lei que têm de ser respeitadas; apenas no mínimo requerido pelos fins em presença será possível vir introduzir desvios *ad aequitatem*.

IV. O desenvolvimento anterior permite concluir que o Código Civil, quando remeta para a equidade, tem em vista situações dominadas pela vaguidade ou por certa indeterminação, numa situação que apenas *in concreto* pode ser superada. Não se trata, porém, de conjunções nas quais, de todo em todo, o julgador possa decidir como entender, sem observar bitolas prefixadas de decisão. Trata-se da equidade em sentido fraco.

§ 40.º A DOGMÁTICA DA EQUIDADE

169. Aspetos doutrinários; as lacunas

I. A presença da equidade, no artigo 4.º do Código Civil, bem como nos diversos preceitos acima citados[1708], mostra que ela opera como efetivo instrumento de resolução de casos. Há, pois, uma dogmática da equidade. Para a conhecer, há que ponderar um concreto ordenamento.

A doutrina lusófona da pré-codificação refletia as tendências gerais já denotadas na literatura geral europeia. É curioso notar que os desenvolvimentos nela consagrados à equidade têm a ver, sobretudo, com o seu papel nas lacunas.

Coelho da Rocha escrevia[1709]:

> Assim uma causa diz-se de *justiça*, quando não é oposta às disposições das leis civis, e diz-se de *equidade*, quando é conforme aos princípios da *moral*, ou do *direito natural*, se estes não estão formalmente determinados pelas leis civis.

Há, assim, como que uma tradição integrativa da equidade, numa orientação retomada por Guilherme Moreira[1710]:

> Na nossa legislação não está sancionado o princípio de que o juiz deve, tendo em vista o fim que o legislador se propôs, e não a sua vontade, adaptar as leis às necessidades sociais. Só na falta de lei expressa, ou quando esta seja obscura, é que o juiz poderá atender a essas necessidades, pronunciando um juízo equitativo, isto é, aplicando regras de direito que se adaptem às circunstâncias especiais do facto.

[1708] *Supra*, 600 ss..

[1709] M. A. COELHO DA ROCHA, *Instituições de Direito Civil Portuguez*, 8.ª ed. (1917, reimp.), 4 (§ 10.º).

[1710] GUILHERME ALVES MOREIRA, *Instituições do Direito Civil Portuguez*, 1, *Parte Geral* (1907), 36.

Uma certa reação positivista viria de José Tavares, segundo o qual[1711]:

> A equidade não satisfaz como direito subsidiário, porque é uma noção jurídica abstrata, e tão imperfeita que não pode traduzir-se em ideias positivas e concretas.
> A noção mais aceitável da equidade é, em nosso entender, a da justiça relativa, ou seja, a conciliação dos interesses em harmonia com as circunstâncias particulares em que se apresentam.
> Mas, qualquer que seja a noção adoptada, subsiste sempre o vago indefinido da fórmula jurídica e, por consequência, o arbítrio dos tribunais.

Uma posição também contrária à utilização da equidade como critério de integração viria de Cunha Gonçalves; depois de referir a Antiguidade, Aristóteles e o Direito romano, diz este autor[1712]:

> (...) cometeria grave erro o juiz que pretendesse modificar o direito em homenagem à equidade ou ao que ele como tal considera. A equidade é um princípio que só pode ser invocado quando o desenvolvimento jurídico dum povo está atrasado, não possuindo ele uma desenvolvida legislação.
> (...) não é lícito aos juízes sobrepor ao direito positivo quaisquer razões de piedade ou excessos de benevolência que muito se confundem com a parcialidade.

Tal como José Tavares, também Cunha Gonçalves recorria aos trabalhos preparatórios do Código de Seabra para justificar o não-recurso à equidade, como via para a integração das lacunas.

II. A utilização de equidade na integração das lacunas tem a ver, como é natural, com o conteúdo que se atribua a essa noção. Ultrapassada a identificação de equidade com um subjetivismo do julgador, ela ganharia renovadas potencialidades. Tem assim o maior interesse reportar as finas considerações de Cabral de Moncada[1713]:

[1711] JOSÉ TAVARES, *Os Princípios Fundamentais do Direito Civil*, I, 2.ª ed. (1929), 176.
[1712] LUIZ DA CUNHA GONÇALVES, *Tratado de Direito Civil em Comentário ao Código Civil Português*, I (1929), 40-41.
[1713] L. CABRAL DE MONCADA, *Lições de Direito Civil/Parte Geral*, 1, 3.ª ed. (1959), 36, nota 2.

§ 40.º A dogmática da equidade

É conveniente notar que o juiz, ainda quando aplica um critério de equidade na sua decisão, não pode identificar esse critério com o do seu arbítrio pessoal. Nesse caso ainda deve procurar sempre um fundamento, *o mais objectivo possível*, já na natureza especial da relação jurídica que tem a julgar, já nos princípios gerais orientadores da interpretação. Será isso muitas vezes difícil, mas só orientando-se nesse sentido poderá evitar o arbítrio e fugir ao subjectivismo dos seus sentimentos pessoais que, como tais, nunca podem constituir fonte de direito subsidiário (...).

III. Esta noção foi precisada com a entrada em vigor do Código Civil de 1966. Procurando uma articulação mais perfeita entre as fontes do Direito, o Código Civil deixou um espaço nítido para a equidade – o do artigo 4.º –, claramente separado do tema da integração das lacunas.

Segundo Rodrigues Bastos, em observações feitas ao artigo 4.º do Código Civil[1714]:

> A palavra "equidade" é tomada aqui na acepção de realização da justiça abstracta no caso concreto, o que, em regra, envolve uma atenuação do rigor da norma legal, por virtude da apreciação subjectiva do julgador.
> Mas se o juiz de equidade decide, não pelo ajuste do preceito legal às particularidades do caso, mas arbitrariamente, há violação de lei, que é sempre o comando a ter, primeiramente, em conta.

Também Pires de Lima/Antunes Varela, em anotação feita ao mesmo artigo 4.º daquele diploma, vêm dizer[1715]:

> Quando se considera a equidade como fonte (mediata) de direito não se quer com isso atribuir força vinculativa à *decisão* (equitativa) *concreta*, como faz por exemplo o sistema anglo-saxónico, que confere *binding authority* a determinadas decisões judiciais. O que passa a ter força especial são as *razões de conveniência, de oportunidade*, principalmente *de justiça concreta*, em que a equidade se funda. E o que fundamentalmente interessa é a ideia de que o julgador não está, nestes casos, subordinado aos critérios *normativos* fixados na lei.

As referências ulteriores acentuam a natureza extrassistemática da decisão pela equidade, primordialmente ligada às particularidades do caso

---

[1714] RODRIGUES BASTOS, *Das leis, sua interpretação e aplicação* cit., 28.
[1715] PIRES DE LIMA/ANTUNES VARELA, *Código Civil Anotado* 1, 4.ª ed. (1987), 54-55.

concreto[1716] sem, no entanto, se converter, pela ignorância das proposições jurídicas materiais, em mero arbítrio[1717].

170. A jurisprudência

I. No que toca à jurisprudência portuguesa, há que começar por uma prevenção. O recurso inicial à equidade como fórmula integrativa foi um tanto prejudicado pela legislação processual comercial que fazia um apelo indiscriminado à equidade.

Logo o artigo 207.º do Código Comercial de 1833 (Ferreira Borges) vinha dispor[1718]:

> Os tribunaes de commercio são essencialmente juízos de equidade.

Bastante criticada, esta disposição transitaria para o Código de Processo Comercial de 1905[1719], segundo cujo artigo 3.º:

> O juízo comercial é essencialmente juízo de equidade.

Sobre esse preceito escreveu Barbosa de Magalhães[1720]:

> Inútil e perigosa esta disposição. Inútil se quer significar apenas que os tribunais do comércio devem recorrer aos princípios de direito natural na resolução dos casos não especialmente prevenidos nas leis mercantis, nem analogamente noutras leis, porque é o que já está determinado no art. 16.º do Cód. Civ., mandado aplicar pelo art. 3 do Cód. Com.. Perigosa, se se destina a autorizar os juízes a interpretar e modificar a lei escrita no sentido duma equidade que se não define.

[1716] *Vide* os já citados OLIVEIRA ASCENSÃO, *O Direito*, 13.ª ed. cit., 247 ss., e CASTANHEIRA NEVES, *Questão-de-Facto* cit., 317 e *passim*.

[1717] *Da boa fé*, 1204-1205.

[1718] Cf. na ed. da Imprensa da Universidade de Coimbra (1856), 41.

[1719] Aprovado por Decreto de 14 de Dezembro de 1905 (ARTHUR MONTENEGRO). Este artigo 3º correspondia ao artigo 2º do Código de Processo Comercial de 24 de Janeiro de 1895.

[1720] J. M. BARBOSA DE MAGALHÃES, *Código de Processo Comercial Anotado*, 2, 3.ª ed. (1912), 70. Este autor explica ainda que no Código Comercial de 1833 outros preceitos permitiam, depois, restringir o alcance do artigo 207º; esses preceitos perderam-se, no Código de Processo Comercial, obrigando a uma reconstrução doutrinária nesse sentido.

II. Neste pano de fundo aparece jurisprudência comercial anterior a 1939[1721], que se reporta à equidade, primeiro em moldes declarativos e, mais tarde, em termos de progressiva restrição.

Assim, segundo STJ 24-Mai.-1901:

(...) sendo o juízo comercial essencialmente juízo de equidade (Código de Processo Comercial, artigo 2.º) devendo as causas que nele correm ser decididas pela verdade sabida, sem estrita observância de fórmulas, como já prescrevia o Código Comercial de 1833 no artigo 1078.º[1722].

Mais tarde, porém, prevaleceria uma orientação restritiva. A superioridade da lei é afirmada[1723] e a necessidade de respeitar os contratos enfatizada; assim, segundo STJ 17-Jun.-1931:

(...) nenhuma condição de equidade pode autorizar o juiz a modificar as convenções livre e legalmente firmadas entre as partes e que formam lei entre elas[1724].

E segundo STA 4-Jul.-1944:

(...) "julgar pela equidade" é aplicar os princípios do direito natural, resolver sem observância estrita de formalidades, dentro dos princípios da razão e da justiça, mas sem preterir a lei expressa (...) e sem alterar ou modificar as convenções que foram livremente estipuladas pelas partes, que formam direito entre elas (...)[1725].

[1721] Portanto, até à data em que o Código de Processo de José Alberto dos Reis pôs termo a uma lei processual comercial autónoma.

[1722] STJ 24-Mai.-1901 (F. Azevedo), RLJ 41 (1908), 213-214 (214).

[1723] STJ 27-Nov.-1925 (B. Veiga), RLJ 58 (1925), 271-272 (272), e STJ 27-Mai.-1930 (B. Veiga), RT 48 (1930), 180-182.

[1724] STJ 17-Jun.-1931 (V. Veiga), RLJ 64 (1931), 134-136 (136).

[1725] STA (Pleno) 4-Jul.-1944, O Direito 79 (1947), 233-240 (237, 1.ª coluna). Lê-se ainda nesse acórdão:

(...) para se definir a expressão empregada no transcrito artigo "regular equitativamente" não é necessário recorrer às definições dadas na antiguidade sobre "*equidade*"; pois

Considerando que o nosso direito e a jurisprudência pátria dão-nos os necessários elementos para tal interpretação; porquanto,

Considerando que várias são as normas que mandam ou têm mandado aplicar a decisão dos pleitos, tais como o artigo 1078.º do Código Comercial de 1933, artigo 685.º do actual artigo 2.º do Código de Processo Comercial de 1896, artigo 3.º do

III. Em datas mais recentes, tem interesse considerar acórdãos de tribunais arbitrais que se encontrem publicados. Assim, no acórdão proferido no conhecido caso da *Anglo Portuguese Telephone*, escreve-se, designadamente, quanto à equidade:

> Situando-se entre o direito e a moral ou abrangendo aquele no sentido mais lato (*jus latum*), a equidade tem sido considerada como a "expressão da justiça num dado caso concreto", pelo que lhe cumpre tomar em consideração as circunstâncias especiais de que o mesmo se reveste, não aplicando, quando o fim da ordem jurídica, que é a realização da justiça e do bem comum, o justifique, a norma geral na sua rigidez (...)[1726].

E mais à frente:

> Diferente, porém, é a posição do árbitro autorizado a julgar segundo a equidade, pois, não estando sujeito à aplicação do direito constituído, o seu objectivo fundamental concentrar-se-á, não na segurança dos contratos, mas na realização da justiça.
>
> Por isso, sem esquecer a necessidade de assegurar à vida social um mínimo de segurança, o árbitro, livre da rigidez do texto escrito, procura pesar as circunstâncias especiais que concorrem no caso a decidir, a natureza do contrato, a equivalência das prestações, quando esta seja considerada como elemento necessário dos contratos comutativos (...). Ainda o árbitro não pode deixar de ter em conta, igualmente, o justo equilíbrio de interesses, devendo decidir-se, em caso de dúvida, sendo o contrato oneroso, pelo critério que conduzir ao maior equilíbrio das prestações (...)[1727].

---

mesmo Código de 1905, artigo 2.º do Decreto-Lei n.º 24 363 sobre desastres no trabalho, etc., e;

Considerando que o facto de o julgador proferir as suas decisões com equidade, *não tem ele a faculdade de julgar como muito bem entender nem definitivamente*, pois as suas decisões estão sujeitas a recurso e, por isso, sujeitas a modificação e a revogação (...).
Vide O Direito 79 (1947), 236, 2.ª col., 237, 1.ª col..

[1726] Tribunal arbitral, caso Governo da República Portuguesa/The Anglo Portuguese Telephone Company, Limited, 14-Mai.-1969 (JOAQUIM TRIGO DE NEGREIROS), O Direito 101 (1969), 130-172 (144).

[1727] *Idem*, 145. Neste acórdão aparece um bem elaborado voto de vencido de INOCÊNCIO GALVÃO TELLES, o qual, embora discordando da solução final a que chegou o acórdão, sufraga, no entanto, a orientação básica quanto à equidade. Diz, designadamente, GALVÃO TELLES:

O que em estrita *legalidade* seria absolutamente defeso – sair dos termos *pre-*

§ 40.º A dogmática da equidade

Também no acórdão arbitral de 22-Ago.-1988, proferido no caso LISCONT/APL, se tomou posição quanto à equidade. Aí, depois de ponderar o alcance *forte* e o alcance *fraco* da noção, o Tribunal optou pelo segundo, explicitando que, com o recurso à equidade, se vedava a utilização exclusiva do "(...) argumento literal e [de] as inferências de pura lógica formal, os jogos de conceitos e a mera análise semântica das *paroles de la loi* (...)"[1728].

Finalmente, os tribunais judiciais, quando julguem segundo a equidade, recorrem a critérios objetivos, que têm o cuidado de explicitar.

Três exemplos:

> *STJ 12-Jul.-2011*: a redução equitativa da cláusula penal, prevista no artigo 812.º, depende de um pedido nesse sentido e de se indicarem factos concretos que demonstrem a desproporção manifesta entre a penalidade e os danos[1729];
> *STJ 7-Jun.-2011*: alinha, com precisão, os critérios a que obedece o cálculo de uma indemnização "segundo a equidade"[1730];
> *STJ 6-Jul.-2011*: quando o tribunal tenha de recorrer à equidade para fixar o preço de uma empreitada, ele vai socorrer-se do que apurou, designadamente do resultado da prova pericial quanto ao valor das obras e o seu custo[1731].

171. A decisão segundo a equidade

I. A indicação retirada do Código Civil é útil. Mas ela pode não ser decisiva: o artigo 4.º do Código Civil, ao permitir genericamente o recurso à equidade quando haja acordo das partes nesse sentido, bem poderia ter

---

cisos do compromisso e convolar para *outra* causa pedir – não me pareceu inadmissível a uma luz de *equidade*, que tal era aquela que devia inspirar a atitude do Tribunal perante o caso.
Vide O Direito cit., 101, 165-166.
[1728] Tribunal arbitral, caso LISCONT, S.A./Administração do Porto de Lisboa, 22-Ago.-1988 (ANTÓNIO BARBOSA DE MELO), O Direito 121 (1989), 591-638 (603).
[1729] STJ 12-Jul.-2011 (NUNO CAMEIRA), Proc. 1552/03.
[1730] STJ 7-Jun.-2011 (LOPES DO REGO), Proc. 3042/06.9; relatado pelo mesmo e ilustre Conselheiro: STJ 14-Abr.-2011 (LOPES DO REGO), Proc. 3107-C/1993, a propósito do cálculo de honorários; na mesma linha, entre muitos outros, STJ 16-Dez.-2010 (ALVES VELHO), Proc. 4948/07.3.
[1731] STJ 6-Jul.-2011 (GRANJA DA FONSECA), Proc. 13/06.9.

em vista uma aceção mais ampla dessa noção[1732]. E quando tal sucedesse, essa noção mais ampla poderia ser transposta para o artigo 22.° do Decreto-Lei n.° 31/86, de 29 de Agosto, que, justamente, permite às partes decidir que os árbitros julguem segundo a equidade.

II. Quando, por remissão das partes, haja que julgar segundo a equidade, parece seguro que não se pretendeu obter uma solução casual ou arbitrária[1733]: basta ver a regulamentação existente no domínio da arbitragem e o próprio cuidado que sempre se põe na escolha dos árbitros[1734]. As partes pretendem, pois, no mínimo, uma solução justa. Tanto basta para poder afirmar que tal solução se vai sujeitar a certas regras, sendo previsível[1735].

Na busca de regras que prossigam, possibilitem ou permitam a obtenção da justiça, em qualquer das suas aceções, acaba por se encontrar sempre o Direito. Como se escreveu noutro local[1736]:

(...) o Direito vigente, num ordenamento devidamente estruturado, conforme às aspirações do seu tempo e dotado de um nível constitucional capaz, exprime, no seu grau mais elevado de desenvolvimento, aquilo que, numa sociedade, é considerado justo, ético, adequado e conveniente. Apenas ficam de fora certas regras técnicas, como as atinentes a formalidades, a prazos ou a deveres instrumentais que, operando nos problemas uma simplificação excessiva, ditada pelas necessidades de celeridade, confrontadas com a complexidade do tráfego social, correspondem a outra ordem de carências que a equidade pode ignorar.

[1732] O artigo 4.° do Código Civil, designadamente a sua alínea *b*), que tem, nele, um papel nuclear, inspirou-se no artigo 114.° do Código de Processo Civil italiano como acima foi explicado (nota 1664). A origem processual do preceito tem várias consequências, como explica JOSÉ H. SARAIVA, *Apostilha crítica* cit., 38.

[1733] Além das obras já citadas, JOACHIM GERNHUBER, *Die Billigkeit und ihr Preis*, Summum ius (1963), 205-223 (209) e FRANCESCO GAZZONI, *Equità e autonomia privata* (1970), 140 ss..

[1734] Os quais são, em regra, juristas, e todo o procedimento de arbitragem é modelado nos termos de um discurso jurídico.

[1735] *Vide* DIOGO FREITAS DO AMARAL/FAUSTO DE QUADROS, *Aspectos jurídicos da empreitada de obras públicas: decisão arbitral sobre a obra hidráulica Beliche-Eta de Tavira* (2002), 341 pp., onde se faz aplicação da doutrina aqui exposta.

[1736] *Da boa fé*, 1204.

III. A decisão segundo a equidade é uma decisão tomada à luz do Direito e de acordo com as diretrizes jurídicas dimanadas pelas normas positivas estritas. Apenas será dispensada a aplicação de regras formais, cuja existência se torna necessária apenas em serviços públicos ou em tribunais do Estado. Pense-se, por exemplo, nos prazos, nas citações formais, nos documentos autenticados, etc.. A maleabilização das saídas será de encarar quando não estejam em causa as posições substanciais das partes: num Mundo de bens escassos, não se pode dar a uma pessoa sem tirar a outra; ora não há equidade no tirar, *contra legem*, vantagens seja a quem for. Na contraposição entre as duas aceções de equidade acima anotadas – a "fraca" ou moderada e a "forte" ou mais intensa – opta-se, pois, pela primeira.

IV. A aproximação entre a equidade e o Direito positivo, aqui propugnada, não deve, porém, ser levada até uma total identificação.

Quando as partes remetam para uma decisão de acordo com a equidade, elas revelaram uma intenção de abdicar de parte, pelo menos, do Direito positivo. E é por isso, aliás, que a cláusula de equidade só é possível quando estejam em causa relações disponíveis. Assim, haverá que partir do Direito estrito, expurgado de regras formais e limado de aspetos demasiado rígidos; o resultado desse modo obtido poderá ser adaptado, dentro de certos limites, por forma a melhor corresponder ao equilíbrio buscado pelas partes.

V. Na base desses elementos, será possível retomar o tema da natureza da própria equidade. Frente a frente duas orientações: uma pretende sublinhar uma equidade abstrata, cuja decisão traduziria uma aplicação do mais alto princípio do Direito ao caso concreto[1737]; outra que apela para uma afirmada juridicidade imanente do caso concreto[1738].

Mas se bem se atentar, ambas são pouco esclarecedoras. Explicar que a "decisão pela equidade" é uma "decisão pela justiça fundamental" não resolve nada, antes se resumindo numa conversão linguística. E apelar a uma "juridicidade imanente" tão-pouco adianta: os factos não podem ser

---

[1737] FRANZ GILLIS, *Die Billigkeit* cit., 87.
[1738] HEINRICH HENKEL, *Rechtsphilosophie*, 2.ª ed. cit., 424.

bitolas de si próprios[1739], de tal modo que apenas valorações exteriores permitirão qualquer julgamento.

O julgamento de equidade será assim, em última análise, sempre o produto de uma decisão humana que visará ordenar determinado problema perante um conjunto articulado de proposições objetivas. Ele distinguir-se-á do puro julgamento jurídico por apresentar menos preocupações sistemáticas e maiores empirismo e intuição. Mas as proposições objetivas a ter em conta, base de qualquer convencibilidade da própria decisão de equidade, serão sempre as historicamente mais adequadas. O Direito permite conhecê-las.

172. A natureza da equidade

I. A consideração das doutrina e jurisprudência portuguesas sobre a equidade permite constatar a existência de uma certa oscilação pendular entre entendimentos mais fortes e mais estritos, acabando por se encontrar um certo ponto de equilíbrio.

A equidade não é arbítrio: ela parte sempre do Direito positivo, expressão histórica máxima da justiça, em cada sociedade organizada. Simplesmente, ela alija determinados elementos técnicos e formais que apenas se justificam perante as exigências de normalização estadual. É, assim, possível fazer apelo ao razoável, ao equilíbrio entre as partes e à justa repartição de encargos. De modo paralelo, afastar-se-ão os obstáculos formais ou os argumentos hábeis mas, predominantemente, técnico-jurídicos, procurando antes ponderar os interesses globais das partes, isto é, a sua situação como um todo.

Repare-se que estes vetores se aplicam quer aos âmbitos substantivos, quer aos processuais. Por certo que em ambos os domínios há princípios que o julgador não pode ignorar, quando decida *ex aequo et bono*, sob pena de incorrer em arbítrio. Mas, por outro lado, os dois comportam aspetos de que as partes, através da cláusula de arbitragem, podem dispor[1740].

[1739] GERNHUBER, *Billigkeit und ihr Preis* cit., 207.

[1740] Não é outra a conclusão que se retira da anotação de MIGUEL TEIXEIRA DE SOUSA a STJ 15-Jan.-1987 (GÓIS PINHEIRO), O Direito 120 (1988), 561-566, 566-578 (p. ex., 574).

Não parece satisfatório definir equidade como "justiça do caso concreto" ou equivalente, se, com isso, se pretende abdicar de o Direito e da sua Ciência. Como o caso concreto não é juiz de si próprio, ou se cai no arbítrio ou se assiste a uma decisão baseada em razões ignotas e, logo, não científicas.

II. Caso a caso e norma a norma será, pois, necessário proceder a uma análise sobre o crivo da equidade. Em abstrato, podemos considerar a equidade como um modo de aplicação do Direito, através da sua Ciência, com um esbatimento dos seus aspetos mais formais.

A equidade pode, teoricamente, filtrar a realização de qualquer fonte: da lei, do costume, dos usos ou da jurisprudência, como exemplos. Todos têm a sua aplicação, mas "atenuada" pela lente da equidade.

Tecnicamente, não é uma fonte: antes um modo de realizar o Direito, cujo tratamento é oportuno, em sede de fontes.

SECÇÃO V
A JURISPRUDÊNCIA E A DOUTRINA

§ 41.º A JURISPRUDÊNCIA EM GERAL

173. Aspetos gerais; *case law* e *stare decisis*

I. A expressão "jurisprudência" pode ser usada em três sentidos distintos:

— a jurisprudência, como Ciência do Direito; estaremos perto do étimo latino, que reportava a locução ao trabalho dos jurisprudentes, a quem era reconhecido o poder de *ius dicere*;
— a jurisprudência como corrente jurídico-científica: temos, como exemplos, a jurisprudência dos conceitos, a dos interesses ou a dos valores (*Jurisprudenz*);
— a jurisprudência como conjunto das decisões dos tribunais ou, pelo menos, como uma série muito significativa de decisões desse tipo (*Rechtsprechung*).

Neste momento, vai relevar o último dos sentidos que é, de resto, o mais frequentemente usado, nos textos lusófonos.

II. O Direito nasce com a decisão concreta do caso. Os tribunais são, por excelência, os decisores. Esta, de acordo com o sistema de recursos, tornar-se-á definitiva (caso julgado), devendo ser, por todos, respeitada.

Temos, aqui, uma fonte de Direito?

III. A técnica de decisão e de construção normativa apurada pelo sistema anglo-saxónico traduz-se no seguinte[1741]:

- ao tomar a sua decisão, o juiz constrói, com base em diversos elementos, incluindo, quando a haja, a lei, uma norma, a cuja aplicação procede;
- perante o caso assim decidido, cabe aos juízes ulteriores reconstruir a norma que resolveu aquele anterior caso (o precedente), a partir da sua *ratio decidendi*, e resolver, com base nela, o caso que lhe seja posto;
- a doutrina e os estudiosos em geral, assentes em toda uma massa de casos decididos, devem apurar e apreender as regras subjacentes às diversas decisões, edificando sequências sistematizadas e elaborando princípios.

Trata-se do *case law*, ou sistema jurídico assente na autoridade do precedente, enquanto portador da regra que terá conduzido à decisão.

IV. Num sistema deste tipo, a jurisprudência é fonte clara do Direito. As normas são obtidas (ou reveladas; ou criadas) na base de decisões concretas, a partir das quais é possível inferir a regra básica. Evidentemente, um sistema deste género postula dois pontos essenciais:

- que os tribunais sejam capazes de, num caso, discernir os seus aspetos fundamentais e decidir em função deles: uma decisão do sentimento, que procure atender a tudo ou que se prenda com pontos secundários nunca permitirá elaborar a norma da decisão; as decisões podem, por isso, surgir duras ou revelar alguma insensibilidade: mas é o preço a pagar pela funcionalidade do sistema;
- que exista uma cultura de respeito e de estabilidade, por parte dos juízes: se cada um deles decidir reformular o sistema e, a propósito de cada caso, apurar novos critérios de decisão, o sistema torna-se caótico.

[1741] Além das indicações gerais sobre o sistema anglo-saxónico, *vide* A. K. R. KIRALFY, *English Law*, em J. DUNCAN M. DERRETT, *An Introduction to Legal Syatems* (1968), 157-193 (157 ss.), H. PATRICK GLENN, *Legal Tradictions of the World* (2007), 224 ss. e STEFAN VOGENAUER, *Sources of Law and Legal Method in Comparative Law*, em MATHIAS REIMANN/REINHARD ZIMMERMANN, *The Oxford Handbook of Comparative Law* (2008), 869-898 (894 ss., com indicações).

V. Ao longo da História, e dependendo dos diversos países, foram-se dimanando regras para dar consistência ao sistema. Em princípio, os precedentes dos tribunais superiores são vinculativos para os demais. Trata-se do princípio dito *stare decisis*, de *stare decisis et non quieta movere* [permanecer na decisão e não mexer no que está quieto]. Os próprios tribunais superiores não ficam obrigados às decisões dos inferiores, mas têm-nas em conta; podem, ainda, alterar os seus próprios precedentes, perante razões ponderosas. Este sistema só se consolidou, em Inglaterra, com as reformas processuais do século XIX.

Com o alcance que resulta da sua evolução, a jurisprudência funciona como efetiva fonte do Direito, no sistema de *common law*.

VI. Os defensores deste sistema sublinham a previsibilidade das decisões, ponto importante para a segurança do comércio. Os críticos enfatizam o risco da propagação de decisões erradas, a dificuldade em introduzir novidades[1742] e a sua resistência a leis legitimamente aprovadas.

De facto, o *stare decisis* estará adaptado aos países que o criaram e cuja cultura jurídica o comporta. A sua exportação sem critério seria problemática.

174. Jurisprudência ilustrativa, exemplar e constante

I. No espaço continental, designadamente no lusófono, podemos apontar três tipos de jurisprudência com relevo na descoberta ou na fixação de normas jurídicas:

– a jurisprudência ilustrativa;
– a jurisprudência exemplar;
– a jurisprudência constante.

[1742] Por exemplo, o enriquecimento sem causa, hoje indiscutível, demorou mais de cem anos a entrar no Direito inglês, por recusa dos tribunais, ligados a uma teia de precedentes negativos; *vide Tratado* II/3, 168 ss.. Sobre o problema, *vide* DAVID L. BERLAND, *Stopping the pendulum: why stare decisis should constrain the court from further modification of the search incident to arrest exception*, Un. Il. LR 2011, 695-739, onde podem ainda ser seguidos o surgimento e o funcionamento do princípio.

A jurisprudência ilustrativa manifesta-se quando, a propósito de exposições ou de questões jurídicas, se utilizem decisões judiciais para documentar ou para melhor explicar a matéria em causa. Ignorada pelas exposições universitárias até aos anos oitenta do século passado, a jurisprudência surge, hoje, com frequência crescente, nos manuais académicos, facilitando o ensino e preparando os estudantes para a prática. Pode ser referida com notas de concordância, de discordância ou em moldes neutros.

Apesar do papel menos visível, o uso ilustrativo da jurisprudência não é inóquo. Os casos vão modelar o modo de pensar do operador jurídico, interferindo no pré-entendimento que ele tenha da matéria. Além disso, eles irão constituir a base para o salto analógico que o intérprete-aplicador sempre dê, perante um problema: procura, de imediato, na sua experiência, se já encontrou um caso semelhante e, a partir daí, inicia toda a espiral de decisão jurídica.

A jurisprudência ilustrativa contribui para a decisão do caso e, eventualmente, para a formação de regra, através da sua interação na interpretação e, mais latamente, no processo de realização do Direito; mas não é, como tal, fonte do Direito, no sentido habitualmente dado a essa expressão.

II. A jurisprudência exemplar reporta-se a decisões (uma ou mais) que resolvam, de modo particularmente adequado, um caso concreto. A jurisprudência pode ser exemplar:

– por estar especialmente bem construída e documentada;
– por fazer luz sobre normas ou sobre institutos cujas interconexões não estavam claras ou que provocavam dificuldades de entendimento;
– por se tratar da primeira jurisprudência surgida sobre um ponto particularmente melindroso.

A natureza "exemplar" de uma decisão é-lhe conferida pela comunidade dos juristas, designadamente através de novas decisões judiciais, através de comentários de jurisprudência e de artigos de opinião ou através de citações em manuais, monografias ou outras publicações. Há decisões notáveis, que brilham por si. Outras, embora excelentes, passam despercebidas se não forem divulgadas. Algumas tornam-se clássicas: são obrigatoriamente referidas ainda que, por vezes, para serem criticadas. Das decisões exemplares retemos as que são apontadas como modelos a seguir.

A decisão exemplar pode ter um papel decisivo na solução de casos que se lhe sigam. O seu teor pode ser de tal modo convincente que, confrontado com ele, o intérprete-aplicador mais não faça do que reproduzir o raciocínio subjacente, resolvendo, nessa linha, o problema que tenha em mãos.

A decisão não é "obrigatória". O juiz, confrontado com o problema semelhante, tem toda a liberdade de decidir de modo diverso. Mas quando siga o "exemplo", fica a pergunta: donde adveio a norma que, tudo visto, permitiu resolver o caso? Não há coincidência, uma vez que o juiz acolheu a orientação exemplar. E no plano dos factos, a jurisprudência mostrou a sua eficácia. A jurisprudência não é fonte, no sentido de revelar normas a seguir; mas mostra-se decisiva na solução do caso. Tem de ser analisada pelos estudiosos e deve ser explicada nas universidades. Poder-se-ia, aqui sim, falar em fonte mediata do Direito.

III. A jurisprudência constante corresponde a uma série de decisões, que sufraguem uma mesma orientação e que se prolonguem no tempo. Normalmente (mas não necessariamente), essa sequência tem, no início, uma decisão exemplar.

A jurisprudência constante pode levar, em termos práticos, a que as novas decisões se limitem a remeter para as anteriores, sem necessidade de tudo reproduzir. A própria lei pode deixar de ser referida. Trata-se de uma via de solução muito praticada em certos países continentais, designadamente em França e, em menor grau, na Alemanha. Ela permite responder ao envelhecimento dos códigos civis, sendo que, muitas vezes, ela se vai desviando daquilo que resultaria da estrita interpretação das leis aplicáveis.

Pode suceder que a jurisprudência constante venha a ser considerada vinculativa pelos agentes aplicadores do Direito. Nessa eventualidade, temos o denominado costume jurisprudencial: um costume com a particularidade de operar como um meio de decisão. O tribunal desviante veria a sua decisão ser sancionada pelos tribunais superiores. A fonte é o costume.

Não havendo costume, a jurisprudência constante funciona, de facto, como fonte do Direito. Interfere diretamente no processo de realização do Direito, permitindo apurar normas jurídicas. É certo que pode mudar: em qualquer altura, os tribunais podem inverter a linha de decisão, seja criando um estado caótico, seja subscrevendo nova jurisprudência constante, num fenómeno que o tempo permitirá apurar.

175. O problema da instabilidade jurisprudencial

I. A estabilidade da jurisprudência é um valor básico de qualquer ordenamento civilizado. A lei é igual para todos: mas essa igualdade de nada servirá se ela for aplicada diferentemente, de caso para caso. Sucede ainda que o Direito surge apenas na decisão concreta: nesse momento se irá aferir da sua cientificidade. Pois bem: perante inversões jurisprudenciais, a decisão final torna-se imprevisível, perdendo qualquer aspiração à Ciência.

O legislador está bem consciente do fenómeno. No artigo 8.º, a propósito da obrigação de julgar e do dever de obediência à lei, inclui um n.º 3, assim concebido:

> Nas decisões que proferir, o julgador terá em consideração todos os casos que mereçam tratamento análogo, a fim de obter uma interpretação e aplicação uniformes do direito.

Como estamos no terreno?

II. A jurisprudência lusófona, designadamente a portuguesa, é há muito apontada pela sua grande instabilidade[1743]. Podemos sublinhar três causas para essa instabilidade:

causas culturais: domina, nos países do Sul, com especial intensidade em Portugal, uma conceção individualista das funções e dos poderes; os juízes tendem a tomar à letra o dever de julgar com independência e em consciência, levando essa ideia até à quebra de amarras científicas e à obnubilação da tutela da confiança no que irá ser decidido, fundamental para qualquer bem-estar e para qualquer progresso sócio--económicos;

causas científico-pedagógicas: nas faculdades de Direito, que se multiplicaram, domina um certo facilitismo docente que promove lições e escritos sem estudo compatível; encontramos doutrinas ultrapassadas, ensinadas *ex cathedra*, sem consciência científica; para o exterior passa a ideia de que tudo é defensável, com isso aumentando a margem do juiz;

[1743] Vide JOSÉ ALBERTO DOS REIS, *Código de Processo Civil Anotado*, VI (1953), 233 ss..

causas materiais: nas condições existentes, os magistrados não podem estudar as questões como elas mereciam: não dispõem, de resto e na generalidade, sequer de bibliografias atualizadas; questões de ponta são resolvidas com base em transcrições de obras elementares ou de escritos (mesmo notáveis) aprontadas no tempo do Código de Seabra; os exemplos são inúmeros e, por vezes, confrangedores para todos.

III. Na prática, nunca se pode ter uma certeza razoável da orientação seguida pelos tribunais, mesmo em temas que pareciam estabilizados, a contento de todos.

Vamos dar dois exemplos, em temas que, pela sua acessibilidade, são de fácil compreensão.

Em primeiro lugar, o problema da morte como dano: se alguém matar outra pessoa, o que é infelizmente frequente com os acidentes de viação, deve indemnizar todos os danos, patrimoniais e morais, causados à família do falecido (495.° e 496.°); pergunta-se se o próprio dano-morte, equivalente à supressão do bem-vida, deve ser indemnizado; tal indemnização, não podendo ser atribuída ao falecido, seguiria, por via sucessória, para os seus herdeiros. A doutrina maioritária respondeu pela positiva: a morte equivale a um dano[1744]; a jurisprudência, após hesitações iniciais, respondeu, também pela positiva: o acórdão de STJ 17-Mar.-1971[1745], exemplar, deu corpo a uma jurisprudência constante que durou quase quarenta anos: nesse sentido e apenas nos últimos dois anos, referimos STJ 14-Mai.-2009[1746], STJ 7-Jul.-2009[1747], STJ 14-Jul.-2009[1748], STJ 22-Out.-2009[1749], STJ 13-Jan.-2010[1750] e STJ 23-Fev.-2011[1751]. Assinale-se que a boa doutrina tem sido mantida nas relações: RGm 14-Dez.-2010[1752], REv 13-Jan.-2011[1753], RGm

---

[1744] Com indicações: *Direito das obrigações*, 2, 289 ss.; *Tratado* IV, 184 ss. e II/3, 520 ss..

[1745] STJ 17-Mar.-1971 (BERNARDES DE MIRANDA), BMJ 205 (1971), 150-164.

[1746] STJ 14-Mai.-2009 (FERNANDO FRÓIS), Proc. 1496/02.

[1747] STJ 7-Jul.-2009 (PIRES DA GRAÇA), Proc. 205/07.

[1748] STJ 14-Jul.-2009 (SEBASTIÃO PÓVOAS), Proc. 1541/06.

[1749] STJ 22-Out.-2009 (SERRA BAPTISTA), Proc. 1146/05.

[1750] STJ 13-Jan.-2010 (ARMINDO MONTEIRO), Proc. 227/01.

[1751] STJ 23-Fev.-2011 (PIRES DA GRAÇA), Proc. 395/03.

[1752] RGm 14-Dez.-2010 (CRUZ BROCHO), Proc. 4068/07.

[1753] REv 13-Jan.-2011 (ALVES DUARTE), Proc. 248/05.

27-Jan.-2011[1754] e REv 21-Jun.-2011[1755], como exemplos. Todavia, sem qualquer estudo sério e referindo bibliografia antiga, STJ 5-Fev.-2009[1756] e STJ 17-Dez.-2009[1757] vieram negar natureza autónoma ao dano-morte e à indemnização por ele ocasionada. Estas duas últimas decisões quebram jurisprudência constante e aplaudida, sem dar a mínima das razões e prejudicando gravemente as pessoas. Não há nada a fazer?

Como segundo exemplo, temos o caso de indemnizações a nascituros pela morte do pai. Também por via dos acidentes de viação, sucede que, por vezes, se mata o pai de uma criança concebida ainda não nascida (nascituro). A criança, que vai nascer sem pai, deve ser indemnizada? Um puro conceitualismo responde que não: ainda não tem personalidade (plena), quando ocorre o dano; a boa doutrina diz sim: o dano é nascer sem pai. Após oscilações jurisprudenciais, sempre com autores rigidamente conceitualistas como ruído de fundo, a jurisprudência opta pela positiva: RPt 30-Mar.--2000[1758], RLx 12-Jun.-2002[1759] e RPt 24-Jan.-2008[1760]. Todavia, sem a mínima novidade jurídico-científica, STJ 17-Fev.-2009 veio decidir a não--atribuição de € 10.000 a uma criança, cujo pai fora morto antes de ela nascer[1761]. A imensa insensibilidade aos valores humanos que isto representa, já no século XXI, mostra que há muito para fazer no sentido da estabilização da (boa) jurisprudência.

IV. Este fenómeno do desencontro de decisões, por vezes sem que nenhum argumento a isso possa conduzir, é antigo. Por isso, há séculos o legislador português intentou resolvê-lo, através do instituto dos assentos. Vamos referi-lo.

[1754] RGm 27-Jan.-2011 (MANUEL BARGADO), Proc. 1622/08.
[1755] REv 21-Jun.-2011 (ALVES DUARTE), Proc. 192/09.
[1756] STJ 5-Fev.-2009 (OLIVEIRA ROCHA), Proc. 08B4093.
[1757] STJ 17-Dez.-2009 (GARCIA CALEJO), Proc. 77/06; este acórdão chega a afirmar que esta sua opção corresponde à doutrina dominante e à generalidade da jurisprudência, o que é puramente inexato; de resto e quanto a jurisprudência cita, apenas, STJ 5-Fev.-2009.
[1758] RPt 30-Mar.-2000 (CUSTÓDIO MONTES), BMJ 495 (2000), 360/II = CJ XXIII (2000) 2, 209-215 (212/II).
[1759] RLx 12-Jun.-2002 (TERESA FÉRIA), Proc. 0076023.
[1760] RPt 24-Jan.-2008 (MÁRIO CRUZ), Proc. 0525962.
[1761] STJ 17-Fev.-2009 (HELDER ROQUE), CJ/Supremo XVII (2009) 1, 96-100 (99/I) = Proc. 08A2144; vencidos: MÁRIO CRUZ e ERNESTO CALEJO. Salvo o devido respeito, afigura-se-nos patente que, além do conceitualismo formal que enferma este acórdão, há um permanente recurso a doutrinas e a citações desatualizadas.

§ 42.º OS ASSENTOS E A UNIFORMIZAÇÃO DA JURISPRUDÊNCIA

176. Origem e evolução

I. Como foi referido, a cultura dos países do Sul e uma especial ambiência sócio-profissional aí dominante levam a que a jurisprudência, no espaço lusófono, seja particularmente instável. Assim e ao longo dos séculos, foram-se desenvolvendo institutos específicos, adaptados à realidade existente, e destinados à sua estabilização. De entre eles, o que historicamente teve mais êxito, foi o dos assentos.

Os assentos remontam, no País, às façanhas medievais. Duarte Nunes de Leão, reportando-se a D. Afonso IV, define façanha como[1762]:

> (...) hum júizo, sobre algũ feito notavel & duvidoso, que por authoridade, de quem o fez, & dos que o approvarão, & louvarão, ficou delle hum dereito introduzido para se imitar, & seguir como lei, quãdo outra vez acontecesse.

O próprio Leão dá, de seguida, exemplos de façanhas célebres, de Reis de Portugal e de Castela.

A etimologia de façanha não é unívoca. Antenor Nascentes fá-la remontar ao latim *facere*, através do castelhano antigo *fazaña*[1763]. Mas este

---

[1762] DUARTE NUNES DE LEÃO, *Chronica Del Rei Dom Affonso o Quarto*, em *Primeira parte das chronicas dos Reis de Portugal, reformadas pelo licenciado Duarte Nunes de Lião, Desembargador na Casa da Supplicação, por mandado del Rei Dom Philippe o primeiro de Portugal, de gloriosa memoria* (1600), 167/II.

[1763] ANTENOR NASCENTES, *Dicionário Etimológico da Língua Portuguesa* (1932), 320-321.

termo não consta de Cobarruvias[1764]. Parece assim preferível a derivação de *facinus*, subscrita por Morais[1765] e por Cândido de Figueiredo[1766].

II. Nas Ordenações Manuelinas, as façanhas eram implicitamente consideradas fontes de Direito. Assim, dando conta de determinações adotadas por D. Duarte quanto à Lei Mental, ficou expresso que a vontade do Rei prevaleceria[1767],

(...) nom embargante quaesquer Dereitos Canonicos, Civeis, Custumes, Façanhas, Estilos que em contrario desto sejam, em parte, ou em todo;

As Ordenações Filipinas, a propósito do funcionamento da Casa da Suplicação, antecessora do Supremo Tribunal de Justiça, dispunham[1768]:

5. E havemos por bem, que quando os Desembargadores, que forem no despacho de algum feito, todos ou algum delles tiverem alguma duvida em alguma nossa Ordenação do entendimento della, vão com a duvida ao Regedor; o qual na Mesa grande com os Desembargadores, que lhe bem parecer, a determinará, e segundo o que ahi for determinado, se porá a sentença. E a determinação, que sobre o entendimento da dita Ordenação se tomar, mandará o Regedor screver no livro da Relação, para depois não vir em duvida.

Lobão[1769], retomando o elucidário de Viterbo[1770], aproximava a façanha do assento:

[1764] SEBASTIÁN DE COBARRUVIAS OROZCO, *Tesoro de la Lengua Castellana o Española* (1609, reimp., 1943).
[1765] ANTÓNIO DE MORAES E SILVA, *Diccionario da Lingua Portuguesa*, II, 7.ª ed. (1878), "façanha".
[1766] CÂNDIDO DE FIGUEIREDO, *Novo Diccionario da Lingua Portuguesa*, I (1913), 753/I.
[1767] *Ordenações Manuelinas*, Liv. II, tit. XVII, § 23 = ed. Gulbenkian, II, 88.
[1768] *Ordenações Filipinas*, Liv. I, Tit. V, § 5 = ed. Gulbenkian, I, 18/I.
[1769] MANUEL DE ALMEIDA E SOUSA (DE LOBÃO), *Segundas linhas sobre o processo civil ou antes addicções ás primeiras do Bacharel Joaquim José Caetano Pereira e Sousa* (1816, reimp., 1910), 7.
[1770] Frei JOAQUIM DE SANTA ROSA DE VITERBO, *Elucidário das palavras, termos e frases que em Portugal antigamente se usaram e que hoje regularmente se ignoram*, 2.ª ed. (1865; a 1.ª ed. é de 1798), 241/II-242/I, com indicações.

Chamavaõ Façanha ao Juizo, ou Assento, que se tomava sobre algum feito notavel, e duvidoso, que por authoridade de quem o fez, e dos que o approvaraõ, ficou servindo como de Aresto para se imitar, e seguir como Lei, quando outra vez acontecesse.

A Lei da Boa Razão, de 18 de Agosto de 1769, determinava, no tocante ao estilo, que apenas vigoraria o resultante de Assento da Casa da Suplicação[1771]. Foi o período de maior racionalização dos assentos.

III. O Supremo Tribunal de Justiça foi criado em 1822, pelo artigo 191.º da Constituição de 1822. Era um tribunal que julgava apenas, no tocante a causas judiciais que lhe adviessem por via de recurso, questões--de-direito. E ainda aí, em regime de cassação: concedida a revista (...) *nas sentenças proferidas nas Relações quando contenham nulidades ou injustiça notória* (...), o caso era remetido a (outra) Relação para que o julgasse de novo.

A estruturação do sistema judicial subsequente à Revolução liberal de 1820 foi feita por etapas. O Decreto das Cortes Gerais Extraordinárias Constituintes de 31-Mar.-1821 extinguiu o Santo Ofício e outros tribunais especiais[1772]. A 10-Mai.-1821, foi a vez do juízo da Inconfidência[1773], que tinha um papel penal e, a 17-Mai.-1821, a dos Juízos de Comissão e Administração de Casas Particulares[1774]. As Cortes, em 9-Mai.-1821, vieram considerar nulo o Assento da Casa da Suplicação de 14-Jul.-1820, relativo à invalidade de certas cláusulas postas pelos instituídos em vínculo, por ele constituir (...) *hum Direito novo, e por isso transcende a authoridade daquella Mesa* (...)[1775].

A organização das Relações (eram cinco: Lisboa, Porto, Mirandela, Viseu e Beja) foi adotada a 2-Nov.-1822: um diploma de certo fôlego, com 109 artigos[1776].

As perturbações políticas levaram, todavia, a que a Casa da Suplicação só fosse extinta a 30-Jul.-1833, instalando-se a Relação de Lisboa[1777].

[1771] Lei da Boa Razão, § 14; vide supra, 509.
[1772] *Collecção de Legislação/Cortes de 1821 a 1823* (1843), n.º 47 (19).
[1773] *Idem*, n.º 75 (30).
[1774] *Idem*, n.º 83 (34).
[1775] *Idem*, n.º 78 (32).
[1776] *Idem*, n.º 261 (180-190).
[1777] *Chronica Constitucional de Lisboa*, n.º 6, de 1-Ago.-1833, 20/I.

§ 42.° Os assentos e a uniformização da jurisprudência   625

O Supremo Tribunal de Justiça foi estabelecido por Decreto 14-Set.- -1833[1778].

Entretanto, a Casa da Suplicação manteve-se. Em 28-Mar.-1822, ela decidiu, contudo, que não mais poderia tirar assentos, ao abrigo da Lei da Boa Razão. Explica[1779]:

(...) esta Mesa, depois de nova ordem das cousas, não podia já pelas razões ponderadas tomar Assentos sobre a inteligência de qualquer Lei, sem huma nova Delegação do Poder Legislativo; devendo as Partes e Juizes nos casos duvidosos recorrer ao mesmo Poder.

Todavia, a instabilidade política e a subida de D. Miguel ao poder, levaram a que fossem tirados mais assentos, até 1832[1780].

O Supremo Tribunal de Justiça, depois em funções, não teve cobertura, nas sucessivas leis processuais.

Explica Alberto dos Reis que, na época, se entendeu que a colocação, no topo da hierarquia judicial, de um tribunal supremo com competência, apenas, para interpretar o Direito iria conduzir à uniformização da jurisprudência[1781]. Mas sem resultado[1782]:

(...) os juízes sobrepuseram os seus pontos de vista pessoais às aspirações e directivas vindas do alto; em vez de cultivarem o espírito de corporação e de

---

[1778] *Chronica Constitucional de Lisboa*, n.° 48, de 19-Set.-1833, 254/I. A 15-Set., fora nomeado o seu primeiro presidente: José da Silva Carvalho (*idem*, 251/I).

[1779] CÂNDIDO MENDES DE ALMEIDA, *Auxiliar Juridico servido de Appendice a Decima Quarta Edição do Codigo Philippino ou Ordenações do Reino de Portugal recopiladas por mandado de El-Rey D. Philippe I, a primeira publicada no Brazil* (1869, reimp. Gulbenkian, 1985), CDXXIII (317/II-318/I).

[1780] Casa da Suplicação 24-Fev.-1824 (emolumentos de corregedores): *idem*, 27-Abr.-1824 (supressão de sociedades secretas); *idem*, 14-Jun.-1825 (devedores dos vendedores do Terreiro Público); *idem*, 26-Nov.-1825 (morgados); *idem*, 10-Dez.-1825 (privilégio do foro no crime de falsidade); *idem*, 15-Jun.-1826 (venda em hasta pública de um prédio enfitêutico); *idem*, 24-Out.-1826 (novos assentos); *idem*, 13-Fev.-1827 (provimento de um médico); *idem*, 23-Dez.-1828 (sucessão intestada); *idem*, 11-Abr.-1829 (âmbito de doação de uma capela); *idem*, 28-Jun.-1831 (revogação de um acórdão); *idem*, 11-Jul.-1832 (tratado com a Grã-Bretanha); *idem*, 30-Ago.-1832 (administradores de capelas e morgados).

Toda esta matéria, bem como o teor dos respetivos arestos pode ser confrontada em CÂNDIDO MENDES DE ALMEIDA, *Auxiliar Jurídico* cit., 318-332.

[1781] JOSÉ ALBERTO DOS REIS, *Código de Processo Civil Anotado* cit., VI, 235.

[1782] *Idem*, loc. cit..

colegiabilidade, reivindicaram, como bem supremo, o princípio individualista da liberdade de opinião.

Formados nesta escola, quando chegavam ao Supremo Tribunal de Justiça tinham criado mentalidade e hábitos pouco adequados para o sacrifício do juízo individual aos interesses da corporação de que faziam parte. Em vez de subordinarem o seu critério próprio às tradições e à doutrina do Tribunal, continuavam a afirmar a sua independência e a sua liberdade de julgamento.

E prossegue[1783]:

A breve trecho assistiu-se a este espetáculo desconsolador: dentro do próprio Tribunal, de secção para secção e por vezes na mesma secção interpretações opostas a respeito da mesma disposição legal.

IV. Procurando obviar a esta situação, a Portaria de 27 de Outubro de 1898 (José Alpoim) determinou que o Supremo Tribunal de Justiça e as Relações reunissem anualmente em sessão plena, nos termos e para os seguintes efeitos[1784]:

Constando superiormente que nos tribunaes judiciaes têm sido interpretadas e applicadas por modo diverso, e até encontradamente, varias disposições de lei, apesar de serem identicos os pontos de direito submettidos a julgamento, e isto com manifesto prejuizo para a boa administração da justiça e para o prestigio dos tribunaes, principalmente pela incerteza e fluctuação em que fica a jurisprudencia, que importa ser fixado uniformemente; e convindo prover, tanto quanto possivel, a similhante estado de cousas: ha por bem Sua Magestade El-Rei determinar, pela secretaria d'estado dos negocios da justiça, que os conselheiros presidentes do supremo tribunal de justiça e das relações judiciaes façam reunir, annualmente, no mez de novembro e nos dias que os mesmos presidentes designarem, os respectivos tribunaes em sessão plena e com assistencia dos magistrados do ministerio publico que funccionam junto d'estes, a fim de ahi serem indicadas as duvidas que se tenham levantado na interpretação e applicação das leis, as obscuridades e deficiencias d'estas, que seja necessario esclarecer, sejam relacionados os julgados encontrados do que o tribunal tenha conhecimento, e

---

[1783] *Idem*, loc. cit.. ALBERTO DOS REIS explica ainda que, nos outros países, a situação não era tão grave.

[1784] COLP 1898, 753/II.

sejam propostas as providencias que pareçam mais convenientes para remediar os males apontados, habilitando assim o governo a tomar opportunamente as providencias que tão importante assumpto reclame.

Ordena o mesmo augusto senhor que de tudo os referidos presidentes enviem ao governo, pela direcção geral dos negocios de justiça, até ao dia 10 de dezembro, minucioso relatorio, confiando do seu reconhecido zêlo pelo serviço publico que este assumpto lhes merecerá a devida attenção.

Este esquema, embora pesado, deu alguns frutos. Assim, na base dos relatórios apresentados, surgiram a proposta de 7 de Fevereiro de 1903, que esteve na origem do Decreto n.º 19:126, de 16 de Dezembro de 1930[1785], que modificou e esclareceu diversos artigos do Código Civil e a proposta de 15 de Maio de 1903, que conduziu ao Decreto n.º 4:618, de 13 de Junho de 1918[1786], que alterou vários artigos do Código de Processo Civil.

Uma segunda via foi ensaiada pela Lei n.º 706, de 16 de Junho de 1917 (Bernardino Machado), que cometeu aos magistrados do Ministério Público enviar ao Presidente do Supremo Tribunal de Justiça certidões dos julgados contraditórios: o Supremo, com as secções reunidas, daria parecer sobre as dúvidas surgidas, fazendo-o chegar ao Ministro da Justiça[1787]. Este, por seu turno, elaboraria uma proposta de Lei interpretativa. Diz-nos Alberto dos Reis que este esquema nunca chegou a ser aplicado[1788].

V. Havia que seguir outro caminho. O Decreto n.º 4:620, de 13 de Julho de 1918 (Sidónio Pais) procurou resolver os problemas, postos pela instabilidade da jurisprudência, através da introdução de um recurso para o Tribunal Pleno (o Supremo, com todas as suas secções), perante decisões contraditórias[1789].

[1785] COLP 1930, 2.º semestre, 923-936. No seu preâmbulo, lê-se, designadamente:

Considerando a urgência de os tribunais sairem do caos em que estão caídos, repetindo-se diariamente as decisões mais contraditorias, com grave prejuízo do público e desprestígio da justiça; (...)

[1786] COLP 1918, 2.º semestre, 193-196.
[1787] COLP 1917, 1.º semestre, 401.
[1788] JOSÉ ALBERTO DOS REIS, *Código de Processo Civil Anotado* cit., VI, 237.
[1789] DG I Série, n.º 157, de 14-Jul.-1918, 1261-1262.

O preâmbulo do diploma é interessante: passa em revista diversas soluções dadas pela História e pelo Direito comparado. Parece especialmente sensível ao problema da separação de poderes. Conclui:

> Julga por isso o Govêrno que o melhor meio de se conseguir a *unidade progressiva da jurisprudência* consiste em se assegurar a manutenção da jurisprudência do Supremo Tribunal, enquanto êle não a puser de parte por via de decisão proferida em Tribunal Pleno. Assim, sem se fazer sair o Poder Judicial das funções que lhe são próprias, evitar-se-á a instabilidade da doutrina dos Tribunais com todas as consequências perturbadoras.

Para o efeito e no essencial, dispunha:

> Artigo 1.º Dos acórdãos proferidos pelas Relações em sentido contrário à última jurisprudência estabelecida pelo Supremo Tribunal de Justiça haverá sempre recurso para o mesmo Tribunal. (...)
>
> Artigo 2.º Também haverá sempre recurso do acórdão proferido pelo Supremo Tribunal de Justiça contra a última jurisprudência por êle próprio estabelecida, quando aquela decisão não tenha sido tomada pelo Tribunal Pleno e com precedência de vistos de todos os juízes.

Apanhado nas malhas da instabilidade governativa da I República, o Decreto n.º 4:620, de 13 de Julho de 1918, foi revogado pelo artigo 4.º do Decreto n.º 5.644, de 10 de Maio de 1919, sem nenhuma explicação específica a não ser a falta de (...) *necessária e ponderada discussão*[1790].

Coube ao Decreto n.º 12:352, de 22 de Setembro de 1926, estabelecer o esquema dos assentos[1791]. Este diploma foi preparado pelo Prof. Manuel Rodrigues, grande civilista e processualista e que conhecia a justiça do seu tempo[1792]. Tocou em vários aspetos sensíveis, entre os quais um esforço para estabilizar a jurisprudência. Diz-se no preâmbulo[1793]:

> (...) adoptaram-se providências no sentido de se assegurar a uniformização da jurisprudência, declarando-se obrigatória a doutrina dos acórdãos do Supremo Tribunal de Justiça proferidos em tribunal pleno.

[1790] COLP 1919, 2.º semestre, 873.
[1791] COLP 1926, 2.º semestre, 561-572.
[1792] *Vide* o preâmbulo do diploma, loc. cit., 561-565.
[1793] *Idem*, 563/II-564/I.

§ 42.° Os assentos e a uniformização da jurisprudência

As disposições do artigo 66.° é uma das inovações mais importantes do decreto. Temos a esperança de que há-de contribuir eficazmente para a estabilização da jurisprudência nacional.

O dispositivo do artigo 66.° do Decreto n.° 12:352, dispunha:

> Quando o Supremo Tribunal de Justiça profira um acórdão que esteja em oposição com um acórdão anterior também do Supremo sobre o mesmo ponto de direito, pode a parte interessada recorrer para o tribunal pleno com fundamento na referida oposição.

Acrescentava o § 2.°, 2.ª parte:

> A jurisprudência estabelecida por estes acórdãos é obrigatória para os tribunais inferiores e para o próprio Supremo Tribunal, enquanto não for alterada por outro acórdão da mesma proveniência, nos termos do parágrafo seguinte.

A reforma de 1926 foi estudada e aplaudida pelo Prof. José Alberto dos Reis[1794], particularmente quanto ao recurso para o Pleno. E foi este o esquema acolhido no Código de Processo Civil, aprovado pelo Decreto-Lei n.° 29:637, de 28 de Maio de 1939, precisamente na base de um anteprojeto de José Alberto dos Reis e sendo Ministro da Justiça Manuel Rodrigues.

Ele passou a constar de uma secção V, intitulada "recurso para o tribunal pleno", preenchendo os seus artigos 763.° a 770.°[1795]:

> Ainda no âmbito do Decreto n.° 12:352, de 22 de Setembro, surgiram algumas dezenas de acórdãos do Tribunal Pleno[1796]. Por combinação dos primeiros relatores com o Presidente do Supremo, desde o início se estabeleceu a praxe de lhes chamar "assentos": repristinava-se, deste modo, a tradição da antiga Casa da Suplicação e das Ordenações.

A designação foi acolhida, sendo formalizada no Código de Processo Civil de 1939.

[1794] JOSÉ ALBERTO DOS REIS, *Breve estudo sobre a reforma do processo civil e comercial*, 2.ª ed. (1929), XL + 744 pp.. Cabe ainda referir FERNANDO MARTINS DE CARVALHO, *Algumas tendencias dos nossos tribunais: os chamados assentos do Supremo*, O Direito LXVIII (1936), 3-10.

[1795] JOSÉ ALBERTO DOS REIS, *Código de Processo Civil Anotado* cit., VI, 233-328: ainda hoje a mais relevante exposição sobre a matéria. *Vide*, também, MANUEL RODRIGUES, *Dos recursos (lições)*, por ADRIANO BORGES PIRES (1943), 190 ss..

[1796] *Vide* MANUEL OHEN MENDES (org.), *Assentos do Supremo Tribunal de Justiça* (1981), 9 ss..

VI. Aquando da preparação do Código de Processo Civil de 1939, o esquema dos assentos foi cuidadosamente debatido. Foram apresentadas três orientações[1797]: (a) a de eliminar o recurso para o tribunal pleno; deveria ser substituído por um esquema pelo qual, perante a contradição de julgados, o Ministério Público provocaria a reunião do Supremo, para uniformizar a jurisprudência; (b) a de manter o recurso para o pleno, eventualmente desdobrado em duas partes: a de decisão concreta e a da fórmula vinculativa abstrata; (c) admissão do recurso, para o Pleno: mas o que este decidisse só teria eficácia no próprio processo; a força vinculativa geral ficaria dependente de ratificação do Parlamento.

Contra os assentos foram ponderadas duas críticas: (a) a de que equivaleriam a conceder poderes legislativos ao Supremo; (b) a de a doutrina por ela sufragada poder ser desviada pelas circunstâncias do caso concreto em análise. Contra, retorquiu-se: que se tratava, apenas, de interpretar leis, o que está ao alcance dos tribunais; o de que o Supremo seria capaz de distinguir o caso concreto da interpretação geral a adotar.

Deixar o poder de requerer os assentos nas mãos de entidades públicas seria tirar eficácia ao instituto: se não for a parte vencida pelo acórdão contraditório a movimentar-se, a fazer as necessárias pesquisas e demonstrações e a requerer soluções a que teria direito, todo o esquema naufragaria na ineficiência.

Quanto à articulação do assento com a política legislativa, chegou-se a uma solução hábil: tirado o assento, o Presidente do Supremo remeteria cópia ao Ministro da Justiça, com toda a documentação, para que este, querendo, pudesse propor uma solução legislativa contrária ou diversa.

VII. Deve-se, ainda, dizer que uma posição sobre os assentos não deve ser tomada de ânimo ligeiro, em abstrato. Ora, na Comissão de Reforma que conduziria ao Código de Processo Civil de 1939, foi disponibilizado um relatório de José Gualberto de Sá Carneiro, que se debruçou sobre os assentos proferidos desde a reforma de 1926: dez anos de assentos, num total de setenta e sete[1798]. Sá Carneiro analisa-os, um por um. Conclui que, dos setenta e sete, cinquenta são inatacáveis, dezassete são duvidosos e dez, erróneos[1799]. Os números são interessantes, tanto mais que os assentos,

---

[1797] Toda esta matéria pode ser confrontada em JOSÉ ALBERTO DOS REIS, *Código de Processo Civil Anotado* cit., VI, 240-245, com mais elementos.

[1798] JOSÉ GUALBERTO DE SÁ CARNEIRO, *Recurso para o Tribunal Pleno/Relatório apresentado à Comissão Revisora, sobre o Livro III, Título II, Capítulo VII, Secção VII, artigos 720.º a 726.º do Projecto*, ROA 7, n.º 3 e 4 (1947), 416-459.

[1799] *Idem*, 451 (a conclusão, quanto a este ponto).

todos eles, têm a virtualidade de pôr termo a dúvidas de interpretação: muito útil para todos.

VIII. O recurso para o Tribunal Pleno, tal como resultava do Código de Processo Civil de 1939 tinha os seguintes pontos marcantes[1800]:

– era um recurso ordinário, que suspendia o trânsito em julgado da decisão impugnada, a interpor pela parte vencida;
– dependia de um conflito de jurisprudência: oposição do último acórdão, não transitado, com um outro, já transitado, sobre a mesma questão de direito, no domínio da mesma lei;
– o conflito seria julgado pelo Pleno do Supremo (pelo menos 4/5 dos juízes);
– a doutrina seria obrigatória para todos os tribunais, enquanto não fosse alterada por outro acórdão do Pleno.

Quando se preparou uma revisão da lei processual, que estaria na origem do Código de Processo Civil de 1961, a questão foi debatida. A própria Assembleia Nacional aprovou, em 1951, por proposta de Tito Arantes, uma moção no sentido de se evitarem alguns inconvenientes e, em especial: o de as partes usarem o recurso para o Pleno como um meio normal para impugnar acórdãos do Supremo[1801]. E assim, chegou a equacionar-se um esquema pelo qual os assentos não teriam eficácia no próprio processo onde fossem proferidos. A posição não prevaleceria: o excesso de recursos para o Pleno era resolvido pela (por vezes: excessiva) rejeição liminar do recurso. Acrescentou a Comissão (Antunes Varela)[1802]:

E não há dúvida de que, sem o estímulo do interesse da parte vencida, o recurso não funcionará ou funcionará muito deficientemente.

IX. Na sequência deste debate, o Código de Processo Civil, aprovado pelo Decreto-Lei n.º 44 129, de 28 de Dezembro de 1961[1803], manteve o

---

[1800] ARMINDO RIBEIRO MENDES, *Direito processual civil*, III – *Recursos* (1982, polic.), 454 ss.; na ed. impressa de 1992, 273 ss..

[1801] *Idem*, 456 (= 278, da ed. impressa).

[1802] *Código de Processo Civil/1.ª Revisão Ministerial*, BMJ 121 (1962), 5-84, 122 (1963), 5-203, 23 (1963), 123 (1963), 5-215 e 124 (1963), 145-250, BMJ 123, 192.

[1803] Este Código mais não é do que uma revisão do anterior Código, de 1939; todavia, o diploma preambular optou por designá-lo como (novo) Código de Processo Civil.

esquema anterior dos assentos (artigos 763.º a 770.º)[1804], com duas novidades:

– admissão de recurso para o Pleno de conflitos de jurisprudência nas relações;
– eliminação da possibilidade de alteração dos assentos pelo próprio Supremo[1805].

No terreno, foram produzidas muitas dezenas de assentos: alguns de grande equilíbrio, fixando doutrina com proveito geral.

177. A natureza dos assentos e a questão de constitucionalidade

I. A natureza dos assentos suscitou-se desde muito cedo. Alguns autores, como Barbosa de Magalhães[1806] e Manuel Rodrigues[1807], defendiam tratar-se de uma lei interpretativa. Outros, como Alberto dos Reis, entendiam que, embora originando uma interpretação autêntica, os assentos não eram verdadeira lei: pelo órgão de onde emanam; pelo processo de formação; pelo intuito com que surgem[1808]. Vale a pena recordar o raciocínio básico de Alberto dos Reis[1809]:

Qual é a diferença entre um assento e um acórdão ordinário?
Unicamente esta: ao passo que a jurisprudência emanada de acórdão ordinário só vale pelas razões em que se apoia, podendo os tribunais inferiores e o Supremo, em julgamentos posteriores acatá-la ou rejeitá-la, a

---

[1804] JOSÉ DIAS MARQUES/ALFREDO ROCHA DE GOUVEIA, *Código de Processo Civil Português* (1962), 360-364.

[1805] Informa ARMINDO RIBEIRO MENDES, *Recursos* cit., 457, que esta possibilidade, aberta pelo Código de 1939, nunca fora exercida.

[1806] JOSÉ BARBOSA DE MAGALHÃES, *Estudos sobre o Novo Código de Processo Civil*, 2 (1947), 147-148.

[1807] MANUEL RODRIGUES, *As questões de direito e a competência do Supremo Tribunal de Justiça* 1, 1-2 (1941), 102-130, n.º 17 (119) e *Dos recursos* cit., 194.

[1808] JOSÉ ALBERTO DOS REIS, *Código de Processo Civil Anotado* cit., VI, 315. Nesse sentido, também depõe a RLJ 75 (1942), 248-249, nota 4, em resposta a uma consulta. Uma orientação deste tipo foi ainda adotada por FERNANDO OLAVO, *Recurso em matéria de registos de propriedade industrial/O assento de 8 de Maio de 1928*, GRLx 47 (1933), 81-82: o assento não seria lei interpretativa por não ter eficácia retroativa; consequentemente, não admitiria aplicação analógica.

[1809] JOSÉ ALBERTO DOS REIS, *Código de Processo Civil Anotado* cit., VI, 316-317.

jurisprudência contida no assento tem carácter obrigatório: há de ser aceita, enquanto o assento subsistir.

Mas este traço diferencial não altera a essência do assento, não lhe imprime natureza diversa da que tem o acórdão ordinário. É por uma razão de conveniência prática, pela necessidade de fugir aos malefícios da jurisprudência incerta e flutuante, por uma consideração de ordem *política* e não de ordem *jurídica*, que se atribui força obrigatória ao assento.

Quer dizer, o assento, dada a sua origem e o processo da sua formação, devia ter valor puramente doutrinal; dá-se-lhe carácter obrigatório, porque *convém* à ordem jurídica que à jurisprudência instável e incerta se substitua jurisprudência segura e certa.

Que o assento não tem a mesma natureza que a lei interpretativa, prova-o a consideração seguinte. Suponhamos que o Tribunal Pleno emite um assento que dá à lei sentido diferente daquele que ela tem: interpreta erradamente a regra de direito. Colocados perante este facto, a Assembleia Nacional ou o Governo podem intervir, ditando uma lei ou um decreto-lei interpretativo, que restabeleça a pureza de interpretação. Quando isto aconteça, o assento cai; a sua força obrigatória desaparece; os tribunais ficam obrigados a sobrepor ao assento a interpretação autêntica emanada do Poder Legislativo.

(…)

Precisamente porque a jurisprudência fixada pelos assentos está sujeita, por assim dizer, à *censura* do Governo, é que o § 2.º do art. 768.º determina: O Presidente enviará ao Ministro da Justiça uma cópia do acórdão, acompanhada (...)

O Ministro, em face das peças que recebe, ou fica quieto, se acha boa a jurisprudência do assento, ou promove a sua *exautoração*, mediante decreto-lei ou proposta de lei enviada à Assembleia Nacional, se entende que o assento consagrou interpretação errada

Não é só isto. Qualquer deputado pode tomar a iniciativa de apresentar um projecto de lei tendente a estabelecer interpretação contrária à que o assento adotou.

A intervenção de Alberto dos Reis não será profunda: mas é pragmática e, substancialmente, ponderosa. Outros clássicos, como Manuel de Andrade, tocaram no assunto, mas não tomaram posição definitiva[1810].

[1810] MANUEL A. D. DE ANDRADE, *Noções elementares de processo civil* (1948-1949), por ANTÓNIO MANUEL DA VEIGA, n.º 276 (223):

O Assento constitui uma espécie de *interpretação* ou *integração autêntica da lei* pois vincula todos os tribunais (…)

II. Formalmente, o assento apresenta-se como uma proposição geral e abstrata: nenhuma dificuldade existe em considerá-lo uma "lei" (interpretativa)[1811] até porque provém de um "órgão estadual competente". Essa era a doutrina geralmente ensinada aos alunos do primeiro ano, nas Faculdades de Direito.

O Código Civil, no seu artigo 2.º, hoje revogado, integrou entre as fontes do Direito os assentos:

> Nos casos declarados na lei, podem os tribunais fixar, por meio de assentos, doutrina com força obrigatória geral.

Tratou-se de uma fórmula de Manuel de Andrade destinada a dar-lhes alguma autonomia. Mas na verdade, a permanente repetição doutrinária, sem critério, de que o assento era "lei", deixou pairar, sobre esse instituto, um perigo enorme: o da inconstitucionalidade.

III. Na doutrina moderna, a natureza dos assentos veio, *ab initio*, a ser aproximada do tema da constitucionalidade.

Castanheira Neves publicou, durante mais de dez anos, nas colunas da *Revista de Legislação e de Jurisprudência*, um longo estudo sobre o tema[1812]. Não teve dificuldades em concluir pela sua natureza normativa e, nessa base, pela sua inconstitucionalidade.

Logo no início, Castanheira Neves apresenta os assentos como uma figura original que permite: (1) a um órgão judicial; (2) prescrever critérios jurídicos universalmente vinculantes; (3) mediante o enunciado de normas ou preceitos gerais e abstratos; (4) que abstraem e se destacam dos casos que lhes tenham estado na origem; (5) para estatuírem para o futuro.

Depois de muito desenvolvimento, conclui esse Autor[1813]:

[1811] Assim: PAULO CUNHA, anot. *STJ 20-Dez.-1935* (B. VEIGA), quanto ao regime de recursos, O Direito 68 (1936), 13-16 (15/II).

[1812] ANTÓNIO CASTANHEIRA NEVES, *O instituto dos "assentos" e a função jurídica dos supremos tribunais*, RLJ 105 (1972), 133-139 a RLJ 116 (1983), 8-9; as sucessivas parcelas foram reunidas num livro, de 680 pp.: uma obra muito citada mas, porventura, pouco desfrutada e cujo interesse transcende largamente a batalha contra os assentos, a que ficará ligada. As posições de CASTANHEIRA NEVES foram reforçadamente perfilhadas por FERNANDO BRONZE, *Lições de introdução ao Direito*, 2.ª ed. (2006), 697 ss., especialmente 703 ss..

[1813] ANTÓNIO CASTANHEIRA NEVES, *O instituto dos "assentos"* cit., 618-619 (do livro).

Ao ser chamada a função jurisdicional, através dos *assentos*, ao exercício da função legislativa, é desse modo aquela função investida num estatuto que está em contradição com o sentido (internacional e funcional) que lhe deverá corresponder no sistema político do Estado-de-Direito social dos nossos dias – o sistema político que a Constituição materialmente pressupõe e assimila (...)

IV. Parece evidente que, a haver dúvidas de constitucionalidade, caberia ao legislador constituinte esclarecê-las. A Constituição de 1976 tinha largos desenvolvimentos sobre questões circunstanciais – num exemplo repetido, o seu artigo 55.º/2 e 3 ocupava-se do modo de eleição das comissões de trabalhadores e da aprovação do seu "estatuto": não se compreende que não encontrasse espaço para se ocupar do sistema de fontes do País e do instituto multissecular dos assentos. Mas de facto, nada disse. Apenas o seu artigo 122.º, relativo à publicidade dos atos, se limitava a dispor que são publicados no jornal oficial (n.º 1)[1814]:

> g) As decisões dos tribunais a que a Constituição ou a lei confiram força obrigatória geral;

Com isto, os assentos iniciavam o seu percurso na III República, dotados de magro apoio jurídico-positivo constitucional. Nas sucessivas revisões constitucionais, o assunto poderia ter sido resolvido. Os deputados, todavia, optaram pela cautela do silêncio. Na revisão de 1982, chegou a propor-se, ao artigo 206.º/2, o acrescento, entre as funções dos tribunais, de emitir assentos com força obrigatória geral. A proposta foi rejeitada, tendo o então deputado Jorge Miranda apresentado a seguinte justificação para a rejeição[1815]:

> Já hoje a alínea g) do n.º 2 do artigo 122.º, a propósito da publicidade dos actos, consagra que: "são publicadas no jornal oficial as decisões dos tribunais a que a Constituição ou a lei confiram força obrigatória geral". E isto é mais que suficiente para ficar aberta a porta dos assentos, chamemos-lhe assim.

[1814] J. J. GOMES CANOTILHO/VITAL MOREIRA, *Constituição da República Portuguesa Anotada*, 1.ª ed. (1979), 277 (IX).

[1815] Transcrito em ARMINDO RIBEIRO MENDES, *Recursos em processo civil* (ed. 1992), 284.

Por outro lado, em sede de definição das funções dos tribunais, aparecer em pé de igualdade com as funções hoje constantes do art. 206.°, esta função de fixação de doutrina pode ter graves consequências sobre toda a vida jurídica (...).

Temos dificuldade em visualizar quais seriam as tais "graves consequências sobre toda a vida jurídica". Mas ficou dito e escrito.

A recusa de "constitucionalizar" os assentos já era grave. Mas as dificuldades aumentaram perante o novo artigo 115.°/5 (hoje: 112.°/5) que, a propósito de "atos normativos", veio dizer:

> Nenhuma lei pode criar outras categorias de atos legislativos ou conferir a atos de outra natureza o poder de, com eficácia externa, interpretar, integrar, modificar, suspender ou revogar qualquer dos seus preceitos.

Como era de esperar, o texto constitucional logo permitiu asserções deste tipo[1816]:

> Daqui deriva, entre outras coisas, a inconstitucionalidade dos *assentos* em relação a normas legais, porque, independentemente da sua caracterização dogmática como *legislatio* ou *jurisdictio*, eles se arrogam ao direito de interpretação (ou integração) autêntica da lei, de forma vinculativa para terceiros; de resto, eles sempre estariam por natureza excluídos em matéria de reserva de lei, pois aí só a lei pode estabelecer normas.

V. A partir daqui, os assentos ficaram sem proteção. É evidente que qualquer parte, vencida num recurso para o Tribunal Pleno, logo faria um alarido, junto do Tribunal Constitucional, invocando a inconstitucionalidade dos assentos. À partida era fácil, tanto mais que, na época, ninguém veio à estacada, defender a via da constitucionalidade: a da assimilação material dos assentos pela jurisprudência. Os constitucionalistas que presidiram às revisões da Constituição não foram sensíveis ao problema: domina o neopositivismo constitucional que, como qualquer positivismo, visa a (impossível) depuração da Ciência do Direito, relativamente à "Filosofia".

[1816] J. J. GOMES CANOTILHO/VITAL MOREIRA, *Constituição da República Portuguesa Anotada*, 3.ª ed. (1997), 511 (XIX).

178. A (in)constitucionalidade dos assentos na jurisprudência

I. A jurisprudência relativa à constitucionalidade dos assentos comporta matizes que cumpre não esquecer. Em primeiro lugar, a própria jurisprudência comum fez um juízo favorável aos assentos. Assim e como exemplos:

STJ 9-Mai.-1985: não são inconstitucionais as normas relativas à uniformização da jurisprudência por meio de assentos[1817];

RLx 12-Dez.-1990: apesar de referir Castanheira Neves e o artigo 115.º/5 da Constituição, considera constitucionais os assentos, visto, designadamente, o artigo 122.º, g), da Constituição[1818];

STJ Assento 4/92, de 13-Jul.-1992: nas letras e livranças pagáveis em Portugal, aplica-se em cada momento a taxa de juros moratórios que decorre do Decreto-Lei n.º 262/83, de 16 de Junho e não a prevista no n.º 2 dos artigos 48.º e 49.º da Lei Uniforme; tem um voto de vencido, apoiado em Castanheira Neves e Gomes Canotilho, afirmando a inconstitucionalidade do artigo 2.º do Código Civil, o que mostra ter havido discussão sobre o assunto, discussão essa que concluiu favoravelmente aos assentos[1819].

II. Torna-se ainda importante sublinhar que a jurisprudência comum veio a precisar as balizas dos assentos, perante questões de inconstitucionalidade. Assim:

STJ 24-Abr.-1985: o Supremo Tribunal de Justiça não pode, através de assento, uniformizar a jurisprudência em matéria de constitucionalidade ou inconstitucionalidade de normas[1820];

STJ 17-Fev.-1994: não se deve tirar assento sobre norma julgada inconstitucional, designadamente a que ofenda a não-discriminação dos filhos nascidos fora do casamento[1821].

[1817] STJ 9-Mai.-1985 (LIMA CLUNY), Proc. 072435.
[1818] RLx 12-Dez.-1990 (COUTINHO DE AZEVEDO), Proc. 0032161.
[1819] STJ (P) Assento 4/92, de 13-Jul.-1992 (CURA MARIANO), DR I Série de 17-Dez.-1992, 5819-5821 = BMJ 419 (1992), 75-78 (77) = Proc. 079814; o voto em causa é de FERREIRA DA SILVA. Houve outros vencidos, por razões diversas.
[1820] STJ 24-Abr.-1985 (MIGUEL CAEIRO), BMJ 346 (1985), 208-210 (209-210).
[1821] STJ 17-Fev.-1994 (FIGUEIREDO DE SOUSA), CJ/Supremo II (1994) 1, 101-105 (104-105).

III. A jurisprudência constitucional relativa aos assentos também documenta uma evolução, importante para se entender o ponto a que se chegou.

Num primeiro momento, o Tribunal Constitucional veio entender que os assentos comportavam verdadeiras normas jurídicas, não para apreciar a regularidade do instituto em si, mas para sindicar a concordância das normas "assentadas" perante a Constituição[1822].

TC n.º 40/84, de 3 de Maio: julgou inconstitucional o Assento do STJ n.º 4/79, de 28 de Junho, segundo o qual, em processo penal sumário, o recurso restrito à matéria de direito tem de ser interposto logo depois da leitura da sentença, por contundir com as garantias dos arguidos[1823];
TC n.º 62/85, de 5 de Março: sufraga essa mesma orientação[1824];
TC n.º 8/87, de 13 de Janeiro: declara as normas envolvidas, designadamente a do Assento n.º 4/79, inconstitucionais, com força obrigatória geral[1825];
TC n.º 359/91, de 9 de Julho: declarou inconstitucional, com força obrigatória geral, o Assento do STJ de 23-Abr.-1987, por violação do princípio da não-discriminação dos filhos[1826].

IV. Num segundo momento, o Tribunal Constitucional veio a ocupar-se da própria constitucionalidade dos assentos, como instituto.

TC n.º 810/93, de 7 de Dezembro, liderante: faz o historial dos assentos, aponta as diversas teorias existentes, enfatiza as ideias de Castanheira Neves e conclui, na parte em estudo[1827]:

[1822] Um controlo desse tipo já era, há muito, assegurado pelos tribunais comuns; assim, RLx 25-Jul.-1978 (BORDALO SOARES), Proc. 0018520, quanto à (não-)retroatividade da lei penal.
[1823] TC n.º 40/84, de 3 de Maio (RAÚL MATEUS) (todos estes acórdãos são confrontáveis, pelo número, no sítio do Tribunal Constitucional) = BMJ 346 (1985), 179-189.
[1824] TC n.º 62/85, de 5 de Março (MAGALHÃES GODINHO).
[1825] TC n.º 8/87, de 13 de Janeiro (MONTEIRO DINIS).
[1826] TC n.º 359/91, de 9 de Julho (MONTEIRO DINIS).
[1827] TC n.º 810/93, de 7 de Dezembro (MONTEIRO DINIS) = RLJ 127 (1994), 35-63, anot. CASTANHEIRA NEVES, *idem*, 63-72 e 79-96, parcialmente discordante, por entender que o artigo 2.º é, todo ele, inconstitucional: um acórdão extenso e bem documentado. Em causa estava a inconstitucionalidade do Assento do STJ de 3-Jul.-1984, relativo à caducidade do arrendamento. Este Assento, deslocado e gravemente desconexo com a lei e o sistema, gerou um movimento de fundo que contribuiu para o fim desse instituto.

§ 42.° Os assentos e a uniformização da jurisprudência

Julgar inconstitucional a norma do artigo 2.° do Código Civil na parte em que atribui aos tribunais competência para fixar doutrina com força obrigatória geral, por violação do disposto no artigo 115.°, n.° 5, da Constituição.

TC n.° 407/94, de 17 de Maio: toma idêntica posição[1828];
TC n.° 410/94, de 18 de Maio: procede desse modo, ainda que num tema de armas proibidas[1829].

Esta posição foi ainda seguida pelos acórdãos do Tribunal Constitucional n.° 299/95 de 7 de Junho[1830], n.° 337/95, de 22 de Junho[1831] e n.° 426/95, de 6 de Julho[1832].

V. A repetição de decisões concretas de inconstitucionalidade levou ao Acórdão do TC n.° 743/96, de 28 de Maio, o qual declara[1833]:

(…) a inconstitucionalidade com força obrigatória geral, da norma do artigo 2.° do Código Civil, na parte em que atribui aos tribunais competência para fixar doutrina com força obrigatória geral, por violação do disposto no artigo 115.°, n.° 5, da Constituição.

179. A revogação dos assentos; crítica

I. No ambiente doutrinário e jurisprudencial acima descrito, o legislador decidiu intervir. No âmbito da reforma do Código de Processo Civil, levada a cabo pelo Decreto-Lei n.° 329-A/95, de 12 de Dezembro, esse diploma veio dispor[1834]:

[1828] TC n.° 407/94, de 17 de Maio (MONTEIRO DINIS), tirado a propósito do mesmo Assento do Supremo.
[1829] TC n.° 410/94, de 18 de Maio (ASSUNÇÃO ESTEVES).
[1830] TC n.° 299/95 de 7 de Junho (MONTEIRO DINIS), a propósito do Assento de 3-Jul.-1984.
[1831] TC n.° 337/95, de 22 de Junho (FERNANDA PALMA), a propósito de um Assento do Supremo Tribunal de Justiça de restringir recursos quanto a despachos de pronúncia.
[1832] TC n.° 426/95, de 6 de Julho (MONTEIRO DINIS), quanto ao Assento n.° 1/83, de 14 de Abril, que veio interpretar o artigo 503.°/3, do Código Civil: a própria interpretação do Assento não foi invalidada; foi, sim, julgado inconstitucional o artigo 2.° do Código Civil.
[1833] TC n.° 743/96, de 28 de Maio (MONTEIRO DINIS) = BMJ 457 (1996), 98-110 (109).
[1834] DR I Série-A, n.° 285, Suplemento, de 12 de Dezembro de 1995, 7780-(111).

– no artigo 4.º/2: *É revogado o artigo 2.º do Código Civil*;
– no artigo 17.º/2: *Os assentos já proferidos têm o valor dos acórdãos proferidos nos termos dos artigos 732.º-A e 732.º-B*[1835].

Quanto à revogação dos assentos[1836], podemos extrapolar do preâmbulo do diploma as seguintes razões[1837]:

– a necessidade de harmonizar o regime do atual recurso para o tribunal pleno com o decidido pelo Acórdão do TC n.º 810/93, de 7 de Dezembro;
– a vantagem de, em termos de celeridade processual, eliminar a "quarta instância";
– a opção de revogar "tal instituto típico e exclusivo do nosso ordenamento jurídico".

Estas duas últimas razões podem ser desconsideradas: só por estultícia se poderia pretender que as delongas processuais são provocadas pela possibilidade de recorrer para o Pleno; a originalidade do instituto mostra a sua adaptação ao País, nunca sendo argumento para lhe pôr termo[1838]. Fica o problema da constitucionalidade.

[1835] Desde logo, a repetição "proferidos"/"proferidos", imprópria do bom português que deve enformar os diplomas legislativos, inculca uma ideia de precipitação, que terá impedido a reflexão que este delicado tema requer. Como seria de esperar, tal lapso não constava da proposta de Miguel Teixeira de Sousa, *Revisão do processo civil/Projecto*, ROA 1995, 353-416.

[1836] Na época, pronunciámo-nos criticamente quanto a esta revogação e ao modo por que ela foi feita em anotação a STJ (Pleno) 31-Jan.-1996 (Cardona Ferreira), ROA 1996, 291-305, *idem*, 307-329, fazendo votos para que fosse repensada a reconstituição do recurso para o Pleno, votos esses que vieram a realizar-se; retomámos o tema em *Da inconstitucionalidade da revogação dos assentos*, em *20 anos da Constituição* (1996), 799-811; a nossa primeira intervenção obteve uma crítica, amável mas radical, de Miguel Teixeira de Sousa, *Sobre a constitucionalidade da conversão do valor dos assentos/ /Apontamentos para uma discussão*, ROA 1996, 707-718; ficámos então cientes de que ele interviera na reforma que ditou o fim dos assentos, pelo menos em parte. Passados quinze anos, retomamos, com curiosidade, o estado do problema, aproveitando para homenagear o ilustre processualista.

[1837] DR I Série-A, n.º 285, Suplemento, de 12 de Dezembro de 1995, 7780-(17), 2.ª coluna.

[1838] Aliás, Miguel Teixeira de Sousa, *Sobre a constitucionalidade* cit., 709, refere, apenas, a primeira motivação.

II. A jurisprudência constitucional e, *maxime*, o Acórdão TC n.º 743/96, não invalidou o artigo 2.º do Código Civil, no seu todo: apenas declarou a inconstitucionalidade do artigo 2.º do Código Civil, *na parte em que atribui aos tribunais competência para fixar doutrina com força obrigatória geral*. Além disso, fê-lo por violação do artigo 115.º/5 da Constituição, surgido apenas em 1982. E portanto:

– bastaria substituir, no artigo 2.º, "doutrina com força obrigatória geral" por "doutrina com força obrigatória para os tribunais", para estar ultrapassada a inconstitucionalidade;
– estando em causa, apenas, os assentos posteriores a 1982, já que, antes disso, os assentos eram considerados admitidos, por via do artigo 119.º/1, *g*), da Constituição.

O legislador de 1995, mais papista do que o Papa (palavras de Freitas do Amaral), não resistiu à glória vã de poder revogar um artigo do Código Civil. Realmente, a doutrina posterior não implicada na reforma foi unânime no sentido de apontar a infelicidade da iniciativa[1839]. Além disso, esse mesmo legislador, por não ter manifestamente em conta o universo material dos assentos existentes, "converteu-os", sem horizonte temporal. A questão não é de mero Direito processual.

III. Como explicámos na altura – e podemos agora reforçar, perante um panorama muito mais extenso – os assentos tinham um papel fundamental: permitiam às pessoas contra as quais, pela mais alta instância jurisdicional, fosse decidido, contrariando a jurisprudência existente, ainda uma possibilidade de reapreciação. Esse dado é precioso: o próprio Supremo (os seus ilustres Conselheiros), sabendo que as suas decisões, quando gratuitamente contrárias ao que seria expectável, podem ser reapreciadas pelos seus Pares, prestará mais atenção ao que decida. Quem conheça o dia-a-dia do foro sabe bem o que estas palavras representam.

[1839] JOSÉ DE OLIVEIRA ASCENSÃO, *O Direito*, 13.ª ed. cit., 328 ss.; DIOGO FREITAS DO AMARAL, *Manual de Introdução ao Direito* cit., 1, 464, explicando ainda a constitucionalidade dos assentos; INOCÊNCIO GALVÃO TELLES, *Introdução ao Estudo do Direito* cit., 1, 89 ss.; JOANA AGUIAR E SILVA, *Para uma teoria hermenêutica da Justiça* cit., 260-277, com interessantes considerações.

Além disso, os assentos permitiam resolver questões em profundidade, num campo dogmático onde o legislador, em regra, não consegue chegar.

Os assentos não foram inventados por contumácia inconstitucional: como bem se compreende, o Estado Novo nem lhes era favorável, pois diminuíam o poder do Governo. Eles foram reclamados por gerações de juristas, em especial processualistas, perdidos perante o individualismo dos nossos julgadores.

Subjacente à revogação do artigo 2.º do Código Civil e dos próprios assentos em geral, encontramos uma falta de humildade científica que perturba.

IV. A revogação dos assentos, tomados como o produto de uma reapreciação do decidido pelo próprio Supremo, quando em oposição à jurisprudência anterior, foi um erro, *de iure condendo*. Conforme profetizado por vários autores[1840], o erro acabou por ser corrigido, ressuscitando-se, nesse sentido, algo de parecido com os assentos, em 2007. A revogação dos assentos de pretérito, "convertidos" em "acórdãos" proferidos nos termos dos artigos 732.º-A e 732.º-B (do Código de Processo Civil, reforma de 1995) foi um erro dogmático, *de iure constituto*[1841].

Vamos ver porquê.

V. O modo abrupto por que se deu a supressão dos assentos causou, ainda, outro problema de constitucionalidade: o artigo 17.º/1, do Decreto--Lei n.º 329-A/95, de 12 de Dezembro, ao pretender revogar de imediato os artigos 763.º a 770.º do Código de Processo Civil, veio defrontar a igualdade (tratou de modo diferente situações idênticas) e atingir o princípio da

---

[1840] Assim, DIOGO FREITAS DO AMARAL, *Manual de Introdução ao Direito* cit., 1, 464 (escrito em 2004).

[1841] A justificação, imputada a CARLOS LOPES DO REGO, ilustre procurador que interveio na reforma processual de 1995, de que seria "absurdo" deixar subsistir os antigos assentos lado a lado com os novos acórdãos de uniformização, não vale. Proferidos ao abrigo da lei anterior, os assentos manteriam o estatuto com que nasceram, sendo vinculativos (apenas) para os tribunais; mudada a lei, os novos instrumentos seguiriam o regime que lhes coubesse. A co-habitação entre regimes regidos pela lei velha e pela lei nova é habitual, em todas as ordens jurídicas. Nada tem de "absurdo", sendo que esse tipo de linguagem, pouco académica, potencia sempre debates menos científicos. CARLOS LOPES DO REGO, *Comentários ao Código de Processo Civil*, 1.ª ed. (1999), 499, limita-se a falar na revogação total do artigo 2.º.

confiança. A solução facilitista foi subscrita pelo TC n.º 574/98, de 13 de Outubro, mas com votos de vencido muito convincentes[1842].

180. O universo material atingido pela revogação dos assentos

I. Como foi dito, o Decreto-Lei n.º 329-A/95, de 12 de Dezembro, no seu artigo 17.º, não se limitou a revogar, para o futuro, o esquema do recurso para o Tribunal Pleno e a força obrigatória geral dos assentos. No seu n.º 2, ele veio atingir os assentos proferidos anteriormente, ou assentos de pretérito. Fê-lo nos seguintes termos:

> 2. Os assentos já proferidos têm o valor dos acórdãos proferidos nos termos dos artigos 732.ºA e 732.ºB.

Pelo menos, pois, sucede o seguinte: segundo esse preceito, os assentos de pretérito perdem a sua força obrigatória geral. Os "acórdãos proferidos nos termos dos artigos 732.ºA e 732.ºB" não têm qualquer valor específico; são acórdãos que, por derivarem de um particular modo de conformação da vontade jurisdicional, promovem (ou podem promover) a coerência jurisprudencial. Os assentos, ora atingidos, não seguiram, aliás, tal modo de conformação.

II. Os assentos surgiam, como foi dito, como proposições gerais e abstratas, dotadas de força vinculativa geral e isso independentemente da discussão quanto à sua constitucionalidade. A revogação do artigo 2.º do Código Civil atinge os assentos para o futuro; não os assentos passados. Tanto assim que o legislador, no artigo 17.º/2 do Decreto-Lei n.º 329-A/95, decidiu dispor diretamente sobre os assentos de pretérito. O preceito em causa veio, pois, revogar, sem horizonte cronológico, todos os assentos. E não serve de desculpa a jurisprudência do Tribunal Constitucional, no sentido de considerar inconstitucionais os assentos (o que nem foi o caso): o Tribunal Constitucional baseou-se no artigo 115.º/5 da Constituição, aditado apenas em 1982; os assentos anteriores a essa data eram legitimados

---

[1842] TC n.º 574/98, de 13 de Outubro (VÍTOR NUNES DE ALMEIDA); vencidos: LUÍS NUNES DE ALMEIDA, MARIA FERNANDA PALMA, PAULO MOTA PINTO e GUILHERME DA FONSECA.

pelo artigo 119.º/1, g) da mesma Lei Constitucional, como temos repetido e é reconhecido[1843].

O artigo 115.º/5 da Constituição, aditado, como se disse, em 1982, visou proibir a prática, frequente no Estado Novo, de os decretos-leis permitirem ao Governo vir, por portaria, suspender ou modificar preceitos legais ou de, por despacho, interpretar a lei. Sempre se pensou que os assentos estivessem salvaguardados pelo artigo 122.º/1, g). Toda a descoberta da inconstitucionalidade e a revogação de 1995 assentam numa confusão induzida da estreiteza de espírito com que se trabalhou.

III. O universo atingido pelo extraordinário artigo 17.º/2 do Decreto-Lei n.º 329-A/95, de 12 de Dezembro, é inimaginável. Logo ocorre, por exemplo, o assento da Casa da Suplicação, de 23 de Novembro de 1769, que, complementando a Lei da Boa Razão, de 18 de Agosto desse mesmo ano, veio esclarecer o Direito aplicável às obrigações dos comerciantes, na falta de leis do Reino: as leis marítimas e comerciais da Europa e o Direito das gentes e prática das nações comerciais. O estatuto dos gerentes das sociedades por quotas, hoje integrado no Código das Sociedades Comerciais, foi definido pelos assentos de 26-Mai.-1961[1844] e n.º 3/77, de 9 de Novembro[1845]: à sombra destes assentos fizeram-se estatutos e moldaram-se deliberações sociais, e isso independentemente das dezenas de decisões judiciais que, depois, os aplicaram.

Desde os anos sessenta, foram tirados, sobre matéria de Direito privado e processual civil, muitas dezenas de assentos[1846], nas áreas, entre tantas, da família[1847], da expropriação por utilidade pública[1848] do arrendamento urbano ou rural[1849] e do Direito do trabalho[1850].

[1843] Assim, OLIVEIRA ASCENSÃO, *O Direito*, 13.ª ed. cit., 329, defende que o artigo 17.º/2 em causa só se aplica a assentos posteriores ao artigo 115.º/6, da Constituição.

[1844] Assento de 26-Mai.-1961 (SOUSA MONTEIRO), BMJ 107 (1961), 352-359.

[1845] Assento n.º 3/77, de 9-Nov. (BRUTO DA COSTA), BMJ 271 (1977), 96-98 = DR I Série, n.º 298, de 27-Dez.-1977, 3064-3065.

[1846] Na excelente Base de Dados Legix, de ERNESTO OLIVEIRA, em Fevereiro de 1996, havia 242 registos sobre assentos, muitos deles relativos a temas de Direito privado e de Direito processual civil.

[1847] Por exemplo: Assento n.º 5/78, de 25-Jul. (ÁLVARES DE MOURA), DR I Série, n.º 249, de 28-Out.-1978, 2285-2286, Assento n.º 6/79, de 19-Nov. (OLIVEIRA CARVALHO), DR I Série n.º 242, de 19-Out.-1979, 2720-2722, Assento n.º 4/83, de 21-Jun. (JOAQUIM

IV. Os assentos são caso julgado, no litígio que vieram solucionar. Além disso, eles podem originar outros casos julgados, na medida em que venham a ser aplicados por ulteriores decisões transitadas. Mas são mais do que isso: como proposições gerais e abstratas, eles integraram-se na ordem jurídica, moldando-a; eles condicionaram a atuação das pessoas; em suma: eles conferiram direitos. Caso a caso poder-se-á discutir se foram inovadores e qual o grau de inovação; mas o simples facto de, antes do assento, haver decisões contraditórias mostra que, depois dele, nada ficou na mesma.

V. Mais importante, agora, é sublinhar que os assentos são Direito material. Por certo que a lei adjetiva regula a sua produção. A proposição formulada pelo Supremo, porém, tem natureza civil, comercial, processual

---

FIGUEIREDO), DR I Série, n.º 197, de 27-Ago.-1983, 3018-3020, Assento (não numerado) de 16-Out.-1984 (AMARAL AGUIAR), DR I Série n.º 259, de 8-Nov.-1984, 3433-3435 = BMJ 340 (1984), 157-162, Assento de 25-Jun.-1987 (SOLANO VIANA), BMJ 368 (1987), 147-151 e Assento n.º 4/94, de 26-Jan. (MARTINS DA COSTA), DR I Série-A, n.º 69, de 23-Mar.-1994, 1448-1450.

[1848] Por exemplo: Assento de 9-Dez.-1964 (ALBUQUERQUE ROCHA), DG I Série, n.º 6, de 8-Jan.-1965, 30-32, Assento de 14-Jul.-1967 (TORRES PAULO), DG I Série, n.º 194, de 21-Ago.-1967, 1507-1508, Assento n.º 7/79, de 24-Jul.-1979 (OLIVEIRA CARVALHO), DR I Série, n.º 254, de 3-Nov.-1979, 2793-2794, Assento (não numerado) de 23-Abr.-1987 (FERNANDES FUGAS), DR I Série, n.º 127, de 3-Jun.-1987, 2233-2236 e Assento (não numerado) de 13-Jul.-1988 (ROSEIRA DE FIGUEIREDO), DR I Série, n.º 249, de 27-Out.-1988, 4375-4379.

[1849] Por exemplo: Assento de 11-Nov.-1966 (TORRES PAULO), DG I Série, n.º 291, de 17-Dez.-1966, 2227-2228, Assento de 15-Mai.-1973 (CARVALHO JÚNIOR), DG I Série, n.º 114, de 15-Mai.-1973, 827-828, Assento (não numerado) de 3-Mai.-1984 (AMARAL AGUIAR), DR I Série, n.º 152, de 3-Jul.-1984, 2010-2012 = BMJ 337 (1984), 182-188, Assento (não numerado) de 16-Out.-1984 (CORTE REAL), DR I Série, n.º 250, de 27-Out.-1984, 3321-3324, Assento (não numerado) de 23-Abr.-1987 (FERNANDES FUGAS), DG I Série, n.º 122, de 28-Mai.-1987, 2128-2131, aliás também com relevância no Direito da família, Assento n.º 5/93, de 9-Fev. (AUGUSTO MARTINS), DR I Série-A, n.º 81, de 6-Abr.-1993, 1737-1742 e Assento n.º 2/95, de 1-Fev. (CÉSAR MARQUES), DR I Série-A, n.º 93, de 20-Abr.-1995, 2256-2259.

[1850] Por exemplo: Assento n.º 3/82, de 1-Jun. (MELO FRANCO), DR I Série, n.º 166, de 21-Jul.-1982, 2177-2180, Assento (não numerado) de 13-Fev.-1985 (MELO FRANCO), DR I Série, n.º 71, de 26-Mai.-1985, 791-796 = BMJ 344 (1985), 183-193 e Assento (não numerado) de 3-Abr.-1991 (SOUSA MACEDO), DR I Série-A, n.º 114, de 18-Mai.-1991, 2681-2683.

ou laboral, consoante o campo em que se integre. Mal ficaria vir, ainda, argumentar: basta remeter para o texto de alguns assentos[1851].

[1851] Assim e retomando os exemplos citados nas notas anteriores: a) Direito da Família: *Assento n.º 5/78, de 28-Out*.: A averiguação da filiação biológica constitui matéria de facto de exclusiva competência das instâncias; *Assento n.º 6/79, de 24-Jul*.: Em caso de divórcio ou separação judicial de pessoas e bens decretados por um tribunal de família, a este compete a regulação consequente do exercício do poder paternal; *Assento n.º 4/83, de 21-Jun*.: Na falta de uma presunção legal de paternidade, cabe ao autor, em ação de investigação, fazer a prova de que a mãe, no período legal da conceção, só com o investigado manteve relações sexuais; *Assento de 16-Out.-1984*: Por respeitarem a direitos indisponíveis, os factos confessados pelo pretenso pai em ação de investigação de paternidade contra ele proposta devem ser levados ao questionário e não à especificação; *Assento de 25-Jun.-1987*: Com a entrada em vigor da Constituição de 1976, e mesmo antes da modificação introduzida no artigo 1463.º do Código de Processo Civil pelo Decreto-Lei n.º 368/77, de 3 de Setembro, a notificação para o exercício do direito de preferência deve ser feita a ambos os cônjuges, para aplicação do princípio de igualdade jurídica estabelecida no artigo 36.º, n.º 3, da Constituição; *Assento n.º 4/94, de 23-Mai*.: A dívida de restituição do sinal em dobro, por incumprimento de contrato-promessa de compra e venda de coisa imóvel, celebrado por um dos cônjuges, comerciante, como promitente vendedor, é da responsabilidade de ambos os cônjuges, nos termos e com as ressalvas previstas no artigo 1691.º, n.º 1, alínea *d*), do Código Civil; b) Direito da expropriação por utilidade pública: *Assento de 9-Dez.-1964*: O valor do processo de expropriação, regulador da sua relação com a alçada do tribunal, determina-se em conformidade com as regras estabelecidas no Código de Processo Civil; *Assento de 14-Jul.-1967*: No recurso de arbitragem, em processos de expropriação por utilidade pública, incumbe ao recorrente, ainda que se trate de entidade isenta de custas, o encargo de efetuar o preparo para despesas com a avaliação; *Assento n.º 7/79, de 24-Jul*.: É suscetível de recurso para o Supremo Tribunal de Justiça, nos termos gerais, o acórdão da relação que em processo de expropriação por utilidade pública julgue sobre a forma de pagamento da indemnização fixada; *Assento de 23-Abr.- -1987*: A resolução do Governo Regional dos Açores que declare a utilidade pública da expropriação de bens situados nessa Região deve ser publicado no Jornal Oficial dessa Região, e não no Diário da República; *Assento de 13-Jul.-1988*: O exercício da faculdade conferida pelo artigo 84.º, n.º 2, do Código das Expropriações (Decreto-Lei n.º 845/76, de 11 de Dezembro), depende da alegação e prova da insuficiência de meios financeiros para a entidade expropriada efetuar de imediato o pagamento da totalidade da indemnização; c) Direito do arrendamento urbano e rural: *Assento de 11-Nov.-1966*: As caixas de previdência, instaladas em edifício próprio, gozam do direito de despedir os seus inquilinos quando necessitem da parte por estes ocupada, mesmo que tenham adquirido o prédio depois do arrendamento; *Assento de 3-Abr.-1973*: O recurso interposto pelo senhorio da sentença proferida em 1.ª instância no processo de avaliação requerida nos termos do Decreto n.º 37.021, de 21 de Agosto de 1948, tem efeito meramente devolutivo; *Assento de 3-Mai.-1984*: Seja instantâneo ou continuado o facto violador do contrato de arrendamento, é a partir do seu

§ 42.º *Os assentos e a uniformização da jurisprudência* 647

Como Direito material, tivemos assentos revogados por leis[1852] e, até, assentos declarados inconstitucionais, com força obrigatória geral, pelo Tribunal Constitucional[1853]: tudo isto só faz sentido pela materiali-

---

conhecimento inicial pelo senhorio que se conta o prazo de caducidade estabelecido no artigo 1094.º do Código Civil; *Assento de 16-Out.-1984*: Na vigência do Decreto-Lei n.º 420/76, de 28 de Maio, com as alterações do Decreto-Lei n.º 293/77, de 20 de Julho, em caso de caducidade do contrato de arrendamento ou morte do locatário, o titular do direito referido no artigo 1.º, n.º 1, daquele decreto, aí apelidado de preferência, podia obrigar o senhorio a celebrar com ele novo contrato de arrendamento, se aquele não alegasse e provasse qualquer das exceções do artigo 5.º, n.º 4, do Decreto-Lei n.º 445/74, de 12 de Setembro, sendo legítima a sua ocupação do fogo até à celebração desse contrato ou decisão final sobre o destino do fogo; *Assento de 23-Abr.-1987*: As normas dos n.os 2, 3 e 4 do artigo 1110.º do Código Civil não são aplicáveis às uniões de facto, mesmo quando destas haja filhos menores (matéria de arrendamento e de família); *Assento n.º 5/93, de 9-Fev.*: O direito de preferência concedido ao arrendatário rural pelo artigo 29.º da Lei n.º 76/77, de 29 de Setembro, abrange a venda de quota do prédio; *Assento n.º 2/95, de 1-Fev.*: Vendido um prédio urbano a locatário habitacional de parte dele, sem que o proprietário tenha cumprido o disposto no artigo 416.º, n.º 1, do Código Civil quanto aos restantes locatários, o comprador não perde, pelo simples facto da aquisição, o respetivo direito legal de preferência. E qualquer desses locatários preteridos, como detentor de direito concorrente, não o poderá ver judicialmente reconhecido sem recorrer ao meio processual previsto no artigo 1465.º do Código de Processo Civil, aplicável com as devidas adaptações; d) Direito do trabalho: *Assento n.º 3/82, de 1-Jun.*: O termo "indemnização" constante do n.º 2 do artigo 182.º do Código de Processo do Trabalho de 1963 está empregado em sentido amplo, abrangendo as prestações pecuniárias devidas aos trabalhadores resultantes de obrigações cujo incumprimento integrou a respetiva infração penal laboral; *Assento de 13-Fev.-1985*: O prazo de prescrição dos créditos resultantes do afastamento dos trabalhadores abrangidos pelo Decreto-Lei n.º 40/77, de 29 de Janeiro, inicia-se com a entrada em vigor deste diploma, suspende-se com o requerimento para a instauração do inquérito administrativo e volta a correr após a frustração da tentativa de conciliação requerida no prazo legal; *Assento de 3-Abr.-1991*: O n.º 6 do artigo 12.º do Decreto-Lei n.º 372-A/75, de 17 de Julho, estabelece uma presunção *juris tantum*.

Alguns destes assentos recaíram sobre proposições processuais; a sua projeção substantiva é, porém, evidente.

[1852] É o já referido caso do Assento de 3-Mai.-1984, DR I Série, 1984, n.º 250, 2012, revogado pela Lei n.º 24/89, de 1 de Agosto, através do n.º 2, aditado ao artigo 1094.º, do Código Civil.

[1853] Foi o que sucedeu com o também referido Assento de 23-Abr.-1987, DR I Série, 1984, n.º 122, 2131, declarado inconstitucional, com força obrigatória geral, pelo TC n.º 359/91, de 9-Jul. (MONTEIRO DINIS), DR I Série-A, n.º 237, de 15-Out.-1991, 5332-5346 (5338); a declaração de inconstitucionalidade deu-se por, supostamente, o

dade dos assentos. Finalmente: a discussão sobre a inconstitucionalidade dos assentos postula, na raiz, a sua natureza normativa, geral e abstrata.

181. A inconstitucionalidade da revogação

I. Ao desmembrar os assentos de pretérito, o artigo 17.º/2, do Decreto-Lei n.º 329-A/95 alterou o Direito material: ele revogou dezenas de regras jurídicas, de várias épocas, de natureza civil, comercial, processual e laboral. Entre elas, contam-se normas sobre o estado e capacidade das pessoas[1854], sobre direitos dos trabalhadores[1855], sobre o regime da expropriação por utilidade pública[1856] e sobre o regime geral do arrendamento urbano e rural[1857]. Trata-se de matéria da competência exclusiva da Assembleia da República, salvo autorização ao Governo: artigo 168.º/1, alíneas *a)*, *b)*, *e)* e *h)*, da Constituição. O Governo não tinha autorização legislativa para intervir em tais matérias; aliás, a autorização obtida para

---

Assento violar o princípio constitucional da não-discriminação dos filhos nascidos fora do casamento, o que, aliás, e salvo o devido respeito, não resulta do Assento, como bem se pode acompanhar em diversos votos de vencido: MESSIAS BENTO, NUNES DE ALMEIDA, BRAVO SERRA, MARIA DA ASSUNÇÃO ESTEVES, ALVES CORREIA e CARDOSO DA COSTA. Interessa agora sublinhar que o pedido de declaração de inconstitucionalidade foi requerido pelo Provedor de Justiça, tendo o Tribunal Constitucional, na sequência de outra jurisprudência sua, devidamente citada, entendido que, nos assentos, há verdadeiras normas jurídicas – DR cit., 5333, 2.ª col.

Um caso interessante foi o do Assento de 13-Jul.-1988, acima citado, que fixava as condições de aplicação do artigo 84.º/2 do Código das Expropriações, relativo ao pagamento da indemnização em prestações: o referido artigo 84.º/2 foi julgado inconstitucional pelo TC n.º 108/92, de 19-Mar. (ALVES CORREIA), BMJ 415 (1992), 244-253, por violação dos artigos 62.º/2 e 13.º/1, da Constituição, igual sorte tendo o Assento em questão.

[1854] Estão particularmente em causa o Assento n.º 5/78, de 28-Out. (filiação), o Assento n.º 4/83, de 21-Jun. (filiação), o Assento de 16-Out.-1984 (investigação de paternidade), o Assento de 25-Jun.-1987 (igualdade entre os cônjuges) e o Assento n.º 4/94 (regime das dívidas, no casamento), de entre os acima referidos.

[1855] Como exemplos: Assento de 13-Fev.-1985 (prazo de prescrição de certos créditos de trabalhadores) e Assento de 3-Abr.-1991 (ilidibilidade da "presunção de perdão", na hipótese de despedimento com justa causa), de entre os acima referidos.

[1856] Valem os diversos assentos relativos à expropriação por utilidade pública, acima referidos.

[1857] Valem os vários assentos reportados ao arrendamento, acima referidos.

alterar o Código de Processo Civil nada permitia, quanto aos assentos de pretérito[1858].

O artigo 17.º/2 do Decreto-Lei n.º 329-A/95, de 12 de Dezembro, está, nessa medida, ferido de evidente inconstitucionalidade orgânica.

II. Ao revogar, *ad nutum*, sem ressalvas nem limites, todos os assentos de pretérito, o artigo 17.º/2 veio bulir com inúmeros direitos patrimoniais privados, constituídos à sombra deles. Além disso, são afetadas, direta ou indiretamente, situações das pessoas e das mais sagradas, nos domínios pessoal e familiar. Não houve autorização legislativa. Não houve processo de expropriação. Não houve indemnização. Não houve – em suma – a cautela elementar de ressalvar direitos adquiridos. Houve inconstitucionalidades em cascata, estando em causa, entre outros e além dos acima referidos, os artigos 18.º/2 e 3, 62.º/1 e 168.º/1, *e*), todos da Constituição.

As consequências desta extraordinária revogação poderiam ser minoradas com a aplicação analógica do artigo 12.º/1 do Código Civil: mesmo perante a lei retroativa, "... presume-se que ficam ressalvados os efeitos já produzidos pelos factos que a lei se destina a regular". Mas nem todas: há efeitos em curso, que desaparecem com a base normativa que os sustentava. Além disso, põe-se o problema de certas expectativas: as pessoas que depositaram a sua confiança num assento não podem, sem mais, ser desamparadas.

III. Poder-se-ia, ainda, retorquir que a situação não seria tão gravosa: afinal, os assentos, ora atingidos, já pouco valeriam, por serem inconstitucionais. Mas como? Todos? Após 1982? Após 1976? Após 1939? Após 1926? Após 1832? Após 1820? Após 1769? Após 1603? Mas, sobretudo: se fosse essa a hipótese, não caberia ao Governo declarar inconstituciona-

---

[1858] A Lei n.º 33/95, de 18 de Agosto, que autorizou o Governo a rever o Código de Processo Civil, no tocante a recursos – artigo 7.º – e com relevância para os assentos – alínea *e*), – limitou-se a dispor que as alterações a introduzir situar-se-ão dentro do quadro da "Ampliação da competência das secções cíveis reunidas para, no âmbito de um julgamento ampliado da revista, proceder à uniformização da jurisprudência, oficiosamente ou a requerimento das partes, revogando, para tanto, a alínea *b*) do artigo 26.º da Lei Orgânica dos Tribunais Judiciais, eliminando o recurso para o tribunal pleno e revogando, concomitantemente, o artigo 2.º do Código Civil".

lidades. Isso compete aos tribunais – *maxime* ao Tribunal Constitucional –, em concreto, com garantias de discussão interna e, sendo esse o caso, de contraditório, e ponderando-se sempre as consequências da eventual decisão de inconstitucionalidade.

IV. Este estranho episódio da revogação dos assentos permitirá – porventura e com todo o respeito pelas esclarecidas opiniões em contrário – pelo menos, recordar uma sã realidade: não há Ciência do Direito sem dogmática e não há dogmática sem o conhecimento do caso concreto.

Uma discussão sobre assentos, mesmo iluminada, não pode dispensar o estudo concreto dos assentos. Um juízo de inconstitucionalidade – a ter relevância dogmática – é, ainda, um juízo constituinte *in concreto*. As generalizações fáceis são tanto ou mais conceitualistas do que o construtivismo que pretendem combater. Caso a caso deveria ter sido debatido o tema da (in)constitucionalidade dos assentos; caso a caso haverá que indagar a (in)constitucionalidade da sua revogação.

V. A esta orientação, que desenvolvemos em 1996, veio Miguel Teixeira de Sousa opor três argumentos[1859]:

– ele próprio ignora porque não se pediu autorização legislativa ao Parlamento, para operar a "conversão";
– uma coisa é legislar sobre a substância e outra sobre o (mero) instituto dos assentos;
– se a nossa lógica fosse a boa, então os assentos seriam materialmente inconstitucionais por, eles próprios, não terem sido precedidos por autorização legislativa.

Quanto ao primeiro argumento, estamos de acordo: não foi pedida a autorização. Quanto ao segundo, não estamos: o que discutimos não é a aptidão jurídica do Governo de legislar em abstrato sobre assentos, quando o faça para o futuro: é, antes, a possibilidade de atingir concretos assentos de pretérito, integrados na ordem jurídica. Quanto ao terceiro: se se entender, cumulativamente: (1) que o assento é fonte autónoma de normas; (2) que ele não está legitimado pelo costume; (3) que, após a revisão de 1982, o artigo 119.º/1, *g*), da Constituição, deixa de ser bastante para os amparar, tem razão. Mas sempre e só após 1982.

[1859] MIGUEL TEIXEIRA DE SOUSA, *Sobre a constitucionalidade* cit., 709, 713 e 714-715.

Evidentemente, fica desde já o fundamental: os assentos, pela sua génese, pelo seu âmbito e pelo seu objetivo, não eram "leis", para efeitos da Constituição.

182. A prática subsequente

I. Aquando da abolição dos assentos, o legislador declarou preocupar-se com a "questão de particular complexidade" relativa à fixação de jurisprudência, na área do processo civil. E considerou ter encontrado uma solução baseada, no essencial, no "regime da revista ampliada"[1860]. Estabeleceu, nos artigos 732.º-A e 732.º-B, abaixo estudados, um esquema dito "uniformização de jurisprudência", mas que não atribuía qualquer força vinculativa às decisões que se formassem, fora do próprio processo.

Perante isso, pergunta-se, passados estes anos, como é que a prática conviveu com a revogação/conversão dos assentos. A resposta é simples: em muitos casos, ignorou-a.

Desde logo, o próprio Tribunal Constitucional continuou a considerar aplicáveis os assentos em relação aos quais não houvesse irregularidades materiais. Assim:

TC n.º 126/92, de 17 de Junho: faz a apreciação da doutrina do Assento do Supremo n.º 1/83, de 14 de Abril, relativo à interpretação do artigo 503.º, em si mesma e não pelo facto de advir de um assento: este problema não havia sido suscitado[1861];

TC n.º 1197/96, de 21 de Novembro: a declaração de inconstitucionalidade dos assentos não desvincula os juízes e os tribunais hierarquicamente subordinados ao dever de obediência à jurisprudência tirado pelo Supremo, para efeitos de uniformização[1862];

RCb 23-Nov.-1999: faz aplicação dessa doutrina[1863].

II. De seguida, os tribunais judiciais conservam em vida os assentos de pretérito:

[1860] Preâmbulo do Decreto-Lei n.º 329-A/95, de 12 de Dezembro, DR I Série-A, n.º 285 (Suplemento), de 12-Dez.-1995, 7780-(17)/II.

[1861] TC n.º 126/92, de 17 de Junho (MESSIAS BENTO) = BMJ 418 (1992), 420-428 (428).

[1862] TC n.º 1197/96, de 21 de Novembro (ALVES CORREIA); não invalidou o Assento n.º 4/92, de 13 de Julho, sobre juros moratórios nas livranças, acima referido.

[1863] RCb 23-Nov.-1999 (ARAÚJO FERREIRA), Proc. 858/98.

STJ 18-Set.-2003: mantém-se válido e atual, hoje com o valor de acórdão uniformizador de jurisprudência, o Assento de 10-Mai.-1985 (DR II, n.° 141, de 22-Jun.-1989, 6127, segundo o qual, nos termos do artigo 294.° do Código Civil, o título constitutivo ou modificativo da propriedade horizontal é parcialmente nulo (292.°) ao atribuir a uma dada parte comum ou fração autónoma de edifício destino ou utilização diferentes dos constantes do respetivo projeto, aprovado pela Câmara Municipal[1864];

RPt 25-Mai.-2004: o acórdão 743/96 do TC deixou intocado o segmento do artigo 2.° do Código Civil que permite a prolação de assentos com força vinculativa nas ordens dos tribunais judiciais. Aplica-se, pois, o acórdão uniformizador de jurisprudência (AUJ) n.° 6/02, de 2-Mai.-02, no sentido de que se exige, para a procedência do direito de regresso contra o condutor por ter agido sob influência do álcool o ónus da prova, pela seguradora, do nexo de causalidade adequada entre a condução sob o efeito do álcool e o acidente[1865];

RLx 16-Set.-2008: *idem*, quanto ao Assento de 29-Nov.-1989, relativo à validade do contrato-promessa bilateral, que contenha, apenas, uma assinatura[1866].

III. Torna-se ainda curioso notar que, pelo menos até 2003, o Supremo Tribunal de Justiça continuou a fazer publicar, como assentos, "acórdãos uniformizadores de jurisprudência". Assim:

Assento n.° 1/2003: nulidade do processo contra-ordenacional quando, optando o instrutor pela audiência escrita do arguido, não lhe forneça os elementos necessários para que fique a conhecer a totalidade dos dados relevantes, de facto e de Direito[1867];

Assento n.° 2/2003, segundo o qual sempre que o recorrente impugne a matéria de facto, em conformidade com o disposto nos n.os 3 e 4 do artigo 412.° do Código de Processo Penal, a transcrição ali referida incumbe ao Tribunal[1868].

[1864] STJ 18-Set.-2003 (FERREIRA DE ALMEIDA), Proc. 03B2355.
[1865] RPt 25-Mai.-2004 (ALBERTO SOBRINHO), Proc. 0422740.
[1866] RLx 16-Set.-2008 (ROQUE NOGUEIRA), Proc. 4701/2008-7.
[1867] STJ (P), Assento n.° 1/2003, de 28-Nov.-2002 (CARMONA DA MOTA), DR I Série-A, n.° 21, de 25-Jan.-2003, 547-558.
[1868] STJ (P), Assento n.° 2/2003, de 16-Jan.-2003 (FLORES RIBEIRO), DR I Série-A, n.° 25, de 30-Jan.-2003, 622-629.

§ 42.º Os assentos e a uniformização da jurisprudência

Esta prática corresponde à ideia de que, em matéria processual penal, a designação "assento" ainda se conservou[1869].

183. A revista ampliada (1995)

I. O Decreto-Lei n.º 329-A/95, de 12 de Dezembro, que irrefletidamente aboliu os assentos, não podia ignorar os séculos de esforços para solucionar o problema do individualismo irresistível do julgador português. Tinha, mesmo retirando, aos assentos, a força obrigatória geral, vários instrumentos à sua disposição. Optou, todavia, por uma solução minimalista: a de aproveitar os antigos recursos ditos de revista ampliada.

Na origem, temos o esquema, introduzido em 1967 no artigo 728.º/3, do Código de Processo Civil, que pretendia facilitar a uniformização de jurisprudência, mas sem recorrer à arma última do assento. Permitia-se, aí, que o Presidente do Supremo, quando considerasse conveniente uniformizar jurisprudência mas sem tirar assento, determinasse que certos julgamentos se fizessem com a participação ou de todos os juízes da secção ou com as secções reunidas.

O sistema teve alguma utilidade. Por exemplo, STJ 26-Abr.-1977[1870], relativo às promessas bilaterais com uma única assinatura, fixou uma orientação que se manteve durante alguns anos[1871]. Mas acabou por ser contraditado por novos julgados do Supremo, até desaguar no assento de 29-Nov.-1989[1872]. Repare-se que estamos perante uma questão nuclear de Direito civil, relevante no dia-a-dia, e não em temas de pura tecnicidade.

Mas não permitia uma uniformização consistente. Fixada uma orientação, logo haveria magistrados ilustres que descobririam ter encontrado solução melhor. E como podiam decidir independentemente do fixado em "revista ampliada", permaneciam os volte-faces imparáveis em que a jurisprudência portuguesa é pródiga.

[1869] Temos, publicados como assentos: 2, em 1996; 1, em 1997; 3, em 1998; 9, em 1999; 12, em 2000; 2, em 2001; 1, em 2002, 2, em 2003. Valiam os artigos 441.º/1 e 442.º e seguintes do CPP.

[1870] STJ 26-Abr.-1977 (RODRIGUES BASTOS), BMJ 266 (1977), 156-157.

[1871] *Tratado* II/2, 342-343, com as espécies.

[1872] STJ (P) 29-Nov.-1989 (CASTRO MENDES), BMJ 391 (1989), 101-106 = RLJ 125 (1992), 214-218.

II. O artigo 732.º-A, introduzido pelo Decreto-Lei n.º 329-A/95, de 12 de Dezembro, veio dispor, sob a epígrafe "uniformização de jurisprudência"[1873]:

1. O presidente do Supremo Tribunal de Justiça determina, até à prolação do acórdão, que o julgamento do recurso se faça com intervenção do plenário das secções cíveis, quando tal se revele necessário ou conveniente para assegurar a uniformidade da jurisprudência.

A novidade estava no número seguinte desse mesmo preceito[1874]:

2. O julgamento alargado, previsto no número anterior, pode ser requerido por qualquer das partes ou pelo Ministério Público e deve ser sugerido pelo relator, por qualquer dos adjuntos, ou pelos presidentes das secções cíveis, designadamente quando verifiquem a possibilidade de vencimento de solução jurídica que esteja em oposição com jurisprudência anteriormente firmada, no domínio da mesma legislação e sobre a mesma questão fundamental de direito.

Em termos de garantia de estabilidade jurisprudencial, para as partes, o progresso é escasso: não vemos como pode um particular saber que existe a possibilidade de vencimento de uma solução contrária à prática judicial anteriormente firmada, para poder requerer o julgamento alargado. A hipótese é tão estranha que já se suscitou a possibilidade de ser inconstitucional, por limitar o acesso à justiça. O Tribunal Constitucional respondeu, todavia, pela negativa[1875].

III. O artigo 732.º-B (especialidades do julgamento) fixava o procedimento relativo a esse tipo de julgamento, de modo a permitir a interven-

---

[1873] Além da bibliografia abaixo citada, vide ALBERTO BALTAZAR COELHO, *Algumas notas sobre o julgamento ampliado da revista e do agravo*, CJ/Supremo V (1997) 1, 25-32 (27 ss.) e MIGUEL TEIXEIRA DE SOUSA, *Estudos sobre o novo processo civil*, 2.ª ed. (1997), 556 ss..

[1874] Este esquema surge aparentemente inspirado por CASTANHEIRA NEVES, *O instituto dos "assentos"* cit., 670-672, em troço bem construído, mas que esbarra com a imensa volatilidade das decisões judiciais; vide, abaixo, o sucedido com o regime substancial do registo.

[1875] TC n.º 261/2002, de 18 de Junho (JOSÉ DE SOUSA BRITO), DR II Série, n.º 169, de 24-Jul.-2002, 12.892-12.894 (12.894/I).

ção efetiva dos diversos juízes. Segundo o seu n.º 4, o acórdão que viesse a ser proferido seria publicado na 2.ª série do jornal oficial e no *Boletim do Ministério da Justiça*. A solução era magra: o Decreto-Lei n.º 180/96, de 25 de Setembro, logo alterou esse preceito, omitindo a publicação no Boletim[1876] e promovendo a publicação dos "acórdãos de uniformização" na 1.ª série-A do jornal oficial[1877].

Pergunta-se qual é o valor dos acórdãos de uniformização de jurisprudência, prolatados ao abrigo dos artigos 732.º-A e 732.º-B, do Código de Processo Civil. Alguma doutrina veio defender a natureza vinculativa desses acórdãos: quer para as instâncias, quer para o Supremo: foi a opção de Pais de Sousa e Cardona Ferreira, depois abandonada, pelo menos por este último[1878]. Hoje, a generalidade da doutrina responde pela negativa: os tais "acórdãos de uniformização" não têm nenhuma força vinculativa fora do processo em que sejam proferidos, valendo apenas pelo peso persuasivo que a sua argumentação possa conter[1879].

No sentido da força vinculativa dos acórdãos de uniformização foram aventados seis argumentos; apesar de irrefutavelmente rebatidos, ponto por ponto, por António Abrantes Geraldes[1880], tem interesse recordá-los, para melhor cercar o problema: (a) o Tribunal Constitucional apenas invalidou a

---

[1876] O qual, de resto e lamentavelmente, cessou a sua publicação em 2000.

[1877] DR I Série-A, n.º 223, de 25-Set.-1996, 3356/I; hoje, dispõe a Lei n.º 74/98, de 11 de Novembro, na redação dada pela Lei n.º 26/2006, de 30 de Junho. Segundo o seu artigo 3.º/2:

São objeto de publicação na 1.ª série do Diário da República:

i) As decisões de uniformização de jurisprudência do Supremo Tribunal de Justiça e do Tribunal de Contas e as decisões do Supremo Tribunal Administrativo a que a lei confira força obrigatória geral;

[1878] J. O. Cardona Ferreira, *Guia de recursos em processo civil*, 5.ª ed. (2010), 302, nota 307; a posição que figura no texto foi tomada por Pais de Sousa/Cardona Ferreira, *Processo civil* (1997), 98 a 101; vide António dos Santos Geraldes, *Valor da jurisprudência cível*, CJ/Supremo VII (1999), 2, 5-20 (9/II).

[1879] Carlos Lopes do Rego, *Comentário ao Código de Processo Civil* (1999), 499-500, Miguel Teixeira de Sousa, *Estudos sobre o novo processo civil* (1997), 558, Armindo Ribeiro Mendes, *Recursos em processo civil/reforma de 2007* (2009), 170-171 (mas aplicável à reforma de 1995), José Lebre de Freitas/Armindo Ribeiro Mendes, *Código de Processo Civil Anotado*, 3 (2003), 150 (anot. 3).

[1880] António Abrantes Geraldes, *Valor da jurisprudência cível* cit., 10; esta seriação derivou de Cardona Ferreira, na sua obra de 1997, citada na penúltima nota.

"força obrigatória geral" do artigo 2.º; não a sua força vinculativa dentro da hierarquia judicial; (b) a lei usa a expressão "uniformizar", que terá sentido útil; (c) o legislador pretendeu substituir os assentos por algo que ainda tivesse sentido; (d) as secções criminal e cível do Supremo não podem ser tratadas de modo diverso; (e) a publicação na I Série do *Diário da República* dos acórdãos de uniformização não pode ter outro sentido do que o de atribuir força vinculativa; (f) a reforma do processo não pode ir no sentido de tirar prestígio ao Supremo.

Todos estes argumentos são interessantes, sendo lamentável que o legislador os haja esquecido. Mas perante a clareza da lei, não vemos margem para tão grande volta interpretativa: eles apenas valem no processo, não tendo eficácia externa (fora dos tribunais) e interna (dentro dos mesmos)[1881].

Esta questão não se confunde com a manutenção da eficácia vinculativa dos antigos assentos, ainda que apenas para os tribunais, mediante a redução teleológica do artigo 17.º/2 do Decreto-Lei n.º 329-A/95, de 12 de Setembro[1882].

IV. O sistema da "jurisprudência uniformizadora" operou muito mal, nos doze anos subsequentes à reforma de 1995, obrigando a nova reforma, em 2007. Três tópicos demonstram-no:

- o funcionamento do artigo 732.º-A, do Código de Processo Civil, depende ou do juízo discricionário do Presidente do Supremo[1883], ou de um juízo tático das partes: não tem a segurança dada pela lógica da parte, vencida contra a jurisprudência anterior e que vai demonstrá-lo e bater-se pela melhor solução; é esta a estrutura da justiça cível;
- as partes perderam uma garantia muito importante, para elas próprias e para a segurança do tráfego: a de que as suas causas ainda teriam uma hipótese de reapreciação, quando surgissem decisões supremas contrárias a quanto seria expectável;
- a prática do Supremo Tribunal de Justiça, de "uniformizar" jurisprudência e, logo de seguida, de "uniformizar" em sentido contrário: o desprestígio acaba por ser tal, que mais valia acabar com essas pretensas vias de uniformização.

[1881] *Idem*, 13/I.
[1882] *Infra*, 782 ss..
[1883] ARMINDO RIBEIRO MENDES, *Recursos em processo civil/reforma de 2007* cit., 169.

§ 42.º Os assentos e a uniformização da jurisprudência

Ficará na história a contraposição entre os acórdãos uniformizadores n.º 15/97 e 3/99, relativos ao registo predial, e isso num ponto que tem a ver com a segurança dos muitos milhares de cidadãos que recorrem a empréstimos hipotecários e com a operacionalidade do sistema financeiro. O STJ (P) 15/97, de 20 de Maio, veio uniformizar que[1884]:

> Terceiros, para efeitos de registo predial, são todos os que, tendo obtido registo de um direito sobre determinado prédio, veriam esse direito ser arredado por qualquer facto jurídico anterior não registado ou registado posteriormente.

Dois anos volvidos, o mesmo Supremo "uniformiza" em sentido diverso: STJ (P) 3/99, de 18 de Maio, veio dispor que (afinal)[1885]:

> Terceiros, para efeitos do disposto no artigo 5.º do Código do Registo Predial, são os adquirentes de boa-fé, de um mesmo transmitente comum, de direitos incompatíveis, sobre a mesma coisa.

Desde já adiantamos que, na nossa opinião, a primeira "uniformização" era a correta[1886]: a segunda está profundamente errada, apenas se explicando pela falta de uma cultura do registo predial, nos nossos meios jurídicos. Mas esse nosso juízo é, aqui, irrelevante. Importa, sim, sublinhar que o Supremo, por guerras de escolas que, hoje, já são difíceis de reconstituir, não teve dúvidas em desautorizar a sua própria jurisprudência. Os autores, por seu turno, apreciam a matéria diferentemente, consoante a opção que façam, na matéria em discussão. Assim, os defensores do segundo acórdão, vão dizer: (a) que a maioria da doutrina e da jurisprudência propenderiam para o segundo (o que nem é verdade); (b) que o primeiro acórdão estava pouco desenvolvido; (c) que, nele, houve muitos votos de vencido.

É óbvio que, por este caminho, não há uniformização possível: quem, concretamente, tenha liberdade de decidir, imporá a sua razão.

A mutabilidade jurisprudencial equivale, se bem se pensar, à ausência de lei. Ninguém pode, em certas áreas, prever, com probabilidade tran-

---

[1884] STJ (P) 15/97, de 20 de Maio (Tomé de Carvalho), DR I Série-A n.º 152, de 4-Jul.-1997, 3295-3301 (3297/II).

[1885] STJ (P) 3/99, de 18 de Maio (Torres Paulo, aliás vencido), DR I Série-A, n.º 158, de 10-Jul.-1999, 4354-4369 (4362).

[1886] Vide os nossos *Direitos reais/Sumários* (2000), 115 ss.; provavelmente o receio de novas flutuações levou o Governo a intervir e a fixar, na lei, a solução que considerou boa (por sinal: a má).

quila, qual o epílogo para qualquer caso. Mais valem más leis (quiçá, assentos) do que a pura e simples falta delas. Não vemos que qualquer Constituição Política civilizada possa pretender semelhantes resultados.

184. Novos "assentos"? (2007)

I. A supressão dos assentos acabou por deixar um mal-estar alargado, na comunidade dos juristas. Em reação, tal supressão acabou por ser defendida pelos autores morais e materiais da reforma de 1995, muito para além do resultante dos, já de si, excessivos pruridos do Tribunal Constitucional.

A incerteza que as flutuações da jurisprudência, por vezes abissais, provocam na comunidade – e que só no terreno são percebidas – é da maior gravidade para qualquer sociedade moderna. Trata-se de uma constatação repetida vezes sem conta, nos últimos quinhentos anos. Surpreende que ainda não seja ouvida por quem, circunstancialmente, tenha o poder de fazer reformas.

II. O estado da Justiça no País levou a que, em 2006, os grupos parlamentares do PS (então no Governo) e do PSD firmassem um *Acordo Político-Parlamentar para a Reforma da Justiça*[1887]. Alguns aspetos desse Acordo foram ampliados, no Parlamento, aquando da preparação da Lei n.º 6/2007, de 2 de Fevereiro, que autorizou o Governo a legislar sobre os recursos. E aí foi inserido um "recurso para uniformização da jurisprudência" das decisões do Supremo Tribunal de Justiça que contrariem jurisprudência uniformizada ou consolidada desse Tribunal – artigo 2.º/1, *r*)[1888].

III. Nessa base, a reforma adotada pelo Decreto-Lei n.º 303/2007, de 24 de Agosto, que alterou profundamente todo o sistema dos recursos, veio introduzir um novo recurso extraordinário[1889]: o denominado recurso

---

[1887] Com elementos: ARMINDO RIBEIRO MENDES, *Recursos em processo civil/ /reforma de 2007* cit., 26 ss..

[1888] *Idem*, 31 e nota 27. Vide, também de ARMINDO RIBEIRO MENDES, *A reforma de 2007 dos recursos cíveis e o STJ*, em Estudos 10 anos da FDUNL 2 (2008), 545-573 (549 ss.).

[1889] O recurso diz-se extraordinário quando seja interposto de uma decisão judicial transitada em julgado.

para uniformização de jurisprudência. Assenta nos seguintes pontos (artigos 763.º a 770.º do Código de Processo Civil):

– o recurso é interposto de um acórdão do Supremo, no prazo de 30 dias contados do seu trânsito em julgado;
– acórdão esse que esteja em contradição com outro, anteriormente proferido pelo mesmo tribunal e já transitado, no domínio da mesma legislação e sobre a mesma questão fundamental de Direito;
– e desde que o acórdão recorrido não esteja de acordo com jurisprudência uniformizada do Supremo Tribunal de Justiça;
– seguindo o contraditório e uma tramitação prevista na lei.

A decisão que verifique a existência de contradição jurisprudencial revoga o acórdão recorrido e substitui-o por outro em que se decide a questão controvertida (770.º/2).

IV. O recurso extraordinário assim introduzido já foi saudado como uma ressurreição dos antigos assentos. Nem tanto. De facto, ele dá satisfação à necessidade de permitir, à parte vencida no Supremo, contra jurisprudência anterior sobre a mesma matéria, uma hipótese de reapreciação. Mas não induz qualquer estabilização futura, já que o acórdão assim obtido só produz efeitos dentro do processo em que tenha sido proferido. Ele apenas permite, fora desse âmbito, que se recorra sempre das decisões que o contrariem – 678.º/2, c).

O Decreto-Lei n.º 303/2007, de 24 de Agosto, entrou em vigor no dia 1 de Janeiro de 2008, segundo o seu artigo 12.º. E o artigo 11.º/1 desse mesmo diploma proclama-o não aplicável aos processos que, nessa data, já estivessem pendentes. Alguma doutrina estranhou esta medida: porque não aplicar logo a hipótese do recurso em causa[1890]? Mas a aplicação ime-

---

[1890] MIGUEL TEIXEIRA DE SOUSA, *Reflexões sobre a reforma dos recursos em processo civil*, CDP 20 (2007), 3-13 (3/II), que defende a interpretação restritiva do referido artigo 11.º/1, de modo a permitir o novo recurso extraordinário aos processos pendentes; no mesmo sentido, ANTÓNIO ABRANTES GERALDES, *Recursos em processo civil/Novo regime*, 2.ª ed. (2008), 17-18; contra: J. O. CARDONA FERREIRA, *A reforma do regime legal dos recursos cíveis de 2007. Algumas notas*, O Direito 2008, 317-331 (319), embora criticando a regra *de iure condendo*.

diata exigiria uma interpretação corretiva da lei, o que está fora dos nossos hábitos. Por isso, ela foi rejeitada pela jurisprudência[1891].

Amâncio Ferreira faz um juízo severo deste novo recurso, que imputa ao lóbi dos advogados: com ele protelar-se-ia ainda mais a executoriedade das sentenças, sujeitas a cinco instâncias: contando a do Tribunal Constitucional, de cujos recursos se abusa[1892].

[1891] STJ 28-Abr.-2008 (PEREIRA DA SILVA), Proc. 08B3311 e STJ 5-Fev.-2009 (CUSTÓDIO MONTES), Proc. 07B2018, onde podem ser confrontadas outras indicações bibliográficas.

[1892] FERNANDO AMÂNCIO FERREIRA, *Manual dos recursos em processo civil*, 9.ª ed. (2009), 87, nota 156.

§ 43.º A JURISPRUDÊNCIA COMO FONTE DE DIREITO

185. Aspetos gerais

I. Os episódios relativos à abolição do instituto, bem português, dos assentos documentam muitos dos *mores* lusitanos, na III República: políticos, universitários, jurisprudenciais e legislativos. Mantém-se a preocupação ancestral de mostrar atualização, mas sem assumir verdadeiras especialidades.

Os assentos foram vítimas, sucessivamente:

– da tibieza constitucional, ao entender-se que bastaria a referência feita ao artigo 122.º/1, *g*), da Constituição, a propósito da publicação dos atos, para os legitimar;
– do *qui pro quo* resultante de o artigo 115.º/5, da Constituição, aditado em 1982, com o fim de pôr cobro a portarias e despachos de interpretação do Governo, ter acabado por atingir os assentos: um efeito em que, aparentemente, ninguém pensou;
– dos escritos de Castanheira Neves, que colocou o seu enorme (e justo) prestígio científico ao serviço de um movimento anti-assento;
– da má qualidade de alguns assentos, gritante mesmo, no caso do assento de 3-Mai.-1984, quanto à caducidade no arrendamento e que obrigou a uma Lei do Parlamento para o corrigir (a Lei n.º 24/89, de 1 de Agosto);
– do neopositivismo do Tribunal Constitucional, que nem ponderou a hipótese de um costume constitucional legitimador dos assentos ou de uma interpretação constitucional histórico-evolutiva;
– do excesso de zelo do legislador de 1995, que fez (muito) mais do que lhe era exigido pelo Tribunal Constitucional e que, depois, não teve a coragem para emendar a mão;

– da processualização da matéria, esquecendo-se o plano substancial de dezenas de assentos prolatados ao longo de décadas.

II. No termo deste périplo, colocam-se três questões fundamentais:

– os assentos eram leis materiais, caindo, nessa medida, no campo da inconstitucionalidade?
– a existência de jurisprudência superior, vinculativa para os tribunais, é admissível?
– os atuais esquemas de "uniformização" de jurisprudência dão azo a fontes do Direito?

Aproveitando os elementos obtidos, vamos apresentar respostas.

III. O processo de realização do Direito é unitário. Em termos materiais, a fonte do Direito existe quando, como tal, seja localizada pelo intérprete-aplicador. A interpretação e a conformação da fonte inserem-se na espiral hermenêutica. Seria um retrocesso reconceptualizar a matéria, regressando a uma estratificação estanque das fases de realização do Direito. Um apelo *a outrance* à doutrina da separação dos poderes não é possível: desde o momento em que existam conceitos indeterminados e se reconheça a possibilidade de lacunas, de princípios em contradição e de normas injustas, por contrariedade ao sistema, não mais se pode negar o poder judicial legítimo de criar Direito: ainda que sob a direção e o controlo da Ciência do Direito. Seria estranho que, ao juiz, se permitisse criar aleatoriamente Direito, em cada caso concreto e que se proibisse fazê-lo concertadamente, sob a orientação da cúpula judiciária. E não vale esgrimir com conceitos de "separação intencionalizante de poderes" ou de "Estado de Direito social": basta pensar serenamente nos países de *common law* onde tudo isso é conhecido e praticado.

Não quer isso dizer que a ritualização constitucional seja despicienda: as leis são cometidas a parlamentos e a governos, para permitir a sua preparação por departamentos especializados e para facultar a discussão das ideias, a responsabilidade da sua aprovação e a crítica daí derivada. Haverá, pois, uma fronteira dogmaticamente operacional entre leis e jurisprudência.

IV. Se abordarmos o fenómeno pelo prisma da sua decorrência, a contraposição entre leis e assentos parece clara. Assim:

– a lei advém da política legislativa; o autor de leis pondera as necessidades existentes e os meios disponíveis, escolhendo uma solução tendencialmente genérica e abstrata, elaborada fora de qualquer processo de realização do Direito;
– o assento provém da Ciência do Direito: o Supremo estuda as leis e as vias da sua interpretação, trabalhando no seio do processo de realização do Direito.

Ao legislador, exigem-se opções políticas, económicas e sociais; ao Supremo, escolhas jurídico-científicas.

A anomalia residirá no facto de o Supremo concluir o processo com uma solução genérica e abstrata. Mas o processo que a ele conduz não é, materialmente, o da lei.

V. O formalismo dominante considera "lei" quer o facto normativo proveniente do Governo ou do Parlamento (ou, mais latamente, do Estado), com alcance geral e abstrato, quer matéria como a contida no Código Civil e que equivale, substancialmente, ao *ius romanum* ou, pelo menos, a questões dele derivadas, num labor bimilenário. Seria incompreensível que o Supremo fixasse taxas de impostos, determinasse tipos legais de crimes ou traçasse regras de segurança social. Mas havendo dúvidas quanto a saber se uma promessa bilateral dotada de uma única assinatura é recuperável por redução ou por conversão, não vemos a que propósito se pediriam esclarecimentos a ministros ou a deputados.

Aqui reside o problema: enquanto, nas "leis", a intromissão do Supremo é anómala, no Direito comum, nada há a objetar. Pelo contrário: tratando-se de extrapolar linguisticamente dados que só a Ciência do Direito pode elaborar, faz todo o sentido reservá-la ao Supremo. Ninguém se lembraria de pedir ao Parlamento uma lei a explicar a natureza ética ou puramente psicológica da boa-fé na acessão. O formalismo extremo que permite reconduzir à "lei" realidades tão distintas como o Direito comum e as leis do dia-a-dia provoca todo o problema.

VI. Os assentos diferenciam-se das leis:

– por postularem um processo de realização do Direito e, não, de criação normativa;
– por, substancialmente, recaírem (ou deverem recair) sobre Direito comum, que não é de produção "legislativa", mas doutrinária.

Este último ponto não estava determinado na lei: caberia ao Supremo, na prática, evidenciá-lo o que, com poucas exceções, foi sendo implicitamente feito.

VII. A questão da inconstitucionalidade não pôde ser resolvida com a admissão de um costume, com incidência constitucional favorável aos assentos. Isso implicaria uma Ciência do Direito constitucional menos positivista e formalista, o que está fora dos manuais especializados nessa matéria.

Mas havia, ainda, uma porta: a da interpretação do artigo 115.°/5 da Constituição. Que tipo de "delegações" legislativas se pretenderam vedar? Uma interpretação adequada desse preceito responderia que estavam em causa procedimentos que usurpassem a criação normativa (por oposição à realização do Direito) ou não se reportassem ao Direito comum.

O juízo de inconstitucionalidade não poderia ser feito em abstrato: apenas assento a assento se poderia responder à pergunta da idoneidade constitucional.

A simples "proibição" (ou não-permissão), dirigida ao Supremo, e relativa a normas jurídicas, não é esclarecedora: o constituinte quis, antes, reportar-se a certas "normas" (leis). Dada a polissemia dominante, quanto a esses conceitos, compreende-se a necessidade de distinções.

186. A jurisprudência vinculativa

I. O acórdão do Tribunal Constitucional n.° 743/96, de 28 de Maio, confirmando a orientação do n.° 810/93, de 7 de Dezembro, declarou a inconstitucionalidade da parte do artigo 2.° que atribuiu aos tribunais competência para fixar doutrina com força obrigatória geral. Mas admitir-se-ia que o Supremo pudesse fixar regras obrigatórias para os tribunais, dentro da lógica hierárquica que enforma a organização judiciária.

Contra esta orientação manifestou-se, de modo enérgico, Castanheira Neves[1893], acompanhando o voto de vencida de Assunção Esteves[1894].

[1893] ANTÓNIO CASTANHEIRA NEVES, Anotação a TC n.° 810/93, de 7 de Dezembro, RLJ 127 (1994), 63-72 e 79-96, *maxime* 96.

[1894] TC n.° 810/93, de 7-Dez. (MONTEIRO DINIS), BMJ 432 (1994), 118-122.

II. De facto, se o problema residir no poder normativo *lato sensu* do Supremo e, portanto, independentemente quer do processo material que permita chegar a um assento quer da matéria substantiva em debate, tudo ficaria em aberto quando o Supremo pudesse dar ordens genéricas aos diversos tribunais. Os tribunais "aplicam" o Direito. Este vai ser conformado no sentido por eles decidido. *Summo rigore*, tanto dará que os assentos tenham força obrigatória geral ou que assumam (apenas) um papel vinculativo para os tribunais. Como os tribunais têm um poder de sujeição sobre os cidadãos, estes ficarão, fatalmente, obrigados pelas instruções que o Supremo dê às instâncias.

III. Subjacente estará a ideia de que a proibição do artigo 115.°/5 da Constituição é efetivamente substancial e não, apenas, semântica. Retemos a anomalia de o Supremo ficar despojado de um poder que compete a qualquer direção de serviços: o de adotar regulamentos internos. Mas a lógica da judicatura a tanto conduz.

Pois bem: a fechar as portas à substancialização do problema, reconhecendo que o processo (material) de assentar diverge profundamente do de legislar e que uma coisa é a "lei", outra o *ius commune*, têm razão Assunção Esteves e Castanheira Neves. Proibir a força obrigatória geral dos assentos e permitir a sua força obrigatória para os tribunais seria uma contradição.

187. Os acórdãos uniformizadores como fontes

I. Foquemos, por fim, os acórdãos uniformizadores de jurisprudência, tal como foram propostos por Castanheira Neves[1895] e consignados na reforma de 1995, alargada pela de 2007.

Tais acórdãos enquadram-se em diversos segmentos processuais, acima examinados, e que recordamos:

– é permitida revista excecional perante uma contradição entre o acórdão da Relação *a quo* e outro, já transitado em julgado, proferido por qualquer outra Relação e pelo Supremo, no domínio da

---

[1895] CASTANHEIRA NEVES, *O instituto dos "assentos"* cit., 670-672.

mesma legislação e sobre a mesma questão fundamental de Direito, salvo se estiver conforme com um acórdão de uniformização de jurisprudência – 721.°-A/1, c), do Código de Processo Civil;
– há lugar a julgamento ampliado da revista, obrigatoriamente proposto pelo relator ou por qualquer dos adjuntos, quando verifique a possibilidade de vencimento de uma solução jurídica em oposição a jurisprudência uniformizada, no domínio da mesma legislação e sobre a mesma questão fundamental de Direito – 732.°-A/3;
– as partes podem interpor recurso para o pleno das secções cíveis do Supremo quando este proferir acórdão em contradição com um anteriormente proferido pelo mesmo tribunal, no domínio da mesma legislação e sobre a mesma questão fundamental de Direito (763.°/1), exceto se a orientação proferida naquele acórdão estiver de acordo com jurisprudência uniformizada (763.°/3).

II. Temos várias vias para chegar a um acórdão de uniformização de jurisprudência. Este, quando obtido, goza de uma força especial: impede que se recorra extraordinariamente de acórdãos que com ele se conformem e permite que se recorra daqueles que o contradigam. Além disso, prevê-se o esquema "ampliado" que torna mais difícil, ao próprio Supremo, rever a sua posição "uniformizada".

III. Os acórdãos uniformizadores não têm força absolutamente vinculativa para os tribunais. Eles podem decidir diversamente da jurisprudência uniformizada. Mas se o fizerem, sujeitam-se a recursos que corrigirão o decidido, salvo se o Supremo mudar de posição. Quanto ao próprio Supremo: embora não fique vinculado às uniformizações que haja decidido, ele vai sujeitar-se a "revistas ampliadas" ou a "recursos extraordinários para uniformização de jurisprudência", quando não as siga. Temos uma teia burocrático-processual que visa, de modo assumido, limitar a liberdade do julgador.

IV. Em suma: os acórdãos uniformizadores de jurisprudência acabam mesmo por conduzir a normas de conduta. Elas não são absolutamente vinculativas para os particulares: estes podem encetar comportamentos desviantes que obtenham o apoio dos tribunais de instância, desde que se decidam a enfrentar uma série de recursos processuais potencialmente hostis para, no termo, conseguirem que o Supremo modifique a sua posição.

As normas propiciadas pela jurisprudência uniformizada são mais lassas. Mas existem e, a serem conhecidas, terão certamente influência direta. O procedimento destinado a contrariá-las existe e é legítimo: mas surge incerto e dispendioso.

A ter efetiva substância – o que contestamos – o artigo 115.º/5 da Constituição, à luz da interpretação de Assunção Esteves/Castanheira Neves, exigiria a sua retirada da lei vigente. Manter-se-ia a temida inconstitucionalidade.

188. A jurisprudência como fonte

I. A jurisprudência formalizada como "uniformizada" conduz à formulação de normas jurídicas, ainda que processualmente enfraquecidas. Podemos considerá-la como fonte do Direito.

II. A jurisprudência comum, quando exemplar ou quando constante, permite igualmente conhecer normas jurídicas. Não as formula, todavia ou, pelo menos, não as formula em termos de consistência prescritiva: apenas cognitiva. Em sentido estrito ou técnico-jurídico, não é fonte do Direito. Será fonte auxiliar ou equivalente.

III. A consistência de tudo isto depende da capacidade de os juízes aderirem, livre e conscientemente, às linhas de decisão fixadas por eles próprios e pelos tribunais superiores. Só em casos muito bem ponderados e sem que os efeitos desestabilizadores das mudanças jurisprudenciais deixem, também, de ser tidos em conta, se deverá optar pela quebra da jurisprudência já fixada. Mesmo discordando doutrinariamente, o bom juiz terá a coragem de subscrever a orientação dos seus pares, salvo os tais casos extraordinários.

§ 44.º A DOUTRINA

189. A Ciência do Direito

I. A doutrina é inserida, nas obras da especialidade, como uma das possíveis fontes do Direito. E logo de seguida, é afastada por, diretamente, não revelar normas jurídicas.

No Direito romano, a doutrina foi fonte: através das *responsa*.

Ao longo da Idade Média, fontes doutrinárias, como a Glosa de Acúrcio ou a opinião de Bártolo foram validadas enquanto Direito em vigor. Apenas com o racionalismo se deu uma concentração, no Estado, da criação científica do Direito. Qual é o papel atual da doutrina, no panorama das fontes do Direito?

II. O Direito tem natureza científica. Obedece a regras de complexidade crescente, regras essas que dispõem de instituições adequadas para as suas formulação e realização. Depende de uma aprendizagem. A doutrina, tomada como o estudo, a criação e a exposição da Ciência do Direito, tem o seu papel em vários níveis:

- na formação de todos os agentes que intervêm na resolução de casos: legisladores, juízes e advogados, entre as figuras emblemáticas;
- na criação e na exposição das coordenadas científicas que, na sua tarefa, os agentes do Direito irão utilizar;
- na preparação das diversas leis e de outras fontes, bem como na análise crítica das existentes e nas consequentes propostas de reforma;
- na análise de casos concretos, quando, sobre eles, emitam a sua opinião;
- na ponderação crítica das decisões que venham a ser tomadas sobre esses casos concretos.

III. Assim apresentada, a doutrina acaba por ser a fonte última de todo o Direito. Mas ela não tem, por si, força vinculativa, antes se acolhendo às demais fontes. O prestígio da doutrina é fundamental: condiciona o gosto pelo estudo e pelo aprofundamento das matérias, o que se torna básico para o progresso da Ciência do Direito. Esse prestígio depende, antes do mais, dos doutrinadores: as obras devem ser sérias, bem escritas, meditadas e apoiadas; as opiniões hão-de resultar de um estudo efetivo, prevenindo-se a dissensão gratuita e a opção compulsiva, não assente no estudo; a terminologia deve ser cuidada, evitando-se as alterações conceituais inúteis; a crítica deve ser ponderada, erradicando-se as aversões pessoais; a falta de estudo nunca pode ser cumulada com a rejeição do que se não conheça.

IV. No presente momento histórico, pairam nuvens escuras sobre a Universidade portuguesa. Décadas de mediocridade na gestão do Ensino Superior e reformas redutoras têm, por todas as vias, intentado baixar o nível do ensino universitário.

A proliferação de manuais pouco ou nada meditados e a multiplicação de outras publicações contribuem para o desalinhar da jurisprudência.

Fonte última do Direito, a doutrina tem de ser estruturalmente humilde, revendo sempre que necessário e na base de um estudo alargado, as suas posições.

CAPÍTULO IV
A INTERPRETAÇÃO DA LEI

SECÇÃO I
DADOS HISTÓRICO DOGMÁTICOS

§ 45.º DA PANDETÍSTICA AO CÓDIGO CIVIL

190. Thibaut e Savigny

I. A interpretação da lei – ou, mais latamente, das fontes – tem ocupado os juristas desde a Antiguidade. Acima ponderámos alguns elementos significativos, desde os textos clássicos[1896] até às diversas codificações da atualidade[1897]. Vamos, agora, aproximar-nos do Direito civil vigente.

II. Podemos fixar a interpretação moderna das leis na obra da pandetística. Esta, por seu turno, recolheu a experiência do humanismo e do *usus modernus*[1898], sistematizando-a com os quadros do racionalismo. Entre os autores que fixaram os quadros formais ainda hoje presentes nas exposições sobre a interpretação da lei, avultam os grandes clássicos, Thibaut e Savigny.

[1896] *Supra*, 412 ss..
[1897] *Supra*, 415 ss..
[1898] E que já havia simplificado os sistemas dos glosadores.

Anton Friedrich Justus Thibaut (1772-1840) elaborou uma teoria da interpretação lógica do Direito romano, publicada em 1.ª edição, no ano de 1799[1899].

Analisando as várias operações que permitem apurar o significado da lei, Thibaut distingue três e diferentes partes: o entendimento literal do texto, a intenção do legislador e o resultado do fundamento da lei[1900]. Thibaut desdobra, assim, a tradicional contraposição entre a interpretação literal (*strictum ius*) e a interpretação lógica (*sententia*, nas categorias romanas)[1901]. O espírito da lei deriva, essencialmente, do seu fundamento; quando este não coincida com a lei, a interpretação será *extendens*, *abrogans* ou *restringens*, consoante alargue, suprima ou restrinja o teor legal[1902].

Thibaut estuda, depois, a interpretação lógica segundo a intenção do legislador[1903] e de acordo com o fundamento da lei[1904]. A interpretação extensiva é explicitada.

Como especial progresso de Thibaut, acentuamos a consideração do resultado do fundamento da lei, a que hoje chamamos o elemento teleológico da interpretação. O próprio Direito é apresentado como um conjunto de regras de decisão para a situação de conflito[1905], no que parece antecipar em dois séculos o entendimento da natureza constitutiva do movimento da solução.

III. Também Savigny deu uma atenção especial aos temas da interpretação da lei.

Friedrich Carl von Savigny (1779-1861) fixou os quadros da escola histórica[1906]. O Direito é o produto de um devir permanente: mas com o

---

[1899] ANTON FRIEDRICH JUSTUS THIBAUT, *Theorie der logischen Auslegung des römischen Rechts*, 2.ª ed. (1806; existe reimp., de 2007), 190 pp.. Sobre este Autor e a sua obra, designadamente no campo da interpretação: ALBERT KITZLER, *Die Auslegungslehre des Anton Friedrich Justus Thibaut* (1986), 145 pp..

[1900] *Idem*, § 2 (13).

[1901] *Idem*, § 6 (22-23).

[1902] *Idem*, § 7 (24).

[1903] *Idem*, §§ 12-15 (45 ss.).

[1904] *Idem*, §§ 16-28 (58 ss.).

[1905] ALBERT KITZLER, *Die Auslegungslehre des Anton Friedrich Justus Thibaut* cit., 135.

[1906] WALTER WILHELM, *Zur juristischen Methodenlehre im 19. Jahrhundert* (1958), 62 ss.; FRANZ WIEACKER, *Privatrechtsgeschichte der Neuzeit*, 2.ª ed. (1967), 384 ss.; HELMUT

especial alcance de ficar ao abrigo de flutuações arbitrárias dos legisladores, de modo a suportar uma verdadeira reflexão científica[1907]. O Direito equivaleria ao "espírito do Povo", espírito esse que Savigny reconduziu, habilmente, ao Direito romano[1908], sob pena de tornar impraticável o seu sistema. À natureza histórica junta Savigny a natureza filosófica do Direito; este, deve[1909]:

(...) na sua conexão interior, produzir uma unidade.

Estas e outras importantes considerações contêm-se numa obra de juventude de Savigny: a *Juristische Methodenlehre*, de 1802-1803[1910]. Nesta mesma obra, Savigny recorda os elementos lógico, gramatical e histórico da interpretação[1911], traça a sua evolução histórica desde os glosadores[1912] e procede à sua reelaboração sistemática[1913].

COING, *Grundzüge der Rechtsphilosophie*, 3.ª ed. (1976), 41 ss.; WOLFGANG FIKENTSCHER, *Methoden des Rechts*, III – *Mitteleuropäischer Rechtskreis* (1976), 37 ss.; KARL LARENZ, *Methodenlehre der Rechtswissenschaft*, 6.ª ed. (2005), 11 ss.. Entre nós, ANTÓNIO CASTANHEIRA NEVES, *Escola histórica do Direito*, Polis 2 (1984), 1046-1062 e JOANA AGUIAR E SILVA, *Para uma teoria hermenêutica da Justiça* cit., 160 ss.. Quanto à figura pessoal e académica de Savigny, *vide* JOACHIM RÜCKERT, *Friedrich Carl von Savigny*, FS 200 Jahre Juristische Fakultät der Humboldt Universität zu Berlin (2010), 133-177.

[1907] FRIEDRICH CARL VON SAVIGNY, *Vom Beruf unserer Zeit für Gesetzgebung und Rechtswissenschaft* (1814), 8; *vide*, nesse ponto, FRANZ WIEACKER, *Wandlungen im Bilde der historischen Rechtsschule* (1967), 5.

[1908] SAVIGNY, *Vom Beruf* cit., 118. Quanto à ligação entre o "espírito do Povo" e a cultura (Direito romano): HERMANN KANTOROWICZ, *Volksgeist und historische Rechtsschule*, HZ 108 (1913), 295-315 (299); KARL-AUGUST WOLFF, *Kritik der Volksgeistlehre v. Savignys* (1937), 7; HANS THIEME, *Savigny und das deutsche Recht*, SZGerm 80 (1963), 1-26 (9); PIO CARONI, *Savigny und die Kodifikation (Versuch einer Neudeutung des "Berufs")*, SZGerm 86 (1969), 97-176 (163).

[1909] SAVIGNY, na obra citada na nota seguinte, 14.

[1910] FRIEDRICH CARL VON SAVIGNY, *Juristische Methodenlehre* (1802-1803, por JAKOB GRIMM, publ. GERHARD WESENBERG, 1951), 73 pp.. Este escrito, divulgado apenas em meados do século XX, tem obtido um grande interesse dos estudiosos de metodologia jurídica: FRITZ SCHWARZ, *Was bedeutet Savigny heute?*, AcP 161 (1962), 481-499 (484-489); FRANZ WIEACKER, *Privatrechtsgeschichte der Neuzeit*, 2.ª ed. cit., 386; KARL LARENZ, *Methodenlehre*, 6.ª ed. cit., 11-18.

[1911] SAVIGNY, *Juristische Methodenlehre* cit., 19 ss..

[1912] *Idem*, 27 ss..

[1913] *Idem*, 35 ss..

Desta elaboração sublinhamos, como especial contributo de Savigny para a interpretação moderna, o aprofundar do elemento sistemático.

IV. Os quadros de Thibaut e de Savigny conservaram-se na pandetística subsequente. Cumpre referir a sua sistematização em Bernard Windscheid (1817-1892)[1914], que teve grande influência no BGB e nas codificações de tipo germânico.

191. Receção lusófona

I. A tradição metodológica, no domínio da interpretação da lei, foi espoletada pela Lei da Boa Razão (18-Ago.-1769) e pelos Estatutos da Universidade (1772). Embora essa matéria tenha, depois, ficado algo submersa pela pressão do pandetismo, existe seguramente alguma linha de continuidade[1915].

Os Estatutos da Universidade continham uma indicação muito pormenorizada de como devia ser ensinada a temática da interpretação das leis[1916]. À partida, tínhamos a jurisprudência exegética. Assim:

(...) a Jurisprudencia Exegetica he a que prescreve, e ensina a ordem, com que se deve proceder na indagação, e exposição das verdadeiras Sentenças dos Textos: o methodo, que nella se deve observar: E os subsidios, de que se há de fazer uso para bem se comprehender o genuino sentido das Leis: E que ella he a que rege, e dirige a *Jurisprudencia Analytica*[1917].

Adiante explicava-se:

(...) a Hermeneutica Juridica consta de preceitos *Grammaticos*; de preceitos *Lógicos*; e de preceitos *Juridicos*. Declarará [o professor] que os primeiros

---

[1914] BERNARD WINDSCHEID/THEODOR KIPP, *Lehrbuch des Pandektenrechts*, 1, 9.ª ed. (1906; há reimp., de 1984), §§ 20-23 (97 ss.).

[1915] Em especial: JOANA LIBERAL ARNAUT, *A inteligência das leis/Os "Elementos da Hermenêutica do Direito Portuguez" de José Manuel Pinto de Sousa (1754-1818) professor e diplomata* (2011), 276 pp..

[1916] Universidade de Coimbra, *Estatutos da Universidade de Coimbra, compilados debaixo da immediata e suprema inspecção d'el-Rei D. José I pela Junta de Providência Litteraria*, Livro II (1772), Título VI, *Das Disciplinas que devem ser ensinadas no Quinto anno do Curso do Direito Civil*, Capítulo VI, *Da interpretação das leis*, 480-487.

[1917] *Idem*, § 2 (481); os itálicos são do original.

pertencem á *Hermeneutica Gramatical*; os segundos á *Hermeneutica Logica*; e os terceiros á *Hermeneutica Juridica*[1918].

Os Estatutos advertiam contra o acolhimento acrítico das regras de interpretação apuradas pelos romanos[1919]: o professor deveria antes acolher as regras que deram Grócio e Pufendorf, com as advertências de Barbeirac[1920]. Proferiam, lapidares[1921]:

> E porque sem o conhecimento da verdadeira razão das Leis não se pode comprehender perfeitamente o *Verdadeiro Espirito*, de que elas se animam: Dar-lhes-há também o Professor as necessarias noções das diversas espécies, que há de razões das Leis.

Sublinhamos, todavia, que os Estatutos faziam uma opção objetivista da interpretação[1922]

Os Estatutos eram cautelosos, prevenindo contra o que hoje se chamaria a interpretação criativa[1923]. A doutrina existente, ainda que pouco divulgada, tentava ultrapassar as limitações estruturais, procurando, sob as palavras, a vontade do legislador[1924].

Os Estatutos da Universidade estão na origem da tradição lusófona de desenvolver, na Lei, regras de interpretação. Toda esta dimensão carece de maior investigação.

II. Os quadros pandetísticos da interpretação foram sendo acolhidos, ao longo do século XIX. Isso sucedeu em detrimento dos anteriores elementos jusracionalistas, com algum retrocesso analítico.

José Homem Correia Telles (1781-1849), o prestigiado Autor do *Digesto Portuguez* e o anotador da Lei da Boa Razão, publicou uma teoria da interpretação das leis (1845)[1925]. Nesse escrito, Correia Telles afirma a

---

[1918] *Idem*, § 6 (482); os itálicos são do original.
[1919] *Idem*, § 16 (485).
[1920] *Idem*, § 16 (485-486).
[1921] *Idem*, § 20 (486).
[1922] *Idem*, § 22 (487).
[1923] *Idem*, 140, citando os Estatutos.
[1924] *Idem*, 211 ss..
[1925] JOSÉ HOMEM CORREIA TELLES, *Theoria da interpretação das leis e ensaio sobre a natureza de censo consignativo* (1845), 53 pp..

absoluta necessidade da interpretação, para ultrapassar as ambiguidades e as leis injustas[1926]. Esclarece que não há uma regra geral sobre a equidade[1927]. Quanto ao estudo da lei: caberia lançar mão de todos os elementos, incluindo o preâmbulo, para conhecer o seu interior[1928]. Havendo omissão, quedaria averiguar a intenção que falte nas palavras, as quais prevalecem, quando claras[1929]. As exceções seriam confinadas[1930].

As regras da interpretação são referidas, ainda que de modo elementar, em Liz Teixeira[1931]. Coelho da Rocha toma a interpretação como (...) *a exposição do verdadeiro sentido de uma lei, que é escura ou ambígua*[1932]. Distingue diversas modalidades (autêntica ou doutrinal, gramatical ou lógica, declarativa, extensiva ou restritiva). Passando ao que considera "regras de interpretação", Coelho da Rocha entende de observar *as regras da Hermenêutica, communs a toda a especie de escriptos, e ensinadas na Logica*. Recordando os Estatutos da Universidade[1933], e como especificidades da interpretação jurídica, este Autor recomenda que se apure a intenção do legislador ou "espírito da lei", a qual ordinariamente se encontra no contexto, no preâmbulo ou no relatório do diploma; na falta destes elementos, há que procurar no objeto da lei, nas causas que a provocaram e na história e circunstâncias do tempo em que foi promulgada[1934].

III. O Código de Seabra não continha expressas regras de interpretação. Os Autores que se lhe seguiram, apoiados expressamente em Savigny e noutros pandetistas e herdeiros do desenvolvimento anterior, não tiveram dificuldades em antecipar quadros que mantêm a sua atualidade.

Guilherme Moreira afirma a interpretação, como sempre necessária[1935], distinguindo a gramatical da lógica. A lógica visaria fundamental-

---

[1926] *Idem*, 5.
[1927] *Idem*, 18.
[1928] *Idem*, 25.
[1929] *Idem*, 29 e 31.
[1930] *Idem*, 38.
[1931] ANTÓNIO RIBEIRO DE LIZ TEIXEIRA, *Curso de Direito civil português*, 1 (1848), 32 ss..
[1932] M. A. COELHO DA ROCHA, *Instituições de Direito civil portuguez*, 3.ª ed. (1848 = 8.ª ed., 1917), § 44 (1, 20).
[1933] Mais precisamente: *Estatutos da Universidade*, Liv. 2, tit. 6, cap. 6, § 19 (486).
[1934] COELHO DA ROCHA, *Instituições de Direito civil*, 8.ª ed. cit., § 45 (I, 21-22); este Autor indica múltiplas máximas de interpretação e indica fontes.
[1935] GUILHERME MOREIRA, *Instituições de Direito civil* cit., 1, § 7 (36 ss.).

mente, o "espírito da lei", reconduzindo-se ao fim e aos motivos que levaram o legislador a formulá-la[1936]. Afigura-se-nos patente o elemento teleológico da interpretação, na linha de Savigny. Subsequentemente, Teixeira de Abreu acentua mais o fator histórico[1937], enquanto Cunha Gonçalves sublinha o teleológico[1938].

IV. As investigações de Manuel de Andrade sobre a interpretação da lei, que dominaram os meados do século XX e que acabariam por ditar a compleição do Código Civil de 1966, aproveitaram toda uma reelaboração anterior.

Os diversos tratadistas, para além dos elementos que acima deixamos indiciados e numa tradição que remonta a Pombal, fixaram, com minúcia, muitas regras e lógicas interpretativas, que mantêm, pela sua atemporalidade, sempre interesse.

192. A preparação do artigo 9.º, do Código Civil

I. O Código Civil dispôs, de modo expresso, sobre a interpretação: uma linha que, como vimos, não foi seguida pela generalidade das leis civis[1939].

Apesar da sua extensão, cabe transcrever, para efeitos de análise, o artigo 9.º do Código, epigrafado "interpretação da lei", confrontando-o com o texto proposto por Manuel de Andrade:

Manuel de Andrade	Código Civil
I. A interpretação não deve ficar atida à letra dos textos. Deve reconstituir o verdadeiro pensamento legislativo, integrando-o na totalidade do sistema jurídico e projectando-o nas condições do tempo actual.	1. A interpretação não deve cingir-se à letra da lei, mas reconstituir a partir dos textos o pensamento legislativo, tendo sobretudo em conta a unidade do sistema jurídico, as circunstâncias em que a lei foi elaborada e as condições específicas do tempo em que é aplicada.

[1936] GUILHERME MOREIRA, *Instituições de Direito civil* cit., 1, 41.
[1937] A. J. TEIXEIRA D'ABREU, *Curso de Direito civil*, I – *Introdução* (1910), 180 ss..
[1938] LUIZ DA CUNHA GONÇALVES, *Tratado de Direito civil* cit., 1, 484 ss..
[1939] *Supra*, 415 ss..

II. Não pode surtir efeito o pensamento legislativo que não tenha na letra da lei um reflexo verbal tolerável, conquanto imperfeito.
III. Deve presumir-se que o legislador consagrou as soluções mais acertadas e soube traduzir o seu pensamento com sobriedade e correcção.
IV. Os chamados trabalhos preparatórios ou materiais da lei não têm qualquer autoridade enquanto não devidamente publicados.
V. É consentido restringir o preceito da lei quando, para casos especiais, ele levaria a consequências graves e imprevistas que certamente o legislador não teria querido sancionar.

2. Não pode, porém, ser considerado pelo intérprete o pensamento legislativo que não tenha na letra da lei um mínimo de correspondência verbal, ainda que imperfeitamente expresso.
3. Na fixação do sentido e alcance da lei, o intérprete presumirá que o legislador consagrou as soluções mais acertadas e soube exprimir o seu pensamento em termos adequados.

II. A comparação dos dois textos é útil para melhor apreender o alcance da lei vigente. Adiantemos alguns reparos.

Em termos formais, o postergar do texto de Manuel de Andrade foi pouco feliz. Optou-se por fórmulas mais pesadas e chegou-se à incorreção de, no artigo 9.°/3, introduzir um futuro ("presumirá"). Ora, tal como assente na Comissão de reforma, a lei escorreita utiliza o presente: uma regra observada, com poucas exceções, na versão original do Código Civil.

Materialmente, o Código enriqueceu o artigo 9.°/1, referindo "as circunstâncias em que a lei foi elaborada": um elemento útil. O n.° 4 de Manuel de Andrade foi suprimido: bem, uma vez que ele poderia sugerir uma especial "autoridade" dos trabalhos preparatórios, quando "devidamente publicados". Ora tais trabalhos, como veremos, podem tão-só ser úteis para melhor apreender a *occasio legis*, isto é, as circunstâncias em que tenha sido elaborada.

Finalmente, o n.° 5 de Manuel de Andrade foi igualmente retirado: uma pena, visto que consagrava a possibilidade de redução teleológica. Esta terá, assim, de ser considerada admissível, por via doutrinária: com o inevitável lastro dos negativistas.

§ 45.º *Da pandetística ao Código Civil* 679

III. No tocante à interpretação, a lei preliminar do Código Civil italiano, que Manuel de Andrade muitas vezes seguiu de perto, limita-se a dispor, no seu artigo 12.º[1940]:

1. Na interpretação da lei não se pode atribuir-lhe outro sentido que não o resultante do significado próprio das palavras, segundo a conexão delas e a intenção do legislador.

Como se vê, o preceito italiano era muito rígido: de acordo com o pensamento político totalitário dominante em Itália, aquando da aprovação do Código, foi consignar-se uma saída ligada à letra da lei e à vontade subjetiva do legislador.
Manuel de Andrade evitou essas amarras: em boa hora.

O artigo 12.º da lei introdutória ao Código italiano também tem a sua história. Ela corresponde ao artigo 3.º do Código Civil de 1865[1941]. Na Comissão, propôs-se a supressão desse preceito, indo ao encontro dos Códigos mais modernos; e ele chegou mesmo a ser retirado. A Comissão das Câmaras Legislativas solicitou, depois, a sua manutenção, "pelo freio salutar que impõe ao intérprete". E assim ficou[1942].

IV. A justificação dada por Manuel de Andrade e que se aplica, em larga medida, à redação do Código Civil é significativa.
Quanto ao espírito geral do artigo 9.º, explica Manuel de Andrade[1943]:

(...) não se pretendeu marcar uma atitude inteiramente definida quanto ao método de interpretação a seguir, até mesmo para deixar campo livre para a actividade da doutrina, um problema de tanta complexidade e transcendência, que perigoso seria tentar solucioná-lo duma vez para sempre. Só se pensou em firmar aqui umas tantas posições que pareceram bastante seguras, deixando ainda vago um espaço considerável, para a livre investigação dos doutos.

[1940] Epigrafado "interpretação da lei", esse preceito, no seu n.º 2, regula o que chamamos a integração de lacunas.
[1941] FERRAROTTI TEONESTO, *Commentario teorico pratico comparato al codice civile italiano*, 1 (1872), 3.º (23 ss.).
[1942] MARIANO D'AMELIO, *Codice civile/Commentario* cit., 1, 19-20.
[1943] MANUEL DE ANDRADE, *Fontes de Direito* cit., 150.

A fórmula ambígua "o verdadeiro pensamento legislativo" tem, subjacente, as seguintes reflexões[1944]:

> Não se quis tomar partido em toda a linha no velho pleito entre os objectivistas e os subjectivistas. Apenas se teve o propósito de combater, deixando aqui bem marcada a antipatia que inspiram ao legislador certos excessos de uma e de outra corrente.

E prossegue[1945]:

> Assim, por um lado, condenou-se aquele subjectivismo que vai ao ponto de prescindir totalmente da letra da lei, ou de admitir (como Heck) que se produza em juízo prova testemunhal (ou semelhante) sobre qual tenha sido o pagamento (sic; pensamento?) do legislador (II e IV). Por outro lado, tomou-se posição contra o objectivismo actualista.

Finalmente, e na base do pensamento de Enneccerus/Nipperdey, Manuel de Andrade entendeu referir o que hoje se chama redução teleológica[1946]:

> (...) quis-se autorizar a restrição do conteúdo da lei. Não apenas como que do *teor* legal; e por isso Enneccerus-Nipperdey, § 54.º, entendeu que já não estamos aqui no domínio da interpretação *stricto sensu*. Essa restrição, porém, não pode ir até ao ponto de eliminar o respectivo preceito. Ele deve aceitar-se como bom em tese geral, sofrendo embora uns tantos cerceamentos periféricos – digamos – para certos casos particulares.

V. Na passagem para o projeto, as revisões ministeriais deram, ao artigo 9.º, praticamente a sua forma atual. Como diferença, há a notar um n.º 4, depois eliminado na versão final, que dispunha:

> Os trabalhos preparatórios da lei carecem de autoridade enquanto não forem devidamente publicados.

[1944] *Idem*, loc. cit..
[1945] *Idem*, loc. cit..
[1946] *Idem*, loc. cit.; quanto a NIPPERDEY, o ilustre Autor transcrito teve em vista a "interpretação criativa modificadora (restrição)", que transcende a simples interpretação: opera quando, em função do fim da norma, esta deva, no concreto, ser abandonada; na última edição: ENNECCERUS/NIPPERDEY, *Allgemeiner Teil* cit., 1, 15.ª ed., § 59 (344-349). Quanto à redução teleológica, *vide infra*, 782 ss..

Este preceito, assim redigido, agravava a crítica: os trabalhos preparatórios "devidamente" publicados teriam "autoridade" na interpretação. Qual? No mínimo, dir-se-ia um reforço no histórico-subjetivo da interpretação.

Por isso, o preceito foi eliminado na versão final do Código. E bem.

193. Apreciação crítica e natureza

I. O artigo 9.° do Código Civil foi objeto de diversas críticas, logo no início[1947]. Dele foi dito, designadamente, o seguinte:

(1) trata-se da mais extensa e complexa norma legal sobre interpretação; normalmente, os códigos evitam meter-se em tal matéria, sendo o artigo 12.° das disposições preliminares italianas apenas um bosquejo, criticado, de resto, pela doutrina;
(2) o papel normativo das regras de interpretação é questionável; no horizonte, fica sempre o espetro das proibições históricas de interpretação[1948];
(3) as opções do legislador nada podem contra o avanço da Ciência do Direito;
(4) o artigo 9.° acaba, afinal, por não tomar partido no pleito objetivismo/subjetivismo;
(5) visando refrear a interpretação, o artigo 9.° acaba por lhe dar a maior amplitude.

Este último aspeto levantou especiais objeções, aquando da aprovação do Código Civil[1949]. De facto, a primeira e solene diretriz que o legislador de 1966 dá, ao aplicador, é a de que *a interpretação não deve cingir-se à letra da lei*. Esta asserção é assaz evidente. Todavia, a sua proclamação feita nestes termos poderia conduzir à maior insegurança: nos tribunais ou nas repartições, qualquer pessoa a quem uma lei não conviesse logo proclamaria, com assento legal, que a interpretação não poderia ater-se à letra da lei.

[1947] Em especial, JOSÉ H. SARAIVA, *Apostilha crítica* cit., 61 ss..
[1948] KARL ENGISCH/THOMAS WÜRTENBERGER/DIRK OTTO, *Einführung in das juristischen Denken*, 11.ª ed. cit., 167 ss..
[1949] JOSÉ H. SARAIVA, *Apostilha crítica* cit., 70 ss..

II. As críticas ao artigo 9.º têm, todas, alguma razão de ser. O seu relevo é, todavia, o de permitir um melhor conhecimento da matéria em jogo, abrindo espaço para a reflexão. Recordamos que o artigo 9.º é, pela sua própria natureza, remissivo[1950]. Com todos os seus elementos, ele acaba por remeter, como era inevitável, o tema da interpretação para o intérprete-aplicador. E assim sendo, não vemos qualquer inconveniente na manutenção do preceito.

III. O artigo 9.º comporta, no seu conjunto, duas mensagens da maior importância:

- ele indicia os diversos elementos de interpretação, isto é, os vários fatores a que o intérprete-aplicador irá dar a sua atenção, sem estabelecer uma hierarquia entre eles; remete-se, pois, a tarefa da sua organização para as fases ulteriores da realização do Direito;
- ele recorda que a lei não pode ser interpretada por leigos.

A experiência mostra que o leigo (letrado), perante uma disposição legal, retira, dela, o sentido literal imediato, o que pode conduzir a grandes inadequações. O artigo 9.º/1 equivale a dizer que somente a Ciência do Direito está em condições de conduzir operações de interpretação. Mesmo quando aparentemente muito fácil, a letra da lei esconde, por vezes, conexões e implicações que apenas são valoradas no conjunto do ordenamento.

[1950] *Supra*, 428 ss..

§ 46.º A PROJEÇÃO DAS DICOTOMIAS CLÁSSICAS

194. Subjetivismo e objetivismo

I. O Código Civil, no seu artigo 9.º, teve presente a contraposição clássica entre o subjetivismo e o objetivismo na interpretação. A querela ocupou, de resto, boa parte do espaço útil da dissertação de Manuel de Andrade, em 1933[1951] e voltou a chamar a atenção desse ilustre Autor em obras ulteriores, em termos que denotam uma evolução[1952]. A questão vai ocupar-nos em termos dogmáticos e não histórico-filosóficos[1953].

II. A locução subjetivismo pode, na hermenêutica jurídica, ser usada em dois sentidos distintos: no do sujeito que presidiu à feitura da lei e no daquele que resolva. Quanto ao primeiro (normalmente em causa) dir-se-á que, perante uma lei, o intérprete-aplicador deve indagar quais foram as opções do seu autor[1954]. A não haver correspondência, perguntar-se-ia pela fonte da autoridade da lei[1955]: esta seria determinante.

[1951] MANUEL DE ANDRADE, *Ensaio sobre a interpretação das leis* cit., XXXIV ss..

[1952] MANUEL DE ANDRADE, *Sobre a recente evolução do Direito privado português* cit., 288 ss. e *Sobre o conceito de especificação de coisa" na promessa de compra e venda*, RLJ 80 (1948), 289-295 (292 ss.), onde o Autor, a propósito de uma questão concreta, procede a úteis considerações metodológicas.

[1953] Um panorama evolutivo pode ser confrontado em ADOLFO PLACHY, *La teoria della interpretazione/Genesi e storia della ermeneutica moderna* (1974), VIII + 236 pp.; uma análise analítica da interpretação consta do clássico ARTHUR KAUFMANN, *Das Verfahren der Rechtsgewinnung/Eine rationale Analyse* (1999), IX + 109 pp.; um quadro atualizado das operações envolvidas resulta de ROLF WANK, *Die Auslegung von Gesetzen*, 5.ª ed. (2011), XIII + 112 pp..

[1954] Vide ADOLF KELLER, *Die Kritik, Korrektur und Interpretation des Gesetzeswortlautes* (1960), XXX + 305 pp, 88 ss. (vontade subjetiva do legislador).

[1955] ANDREI MARMOR, *Interpretation and Legal Theory* (1992), VI + 193 pp., 155.

A legitimidade do processo afigura-se evidente: a lei, obra humana, é, por definição, escolha de quem legitimamente a fez; se pretendermos aplicá-la de modo honesto, o escopo da pesquisa será o de indagar a vontade do sujeito-legislador. As alternativas passariam ou por dar relevo a incidentes de redação que vieram desfigurar o texto ou por ficar no escuro, quando a mesma redação não fosse conclusiva ou, finalmente, por eleger um qualquer outro alcance e, nessa altura, a fonte já não seria a lei, mas antes o instrumento que ditasse a escolha desse alcance.

O segundo sentido (o subjetivismo como primado do sujeito que decida) leva-nos ao decisionismo e ao Direito livre: releva a vontade do juiz, quando aplique a lei. Esta aceção corresponde, todavia, a outra ordem de ideias: o subjetivismo na decisão pode (ou não) coincidir com o subjetivismo na interpretação da lei. Deixamos claro que, neste sentido e sendo a decisão do caso sempre uma decisão humana, o subjetivismo é um dado da experiência, indiscutível e em torno do qual haverá que construir uma dogmática.

III. O subjetivismo na interpretação da lei poderia ainda comportar uma dicotomia: o subjetivismo histórico e o subjetivismo atualista ou hipotético. Na primeira hipótese, haveria que reconstruir as opções do legislador histórico, lançando mão dos trabalhos preparatórios, do perfil sócio-profissional e psicológico das pessoas que intervieram na feitura da lei, da semântica das palavras no momento em que a lei foi feita, das correntes então dominantes e assim por diante. Na segunda, proceder-se-ia a uma extrapolação dos elementos disponíveis para o momento atual: dado o perfil conhecido do legislador, como resolveria ele o problema suscitado se tivesse de legislar neste momento?

IV. Ao subjetivismo contrapõe-se o objetivismo. Desta feita, perante a lei não releva o que o sujeito queria ou tenha querido, mas antes o que lá esteja exarado[1956]. A lei, apesar de ter um autor humano, desprende-se dele, uma vez aprovada. E no apurar do seu sentido iremos dar relevância a todos os elementos exógenos que contribuam para o bom entendimento. Podem relevar os elementos da época ou os hoje reinantes.

[1956] Pode-se usar a imagem "vontade objetiva da lei": ADOLF KELLER, *Die Kritik, Korrektur und Interpretation des Gesetzeswortlautes* cit., 149 ss.. Esta orientação é considerada dominante por ROLF WANK, *Die Auslegung von Gesetzen*, 5.ª ed. cit., 30 ss..

V. Tanto o subjetivismo como o objetivismo suscitam objeções[1957]. Quanto ao subjetivismo: a vontade do legislador histórico só é pesquisável em diplomas inovadores recentes. Qual o sentido de apurar a vontade dos plebeus que terão votado, em 286 a. C., a *Lex Aquilia de damno* e isso para efeitos de interpretar o artigo 483.°/1 do Código Civil? Imputar o sentido desse preceito à vontade que teria tido o Conselho de Ministros que aprovou o Código Civil, em 1966, ainda seria mais estéril. Mas mesmo quanto ao legislador recente e inovador: *quid iuris* se se tratar de um Parlamento ou de um Governo, em que várias pessoas com pontos de vista diversos tenham, circunstancialmente, decidido votar o mesmo texto? E se for de todo impossível apurar qualquer elemento subjetivo? E se a vontade histórica do legislador não se articular, de todo, com as condições hoje reinantes, sendo inexequível?

A hipótese de um subjetivismo atualista – portanto: o que teria feito o legislador histórico se houvesse de legislar no momento em que a lei seja aplicável – parece, por seu turno, um refúgio linguístico: como o legislador histórico não existe hoje, aquilo que se lhe possa imputar é vontade do intérprete-aplicador e dão do ex-legislador. Melhor será chamar as coisas pelos seus nomes.

VI. Quanto ao objetivismo: a lei é vontade humana. Releva por isso mesmo e não pelos acasos de uma qualquer formalização. Pretender algo de "objetivo" na lei só pode encobrir uma de duas coisas: ou uma desistência do elemento humano, ou uma absorção da lei pelo intérprete-aplicador, uma vez que este irá decidir o tal sentido objetivo.

A composição de um "misto" de objetivismo e de subjetivismo[1958] pode mais não ser do que um arranjo vocabular. Afigura-se, deste modo, que ambas as hipóteses ficam na disponibilidade do intérprete-aplicador, enquanto vertentes da realização do Direito, que ele irá valorar diferente e eventualmente, consoante os casos.

[1957] Em moldes sintéticos: MUNA REICHELT, *Die Absicherung teleologischer Argumente in der Zivilrechtsprechung des Bundesgerichtshofes* (2011), 327 pp., 38-40. Vide HORST BARTHOLOMEYCZIK, *Die Kunst der Gesetzesauslegung/Eine wissenschaftliche Hilfe zur praktischen Rechtsanwendung* (1951), 128 pp., 42 ss. (44).
[1958] ADOLF KELLER, *Die Kritik, Korrektur und Interpretation des Gesetzeswortlautes* cit., 168.

195. Historicismo e atualismo

I. A antinomia subjetivismo/objetivismo articula-se, indissociavelmente, com uma outra, já antecipada: a historicismo/atualismo. Para efeitos de análise, vamos considerá-las.

Para o historicismo, a lei terá o sentido que lhe caiba no momento da sua elaboração. O intérprete-aplicador deverá privilegiar a indagação histórica. Na vertente subjetivista, isso leva-nos a apurar a vontade do legislador histórico; na objetivista, predominarão as circunstâncias reinantes na feitura da lei e a semântica prevalecente nessa ocasião. Por vezes é inserida, aqui, uma referência à escola histórica (historicismo objetivo), o que é inexato, por contrário à ideia do "Direito romano atual".

II. Já para o atualismo, decisivo é saber o que a lei exprime, no momento da aplicação. Há vários caminhos para lá chegar: tomar o texto da lei, tal como lido na atualidade; reconstruir, à luz da realidade existente, os desígnios da lei; criar um legislador hipotético e inseri-lo no meio ora existente.

III. Quanto ao historicismo, dir-se-á que a lei é um instrumento útil: procurar resolver problemas com figuras históricas será abdicar de soluções efetivas. A menos que a referência histórica seja uma justificação para algo que tenha raízes diversas. Haveria, então, que dizê-lo e que explicá-lo.

O atualismo deixa em aberto o saber quem faz, afinal, a lei: não pode ser o legislador (histórico, pois não há outro), já que o sentido histórico é ignorado. No fundo, tudo caberia ao intérprete-aplicador.

196. Projeções nos elementos da interpretação

I. Na interpretação da lei, o intérprete-aplicador irá ter em conta diversos fatores: a letra do preceito, o conjunto lógico onde ele se integre, a sua origem, o objetivo que presidiu à sua elaboração, o fim que dele resulte, as consequências da sua aplicação e assim por diante. Esses fatores relevantes são considerados os "elementos" da interpretação, na tradição de Savigny[1959]

[1959] FRIEDRICH CARL VON SAVIGNY, *System des heutigen römischen Rechts* 1 (1840), § 32 (206 ss.) e § 33 (213 ss.).

§ 46.º A projeção das dicotomias clássicas 687

o qual acolheu, por seu turno, dados anteriores que remontam à glosa e ao Direito romano[1960].

O próprio Savigny apontou, como elementos da interpretação, o gramatical, o lógico, o histórico e o sistemático[1961]. Ao longo da História, foram surgindo enunciados diversos, acentuando-se, de um modo geral, a contraposição entre o elemento textual e o "espiritual" ou "lógico"[1962]. Os restantes elementos correspondem, por vezes, a postulados básicos de escolas que intentaram o seu desenvolvimento, enquanto bússolas reitoras de interpretação.

II. Perante as asserções, já acima explicadas[1963], de que o sistema de realização do Direito é, na sua ontologia como no seu funcionamento, um processo unitário, surge estranha a possibilidade de, num segmento já de si artificialmente desinserido do contexto, como é a interpretação, vir ainda discernir diversos "elementos". Adiante veremos o seu significado. Para já, retenha-se que o estudo separado de "elementos" visa conhecer melhor o processo de realização do Direito. No final, haverá que proceder a uma síntese que reconstitua, na sua essencial unidade, o processo de realização do Direito.

III. O artigo 9.º/1 do Código Civil contrapõe a letra da lei ao pensamento legislativo. Este último, a ser reconstituído pela interpretação, teria "sobretudo em conta":

– a unidade do sistema jurídico;
– as circunstâncias em que a lei foi elaborada;
– as condições específicas do tempo em que é aplicada.

Deparamos com um conjunto muito heterogéneo de elementos, apenas unificados por se contraporem à letra da lei.

[1960] *Idem, Juristische Methodenlehre* cit., 27 ss..
[1961] *Idem, Methodenlehre* cit., 19 ss. e *System* cit., 1, 213 ss., onde a matéria surge mais ordenada.
[1962] BERNARD WINDSCHEID/THEODOR KIPP, *Lehrbuch des Pandektenrechts* cit., 1, 9.ª ed., § 21 (98 ss.).
[1963] *Supra*, 497 ss..

Aproveitando a tradição interpretativa que remonta à pandetística, podemos apontar, como elementos de interpretação, além da letra da lei[1964]:

- o elemento histórico, que abrange as circunstâncias existentes aquando da feitura da lei, os trabalhos preparatórios e as opções subjetivas do legislador; mas quando se trate de Direito civil, o elemento histórico tem a ver, muitas vezes, com o Direito romano e a evolução subsequente, bem com o Direito comparado, na medida em que tenham ocorrido fenómenos de receção;
- o elemento sistemático, que conecta o troço em interpretação com os lugares paralelos, com os princípios que o enformem ou que o posicionem e com a dinâmica do sistema ou subsistema onde a matéria se integre;
- o elemento teleológico, que traduz e pondera o objetivo da lei, aquilo que ela visa, as condições em que vai ser aplicada e as consequências dos possíveis alcances que se lhe deem, de modo a selecionar o mais eficaz.

IV. Quer no tocante ao sentido a dar à letra da lei, quer no que tange aos três elementos que acima destrinçámos dentro do "espírito da lei", as coordenadas subjetivismo/objetivismo e historicismo/atualismo são chamadas a depor.

E isso sem prejuízo de alguns serem mais sensíveis do que outros, perante as querelas clássicas da interpretação.

[1964] *Vide*, de modo circunstanciado e uma ordenação diversa, ROLF WANK, *Die Auslegung von Gesetzen*, 5.ª ed. cit., 39 ss..

§ 47.º A IMPERATIVIDADE DA LEI

197. *Nemo ius ignorare censetur*

I. A interpretação da lei é condicionada por determinados deveres que dão corpo à sua imperatividade.

A lei, com o sentido que dela resulte, aplica-se quando se verifiquem os respetivos pressupostos ou, em linguagem das normas, caso ocorra a sua previsão. Nesse sentido, as próprias leis supletivas são imperativas, quando porventura chegue o momento de a elas se recorrer.

II. A regra clássica consta do artigo 6.º do Código Civil:

> A ignorância ou má interpretação da lei não justifica a falta do seu cumprimento nem isenta as pessoas das sanções nela estabelecidas.

Nos preparatórios, Manuel de Andrade propôs um preceito equivalente[1965]:

> A ignorância ou má interpretação da lei não desculpa o seu cumprimento nem isenta das sanções correlativas.

Como explicação, esse Autor limitou-se a dizer que só visou sintetizar a doutrina corrente[1966].

De facto, o artigo 9.º do Código de Seabra já dispunha:

> Ninguém pode eximir-se de cumprir as obrigações impostas por lei, com o pretexto de ignorância d'esta, ou com o seu desuso.

[1965] MANUEL DE ANDRADE, *Fontes de Direito* cit., 143.
[1966] *Idem*, 149.

Trata-se, no tocante à primeira parte, de uma regra já predisposta anteriormente[1967]. A doutrina subsequente explicou-a[1968] e aplaudiu-a[1969], agora à luz do artigo 9.º do Código de Seabra.

III. A irrelevância da ignorância ou da má interpretação da lei, para efeitos da sua aplicação, equivale à ideia da sua imperatividade. Classicamente, ela era expressa pelos aforismos *nemo ius ignorare censetur* [a ninguém é admitido ignorar o Direito] e *ignorantia iuris non excusat* [a ignorância do Direito não desculpa].

Na falta deste postulado, a aplicação da lei seria incerta. Além disso, ela tornar-se-ia essencialmente injusta, uma vez que as pessoas mais diligentes e informadas cairiam sob a alçada da lei, isentando-se-lhe os distraídos e desleixados.

IV. Mas sob este pano de fundo, a ignorância da lei pode relevar:

– para efeitos do dever de informar: nalguns casos, designadamente quando esteja em jogo a tutela do consumidor ou o recurso a cláusulas contratuais gerais, a parte mais dotada tem o dever de esclarecer a outra, o que pode envolver elementos de tipo legal (6.º do Decreto-Lei n.º 446/85, de 25 de Outubro);
– no tocante à compleição de situações concretas: a pessoa que, por erro de Direito, desconheça certa realidade, pode impugnar os contratos que se lhe reportem, invocando erro relevante[1970], desde que procedam os demais pressupostos[1971];

[1967] CORREIA TELLES, *Digesto português* cit., 1, 3.ª ed., §§ 30-42 (10-11); COELHO DA ROCHA, *Instituições de Direito civil*, § 26 e nota (1, 11), dando conta de certas limitações à dureza daí resultante.

[1968] JOSÉ DIAS FERREIRA, *Codigo Civil Annotado* cit., 1, 2.ª ed., 21-22, com algumas críticas ao modo porque o legislador a formulou.

[1969] GUILHERME MOREIRA, *Instituições de Direito civil* cit., 1, 19; LUIZ DA CUNHA GONÇALVES, *Tratado* cit., 1, 144-146; JOSÉ TAVARES, *Os princípios fundamentais de Direito civil* cit., 1, 2.ª ed., 168; LUÍS CABRAL DE MONCADA, *Lições de Direito civil* cit., 1, 3.ª ed., 100 ss.; PIRES DE LIMA/ANTUNES VARELA, *Noções fundamentais de Direito civil* cit., 1, 6.ª ed., 113.

[1970] CARLOS MOTA PINTO, *Cessão da posição contratual* (1970), 18-19, nota 1 e *Teoria geral do Direito civil*, 4.ª ed. cit., 518, onde se refere o erro sobre o conteúdo do negócio.

[1971] *Tratado* I/1, 3.ª ed., 827.

– no domínio da falta de consciência da ilicitude, quando porventura ela releve[1972];
– na ponderação do juízo de culpa e no cálculo de certas penas, associadas ao facto: uma dimensão própria de Direito penal;
– na construção da boa-fé subjetiva: a pessoa que, sem culpa, ignore estar a prejudicar terceiros[1973].

V. Muito relevante, no artigo 6.º do Código Civil, é a equiparação entre a ignorância da lei e a má interpretação dessa mesma lei. Duas inferências:

– perante uma lei, apenas uma única interpretação pode ser validada;
– existe, por parte dos operadores jurídicos, com relevo especial para o juiz, o dever funcional de procurar a "boa interpretação da lei"; qualquer outra hipótese é equiparada a ignorância, a qual não exime o interessado de acatar essa "boa interpretação".

VI. A lei deve ser observada enquanto vigorar, como se alcança do artigo 7.º/1. A lei não afasta expressamente o desuso, ao contrário do que fazia o artigo 9.º, *in fine*, do Código de Seabra. Mas ao proclamar que (...) *a lei só deixa de vigorar se for revogada por outra lei*, tem uma mesma ideia em mente.

198. Proibição de *non liquet*

I. O artigo 8.º/1 e 2 fixa as denominadas obrigações de julgar e de obediência à lei. O n.º 3, já ponderado a propósito da jurisprudência, tem a ver com a ambição de uma interpretação e uma aplicação uniformes do Direito[1974].

Na origem recente destes preceitos, encontramos o artigo 4.º do Código Napoleão[1975]:

[1972] *Tratado* II/3, 477 ss..
[1973] *Infra*, 964 ss..
[1974] *Supra*, 619 ss..
[1975] *Code Civil*, Dalloz, 111.ª ed. (2012), Art. 4, com indicações de jurisprudência.

O juiz que recuse julgar, sob pretexto do silêncio, da obscuridade ou da insuficiência da lei, pode ser condenado por denegação de justiça.

II. Manuel de Andrade, no competente anteprojeto, preconizou as fórmulas seguintes[1976]:

I – Os juízes não podem abster-se de julgar por falta ou obscuridade de lei ou por dúvida insanável sobre os factos em litígio.

II – Também não podem negar obediência à lei por imoralidade ou injustiça de um conteúdo.

Explica esse Autor que, quanto ao artigo 8.º/1, serviram de paradigma o artigo 97.º do "velho" Código de Processo Civil e o artigo 110.º do Estatuto Judiciário[1977].

O artigo 97.º do Código de Processo Civil de 1876 dispunha[1978]:

Os juizes não pódem abster-se de julgar, a pretexto de falta ou obscuridade de lei, falta de provas ou por qualquer outro motivo, salva a disposição do artigo 235.º, que lhes permitte ordenar exame ou vistoria em qualquer estado da causa.

Por seu turno, mandava o artigo 110.º do Estatuto Judiciário, aprovado pelo Decreto-Lei n.º 44 278, de 14 de Abril de 1962:

2. Os juízes não podem deixar de aplicar a lei sob pretexto que ela lhes pareça imoral ou injusta (...)
3. O dever de obediência à lei compreende o de respeitar os juízos de valor legais, mesmo quando se trate de resolver hipóteses não especialmente previstas; o juiz não pode recusar o julgamento com o fundamento na obscuridade ou na falta de lei, desde que o caso sujeito à apreciação jurisdicional deva ser juridicamente regulado.

III. O artigo 8.º/2 proíbe o *non liquet*: fórmula que designa a recusa em decidir, por falta de elementos. O *non liquet* poderia ter uma de duas origens:

[1976] MANUEL DE ANDRADE, *Fontes de Direito* cit., 144.
[1977] MANUEL DE ANDRADE, *Fontes de Direito* cit., 149.
[1978] JOSÉ DIAS FERREIRA, *Código de Processo Civil Annotado*, 1 (1887), 173-174, com indicação dos antecedentes.

– ou a falta ou a obscuridade da lei;
– ou a dúvida insanável acerca dos factos em litígio.

A primeira hipótese é afastada: subentende-se que, mesmo na falta ou na obscuridade da lei, é sempre possível, se necessário lançando mão do artigo 10.º do Código, descobrir ou criar uma regra aplicável.

A segunda ultrapassa-se com recurso às regras sobre o ónus da prova: perante um litígio, uma das partes (normalmente, o autor ou demandante) tem o ónus de provar os factos que alegue; se não o conseguir fazer, por subsistir uma dúvida insanável, o seu pedido é desatendido. Os artigos 343.º a 345.º contêm diversas regras sobre o ónus da prova[1979]: perante elas, o juiz chega sempre a uma solução, por desconhecidos que os factos se possam apresentar.

199. A obediência à lei

I. O artigo 8.º/2 veio fixar o dever de obediência à lei, o qual (...) *não pode ser afastado sob pretexto de ser injusto ou imoral o conteúdo do preceito legislativo*.

Manuel de Andrade justificou, assim, o preceito[1980]:

> (...) se trata de doutrina irrecusável, mas que nunca será demais proclamar com todas as letras, para combater ou prevenir certas veleidades de insubmissão à lei e o pendor assaz frequente para o impressionismo fácil da chamada jurisprudência sentimental (*Gefühljurisprudenz*).

Desconhecemos "veleidades de insubmissão à lei", perpetradas aquando do aprontamento do Código Civil. Em compensação, a jurisprudência do sentimento manifesta-se, embora não pela via do afastamento da lei. Os tribunais conseguem-no facilmente através do afeiçoar dos factos ou com recurso a institutos de conteúdo indeterminado. O sentimento tem lugar, no Direito. Mas deve ser assumido, explicado e controlado[1981].

[1979] *Tratado* I/4, 465 ss..
[1980] MANUEL DE ANDRADE, *Fontes de Direito* cit., 149.
[1981] Quanto à jurisprudência do sentimento *vide*, no Direito bancário, o nosso *Da compensação no Direito civil e no Direito bancário* (2003), 242 e 253: o juiz pode ser

II. Em compensação, a "norma injusta" que o seja verdadeiramente pode ser afastada, desde que com base em outras normas, com relevo para as que vedam o abuso do direito[1982]. Não há, então, nenhum "pretexto": apenas se assiste ao aplicar do Direito, na sua plenitude.

A norma legal vale, todavia, como pretensão: apenas em situações muito ponderosas pode ser sindicada a (in)justiça de uma norma, sob pena de se perder a imperatividade da lei.

III. O dever de obediência à lei tem de ser entendido, latamente, como um dever de obediência ao Direito. Está na base de qualquer interpretação[1983], mas não pode restringir-se à lei/comando isolado: o Direito ficaria então dependente de qualquer revogação legislativa, perdendo o estatuto de Ciência[1984].

---

levado a condenar (mais) facilmente o banqueiro, por ser "rico"; mas essa via leva a que o banqueiro transfira para o sistema financeiro e, daí, para os consumidores, os custos da condenação. Há que manter um equilíbrio.

[1982] Como exemplo de "normas injustas": a lei obriga os senhorios a fazer obras em prédios arrendados. Todavia, é injusto condenar um senhorio que recebe 5 ou 10 euros de renda, a fazer obras que ascendam a dezenas de milhares de euros. Perante isso, os tribunais entendem, de modo hoje pacífico e uniforme, que abusa do seu direito o inquilino que, pagando uma renda diminuta, venha exigir, ao senhorio, obras de valor elevado. *Vide* o nosso *O Novo Regime do Arrendamento Urbano: dezasseis meses depois, a ineficiência económica do Direito*, O Direito 2007, 945-971 (948 ss.), com indicação de múltiplas decisões judiciais que o confirmam. *Vide, infra,* 779 ss..

[1983] OSKAR ADOLF GERMANN, *Probleme und Methoden der Rechtsfindung* (1965), 418 pp., 49 e 280 ss..

[1984] Recorde-se a célebre conferência de JULIUS VON KIRCHMANN, *Die Werthlosigkeit der Jurisprudenz als Wissenschaft/Ein Vortrag gehalten in der Juristischen Gesellschaft zu Berlin* (1848, com reimp., pelo menos, em 1932, 32 pp., em 1938, 55 pp., em 1956, 46 pp., em 1988, 70 pp., e em 1990, IX + 141 pp., algumas com notas biográficas e comentários:

Os juristas são como vermes: alimentam-se de lenha podre. Três palavras do legislador e bibliotecas inteiras transformam-se em papel de embrulho.

A afirmação não é aceitável, justamente porque o jurista estuda e obedece ao Direito e não a "leis"; *vide*, entre muitos, ALF ROSS, *Theorie der Rechtsquellen/Ein Beitrag zur Theorie des positiven Rechts auf Grundlage dogmenhistorischer Untersuchung* (1929), XIV + 458 pp., 206 ss.; outras indicações constam de KARL ENGISCH, *Einführung in das juristische Denken*, 11.ª ed. cit., 38, nota 8.

Não está tanto em jogo um dever de respeitar cada proposição legal *à outrance*: isso será mesmo impossível, quando exista um jogo de proposições desencontradas, que obriguem o julgador a encontrar, entre elas, a bissetriz possível. Perante o desenvolvimento obtido pela jurisprudência constitucional e dadas as possibilidades hoje abertas pelo manuseio científico dos conceitos indeterminados, não há soluções injustas inevitáveis. O tribunal dispõe de todos os instrumentos, para as evitar.

Quanto à "imoralidade", que não pode afastar a lei: assim é, mas com a ressalva de que dificilmente uma imoralidade efetiva não terá projeção em princípios jurídicos, que se encontram à disposição do tribunal.

SECÇÃO II
OS ELEMENTOS DE INTERPRETAÇÃO

§ 48.º A LETRA DA LEI

200. Aspetos gerais

I. Na citada frase bíblica, no princípio era o verbo[1985]. Passando para o Direito, ela significa que, na interpretação da lei, o primeiro elemento a atender é o seu teor significativo ou, na expressão tradicional, a sua "letra"[1986]. Quer prática, quer hermeneuticamente, não será assim: quando se procura uma lei – aquela, por hipótese, de cuja interpretação se irá curar – já se havia iniciado o processo: o arranque dá-se com o caso ou com o problema e não com a letra. Mas dentro do universo de "uma lei", o primeiro fator a atender será, de facto, a sua "letra"[1987].

II. A lei exprime-se em proposições linguísticas, formadas por locuções vocabulares articuladas de acordo com a gramática e a sintaxe do

---

[1985] S. João, 1, 1-2: *No princípio era o Verbo, e o Verbo estava em Deus, e o Verbo era Deus*. No grego original, verbo era λόγος (logos): os teólogos discutem sobre a exata interpretação do troço; aparentemente, "verbo" seria a doutrina.

[1986] ENNECCERUS/NIPPERDEY, *Allgemeiner Teil* cit., 1, 15.ª ed., § 56 (331): uma obra com grande influência em MANUEL DE ANDRADE e, daí, no Código Civil. *Vide* ANTÓNIO CASTANHEIRA NEVES, *Interpretação jurídica*, em *Digesta* 2 (1995), 337-377 (362 ss.); ERNST A. KRAMER, *Juristische Methodenlehre*, 2.ª ed. (2005), 50 ss.; DIETER SCHWAR, *Einführung in der Zivilrecht*, 16.ª ed. (2005), 45 ss.; FRANK B. CROSS, *The Theory and Practice of Statutory Interpretation* (2009), X + 233 pp., 24 ss.; ROLF WANK, *Die Auslegung von Gesetzen*, 5.ª ed. cit., 39 ss..

[1987] Referimos, ainda, o texto importante de HORST BARTHOLOMEYCZIK, *Die Kunst der Gesetzesauslegung* cit., 18 ss. e WOLFGANG FIKENTSCHER, *Methoden* cit., 4, 361 ss..

idioma em que ela se encontre expressa. Em regra, a lei é escrita[1988], de tal modo que a sua interpretação pressupõe: (a) que o intérprete conheça o idioma que a comporte; (b) que saiba lê-la.

Quando se refira a "letra da lei", tem-se em vista o sentido linguisticamente correto que dela resulte. À "letra da lei" chama-se, ainda, o seu elemento gramatical.

III. A análise do significado da letra da lei pode ser assimilado a uma (sub)interpretação da letra da lei. Neste ponto, podemos desde já fazer apelo à teoria da semântica condicionada à vontade (*truthcondicional semantics*): conhecer o significado de uma proposição é entender o que, para ela, será verdadeiro ou falso[1989]. Noutros termos: a letra da lei não é "interpretável" se, perante ela, nada se puder apresentar como verdadeiro ou falso. Outros elementos poderão, porventura, ultrapassar esse insólito: ou estaremos perante algo que nada significa.

IV. A letra da lei pode usar expressões comuns, isto é, equivalentes, no seu significado, ao sentido que elas habitualmente assumam no idioma considerado ou pode:

– usar expressões que, no contexto vocabular em que se insiram, apresentem um sentido diverso;
– usar termos técnico-jurídicos, isto é, locuções que se utilizem, apenas, em Direito ou que, no Direito, tenham um sentido diverso do comum.

Como exemplo da primeira hipótese, temos o artigo 122.º: é menor quem não tiver ainda completado dezoito anos de idade. "Menor" tem, aí, um sentido diverso do comum: o comparativo de grande. Exemplificam a segunda situação termos como anatocismo (560.º) ou acessão (1325.º).

[1988] Alguns autores admitem leis não-escritas e, portanto: enunciadas na base da pura oralidade. Conceptualmente, são possíveis as "leis orais"; todavia, desde a Antiguidade, é hábito reduzi-las a escrito, de tal modo que as fontes contrapõem a lei ao costume falando em "leis escritas" e "leis não-escritas".

[1989] ANDREI MARMOR, *Interpretation and Legal Theory* cit., 15.

V. A letra da lei pode ainda ser tomada:

– num sentido mais estrito, quando ela apenas abranja o teor de um considerado preceito;
– num sentido mais amplo, sempre que ela envolva outras proposições significativas.

Evidentemente: à medida que nos afastamos da concreta proposição de cuja interpretação se trate, fazemos apelo a outros elementos que transcendem já a mera "letra".

Em qualquer dos casos, a "letra" nunca é a simples palavra. Atende-se ao preceito, no seu contexto[1990]. Por isso se recomenda, sempre, que nunca se faça "interpretação" sem ler o artigo todo, até ao fim.

201. O papel da "letra"

I. A letra da lei assume, na interpretação, um triplo papel[1991]:

– constitui o ponto de partida para as diversas operações interpretativas;
– assume-se como o elo de ligação entre o Direito e o juiz, legitimando o papel deste;
– opera como limite à aplicação do preceito, fixando, pelo menos, a fronteira entre a interpretação e a interpretação criativa.

A interpretação não começa, como temos reafirmado, com a letra da lei: antes com o caso. Mas a partir daí, a letra constitui o elo de ligação privilegiado mesmo quando (sendo isso possível), a crítica logo leve a afastar a própria letra[1992].

[1990] P. St. J. Langan, *Maxwell on the Interpretation of Statutes*, 20.ª ed. (1969), XCI + 391 pp., 47.

[1991] Matthias Klatt, *Theorie der Wortlautgrenze/Semantische Normativität in der juristischen Argumentation* (2004), 313 pp., 19. Normalmente, na nossa doutrina como na nossa jurisprudência, só se referem o primeiro e o terceiro dos apontados papéis: João Baptista Machado, *Introdução ao Direito e ao discurso legitimador* cit., 182 e 189 e STJ 6-Out.-1993 (Ramos dos Santos), BMJ 430 (1993), 331-343 (343).

[1992] Adolf Keller, *Die Kritik, Korrektur und Interpretation des Gesetzeswortlautes* cit., 31 ss., quanto à essência da crítica.

§ 48.º A letra da lei

Para o efeito pretendido, a letra da lei deverá ser tomada no sentido mais razoável ou, se se preferir, no sentido que lhe será dado pela generalidade dos operadores jurídicos. Cumpre recordar Cícero[1993], na sua defesa da letra da lei[1994]:

(...) muitos inconvenientes advirão se decidirmos afastarmo-nos do texto; pois se nos afastarmos da letra, os redatores do texto compreenderão que os seus textos não são intangíveis e os juízes já não terão regras fixas a observar.

II. A letra da lei atribui poderes ao juiz para decidir. Um caso ganha sentido porque, sobre ele, pode ser tomada uma decisão jurídica. O ponto de partida para a competência do juiz é a lei, numa primeira e direta abordagem: só *a posteriori* pode o juiz decidir o que diz a lei; mas *a priori* ela facultará o *minimum* de permitir, ao juiz, ocupar-se do assunto. Evidentemente: nunca será uma "letra" (não há "letras" puras!), porquanto sempre envolverá elementos que a transcendem. Mas só uma primeira e mais literal leitura permitirá a delegação de poderes que envolve qualquer decisão.

III. A letra da lei limita a aplicação do preceito ou, se se preferir, a sua subsequente interpretação[1995]. E isso a dois níveis:

– o intérprete-aplicador não pode afastar-se da letra da lei sem ter razões bastantes: tal o sentido do artigo 9.º/3, *in fine*, quando diz que o intérprete deve presumir que o legislador (...) *soube exprimir o seu pensamento em termos adequados*[1996];

[1993] Muitas das recentes asserções sobre a letra e o espírito da lei podem ser seguidas nos clássicos romanos; *vide*, como exemplo, a monografia de BERNARD VONGLIS, *La lettre et l'esprit de la loi dans la jurisprudence classique et la rhétorique* (1968), 220 pp., 30 ss., quanto à interpretação *ex verbis*.

[1994] MARCO TULLIO CICERO, *De inventione*, II, XLIV, 128 = ed. bilingue latim/francês, trad. G. ACHARD (1994), 209:

multa incommoda consequi, si instituatur ut ab scripto recedatur. Nam et eos qui aliquid scribant non existimaturos id quod scripserint ratum futurum, et eos qui indicent certum quod sequantur nihil habituros, si semel ab scripto recedere consueuerint.

[1995] RAINER HEGENBARTH, *Juristische Hermeneutik und linguistische Pragmatik/ /Dargestellt am Beispiel der Lehre vom Wortlaut als Grenze der Auslegung* (1982), 15 ss.. Este Autor refere uma vinculação não-vinculativa (*unverbindliche Verbindlichkeit*) da letra da lei – *idem*, 115.

[1996] Este nível é ainda completado com uma presunção de racionalidade: (...) *o legislador consagrou as soluções mais acertadas* (...) (9.º/3): *vide* ERNST ZELLER, *Ausle-*

– o intérprete, ao desviar-se da letra da lei, não pode ir tão longe que chegue a um resultado (artigo 9.º/2) (...) *que não tenha na letra da lei um mínimo de correspondência verbal, ainda que imperfeitamente expresso*.

Algumas máximas exprimem a "resistência" da letra da lei: *ubi lex non distinguit nec nos distingere debemus* [onde a lei não distingue também nós não devemos distinguir], como exemplo. Apenas "resistência": na presença de motivos jurídico-científicos ponderosos, é possível distinguir onde a lei não o faça.

Estes "limites" são-no relativamente à interpretação. Outros esquemas, ditos, genericamente, "interpretação criativa", podem levar, ainda que com especiais cautelas, a pôr de lado, de todo, a letra da lei e, até, a própria lei. Já não se trata, porém, de interpretação.

202. A imputação da "letra"

I. Segundo o artigo 9.º/1, *a interpretação não deve cingir-se à letra da lei, mas reconstituir a partir dos textos o pensamento legislativo* (...). Antes mesmo de passar a outros elementos da interpretação, cabe explorar ainda a ideia de agir (...) *a partir dos textos* (...). E para tanto, vamos colocar aqui o problema da imputação da letra da lei.

Em qualquer interpretação, a autoria do *quid* interpretando é decisiva. A mesma frase tem sentidos diferentes – quiçá: diametralmente opostos – consoante a boca que a profira. Haverá acesso à vontade que modelou a letra da lei e, havendo-o, qual o seu relevo? Estamos perante um ponto clássico, na teoria da interpretação.

II. A lei é comunicação: entre o legislador e o intérprete. Por legislador, pode-se entender a pessoa que, historicamente, ocupou o cargo legislativo, aquando da feitura da lei ou a lei em si, enquanto dado objetivo. Explica Gustav Radbruch[1997]:

---

gung von Gesetz und Vertrag/Methodenlehre für die juristische Praxis (1989), LXVIII + 554 pp., 448.

[1997] GUSTAV RADBRUCH, *Rechtsphilosophie*, 8.ª ed. por ERIK WOLF e HANS-PETER SCHNEIDER (1973), 207.

A vontade do legislador coincide com a vontade da lei. Ela só traduz a personificação do conteúdo conjunto da legislação, pois o conteúdo da lei reflete uma consciência unitária fictícia.

A vontade do legislador não é, portanto, um meio de interpretação e um resultado, mas um objetivo da interpretação e um resultado da interpretação, expressão da necessidade apriorística de uma interpretação sistemática, sem contradizer o conjunto da ordem jurídica. Por isso é possível fixar, na vontade do legislador, o que nunca esteve na vontade consciente do autor da lei.

Assim é. Impõem-se, contudo, algumas precisões. Numa sociedade pré-moderna, o legislador era personificado no soberano. A fonte da jurídica-positividade advinha da vontade do príncipe. Sob o liberalismo, tal vontade foi deferida ao parlamento. Estamos perante uma ficção crescente: a vontade é um dado psicológico individual, que não pode ser imputado a assembleias. E a própria vontade do soberano tem um sentido institucional e não um alcance de decisão pessoal. O subjetivismo não pode ter o sentido de um individualismo: quando muito, o da imputação a um "sujeito" ideal, usado como pólo orientador da lei.

III. Com esta precisão, importa ainda distinguir entre as leis "atuais", que vão surgindo e o *ius commune*, que constitui o cerne do Direito civil. Quando uma lei, invocando a crise orçamental, crie impostos extraordinários, entende-se o diálogo com o "sujeito" seu autor, seja ele um ministro, um governo ou um parlamento. Mas quando o Código Civil mande respeitar os contratos (406.º/1) ou fixe os efeitos da compra e venda (874.º), o diálogo a travar é-o com a Ciência do Direito. Não faz sentido ir à procura do legislador histórico e, menos ainda, atribuir essas normas ao Governo que, em 1966, aprovou o Código Civil.

IV. A saída para a querela subjetivismo/objetivismo não tem uma resposta unívoca, como acima foi adiantado[1998]. Depende do que esteja na mesa da interpretação. A vontade do legislador institucional releva para a interpretação de certas leis e, designadamente, para diplomas circunstan-

---

[1998] *Supra*, 683 ss.. Uma referência *à outrance*, a essa matéria pode até induzir confusões, levando a descobrir problemas onde não existem; *vide* EBERHARD BADEN, *Gesetzgebung und Gesetzesanwendung im Kommunikationsprozess* (1977), 210.

ciais que visem solucionar problemas no imediato; mas ela não tem utilidade nem é imaginável para o Direito civil. Aí, o objetivismo será dominante.

203. A evolução semântica

I. Na feitura da lei, o legislador utiliza, como é de esperar, os diversos termos com o sentido que eles tenham, no momento da redação material dos preceitos. Sucede, todavia, que as expressões podem conservar-se literalmente imutáveis e, não obstante, verem alterado o seu significado (evolução semântica). Como proceder?

II. Vamos partir de dois exemplos: o do artigo 230.º do Código Comercial, relativo a atos de comércio objetivos e o artigo 1636.º do Código de Seabra, referente ao contrato de usura.

Segundo o artigo 230.º do Código Comercial[1999]:

> Haver-se-ão por commerciaes as empresas, singulares ou collectivas que se propozerem:
>
> 1.º Transformar, por meio de fabricas ou manufacturas, materias primas, empregando para isso, ou só operarios, ou operarios e machinas;
> 2.º Fornecer, em épocas differentes, generos, quer a particulares, quer ao estado, mediante preço convencionado;
> 3.º Agenciar negocios ou leilões por conta de outrem em escriptorio aberto ao publico, e mediante salario estipulado;
> 4.º Explorar quaesquer espectaculos publicos;
> 5.º Editar, publicar ou vender obras scientificas, litterarias ou artisticas;
> 6.º Edificar ou construir casas para outrem com materiaes subministrados pelo empresario;
> 7.º Transportar, regular e permanentemente, por agua ou por terra, quaesquer pessoas, animaes, alfaias ou mercadorias de outrem.

À luz da semântica atual, a referência a "empresas singulares ou collectivas" equivale a reportar pessoas singulares e pessoas coletivas. Logo,

---

[1999] Quanto à problemática subjacente, incluindo a da evolução semântica, *vide* o *Manual de Direito comercial*, 2.ª ed., 196 ss..

o artigo 230.º qualificaria essas entidades como comerciantes, sendo os negócios por elas celebrados atos comerciais em sentido subjetivo, o regime daí decorrente. Mas pela semântica da época (1888), sabe-se que:

– a expressão "pessoa coletiva" ainda não existia, com o sentido atual; ela só foi inventada por Guilherme Moreira, em 1903;
– a locução "empresa" significava uma atividade ou uma atuação (algo em curso de ser empreendido) e não a articulação objetiva de meios materiais e humanos, com uma direção, tendo em vista a produção nacional de bens ou de serviços ou seja, a empresa em sentido atual.

Logo, em 1888, o preceito significava que eram comerciais as atividades (os atos) que caíssem sob a alçada do artigo 230.º (atos comerciais em sentido objetivo), independentemente de serem comerciantes os seus autores; o regime era diverso do dos atos subjetivos.

Esta é a boa interpretação. Se prevalecesse um entendimento atualista do preceito, isso haveria de suceder por coordenadas jurídico-científicas e não pelos acasos de derivas linguísticas. Dizemos "acasos": tais derivas não foram previstas pela lei e não são controláveis pela Ciência do Direito.

III. Segundo o artigo 1636.º do Código de Seabra[2000]:

> Dá-se o contracto de usura, quando alguem cede a outrem dinheiro, ou qualquer outro objecto fungivel, com obrigação de restituir uma soma equivalente ou um objecto igual, mediante certa retribuição em dinheiro ou em cousas de outra especie.

A evolução semântica do termo "usura", mercê das taxas exageradamente altas, adotadas para os juros, no século XIX, levou a que o mesmo designasse exploração e aproveitamento da fraqueza ou da necessidade de outrem. O Código Vaz Serra aceitou a evolução semântica[2001]: emprega o termo "negócio usurário" para exprimir uma exploração injusta, invalidando-o (282.º a 284.º) e chama, à velha usura, mútuo remunerado (1145.º/1).

[2000] *Manual de Direito bancário*, 4.ª ed., 623 ss..
[2001] INOCÊNCIO GALVÃO TELLES, *Contratos civis*, RFDUL X (1954), 16-245 (57-58).

Pergunta-se: os contratos de usura terão ficado invalidados assim que a evolução semântica, ao longo do século XIX, ficou consumada? A resposta é negativa. De novo se verifica que o Direito tem uma lógica que não obedece a acasos linguísticos.

IV. Quando se considere a letra da lei, há que atentar no sentido que ela tenha, aquando da sua elaboração. Não quer isso dizer que a evolução semântica dos seus termos, quando ocorra, não possa constituir um auxiliar importante da interpretação. Mas tal auxiliar deverá ser considerado não a propósito da letra: antes no domínio de outros elementos de interpretação.

204. **Ambiguidades, reflexividade e pragmatismo**

I. A letra da lei, abstraindo dos demais elementos, é necessariamente objeto de um processo hermenêutico[2002]. Na captação do seu sentido, o intérprete-aplicador vai necessariamente usar o pré-entendimento disponível, enriquecendo-o com os indícios dos demais elementos, isolados para os efeitos da presente análise. A letra da lei – o elemento gramatical, na terminologia de Savigny – surge, por vezes, ambígua. Essa ambiguidade é, de resto, o ponto de partida para se admitirem outros fatores de interpretação.

As particularidades da língua portuguesa[2003], com o alargado apelo a sinónimos e com a polissemia daí resultante, permitem considerá-la como especialmente atreita a ambiguidades e isso mesmo sem entrar no domínio dos conceitos indeterminados.

II. As ambiguidades linguísticas permitem, à letra da lei, dar uma resposta reflexiva às necessidades de interpretação. Uma vez estabelecido, com recurso aos demais elementos da interpretação, o "verdadeiro" sentido da lei, pode regressar-se à letra (ambígua) fazendo-a corresponder ao sentido em causa. Nesse momento, fecha-se o círculo: a letra é inteiramente respeitada e, até, aprofundada até às últimas consequências, de modo a permitir o respeito pelos mais cuidadosos cânones interpretativos.

[2002] MATTHIAS KLATT, *Theorie der Wortlautgrenze* cit., 49.
[2003] *Supra*, 266 ss..

III. Podemos fazer intervir, aqui, o pragmatismo na interpretação. A expressão pode ter uma dimensão semântica, valendo por si, ou pode colorir-se em função da opção concreta que lhe seja dada[2004]. Pois bem: o intérprete, no termo do processo interpretativo, pode afeiçoar a letra ao produto interpretativo, sempre sob a sindicância da Ciência do Direito.

A Ciência do Direito acode, pela natureza das coisas, nos casos difíceis. Na generalidade das situações, a letra da lei permite uma comunicação imediata e unidimensional com o intérprete, de tal forma que, da letra, logo resulta o sentido da lei. As dificuldades poderão suscitar-se noutros pontos do processo, designadamente na concatenação entre diversas normas.

Isto dito, fica a ideia da instrumentalização da letra da lei, no seio do processo (amplo) da realização do Direito.

IV. Pergunta-se, finalmente, se o mesmo pragmatismo acima anunciado não deve conduzir a que, perante uma total clareza da letra da lei, o intérprete-aplicador não deva, de imediato, conformar-se, abdicando de recorrer aos demais elementos da interpretação[2005].

A resposta pode ser positiva, mas apenas após uma sumária sindicância feita com recurso aos restantes elementos da interpretação. Bem pode suceder que a mais clara expressão esconda ambiguidades ou, até, que ela deva ser desconsiderada, por imperativos incontornáveis ditados pelas circunstâncias em que a lei tenha sido elaborada, pelo tempo em que seja aplicada ou pela sua finalidade.

> Tomemos o exemplo do artigo 122.º: *é menor quem não tiver ainda completado dezoito anos de idade*. A letra é tão clara que não se vê que mais investigar. Todavia, os restantes elementos da interpretação revelam que, num ponto dessa natureza, tem de haver uma idade fixa, ao segundo, para se atingir a maioridade, idade essa que deve ser igual para todos, sob pena das maiores confusões. A letra é clara, mas deve ser confirmada (como é) pelos restantes elementos da interpretação.
>
> Agora, o do artigo 68.º/1: *a personalidade cessa com a morte*. Maior clareza e incisividade não são imagináveis. No entanto, o elemento sistemático da interpretação, designadamente a aproximação aos artigos 71.º, 75.º/2 e 76.º/2, mostra que o sentido dessa expressão não pode envolver a imediata

---

[2004] ANDREI MARMOR, *Interpretation and Legal Theory* cit., 24.
[2005] MANUEL DE ANDRADE, *Interpretação das leis/Prefácio* cit., XXVI.

cessação de todas as relações jurídicas que envolvam o falecido, devendo ser matizada.

Por ponderoso que se apresente, o elemento literal da interpretação deve ser sempre confirmado, ainda que com muita rapidez e, porventura, intuitivamente, pelos demais.

§ 49.º O ELEMENTO HISTÓRICO-COMPARATÍSTICO

205. Aspetos gerais

I. A referência a um elemento histórico, na interpretação da lei, particularmente depois de Savigny[2006], é uma constante[2007]. Todavia, impõe-se uma análise desta dimensão a qual, sendo realizada, permite detetar campos distintos. Cumpre acentuar que o debate sobre o relevo da argumentação histórica é especialmente forte, depois da aprovação de um novo Código Civil[2008]: vale a pena manter vivas as antigas referências ou pode-se fixar um ponto de partida inteiramente novo? Tais referências devem ser mantidas: os Códigos são pontos de chegada.

O Direito, enquanto fenómeno cultural, tem uma estruturação histórica: depende da sua própria História, enquanto Direito e é dado pela História das sociedades que o comportem. A interpretação da lei pressupõe, sempre, uma cultura mínima por parte do operador jurídico, cultura essa que tem natureza basicamente histórica.

II. A contraposição, não referenciada na doutrina mas fundamental, em termos de interpretação, entre as leis do Estado e o Direito comum, confere ao elemento histórico um alcance diversificado.

A interpretação, por exemplo, dos artigos 1251.º e seguintes do Código Civil, relativos à posse, implica, para ter consistência, conheci-

---

[2006] FRIEDRICH CARL VON SAVIGNY, *Juristische Methodenlehre* cit., 19 e *System* cit., 1, 214.

[2007] MARCO ROTONDI, *Interpretazione della legge* cit., 896/I; WOLFGANG FIKENTSCHER, *Methoden des Rechts* cit., 3, 674 ss.; DIETER SCHWAB, *Einführung in das Zivilrecht*, 16.ª ed. (2005), 45; ROLF WANK, *Die Auslegung von Gesetzen*, 5.ª ed. cit., 65 ss..

[2008] THOMAS HONSELL, *Historische Argumente im Zivilrecht/Ihr Gebrauch und ihre Wertschätzung im Wandel unseres Jahrhunderts* (1982), XI + 235 pp..

mentos elementares da posse, no Direito romano[2009]. De outro modo, aliás, nem se consegue entender a diferença entre o universo petitório (propriedade) e o restitutório (posse). Os elementos mais recentes, como o regime do Código de Seabra e os (escassos) preparatórios do Código Vaz Serra, são significativos, para o conhecimento atual da posse. Mas não dispensam o Direito romano. Estas asserções são válidas e operacionais para a generalidade do Direito das obrigações e para os Direitos Reais.

Já quanto às leis do Estado, o tipo de história relevante é diverso. Em regra, bastará atentar no preâmbulo para apreender os elementos que antecederam a feitura da lei, dando corpo ao seu conteúdo.

III. Ao elemento histórico, classicamente relevado por Savigny, há que somar, no domínio lusófono, o Direito comparado. Este, enquanto elemento da interpretação das leis, assume aí um papel bem mais relevante do que noutros países continentais, como a França ou a Alemanha.

Numa tradição potenciada pela Lei da Boa Razão, os Direitos lusófonos são particularmente abertos a experiências exteriores. Através da História, foram acolhidos não só elementos estritamente "históricos" mas, também, elementos oriundos de outras experiências. Num fenómeno despercebido, não há, aqui, um Direito comparado propriamente dito, uma vez que não se confrontam experiências em vigor, nos seus aspetos práticos efetivos. Antes operam antecedentes, interpenetrados na História e que tornam difícil uma separação entre eles.

IV. Ao elemento histórico especialmente operante no Direito civil e que abrange, em termos latos, as raízes romano-germânicas dos institutos, chamaremos, simplesmente, História ou evolução histórica. Pela sua omnipresença, tais raízes pressupõem-se.

Em regra, a referência ao elemento histórico abrange:

– a *occasio legis*;
– os trabalhos preparatórios;
– as opções do legislador histórico.

Vamos vê-los separadamente.

[2009] Veja-se a introdução ao nosso *A posse: perspectivas dogmáticas actuais*, 3.ª ed. (2000), 7 ss..

206. A *occasio legis*; os preâmbulos

I. Diz-se *occasio legis* (ocasião da lei) o conjunto de circunstâncias existentes, aquando da feitura da lei e que, pela ordem natural das coisas, terão condicionado a sua elaboração ou interferido nela.

O artigo 9.º/1 reporta-se à *occasio* referindo a necessidade de, na interpretação, ter *sobretudo em conta (...) as circunstâncias em que a lei foi elaborada*. Elas são da mais diversa natureza. Assim:

– circunstâncias sociais e económicas: certos diplomas ganham significado por ocorrerem em períodos de desemprego ou de inflação[2010];
– circunstâncias políticas e culturais: soluções em contracorrente ocorrem, nas leis do Estado, mercê dos (pre)conceitos ideológicos ou das circunscrições culturais do legislador[2011];
– circunstâncias legislativas ou judiciais: problemas de interpretação ou de aplicação, campanhas na comunicação social ou pruridos nos partidos do poder[2012].

II. A *occasio legis* torna-se importante, quando refletida na Lei. Isso poderá resultar do seu próprio conteúdo. Mas muitas vezes, ela é:

– ou explicada pelo próprio legislador, no preâmbulo do diploma;
– ou conhecida particularmente, pelo intérprete-aplicador.

Diz-se preâmbulo o texto explicativo que, em regra, antecede a publicação dos decretos-leis, no *Diário da República*. As leis do Parlamento

---

[2010] Por exemplo, é decisivo, para interpretar a reforma do contrato-promessa, levada a cabo pelo Decreto-Lei n.º 236/80, de 18 de Julho, conhecer a especial ambiência sócio-económica que o ditou: *Tratado* II/2, 346 ss..

[2011] Ficará nos anais o Novo Regime do Arrendamento Urbano, adotado pela Lei n.º 6/2006, de 27 de Fevereiro, com um vinculismo serôdio que fez, ao País, perder a última hipótese de criar um mercado do arrendamento, antes da crise de 2007-2014: teve, na base, uma preocupação política populista (contrária ao próprio programa do então Governo Socialista) e uma má preparação técnica dos seus autores materiais.

[2012] Temos em mente a revogação dos assentos, ocasionada por declarações de inconstitucionalidade e pela vontade de mostrar serviço, revogando um preceito do Código Civil. *Vide supra*, 639 ss..

não têm, formalmente, preâmbulo. Mas o projeto que lhes deu azo surge, em regra, dotado de uma nota justificativa, publicada com ele[2013].

Uma vez que é oficialmente publicado e assumido, o preâmbulo dos decretos-leis apresenta uma certa credibilidade. Qual o seu papel?

III. Em primeiro lugar, cabe estar prevenido para o facto de o preâmbulo nem sempre retratar o articulado do diploma. O preâmbulo é preparado em gabinetes, em grupos de estudo ou por personalidades habilitadas, em conjunto com um articulado projetado. Admitindo que não haja lapsos, tudo estaria consonante. Sucede que, em fases ulteriores – por vezes, mesmo, no Conselho de Ministros – o articulado é modificado, sem que haja o cuidado de afeiçoar o preâmbulo. Este poderá apontar uma solução diversa da do articulado. Como é evidente, este último prevalece, em tal eventualidade[2014].

Seguidamente, nenhuma dúvida existe em que o preâmbulo não tem natureza vinculativa. Não é essa a sua essência: significativamente, só depois do preâmbulo surge a invocação dos preceitos constitucionais que legitimam o diploma.

Tertio, cumpre sindicar a natureza do preâmbulo. Temos preâmbulos puramente propagandísticos, com referências a intenções, a êxitos governativos e a programas, que não relevam para o julgador. Mas encontramos preâmbulos doutrinários, com úteis explicações sobre a origem da lei e a problemática que a acompanhe e, até, com conexões científicas que, pelo acerto e pela oportunidade, passam a constituir doutrina concretizada pelos tribunais[2015].

IV. Em termos práticos, o preâmbulo tem um papel mais importante do que o normalmente reconhecido. Junto de não-juristas ou de juristas

---

[2013] A nota não é publicitada como preâmbulo da Lei em si porque esta é, muitas vezes, alterada no Parlamento, em termos que entrariam, depois, em contradição com o articulado.

[2014] TC n.º 256/92, de 8 de Julho (BRAVO SERRA), na Net, onde não se teve em conta uma nota preambular que, de facto, não jogava com o articulado.

[2015] Como exemplo: o preâmbulo do Decreto-Lei n.º 178/86, de 3 de Julho, relativo ao contrato de agência, na base de um excelente texto do Prof. PINTO MONTEIRO, veio referir que o seu regime se poderia aplicar, por analogia, ao contrato de concessão. A indicação foi acolhida pela doutrina e pela jurisprudência, constante nesse ponto. *Vide* o *Manual de Direito comercial*, 2.ª ed., 678-679, com indicações.

com uma preparação mais elementar, o preâmbulo pode operar como um autêntico manual de instruções, governando toda a subsequente aplicação da lei. Quanto a operadores habilitados: o preâmbulo faculta um pré--entendimento da matéria, justificando-a e construindo conexões que marcam logo o espírito. Na interpretação como noutras áreas, a primeira impressão tem um peso especial, sendo, com frequência, definitiva.

Uma boa interpretação passa pelo estudo muito cuidadoso do preâmbulo e, depois, por um confronto descomprometido entre ele e o articulado: mas sem servilismos, uma vez que se trata, tão-só, de um auxiliar de interpretação. De resto, o preâmbulo pode esclarecer sobre a *occasio* e, ainda, sobre o próprio objetivo do legislador.

V. O conhecimento particular que o intérprete-aplicador tenha do circunstancialismo que levou à elaboração da lei não releva. Mesmo perante uma técnica subjetivista, parece claro que todos devem estar em idêntica base interpretativa: de outro modo, o postulado da igualdade perante a lei esvair-se-ia, perdendo-se ainda a vantagem milenária das leis escritas.

VI. Resta acrescentar que a *occasio legis*, além de valer, em si, enquanto elemento histórico da interpretação, constitui um ponto auxiliar eventualmente relevante, para os demais elementos e, designadamente: para entender a letra da lei, para fixar conexões sistemáticas e para determinar o escopo do diploma.

207. Os trabalhos preparatórios

I. As leis são o produto do trabalho humano. Por vezes, particularmente quando se trate de simples revogações, elas são muito fáceis, podendo até resultar de súbitas inspirações. Noutros casos, porém, elas atingem grande complexidade. Podem exigir, como sucedeu com o Código Civil, estudos que se prolonguem por décadas e que tomem corpo em dezenas de milhares de páginas[2016]. Qual o papel desses elementos,

---

[2016] Apenas quanto ao Direito das obrigações, ADRIANO VAZ SERRA publicou 91 estudos, alguns com centenas de páginas, a que se devem somar mais 6, de outros autores: *Tratado* II/1, 186-194.

enquanto partes integrantes do elemento histórico da interpretação? Como relacioná-los com a letra da lei[2017]?

II. Nos trabalhos preparatórios, importa separar situações distintas:

– preparatórios genéricos ou estudos feitos a propósito da preparação de alguma lei especial de vulto;
– preparatórios específicos ou estudos destinados, particularmente, a certa lei e às suas soluções;
– documentos que ilustrem o esquema que conduziu a essa lei;
– notas e apontamentos dos autores materiais da lei ou de pessoas que hajam participado na sua elaboração.

Os preparatórios genéricos ou científicos, feitos a propósito da elaboração de uma lei de especial vulto têm, sempre, a maior utilidade. Certas áreas do Direito das obrigações apenas haviam sido, até há pouco tempo, estudadas *ex professo*, entre nós, a propósito da elaboração do Código Civil, devendo-se a Vaz Serra[2018]. Todavia, eles podem nem se reportar aos concretos preceitos adotados, elucidando apenas (e eventualmente) sobre o ambiente que rodeou a sua preparação. A propósito da preparação do Código das Sociedades Comerciais, foram aprontados nada menos do que seis anteprojetos, relativos às sociedades por quotas: três de Raúl Ventura, dois de Ferrer Correia e um de Vaz Serra. Todos são importantes, embora apontem, por vezes, para soluções opostas. Alguns troços seriam lei. Pois bem: um tal tipo de preparatórios constitui um auxiliar geral, a sindicar caso a caso: mas não (ou não necessariamente) um elemento explicativo de preceitos concretos.

III. Mais úteis, no imediato, são os trabalhos científicos que, especificadamente, traduzam as opções de certa lei. Na forma ideal, eles irão explicar, a propósito de cada preceito, qual a fonte inspiradora do autor, porque razão ele se desviou dela ou porque se deteve numa solução inteiramente nova. Os preparatórios específicos podem pressupor estudos genéricos, que considerem os problemas em jogo pelos prismas sociais,

---

[2017] Thomas Honsell, *Historische Argumente im Zivilrecht* cit., 151.
[2018] Este Autor complementou, muitas vezes, os seus preparatórios genéricos com o que abaixo chamamos os preparatórios específicos.

económicos e jurídicos. Teremos uma lei muito bem preparada. No limite, os preparatórios específicos podem ser tão esclarecedores que deem ao intérprete toda a informação de que necessite: quer quanto ao elemento histórico propriamente dito, quer quanto aos restantes.

Em regra, isso não sucede. A feitura das leis é dominada por calendários políticos, com horizontes limitados ao curto prazo. Interessa apresentar obra. Por isso, diplomas relevantes são preparados sem elementos de campo capazes de apoiar as soluções encontradas.

Vamos dar um exemplo. O artigo 35.º do Código das Sociedades Comerciais, na versão original, de 1986, dispunha que, numa sociedade, quando estivesse perdida metade do capital social, os administradores deveriam propor aos sócios que a sociedade fosse dissolvida ou o capital reduzido, a menos que os sócios efetuassem, em 60 dias, entradas que resolvessem o problema. Essa medida, que era muito enérgica, levaria, na época, à falência imediata de algumas das mais importantes sociedades portuguesas. Por isso, ela foi suspensa pelo artigo 2.º do Decreto-Lei n.º 262/86, de 2 de Setembro, que aprovou o Código em causa. Passados quinze anos, o Decreto-Lei n.º 237/2001, de 30 de Agosto, ao pretender tratar da excessiva burocratização veio, sem uma palavra de explicação, pôr termo à suspensão e isso numa altura em que se iniciava uma crise económica que deu azo à depressão de 2003. Resultado: houve que voltar atrás. Logo de seguida, o Decreto-Lei n.º 162/2002, de 11 de Julho, veio dar o dito por não dito: mas optou pela fuga em frente. Agravou ainda mais o regime do artigo 35.º, mas adiou a sua entrada em vigor para 2004. Quantas falências (hoje: insolvências) se iriam provocar? As agências privadas apresentaram números que iam de 2.800 a 27.000, todas de empresas portuguesas em funcionamento. Procurámos saber, junto dos organismos oficiais, quais eram os números. Ninguém sabia! Legislou-se sem qualquer conhecimento dessa matéria. Resultado, houve que regressar ao início: o Decreto-Lei n.º 19/2005, de 18 de Janeiro, alterou o artigo 35.º do Código, retirando-lhe o conteúdo "agressivo"[2019].

Neste caso, faltaram estudos de campo, sobre a efetiva projeção, no terreno, das medidas encaradas. Mas falharam, ainda, estudos de Direito comparado e de Direito europeu: em parte alguma se pratica a solução agressiva, para as próprias empresas nacionais, e que o legislador nacional resolveu adotar.

[2019] Sobre toda esta matéria, com indicações, *Direito das sociedades*, 3.ª ed., 667 ss..

Medidas graves, que vão desde a revogação dos assentos[2020] à nacionalização do BPN[2021], não foram devidamente estudadas.

Evidentemente: quando se determine que um diploma foi publicado sem estudos efetivos, assentando em opções casuais dos seus autores, há um elemento histórico relevante. A aleatoriedade resultante da falta de estudo deverá, quanto possível, ser compensada pelos demais elementos de interpretação.

IV. Documentos relativos ao processo de preparação das leis são, essencialmente, as atas da Assembleia da República, que ilustrem os debates parlamentares. Têm relevo: é importante, por exemplo, saber que o Prof. Jorge Miranda considerou suficiente, para amparar constitucionalmente os assentos, a referência feita ao artigo 122.º/2, g), da Constituição, a propósito da publicidade dos atos[2022] e que a sua intervenção nesse sentido foi determinante para uma não-consagração mais ampla, dos assentos.

Tais documentos permitem, por vezes, melhor compreender o aparecimento de certas fórmulas. O ganho para a interpretação é evidente.

V. Finalmente, deparamos com a eventualidade de notas e apontamentos de autores materiais de diplomas ou de pessoas que tenham intervindo na preparação da lei. Tais notas tomam, por vezes, a figura de leis ou códigos anotados: tendo estudado os preceitos um a um, a propósito da preparação da lei, os juristas implicados providenciam, logo após o aparecimento da nova lei, a publicação de uma versão anotada.

As notas dos autores, na medida em que expliquem o surgimento da solução legal, têm um relevo histórico, a título de preparatórios.

VI. Qual é o papel dos trabalhos preparatórios? Como foi visto[2023], o projeto do Código Civil, no seu artigo 9.º, comportava um n.º 4, segundo o qual:

[2020] *Supra*, 639 ss..
[2021] Levada a cabo pela Lei n.º 62-A/2008, de 11 de Novembro; esta operação acabou por se revelar das mais ruinosas, para o Estado português, desde que há memória: precisamente por falta de estudo das coordenadas envolvidas.
[2022] *Supra*, 635-636.
[2023] *Supra*, 678.

Os trabalhos preparatórios da lei carecem de autoridade enquanto não forem devidamente publicados.

Esse preceito foi criticado[2024]: ele conferia, implicitamente, "autoridade" aos trabalhos preparatórios, sem se explicar qual. Por isso, desapareceu (e bem) da versão definitiva. Mas deixou uma mensagem: há que distinguir, na prática, os trabalhos preparatórios genuínos e efetivamente assumidos como tais, dos preparatórios particulares, que apenas valem enquanto escritos de Direito.

Isto dito: os preparatórios não têm poder vinculativo, nem limitam a esfera de ação do intérprete-aplicador. Constituem, todavia, um elemento auxiliar que, dependendo da sua qualidade, se pode afirmar decisivo, no produto da interpretação.

VII. Na prática dos diversos países, deve dizer-se que o peso dos preparatórios na interpretação é (bastante) maior do que o resultante da doutrina oficial sobre a interpretação da lei. Na presença de preparatórios esclarecedores, o intérprete-aplicador considera-se satisfeito: fixa o sentido que deles resulte.

O peso só não é maior porque ou faltam, de todo, preparatórios ou eles são de ordem demasiado genérica, como sucede com muito material que está na base do Código Civil.

Cabe, ainda, uma prevenção: tal como vimos suceder em relação aos preâmbulos, diplomas há que sofrem, sem justificação conhecida, alterações à última hora. Os preparatórios deixam, nessa eventualidade, de corresponder à solução a que se chegou. Cumpre verificá-lo caso a caso.

208. As opções subjetivas do legislador

I. Independentemente de preâmbulos ou de preparatórios, as opções subjetivas do legislador são, por vezes, publicamente conhecidas. A pessoa que, concretamente, tenha exercido o cargo no âmbito do qual aprontou e aprovou a lei, pode vir a terreiro explicar o que fez e demonstrar a sua opção. No Direito civil, surge o caso paradigmático do Prof. Antunes Varela

---

[2024] *Vide* JOSÉ H. SARAIVA, *Apostilha crítica* cit., 101 ss..

que tendo, como Ministro da Justiça, impulsionado e revisto (em profundidade) o projeto de Código Civil, apoiado pelo Prof. Pires de Lima, veio, depois da entrada em vigor do diploma, publicar, em conjunto com este professor, um *Código Civil Anotado*, onde explica e defende as suas soluções.

II. Todos os elementos que possam conduzir à elucidação de diplomas são relevantes. Havendo acesso às opções subjetivas dos autores de uma lei, não há que rejeitar tal conhecimento. Mas ele terá de valer pelo seu peso objetivo e não por pura *autoritas*. De resto, bem pode acontecer que as opções subjetivas do autor da lei não hajam logrado consagração no diploma.

Também neste ponto, devemos esclarecer que o peso efetivo das tais opções subjetivas, quando conhecidas e amparadas em nomes de prestígio, têm um peso superior ao que resulta da tradição romano-germânica.

Vamos dar um exemplo. Havendo uma ação de preferência, deve demandar-se o terceiro adquirente ou, também, o alienante[2025]? Os diversos elementos de interpretação explicam que o alienante não tem interesse na ação: tendo vendido e recebido o preço, é-lhe indiferente quem seja, em última análise, o adquirente. Além disso, a hipótese de um litisconsórcio dificulta e encarece a ação.

No entanto, Antunes Varela, com base na letra da lei, que usava o plural "réus" (1410.º/1, alterado em 1996), plural esse que ele atribuía a deliberada opção do legislador (ele próprio), veio defender a necessidade de demandar quer o adquirente, quer o alienante.

A jurisprudência propendeu para a opinião contrária. Todavia, após anos de insistências, Antunes Varela levou à instabilização das decisões. Hoje, por cautela, os advogados demandam sempre o adquirente e o alienante. Chegou-se a uma solução inadequada e *contra legem*, na base da opinião subjetiva do autor da lei. Trata-se de uma situação-limite, uma vez que não há autores com a autoridade (justa) de Antunes Varela.

209. O peso real do elemento histórico

I. Na teoria oficial da interpretação, o elemento mais ponderoso é, como abaixo será precisado, o teleológico (*ratio legis*). A prática do sis-

---

[2025] Quanto a esta questão, com elementos: *Tratado* II/2, 512 ss..

tema, no espaço lusófono como nos demais espaços, incluindo o anglo--saxónico, mostra porém que o elemento mais eficaz é, muitas vezes, o histórico.

Perante um problema, o percurso normal, da jurisprudência como da doutrina, é o de reconstituir a origem do diploma a interpretar. Usa-se o preâmbulo do diploma; recorre-se aos preparatórios, nas suas diversas modalidades, quando existam; e aproveita-se a opinião subjetiva do autor da lei, se conhecida. A partir daí, o destino da interpretação fica traçado: em regra obtém-se, aí, os fatores necessários para estruturar os demais elementos da interpretação: sistemática e teleológica.

II. No caso do Direito civil (*ius commune*), a natureza essencialmente histórico-cultural da matéria em presença justifica essa preponderância. Qualquer outra metodologia tenderá a ser inconclusiva. Como determinar a *ratio legis* do artigo 1439.º (usufruto), a não ser pela História? Nas leis do Estado, os excessos objetivistas dos nossos dias podem levar a esquecer o essencial: houve uma decisão humana ao mais alto nível, para equacionar ou resolver problemas da sociedade onde o problema se ponha. Essa decisão deve ser conhecida, sempre que possível. Ela não é tudo: cumpre verificar se ela é consequente com o que se pretenda e qual o modo por que ela se articula com o tecido normativo, em termos de coerência. Mas constitui um ponto de peso inegável.

§ 50.º O ELEMENTO SISTEMÁTICO

210. Generalidades; os lugares paralelos

I. O Direito integra-se, consabidamente, no *continuum* universal. Por maioria de razão as leis, quando sujeitas a interpretação, não existem isoladas. Elas ganham sentido através da sua inserção no todo jurídico o qual, estando ordenado em função de pontos de vista unitários, se pode considerar um "sistema".

Acresce ainda que, aos casos que o Direito seja chamado a resolver, não se aplica, em princípio, uma única e isolada norma. Antes há que contar com modelos de decisão que integram, em simultâneo, normas de natureza por vezes diversa.

Nestas condições, releva-se o elemento sistemático da interpretação, isto é: o contributo que a integração da fonte a interpretar no sistema a que ela pertença dá para a obtenção da norma em jogo. Tal integração é feita, em cada caso, pelo intérprete-aplicador.

II. Cumpre recordar que "sistema" tem, em Direito, um duplo sentido[2026]: o sistema interno e o sistema externo. Mais precisamente:

– o sistema interno resulta da lógica intrínseca do Direito[2027]: na base de que o igual deve ser tratado de modo igual e o diferente de forma diferente, de acordo com a medida da diferença, é possível cientificizar o Direito, tornando-o adequado e previsível: um passo dado pelos romanos;

[2026] *Supra*, 126 ss..
[2027] Para a lógica na interpretação, cabe referir, em especial, ARTHUR KAUFMANN, *Das Verfahren der Rechtsgewinnung/Eine rationale Analyse* cit., 43 ss..

– o sistema externo corresponde ao método de ordenação e de exposição das fontes, operando no campo da aprendizagem e da aplicação.

Como foi visto, o positivismo entendeu que o sistema externo não teria relevância[2028]: apenas respeitaria à apresentação das leis e da matéria. Hoje sabe-se não ser assim. A ordenação da matéria fez surgir contradições, duplicações e omissões: está na base, através dos sucessivos sistemas historicamente consubstanciados (humanista, racionalista e pandetista). Além disso, ela transmite, ao intérprete-aplicador, uma primeira imagem do sistema interno, imagem essa que assume um papel decisivo no pré-entendimento da matéria e, a partir daí, em todo o processo de realização.

A contraposição entre os sistemas interno e externo é artificial: no fundo, tudo joga em unidade. Por isso, no desenvolvimento subsequente, quando se fale em sistema visa-se, sempre, essa unidade. Isso não tira que, consoante as circunstâncias, possam estar, em primeira linha, seja o interno (por exemplo, a referência aos princípios) seja o externo (por exemplo, os lugares paralelos).

III. O primeiro e mais empírico fator de integração sistemática de uma norma é a busca e a aproximação de lugares paralelos[2029], isto é, de fontes relativas a situações similares, que devam obter um tratamento equivalente.

> Por exemplo: segundo o artigo 539.º, nas obrigações genéricas, a escolha do objeto de prestação compete ao devedor, salvo *estipulação em contrário*. A ressalva é exemplificativa ou esgota as possibilidades de a escolha não caber ao devedor? O artigo 543.º/2 quanto a prestações alternativas (lugar paralelo), esclarece que a sua escolha cabe ao devedor na falta de *determinação em contrário*. Logo, não é apenas a estipulação que pode levar à escolha pelo devedor.

[2028] Com indicações, *vide* o nosso *Problemas de sistematização*, em *A feitura das leis*, 2 (1986), 135-149 (137 ss.).

[2029] THOMAS HONSELL, *Historische Argumente im Zivilrecht* cit., 152, inserindo-os no domínio histórico.

O recurso a lugares paralelos pressupõe sempre uma análise das questões em jogo, feita com recurso a outros elementos de interpretação. Apenas estes facultam, ao intérprete-aplicador, determinar a presença de lugares paralelos e verificar se o paralelismo permite a contribuição interpretativa.

IV. A aproximação de lugares paralelos pode operar na base de diversos fatores. Podemos lidar já com elementos dogmáticos mais avançados, como o acima usado exemplo das obrigações genéricas/obrigações alternativas. Mas ao longo da História, têm sido usados paralelismos mais elementares. Assim:

- paralelismos linguísticos: aproximar todas as determinações que se reportem a *bona fides*, como exemplo;
- paralelismos substanciais: lidar, em conjunto, com as diversas fontes que tenham a ver com coisas;
- paralelismos funcionais: juntar as distintas vias que permitem pôr termo a um contrato.

Com felicidade vária, os apontados paralelismos são naturais auxiliares de interpretação. Por semelhança ou por diferença, elas permitem, ao intérprete-aplicador, entender melhor os institutos em presença e as soluções que facultem.

211. A recondução a princípios

I. Momento alto de interpretação sistemática é a recondução das proposições a que se chegue a princípios.

Os princípios correspondem a coordenadas do sistema jurídico, que enformam linhas de solução de problemas, reaparecendo em dispersas normas jurídicas. Podem ter origem diversa; temos:

- princípios apriorísticos, que se impõem por si, em cada sociedade; na nossa cultura, será exemplo o princípio da igualdade;
- princípios históricos, criados ao longo de uma evolução milenária; como exemplo, a tutela possessória ou o consensualismo, na celebração dos contratos;
- princípios estruturais, apurados pela Ciência do Direito, através do cinzelamento milenário de vários institutos; como exemplo, a tutela da confiança.

Os princípios podem ter âmbitos variáveis. Mas em regra, eles reaparecem em todo o Direito civil. Muitos deles são tão profundos que nem têm uma consagração constitucional expressa[2030]: assim sucede com a força vinculativa dos contratos ou com a tutela da confiança. No limite, podemos dizer que a cientificidade do Direito repousa num postulado básico: tratar o igual de modo igual e o diferente de forma diferente, de acordo com a medida da diferença.

II. No processo de interpretação da lei, a ponderação dos elementos que se obtenham, mormente por via literal, à luz dos princípios pertinentes, é decisiva. A confluência da letra da lei com um princípio conforta-a e fortalece-a; pelo contrário, a oposição a um princípio obriga a retomar o processo, podendo, no limite, concluir-se por uma norma excepcional.

Pode ainda suceder que a fonte considerada tenha a ver com mais de um princípio ou, até, que toque em princípios contraditórios. Tudo isso é enriquecedor e dá parâmetros para a interpretação.

> Como exemplo de recondução a princípios: o artigo 1260.º/1 considera de boa-fé a posse cujo beneficiário ignorasse, ao adquiri-la, que lesava o direito de outrem; pergunta-se: e se ignorasse com culpa, isto é, se ignorasse em circunstâncias tais que qualquer cidadão normal logo visse que prejudicava outrem? A recondução dessa norma, em conjunto com diversos lugares paralelos (119.º/3, 243.º/2, 291.º/3, 1340.º/4 e 1648.º/1), ao vetor geral da boa-fé, permite concluir que está de má-fé quem, por culpa própria, ignore estar a prejudicar outrem.

III. Admite-se que, no domínio técnico, possam surgir normas tão específicas que não seja viável a sua recondução a nenhum princípio ou, pelo menos, a nenhum princípio suficientemente preciso, para ter utilidade interpretativa.

Nas áreas mais sólidas do Direito civil e em regra, isso não sucede. As normas que se mantenham, desde o *ius romanum*, têm sempre um peso

---

[2030] As constituições políticas tendem a consagrar, seja sob a forma de princípios, seja enquanto direitos fundamentais, realidades que, ao longo da História, foram ora ignoradas, ora postergadas, ora conquistadas. Princípios como o do respeito pelo contratado são tão óbvios que nunca ninguém os pôs em dúvida; daí que não careçam de consagração constitucional.

próprio que permite ou justifica uma redução dogmática e, daí, uma integração em princípios. Quando, no concreto, isso não se consiga, há que recomeçar, sob pena de superficialidade.

212. A dinâmica do sistema; a coerência

I. A recondução dos preceitos a princípios constitui apenas uma fase no funcionamento do denominado elemento sistemático da interpretação.

O sistema, enquanto conjunto harmónico de princípios dotados de carga axiológica, não é neutro nem estático. Ele prossegue, de modo ativo, diversos escopos, que visam a obtenção de resultados considerados em termos apreciativos. Por isso, o resultado da interpretação será sempre afeiçoado pela dinâmica do sistema: representa valores positivos e, sendo esse o caso, em que termos?

> Por exemplo: as pessoas podem combinar entre si dizerem, uma à outra, aquilo que ambas saibam não querer; mas se o fizerem para enganar terceiros, há simulação (240.º/1), sendo nulo o negócio (240.º/2); está em causa o princípio da tutela da confiança dos terceiros, como se infere ainda do artigo 243.º. Se houver reserva mental conhecida pelo declaratário, a reserva tem os efeitos da simulação (244.º/2). E se não visar (nem) enganar ninguém? Faz sentido qualquer pessoa vir questionar o "negócio"? A interpretação do artigo 244.º/2 exige, assim, a sua recondução ao princípio da proteção da confiança, de modo a revelar a sua extensão.

II. A dimensão sistemática da interpretação postula uma integração funcional nos diversos princípios. Essa integração corresponde, de facto, a uma ponderação, perante o princípio[2031]. A solução contraditória, paradoxal ou inesperada deve ser retomada, até que se consiga um efeito interpretativo útil.

Desenha-se um requisito de coerência, próprio do bom resultado interpretativo. Em termos formais (consistência e abrangência)[2032] como

---

[2031] JAN SLECKMANN, *Recht als normatives System/Die Prinzipientheorie des Rechts* (2009), 270 pp., 151 ss. (154).
[2032] SUSANNE BRACKER, *Kohärenz und juristische Interpretation* (2000), 263 pp., 171 ss..

em termos materiais (adequação valorativa)[2033], a coerência do resultado interpretativo desenha-se enquanto elemento ativo de interpretação.

III. O momento dinâmico do elemento sistemático permite ainda colocar a dimensão normativa de todo o processo interpretativo[2034]. O Direito visa a solução científica de casos concretos. A interpretação é (também) isso mesmo. A incoerência tomada como ineptidão para, em termos científicos, conduzir e justificar essa mesma decisão revela a necessidade de reiniciar o processo.

Embora apresentado como um elemento de interpretação, o dado "sistemático" vai muito para além: ele condiciona o pré-entendimento e todas as demais tarefas do operador jurídico. Sem um sistema como referencial, ele seria incapaz, sequer, de emprestar um sentido à denominada letra da lei.

IV. O legislador deu um relevo significativo a este elemento: porventura mais marcado do que em quaisquer outros códigos ou leis preambulares. Assim:

– no artigo 9.º/1, manda que, na reconstituição do pensamento legislativo, se tenha (…) *sobretudo em conta a unidade do sistema jurídico* (…);
– no artigo 8.º/3, manda-se que o julgador obtenha (…) *uma interpretação e aplicação uniformes do direito*;
– no artigo 10.º/3, a propósito da integração de lacunas, manda-se ter em conta (…) *o espírito do sistema*.

Tais normas não têm, em Direito, um conteúdo prescritivo. Mas elas mostram uma especial sensibilidade do legislador ao tema da coerência, o qual equivale, precisamente, a valorar o elemento sistemático da interpretação.

[2033] *Idem*, 175 ss..
[2034] MATTHIAS KLATT, *Theorie der Wortlautgrenze* cit., 115 ss., focando a normatividade e a objetividade do significado linguístico; FRIEDRICH-CHRISTIAN SCHROEDER, *Die normative Auslegung*, JZ 2011, 187-194, com referência a áreas onde, como no Direito penal, cumpre ser mais cauteloso.

V. O elemento sistemático da interpretação aflora ainda na exigência de conformidade com a hierarquia das fontes[2035]. Aqui se inscrevem as exigências de uma interpretação conforme com a Constituição[2036] ou com as diretrizes[2037].

Em ambos os casos podemos admitir espaços de manobra, dentro do diploma relativamente ao qual seja requerida conformidade. No que tenha de impositivo, a fonte inferior deve conformar-se. E na interpretação desta, haverá que tê-lo em conta, de modo a prosseguir a coerência de todo o sistema.

[2035] A obra de referência, neste momento, é a de CLEMENS HÖPFNER, *Die systemkonforme Auslegung/Zur Auflösung einfachgesetzlicher, verfassungsrechtlicher und europarechtlicher widersprüche im Recht* (2008), XVII + 439 pp., 12 ss..

[2036] *Idem*, 171 ss..

[2037] *Idem*, 249 ss..

§ 51.º O ELEMENTO TELEOLÓGICO

213. A *ratio legis*

I. A proposição diz-se teleologicamente dimensionada ou, simplesmente, teleológica quando vise a prossecução de um escopo ou a obtenção de um fim. Contrapõe-se, deste modo, a proposições puramente declarativas, imperativas, opinativas ou conclusivas.

A natureza teleológica de uma proposição é decisiva para o seu entendimento. Uma vez captado o escopo a prosseguir ou o fim a alcançar, todo o teor da proposição vai ser direcionado nesse sentido. Podemos mesmo admitir proposições flutuantes, que se limitem a indicar o fim: fica ao agente a escolha do meio para lá chegar.

II. À partida, as proposições ou normas jurídicas são estruturalmente teleológicas. Digamos que a norma não vale por si: não é um fim em si mesma. Ela existe e vale enquanto finalisticamente destinada à consecução de algo que a transcende.

Esta mesma dimensão aplica-se aos princípios. Também eles, mesmo quando aparentemente descritivos, têm implícita a ideia de obter algo ou de agir nesse sentido. Por isso se toma o Direito como uma Ciência do espírito aplicada[2038] ou como uma Ciência prática.

III. O elemento teleológico da lei torna-se decisivo, na interpretação. Quando o intérprete-aplicador apreenda o que visa a fonte a interpretar, ou seja, a *ratio legis*, tem, disponível, a ferramenta decisiva para apreender o

---

[2038] HELMUT COING, *Die juristischen Auslegungsmethoden und die Lehren der allgemeinen Hermeneutik* (1959), 23.

seu sentido e para proceder a uma aplicação adequada. Os tribunais vêm sendo crescentemente sensíveis a esta dimensão[2039].

IV. A *ratio legis* não era expressamente enumerada entre os elementos da interpretação apresentados por Savigny[2040]. Na literatura subsequente, ela aparece muitas vezes diluída no elemento "racional"[2041]. A doutrina de meados do século XX veio a dar-lhe um papel crescente[2042].

O Código Civil, alicerçado nos postulados um tanto estáticos de Ferrara e de Manuel de Andrade, não referiu expressamente o fator teleológico. No entanto, ao mencionar, no final do artigo 9.º/1, a necessidade de ter em conta (...) *as condições específicas do tempo em que é aplicada*, ele deu, à interpretação, o dinamismo que só o elemento teleológico pode emprestar.

214. A interpretação evolutiva

I. Na querela clássica entre o historicismo e o atualismo, ocorre falar na interpretação evolutiva, justamente apegada ao elemento teleológico. Conhecida e praticada pelos clássicos canonistas[2043], a interpretação evolutiva permite, perante fontes aparentemente fixas, ir retirando normas dinamicamente adaptadas ao momento em que se faça a interpretação e a aplicação.

A interpretação evolutiva é especialmente requerida em face de textos que, por razões sacras ou por razões de tradição, não possam ser alterados.

[2039] MUNA REICHELT, *Die Absicherung teleologischer Argumente in der Zivilrechtsprechung des Bundesgerichtshofes* (2011), 83 ss., já referido.

[2040] FRIEDRICH CARL VON SAVIGNY, *Juristische Methodenlehre* cit., 19 ss. e *System* cit., 1, 213 ss.. Este elemento foi, sim, antecipado por THIBAUT: *supra*, 672.

[2041] Assim, PIRES DE LIMA/ANTUNES VARELA, *Noções fundamentais de Direito civil* cit., 1, 6.ª ed., 158 ss..

[2042] ADOLF KELLER, *Die Kritik, Korrektur und Interpretation des Gesetzeswortlautes* cit., 117 ss. ; WOLFGANG FIKENTSCHER, *Methoden* cit., 3, 676 ss.; CLAUS-WILHELM CANARIS, *Pensamento sistemático* cit., 66 ss. e *passim*; KARL ENGISCH, *Einführung in das juristischen Denken*, 11.ª ed. cit., 142 ss..

[2043] HELMUTH PREE, *Die evolutive Interpretation der Rechtsnorm im kanonischen Recht* (1980), XII + 266 pp..

II. A interpretação evolutiva pressupõe um texto estático e a necessidade de, dele, retirar ou novos meios ou objetivos rejuvenescidos. No tocante aos objetivos, a diferença nunca poderá ser tanta que torne irreconhecível a norma. Por isso, assenta-se em que o escopo final, dado pela norma, se mantém. Todavia, à medida que se alterem as circunstâncias que acompanhem a sua aplicação, o sentido da norma sofre uma evolução. No limite, a lei perderia aplicação: *cessante ratione*[2044]. Desaparecendo a razão da lei, cessa a própria lei[2045]. Pelo atual Direito positivo lusófono, tais hipóteses, por vezes, só são de encarar nos termos da interpretação criativa[2046].

III. A possibilidade e a necessidade de uma interpretação evolutiva apontam para um elemento estruturante de todo o processo de realização do Direito: a sua natureza material. A Ciência do Direito não se conforma com meros rituais exteriores ou com uma prossecução puramente formal dos fins do Direito. Antes requer uma aplicação material, que permita a obtenção efetiva dos escopos legislativos.

215. A ponderação das consequências

I. O alongamento do processo de aplicação do Direito para além da aplicação[2047] tem, justamente, a ver com o elemento teleológico da interpretação. E num efeito de retorno, ele interfere na própria aplicação.

A interpretação é teleologicamente orientada: ela pretende apurar o fim da lei e, em função dele, (re)construir a norma. Essa estrutura final é dominada pela substancialização do processo. Não vale, como foi dito, uma consecussão meramente formal.

II. A esta luz, o intérprete-aplicador não pode abstrair do resultado da aplicação a que chegue[2048]. Quando tal resultado esteja em desconexão

---

[2044] Ou *cessante ratione, cessat lex ipsa*; vide RAINER HEGENBARTH, *Juristische Hermeneutik und linguistische Pragmatik* cit., 168.
[2045] *Infra*, 830 ss..
[2046] *Infra*, 769 ss..
[2047] *Supra*, 497 ss..
[2048] Recordamos as obras hoje clássicas de THOMAS SAMBUC, *Folgenerwägung im Richterrecht* (1971), 149 pp., 90 ss. e de THOMAS W. WÄLDE, *Juristische Folgenorientierung*

com o fim da norma, há que retomar o processo. Podemos colocar, agora a jusante do processo de realização do Direito, os postulados do círculo hermenêutico: o intérprete fará tantas idas e voltas entre a interpretação e as consequências da decisão, até que logre acertar estas pelo fim da norma.

III. A ponderação das consequências constitui um ponto muito importante, designadamente nas áreas das pessoas e da família. Decisões formalmente corretas que se revelem desastrosas para a criança que, supostamente, deveriam defender contrariam as leis que dizem aplicar. Estamos num campo em que a teoria da interpretação das leis tem, ainda, um largo espaço de divulgação.

(1979), IX + 156 pp., 38 ss.. Como este Autor faz notar (*idem*, 9 ss.), a necessidade de uma ponderação das consequências não é nova: era reconhecido no século XIX. Não obstante, ela veio a ser enfatizada pelos modelos integrados de aplicação do Direito, que lhe deram um papel rejuvenescido.

SECÇÃO III
A INTERPRETAÇÃO NA CIÊNCIA DO DIREITO

§ 52.º A ARTICULAÇÃO DOS ELEMENTOS DA INTERPRETAÇÃO

216. Classificações perante a letra da lei

I. Na articulação entre os diversos elementos da interpretação, procede-se, por hábito, a uma ordenação perante a letra da lei. Esta equivale a uma primeira abordagem da comunicação legislativa. De seguida, advém o conjunto dos elementos histórico, sistemático e teleológico, a que se chama o "espírito da lei" ou, na linguagem do Código Civil, o "pensamento legislativo".

Isto dito: quando o âmbito de aplicação da letra da lei coincida com o que resulte do seu espírito, a interpretação diz-se declarativa. A própria letra da lei pode comportar sentidos amplos, médios ou estritos. No primeiro caso, a interpretação é declarativa lata; no segundo, declarativa média; no terceiro, declarativa estrita[2049].

II. O espírito da lei pode levar a uma interpretação final dotada de um âmbito mais amplo do que o resultante da sua letra: a interpretação diz-se extensiva[2050].

Inversamente, pode o resultado final da interpretação, por exigência do espírito da lei, ser mais restrito do que a letra: temos interpretação res-

---

[2049] Vide o nosso *Noções gerais de Direito*, 296.
[2050] MARIO ROTONDI, *Interpretazione della legge* cit., 899/II; RAINER HEGENBARTH, *Juristische Hermeneutik* cit., 170.

tritiva[2051]. A interpretação restritiva não se confunde, na pureza dos princípios, com uma "construção restritiva", que vise evitar a colisão com outras determinações[2052]. Desta feita, estamos já no modelo de decisão e não na interpretação. Evidentemente: como tudo opera em conjunto, logo no momento da interpretação o intérprete-aplicador terá o cuidado de evitar "colisões", integrando, no elemento sistemático, dados retirados de outras leis. Haverá como que uma interpretação restritiva preventiva.

Estas categorias são acolhidas no Código Civil: segundo o artigo 11.º, as normas excecionais não comportam aplicação analógica, mas admitem interpretação extensiva.

III. A letra da lei pode conter erros ou lapsos. Essas eventualidades, por vezes detetáveis pelo contexto literal, são determinadas ou confirmadas pelo resultado final da interpretação corretiva.

Na interpretação corretiva, não se trata, *summo rigore*, de corrigir a lei. Essa eventualidade, quando seja possível, leva-nos já ao que abaixo denominamos interpretação criativa (*Rechtsfortbildung*). Por agora, apenas se verifica que, mercê da prevalência do "pensamento legislativo" sobre a letra da lei, esta deve ser corrigida, de modo a ultrapassar o óbice. As interpretações extensiva e restritiva têm já o seu quê de corretivo. Todavia, reserva-se o termo interpretação corretiva para adequações que não se traduzam em (simples) extensões ou restrições do campo de aplicação, mas, antes, a modificações de entendimento.

Assim, num exemplo já referido a propósito dos usos[2053]: o artigo 407.º do Código Comercial dispõe que os depósitos feitos em bancos se rejam pelos respetivos estatutos; procedendo-se à interpretação do preceito, com especial atenção ao elemento histórico-comparativo, conclui-se que estatutos significam, aí, "usos"; queda proceder à "correção" a qual, hoje, é pacífica.

[2051] Enquanto a interpretação extensiva vai como que ao encontro da lei, majorando-a, a restritiva é mais delicada, uma vez que traduz uma certa correção. Já MARCO TÚLIO CÍCERO, *De inventione*, II, XLVII, 138 = ed. bil. cit., 214, sublinhava que, para se pronunciar contra a letra da lei, o interessado teria de sublinhar a justiça do seu motivo.
[2052] P. ST. J. LANGAN, *Maxwell on the Interpretation of Statutes*, 20.ª ed. cit., 187.
[2053] *Supra*, 585 ss..

IV. Uma outra hipótese, que se poderá traduzir numa correção extrema, é a da interpretação abrogante. A letra da lei contém uma determinada disposição vocabular. Todavia, procedendo-se à interpretação, verifica-se que tal disposição não tem conteúdo: seja por haver perdido o campo de aplicação, seja por, mercê de contradições internas, nada exprimir de efetivo. De novo se sublinha que o intérprete não tem, aqui, nenhum papel ativo: ele apenas constata que, por razões genéticas ou supervenientes, uma concreta disposição legal não tem, afinal, conteúdo.

217. As inferências lógicas

I. A letra da lei permite, por vezes, determinadas inferências lógicas, normalmente apresentadas como argumentos ou *argumenta*[2054]. Assim, temos:

– *argumentum a contrario*: lei que proíba uma conduta permite, logicamente, condutas diversas;
– *argumentum a fortiori*: a lei que proíba o menos, proíbe o mais; ou a que permita o mais, permite o menos;
– *argumentum a simile*: a lei que disponha de certa forma abrange não só o que expressamente refira, mas, ainda, tudo o que se assemelhe a isso.

No universo das inferências *a fortiori*, podemos distinguir:

– *a minore ad maius*: proíbe o menos, logo proíbe o mais;
– *a maiore ad minus*: permite o mais, logo permite o menos.

II. Os *argumenta* lógicos aplicam-se à letra da lei. Eles devem ser sindicados pelo espírito da lei ou pelo pensamento legislativo. Assim, a lei que proíbe levar cães para os cinemas: proíbe também os gatos (*a simile*) ou permite-os (*a contrario*)? O espírito da lei dirá que, por razões

---

[2054] Estas inferências, conhecidas e exploradas desde a Antiguidade, são desenvolvidas na moderna lógica jurídica. Também se fala, a respeito delas, em interpretação dedutiva; *vide* o nosso *Noções gerais de Direito* cit., 295.

de higiene (a *ratio legis*), todos os animais são atingidos pela proibição, prevalecendo o *argumentum a simile*. Repare-se que uma pura lógica formal não é capaz de escolher entre o *argumentum a contrario* e o *a simile*.

O artigo 1345.º determina que as coisas imóveis sem dono conhecido se considerem do património do Estado. E se, à partida, se souber que tais coisas não têm dono (nem conhecido, nem desconhecido)? *A fortiori*, tais imóveis *nullius* cairão no património do Estado. O fim da norma confirma-o: pretende-se mesmo é evitar o desassossego de surgirem imóveis "livres" e, daí, sujeitos a ocupações ou similares. Também aqui se torna necessária uma sindicância efetuada pelo espírito da lei.

Os *argumenta* lógicos podem conduzir a interpretações extensivas ou restritivas, consoante os resultados a que conduzam.

III. Questão diversa é a das inferências lógicas a efetuar não na base de mera letra da lei, mas na de norma obtida pela interpretação. Desta feita, a aplicação da norma fora do seu âmbito já implica analogia; e a não-aplicação nesse mesmo âmbito, a redução teleológica. Trata-se de opções a inserir no capítulo da analogia e da interpretação criativa.

IV. Todas estas operações lógicas são destrinçadas para efeitos de análise. Normalmente, o intérprete-aplicador não as utiliza, de modo assumido, no exercício da sua atividade, enquanto procura descobrir a solução mais adequada. Elas surgem, tão-só, na justificação que ele venha a formular, para tornar mais plausível a saída encontrada. Têm utilidade nesse plano e no do controlo do resultado.

218. O sistema móvel da interpretação

I. No desenvolvimento anterior, identificámos e aprofundámos os quatro elementos da interpretação: a letra da lei e os elementos histórico-comparatístico, sistemático e teleológico. Cada um desses elementos pode ser dominado por vertentes subjetivistas ou objetivistas, historicistas ou atualistas. Pergunta-se, agora, se os elementos são suscetíveis de graduação ou se as vertentes são, elas próprias, objeto de alguma predileção legal.

II. Manuel de Andrade[2055] recorda a tese de Kohler[2056], que graduava: (1) elemento gramatical; (2) o racional; (3) o sistemático; (4) o histórico. Nesta orientação, o intérprete só podia passar ao elemento seguinte se o(s) anterior(es) fosse(m) inconclusivo(s). O próprio Manuel de Andrade entende que este esquema não pode ser seguido, por excesso de esquematismo. Mas dá-lhe algum peso: se a letra da lei for muito clara, só será possível substituir-lhe uma figuração "mais tosca" se os demais elementos forem absolutamente conclusivos nesse sentido.

Outros autores procedem, de modo mais ou menos assumido, a ordenações relativas, ainda que sublinhando a sua natureza não absoluta[2057]. O Código Civil, por seu turno, veda a interpretação puramente literal, mas manda observá-la como ponto de partida [9.º/1: (...) *reconstituir a partir dos textos* (...)]. Quanto aos demais elementos: refere-os, frisando a sua natureza exemplificativa: (...) *tendo sobretudo em conta* (...).

No tocante às vertentes subjetivismo/objetivismo e historicismo//atualismo, o Código Civil congratula-se pela ambiguidade: refere o "pensamento legislativo" para não escolher entre o pensamento da lei e o do legislador e manda atender quer às "circunstâncias em que a lei foi elaborada", quer às "condições específicas do tempo em que foi aplicada". Vamos tomar essa mensagem como a boa, aceitando que todas as vertentes podem e devem ser usadas na interpretação.

Como articular tudo isto?

III. Torna-se útil usar, aqui, a ideia de sistema móvel, descoberta por Walter Wilburg a propósito da responsabilidade civil[2058] e depois desenvolvida em termos gerais[2059]. Diz-se que o sistema é móvel quando ele

---

[2055] MANUEL DE ANDRADE, *Interpretação e aplicação das leis* cit., XXII ss. (XXVIII).

[2056] Mais precisamente: JOSEF KOHLER, *Lehrbuch des Bürgerlichen Rechts* 1 (1906), 122 ss.. Os apelos à razoabilidade, feitos por KOHLER (*idem*, 126), encontraram também eco, em MANUEL DE ANDRADE.

[2057] Assim: LORENZ BRÜT, *Die Kunst der Rechtsanwendung/Zugleich ein Beitrag zur Methodenlehre der Geisteswissenschaften* (1907), 214 pp., 46 ss., que refere: a verificação dos poderes do legislador; a autenticidade do texto; os diversos elementos de interpretação, acentuando o sentido objetivo das palavras; o escopo da lei.

[2058] WALTER WILBURG, *Die Elemente des Schadensrechts* (1941), 26 ss..

[2059] WALTER WILBURG, *Entwicklung eines beweglichen Systems im bürgerlichen Rechts* (1950), 11 ss. e *Zusammenspiel der Kräfte im Aufbau des Schuldrechts*, AcP 163 (1963), 346-379 (346 ss.).

integre um conjunto de proposições substituíveis umas pelas outras e intermutáveis nas suas posições. Os seus efeitos práticos seriam os seguintes:

– não há uma hierarquia; as proposições ordenam-se em função dos problemas, sendo que qualquer uma delas pode, em concreto, assumir a liderança;
– num concurso entre elas, isto é, numa situação em que elas apontem para soluções divergentes, apenas no concreto se poderia verificar qual delas seria solicitada com mais intensidade, prevalecendo sobre as demais;
– a não-verificação de uma das proposições poderia ser suprida pela especial intensidade que assumam as restantes.

A ideia de sistema móvel foi muito aplaudida[2060], tendo recebido as mais diversas aplicações[2061], designadamente entre nós[2062]. A sua aplicação no domínio dos elementos (letra, histórico, sistemático e teleológico) e das vertentes (subjetiva/objetiva e historicista/atualista) da interpretação afigura-se fecunda. Todas elas jogam em cada situação de interpretação, só no concreto se podendo determinar o peso de cada uma delas.

IV. Mas apesar da apontada mobilidade, ela não é total: algumas diretrizes podem ser retidas. Assim:

– no Direito civil, o elemento histórico-comparatístico é sempre útil para conhecer as fontes, ainda que, depois, outros elementos contribuam para a sua interpretação;

[2060] CLAUS-WILHELM CANARIS, *Systemdenken und Systembegriff*, 2.ª ed. cit., 74 ss.; RUDOLF WESTERHOFF, *Die Elemente des bewegliches Systems* (1991), 101 pp., 15 ss., 85 ss. e 92 ss., KARL LARENZ, *Methodenlehre*, 6.ª ed. cit., 469 ss. e FRANZ BYDLINSKI e outros, *Das bewegliche System im geltenden und künftigen Recht* (1986), X + 327 pp..

[2061] Em especial no domínio da tutela da confiança: CLAUS-WILHELM CANARIS, *Die Vertrauenshaftung im deutschen Privatrecht*, 2.ª ed. (1983), 301 ss. e 529 ss. e *Bewegliches System und Vertrauensschutz im rechtsgeschäftlicher Verkehr*, em FRANZ BYDLINSKI e outros, *Das bewegliche System* (1986) cit., 103-111.

[2062] *Da boa fé*, 784-785, quanto a inalegabilidades formais; LUÍS MENEZES LEITÃO, *O enriquecimento sem causa no Direito civil* (2005), 935-936, quanto às proposições do artigo 473.º/1, relativas ao enriquecimento sem causa; MANUEL CARNEIRO DA FRADA, *Teoria da confiança e responsabilidade civil* (2007), 585-586 e nota 617, quanto aos pressupostos da responsabilidade pela confiança.

– nas leis do Estado, a vertente subjetiva não é despicienda; só pode ser afastada com razões bastantes;
– em qualquer dos casos, o elemento teleológico deve ser enfatizado, uma vez que o Direito é instrumental; em certos casos (o das normas plenas), a solução é justificada por si mesma, pelo que o escopo fica esgotado[2063];
– o elemento sistemático assegura a justeza e a cientificidade da solução.

[2063] Por exemplo, o artigo 122.º fixa a maioridade aos 18 anos; o seu escopo é, apenas, o de estabelecer essa idade, seja ou não, não adequada, no concreto.

CAPÍTULO V
A INTEGRAÇÃO DE LACUNAS

§ 53.º AS LACUNAS

219. Noção e enquadramento

I. Na linguagem comum, uma lacuna traduz a ideia de uma incompleitude ou de um espaço aberto num todo, quando seria de esperar que tal não sucedesse[2064].

A locução é acolhida pelo Direito. Aí, diz-se lacuna a falta de uma regra jurídica aplicável a um caso que careça de solução ou, em fórmula consagrada, uma incompleitude da lei contrária ao seu próprio plano[2065].

II. Assim descrita, a noção de lacuna pressupõe a de um sistema dotado de certa abertura. Podemos, em reconstituição histórica, fixar uma série de fases que conduziriam à situação atual.

[2064] HANS ELZE, *Lücken im Gesetz/Begriff und Ausfüllung/Ein Beitrag zur Methodologie des Rechts* (1916), X + 85 pp. (4).

[2065] *Idem*, 6 (*eine planwidrige Unvollständigkeit des Gesetzes*). Vide JOHANN BAPTIST SCHURGENS, *Lücken im Wettbewerbsgesetz* (1907), 20 ss.; WALTHER BURCKHARDT, *Die Lücken des Gesetzes und die Gesetzesauslegung* (1925), 106 pp., 6 ss.; NORBERTO BOBBIO, *Lacune del diritto*, NsDI IX (1963), 419-424 (419/I); CLAUS-WILHELM CANARIS, *Die Feststellung von Lücken im Gesetz/Eine Methodologische Studie über Vorraussetzungen und Grenzen der richterlichen Rechtsfortbildung praeter legem*, 2.ª ed. (1983), 16 e 198; KARL LARENZ, *Methodenlehre*, 6.ª ed. cit., 370 e 373; KARL ENGISCH, *Einführung in das juristische Denken*, 11.ª ed. cit., 236 ss.; OLAF MUTHORST, *Grundlagen der Rechtswissenschaft* cit., 146-147.

Temos, sucessivamente:

– a necessidade de criar Direito, para enfrentar situações novas;
– o recurso a camadas jurídicas subsidiárias;
– a ideia de um sistema fechado, sem lacunas;
– a moderna teoria da lacuna.

Inicialmente, o Direito era elementar. Estreitamente ligada às questões que potenciassem casos, a regulação primordial afastava do campo jurídico quanto não lhe pudesse ser reconduzido. Admitia-se, todavia, que as situações carecidas de regras pudessem ser colmatadas, através de novas leis ou por vias diversas de criação jurídica (o pretor ou os jurisconsultos, como exemplos). Impôs-se, deste modo, uma (pressuposta) conceção que dispensava a ideia de lacuna[2066].

III. O desenvolvimento do Direito, as grandes compilações romanas e, mais tarde, as canónicas, vieram rearticular o tema. Desta feita, pode-se estratificar um sistema de fontes em termos de subsidiariedade. As Ordenações documentam-no[2067]: na falta de Direito nacional, recorre-se ao romano ou ao canónico, consoante os temas; na ausência de regras romanas, usa-se a glosa e o comentário.

IV. O sistema fechado e sem lacunas seria apanágio de um conceitualismo desenvolvido. Todos os problemas relevantes para o Direito encontrariam solução à luz das suas regras: trata-se de uma posição assumida por autores como Brinz[2068] e, de modo mais relativizado, por Regelsberger[2069].

[2066] HELMUTH COING, *Rechtsphilosophie*, 3.ª ed. cit., 10 ss.; ULRICH FASTENRATH, *Lücken im Volkerrecht* (1991), 339 pp., 15.

[2067] *Supra*, 506 ss..

[2068] ALOIS VON BRINZ, na rec. a FRANZ ADICKES, *Zur Lehre von den Rechtsquellen insbesondere über die Vernunft und die Natur der Sache als Rechtsquellen und über das Gewohnheitsrecht* (1872), XII + 81 pp., KritV 15 (1873), 162-165, explica que, tal como a matéria, também o Direito tem *horror vacui* ou horror pelo vazio; assim, não há lacunas, uma vez que os espaços em branco logo são preenchidos pelos princípios do ordenamento. Quanto à doutrina de BRINZ sobre as (não) lacunas, *vide* JÜRGEN RASCHER, *Die Rechtslehre des Alois von Brinz* (1975), 215 pp., § 23 (119 ss.).

[2069] FERDINAND REGELSBERGER, *Pandekten* 1 (1893), § 38 (155), responde, à questão de saber se há ou não lacunas: sim e não; depende do que se entenda por Direito. Na

Cabe referir a posição de Savigny, quanto às lacunas. A este Autor é, por vezes, imputada a ideia de que não haveria lacunas. Não é bem assim. Savigny admite, à partida, que as fontes do Direito não permitem resolver certas questões; haverá uma lacuna, que deve ser integrada. A plenitude do Direito obriga a essa integração e dá elementos para isso, designadamente através de analogia[2070]. Há lacunas nas fontes: mas não na Ciência do Direito, numa asserção que pode ser subscrita pela doutrina atual.

Na doutrina francesa, esta opção marca presença, ainda que de forma não explicitada. A analogia é considerada como uma espécie de interpretação[2071], enquanto a referência a lacunas ocorre em escritos filosóficos. Ainda então, elas são tomadas como espaços jurídicos em pontilhado, à espera de serem preenchidos, seja pela interpretação, seja por novas iniciativas legislativas[2072].

V. Finalmente, temos a doutrina moderna das lacunas, presente no século XIX[2073] e desenvolvida no século XX. Tal doutrina assenta na ideia de que as lacunas são possíveis e de que existe, para elas, um processo jurídico-científico de integração.

Na literatura alemã, a integração das lacunas é inserida num capítulo abrangente relativo à interpretação criativa do Direito e que acolhe, ainda, a concretização de conceitos indeterminados, a correção de normas injustas e a redução teleológica. No sistema lusófono, mercê de toda uma tradição integrativa autónoma que toma lugar nos códigos civis (o BGB é omisso, nessa matéria), as lacunas dispõem de um espaço próprio que, aqui, respeitamos.

---

medida em que o juiz deva sempre decidir, não há lacunas (*idem*, 156). Sobre o tema *vide*, ainda, HANS SCHIMA, *Die Lückenlosigkeit des Rechtssystems und ihre Grenzen*, FS Max Gutzwiller 70. (1959), 523-534 e HEINRICH HERRFAHRDT, *Lücken im Recht* (1915), VII + 93 pp., 5-6.

[2070] FRIEDRICH CARL VON SAVIGNY, *System* cit., 1, § 46 (290 ss.).
[2071] JEAN CARBONNIER, *Droit civil/introduction*, ed. 2004, n.° 156 (299-300).
[2072] *Idem*, n.° 63 (107-108).
[2073] SAVIGNY, *System* cit., 1, § 46 (290), referia as lacunas apontando, para elas, duas teses destinadas a suprir o problema: a que, na falta de regras operacionais, fazia apelo ao Direito natural, isto é, ao Direito geral normal, aplicável a título subsidiário e a que remetia para o Direito positivo, o qual se completaria a si próprio. Parece claro que, por esta via, acaba por não haver lacunas. SAVIGNY, *idem*, 291-296, trabalhava, depois, a analogia, como forma de aplicação do Direito.

220. Delimitação

I. A lacuna não é um mero espaço livre de Direito. Com efeito, encontramos:

- áreas que o Direito pretende, assumidamente, não regular, por não querer que as suas regras intervenham; é o caso clássico do Direito penal, quando não incrimine certas condutas;
- áreas que, pela sua natural delicadeza, o Direito deixa aos bons costumes, à moral social ou à ética individual; pense-se nos deveres pessoais entre os cônjuges, apenas indiciados no artigo 1672.º do Código Civil;
- áreas que, pelo seu tipo de relevância, o Direito deixa ao trato social[2074]: *de minimis non curat praetor*;
- áreas que, pela sua novidade, o Direito não pode ou não quis, ainda, regular: até há pouco, o comércio eletrónico, por exemplo;
- áreas que o Direito deixa à total liberdade de cada um[2075];
- áreas para as quais não se justifica, ainda, qualquer regulamentação: o aproveitamento privado da Lua ou de Marte, também como exemplo.

A lacuna é um espaço livre contrário ao sistema, isto é: um espaço livre, para o qual a Ciência do Direito reclama uma saída jurídico-positiva. Por isso se diz que a lacuna pressupõe um juízo de valor[2076]. Mais precisamente: uma decisão que fixe a sua existência e que determine o sentido da integração[2077]. Mas mais: a lacuna habilita o juiz a preenchê-la; o espaço livre não-lacunoso equivale a uma pressuposição processual negativa, isto é, a um círculo no qual não é admissível a intervenção do tribunal[2078].

[2074] KARL LARENZ, *Methodenlehre*, 6.ª ed. cit., 371.

[2075] HEINRICH COMES, *Der rechtsfreie Raum/Zur Frage der normativen Grenzen des Rechts* (1976), *passim*, distingue o espaço livre "puro" daquele que traduz um âmbito de livre atuação do sujeito.

[2076] KARL ENGISCH, *Der Begriff der Rechtslücke/Eine analytische Studie zu Wilhelm Sauers Methodenlehre*, FS Wilhelm Sauer 70. (1949), 85-102 (91).

[2077] CLAUS-WILHELM CANARIS, *Die Feststellung von Lücken*, 2.ª ed. cit., 144 ss. e *passim*.

[2078] Trata-se de uma construção de CANARIS, *Die Feststellung*, 2.ª ed. cit., 40 ss., aplaudida por LARENZ, *Methodenlehre*, 6.ª ed. cit., 371, nota 11.

II. A reconstituição histórico-racional acima operada não descreve, simplesmente, uma evolução consumada no passado. Encontramos, hoje, diversas camadas de possíveis lacunas, de natureza duvidosa e que coexistem, no espaço jurídico. Para elas há soluções dogmaticamente distintas, uma vez que, *summo rigore*, se trata de figuras diversas. O Direito pode não regular situações que exigiriam tratamento. A falha é imputável ao legislador. Tal sucederia quando, havendo já tráfego motorizado, faltava ainda um Código da Estrada. E tal sucede, hoje, com a gritante ausência de um sistema de regulação financeira internacional. Explica Larenz que, nessas eventualidades, a "lacuna" deriva de um juízo jurídico-político e não de incompleitude[2079]. Não é possível pedir ao juiz que colmate falhas deste tipo: ele poderia, quando muito, sancionar determinados casos concretos, recorrendo à boa-fé ou ao abuso do direito. Mas tudo continuaria em aberto, no tocante a uma "interpretação" eficaz.

III. O recurso ao Direito subsidiário, acima documentado com o sistema das Ordenações do Reino, ocorre, hoje, em diversas áreas. Assim sucede no Direito comercial. Segundo o artigo 3.º do Código Comercial[2080]:

Se as questões sobre direitos e obrigações comerciais não puderem ser resolvidas, nem pelo texto da lei comercial, nem pelo seu espírito, nem pelos casos análogos nela prevenidos, serão decididas pelo direito civil.

Por seu turno, o artigo 2.º do Código das Sociedades Comerciais, precisamente epigrafado "direito subsidiário", determina[2081].

Os casos que a presente lei não preveja são regulados segundo a norma desta lei aplicável aos casos análogos e, na sua falta, segundo as normas do Código Civil sobre o contrato de sociedade no que não seja contrário nem aos princípios gerais da presente lei nem aos princípios informadores do tipo adotado.

Com diversas cautelas, o Direito civil intervém, a título subsidiário, onde haja lacunas irredutíveis, no Direito comercial ou no Direito das sociedades comerciais. Tal é explicado pelas relações de especialidade que

---

[2079] KARL LARENZ, *Methodenlehre*, 6.ª ed. cit., 374.
[2080] Vide o nosso *Manual de Direito comercial*, 2.ª ed., 207 ss..
[2081] *Direito das sociedades*, 3.ª ed., 273 ss..

existem entre as duas disciplinas em causa. A problemática é, todavia, distinta da das lacunas.

IV. A ideia de um sistema fechado, imune a lacunas, não é apenas uma fase histórica no desenvolvimento do pensamento sistemático. Ela tem consistência dogmática e vigora em zonas que, pela sua delicadeza, não comportam espaços em branco, a preencher pelo juiz. Tal sucede em áreas penais, através da proibição da analogia, em áreas tributárias, com recurso a uma estrita ideia de legalidade e em Direitos Reais, por via de um *numerus clausus* de figuras admitidas. Trata-se de um domínio a que regressaremos[2082].

V. A moderna teoria das lacunas surge delimitada pelos blocos problemáticos referidos. Ela postula um sector juridificado, sem cobertura subsidiária (ou na medida em que tal cobertura não intervenha) e fora de áreas fechadas, que não comportem lacunas. Neste domínio como noutros não há, todavia, campos estanques.

221. Modalidades

I. As lacunas dão azo a diversas ordenações: ora lógicas, ora jurídico-científicas.

Uma primeira distinção contrapõe as lacunas da lei às lacunas do Direito. Na lei, quando a falta se reporte a essa concreta fonte; no Direito, sempre que ela se estenda, no ponto em causa, ao costume, aos usos, a outras fontes e a regras subsidiárias. Em regra, usa-se, aqui, "lei" em sentido muito amplo, de modo a abarcar as diversas fontes[2083].

II. Distinção muito referida é a que contrapõe as lacunas autênticas às lacunas não-autênticas[2084], ou lacunas na norma às lacunas de regula-

---

[2082] *Infra*, 762 ss..
[2083] KARL LARENZ, *Methodenlehre*, 6.ª ed. cit., 370, sem referir, todavia, o Direito subsidiário.
[2084] ERNST ZITELMANN, *Lücken im Recht* cit., 14 ss.; HEINRICH HERRFAHRDT, *Lücken im Recht* cit., 14 ss. e 24 ss.; ERNST WEIGELIN, *Die Lücken im Recht*, JhJb (1939/40), 1-30 (22); CLAUS-WILHELM CANARIS, *Die Feststellung von Lücken* cit., 131 ss.; KARL LARENZ, *Methodenlehre*, 6.ª ed. cit., 372.

ção[2085]. Nas lacunas na norma (autênticas), temos um preceito que se torna impraticável pela sua incompleitude.

Assim, segundo o artigo 1349.° (passagem forçada momentânea), o proprietário é obrigado a consentir que, no seu prédio, sejam levantados andaimes, colocados objetos ou feitos passar materiais, quando tal seja indispensável para reparar algum edifício ou construção; de igual modo, é permitido o acesso a prédio alheio a quem pretenda recuperar coisas suas que acidentalmente aí se encontrem; o n.° 3 do referido artigo acrescenta que, em qualquer dos casos, o proprietário tem o direito a ser indemnizado do prejuízo sofrido. Mas indemnizado por quem? Pelo dono do prédio vizinho (ou pelo titular das coisas a recuperar) ou por quem execute as ações concretas que a lei permita[2086]? Sem uma resposta a esta questão, a norma é inexequível: fica paralisada pela lacuna.

Nas lacunas de regulação (não-autênticas), não há normas paralisadas: faltam, antes, quaisquer normas.

Assim, o Código Civil regula, no domínio da violação das obrigações, o incumprimento direto (798.°) e a impossibilidade superveniente, imputável ao devedor (801.°). E se o devedor violar a obrigação por ação ou proceder a um cumprimento imperfeito? Numa situação regulativa semelhante, Hermann Staub, no princípio do século XX, propôs um novo instituto, para colmatar a lacuna: a violação positiva do contrato[2087], cujo êxito ainda hoje tem repercussões[2088].

III. Contrapõem-se, ainda, lacunas da lei a lacunas do Direito[2089]. As primeiras correspondem a falhas numa fonte, falhas essas que resultam do conjunto da fonte em causa; as segundas traduzem faltas de ordem mais geral, denotadas, apenas, pelo Direito no seu conjunto. Pode tratar-se da falta de um instituto, numa situação que recorda as lacunas não autênticas.

[2085] Expressões que têm a preferência de KARL LARENZ, ob. e loc. cit..
[2086] Esta regra equivale à do § 904/2 do BGB, dado precisamente como exemplo de lacuna autêntica, na doutrina.
[2087] HERMANN STAUB, *Die positiven Vertragsverletzungen*, 2.ª ed. (1913) = 1.ª ed., 26. DJT (1902), 31-56.
[2088] *Da boa fé*, 594 ss.; *Tratado* II/1, 469 ss. e II/4, 116 ss. e 199 ss..
[2089] CLAUS-WILHELM CANARIS, *Die Feststellung von Lücken*, 2.ª ed. cit., 137 ss..

IV. As lacunas dizem-se patentes ou ocultas: patentes quando resultem da comum interpretação da lei que um determinado ponto carece de regulação; ocultas sempre que, num momento prévio, se imponha uma interpretação restritiva (ou, no limite, uma redução teleológica) para que surja, sob uma aparente compleitude da lei, o espaço em branco[2090].

Adaptado ao Direito português, temos o seguinte exemplo de lacuna oculta. Segundo o artigo 261.º/1, é anulável o negócio celebrado pelo representante consigo mesmo, a não ser que o representado tenha especificadamente consentido na celebração ou que o negócio exclua, por sua natureza, a possibilidade de um conflito de interesses. Ou seja: exige-se que, em abstrato (por sua natureza), não haja conflito. E se, não obstante, surgir em concreto, tal conflito? Num primeiro tempo, a interpretação do preceito revela que o tema só foi considerado no plano geral, porque só deste se ocupou o legislador; surge a lacuna, de integração fácil, aliás.

V. Temos lacunas iniciais e lacunas supervenientes[2091]. São iniciais as que ocorram logo aquando da aprovação da lei. As supervenientes concretizam-se, mais tarde, quando uma lei, inicialmente completa, venha a revelar incompleitudes em face da evolução registada. Impõem-se várias subdistinções úteis.

As lacunas iniciais podem ser imprevisíveis, imprevistas ou propositadas:

- imprevisíveis: o legislador, de todo, não tinha elementos para constatar a necessidade de regulação em falta, a qual se revelou apenas com a publicação e com a aplicação subsequente da lei;
- imprevistas: o legislador tinha tais elementos mas, por descuido, não produziu um diploma completo;
- propositadas: o legislador tinha os elementos; todavia, por cautela política, por cuidado científico ou pela conveniência de, à doutrina, deixar as tarefas de reelaboração, optou por não ser explícito; neste domínio fala-se, ainda, em lacunas conscientes ou inconscientes[2092].

[2090] CLAUS-WILHELM CANARIS, *Die Feststellung von Lücken*, 2.ª ed. cit., 136; KARL LARENZ, *Methodenlehre*, 6.ª ed. cit., 376.
[2091] CLAUS-WILHELM CANARIS, *Die Feststellung von Lücken*, 2.ª ed. cit., 135.
[2092] MICHAEL BRODFÜHRER, *Bewusste Lücken im Gesetz und der Verweis auf "Wissenschaft und Praxis"* (2010), 130 pp., 17.

Por seu turno, as lacunas supervenientes[2093] podem resultar da evolução sócio-económica, da evolução jurídica ou da evolução científica:

– evolução sócio-económica: o Código Civil não versa o comércio eletrónico ou os transplantes de órgãos; trata-se de matérias incipientes, em 1966;
– evolução jurídica: o Código Civil estabelecia uma pesada discriminação da mulher casada[2094]; com a Constituição de 1976, todos os preceitos envolvidos perderam aplicação; mas apenas em 25-Nov.--1977, pelo Decreto-Lei n.º 496/77, foi estabelecido um novo regime, não discriminatório, da família; durante cerca de ano e meio, tudo isso ficou em grande e superveniente lacuna;
– evolução científica: os artigos 70.º a 81.º versam os direitos de personalidade; apesar de desenvolvidos para a época, eles apenas contêm um embrião do regime desses direitos; o progresso científico subsequente permitiu detetar a sua insuficiência, com numerosas lacunas, procedendo-se, depois, ao seu desenvolvimento, por via doutrinária e jurisprudencial; por exemplo: o artigo 70.º reporta-se às pessoas singulares; e as coletivas? Hoje sabe-se que também elas têm direitos de personalidade.

VI. Uma especial categoria é constituída pelas lacunas de colisão. Num determinado ordenamento, pode haver normas em contradição, de tal modo que não seja possível ultrapassar o problema com recurso a regras de conflito tais como: a lei nova prevalece sobre a antiga ou a especial sobre a geral. A colisão pode revelar-se no plano teleológico: uma das normas vai inviabilizar o fim prosseguido pela outra, o qual contradiz o da primeira. Na inviabilidade de uma harmonização, ambas as normas se anulam, surgindo uma lacuna de colisão[2095].

VII. As lacunas dizem-se intrassistemáticas, quando ocorram numa área ocupada pelo conjunto articulado das regras jurídicas; são extrassis-

---

[2093] *Idem*, 26. Às lacunas supervenientes chama-se, também, lacunas secundárias, sendo primárias ou iniciais: KARL ENGISCH, *Einführung in das juristische Denken*, 11.ª ed. cit., 246. Referimos, ainda, G. e D. REINICKE, *Die Ausfüllung primärer und sekundäre Gesetzlücken nach der Rechtsprechung des Bundesgerichtshofs*, NJW 1952, 1153-1157.
[2094] *Tratado*, IV, 3.ª ed., 411-412.
[2095] CLAUS-WILHELM CANARIS, *Die Feststellung von Lücken*, 2.ª ed. cit., 65 ss..

temáticas quando surjam em áreas exteriores ao sistema, ainda que reconhecíveis, por este, como carentes de solução jurídica. Assim, a falta de um regime relativo ao cumprimento defeituoso é uma lacuna intrassistemática; a ausência de regras quanto à *culpa post pactum finitum* dá azo a uma lacuna extrassistemática.

VIII. Em função da via de integração, as lacunas podem ser, ou não, rebeldes à analogia: depende da possibilidade de recorrer à analogia para ultrapassar o problema que coloquem.

222. A determinação

I. A determinação de lacunas constitui uma tarefa nobre de realização do Direito. Ela requer uma utilização cuidada dos diversos instrumentos facultados pela Ciência jurídica[2096], exigindo experiência e sensibilidade. As verdadeiras lacunas são raras: em regra, os poucos problemas que não disponham de soluções imediatas são enquadráveis pela interpretação extensiva ou pelo recurso a cláusulas gerais ou a conceitos indeterminados.

II. Em termos racionais, a deteção de uma lacuna arranca sempre da interpretação das fontes *prima facie* vocacionadas para resolver o caso. No termo da tarefa, verifica-se, todavia, que mesmo recorrendo ao espírito da lei, não é possível enquadrar o problema. E isso por uma (ou mais) das seguintes vias, em parte resultantes do desenvolvimento anterior:
– a norma fixa um regime inexequível, se não for complementado; no entanto, nada contém que satisfaça essa necessidade; há lacuna;
– o espírito da lei aponta uma solução que não tem apoio nenhum na letra da lei (9.º/2); logo, não é aplicável, revelando, não obstante, a lacuna;
– a lei fixa um regime que entra em contradição com o sistema ou com a própria finalidade do preceito; há que operar uma interpretação restritiva ou uma redução teleológica, que revelam uma lacuna;

[2096] Recordemos a obra incontornável de CLAUS-WILHELM CANARIS, *Die Feststellung von Lücken*, 2.ª ed. cit., 47 ss., com resumo, 118. Entre nós, JOÃO PEDRO MARCHANTE, *Da detecção de lacunas no Direito português* (2001).

– um caso cai sob um princípio que requer solução; todavia, o princípio, só por si, não é suficientemente preciso para apontar uma saída; há lacuna;
– um caso deixa, perante o sistema, no seu conjunto, indicar uma necessidade de enquadramento jurídico, o qual falte;
– a interpretação revela normas em colisão, com a lacuna daí resultante.

III. Na prática, a determinação de uma lacuna opera em simultâneo com a sua integração. No domínio do círculo de realização do Direito, o intérprete-aplicador apercebe-se de que se impõe uma solução que, na lei, não tem expressão satisfatória. Concluirá pela lacuna, justificando a solução à luz não da "interpretação", mas da "integração".

Esta (aparente) inversão é legitimada pelo controlo que a Ciência do Direito exerce sobre o conjunto, sobre a solução e sobre as consequências a que esta conduza.

§ 54.º O ARTIGO 10.º DO CÓDIGO CIVIL

223. Antecedentes

I. Na tradição lusófona, o modo de proceder quando nenhuma solução resultasse da lei vinha contemplado nas Ordenações do Reino e na Lei da Boa Razão[2097].

Nos clássicos da pré-codificação do século XIX, essa tradição amorteceu. Porventura por influência napoleónica, subentende-se que as questões são solucionadas pela interpretação. Havendo omissão, caberia ver a "intenção que falta na palavra"[2098], ou recorrer ao Direito subsidiário[2099]. Não há, todavia, uma autonomização da integração. Nem mesmo se refere o termo "lacuna"[2100].

II. O Código de Seabra sob a apontada influência do ABGB austríaco[2101], dispôs, no seu já citado artigo 16.º:

> Se as questões sobre direitos e obrigações não poderem ser resolvidas, nem pelo texto da lei, nem pelo seu espírito, nem pelos casos análogos, prevenidos em outras leis, serão decididas pelos princípios de direito natural, conforme as circunstâncias do caso.

A doutrina subsequente conhecia os antecedentes nacionais[2102] e

---

[2097] *Supra*, 506 ss..

[2098] JOSÉ CORRÊA TELLES, *Theoria da interpretação das leis* (1845) cit., 29.

[2099] ANTÓNIO LIZ TEIXEIRA, *Curso de Direito civil português* cit., 1 (1848), 29.

[2100] COELHO DA ROCHA, *Instituições de Direito civil*, 8.ª ed. cit., §§ 44 e 45 (1, 20-24).

[2101] *Supra*, 423; quanto ao projeto que conduziria ao preceito em causa, *supra*, 510.

[2102] MANUEL DE OLIVEIRA CHAVES E CASTRO, *Estudo sobre o artigo XVI do codigo civil portuguez e especialmente sobre o direito subsidiario civil portuguez* (1871), 8 ss. e 21 ss..

comparatísticos do preceito[2103]. A integração não era separada rigorosamente da interpretação. Dizia-se, simplesmente, que o legislador apelava[2104]: (1) ao texto; (2) ao espírito; (3) à analogia; (4) ao Direito natural. Este, de resto, era tomado como Direito subsidiário[2105].

Ponto particularmente interessante é o de verificar como eram entendidos os "princípios de direito natural". Chaves e Castro tomava-os como[2106]:

> (...) os resultados do raciocínio feito sobre a natureza das cousas, tendo em consideração o pensamento, e origem e o fim das leis, que regulam a matéria de que se trata, o que na linguagem scientifica se chama philosophia de direito positivo.

III. O avanço decisivo veio de Guilherme Moreira e de Manuel de Andrade. A eles se deve a emancipação definitiva da integração relativamente à interpretação, com a identificação dos casos omissos. A receção do sistema germânico ficou consumada.

Guilherme Moreira, embora referindo a "interpretação por analogia", faz a contraposição entre a analogia da lei e a analogia de direito. Esta estaria implícita na referência aos princípios de Direito natural, assim convolado para os princípios do Direito. O essencial do funcionamento da analogia era explicado em moldes atualizados[2107]. Uma exposição alongada sobre toda esta matéria resulta de Cunha Gonçalves[2108], tendo o acerto pelo pensamento jurídico alemão do primeiro quartel do século XX sido feito por Manuel de Andrade[2109] e por Cabral de Moncada[2110].

[2103] *Idem*, 16 ss..
[2104] *Idem*, 36; vide JOSÉ DIAS FERREIRA, *Codigo Civil Portuguez Annotado* cit., 1, 2.ª ed., 25-26.
[2105] A. J. TEIXEIRA D'ABREU, *Curso de Direito civil* cit., 1, 190.
[2106] MANUEL DE OLIVEIRA CHAVES E CASTRO, *Estudo sobre o artigo XVI do codigo civil* cit., 51.
[2107] GUILHERME MOREIRA, *Instituições de Direito civil* cit., 1, 46 ss..
[2108] LUIZ DA CUNHA GONÇALVES, *Tratado de Direito civil* cit., 1, 465-505.
[2109] MANUEL DE ANDRADE, *Interpretação das leis* cit., LXXII e *passim*.
[2110] LUÍS CABRAL DE MONCADA, *Integração de lacunas e interpretação da lei*, RDES VII (1954), 159-195 (161 ss.).

224. Os preparatórios

I. Incumbido de preparar o competente anteprojeto de Código Civil, Manuel de Andrade iria verter, em articulado e muito naturalmente, as suas ideias na matéria.

Afigura-se interessante comparar o texto proposto com aquele que, no final e após as revisões de Antunes Varela, surgiu no Código. Assim[2111]:

Manuel de Andrade	Código Civil
I. Nos casos não previstos na lei, nem sequer por remissão para outro sistema normativo ou para a equidade, o juiz deve resolver segundo a norma que estiver na lei para casos análogos.	1. Os casos que a lei não preveja são regulados segundo a norma aplicável aos casos análogos.
II. O antagonismo insanável entre duas estatuições legais importa a eliminação dessas estatuições.	
III. Consideram-se análogos casos que, razoavelmente, devam ter o mesmo tratamento jurídico.	2. Há analogia sempre que no caso omisso procedam as razões justificativas da regulamentação do caso previsto na lei.
IV. Na falta de caso análogo deve o juiz resolver segundo a norma que, mantendo-se fiel ao espírito do sistema vigente, editaria se tivesse de legislar. Inspirado neste critério, ele apreciará se o caso omisso deve ter regulação jurídica, e averiguará depois, se for preciso, qual deva ser essa regulação.	3. Na falta de caso análogo, a situação é resolvida segundo a norma que o próprio intérprete criaria, se houvesse de legislar dentro do espírito do sistema.
V. As normas penais, assim como, em princípio, as normas excecionais não comportam extensão analógica. Umas e outras, todavia, admitem interpretação extensiva.	

[2111] MANUEL DE ANDRADE, *Fontes de Direito* cit., 145.

II. Na sua justificação de motivos[2112], Manuel de Andrade limita-se a remeter para um escrito seu anterior[2113]. Aí, é feita uma descrição sintética da matéria, apoiada em Enneccerus/Nipperdey e sem referências histórico-culturais explícitas.

O texto é, todavia, rico, sendo de leitura obrigatória, para o bom conhecimento do Código Civil.

III. As disposições sobre as leis em geral, que precederam o Código Civil italiano, limitam-se a:

- no artigo 12.º/1, a remeter a solução das omissões para os preceitos que regulem os casos análogos e, na falta destes, para os princípios gerais de Direito;
- no artigo 14.º, a restringir as leis penais e as excecionais aos casos nelas considerados.

O legislador italiano manteve praticamente intocado o artigo 3.º do anterior Código Civil italiano: de 1865[2114].

IV. Na passagem do anteprojeto para o Código, jogaram fundamentalmente preocupações de simplificação. Assim:

- no n.º 1 do anteprojeto, suprimiram-se as referências à remissão para outro sistema normativo (afigura-se que para o Direito estrangeiro, para o Direito canónico ou para a Moral) ou para a equidade; de facto, não são necessárias, uma vez que, quando ocorram, não há lacuna;
- o n.º 2, que referia as lacunas de colisão, desaparece: seria uma regra interessante e útil, mas dispensável[2115];
- o n.º 3 perdeu em amplidão: acentuaram-se as "razões de regulamentação", a entender como a dimensão teleológica, em detrimento

---

[2112] *Idem*, 151-152.

[2113] MANUEL DE ANDRADE, *Sobre a recente evolução do Direito privado português*, BFD XXII (1947), 284-343 (290 ss.). Tem ainda interesse, do mesmo MANUEL DE ANDRADE, a *Teoria geral da relação jurídica* 1 (1960, reimp., 1972), 96, nota.

[2114] MARIANO D'AMELIO, *Codice civile/Commentario* cit., 1, 19 ss..

[2115] JOSÉ H. SARAIVA, *Apostilha crítica* cit., 109, congratula-se com a supressão do que considera "uma afirmação do princípio da interpretação correctiva". Mas não: a constatação de uma lacuna de colisão é meramente declarativa.

do "mesmo tratamento jurídico", que atendia aos diversos fatores: *occasio legis*, sistema e *ratio legis*;
– o n.º 4 foi simplificado, suprimindo-se o desdobramento previsto por Andrade;
– o n.º 5 caiu: em parte surge no artigo 11.º (as normas excecionais não comportam aplicação analógica), abolindo-se o troço que se reportava às leis penais.

V. As críticas feitas ao preceito, na fase de projeto, muito semelhante à versão final do Código[2116], devem-se a José Hermano Saraiva[2117]. E elas foram certeiras. Assim, quanto à analogia:

– a definição de analogia é tautológica: há analogia perante a procedência de razões; há procedência de razões quando ocorra analogia;
– a aplicação analógica ocorre perante a similitude de factos e não pela procedência das razões: é aquela que desencadeia a analogia, pelo que a norma está invertida;
– o apelo ao critério da procedência das razões é um convite ao subjetivismo.

No que tange à "norma que o intérprete criaria", Saraiva censura-lhe a falta de originalidade, uma vez que é retirada do Código Suíço, de 1907 e a escassa clareza.

Nestes pontos como noutros, o legislador não foi sensível às críticas. Antunes Varela deu um grande relevo, na sua apresentação do Código Civil, ao artigo 10.º[2118] Mas para quem conheça os textos, parece claro que ele pretendeu, aí, defender o preceito contra as críticas que lhe haviam sido movidas. Apelou ora à prudência, ora à conveniência em deixar (...) *o campo suficientemente aberto a todos os progressos da jurisprudência e a todas as conquistas da doutrina*[2119].

[2116] A diferença registava-se no n.º 2 e era mínima: o projeto dizia "há analogia entre dois casos sempre que ..."; no Código suprimiu-se "... entre dois casos ...".

[2117] José H. SARAIVA, *Apostilha crítica* cit., 113 ss..

[2118] ANTUNES VARELA, *Do projecto ao Código Civil* (1966), *Código Civil*, Polis 1 (1983), 929-944.

[2119] ANTUNES VARELA, *Do projecto ao Código Civil* cit., 26; o essencial desse texto pode ainda ser confrontado em JACINTO RODRIGUES BASTOS, *Das leis, sua interpretação e aplicação* cit., 40-42.

225. Compleição geral

I. O artigo 10.º, epigrafado "integração das lacunas da lei" separou essa matéria da da interpretação: um passo que o próprio Código italiano não deu, uma vez que tratou as duas operações em conjunto, no seu artigo 12.º, sob o título "interpretação da lei".
O preceito em causa passa, depois, a indicar os critérios de interpretação: a analogia e, na sua falta, a norma que o intérprete criaria. Este último preceito constitui uma originalidade: em vez de referir, simplesmente, os princípios gerais, fez apelo a uma imagem literária usada pelo legislador suíço do início do século XX e que tem dado azo a controvérsia.

II. Assistimos a uma permanente preocupação didática, que levou, inclusive, à definição de analogia: uma operação delicada e à qual o legislador não se deve abalançar.
O artigo 10.º constitui, também por isso, um espaço de erupção da Ciência do Direito. Apenas esta pode dar um alcance amplo às proposições que, de certo modo, simbolizam toda uma evolução histórico-cultural e científica.

§ 55.° A ANALOGIA

226. Origem e evolução

I. A expressão "analogia" vem do grego ἀναλογια, que traduz a ideia de comparativo e de proporção matemática. Por seu turno ἀνάλογος (de ἀνα, em cima de, e λογος, palavra) equivalia a proporcional ou proporcionalidade[2120].

Durante a Idade Média, manteve-se a ideia de analogia como proporção. Nos séculos XVI e XVII, a "interpretação analógica" exprimia a comparação e a coordenação harmónica entre as soluções. Apenas nos finais do século XVIII, a evolução semântica do Direito levou ao uso de "analogia" para exprimir um procedimento lógico de interpretação ou de aplicação do Direito, fundado na semelhança da matéria em tratamento[2121].

II. Se o uso moderno do termo "analogia" implicou dois milénios de incubação, a ideia prática subjacente era já conhecida desde os romanos[2122].

Os glosadores e os comentadores recorriam com generosidade ao *argumentum a simile*: um esquema ideal para alargar o âmbito dos textos de que se disponha, de modo equilibrado e justificado[2123]. Também o

---

[2120] A evolução histórica da analogia pode ser confrontada, com indicações, além de nas obras abaixo citadas, em W. KLUXEN, *Analogie*, no HWörtPh 1 (1971), 214-227.

[2121] VINCENZO PIANO MORTARI, *Analogia (premesse storica)*, ED II (1958), 344-348 (344/I).

[2122] NORBERTO BOBBIO, *Analogia*, NssDI I/1 (1957), 601-607 (602/2).

[2123] ARTUR STEINWENTER, *Prolegomena zu einer Geschichte der Analogie*, FS F. Schulz II (1951), 345-363 (348 e 350), referindo a *extensio legis* levada a cabo pela glosa; os comentadores usaram, igualmente, esse procedimento (*idem*, 352). Vide NORBERTO BOBBIO, *Analogia* cit., 602/I.

Direito canónico praticava esse alongamento regulativo: *de similibus idem iudicium est habendo*[2124]. Torna-se muito interessante sublinhar que, no espaço islâmico, os doutores desenvolveram o *qiyâs* ou raciocínio analógico, como forma de enquadrar novas questões à luz do Corão[2125].

III. O uso de "analogia" como procedimento *a simile* potenciou o alargamento da noção. Trata-se, de resto, de um fenómeno bem conhecido pela Ciência do Direito: a cobertura linguística funciona como justificação para soluções dogmáticas.

Assim, no século XVIII veio a surgir a *analogia iuris*: um procedimento pelo qual a aplicação de uma regra não era feita diretamente ao caso análogo: passa pela mediação de um princípio, construído na base do caso regulado.

IV. Nas codificações modernas, a analogia não foi mencionada no Código Napoleão (1804). Com antecedentes racionalistas, ela surge no artigo 6.º do ABGB ou Código austríaco (1811), no artigo 15.º do Código Albertino (1838), no artigo 3.º do Código italiano (1865), no artigo 16.º do Código de Seabra e no artigo 7.º da introdução ao Código brasileiro (1916). Vamos reter este último preceito[2126]:

> Aplicam-se nos casos omissos as disposições concernentes aos casos analogos, e, não as havendo, os principios geraes de direito.

Não ficou claro, nos diversos códigos civis que se lhe reportaram, se ela constituía uma mera operação de interpretação ou se tinha um papel mais autónomo. A pandetística não lhe deu o devido destaque[2127], pelo que só tardiamente ela obteve uma atenção mais vincada.

[2124] INOCÊNCIO III: a propósito de situações similares, deve-se fazer o mesmo julgamento; vide ANNA RAVÀ, *Analogia (diritto canonico)*, ED II (1958), 378-384 (379/I).
[2125] *Supra*, 209.
[2126] PAULO MERÊA, *Codigo Civil Brasileiro Anotado* (1917), 8.
[2127] ARTUR STEINWENTER, *Prolegomena zu einer Geschichte der Analogie* cit., 360.

227. Procedimento

I. A analogia é uma operação tratada na lógica tradicional[2128]. Se A implica B e se C é igual a A, então C implica B. O ser "igual" pode, saindo-se da estrita lógica formal, envolver não uma igualdade absoluta mas, tão-só, estrutural[2129]. Como operar, com estes dados, no Direito?

II. O ponto de partida reside no juízo de igualdade ou de similitude. Esse juízo recai sobre o caso, isto é, sobre a questão a decidir pelo Direito. Ficam envolvidos:

– os factos relevantes: em termos de ponderação razoavelmente humana, há casos que apresentam similitudes flagrantes, nos seus contornos e isso mesmo quando uma absoluta semelhança nunca possa ser afirmada;
– as valorações que, sobre eles, recaiam.

Estas noções, aparentemente claras, suscitam, à reflexão, algumas perplexidades. Quanto à similitude dos factos: se ela for vincada, há identidade e não analogia. Terá de ocorrer uma proximidade no essencial[2130], cabendo apurar-se qual a configuração dessa essencialidade. No que tange às valorações: temos, em aberto, a determinação do seu critério e a fixação do objeto a que se reportem.

III. A doutrina veio, progressivamente, a dogmatizar a analogia[2131]: os casos não são análogos por qualidades inatas ou intrínsecas de que, porventura, disfrutem; são-no porque, axiologicamente, a similitude é fixada[2132].

[2128] THEODOR HELLER, *Logik und Axiologie der analogen Rechtsanwendung* (1961), XIX + 145 pp., 3.

[2129] *Idem*, 24.

[2130] FERDINAND REGELSBERGER, *Pandekten* cit., 1, 157; a determinação da "igualdade essencial" (*Wesengleichheit*) implica uma ponderação que transcende os meros casos em presença: cai-se, sempre, nos princípios; sempre entre os clássicos, JOSEPH KOHLER, *Die schöpferische Kraft der Jurisprudenz*, JhJb 25 (1887), 262-297 (268, nota 8). Desse Autor, vide, ainda, *Noch einmal über Mentalreservation und Simulation*, JhJb 16 (1878), 325-356 (354), numa referência a casos análogos.

[2131] KARL ENGISCH, *Einführung in das juristische Denken*, 11.ª ed. cit., 250 ss..

[2132] THEODOR HELLER, *Logik und Axiologie der analogen Rechtsanwendung* cit., 56 ss. e 89 ss..

O passo subsequente resulta dos conhecimentos atuais sobre o processo de realização do Direito: o caso é análogo porque uma decisão humana o considera como tal. Essa decisão não é arbitrária: antes surge balanceada pela Ciência do Direito. Que elementos permitem a decisão de analogia?

Depende da norma em causa. Um determinado caso pode ser análogo para efeitos de aplicação de certa norma e não o ser, perante uma norma diversa. Impõe-se, em face da norma candidata à aplicação analógica, a reconstrução de um núcleo duro valorativo, em termos aplicativos. Posto isto, verificar-se-á se as similitudes entre o caso regulado e o caso eventualmente análogo se podem situar no núcleo duro em jogo. Se não se circunscrever o juízo de analogia ao núcleo duro axiológico, não é possível optar entre ele e o juízo *a contrario*.

Retomemos um exemplo clássico, discutido pelos romanos[2133] e resultante das XII Tábuas: o proprietário de um quadrúpede responde pelos danos que o animal, pela sua natureza selvagem, venha a causar; e se se tratar de um bípede selvagem (uma avestruz africana, como exemplo)? Pois bem: se o núcleo duro axiológico, que justifica a norma, residir na selvajaria, impõe-se a analogia: o bípede selvagem equivale ao quadrúpede, também selvagem; se tal núcleo assentar no dado "quatro patas", então prevalece a decisão *a contrario*: a avestruz só tem duas.

Neste caso, os romanos já haviam optado pela analogia[2134].

IV. Como determinar o núcleo valorativo operacional para a determinação de analogia? O Código Vaz Serra, arriscando-se nesta área particularmente sensível e movediça da Ciência do Direito, apelou para a *procedência das razões justificativas* do regulado (10.º/2). As "razões justificativas" são quaisquer umas: depende do jogo móvel dos elementos de interpretação. Podem dominar dados ligados à *occasio*, ao sistema ou à *ratio legis*. Em regra, jogará uma articulação entre eles, com predomínio do elemento teleológico. Tudo isto se integra no círculo ou espiral de realização do Direito, como abaixo melhor será sublinhado.

[2133] Usado, também, por KARL ENGISCH, *Einführung*, 11.ª ed. cit., 251-252.

[2134] PAULO, D. 9.1.4: *haec actio utilis competit et si non quadrupes, sed aliud animal pauperiem fecit*, traduzido (livremente) por OKKO BEHRENDS e outros, *Corpus Iuris Civilis* cit., II, 732, por "esta ação é concedida por analogia, quando o dano não tenha sido ocasionado por um animal quadrúpede, mas por outro animal".

V. Para além do juízo de similitude que preside à analogia, temos ainda de localizar a lacuna, isto é: uma anomia onde, pelo sistema, seria de esperar uma regra. Na falta de lacuna, temos normas de aplicação direta: o apelo a outras normas perde, logicamente, o sentido. Na sequência da natureza unitária do processo de realização do Direito, a determinação da lacuna e a sua integração, com apelo à analogia (ou a outro processo) operam em simultâneo ou em círculo. Para efeitos de análise, fazemos a separação: puramente provisória, já que ela vai ser ultrapassada pela decisão, na sua plenitude.

VI. O procedimento de integração com recurso à analogia joga, pois, com o processo unitário e cognitivo-volitivo da realização do Direito. Presente o problema com a sua pré-solução, o agente aplicador, na base do pré-entendimento e dos elementos do caso, logo verifica que falta a regra explícita que apoie satisfatoriamente a solução cientificamente correta. Por aproximações, encontrará a regra capaz de resolver o caso análogo. Feitas as competentes verificações, opta pela lacuna e pela integração analógica.

Como foi dito[2135], a abordagem a qualquer caso concreto faz-se, em regra, na base de uma analogia de tipo cognitivo: o intérprete-aplicador, assente na sua experiência, começa, perante um caso, por localizar uma situação similar, avocando-a, com a sua solução; depois, ponderará se esta solução pode ser retomada ou, antes, se deve ser adaptada ou rejeitada.

A analogia que agora se oferece tem, antes, uma natureza justificativa: depois de localizado o caso (e a solução), o intérprete-aplicador constata a falta de norma diretamente aplicável e a idoneidade, perante o núcleo duro axiológico do tema, da norma própria do caso análogo.

O resultado será sindicado à luz do sistema e das consequências da decisão: tantas vezes quanto as necessárias para assegurar a sua justeza, assente na adequação e na previsibilidade.

VII. Sendo justificativa, a analogia tem em si, todavia, uma força motora poderosa. A exigência de aplicação de uma mesma norma ao caso regulado e ao caso omisso, quando haja similitude valorativa, é uma decorrência do princípio da igualdade. Este, por seu turno, constitui a ontologia mesmo da Ciência do Direito: tratar o igual de modo igual e o diferente de

---

[2135] *Supra*, 495 ss..

forma diferente, de acordo com a medida da diferença. O juízo de praticabilidade da analogia é um juízo de equilíbrio igualitário na solução. De novo deparamos com o círculo hermenêutico/decisório: a analogia justifica aquilo que promove e inversamente.

228. A chamada analogia *iuris*

I. O apelo à analogia é comum, na integração das lacunas da lei[2136]. De pé ficam, todavia, dois tipos distintos de analogia:

– a analogia *legis*;
– a analogia *iuris*.

Na analogia *legis*, o caso omisso seria solucionado pela pura e simples aplicação da norma dirigida ao caso análogo. A operação seria tão simples que chegou mesmo a proclamar-se que, nesta eventualidade, nem haveria lacuna. A partir dos finais do século XVII veio afirmar-se o segundo tipo de analogia: a *iuris*[2137]. Desta feita, a norma dirigida ao caso análogo permitiria construir um princípio; na base desse princípio, passar-se-ia à solução do caso omisso[2138].

II. A analogia *legis* pressuporia, em termos analíticos, um raciocínio indutivo: do caso análogo ao princípio. Só mediatamente se passaria à solução do caso omisso. No entanto, não é em regra possível construir um princípio apenas na base de uma norma aplicável ao caso. Tal operação pressupõe antes uma análise das múltiplas normas[2139]. E estas normas, no seu conjunto, facultariam o princípio dirigido ao caso omisso. Em vez de

---

[2136] HEINRICH HERRFAHRDT, *Lücken im Recht* cit., 38; ERNST WEIGELIN, *Die Lücken im Recht* cit., 11; LUIGI CAIANI, *Analogia (teoria generale)*, ED II (1958), 348-378 (350).
[2137] ARTUR STEINWENTER, *Prolegomena zu einer Geschichte der Analogie* cit., 348; NORBERTO BOBBIO, *Analogia* cit., 602/I, que refere o século XVIII.
[2138] HORST BARTHOLOMEYCZIK, *Die Kunst der Gesetzesauslegung* cit., 99 ss.; ENNECCERUS/NIPPERDEY, *Allgemeiner Teil* cit., 1, 15.ª ed., § 58 II, 1 (339-340); HANS NAWIASKY, *Allgemeine Rechtslehre als System der rechtliche Grundbegriffe*, 2.ª ed. (1948), 146; CLAUS-WILHELM CANARIS, *Die Feststellung von Lücken*, 2.ª ed. cit., 97-98.
[2139] KARL ENGISCH, *Einführung in das juristische Denken*, 11.ª ed. cit., 255; essa posição era, há muito, ponto assente: p. ex., HANS NAWIASKY, *Allgemeine Rechtslehre*, 2.ª ed. cit., 146.

analogia de Direito (*iuris*), melhor seria falar em analogia conjunta (*Gesamtanalogie*)[2140].

III. De facto, a analogia *iuris* já não é analogia[2141]. Como explica Canaris, o processo analógico pressupõe um raciocínio do especial ao especial; ora na analogia *iuris* teríamos uma conclusão do especial ao geral e, portanto, uma indução[2142].

Este ponto afigura-se irrefutável. Recorrer a uma analogia *iuris* equivale a resolver o caso omisso na base de princípios e não na de uma verdadeira analogia. Os processos, quer mentais quer jurídico-científicos são distintos.

IV. Devemos ser pragmáticos no manuseio da terminologia. Na generalidade das legislações que se ocupam das lacunas, o intérprete-aplicador é remetido para a analogia e, na falta de casos análogos, para os princípios gerais de Direito.

O Código Vaz Serra fez, todavia, uma diversa opção. Ele opta pela analogia (10.º/1) e, não sendo possível, para a norma que o intérprete criaria (10.º/3). Dispensa os princípios como via de integração? Não é cientificamente possível. Dentro de uma tradição considerável, podemos entender que a solução pelos princípios está contida na analogia, justamente através da figura da analogia *legis*.

Esta pode ser admitida, ainda que com a explicação de não se tratar de uma verdadeira analogia.

Na origem desta opção lusa, encontramos os trabalhos de Manuel de Andrade[2143], fortemente apoiados no manual de Enneccerus/Nipperdey, favorável à analogia *iuris*[2144]. De seguida, temos o artigo 10.º que, como foi dito, não refere a integração pelo recurso aos princípios, quando tal recurso não é, de todo, dispensável. Resta inserir este processo na analo-

---

[2140] KARL LARENZ, *Methodenlehre*, 6.ª ed. cit., 383-384; LARENZ/WOLF, *Allgemeiner Teil*, 9.ª ed. cit., § 4, Nr. 80 (94); RÖHL/RÖHL, *Allgemeine Rechtslehre*, 3.ª ed. cit., 634.

[2141] WILHELM SAUER, *Juristische Methodenlehre/zugleich eine Einleitung in die Methodik der Geisteswissenschaften* (1940), X + 624 pp., 130.

[2142] CLAUS-WILHELM CANARIS, *Die Feststellung von Lücken*, 2.ª ed. cit., 97 ss..

[2143] MANUEL DE ANDRADE, *Sobre a recente evolução do Direito privado português* cit., 290 ss..

[2144] ENNECCERUS/NIPPERDEY, *Allgemeiner Teil* cit., 1, 15.ª ed., § 58 (339-340).

gia, o que vai ao encontro da terminologia consagrada, ainda que cientificamente incorreta.

A doutrina subsequente a 1966 insiste na distinção entre as analogias *legis* e *iuris*, sem questionar a natureza desta última[2145]. Trata-se da via possível, ainda quando não assumida, para permitir a integração na base dos princípios.

229. O âmbito da analogia; as proibições

I. O artigo 11.º impede a aplicação analógica de normas excecionais, ainda que facultando a sua interpretação extensiva[2146]. A analogia é ainda vedada no Direito penal, quando se trate de qualificar factos como crimes, no Direito fiscal, no tocante aos elementos essenciais dos impostos e em Direitos Reais, no que tange ao instituir de figuras reais não previstas, diretamente, na lei.

Existem razões de política legislativa que a tanto conduzem: a norma excecional contraria valores gerais, pelo que deve ser confinada ao estritamente fixado pelo legislador; o Direito penal é agressivo, pelo que se restringe ao que disponha, antes da prática do facto; o Direito fiscal é opressivo, não podendo ir para além do legislado pelo Parlamento; os Direitos Reais são oponíveis a terceiros, os quais não devem ser surpreendidos por figuras de contornos inesperados. Outras situações podem ser referidas, tais como as hipóteses de imputação objetiva (sem culpa), na responsabilidade civil ou os tipos de sociedades comerciais.

Haverá, em todos estes casos, vetores jurídico-científicos que justifiquem o afastamento da analogia?

II. Na base, temos uma constatação irrefutável: a lei nunca chega para tudo e não podem ficar casos por resolver. Logo, a "proibição" de analo-

---

[2145] JOSÉ DE OLIVEIRA ASCENSÃO, *O Direito*, 13.ª ed. cit., 454-455.

[2146] MARKUS WÜRDINGER, *Die Analogiefähigleit von Normen/Eine methodologische Untersuchung über Ausnahmevorschriften und deklaratische Normen*, AcP 206 (2006), 946-979 (955 ss.). Este Autor retoma a ideia de que as normas excecionais poderiam admitir aplicação analógica, desde que operasse a mesma *ratio decidendi*. Pelo Direito português, tal não se afigura diretamente possível: apenas através de "norma que o intérprete criaria", com as necessárias cautelas.

gia só pode implicar uma remissão de intérprete-aplicador para outras formas de decisão. Vamos ver.

Estruturalmente, a norma jurídica decompõe-se numa previsão (se suceder tal) e numa estatuição (a solução é esta). As precisões são elaboradas em termos linguísticos. Nelas, o legislador pode seguir uma de duas técnicas:

- ou recorre a uma menção abstrata da realidade, normalmente através de conceitos lógicos ou de classe: os contratos devem ser cumpridos;
- ou utiliza uma descrição típica dessa mesma realidade: as condutas tal e tal são crimes e, como tal, punidas.

No primeiro caso, são juridificadas áreas inteiras, com o resultado prático de, faltando regras, haver lacunas. Assim, se for celebrado um contrato para o qual não haja um regime explícito, ele deve ser cumprido, cabendo ao intérprete-aplicador, por analogia (ou por outra via), encontrar um regime.

No segundo, apenas são juridificados os concretos tipos referidos. Assim, se for perpetrado um facto não considerado como crime, ele não releva para o Direito penal: não há qualquer lacuna pelo que, logicamente, nem há espaço para a analogia.

Dois outros corolários resultam da apontada contraposição:

- quando a lei estatua com recurso a conceitos abstratos, limita-se a indicar-lhe os traços gerais (o contrato), sendo ilimitado o número de figuras potencialmente relevantes (teoricamente, os contratos, que podem ser livremente congeminados pelas partes, são em número indefinido);
- quando a lei comande em termos típicos, tem de descrever as tais figuras relevantes com alguma precisão (as condutas criminosas), podendo fazer-se uma lista completa das figuras relevantes (*numerus clausus*).

III. Chegados a este ponto, cumpre perguntar: em que áreas se estatui com conceitos abstratos ou com tipos? Nesta última hipótese, não cabe a analogia.

Compete ao Direito decidir. Para tanto, dispõe de quatro possíveis vias:

– ou proíbe *ex professo* a analogia, como sucede com o artigo 1.º/3 do Código Penal; nessa altura, não são possíveis lacunas, pelo que as precisões são típicas[2147];
– ou requer descrições pormenorizadas da realidade relevante para os fins considerados; é o caso do artigo 103.º/2 da Constituição, quanto aos impostos, sinal de que, fora delas, não há relevância tributária e, logo, hipótese de recorrer à analogia[2148];
– ou anuncia a presença de um *numerus clausus*, tal como no artigo 1306.º/1, quanto a direitos reais: esse número não pode ser alargado pela analogia;
– ou dispõe em termos contrários aos vetores gerais (norma excecional), ocasião em que qualquer lacuna é preenchida por tais vetores e não pela analogia com a norma em causa; o Código Civil reforça essa regra, no artigo 11.º, através de uma expressa proibição de analogia[2149].

IV. As denominadas proibições da analogia são uma consequência da tessitura geral do espaço jurídico onde o problema se venha a colocar. Nesse nível devem ser comprovadas, para se lhes determinar o alcance. De novo encontramos a necessidade de, em cada ponto, fazer intervir a Ciência jurídica no seu conjunto.

230. Lacunas e analogia na jurisprudência

I. O estudo das lacunas e da analogia origina um discurso algo abstrato. Procurámos, acima, pontuar alguns aspetos com exemplos. No termo, cumpre indagar qual o efetivo papel dessa matéria, no dia-a-dia da realização do Direito.

Um levantamento prático, a nível das decisões dos tribunais, permite afirmar que o papel do artigo 10.º/1 e 2 é muito inferior ao seu relevo jurí-

---

[2147] STJ 4-Out.-2007 (RODRIGUES DA COSTA), Proc. 07P0809, afirmando que no Direito penal está excluída a analogia, desde logo por, aí, não haver lacunas.
[2148] STA 21-Jun.-1996 (BENJAMIN RODRIGUES), Proc. 014275.
[2149] STA 30-Set.-2003 (ANTÓNIO MADUREIRA), Proc. 0421/02, que não considerou determinada norma, relativa à proibição de acesso a salas de jogo, como excecional, para efeitos de vedar a analogia.

dico-científico[2150]. Aparentemente, escasseiam as verdadeiras lacunas e a necessidade, delas decorrente, de apelar à analogia. Apontamos três razões:

– a grande densidade da lei atual, que deixa pouca margem para espaços em branco;
– o recurso alargado a conceitos indeterminados, como a boa-fé e a equidade, que permitem cobrir largas extensões de casos, sem admitir formalmente lacunas;
– a natureza integrada do processo de realização do Direito, que faculta, ao intérprete-aplicador, dirigir os casos para áreas onde saiba haver regras aplicáveis.

II. Particularmente no Direito civil, onde o processo tem uma estrutura dispositiva baseada na oposição entre duas partes, não é grande estratégia fundamentar as pretensões que se deduzam em juízo em lacunas, invocando a aplicação analógica de normas para as integrar. Logo na raiz, tudo funciona em moldes práticos pouco permeáveis à analogia.

III. Sob um pano de fundo francamente restritivo, deparamos com espécies deste tipo:

STJ 25-Mar.-2010: a Norma Regulamentar do ISP n.º 3/09, de 23 de Março, contém uma lacuna, a integrar por analogia, porquanto não prevê, para efeitos de acidente *in itinere*, a hipótese de uma porta dar para escadas exteriores, ainda dentro da sua propriedade[2151].

Negam a analogia, como exemplos, STJ 28-Mar.-2006[2152], STJ 24-Abr.-1996[2153] e STJ 18-Dez.-2007[2154].

[2150] Em trabalhos de campo realizados num Curso de Mestrado da Faculdade de Direito, justamente sobre a integração de lacunas, nos finais do século passado, apurou-se um número muito exíguo de lacunas efetivas, detetadas pelos nossos tribunais.

[2151] STJ 25-Mar.-2010 (MÁRIO CRUZ), Proc. 43/09.9 = CJ/Supremo XVIII (2010) 1, 168-171 (170).

[2152] STJ 28-Mar.-2006 (JOÃO CAMILO), Proc. 06A499, no tocante às regras sobre captação de águas, tratadas no Decreto-Lei n.º 382/99, de 22 de Setembro

[2153] STJ 24-Abr.-1996 (JOAQUIM DE MATOS), Proc. 088016, quanto a títulos executivos.

[2154] STJ 18-Dez.-2007 (URBANO DIAS), Proc. 07A4305, firmando a não-aplicabilidade, por analogia, do regime da agência à mediação.

§ 55.º A analogia

Não parece ser verdadeira analogia a determinação legal expressa que confere, para os programas de computador, uma proteção análoga aos direitos de autor de obra literária[2155].

No campo substantivo, encontramos analogia na aplicação, à concessão e à franquia, das regras relativas ao contrato de agência[2156].

[2155] *Vide* STJ 13-Jan.-2010 (Henrique Gaspar), Proc. 54/02.5.
[2156] *Manual de Direito comercial*, 2.ª ed., 678-679 e 692, respetivamente, com indicações jurisprudenciais. *Vide* STJ 27-Out.-2011 (Tavares de Paiva), Proc. 8559-06 (concessão) e STJ 25-Jan.-2011 (Garcia Calejo), Proc. 6350/06 (franquia).

§ 56.º A NORMA QUE O INTÉRPRETE CRIARIA

231. A origem do artigo 10.º/3

I. Como temos referido, a generalidade dos códigos que fixam regras relativas à integração de lacunas faz apelo, na insuficiência da analogia, aos princípios gerais do Direito. Essa referência dilui-se na analogia, quando se admite a analogia *iuris*: esta mais não é do que uma solução assente nos princípios[2157].

Haverá ainda que ir mais longe? Podemos admitir situações de lacuna para as quais não haja casos análogos: teremos lacunas rebeldes à analogia. Parece difícil conceber lacunas tão profundas para as quais não acudam quaisquer princípios. Afinal, tudo estaria na amplidão de tais princípios.

II. O legislador de 1966 optou, todavia, por indicar um segundo – ou um terceiro, já que o segundo reside no apelo aos princípios ou analogia *iuris* – critério de interpretação. Recordemos o teor do artigo 10.º/3:

> Na falta de caso análogo, a situação é resolvida segundo a norma que o próprio intérprete criaria, se houvesse de legislar dentro do espírito do sistema.

Esta curiosa norma adveio do artigo 10.º/IV do anteprojeto de Manuel de Andrade, que se afigura oportuno retranscrever[2158]:

> Na falta de caso análogo deve o juiz resolver segundo a norma que, mantendo-se fiel ao espírito do sistema vigente, editaria se tivesse de legislar. Inspirado neste critério, ele apreciará se o caso omisso deve ter regulação jurídica, e averiguará depois, se for preciso, qual deva ser essa regulação.

[2157] *Supra*, 759 ss..
[2158] MANUEL DE ANDRADE, *Fontes de Direito* cit., 145.

Tínhamos todo um *modus operandi*, justificado por Andrade com base na necessidade de esgotar os elementos legais disponíveis[2159].

II. A fonte inspiradora do anteprojeto foi o artigo 1.º/2, do Código Civil Suíço de 1907, que dispõe[2160]:

> Quando não possa ser retirada nenhuma norma da lei, o Tribunal deve decidir segundo o Direito consuetudinário e, quando também este falte, deve decidir segundo a regra que ele, como legislador, editaria.

Esta regra deve ser inserida no seu contexto. A Confederação Suíça comporta diversos cantões que, até 1907, tinham Direitos civis próprios. Na falta de lei aplicável, fazia sentido apelar ao costume. A analogia, de acordo com a tradição francesa, que teve algum papel no Direito suíço, era remetida para a interpretação. Como resolver na falta de costume? Caberia ao juiz fazê-lo, aditando uma regra para tanto. Pressupunha-se, obviamente, que tal regra fosse elaborada de acordo com o sistema e com as regras da Ciência do Direito.

III. A própria literatura suíça[2161] sublinhou que o final do artigo 1.º/2 tem parecenças com um troço de Aristóteles, na sua *Ética a Nicómaco*. Diz o clássico grego[2162]:

> Quando todavia a lei disponha uma regra geral e surja um caso que seja uma exceção, então é correto, onde a disposição do legislador, devido à sua absolutidade, seja defeituosa e errónea, retificar o defeito decidindo

---

[2159] MANUEL DE ANDRADE, *Sobre a recente evolução do Direito privado português* cit., 290 ss..

[2160] ARTHUR MEIER-HAYOZ, *Berner Kommentar/zum schweizerischen Gesetzbuch, Einleitung, Artikel 1-10 ZGB* (1962), Art. 1, 141 ss. e 144 ss. Referindo a regra, à luz do então projeto de Código Suíço, JOSEPH KOHLER, *Lehrbuch des Bürgerlichen Rechts* cit., 1, 84, considerando que, na falta de outra saída, é a solução que resta.

[2161] P. TUOR, *Das Schweizerische Zivilgesetzbuch*, 5.ª ed. (1948), 36, nota 3; a 1.ª ed. remonta à época da aprovação do Código; a referência a TUOR e a ARISTÓTELES consta também de HANS NAWIASKY, *Allgemeine Rechtslehre*, 2.ª ed. cit., 144: uma obra traduzida em castelhano, o que permitiu a divulgação do ponto em causa, entre nós, por JOSÉ H. SARAIVA, *Apostilha crítica* cit., 124; como curiosidade: TUOR cita ARISTÓTELES com gralha, gralha essa que reaparece em NAWIASKY, mas que surge corrigida em SARAIVA.

[2162] ARISTÓTELES, *Ética a Nicómaco*, Livro V, Cap. X, n.º 5 = ed. bilingue grego//inglês de H. RACKAM (reimp., 1994), 315-316.

como o próprio legislador teria decidido, se estivesse presente nessa ocasião e tivesse legislado se houvesse tido conhecimento do caso em questão.

O trecho de Aristóteles vai bem mais longe do que a (mera) integração de lacunas: retrata uma interpretação corretiva (quiçá: uma redução teleológica) que permite apurar uma área carecida de diversa solução. Mas a ideia (...) *decidindo como o próprio legislador teria decidido* (...) fica no ouvido e nos espíritos.

IV. A indicada sucessão de textos não permite mais do que uma ilustração do tema. O artigo 10.º/3 deve-se à casualidade de Manuel de Andrade ter escolhido a fórmula suíça, complementando-a com uma, de resto muito estimulante, referência ao "espírito do sistema".

232. Procedimento e prática

I. O artigo 10.º/3, perante lacunas rebeldes à analogia, dá quatro importantes indicações:

– mantém o dever de decidir (8.º/1);
– delega no juiz ou, mais latamente, no intérprete, o poder de encontrar uma solução;
– indica que essa solução não deve ser casuística, antes se conformando com uma hipotética norma geral;
– norma essa que, por seu turno, também não é desalinhada: pelo contrário, deve ir ao encontro do espírito do sistema.

A admitir a vantagem em se legislar sobre matéria de natureza tão científica, o artigo 10.º/3 surge como interessante, ousado e equilibrado.

II. Curiosamente, o artigo 10.º/3 tem utilidade prática. As poucas lacunas que se localizam no ordenamento têm a ver com questões práticas e regulamentares. Aí, a analogia e os princípios claudicam. O juiz, com as vestes de legislador, pode intervir, ultrapassando quaisquer problemas.

> Assim, STJ 29-Nov.-2005: recorre à norma que o intérprete criaria para fixar um prazo para a impugnação de sanções disciplinares diferentes da do despedimento[2163].

[2163] STJ 29-Nov.-2005 (SOUSA GRANDÃO), Proc. 05S1703.

CAPÍTULO VI
A INTERPRETAÇÃO CRIATIVA

§ 57.º NOÇÃO E ÂMBITO DA INTERPRETAÇÃO CRIATIVA

233. Noção geral

I. Utilizamos a expressão "interpretação criativa" para exprimir a *Rechtsfortbildung* (aperfeiçoamento do Direito). Sob essa locução, a doutrina versa um conjunto de operações próprias da realização do Direito e que têm em comum o permitir soluções de casos para além do que as fontes vigentes facultariam[2164]. Por vezes insere-se, na interpretação criativa, a integração das lacunas[2165]. Fala-se, então, em interpretação criativa dentro da lei ou do sistema. No Direito lusófono, todavia, temos noções delimitadas de interpretação e de integração. Não vale a pena indiferenciá-las, em conjunto com outras figuras, dentro de uma categoria global de interpretação criativa. Usaremos esta noção para agrupar diversos esquemas que têm em comum a realização científica do Direito, fora dos parâmetros clássicos da interpretação e da integração.

II. A interpretação criativa do Direito não se confunde com uma hipotética livre criação do Direito, confiada ao intérprete-aplicador e,

---

[2164] CLAUS-WILHELM CANARIS, *Systemdenken und Systembegriff*, 2.ª ed. cit., 86 ss.; GÜNTER HAGER, *Rechtsmethoden in Europa* (2009), 126 ss.; ROBERT SCHICK, *Auslegung und Rechtsfortbildung*, em STEFAN GRILLER/HEINZ PETER RILL (publ.), *Rechtstheorie/ /Rechtsbegriff – Dynamik – Auslegung* (2011), 209-221 (220-221).

[2165] GUY BEAUCAMP/LUTZ TREDER, *Methoden und Technik der Rechtsanwendung*, 2.ª ed. (2011), 64 ss., que aí inclui a analogia e a redução teleológica.

maxime, ao juiz. Pela sua delicadeza, a interpretação criativa envolve cuidados e justificações que fazem dela, normalmente, uma via mais estreita de realização do Direito do que a própria interpretação, por vezes alargada por polissemias e ambiguidades.

Também deixamos claro que a interpretação criativa não é uma novidade: ela sempre foi praticada, ao longo da História, com um forte pico no Direito romano e na pandetística do século XIX. Institutos inteiros foram desenvolvidos sem apoio na lei e à margem de qualquer interpretação minimamente plausível: basta pensar nos direitos de personalidade, nos pressupostos de responsabilidade civil ou na transmissão das obrigações.

A novidade residirá, porventura, numa maior auto-análise do método jurídico e numa melhor delimitação da interpretação e da integração.

III. Muitas vezes, os tribunais adequam o processo de realização do Direito à obtenção da saída que considerem ajustada. Têm todos os meios para o fazer. Designadamente: o de afeiçoar os factos às decisões que julguem adequadas ou o de encaminhar as regras disponíveis para alcançar certas soluções. O fenómeno é flagrante no domínio da jurisprudência do sentimento: regimes estabilizados, como o da compensação ou o da solidariedade, são mexidos para permitir, em certos casos, a condenação de banqueiros a favor de pequenos depositantes.

A autonomização da interpretação criativa do Direito e o aprofundamento das suas regras facultará isso tudo, quando justificado, mas em termos científicos: explicando o porquê das soluções e respeitando a geometria correta dos institutos.

Trata-se de uma área de crescimento do Direito que merece, a todos, atenção e estudo.

234. Motivação e âmbito

I. As diversas manifestações de interpretação criativa podem ser explicitadas e ordenadas em função de vários critérios.

Karl Larenz propõe uma ordenação em função da causa ou do motor da interpretação criativa. Esta pode surgir por uma de três vias[2166]:

– pela necessidade do tráfego;

[2166] KARL LARENZ, *Methodenlehre*, 6.ª ed. cit., 414-426.

– pela natureza das coisas;
– por um princípio ético-jurídico.

As necessidades do tráfego têm conduzido a novidades nas áreas bancária e financeira. Figuras como a cessão de créditos em garantia ou a titularidade fiduciária fazem, nesse campo, a sua aparição. O Direito lusófono conhece bem o fenómeno, tendo-o afeiçoado através dos usos, acolhidos nas cláusulas contratuais gerais praticadas pelas instituições de crédito.

A natureza das coisas dita soluções como o alargamento da personalidade coletiva ou a tutela diferenciada dos direitos de personalidade. Também neste ponto temos progressos que tornam o Direito lusófono irreconhecível, mesmo perante uma quietude dos textos.

O princípio ético-jurídico motivou as inúmeras criações tecidas em torno da boa-fé, desde as várias formas de tutela da confiança ao *venire contra factum proprium* e à *suppressio*.

II. O aprofundamento das áreas detetadas por Larenz tem a ver com a dogmática das diversas disciplinas por que elas se espraiam[2167]. Para os presentes propósitos, importa relevar as técnicas jurídico-científicas observadas nas diversas "criações".

O alinhar de tais técnicas assenta na lógica de uma ordenação e não na de uma classificação. Elas não correspondem a um critério claro e único: antes traduzem esquemas apurados pela prática de fazer progredir o Direito e a sua Ciência, fora de áreas diretamente apoiadas na lei.

Deve ainda frisar-se que muitas manifestações de interpretação criativa do Direito acabam por ser absorvidas pela lei, que procede, aquando de reformas, à sua codificação. Será o caso exemplar da reforma alemã de 2001/2002, que levou para o BGB muitas das modernas criações interpretativas: a *culpa in contrahendo*, a violação positiva do contrato e a alteração das circunstâncias, como exemplos.

[2167] Assim e como exemplos, quanto a criações originadas pelas necessidades do tráfego, *Manual de Direito bancário*, 4.ª ed., 757 ss.; quanto à aqui chamada natureza das coisas, *Tratado* IV, 97 ss. e 559 ss.; quanto ao princípio ético-jurídico (boa-fé), *Tratado* V, 239 ss..

III. Com estas explicações, iremos considerar, enquanto manifestações jurídico-científicas de interpretação criativa do Direito:

– a concretização de conceitos indeterminados;
– a paralisação de normas injustas;
– a redução teleológica.

Trata-se de figuras que abrem em planos muito diferenciados. Mas correspondem, pela autonomia e pelo papel que conquistaram, à ideia geral de ordenação acima propugnada.

§ 58.º MANIFESTAÇÕES DE INTERPRETAÇÃO CRIATIVA

235. A concretização de conceitos indeterminados

I. A locução "conceito indeterminado" é tradicional. Embora não seja rigorosamente correta, não vemos necessidade de a modificar. Na verdade, não estão em causa, propriamente, "conceitos": antes proposições ou fórmulas linguísticas juridicamente relevantes.

Os conceitos, nesta aceção ampla, dizem-se indeterminados por não permitirem comunicações claras quanto ao seu conteúdo[2168]. Tal eventualidade ocorre por polissemia, vaguidade, ambiguidade, porosidade ou esvaziamento[2169]: polissemia quando tenha vários sentidos, vaguidade quando permita uma informação de extensão larga e compreensão escassa, ambiguidade quando possa reportar-se a mais de um dos elementos integrados na proposição onde o conceito se insira, porosidade quando ocorra uma evolução semântica com todo um percurso onde o sentido do termo se deva encontrar e esvaziamento quando falte qualquer sentido útil.

II. A polissemia produz-se, por exemplo, quando o legislador tenha utilizado expressões consagradas em sentido não técnico; assim, pelo artigo 980.º, o contrato de sociedade implica que duas ou mais pessoas se obriguem a contribuir "... com bens e serviços para o exercício em comum de certa actividade económica, que não seja de mera fruição ...": fruição não é usada na aceção própria de produção de frutos, naturais ou outros, pois haverá então uma atividade produtiva por excelência, apta a integrar

---

[2168] Sobre toda esta matéria, com indicações, *Da boa fé* cit., 1176 ss..
[2169] Segue-se a ordem proposta por JOAQUIM GOMES CANOTILHO, *Constituição dirigente e vinculação do legislador* (1982), 436; cf., aí, 428 ss., embora se apontem aplicações diversas.

um objetivo social[2170]; pode, pois, em si e neste caso, traduzir o simples uso, a fruição pessoal, a guarda ou conservação, o próprio gozo ou algum ou alguns desses termos. A vaguidade ocorre na ideia de "lei injusta", por exemplo – artigo 8°/2. A ambiguidade advém quer da língua portuguesa ter a particularidade de admitir proposições sem sujeito expresso ou de fazer concordar os possessivos com o adjetivado e não com o beneficiário – por exemplo, no artigo 402.°, "A obrigação diz-se natural, quando se funda num mero dever de ordem moral ou social, cujo cumprimento não é judicialmente exigível, mas corresponde a um dever de justiça": o sujeito de *corresponde* tanto pode ser o *dever moral* como o *cumprimento*[2171]; e no artigo 1352.°/3, "... os proprietários que participam do benefício das obras são obrigados a contribuir para as despesas delas, em proporção do seu interesse ...": *interesse* dos *proprietários* ou das *obras*[2172]? – quer de barbarismos legislativos – por exemplo, o Decreto-Lei n.° 236/80, de 18 de Julho, caso tivesse, como resulta da sua letra mas contraria o seu espírito, alterado o artigo 442°/2 do Código Civil, incluiria uma menção à *tradição da coisa* que tanto se poderia reportar à tradição da coisa-sinal como da coisa-objeto do contrato-promessa. A porosidade surge, por exemplo, no artigo 1302.°, quando refere coisas corpóreas: como ordenar, em sua função, a energia ou os elementos intermédios entre ela e a matéria? O esvaziamento aparece quando se recorra a fórmulas doutrinárias que, pela variedade de posições que se lhe acolheram, perderam sentido útil: por exemplo, a base do negócio constante do artigo 252°/2 é, hoje, uma fórmula vazia.

Estes casos exemplificativos integram, como quaisquer outros que se descubram, hipóteses de indeterminação, apenas quando não permitam uma solução à face da hermenêutica textual; mas não se infira, daí, que não tenham saídas demonstráveis, com recurso a outra instrumentação propiciada pela Ciência do Direito.

[2170] Sendo técnica, a exclusão da "mera fruição" levaria o intérprete ao poder de disposição, o que não faria sentido, para além do que consta no texto.

[2171] Uma leitura apressada leva a pensar na segunda hipótese; a ponderação do texto revela a ambiguidade; o estudo do conjunto material em jogo recomenda a primeira, em certos termos; cf. *Direito das Obrigações*, 1, 321 ss..

[2172] Não é a mesma coisa: se for o interesse do proprietário, a apreciação é subjetiva, se for o das obras, é objetiva. Trata-se de uma questão difícil, que acaba, de modo fatal, no artigo 335.°.

III. A decisão amparada a nível de conceito indeterminado[2173] exige uma ponderação prévia das possibilidades várias que a sua comunicação permita; tais possibilidades são ordenadas, selecionando-se uma que será apresentada como justificação da saída encontrada. Pode, assim, afirmar-se que os conceitos indeterminados se tornam juridicamente atuantes mediante a sua complementação com valorações; obtém-se, desse modo, a regra do caso. Os conceitos indeterminados dizem-se carecidos de preenchimento ou de valoração[2174].

Esta terminologia levanta, ainda, dúvidas em dois pontos, sendo o primeiro o de saber se todos os conceitos indeterminados são carecidos de valoração. O conceito indeterminado pode reportar-se a realidades fáticas, como "escuridão", "sossego noturno", "barulho", "perigo" ou "coisa", ou a realidades normativas, como "desonroso" ou "baixo"[2175], ditos descritivos e normativos, respetivamente. Apenas os conceitos normativos careceriam de valoração[2176]. Não é assim. O conceito descritivo é tão incapaz, como qualquer outro conceito indeterminado, de prescindir da mediação constituinte do intérprete-aplicador[2177]. Vai-se mesmo mais longe: a cons-

---

[2173] Mantém-se, como foi dito, a referência a conceitos, tradicional nas tarefas de construção jurídico-científica. Não há dificuldades em estender as considerações feitas e as subsequentes a proposições jurídicas de complexidade maior, que operem, de forma simultânea, com articulações de vários conceitos. Observa-se, aí, a mesma realidade de fundo: a ocorrência de proposições de conteúdo significativo insuscetível, em si, de fornecer a regra do caso.

[2174] Corresponde a *wertausfüllungsbedürftig*, fórmula hoje usual, lançada por ERIK WOLF, *Die Typen der Tatbestandsmerkmässigkeit* (1931), 62 pp., 58: M. HERBERGER, *Die deskriptiven und normativen Tatbestandsmerkmale im Strafrecht*, em KOCH/*Methodenlehre* (1976), 124-154 (144, nota 55). Vide ENGISCH, *Die Idee der Konkretisierung in Recht und Rechtswissenschaft unserer Zeit* (1953), 79 (carecido de concretização) e *Einführung in das juristischen Denken*, 11.ª ed. cit., 197 (carecidos de preenchimento com valores), H. HENKEL, *Recht und Individualität* (1958), 30 (*idem*), LARENZ, *Entwicklungstendenzen* cit., 106 e *Methodenlehre*, 6.ª ed. cit., 204 (bitolas de valor carecidas de preenchimento); em geral, desse Autor, refira-se, ainda, *Methodische Aspekte der "Güterabwagung"*, FS Klingmüller (1974), 235-248; CANARIS, *Systemdenken*, 2.ª ed. cit., 29 e 72 (carecidas de preenchimento com valores).

[2175] ENGISCH, *Konkretisierung* cit., 212 e *Einführung in das juristischen Denken*, 11.ª ed. cit., 193-196.

[2176] *Idem*, 197.

[2177] Tomem-se três conceitos indeterminados, constantes dos artigos 170.º/1, 316.º/1 e 317.º do Código Penal, respetivamente, ou por eles pressupostos, e relativos aos crimes de lenocídio, espionagem e ofensa à integridade física: os de "atos sexuais de relevo",

ciência hermenêutica da relevância do pré-entendimento demonstra que o aplicador, quando valore um conceito fáctico, fá-lo tendo em mira uma decisão pré-encontrada, jogando, em simultâneo, com a valoração de conceitos normativos e com todas as apreciações que as facetas do caso concitem. A distinção possível entre conceitos indeterminados descritivos e normativos – pois é certa, por intuição, a presença de uma clivagem efetiva entre esses dois tipos de realidades – atende à natureza da linguagem utilizada: comum no primeiro caso e técnico-jurídica, no segundo[2178]. A esta luz, o conceito indeterminado "local ermo"[2179] será descritivo e o de "bons costumes"[2180], normativo, exigindo-se, neste último caso, um tipo de valoração mais marcado.

IV. Distinção diversa é a que separa os conceitos precetivos dos neutros: os primeiros implicam valorações em ordem a orientar, de imediato, condutas; os segundos postulam a intervenção posterior de outros elementos normativos. Por exemplo, a boa-fé subjetiva, sendo tratada como mero facto psicológico, surgiria como conceito neutro, indiferente, em si, ao Direito que, depois, a nível diverso, lhe associaria outros elementos; pelo contrário, a revestir-se de conotações ético-normativas, ela implicaria deveres em jogo, aos quais não seria, à partida, estranha a ocorrência da própria boa-fé[2181].

"secretos" e "corpo ou saúde"; trata-se de uma progressão de facticidade crescente e normatividade descendente. Mas em qualquer deles falta uma comunicação linear: o julgador deve sempre, perante a realidade global, decidir – e logo valorar – se um comportamento tem natureza sexual, se certo facto constitui segredo ou se determinada área se deve considerar corpo ou saúde; os preceitos em jogo dão pistas, mas não dispensam a decisão, precedida de valoração prévia.

[2178] Mesmo então, a clivagem é apenas tendencial, uma vez que a linguagem comum ganha, no seu emprego jurídico, conotações próprias, enquanto as descrições fácticas são, pelos juristas, feitas de molde a apresentar as informações carecidas de valoração e, nessa medida, manipuladas. Vide ADALBERT PODLECH, *Die juristische Fachsprache und die Umgangssprache*, em H.-J. KOCH/*Methodenlehre* (1976), 31-52 (38).

[2179] A prática do crime em "estrada ou lugar ermo" constituía uma agravante, presente no Código Penal de 1886, artigo 34.º, 18.ª.

[2180] Partindo do princípio que não haja, aqui, uma remissão para elementos extra-jurídicos.

[2181] Para além da de ENGISCH, acima referida, há outras propostas de distinção de conceitos descritivos e normativos; M. HERBERGER, *Die deskriptiven und normativen Tat-*

O segundo ponto duvidoso liga-se à extensão dos conceitos indeterminados. Em rigor, com exceção dos conceitos suscetíveis de expressão matemática – por exemplo, o de maioridade – todos implicam áreas maiores ou menores de indeterminação. Torna-se oportuno recordar a contraposição heckiana entre núcleo e periferia dos conceitos, consoante o problema a encarar seja enquadrável na área comunicativa clara do conceito considerado ou, pelo contrário, aponte para a zona indefinida do mesmo.

V. Carecidos de valoração, os conceitos indeterminados não são, necessariamente, de utilização arbitrária: existe toda uma série de indícios que inculcam as variáveis a ponderar e o seu peso relativo, aquando das operações de preenchimento. Pode falar-se, deste modo, em graus de indeterminação, consoante a impressividade de elementos dados ao intérprete para realizar a concretização, em função da realidade conceitual que se lhe depare. Em princípio, a indeterminação adveniente de polissemia, ambiguidade ou porosidade será menor do que na vaguidade, atingindo um grau máximo nos conceitos vazios: na realidade, ela relativiza-se, nas aplicações diversas, consoante as referências disponíveis.

VI. Na concretização de conceitos indefinidos, a retórica, ganha um interesse particular. Uma vez que só uma decisão do intérprete-aplicador a pode levar a cabo, os fatores que modelem a sua vontade apresentam-se como argumentos. A não-arbitrariedade da solução cifra-se, nesta perspetiva, na autoridade diferente revestida pelos tópicos a considerar[2182], a qual, objetivamente insuflada pelo Direito, permite, através da fundamentação[2183], o controlo das decisões.

---

bestandsmerkmale cit., 154, distingue expressões valorativas de descritivas em que, sendo ambas descritivas, a primeira, contra a segunda, compreenderia componentes emotivos; criticando esta ideia por simplista, HANS JÜRGEN GARSTKA, *Generalklauseln* em KOCH//Methodenlehre (1976), 96-122 (104-105), contrapõe conceitos indeterminados normativos aos descritivos por, naqueles, o fator de indeterminação respeitar às proposições normativas nele implícitas. Se bem se atentar, estas orientações procedem a distinções diferentes, debatendo-se apenas a qual deverá caber o epíteto normativo/descritivo. O ideal seria engendrar nominações diversas para cada uma delas, o que não levantaria dificuldades de maior.

[2182] Recorde-se NORBERT HORN, *Rationalität und Autorität* cit., 151, p. ex..

[2183] Nesse sentido, como disposição exemplar, aponte-se o artigo 72.º/3 do Código Penal, relativo à determinação da pena que, obedecendo a vários fatores imprecisos, deve ver os seus fundamentos sempre expressamente referidos na sentença.

A possibilidade de dirigir, com referências objetivas, suscetíveis de controlo, o preenchimento dos conceitos indeterminados, tem sempre os seus limites. Estes são estruturais: a segurança na valoração e o controlo subsequente nunca atingem o grau de precisão próprio dos conceitos determinados ou das próprias decisões apoiadas em núcleos conceituais[2184]. Mas são, também, circunstanciais: as referências materiais podem escassear, deixando uma margem variável ao arbítrio do intérprete-aplicador: é a margem de discricionariedade[2185]. A concretização discricionária, como contraponto das próprias limitações da concretização vinculada, nunca é absoluta[2186]. Restringida, para já, aos próprios limites dogmáticos do conceito a preencher, a decisão discricionária orienta-se por vetores gerais – como a finalidade que levou o ordenamento a prever a indeterminação e que, quando desrespeitada, leva, em conhecida elaboração juspublicística, ao vício do desvio do poder – que sempre a enquadram, o mais não seja pela sua integração na ordem jurídico-social a que pertença.

VII. A concretização de conceitos indeterminados dá azo a casuísticas. Assentes nos elementos disponíveis, elas acabam por originar constelações de casos, bases de institutos de precisão crescente. A boa-fé, por exemplo, originou o abuso do direito, do qual se inferiram figuras como o *venire contra factum proprium* e o *tu quoque*[2187], que atingem uma grande precisão: quiçá maior do que muitos institutos assentes em "conceitos determinados".

Trata-se de uma enorme conquista da Ciência do Direito dos nossos tempos.

[2184] Note-se, no entanto, que a acumulação de decisões, ordenadas, então, em correntes jurisprudenciais, permite, por vezes, elevada precisão no concretizar de conceitos indeterminados. Pode, então, perguntar-se se não terá cessado, por força de Direito judicial, a indeterminação do início.

[2185] KARL ENGISCH, *Einführung in das juristischen Denken*, 11.ª ed. cit., 196 ss.; RÜDIGER KLEIN, *Die Kongruenz des verwaltungsrechtlichen Ermessensbereichs und des Bereichs rechtlicher Mehrdeutigkeit/Versuch einer rechtstheoretischen Präzisierung ermessender Geistestätigkeit*, AöR 82 (1957), 75-122 (101 ss.); H. GÖPPINGER, *Das Ermessen des Richters* cit., 89, 97 e 104, p. ex..

[2186] H. GÖPPINGER, *Das Ermessen des Richters*, JurJb (1968/69), 86-125 (111).

[2187] *Tratado* V, 275 ss..

236. A paralisação de normas injustas

I. A possibilidade de, pelo Direito, paralisar normas injustas remonta a Aristóteles[2188]. Todavia, o dever de obediência à lei deixa, *prima facie*, essa hipótese, fora do universo dos juristas.

Precisemos a ideia. A norma injusta é aquela que se oponha ao sistema, no seu conjunto. Fundamentalmente em causa fica o princípio da igualdade: a quebra do sistema exprime-se em que o igual não é tratado de modo igual e o diferente de modo diferente, de acordo com a medida da diferença.

Num Estado dotado de uma boa Constituição Política, a norma injusta incorre, em regra, numa inconstitucionalidade material. Mas pode não ser assim, além de que a própria Constituição não fica imune a injustiças. Quais as hipóteses da Ciência do Direito?

II. Vamos partir de um exemplo concreto, hoje pacífico. A Lei prevê que o senhorio seja obrigado a realizar obras no local arrendado. Todavia, a degradação das rendas torna essa regra injusta. E assim, os nossos tribunais têm recusado a condenação dos senhorios na realização de obras, por abuso do direito. Há, nos últimos 20 anos, dezenas de acórdãos publicados, nesse sentido. Vamos ver:

- *RLx 25-Fev.-1985*: é abuso do direito exigir obras de 80.000$ a um senhorio a quem se pague uma renda de 500$: equivalem a 15 anos de renda[2189];
- *RPt 1-Jun.-1993*: não é possível pedir obras quando se pague uma renda baixa[2190];
- *RLx 17-Fev.-1994*: excede manifestamente os limites impostos pela boa-fé o inquilino que pretende impor obras de reparação cujo custo se encontra em manifesta e clamorosa desproporção com o rendimento proporcionado pelo locado[2191];

[2188] *Supra*, 595.
[2189] RLx 25-Fev.-1986 (CURA MARIANO), CJ XI (1986) 1, 104-105 (105/II).
[2190] RPt 1-Jun.-1993 (MATOS FERNANDES), CJ XVIII (1993) 3, 220-223 (223).
[2191] RLx 17-Fev.-1994 (JOSÉ MANUEL DE CARVALHO RIBEIRO), BMJ 434 (1994), 670-671 (o sumário) = CJ XIX (1994) 1, 123-124 (124/II).

– *RLx 11-Mai.-1995*: há abuso do direito por parte do inquilino (...) que pretenda sejam efetuadas obras de conservação ordinária (...) cuja necessidade foi reconhecida pelas entidades camarárias (...) as quais, no entanto atingem valores correspondentes a cerca de 30 anos de renda[2192];

– *RCb 29-Out.-1996*: sendo a renda mensal de 2.000$, haverá exercício abusivo do direito quando se pedem ao senhorio obras de conservação ordinária do locado cujo mínimo será de 1.000.000$ e podendo mesmo atingir os 6.000.000$[2193];

– *RPt 10-Jul.-1997*: age com abuso do direito o inquilino que pretende obrigar o senhorio a realizar no locado obras manifestamente desproporcionadas, atento o seu custo e a exiguidade da renda paga[2194];

– *RCb 27-Jan.-1998*: (...) representará manifesto abuso do direito o arrendatário exigir do senhorio a reparação de defeitos ou deteriorações (...) havendo uma manifesta desproporção entre o montante das rendas (...) e o valor das obras (...)[2195];

– *STJ 28-Nov.-2002*: "Ora, no caso sub judice, está-se a pretender que os senhorios gastem em obras no local arrendado uma importância que corresponde a cerca de doze anos do que estavam a receber, proveniente das rendas, o que, a nosso ver, excede manifesta e largamente os limites impostos pelos interesses sócio-económicos subjacentes ao direito do ora recorrente a exigir reparações no prédio locado"[2196];

– *RLx 18-Mar.-2004*: (...) comete abuso do direito o inquilino que exige do senhorio a realização de obras de reparação do locado, em consequência do estado de degradação, no caso de manifesta desproporcionalidade entre o seu custo e o montante da renda. É o que se verifica quando um arrendatário exige ao senhorio a realização de obras no valor de € 7.891,08, quando paga de renda mensal a quantia de € 4,99[2197];

[2192] RLx 11-Mai.-1995 (Eduardo Nunes da Silva Baptista), BMJ 447 (1995), 549 = CJ XX (1995) 3, 100-102 (101/I).

[2193] RCb 29-Out.-1996 (Eduardo Antunes), BMJ 460 (1996), 814 (o sumário) = CJ XXI (1996) 4, 43-45 (44/II).

[2194] RPt 10-Jul.-1997 (Azevedo Ramos), BMJ 469 (1997), 649.

[2195] RCb 27-Jan.-1998 (Sousa Ramos), BMJ 473 (1998), 569 = CJ XXIII (1998) 1, 16-18 (18/I); neste caso a renda era de 36.000$ e as obras de 6.000.000$.

[2196] STJ 28-Nov.-2002 (Edmundo Baptista), Proc. 02B3436.

[2197] RLx 18-Mar.-2004 (Fátima Galante), Proc. 1275/2004-6.

– *RLx 29-Abr.-2004*: há abuso do direito quando não se verifique qualquer equivalência entre a renda paga e o custo das obras exigidas[2198];

– *STJ 8-Jun.-2006*: há abuso do direito quando se requeira, ao senhorio, a realização de obras e sejam necessários 12 anos de rendas para o seu retorno[2199];

– *STJ 14-Nov.-2006*: constitui abuso do direito exigir do senhorio obras de conservação extraordinárias de um edifício centenário, que exige o dispêndio de vários milhares de euros, quando pagam uma renda de 93,89 euros e foi reconhecido pela Câmara que o prédio está em ruínas[2200];

– *RLx 11-Jul.-2007*: traduz abuso do direito reclamar obras no montante de 300.000 contos em prédio arrendado que proporciona uma renda anual de 652.042$00[2201];

– *STJ 30-Set.-2008*: abusa do direito o inquilino que, pagando uma renda mensal de € 2,30 exige dos senhorios, que vivem de pensões de reforma, obras custeadas em € 5.000,00[2202].

Estas decisões ficam aquém da realidade. Há numerosas decisões similares não publicitadas: por amostragem, estimamo-las no quíntuplo das conhecidas. Além disso, neste momento, a ideia de injustiça intrínseca do pedido de obras ao senhorio, quando haja "rendas antigas", já foi interiorizada pelos inquilinos e pelos seus advogados: quase ninguém intenta ações desse tipo, patentemente abusivas.

III. Resta explicar cientificamente este fenómeno. É simples: as normas jurídicas não funcionam isoladamente: apenas operam no conjunto do sistema. Ao impor obras dispendiosas a quem receba uma renda deprimida, está-se a contrariar a globalidade do sistema. Este possui válvulas de segurança, como a cláusula do abuso do direito. Não vale a pena o legislador esfalfar-se a conceber normas impositivas de obras: se elas não forem justas, o seu exercício será paralisado pelo princípio da boa-fé. E os

---

[2198] RLx 29-Abr.-2004 (FÁTIMA GALANTE), CJ XXIX (2004) 2, 113-119 (118/I).
[2199] STJ 8-Jun.-2006 (OLIVEIRA BARROS), Proc. 06B1103.
[2200] STJ 14-Nov.-2006 (FERNANDES MAGALHÃES), Proc. 06B3597.
[2201] RLx 12-Jul.-2007 (PIMENTEL MARCOS), Proc. 4848/2007-7.
[2202] STJ 30-Set.-2008 (PAULO SÁ), CJ/Supremo XVI (2008) 3, 46-50 (49-50), com indicações.

nossos tribunais, hoje, aplicam-no, tal como sucede nos países mais avançados do Ocidente. Temos, pois, um efetivo bloqueio, quanto às obras, porque assentam em normas injustas.

IV. O controlo da "injustiça" é possível na base de concretos institutos – como o do abuso do direito – que permitem a erupção dos valores do sistema, no caso concreto. Chega-se, assim, a (aparentes) decisões *contra legem* que, com as referidas cautelas, são admitidas[2203].

237. A redução teleológica

I. Diz-se redução teleológica a operação que consiste em afastar a aplicação de uma norma sempre que o fim por ela propugnado já se mostre alcançado ou se torne inviável ou impossível.

As práticas integráveis na redução teleológica são antigas[2204]. Em Graciano, surge a fórmula *cessante necessitate debet cessare quod urgebat*; Inocêncio III (1160-1216) proclama *cessante causa cessat effectus*; hoje, cita-se o brocardo *cessante ratione legis cessat lex ipsa*: cessando a razão de ser da lei cessa a própria lei.

> Os diversos autores, ao longo do século XIX, com peso nas áreas metodológicas e da interpretação, admitiram, de um modo ou de outro, a restrição da lei, em função dos fatores relevantes. Na base do levantamento de Brandenburg, recordamos: Cristian Friedrich Glück (1755-1831), com a aplicação lógica restritiva; Gottlieb Hufeland (1760-1817), com a restrição da lei; Justus Thibaut (1772-1840), com a restrição pela vontade do legislador; Friedrich Carl von Savigny (1779-1861), com a restrição; Georg Friedrich Puchta (1798-1846), admitindo a modificação do sentido por razões internas; Carl Georg von Wächter (1787-1880), com a restrição da lei até ao limite da letra; Heinrich Dernburg (1829-1907), com a correção pelos princípios; Philipp Heck (1858-1943), com a ideia de retificação; Hans Carl Nipperdey (1895-1968), com a restrição.

[2203] Vide OSKAR ADOLF GERMANN, *Probleme und Methoden der Rechtsfindung* cit., 338 ss..

[2204] Sobre toda esta matéria, com indicações, HANS-FRIEDRICH BRANDENBURG, *Die teleologische Reduktion/Grundlagen und Erscheinungsformen der auslegungsunterschreitenden Gezetzes einschränkung in Privatrecht* (1983), X + 83 pp..

II. Vamos seguir o posicionamento de Nipperdey, que é exemplar. Perante uma dada norma, podemos optar por uma interpretação extensiva, sempre que o seu espírito vá para além da sua letra. E podemos ir mais longe, aplicando essa norma para além da sua letra e do seu espírito, sempre que ela seja chamada a acudir a um caso análogo. De modo inverso: a norma considerada pode sofrer uma interpretação restritiva, caso o seu espírito fique aquém da sua letra; e pode-se ir ainda mais longe, desconsiderando quer a letra, quer o espírito, sempre que o fim prosseguido pela norma a tanto conduza[2205]. Digamos que a interpretação extensiva está para a restritiva assim como a analogia está para a redução teleológica.

Resta acrescentar que, mau grado algumas oscilações, a redução teleológica é hoje reconhecida pela generalidade dos autores[2206]; funciona, de resto, mais como um instrumento prático do que como um banco de reflexão teorética.

III. A redução teleológica pressupõe que, perante uma determinada norma, seja possível apontar um preciso escopo ou fim.

> Por exemplo: segundo o artigo 226.º/2, a declaração negocial é ineficaz se o declarante, enquanto o destinatário não a receber ou dela não tiver conhecimento, perder o poder de disposição do direito a que ela se refere; esse preceito visa tutelar a confiança legítima do destinatário contra a eventualidade de, tendo recebido uma proposta ou tomado conhecimento dela, o proponente vir, *ad nutum*, perder o poder de disposição implícito na proposta; mas e se o destinatário só por culpa sua não tiver recebido e/ou conhecido a proposta? O fim da lei foi assegurado (tutela da confiança legítima) pelo que a segunda parte do preceito perde aplicação: a declaração é, de todo, ineficaz.

Temos, todavia, normas que valem por si: não é possível indicar-lhes um fim que as transcenda.

[2205] ENNECCERUS/NIPPERDEY, *Allgemeiner Teil* cit., 1, 15.ª ed., § 59 (344-349).
[2206] KARL LARENZ, *Methodenlehre*, 6.ª ed. cit., 391 ss., Autor ao qual se deve a expressão "redução teleológica"; CLAUS-WILHELM CANARIS, *Die Feststellung von Lücken*, 2.ª ed. cit., 82 ss.; LARENZ/WOLF, *Allgemeiner Teil*, 9.ª ed. cit., § 4, Nr. 81 (94-95); BYDLINSKY, *Juristische Methodenlehre* cit., 480; OLAF MUTHORST, *Grundlagen der Rechtswissenschaft* cit., 158-159. Vide os nossos *Da boa fé*, 790-791 e *passim* e *Tratado* I/1, 3.ª ed., 572-573 e V, 308.

Por exemplo: segundo o artigo 122.º, é menor quem não tiver ainda completado dezoito anos de idade. Se a norma visar proteger os seres humanos ainda imaturos, poderíamos encarar a sua redução teleológica: os menores de dezoito anos seriam havidos como maiores quando demonstrassem uma especial maturidade; os maiores de dezoito anos seriam tidos como menores quando a imaturidade fosse demonstrada.

Mas não é o caso: o artigo 122.º visa, antes de mais, fixar uma fronteira fixa, clara e definitiva para a maioridade. Não são possíveis reduções teleológicas.

Chamaremos a esse tipo de regras, normas plenas: não admitem redução teleológica.

IV. A redução teleológica anda muito associada à integração de lacunas ocultas. Com efeito, a redução opera, em regra, por "indicação" de uma outra norma que, no complexo de realização do Direito, mostra ser mais adequada para resolver o problema. Havendo redução, revela-se a lacuna oculta, deixada em aberto pela retração da norma. E em simultâneo, opera a integração pela norma que provocou a redução em jogo.

PARTE IV

A DINÂMICA DAS FONTES

238. Ideia geral e sequência

I. As fontes do Direito não são atemporais. Elas surgem, num determinado momento, afastando, em regra, as fontes anteriores. Dispõem, depois de um período de vigência, mais ou menos longo, até, por seu turno, serem substituídas por novos regimes, dentro do grande devir da História e da Cultura humanas.

Quando se sucedam no tempo, as fontes do Direito podem bulir com situações jurídicas tendencialmente estáveis. Aplica-se-lhes a fonte nova, a velha, ambas ou nenhuma?

II. As questõe subjacentes à dinâmica das fontes do Direito são regidas pelo Direito transitório em geral. Para prevenir confusões com o Direito transitório *stricto sensu* ou Direito aplicável às situações que atravessem leis sucessivas, falaremos em dinâmica das fontes. Ficam envolvidas:

– o início de vigência das fontes;
– a cessação dessa vigência;
– o regime aplicável às situações abrangidas por sucessivas fontes, ou Direito transitório em sentido estrito.

O Direito transitório é Direito civil. Hoje, dispõe de regras próprias e de um regime estabilizado.

III. De acordo com a tradição continental, as regras de Direito transitório reportam-se à lei. Esta constitui, por excelência, o tipo de fonte cuja instabilidade temporal obrigou a confecionar regras transitórias.

Vamos acolher essa tradição. Prevenimos, no entanto: as regras transitórias relativas à lei aplicam-se, com as necessárias adaptações, às demais fontes do Direito.

CAPÍTULO I
A ENTRADA EM VIGOR

§ 59.º AS REGRAS APLICÁVEIS

239. O artigo 5.º e a sua preparação

I. O artigo 5.º do Código Civil dispõe sobre o começo da vigência da lei. Fá-lo nos termos seguintes:

> 1. A lei só se torna obrigatória depois de publicada no jornal oficial.
> 2. Entre a publicação e a vigência da lei decorrerá o tempo que a própria lei fixar ou, na falta de fixação, o que for determinado em legislação especial.

Este dispositivo teve origem no artigo 5.º/I do anteprojeto de Manuel de Andrade, que propunha[2207]:

> A lei só se torna obrigatória depois de publicada. O tempo que para este efeito deva correr sobre a publicação da lei, quando ela mesma não preveja diversamente, será o determinado na respectiva legislação especial.

Houve, pois, um desdobramento, em dois números, do texto de Manuel de Andrade. Esse texto compreendia ainda um n.º II, segundo o qual:

> Nos contratos colectivos de trabalho pode estabelecer-se que as disposições comecem a vigorar numa data anterior à da publicação, contanto que posterior à celebração.

[2207] MANUEL DE ANDRADE, *Fontes do Direito* cit., 143.

Este preceito, que um tanto inesperadamente vinha referir, como fontes, os contratos coletivos de trabalho, não passou ao Código.

II. Afigura-se interessante, numa área tão sensível, conhecer a justificação, dada pelo próprio Manuel de Andrade, para a fórmula proposta. Diz o ilustre Autor[2208]:

> Quanto à doutrina do art. 5.º, I, é evidente que se pretendeu deixar imprejudicada a questão dos prazos da *vacatio legis*, matéria sobre a qual, de resto, não pareceu necessária qualquer reforma importante. Esclarece-se, por outro lado, que o art. 5.º, II, foi tirado do art. 10.º, II, das já citadas Disposições preliminares [do Código Civil italiano]. Porventura será aconselhável estender o mesmo preceito aos outros contratos-tipos (*Tarifverträge*) ou acordos congéneres estipulados por organismos corporativos.

Temos duas indicações: a do recurso ao artigo 10.º da Lei italiana e a da intenção de não mexer nos prazos de *vacatio* então em vigor.

III. Prosseguindo na origem histórica do preceito, consideremos o artigo 10.º das disposições sobre as leis em geral, que antecedem o Código italiano de 1942:

(1) As leis e os regulamentos tornam-se obrigatórios no décimo quinto dia subsequente ao da sua publicação, salvo se se dispuser diversamente.
(2) As normas corporativas tornam-se obrigatórias no dia seguinte ao da publicação, salvo se nessas se dispuser diversamente.

O artigo 10.º/II da Lei italiana equivale ao artigo 1.º das disposições preliminares do Código Civil italiano de 1865. No anteprojeto italiano, essa lógica foi respeitada: mantinha-se um artigo 1.º, circunscrito ao artigo 10.º/I[2209]. O n.º II foi acrescentado ulteriormente, dentro da ideia geral de "corporativizar" o Código, ao sabor da época em que foi aprontado.

O simples confronto de preceitos mostra que as similitudes entre o anteprojeto de Andrade e a fonte italiana não são completas. Não manteve a lógica de referência às normas corporativas, reportando, em contraciclo,

---

[2208] *Idem*, 149.
[2209] MARIANO D'AMELIO, *Codice civile/Commentario* cit., 1, 6-7, com indicações.

os contratos coletivos de trabalho[2210]: estes não são elencados entre as fontes, surgindo apenas para se lhes admitir uma eficácia retroativa.

IV. O projeto, fundamentalmente de Antunes Varela, introduziu um n.º 2 na redação equivalente à que hoje figura no Código Civil. Em compensação, o n.º 1 recebeu a seguinte feição:

> Só a publicação torna a lei obrigatória.

Esta fórmula foi criticada[2211]. Na verdade, ela poderia sugerir que bastaria a publicação para tornar uma lei obrigatória. Não chega; antes cabe seguir todo o percurso constitucional, incluindo a promulgação e a referenda. Por isso, na versão final, regressou-se ao texto de Manuel de Andrade.

V. Com estes antecedentes um tanto confusos, queda concluir:
– que a vigência das leis depende da sua publicação;
– que entre a publicação e a entrada em vigor decorre um lapso de tempo – a *vacatio legis* – fixada, caso a caso, pela lei em causa ou, genericamente, por leis especiais.

240. Elementos históricos

I. A entrada em vigor das leis não dependia, historicamente, da sua publicação. Tempos houve em que elas eram mantidas secretas. Desde cedo se verificou que, para muitas delas, o conhecimento era condição de eficácia. Abaixo veremos as técnicas de publicidade e a sua evolução[2212].

No Direito lusófono, as primeiras regras gerais sobre a entrada em vigor das leis foram adotadas por D. Manuel I. Segundo as Ordenações Manuelinas (1521)[2213]:

[2210] A justificação de motivos também não é clara. *Tarifverträge* equivale a contratos coletivos de trabalho e não a contratos-tipos. O sentido do projetado artigo 5.º/II não corresponde, como se viu, ao do Código italiano.
[2211] José Hermano Saraiva, *Apostilha crítica* cit., 41-43.
[2212] *Infra*, 797 ss..
[2213] *Ordenações Manuelinas*, Liv. I, Tit. II, § 9 = ed. Gulbenkian, I, 38-39.

(...) ao Chanceler Mor pertence pubricar as Leys, e Ordenaçoẽs por Nós feitas, na sua audiencia, e assi as mandar pubricar na Chancelaria, que com Nosco anda, ou com a Casa a Sopricaçam, e mandar os trelados dellas sob seu sinal, e Nosso selo, aos Corregedores das Comarcas. Porem como qualquer Nossa Ordenaçam for pubricada em cada hũa das ditas Chancelarias, e passarem tres meses depois da dita pubircaçam, Mandamos que logo ajam efecto, e vigor, e se guardem em todo, posto que nom sejam pubricadas nas Comarcas, nem em outra algũa parte, ainda que nas ditas Ordenaçoẽs digua, que Mandamos que se pubriquem nas Comarcas, por quanto as ditas palavras sam postas pera se milhor saberem, mas nom pera seer necessário, e leixarem de teer força como sam pubricadas na Nossa Chancelaria passados os ditos tres meses. Porem em Nossa Corte averam effecto, e vigor, como passarem oito dias da dita pubricaçam.

O sistema manuelino é interessante. Como se vê:

– as leis deviam ser publicadas na Chancelaria Mor e na Casa da Suplicação;
– entravam em vigor, na Corte, passados oito dias e no resto do Reino, passados três meses;
– sendo ainda publicitadas nas Comarcas, o que, todavia, não era condição de eficácia.

II. O esquema em causa foi mantido, com mais clareza, nas Ordenações Filipinas (1603)[2214]. Uma Lei de 25-Jan.-1749 determina que, no Ultramar, as leis só vigorassem depois de publicadas nas Comarcas[2215]. Radicava-se a ideia de que as leis do Estado não funcionavam antes da sua publicação[2216].

O liberalismo e a popularização da imprensa constituíram o motor da evolução subsequente.

III. Uma Lei de 9-Out.-1841, veio dispor[2217]:

Artigo 1.º As Leis começarão a obrigar em Lisboa e Termo tres dias depois daquelle em que fórem publicados no Diario do Governo; nas demais

---

[2214] *Ordenações Filipinas*, Liv. I, Tit. II, § 10 = ed. Gulbenkian, I, 11/I.
[2215] MANUEL BORGES CARNEIRO, *Direito civil de Portugal* 1 (1826), § 11,6 (40).
[2216] M. A. COELHO DA ROCHA, *Instituições de Direito civil*, 2.ª ed. (1846), § 7.º (1,3)
[2217] *Collecção de Leis e Outros Documentos Officiaes/Edição Official* (1841), 131.

terras do Reino quinze dias depois da mesma publicação; e nas Ilhas Adjacentes oito dias depois do da chegada da primeira embarcação que conduzir a participação official da Lei.

O tema foi retomado por uma Lei de 30-Jun.-1913[2218], nos termos seguintes:

    Artigo 1.º As Leis terão a data da sua publicação e entram em vigor em todo o continente, salvo declaração especial, no terceiro dia depois de publicadas, e nas ilhas adjacentes no décimo dia depois da partida do vapor que levar a participação oficial.

Trata-se de um esquema sucessivo de entrada em vigor: as leis iriam operar, a partir de Lisboa, diferidamente. O inconveniente era manifesto, uma vez que os cidadãos de um mesmo País iriam observar leis diferentes, durante um período que podia ser significativo. Também o sistema adotado para as Ilhas (a partida do "vapor") dava margem a incertezas. Opõe-lhe o método sincrónico, pelo qual a Lei entra em vigor, em todo o País, no mesmo momento[2219]. Como veremos, tal método só no século XXI foi exequível, graças aos novos meios de comunicação.

241. As leis complementares sobre a entrada em vigor das leis

I. Ao tempo da feitura do anteprojeto de Manuel de Andrade, vigorava o Decreto n.º 22:470, de 11 de Abril de 1933[2220]. Para facilidade de consulta, vamos recordar o seu artigo 1.º[2221]:

    As leis começarão a vigorar, salvo declaração especial, nos prazos seguintes:

    1.º No continente cinco dias, na Madeira e Açôres quinze dias, com excepção das Ilhas do Corvo e Flores em que o prazo será de quarenta dias, depois de publicadas no *Diário do Govêrno*;

[2218] Vide LUIZ DA CUNHA GONÇALVES, *Tratado de Direito civil* cit., 1, 136-137.
[2219] A. J. TEIXEIRA DE ABREU, *Curso de Direito civil* cit., 1, 121-122.
[2220] DG I Série, n.º 83, de 11-Abr.-1933, 654-656.
[2221] Veja-se a sua aplicação em STA 12-Jan.-1962 (LOPES NAVARRO), Proc. 006122.

2.º Nas colónias da Guiné, Macau e Timor, nas Ilhas de Santiago e de S. Tomé e nos distritos das capitáis das colónias de Angola, Moçambique e Índia cinco dias, e nos restantes territórios das colónias de Cabo Verde, S. Tomé, Angola, Moçambique e Índia, trinta dias, depois de publicadas no respectivo Boletim Oficial.

3.º Nos países estrangeiros sessenta dias depois da sua publicação no *Diário do Governo*.

§ único. O dia da publicação da lei não se conta.

II. O dispositivo do Decreto n.º 22:470 sobreviveu à reformulação feita pelo Decreto-Lei n.º 48 620, de 10 de Outubro de 1969[2222], quanto às regras sobre a publicação dos diplomas legais; bem como às alterações introduzidas, neste último, pelo Decreto-Lei n.º 223/72, de 30 de Junho[2223].

Na sequência da Constituição de 1976, a matéria veio a ser regulada, de novo, pela Lei n.º 3/76, de 10 de Setembro[2224]. Damos conta dos seus dois primeiros artigos:

Artigo 1.º
(*Publicação dos diplomas*)

1. A existência jurídica de qualquer diploma depende da sua publicação.
2. A data do diploma é a da sua publicação.

Artigo 2.º
(*Começo de vigência*)

1. O diploma entra em vigor no dia nele fixado ou, na falta de fixação, no continente no quinto dia após a publicação, nos Açores e na Madeira no décimo dia e em Macau e no estrangeiro no trigésimo dia.
2. O dia da publicação do diploma não se conta.

Estes preceitos não foram tocados pela Lei n.º 8/77, de 1 de Fevereiro, que modificou alguns artigos do Decreto-Lei n.º 3/76.

III. Um novo regime adveio do Decreto-Lei n.º 3/83, de 11 de Janeiro[2225]. Dispõe este diploma, na parte em jogo:

[2222] DG I Série, n.º 239, de 10-Out.-1968, 1546-1547.
[2223] DG I Série, n.º 151, de 30-Jun.-1972, 851-852.
[2224] DR I Série, n.º 213, de 10-Set.-1976, 2137-2139.
[2225] DR I Série, n.º 8, de 11-Jan.-1983, 41-43.

Artigo 2.º
(*Início de vigência*)

1. Salvo disposição em contrário, os diplomas referidos no n.º 1 do artigo 1.º entram em vigor:

   a) No continente, no 5.º dia após a publicação;
   b) Nas regiões autónomas, no 10.º dia após a publicação;
   c) Em Macau e no estrangeiro, no 30.º dia após a publicação.

2. Para efeitos de contagem de prazos aplica-se o disposto na alínea *e*) do artigo 279.º do Código Civil.

A alínea *e*) em causa transfere, para o primeiro dia útil seguinte, o prazo que termine em domingo ou dia feriado.

V. O Decreto-Lei n.º 3/83, de 11 de Janeiro, durou seis meses. Foi substituído pela Lei n.º 6/83, de 29 de Julho[2226], que dispõe:

Artigo 2.º
(*Começo de vigência*)

1. O diploma entra em vigor no dia nele fixado ou, na falta de fixação, no continente no quinto dia após a publicação, nos Açores e na Madeira no décimo quinto dia e em Macau e no estrangeiro no trigésimo dia.
2. O dia da publicação do diploma não se conta.

VI. Caberia à Lei n.º 74/98, de 11 de Novembro[2227], que aprovou um novo regime de publicação, identificação e formulário dos diplomas, retomar o tema. Assim:

Artigo 2.º
(*Vigência*)

1. Os actos legislativos e os outros actos de conteúdo genérico entram em vigor no dia neles fixado, não podendo, em caso algum, o início da vigência verificar-se no próprio dia da publicação.
2. Na falta de fixação do dia, os diplomas referidos no número anterior entram em vigor no 5.º dia após a publicação.

[2226] DR I Série, n.º 173, de 29-Jul.-1983, 2810-2811.
[2227] DR I Série-A, n.º 261, de 11-Nov.-1998, 6130-6134.

3. A entrada em vigor dos mesmos diplomas ocorrerá, nas Regiões Autónomas dos Açores e da Madeira, no 15.º dia após a publicação e, em Macau e no estrangeiro, no 30.º dia.

4. Os prazos referidos nos números anteriores contam-se a partir do dia imediato ao da publicação do diploma, ou da sua efectiva distribuição, se esta tiver sido posterior.

A Lei n.º 2/2005, de 24 de Janeiro[2228], alterou o preceito retirando, do seu artigo 2.º/3, a referência a Macau. Recordamos que essa Lei republicou, em anexo, a Lei n.º 74/98.

VII. Volvido um ano, temos nova redação, dada pela Lei n.º 26/2006, de 30 de Junho[2229]. O artigo 2.º passa a dispor, nas partes alteradas:

2. Na falta de fixação do dia, os diplomas referidos no número anterior entram em vigor, em todo o território nacional e no estrangeiro, no 5 dia após a publicação.
3. (*Revogado*)
4. O prazo referido no n.º 2 conta-se a partir do dia imediato ao da sua disponibilização no sítio da Internet gerido pela Imprensa Nacional-Casa da Moeda, S.A..

A Lei n.º 74/98 foi republicada em anexo. Passado um ano, a Lei n.º 42/2007, de 24 de Agosto, voltou a ocupar-se do assunto, republicando, pela terceira vez, a Lei n.º 74/98. Mas não modificou o dispositivo sobre a vigência da Lei.

Esta sucessão de diplomas e de regimes, que aqui fizemos questão em consignar, ilustra os nossos *mores* político-legislativos. Dispensa glosas.

De reter o facto de a Lei n.º 26/2006, de 30 de Junho ter, finalmente, fixado um esquema sincrónico de vigência da lei: entra em vigor no mesmo momento, em todo o Globo. Realizou-se, assim, a aspiração demonstrada por Teixeira de Abreu, um século antes.

[2228] DR I Série-A, n.º 16, de 24-Jan.-2005, 548-553.
[2229] DR I Série-A, n.º 125, de 30-Jun.-2006, 4638-4644.

§ 60.º A PUBLICAÇÃO DAS LEIS

242. A regra geral

I. Conhecidos os textos mais relevantes e a sua origem, cumpre analisar os pressupostos da vigência da lei.

O artigo 5.º/1, do Código Civil, dispõe, como se viu, que a lei só se torna obrigatória depois de publicada no jornal oficial. O artigo 119.º/1, da Constituição, designa esse jornal como *Diário da República* e elenca os atos que nele devem ser publicados, entre os quais diversas leis em sentido material. Recordamos o seu teor:

a) As leis constitucionais;
b) As convenções internacionais e os respectivos avisos de ratificação, bem como os restantes avisos a elas respeitantes;
c) As leis, os decretos-leis e os decretos legislativos regionais;
d) Os decretos do Presidente da República;
e) As resoluções da Assembleia da República e das Assembleias Legislativas das regiões autónomas;
f) Os regimentos da Assembleia da República, do Conselho de Estado e das Assembleias Legislativas das regiões autónomas;
g) As decisões do Tribunal Constitucional, bem como as dos outros tribunais a que a lei confira força obrigatória geral;
h) Os decretos regulamentares e os demais decretos e regulamentos do Governo, bem como os decretos dos Representantes da República para as regiões autónomas e os decretos regulamentares regionais;
i) Os resultados de eleições para os órgãos de soberania, das regiões autónomas e do poder local, bem como para o Parlamento Europeu e ainda os resultados de referendos de âmbito nacional e regional.

Muito relevante, o n.º 2 desse preceito acrescenta:

> A falta de publicidade dos actos previstos nas alíneas *a)* a *h)* do número anterior e de qualquer acto de conteúdo genérico dos órgãos de

soberania, das regiões autónomas e do poder local, implica a sua ineficácia jurídica.

Como se vê, a Constituição vai ao encontro do Código Civil: o primeiro pressuposto de obrigatoriedade da Lei é a sua publicação. Na mesma linha, o artigo 1.º/1 da Lei n.º 74/98, de 11 de Novembro, proclama que a eficácia jurídica dos atos a que ela se refere depende da sua publicação no *Diário da República*.

II. A publicação no *Diário da República* é precisada pelo artigo 3.º da Lei n.º 74/98, de 11 de Novembro, republicada, por último e neste momento pela Lei n.º 42/2007, de 24 de Agosto e que transcrevemos para facilidade de análise:

Artigo 3.º
(*Publicação no Diário da República*)

1. O *Diário da República* compreende a 1.ª e a 2.ª séries.
2. São objecto de publicação na 1.ª série do *Diário da República*:
   a) As leis constitucionais;
   b) As convenções internacionais, os respectivos decretos presidenciais, os avisos de depósito de instrumento de vinculação, designadamente os de ratificação, e demais avisos a elas respeitantes;
   c) As leis orgânicas, as leis, os decretos-leis e os decretos legislativos regionais;
   d) Os decretos do Presidente da República;
   e) As resoluções da Assembleia da República;
   f) Os decretos dos Representantes da República de nomeação e exoneração dos Presidentes e membros dos Governos Regionais dos Açores e da Madeira;
   g) Os regimentos da Assembleia da República, do Conselho de Estado e das Assembleias Legislativas das Regiões Autónomas;
   h) As decisões e as declarações do Tribunal Constitucional que a lei mande publicar na 1.ª série do Diário da República;
   i) As decisões de uniformização de jurisprudência do Supremo Tribunal de Justiça e do Tribunal de Contas e as decisões do Supremo Tribunal Administrativo a que a lei confira força obrigatória geral;
   j) Os resultados dos referendos e das eleições para o Presidente da República, a Assembleia da República, as Assembleias Legislativas das Regiões Autónomas e o Parlamento Europeu, nos termos da respectiva legislação aplicável;

l) A mensagem de renúncia do Presidente da República;
m) As moções de rejeição do Programa do Governo, de confiança e de censura;
n) Os pareceres do Conselho de Estado previstos nas alíneas *a)* a *e)* do artigo 145.º da Constituição e aqueles que o próprio Conselho delibere fazer publicar;
o) Os demais decretos do Governo;
p) As resoluções do Conselho de Ministros e as portarias que contenham disposições genéricas;
q) As resoluções das Assembleias Legislativas das Regiões Autónomas e os decretos regulamentares regionais;
r) As decisões de outros tribunais não mencionados nas alíneas anteriores às quais a lei confira força obrigatória geral;
s) As declarações relativas à renúncia ou à perda de mandato dos deputados à Assembleia da República e às Assembleias Legislativas das Regiões Autónomas.

3. Sem prejuízo dos demais actos sujeitos a dever de publicação oficial na 2.ª série, são nela publicados:

a) Os despachos normativos dos membros do Governo;
b) Os resultados das eleições para os órgãos das autarquias locais;
c) Os orçamentos dos serviços do Estado cuja publicação no Diário da República seja exigida por lei e as declarações sobre transferências de verbas.

III. A publicação das leis era feita, na Antiguidade, através da sua afixação em locais públicos ou mediante a sua proclamação por arautos. Surgiam compilações particulares, feitas por jurisconsultos e publicações oficiais, de que o *corpus iuris civilis* (séc. VI d. C.) constitui o melhor exemplo da História.

Com Johannes Gutenberg (1398-1468), deu-se a maior invenção do milénio: a imprensa (1439); a Bíblia data de 1455. Tornou-se possível a popularização dos escritos.

Entre nós, surgem compilações oficiais (as Ordenações, tendo as Manuelinas já sido impressas) e particulares, com especial relevo para as *Leis Extravagantes* de Duarte Nunes de Leão (1530-1608), publicadas em 1569.

Diversas leis foram sendo publicadas em folhetos ou pequenas coleções, depois reunidas em volumes encadernados, ao longo dos séculos. A partir de 1821, surge a coleção oficial da legislação portuguesa, que veio acompanhar o boletim oficial.

Quanto às leis anteriores: dispomos da *Collecção Chronologica da Legislação Portugueza compilada e annotada*, por José Justino de Andrade e Silva (1854), a partir de 1603 e até 1700 e de Delgado da Silva, de 1750 a 1822: uma coleção particular, mas muito útil.

Situa-se em 1715 a publicação da *Gazeta de Lisboa*, publicação oficial que está na origem do *Diário da República*[2230]. A partir de 1718, passa a designar-se *Gazeta de Lisboa Ocidental*; em 1741, de novo *Gazeta de Lisboa*; entre 1762 e 1778, cessa a publicação, por ordem do Marquês de Pombal; retoma, até 1803 e, de novo, de 1814 a 1821, altura em que se funde com o *Diário do Governo*, que saíra em 1820, assumindo esta última designação; temos, depois: de 12-Fev. a 4-Jul.-1821, *Diário da Regência*; de 5-Jul.-1821 a 4-Jun.-1823, *Diário do Governo*; de 5-Jun.-1823 a 24-Jul.- -1833, *Gazeta de Lisboa*; de 25-Jul.-1833 a 30-Jan.-1834, *Crónica Constitucional de Lisboa* e *Crónica de Lisboa*; de 1-Jul. a 4-Out.-1834, *Gazeta Oficial do Governo*; de 6-Out. a 31-Dez.-1834, *Gazeta do Governo*; de 1-Jan.-1835 a 31-Dez.-1859, *Diário do Governo*; de 1-Jan.-1860 a 31-Dez.- -1868, *Diário de Lisboa*; de 1-Jan.-1869 a 9-Abr.-1976, *Diário do Governo*; a partir de 10-Abr.-1976, *Diário da República*.

A especialidade relativamente às antigas publicações é dupla: surge assegurada pelo Estado e funciona em regime de periodicidade, independentemente do relevo patenteado pelos diplomas nele inseridos. Todavia, apenas a acima referida Lei de 9-Out.-1844 veio associar a entrada em vigor das leis à sua publicação no *Diário do Governo*. Até lá manteve-se, formalmente, o dispositivo das Ordenações, que se contentava com a publicação na Chancelaria.

IV. O *Diário da República* seguiu diversos formatos. Tradicionalmente tinha três séries: a I, para atos normativos e para os factos mais relevantes; a II, para atos administrativos e a III para atos comerciais, sujeitos a publicidade. O Decreto-Lei n.º 1/91, de 2 de Janeiro[2231], por alteração à Lei n.º 6/83, de 29 de Julho, veio cindir a I série em A e B: A para os atos mais significativos, que enumera, e B para os restantes. Essa orientação foi mantida pela Lei n.º 74/98, de 11 de Novembro. A III série desapareceu, dada a informatização da publicidade dos atos comerciais.

A Lei n.º 26/2006, de 30 de Junho, por alteração à Lei n.º 74/98, de 11 de Novembro, limitou o *Diário da República* às 1.ª e 2.ª séries, sem distinguir, na 1.ª, entre A e B (artigo 3.º).

A generalidade das medidas relevantes para o *Diário da República* constam de Despachos Normativos, a confrontar em bases de dados idóneas.

[2230] Outros elementos podem ser confrontados no sítio DRE: *Diário da República* eletrónico.

[2231] DR I Série-A, n.º 1, de 2-Jan.-1991, 2.

243. A data da publicação

I. De acordo com a técnica tradicional, a publicação de um texto envolvia operações de composição tipográfica, de prova, de correção do texto, de reprodução e de distribuição. O próprio texto impresso poderia ter, nele, aposta uma data a qual poderia (ou não) corresponder a alguma das referidas operações. Qual a data da publicação? A pergunta tinha um especial relevo, uma vez que, com base nos textos legais citados, apenas em tal data surgiria a eficácia jurídica do diploma.

Procurando resolver o problema, o artigo 4.º do Decreto-Lei n.º 22:470, de 11 de Abril de 1933, dispunha que as leis têm a data da sua publicação no *Diário do Govêrno*, devendo sempre ser por esta referidas. A norma foi reforçada pelo Decreto-Lei n.º 48 620, de 10 de Outubro de 1968, segundo cujo artigo 2.º/2, a data dos diplomas é, para todos os efeitos, a da sua publicação. A regra foi mantida pelo diploma subsequente: artigo 1.º/2 da Lei n.º 3/76, de 10 de Setembro.

II. Esta regra punha um problema delicado: podiam ocorrer atrasos na distribuição do jornal oficial; os particulares, quando dele tiverem conhecimento, poderiam ser confrontados com leis já em vigor que não pudessem ter respeitado. O problema era classicamente resolvido através de prazos de *vacatio* distintos, consoante a zona visada. Como vimos, esses prazos eram alargados para as Ilhas, para o Ultramar e para o estrangeiro, de modo a ter em conta as delongas na distribuição.

Essa solução, que durante muitas décadas resolveu o problema, deixou de funcionar com a prática dos suplementos ao jornal oficial. Por essa via, a distribuição de certos números "suplementares" pode dar-se semanas ou meses após a data da publicação. O artigo 4.º da Lei n.º 3/76, de 10 de Setembro, procurou obviar, dispondo que o *Diário da República* deve ser distribuído no dia correspondente ao da sua data. Esse voto piedoso foi retomado pelo artigo 3.º do Decreto-Lei n.º 3/83, de 11 de Janeiro, pelo artigo 1.º/3 da Lei n.º 6/83, de 29 de Julho e pelo artigo 1.º/3 da Lei n.º 74/98, de 11 de Novembro, na sua versão original. E se não for cumprido?

III. Frente a frente, tínhamos duas orientações possíveis:

– a data da publicação de um diploma não é a que figure no seu frontespício, a qual se presume correta; havendo atraso na distribuição,

o interessado tem o direito a ser compensado[2232]; ou, mais diretamente, havendo divergência entre ambas as datas, deve prevalecer a última[2233];
– a data do diploma é, efetivamente, a que nele esteja aposta: trata-se de um atestado oficial, que merece crédito e que não pode ser substituído por algo de tão fluido e duvidoso como a data da distribuição (Oliveira Ascensão)[2234].

A questão é delicada. Uma pessoa não pode ser surpreendida com um diploma que não conheça nem possa conhecer, porque ainda não foi distribuído (publicado, nesse sentido). Mas aqueloutra que acredite na data oficial do diploma e nada saiba, nem possa saber, quanto à distribuição e que adote uma conduta pela lei nova, pode ser tratada como prevaricadora?

E se numa relação jurídica, uma das partes se pautar pela lei nova, porque acreditou na data oficial atestada pelo Estado e a outra pela lei velha, porque não houve distribuição atempada: qual delas proteger? A solução terá de ser procurada à luz do artigo 335.º[2235].

IV. A problemática apontada não tem o relevo que aparenta. Boa parte dos diplomas legais dirige-se ao próprio Estado e aos seus serviços. Outra parte visa organismos especializados, dotados de meios para seguir, ao minuto, a produção legislativa. Os diplomas dirigidos ao público têm prazos de *vacatio* mais alargados (ou devem tê-los) e são objeto de publicidade na comunicação social.

V. O sistema foi totalmente reformulado em 2006, de modo a resolver, com recurso à informática, o tema da data da publicação. Assim, segundo o artigo 1.º da Lei n.º 74/98, de 11 de Novembro, na redação dada pela Lei n.º 26/2006, de 30 de Junho,

---

[2232] PGR n.º 265/78, de 1-Mar.-1979 (JOSÉ CUNHA RODRIGUES), BMJ 290 (1979), 115-123 (123); PGR n.º 5/84, de 10-Jan.-1985 (ANTÓNIO FERNANDES CAEIRO), BMJ 348 (1985), 107-115 (113).
[2233] TC n.º 303/90, de 21-Out. (BRAVO SERRA), BMJ 401 (1990), 139-166 (149); no mesmo sentido, RLx 12-Jan.-1993 (JOÃO PEDRO ARAÚJO CORDEIRO), BMJ 423 (1993), 585.
[2234] JOSÉ DE OLIVEIRA ASCENSÃO, *O Direito*, 13.ª ed. cit., 308.
[2235] *Tratado*, V, 379 ss..

§ 60.º *A publicação das leis* 803

1. A eficácia jurídica dos actos a que se refere a presente lei depende da sua publicação no *Diário da República*.
2. A data do diploma é a da sua publicação, entendendo-se como tal a data do dia em que o *Diário da República* se torna disponível no sítio da Internet gerido pela Imprensa Nacional-Casa da Moeda, S. A.
3. Com respeito pelo disposto no número anterior, a edição electrónica do *Diário da República* inclui um registo das datas da sua efectiva disponibilização no sítio da Internet referido no mesmo número.
4. O registo faz prova para todos os efeitos legais e abrange as edições do Diário da República desde 25 de Abril de 1974
5. A edição electrónica do *Diário da República* faz fé plena e a publicação dos actos através dela realizada vale para todos os efeitos legais, devendo ser utilizado mecanismo que assinale, quando apropriado, a respectiva data e hora de colocação em leitura pública.
6. Sem prejuízo do disposto no número anterior, os exemplares impressos do *Diário da República* podem ser objeto de autenticação da sua conformidade com a edição oficial electrónica, nos termos legais aplicáveis.

Conseguiu-se uma aparente quadratura do círculo: a data dos diplomas é a da publicação, a qual coincide com a disponibilização eletrónica do seu texto. Em simultâneo, organiza-se um registo eletrónico das datas de disponibilização efetiva, o qual faz prova para todos os efeitos legais, desde 25 de Abril de 1974.

A edição eletrónica passa a dominar: os exemplares impressos do *Diário da República* podem ser objeto de autenticação da sua conformidade com a edição oficial eletrónica.

Fecha-se o círculo aberto por Gutenberg, em 1439: a partir de agora, toda a Humanidade acede, *on line*, aos diplomas publicados em Portugal.

244. **A natureza da publicação**

I. A natureza da publicação é condição de existência ou condição de eficácia? Na primeira hipótese, o diploma não publicado careceria de todo e qualquer efeito; na segunda, ainda poderíamos admitir uma relevância perante destinatários de boa-fé, ou seja: pessoas que, sem violar deveres de conduta, confiassem na sua operacionalidade.

O diferendo perde alcance prático, a partir da publicação eletrónica dos diplomas, subsequente à reforma de 2006. Mas ainda pode ter algum.

II. Na sua versão original, a Constituição de 1976 considerava inexistentes os diplomas (ainda) não publicados[2236].

O atual artigo 119.º/2 reporta-se, tão-só, à eficácia. Nesse mesmo sentido há que interpretar o artigo 1.º/1 da Lei n.º 74/98, na redação dada pela Lei n.º 26/2006, de 30 de Junho e o próprio artigo 5.º/1, do Código Civil, em nome do elemento sistemático.

Trata-se de posição a reter: o diploma constitucionalmente aprovado existe: mas só produz efeitos com a publicação.

[2236] Dispunha o artigo 122.º/4, na versão original:

A falta de publicidade implica a inexistência jurídica do acto.

Vide J. J. GOMES CANOTILHO/VITAL MOREIRA, *Constituição da República Portuguesa Anotada*, 1.ª ed. (1978), artigo 122.º, anot. XIV (278).

§ 61.º A *VACATIO LEGIS*

245. A *vacatio*

I. A lei obriga quando publicada. Em princípio, a sua eficácia desencadear-se-ia nesse preciso momento. Por vezes, num fenómeno que remonta ao Direito romano tardio, a própria lei fixa um lapso de tempo que medeia entre a publicação e a entrada em vigor[2237]. Esse lapso é a *vacatio legis*[2238].

O tema da *vacatio* varia muito, de acordo com os Direitos positivos[2239].

A *vacatio* impõe-se, ou pode impor-se, por três razões:

– para permitir a todos os destinatários o conhecimento da lei; esta, por bem publicitada que seja, não chega instantaneamente aos destinatários;
– para facultar o seu estudo, quando se trate de diplomas complicados; por exemplo, o Código alemão da insolvência teve uma *vacatio* de quatro anos, para permitir estudos, monografias e comentários;

[2237] Pietro Barinetti, *Diritto romano: parte generale* (2009), 46. Justiniano, na Novela LVIII = ed. alemã *Das corpus iuris civilis*, por Carl Eduard Otto/Bruno Schilling/Carl Friedrich Ferdinand Sintenis, VII (1833), 307-309 (308), veio proibir a celebração de ofícios religiosos em residências privadas; mandou proclamar a lei, através de manifestos, em todas as cidades e fixou um prazo de três meses para o seu cumprimento. Na Novela CXVI (*idem*, VII, 546), fixou-se um prazo de trinta dias para a aplicação de determinadas regras relativas a soldados.

[2238] *Vacatio legis* ou vazio da lei é a expressão generalizada pela pandetística, para designar o período que decorra entre a aprovação da lei e a sua entrada em vigor.

[2239] Georg Jellinek, *Gesetz und Verordnung* (1887, reimp., 2005), 20, referindo que na *Common Law* não há *vacation* e 338, mencionando as dúvidas no Direito alemão.

– para dar azo às operações materiais necessárias; assim, a lei que obrigue a dispositivos de segurança em automóveis tem de dar tempo a que eles possam ser instalados.

II. A *vacatio* pode ser determinada em abstrato, para as diversas leis. Trata-se da solução constante do artigo 82.°/II, 2 da Lei Fundamental alemã, que fixa, a todos os diplomas, um lapso de duas semanas após a sua publicação, para a entrada em vigor[2240]. E pode, ainda, ser fixada, caso a caso, pela própria lei de cuja aplicação se trate.

III. No Direito português, como verificámos, dada a extensão do Império e as dificuldades de comunicação, já se optou por fixar *vacationes* diferentes, em função dos locais. Os prazos eram sucessivamente maiores para as Ilhas, para o Ultramar africano, para a Índia, para Macau e para o estrangeiro.

Hoje, a diferenciação não é necessária, em função da natureza instantânea das comunicações. De resto, ela causava questões complexas, quando se deparassem situações jurídicas que decorressem, em simultâneo, no Continente e fora dele. Assim, a Lei n.º 26/2006, de 30 de Junho, uniformizou a *vacatio* das leis portuguesas, através da redação que introduziu no artigo 2.º da Lei n.º 74/98, de 11 de Novembro.

Vamos retranscrever o texto em causa:

Artigo 2.º
(*Vigência*)

1. Os atos legislativos e os outros atos de conteúdo genérico entram em vigor no dia neles fixado, não podendo, em caso algum, o início da vigência verificar-se no próprio dia da publicação.

2. Na falta de fixação do dia, os diplomas referidos no número anterior entram em vigor, em todo o território nacional e no estrangeiro, no 5.º dia após a publicação.

3. (*Revogado.*)

[2240] BURKHARD HESS, *Intertemporales Privatrecht* (1998), 40. *Vide* MICHAEL BRENNER, em HERMANN VON MANGOLDT/FRIEDRICH KLEIN/CHRISTIAN STARCK, *Kommentar zum Grundgesetz*, II, 6.ª ed. (2010), Art. 82, Nr. 40 ss. (2412 ss.).

Também no Direito italiano temos uma regra sobre *vacatio* no artigo 73.º/3, da Constituição; *vide* ALDO M. SANDULLI, *Legge (diritto costituzionale)*, NssDI IX (1963), 630-651 (647/I).

§ 61.º A vacatio legis 807

4. O prazo referido no n.º 2 conta-se a partir do dia imediato ao da sua disponibilização no sítio da Internet gerido pela Imprensa Nacional-Casa da Moeda, S. A.

Temos, aqui, quatro regras que devem ser analisadas separadamente:

(a) os atos legislativos entram em vigor no dia neles fixado;
(b) o início de vigência não pode, em caso algum, verificar-se no próprio dia da publicação;
(c) na falta de fixação, eles entram em vigor, no País e no estrangeiro, no 5.º dia após a publicação;
(d) o prazo em causa conta-se a partir do dia imediato ao da sua disponibilização na Net.

246. A contagem do prazo

I. A primeira regra, segundo o transcrito artigo 2.º da Lei n.º 74/98, é a de que as leis entram em vigor na data nelas fixada. Temos quatro possibilidades:

1.ª A lei indica um dia concreto para a sua entrada em vigor: por exemplo, a Lei n.º 110/2009, de 16 de Setembro, que aprovou o Código dos Regimes Contributivos do Sistema Previdencial de Segurança Social, veio fixar, no seu artigo 6.º, o dia 1-Jan.-2010, para a sua entrada em vigor; a Lei n.º 119/2009, de 30 de Dezembro, alterou essa data para o dia 1-Jan.-2011; esse sistema é usado para diplomas que têm uma *vacatio* longa e cuja data de aplicação deva ser particularmente clara, pelas medidas concretizadoras que requeira;
2.ª A lei opta por fixar um lapso de tempo a contar da publicação: por exemplo, o artigo 65.º/2 da Lei n.º 6/2006, de 27 de Fevereiro, que aprovou o (infeliz) Novo Regime do Arrendamento Urbano, fixou a entrada em vigor da generalidade dos seus preceitos em 120 dias após a sua publicação; trata-se de uma via que pretende uma *vacatio* média, quando o legislador não controle o dia da publicação do diploma;
3.ª A lei prescreve: o diploma entra em vigor no dia seguinte ao da sua publicação; nessa eventualidade, suprime-se a *vacatio*, numa medida usada para diplomas urgentes.

4.ª A lei determina uma entrada em vigor imediata[2241]; desta feita, derroga-se a regra do final do artigo 2.º/1 da Lei n.º 74/98, a qual determina que em caso algum isso possa suceder; trata-se de uma medida extraordinária que visa prevenir a perda de utilidade da lei; assim, quando se visasse suspender o levantamento de depósitos junto dos bancos: fixar tal medida para o dia seguinte levaria a uma imediata corrida às instituições de crédito, frustrando o resultado.

II. A segunda regra proíbe que o início de vigência ocorra no dia da publicação. O legislador interiorizou o princípio geral da contagem dos prazos, segundo o qual não se conta o dia "zero", isto é, o dia no qual se inicia o seu decurso, tal como expresso no artigo 279.º, b), do Código Civil. Na verdade, se o diploma for publicado ao meio dia de certo dia, admitir a sua entrada em vigor no dia em causa postularia que a mesma tivesse ocorrido às zero horas: antes da sua publicação. Mas essa regra, por lógica que se apresente, pode dever ser concretamente afastada, como se explicou. Além disso, o artigo 2.º/1, *in fine*, da Lei n.º 74/98, é mera lei ordinária: suscetível de, em concreto, ser afastada por outra lei.

III. O artigo 2.º/2 fixa uma *vacatio* supletiva de cinco dias. Como vimos, o prazo é uniforme: desapareceram as anteriores graduações em função do afastamento da capital. O sistema sincrónico, há muito defendido[2242], foi finalmente adotado pela Lei n.º 26/2006, de 30 de Junho: um passo tornado possível pelos meios atuais de comunicação. Assinalamos que o referido prazo de 5 dias é relativamente pequeno: para além da rapidez das comunicações, o legislador fixou-se no prazo mais curto, antigamente aplicável no Continente.

IV. Por fim, o artigo 2.º/4 determina uma contagem a partir do dia imediato ao da disponibilização do diploma no sítio da Internet gerido pela Imprensa Nacional – Casa da Moeda. Este preceito pode suscitar dúvidas. A regra geral sobre a contagem de prazos é, como se disse, a de que o pró-

---

[2241] Ao abrigo do Direito anterior: STA(P) 17-Jul.-1952 (Mota Veiga), Proc. 000669.
[2242] Por exemplo: A. J. Teixeira de Abreu, *Curso de Direito civil* 1 (1910), 122.

prio dia em que ocorra o evento não é contado – artigo 279.°, b) – o qual seria aqui aplicável, por força do artigo 296.°. Ora se o artigo 2.°/4 fixa como "ponto de partida" o dia seguinte ao da publicação, este não se deveria contar, pelo que a *vacatio* seria de ... seis dias.

Não se afigura ser esse o espírito legislativo. O próprio dia da publicação não se conta, nos termos gerais, (inutilmente) reforçado pelo artigo 2.°/4 da Lei n.° 74/98. A partir daí, inicia-se a contagem.

Há que divulgar, junto dos meios onde se preparam as leis, as boas velhas regras civis.

247. Questões práticas

I. As questões práticas surgidas no domínio da *vacatio legis* prendem-se com o tema da publicação e da entrada em vigor, daí decorrente.
Assim:

> *RLx 4-Abr.-1990*: a data da publicação de uma lei não é a que figura no jornal oficial, mas sim a data em que ele é posto à disposição do público; publicar não significa inserir ou imprimir, mas dar a conhecer ao público; assim, o Decreto-Lei n.° 240/89, de 26 de Julho, não entrou em vigor na data nele indicada, por falta de publicação atempada no Diário da República, mas antes em 2-Ago.-1989, data da sua publicação[2243].

II. A *vacatio legis* é muito referida na jurisprudência administrativa[2244].
Assim:

> *STA 9-Mar.-2000*: as leis e demais diplomas legais indicados no artigo 119.°/1 da Constituição só são juridicamente eficazes e obrigatórios depois de publicados no jornal oficial (artigo 5.° do Código Civil e artigos 1.° e 2.° da Lei n.° 6/83, de 29 de Julho); assim, caso a lei estabeleça, no seu dispositivo, uma data anterior à da sua efetiva publicação, é a esta que importa atender[2245].

[2243] RLx 4-Abr.-1990 (TAVARES DOS SANTOS), Proc. 0257333.
[2244] *Vide* STA 12-Fev.-2004 (CÂNDIDO DE PINHO), Proc. 01397/02.
[2245] STA 9-Mar.-2000 (ALFREDO MADUREIRA), Proc. 022833.

STA 19-Nov.-1992: às leis de autorização legislativa, aplica-se a *vacatio*, assim acrescendo o prazo nelas fixado[2246].

Também ocorre a referência ao prazo comum de *vacatio*: os cinco dias[2247] e a prazos especiais[2248], fixados por lei.

III. O papel dos prazos, no Direito, torna-se, por vezes, difícil de explicar a leigos. De facto, no segundo em que expire um prazo, tudo pode mudar de feição[2249].

[2246] STA 19-Nov.-1992 (FOLQUE GOUVEIA), Proc. 029793.
[2247] STJ 12-Jul.-2011 (MOREIRA ALVES), Proc. 125/09.7 e STJ 6-Set.-2011 (AZEVEDO RAMOS), Proc. 322/09.5.
[2248] STJ 19-Set.-2002 (NASCIMENTO COSTA), Proc. 02B2181.
[2249] Vide FRANZ WIEACKER, *Die juristische Sekunde/Zur Legitimation der Konstruktionsjurisprudenz*, FS Erik Wolf 60. (1962), 421-453 (421 ss.).

CAPÍTULO II
GRALHAS, LAPSOS, ERROS E OMISSÕES NA LEI

§ 62.º **ASPETOS GERAIS**

248. O problema

I. A lei é obra humana. Como tal, não pode ser perfeita: pelo contrário. Os documentos mais pensados e melhor trabalhados surgem, por vezes, em desarmonia: seja interna, por desconexões várias no sistema que venham estabelecer; seja externa, por contrariedade a outros parâmetros normativos que devam prevalecer. Cabe à política legislativa e, mais latamente, à Ciência do Direito, exercer uma permanente sindicância sobre todas as fontes legislativas.

II. Para além dos erros de fundo, devemos contar com outro tipo de falhas. Sem preocupações de exaustão, podemos elencar:
 – as gralhas ou erros tipográficos: no ato material de verter a lei para o Diário da República, podem ser introduzidas alterações que atinjam o texto; ainda então, a gralha pode redundar em erro de ortografia ou de sintaxe ou, até, numa alteração de sentido da proposição normativa;
 – os lapsos ou omissões: na feitura da lei, o seu autor material pode omitir proposições, normas ou preceitos; o lapso pode ser patente; pode constatar-se através de uma integração sistemática do preceito atingido; ou pode, finalmente, não ser constatável, conduzindo a uma modificação de fundo no regime apontado;
 – os erros ou falhas de fundo: ainda na feitura das leis, pode o seu autor, independentemente do (des)acerto das suas opções, transmi-

tir o seu pensamento em termos inadequados; o erro pode ser patente, quando se apure pelo contexto ou por outros elementos objetivamente comprováveis; na hipótese inversa, ele integrar-se-á na fonte que o contenha, dissimuladamente, alterando a mensagem normativa.

III. As gralhas, os lapsos e os erros podem ser ultrapassáveis, teoricamente, pela interpretação, por retificação ou por alteração legislativa superveniente. Todas essas operações terão os seus limites, designadamente quando se reportem a falhas não patentes. As versões atingidas suscitam, então, a confiança dos destinatários das normas, os quais poderão pautar, por elas, as suas condutas e expectativas.

249. O seu posicionamento

I. O tema das gralhas, lapsos, erros e omissões na lei tem a ver com a sua publicação e com a entrada em vigor.

Desde logo – e como veremos – a matéria é regulada pelos diplomas que se ocupam da publicação da lei e da sua *vacatio*. De seguida, ele vem perturbar a entrada em vigor das leis, podendo bulir com os diversos aspetos envolvidos.

II. Cumpre, finalmente, sublinhar a natureza comum – logo, civil – de toda esta matéria. Ela tem, no fundamental, a ver com o tema das fontes do Direito, assumindo o seu lugar em leis complementares do Código Civil.

§ 63.º O REGIME DAS RETIFICAÇÕES

250. Até à Lei n.º 3/76, de 10 de Setembro

I. A primeira e mais fácil solução para as gralhas e os lapsos é a da sua retificação, feita oficiosamente no local da publicação dos diplomas. Vamos percorrer rapidamente a evolução dessas matérias no último século.

II. O Decreto-Lei n.º 22:470, de 11 de Abril de 1933 (Oliveira Salazar), que aprovou diversas regras sobre a publicação de diplomas e a sua *vacatio*, nos diversos locais do País e do Império, dispunha, no seu artigo 6.º:

> Quando houver divergência entre o texto decretado e o publicado, compete ao Presidente do Conselho ordenar e assinar as necessárias rectificações.

III. A publicação de diplomas foi sujeita a uma nova disciplina, pelo Decreto-Lei n.º 48 620, de 10 de Outubro de 1968 (Marcello Caetano): mas não mexeu nos termos das retificações. Este diploma, no seu artigo 4.º, dispôs que o formulário dos diplomas fosse regulamentado em Portaria do Presidente do Conselho. O Decreto-Lei n.º 223/72, de 30 de Junho (Marcello Caetano), que alterou o artigo 2.º do Decreto-Lei n.º 48 620, também não tocou nas retificações.

Seguiu-se a Portaria n.º 672/74, de 17 de Outubro[2250] (Vasco Gonçalves), que, fazendo uso do artigo 4.º do Decreto-Lei n.º 48 620, de 10 de Outubro de 1968, fixou novos formulários para os diplomas legais: mas sem referir as retificações.

[2250] DG I Série, n.º 242, de 17-Out.-1974, 1240-1242, ret. no DG de 20-Nov.-1974.

IV. A publicação, a identificação e o formulário dos diplomas receberam nova regulamentação pela Lei n.º 3/76, de 10 de Setembro. Foi então revogado o Decreto-Lei n.º 22 470, de 11 de Abril de 1933. No tocante a retificações, dispôs o artigo 5.º da Lei n.º 3/76:

> 1. As rectificações dos erros provenientes de divergências entre o texto original e o texto impresso de qualquer diploma são publicadas na série do *Diário da República* em que o tiver sido o texto rectificando, devendo obedecer aos requisitos exigidos para a publicação deste e provir do mesmo órgão.
> 2. As rectificações de diplomas publicados na 1.ª série correm todas através da Secretaria-Geral da Assembleia da República e só são admitidas até noventa dias após a publicação do texto rectificando.
> 3. As rectificações entram em vigor na data da publicação.

V. Como se vê, este preceito veio colmatar um vazio de regulamentação. O anterior dispositivo, do Decreto-Lei n.º 22:470, de 11 de Abril de 1933, deixava, nas mãos do Presidente do Conselho (Primeiro Ministro) – na prática, na Secretaria-Geral do Conselho de Ministros – o poder de, sem limites, alterar os diplomas publicados, a coberto de retificações. Assim sucedeu com alguma frequência, antes do período de normalização constitucional. Compreende-se a preocupação restritivista da Lei n.º 3/76. Foram consideradas, apenas, as divergências entre o texto original (e não o que tivesse sido "decretado", o que poderia resultar de pura oralidade) e o publicado. Além disso, as retificações teriam de satisfazer aos ditames seguintes:

(a) obedecer aos requisitos exigidos para a publicação do diploma retificando;
(b) provir do mesmo órgão que o tivesse adotado;
(c) correr, quando relativos a diplomas publicados na 1.ª série, através da Secretaria-Geral da Assembleia da República;
(d) só sendo admitidos até noventa dias após a publicação do texto retificando.

VI. Além disso, as retificações (só) entram em vigor na data da publicação (5.º/3): mera eficácia *ex nunc* ou não-retroativa.

Dá-se prioridade à defesa da confiança das pessoas. Além disso e *a contrario*: fica entendido que se o diploma retificando for exequível, ele será aplicado, no período anterior à retificação, com o sentido que dele resulte.

251. Até à Lei n.º 6/83, de 29 de Julho

I. A pretexto da entrada em vigor da Lei Constitucional n.º 1/82, de 30 de Setembro, foi publicado o Decreto-Lei n.º 3/83, de 11 de Janeiro. Em substituição da Lei n.º 3/76, de 10 de Setembro, este diploma retomou a matéria formulária.

II. O tema das retificações recebeu um novo e diverso tratamento. Cumpre transcrever o artigo 4.º do Decreto-Lei n.º 3/83, de 11 de Janeiro (Pinto Balsemão):

> 1. As rectificações dos erros provenientes de divergências entre o texto original e o texto impresso de qualquer diploma publicado na 1.ª série do *Diário da República* devem ser publicadas nesta série e provir do órgão que aprovou o texto original.
> 2. As rectificações só podem ser publicadas até 90 dias após a publicação do texto rectificando.
> 3. As rectificações produzem efeitos desde a data da entrada em vigor do diploma rectificando, sem prejuízo dos direitos adquiridos até à data da publicação da rectificação.

O regime foi alterado, sendo certo que a nova redação nada tem a ver com a Lei Constitucional n.º 1/82, de 30 de Setembro.

III. Mantém-se a necessidade de divergência entre o texto original e o texto impresso. *Summo rigore*, não seriam retificáveis os lapsos gramaticais ou ortográficos alojados no próprio original. Isso posto, devem agora as retificações:

(a) ser publicadas na 1.ª série, quando relativas a diplomas nesta inseridos;
(b) provir do órgão que aprovou o original;
(c) devendo ser publicadas até 90 dias após a publicação do texto rectificando.

Desapareceu a exigência de as retificações correrem pela Secretaria-Geral da Assembleia da República. Além disso, esclareceu-se que os 90 dias são prazo útil para a publicação da própria retificação e não para a sua determinação.

Importante é a eficácia *ex tunc* agora atribuída às retificações: operam retroativamente, ainda que com ressalva dos "direitos adquiridos até à data de publicação da retificação" (4.º/3). A justificação para tal retroatividade deverá ser procurada na natureza interpretativa das retificações, caindo-se sob o artigo 13.º do Código Civil.

Os formulários de diplomas foram remetidos para portaria do Governo: assim surgiu a Portaria n.º 47/83, de 17 de Janeiro (Pinto Balsemão)[2251].

IV. Seis meses volvidos, a publicação, a identificação e o formulário dos diplomas obtiveram nova regulamentação. Desta feita, operou a Lei n.º 6/83, de 29 de Julho a qual, por cautela, revogou as Leis n.º 3/76, de 10 de Setembro e n.º 8/77, de 1 de Fevereiro e, ainda, o Decreto-Lei n.º 3/83, de 11 de Janeiro. E de novo as retificações mereceram a atenção da Lei, sendo-lhe dispensado um regime não coincidente com o anterior. Dispõe o artigo 6.º do novo diploma:

> 1. As rectificações dos erros materiais provenientes de divergências entre o texto original e o texto impresso de qualquer diploma publicado na 1.ª série do *Diário da República* devem ser publicadas nesta série e provir do órgão que aprovou o texto original.
> 2. As rectificações de diplomas publicados na 1.ª série só serão admitidas até 90 dias após a publicação do texto rectificado.
> 3. As rectificações entram em vigor na data da sua publicação.

Como novidades, temos, desta feita:

(a) a limitação a "erros materiais" e não a simples divergências;
(b) o regresso ao esquema ambíguo de serem "admitidas" até 90 dias após a publicação do texto retificando;
(c) a retoma da eficácia *ex nunc*: não-retroativa.

IV. A Lei n.º 6/83, de 29 de Julho, foi alterada pelo Decreto-Lei n.º 337/87, de 21 de Outubro[2252], quanto à assinatura de ministros. Apurou-se, depois, que a revogação, pela Lei n.º 6/83, de 29 de Julho, das Leis n.º 3/76, de 10 de Setembro e n.º 8/77, de 1 de Fevereiro, bem como do Decreto-Lei n.º 3/83, de 11 de Janeiro, envolvera (...) a revogação auto-

---

[2251] DR I Série, n.º 13, de 17-Jan.-1983, 85-87.
[2252] DR I Série, n.º 242, de 21-Out.-1987, 3794/I.

mática, posto que tácita, da Portaria n.º 47/83, de 17 de Janeiro (...). Os formulários dos diplomas ficaram (durante quatro anos) sem base legal, situação à qual acudiu o Decreto-Lei n.º 113/88, de 8 de Abril[2253] (Cavaco Silva). Tudo isto é pouco abonatório dos cuidados legislativos postos nesta matéria, que não é despicienda.

Os artigos 3.º e 7.º da Lei n.º 6/83, de 29 de Julho, foram alterados pelo Decreto-Lei n.º 1/91, de 2 de Janeiro (Cavaco Silva), de modo a introduzir a parte A e a parte B, na 1.ª série do *Diário da República*.

252. A Lei n.º 74/98, de 11 de Novembro

I. A movimentada história recente do regime das retificações não ficaria por aqui. Ainda antes do fecho do século XX, o Parlamento voltou a ocupar-se do tema da publicação, da identificação e do formulário dos diplomas: fê-lo através da Lei n.º 74/98, de 11 de Novembro. Foram tomadas medidas importantes, dada a vastidão das fontes: assim, a da indicação do número de ordem da alteração introduzida e a da republicação integral do diploma em anexo, quando a natureza ou a extensão da alteração o justifiquem (artigo 6.º).

II. O tema das retificações obteve um novo regime[2254]. Retemos o artigo 5.º da Lei em causa:

1. As rectificações são admissíveis exclusivamente para correcção de erros materiais provenientes de divergências entre o texto original e o texto impresso de qualquer diploma publicado na 1.ª série do *Diário da República* e são feitas mediante declaração do órgão que aprovou o texto original, publicada na mesma série e parte.

2. As declarações de rectificação devem ser publicadas até 60 dias após a publicação do texto rectificando.

3. A não observância do prazo previsto no número anterior determina a nulidade do acto de rectificação.

4. As declarações de rectificação reportam os efeitos à data da entrada em vigor do texto rectificado.

[2253] DR I Série, n.º 82, de 8-Abr.-1988, 1390-1391.
[2254] Registe-se, ainda, que as declarações de retificação passaram a ter uma numeração própria – 8.º/1, *t*),

Verificam-se, como pontos inovatórios:

(a) a referência restritiva: as retificações *são admissíveis exclusivamente para correção de erros materiais*;
(b) a maior precisão: são feitas por declaração do órgão que aprovou o texto original;
(c) o encurtamento do prazo e a sua melhor definição: devem ser publicadas até 60 dias após a publicação do texto retificando;
(d) a "sanção" pela ultrapassagem do prazo: a sua nulidade;
(e) o regresso à eficácia *ex tunc*: retroativa.

III. A Lei n.º 74/98, de 11 de Novembro, foi alterada pela Lei n.º 2/2005, de 24 de Janeiro: mas não quanto a retificações. O texto da Lei n.º 74/98 foi republicado em anexo.

Novas alterações advieram da Lei n.º 26/2006, de 30 de Junho, com nova republicação de todo o diploma. Desta feita, o artigo 5.º, relativo às retificações, foi alterado:

1. As rectificações são admissíveis exclusivamente para correcção de lapsos gramaticais, ortográficos, de cálculo ou de natureza análoga ou para correcção de erros materiais provenientes de divergências entre o texto original e o texto de qualquer diploma publicado na 1.ª série do *Diário da República* e são feitas mediante declaração do órgão que aprovou o texto original, publicada na mesma série.

A novidade é a seguinte: passam a admitir-se duas categorias de retificações:

(a) as provenientes de divergências entre o texto original e o texto publicado, na linha recebida das leis anteriores;
(b) as destinadas "exclusivamente" à correção de lapsos gramaticais, ortográficos, de cálculo ou de natureza análoga, que vitimassem o próprio texto original.

III. Por fim (e por agora), a Lei n.º 74/98, de 11 de Novembro, foi alterada pela Lei n.º 42/2007, de 24 de Agosto, a qual procedeu à sua terceira republicação[2255]. Este diploma fixou as regras que regem a republicação dos instrumentos alterados, através de modificações no artigo 6.º.

[2255] DR I Série, n.º 163, de 24-Ago.-2007, 5665-5670.

253. Balanço

I. O balanço evolutivo do regime legal das retificações de diplomas, é movimentado.

No período do Estado Novo, as regras eram pouco precisas: exigia-se uma divergência entre o "decretado" e o "publicado", cabendo ao Presidente do Conselho de Ministros afiançá-lo. Sob a III República, passou a exigir-se uma divergência entre o texto aprovado e o publicado. Mas com as seguintes flutuações:

(a) quanto à divergência: simples (Lei n.º 3/76 e Decreto-Lei n.º 3/83); apenas erros materiais (Lei n.º 6/83 e Lei n.º 74/78);
(b) quanto a erros no original: apenas admitidas pela Lei n.º 26/2006, desde que sejam gramaticais, ortográficas, de cálculo ou similares;
(c) quanto à entidade competente para a declaração: a Secretaria-Geral da Assembleia da República (Lei n.º 3/76), omisso (Decreto-Lei n.º 3/83 e Lei n.º 6/83); e o órgão que aprovou o diploma (Lei n.º 74/98);
(d) quanto ao prazo: admitidas até 90 dias (Lei n.º 3/76); publicadas até 90 dias (Decreto-Lei n.º 3/83); admitidas até 90 dias (Lei n.º 6/83); publicadas até 60 dias (Lei n.º 74/98);
(e) Quanto aos efeitos: *ex nunc* (Lei n.º 3/76); *ex tunc*, mas com salvaguarda de direitos adquiridos (Decreto-Lei n.º 3/83); *ex nunc* (Lei n.º 6/83); *ex tunc* (Lei n.º 74/98).

II. Digamos que, em linha geral, houve uma evolução positiva, no sentido da precisão das retificações; mas ela é, de alguma forma, rematada de modo negativo, por se admitirem, agora, retificações de erros que vitimem o próprio original e por se ter fixado uma eficácia retroativa ou *ex tunc*.

Para além disso, denota-se uma certa instabilidade, num domínio que deveria ser dominado pela segurança.

§ 64.º DOGMÁTICA GERAL DAS RETIFICAÇÕES

254. A essência dos erros

I. A temática das retificações é tomada, pelos diversos diplomas, em termos formais: uma divergência entre o texto aprovado (ou, antes de 1976, o que tivesse sido decretado) e o texto publicado. Apenas as alterações de 2006 vieram acrescentar a hipótese de erros no próprio original: gramaticais, ortográficos, de cálculo ou similares.

Podemos, no entanto, ir mais longe. Para além da distinção introdutória entre gralhas e erros tipográficos, lapsos ou omissões e erros ou falhas de fundo, podemos considerar, quanto à origem:

– erros na formação da vontade legislativa: esta, por má informação ou por deficiente raciocínio, pode ter chegado a um texto que contrarie o que o próprio legislador pretenderia, se tivesse trabalhado em melhores condições;
– erro na exteriorização da vontade legislativa: o legislador tomou as boas opções, mas o texto original que aprovou traiu-o: diz o que ele não queria ou calou o que ele pretendia;
– erro na publicação: é aprovado um texto, mas é publicado outro.

II. Admitir retificações na base da "má" formação da vontade do legislador ou na sua "deficiente" exteriorização equivale a reabrir o processo legislativo. Com efeito, apenas o próprio legislador (ou quem se lhe substitua) pode decidir que a vontade foi mal (con)formada ou que houve erro na sua exteriorização, por ter sido aprovado um texto original que, no fundo, não era querido pelo órgão legislativo.

A lei não é um negócio jurídico, em que se possa (ainda que com muitas cautelas), fazer prevalecer uma vontade real sobre uma vontade declarada ou (mais delicado!) invalidar a vontade real e declarada por má conformação da primeira. Vale o texto publicado. Se o legislador se engana, há que revogar o diploma errado, substituindo-o: tudo isso com observância das regras sobre a feitura de leis e sobre a sua sucessão no tempo.

III. Tecnicamente, não há "erros" na lei. Temos, sim, leis mal feitas, por vício de conceção ou de concretização. Queda a sua revogação e/ou a sua substituição.

255. Erros formais e substanciais; erros patentes e não-patentes

I. Prosseguindo, temos uma distinção da maior importância: a que contrapõe os erros formais aos substanciais.

O erro formal é o visado pela alteração legislativa da Lei n.º 26/2006, de 30 de Junho: abrange os "lapsos" gramaticais, ortográficos, de cálculo ou outros similares.

Muitas vezes, o erro formal resulta do contexto: desfeia a lei, mas é imediatamente reconhecido por qualquer operador. Será, nessa altura, um erro patente. Mas pode não o ser: o erro formal pode fazer sentido, desfigurando materialmente a lei sem que, disso, o operador se aperceba. Imagine-se o erro de cálculo que altere prazos ou o erro gramatical que alargue ou restrinja o âmbito da lei.

II. Os erros substanciais têm a ver com vetores jurídicos: resultam em soluções que não eram as pretendidas pelo "espírito legislativo". Ainda aqui há duas hipóteses: o erro material pode ser patente, resultando do contexto (por exemplo, a lei trocou conselho de administração por assembleia geral ou esqueceu a comissão de auditoria) ou não-patente: quando tal não suceda. Nessa altura, apenas uma valoração global (sempre discutível!) permitirá falar em erro.

256. Os óbices do regime das retificações

I. Feitas estas distinções, logo se vê que o regime das retificações, tal como está, deixa pairar um fator de incerteza, durante sessenta dias, sobre qualquer diploma. De facto, a lei vigente não atende à plausibilidade do texto retificando e isso com a agravante de, às retificações, vir atribuir eficácia retroativa. O sujeito confrontado com uma nova lei pode, de imediato, detetar o lapso. E isso com uma especial facilidade, quando o erro torne o diploma inexequível. Mas pode não ser assim. O legislador desfruta de uma presunção de acerto (9.º/3, do Código Civil). O destinatário da norma, que creia no texto publicado e paute, por ele, a sua conduta, não pode ser, *ad nutum*, surpreendido por uma retificação, que tudo dê a perder.

II. Temos, ainda, sectores muito sensíveis. O dos prazos: sai um diploma a fixar, para certo ato, um prazo de trinta dias; expirados vinte e cinco, surge uma retificação a corrigir o prazo de trinta para vinte. *Quid iuris*? Ou o dos crimes: o tipo legal sai gralhado, tomando outro sentido ou a medida da pena foi truncada, sendo mais pesada (ou mais leve!). Poderá admitir-se uma retificação retroativa?

Nuns e noutros casos, a Lei n.º 74/98 é inconstitucional, na parte em que permita tais "retificações".

Em suma: impõe-se, sempre, uma sindicância, à luz da Ciência do Direito.

257. As correções jurídico-científicas

I. Cabe aos órgãos legislativos fazer uma aplicação sensata e prudente do "poder de retificar" que a Lei lhes atribui. A retificação deve dirigir-se a erros materiais e formais patentes que, não criando expectativas, apenas venham desfear os textos atingidos. Uma especial atenção deve ser dada à gramática e à ortografia, quando, daí, não resultem saídas plausíveis. Em todos os outros casos, queda a alteração legislativa.

II. Em compensação, desenha-se uma margem de atuação para o intérprete-aplicador. É certo que, segundo o já citado artigo 9.º/3 do Código Civil, ele deve presumir que:

> (...) o legislador consagrou as soluções mais acertadas e soube exprimir o seu pensamento em termos adequados.

Mas o estudo da matéria pode revelar os lapsos. A interpretação não deve cingir-se à letra da lei: antes atenderá a diversos elementos, entre os quais a unidade do sistema jurídico (9.º/1). Justamente essa unidade pode revelar o lapso de certos preceitos. Nessa altura, com recurso aos instrumentos disponíveis, designadamente aos fatores sistemático e teleológico

da interpretação e a cláusulas gerais, como a da boa-fé, pode o intérprete-
-aplicador minorar as assimetrias.

III. No domínio das retificações, ficarão na História as suscitadas por dois diplomas de fôlego: o Código de Processo Penal e o Código das Sociedades Comerciais. Quanto ao Código de Processo Penal: foi aprovado pela Lei n.º 48/2007, de 29 de Agosto. Saiu com erros, pelo que a Retificação n.º 100-A/2007, de 26 de Outubro[2256], veio proceder à correção, republicando o diploma; mas a própria retificação saiu com erros: seguiu-se a Retificação n.º 105/2007, de 9 de Novembro[2257], que retificou a referida Retificação n.º 100-A/2007, de 26 de Outubro, republicando, pela terceira vez, o diploma. Por seu turno, o Código das Sociedades Comerciais foi adotado pelo Decreto-Lei n.º 262/86, de 2 de Setembro. Meses passados, uma declaração da Secretaria-Geral da Presidência do Conselho de Ministros veio proceder a 47 retificações, algumas das quais com relevo substancial[2258]. Menos de um ano volvido, o Decreto-Lei n.º 280/87, de 8 de Julho, visando resolver soluções paradoxais, inesperadas ou, simplesmente, refletidas apenas após a aprovação do Código, veio alterar cinquenta dos seus artigos. E no artigo 4.º, procedeu a mais 72 retificações, sempre do CSC. Seguiram-se numerosas alterações. Mas como persistiam falhas do início, o Decreto-Lei n.º 257/96, de 31 de Dezembro, ainda encontrou mais 16 inexatidões do CSC, então já em vigor há 10 anos, para retificar. Em suma: mais de um terço dos preceitos do Código saiu com lapso, em 1986. O Decreto-Lei n.º 76-A/2006, de 29 de Março, que alterou 31 diplomas, introduziu muitas dezenas de alterações, supressões e aditamentos ao CSC, republicando-o em anexo. Semanas volvidas, foram feitas 35 retificações, das quais 12 relativas ao CSC e outras 12 à republicação do mesmo Código[2259]. Passados meses, o Decreto-
-Lei n.º 8/2007, de 17 de Janeiro, relativo à informação empresarial simplificada, veio alterar 12 preceitos do CSC: no que foi tomado como um refluxo da reforma de 2006 ou, se se quiser: mais uma série de correções. Passados dois anos, foram detetadas mais 23 falhas[2260], em parte tidas em conta pelo Decreto-Lei n.º 49/2010, de 19 de Maio.

[2256] DR I Série, n.º 207, 1.º supl., de 26-Out.-2007, 7890-(2)-7890-(116).
[2257] DR I Série, n.º 216, de 8-Nov.-2007, 8234-8346.
[2258] DR I Série, n.º 276 (Supl.), de 29-Nov.-1986, 3602-(4)-3602-(5).
[2259] DR I Série-A, n.º 102 (Supl.), de 26-Mai.-2006. 3572-(2)-3572-(3).
[2260] CMVM, Processo de Consulta Pública n.º 10/2008, publicado na RDS 2009, 483-545.

Episódios deste tipo falam por si. Não temos conhecimento de eventos semelhantes noutros ordenamentos. As leis, designadamente quando se trate de grandes códigos, devem ser preparadas e revistas com o maior cuidado.

CAPÍTULO III
A CESSAÇÃO DA VIGÊNCIA

§ 65.º AS REGRAS APLICÁVEIS

258. O artigo 7.º e a sua origem

I. O Código Civil contém, no seu artigo 7.º, um pequeno subsistema sobre a cessação de vigência da lei. No essencial, esse dispositivo resultou do anteprojeto de Manuel de Andrade[2261]. Não devemos deixar perder as nossas fontes. Passamos a fazer o confronto entre os dois textos:

Código Civil	Manuel de Andrade
1. Quando se não destine a ter vigência temporária, a lei só deixa de vigorar se for revogada por outra lei.	I. Não se destinando a vigência temporária, a lei só cessa de vigorar quando for revogada por outra lei posterior.
2. A revogação pode resultar de declaração expressa, da incompatibilidade entre as novas disposições e as regras precedentes ou da circunstância de a nova lei regular toda a matéria da lei anterior.	II. A revogação pode ter lugar mediante declaração expressa, ou por incompatibilidade entre as novas disposições e as precedentes, ou porque a nova lei regule de modo sistemático toda a matéria da lei anterior.
3. A lei geral não revoga a lei especial, excepto se outra for a intenção do legislador.	III. Uma lei especial não se considera, desde logo, revogada pela lei geral posterior.
4. A revogação da lei revogatória não importa o renascimento da lei que esta revogara.	IV. A revogação da lei ab-rogatória não importa a repristinação da lei ab-rogada.

[2261] MANUEL DE ANDRADE, *Fontes de Direito* cit., 143-144.

II. No tocante à justificação de motivos do texto proposto, Manuel de Andrade limitou-se a afirmar o seguinte[2262]:

> Nos artigos 6.º e 7.º só se pensou em sintetizar a doutrina corrente sobre os pontos aí versados. Pelo que toca ao artigo 7.º, na sua formulação teve-se à vista o artigo 15.º daquelas disposições e o artigo 2.º da lei de introdução ao Código brasileiro.

Recordemos as fontes dadoras, aí referidas. O artigo 15.º das disposições italianas sobre as leis em geral dispõe:

> As leis não são ab-rogadas a não ser por leis posteriores, por declaração expressa do legislador, ou por incompatibilidade entre as disposições novas e as precedentes ou porque a lei nova regula toda a matéria já regulada pela lei anterior.

Quanto à lei brasileira[2263], temos o texto seguinte:

> Art. 2.º – Não se destinando à vigência temporária, a lei terá vigor até que outra a modifique ou revogue.
> § 1.º – A lei posterior revoga a anterior quando expressamente o declare, quando seja com ela incompatível ou quando regule inteiramente a matéria de que tratava a lei anterior.
> § 2.º – A lei nova, que estabeleça disposições gerais ou especiais a par das já existentes, não revoga nem modifica a lei anterior.
> § 3.º – Salvo disposição em contrário, a lei revogada não se restaura por ter a lei revogadora perdido a vigência.

A similitude é flagrante.

III. O artigo 15.º das disposições preliminares italianas mais não faz do que reproduzir o artigo 5.º do Código Civil italiano de 1865[2264]. A doutrina chamava a atenção para o facto de, às três causas de cessação, aí referidas, ser de acrescentar a autolimitação da lei no tempo[2265].

[2262] *Idem*, 149. Quanto à apreciação crítica do projeto, *vide* JOSÉ HERMANO SARAIVA, *Apostilha crítica* cit., 49-53.
[2263] A chamada Lei de Introdução ao Código Civil, ou Decreto-Lei n.º 4 657, de 4 de Setembro de 1942, ainda em vigor.
[2264] MARIANO D'AMELIO, *Codice civile/Commentario* cit., 1, 38, Quanto ao texto vigente: LUCIA GUARALDI, em PIETRO RESCIGNO, *Codice civile*, 1, 7.ª ed. (2008), 18-20.
[2265] MARIANO D'AMELIO, *Codice civile/Commentario* cit., 1, 38-42 (39).

259. Antecedentes doutrinários

I. O fenómeno da substituição de umas leis por outras impõe-se, com naturalidade. Os clássicos da pré-codificação, com exemplo em Coelho da Rocha (1846), limitavam-se a afirmar[2266]:

> [as leis] podem ser abrogadas: 1.º ou expressamente por outra lei; 2.º ou tacitamente, se uma lei posterior estabelece disposição incompatível com a anterior; ou quando a razão ou motivo da lei cessou manifestamente: v.g. as providencias para a guerra, se esta acabou.

II. Os tratadistas subsequentes vieram aperfeiçoar o sistema, completando-o. Guilherme Moreira especifica que a lei geral não revoga necessariamente a lei especial, porque os motivos desta podem coexistir com os daquela[2267]. Em compensação, levantam-se dúvidas quanto à cessação da lei por desaparecimento dos seus motivos,

> (...) visto que a força obrigatória da lei deriva da vontade do legislador e não das razões ou motivos que o inspiraram[2268].

A hipótese de as próprias leis terem um prazo de vigência é apontada como sendo muito rara[2269].

III. O tratamento mais alargado da matéria ficou a dever-se a Cunha Gonçalves. Para além de apresentar um quadro completo relativo às relações entre as leis gerais e as leis especiais[2270], este Autor veio seriar causas intrínsecas de cessação da lei[2271]:

– por decurso do prazo nela fixado;
– por se ter realizado totalmente o fim por ela visado ou a impossibilidade de facto que era o seu pressuposto;
– por ter cessado completamente o estado de coisas que determinou a lei.

[2266] M. A. COELHO DA ROCHA, *Instituições de Direito civil*, 2.ª ed. cit., § 9 (1, 4).
[2267] GUILHERME MOREIRA, *Instituições de Direito civil* cit., 1, 21 (§ 4).
[2268] *Idem*, 22.
[2269] A. J. TEIXEIRA DE ABREU, *Curso de Direito civil* cit., 1, 121.
[2270] LUÍS DA CUNHA GONÇALVES, *Tratado de Direito civil* cit., 1, 158-159.
[2271] *Idem*, 159-160.

Outros autores contribuíram para o estudo da matéria[2272]. Podemos considerar que, por detrás do Código Civil de 1966, havia já uma Ciência consolidada, neste domínio.

260. Quadro geral; o desuso

I. O artigo 7.º permite fixar o quadro geral das causas de cessação da vigência da lei. Assim, esta ocorre:

– por autolimitação;
– por revogação operada por outra lei.

A autolimitação é explícita ou implícita: explícita caso a própria lei coloque balizas temporais à sua vigência e implícita quando tal decorra da matéria por ela versada. Podemos falar, *lato sensu*, na caducidade da lei.
A revogação corresponde à cessação de vigência determinada por uma lei subsequente: a lei nova. A própria lei prevê diversas vias de revogação, que caberá discernir.

II. Uma figura específica de cessação de vigência é o desuso. À partida, o desuso é implicitamente afastado pelo artigo 7.º/1: a lei só deixa de vigorar se for revogada por outra lei[2273]. Todavia, a prática mostra a existência de numerosas leis, que nunca foram revogadas, mas que, com o passar dos séculos, ninguém se lembraria de vir invocar ou de aplicar.
A hipótese de desuso é, assim, retida pela doutrina[2274]. A exigência de que o verdadeiro desuso seja alicerçado num costume *contra legem* pressupõe uma noção subjetiva do Direito consuetudinário. Tal construção assenta na denominada convicção de obrigatoriedade da conduta correspondente ao costume, a qual permitiria a sua distinção do mero uso. Essa convicção tende, hoje, a ser afastada: como vimos, ela é subsequente ao costume: não o condiciona. Antes de ele se constituir, não gera nenhuma

---

[2272] JOSÉ TAVARES, *Os princípios fundamentais do Direito civil* cit., 1, 2.ª ed., 171 ss..
[2273] O artigo 9.º do Código de Seabra afastava, de modo explícito, o desuso; *vide* LUÍS DA CUNHA GONÇALVES, *Tratado* cit., 1, 161-162.
[2274] JOSÉ HERMANO SARAIVA, *Apostilha crítica* cit., 50; OLIVEIRA ASCENSÃO, *O Direito*, 13.ª ed. cit., 270 e 309, exigindo, todavia, um costume *contra legem*.

ideia de obrigatoriedade[2275]. Uma lei pode cair em desuso sem que ninguém lhe preste atenção e, daí: sem qualquer costume em contrário.

III. Não obstante o reparo, não podemos confundir o desuso com a mera tolerância, quiçá laxista, na aplicação da lei. Percorrendo as ruas de Lisboa, poder-se-ia concluir pelo desuso das regras sobre estacionamento: encontram-se, em cada momento, veículos sobre os passeios e em segunda fila. Não é o caso: o sistema antes apelaria a uma mais estrita aplicação da lei.

Temos, assim, de reconduzir o desuso à perda de oportunidade da lei, o que é dizer: a uma ideia de caducidade em sentido amplo, reconhecido pelo sistema. Adiante aprofundaremos esta ideia[2276].

[2275] *Supra*, 562 ss..
[2276] *Infra*, 833 ss..

§ 66.º A CADUCIDADE DA LEI

261. A caducidade em geral

I. A expressão "caducidade" advém de caduco, latim *caducus* (de *cado*, cair): traduz a qualidade daquilo que cai, que é fraco ou transitório. A expressão foi introduzida no português jurídico apenas no início do século XX, para designar a supressão de situações juridicamente relevantes.

A noção tem sido desenvolvida e apurada no domínio dos direitos subjetivos e dos negócios jurídicos, muitas vezes contrapondo-se à prescrição[2277]. Mas pode ser usada como uma figura geral de Direito.

II. Podemos, com manifesta utilidade, recordar aqui a contraposição entre a caducidade em sentido amplo e em sentido restrito:
— em sentido amplo, a caducidade traduz a cessação de um efeito jurídico, pela superveniência de um facto a que o Direito confira eficácia extintiva ou pelo desaparecimento da base que lhe facultava a produção de efeitos;
— em sentido estrito, a caducidade exprime a cessação de efeitos pelo decurso do prazo a que eles estavam sujeitos.

III. Se bem se atentar, as situações sujeitas à caducidade estrita estão estruturalmente delimitadas, em termos temporais. Pelo contrário, a caducidade ampla traduz, tão-só, uma sensibilidade universal ao grau de devir das ocorrências humanas. Estas categorias podem ser usadas em termos úteis, no domínio da cessação da vigência das leis ou, mais latamente, na das outras fontes de Direito.

[2277] *Tratado*, V, 207 ss..

262. As leis transitórias

I. São leis transitórias (a não confundir com o Direito transitório) aquelas que, segundo o que nelas próprias se disponha, se destinam a vigorar apenas durante um período limitado.

Várias circunstâncias podem levar o legislador a fazer esse tipo de opção. Temos, designadamente:

– leis destinadas a enfrentar situações passageiras, que o legislador pretende, desde logo, balizar; será o caso de diplomas destinados a enfrentar uma cheia ou uma época de incêndios;
– leis que visem um efeito predeterminado: assim, a supressão dos subsídios dos funcionários públicos, até que se restabeleça o equilíbrio orçamental;
– leis dirigidas a ocorrências destinadas a desaparecer: regimes de transição, situações preparatórias, tais como o congelamento de construções até ao aprontamento de aeroportos ou de estradas e conjunturas jurídicas passageiras, como as que se destinem a permitir adaptações a novos institutos.

Em todos os casos, é necessário que, de modo direto ou pela interpretação, se possa inferir a autolimitação da lei. Trata-se da eventualidade prevista na 1.ª parte do artigo 7.º/1: a lei destina-se a ter vigência temporária.

II. O diploma transitório pode conter um prazo explícito e certo, quanto à sua vigência: até ao fim do ano ou ao termo da legislatura, como exemplo. Mas pode-se, ainda, configurar um termo incerto: a lei destinada a compensar os combatentes da Grande Guerra (1914-1918) cessa de vigorar, por caducidade, com a morte da última pessoa que, aí, tenha servido.

Uma situação particular será a das leis condicionadas. Fica proibida a deslocação de palmeiras enquanto se mantiver a praga de escaravelho encarnado. Caso tal praga desapareça (facto futuro e incerto), a lei cessa de vigorar. Também aqui ocorre uma caducidade, marca de uma lei (eventualmente) transitória.

III. A autolimitação temporária de uma lei deve ser inserida em todo o seu processo interpretativo. Não se trata de um aditivo que, porventura, tenha sido "somado" a um texto legal: antes de um fator de delimitação temporal, suscetível de infletir todo o tecido normativo.

A transitoriedade de uma lei permite fixar, com nitidez, a sua dimensão teleológica e calibrar, em sua decorrência, a ponderação das consequências a efetuar.

263. A supressão da matéria regulada

I. A lei – qualquer lei – visa regular os factos que, nela própria, se prevejam. Pois bem: quando, supervenientemente, se verifique que tais factos não mais se podem verificar, a lei cessa, automaticamente, a sua vigência. Por exemplo: o diploma destinado a proteger o lince ibérico cessa com a morte do último exemplar dessa espécie.

A hipótese retratada não se compreende com uma lei transitória. Desta feita, o objetivo assumido pelo legislador não é o de uma aplicação necessária e temporalmente limitada. Pelo contrário: o que se pretende é, justamente, conseguir salvar o lince ibérico, através de uma adequada decisão legislativa. A lei procura vigorar para sempre. Deixa de o fazer mercê de uma ocorrência exterior à vontade normativa.

Cabe ainda sublinhar que a caducidade de uma lei não se confunde com a sua não-aplicação. Enquanto não se confirmar a completa extinção do lince ibérico, a lei de proteção vigora. Ela integra a ordem jurídica, contribuindo, com a sua presença, para os equilíbrios que ela permita. A supressão definitiva da lei em causa conduzirá, quando se verifique, a novos equilíbrios globais.

II. Na outra extremidade do processo normativo, temos a eventualidade de a lei visar uma solução que se tornou impossível ou inútil. Por exemplo: as regras destinadas a promover o novo aeroporto perderam aplicação com o cancelamento do projeto. Desta feita, devemos lidar com a teleologia das normas. A inviabilização do seu escopo faz cessar a sua vigência, numa manifestação de caducidade ampla.

A inadequação social superveniente tem aqui o seu lugar. Leis de discriminação positiva – por exemplo: a hipotética fixação de quotas mínimas para mulheres, nas Faculdades de Direito – perdem sentido quando se verifique que o seu objetivo foi alcançado ou ultrapassado.

III. Pergunta-se se, com estas asserções, não se defrauda a lei, na parte em que a mesma afirma que, não tendo natureza temporária, a sua vigência se conserva até à eventual revogação. A resposta é negativa: a caducidade (ampla) pode ser reconduzida a uma estruturação necessariamente limitada, de qualquer evento humano, também no plano temporal. Cairá no espírito da 1.ª parte do artigo 7.º/1.

264. O desuso

I. Afigura-se produtivo incluir, aqui, o fenómeno do desuso. Este ocorre quando, justificadamente, uma lei deixe de se aplicar. A "justificação" deve ser procurada no plano do sistema. Ela pode advir:

– de se atenuarem fortemente os fins que levaram à promulgação da lei; dizemos "atenuarem" porque, se tais fins desaparecerem, a lei caduca;
– de, no seu conjunto e mercê da evolução sócio-económica, a lei se revelar contraproducente ou inútil;
– de se terem apurado valores ou princípios que contraditem a via prosseguida ou que a tornem menos eficaz.

II. Em qualquer dos casos, encontramos uma não-aplicação consistente da lei, sedimentada num período de tempo significativo, não-aplicação essa que se apoia no sistema, globalmente tomado.

O simples facto de, mau grado a sua viabilidade, a lei atravessar um período longo de não-funcionamento, indicia um desinteresse geral que, provavelmente, advirá de não encontrar apoio no sistema. A este compete, sempre, a última palavra.

O desuso existe: todos o reconhecem. Cabe, porém, à Ciência do Direito sindicar o fenómeno, admitindo-o, apenas, perante coordenadas sistemáticas ponderosas.

III. Resta acrescentar que, em termos jurídico-positivos, o desuso pode ser admitido no quadro da 1.ª parte do artigo 7.º/1. Pela evolução das circunstâncias e por exigência do sistema, a lei em desuso destina-se a vigorar temporariamente.

§ 67.º A REVOGAÇÃO DA LEI

265. Noção e modalidades

I. Diz-se revogação a cessação de exigência de uma lei (a lei velha) por determinação de outra lei (a lei nova). Embora a terminologia não esteja totalmente estabilizada, podemos apontar uma certa diferenciação linguística. Assim:

— revogação é a figura mais geral: abrange as diversas situações de cessação de vigência de uma lei, pela ocorrência de uma nova lei que a tanto conduza;
— ab-rogação traduz uma revogação expressa e completa de uma lei velha por uma lei nova;
— derrogação equivale ao afastamento da lei velha, pelo surgimento de um novo regime com ela incompatível[2278].

II. O artigo 7.º/2 permite apontar três modalidades de revogação:

— a revogação expressa: ocorre sempre que uma lei nova suprima, explicitamente, a lei velha; tal o caso do artigo 18.º da Lei n.º 74/98, de 11 de Novembro, que revogou, de modo específico, a Lei n.º 6/83, de 29 de Julho, o Decreto-Lei n.º 337/87, de 21 de Outubro, o Decreto-Lei n.º 113/88, de 8 de Abril e o Decreto-Lei n.º 1/91, de 2 de Janeiro; temos, ainda, revogação expressa perante uma substituição de preceitos: o artigo tal passa a ter a seguinte redação, como exemplo;

[2278] Recordamos ULPIANO: *lex abrogatur, id est, prior lex tollitur; lex derogatur, id est, pars prioris legis tollitur*; desta feita, a ab-rogação seria uma revogação total; a derrogação, apenas, parcial; *vide* LUÍS DA CUNHA GONÇALVES, *Tratado* cit., 1, 155.

– a revogação implícita: verifica-se nos casos em que uma lei venha estabelecer um regime diverso do anterior; muitas vezes, a revogação implícita é pontuada por normas que dispõem "é revogada toda a legislação em contrário": uma disposição inútil, uma vez que a aprovação de uma lei revoga, automaticamente, as leis velhas que disponham de forma diversa;
– a revogação global: acode sempre que uma lei substitua toda a matéria regulada na anterior; assim, a aprovação de um novo Código Civil revoga o anterior, independentemente de este último conter normas compatíveis com o primeiro ou de tratar pontos não versados no novo diploma: resultarão, daí, lacunas a integrar à luz do novo diploma.

III. As apontadas três modalidades de revogação não funcionam, muitas vezes, em estado puro. Assim, é frequente uma lei nova conter disposições revogatórias explícitas (são revogados os diplomas tal e tal) e rematar com uma fórmula genérica (e, ainda, toda a legislação em contrário). Nessa eventualidade, a fórmula genérica pode ser útil, por prevenir qualquer raciocínio *a contrario*.

266. As leis especiais

I. Diz-se especial a norma que retire, de um regime comum (a lei geral), uma situação determinada em função de uma certa característica e estabeleça, para ela, um regime não-conforme com o aplicável às demais situações. A situação de especialidade é sempre relativa: o Direito comercial é especial em relação ao Direito civil, mas comum em relação ao Direito bancário, por exemplo.

Apenas em cada ocorrência se torna possível formular um juízo de especialidade.

II. Quando uma lei geral seja substituída por outra lei geral, entende-se que é conservada a lei especial porventura existente (7.º/3). Na verdade, o legislador apenas curou da substituição da primeira, sem se ocupar das especialidades. Essa eventualidade deve ser confirmada lei a lei: é esse o sentido da segunda parte do artigo 7.º/3: (...) *exceto se outra for a intenção inequívoca do legislador*. Essa locução é literária: o legislador não tem intenções, equívocas ou inequívocas. Tudo depende da finalidade da lei geral e de saber, à luz dos elementos de interpretação, se a lei geral nova visou pôr termo aos regimes especiais porventura existentes.

267. Remissões para leis revogadas e não-repristinação

I. As leis podem remeter, explícita ou implicitamente, umas para as outras. Quando um diploma remeta para um preceito revogado, *quid iuris*?

A resposta deverá ser dada em cada caso, à luz de uma interpretação cuidada das fontes em presença. Habitualmente, faz-se a distinção seguinte:

– remissões estáticas;
– remissões dinâmicas.

Perante uma remissão estática, a lei remissora apela ao concreto regime constante da lei para que remeta: se este for revogado, seja *ad nutum*, seja por derrogação, a lei remissora perde o seu sentido, havendo--se, também, por revogada. Na remissão dinâmica, tem-se em vista o regime *ad quem*, seja ele qual for. Se ele for substituído, subentende-se que a remissão, automaticamente, se vai reportar à lei nova.

II. O denominado princípio de não-repristinação das leis emerge do artigo 7.º/4: a revogação da lei revogatória não importa o renascimento da lei que esta revogara. A mensagem normativa revogatória dirige-se, apenas, à supressão da lei velha. Repristinar as leis que esta revogar implicaria já um juízo normativo que transcende a mera revogação. Além disso, a repristinação representaria um perigo evidente, com danos para a segurança jurídica: o de fazer renascer regimes em que ninguém pensara e que ficariam totalmente fora do pensamento legislativo da lei nova.

A repristinação será possível: mas apenas perante a lei nova, devidamente sindicada pela interpretação e pela ponderação das consequências, a tanto conduza.

CAPÍTULO IV
O DIREITO TRANSITÓRIO

§ 68.º OBJETO E EVOLUÇÃO HISTÓRICA

268. Objeto e generalidades

I. O Direito não é estático. As fontes evoluem, por vezes, com uma rapidez assinalável. O fenómeno, pela natureza das coisas, tem sobretudo a ver com a sucessão de leis no tempo. Quando uma situação jurídica se prolongue no tempo e tenha contacto com, pelo menos, uma lei velha e uma lei nova, qual delas aplicar?

Em abstrato, duas são as vias de solução possíveis:

– ou surgem regras especiais para as situações em causa, dispensando-lhes, diretamente, um tratamento "misto" adequado à sua materialidade;
– ou ocorrem regras de conflito as quais, ponderando a situação atingida, determinam a aplicação ou da lei nova, ou da lei velha.

A primeira via diz-se Direito transitório material; a segunda, Direito transitório de conflitos ou, simplesmente, Direito transitório.

II. As questões relativas à aplicação da lei (do Direito) no tempo não se quedam pelo aspeto enunciado. Adotada uma lei, ela aplica-se a partir de que momento e a quê? Até quando?

O Direito transitório deve ocupar-se, também, do capítulo relativo à entrada em vigor das leis e à sua cessação: uma temática acima exposta. O Código Civil rege expressamente a matéria, ao contrário de outras leis que a deixam seja à doutrina, seja a diplomas especiais. Ela consta do

Capítulo II do Livro I: por isso, sistematicamente, o seu local de tratamento é o presente volume I do *Tratado*.

III. A tradição continental no domínio em análise implica a formação de regras abstratas de Direito transitório ou de Direito intertemporal. Vamos segui-la. Mas com uma importante prevenção: o Direito transitório visa resolver casos concretos: ou não é Direito. Pela sua própria natureza (e salvo se material) o Direito transitório não resolve, só por si: limita-se, da lei nova e da lei velha, a apontar a competente para o fazer. Trata-se, deste modo, de um Direito incompleto. Mas essa incompleitude interrompe o processo de realização, sabidamente unitário.

As regras de Direito transitório, mesmo na sua formulação, devem ser substancializadas. Elas funcionam num conjunto indissociável com o Direito material para que remetam. Apenas por necessidade de análise procedemos ao seu estudo em separado: terá de ocorrer uma síntese final com as regras materiais, só nessa altura se podendo completar o circuito hermenêutico.

269. O Direito antigo

I. O problema da aplicação intertemporal da lei surgiu com as primeiras leis[2279-2280]. Aplicam-se apenas a situações futuras? Às atuais? Às passadas?

[2279] H. GOEPPERT/E. ECK (publ.), *Das Prinzip: "Gesetz haben keine rückwirkende Kraft" geschichetlich und dogmatisch entwickelt*, JhJb 22 (1884), 14-20; FERDINAND LASSALLE, *Das System der erworbenen Rechte*, Theil I, também com o título *Die Theorie der erworbenen Rechte und der Collision der Gesetze, unter besonderer Berücksichtigung des römischen, französischen und preussischen Rechts*, 2.ª ed. (1880), 72 ss.; panoramas históricos atuais do Direito transitório, desde os romanos, podem ser confrontados em PATRICE LEVEL, *Essai sur les conflits de lois dans le temps/Contribution à la théorie générale du droit transitoire* (1959), 21 ss., em ANDREAS VONKLISCH, *Das intemporale Privatrecht/ /Übergangsfragen bei Gesetzes- und Rechtsprechungänderungen im Privatrecht* (1999), XXI + 407 pp., 13 ss. e em MICHAEL DAEMGER, *Rück- und Fortwirkung im Privatrecht/ /Überleitungsvorschriften privatrechtlicher Neuregelungen bis zum Bürgerliches Gesetzbuch von 1900 und vergleichende Darstellung der zugrundeliegenden Prinzipien mit der Rechtsprechung des Bundesverfassungsgerichts* (2005), 267 pp., 25 ss., muito documentado.

[2280] A evolução histórica do Direito transitório pode ainda ser confrontada em EMÍDIO PIRES DA CRUZ, *Da aplicação das leis no tempo (princípios gerais)* (1940), 312 pp., 51 ss. e

§ 68.º Objeto e evolução histórica

As antigas leis gregas (450 a. C.) já referiam o problema, determinando que só se aplicavam para o futuro[2281]. Afigura-se natural: corresponde a elementares expectativas de tranquilidade e de tutela da confiança social a ideia de que, no passado, não pode vir interferir uma lei inexcogitável no momento em que se desenvolveram as condutas que ela pretende regular[2282]. O aprofundamento da lei, levado a cabo pelos clássicos, deslocou o problema: a partir de que momento pretenderia esta aplicar-se? Na verdade, a complexização das sociedades mostrava que, aplicando-se embora a lei nova (apenas) para o futuro, alguns efeitos da lei velha deveriam perdurar, mesmo sob o domínio da lei nova: um fenómeno explicitado, por exemplo, nas leis da cidade de Gortyer[2283].

II. No Direito romano, faltou a formulação de uma lei geral de Direito transitório. Mas foram ocorrendo importantes disposições relevantes, nesse domínio. Era frequente as leis começarem com a fórmula *quicunque post hanc legem rogatam*[2284] [a tudo aquilo que for subsequente à presente lei rogada].

Ficou célebre, nas suas alegações em 74 a. C., contra o *praetor urbanus* Verres, acusado de ter perpetrado as maiores exações na Sicília, com puros fins (logrados) de enriquecimento, o seguinte troço de Cícero[2285]:

> Mas quando se faz alguma inovação no Direito civil, deve-se certamente permitir que todos os atos previamente cometidos sejam

---

em GAETANO PACE, *Il diritto transitorio/con particolare riguardo al diritto privato* (1944), XXIV + 532 pp., 33 ss..

[2281] MICHAEL DAEMGER, *Rück- und Fortwirkung im Privatrecht* cit., 25, com a indicação das fontes.

[2282] *Idem*, 29.

[2283] MICHAEL DAEMGER, *Rück- und Fortwirkung im Privatrecht* cit., 30. A ultraeficácia da lei velha é, assim, defendida por Platão e por Aristóteles (*idem*, 31).

[2284] PAULO, D. 35.2.1.pr. = ed. 1872, 593.

[2285] MARCO TULIO CICERO, *in Verrem* II, 1, 42, 109 = ed. bilingue latim/inglês, trad. L. H. G. GREENWOOD (1928), 238-239:

> De iure vero civili si quis novi quid instituit, is non omnia quae ante acta sunt rata esse patietur? Credo nihi leges Atinias, Furias, Fusias, ipsam, ut dixit, Voconium, omnis praetere de iure civili: hoc reperies in omnibus statui ius quo post eam legem populus utatur.

Vide, quanto a Cícero, PATRICE LEVEL, *Essai sur les conflits de lois dans le temps/ /Contribution à la théorie générale du droit transitoire* cit., 21.

legalmente válidos. Vejam-se as leis Atinia, a Fúria e a própria Voconia, como disse e todas as outras referentes ao Direito civil: em todas encontraremos o mesmo: provisões de que são vinculativas depois de a lei entrar em vigor.

Parece claro, para Cícero, que as leis novas apenas regem o que ocorra depois da sua adoção. Mas esta ideia não pode ser levada até ao fim, como resulta de outros textos deste Autor[2286].

De facto, a lei – ou certas leis – corresponderiam a uma *lex aeterna et perpetua*, própria do Universo e presente, sempre, no coração dos homens. Chamar-se-lhe-ia Direito natural. Definia Cícero[2287]:

A lei é a suprema razão, ínsita na natureza e que determina aquilo que é permitido e proíbe o contrário.

A lei natural, quando acolhida na lei humana, conferiria, a esta, uma estrutura meramente declarativa: asseveraria o que já existia. Aplicar-se--ia, logicamente, a situações preexistentes. A regra da pura aplicação futura não era absoluta. Estava aberto o debate[2288].

III. No período clássico, o problema da sucessão de leis no tempo e da sua eficácia pôs-se a propósito das reformas do Direito da família, ocorridas no século I a. C.. Inicialmente, a mulher *in manu* e outras pessoas, sujeitas ao poder do marido, apesar de não serem do seu sangue, eram herdeiras dele; mas não a mãe. *O senatus consultum Tertulianum* modificou essa sequência, chamando à herança outras pessoas, como a mãe do falecido. E o *senatus consultum Orfitianum* colocou-a mesmo à frente de todos os agnados[2289]. Pois bem: estas novas regras aplicar-se-iam, apenas, a situações futuras[2290]. Outros exemplos podem ser dados, nesta área.

[2286] MICHAEL DAEMGER, *Rück- und Fortwirkung im Privatrecht* cit., 33-42.

[2287] MARCO TULIO CICERO, *De legibus* I, 6,18 = ed. bilingue, trad. e anotada por ALVARO D'ORS (1953), 66-67:

Lex est ratio summa, insita in natura, quae imbet ea, quae facienda sunt prohibetque contraria.

[2288] MICHAEL DAEMGER, *Rück- und Fortwirkung im Privatrecht* cit., 40-42.

[2289] MAX KASER, *Das römische Privatrecht* cit., 1, 2.ª ed., § 168 (701 ss.).

[2290] ULPIANO, D. 38.17.1.12 = ed. 1872, 677.

Ainda na ocasião, a natureza processual das leis levou Ulpiano a formular o princípio básico do respeito pelo caso julgado[2291]:

quae iudicata transacta finitave sunt rata maneant[2292].

O coração do Direito privado surgia dominado pela ideia do respeito pelo consolidado.

IV. No período imperial, a sucessão de leis e a perda da capacidade analítica, por parte dos operadores jurídicos, levou à formulação de algumas regras gerais de Direito transitório. Retomando uma orientação de Teodósio I (393 d. C.), os imperadores Teodósio II e Valentiniano III, proclamaram a regra[2293]:

é certo que as leis e as constituições qualificam os negócios futuros e não atingem os passados (...)

A regra transitou para o Código Justiniano, tendo outras expressões. Mas tratando-se de lei interpretativa, ela integrar-se-ia na interpretada, aplicando-se com esta[2294].

Como conclusão, diremos que poucas questões de Direito transitório não seriam já do conhecimento dos romanos. Faltou, todavia, a capacidade de sistematizar, num todo coerente, as proposições relevantes neste domínio. Essa seria a tarefa dos dois milénios subsequentes.

[2291] MICHAEL DAEMGER, *Rück- und Fortwirkung im Privatrecht* cit., 43 ss..
[2292] ULPIANO, D. 38.17.1.12 = ed. 1872, 677.
[2293] C. 1.14.7 = ed. Turim 1767, 81:

Leges et constitutiones futuris certum et dare formam negotiis non ad facta praeterit revocari (...)
Comentando a regra: PATRICE LEVEL, *Essai sur les conflits de lois dans le temps* cit., 21 e MICHAEL DAEMGER, *Rück- und Fortwirkung im Privatrecht* cit., 55.

[2294] *Novela* 19, *praefatio* (*in fine*) (versão em latim) = ed. JOHANN LUDWIG WILHELM BECK (1837), 61:

In tertia vero constitutione de temporibus nihil adieciemus, cum omnibus apertissimum site a, quae per interpretationem adicuntur, opotere de illis quoque valere, de quibus legibus interpretatis locus est.
Vide, ainda, PATRICE LEVEL, *Essai sur les conflits de lois dans le temps* cit., 22.

270. Direito intermédio; os direitos adquiridos

I. No período intermédio, mormente sob as leis dos soberanos do Ocidente (*codex euricianus*, *lex romana wisigothorum*, *lex burgundium* e Direito lombardo), conviveu-se com as constituições romanas de aplicação da lei nova apenas para o futuro, e com novas tendências declarativistas. A base consuetudinária do Direito germânico permitia apresentar a lei como uma simples formalização escrita de algo preexistente. A aplicação da lei a situações em curso seria lógica. Tratando-se de leis novas, elas deveriam conter normas sobre o seu próprio âmbito de aplicação[2295].

II. A ideia dos direitos adquiridos e do respeito por eles não constava dos textos romanos. O princípio subjacente assomava, por exemplo, numa constituição de Anastácio[2296]:

> De facto, convém que as leis se apliquem às coisas futuras e não a suscitar ofensas do passado.

A questão residia na não autonomização, pelos romanos, do conceito de direito subjetivo.

III. O passo decisivo no sentido de salvaguardar a regra de não-retroatividade vinda dos romanos foi dada pelos canonistas[2297].
Segundo uma decretal de Gregorio IX (1230)[2298]:

> Quoties vero novum quid statuitur, ita solet futuris formam imponere, ut dispendiis praeterita non commendet: ne detrimentum ante prohibitionen possint ignoranter incurrere, quod eos postmodum dignum est vetitos sustinere.

[2295] Generalizamos para efeitos de exposição. Muitos elementos podem ser confrontados em MICHAEL DAEMGER, *Rück- und Fortwirkung im Privatrecht* cit., 68-88.
[2296] C. 10.31,65, *in fine* = ed. Turim 1765, 754.
[2297] FRIEDRICH AFFOLTER, *Geschichte des intertemporalen Privatrechts* cit., 267 ss., 289 ss. e *passim*; MICHAEL DAEMGER, *Rück- und Fortwirkung im Privatrecht* cit., 91-93; GAETANO PACE, *Il diritto transitorio* cit., 41 ss..
[2298] O troço transcrito pode ser confrontado, designadamente, em GAETANO PACE, *Il diritto transitorio* cit., 41. Um troço paralelo consta de PATRICE LEVEL, *Essai sur les conflits de lois dans le temps* cit., 22.

Paralelamente, o desenvolvimento da ideia de direito subjetivo permitia uma dupla precisão: delimitava a retroatividade da lei nova, a qual respeitaria os direitos já atribuídos e reforçava a justificação para essa não retroatividade. Surge, deste modo, a doutrina do respeito pelos direitos adquiridos, através dos comentadores[2299].

[2299] MICHAEL DAEMGER, *Rück- und Fortwirkung im Privatrecht* cit., 91.

§ 69.º OS PRINCÍPIOS CLÁSSICOS

271. Enunciado; a não-retroatividade

I. A evolução histórica acima sumariada levou, ao longo do século XIX, à formulação dos princípios clássicos do Direito transitório. São eles, fundamentalmente:

– o princípio da não-retroatividade;
– o princípio do respeito pelos direitos adquiridos;
– o princípio da aplicação imediata da lei.

Podemos adiantar que toda a moderna teoria do Direito transitório deriva de uma articulação entre estes três princípios.

II. A não-retroatividade das leis foi, como vimos, afirmada por Cícero. Presente no Direito romano tardio e no Direito canónico, ela dá corpo a naturais expectativas de manutenção das vantagens adquiridas. A ideia foi aproveitada pelos liberais, no século XIX.

Durante a Revolução francesa, foram adotadas medidas retroativas[2300]. Tratava-se de fazer prevalecer as novas ideias sobre as anteriores. Mas nessa mesma ocasião, o princípio da não-retroatividade foi fortalecido[2301]. O ALR prussiano de 1794 ocupou-se do tema, firmando essa regra[2302]. O Código Napoleão, no seu artigo 2.º, proclamou de modo solene[2303]:

> A lei dispõe apenas para o futuro; ela não tem qualquer efeito retroativo.

[2300] EMÍDIO PIRES DA CRUZ, *Da aplicação das leis no tempo* cit., 66 ss..

[2301] MIRABEAU, na Constituinte, afirmou, em 21-Nov.-1790: nenhum poder humano ou sobre-humano pode legitimar um efeito retroativo.

[2302] BURKHARD HESS, *Intertemporales Privatrecht* cit., 59.

[2303] Quanto à literatura da época: M. A. MAILHER DE CHASSET, *Traité de la retroactivité des lois ou commentaire approfondi du code civil* I (1845), 427 pp. e II (1845), 415 pp..

Savigny, apesar da reformulação que levou a cabo, menciona também a não-retroatividade como princípio de partida[2304].

III. A não-retroatividade, aparentemente clara, levanta diversas questões, que acabam por originar regras distintas. Ela pode pretender significar[2305]:

– que a lei nova não se aplica às *causae finitae*, isto é, às questões que já foram definitivamente resolvidas à luz da lei velha;
– que a lei nova não funciona perante *facta praeterita*, ou seja, aos factos jurídicos operados perante a lei anterior;
– que a lei nova respeita os direitos adquiridos.

Mau grado estes problemas em aberto, a ideia de não-retroatividade opera como um importante tópico argumentativo, no Direito transitório. Consagrada em diversos códigos[2306], ela constitui a base da jurisprudência europeia, nesse domínio[2307]. Veremos as coordenadas que ela faculta à atual Ciência do Direito.

272. O respeito pelos direitos adquiridos

I. A ideia de que a lei nova deve respeitar os direitos anteriormente constituídos remonta, consoante se referiu, aos comentadores[2308]. Ela foi

---

[2304] FRIEDRICH CARL VON SAVIGNY, *System des heutigen römischen Rechts*, 8 (1849, reimp., 1981), § 384 (373-374). Vide MARTIN AVERANIUS, *Savigny's Lehre vom intertemporalen Privatrecht* (1993), 102 pp., 28 ss..
[2305] BURKHARD HESS, *Intertemporales Privatrecht* cit., 13 ss..
[2306] Além do Código de Seabra, abaixo referido, *vide* o artigo 1.° do Código suíço: MARCUS VISCHER, *Die allgemeinen Bestimmungen des schweizerischen intertemporalen Privatrechts* (1986), 103 pp., 33 ss..
[2307] TON HEUKELS, *Intertemporales Gemeinschaftsrecht/Rückwirkung, Intertemporales Gemeinschaftsrecht: Ruckwirkung, Sofortwirkung und Rechtsschutz in der Rechtsprechung des Gerichtshofes der Europäischen Gemeinschaften* (1990), 356 pp., 29 ss..
[2308] Além dos elementos já referidos, cabe mencionar: MARTIN AVERANIUS, *Savigny's Lehre vom intertemporalen Privatrecht* cit., 22-23: ANDREAS VONKLISCH, *Das intertemporale Privatrecht* cit., 17; MICHAEL DAEMGER, *Rück- und Fortwirkung im Privatrecht* cit., 91 ss..

ganhando terreno à medida que se fortalecia a própria ideia do direito subjetivo, sendo reforçada pelo ideário liberal da Revolução francesa[2309].

Coube a Savigny aprofundar este filão, fazendo dele a base de uma conceção de Direito transitório.

II. Na base do seu sistema, Savigny coloca as duas regras básicas: a da não-retroatividade das leis e a do respeito pelos direitos adquiridos[2310]. Quanto a estes, cabe distinguir[2311]:

– regras que se reportam aos requisitos para a aquisição de direitos;
– regras que regem institutos, dos quais podem emergir relações jurídicas.

Quanto às primeiras, a lei nova rege para o futuro, respeitando os direitos constituídos. Mas os direitos constituídos não se confundem com meras expectativas (*mit blossen Erwartungen*)[2312]: estas são (ou podem ser) atingidas pela lei nova. Também as regras sobre institutos são sensíveis à nova lei.

III. O sistema dependeria da natureza das regras em jogo. Trata-se de saber se elas visam factos passados ou futuros. Nesta última hipótese, não afetam os primeiros, em princípio[2313]. Diversamente, quanto aos efeitos futuros dos factos passados[2314]: ainda não há direitos constituídos.

As regras sobre as vicissitudes dos direitos – ou o seu teor – já os podem atingir, ainda que (nessa dimensão), retroativamente[2315].

O especial mérito de Savigny foi o discernir a natureza das regras em presença, para lhes precisar o regime transitório aplicável[2316]. Deve ainda explicitar-se que Savigny pontuou toda a sua exposição com uma pesquisa periférica sobre os vários meandros em presença, dos contratos às suces-

---

[2309] GERTRUDE LÜBBE-WOLFF, *Das wohlerworbene Recht als Grenze der Gesetzgebung im neunzehnten Jahrhundert*, SZGerm 103 (1986), 104-139 (108 ss.) e MICHAEL DAEMGER, *Rück- und Fortwirkung im Privatrecht* cit., 93.
[2310] FRIEDRICH CARL VON SAVIGNY, *System* cit., 373.
[2311] *Idem*, 375 ss..
[2312] *Idem*, 386-387; SAVIGNY exemplifica com as regras sobre testamentos.
[2313] *Idem*, 392-393.
[2314] *Idem*, 395.
[2315] *Idem*, 516 ss..
[2316] MARTIN AVERANIUS, *Savigny's Lehre vom intertemporalen Privatrecht* cit., 82-83.

sões. Temos, aqui, a superioridade própria de uma sistemática integrada, que condiciona, ainda hoje, o regime vigente.

IV. Na literatura latina, o respeito pelos direitos adquiridos é por vezes apontado como a face subjetiva de uma realidade de que, a objetiva, seria o princípio de vigência para o futuro[2317]. Esta conexão foi, de certo modo, quebrada por Savigny e pelos tratadistas que influenciaram Manuel de Andrade. Exige-se um discernir dentro da natureza das normas de cuja aplicação se trate, de tal modo que as "faces" não jogam em conjunto.

273. A aplicação imediata da lei

I. A regra do respeito pela lei – ou a da sua imperatividade – leva a que a mesma se deva aplicar imediatamente, uma vez em vigor[2318].

Esse princípio foi especialmente exacerbado no domínio do Direito processual[2319], tendo aí o sentido, hoje não aceite, de que, por não atingir situações substantivas, se justificaria sempre a aplicação da melhor lei: a mais nova.

II. A aplicação imediata da lei não envolve uma aplicação retroativa, no sentido mais imediato do termo. Mas veda a manutenção ultra-ativa (*Fortwirkung*) da lei velha. Uma vez revogada pela lei nova, esta não mais pode reger as situações da vida social.

Trata-se de um vetor significativo. No seu estado puro, ele poderia pôr em causa expectativas incontornáveis de segurança e de estabilidade sociais. Mas tem consistência, havendo que combiná-lo com outros princípios.

II. O liberalismo reforçou a ideia de não-retroatividade. O artigo 145.º, § 2.º, da Carta Constitucional de 1826, proclamava[2320]:

A disposição da Lei não terá effeito retroactivo.

[2317] M. POPOVILIEV, *Le droit transitoire ou intertemporal*, RTDC VI (1908), 461-507 (479-480).

[2318] BURKHARD HESS, *Intertemporales Privatrecht* cit., 19 ss..

[2319] ANDREAS POLLINGER, *Intertemporales Zivilprozessrecht* (1988), XXXVI + 255 pp., 3 ss. e *passim*; vide JOSÉ ALBERTO DOS REIS, *Aplicação das leis de processo quanto ao tempo*, RLJ 86 (1953), 49-53 e 84-87 (50 e 51/I).

[2320] *Vide* BMJ 235 (1974), 5-47 (43).

A ideia foi retomada pelo Código de Seabra, que acolheu igualmente diversas regras clássicas nesse domínio. Dispôs o seu artigo 8.º[2321]:

> A lei civil não tem efeito retroactivo. Exceptua-se a lei interpretativa, a qual é applicada retroactivamente, salvo se d'essa applicação resulta offensa de direitos adquiridos.

A doutrina da época era conhecida e criticamente apreciada, sendo de relevar a monografia de José Pereira de Pitta (1870)[2322]. Este Autor acaba por aderir a posições próximas das de Gabba[2323], fixando-se na ideia de que a capacidade de adquirir se rege pela lei em vigor, no momento dos factos aquisitivos[2324].

III. Os civilistas portugueses deram, subsequentemente, sempre um lugar de relevo aos problemas de Direito transitório. Cumpre referir os desenvolvimentos de clássicos como Guilherme Moreira[2325], Teixeira de Abreu[2326] e Cunha Gonçalves[2327] e monografias importantes, como a de Pires da Cruz[2328], a de Baptista Machado[2329] e a de Arménio Marques Ferreira[2330].

Podemos considerar que existe, neste domínio, uma tradição lusófona alargada.

[2321] JOSÉ DIAS FERREIRA, *Codigo Civil Portuguez Annotado* 1, 1.ª ed. (1870), 18 ss. e 1, 2.ª ed. (1894), 13 ss.; este Autor toma posições bastante críticas, em relação ao preceito; ele estudara a matéria na dissertação *Se o princípio da não-retroactividade deve ser observado na applicação de todas as leis?* (1860), 20 pp..

[2322] JOSÉ PEREIRA DE PITTA, *Questões transitórias de Direito civil portuguez* (1870), XII + 372 pp..

[2323] C. F. GABBA, *Teoria della retroattività delle leggi* 1, 3.ª ed. (1891), 394 pp.; 2 (1897), 486 pp.; 3 (1897), 541 pp.; e 4 (1898), 644 pp.; PEREIRA DE PITTA trabalhou com a 1.ª edição.

[2324] JOSÉ PEREIRA DE PITTA, *Questões transitórias* cit., 75 ss. (79).

[2325] GUILHERME MOREIRA, *Instituições de Direito civil* cit., 1, 68-88.

[2326] A. J. TEIXEIRA D'ABREU, *Curso de Direito civil* cit., 1, 132-162.

[2327] LUÍS DA CUNHA GONÇALVES, *Tratado de Direito civil* cit., 1, 341-385.

[2328] PIRES DA CRUZ, *Da aplicação das leis no tempo (princípios gerais)* (1940), 312 pp.: uma dissertação de doutoramento na Faculdade de Direito de Lisboa.

[2329] JOÃO BAPTISTA MACHADO, *Sobre a aplicação no tempo do novo Código Civil* (1968), 374 pp..

[2330] ARMÉNIO MARQUES FERREIRA, *O princípio geral da aplicação da lei civil no tempo* (1995), 103 pp.; uma dissertação de mestrado defendida na Faculdade de Direito de Lisboa.

§ 70.º A DOUTRINA LUSÓFONA E O CÓDIGO CIVIL

274. A doutrina portuguesa

I. O Direito lusófono, pela sua base romana, foi levado a subscrever o princípio da não-retroatividade, ao longo dos tempos. No século XVIII, esse princípio foi assumido por assentos da Casa da Suplicação de 5-Dez.-1770[2331] e de 21-Jul.-1797[2332]. Borges Carneiro apoiava-o na necessidade de publicação das leis, para a produção de efeitos[2333].

Também a ideia de que a lei nova respeitava os direitos adquiridos foi jurisprudencialmente reconhecida: tal o caso da vocação de uma mulher a um morgado, facultada pela lei velha[2334].

Com estes antecedentes, a doutrina geral do Direito transitório surgia já, muito completa, em Borges Carneiro: a lei não é retroativa; os direitos adquiridos conservam-se; os casos julgados são respeitados; a lei interpretativa (fixa a inteligência de outra) é retroativa[2335]. Tudo isto era, no fundo, a emergência do Direito romano, subsidiariamente aplicável.

[2331] Casa da Suplicação, 5-Dez.-1770 (José de Seabra e Silva), em *Assentos das Casas da Supplicação e da Relação do Porto*, CCCXLVIII = Cândido Mendes de Almeida, *Auxiliar Juridico* (reimp. Fundação Gulbenkian) 1, 257-258 (a nulidade de certos legados, por via da lei nova, não abrange os legados já cumpridos ao abrigo da lei velha).

[2332] Casa da Suplicação, 21-Jul.-1797 (Conde de Pombeiro), idem, CCCXCVI = ed. Cândido de Almeida cit., 1, 294/I (a nulidade de certos testamentos atinge os que ainda não estiverem cumpridos, à data da lei nova). Na época houve um significativo ciclo de assentos sobre a aplicação da lei no tempo, por via das revogações de diplomas levadas a cabo após a queda do Marquês de Pombal.

[2333] Manuel Borges Carneiro, *Direito civil de Portugal* cit., 1, 40.

[2334] Casa da Suplicação, 9-Abr.-1770 (D. João, Cardeal), idem, CCCLIV = ed. Cândido de Almeida cit., 1, 260.

[2335] Manuel Borges Carneiro, *Direito civil de Portugal* cit., 1, 40-42.

275. O artigo 12.º e a sua preparação

I. A aplicação das leis no tempo, no que tange ao regime geral, consta do artigo 12.º[2336]. Na origem, temos o artigo 11.º do anteprojeto de Manuel de Andrade[2337], praticamente idêntico, na substância. Vamos cotejar ambos os textos:

Manuel de Andrade	Código Civil
I. A lei dispõe para futuro. Não tem efeito retroactivo. Mas quando esse efeito lhe seja atribuído, deve presumir-se que ficam salvos os efeitos já produzidos dos factos ou relações jurídicas correspondentes.	1. A lei só dispõe para o futuro; ainda que lhe seja atribuída eficácia retroactiva, presume-se que ficam ressalvados os efeitos já produzidos pelos factos que a lei se destina a regular.
II. Quando a lei provê sobre as condições de validade substancial ou formal, ou sobre os efeitos de actos ou factos jurídicos, entende-se, na dúvida, que ela só visa os actos ou factos novos. Quando provê directamente sobre a existência ou conteúdo de relações jurídicas, entende-se, na dúvida, que ela abrange as relações já constituídas, que perduram ao tempo da sua entrada em vigor.	2. Quando a lei dispõe sobre as condições de validade substancial ou formal de quaisquer factos ou sobre os seus efeitos, entende-se, em caso de dúvida, que só visa os factos novos; mas, quando dispuser directamente sobre o conteúdo de certas relações jurídicas, abstraindo dos factos que lhes deram origem, entender-se-á que a lei abrange as próprias relações já constituídas, que subsistam à data da sua entrada em vigor.

II. Em tema de justificação, Manuel de Andrade limita-se a dar a explicação seguinte[2338]:

> 9. A parte mais delicada do art.º 11.º está na alínea II. A este propósito cabe esclarecer que se pretendeu seguir a doutrina de Enneccerus-Nip-

---

[2336] MANUEL DE ANDRADE, *Fontes de Direito* cit., 145-146; o artigo 11.º do anteprojeto em causa comportava ainda um n.º 3, que equivale ao atual artigo 13.º; abaixo será considerado.

[2337] Quanto a esse preceito: MIGUEL TEIXEIRA DE SOUSA, *Aplicação da lei no tempo*, CDP 18 (2007), 3-15.

[2338] MANUEL DE ANDRADE, *Fontes de Direito* cit., 152.

perdey, I, §§ 56.° e 57.°. Frisa-se, porém, que ela só nos elucida sobre qual seja o significado natural da letra da lei.

Constitui portanto uma indicação liminar, que deve ceder em face de razões ponderosas no sentido de ter sido outro o pensamento da lei. Essas razões serão tiradas principalmente da consideração dos interesses em jogo. Acerca deles não pode formular-se um critério geral praticável. Sendo de natureza funcional aquelas razões, só por milagre os seus resultados poderiam coincidir com elementos precisos de natureza estrutural, como teriam de ser os que integrassem um tal critério.

Por seu turno, os tratadistas citados expõem a doutrina que segue[2339]. Como ponto de partida, assinalam que a lei dispõe, de um modo geral, "a partir de agora ...". A partir de agora tem dois alcances diferentes:

– quando a lei se reporte a factos ou aos seus efeitos, "a partir de agora" visa os factos novos;
– quando se dirija a relações jurídicas, atinge as existentes, para o futuro.

No fundo, temos uma explicitação interpretativa. O âmbito de aplicação da lei nova depende do que ela vise, ficando, em princípio, vedada a retroatividade.

III. O sistema vigente de Direito transitório foi magnificamente sintetizado por Baptista Machado, através da afirmação de dois princípios[2340]: um, que define o âmbito de eficácia da lei nova e, em paralelo, o da lei velha e outro, complementar, relativo ao reconhecimento dos efeitos de direito produzidos ao abrigo da lei velha. O primeiro dá corpo à teoria do facto passado ou da não-retroatividade; o segundo, à teoria do reconhecimento e do respeito pelos direitos adquiridos.

Afigura-se, todavia, que o sistema vigente melhor fica explicitado através da articulação de três princípios:

– a lei dispõe para o futuro; não há retroatividade;

[2339] ENNECCERUS/NIPPERDEY, *Allgemeiner Teil* cit., 1, 15.ª ed., § 62, I (357); na trad. castelh. da 13.ª ed., provavelmente a usada por MANUEL DE ANDRADE, vide o § 56, I (236-237).

[2340] JOÃO BAPTISTA MACHADO, *Âmbito de eficácia e âmbito de competência das leis (Limites das leis e conflitos de leis)* (1970), 21.

– a lei respeita as posições adquiridas;
– a lei tem aplicação imediata.

Vamos ver como joga esta matéria.

276. A lei só dispõe para o futuro; a não-retroatividade

I. A primeira regra de Direito transitório do artigo 12.°/1 do Código Civil manda: a lei só dispõe para o futuro. E prossegue: ainda que lhe seja atribuída eficácia retroativa, presume-se que ficam ressalvados os efeitos já produzidos pelos factos que a lei se destina a regular.

Antes de aprofundar a interpretação desse preceito, cumpre verificar as hipóteses de leis retroativas, à luz do Direito vigente.

De acordo com uma terminologia comum, "retroagir" significaria agir sobre o passado. Contudo: a menos que se ressuscite a máquina do tempo de H. G. Wells[2341], não se pode agir sobre o passado[2342]. A lei retroativa será aquela que fixa efeitos não em função de factos presentes ou futuros (à medida que se verifiquem), mas de acordo com algo que sucedeu no passado e que nada poderá alterar. Compreende-se, a essa luz, a grave preversão que ela representa: por definição, a lei retroativa abdica de conformar condutas humanas, apenas procurando certos efeitos. Como, todavia, esses efeitos podem ser um ponto de partida para novas condutas, é justificável, ainda que limitadamente, alguma eficácia retroativa.

II. Tomando a retroatividade como uma via de provocar efeitos (atuais) em função de factos passados, seja dando relevo àqueles que, na altura, o não tinham, seja retirando-lhes o papel que, quando ocorreram, o Direito lhes atribuiu, podemos distinguir[2343] três tipos ou graus de retroatividade:

[2341] H. G. WELLS (1866-1946) foi um Autor clássico americano de ficção científica, entre cujas obras-primas se conta a da máquina do tempo: um dispositivo que permitiu ao protagonista viajar no tempo, para o futuro e para o passado, onde acabaria perdido: HERBERT GEORGE WELLS, *The Time Machine* (1895), traduzido em dezenas de idiomas e adaptado a uma dúzia de filmes.

[2342] JACQUES HÉRON, *Étude structurale de l'application de la loi dans le temps (à partir du Droit civil)*, RTDC LXXXIV (1985), 277-333 (291 ss.).

[2343] *Vide*: JOÃO BAPTISTA MACHADO, *Introdução ao Direito* cit., 226-227; MIGUEL

– a retroatividade forte ou de grau máximo: a lei nova dispõe alterado um caso julgado decidido ao abrigo da lei velha; por exemplo, ela vem invalidar um contrato cuja eficácia fora reconhecida por sentença transitada;
– a retroatividade média ou de grau médio: a lei nova vem atingir efeitos decorridos no passado, nos termos da lei velha; por exemplo, a lei nova vem baixar a taxa de juros e obriga a restituir as importâncias legitimamente percebidas como juros, ao abrigo da lei velha;
– a retroatividade fraca ou de grau mínimo: a lei nova vem atingir posições consubstanciadas ao abrigo da lei velha; por exemplo, ela vem ampliar os prazos de um arrendamento anterior.

Pergunta-se se estes tipos de retroatividade são possíveis, isto é, se a lei pode determinar que eles se verifiquem.

III. A retroatividade forte é inconstitucional[2344]. O artigo 282.º/3 da Constituição prevê que a declaração, pelo Tribunal Constitucional, de uma inconstitucionalidade com força obrigatória geral produza efeitos desde a entrada em vigor dessa norma, mas com ressalva dos casos julgados. Pois bem: se mesmo perante o vício máximo de inconstitucionalidade, o caso julgado é intocável, por maioria de razão assim será perante uma lei nova[2345].

A retroatividade média é tendencialmente inconstitucional. De facto, a Constituição não a proíbe, a não ser em matéria penal (29.º/1 e 4) e salvo se a lei nova for mais favorável ao arguido, em matéria de leis restritivas para os direitos, liberdades e garantias (18.º/3) e em domínios fiscais (103.º/3, versão posterior a 1997[2346]). Além disso, a retroatividade con-

---

TEIXEIRA DE SOUSA, *Aplicação da lei no tempo* cit., 12/I ss.; o nosso *Da aplicação da lei no tempo e das disposições transitórias*, Legislação 7 (1993), 7-29.

[2344] Quanto à temática constitucional da retroatividade: BODO PIEROTH, *Rückwirkung und Übergangsrecht/Verfassungsrechtliche Massstäbe für intertemporale Gesetzgebung* (1981), 436 pp.; vide, aí, 19 ss..

[2345] STJ 29-Jun.-1976 (JACINTO RODRIGUES BASTOS), BMJ 258 (1976), 220-224 (223-224); STJ 28-Mar.-1996 (SÁ COUTO), BMJ 455 (1996), 450-464 (460).

[2346] Anteriormente, a retroatividade fiscal fora admitida, ainda que de modo erróneo: TC n.º 11/83, de 12 de Outubro (JOSÉ MARTINS DA FONSECA), O Direito 106-119

traria o princípio básico da proteção da confiança, próprio do Estado de Direito[2347], e tal como temos vindo a preconizar, conectado com a regra básica da igualdade. Em rigor, ela poderia ser admitida quando as posições atingidas fossem compensadas nos termos aplicáveis à "justa indemnização" (62.º/2, da Constituição)[2348].

A retroatividade fraca é admissível desde que não contradiga valores constitucionais e, no caso concreto, não dê azo a posições que, a serem invocadas, se revelem abusivas, por contrárias ao sistema.

IV. Com estes elementos necessários por via das exigências de uma interpretação coerente e sistemática, regressemos ao artigo 12.º/1. Diz-nos o legislador:

– que a lei só dispõe para o futuro; quando ela nada diga, não tem eficácia retroativa (12.º/1, 1.ª parte);
– que, todavia, a interpretação pode revelar a presença de uma retroatividade fraca, atingindo-se efeitos que se iriam desencadear ao abrigo da lei velha; a referência *"ainda que lhe seja atribuída eficácia retroativa, presume-se ..."* tem um alcance interpretativo, não fazendo sentido imaginar aqui uma presunção *proprio sensu*;

(1974/87), 357-394, anot. JORGE MIRANDA, *idem*, 394-396, discordante, e com diversos votos de vencido; na verdade, a retroatividade fiscal viola o princípio da igualdade (13.º/1): vai tributar (hoje) de modo diverso, realidades que (hoje) são iguais ou de modo igual (hoje), realidades (hoje) diferentes. A riqueza passada (ou a falta dela) podem não ter correspondência, no momento da incidência do imposto, que é o relevante.

[2347] TC n.º 70/92, de 24 de Fevereiro (ANTERO MONTEIRO DINIS), BMJ 414 (1992), 130-147 (145-146); TC n.º 95/92, de 17 de Março (ARMINDO RIBEIRO MENDES), BMJ 415 (1992), 190-207 (206); TC n.º 93/84, de 30 de Julho (JORGE CAMPINOS), BMJ 355 (1986), 135-156 (150-151); TC n.º 71/87, de 18 de Fevereiro (VITAL MOREIRA), BMJ 364 (1987), 508-516 (514).

[2348] Exige-se uma previsibilidade quanto às mudanças no Direito: TON HEUKELS, *Intertemporales Gemeinschaftsrecht* cit., 324 e 327 ss.; os estudiosos recordam que os regimes totalitários, como o nazista, facilitavam a retroatividade: MICHAEL DAEMGER, *Rück- und Fortwirkung im Privatrecht* cit., 216 ss.. Sem pôr em causa o elevado nível científico dos juristas envolvidos, afigura-se que o Código Civil de 1966 não tomou uma posição clara quanto à não-retroatividade das leis precisamente em conexão com a natureza menos liberal do regime do Estado Novo.

– que, mesmo nessa hipótese, não há retroatividade média: (...) *ficam ressalvados os efeitos já produzidos pelos factos que a lei se destina a regular*.

V. Pergunta-se se a lei pode dirigir-se diretamente aos efeitos e não aos factos, com a consequência de, então, não ter eficácia retroativa, ficando fora quer das restrições constitucionais, quer do próprio artigo 12.º/1, do Código Civil. Quando se considere que o direito de propriedade pode ser alterado, no seu conteúdo, pela lei nova, pois esta não visa os factos, porventura remotos, que o tenham constituído, sufraga-se esta orientação. Não é assim. O Direito regula factos ... para lhe fixar os efeitos. No fundo é sempre e só destes últimos que se trata.

Por isso, quando vise efeitos, a lei sujeita-se às regras gerais sobre retroatividade. A lei nova não pode mexer *ad nutum* no direito de propriedade, modificando as vantagens que ele conferia ao seu titular. Se o fizer em termos redutores, deve haver compensação.

277. A lei dispõe sobre as "condições de validade" (direitos adquiridos)

I. O artigo 12.º/2, 1.ª parte, prevê a hipótese de a lei dispor (...) sobre as condições de validade substancial ou formal de quaisquer factos ou sobre os seus efeitos (...) altura em que, na dúvida, se entende que só visa os factos novos. Temos aqui, mau grado um certo hermetismo do preceito, o afluxo da doutrina dos direitos adquiridos, fundamente radicada na cultura ocidental.

Desde logo, importa esclarecer que "na dúvida" significa: sempre que não resulte da própria lei que ela visa mesmo os factos antigos (ou os seus efeitos), assumindo eficácia retroativa, com as consequências já apontadas.

II. O preceito em análise manda atender, na fixação das dimensões temporais das leis, ao seu objetivo. Quando se trate de regular factos – portanto, as suas "condições de validade substancial ou formal" ou os "seus efeitos" –, ela visa, apenas, os factos novos. Os antigos mantêm a configuração que resulte da lei velha.

Este preceito dirige-se, basicamente, aos contratos ou, mais latamente, às fontes das obrigações. Por isso são correntes os exemplos jurisprudenciais e doutrinários, relativos a esse preceito e que reportam as condições de validade formal dos contratos: regem-se pela lei do momento da celebração[2349].

278. A lei dispõe diretamente sobre "o conteúdo das relações" (aplicação imediata)

I. O artigo 12.º/2, 2.ª parte, ocupa-se da lei que venha dispor (...) *diretamente sobre o conteúdo de certas relações jurídicas* (...); reforça a ideia, ao completar (...) *abstraindo dos factos que lhes deram origem* (...). Nessa altura, ela aplica-se às relações já constituídas, que subsistam à data da sua entrada em vigor.

Desta feita, a lei nova dirige-se para situações preexistentes: relações duradouras (de arrendamento ou de trabalho) ou direitos reais, como exemplos[2350]. A própria jurisprudência justifica esta solução recordando que, de outro modo, subsistiriam situações perpétuas reguladas por leis há muito ab-rogadas[2351]. Assim é. A não se admitir uma aplicação imediata – logo, às situações já existentes – da lei nova, assistiríamos a uma ultra ou pós-atividade das leis velhas, já revogadas, dificultando a coesão social.

II. O Código Civil dispõe, apenas, sobre regras gerais de Direito transitório. Ele não legitima as aplicações a que elas possam conduzir. Quando, por dispor diretamente sobre certas relações jurídicas, a lei venha atingir situações já constituídas, temos uma manifestação de retroatividade.

Esta opera como um recorte negativo no artigo 12.º/1, que começa por afastá-la e no próprio artigo 12.º/2, 1.ª parte, que ressalva as posições adquiridas. O tópico argumentativo de que, a assim não ser, cairíamos nas Ordenações ou no Direito romano não pode ser absolutizado. As pessoas conquistam as suas posições em vidas de dedicação e de trabalho. É su-

---

[2349] STJ 16-Jan.-1973 (EDUARDO CORREIA GUEDES), BMJ 223 (1973), 186-291 (188), STJ 8-Fev.-1974 (JOSÉ ANTÓNIO FERNANDES), BMJ 234 (1974), 212-214 (214), STJ 2-Dez.-1975 (MANUEL FERREIRA DA COSTA), BMJ 252 (1975), 123-127 (125), STJ 4-Fev.-1993 (RAÚL MATEUS), BMJ 424 (1993), 661-668 (666), REv 12-Dez.-1996 (MOTA MIRANDA), CJ XXI (1996) 5, 281-283 (282/II), RPt 13-Mar.-2000 (CAIMOTO JÁCOME), CJ XXV (2000) 2, 198-202 (200/I).

[2350] RLx 27-Out.-1999 (CÉSAR AUGUSTO DE SOUSA TELES), BMJ 430 (1999), 501, relativo a uma relação de trabalho.

[2351] STJ 8-Jun.-1994 (FERNANDO DIAS GUSMÃO), BMJ 438 (1994), 440-449 (445).

posto receberem a proteção do Direito e do Estado, para o qual pagam (na média nacional) mais de metade de quanto ganham, em impostos. Não é curial que, supervenientemente, o espaço legítimo alcançado seja alterado por leis do Estado: uma prática demasiado habitual, nos dias que correm, precisamente a coberto de emendar os erros do próprio Estado.

III. A aplicação do artigo 12.º/2, 2.ª parte, do Código Civil conduz, de facto, a manifestações de retroatividade: a lei rege ignorando os factos passados que justificam a diferenciação que ela vai suprimir. Em regra, será retroatividade fraca. Mas o ponto deve ser verificado, em cada caso, com apelo aos valores mais avançados permitidos pela Constituição.

279. As leis interpretativas

I. O artigo 13.º do Código Civil dispõe sobre leis interpretativas. Ele corresponde ao artigo 11.º/III do anteprojeto de Manuel de Andrade[2352]. Vamos cotejar os dois textos:

Manuel de Andrade	Código Civil
III. A lei interpretativa identifica-se com a lei interpretada, ficando salvos, porém, os efeitos e casos já esgotados ou resolvidos por pagamento, sentença transitada, por transacção, ainda que não homologada, ou por actos congéneres. A desistência ainda não levada ao conhecimento da parte contrária nem homologada pode ser revogada pelo desistente, caso a lei interpretativa lhe seja favorável, podendo também ser-lhe fixado um prazo para dizer se pretende usar desse direito, sob pena de decair dele se nada responder. Este preceito é extensível à confissão.	1. A lei interpretativa integra-se na lei interpretada, ficando salvos, porém, os efeitos já produzidos pelo cumprimento da obrigação, por sentença passada em julgado, por transacção, ainda que não homologada, ou por actos de análoga natureza. 2. A desistência e a confissão não homologadas pelo tribunal podem ser revogadas pelo desistente ou confitente a quem a lei interpretativa for favorável.

[2352] MANUEL DE ANDRADE, *Fontes de Direito* cit., 146.

II. O princípio da aplicação retroativa das denominadas leis interpretativas remonta ao Direito romano[2353] tardio. Uma Constituição de Justiniano, de 563 d. C., dispôs[2354]:

> decidimos que esta interpretação vale não só para os casos futuros, mas também para os casos passados, como se a nossa lei tivesse sido promulgada desde o início com uma tal interpretação.

A ideia manteve-se, através dos glosadores, chegando a alguns ordenamentos modernos, com particulares desenvolvimentos nos séculos XVIII e XIX[2355].

III. A lei diz-se interpretativa quando, perante uma lei velha que admita diversas interpretações, as quais tenham, efetivamente, sido propugnadas, opte por validar uma delas. Nessa eventualidade, e fazendo uso da ficção de 563 d. C., tudo se passará como se a lei interpretativa aderisse, desde o início, à lei interpretada: ela não inovaria, assim se justificando a eficácia retroativa, reportada à entrada em vigor da lei velha[2356].

IV. A figura das leis interpretativas merece a maior cautela. Desde logo, ela parte de um dado cientificamente inaceitável: o de que uma lei comportaria várias interpretações. Apenas um resquício exegético pode permitir tal asserção. Por imperativo lógico-científico, apenas uma interpretação (a correta) é possível; sendo a letra ambígua, cabe aos demais elementos de interpretação decidir[2357]. Posta a questão nestes termos, uma de

---

[2353] PATRICE LEVEL, *Essai sur les conflits de lois dans le temps* cit., 28 ss..
[2354] Novela 143, Cap. I.:

> quam interpretationem non in futuris, tantum modo casibus, verun in praeteritis etiam valere sancimus, tanquam sinostra lex ab initio cum interpretatione tali promulgata fuisset.

A tradução que figura no texto é adaptada da de PATRICE LEVEL, *Essai* cit., 29.
[2355] A obra de referência mantém-se, neste domínio, a de BERNARDETTE DROSTE--LEHNEN, *Die authentische Interpretation/Dogmengeschichte Entwicklung und aktuelle Bedeutung* (1990), CI + 364 pp.; vide, aí, 126 ss..
[2356] *Idem*, 146.
[2357] Por isso se diz que a denominada interpretação autêntica coloca um problema de repartição de poderes: o legislador intromete-se numa típica questão de aplicação. *Vide* BERNARDETTE DROSTE-LEHNEN, *Die authentische Interpretation* cit., 326 ss..

duas: ou a lei interpretativa sufraga a boa interpretação e é inútil, ou subscreve a má e é inovatória.

Admitimos, contudo, que, por vezes, pior do que uma má solução, seja a dúvida quanto à solução. Os agentes económicos e sociais, perante decisões flutuantes, ficarão perdidos. Pode justificar-se, no concreto, a aplicação do artigo 13.º: mas com cautelas.

V. A lei interpretativa ou interpretação autêntica deve, através de um estudo integrado, revelar os pontos seguintes:

– recai sobre um ponto em que existam efetivas divergências, documentadas na jurisprudência e/ou na doutrina reconhecida[2358];
– exprime uma vontade legislativa de resolver a dúvida dentro de uma das soluções plausíveis; de outro modo, será inovatória;
– manifesta uma intenção normativa de o fazer *ab initio*: ou não será verdadeiramente interpretativa;
– sendo a retroatividade daí resultante compaginável com os dados básicos do sistema.

O próprio artigo 13.º/1, 2.ª parte, veda a retroatividade forte: a lei interpretativa não pode atingir os efeitos integralmente decorridos no passado ("produzidos pelo cumprimento da obrigação) ou cobertos pelo caso julgado, por transação ainda que não homologada ou por atos de análoga natureza. O n.º 2 do preceito procede a uma delimitação negativa[2359].

Quanto à retroatividade média: há que ponderar, em cada caso, a sua admissibilidade constitucional.

VI. Entre leis consideradas interpretativas pela jurisprudência, cabe referir a n.º 24/2007, de 18 de Julho[2360]. Este diploma estabeleceu uma

---

[2358] TC n.º 157/88, de 7 de Julho (CARDOSO DA COSTA), na Net, n.º 16, admite que a norma interpretativa o seja, apenas, em sentido formal, bastando, para tanto: um *animus interpretandi* e a eficácia *ab initio*; nessa altura, poderia comportar um sentido estranho à norma interpretada; afigura-se, todavia, que para efeitos do Código Civil e para, por via deste, receber eficácia retroativa, que o alcance interpretativo terá de o ser em sentido material, contendo-se dentro do âmbito possível da norma interpretada. No bom sentido, vide RGm 6-Mar.-2008 (ESPINHEIRA BALTAR), Proc. 2666/07-2.

[2359] MIGUEL TEIXEIRA DE SOUSA, *Aplicação da lei no tempo* cit., 11.

[2360] *Vide* os nossos *Igualdade rodoviária e acidentes de viação nas auto-estradas* (2004), 154 pp. e *A lei dos direitos dos utentes das auto-estradas e a Constituição (Lei n.º 24/2007, de 18 de Julho)*, ROA 2007, 551-572.

inversão do ónus da prova, no caso de certos acidentes ocorridos em auto-estrada: apesar de se tratar de responsabilidade extracontratual, cabe à concessionária provar que cumpriu os deveres a que está adstrita. Nesse sentido, REv 27-Out.-2010[2361], STJ 2-Nov.-2010[2362] e STJ 8-Fev.-2011[2363].

A Lei n.º 24/2007, que altera profundamente a lógica milenária da responsabilidade aquiliana, nunca poderia ser considerada interpretativa. De quê, aliás? O facto de ela surgir numa área de dissenso jurisprudencial não faz, dela, uma norma interpretativa: a interpretação teria de se reportar a uma regra em concreto.

Estamos, antes, perante um facilitismo legislativo, que temos por inconstitucional.

A natureza interpretativa é negada, por exemplo, quanto à nova redação do artigo 1225.º/4, introduzida pelo Decreto-Lei n.º 267/94, de 25 de Outubro[2364] e quanto ao novo regime do arrendamento urbano[2365]: trata-se de diplomas inovatórios. Mas é reconhecida no campo das reformas do contrato-promessa[2366]: e bem[2367].

[2361] REv 27-Out.-2010 (BERNARDO DOMINGOS), Proc. 235/07.
[2362] STJ 2-Nov.-2010 (FONSECA RAMOS), Proc. 7366/03.9.
[2363] STJ 8-Fev.-2011 (PAULO SÁ), Proc. 8091/03.6.
[2364] STJ 27-Nov.-2008 (SALVADOR DA COSTA), Proc. 08B3682.
[2365] RLx 25-Set.-2007 (ROQUE NOGUEIRA), Proc. 5180/2007.7.
[2366] STJ 17-Abr.-2008 (MOREIRA CAMILO), Proc. 08A631.
[2367] *Tratado*, II/2, 383.

PARTE V

SITUAÇÕES JURÍDICAS E INSTITUTOS CIVIS GERAIS

CAPÍTULO I
SITUAÇÕES JURÍDICAS

§ 71.º NOÇÃO E MODALIDADES

280. Noção, relevo e sequência

I. Diz-se jurídica a situação humana – logo: social – valorada pelo Direito. Mais precisamente, a situação jurídica é o produto de uma decisão apropriada, correspondendo ao ato e ao efeito de realizar o Direito, resolvendo um caso concreto.

A situação jurídica é uma situação de pessoas: o direito soluciona sempre problemas ligados a *homines sapientes*. Pode considerar-se subjetiva por ser atinente ao sujeito; não tem, no entanto uma essência psicológica: sendo jurídica, ela compartilha a natureza cultural – portanto: objetiva e exterior – do Direito. Tão-pouco tem mera natureza fáctica: ela traduz o Direito concretizado, exprimindo, nessa medida, uma síntese facto-valor.

II. O Direito existe apenas nas decisões concretas dos problemas que resolva. Fora do caso, poderá haver construções teóricas que, mesmo iluminadas, não são Direito. A situação jurídica surge assim como o culminar de todo o processo de realização do direito, integrando a localização das fontes, a interpretação e a aplicação [2368].

Assumir a natureza constituinte da Ciência do Direito, num passo hoje pacífico que implica, só por si, o deslocar da existência jurídica para o caso concreto, confere à situação jurídica um papel primordial. Nela

---

[2368] *Supra*, 407 ss. e a bibliografia aí referenciada.

ocorre o Direito e nela se verifica a atuação própria da Ciência do Direito, no seu momento concretizador.

O desenvolvimento e a explanação do Direito a partir de situações jurídicas visam, a nível metodológico, evitar uma exposição baseada em normas – que conduziria a um abstracionismo pré-jurídico – e prevenir um estudo centrado em casos concretos – que descambaria num empirismo [2369].

III. Na sequência, vai proceder-se a uma análise de diversas modalidades de situações jurídicas, isolando, no entanto e em rubricas próprias, aquelas que, pela sua importância científico-cultural, requeiram um desenvolvimento autónomo: ainda que científico, o Direito não deixa de ser histórico-cultural.

O estudo de modalidades de situações jurídicas não deve ser entendido como uma atividade classificatória, dirigida à memorização. Num plano científico, ela procura uma aproximação ao conteúdo das diversas situações, esquema idóneo na busca do seu regime; este, por seu turno, é o objetivo máximo do conhecimento jurídico. Num plano pedagógico, ela visa ainda ministrar elementos doutrinários mínimos que, a nível de simples linguagem como no domínio substantivo, sejam necessários para apreender a matéria do Direito civil.

281. Situações simples e complexas

I. Uma situação jurídica pode analisar-se num único elemento ou em vários; assim se dirá simples ou complexa. Ela compõe-se de um único elemento quando, a ser retirado, do seu conteúdo, um qualquer fator, ela se torne ininteligível; ela admite vários sempre que, desse mesmo conteúdo, possam ser retiradas realidades que, noutras circunstâncias, se arvorem em situações jurídicas autónomas.

Por exemplo:

– o poder de exigir a outrem um comportamento – isto é, a pretensão – é simples: nada se poderia retirar do seu seio, sob pena de não haver já uma decisão jurídica;

[2369] ERNST WOLF, *Allgemeiner Teil des bürgerlichen Rechts*, 3.ª ed. (1982), 76 ss., critica um estudo da matéria jurídica baseada no Direito objetivo, que mais não seria do que uma tentativa de apresentar a crença numa ideia absoluta como doutrina jurídica.

– o direito de propriedade sobre um imóvel é complexo: do seu interior podem-se, por exemplo, retirar as faculdades de construir, de cultivar ou o poder de vender, os quais, quando atomizados, fazem sentido, podendo mesmo consubstanciar direitos autónomos.

II. A simplicidade ou complexidade de uma situação jurídica deriva de fatores científicos ou de problemas de linguagem. Na figuração e na justificação de situações jurídicas, pode recorrer-se a situações parcelares, de modo a explicar realidades complexas que, de outra forma, ficariam pior conhecidas: há um predomínio científico. Mas a situação é, por vezes, simples ou complexa consoante os quadros linguísticos usados facultem a sua comunicação com recurso a uma única expressão ou, pelo contrário, requeiram composições linguísticas mais vastas. A linguagem tem um relevo material que não deve ser ignorado[2370]; através dela, penetra, de novo, o influxo da História, da tradição e da cultura nas construções jurídicas. A consciência da ligação entre o Direito e a linguagem por que este se manifeste coloca, ainda, uma inevitabilidade: cada dogmática está ligada à língua em que se exprima. A tradução é, sempre, um fator de adulteração. Trata-se de uma realidade inultrapassável que tem, como vimos, pesadas consequências no denominado Direito europeu[2371].

282. Situações unissubjetivas e plurissubjetivas

I. A situação unissubjetiva postula apenas um sujeito, isto é, uma única pessoa; a plurissubjetiva, pelo contrário, assenta em mais de uma pessoa. Por exemplo:

– um dever de conduta implica uma pessoa: o adstringido; é uma situação unissubjetiva;
– uma obrigação completa (no sentido do artigo 397.º) implica um credor e um devedor; a compropriedade (artigo 1403.º) deriva de vários proprietários, em simultâneo, sobre a mesma coisa: ambas as situações são plurissubjetivas.

[2370] Ocorre o papel substantivo da linguagem, acima examinado. *Vide supra*, 189 ss..
[2371] *Supra*, 364 ss. e 373 ss..

II. A plurissubjetividade tem verdadeiro interesse dogmático. Ela exprime um todo complexo relevante, que não equivale ao somatório simples das posições individuais que o componham.

De particular relevância surge a complexidade subjetiva. Trata-se de uma modalidade de situações plurissubjetivas que se caracteriza pela presença, numa conjuntura normalmente simples, de vários sujeitos. Exemplos claros de situações subjetivamente complexas ocorrem no campo da contitularidade. No domínio das obrigações, vejam-se os artigos 512.° e seguintes; no dos direitos reais, os artigos 1403.° e seguintes.

283. Situações absolutas e relativas; a "relação jurídica"

I. A situação absoluta existe por si, sem dependência de uma outra situação, de sinal contrário; a situação relativa, por seu turno, consubstancia-se na medida em que, frente a ela, se equacione uma outra, de teor inverso. Por exemplo:

– um direito de propriedade (artigo 1305.°) é absoluto: ele esgota-se numa pessoa e na coisa, sem necessidade de figurar situações simétricas que a sustentem;
– um direito de crédito (artigo 397.°) é relativo: um credor tem o direito de cobrar 100 porque, perante ele, um devedor está adstrito a pagar os mesmos 100.

A situação relativa "relaciona" duas pessoas: ela dá lugar a uma relação jurídica; pelo contrário, a situação absoluta não postula qualquer relação jurídica, o que conduziria mesmo, caso admitida, a uma contradição terminológica[2372].

II. A doutrina clássica apresentava outros critérios para distinguir situações absolutas e relativas[2373]. Assim:

[2372] JOSÉ DE OLIVEIRA ASCENSÃO, *As relações jurídicas reais* (1962), 27 ss..

[2373] Essa mesma doutrina não falava em situações mas, tão-só, em "direitos absolutos ou relativos" ou em "relações absolutas ou relativas"; a transposição não levanta, contudo, dúvidas.

– um critério de eficácia: seriam absolutas as situações que produzissem efeitos perante todos (*erga omnes*) e seriam relativas as que operassem, apenas, entre credor e devedor (*inter partes*)[2374];
– um critério de responsabilidade: seriam absolutas as situações que, a serem violadas, possibilitariam o responsabilizar de qualquer prevaricador (artigo 483.°); as relativas, pelo contrário, apenas permitiriam pedir contas a uma única pessoa (artigo 798.°).

Tais orientações devem ser abandonadas: elas conduzem a confusões terminológicas. Muitas vezes, na base de tais confusões, são retiradas conclusões atinentes a regimes aplicáveis, sem que as premissas de partida o comportem.
Como critério útil fica, pois, a bitola estrutural, acima proposta[2375].

III. A relação jurídica é apenas uma das várias situações jurídicas possíveis. Pretender reduzir toda a realidade a relações jurídicas, para além das censuras metodológicas, técnicas e significativo-ideológicas já apontadas, a propósito da crítica ao Código de Vaz Serra[2376], é irrealista e provoca distorções contínuas. A sua exportação para além do Direito civil veio prejudicar os sistemas de exposição das disciplinas atingidas.

284. Situações patrimoniais e não-patrimoniais

I. A situação patrimonial tem conteúdo económico, podendo ser avaliada em dinheiro; a situação não-patrimonial – ou pessoal, embora este termo tenha, em Direito, outros significados[2377] – pelo contrário, não tem conteúdo económico e não concita, à partida, uma equivalência monetária.
Este princípio não deve ser perturbado pela possibilidade de arbitrar, por danos causados em situações não-patrimoniais – portanto por danos morais –, uma indemnização em dinheiro: a avaliação então feita tem ape-

---

[2374] Tal a opção de CARVALHO FERNANDES, *Teoria geral* cit., 2, 5.ª ed., 582.
[2375] *Tratado*, II/1, 347 ss., com a aplicação deste método às obrigações.
[2376] *Supra*, 240 ss..
[2377] Em textos mais antigos falava-se, ainda, em situações "morais"; também esta locução deve ser evitada: sugere a sua não-juridicidade, o que não se coaduna com o Direito atual.

nas um sentido compensatório, não exprimindo um conteúdo económico intrínseco.

II. As situações patrimoniais não se confundem com as situações regidas pelo Direito patrimonial. Na verdade, mercê de fenómenos diversos de atração ou de contiguidade, verifica-se que situações sem conteúdo económico são objeto de regulação patrimonial. Por exemplo, a propriedade de uma coisa que tenha mero valor sentimental ou estimativo continua a reger-se pelo dispositivo virado para a propriedade comum, claramente patrimonial.

III. Aparentemente óbvio, este critério perde nitidez: todas as situações, mesmo as mais pessoais, tendem a poder ser avaliadas em dinheiro. E terão mesmo de sê-lo, quando se trate de indemnizações: no moderno Direito dos seguros, existem tabelas que permitem estabelecer as indemnizações correspondentes aos diversos tipos de danos morais que, assim, adquirem expressão monetária. Ora a avaliação em dinheiro dá, a qualquer situação, natureza económica.

O problema resolve-se pela normativização do critério. É patrimonial a situação cuja troca por dinheiro seja admitida pelo Direito. Quando a ordem jurídica proíba os negócios que postulem a troca, por dinheiro, de determinadas situações, estas serão não-patrimoniais. Compreende-se, a esta luz, que as ocorrências possam ser ou não patrimoniais, consoante o período histórico atravessado.

285. Situações ativas e passivas

I. A situação ativa coloca determinados efeitos sob a vontade do próprio sujeito a quem ela assista; a passiva, pelo contrário, põe tais efeitos na dependência de uma pessoa que não o sujeito. Em termos analíticos, a situação ativa deriva de permissões normativas ou de normas que confiram poderes; a passiva é obra de normas proibitivas ou impositivas.

De um modo geral, pode considerar-se que a situação ativa é sentida como uma vantagem, funcionando a passiva como um peso.

II. As situações ativas e as passivas podem combinar-se entre si em medidas diversas. Normalmente, uma situação complexa tenderá a abranger múltiplas posições, ativas e passivas. Assim, a propriedade, enquanto situação jurídica global, é essencialmente ativa. No seu seio, porém, identificam-se várias posições passivas: pense-se, por exemplo, nas adstrições de vizinhança ou em várias proibições de Direito público.

III. Esta contraposição funciona, no Direito bancário, com adaptações[2378]. Aí, diz-se passiva a operação em que o banqueiro se apresenta como devedor (contas e depósito) e ativas aquelas em que ele surge como credor (concessão e abertura de crédito, desconto, descoberto, antecipação, locação financeira e cessão financeira).

Como sempre sucede no Direito lusófono: há que recorrer ao contexto para bem conhecer o sentido das locuções.

286. Situações analíticas e compreensivas

I. As situações analíticas obtêm-se através da redução, aos fatores componentes elementares, das realidades jurídicas. Apresentam-se, portanto, como fórmulas lógicas. As situações compreensivas derivam da consideração autónoma, historicamente consagrada, das mesmas realidades, abrangendo múltiplos elementos. Traduzem-se, deste modo, em esquemas culturais.

Por exemplo, o direito de propriedade (artigo 1305.º) é uma situação compreensiva: engloba múltiplos poderes e até deveres, isto é, inclui várias situações analíticas. Pelo contrário, o poder de disposição corresponde a uma situação analítica.

II. As situações compreensivas traduzem o lastro histórico-cultural próprio de toda a conjuntura jurídica. Muitas vezes, elas representam simples acasos do passado, induzidos de episódios impressivos ou, até, de meros acidentes de linguagem. As tentativas de definição lógica de situações compreensivas dão azo a problemas muito complexos: elas carecem, de modo necessário, de uma colocação de tipo histórico-cultural. São compreensivos, por exemplo, o direito subjetivo e a obrigação, tal como visualizada no artigo 397.º.

[2378] *Manual de Direito bancário*, 4.ª ed., 301.

III. As situações analíticas, por seu turno, apresentam-se como excessivamente lógicas e, como tais, cerceadoras da realidade. Na sua preocupação de retratar, em moldes lapidares, certas conjunções idealizadas, elas simplificam, por vezes em termos redutores, aquilo que era suposto traduzirem.

Não parece possível, pelo menos no estado atual da Ciência do Direito, abdicar de algum desses dois tipos de situações. Umas e outras conjugam-se no apuramento dos conhecimentos jurídico-científicos, permitindo aprofundá-los e melhorar as soluções. São analíticos conceitos como o de poder ou o de dever.

§ 72.º O CONCEITO DE DIREITO SUBJETIVO

287. Generalidades e relevo do debate

I. O direito subjetivo corresponde a uma situação jurídica compreensiva: dado pela História e pela cultura do Direito, ele tem uma presença efetiva nos planos teórico e prático, englobando diversas realidades menores. Mais do que concebê-lo, a Ciência do Direito defronta o problema de o conhecer e de o explicar.

Deve ainda frisar-se que o debate em torno do conceito de direito subjetivo não releva, apenas, em termos de formulação linguística adequada ou de construção teorética idónea: estão em jogo – como haverá oportunidade de verificar – vetores importantes de todo o pensamento jurídico civil, quer num prisma de elaboração significativo-ideológica, quer em termos de regime, os quais implicam projeções de ordem prática.

Algumas das opções efetuadas neste ponto facultam elementos importantes no domínio da aplicação concreta dos diversos tipos de direito subjetivo, dispersas por variadas disciplinas académicas.

II. O direito subjetivo era, enquanto tal, desconhecido no Direito romano. A pessoa que, nesse ordenamento, detivesse uma posição favorável que lhe conferisse uma particular proteção do Estado, dispunha de uma ação, isto é, da possibilidade de, junto de um magistrado, obter uma injunção que, caso se verificassem os competentes e alegados factos, habilitasse o juiz a determinar medidas concretas[2379].

[2379] ANTÓNIO DOS SANTOS JUSTO, *Direito privado romano* cit., 1, 20; todavia, em certas conjunções, os romanos já usavam *ius* com um alcance que pode ser aproximado do nosso direito subjetivo; *idem*, 49 ss..

Este sistema, de base processual, foi objeto de ponderação, durante a Idade Média, por gerações de juristas os quais, num esforço de abstração, conseguiram isolar a posição substantiva correspondente à ação processual: o direito do sujeito – ou direito subjetivo [2380-2381]. Os teóricos do Direito natural vieram colocar o direito subjetivo – antes mero expediente técnico – numa posição de particular relevo ideológico: inatos às pessoas – porque pessoas e enquanto pessoas – alguns direitos impor-se-iam ao Direito e ao Estado, obrigando ao seu respeito. Desses direitos – os direitos originários – tornar-se-ia possível, depois, deduzir os restantes que, por dependerem de ulteriores vicissitudes, seriam, tão-só, direitos adquiridos [2382].

As antigas referências românicas e as novas projeções ideológicas e jusnaturalistas correspondem às fundas raízes que os direitos subjetivos ocupam no pensamento jurídico.

III. O conceito de direito subjetivo dá lugar a dúvidas e a questões que preenchem desenvolvidas rubricas nos manuais de Direito civil. O debate daí derivado tem um relevo que transcende a mera questão de formulações conceptuais. As opções em presença filiam-se em grandes vetores que atravessam todo o ordenamento civil, emergindo em pontos muito diferenciados. Pense-se no papel da vontade no Direito ou no da liberdade. Por isso, ao discutir este tema, aproveita-se, de facto, uma oportunidade para aprofundar questões importantes de dogmática civil, sem esquecer a do cruzamento fundamental entre História e Ciência [2383].

[2380] Para prevenir dúvidas, o direito subjetivo vem redigido com minúscula; pelo contrário, o Direito objetivo – conjunto de normas e de princípios – surge com maiúscula.

[2381] Quanto à origem histórica do direito subjetivo, *vide* HELMUT COING, *Europäisches Privatrecht* cit., 1, 172 ss..

[2382] O Código de SEABRA compreendia ainda rastos salientes deste tipo de pensamento jusnaturalista – e jusracionalista –, uma vez que pressupõe um direto influxo do pensamento filosófico no próprio Direito; assim, na sua Parte II, Livro I, Título I, justamente intitulado *Dos direitos originários*, dispunha-se, no artigo 359.º, de modo característico, citado *supra*, 227 ss..

Os artigos 360.º a 367.º definiam, depois estes "direitos" e seus derivados; o artigo 368.º determinava:

Os direitos originários são inalienáveis, e só podem ser limitados por lei formal e expressa. A violação deles produz a obrigação de reparar a ofensa.

[2383] Quanto aos diversos vetores, por vezes contraditórios, que animam o direito subjetivo, *vide* MASSIMO LA TORRE, *Disavventure del diritto soggettivo/Una vicenda teorica* (1996).

288. **A doutrina de Savigny e a sua evolução**

I. Na Ciência do Direito da atualidade, as conceções de direito subjetivo têm, como referência inicial, a construção de Savigny.

Para Savigny, o direito subjetivo seria um poder da vontade [2384]. Tal poder deveria ser entendido como reconhecimento, ao sujeito titular do direito, de um âmbito da liberdade independente de qualquer vontade estranha [2385].

No fundo, trata-se de uma fórmula de nítida inspiração racionalista e jusnaturalista, de sabor semelhante à definição apresentada pelo artigo 2.º do Código de Seabra:

> Entende-se por direito, neste sentido, a faculdade moral de praticar certos factos; (...).

A sua utilização em Savigny não é casual e tem um relevo que transcende largamente o de uma definição isolada. Todo o sistema de Direito civil de Savigny assentava na vontade humana, base dos direitos, das relações jurídicas e de diversos institutos como, por exemplo, a posse ou a personalidade coletiva. Savigny, no entanto, não propôs puras construções teoréticas, mas antes um efetivo sistema integrado, capaz de captar a essência histórico-cultural do Direito civil e de solucionar casos concretos. Por isso, ao inserir uma conceção voluntarista de direito subjetivo, Savigny estava a dar corpo a preocupações globais e profundas e a interferir, de modo mediato, em múltiplas soluções jurídicas.

II. A ideia de Savigny foi, num primeiro tempo, bem entendida pelos seus sucessores. Georg Friedrich Puchta – a quem se deve o estabelecimento da pirâmide ou genealogia conceitual paradigmática da jurisprudência dos conceitos [2386] – dá nesse sentido, explicações muito claras e sugestivas:

[2384] FRIEDRICH CARL VON SAVIGNY, *System des heutigen römischen Rechts*, 1 (1840), § 4.º (7).
[2385] SAVIGNY, *System* cit., 1, § 52.º (333).
[2386] *Vide* KARL LARENZ, *Methodenlehre der Rechtswissenschaft*, 6.ª ed. cit., 22 e GEORG FRIEDRICH PUCHTA, *Cursus der Institutionen*, 1, 10.ª ed. (1893), publ. KRÜGER (a 1.ª edição é de 1841), 101.

O direito é, por conseguinte, o reconhecimento da liberdade jurídica das pessoas, que se exterioriza na sua vontade e na sua atuação sobre os objetos [2387].

e

O direito tem então por objeto a sua sujeição ao poder das pessoas, como uma expressão de liberdade jurídica (...) [2388].

O direito subjetivo não era pois, de forma alguma, um mero expediente técnico, destinado a exprimir soluções pontuais. Antes se assumia como um vetor significativo-ideológico destinado a melhor firmar as conceções liberais, protegendo-as contra investidas exteriores. E esse vetor era tanto mais atuante quanto é certo que o direito subjetivo, assim entendido, vai repercutir o seu cerne significativo-ideológico nas mais diversas latitudes jurídicas. O próprio esquema conceitualista puchtiano era garantia desse tipo de reprodução.

III. O conceitualismo subsequente, possibilitado desde o início pelo método apriorístico utilizado por Savigny na formação dos conceitos [2389], provocou um enfraquecimento progressivo dos aspetos significativo-ideológicos da noção de direito subjetivo proposta, por esse Autor.

Nos finais do século XIX, Bernard Windscheid definia já o direito subjetivo, muito simplesmente, como:

(...) um poder ou senhorio da vontade, concedido pela ordem jurídica [2390].

Assim operou uma evolução que, à noção savignyana, retirou a "fundamentação filosófico-ética" (Kasper) [2391], privando-a do seu nível significativo-ideológico. O direito subjetivo ficou reduzido a uma expressão

---

[2387] PUCHTA, *Institutionen* cit., 1, 10.ª ed., 8. *Vide* LUDWIG RAISER, *Der Stand der Lehre vom subjektiven Recht im Deutschen Zivilrecht*, JZ 1961, 465-473 (465, nota 2).

[2388] PUCHTA, *Institutionen* cit., 1, 10.ª ed., 32.

[2389] *Supra*, 435 ss..

[2390] WINDSCHEID/KIPP, *Lehrbuch des Pandektenrechts*, 9.ª ed. (1906), 1, § 37.º, 156.

[2391] FRANZ KASPER, *Das subjecktive Recht – Begriffsbildung und Bedeutungsmehrheit* (1967), 69.

técnica: o poder da vontade ou, numa versão mais objetivada, a proteção jurídica concedida a esse poder[2392].

289. A doutrina de Jhering e sua evolução

I. Uma evolução conectada com o devir oitocentista da Ciência do Direito retirou à conceção savignyana o seu nível significativo-ideológico, remetendo o direito subjetivo para o rol dos meros expedientes técnicos. Conseguiu-se, com isso, um efeito particular, mas de grande relevância: deixou-se expor a fórmula, a que Windscheid daria abrigo definitivo, às críticas vibradas por um prisma técnico.

Jhering dirigiria, nesta linha, censuras certeiras à "teoria da vontade" que, até hoje, não lograram resposta satisfatória[2393]. Deste modo:

– a presença de direitos subjetivos em pessoas totalmente privadas de vontade;
– essa mesma presença em pessoas que, por ignorarem a existência dos direitos em causa, não podem assumir uma qualquer vontade que lhes sirva de suporte.

O primeiro caso documenta-se com recurso aos direitos dos menores e dos dementes aos quais – pelo menos em certas circunstâncias – falta pura e simplesmente uma vontade humana; o segundo resulta de situações em que o titular perdeu, por exemplo, o objeto do seu direito, esquecendo-se dele, ou adquiriu – v. g. por sorteio – um direito sem que isso lhe houvesse sido comunicado.

II. Deve ter-se presente que estas críticas são definitivas: um conceito de direito subjetivo assente na vontade humana postula, por definição, que ela se manifeste em todo o direito. Ora as diversas ordens jurídicas comportam direitos carecidos de qualquer vontade, mesmo potencial: ela é, pois, dispensável. As críticas não podem ser ladeadas com recurso aos

---

[2392] A doutrina nacional uniformiza, como "doutrinas da vontade", as posições que vão de SAVIGNY a WINDSCHEID, sem atentar na evolução acima retratada; vide GOMES DA SILVA, *O dever de prestar e o dever de indemnizar* 1 (1944), 39 ss. e CASTRO MENDES, *Teoria geral do Direito civil* 1 (1983), 318 ss..

fenómenos encontrados pelo Direito para substituir, no exercício, uma vontade que falte, com exemplo na representação. Havendo representação, a vontade do representante não é – nem poderia ser – enxertada no representado; trata-se, tão-só, de um esquema artificial, destinado a prolongar o campo de atuação das pessoas ou a defender os incapazes, mas que não se contrapõe ou substitui à natureza das coisas: não poderia fazê-lo.

III. Criticada a conceção savignyana ligada à vontade, Jhering contrapõe-lhe a sua.

Diz Jhering:

> Não é a vontade ou o poder que formam a substância do direito, mas sim o aproveitamento[2394].

e

> O conceito de direito (subjetivo) respeita à segurança jurídica do aproveitamento dos bens; direitos são interesses juridicamente protegidos[2395].

O direito subjetivo é, assim, encetado por outra via. Em vez de se captar através do seu funcionamento, procura-se o seu escopo. De facto, o funcionamento levanta problemas: os direitos são tantos e tão variados que dificilmente se conseguiria encontrar uma fórmula que cubra todas as hipóteses. O objetivo prosseguido pela subjetivação jurídica, pelo contrário, já permitiria soluções mais satisfatórias.

IV. A referência a interesses que, a partir de Jhering[2396], penetraria em profundidade no pensamento jurídico continental, deve ser explicitada.

Em sentido objetivo, o interesse traduz a virtualidade que determinados bens têm para a satisfação de certas necessidades; em sentido subje-

---

[2393] RUDOLF VON JHERING, *Geist des römischen Rechts auf den verschiedenen Stufen seiner Entwicklung* III, 1, 6.ª e 7.ª ed. (1924), 332 (a 1.ª edição é de 1861).

[2394] JHERING, *Geist des römischen Rechts* cit., III, 1, 350.

[2395] JHERING, *Geist des römischen Rechts* cit., III, 1, 339.

[2396] HELMUT COING, *Bentham's importance in the development of "Interessenjurisprudenz" and general jurisprudence*, em *The irish jurist* 1 (1966), 336-351 (336 ss.), sonda a hipótese de, na referência aos "interesses", ter havido uma influência de BENTHAM, através de uma tradução alemã introduzida por BENEKE, de 1830.

tivo, o interesse exprime uma relação de apetência que se estabelece entre o sujeito carente e as realidades aptas a satisfazê-lo. Parece indubitável que, assim latamente entendido – isto é, abrangendo as vertentes objetiva e subjetiva – o interesse acabará por estar presente em múltiplas figuras jurídico-subjetivas.

A essa realidade, sugestiva e omnipresente, juntou Jhering a proteção jurídica: o direito subjetivo confere, efetivamente e ao seu titular, uma tutela jurídica, pelo que a ideia de proteção surge convincente e acertada.

A fórmula de Jhering apresenta-se, tecnicamente, apurada. Ela é simples e direta, como qualquer definição deve ser. E, do direito subjetivo, ela fixa o essencial: interesse e tutela. Não obstante, têm-lhe sido movidas críticas técnicas e metodológicas.

Num prisma técnico, censura-se a Jhering o não ter em conta o fenómeno denominado "interesses reflexamente protegidos": por exemplo, as regras que determinem uma obrigatoriedade de vacinação visam proteger os interesses das diversas pessoas; nem por isso se poderá falar na existência de um direito subjetivo à vacinação de outrem[2397].

Num prisma metodológico, critica-se a Jhering o ter sublinhado a finalidade do direito subjetivo, em detrimento da sua substância[2398].

V. Estes tipos de crítica não procedem. A existência de interesses reflexamente protegidos – ou, mais latamente, de formas indiretas de tutela normativa – não contunde com uma noção de direito subjetivo que postule, como é natural, uma proteção direta dos interesses. A natureza final da noção de Jhering bem poderá significar uma vantagem metodológica, e não uma crítica: afinal, os direitos subjetivos poderão implicar tal variedade substancial que uma noção genérica seja viável, apenas, em termos de escopo.

A crítica a Jhering – abaixo efetuada – deverá seguir outras vias: a de perguntar pelas projeções significativas que a fórmula por ele proposta acarrete e a de indagar se a identificação operada entre interesses e direi-

---

[2397] Este exemplo foi utilizado pelo próprio REGELSBERGER, *Pandekten*, 1 (1893), 76, tendo, depois dele, passado aos manuais de Direito civil, até hoje. *Vide* GERHARD WAGNER, *Rudolph von Iherings Theorie des subjektiven Rechts und der berechtigenden Reflexwirkungen*, AcP 193 (1993), 319-347 (331 ss.).

[2398] JAN SCHAPP, *Das subjektive Recht im Prozess der Rechtsgewinnung* (1977), 86.

tos pode ser mantida até às últimas consequências e, designadamente: no que tanja ao regime.

Para já, sublinhe-se o mais característico da posição de Jhering e da corrente de pensamento por ele simbolizada: o privar o direito subjetivo do nível significativo-ideológico que os jusnaturalistas lhe tinham assacado e que Savigny introduzira nos quadros da terceira sistemática.

VI. Na evolução subsequente, podem considerar-se ligados a Jhering os autores que, do direito subjetivo, intentam fazer uma noção técnica. Recorde-se que em Savigny, a noção não era apenas técnica: ela tinha um alcance significativo-ideológico.

290. A síntese de Regelsberger; crítica

I. A fórmula de Jhering – o direito é uma tutela de interesses – surgiu como demasiado frontal, reduzindo um dos mais nobres instrumentos da Ciência jurídica à mera realidade subjacente. Não se julgue que entre ela e Savigny houvesse uma oposição ideológica de princípio[2399]. Mas havia enérgica divergência no abordar da realidade.

Impunha-se uma remodelação da linguagem que, prevenindo as críticas técnicas que se perfilavam no horizonte, permitisse juntar, ao alcance de Savigny, as potencialidades técnicas de Jhering.

Com antecedentes em Bernatzik[2400], a síntese entre Savigny e Jhering seria feita por Regelsberger. Para este Autor:

> O direito subjetivo existe quando a ordem jurídica faculte à pessoa a realização de um escopo reconhecido (= interesse protegido) e lhe reconheça, para isso, um poder jurídico (= poder da vontade)[2401].

[2399] Contra: CASTRO MENDES, *Teoria geral* cit., 1, 321. No entanto, SAVIGNY não era um "liberal individualista", enquanto os reflexos de KANT no seu pensamento, muito discutidos recentemente, relevam mais a nível gnoseológico do que figurativo. JHERING, por seu turno, não pode ser tido como "personalista", pelo menos no sentido posteriormente dado a essa locução.

[2400] BERNATZIK, *Kristische Studien über den Begriff der juristischen Person*, AöR 5 (1890), 169-318 (§ 8.º, 232).

[2401] FERDINAND REGELSBERGER, *Pandekten* cit., 76.

§ 72.° O conceito de direito subjetivo

O texto de Regelsberger, na sua simplicidade, permite interessantes incursões metodológicas que transcendem mesmo o âmbito, já de si importante, do direito subjetivo.

II. Regelsberger não procedeu a uma verdadeira síntese, que postularia a dissolução dos termos que a antecederam numa realidade nova que os superasse. Assistiu-se, tão-somente, a um somatório ou justaposição desses termos, bem presentes na definição preconizada. Assim, a noção regelsbergiana não traduz um salto qualitativo, antes acumulando, em si, os inconvenientes das proposições que utilizou. Trata-se de um compromisso linguístico e não de uma síntese substantiva.

Além disso, Regelsberger recorreu a um desenvolvimento de linguagem que tornou confusa a noção por ele preconizada. A referência a um interesse protegido apresenta-se bastante clara, sujeitando-se à crítica de fundo; ao substituí-la por escopo reconhecido, obtém-se uma fórmula menos evidente que, tendo o mesmo significado, se torna pouco sensível à crítica. Do mesmo modo, a substituição de "poder da vontade" por "poder jurídico" faculta uma conversão linguística que, sem nada alterar, complica, pela sua nebulosidade, a apreensão científica e, logo, a crítica.

III. A crítica definitiva a Regelsberger passa, no entanto, por uma apreciação de fundo a Savigny e a Jhering.

O direito subjetivo não deve, contra Savigny, ser definido como um poder de vontade: há direitos sem vontade, enquanto o termo "poder", tendo um sentido técnico preciso abaixo referenciado, não deve confundir-se com o "direito".

Além disso, verifica-se que a presença da vontade nos direitos corresponde a uma visão global do civilismo como fenómeno assente na vontade humana. Tal conceção não é exata. O Direito é inculcado do exterior, inscrevendo-se, por via sócio-cultural, nas pessoas que o recebam. Toda a juridificação é imposta, não resultando dos sujeitos em si. O dogma da vontade – que reaparece nos mais diversos institutos – não corresponde à verdade antropológica e existencial.

Assim, por razões técnicas e de fundo, não pode aderir-se à orientação de Savigny.

IV. Contra Jhering, não deve identificar-se direito subjetivo e interesse. Ainda quando não proceda a alegação da existência de interesses reflexamente protegidos, como traduzindo interesses sem direitos, fica de pé a segunda hipótese: a de direitos sem interesse. De facto, em múltiplas situações, há direitos subjetivos, válidos e eficazes, que não correspondem a interesses objetivos ou subjetivos: o proprietário de coisa deteriorada não deixa de ter esse direito e a correspondente proteção.

O único juiz dos interesses subjacentes aos direitos é, pela lógica da subjetivação jurídica, o próprio titular. Qualquer outra solução implicaria instituir, fora do direito, uma nova instância de controlo: não havendo interesse, desapareceria o direito.

Estes aspetos técnicos permitem atingir as questões de fundo. Ao tecnicizar o direito subjetivo, Jhering aliena os seus aspetos significativo-ideológicos. Ora estes traduzem uma autonomização feita com escopos de análise: no fundo, eles têm consequências também nas soluções concretas, não sendo pois despiciendos.

Por razões técnicas e de fundo, não pode aderir-se a Jhering.

V. Acumulando o essencial de Savigny e de Jhering, sujeita-se Regelsberger às críticas a ambos dirigidas. Além disso, deve-se-lhe censurar a natureza verbal do compromisso ensaiado e a nocividade dos desenvolvimentos linguísticos com os quais se intentou ladear a crítica em perspetiva.

Não obstante, a fórmula compromissória de Regelsberger dominou largamente na doutrina estrangeira [2402] e, com particular intensidade, na nacional [2403]. De facto, entre nós, seria necessário aguardar os estudos de Gomes da Silva para que se iniciasse um debate renovado sobre o problema.

[2402] Como meros exemplos, refiram-se ENNECCERUS/NIPPERDEY, *Derecho Civil* (trad. cast.) cit., I, 1, 291 (o direito é um "poder concedido pela ordem jurídica para a satisfação dos interesses humanos"), CESARINI SFORZA, *Diritto soggettivo*, ED XII (1964), 694 (o direito é o "poder individual de regular o comportamento de outrem de acordo com a ordem objetiva") e LEONARDO COVIELLO, *Manuale di diritto civil italiano – Parte generale* (1924), 18 ("poder de agir em satisfação do próprio interesse, garantido pela lei"). Na atual doutrina alemã, é essa a opção de HELMUT KÖHLER, *BGB/Allgemeiner Teil*, 28.ª ed. (2004), 284 e de BERND RÜTHERS/ASTRID STADLER, *Allgemeiner Teil des BGB*, 13.ª ed. (2003), 40. Outros Autores, como EUGEN KLUNZINGER, *Einführung in das bürgerliche Recht*, 12.ª ed. (2004), 35, mantêm a fórmula do "poder jurídico concedido pela ordem jurídica".

[2403] PAULO CUNHA dava, nas suas aulas, a seguinte definição de direito subjetivo: "Poder conferido e assegurado pelo Direito objetivo de realização de um interesse mediante uma vontade que o exerça e defenda". *Vide*, ainda, CASTRO MENDES, *Teoria geral* cit., 1, 325: "O direito subjetivo é o poder concedido pela ordem jurídica para tutela de um interesse ou de um núcleo de interesses de uma ou mais pessoas determinadas", BIGOTTE CHORÃO, *Teoria geral* cit., 2, 26, que aceita as noções desses autores, bem como CARVALHO FERNANDES, *Teoria geral* cit., 1.ª ed. (1983), 2, 25, que adotava a fórmula de PAULO CUNHA. No 2.º vol., 2.ª ed. (1996), 457, entendeu substituí-la por uma noção menos característica, mas de filiação idêntica: "poder jurídico de realização de um fim de determinada pessoa, mediante a afetação jurídica de um bem". E manteve essa mesma fórmula em 2, 3.ª ed. (2001), 549 e em 2, 5.ª ed. (2010), 581.

Em Coimbra, GUILHERME MOREIRA, *Instituições* cit., 1, 4, apresentava também, uma noção compromissória, retirada de DERNBURG: "o interesse juridicamente garantido mediante o reconhecimento da vontade que o representa", enquanto JOSÉ TAVARES, *Princípios fundamentais* cit., 1, 2.ª ed., 207 – que transitou de Coimbra para Lisboa e teve influência em PAULO CUNHA –, define direito como "poder jurídico do interesse". Trata-se de uma mera justaposição linguística, conquanto que elegante: um poder não o é de nenhum interesse e nenhum interesse tem, em si, qualquer poder. CABRAL DE MONCADA, *Lições de Direito civil* cit., 1, 3.ª ed., 62 = 4.ª ed. póstuma, 63, apresenta uma longa noção que estará, com probabilidade, na origem da transição depois efetuada por MANUEL DE ANDRADE; diz CABRAL DE MONCADA " que o direito subjetivo é: – ou a faculdade, em abstrato, que a cada um de nós tem, de, em harmonia com a lei, gozar e exigir dos outros o respeito de certos interesses e fins reconhecidos legítimos e tutelados pela ordem jurídica em geral; – ou, o poder concreto de exigir também dos outros o respeito das situações jurídicas que quanto a nós de qualquer modo se subjetivaram definitivamente por um ato da nossa vontade, manifestada ao abrigo da lei, e ainda o respeito de todas as consequências jurídicas que deste ato resultam, sob a forma de deveres e obrigações para os outros". Assim, MANUEL DE ANDRADE, *Teoria geral* cit., 1, 3, vem definir o direito subjetivo como "a faculdade ou o poder atribuído pela ordem jurídica a uma pessoa de exigir ou pretender de outra um determinado comportamento positivo (fazer) ou negativo (não fazer), ou de por um ato da sua vontade – com ou sem formalidades –, só por si ou integrado depois por um ato de autoridade pública (decisão judicial) produzir determinados efeitos jurídicos que se impõem inevitavelmente a outra pessoa (adversário ou contraparte)". Mais do que uma noção temos, aqui, uma descrição do regime de um certo tipo de direito subjetivo. Além disso, há, aqui, um certo regresso à teoria da vontade, encoberta embora pelo termo "poder" e perdendo, por isso, a possibilidade de distinguir, de modo útil, as duas noções; por outro lado, parece patente um certo empirismo, ligado aliás ao desmesurado alongamento das definições preconizadas. MOTA PINTO, *Teoria geral*, 4.ª ed. cit., 178-179, e CAPELO DE SOUSA, *Teoria geral* cit., 1, 178-179, apresentam, por seu turno, definições que seguem de muito perto a de MANUEL DE ANDRADE; podem-lhes, pois, ser dirigidas as mesmas objeções.

Particularmente elegante é a fórmula de ORLANDO DE CARVALHO, *Direito civil (Teoria geral da relação jurídica)* cit., 146: "poder da vontade juridicamente protegido"; filia-se na tradição apontada, mas está mais claramente próxima de SAVIGNY, respeitando, pois, o papel significativo-ideológico do direito subjetivo.

291. Posições negativistas, protecionistas e neo-empíricas

I. A discussão em torno do direito subjetivo é ingrata: noção carregada de história e de significado, com grandes implicações teóricas e práticas e incumbida de desempenhar papéis em permanente mutação, o direito subjetivo origina, por muita reflexão que se lhe dedique, fórmulas sensíveis às mais diversas críticas.

A doutrina do século XX permite documentar tentativas de contornar os problemas postos pelo direito subjetivo por via externa. Estão nessas condições as posições:

– negativistas;
– protecionistas;
– neo-empíricas.

Em traços muitos largos, pode adiantar-se que as posições negativistas intentam proscrever o direito subjetivo, substituindo-o por outra ou outras figuras; as protecionistas procuram reduzi-lo à tutela proporcionada pelo Direito; as neo-empíricas, por fim, pretendem reconhecer a impossibilidade de uma definição capaz, apelando, então, à mera descrição das figuras suscetíveis de o integrar.

II. Entre os negativistas, é particularmente conhecido Léon Duguit. Para este Autor, a construção comum de direito subjetivo – então ligado à vontade – assentaria em pressupostos metafísicos e, designadamente, na estranha pretensão de uma vontade superior à outra: a hierarquia seria inconcebível[2404]. A esta incongruência técnica, somar-se-ia a inconveniência política: Duguit explica que o direito subjetivo, tendo sido usado com êxito no combate à sociedade teocrática e pré-revolucionária e ao seu Estado sobrenatural, acabara por revelar, uma vez institucionalizado, uma natureza antissocial[2405].

Duguit considera que, efetivamente, existem na sociedade situações vantajosas para certas pessoas, porquanto garantidas pelo poder estadual.

[2404] LÉON DUGUIT, *Les transformations générales du droit privé depuis le Code Napoléon*, 2.ª ed. (1920), 12 e *Traité de droit constitutionnel*, 1, 3.ª ed. (1927), 144.
[2405] LÉON DUGUIT, *Les transformations générales* cit., 13-14.

Tal poder operaria, no entanto, apenas na presença de determinadas condições; a estas haveria segundo ele, que reduzir os chamados "direitos subjetivos"[2406].

III. Uma fórmula protecionista muito clara foi a preconizada, ainda no século XIX, por August Thon: o direito subjetivo seria, para ele, uma fonte de pretensões eventuais, expressa, em termos práticos, na tutela acordada pelas normas aos interesses de um particular contra particulares[2407]. Repare-se que a "fonte de pretensões eventuais" implica, para o beneficiário, a possibilidade de exigir condutas a outrem, em termos judiciais. Na atualidade, noções deste tipo surgem em Röhl/Röhl: direitos subjetivos são pretensões acionáveis em juízo, cujo exercício depende da vontade do titular[2408].

Este centrar do direito subjetivo na particular proteção que ele envolva conheceu uma divulgação superior ao que, por vezes, se julga. Assim, Nawiasky vem defini-lo como "... uma norma jurídica estabelecida a favor de uma pessoa cuja tutela depende da vontade individual desta; ou então o poder de disposição sobre a tutela jurídica estadual, posto a favor de um interesse individual"[2409]. Outros autores recuperam-na, sublinhando os aspetos objetivos ou normativos do direito e diferenciando-os, depois, através do nível da intervenção jurisdicional.

[2406] LÉON DUGUIT, *Traité de droit constitutionnel* cit., 1, 3.ª ed., 217 ss.. Já se tem pretendido integrar HANS KELSEN entre os negativistas. Na base dessa ideia a redução, feita por KELSEN, do direito a normas e à sua escala, acabando por explicar que ele é o dever de outrem – *vide Teoria pura do direito*, 4.ª ed., trad. port. BAPTISTA MACHADO (1976), 184 ss. (186). Hoje tem-se, no entanto, KELSEN na conta dos que admitem o direito subjetivo; cf. FRANÇOIS LONGCHAMPS, *Quelques observations sur la notion de droit subjectif dans la doctrine*, APD IX (1964), 63.

[2407] AUGUST THON, *Rechtsnorm und subjektives Recht – Untersuchung zur allgemeinen Rechtslehre* (1878), 218; há trad. italiana, de 1939; cf., aí, 133.

[2408] KLAUS F. RÖHL/HANS CHRISTIAN RÖHL, *Allgemeine Rechtslehre*, 3.ª ed. cit., 355.

[2409] HANS NAWIASKY, *Teoria general del derecho*, trad. cast. (1962), 218. Conceções protecionistas próximas do negativismo surgem na escola de Uppsala: LUNDSTET define o direito subjetivo como uma "caracterização resumidora de certas posições protegidas"; cf. GRÖNFORS, *Das subjektive Recht und der Persönlichkeisschutz im skandinavischen Privatrecht*, em COING/LAWSON/GRÖNFORS, *Subjektives Recht* (1959), 39-53 (40) e KASPER, *Das subjektive Recht* cit., 115.

Não se deve minimizar o peso desta conceção, tanto mais que ela tende, continuamente, a reaparecer, podendo mesmo conduzir à preversão da moderna escola jurídico-formal, abaixo referenciada. Haverá, pois, que prestar a maior atenção às críticas intrínsecas em que ela vem a incorrer.

IV. A orientação neo-empírica é propugnada por Karl Larenz, como modo de contrariar a moderna escola jurídico-formal, abaixo referida. Larenz, analisando o conceito de direito subjetivo, passa em revista as teses tradicionais que rebate, sem dificuldades de maior [2410]. Hesitando em aceitar a formalização do direito subjetivo, Larenz vê-se, porém, confrontado com a extraordinária diversidade das figuras que, em concreto, lhe podem ser reconduzidas. Ora uma definição material que cubra todas as hipóteses está para além das possibilidades de redução dogmática proporcionadas pela atual Ciência do Direito e não consegue, a nível de linguagem, uma instrumentação capaz de lhe dar corpo.

Perante isto, Larenz, limita-se a dizer que, em termos concretos, quando "... alguém tenha um direito subjetivo, isso significa que algo, pelo Direito, lhe compete ou é devido". Não haveria aqui, assumidamente, uma definição, mas, tão-só, um conceito aberto ou um conceito de enquadramento [2411]. Larenz acaba, pois, por desistir de uma definição cabal, optando por enumerar uma série de figuras subjetivas típicas [2412].

[2410] KARL LARENZ/MANFRED WOLF, *Allgemeiner Teil des deutschen Bürgerlichen Rechts*, 8.ª ed. (1997), 272 ss.. Apesar da 8.ª ed. se dever a MANFRED WOLF, os troços apontados correspondem, de facto, ao pensamento de LARENZ. Na 9.ª ed. (2004), já citada, WOLF mantém essa orientação básica, embora mais matizada; *vide*, aí, 243.

[2411] LARENZ/WOLF, *Allgemeiner Teil*, 8.ª ed. cit., 276.

[2412] Vale a pena, a título ilustrativo, indicar a enumeração de LARENZ/WOLF, *Allgemeiner Teil*, 8.ª ed. cit., 284 ss., a qual altera as enumerações antes feitas nessa obra, pelo próprio LARENZ: I) Direitos absolutos de senhorio, os quais abrangem: a) direitos de personalidade; b) direitos reais; c) direitos sobre bens imateriais; II) Direitos de família pessoais; III) Créditos; IV) Pretensões; V) Direitos potestativos; VI) Direitos participativos; VII) Expectativas. Essa mesma obra, na 9.ª ed. cit., 249-278, já apresenta uma enumeração ligeiramente diversa: as expectativas são desdobradas em direitos de aquisição e direitos de repartição.

Sem entrar numa apreciação aos termos apontados por LARENZ/WOLF – o que, aliás, exigiria um desenvolvimento relativo a diversas disciplinas jurídicas – deve frisar-se que elas funcionam como uma descrição e não enquanto classificação, dada a heterogeneidade das figuras elencadas.

Outros autores, como Medicus, desvalorizam a discussão em torno do conceito de direito subjetivo, negando-lhe reflexos práticos e questionam o papel central dessa figura[2413]. Há um misto de empirismo e de negativismo.

292. Segue; refutação

I. As construções negativistas, protecionistas e neoempíricas têm uma apreciação conjunta e implicam, depois, ponderações sectoriais.

No conjunto, elas não têm em conta a autonomia ôntica do direito subjetivo, dada a existencialidade própria que, como fenómeno de cultura, claramente sedimentado pela História, lhe assiste. O direito subjetivo existe, pela positiva e como figura geral: negá-lo, retirar-lhe importância, reduzi-lo à defesa (termo negativo) ou proclamar a impossibilidade de o definir, substituindo-o por uma listagem é, no fundo, assumir um voluntarismo ingénuo. Por tal via, o espírito humano não atua, de modo eficaz, no Direito, modificando-lhe as estruturas ou as soluções. A Ciência do Direito tem de ser capaz de exprimir, entendendo-o, o direito subjetivo; é duvidoso que o faça quando se mostre incapaz de articular uma simples definição. Negar o direito subjetivo ou deformá-lo é desconhecer a sua omnipresença técnica e o seu radicar ideológico. Há irrealismo acientífico.

II. Passemos, agora, às ponderações sectoriais. Um puro negativismo poderia sempre ser encarado desde que o direito subjetivo fosse um mero expediente técnico. A sua substituição por outro expediente mais elaborado seria, apenas, questão de tempo. Nesta linha, haveria que ponderar as construções de Duguit, também em termos técnicos, para apurar se, efetivamente e enquanto instrumentos jurídicos, elas surgem mais aptas do que as estruturas que pretenderam substituir. Dispensa-se, no entanto, o encetar de tal operação. O direito subjetivo não é uma simples construção técnica: ele tem um nível significativo-ideológico profundo. No direito subjetivo joga-se um modo de pensar próprio do sistema cultural do Ocidente e não, apenas, uma conjunção técnico-jurídica. O direito subjetivo deve

---

[2413] DIETER MEDICUS, *Allgemeiner Teil*, 10.ª ed. cit., 35-36.

ser preservado, na precisa medida em que a cultura que o suporta o deva, também, ser.

III. O protecionismo envolve dois aspetos inaceitáveis. Por um lado, ele postula, no Direito, sempre ou em primeira linha, medidas de proteção jurisdicional ou – pois disso no fundo se trata – de coação. Ora, na grande maioria dos casos, tudo se passa sem necessidade de intervenção dos tribunais e, menos ainda, sem qualquer aplicação, pela força, de sanções. Procurar definir o direito subjetivo com base no esporádico é tomar, por regra, a exceção, numa orientação que deforma toda a realidade a definir. Acresce ainda que – como é sabido – vastas áreas jurídicas não assentam na coação, enquanto se desenha, em todo o Direito civil, uma tendência salutar para, progressivamente, abolir quaisquer manifestações de força[2414]: nada disso põe em causa o direito subjetivo.

Para além do desvio que sempre implica um sobrevalorizar da proteção coativa, as tendências protecionistas incorrem na crítica de não alcançarem o essencial do direito subjetivo. Perante esta figura, o titular pode agir em certos moldes, que a ele cabe escolher. O protecionismo não refere tal aspeto, nem, muito menos, diz o que pode fazer o titular; apenas afirma o que os outros não devem fazer. Não há equivalência entre a posição positiva do titular e as posições negativas dos não-titulares: o primeiro desfruta de múltiplas possibilidades, ditadas pela natureza do objeto do direito e pelas regras aplicáveis, enquanto os segundos se devem remeter a simples abstenções[2415]. No fundo, o protecionismo pressuporia o recurso extremado a relações jurídicas, para tudo explicar. Ambos claudicam.

Sérias razões gerais e de fundo recomendam, pois, a não aceitação de esquemas protecionistas ou similares.

IV. O neoempirismo traduz desde logo – e à primeira vista – um retrocesso. Ainda que complexa, a situação, no que toca ao direito subjetivo, não surge desesperada ao ponto de se deverem ignorar gerações de estudiosos que dedicaram esforços à sua reformulação.

[2414] *Vide infra*, 944 ss..

[2415] Em rigor, casos surgem nos quais os não-titulares devem fazer mais do que respeitar a posição do titular. Mas a afirmação feita no texto mantém-se, ainda então: as adstrições dos não-titulares não dão, por reflexo simétrico, o conteúdo da posição do titular.

§ 72.º O conceito de direito subjetivo

Não haja dúvidas quanto à natureza altamente abstrata da definição de direito subjetivo a adotar – e seja ela qual for: a variedade das concretas figuras jurídico-subjetivas é tão rica, que apenas a nível de grande abstração se torna possível uma fórmula que a todas cubra. Mas por muito abstrata que ela seja, ainda se podem, dela, retirar múltiplas e enriquecedoras vantagens.

A construção de Larenz tem implicações jurídico-filosóficas profundas, que ele não refere, mas que se adivinham, sob o seu texto. Não pode, aqui, ser-lhes feita mais do que uma breve referência.

Larenz preocupou-se com a natureza que tem por "formal" da justamente autoapelidada "moderna escola jurídico-formal"; e, no fundo, com a natureza abstrata da definição de direito subjetivo: terá, nela, visto uma cedência à gnoseologia neokantiana, responsável pelo desabar conceitual de uma versão formal da sistemática integrada. Contrapondo-lhe um elenco descritivo, Larenz procura explorar as vias da renovação neo-hegeliana, arrimo seguro na superação das dissociações provocadas no Direito pelo pensamento de Kant [2416].

A superação profunda do conceitualismo de génese neokantiana não se completa, no entanto, pela substituição de definições abstratas, *ergo* "formais", por elencos técnicos, "formais" também, aliás: eles não são figurativos – tão-só ilustrativos – surgindo incapazes de exprimir as emanações da ideia objetiva que lhes subjaza. Deve deixar-se bem claro que o conceito formal é substantivo, por síntese forma-substância; mas não se assumindo como tal, ele torna-se cientificamente nocivo.

V. Na atualidade, a tendência do pensamento ocidental orienta-se para o abandono dos grandes sistemas filosóficos que, em exclusivo, deteriam a chave de toda a verdade. Pelo contrário: perante um qualquer problema, as diversas orientações existentes são chamadas a depor, a todas elas se recorrendo, pois, para melhor conhecer a realidade. Poderá haver predomínios de certas conceções: mas não controlos absolutos.

No Direito civil, verdadeiro mosaico de estratificações histórico-culturais, mais se intensifica este pano de fundo. Não obstante, parece desenhar-se uma tendência para reaproveitar os clássicos, com relevo para Kant.

[2416] *Vide infra*, 923 ss., certas aplicações desta metodologia, aquando da introdução da ideia de "institutos jurídicos".

O direito subjetivo acusa essa mesma realidade. Não se julga possível formulá-la tendo simplesmente em conta uma conceção jurídico-filosófica considerada ideal: o trabalho de reconstrução tudo deve ponderar.

293. A escola jurídico-formal

I. O direito subjetivo não é mero expediente técnico. Num movimento forçado pelos jusracionalistas e pelos liberais, mas que deixou marcas permanentes na nossa cultura, o direito subjetivo implica valorações fundamentais do sistema, traduzindo todo um modo de pensar o Direito e a sociedade que, embora em permanente renovação, o conservam como referência. O direito subjetivo assume assim, um nível significativo-ideológico que lhe tem conferido, ao longo da História, uma vitalidade extraordinária.

Nas décadas de trinta e de quarenta do passado século XX, pensamentos totalitários de diversa índole e uma guerra (1939-1945), a nível mundial, de inconcebível violência, levaram mais longe do que nunca os atentados contra o pensamento liberal e os valores mais perenes que se lhe devem, como o da igualdade formal e o da dignidade da pessoa. Tais atentados foram significativamente precedidos e acompanhados por ataques teóricos ao direito subjetivo: procurou-se substituí-lo pelas ideias de dever e de responsabilidade [2417].

A tomada de consciência ocorrida depois da segunda guerra mundial, que acentuou a necessidade de manter, sindicantes, as referências fundamentais da cultura europeia [2418], provocou uma chamada de atenção para o relevo significativo-ideológico do direito subjetivo: este mantém viva, dentro do espaço jurídico, a ideia de liberdade que, a cada um, compete [2419].

[2417] KASPER, *Das subjektive Recht* cit., 110 ss. e RAISER, *Lehre vom subjektiven Recht* cit., 465.

[2418] FRANÇOIS LONGCHAMPS, APD IX (1964), 55; ROLAND MASPÉTIOL, *Ambiguité du droit subjectif: méthaphysique, tecnique juridique ou sociologie*, APD IX (1964), 72, refere a existência de sistemas extraeuropeus que desconhecem a presença de direitos subjetivos: assim os sistemas *hindu* e *islâmico*.

[2419] HELMUT COING, *Zum Geschichte des Begriffs "subjektives Recht"* (1959), em COING/LAWSON/GRÖNFORS, *Das subjektive Recht* cit., 7-23 (23). Repare-se que este fenómeno se integra num movimento mais vasto, que teria demonstrações tão diversas como o

II. Há, pois, que assumir a dimensão significativa profunda do direito subjetivo, enquanto bastião da liberdade – ou seja: livre arbítrio – de cada um. Mas não se trata de uma liberdade abstrata: para essa, há outros instrumentos em jogo, designadamente o da autonomia privada, abaixo examinada[2420]. Antes figura uma liberdade concreta, uma liberdade no desfrutar de vantagens precisas, relacionadas com a afetação de bens, que, assim, ficam na disponibilidade da atuação do sujeito[2421].

Podemos distinguir[2422]:

– a liberdade privada, assente em relações jurídicas criadas pelo próprio;
– a tutela de liberdades de atuação;
– a liberdade perante intervenções estaduais.

O direito subjetivo é a omnipresença de uma ordem de liberdade e de autodeterminação: dá corpo à mais profunda essência do Direito civil, essência essa que se manifesta, ainda, na liberdade contratual, na liberdade de apropriação e, até, na liberdade de tomar decisões eficazes *post mortem*[2423].

III. A afirmação de liberdade implicada no direito subjetivo não é uma proposição de princípio, de eficácia mais do que problemática: antes implica uma liberdade real, de projeção económica, sem a qual todos os indivíduos passarão a viver das graças do poder estabelecido. Pode discutir-se até onde vai – ou deve ir – tal liberdade e, sobretudo, se ela pode abranger o aproveitamento de bens produtivos e do trabalho alheio e em que medida; mas suprimi-la, no todo, seria negar um importante vetor da nossa civilização, que se estende pelos sistemas jurídicos continentais e anglo-saxónicos. Neste momento nem há, para ela e a nível planetário, qualquer alternativa credível.

"renascimento" do Direito natural e a descoberta, nas várias disciplinas, de níveis constitucionais.

[2420] *Infra*, 951 ss..

[2421] JOACHIM HRUSCHKA, *Kants Rechtsphilosophie als Philosophie des subjektiven Rechts* cit., 1986/I. Vide o interessante escrito de MARIETTA AUER, *Subjektive Rechte bei Pufendorf und Kant*, AcP 208 (2008), 584-634 (633-634).

[2422] LARENZ/WOLF, *Allgemeiner Teil*, 9.ª ed. cit., 240-241.

[2423] JAN SCHAPP, *Über die Freiheit im Recht*, AcP 192 (1992), 355-389 (355 ss.), sublinhando as origens kantianas das fórmulas subjacentes.

A liberdade em jogo no direito subjetivo não pode ser entendida em termos individualistas puros, ao sabor de um liberalismo primitivo. A evolução industrial e pós-industrial ensinou a necessidade de lhe introduzir limites, com inevitáveis reflexos no próprio direito subjetivo[2424] ou antes: em certas formas de concretização do seu exercício. A liberdade jurídico-subjetiva deve ser complementada com as ideias de cooperação[2425], de participação e de responsabilidade[2426] ou de deveres imanentes[2427].

Estes elementos – e muitos outros que se poderiam acrescentar – recordam que o direito subjetivo se subordina sempre ao Direito objetivo, tal como este é dado pelo sistema historicamente vigente. Opera um conjunto normativo complexo que deve atuar no regime do direito subjetivo; mas além disso, ele deve, no próprio conceito, deixar a marca de que o direito subjetivo se integra numa ordem jurídica, que o institui e assegura: não é, pelas razões antropológicas e de fundo, acima alinhadas quanto à teoria da vontade, uma realidade inata às pessoas.

IV. As referências efetuadas mostram como, no segundo pós-guerra, se reacendeu a relevância significativo-ideológica do direito subjetivo.

Na atualidade, tal relevância tem regredido. Há três gerações de juristas que não se pode falar, pelo menos no Ocidente, de sérios atentados aos valores humanos encobertos por "ordens jurídicas" que os legitimem[2428]. A liberdade política dominante permite que quaisquer desvios sejam diretamente combatidos, sem complexas figurações ideológicas. Salvo casos pontuais sem relevância continental, não há pensamentos antiliberais, que critiquem a liberdade em abstrato. A regressão dos aspetos significativo--ideológicos do direito subjetivo veio trazer, para o primeiro plano, o seu papel técnico, num curioso paralelo histórico com a sucessão Savigny//Jhering.

[2424] JAN SCHAPP, *Das subjektive Recht* cit., 119.

[2425] HELMUT COING, *Grundzüge der Rechtsphilosophie*, 3.ª ed. (1976), 53.

[2426] FRANZ WIEACKER, *Das Sozialmodell der klassischen Privatrechtsgesetzbücher und die Entwicklung der modernen Gesellschaft* (1952), 25.

[2427] LUDWIG RAISER, *Der Stand der Lehre vom subjektiven Recht im Deutschen Zivilrecht*, JZ 1961, 465-473 (473).

[2428] Os atentados que ocorreram (*maxime*: o terrorismo e os genocídios nos balcãs) são, de imediato, qualificados como tal, perante as ordens ocidentais.

O direito subjetivo é, por esta via, chamado a desenvolver um máximo de eficácia expositiva e de coerência sistemática, num prisma de Direito positivo destinado a constituir soluções concretas.

Torna-se impossível sintetizar, na fórmula do direito subjetivo, tudo o que a ela se possa abrigar: as figuras singulares de direito são infinitas, na sua variedade. Por isso, há que captar o essencial, num prisma técnico. Particularmente, abdica-se, no direito subjetivo, de dizer o que se protege: apenas releva o como se faz a proteção [2429].

Assim surge a moderna escola jurídico-formal [2430].

No essencial, ela acentua o pendor técnico-jurídico do direito subjetivo. A sua derivação deve processar-se a partir da norma jurídica [2431]: uma vez que a ordem jurídica assenta em normas, o direito subjetivo é, ele próprio, norma ou produto de normas [2432]. A justificação jurídico-subjetiva torna-se, também, técnico-utilitária: o direito subjetivo é necessário porque, no Direito civil, as concretas posições jurídicas das pessoas não podem ser determinadas apenas através de regras objetivas, mas sim graças à atuação de vontades individuais [2433].

Pode-se discutir se, como quer Bucher, o direito subjetivo implica normas que conferem poderes ou, simplesmente, na versão de Kalinowski, normas permissivas [2434]. Provavelmente ambas: um ponto a confirmar perante os concretos regimes aplicáveis.

[2429] JOSEF AICHER, *Das Eigentum als subjektives Recht – Zugleich ein Beitrag zur Theorie des subjektiven Rechts* (1975), 22.

[2430] JAN SCHAPP, *Das subjektive Recht* cit., 90.

[2431] Vide já HANS KELSEN, *Reine Rechtslehre*, 2.ª ed. (1960), 140 e *Allgemeine Rechtslehre* (1925, reimpr. 1966), 55.

[2432] Trata-se de uma asserção básica quase consensual, na atualidade; ela é compartilhada por autores tão diversos como: EUGEN BUCHER, *Das subjektive Recht als Normsetzungsbefugnis* (1965), 55; JÜRGEN SCHMIDT, *Aktionsberechtigung und Vermögensberechtigung – Ein Beitrag zur Theorie des subjektiven Rechts* (1969), 13; JOSEF AICHER, *Das Eigentum* cit., 20; de novo: KARL LARENZ, *Zur Struktur "subjektiver Rechte"*, FG Sontis (1977), 129-148 (130 ss. e 133 ss.); JÜRGEN SCHMIDT, *Nochmals zur "formalen Struktur" der subjektiven Recht*, RTh 10 (1979), 71-79; FUENSALIDA, *Observaciones críticas en tema de derecho subjectivo*, ADC 34 (1981), 3-39 (6). Vide, ainda, PAWLOWSKI, *Allgemeiner Teil*, 6.ª ed. cit., 138-139 e HANS BROX/WOLF-DIETRICH WALKER, *Allgemeiner Teil*, 34.ª ed. (2010), 264 (N. 619).

[2433] EUGEN BUCHER, *Das subjektive Recht* cit., 60.

[2434] GEORGES KALINOWSKI, *Logique et philosophie du droit subjectif*, APD IX (1964), 37 ss..

294. Solução assumida

I. Na posse de todos estes elementos, pode ensaiar-se uma tomada de posição. Deve ter-se presente que, mais importante do que apontar – ou querer apontar – uma solução definitiva, numa pretensão que logo, só por si, se revelaria acientífica, é descobrir o sentido de uma evolução, os seus fatores e a sua concatenação, passada, presente e, na medida do razoável, futura.

A moderna escola jurídico-formal marca um ponto de relevo. O direito subjetivo é um importante instrumento dogmático, atuante em múltiplas soluções concretas. Não deve esquecer-se este aspeto, pois os reflexos negativos de uma má fórmula de base multiplicam-se em cadeia. Trata-se, ainda, de um instrumento dogmático inevitavelmente abstrato, pela sua generalidade: mas não tanto que perca o seu contacto com a própria ordem jurídica. A referência às normas é útil e parece assente.

Isto dito: não pode abdicar-se, sem mais, do nível significativo-ideológico do direito subjetivo.

II. Aspetos importantes do liberalismo jurídico conservam-se vivos, nas atuais sociedades ocidentais abertas. O facto de, pelo menos quanto sabemos, elas não terem alternativas não deve apagar os valores fundamentais da liberdade pessoal em que assentam.

O direito subjetivo é sentido, na nossa cultura, não como uma mera instrumentação técnica, a manipular pelos juristas, mas antes como uma vantagem pessoal, a conquistar, a preservar e a defender. As constituições modernas – com relevo para a Constituição portuguesa de 1976 – bem como outros instrumentos jurídicos e políticos, fazem, do direito subjetivo, uma utilização crescente: direitos fundamentais, direitos humanos, direitos dos trabalhadores e direitos das minorias, como exemplo. Foi-se tão longe nesta via que, por vezes, se chama "direito subjetivo" a realidades que, por razões técnicas, já não comportam tal qualificativo[2435].

[2435] PAUL ROUBIER, *Droits subjectifs et situations juridiques* (1967), 47 ss.. Sobre o relevo, nesta dimensão, dos direitos subjetivos há importantes contributos anglo-saxónicos; vide R. DWORKIN, *Taking rights seriously* (1977). A escola económica do Direito opera, por seu turno, com um conceito amplo de propriedade dando, assim, o seu contributo para o papel insubstituível do direito subjetivo; SCHÄFER/OTT, *Lehrbuch der ökonomischen Analyse des Zivilrechts*, 4.ª ed. cit., 549 ss..

III. Propõe-se, como definição de direito subjetivo, a seguinte fórmula: permissão normativa específica de aproveitamento de um bem.

Ela resulta – ou procura resultar – de uma síntese, emergente de quanto foi dito e expressa nos termos que seguem.

O direito subjetivo é sempre técnico: traduz a presença, no seu âmbito, de uma linguagem clara e eficiente, que permita percorrer a via que, à fonte, liga o caso concreto. Mas é, também, significativo-ideológico: traduz a projeção, também nesse âmbito, da competente fenomenologia social subjurídica. Apresentado como pedra angular do privatismo, o direito subjetivo não deve alhear-se de nenhum desses aspetos: ficaria mais pobre, pois o oscilar repetido entre ambos exprime a essencialidade dos dois.

Síntese não é somatório: implica um estádio diferente, na evolução global da ideia em que, de algum modo, se encontram e superam os seus antecedentes.

IV. Uma técnica jurídico-subjetiva, porque relativa ao Direito e ao sujeito, é significativo-ideológica; um jussubjetivismo significativo-ideológico, porque jurídico, é técnico. Nessa linha, o considerar o direito subjetivo como uma permissão normativa de aproveitamento específico é integrar a "moderna escola jurídico-formal", correspondendo às necessidades técnicas que a ditaram. Mas é ainda introduzir, no coração do Direito privado, e em condições que facultaram uma divulgação máxima, a permissibilidade, isto é, o âmbito de liberdade concreta, reconhecido ao sujeito. O direito subjetivo tem limites. Mas parte-se da permissão para os deveres, o que alarga a primeira e obriga a assumir, com clareza, os segundos. Verificaremos, ao longo do estudo do Direito civil português, as potencialidades dogmáticas da definição proposta[2436]. Adiantamos, desde já, que ela permite resolver o tema das classificações dos direitos subjetivos e o da defesa por eles propiciada. Quanto às classificações: elas podem depender da mera natureza do bem. Assim, temos direitos de personalidade, direitos de crédito ou direitos reais, consoante a permissão vise um

---

[2436] Surgiram, nalguma literatura, observações críticas à noção que preconizamos e que, no essencial, radicam na não-consideração da evolução histórica do tema e das coordenadas filosóficas e significativo-ideológicas que o enformam. Para a sua refutação remete-se para a 2.ª ed. da presente obra, 168-170.

bem de personalidade, uma prestação ou uma coisa corpórea. No tocante à defesa: uma permissão específica, numa simples operação de lógica deôntica, será uma não-permissão (logo: uma imposição ou uma proibição) para os não-titulares. Não é necessário multiplicar as normas.

V. O tema do direito subjetivo tem sido objeto de uma reflexão atenta, na Faculdade de Direito de Lisboa.

Manuel Gomes da Silva, depois de sujeitar outras construções a cuidada crítica, vem definir *direito subjetivo* como "a afectação jurídica dum bem à realização de um ou de mais fins de pessoas individualmente consideradas"[2437]. Tal definição – por vezes injustamente criticada[2438] – teve uma influência marcante nas obras posteriores da Faculdade[2439]. Não é muito correto rejeitá-la sem ter em conta todo o desenvolvimento que a facultou. De qualquer modo, sempre se apontam os seguintes aspetos, pelos quais se propõe fórmula diversa:

- a afetação jurídica de um bem: por certo que, na presença de um direito subjetivo, há uma afetação jurídica de um bem; mas esta não equivale, necessariamente, ao direito, isto é, há afetações jurídicas de bens que apenas implicam deveres, ou poderes-deveres, e não direitos, por o seu destinatário não ser livre, aquando do aproveitamento;
- à realização de um ou mais fins de pessoas individualmente consideradas: esta fórmula não evita totalmente a crítica anterior; por outro lado, e pretendendo embora introduzir, no direito subjetivo, um fator personalista, ela conduz a latitudes diversas: se apenas as pessoas determinam os fins, não há que referi-los, antes cabendo acentuar a liberdade de o fazer; se tais fins derivam da lei, há um res-

---

[2437] MANUEL GOMES DA SILVA, *O dever de prestar e o dever de indemnizar* cit., 1, 85.

[2438] Assim, CASTRO MENDES, *Teoria geral* cit., 1, 323, censurava-lhe o não se reportar à posição do sujeito, mas sim, ao que parece, à do bem. Ora isso pressuporia uma prévia justificação da necessidade de partir do sujeito (resquício do primado da vontade), que CASTRO MENDES não realiza e deixa no ar um não-personalismo de GOMES DA SILVA, o que não tem cabimento, como adiante se verá.

[2439] Como exemplos, DIAS MARQUES, *Teoria geral* cit., 1, 245 e o nosso *Direitos reais*, 1, 296 ss. (*maxime*, 307), numa conceção que, depois, abandonámos. Esclareça-se ainda que o próprio PAULO CUNHA não a adotava por preocupações didáticas, embora, nas suas aulas, seguisse os diversos passos da demonstração de GOMES DA SILVA e adotasse, dela, noções importantes, como a de *poder*. A não-aceitação, por PAULO CUNHA, dessa posição, explicará as opções de CASTRO MENDES.

tringir do direito subjetivo, no seu próprio interior, sem necessidade e em termos que, no limite, podem pôr em crise a sua essência.

A fórmula de Gomes da Silva é tecnicamente avançada: evita o escolho da vontade, previne o obstáculo da proteção e não cai na confusão entre direito e poder. Mas não teve em conta o nível significativo-ideológico da jussubjetivação – isto é, a liberdade – nem a necessidade de a integrar na ordem jurídica. Digamos que ela deve ser completada com o produto das reflexões feitas por muitos pensadores, nos últimos setenta anos. Toda a correspondente literatura, acima citada, deve estar presente.

VI. Regressando à fórmula que propugnamos: um último passo poderia ser dado, definindo-se o direito subjetivo apenas como uma permissão normativa específica.

Seria a solução ideal; mas ela conduziria a, do direito subjetivo, fazer um conceito analítico, e não compreensivo.

Ora o Direito positivo vigente, fruto da História e da cultura e não de construções racionais, reporta os direitos subjetivos aos bens. Assim, sob o pano de fundo da permissão aferida ao bem podem, por desfibramento, relevar-se várias "permissões de atuação" e outras realidades.

Tudo isto deve, no entanto, continuar objeto de reflexão, numa posição metodológica e pedagógica tanto mais importante quanto é certo que as várias posições disponíveis convidam ao aprofundamento e à opção, dever indeclinável de todo o universitário.

§ 73.º AS MODALIDADES DE DIREITO SUBJETIVO

295. Direitos comuns e direitos potestativos

I. Os direitos subjetivos são suscetíveis das mais diversas classificações. Num sistema baseado, para mais, no fenómeno da subjetivação jurídica, pode-se proclamar que boa parte dos regimes nele previstos assentam no firmar e no desenvolver de múltiplas figuras de direitos subjetivos.

A inclusão, aqui e agora, de uma rubrica sobre as modalidades de direitos subjetivos tem objetivos mais modestos; trata-se, simplesmente, de facultar quadros linguísticos e conceptuais genéricos, em termos de propiciar uma doutrina geral do Direito civil, aproveitando o ensejo para colorir a noção, de si muito abstrata, do direito subjetivo.

II. Uma primeira e muito importante distinção contrapõe os direitos comuns aos direitos potestativos[2440]. Trata-se de uma diferenciação estrutural.

O direito subjetivo comum traduz-se numa permissão específica de aproveitamento de um bem, nos termos que, acima, ficaram explicitados.

O direito potestativo implica um poder de alterar, unilateralmente, através de uma manifestação de vontade, a ordem jurídica. Assim, o direito de propriedade é um direito subjetivo comum: implica a permissão normativa específica, plena e exclusiva, de aproveitamento de uma coisa corpórea. Já o "direito" de aceitar uma proposta contratual é potestativo: o destinatário de tal proposta pode aceitá-la; fazendo-o, ele altera,

---

[2440] Entre nós: MANUEL DE ANDRADE, *Teoria geral* cit., 1, 12 ss.; CASTRO MENDES, *Teoria geral* cit., 1, 363 ss.; MOTA PINTO, *Teoria geral*, 4.ª ed. cit., 178 ss.; CARVALHO FERNANDES, *Teoria geral* cit., 2, 5.ª ed., 584; CAPELO DE SOUSA, *Teoria geral* cit., 1, 184-185 e PEDRO PAIS DE VASCONCELOS, *Teoria geral*, 6.ª ed. cit., 248.

de modo unilateral, a ordem jurídica, visto promover o aparecimento do contrato [2441].

Verifica-se pois que, em rigor, o direito subjetivo comum deriva da incidência de uma norma permissiva – logo de uma norma de conduta – enquanto o direito potestativo é fruto de uma norma que confere um poder, isto é, de uma norma que, em si, nada diz quanto à forma por que as pessoas devam atuar, antes e apenas lhes facultando a aludida possibilidade de alterar a ordem jurídica [2442].

III. Esta diferenciação estrutural explica as dificuldades que o direito potestativo provoca na doutrina. Fosse o direito subjetivo um conceito analítico – portanto dominado por preocupações lógicas e racionais – e haveria que, dele, retirar a figura potestativa. Não é esse o caso: o direito subjetivo é compreensivo e surge dado pela História. Ele inclui, à partida, o direito potestativo [2443]. A justificação reside no que segue.

O direito potestativo é, na verdade, o produto de normas que conferem poderes. Trata-se, no entanto, de poderes atribuídos ao beneficiário através do intermear de normas permissivas, isto é: ao titular cabe, segundo o seu livre-arbítrio, atuar ou não o poder que a norma lhe conceda. Por essa via, o poder que a lei confira ao titular é visto como um bem, que ele aproveitará, ou não, como quiser. Deste modo se poderá compreender a inclusão dos "direitos" potestativos na figura mais extensa dos direitos subjetivos.

IV. Os direitos potestativos comportam, por seu turno, múltiplas classificações [2444]. Assim:

[2441] O direito potestativo ficou ligado aos trabalhos de SECKEL – *Die Gestaltungsrechte des bürgerlichen Rechts*, FS R. Koch (1903), 205 ss., reimpr. em separata em 1954 – que, no princípio do século XX, lhe estudou as grandes linhas; quanto à sua história, cf. ENNECCERUS/NIPPERDEY, *Allgemeiner Teil* cit., 1, 15.ª ed., § 73.º, I, 3 (441, n. 12); vide, ainda, BÖTTICHER, *Besinnung auf das Gestaltungrecht und Gestaltungsklagerecht*, FS Dölle 1 (1963), 41, KENT LEVERENZ, *Die Gestaltungsrechte des Bürgerlichen Rechts*, Jura 1996, 1-9 e PAWLOWSKI, *Allgemeiner Teil*, 6.ª ed. cit., 151-152.

[2442] HERBERT L. A. HART, *O conceito de Direito*, trad. port. ARMINDO RIBEIRO MENDES (1968), 44 ss. e *passim*.

[2443] LARENZ/WOLF, *Allgemeiner Teil*, 9.ª ed. cit., 266 ss.; HÜBNER, *Allgemeiner Teil* cit., 186 ss.; MEDICUS, *Allgemeiner Teil*, 10.ª ed. cit., 41 ss.. Refira-se, ainda, o clássico italiano SALVATORE PULEO, *I diritti potestativi (individuazione delle fattispecie)*, 1959.

[2444] Particularmente, LARENZ/WOLF, *Allgemeiner Teil*, 9.ª ed. cit., 267 ss..

– direitos potestativos autónomos e integrados[2445], conforme surjam de modo isolado – por exemplo, o direito de aceitar a proposta contratual – ou se integrem em direitos subjetivos mais amplos, como simples faculdades ou, até, como poderes – por exemplo, o "direito" de preferência dos comproprietários – artigo 1409.º/1;
– direitos potestativos com destinatário e sem destinatário, consoante as alterações que eles promovam se deem (também) na esfera jurídica de outrem – por exemplo, a aceitação da proposta contratual – ou na do próprio titular – por exemplo, o "direito" de ocupação – artigo 1318.º; repare-se que no primeiro caso é, em regra, necessária uma declaração de vontade ao passo que, no segundo, basta um comportamento; quando tenham destinatário, este encontra-se na situação de sujeição;
– direitos potestativos de exercício judicial ou extrajudicial; no primeiro caso, o titular tem de dirigir-se ao tribunal, para desencadear os efeitos que a lei coloca na sua disponibilidade – por exemplo, a denúncia do contrato de arrendamento pelo senhorio, de acordo com o artigo 1101.º, a) e b); no segundo, pode fazê-lo independentemente dessa formalidade;
– direitos potestativos constitutivos, modificativos ou extintivos, em função de darem lugar, pelo seu exercício, a uma nova situação jurídica – por exemplo, a constituição de "comunhão forçada", artigo 1370.º ou de servidão legal de passagem, artigo 1550.º –, de alterarem uma situação preexistente – por exemplo, a mudança na servidão, artigo 1568.º – ou de extinguirem essa mesma situação – por exemplo, o "direito" de propor o divórcio, artigo 1773.º[2446].

V. Os direitos potestativos, para além de, em primeira linha, comportarem um "bem" traduzido na possibilidade de desencadear os efeitos jurídicos que a lei lhes atribua, apontam, em regra, para outras realidades, presentes depois da sua atuação. Assim, os direitos potestativos podem ser creditícios, reais, de família, sucessórios, inteletuais, etc., consoante, uma vez atuados, promovam o aproveitamento dos tipos de bens correspon-

---

[2445] Ou independentes ou não independentes; LEVERENZ, *Die Gestaltungsrechte* cit., 3/I.

[2446] Outros exemplos podem ser confrontados em MOTA PINTO, *Teoria geral*, 4.ª ed. cit., 183 ss..

dentes a essas categorias civis. Têm um espectro largo de atuação[2447] e – num ponto a conferir caso a caso – são transmissíveis, nos termos gerais[2448].

296. Modalidades quanto ao objeto

I. O direito subjetivo pode sofrer múltiplas e enriquecedoras classificações em função do seu objeto, isto é, do tipo de bem de cujo aproveitamento nele se trate. Em traços muito largos, os bens – ou coisas, na tradição românica – comportam as distinções que seguem:

- bens patrimoniais: os que tendo natureza económica, sejam avaliáveis em dinheiro; podem ser:
  - corpóreos, quando tenham existência física, sendo pois apreensíveis pelos sentidos; abrangem ainda realidades materiais e energéticas;
  - incorpóreos, quando resultem de meras criações do espírito humano, sendo apreensíveis apenas pelo intelecto; abrangem:
    - bens intelectuais, por exemplo, a obra de arte, enquanto objeto de exploração económica[2449];
    - prestações, isto é, condutas humanas;
    - realidades jurídicas, por exemplo, o "poder" de provocar efeitos de direito ou as vantagens derivadas da titularidade associativa;
- bens não patrimoniais, quando não tenham natureza económica, nem se exprimam, à partida, em dinheiro[2450]; podem ser:
  - pessoais, quando se reportem à própria pessoa – por exemplo, vida ou integridade pessoal – ou a realidades com ela conexas – por exemplo, bom nome e reputação, direito moral de autor ou aspetos pessoais dos direitos associativos;
  - familiares, sempre que surjam no âmbito da família.

[2447] MICHAEL BECKER, *Gestaltungsrecht und Gestaltungsgrund*, AcP 188 (1988), 24-68 (25 ss.).

[2448] Vide ANJA VERENA STEINBECK, *Die Übertragbarkeit von Gestaltungsrechten* (1993), 38 ss..

[2449] Em rigor, a obra é independente da sua fixação ou materialização; vide OLIVEIRA ASCENSÃO, *Direito Civil/Direito de Autor e Direitos Conexos* (reimp., 2009) 57 ss. (62 ss.).

[2450] Embora possam dar lugar, quando violados, a indemnizações compensatórias, calculadas em dinheiro.

II. Em função destas classificações, os direitos subjetivos podem ser patrimoniais e, então, materiais, energéticos ou incorpóreos, intelectuais, creditícios ou relativos a realidades jurídicas (potestativos, associativos, etc.) ou não patrimoniais, e nessa altura, pessoais ou familiares.

Tenha-se apenas presente que estas classificações não são, de modo algum, exaustivas e que têm em vista, sobretudo, os aspetos relevantes para o Direito civil.

297. Modalidades quanto ao regime

I. A classificação anterior poderia ter um alcance decisivo, quando o Direito civil se estruturasse segundo variáveis puramente racionais. O objeto do direito subjetivo ditaria então, no essencial, o seu regime.

Na verdade, aspetos marcantes das regulações aplicáveis aos diversos direitos derivam dos objetos que, neles, estejam em causa. Mas outros fatores interferem de tal modo que, no final, se chega a resultados por vezes muito distantes dos prenunciados pelos objetos em jogo.

II. O regime aplicável aos direitos subjetivos – que, pela importância destes, acaba por se assimilar, na prática, ao regime geral do Direito civil – foi-se desprendendo, ao longo da História, de acordo com necessidades pontuais ou com os puros acasos das descobertas científicas. Daqui resulta que direitos pautados por se reportarem a objetos idênticos acabem por pertencer a áreas caracterizadas por terem regimes diversos – por exemplo, o arrendamento e o usufruto, ambos relativos a coisas corpóreas, foram imputados, respetivamente, aos direitos de crédito e aos direitos reais, por força dos acidentes que presidiram, no Direito romano, à criação destes institutos [2451].

Por isso, ao lado de uma classificação de direitos baseada no seu objeto, deve ter-se presente uma outra que atine no regime. Normalmente, a última é apresentada como se reportando ao objeto dos direitos, o que não é exato: apenas o regime decide, em última instância.

Esta submissão dos direitos subjetivos a regimes de receção histórica não deve ser tomada como fatalidade, à qual os juristas se devam subme-

---

[2451] *Tratado*, II/1, 561.

ter. Sem dúvida que a base do Direito é histórico-cultural; mas sobre ela atua a Ciência do Direito, com as suas preocupações redutoras e, daí, normalizadoras e racionalizadoras.

Há, pois, uma tensão jurídico-científica sobre regimes históricos, sobretudo quando estes se apresentem irracionais, por via de acidentes de percurso que os hajam vitimado. Uma torção possível consiste em – sem justificação bastante – conferir regimes diferentes a direitos que tenham o mesmo objeto. A Ciência jurídica intentará, então, remediar tal disfunção. Existe, por tudo isto, como que uma pressão para identificar as classificações de direitos subjetivos, assentes nos seus objetos, com as derivadas dos correspondentes regimes. Mas tal pressão é, em permanência, contrariada por forças opostas, que correspondem à autonomia histórico-cultural dos níveis jurídico-positivos.

Mantêm-se, pois, distantes as classificações quanto ao objeto e quanto ao regime.

III. Os termos das modalidades dos direitos subjetivos quanto ao seu regime implicam, para serem conhecidos e apreciados, uma antecipação das regras aplicáveis, o que está, agora, fora de causa. No entanto, pode-se indicar o elenco mais impressivo, que distingue:

– direitos de crédito;
– direitos reais;
– direitos de família;
– direitos das sucessões,

conforme se lhes apliquem as regras próprias das quatro correspondentes disciplinas civis. À tetrapartição referida haveria que acrescentar, pelo menos, os direitos das pessoas, como abrangendo aqueles que se rejam pelas normas que, sobretudo no Livro I do Código Civil – artigo 66.º e ss. – formam um conjunto jurídico próprio.

IV. A concluir, cabe frisar-se que a existência e o relevo da classificação dos direitos subjetivos quanto ao regime não se devem prestar a inversões metodológicas. Um direito merece certa qualificação por lhe corresponder um regime; e não, de modo algum, lhe será aplicável o regime, por se lhe haver previamente atribuído uma qualificação determinada.

O regime é, pois, causal; atribuir essa função à qualificação (ao conceito) equivale a incorrer no método da inversão, denunciado, há século e meio, como grave desvio da jurisprudência dos conceitos[2452].

[2452] *Supra*, 435 ss..

§ 74.º OUTRAS SITUAÇÕES ATIVAS

298. Poderes e faculdades

I. Os direitos subjetivos não esgotam o rol das situações jurídicas ativas, isto é, das situações que coloquem determinados efeitos na pendência da vontade do próprio sujeito a quem elas assistam. Há que contar com outras situações, diferentes das jurídico-subjetivas, quer pelos contornos conceptuais quer, sobretudo, pelos regimes que, depois, irão implicar.

Deve no entanto prevenir-se que a impressividade da figura do direito subjetivo leva, muitas vezes, a doutrina e a própria lei a chamar "direitos" a posições ativas que o não são. Por exemplo, segundo o artigo 1305.º do Código Civil:

> O proprietário goza de modo pleno e exclusivo *dos direitos de uso, fruição e disposição* das coisas que lhe pertencem (...).

Os "direitos" que compõem o direito de propriedade não são, por certo, direitos subjetivos, pelo menos no mesmo sentido.

Esta matéria, na tradição de Paulo Cunha, era tratada como relativa às "figuras afins" do direito subjetivo[2453].

II. Como primeira situação jurídica ativa, diferente da do direito subjetivo, surge o poder. Durante muito tempo – e ainda hoje, nalguns autores – assistiu-se a uma insanável confusão entre direito e poder, confusão essa que redundava, designadamente, em se definir o próprio direito como um poder, da vontade, jurídico ou outro.

[2453] Na exposição de PAULO CUNHA, o poder não se incluía entre o elenco de figuras afins, por ter sido tratado a propósito do direito subjetivo. Figuras afins eram os interesses reflexamente protegidos e os indiretamente protegidos, as expectativas e os poderes funcionais.

Entre nós, e mercê dos estudos de Manuel Gomes da Silva, atingiu-se uma definição satisfatória: poder é a disponibilidade de meios para a obtenção de um fim [2454]. Algumas considerações complementares são, contudo, essenciais.

O poder é uma situação analítica; obtém-se por via lógica e surge como fator componente elementar das realidades jurídicas. Além disso, ele configura-se como uma situação simples: nada mais se pode, dele, retirar.

Em regra, o direito subjetivo compreende, no seu conteúdo, múltiplos poderes, bem como, ainda, outras figuras que, com os poderes, se não confundem. Mas os poderes também se podem incluir em situações mais vastas que, globalmente consideradas, sejam passivas: por exemplo, o poder que o devedor tem de determinar o objeto, em prestações genéricas – artigo 539.° – ou de o escolher, nas prestações alternativas – artigo 543.°.

III. Os poderes comportam várias classificações. Assim:

– poderes materiais ou poderes jurídicos, consoante os meios disponíveis sejam de atuação material ou de atuação jurídica; neste último caso, há ainda que lidar com poderes constitutivos, modificativos ou extintivos, em função do tipo de eficácia jurídica que desencadeiem;
– poderes de gozo, de crédito, de garantia ou potestativos, conforme tais meios tenham por fim o aproveitamento de uma coisa corpórea, a exigência de uma conduta (isto é, uma pretensão), a atuação dos esquemas da responsabilidade patrimonial ou a produção de efeitos de Direito [2455]; estes termos classificatórios não devem ser confundidos com os direitos subjetivos mais vastos, em que se integrem, e que compreendem outras realidades, variadas e diversas;
– poderes autónomos ou integrados, em consonância com a sua independência ou com a sua integração em figuras mais vastas; cabe ainda falar em poderes instrumentais, quando se encontrem ao serviço direto de outras realidades.

[2454] GOMES DA SILVA, *O dever de prestar* cit., 40 ss. (45).

[2455] Trata-se de uma classificação apresentada para ordenar estruturalmente os direitos subjetivos, por GIORGIANNI, mas que, pela sua natureza analítica, melhor opera perante poderes; vide MICHELLE GIORGIANNI, *Contributo alla teoria dei diritti di godimento su cosa altrui* 1 (1940), 11 ss., *Diritti reali (diritto civile)*, NssDI V (1960), 748-753 e *Obbligazioni*, NssDI XI (1965), 581-614 (588 ss.).

Muitas outras distinções seriam possíveis, designadamente alargando a figura a esquemas próprios do Direito público.

IV. Ao lado dos poderes surgem as faculdades. Muitas vezes, o termo faculdade é usado em Direito sem qualquer preocupação científica e sem significado preciso. Chega mesmo, nalguns Autores, a ser equiparado aos poderes. Outra via, já ensaiada, consiste em reservar as faculdades para os poderes materiais. Mas a sua utilização frequente para designar poderes jurídicos desaconselha-o.

Na base, deve entender-se que o progresso científico de qualquer disciplina fica comprometido quando ela não seja capaz de fixar uma linguagem técnica precisa. Não se admite, pois, que o termo "faculdade" surja, em textos jurídicos, imerso em confusão. Equiparar a faculdade ao poder equivale a desperdiçar uma locução que poderá, depois, fazer falta, para exprimir fenómenos caracterizáveis e diversos.

Propõe-se, pois, um significado autónomo para faculdade: conjunto de poderes ou de outras posições ativas, unificado numa designação comum.

A contraposição entre poderes e faculdades é de apreensão fácil, se se atentar em que os primeiros correspondem a realidades analíticas e, as segundas, a realidades compreensivas; este mesmo estado de coisas deixa entender como ficam as faculdades à mercê das designações linguísticas disponíveis.

Por exemplo:

– o titular de um direito sobre uma coisa poderá ter a faculdade de construir; ela implica múltiplos poderes e outras realidades diversas, a ponderar caso a caso, através da análise da situação considerada;
– esse mesmo titular terá o poder de alienar a construção; tem uma disponibilidade de meios para prosseguir esse fim.

Os "direitos" de uso, fruição e disposição elencados no artigo 1305.º do Código Civil são, na realidade, faculdades.

299. Proteções reflexas e indiretas

I. A técnica da subjetivação jurídica – que caracteriza, em profundidade, os sistemas românicos ou, mais longe ainda, os sistemas ocidentais

– assenta na atribuição, pela positiva, de um espaço de liberdade aos sujeitos beneficiários. A partir daí se infere a proteção de que ele desfruta: o beneficiário pode aproveitar certo bem; o não-beneficiário não o deve fazer.

Nesse sentido, desenvolveu-se, historicamente, o Direito privado.

II. Há, no entanto, outra técnica para conferir vantagens às pessoas: consiste ela em fazer incidir, numa generalidade de pessoas, normas de comportamento que acabem por acautelar certos interesses. Assim, haverá um beneficiário ao qual, não sendo atribuída qualquer permissão, se concede uma certa tutela, através dos deveres assacados a terceiros: surge uma proteção reflexa. Por exemplo, ninguém tem o direito a que os outros sejam vacinados ou a que os importadores paguem taxas alfandegárias; mas a existência de normas com esse conteúdo protege, sem dúvida, interesses particulares.

III. A existência de proteções reflexas faculta, no Direito público, particulares esquemas de as acionar: assim as denúncias, às autoridades, de certos ilícitos ou os direitos de ação para defesa desses interesses difusamente acautelados[2456]. Na tradição de Paulo Cunha, pode-se ir mais longe e referir interesses indiretamente protegidos, como aqueles que, não dando embora lugar a direitos subjetivos, desfrutem de uma tutela eficaz, que preserve os bens em jogo. Segundo Paulo Cunha, tal sucederia, por exemplo, através da acusação penal deduzida pelo Ministério Público[2457].

No Direito privado, essa defesa está menos caracterizada pois, quando exista, logo tende a corporizar um direito subjetivo. Ela consubstancia-se, no entanto, em dois casos, onde a ideia de proteção indireta parece clara:

– no do artigo 483.º/1 do Código Civil, quando se atribui o dever de indemnizar, àquele que, mesmo sem inobservar o direito de outrem,

---

[2456] Estes esquemas tendem a apresentar natureza supletiva, isto é: só operam na falta de verdadeiros direitos subjetivos; cf. RPt 22-Mai.-1997 (OLIVEIRA VASCONCELOS) CJ XVII (1997) 3, 196-199 (199/I). Em geral e sobre estes temas dispomos hoje da excelente monografia de MIGUEL TEIXEIRA DE SOUSA, *A legitimidade popular na tutela dos interesses difusos*, 2003.

[2457] CARVALHO FERNANDES, *Teoria geral* cit., 2, 5.ª ed., 639, exemplifica com as regras de trânsito e as normas de saúde pública.

viole qualquer disposição legal destinada a proteger interesses alheios;
– no dos artigos 25.º e seguintes do Decreto-Lei n.º 446/85, de 25 de Outubro, que aprovou o regime das cláusulas contratuais gerais, com a redação que lhe foi dada pelo Decreto-Lei n.º 220/95, de 31 de Agosto; prevê-se, aí, uma ação inibitória destinada a proibir as cláusulas ilegais [2458].

300. Expectativas

I. As expectativas configuram uma categoria de posições ativas, marcadas por uma imprecisão acentuada. Apenas com um recurso preliminar à lei, temos:

– artigo 78.º: o destinatário de uma carta não confidencial só pode usar dela nos termos que não contrariem a expectativa do autor; "expectativa" é, aqui, a confiança que emerja da própria carta ou das circunstâncias que a rodeiem, própria do autor, de que a carta não seguirá um destino anómalo;
– artigo 81.º/2: a limitação voluntária dos direitos de personalidade, quando legal, é sempre revogável ainda que constitua a obrigação de indemnizar os prejuízos causados às legítimas expectativas da outra parte: "legítimas expectativas" equivale a danos emergentes e lucros cessantes; uns e outros não podem ser considerados "danos" uma vez que a revogação foi legítima; além disso, perante a causalidade normativa, haverá um cômputo mais reduzido da responsabilidade, uma vez que não se incluem as "expectativas" extraordinárias ou especulativas;
– artigo 245.º/1: a declaração não séria, feita na expectativa de que a falta de seriedade não seja desconhecida, carece de qualquer efeito: "expectativa" é, aqui, a convicção psicológica do declarante.

Em compensação, a lei não usa o termo expectativa onde seria de esperar que o fizesse: assim no artigo 273.º, onde se fala no "adquirente

---

[2458] *Vide*, ALMEIDA COSTA/MENEZES CORDEIRO, *Cláusulas contratuais gerais* (1986), 56 ss..

do direito" sob condição ou no artigo 1271.º, quando se determina que o possuidor de má-fé responda pelo valor dos frutos "... que um proprietário diligente poderia ter obtido". Torna-se ainda frequente, na doutrina, o uso de "expectativa" para designar o benefício representado por factos futuros, de eficácia incerta, especialmente no Direito das sucessões.

II. Podemos fazer uma distinção prévia:

– a expectativa de mero facto, que traduza uma hipótese de evolução futura à qual uma pessoa empreste maior ou menor verosimilhança, mas que o Direito não reconheça; por exemplo: as expectativas de um bom resultado desportivo;
– a expectativa jurídica.

Neste último caso, mandam as boas regras que, para expectativa, se encontre um sentido útil próprio, diferente do do direito subjetivo. Situaremos, assim, a expectativa no domínio dos factos jurídicos complexos de produção sucessiva, isto é: em conjunções nas quais se requeira, para o aparecimento de determinado efeito jurídico, uma sucessão articulada de eventos, que se vão produzindo no tempo[2459]. Pois bem: desde que se inicie esse processo, o beneficiário tem uma esperança (*spes iuris*) crescente de, no seu termo, ver constituir um direito ou vantagem similar. Ele tem uma expectativa. Tudo está em saber se o Direito tutela ou não a expectativa e em que medida, quando o faça.

III. A expectativa não se deve confundir com determinados direitos que garantam vantagens futuras ou eventuais. Quando muito, poder-se-ia dizer que tais direitos são dobrados por expectativas, as quais poderiam, por seu turno, ser de facto ou jurídicas. Podemos distinguir[2460]:

[2459] No essencial, era a posição de PAULO CUNHA, que não vemos razões para alterar. Vide DIAS MARQUES, *Teoria geral* cit., 1, 272 ss., CASTRO MENDES, *Teoria geral* cit., 1, 375 ss. e CARVALHO FERNANDES, *Teoria geral* cit., 2, 5.ª ed., 640 ss.. Sobre o tema, em especial: MARIA RAQUEL REI, *Da expectativa jurídica*, ROA 1994, 149-180 e CAPELO DE SOUSA, *Teoria geral* cit., 1, 237-242: este Autor faz uma crítica contundente às noções que apresentámos na 1.ª ed. deste *Tratado* (e que mantemos, no essencial); ele acaba, contudo, por apresentar um texto materialmente compatível com o nosso próprio discurso o qual, de resto, não é inovatório.
[2460] LARENZ/WOLF, *Allgemeiner Teil*, 9.ª ed. cit., 275-276.

– direitos de adjudicação ou de aquisição automática (*Anfallrechte*) correspondentes a situações nas quais o beneficiário, por mero efeito da lei, irá adquirir um novo direito: por exemplo, o direito aos frutos, do possuidor de boa-fé (1270.º/1);
– direitos de apropriação (*Aneignungsrechte*), equivalentes às ocorrências que permitam ao beneficiário, através de uma declaração de vontade, adquirir um novo direito: por exemplo, os direitos do promitente-adquirente ou do preferente;
– direitos de candidatura (*Anwartschaftsrechte*), pelos quais o beneficiário ocupa uma posição tutelada que lhe irá facultar vantagens: o herdeiro legitimário.

Repare-se: todas estas figuras podem ser consideradas expectativas quando sejam encaradas não em si e pelo regime que, delas, diretamente resulte, mas antes pelas eventualidades futuras que possam originar.

IV. A verdadeira expectativa jurídica retrata a posição do sujeito inserido na sequência que irá conduzir a um verdadeiro direito, mas antes de este surgir. Essa sequência pode resultar:

– de normas legais explícitas; por exemplo, a expectativa do preferente, só por o ser;
– de negócios jurídicos: a aquisição condicionada;
– de conceitos indeterminados: a confiança da pessoa que adira ao *factum proprium* de outra, isto é: que acredite na manutenção de algo que é dito ou feito, em nome da boa-fé.

Agora, das duas uma: ou o Direito tutela a expectativa tal como ela surge ou é e poderemos falar num verdadeiro direito subjetivo, ainda que intercalar (e ao qual chamaremos expectativa só para melhor o inserir na sequência processual) ou o Direito dispensa, à expectativa, uma tutela meramente processual, tendo em vista o direito definitivo que irá surgir e ocorrerá uma expectativa jurídica *proprio sensu*. A busca de um sentido útil para a expectativa constitui um exercício interessante, que permite esclarecer diversos aspetos. Todavia, e tendo em conta o individualismo de muitos autores, torna-se difícil estabilizar a terminologia. Ao falar-se de "expectativas" é mister explicar, assim, o que se pretende, de facto, transmitir.

301. Poderes funcionais

I. Os denominados poderes funcionais – ou poderes-deveres, ou direitos-deveres – podem definir-se genericamente como obrigações específicas de aproveitamento de um bem.

Vê-se como têm natureza híbrida: há aproveitamento de um bem, no que surge como uma vantagem; esse aproveitamento não é, porém, permitido, mas obrigatório: o titular deve agir – e muitas vezes, dentro de certos limites. Não será correto atribuir-lhe a mesma estrutura do (verdadeiro) direito subjetivo, uma vez que falta, aqui, o essencial dessa figura jurídica: a permissão.

Assim, o poder paternal – artigos 1885.º e seguintes – implica a atribuição, aos pais, de certos "direitos" em relação aos filhos que são, em simultâneo, "deveres". Trata-se de poderes funcionais. Repare-se que a posição é ativa, por implicar sempre uma margem de escolha, a cargo do titular. Esta figura floresce no Direito público.

II. A doutrina tradicional, que fazia intervir o "interesse" no próprio conceito de direito subjetivo, apurava aqui uma dissociação entre os "poderes" do direito funcional e os interesses por ele servidos. Julga-se que esta via é pouco convincente: um bom exercício do poder paternal é sempre do interesse dos pais e dos filhos, seja ele entendido em sentido objetivo como no subjetivo.

Também aqui se comprova a natureza empírica e pré-científica, do conceito de interesse.

302. Exceções

I. Em sentido material, a exceção é a situação jurídica pela qual a pessoa adstrita a um dever pode, licitamente, recusar a efetivação da pretensão correspondente [2461]. Por exemplo, o vendedor pode recusar a entrega da coisa enquanto o comprador não lhe pagar o preço: é a exceção do contrato não cumprido – artigo 428.º/1 do Código Civil.

[2461] ANDREAS VON TUHR, *Der Allgemeine Teil* cit., 1, 218. Cumpre, ainda, referir a monografia clássica de ENZO BOLAFFI, *Le eccezioni nel diritto sostanziale* (1936).

§ 74.º Outras situações ativas   911

Contrapõe-se-lhe o sentido processual[2462]. No processo, a exceção é um meio de defesa do réu que ocorre sempre que este alegue factos que obstem à apreciação do mérito da ação ou que, servindo de causa impeditiva, modificativa ou extintiva do direito invocado pelo autor, determinem a improcedência total ou parcial do pedido: tal a fórmula do artigo 487.º/2, do Código de Processo Civil.

II. Descritivamente, as exceções materiais são suscetíveis de várias classificações[2463].

Assim, as exceções são fortes ou fracas, consoante permitam ao seu beneficiário deter um direito alheio ou, apenas, enfraquecê-lo, respetivamente.

As exceções fortes são, por seu turno, peremtórias quando detenham a pretensão por tempo indeterminado e dilatórias se apenas o fizerem por certo lapso de tempo.

Torna-se menos fácil exemplificar, à luz do Direito português, estas diversas figuras: na verdade, o Código Civil, apesar de, no seu artigo 847.º/1, a), referir expressamente a figura da "exceção material", acabou por não dar corpo a boa parte das exceções consagradas na tradição românica[2464].

De qualquer modo, sempre se podem apontar:

– exceção forte perentória: a prescrição – artigo 300.º e ss.;
– exceção forte dilatória: o benefício da excussão – artigo 638.º/1;
– exceção fraca: a exceção do contrato não cumprido – artigo 428.º/1
– ou o direito de retenção – artigo 754.º.

[2462] Quanto às origens: SANTOS JUSTO, *Direito privado romano* cit., 1, 321 ss. e MEDICUS, *Allgemeiner Teil*, 10.ª ed. cit., 45-49.
Em HERBERT ROTH, *Die Einrede des bürgerlichen Rechts* (1988), 8 ss., podem ser vistos elementos relativos às exceções aquando da preparação do BGB; cf. a rec. de CHRISTOPH KRAMPE, AcP 191 (1991), 163-171.

[2463] GÜNTHER JAHR, *Die Einrede des bürgerlichen Rechts*, JuS 1964, 125-132, 218-224 e 293-305 (220 ss.), PETER SCHLOSSER, *Selbständige peremptorische Einrede und Gestaltungsrecht im deutschen Zivilrecht*, JuS 1966, 257-268 (261 ss.), HERBERT ROTH, *Die Einrede* cit., 37 ss. e PETER GRÖSCHLER, *Zur Wirkungsweise und zur Frage der Geltendmachung von Einrede und Einwendung im materiallen Zivilrecht*, AcP 201 (2001), 48-90.

[2464] Assim, no BGB encontra-se uma série muito mais diversificada de exceções: *Da boa fé* cit., 735 ss..

III. Uma análise aprofundada destas figuras obrigaria a mergulhar fundo nos competentes regimes, distribuídos por várias disciplinas civis. No entanto, algumas prevenções não podem deixar de ser feitas.

Muito utilizada na pandetística [2465], a técnica da exceção caiu em progressivo esquecimento; veio, no entanto, a ser reanimada por autores recentes e, designadamente, por Medicus [2466]. Não obstante, uma análise aturada tem vindo a pôr em dúvida a sua autonomia [2467].

Na verdade, a exceção forte perentória apenas leva à extinção do direito definitivamente paralisado, devendo, em consequência, ser tratada como modo de extinção [2468]; as exceções dilatórias e as exceções fracas, por seu turno, apenas expressam limitações no conteúdo dos direitos que, supostamente, vêm bloquear. Deveriam, assim, ser tratadas a propósito do conteúdo em questão.

Uma particularidade impede, no entanto, de levar até às últimas consequências esse movimento: ainda quando se inscreva negativamente no conteúdo dos direitos que vai restringir, a exceção opera pela vontade do seu beneficiário. Tem, pelo menos, essa autonomia [2469].

IV. Existindo exceções materiais [2470], alguns autores consideram-nas como direitos, enquanto outros se lhes reportam como poderes [2471]. Entre os que veem, nelas, direitos, há ainda duas posições: os que as

---

[2465] Vide SAVIGNY, *System*, 5 (1841), §§ 225.º-226.º (160); WINDSCHEID, *Die actio des römischen Civilrechts* (1856), 226-227; VANGEROW, *Pandekten*, 7.ª ed. cit., 242; DERNBURG/BIERMANN, *Pandekten*, 7.ª ed. cit., 1, § 137.º (317).

[2466] DIETER MEDICUS, *Anspruch und Einrede als Rückgrat einer zivilistischen Lehrmethode*, AcP 174 (1974), 313-331 (326, defendendo as suas vantagens pedagógicas) e *Allgemeiner Teil*, 10.ª ed., 46 ss..

[2467] *Da boa fé*, 736 ss., com indicações.

[2468] Vide a conclusão de HERBERT ROTH, *Die Einrede des Bürgerlichen Rechts* cit., 320.

[2469] Vide, como aplicação atual da figura, o dispositivo do artigo 422.º/3, 2.ª parte, na redação dada pelo Decreto-Lei n.º 379/86, de 11 de Novembro: MENEZES CORDEIRO, *A excepção do cumprimento do contrato-promessa*, TJ n.º 27 (1987), 1-5 e *Tratado*, II/2, 395 ss..

[2470] Contrapõem-se, elas, às processuais, que têm um alcance diverso.

[2471] VON TUHR, *Allgemeiner Teil* cit., 1, 288 e já LANGHEINEKEN, *Anspruch und Einrede nach dem Deutschen Bürgerlichen Gesetzbuch* (1903), 43.

explicam como contra-direitos[2472] e os que veem nelas direitos potestativos[2473].

Os elementos já disponíveis permitem resolver o problema e, em simultâneo, tratar a sua própria operacionalidade.

As exceções, enquanto situações pelas quais uma pessoa pode recusar uma pretensão, correspondem a poderes em sentido técnico: trata-se de uma figuração analítica que traduz, com efetividade, a disponibilidade de meios para obtenção de um fim. Além disso, elas integram a categoria dos poderes potestativos, uma vez que visam a produção de efeitos jurídicos, que alteram, efetivamente, a ordem existente.

Acontece, no entanto, que as exceções tanto podem surgir isoladas, como integradas em situações mais vastas. No primeiro caso, elas tendem a ser referidas como "direitos" – por exemplo, o direito de alegar a prescrição. No segundo, elas vêm mencionadas como integrando o conteúdo de certos direitos subjetivos – por exemplo, o direito de retenção que, além do poder de recusar a entrega da coisa, inclui toda uma série de outros poderes e faculdades – *vide*, os artigos 758.º e 759.º – acontecendo mesmo, nesta hipótese, que os próprios direitos subjetivos globais surjam referidos como exceções.

IV. Apesar das limitações geradas pelos fatores referidos, a exceção pode manter-se no rol das posições ativas; ela permite o enriquecimento dos instrumentos de análise disponíveis no Direito, analisando-se, em última instância, num poder caracterizado pela sua feição negativa, a nível de atuação.

[2472] LARENZ/WOLF, *Allgemeiner Teil*, 9.ª ed. cit., 329 e HÜBNER, *Allgemeiner Teil* cit., 206.
[2473] ERNST WOLF, *Allgemeiner Teil*, 3.ª ed. cit., 121.

§ 75.º SITUAÇÕES PASSIVAS

303. Obrigações e deveres

I. Os desenvolvimentos comuns dedicados à parte geral do Direito civil dão, tradicionalmente, um maior relevo às situações ativas do que às passivas. Estas tendem, muitas vezes, a ser consideradas apenas na disciplina do Direito das obrigações e, ainda aí, com um desenvolvimento circunstancial.

O melhor método aponta, no entanto, para a necessidade de abordar e desenvolver a matéria numa disciplina geral: ela interessa, efetivamente, a todo o Direito civil.

Nas situações passivas, o sujeito fica colocado no âmbito de aplicação de normas proibitivas ou impositivas; em rigor, como se verá, uma outra ocorrência é, também, possível: a de, sobre ele, recair o produto das normas que, a outrem, confiram poderes.

II. A situação passiva de base, compreensiva, equivalente, de certo modo, ao direito subjetivo, é a obrigação. O Código Civil define mesmo esta figura ao dispor, no artigo 397.º: "obrigação é o vínculo jurídico por virtude do qual uma pessoa fica adstrita para com outra à realização de uma prestação"[2474].

Não compensa, contudo, considerar a obrigação como o vínculo em si, em toda a dimensão e, como tal, abrangendo as posições do credor e do devedor, numa situação de grande complexidade. Em jogo está, tão-somente, a posição do devedor, isto é, da pessoa que "...fica adstrita para com outra à realização de uma prestação". Para quem queira adotar a téc-

---

[2474] *Vide*, para mais desenvolvimentos, *Direito das obrigações*, 1, 99 ss. e *Tratado*, II/1, 21 ss..

nica (inadequada) da relação jurídica, a obrigação (e não o "dever") corresponderá à posição do denominado sujeito passivo.

Como qualquer outra figura, a obrigação permite, pela análise, descobrir no seu seio diversas realidades jurídicas[2475]. Assim, sem preocupações de exaustividade:

- o dever de efetuar a prestação principal; este dever pode, consoante as circunstâncias, analisar-se em múltiplos subdeveres, implicando condutas materiais ou jurídicas;
- o dever de efetuar as prestações secundárias, isto é, prestações que tenham sido acordadas para complementar a principal;
- os deveres acessórios, cominados pelo Direito, para que toda a atividade se desenvolva dentro do sistema[2476];
- certas sujeições como, por exemplo, a de ser interpelado – artigo 805.º/1 – isto é, a de ver o credor exigir o cumprimento, posto o que, se o não fizer, incorrerá em mora, com sanções;
- determinados poderes, como o de se apresentar a cumprir, devendo o credor aceitar – artigos 777.º/1 e 813.º;
- algumas exceções, como a do contrato não cumprido – artigo 428.º/1 – ou a retenção – artigo 754.º – sendo certo que esta constitui um verdadeiro direito.

Repare-se que a obrigação não é um somatório: ela tem uma unidade intrínseca, permitindo não só comunicar, em termos de operacionalidade dogmática, toda uma riqueza que, por enumeração, sempre ficaria incompleta, mas também exprimir algo de mais amplo do que a soma das suas parcelas.

Além disso, o essencial dos regimes aplicáveis dirige-se à obrigação, como um todo; compete depois à Ciência do Direito, com os instrumentos de análise de que dispõe, proceder às concretizações sectoriais necessárias.

[2475] *Direito das obrigações*, 1, 219 ss, pelo prisma da posição do credor e *Tratado*, II/1, 441 ss..

[2476] A concatenação destes três aspetos fica clara com um exemplo: numa obrigação de entrega de uma máquina, o devedor deve ceder o aparelho ao credor (prestação principal) levando-o embrulhado a casa deste (prestações secundárias, por hipótese acordadas) e com as indicações sobre o funcionamento, se for um modelo novo (dever acessório, independente de acordo e por exigência da boa-fé).

III. O dever é a situação analítica passiva de base. O dever traduz a incidência de normas de conduta: impositivas ou proibitivas. A pessoa adstrita a um dever encontra-se na necessidade jurídica de praticar ou de não praticar certo facto[2477].

Em regra, uma obrigação pode decompor-se em múltiplos deveres – e, ainda, noutras realidades[2478]. Mas os deveres aparecem também no conteúdo dos próprios direitos subjetivos, contribuindo para a sua delimitação negativa. Isto é: na complexidade que enforma muitos dos direitos da atualidade, a Ordem Jurídica não pode explicitá-los apenas com recurso a normas permissivas: estas têm de ser como que recortadas através de normas de dever[2479].

Os deveres têm, assim, um relevo universal.

IV. As obrigações e os deveres são suscetíveis de inúmeras classificações[2480]. Atendendo ao seu objeto – a conduta devida ou prestação – apresenta-se, como significativa, a que distingue as obrigações de *dare* das de *facere*.

Na obrigação de *dare,* o adstrito deve entregar uma coisa a outrem.

Na obrigação de *facere,* o adstrito deve desenvolver uma atividade em prol de outrem. Surgem, aqui, três sub-hipóteses:

– obrigações de *facere* propriamente ditas ou de facto positivo: deve-se desenvolver uma atividade em si;
– obrigações de *non facere* ou de facto negativo: deve-se abster de certa atuação;
– obrigações de *pati* ou de suportação (Paulo Cunha): deve-se sofrer que alguém desenvolva, na sua esfera, uma atividade que, em princípio, não poderia ter lugar.

[2477] Recorde-se a definição de "obrigação", inserida no Código de SEABRA: "...a necessidade moral de praticar ou de não praticar certos factos" – artigo 2.º, 2.ª parte. Tratava-se, na realidade, de uma noção de dever.

[2478] *Tratado*, II/1, 487 ss..

[2479] Ainda aqui seria possível distinguir duas hipóteses: ou os deveres aparecem como modo de suprir as insuficiências linguísticas que impeçam uma explicação cabal com recurso, apenas, a locuções permissivas ou eles correspondem a imediatas necessidades substantivas, isto é, à intenção normativa de associar, à posição subjetiva, adstrições particulares.

[2480] *Vide*, quanto às primeiras, *Direito das obrigações*, 1, 301 ss. e *Tratado*, II/1, 517 ss..

Os deveres seguem também esta classificação, com as adaptações necessárias.

304. Sujeições

I. As sujeições são as situações jurídicas passivas correspondentes aos direitos potestativos. Está numa sujeição a pessoa que possa ver a sua posição alterada por outrem, unilateralmente. Por exemplo, o proponente fica numa sujeição: a de ver o destinatário, através da aceitação, constituir um contrato em que ele seja parte.

II. Alguma doutrina comum, impressionada pela aparente simetria direito potestativo-sujeição, intentava descobrir, nela, uma relação jurídica. Trata-se, no entanto, de uma posição metodologicamente incorreta e com inconvenientes práticos.

Na relação jurídica, duas posições são simétricas no sentido de projeções uma da outra. O direito de uma pessoa (por exemplo, receber 100) é o efeito do dever de outra (pagar os 100). Na dupla direito potestativo-sujeição, embora haja, de facto, uma relacionação entre elas, falta a aludida projeção simétrica: o exercício do poder em nada depende da pessoa colocada em sujeição.

Em termos práticos, a nocividade da extensão, a estas figuras, da relação jurídica, é ainda mais patente.

A pessoa que integre o pólo passivo de uma verdadeira relação jurídica deve comportar-se de certa forma. Aquela que, pelo contrário, se encontre numa sujeição, nada pode, sequer, fazer e logo nada deve fazer: apenas lhe cabe, passivamente, aguardar que o titular do direito potestativo atue, ou não, essa posição. Resultam daqui regimes profundamente diferentes: os deveres implicam condutas e, daí, todo um complexo de regras destinado à sua regulação; as sujeições, pelo contrário, nada implicam. Assim como os direitos potestativos, as sujeições são, como tais, situações absolutas.

III. No Direito público, a figura da sujeição tem um papel relevante. De facto, ela traduz, por definição, uma ideia de autoridade/subordinação que não é de regra, no Direito privado. Mas este conhece a figura que, aliás, elaborou.

305. Ónus e encargos

I. Na doutrina comum, o ónus corresponderia à situação na qual alguém deva adotar certa atitude, caso pretenda obter certo efeito. Por exemplo, se alguém quiser ganhar uma ação em juízo, tem o ónus de provar os factos alegados.

O ónus não é um dever: por via dele, não há que adotar uma certa conduta, porque o resultado por ele propiciado é facultativo. Em última análise, poder-se-ia, assim, dizer que o ónus assenta numa permissão: permissão essa que, a não ser atuada num certo sentido, conduz a consequências desagradáveis para o destinatário da mesma, ainda que não assimiláveis a sanções.

II. Toda esta construção deve ser revista. Na base da construção tradicional do ónus encontra-se a ideia de que as sanções coativas devem presidir sempre a quaisquer deveres jurídicos. Justamente o ónus seria uma "permissão" – a expressão falta, mas a ideia é essa – por, a não ser acatado, provocar consequências desagradáveis, diferentes das das sanções. Mas a coercibilidade não é característica da norma jurídica, como é sabido; resta agora, no plano dogmático, retirar as devidas consequências dessa afirmação.

III. A figura do ónus deve ser remetida para o domínio processual: traduz, aí, deveres no processo com a particular índole de terem consequências substantivas.

No Direito civil, cabe introduzir uma nova figura: a do ónus material ou encargo [2481]. O encargo corresponde estruturalmente a um dever; segue, no entanto, um regime particular: é um dever de comportamento que funcionando embora também no interesse de outras pessoas, não possa, por estas, ser exigido no seu cumprimento.

[2481] Propõe-se o termo "encargo" para exprimir a *Obliegenheit*: esta foi introduzida, como figura geral civil, por REIMER SCHMIDT, *Die Obliegenheiten / Studien auf dem Gebiet des Rechtszwanges im Zivilrecht unter besonderer Berücksichtigung des Privatversicherungsrechts* (1953), XXII + 338 pp., sendo hoje pacífica. Vide LARENZ/WOLF, *Allgemeiner Teil*, 9.ª ed. cit., 234-235 ss. e SUSANNE HÄHNCHEN, *Obliegenheiten und Nebenpflichten* (2010), XXI + 351 pp., 113 ss., 132 ss. e *passim*.

Atente-se no seguinte exemplo:

– o comprador de uma coisa verifica que ela tem determinado defeito; desfruta do regime inserido nos artigos 913.° ss., do Código Civil;
– segundo o artigo 916.°/1, ele deve denunciar ao vendedor o vício da coisa, salvo se este tiver usado dolo;
– seria, contudo, perturbador para a ordem jurídica e o tráfego negocial que, a todo o tempo, os compradores se apresentassem, perante os vendedores, denunciando vícios; por isso, e no interesse dos próprios vendedores, os compradores devem efetuar tais denúncias num prazo curto: trinta dias depois de conhecido o defeito e dentro de seis meses após a entrega da coisa – art.° 916.°/2;
– e se não o fizerem? Caducam determinados remédios destinados a enfrentar os vícios – artigo 917.°.

O encargo é, pois, aqui, o "dever" de denunciar o vício dentro de certo prazo; não tendo sido respeitado, desaparece, por caducidade, o poder de denúncia.

IV. Deve frisar-se que o encargo – ou ónus material – tem uma configuração tal que se apresenta como realidade analítica; sendo embora um dever, ele tem uma especificidade de base que justifica a sua autonomização.

Atente-se ainda em que ele não contracena com nenhuma posição ativa que lhe surja como simétrica. É, pois, uma situação absoluta.

306. Deveres genéricos

I. Deveres genéricos são situações jurídicas passivas que se traduzem em posições absolutas, isto é, sem relação jurídica.

O Direito atribui determinadas posições ativas, *maxime* direitos subjetivos. Quando o faça está, automaticamente, a excluir do âmbito beneficiado todos quantos não sejam titulares da situação considerada.

Noutros casos, o Direito veda, de modo direto, certos comportamentos ou impõe outros, sem que, correlativamente, se possam descobrir direitos.

Por exemplo:

– ao admitir um princípio – depois desdobrado em múltiplas regras – de apropriação privada, o Direito está, automaticamente, a dimanar, aos não-proprietários, um dever genérico de respeito;

– ao impor, em termos gerais, obrigações de silêncio, durante a noite, o Direito impõe a todos o correspondente dever genérico de respeito, sem que se visualize alguém com um particular "direito ao silêncio".

Normalmente, a figura que surge é a de deveres genéricos; pode, porém, com base nos critérios acima referenciados, apurar-se a presença de obrigações genéricas, quando a situação considerada seja compreensiva.

II. Os deveres genéricos não assentam, como foi dito, em qualquer relação jurídica. Tornaram-se, por isso, inatingíveis enquanto não foi possível superar essa técnica. O facto de o dever genérico não ter como correspetivo um direito subjetivo explica a sua generalidade: eles não dão lugar a comportamentos que possam, exclusivamente, ser exigidos por um sujeito a outro. Uma generalidade de pessoas pode, verificadas as competentes condições, exigir a sua observância a uma generalidade de outras.

A inobservância de deveres genéricos conduz ao dever de indemnizar, nos termos do artigo 483.º/1, do Código Civil.

307. Deveres funcionais

I. Os deveres funcionais – melhor seria chamar-lhes, na generalidade dos casos, "obrigações funcionais" – traduzem situações passivas nas quais uma pessoa se encontre, por força da sua presença em determinada posição.

Assim, nos termos do artigo 65.º do CSC, no seu n.º 1 [2482].

> Os membros da administração devem elaborar e submeter aos órgãos competentes da sociedade o relatório de gestão, as contas do exercício e demais documentos de prestação de contas previstos na lei, relativos a cada exercício anual.

[2482] Na redação dada pelos Decretos-Leis n.º 328/95, de 9 de Dezembro e n.º 76-A/2006, de 29 de Março.

O simples facto de se ser administrador de uma sociedade comercial envolve o surgimento das relatadas obrigações.

II. O dever funcional traduz algo de estruturalmente semelhante aos poderes funcionais, mas com um importante acrescento, rico em consequências a nível de regime: os comportamentos que ele postule podem, diretamente, ser exigidos por certas pessoas, mantendo-se embora uma larga margem de discricionariedade por parte do obrigado.

III. Entre as especificidades do seu regime avulta uma marcante característica genética: os deveres funcionais não têm – ou não têm necessariamente – uma específica fonte, antes surgindo com a simples ocorrência do condicionalismo funcional donde promanem. Muitas vezes eles são associados, de modo automático, pela inserção do sujeito num certo *status* ou situação funcional.

CAPÍTULO II
INSTITUTOS CIVIS GERAIS

§ 76.º INSTITUTOS CIVIS

308. Noção, natureza e sentido

I. O Direito pode analisar-se em normas e princípios. A norma é uma proposição que associa a certos acontecimentos – a previsão – determinados efeitos jurídicos – a estatuição. O princípio é também uma proposição; limita-se, porém, a imprimir uma certa direção aos modelos de decisão jurídica que, com ele, tenham determinado contacto.

Por exemplo:

– os contratos devem ser cumpridos: trata-se de uma norma que associa, à ocorrência do contrato, a necessidade de o acatar;
– os homens são iguais: surge um princípio que, nas mais diversas situações onde se trate de homens, depõe no sentido de serem considerados por forma igual entre si.

A dogmática opera com recurso a ambas as realidades [2483].

[2483] Convém recordar que, apesar de situações intermédias de qualificação problemática, os princípios se mantêm distintos das normas. Eles apresentam, designadamente, as seguintes particularidades: 1) Não valem sem exceção. 2) Podem entrar, entre si, em oposição ou em contradição, mantendo-se, não obstante, válidos e eficazes. 3) Não têm pretensão de exclusividade, admitindo que um mesmo efeito seja alcançado, com consequências similares, por vetores diferentes. 4) Adquirem um sentido próprio apenas num conjunto móvel de complementações e delimitações e requerem, para a sua realização, um concretizar através de subprincípios e valores singulares, dotados de conteúdo material próprio. Vide o nosso *Princípios gerais de Direito*, Enc. Pólis 4 (1986).

II. A doutrina geral do Direito teria dificuldades em apresentar-se, apenas, na base de normas e de princípios. Qualquer decisão jurídica concreta, por simples que se apresente, é sempre fruto de modelos de decisão que integram numerosas normas e princípios, em articulação mútua.

Além disso, verifica-se que a norma, essencialmente analítica, tem um âmbito de aplicação muito restrito; qualquer disciplina jurídica, a ser descrita na base de normas, implicaria toda uma antecipação do seu regime regulativo. O princípio, por seu turno, ainda que de lata aplicação, apresenta-se muito abstrato: apenas utilizando conjunções múltiplas é possível exprimir um mínimo de conteúdo prescritivo. Um estudo baseado em princípios – e apenas em princípios – descambaria com facilidade num conjunto de trivialidades, sem projeção dogmática.

Estas dificuldades podem ser superadas com recurso a um instrumento jurídico conhecido, ainda que pouco trabalhado pela Ciência do Direito: o instituto jurídico [2484].

O instituto jurídico é um conjunto concatenado de normas e de princípios que permite a formação típica de modelos de decisão.

III. A noção proposta requer algumas complementações.

O instituto não é um modelo de decisão: ele apresenta-se, com efeito, ainda como uma realidade demasiado abstrata para acompanhar, com precisão mínima, a riqueza dos problemas concretos.

O instituto não equivale ao somatório de normas e de princípios que, eventualmente, o componham e que possam ser apurados: ele assume qualidades sistemáticas internas, apresentando uma riqueza que supera a soma das parcelas.

O instituto não implica a definição ou a consciência de todos os seus componentes: ele pode ser indicado em termos integrados, através de um núcleo figurativo central e de elementos periféricos mais precisos.

O instituto não é uma instituição ou, pelo menos, não depende do destino ou do sentido que se queira atribuir a tal realidade: o instituto pretende ser, apenas, um instrumento jurídico-científico, posto ao serviço da dogmática jurídica.

O esquema proposto pode ser explanado com recurso a um exemplo.

[2484] CLAUS-WILHELM CANARIS, *Systemdenken und Systembegriff*, 2.ª ed. cit., 50-51, e JOSEF ESSER, *Grundsatz und Norm* (1956), 324 ss..

A propriedade é um instituto. Em termos analíticos descobrem-se, nela, várias normas e princípios; havendo propriedade há, por certo, uma regra de apropriação privada, um princípio de defesa, um de responsabilidade, um de aquisição e de transmissibilidade e inúmeras normas de conteúdo e limitativas. Ao falar-se na propriedade, exprime-se mais do que somando, apenas, os seus componentes: muitos destes podem, aliás, ficar implícitos ou surgir, mesmo, pressupostos ou desconhecidos.

A propriedade – nesta aceção ampla, e não enquanto direito subjetivo concreto dito "propriedade"[2485] – não é um modelo de decisão: faculta tão-só, de modo cómodo, os traços típicos característicos a utilizar, depois, na composição de um número indeterminado de modelos de decisão.

IV. O critério que deve presidir à formação de qualquer instituto é, predominantemente, um critério científico: só faz sentido autonomizar uma certa articulação normativa quando ela apresente uma unidade interna induzida da múltipla formação de modelos de decisão. Por isso, o instituto comporta normas e princípios articuláveis, que obedeçam aos mesmos vetores científicos e que desempenhem, no processo de concretização do Direito, um papel harmónico e funcional.

Não deve, no entanto, esquecer-se a dimensão cultural do Direito. Por esta via, os institutos são, muitas vezes, pontos históricos de referência, com os quais os juristas aprendem e se habituam a pensar e que, por isso, se tornam sugestivos. A capacidade comunicativa dos institutos vem, assim, a aumentar ao longo da evolução do Direito: eles podem, desse modo, na linguagem dos juristas, comunicar, com simplicidade e eficácia, um considerável número de dados.

A esta luz devem entender-se os institutos civis: compostos de normas e princípios privados comuns, eles são um instrumento da Ciência Jurídica civil e apresentam-se como um produto da tradição civilística.

V. A ideia de instituto foi utilizada, com êxito, por Savigny: ela exprimiria uma ordenação jurídica pensada e formada de relações da vida, apresentada como realidade orgânica[2486]. Savigny não preconiza a sua obten-

---

[2485] Portanto: o direito real especial regulado nos artigos 1302.º e seguintes, do Código Civil.
[2486] SAVIGNY, *Methodenlehre* cit., 9; *vide* KARL LARENZ, *Methodenlehre*, 6.ª ed. cit., 14. A noção surgia em GUILHERME MOREIRA, *Instituições* cit., 1, 122, que definia o ins-

ção pela dedução, mas sim pela contemplação intuitiva da realidade: uma abstração subsequente conduziria às regras jurídicas.

A construção savignyana perdeu-se, depois, na evolução conceptualista que se lhe seguiu: a "contemplação" das relações da vida tinha, em si, os germens da gnoseologia apriorística kantiana, de tal modo que conduziu à comum abstração jurídica. A superação possível, ainda hoje, postula o recurso à evolução da ideia, de cariz hegeliano.

Pode considerar-se que na elaboração conceptualista, o instituto jurídico foi tratado como um conceito geral-abstrato. Para a sua elaboração retira-se, de uma realidade, um certo número de características tidas por comuns a uma série de outras realidades; deste modo, ele representa necessariamente um empobrecimento perante as realidades a retratar [2487]. Os inconvenientes são conhecidos quando, dos conceitos, se pretenda pura e simplesmente retirar um regime: no regresso à realidade através da subsunção ou de figuras similares, as qualidades suprimidas pela conceptualização abstrata – logo amputante – vão, na falta de outros esquemas, ser substituídas pelo empirismo, pelo sentimento ou pelo arbítrio.

Mas agora, o instituto jurídico deve ser apreendido como um conceito geral-concreto: ele não é formado pelo estudioso antes existindo, como princípio ou ideia objetiva, imanente às realidades, limitando-se o estudioso a apreendê-lo por meio da razão [2488]. Em termos práticos, o conceito geral-concreto não se apresenta através de uma definição abstrata, mas com recurso a uma série marcante de aspetos que brotam da mesma realidade e a ela são reconduzidos.

Os juristas conhecem, na prática, os conceitos-gerais concretos; como exemplifica Larenz, retomando Hegel, a propriedade, de difícil definição abstrata, torna-se mais clara quando apresentada com recurso às suas características marcantes: o controlo direto com a coisa, o poder de trans-

---

tituto jurídico como "...sistema de normas que regula um determinado grupo de relações jurídicas".

[2487] O empobrecimento é tanto maior quanto mais vasta for a realidade subjacente, a integrar no conceito – o que faz baixar o número de requisitos compartilhados. A extensão e a compreensão de um conceito estão, de facto, numa relação de proporcionalidade inversa.

[2488] GEORG WILHELM FRIEDRICH HEGEL, *System der Philosophie* I – *Die Logik* (1830) = *Sämtliche Werke*, publ. H. GLOCKNER (1929), §§ 163 e 164 (358 ss. e 361 ss.). *Vide*, sobre o tema, KARL LARENZ, *Methodenlehre*, 6.ª ed. cit., 457 ss..

formação da coisa, o da exclusão de quaisquer terceiros, etc.[2489]. O artigo 1305.º é, disso, um exemplo excelente.

309. Justificação

I. A justificação para o recurso a *institutos*, na apresentação da doutrina geral do Direito civil, advém – ou advirá – de quanto acima foi dito. Com as precisões seguintes.

A situação jurídica constitui a peça fundamental do Direito realizado – isto é, do Direito em sentido próprio. A sua riqueza impede, no entanto, uma comunicação viável: o Direito não pode ser ministrado a nível de situação, sob pena de empirismo ou de incomunicabilidade.

Os princípios jurídicos apresentam-se demasiado abstratos ou vagos para possibilitar todo um regime que implicaria aliás, desde logo, o recurso, também, a normas.

As meras descrições não alcançam relevo científico e têm utilidade questionável.

II. As críticas feitas à parte geral dos códigos de inspiração germânica deixam clara a necessidade de se proceder a uma apresentação geral da dogmática civil, antes de penetrar no Direito positivo. A leitura das múltiplas tentativas, feitas nesse sentido[2490], deixa entender uma deficiência na instrumentação utilizada. Não basta recorrer a situações jurídicas; por seu turno, o apelo a princípios ou a descrições manifesta-se insatisfatório.

Como proposta de solução para o que se apresenta como um problema de construção científica e de explanação didática sugere-se o instituto, na aceção acima preconizada.

O instituto filia-se no que pensamos ser a atual metodologia jurídica, com o primado do caso, com a unidade do processo de realização do

---

[2489] KARL LARENZ, *Methodenlehre*, 6.ª ed. cit., 459-460.
[2490] Assim, MOTA PINTO, *Teoria geral*, 4.ª ed. cit., 98 ss. e CARVALHO FERNANDES, *Teoria geral* cit., 1, 5.ª ed. cit., 77 ss.. CAPELO DE SOUSA, *Teoria geral* cit., 1, 45 ss., chega a uma enumeração de treze princípios.
Já com elementos mais integrados, THILO RAMM, *Einführung* cit., 1, G 18 ss..

Direito e com a assunção da síntese entre racionalidade e cultura que enforma a Ciência jurídico-civil. Além disso, ele comporta potenciais bastantes para superar o conceptualismo, numa via que deu provas históricas de adequação.

III. As considerações acima efetuadas, a nível micro-jurídico, sobre o potencial interno dos institutos, entendidos como conceitos gerais-concretos, podem ser extrapoladas para o próprio plano global do Direito civil.

Ao traçar uma dogmática geral assente em institutos está-se a indagar a ideia objetiva do Direito civil, a ele imanente e expressa nos seus traços mais característicos. Não se enjeita a possibilidade, aberta pelos estudos de Claus-Wilhelm Canaris, de elaborar um sistema de Direito civil, apoiada numa articulação de princípios teleologicamente entendida, ainda que com limites internos e externos. Mas o sistema é uma tarefa, um utensílio, sempre presente e atuante, que não faria sentido apresentar acabado. Não teria manuseamento possível, pela vastidão dos seus elementos e pelo número infinito de combinações que sempre possibilitaria. Como produto da Ciência, o sistema pressupõe um prévio conhecimento da realidade. Tal conhecimento postula o domínio do regime jurídico-positivo em causa, o qual é precedido pela apreensão da dogmática para tanto necessária. E neste ponto, como fatores exemplares e impressivos, atuam os institutos civis.

310. **Sequência**

I. A sequência deve ser firmada pelos institutos civis mais relevantes do atual Direito positivo português.

Exclui-se, naturalmente, uma apresentação de todos ou, sequer, da maioria dos institutos vigentes: isso implicaria, sem mérito, uma antecipação de matéria dispersa hoje por várias disciplinas académicas.

Tão-pouco há que recorrer a critérios quantitativos, seja sublinhando os institutos mais referidos na lei civil, seja optando por aqueles que maior número de decisões jurídicas, designadamente judiciais, potenciem.

Relevam, assim, os institutos exemplares que se projetem, mercê das suas próprias características, a partir do espaço jurídico-civil. Na sua determinação intervêm tanto critérios científicos como culturais: eles apresentarão uma particular projeção em termos de resolução jurídica de casos concretos e eles surgirão como realidades vocacionadas para, de um determinado sistema jurídico, apresentarem as características mais marcadas.

II. Na sequência, referir-se-ão, pois, os institutos seguintes:

– a personalidade e a sua tutela;
– a autonomia privada;
– a boa-fé;
– a imputação dos danos;
– a propriedade e a transmissão.

Está fora de causa explanar, ainda que de modo sintético, o regime associado a estas realidades; nuns casos, elas corporizam áreas pioneiras do desenvolvimento civil que, nas suas implicações, obrigam a lidar com o conjunto da ordem jurídica privada – o caso da boa-fé; noutros, elas correspondem a grandes disciplinas civis, cujo estudo cabal se espraia por outras disciplinas – o caso da imputação dos danos.

Mas estes cinco institutos dão, no seu conjunto e ao que se julga, corpo a uma doutrina geral do Direito civil.

§ 77.º A PERSONALIDADE E A SUA TUTELA

311. A pessoa humana no Direito civil

I. O Direito, enquanto fenómeno histórico e cultural, é uma criação humana, no mais largo sentido dessa ideia: surge como obra humana, é utilizado por pessoas, serve os seus interesses e os seus fins e sofre as vicissitudes que a Humanidade lhe queira imprimir. Neste sentido, a pessoa humana não constitui qualquer instituto jurídico. Ela está presente em cada solução ou em cada norma, mas não integra modelos de decisão específicos que, de modo particular, a tenham em conta.

A referência, no domínio de uma rubrica destinada a analisar institutos gerais, à pessoa humana, visa apreender e comunicar os complexos de normas e de princípios que tenham em vista a realidade "pessoa humana" ou, simplesmente, "pessoa". Ainda aí se torna possível trabalhar com uma aceção ampla: os diversos institutos civis – naturalmente dirigidos a pessoas – podem ordenar-se em função desses destinatários naturais e indispensáveis.

LARENZ/WOLF, a propósito do que consideram o "personalismo ético" como fundamento do BGB, analisam, sucessivamente [2491]:

1. A proteção da pessoa;
2. O reconhecimento da pessoa como sujeito;
3. A liberdade de atuação pessoal: autonomia privada e direito subjetivo;
4. A consideração pela solidariedade entre as pessoas;
5. A responsabilidade da pessoa;
6. A tutela da confiança.

[2491] LARENZ/WOLF, *Allgemeiner Teil*, 9.ª ed. cit., 20 ss..

Não se duvida de que tais proposições – enquanto comuniquem algo que transcenda a pura generalidade – possam ser analisadas à luz de institutos ligados à personalidade e à sua tutela ou, muito simplesmente, sejam utilizáveis para arquitetar modelos de decisão nos quais participem elementos atinentes à pessoa[2492].

Interessa, contudo, uma aceção mais restrita. A personalidade humana vai, aqui, relevar enquanto fator de polarização de soluções, isto é, enquanto elemento suscetível de infletir, induzir ou provocar decisões jurídicas num sentido que, histórica ou comparativamente, poderia ser diverso[2493].

II. Em termos dogmáticos, uma pessoa é um centro de imputação de normas jurídicas. Nesse sentido, pode ou não haver coincidência entre a pessoa para efeitos de Direito e a pessoa enquanto indivíduo da espécie *homo sapiens;* o assunto será considerado a propósito das pessoas. Mas desta feita, trata-se de pessoa em sentido biológico.

O papel da pessoa (biológica) é direto, desde logo, na própria dogmática; tende a haver uma correspondência entre ela e os centros de imputação de normas jurídicas, direta ou instrumentalmente, em moldes que, com facilidade, se deixam antever. Todavia, isso não faculta qualquer instituto: a presença de um centro de imputação de normas não equivale, por si, a qualquer modelo de decisão. Mas para além desse (e de muitos outros) aspetos genéricos, a pessoa (biológica) conduz ao aparecimento de verdadeiros institutos, portanto a conjuntos articulados de normas e de princípios que permitam a figuração de modelos de decisão típicos.

III. Na base dos institutos ligados à pessoa, encontram-se as situações jurídicas de personalidade, a entender como as que, de modo direto, se prendam a bens de personalidade, quer impondo condutas que lhes digam

---

[2492] Considerados em si mesmos, eles não poderiam facultar tal dimensão. Repare-se que a decisão tomada a favor de uma pessoa – p. ex., o cumprimento de um contrato ou o respeito pela propriedade – tende sempre a ser uma decisão contra outra pessoa.

[2493] Aponta-se, assim, para uma certa relativização desta problemática, o que não deixa, também, de corresponder à realidade: a propósito da pessoa, considera-se um aspeto (e não o outro) porque, num momento histórico antecedente, ele não foi reconhecido ou porque, na própria época em causa, ele é contestado, inobservado ou está em perigo.

respeito (deveres de personalidade) quer permitindo o seu aproveitamento (direitos de personalidade)[2494].

Como será retomado, a opção por um ou por outro dos dois esquemas figurativos de situações tem muito de linguístico; por exemplo, tanto daria recordar a proibição de matar como sublinhar o direito à vida. Mas na realidade, ela encobre importantes vetores culturais e mesmo políticos: a referência a situações de personalidade pelo prisma permissivo, dando uma feição de disponibilidade à proteção conferida, alarga-lhe, extraordinariamente, o âmbito: pela técnica própria da jussubjetivação, o recurso a um direito obriga, desde logo, todos ao seu respeito.

O primeiro instituto – ou subinstituto – ligado à personalidade humana e à sua tutela é, deste modo, o das situações de personalidade onde avulta, na atualidade, a categoria dos direitos de personalidade[2495].

IV. A ideia de direito de personalidade – como tantas vezes ocorre com as noções mais evidentes que, por isso, requerem um maior esforço de abstração – surgiu tardiamente na dogmática jurídica[2496]. A sua definição é algo circular; cite-se Otto von Gierke:

> Chamamos direitos de personalidade aos direitos que concedem ao seu sujeito um domínio sobre uma parte da sua própria esfera de personalidade. Com este nome, eles caracterizam-se como "direitos sobre a própria pessoa" distinguindo-se com isso, através da referência à especialidade do seu objeto, de todos os outros direitos... Os direitos de personalidade distinguem-se, como direitos privados especiais, do direito geral da personalidade, que consiste na pretensão geral, conferida pela ordem jurídica, de valer como pessoa. O direito de personalidade é um direito subjetivo e deve ser observado por todos[2497].

[2494] *Tratado*, IV, 45 ss. e 97 ss..

[2495] A presente rubrica é meramente introdutória; o tema é aprofundado no presente *Tratado*, IV, 45 ss..

[2496] ROBERT SCHEYHING, *Zur Geschichte des Persönlichkeitsrechts im 19. Jahrhundert*, AcP 158 (1959/60), 503-525 com elementos pandetísticos e HANS HATTENHAUER, *Grundbegriffe des bürgerlichen Rechts* (1982), 12 ss..

[2497] OTTO VON GIERKE, *Deutsches Privatrecht* 1 (1895), 702-703, transcrito também em HATTENHAUER, *Grundbegriffe* cit., 13.

Ficam, pois, abrangidos direitos que recaem sobre bens pessoalíssimos, como o direito à vida, à integridade física, à imagem ou ao nome.

A evolução posterior sedimentaria os direitos de personalidade como uma figura civil[2498] a qual, incluída na parte geral dos códigos de tipo germânico, integra o elenco positivo da parte geral do Direito civil: a seu tempo compete estudá-la. Anote-se apenas, desde já, que ela não deve ser reduzida a um somatório de direitos subjetivos, antes abrangendo, em geral, diversas situações jurídicas: opera como elemento paradigmático de uma disciplina objetiva: o Direito da personalidade.

V. Uma tendência constante em toda a evolução recente da tutela da personalidade humana exprime um alargamento dos institutos destinados a prossegui-la.

Os direitos de personalidade apenas traduzem, em termos descritivos, um núcleo basilar de bens pessoais juridicamente reconhecido. Mas a pessoa humana é bem mais rica, promovendo novos e variados meios dogmáticos para a sua defesa e requerendo círculos alargados de influência para a sua realização. Todo o Direito privado se ordena nessa linha. Certas figuras acusam, no entanto, a sua presença em moldes mais diretos, havendo, pois, que lhe fazer uma particular referência. São eles:

– os direitos fundamentais;
– a responsabilidade patrimonial;
– os danos morais;
– a família.

Tal a sequência.

312. A eficácia civil dos direitos fundamentais

I. Os direitos fundamentais são posições jurídicas atribuídas pela *Constituição*, com particular solenidade[2499]. O seu critério é o da fonte da

---

[2498] PETER SCHWERDTNER, *Das Persönlichkeitsrecht in der deutschen Zivilrechtsordnung* (1977) 79 ss., quanto à situação atual. Entre nós, o desenvolvimento mais notável deve-se, ainda, a PAULO CUNHA, *Teoria geral de Direito civil* (ed. 1971-72), 111 ss..

[2499] Com outras indicações, *Tratado*, IV, 137 ss..

sua atribuição. A esta luz, e de acordo com Castro Mendes, cabe distingui-los de outras figuras que, com eles, aparecem estreitamente ligados[2500]:

– os direitos de personalidade, que se reportam aos bens de personalidade (critério do objeto);
– os direitos originários, que resultam da própria natureza do homem e que o Direito se limita a reconhecer (critério da pré-positividade);
– os direitos do homem, que aparecem por serem próprios de qualquer pessoa, onde quer que ela se encontre (critério da titularidade);
– os direitos pessoalíssimos, que se caracterizam por não poderem ser transferidos (critério da intransmissibilidade);
– os direitos pessoais – nesta aceção – que têm natureza não patrimonial (critério da patrimonialidade).

A Constituição de 1976 compreende, na verdade, uma Parte I – Direitos e deveres fundamentais, onde sobressaem dois títulos: o II – Direitos, liberdades e garantias e o III – Direitos e deveres económicos, sociais e culturais.

O conjunto de figuras aí abrangido é extenso e variado[2501].

II. Os direitos fundamentais dobram uma série de figuras que desfrutam de proteção noutros níveis, designadamente no civil. A sua natureza reparte-os por várias disciplinas, que vão desde o Direito de personalidade ao Direito processual penal[2502], ao Direito público e ao Direito do trabalho, quando se atente na materialidade dos bens neles em jogo, ou na subs-

---

[2500] JOÃO DE CASTRO MENDES, *Direitos, liberdades e garantias – alguns aspectos gerais*, em *Estudos sobre a Constituição*, 1 (1977), 93-107 (107) e *Teoria Geral do Direito civil*, 1 (1978, reimpr. 1986), 310-311. Foram introduzidas algumas alterações no modo de referenciar os respetivos critérios.

[2501] Quanto aos direitos fundamentais vide os múltiplos escritos de JORGE MIRANDA, entre os quais: *Direito constitucional/Direitos fundamentais* (1984), *Direitos fundamentais* (1987) e *Direitos fundamentais na ordem constitucional portuguesa*, Revista Española de Derecho Constitucional, 6 (1986), 107-138, *Direitos fundamentais/Introdução geral* (1989) e *Manual de Direito constitucional*, IV – *Direitos fundamentais*, 3.ª ed. (2000). Uma referência especial é devida a JORGE REIS NOVAIS, *As restrições aos direitos fundamentais*, 2.ª ed. (2010), 1018 pp..

[2502] MARIA FERNANDA PALMA (org.), *Jornadas de Direito processual penal e direitos fundamentais* (2004).

tancialidade das soluções que propiciem. Eles relevam aqui, no entanto, por razões de tipo formal.

Em termos históricos e dogmáticos, os direitos fundamentais traduzem posições da pessoa contra o Estado[2503]. Na sua grande maioria, eles eram já conhecidos muitos antes de se falar em Direito constitucional; a novidade residiu pois na sua referenciação com uma particular solenidade, por forma a procurar controlar o Estado e o poder político.

A preocupação de bem delimitar o Estado nas suas funções levou ao alargamento dos catálogos consagrados aos direitos fundamentais: a experiência mostra que meras referências vagas ou de princípio podem mais facilmente ser contornadas, sobretudo pelo legislador ordinário. Além disso, foram engendrados traços especiais para o seu regime, no plano constitucional, com relevo para a aplicabilidade direta – artigo 18.º da Constituição – numa conjunção que, no essencial, visa conter o legislador ordinário – assim, os seus números 2 e 3 [2504].

O que mais não fora, a princípio, do que uma mera técnica de formulação e de eficácia orgânica de certos direitos subjetivos acabaria por ganhar uma relevância substantiva. Por duas vias:

– pela própria compleitude da análise constitucional;
– pelo peso argumentativo que a presença, no texto constitucional, faculta a certos fatores jurídico-subjetivos.

Os direitos fundamentais – designadamente quando sejam direitos de personalidade, mas não necessariamente – alcançam, na sua formulação

---

[2503] Liderante na separação desta ideia: BVerfG 15-Jan.-1958, BVerfGE 7 (1958), 198-230. Trata-se de uma posição já conhecida e, depois, mantida pela jurisprudência de trabalho; assim BAG 3-Dez.-1954, BAGE 1 (1955), 185-196 (187 e 193) (onde foi considerado ilegítimo o despedimento de um trabalhador por uso de autocolantes políticos, por se entender que a liberdade de expressão não joga apenas contra o Estado, mas sim contra todos) e BAG 29-Jun.-1962, BAGE 13 (1964), 168-182 (onde a mesma afirmação é feita a propósito da liberdade de associação).

[2504] Ao dispor de modo expresso que os direitos fundamentais são diretamente aplicáveis, a Constituição pretendeu não os colocar na dependência do legislador ordinário, mas sem tomar posições dogmáticas sobre construções jurídico-científicas. Quanto ao referido artigo 18.º da Constituição, cf. G. CANOTILHO/V. MOREIRA, *Constituição anotada*, 1, 4.ª ed. (2007), 379 ss., JORGE MIRANDA, *O regime dos direitos, liberdades e garantias*, em *Estudos sobre a Constituição*, III (1979), 41-102 (77 ss.) e JORGE MIRANDA/RUI MEDEIROS, *Constituição portuguesa anotada* 1, 2.ª ed. (2010), 310 ss..

constitucional, um nível de pormenor que escapa, em regra, aos correspondentes ramos substantivos. No que toca ao Direito da personalidade (civil), tudo se perde em pouco mais do que formulações genéricas como as do artigo 70.º do Código Civil. Num efeito de retorno, eles facultam, pois, aos civilistas, instrumentos de análise de inegável utilidade que, por propiciarem um melhor conhecimento, não devem ser esquecidos.

A possibilidade de, em modelos de decisão, incluir argumentos dotados de cobertura constitucional pode influenciar decisivamente a solução concreta, ao abrigo de esquemas como os da interpretação conforme com a Constituição[2505] ou equivalentes[2506].

III. Obtém-se, assim, uma ideia de penetração civil dos direitos fundamentais: estes facultam um estudo analítico e uma redobrada proteção de certas figuras civis tradicionais. A referência a uma eficácia perante terceiros, eficácia reflexa, eficácia privada ou simplesmente, eficácia civil dos direitos fundamentais ganha dimensões substantivas renovadas, ao propiciar soluções diferentes.

O fenómeno pode analisar-se em dois planos:
– o da sua penetração dogmática;
– o do seu alcance material.

[2505] Referimos, por todos, JÖRN LÜDEMANN, *Die verfassungskonforme Auslegung von Gesetzen*, JuS 2004, 27-30. A própria Constituição deve, em momento prévio, ser interpretada, então se impondo alguns cânones; cf. MARTIN BULLINGER, *Fragen der Auslegung einer Verfassung*, JZ 2004, 209-214.

[2506] Quanto ao alcance dessa "interpretação" cf., com indicações, o *Manual de Direito do Trabalho* cit., 154 ss.. Há numerosa jurisprudência do nosso Supremo que, a propósito de conflitos de direitos, apela a direitos de personalidade ou a direitos fundamentais, para decidir. Assim e como exemplos: STJ 27-Mai.-1997 (CARDONA FERREIRA), CJ/Supremo V (1997) 2, 102-105 (104/II), RCb 8-Jul.-1997 (FRANCISCO LOURENÇO), CJ XXII (1997) 4, 23-26 (25/II), REv 2-Out.-1997 (MOTA MIRANDA), CJ XXII (1997) 4, 275-277 (276/II), REv 16-Out.-1997 (MOTA MIRANDA), *idem*, 278-279, RPt 2-Fev.-1998 (SIMÕES FREIRE), CJ XXIII (1998) 1, 203-207 (206/I), STJ 6-Mai.-1998 (FERNANDES MAGALHÃES), CJ/Supremo VI (1998) 2, 76-78 (77/II) = BMJ 477 (1998), 406-411 (411), STJ 2-Jun.-1998 (FERNANDO FABIÃO), CJ/Supremo VI (1998) 2, 106-108 (107/II), STJ 22-Out.-1998 (NORONHA NASCIMENTO), CJ/Supremo VI (1998) 3, 77-79 (78/II) = BMJ 480 (1998), 413-418, RPt 8-Mar.-1998 (MANUEL GONÇALVES FERREIRA), CJ XXIV (1999) 2, 177-180, RLx 15-Jun.-1999 (BETTENCOURT FARIA), CJ XXIV (1999) 3, 115-117 (117/I) e RLx 14-Out.-1999 (CATARINA MANSO), CJ XXIV (1999) 4, 125-127 (127/I). Outras indicações constam deste *Tratado*, IV, §§ 5.º e seguintes.

A penetração dogmática dos direitos fundamentais no Direito civil poder-se-ia dar de modo direto [2507] ou através da concretização de conceitos indeterminados [2508]: no primeiro caso, ela passa desde logo dos textos fundamentais às decisões civis; no segundo, ele contribui para precisar, em casos concretos, princípios como os da boa-fé ou dos bons costumes.

O seu alcance material permite-lhe passar por três fases:

– a das pretensões contra o Estado por ações deste que conduzam à sua violação [2509]; os direitos fundamentais asseguram um espaço livre da ingerência estadual;
– a das pretensões contra o Estado por omissões deste que facultem a violação dos direitos fundamentais por terceiros – *maxime* por outros particulares [2510]; o espaço assegurado livre contra o Estado não poderia ser invadido por terceiros;
– a das pretensões contra terceiros – *maxime* particulares – por ações que contundam com os direitos fundamentais: é a sua eficácia reflexa ou civil [2511].

Em nome desta eficácia civil, foram tomadas decisões tais como:

– o diretor da casa de imprensa de Hamburgo lança uma campanha de boicote a um filme dirigido por um realizador implicado em

---

[2507] HANS CARL NIPPERDEY, *Grundrechte und Privatrechte*, FS Molitor (1962), 17-33 (26).

[2508] PAUL MIKAT, *Gleichheitsgrundsatz und Testierfreiheit*, FS Nipperdey 1 (1965), 581-604 (590) e HARALD BOGS, *Die Verfassungskonforme Auslegung von Gesetzen unter besondere Berücksichtigung der Rechtsprechung des Bundesverfassungsgerichts* (1966), 137.

[2509] RÜDIGER BREUER, *Grundrechte als Anspruchsnormen*, FG 25. BVerwG (1978), 89-119 (89 e 95 ss.).

[2510] JÜRGEN SCHWABE, *Bundesverfassungsgericht und "Drittwirkung" der Grundrechte*, AöR 100 (1975) 442-470 (443 ss.). *Vide* DIETER FLOREN, *Grundrechtsdogmatik im Vertragsrecht/Spezifische Mechanismen des Grundrechtsschutzes gegenüber der gerichtlichen Anwendung von Zivilrecht* (1999), 19 ss. e LARENZ/WOLF, *Allgemeiner Teil*, 9.ª ed. cit., 88-90.

[2511] Esta posição tende a ser adotada pelos autores que defendem a atuação direta dos direitos fundamentais, já que estes se apresentariam como absolutos; cf. além de NIPPERDEY *supra* cit., autores como LAUFKE, LEISNER e RAMM, citando diversa jurisprudência; cf. HÜBNER, *Allgemeiner Teil* cit., 59. Trata-se de uma posição particularmente criticada por CLAUS-WILHELM CANARIS, *Grundrechte und Privatrecht*, AcP 184 (1984), 201-246 (204 ss.).

campanhas antissemitas nazis; condenado civilmente, ele veio, no entanto, a ser ilibado pelo tribunal constitucional, que entendeu ter ele agido nos domínios da livre exteriorização do pensamento, garantidos pela lei fundamental[2512];
– um marido move contra a mulher uma ação de divórcio: casara quando ela professava certa religião, igual à dele; ora, supervenientemente a mulher veio a converter-se a determinado credo religioso, descurando a casa e a educação dos filhos; apesar de se terem demonstrado esses factos, veio-se a entender que a mulher agira nos termos da sua liberdade religiosa, não se justificando o divórcio[2513];
– um chefe de orquestra é despedido por atuação contrária ao (bom) gosto da entidade empregadora; o despedimento é considerado ilícito por se entender que ele atuara ao abrigo da sua liberdade de criação artística[2514].

IV. A eficácia civil dos direitos fundamentais tem levantado dúvidas crescentes na doutrina; não lhe será estranho o facto de se ter chegado a patentes exageros, nesse domínio[2515]. Designadamente, ela foi utilizada:
– para restringir áreas de liberdade: uma pessoa não poderia, por hipótese, prejudicar ou diferenciar, num testamento, as beneficiárias (femininas), por contundir contra a não-discriminação das pessoas em função do sexo, garantida na Constituição;
– para justificar o incumprimento das obrigações: as pessoas poderiam eximir-se ao acatamento de certos deveres em nome da sua liberdade de consciência; por exemplo, o médico ou o enfermeiro

---

[2512] BVerfG 15-Jan.-1958, BVerfGE 7 (1958), 198-230. Os tribunais constitucionais assumem, assim, um papel importante neste tipo de concretização; *vide* UWE DIEDERICHSEN, *Das Bundesverfassungsgericht als oberstes Zivilgericht – ein Lehrstück der juristischen Methodenlehre*, AcP 198 (1998), 171-260 (172 e 199 ss.).

[2513] BGH 24-Out.-1962, BGHZ 38 (1963), 317-322 (319-320, 325 e 332). Cf. já BGH 6-Abr.-1960, BGHZ 33 (1961), 145-163 (145 e 150), onde se afirmara também a liberdade de consciência, a propósito de opções religiosas.

[2514] BAG 15-Ag.-1984, BAGE 46 (1986), 163-174 (173).

[2515] *Vide* PAWLOWSKI, *Allgemeiner Teil*, 5.ª ed. cit., 74 e, em particular, o citado estudo de CANARIS, *Grundrechte und Privatrecht*, com resposta em JÜRGEN SCHWABE, *Grundrechte und Privatrecht*, AcP 185 (1985), 1-8 e réplica em AcP 185 cit., 9-12.

assalariados poderiam recusar-se a colaborar em práticas de interrupção da gravidez ou o trabalhador de confissão judaica recusar-se a trabalhar ao sábado, etc.[2516].

Ora se em casos-limites a eficácia civil dos direitos fundamentais não oferece dificuldades – até como expressão dos meros direitos (civis) de personalidade – algumas das consequências a que conduz obrigam a reponderar o fenómeno, limitando-o a uma mera eficácia mediata[2517].

Deve ter-se presente que os direitos fundamentais, na sua efetivação, traduzem, com frequência, um peso ou um sacrifício para outrem: outros particulares. Esses particulares, ao contrário do próprio Estado, são também titulares de direitos fundamentais. O peso desses direitos deve ser distribuído por toda a sociedade, através do Estado, não podendo concentrar-se numa única pessoa: isso iria, aliás, contra a própria igualdade.

A doutrina tem-se inclinado para admitir apenas a referida eficácia mediata dos direitos fundamentais[2518]: eles só interfeririam no campo civil através da concretização de conceitos indeterminados – v.g., boa-fé ou bons costumes – numa posição já mencionada[2519].

V. As prevenções feitas pela doutrina atual contra uma eficácia civil dos direitos fundamentais têm razão de ser. A atuação do Estado é qualitativamente diferente da das pessoas privadas, não podendo, por isso, ser feitas transposições automáticas. Por exemplo, parece evidente – perante a nossa cultura – que o Estado deve tratar todas as pessoas de modo igual. Mas um particular não está nas mesmas condições: ele poderá, arbitraria-

---

[2516] Vide, entre outros, BOSCH/HABSCHEID, *Vertragspflicht und Gewissenskonflikt*, JZ 1954, 213-217, A. BLOMEYER, *Gewissensprivileg im Vertragsrecht?*, idem, 309-312, F. WIEACKER, *Vertragspflicht und Gewissenskonflikt*, JZ 1954, 213-217, e *Vertragsbruch aus Gewissensnot*, idem, 466-468, HORST KAUFMANN, *Die Einrede der entgegenstehende Gewissennspflicht*, AcP 161 (1962), 289-316 (313 ss.) e HEINRICH HEFFTER, *Auswirkung der Glaubens- und Gewissensfreiheit im Schuldverhältnis* (1968), 60 ss.. Entre nós, vide JOSÉ LAMEGO, *"Sociedade aberta" e liberdade de consciência – O direito fundamental de liberdade de consciência* (1985).

[2517] GÖTZ HUECK, *Der Grundsatz der gleichmässigen Behandlung im Privatrecht* (1958), 100-105 e CANARIS, *Grundrechte* cit., maxime 245.

[2518] LARENZ/WOLF, *Allgemeiner Teil*, 9.ª ed. cit., 89.

[2519] Vide as apreciações críticas de CANARIS, ob. cit., 222 ss..

mente, escolher contratar com uma ou outra pessoa, sem justificações nem preocupações igualitárias, salvo particulares limites impostos no caso concreto pela boa-fé ou pelos bons costumes. Há, pois, que distinguir, sob as construções linguísticas jurídico-subjetivantes, o sentido de certos direitos fundamentais: quando dirijam comandos ao Estado, não cabe, deles, extrapolar regras diretas para os particulares.

Nos restantes casos, os direitos fundamentais podem ser atendidos, em termos civis, tanto mais que eles apenas tendem a reforçar posições já consagradas, *maxime* pelo Direito da personalidade. Ainda aí, no entanto, com limitações que lhes restituam o seu verdadeiro sentido normativo e, designadamente:

– com adequação axiológica;
– com adequação funcional.

A adequação axiológica recorda que os direitos fundamentais não acautelam, somente, certos valores; antes o fazem por forma adequada ou, noutro prisma, perante violações que eles considerem adequadas. Apenas nessa dimensão eles podem surtir efeitos civis. Por exemplo, a recusa em celebrar um contrato – *maxime* de prestação de serviço ou de trabalho – pode pôr em perigo a vida ou a integridade da outra parte; mas o direito à vida, como fundamental que é, não exige, aqui, a celebração do contrato (em princípio) por não haver adequação axiológica em tal dimensão.

A adequação funcional obriga a atinar nas próprias violações em si: também estas podem situar-se no termo de funções estranhas ao direito fundamental considerado, quer por conflitos de deveres em que este ceda – por exemplo, o soldado na guerra pode matar e, provavelmente, deverá mesmo fazê-lo – quer por simples alheamento ou desconexão – por exemplo, a pessoa que professasse uma religião que proibisse o trabalho não poderia, legitimamente, receber um salário sem trabalhar, em nome da liberdade de consciência.

VI. Os direitos fundamentais têm um papel na argumentação, permitindo tornar mais consistentes soluções apoiadas noutros níveis normativos.

Eles contribuem para a concretização de conceitos indeterminados.

Eles admitem, por fim, uma aplicação direta quando o seu sentido normativo, em termos de adequação axiológica e funcional, a tanto dê lugar. Resta acrescentar que esta matéria deve ser acompanhada, com cuidado, pelo Direito civil, em especial quando estude os direitos de personalidade.

313. Os direitos fundamentais no Direito europeu

I. O Direito europeu tem vindo a desenvolver alguns conceitos próprios. Para tanto, utiliza muitas vezes o fundo comum dos diversos ordenamentos, particularmente nas áreas do Direito civil e do Direito constitucional. Nestas condições surgem os direitos fundamentais, contrapostos à categoria das liberdades fundamentais.

Os direitos fundamentais europeus correspondem a uma transposição comunitária da evolução processada depois da II Guerra Mundial, nos diversos países do Ocidente e, em especial, na Alemanha[2520]. Traduzem, no essencial, posições reconhecidas às pessoas, que se prendem à sua própria existência, desenvolvimento e dignidade e que devem ser respeitadas, em primeira linha, pelo Estado[2521] ou, aqui, pelos Estados-membros[2522].

II. Embora tendo disponíveis os diversos catálogos nacionais[2523], o legislador comunitário não logrou, ainda, aprontar a competente enumeração[2524]. O Parlamento Europeu deliberou, em 8-Abr.-1997[2525], a preparação, pela União Europeia, de uma Declaração Europeia dos Direitos Fundamentais. Sem efeitos. Nova deliberação, em 17-Fev.-1998[2526]: com idêntica ausência de resultados. O Conselho, na Cimeira de Nice, em 7-Dez.-2000,

---

[2520] CHRISTIAN WALTER, *Geschichte und Entwicklung der Europäischen Grundrechte und Grundfreiheiten*, em DIRK EHLERS (publ.), *Europäische Grundrechte und Grundfreiheiten* (2003), 1-19 (1 ss.). Como referência, ANDREW CLAPHAM, *Human Rights and the European Community: A Critical Overview* (1991) e ANTONIO CASSESE/ANDREW CLAPHAM/JOSEPH WEILER (ed.), *Human Rights and the European Community: Methods of Protection*, 2 volumes (1991).

[2521] DIRK EHLERS, *Die Grundrechte des europäischen Gemeinschaftsrechts*, Jura 2002, 468-477 (468 ss.).

[2522] MATTHIAS RUFFERT, *Die Mitgliedstaaten der Europäischen Gemeinschaft als Verpflichtete der Gemeinschaftsgrundrechte*, EuGRZ 1995, 518-530.

[2523] NAGEL, *Wirtschaftsrecht der Europäischen Union*, 4.ª ed. cit., 61.

[2524] LECHELER, *Einführung in das Europarecht*, 2.ª ed. cit., 116.

[2525] JOCE 1997 Nr. C-132, 31, de 28-Abr.-1997.

[2526] JOCE 1998 Nr. C-80, 43, de 16-Mar.-1998.

proclamou a Carta dos Direitos Fundamentais da União Europeia[2527]. Esta não se tornou, porém, num texto efetivamente vinculativo[2528]. A matéria deveria ter sido acolhida na Constituição Europeia[2529]. Esta foi rejeitada por referendos, em França e na Holanda. Acabaria por passar ao Tratado de Lisboa, de 13-Dez.-2007, em vigor, após diversas peripécias, a partir de 1-Dez.-2009.

III. Apesar da falha legislativa, a jurisprudência europeia tem vindo a reconhecer e a aplicar os diversos direitos fundamentais[2530]. O Tribunal de Justiça Europeu deriva a sua competência, nesse domínio, simplesmente do então artigo 220.º/I do Tratado da União[2531]:

> No âmbito das respetivas competências, o Tribunal de Justiça e o Tribunal de Primeira Instância garantem o respeito do Direito na interpretação e aplicação do presente Tratado.

A propósito de diversos casos concretos, o Tribunal tem vindo a concretizar importantes direitos fundamentais, muitos deles direitos de personalidade, com o maior relevo. De entre os direitos fundamentais reconhecidos pelo Tribunal de Justiça, passamos a enumerar:

– a dignidade da pessoa[2532];

[2527] JOCE 2000 Nr. C-364, 1-21, de 18-Dez.-2000. De referir a obra coletiva publ. JÜRGEN MEYER, *Kommentar zur Charta der Grundrechte der Europäischen Union* (2003), 634 pp., bem como a publ. GIUSEPPE FRANCO FERRARI, *I diritti fondamentali doppo la Carta di Nizza/Il costituzionalismo dei diritti* (2001), 275 pp..

[2528] Vide CHRISTIAN CALLIESS, *Die Europäische Grundrechts-Charta*, em DIRK EHLERS, *Europäische Grundrechte und Grundfreiheiten* (2003), 447-466 e *Die Charta der Grundrechte der Europäischen Union – Fragen der Konzeption, Kompetenz und Verbindlichkeit*, EuZW 2001, 261-268 (267).

[2529] Vide o *Tratado que estabelece uma Constituição para a Europa*, artigos II-61.º a II-65.º; na ed. ANA MARIA GUERRA MARTINS/MIGUEL PRATA ROQUE (2004), 80-81.

[2530] HANS-WERNER RENGELING, *Grundrechtsschutz in der Europäischen Gemeinschaft/Bestandaufnahme und Analyse der Rechtsprechung des Europäischen Gerichtshofs zum Schutz der Grundrechte als allgemeine Rechtsgrundsätze* (1993), 11 ss. e *passim*.

[2531] Cf. a prenot. de CHARLOTTE GAITANIDES aos artigos 220.º a 245.º, no VON DER GROEBEN/SCHWARZE, *Kommentar zum Vertrag über die Europäische Union und zur Gründung der Europäischen Gemeinschaft*, 4.º vol. (2004), 298 ss..

[2532] TJE/I 30-Abr.-1996 (P./S.), Proc. 13/94, EuGHE 1996, I, 2159-2167 (2165, n.º 22, com referências a uma discriminação atentatória da dignidade e da liberdade).

§ 77.º *A personalidade e a sua tutela* 943

— o direito de propriedade[2533];
— a liberdade geral de comércio[2534];
— a liberdade de emprego e de ocupação económica[2535];
— a liberdade de associação[2536];
— a inviolabilidade do domicílio[2537];
— o respeito pela esfera privada[2538];
— a proteção de dados pessoais[2539];
— a liberdade religiosa[2540];
— a tutela da família[2541];
— a liberdade de opinião[2542];
— o princípio geral da igualdade[2543].

[2533] TJE 13-Dez.-1979 (Liselotte Hauer), Proc. 44/79, EuGHE 1979, 3727-3729 (3728, n.º 4). *Vide* RENGELING, *Grundrechtsschutz* cit., 30 ss., CHRISTIAN CALLIESS, *Eigentumsgrundrecht*, em DIRK EHLERS, *Europäische Grundrechte* (2003) cit., 381-397.

[2534] TJE 21-Mai.-1987 (Walter Rau), Proc. n.º 133 a 136/85, EuGHE 1987, III, 2334-2344 (2339, n.º 19).

[2535] TJE 13-Dez.-1979 (Liselotte Hauer), Proc. 44/79 cit., 3729 (n.º 7). Cf. MATTHIAS RUFFERT, *Grundrecht der Berufsfreuheit*, em DIRK EHLERS, *Europäische Grundrechte* (2003) cit., 364-380. Cf. RENGELING, *Grundrechtsschutz* cit., 58 ss..

[2536] TJE 15-Dez.-1995 (Bosman), Proc. n.º 415/93, EuGHE 1995, I, 5040-5082 (5065, n.º 79).

[2537] TJE 21-Set.-1989 (Hoechst AG), Proc. 46/87, EuGHE 1989, 2919-2935 (2924, n.º 17, com a referência de que só se reconhece esse direito a pessoas singulares).

[2538] TJE/I 8-Abr.-1992 (R.F.A.), Proc. 62/90, EuGHE 1992, I, 2601-2611 (2609, n.º 23).

[2539] TJE 7-Nov.-1989 (Adams), Proc. 145/83, EuGHE 1985, 3557-3593 (3587, n.º 34), surgindo como um dever de sigilo.

[2540] TJE 27-Out.-1975 (Vivien Prais), Proc. 130/75, EuGHE 1975, 3, 1589-1600 (1599, n.º 12/19).

[2541] TJE 18-Mai.-1989 (R.F.A.), Proc. 249/86, EuGHE 1989, 1286-1294 (1290, n.º 11). Cf. RENGELING, *Grundrechtsschutz* cit., 98 ss..

[2542] TJE 17-Jan.-1984 (VBVB e VBBB), Procs. n.os 43 e 63/82, EuGHE 1984, 19-71 (62, n.os 33 e 34: reconhece o direito, mas afasta a sua aplicação *in casu*). TJE/I 25-Jul.-1991 (Holanda), Proc. n.º 353/89, EuGHE 1991/I, 4088-4103 (4097, n.º 30).

[2543] TJE 25-Nov.-1986 (Klensch), Procs. n.os 201 e 202/85, EuGHE 1986, 3503-3512 (3507, n.º 9: "a proibição de discriminação é apenas a manifestação específica do princípio geral da igualdade, que pertence aos princípios fundamentais do Direito comunitário"). TJE/I 13-Abr.-2000 (Karlsson), Proc. n.º 292/97, EuGHE 2000-I, 2760-2785 (2775, n.º 39, retomando a fórmula). Cf. RENGELING, *Grundrechtsschutz* cit., 137 ss., THORSTEN KINGREEN, *Gleichheitsrechte*, em DIRK EHLERS, *Europäische Grundrechte* (2003) cit., 398-420.

Surgem, ainda, denominados direitos processuais[2544], cuja lista se tem vindo a alargar, na jurisprudência do Tribunal de Justiça Europeu[2545].

IV. Os direitos fundamentais comunitários não apresentam uma feição puramente defensiva. Eles vêm infletir regras comunitárias básicas, dando corpo a desempenhos da União[2546]. A preocupação de igualizar, também neste nível, os diversos Estados já permitiu que, aos direitos fundamentais europeus, se chamasse o "motor da União"[2547].

Trata-se de um aspeto para o qual os estudiosos e os práticos devem estar sempre atentos: ele funciona como um excelente tópico argumentativo[2548].

314. A responsabilidade patrimonial

I. A responsabilidade patrimonial constitui uma importante projeção da ideia básica do reconhecimento da personalidade humana e da sua tutela, que não tem sido considerada pela doutrina, a tal propósito. Ela dá, no entanto, uma importante dimensão da natureza humanista do atual Direito civil e condiciona, de perto, muitas soluções de Direito privado.

No fundo, a responsabilidade patrimonial permite responder à questão básica das consequências (civis) do incumprimento. Fá-lo, porém, em termos totalmente condicionados pelo facto de lidar com seres humanos cuja personalidade desfruta, no Direito civil, da maior tutela.

II. Numa posição mais lógico-teórica do que histórica, admite-se que, nas sociedades primitivas, as situações jurídicas fossem acauteladas e protegidas pelos seus próprios titulares, eventualmente auxiliados por fami-

---

[2544] JÖRG GUNDES, *Verfahrensgrundrechte*, em DIRK EHLERS, *Europäische Grundrechte* (2003) cit., 421-446.

[2545] Com indicações, KOENIG/HARATSCH, *Europarecht*, 4.ª ed. (2003), 36.

[2546] GÜNTHER HIRSCH, *Gemeinschaftsgrundrechte als Gestaltungsaufgabe*, em KARL F. KREUZER/DIETER H. SCHEUING/ULRICH SIEBER, *Europäisches Grundrechtsschutz* (1998), 7-24.

[2547] GÜNTHER HIRSCH, *Die Grundrechte in der Europäischen Union*, RdA 1998, 194-200 (200/I).

[2548] Outros elementos: *Tratado*, IV, 151 ss..

liares, dependentes ou amigos. Por outro lado, perante o incumprimento de deveres, a posição mais simples consistia em fazer sofrer o responsável, seja como modo de o levar a cumprir (efeito compulsório) seja a título de mera retorsão (efeito retributivo). Ainda no tocante ao cumprimento, quando ele não fosse materialmente possível, poderia sê-lo sempre pessoalmente, *maxime* pelo trabalho do responsável, produzido na qualidade de escravo.

Justiça privada e suportação pessoal das consequências do incumprimento seriam pois as antigas regras vigentes na matéria. Contra elas iniciou o Direito uma caminhada secular, até chegar ao regime vigente da responsabilidade patrimonial.

III. A evolução pode ser seguida no antigo Direito romano.

A Lei das XII Tábuas intentava já pôr cobro à justiça privada, regulando as consequências pessoais do incumprimento das obrigações.
Assim [2549]:

– como ponto de partida, a dívida devia ser confessada ou devia verificar-se a condenação judicial do devedor no seu cumprimento; prevenia-se, deste modo, qualquer arbítrio no domínio da existência da própria posição a defender;
– de seguida, havia que esperar trinta dias, durante os quais o devedor tentaria ainda arranjar meios para cumprir;
– decorridos os trinta dias, dava-se a *manus iniectio indirecta:* o devedor era preso pelo tribunal (se fosse pelo próprio credor, ela seria *directa*) e, não pagando, era entregue ao credor que o levava para sua casa, em cárcere privado; aí podia ser amarrado, mas devia ser alimentado, conservando-se vivo;
– durante sessenta dias ficava o devedor assim preso, em poder do credor, que o levaria consecutivamente a três feiras, com grande publicidade, para que alguém o resgatasse, pagando a dívida; nesse

---

[2549] SEBASTIÃO CRUZ, *Da "solutio" – terminologia, conceito e características, e análise de vários institutos afins*, I – *Épocas arcaica e clássica* (1962) 27 e 55 e *Direito romano*, 1, 4.ª ed. (1984) 185 ss. e OKKO BEHRENDS, *Der Zwölftafelprozess – Zur Geschichte des römischen Obligationenrechts* (1974), 125 ss.. A matéria subsequente consta da Tábua III, cuja reconstrução pode ser confrontada em SCHOELL, *Legis duodecim tabularum reliquae* (1864), 122-124 = CORTELLINI, *Leggi delle XII Tavole* (1900), 40-42.

período, ele poderia pactuar com o credor o que entendessem ou praticar o *se nexum dare,* entregando-se nas suas mãos como escravo;

– se passado esse tempo nada se resolvesse, o credor podia tornar o devedor seu escravo, vendê-lo fora da cidade (*trans Tiberim*) ou matá-lo, *partes secanto* (esquartejando-o); havendo vários credores, as *partes* deviam ser proporcionais à dívida; mas se alguém cortasse mais do que o devido, a lei não previa especial punição.

Toda esta minúcia – que chegava ao ponto de fixar o peso máximo das grilhetas com que podia ser preso o devedor e de determinar o mínimo de alimentos que lhe deviam ser dados, enquanto estivesse no cárcere privado – traduzia já, ao contrário do que possa parecer, um progresso importante na caminhada tendente a tutelar a personalidade humana. As pessoas deviam ser tratadas segundo certas regras que asseguravam, pelo menos e durante algum tempo, a sua sobrevivência.

IV. Novos passos foram dados, ainda no Direito romano. A *lex poetelia papiria de nexis,* de 326 a. C., reagindo a graves questões sociais entretanto suscitadas [2550], veio proibir o *se nexum dare* e evitar a morte e a escravatura do devedor.

Depois, admitiu-se que, quando o devedor tivesse meios para pagar, a ordem do magistrado se dirigisse à apreensão desses meios e não à prisão do devedor: pela *missio in possessionem*, os bens eram retirados e vendidos, com isso se ressarcindo o credor.

A *lex julia* veio prever que o próprio devedor tomasse a iniciativa de entregar os seus bens aos credores – *cessio bonorum* – evitando a intromissão infamante do tribunal.

A partir de 491, por decisão do Imperador Zenão, a prisão do devedor deixou de ocorrer na casa do credor, processando-se em cadeia do Estado.

A prisão por dívidas manteve-se, depois, por largos séculos: quem não cumprisse as suas obrigações civis era preso, até que o fizesse. Em

---

[2550] As peripécias que terão levado à aprovação desta lei podem ser seguidas em TITO LÍVIO, *Ab urbe condita* 2.23 = FOSTER, *Livy in fourteen volumes*, ed. bilingue (1967), 1, 291-293 e passim; vide JEAN IMBERT, *"Fides" et "nexum"*, St. Arangio-Ruiz (1953), 339-363 (342, 343 e 355) e SEBASTIÃO CRUZ, *"Solutio"* cit., 1, 37, nota 58.

Portugal, ela foi abolida por Lei de 20 de Junho de 1774[2551] a qual, no seu § XIX, a propósito de arrematações judiciais, mandava que, não tendo o executado mais bens, "...nem os mostrando o crédor exequente, ou que o executado os occulta com dólo ou malícia, mandará nos Autos, que se não prosiga mais na execução".

V. Na atualidade, prevalece o regime da responsabilidade patrimonial. O devedor que não cumpra as suas obrigações apenas se sujeita a que sejam apreendidos bens seus – os bens penhoráveis[2552] – os quais serão vendidos para satisfação dos credores. Se tais bens não existirem ou forem insuficientes, haverá rateio, ficando todos prejudicados por igual.

Este aspeto não esgota, porém, o domínio da responsabilidade patrimonial. Podemos considerar, mais latamente, que o alcance das diversas prevaricações civis é sempre apenas patrimonial.

Quem violar o direito alheio deve indemnizar – artigo 483.º/1, do Código Civil. Quem não cumprir uma obrigação deve, também, indemnizar – artigo 798.º do Código Civil. E se não o fizer voluntariamente, são apreendidos bens, nos termos acima apontados e regulados no processo executivo.

Ninguém pode ser fisicamente obrigado a fazer seja o que for, no Direito civil. Apenas o património de cada um responde pelas prevaricações – se existir e na medida das suas forças. A responsabilidade patrimonial constitui um grande progresso histórico no domínio do reconhecimento da personalidade humana e da sua tutela.

Devemos, todavia, alertar para um certo retrocesso que representa uma preocupação atual de eficácia de determinados comandos. A introdução das sanções pecuniárias compulsórias (829.º-A), apesar de apenas atingir os patrimónios das pessoas, corresponde, na prática, a uma inver-

---

[2551] Foi, uma medida pioneira; em França, tal só sucedeu em 1867 e na Alemanha, em 1868. Também em Inglaterra, ela persistiria ao longo do século XIX, sendo de recordar as críticas que lhe dirigiu CHARLES DICKENS, nos seus romances. Alguns resquícios, já pouco significativos, desse regime, desapareceram com as alterações introduzidas no Código de Processo Civil pelo Decreto-Lei n.º 368/77, de 3 de Setembro. Quanto à Lei de 20 de Julho de 1774, vide FIGUEIREDO MARCOS, A legislação pombalina cit., 148-149.

[2552] Vide artigos 822.º a 824.º-A do Código do Processo Civil; também neste campo se nota o influxo da tutela da personalidade, já que certos bens de uso pessoal e similares não podem ser apreendidos.

são na regra de que ninguém, no Direito civil, pode ser compelido a fazer seja o que for. Uma vez que a sanção pecuniária compulsória pode ultrapassar em muito o dano efetivamente causado pelo incumprimento, a pessoa pode ser obrigada ao facto, em termos correntes. Não há estudos conhecidos que justifiquem tal opção, pelo menos genericamente.

315. **Os danos morais**

I. O dano corresponde à supressão de uma vantagem, atual ou previsível, atribuída pelo Direito.

O dano moral traduz a supressão de vantagens não patrimoniais. O seu reconhecimento, no Direito civil, tem o relevo de conduzir à sua ressarcibilidade[2553]: repare-se que dadas as regras da responsabilidade patrimonial, o único caminho que resta perante quem cometa danos morais residirá na exigência de uma indemnização: de outro modo, os bens não patrimoniais ficam sem proteção sancionatória.

II. A ressarcibilidade dos danos morais provocou dúvidas sérias ao longo da História. Dos artigos 2384.º e 2387.º do Código de Seabra pretendia retirar-se a sua irressarcibilidade, argumentando-se com a impossibilidade de trocar valores morais por dinheiro e com o "grosseiro materialismo" que a posição inversa implicaria. Com isto, as posições das pessoas ficariam diminuídas: elas apenas valeriam na medida em que fossem de teor económico.

III. Estas conceções arcaicas ainda se refletiram no Código Civil, apesar de este, em obediência aos ventos históricos, ter admitido a ressarcibilidade dos danos morais. O artigo 496.º/1 limita-se a afirmar:

> Na fixação da indemnização deve atender-se aos danos não patrimoniais que, pela sua gravidade, mereçam a tutela do direito.

[2553] *Tratado*, IV, 120 ss. e II/3, 416 ss..

Não oferece dúvidas o alargamento deste preceito menos conseguido[2554]. O artigo 70.º/1 refere, de modo claro, a proteção legal "...contra qualquer ofensa ilícita ou ameaça de ofensa à sua personalidade física ou moral".

Numa evolução que pode ser seguida nas diversas ordens jurídicas[2555], tornou-se seguro que os danos morais dão lugar a indemnização, ainda que, como é natural, com um alcance meramente compensatório. A tutela da pessoa assim o exige. A jurisprudência tem considerado, e bem, que as próprias pessoas coletivas podem sofrer danos morais, os quais devem ser ressarcidos[2556].

Finalmente: a ressarcibilidade dos danos morais dá corpo a um papel preventivo e dissuasor da responsabilidade civil que, no domínio da defesa da pessoa, tem o maior interesse.

316. A família

I. A família traduz, em Direito, um conjunto de situações relativas a pessoas ligadas entre si por casamento, parentesco, afinidade e adoção – artigo 1576.º do Código Civil. Essas noções vêm definidas nos artigos 1577.º, 1578.º, 1584.º e 1586.º, em termos que não deixam dúvidas.

O Código Civil português, em obediência ao modelo germânico já criticado, separou a matéria das pessoas – artigos 70.º e seguintes – da da família – artigos 1576.º e seguintes. E isso apesar de alguns institutos incluídos na parte geral se reportarem, de modo manifesto, a situações de tipo familiar – por exemplo, artigos 122.º e seguintes, relativos à menoridade. A aproximação desses valores dispersos deve ser doutrinariamente feita.

[2554] A jurisprudência tem tido, aí, um papel de relevo; assim, em REv 2-Jul.-1998 (FONSECA RAMOS), CJ XXIII (1998) 4, 255-257, já se considerou (e bem) que o não-uso de uma piscina podia originar danos morais indemnizáveis.

[2555] Na ordem jurídica alemã, por exemplo, a evolução processou-se contra a própria letra da lei, o que acabou por levantar o problema da constitucionalidade de interpretação criativa *contra legem*. O Tribunal Constitucional respondeu, porém, pela afirmativa, em BVerfG 14-Fev.-1973, BVerfGE 34 (1973), 269-293.

[2556] STJ 17-Nov.-1998 (GARCIA MARQUES), CJ/Supremo VI (1998) 3, 124-130 (127/II).

II. A família, na sequência de dados psicológicos, sociológicos, morais e culturais em que não cabe insistir, constitui um alargamento primordial das esferas das pessoas. Em termos causais, ela antecede-as mesmo, uma vez que, por razões estruturais, os seres humanos dependem, totalmente, durante uma significativa percentagem do seu tempo de vida, da família, nas mais diversas dimensões.

Um reconhecimento da personalidade humana sem o da família não seria possível; impõe-se, pois, a conexão. As consequências dogmáticas desta aproximação estão, ainda, por explorar.

III. Aponta-se, com frequência, uma fragilidade crescente da família. Cada vez mais reduzida, ela tenderia para uma relativa instabilidade. Alguma literatura recente deteta porém, embora com cautela, uma inversão do fenómeno: a coesão familiar estaria a aumentar, ainda que apontando para uma família de tipo diverso[2557]. Não há, ainda, uma distanciação histórica, que permita conclusões. De todo o modo e um tanto paradoxalmente: a fragilidade da família, a dar-se, vai obrigar a intervenções mais fundas e cuidadas do legislador, para salvar o essencial[2558]. Os interesses públicos e privados envolvidos são flagrantes[2559].

[2557] *Vide* FRANCIS FUKUYAMA, *The Great Disruption/Human Nature and the Reconstitution of Social Order* (1999, reed., 2000); em português: *A grande ruptura/A natureza humana e a reconstituição da ordem social*, trad. por MÁRIO DIAS CORREIA, 2000.

[2558] *Vide* BIRGIT NIEPMANN, *Aktuelle Entwicklungen im Familienrecht*, MDR 2000, 613-620.

[2559] NINA DETHLOFF, *Familienrecht / Eine Studienbuch*, 29.ª ed. (2009), 2-5 e JOACHIM GERNHUBER, *Familienrecht*, 6.ª ed. (2010), 31 ss..

§ 78.º A AUTONOMIA PRIVADA

317. Noção e modos de concretização

I. A autonomia privada conhece, em Direito, uma dupla utilização [2560].

Em termos amplos, ela equivale ao espaço de liberdade reconhecido a cada um dentro da ordem jurídica: engloba tudo quanto as pessoas podem fazer, num prisma material ou num prisma jurídico.

Em termos restritos, a autonomia privada corresponde ao espaço de liberdade jurígena, isto é, à área reservada na qual as pessoas podem desenvolver as atividades jurídicas que entenderem.

Uma discussão antiga curava de saber se essa liberdade era originária ou derivada: no primeiro caso, ela corresponderia a um dado imanente das pessoas, dotadas, por si mesmas, do poder de criar Direito; no segundo, ela ocorreria por concessão do Direito. Várias implicações históricas e metodológicas atuaram neste domínio; a natureza originária da autonomia privada liga-se a um individualismo mais marcado, traduz o domínio do "dogma de vontade" e implica a inclusão no Direito de fatores que o transcendem; a sua essência derivada obedece a vetores de realismo mas faculta um positivismo profundo, de feição, por vezes, normativista.

[2560] Quanto à autonomia privada e suas concretizações, *vide* JOAQUIM DE SOUSA RIBEIRO, *O problema do contrato/As cláusulas contratuais gerais e o princípio da liberdade contratual* (1997). Numa aceção mais restrita, pode-se usar a ideia de "negociabilidade" ou "capacidade negocial": a suscetibilidade de concluir livremente negócios jurídicos; *vide* HANS-GEORG KNOTHE, no *Staudingers Kommentar BGB* I, §§ 90-133 (2004), prenot. §§ 104-115, Nr. 1 ss. (164 ss.), com indicações e LARENZ/WOLF, *Allgemeiner Teil*, 9.ª ed. cit., 446 ss.; fica envolvida a capacidade de exercício, num esquema que, entre nós, tem tratamento dogmático autónomo.

O Direito postula um sistema aberto, interna e externamente, pelo que não tem sentido limitá-lo a hierarquias de fontes, de leis ou de normas. Mas com essa prevenção, surge hoje, como dado irresistível da moderna antropologia e do atual pensamento existencial, o facto de o Direito ser comunicado e mesmo imposto, pela aprendizagem ou, de modo genérico, por via cultural, do exterior.

A autonomia privada corresponde assim a um espaço de liberdade jurígena atribuído, pelo Direito, às pessoas, podendo definir-se como uma permissão genérica de produção de efeitos jurídicos.

II. A autonomia privada deixa à liberdade humana a prática de factos jurídicos, portanto de ocorrências que, por integrarem previsões normativas, desencadeiam efeitos de Direito. O facto voluntário – portanto o facto cuja ocorrência depende da vontade das pessoas e cujos efeitos se produzem porquanto queridos por essa vontade e na medida em que o sejam[2561] – pode enquadrar-se perante duas situações permissivas distintas[2562]:

– a liberdade de celebração;
– a liberdade de estipulação.

Na liberdade de celebração, a autonomia privada permite praticar ou não praticar o ato e, portanto, optar pela presença ou pela ausência de determinados efeitos de Direito, a ele associados.

Na liberdade de estipulação, a autonomia vai mais longe: ela permite optar pela prática do ato e, ainda, selecionar, para além da sua presença, o tipo de efeitos que se irão produzir.

Quando haja apenas liberdade de celebração, fala-se de atos jurídicos em sentido estrito; havendo liberdade de celebração e de estipulação, surge o negócio jurídico[2563].

[2561] Portanto e tendo em vista o contrato: os efeitos produzem-se por força da lei, mas assentando na ideia imanente de que a palavra será cumprida; *vide* CHRISTIAN HILL-GRUBER, *Der Vertrag als Rechtsquelle*, ARSP 85 (1999), 348-361.

[2562] STJ 9-Jul.-1998 (TORRES PAULO), BMJ 479 (1998), 580-590 (584).

[2563] Há outros entendimentos; o que figura no texto é tradicional na Faculdade de Direito de Lisboa, devendo-se a PAULO CUNHA. Não há nenhuma vantagem em provocar flutuações terminológicas: não é aí que se aloja o progresso de qualquer disciplina científica.

O alcance dogmático destas contraposições é considerável; a elas haverá que regressar.

III. A autonomia privada pode atuar em planos diversos, assumindo significados distintos. Em termos formais – e independentemente, portanto, da concreta medida de efeitos que, em cada sociedade, possam por ela ser desencadeados – a autonomia privada corresponde à impossibilidade em que se encontra o Direito de prever todos os efeitos concretos. O Estado ou as outras instâncias de aplicação jurídica não podem fixar, caso a caso, as múltiplas consequências jurídicas do dia-a-dia: há que remeter muitas delas para os vários operadores jurídicos: as diversas pessoas[2564].

Em termos materiais – e implicando já uma reserva considerável de poderes para as pessoas – a autonomia privada liga-se a certas liberdades económicas fundamentais, como sejam a de trabalho e a de empresa. As constituições referem-na, muitas vezes, apenas a este propósito, assim se jogando uma variável político-económica própria de cada sociedade.

Mas a mera existência da autonomia privada, pelas razões formais acima apontadas, não é inóqua. Facultando a livre opção de sujeitos, ela introduz, em todo o Direito, uma ideia de liberdade; as consequências não podem deixar de assumir uma feição material[2565]. Pela positiva, temos a liberdade de agir e, pela negativa, a defesa contra intromissões exteriores[2566]. Ambos esses aspetos modelam o regime da autonomia privada.

IV. O Direito privado é dominado pela igualdade e pela liberdade. Nesta, assume um papel de relevo a livre produção de efeitos jurídicos.

O papel da autonomia privada, enquanto instituto civil geral, não carece de maiores comentários. Acrescentamos apenas que a recente evolução das sociedades e do próprio Planeta, num sentido favorável ao mercado e à democracia dá, à autonomia privada, um papel renovado.

[2564] DIETER MEDICUS, *Allgemeiner Teil*, 10.ª ed. cit., 78.
[2565] ANTÓNIO DE SOUSA FRANCO, *Nota sobre o princípio de liberdade económica*, BMJ 355 (1986), 11-40.
[2566] JAN SCHAPP, *Über die Freiheit im Recht* cit., 355.

318. Áreas de incidência

I. A autonomia privada é um instituto geral de todo o Direito privado. Ela pode ser apresentada como liberdade ou autonomia contratual ou como liberdade ou autonomia negocial, quando tenha em vista a celebração de contratos ou de negócios. Trata-se, porém, da mesma realidade, que vale igualmente como princípio que a sustenta[2567].

No entanto, ela apresenta áreas de incidência variável, consoante as opções feitas pelo Direito positivo e os valores em jogo em cada uma delas[2568].

II. O domínio por excelência da autonomia privada é o Direito das obrigações. Segundo o artigo 405.º,

> 1. Dentro dos limites da lei, as partes têm a faculdade de fixar livremente o conteúdo dos contratos, celebrar contratos diferentes dos previstos neste Código ou incluir nestes as cláusulas que lhes aprouver.
> 2. As partes podem ainda reunir no mesmo contrato regras de dois ou mais negócios, total ou parcialmente regulados na lei.

Surgem, claras, a liberdade de celebração e a liberdade de estipulação, em termos que abrangem toda a matéria, salvo disposição em contrário. Deste modo, pode considerar-se que as diversas regras do Direito das obrigações tendem a ser supletivas: aplicam-se apenas quando não sejam afastadas pela vontade das partes[2569].

O relevo da autonomia privada no Direito das obrigações comunica-se ao Direito comercial e ao Direito do trabalho[2570]; neste proliferam contudo regras injuntivas, tal como ocorre nalgumas áreas contratuais (por exemplo, o arrendamento).

III. No Direito da personalidade, a autonomia privada tem o seu lugar: as situações nele em jogo podem ser livremente utilizadas, mas com dois limites:

[2567] GÜNTHER HÖNN, *Zur Problematik der Privatautonomie*, Jura 1984, 57-74 (57).
[2568] DIETER MEDICUS, *Abschied von der Privatautonomie?*, FS 30. Münchener Juristischen Gesellschaft (1996), 9-25 (9 ss.).
[2569] Para maiores desenvolvimentos, *Direito das obrigações*, 1, 71 ss..
[2570] *Tratado*, II/2, 97 ss. e 107 ss..

– a ordem pública deve ser respeitada – artigo 81.º/1 – sendo certo que, neste domínio, ela tenderá a apresentar limites mais vincados do que nas áreas patrimoniais;
– as limitações voluntárias são sempre revogáveis – artigo 81.º/2 – o que traduz necessariamente um enfraquecimento das disposições autonómicas.

Em Direitos Reais ocorrem, também, certas limitações; para além de proliferarem as hipóteses de atos jurídicos em sentido estrito – portanto, sem liberdade de estipulação, como no apossamento, na ocupação, no achamento, ou na acessão, artigos 1263.º, *a*), 1318.º, 1323.º e 1325.º – verifica-se que as diversas figuras reais estão sujeitas a uma regra da tipicidade – artigo 1306.º/1; só são possíveis quando previstas, de modo expresso, por lei[2571].

No Direito da família, a autonomia domina, embora com limitações[2572]. Os atos familiares pessoais implicam apenas liberdade de celebração; quando praticados, os efeitos desencadeados são, tão-só, os previstos por lei: por exemplo, o casamento – artigo 1577.º – a perfilhação – artigo 1849.º – o consentimento para adoção – artigo 1981.º – etc.. Os atos familiares patrimoniais apresentam já alguma liberdade de estipulação, pautada embora por numerosas limitações legais – por exemplo, o artigo 1698.º.

No Direito das sucessões, a autonomia privada controla o importante negócio do testamento – artigo 2179.º – que, no entanto, é sempre revogável; a matéria dos pactos sucessórios está, contudo, fortemente limitada – artigos 1699.º/1 e 1700.º e seguintes. A autonomia privada ocorre, ainda, em diversos aspetos[2573].

[2571] HERBERT LESSMANN, *Die willentliche Gestaltung von Rechtsverhältnissen im BGB/Inhalt und Grenzen des Parteiwillens bei der Willenserklärung*, JA 1983, 341-346 e 403-408 (344/II).

[2572] Vide PEDRO DE ALBUQUERQUE, *Autonomia da vontade e negócio jurídico em Direito da família (Ensaio)* (1986), 20 e *passim*, RITA LOBO XAVIER, *Limites à autonomia privada na disciplina das relações patrimoniais entre cônjuges* (2000), 113 ss. e *passim*, LESSMANN, *Die willentliche Gestaltung* cit., 403/I e BARBARA DAUBNER, *Reichweite und Grenzen der Privatautonomie im Ehevertragsrecht*, AcP 201 (2001), 295-332 (296) ss..

[2573] HERBERT LESSMANN, *Die willentliche Gestaltung* cit., 405/II e CAPELO DE SOUSA, *Teoria geral* cit., 1, 63-64.

IV. As limitações à autonomia privada não devem fazer esquecer que ela domina, por definição o Direito privado. Por isso e por extensas que se apresentem, elas nunca chegam a suprimi-la: as diversas situações civis relevantes repousam sempre na liberdade das pessoas. O próprio legislador deve ser sempre cauteloso, quando imponha limites, perguntando-se qual o sistema alternativo possível[2574].

319. Tendências atuais

I. O desenvolvimento das sociedades no período pós-industrial tem provocado críticas às estruturações liberais, promovendo múltiplas limitações à autonomia privada. Tal sucede por via jurídica, designadamente nas áreas sensíveis do arrendamento e do trabalho; mas isso acontece, ainda, no simples plano dos factos, onde por razões práticas ou de mera opção dos sujeitos mais poderosos, a liberdade jurídica se cifre na (livre) submissão a esquemas preestabelecidos[2575]. O Direito interveio estabelecendo esquemas de controlo interno[2576] (portanto: quanto às concretas soluções fixadas pelas partes) e de controlo externo[2577] (portanto: em que condições se contratou).

Esta evolução obriga a perguntar pelo futuro da autonomia privada e pela sua própria situação atual[2578].

II. A existência – e mesmo a ampliação – de limites não deve fazer perder de vista o essencial. Muitas vezes, a autonomia privada torna-se percetível justamente pela contraposição dos limites que lhes sejam apostos; de outro modo, ela passaria despercebida na massa informe de um jogo sem regras.

Além disso, verifica-se que as dificuldades práticas por vezes colocadas à autonomia privada promovem seja medidas jurídicas tendentes à sua preservação – por exemplo, as regras atinentes às cláusulas contratuais

---

[2574] Vide MEDICUS, *Abschied von der Privatautonomie?* cit., 24-25.
[2575] *Tratado*, I/1, 3.ª ed., 593 ss..
[2576] ULRIKE KNOBEL, *Wandlungen im Verständnis der Vertragsfreiheit* (2000), 51 ss..
[2577] ULRIKE KNOBEL, *Wandlungen* cit., 73 ss..
[2578] Vide DIETER MEDICUS, *Abschied von der Privatautonomie?* cit., 11 ss..

gerais ou as leis de defesa da concorrência – seja uma transposição para níveis coletivos – por exemplo a autonomia laboral coletiva, ao abrigo do qual sindicatos e associações de empregadores celebram convenções coletivas de trabalho[2579]. A autonomia privada enriquece-se, assim, com novas manifestações, quando contraditada. Além disso, ela tende a associar-se a uma ideia de autorresponsabilidade[2580]. No fundo, o principal limite imposto à autonomia privada resulta das autonomias dos outros[2581].

III. A experiência atual da prática jurídica, em diversos domínios, permite ir mais longe: a autonomia privada, quer pela particular legitimidade que faculta às soluções que dela promanem – elas são sempre, por definição, consensuais – quer pelo próprio equilíbrio que confere às decisões que provoque, tem sido usada, com êxito, fora do Direito civil.

A mera referência a tratados e convenções internacionais, a contratos administrativos[2582] e a contratos económicos[2583] ou ao Direito da concorrência, fortemente incrementado pelo Direito comunitário, permitem documentar essa afirmação.

Para além do ambiente geral de liberdade económica e de livre iniciativa, podemos considerar que os esquemas técnicos próprios da autonomia privada e das técnicas de contratação que ela dinamiza penetram fundo nas mais diversas áreas, com relevo para o Direito público.

[2579] *Manual de Direito do Trabalho*, § 16.º e ss..
[2580] ULRIKE KNOBEL, *Wandlungen* cit., 216 ss..
[2581] CHRISTOPH G. PAULUS/WOLFGANG ZANKER, *Grenzen der Privatautonomie*, JuS 2001, 1-9 (2).
[2582] JOSÉ MANUEL SÉRVULO CORREIA, *Legalidade e autonomia contratual nos contratos administrativos* (1987), 440 ss. e *passim* e WOLFRAN HÖFLING/GÜNTER KRINGS, *Der werwaltungsrechtliche Vertrag: Begriff, Typologie, Fehlerlehre*, JuS 2000, 625-632; *vide* o *Tratado*, II/2, 149 ss..
[2583] Isto é, contratos de Direito da economia.

§ 79.º A BOA-FÉ

320. Evolução e sentido

I. A boa-fé surge referida no Código Civil português vigente em setenta artigos, dispersos pelos seus cinco livros. Institutos parcelares, de índole muito variada, têm-na em conta e fazem dela o seu cerne.

As razões desse emprego multifacetado e o seu sentido atual só são compreensíveis perante a evolução geral do instituto ao longo da História.

Das questões em causa pode, tão-só, dar-se aqui um breve apanhado[2584].

II. No início, encontra-se a *fides* romana, do período arcaico. Em termos semânticos, ela tinha várias aceções: sacras, expressas no culto da deusa *Fides* e patentes em sanções de tipo religioso contra quem defraudasse certas relações de lealdade; fácticas, presentes em garantias de tipo pessoal, prestadas pelos protetores aos protegidos; éticas, patentes nas qualidades morais correspondentes a essas mesmas garantias. As dúvidas levantadas por estas proposições levaram os especialistas a uma reconstrução histórica do tema a partir de aplicações concretas. Verificou-se, assim:

– uma *fides*-poder, própria das relações entre o *patronus* e o *cliens*, que evolui para a virtude do mais forte;
– uma *fides*-promessa, característica de quem assumisse determinada adstrição que, centrada primeiro num ritual exterior, progride depois para a ideia de respeito pela palavra dada;

[2584] Sobre esta matéria *vide*, para mais indicações, *Da boa fé no Direito civil*, *A boa fé nos finais do século XX*, ROA 1996, 887-912 e *Tratado*, V, 239 ss..

– uma *fides*-externa, que sujeitava os povos vencidos ao poder de Roma.

Esta evolução da *fides* antiga permite documentar três pontos: ela perde força significativa, como o prova a sua presença em situações diversas e, até, contraditórias; ela conheceu uma utilização pragmática, sem preocupações teóricas; ela traduz um divórcio entre a linguagem comum e a linguagem jurídica.

No limite, a *fides* aparece sem um sentido útil preciso, transmitindo uma vaga ideia apreciativa. Estava, assim, disponível para dar cobertura a inovações jurídicas.

III. O Direito romano assentava em ações. Nele, o protótipo da situação jurídica ativa era protagonizado não por um direito subjetivo, mas por uma *actio*: a pessoa que pretendesse uma tutela jurídica dirigia-se ao pretor e solicitava uma ação; este, quando entendesse o pedido juridicamente justificado, concedia a *actio*, expressa numa fórmula, dirigida ao juiz, segundo a qual, se se provassem determinados factos alegados pelo autor interessado, o réu deveria ser condenado; no caso negativo, seguir-se-ia a absolvição.

As *actiones* dadas pelo pretor, mesmo quando de origem consuetudinária, baseavam-se sempre em leis expressas. Chegou-se, assim, a um esquema formal, bastante rígido, incapaz de se adaptar e de enquadrar situações económico-sociais inteiramente novas. O bloqueio tornou-se claro quando as conquistas romanas através do Mediterrâneo vieram colocar o Direito perante tarefas antes desconhecidas, designadamente nas áreas das trocas comerciais.

O pretor interveio: em casos particulares, ele veio conceder ações sem base legal expressa, assentes, simplesmente, na *fides,* precedida do adjetivo *bona*: *bona fides* ou boa-fé.

A inovação deve-se, provavelmente, ao próprio Quintus Mucius Scaevola – apontado como o primeiro cientista do Direito, no séc. I a. C. – e permitiu criar, enquanto *bonae fidei iudicia,* figuras como a tutela, a sociedade, a fidúcia, o mandato, a compra e venda e a locação. Nos séculos subsequentes, a lista foi aumentando. As figuras jurídicas introduzidas pelo engenho criativo romano, em nome da *bona fides,* foram ainda dobradas por um novo regime jurídico. Sem entrar em particularidades técnicas, pode dizer-se que esse regime era de maior elasticidade do que o anterior, facultando encontrar soluções mais consentâneas com a realidade e em termos que possibilitavam uma ponderação dos interesses em presença.

A *bona fides* permitiu, no Direito romano clássico, a criação de figuras essenciais que constituem ainda hoje, o cerne do moderno Direito das obrigações; além disso, ela facultou um esforço geral no sentido de desformalizar o Direito, de modo a obter soluções fundadas no próprio mérito substancial das causas a decidir. Mas essa vitória foi a sua perda momentânea: criados os institutos e implantado o regime, a *bona fides* perdeu um sentido técnico preciso, tornando-se apta, apenas, para transmitir uma vaga ideia apreciativa.

IV. Ainda no Direito romano, tornou-se necessário, em determinado momento da sua evolução, aperfeiçoar institutos nos quais uma pessoa, por exercer certos poderes, se tornava titular da posição jurídica correspondente. Tal sucedeu com a *usucapio,* base da atual usucapião – artigos 1287.° e ss. do Código Civil – pela qual quem tivesse em seu poder, durante determinado período, uma coisa, se tornava seu proprietário. O aperfeiçoamento destinava-se a possibilitar o funcionamento desse instituto apenas a favor de quem não estivesse consciente de prejudicar outrem. E para o efeito, recorreu-se à locução *bona fides:* quem estivesse de boa-fé (desconhecesse lesar outrem), beneficiaria de regras mais favoráveis.

A subjetivação da *bona fides*, assim alcançada – pois ela passa a exprimir um estado do próprio sujeito – deve ser entendida como um fenómeno de colonização linguística técnica: o termo estava disponível tendo, por isso, sido utilizado pelos cientistas na criação do Direito.

Nas compilações de Justiniano, onde, apesar das interpolações, se refletem os diversos passos do Direito romano ao longo de uma evolução secular, os múltiplos empregos da boa-fé conduzem à diluição do instituto: contagiada pela retórica grega, a *bona fides* chega a uma situação singular: ela surge, a cada passo e a propósito dos mais diversos institutos e, quando isolada, nada quer dizer.

V. No Direito canónico, a *bona fides* conserva uma utilização subjetiva semelhante à que se viu consubstanciar no Direito romano, a propósito da *usucapio*. O teor geral do canonismo conduziu, no entanto, a alguns desvios, conferindo, à boa-fé, tonalidades éticas que se podem exprimir equiparando-a à ausência de pecado. A boa-fé não implica só ignorância: exige ausência de censura.

No Direito germânico, desenvolveu-se, com raízes próprias, também uma ideia de boa-fé (*Treu und Glauben*): ela partiu das ideias de crença, confiança, honra e lealdade à palavra dada. Posteriormente, ela veio a objetivar-se, exprimindo valores ligados ao ritual, ao padrão social e à exterioridade do comportamento, de modo a ajuizar do seu acordo com bitolas sócio-culturais de atuação, com a intervenção da Ciência do Direito. A boa-fé traduz a tutela da aparência.

VI. A evolução posterior, até aos nossos dias, liga-se à riqueza dos fenómenos culturais no Direito, patentes nas receções do Direito romano.

Num primeiro momento, a boa-fé da receção é fundamentalmente subjetiva, traduzindo um estado de ignorância do sujeito, em termos de promover a aplicação de um regime mais favorável. Com o humanismo, os estudiosos vieram a descobrir um emprego polissémico da boa-fé nas fontes. E em obediência ao sistema periférico por eles preconizado, os humanistas reuniram as referências dispersas feitas à boa-fé pelos textos romanos.

Os jusracionalistas aproveitaram também a expressão *bona fides,* rica em história, designadamente para melhor justificar a necessidade de respeitar os contratos celebrados. O uso assim feito era fraco: o contrato deve, como é evidente, ser respeitado, sem que o apoio da boa-fé seja útil.

A prática que antecedeu a codificação francesa dava, à boa-fé, um relevo subjetivo, nos termos por que, desde o Direito romano tardio, ela era conhecida.

No espaço alemão ocorreu, no entanto, um fenómeno diverso, de maior importância: no termo de uma confluência entre a boa-fé germânica e os textos romanos, sempre presentes mercê da receção, verificou-se, desde o princípio do século XIX, o recurso à *bona fides* por parte dos tribunais comerciais, como forma de enquadrar questões inteiramente novas, ligadas ao surto económico então verificado. O fenómeno foi tanto mais importante quanto é certo que, mercê da situação política interna aí reinante, não era possível dotar o espaço alemão de leis comerciais unitárias e atualizadas. O progresso foi simplesmente assegurado pelos tribunais comerciais, em decisões baseadas na boa-fé.

VII. Nas diversas codificações, a boa-fé teve um destino bastante diferente.

O Código Napoleão, fiel às tradições em que assentou, consagrou a boa-fé com duas aceções: o alcance subjetivo, pelo qual a boa-fé corresponde a um estado de ignorância do sujeito, que merece, do Direito, a concessão de um regime mais favorável e o alcance objetivo, de cariz jusracionalista, em cujos termos a boa-fé reforça o vínculo contratual. A evolução subsequente deu conteúdo, apenas, à primeira versão. A boa-fé objetiva, tolhida pela fraqueza do seu uso contratual e bloqueada pela incapacidade da doutrina francesa em elevar-se seja acima da exegese, seja acima da sistemática central, perdeu-se, não tendo conteúdo útil e não dando lugar, até aos nossos dias, a soluções particulares.

O Código alemão, na sequência, também, das suas raízes, deu uma dupla dimensão à boa-fé. Em sentido subjetivo (*guter Glauben*), ela exprime a não-consciência de prejudicar outrem; em sentido objetivo (*Treu und Glauben*), ela corporiza-se numa regra de conduta, a observar pelas pessoas no cumprimento das suas obrigações. Posteriormente, assistiu-se a uma aplicação prática intensa de ambos os termos e a um enorme desenvolvimento do segundo. Na linha possibilitada por uma Ciência jurídica sensível às realidades e capaz – através dos mecanismos da sistemática integrada – de alterar, em função delas, o próprio sistema, a boa-fé esteve na base de praticamente todas as inovações jurídicas verificadas, no Direito civil, nos últimos cento e cinquenta anos [2585].

VIII. No espaço jurídico lusófono, a boa-fé traduz os passos acima esquematizados, com algumas adaptações. O Código de Seabra sofreu, como é conhecido, o influxo do modelo napoleónico e da Ciência jurídica francesa, embora com raízes profundas na tradição românica nacional. No tocante à boa-fé, isso traduziu-se, desde logo, na salvaguarda do instituto, em aceção subjetiva. A objetiva – numa originalidade única – desapareceu pura e simplesmente do texto do Código. Na verdade, o conhecimento havido de que a consagração objetiva da boa-fé, no texto napoleónico, não tivera quaisquer efeitos práticos recomendou, naturalmente, a sua proscrição.

A viragem cultural para a pandetística teve como efeito uma redescoberta da boa-fé objetiva; agora, no entanto, ela apresentava-se já como

---

[2585] Quanto ao Direito alemão, a obra de referência é hoje a de DIRK LOOSCHELDERS/ /DIRK OLZEN, no *Staudingers Kommentar*, §§ 241-243 (2009), 322 ss.; mantém-se o interesse da edição anterior de JÜRGEN SCHMIDT, no *Staudingers Kommentar*, § 242 (1995). Com elementos de diversos países, *La bonne foi*, Travaux AHC XLIII (1992) cit. e REINHARD ZIMMERMANN/SIMON WHITTAKER (ed.), *Good Faith in European Contract Law* (2000).

instituto comprovado pelas múltiplas inovações que fora capaz de propiciar e não como mera referência genérica.

O Código Civil de Vaz Serra, neste seguimento evolutivo, veio pois:

– consagrar a boa-fé subjetiva de feição românica e tradicional;
– consagrar a boa-fé objetiva, de origem românico-germânica, dinamizada pela terceira sistemática e evolução subsequente;
– referenciar, expressamente, vários institutos – ou subinstitutos – que não constavam do Código alemão e que foram alcançados, no correspondente espaço, apenas por via científica e jurisprudencial, assente na boa-fé.

Num aparente paradoxo que só a natureza cultural do Direito permite explicar, pode afirmar-se que o Código Vaz Serra foi o que mais longe levou as potencialidades históricas da boa-fé; para tanto, aproveitou as lições de História e de Ciência do Direito universal. Uma importante viragem para a boa-fé foi também operada pelo Código Civil brasileiro de 2002.

IX. O sentido atual da boa-fé exige, para ser referenciado em termos assumidos – uma vez que, subjacente, está ela, por definição, a todos os passos jurídico-científicos –, uma longa pesquisa que atente em todos os subinstitutos que a ela recorram e, ainda, nas diversas soluções que eles propiciem. Algumas das conclusões assim obtidas podem ser sumariadas como segue.

O Direito é uma Ciência que se constitui na resolução de casos concretos. Porquanto Ciência, o Direito surge sistemático por natureza. O sistema deve, porém, ser entendido em termos integrados – portanto com um núcleo de princípios e uma periferia atuante, ambos interligados por vias de sentido duplo – e com uma série de limitações originadas, entre outros aspetos, por lacunas e por quebras ou contradições no seu seio.

Apesar de tudo, há um sistema nas ordens jurídicas da atualidade, traduzido pela preocupação científico-cultural de descobrir uma unidade figurativa e ordenadora ou um fio condutor que reúna os diversos institutos que a História colocou nos espaços jurídicos dos nossos dias. Esse sistema tem exigências que se mantêm, de modo contínuo – ainda que com efeitos e configurações muito variáveis – nos diversos pontos onde o Direito devem intervir.

A boa-fé tem justamente esse papel: ela traduz, até aos confins da periferia jurídica, os valores fundamentais do sistema; e ela carreia, para o núcleo do sistema, as necessidades e as soluções sentidas e encontradas naquela mesma periferia.

321. Boa-fé objetiva e boa-fé subjetiva; conceção psicológica e ética

I. Na sequência da evolução histórica acima sumariada, a boa-fé concretiza-se, no Direito civil português vigente, num instituto objetivo e num instituto subjetivo.

A boa-fé objetiva remete para princípios, regras, ditames ou limites por ela comunicados ou, simplesmente, para um modo de atuação dito "de boa-fé": artigos 3.º/1, 227.º/1, 239.º, 272.º, 334.º, 437.º/1 e 762.º/2, respetivamente. A boa-fé atua como uma regra imposta do exterior e que as pessoas devem observar.

Nalguns casos, a boa-fé surge como um corretivo de normas suscetíveis de comportar uma aplicação contrária ao sistema; noutros, ela surge como a única norma atendível[2586]. Em todos eles, todavia, ela concretiza-se em regras de atuação. Em Direito, quem diz regras de atuação diz regras de proibição. Assim, a boa-fé objetiva abrange regras como as do artigo 15.º da LCCG, que considera nulas determinadas cláusulas contrárias à boa-fé.

II. Na boa-fé subjetiva está em causa um estado do sujeito. Esse estado é caracterizado, pela lei civil, ora como um mero desconhecimento ou ignorância de certos factos – artigos 119.º/3, 243.º/2, 1260.º/1 e 1340.º/4 – ora como um seu desconhecimento sem culpa ou uma ignorância desculpável – artigos 291.º/3 e 1648.º/1 – ora, finalmente, pela consciência de determinados fatores – artigo 612.º/2[2587]. Estas flutuações do legislador encobrem uma querela clássica, resolvida no século XIX, mas que, ao que supomos por falta de divulgação científica, não tem encontrado, entre nós, uma saída uniforme.

Vamos, por isso, fazer uma referência breve às duas conceções então em presença.

[2586] REv 25-Fev.-1988 (CARDONA FERREIRA), BMJ 374 (1988), 553-554.
[2587] Trata-se da boa/má-fé na ação pauliana, instituto onde ela assume uma feição especial; cf. RPt 19-Mai.-1997 (ABÍLIO VASCONCELOS), CJ XXII (1997) 3, 188-190 (189).

III. A boa-fé subjetiva podia ser usada em dois sentidos diversos:

– um sentido puramente psicológico: estaria de boa-fé quem pura e simplesmente desconhecesse certo facto ou estado de coisas, por muito óbvio que fosse;
– um sentido ético: só estaria de boa-fé quem se encontrasse num desconhecimento não culposo; noutros termos: é considerada de má-fé a pessoa que, com culpa, desconheça aquilo que deveria conhecer.

A conceção ética postula a presença de deveres de cuidado e de indagação: por simples que sejam, sempre se exigiria, ao agente, uma consideração elementar pelas posições dos outros.

A opção por uma ou por outra das duas conceções não deve ser feita de ânimo leve: ela é obra de toda uma tradição científico-cultural, que não pode ser alijada.

IV. No Direito romano, a *bona fides* subjetiva tinha a ver, apenas, com o conhecimento humano[2588]. Ela seria, então, puramente psicológica. Mas no período intermédio, como reflexo, entre outros, do pensamento jurídico-canónico, a boa-fé enriqueceu-se com um contributo ético: apenas o desconhecimento não-censurável seria relevante.

No século XIX, particularmente por via de um certo regresso a um romanismo mais primitivo, o problema voltou a colocar-se. Ficaria célebre uma polémica entre Wächter[2589] e Bruns[2590]: o primeiro optando por uma conceção psicológica e, o segundo, por uma conceção ética, no sentido acima referido[2591]. A posição ética de Bruns veio a prevalecer, estando hoje consagrada nos ordenamentos alemão e italiano[2592]. Há três argumentos decisivos que amparam essa opção:

[2588] Sobre esta matéria e a evolução subsequente, com indicações, *vide Da boa fé*, 177 ss..

[2589] CARL GEORG VON WÄCHTER, *Die bona fides insbesondere bei der Ersitzung des Eigenthums* (1871).

[2590] CARL GEORG BRUNS, *Das Wesen der bona fides bei der Ersitzung/Ein praktisches Gutachten nebst einem theoretischen Nachtrag* (1872).

[2591] A polémica pode ser seguida em *Da boa fé*, 307 ss..

[2592] Por exemplo, FRITZ BAUR/JÜRGEN F. BAUR/ROLF STÜRNER, *Sachenrecht*, 17.ª ed. (1999), 602-603.

– a juridicidade do sistema: o Direito não associa consequências a puras casualidades como o ter ou não conhecimento de certa ocorrência; o Direito pretende intervir nas relações sociais; ora, ao lidar com uma boa-fé subjetiva ética ele está, de modo implícito, a incentivar o acatamento de deveres de cuidado e de diligência;
– a adequação do sistema: uma conceção puramente psicológica de boa-fé equivale a premiar os ignorantes, os distraídos e os egoístas, que desconheçam mesmo o mais evidente; paralelamente, ir-se-ia penalizar os diligentes, os dedicados e os argutos, que se aperceberiam do que escapa ao cidadão comum;
– a praticabilidade do sistema: não é possível (nem desejável) provar o que se passa no espírito das pessoas; assim e em última análise, nunca se poderá demonstrar que alguém conhecia ou não certo facto; apenas se poderá constatar que o sujeito considerado, dados os factos disponíveis, ou sabia ou devia saber; em qualquer das hipóteses, há má-fé.

V. Os referidos argumentos jogam plenamente no Direito vigente. Além disso, há que interpretar, de modo sistemático, as múltiplas referências feitas, na lei civil, à boa-fé. Por tal via, chegamos à solução de que a boa-fé subjetiva é, entre nós, sempre ética: só pode invocar boa-fé quem, sem culpa, desconheça certa ocorrência.

Alguma doutrina menos atenta – e sem, sequer, dar razões – mantém uma referência à boa-fé "psicológica" com isso provocando hesitações na jurisprudência[2593]. Trata-se de um ponto a corrigir, sob pena de enorme retrocesso científico, numa área que, há bem mais de cem anos, estava conquistada pela Ciência do Direito.

322. **Concretizações objetivas; os princípios mediantes**

I. A boa-fé objetiva concretiza-se, essencialmente, em cinco institutos, todos de filiação germânica:

[2593] Assim, *vide* o de resto cuidadoso e bem documentado acórdão do STJ 26-Abr.-1995 (MIRANDA GUSMÃO), BMJ 446 (1995), 262-280 (271-272). No sentido da boa doutrina, *vide* STJ 25-Mai.-1999 (FRANCISCO LOURENÇO), CJ/Supremo VII (1999) 2, 110-112 (111/II).

– a *culpa in contrahendo* – artigo 227.º/1;
– a integração dos negócios – artigo 239.º;
– o abuso do direito – artigo 334.º;
– a modificação dos contratos por alteração das circunstâncias – artigo 437.º/1;
– a complexidade das obrigações – artigo 762.º/2.

Antes de fazer uma breve referência a estes institutos, cumpre sublinhar que nenhum deles deriva da boa-fé, em termos conceptuais: de resto, pela sua vaguidade, nem seria possível retirar da boa-fé seja o que for. Todos estes cinco institutos tiveram origens históricas diferentes, concretizando-se, por várias vias, antes de se acolherem à boa-fé. Apenas a reconstrução possibilitada pela terceira sistemática levou a uma certa aproximação dogmática entre eles.

II. A *culpa in contrahendo* corresponde a uma descoberta de Rudolf von Jhering[2594]. No fundamental, ela diz-nos que, antes da formação do contrato, as partes já têm diversos deveres a respeitar e, designadamente, deveres de proteção, de lealdade e de informação. Tais deveres visam prevenir que, nessa fase pré-contratual, alguma das partes possa atingir a confiança da outra, provocando-lhe danos. Além disso, eles recordam que a negociação contratual, embora livre, não deve ser usada para fins danosos, alheios à finalidade em jogo: a de procurar a eventual celebração de um contrato.

A integração dos negócios[2595], desenvolveu-se a partir das regras de interpretação negocial e, designadamente: quando elas tiveram de enfrentar uma especial escassez de material expressamente subscrito pelas partes. Nessa eventualidade, o intérprete-aplicador deverá ter em conta a lógica imanente ao negócio e as exigências substanciais do sistema, de acordo com as expectativas que as partes tenham, legitimamente, depositado no processo.

O abuso do direito teve origem na jurisprudência francesa de meados do século XIX, embora tenha sido retomado, em termos muito diversos,

---

[2594] *Tratado*, I/1, 3.ª ed., 497 ss.; *vide* RLx 16-Jun.-2011 (CATARINA ARELO MANSO), Proc. 1429/06.6.
[2595] *Tratado*, I/1, 3.ª ed., 769 ss..

pelo pensamento jurídico alemão. Hoje, ele agrupa distintas figuras, a analisar em sede própria[2596].

A modificação dos contratos por alteração das circunstâncias surgiu nos comentadores do século XIII; sofreu, depois, uma evolução atormentada até ser, já neste século, aproximada da boa-fé[2597]. No fundamental, este instituto permite, em certas condições, modificar ou resolver contratos que, mercê de alterações registadas após a sua conclusão, venham a assumir feições injustas para alguma das partes. Trata-se de um instituto do Direito das obrigações, que recorda a materialidade do sistema e a defesa das expectativas justificadas das partes.

A complexidade das obrigações advém, ela própria, da junção de dois institutos: a violação positiva do contrato, assente numa descoberta de Staub, em 1902 e a ideia da obrigação como uma estrutura complexa, desenvolvida nos princípios do século XX, por vários autores[2598]. Acolhida, no artigo 762.º/2, sob a referência à boa-fé, a complexidade das obrigações promove, a propósito de cada vínculo, um conjunto de deveres de proteção, de lealdade e de informação que asseguram, nesse nível, a tutela da confiança das partes e do princípio de que, em qualquer caso, prevalecem os interesses reais protegidos do credor[2599]. Também este instituto pertence ao Direito das obrigações.

III. Os cinco referidos institutos tornam-se incompreensíveis e inaplicáveis sem a intervenção da Ciência do Direito. Com efeito, eles lidam com conceitos indeterminados e com construções técnicas de alguma complexidade. Todos eles têm origem na resolução de questões concretas e não, propriamente, em desenvolvimentos teóricos. Além disso, todos eles requerem uma sindicância muito atenta da Ciência do Direito, com recurso a proposições firmes e pensadas: de modo algum eles poderão pro-

---

[2596] *Tratado*, V, 239 ss.. Vide o enunciado de STJ 20-Out.-2011 (SILVA GONÇALVES), Proc. 2018/07.3.

[2597] *Tratado*, II/4, 259 ss. e *Da alteração das circunstâncias/A concretização do artigo 437.º do Código Civil à luz da jurisprudência posterior a 1974* (1987, com diversas reimpressões).

[2598] *Da boa fé*, 586 ss..

[2599] Vide o caso decidido em STJ 14-Jan.-1997 (TORRES PAULO), CJ/Supremo V (1997) 1, 42-44 (44/I): em nome da boa-fé, é responsável o dono de um ginásio quando um praticante seja ferido por um aparelho mal montado.

piciar um Direito assente no sentimento ou um mero decisionismo imponderado.

Em medidas diversas, em todos eles afloram dois princípios que – trata-se de uma imagem científica auxiliar – atuam como fatores de mediação entre a boa-fé e o instituto considerado: o princípio da confiança e o princípio da primazia da materialidade subjacente. Tais princípios são induzidos das concretizações da boa-fé e, depois, usados na consecução de novas soluções.

323. A tutela da confiança

I. A confiança das pessoas é protegida desde o Direito romano, documentando-se, também, no Direito comparado[2600]. A proteção mantém-se, por certo, hoje em dia, tendo sido, aliás, consideravelmente alargada. Mas é uma proteção delicada: o reconhecimento geral e absoluto da tutela da confiança levaria a que boa parte das soluções cominadas, em termos expressos, fosse desviada a favor daquilo em que, por uma razão ou outra, as pessoas acreditassem.

O Direito positivo tem uma palavra importante a dizer. A ponderação de análises históricas e comparativas mostra que ele é influenciado por fatores sócio-culturais. Assim, no Direito privado, quando se pretenda sedimentar um sistema que dê primazia à manutenção estática dos bens, a confiança é postergada; quando, pelo contrário, as preferências caminhem para a sua circulação, a confiança é protegida.

Neste domínio como noutros, não há modelos puros; apenas oscilações em favor de um ou de outro dos extremos possíveis. No entanto, não é arriscado adiantar que o momento atual é de dinamismo no aproveitamento de bens e de segurança na posição dos administrados: a confiança surge, em consequência, valorizada.

[2600] BASILE JONESCO, *Les effets juridiques de l' apparence en droit privé* (1927), 14 ss., HERBERT MEYER, *Das Publizitätsprinzip im Deutschen Bürgerlichen Recht* (1909), 9 ss. e o nosso *Da boa fé*, 1235 ss.. A grande obra de referência sobre a tutela da confiança é o escrito maciço de CLAUS-WILHELM CANARIS, *Die Vertrauenshaftung im deutschen Privatrecht* (1983, reimpr.).

II. No Direito português vigente – de acordo, aliás, com o que ocorre nas outras ordens jurídicas – a proteção da confiança efetiva-se por duas vias:

– através de disposições legais específicas;
– através de institutos gerais.

As disposições legais específicas de tutela da confiança surgem quando o Direito retrate situações típicas nas quais uma pessoa que, legitimamente, acredite em certo estado de coisas – ou o desconheça – receba uma vantagem que, de outro modo, não lhe seria reconhecida. Como meros exemplos, é o que sucede com a posição dos sujeitos perante certos atos de associações e sociedades civis puras – artigos 179.°, 184.°/2 e 1009.° – perante a procuração – artigo 266.° – perante a anulação ou declaração de nulidade dos atos jurídicos – artigo 291.° – e perante a aquisição de coisa a comerciante – artigo 1301.° – ou a herdeiro aparente – artigo 2076.°/1.

III. Os institutos gerais suscetíveis de proteger a confiança aparecem ligados aos valores fundamentais da ordem jurídica e surgem associados, por forte tradição românica, a uma regra objetiva da boa-fé. Preconiza-se, a propósito dessa tutela da confiança, no Direito positivo português vigente, a construção seguinte:

– a confiança é protegida quando se verifique a aplicação de um dispositivo específico a tanto dirigido;
– fora desses casos, ela releva quando os valores fundamentais do ordenamento, expressos como boa-fé ou sob outra designação, assim o imponham.

IV. Um estudo aturado das previsões legais específicas que tutelem situações de confiança e das consagrações jurisprudenciais dos institutos genéricos, onde tal tutela tenha lugar, permite apontar os pressupostos da sua proteção jurídica[2601]. São eles:

[2601] Intentou-se proceder a tal análise no escrito *Da boa fé*, 443 ss., 742 ss. e *passim*, com tentativa de síntese a pp. 1243 ss.. Posteriormente, o tema foi tratado, em moldes paralelos, pelo saudoso Professor BAPTISTA MACHADO, *Tutela da confiança e "venire con-*

1.º Uma situação de confiança conforme com o sistema e traduzida na boa-fé subjetiva e ética, própria da pessoa que, sem violar os deveres de cuidado que ao caso caibam, ignore estar a lesar posições alheias;
2.º Uma justificação para essa confiança, expressa na presença de elementos objetivos capazes de, em abstrato, provocarem uma crença plausível;
3.º Um investimento de confiança consistente em, da parte do sujeito, ter havido um assentar efetivo de atividades jurídicas sobre a crença consubstanciada;
4.º A imputação da situação de confiança criada à pessoa que vai ser atingida pela proteção dada ao confiante: tal pessoa, por ação ou omissão, terá dado lugar à entrega do confiante em causa ou ao fator objetivo que a tanto conduziu.

A situação de confiança pode, em regra, ser expressa pela ideia de boa-fé subjetiva: a posição da pessoa que não adira à aparência ou que o faça com desrespeito de deveres de cuidado merece menos proteção[2602].

---

tra factum proprium" (1985) = *Obra dispersa* I (1991), 345-423 (416 ss.), com uma arrumação semelhante dos pressupostos de tutela da confiança.

O enunciado dos pressupostos acima apontado, por vezes com algumas adaptações, veio a ser adotado pela jurisprudência; assim, STJ 5-Mar.-1996 (MIRANDA GUSMÃO), CJ/Supremo IV (1996) 1, 115-118 (118/II), STJ 28-Nov.-1996 (MIRANDA GUSMÃO), CJ/Supremo IV (1996) 3, 118-121 (121/I), RLx 12-Jun.-1997 (CARLOS VALVERDE), CJ XXII (1997) 2, 110-114 (113/II), STJ 14-Out.-1997 (MIRANDA GUSMÃO), CJ/Supremo V (1997) 3, 71-76 (74/II), STJ 5-Fev.-1998 (TORRES PAULO), BMJ 474 (1998), 431-435 (434), RPt 10-Mar.-1998 (AFONSO CORREIA), CJ XXIII (1998) 2, 194-198 (198/I), STJ 25-Jun.-1998 (MIRANDA GUSMÃO), CJ/Supremo VI (1998) 2, 138-143 (142), RPt 26-Nov.-1998 (OLIVEIRA VASCONCELOS), CJ XXIII (1998) 5, 203-205 (205/II), STJ 27-Abr.-1999 (FERREIRA RAMOS), CJ/Supremo VII (1999) 2, 60-63 (62/I), RLx 20-Mai.-1999 (FERREIRA GIRÃO), CJ XXIV (1999) 3, 104-107 (106/I), STJ 25-Mai.-1999 (FERNANDES MAGALHÃES), CJ/Supremo VII (1999) 2, 116-118 (118/I), RPt 9-Mar.-2000 (JOÃO BERNARDO), CJ XXV (2000) 2, 190-195 (194/I) e RPt 20-Mar.-2001 (AFONSO CORREIA), CJ XXVI (2001) 2, 183-190 (190/I). Neste momento, por último, STJ 20-Out.-2011 (MARTINS DE SOUSA), Proc. 369/2002 e RLx 13-Out.-2011 (MARIA JOSÉ MOURO), Proc. 1655/09.6, entre muitos exemplos disponíveis.

[2602] Assim, quem aja negligentemente, sem as cautelas requeridas pelo contrato, não pode invocar a tutela da boa-fé: STJ 9-Jan.-1997 (SOUSA INÊS), CJ/Supremo V (1997) 1, 35-37.

A justificação da confiança requer que esta se tenha alicerçado em elementos razoáveis, suscetíveis de provocar a adesão de uma pessoa normal[2603].

O investimento de confiança exige que a pessoa a proteger tenha, de modo efetivo, desenvolvido toda uma atuação baseada na própria confiança, atuação essa que não possa ser desfeita sem prejuízos inadmissíveis; isto é: uma confiança puramente interior, que não desse lugar a comportamentos, não requer proteção[2604].

A imputação da confiança implica a existência de um autor a quem se deva a entrega confiante do tutelado. Ao proteger-se a confiança de uma pessoa vai-se, em regra, onerar outra; isso implica que esta outra seja, de algum modo, a responsável pela situação criada[2605].

[2603] Desta forma, a jurisprudência tem recusado a tutela *ex bona fide* nos casos em que a invocada situação de confiança se tenha formado contra normas de Direito público conhecidas pelo interessado que, assim, não poderia deixar de conhecer a precariedade da sua posição; é o que sucederia nos casos em que, tendo sido indeferido um pedido de construção, os interessados, não obstante, construíram, vindo, depois, invocar abuso do direito do Estado de demolir; assim: STJ 20-Jan.-1994 (RAÚL MATEUS), BMJ 433 (1994), 495-508 (506-507), STJ 2-Out.-1997 (ALMEIDA E SILVA), CJ/Supremo V (1997) 3, 48-51 e REv 20-Nov.-1997 (MOTA MIRANDA), CJ XXII (1997) 5, 264-267 (267). Na mesma linha de valoração, só pode prevalecer-se da boa-fé e do abuso do direito aquele que, sem culpa grosseira, desconhecesse certa invalidade – STJ 11-Mar.-1999 (GARCIA MARQUES), CJ/Supremo VII (1999) 1, 152-155 (153/II).

[2604] Assim: verificam-se os pressupostos do divórcio; todavia, o cônjuge interessado demorou a formulação do competente pedido, vindo a fazê-lo tardiamente; não há abuso uma vez que não se provou que, por via da demora, o cônjuge culpado tivesse orientado diversamente a sua vida: STJ 28-Jun.-1994 (SÁ COUTO), CJ/Supremo II (1994) 2, 157-159. Essa mesma ideia terá, porventura, sido expressa em STJ 22-Fev.-1994 (PAIS DE SOUSA), CJ/Supremo II (1994) 1, 124-126 (125/I), onde se diz que, para haver proteção, "não basta dar o dito por não dito"; há um suplemento de substância que pode ser expresso pelo investimento de confiança.

[2605] Não haverá, deste modo, proteção quando o agente tenha uma posição especial que justifique o "atentado à confiança" por ele perpetrado; assim, pode um trabalhador impugnar a caducidade do contrato de trabalho, por invocada incapacidade e, depois, reformar-se por invalidez: RCb 3-Mar.-1998 (GONÇALVES AFONSO), CJ XXIII (1998) 2, 68-71; também se admite que um trabalhador inicie uma relação laboral meses depois de ter pedido a reforma por invalidez: STJ 8-Out.-1997 (MATOS CANAS), BMJ 470 (1997), 469-482; não foi considerado abuso do direito o invocar a nulidade do contrato de trabalho por falta de habilitações legais do trabalhador, mau grado ter já decorrido algum tempo de laboração: STJ 29-Abr.-1998 (VITOR DEVESA), CJ/Supremo VI (1998) 2, 270-273.

V. Os quatro requisitos acima apontados devem ser entendidos e aplicados com duas precisões importantes.

As previsões específicas de confiança dispensam, por vezes, algum ou alguns dos pressupostos referidos [2606]. Por exemplo, a aquisição *a non domino*, pelo registo, prevista no artigo 17.°/2 do Código do Registo Predial de 1984 – exemplo claro de tutela da confiança – opera a favor do terceiro que esteja de boa-fé (a situação de confiança), que tenha agido com base no registo prévio, a favor do alienante (a justificação da confiança) e que tenha adquirido a título oneroso (o investimento de confiança): não é necessária a imputação dessa confiança à pessoa que vai ser prejudicada pela aquisição tabular.

Os requisitos para a proteção da confiança articulam-se entre si nos termos de um sistema móvel [2607-2608]. Isto é: não há, entre eles, uma hierarquia e não são, em absoluto, indispensáveis: a falta de algum deles pode ser compensada pela intensidade especial que assumam alguns – ou algum – dos restantes. A mobilidade, assim entendida, dos requisitos em causa, ilustra-se, desde logo, com as situações acima sumariadas da aquisição pelo registo. Outro exemplo sugestivo: no caso da confiança possessória – que também não oferece dúvidas, por ser objeto de normas específicas – a falta de justificação e, até, de boa-fé subjetiva é compensável pelo intensificar do investimento de confiança: a posse não titulada ou, até, de má-fé, não deixa de levar à usucapião, desde que haja um alongamento dos prazos da sua duração.

VI. A tutela da confiança, genericamente dispensada pela boa-fé, tem uma teleologia relevante para se determinar o âmbito da proteção. À partida, podemos considerar a confiança como um elemento imprescindível

---

[2606] Podem, sem dúvida, fazê-lo, uma vez que se trata de normas legais expressas; o limite estará, como é natural, na existência de fontes superiores de sinal contrário.

[2607] A ideia de sistema móvel, já usada a propósito dos elementos da interpretação, foi apresentada há mais de meio século por WALTER WILBURG, *Entwicklung eines beweglichen Systems im bürgerlichen Recht* (1950), tendo sido divulgada por CLAUS-WILHELM CANARIS; refira-se *Die Vertrauenshaftung im Deutschen Privatrecht*, cit., 301 ss., 312, 373, 389 e 529. A sua aplicação ao Direito português não oferece dificuldades e é útil, num prisma instrumental. Vide *Da boa fé*, 1248, 1262 e *passim*.

[2608] Um apelo expresso à ideia de sistema móvel consta de STJ 5-Fev.-1998 (TORRES PAULO), BMJ 474 (1998), 431-435 (433).

na manutenção do grupo social. Na sua falta, qualquer sociedade humana se esboroa. Em termos interpessoais, a confiança instalada coloca os protagonistas à mercê uns dos outros: o sujeito confiante abranda as suas defesas, ficando vulnerável. Seguidamente, todos os investimentos, sejam eles económicos ou meramente pessoais, postulam a credibilidade das situações: ninguém dá hoje, para receber (apenas) amanhã, se não houver confiança nos intervenientes e nas situações. Por fim, a confiança e a sua tutela correspondem a aspirações éticas elementares. A pessoa defraudada na sua confiança é, desde logo, uma pessoa violentada na sua sensibilidade moral. Paralelamente, o agente que atinja a confiança alheia age contra um código ético imediato.

A confiança torna-se um elemento importante. O Direito não o pode ignorar: tratar um sujeito confiante pela mesma bitola dispensada a um outro não-confiante equivale a tratar o diferente de modo igual. Haveria, então, uma violação do princípio da igualdade, previsto no artigo 13.º da Constituição.

Podemos ir mais longe. O princípio da igualdade implica a harmonia e a adequação do sistema no seu conjunto [2609]. Em jogo estará, sempre, uma confiança conforme com o sistema. E assim sendo, encontraremos, na tutela da confiança, um modo de concretização dos valores últimos do sistema.

VII. A tutela da confiança tem ainda constituído um princípio fecundo para a concretização de diversos outros institutos. Pensamos, designadamente, na responsabilidade pela confiança[2610], agora desligada da ambiência contratual acima referenciada. Sirva de exemplo o caso decidido em RPt 7-Jun.-2004: no decurso de uma prova desportiva, verifica-se um despiste que projeta um guarda da GNR, o qual atinge, por seu turno, um espectador.

[2609] CLAUS-WILHELM CANARIS, *Pensamento sistemático*, 2.ª ed. cit., 224 ss..

[2610] Como obra de referência: MANUEL CARNEIRO DA FRADA, *Teoria da confiança e responsabilidade civil* (2004), 974 pp.. Esta matéria tem conhecido desenvolvimentos significativos na doutrina suíça; referimos: FABIO DELCÒ, *Die Bedeutung des Grundsatzes von Treu und Glauben beim Ersatz reiner Vermögensschäden* (2000), 31 e 133 e PETER LOSER--KROGH, *Kritische Überlegungen zur Reform des privaten Haftpflichtrechts/Haftung aus Treu und Glauben, Verursachung und Verjährung*, ZSR 2003, 127-228 (133). No Direito alemão e à luz da jurisprudência temos um sempre assinalável regresso de CANARIS ao tema: CLAUS-WILHELM CANARIS, *Die Vertrauenshaftung im Lichte der Rechtsprechung des Bundesgerichtshofs*, FG (Wissenschaft) 50 Jahre BGH, 1 (2000), 129-197.

Este confiara na segurança inspirada pela organização; estabelecera-se uma relação de confiança nesse sentido, surgindo, agora, a inerente responsabilidade[2611].

Também no campo do Direito do consumo, a confiança representa a base explicativa para a concretização da responsabilidade[2612].

324. A primazia da materialidade subjacente

I. A tutela da confiança constitui um princípio fundamental de concretização da boa-fé objetiva. Mas ela não esgota o âmbito regulativo desta. Na base das múltiplas soluções práticas propiciadas pela boa-fé[2613], encontramos um segundo e também fundamental princípio: o da primazia da materialidade subjacente.

II. A ideia que aflora na regra da primazia da materialidade subjacente é de fácil exteriorização: o Direito visa, através dos seus preceitos, a obtenção de certas soluções efetivas; torna-se, assim, insuficiente a adoção de condutas que apenas na forma correspondam aos objetivos jurídicos, descurando-os, na realidade, num plano material. A boa-fé exige que os exercícios jurídicos sejam avaliados em termos materiais, de acordo com as efetivas consequências que acarretem.

Num exemplo académico, seria contrário à boa-fé e, a esse título, abusivo, o comportamento do devedor que, obrigado a colocar determinada quantidade de tijolos num prédio do credor, os descarregasse no fundo de um poço: ainda quando o local da entrega ficasse ao critério do devedor, deve entender-se que a opção não poderia ser feita em termos danosamente inúteis.

III. Para facilidade de concretização – e sempre na base de uma pesquisa assente em casos práticos – podemos apontar três grandes vias de realização do princípio ora em estudo:

– a conformidade material das condutas;

[2611] RPt 7-Jun.-2004 (SANTOS CARVALHO), CJ XXIX (2004) 3, 190-194 (194/I).
[2612] BETTINA HEIDERHOFF, *Grundstrukturen des nationalen und europäischen Verbrauchervertragsrecht* cit., 331 ss..
[2613] *Da boa fé*, 1252 ss..

– a idoneidade valorativa;
– o equilíbrio no exercício das posições.

A conformidade material exige que, no exercício de posições jurídicas, se realizem, com efetividade, os valores pretendidos pelo ordenamento: não, apenas, o ritualismo exterior. Será pois contrária à boa-fé qualquer conduta que apenas na forma dê corpo ao que o Direito determine.

A idoneidade valorativa recorda a harmonia do sistema. Este não admitiria que alguém utilize a própria situação jurídica que tenha violado para, em função do seu ilícito, tirar partido contra outrem. Assim – e se normas específicas não existissem – seria contrário à boa-fé provocar um dano e exigir, a outrem, a sua reparação.

O equilíbrio no exercício das posições jurídicas recorda a permanente necessidade de sindicar, à luz da globalidade do sistema, as diversas condutas, mesmo permitidas. Temos, por esta via, dois tipos de posturas vedadas pela boa-fé:

– o ato emulativo e, portanto: a atuação gratuitamente danosa para outrem, tal como sucedeu com a chaminé falsa de Colmar[2614];
– a atuação gravemente desequilibrada, ou seja: a conduta que, para conseguir uma vantagem mínima para o próprio gere um dano máximo para outrem.

IV. A primazia da materialidade subjacente não tem, à partida, o potencial inovatório da tutela da confiança. No fundo, ela conduz a uma melhor articulação do sistema com a periferia, permitindo uma interpretação e uma aplicação melhoradas das mais diversas mensagens normativas.

Por esta via, poderíamos ser levados a pensar que a primazia da materialidade subjacente iria perdendo terreno à medida que o ordenamento lograsse densificar as suas normas e soluções. O caso da chaminé falsa de Colmar só é pensável num sistema que não contenha normas de controlo sobre edificações ou, ainda, normas de proteção à saúde e ao ambiente equilibrado. É inevitável uma certa perda de importância, por esta via. Mas

---

[2614] Um caso em que um vizinho, só para prejudicar outro, manda construir uma chaminé falsa monstruosa: CImp Colmar 2-Mai.-1855, D 1856, 2, 9-10. *Vide* o *Tratado*, V, 249 ss..

à medida que as sociedades se aperfeiçoem, o sistema torna-se mais exigente. Áreas antes a ele alheias exigem, subitamente, soluções que o prolonguem. A boa-fé, apelando para a primazia da materialidade subjacente, está vocacionada para o fazer.

325. Aspetos evolutivos

I. Durante boa parte do século XX, a boa-fé teve um papel decisivo no apuramento de importantes subinstitutos acima referidos: a *culpa in contrahendo*, o abuso do direito, a complexidade intraobrigacional, a integração dos contratos e a alteração das circustâncias. As exigências do sistema nas respetivas áreas de aplicação permitiram a formação de domínios articulados dotados de modelos de decisão mais precisos. Os subinstitutos em causa foram-se autonomizando dos postulados de origem, num movimento consagrado pela reforma do BGB alemão de 2001/2002, ao codificar a *culpa in contrahendo*, a violação positiva do contrato e a alteração das circunstâncias[2615]. Pergunta-se, deste modo, se a boa-fé não terá cumprido o seu papel: permitiu ao ordenamento conquistar novas áreas problemáticas, apurando soluções adequadas. Isto feito, ela perderia conteúdo prescritivo.

II. Parcialmente, assim é. O tratamento atual da boa-fé na Alemanha perdeu extensão, dada a reordenação da matéria subsequente à reforma de 2001/2002. No nosso Direito, o mesmo deslizar parece natural, tanto mais que dispomos, no Código de Vaz Serra, de elementos codificados relativos aos institutos *ex bona fide*. Não obstante, os subinstitutos *ex bona fide* não são de Direito estrito. Será sempre inevitável, na sua aplicação, um apelo às origens e uma sindicância com recurso ao sistema. E no Direito vigente essa necessidade mais se acentua perante a expressa referência feita à boa-fé nos subinstitutos dela derivados: artigos 227.º/1, 239.º, 334.º, 437.º/1 e 762.º/2.

Digamos que, mau grado um movimento que, através da consagração de subinstitutos mais precisos, conduz à depuração da boa-fé, esta mantém um papel ordenador e dogmático auxiliar.

[2615] Vide o nosso *Da modernização do Direito civil*, 111 ss..

III. Não será credível, todavia, afirmar que o Direito já cobre, com compleitude e diferenciação, todos os problemas carecidos de colocação jurídica. Nas conjugações de problemas e de interesses apelam, em permanência, para as virtualidades criativas do sistema. A boa-fé, diretamente ou através dos seus princípios mediantes – a tutela da confiança e a primazia da materialidade subjacente – pode ser chamada para enquadrar questões novas. Pense-se nas cláusulas contratuais gerais[2616], na defesa do consumidor[2617], no levantamento da personalidade coletiva[2618] ou na procuração aparente[2619]. A boa-fé irá manter o seu papel como expressão de capacidade reprodutiva do sistema. Como alternativa: encontrar outra designação. Não vemos, porém, razão para abandonar a velha *bona fides*: uma presença constante e calorosa na caminhada bimilenária do nosso Direito civil.

[2616] Artigo 15.º da LCCG; *Tratado*, I/1, 3.ª ed., 630-632.

[2617] Artigo 6.º do Anteprojeto PINTO MONTEIRO: "Na ponderação do princípio da boa-fé dever-se-á especialmente ponderar, entre outros fatores, a necessidade de assegurar a defesa do consumidor".

[2618] *Tratado*, IV, 699 ss..

[2619] *Tratado*, V, 102 ss..

§ 80.º A IMPUTAÇÃO DE DANOS

326. O dano e a sua suportação

I. Em Direito, o dano ou prejuízo traduz-se na supressão ou diminuição de uma situação favorável que estava protegida pelo ordenamento.

A ocorrência de danos é uma possibilidade constante no mundo do Direito, dada a contingência e a precariedade das realidades humanas. Os danos podem assumir diversas naturezas, sujeitando-se a múltiplas classificações[2620]:

– danos morais e danos patrimoniais, consoante a natureza das vantagens suprimidas;
– danos lícitos e danos ilícitos, em função do tipo de atuação que lhes tenha dado azo;
– danos naturais e danos humanos, em consonância com essa mesma realidade;
– danos ressarcíveis e danos compensáveis, de acordo com a postura que uma eventual indemnização possa, perante eles, assumir;
– danos emergentes e lucros cessantes, conforme eles derivem da supressão de utilidades ou, pelo contrário, correspondam à não obtenção de vantagens que, de outra forma, seriam aguardadas.

Há numerosas outras possibilidades, a considerar no estudo dogmático da matéria.

II. A regra básica no tocante aos danos é a da sua suportação pela própria esfera onde ocorram. Falando-se, a tal propósito, em risco, como traduzindo a aptidão que uma esfera tenha para suportar os danos que, por-

---

[2620] HANSJÖRG OTTO, no *Staudingers Kommentar*, §§ 255-304 (2004), § 280, E (436 ss..); *Tratado*, II/3, 511 ss..

ventura sobrevenham, poder-se-á dizer que cada um corre o risco de ver suprimidas as vantagens que antes lhe coubessem [2621].

Esta suportação natural dos danos pelas esferas onde se verifiquem as correspondentes desvantagens tem uma dupla justificação, prática e valorativa.

Em termos práticos, pode dizer-se que a suportação do dano na esfera onde ocorra corresponde à natureza das coisas e faculta uma solução rápida e eficaz para a sua problemática. Como será referido, a solução de transferir ou repercutir um dano, que se verifique numa esfera, para esfera diversa da inicial, implica a movimentação de toda uma complexa disciplina civil, com questões difíceis; vão elas desde a identificação da esfera responsável, até à própria avaliação do dano e passando pela forma do ressarcimento. Todas essas operações só são possíveis em casos marginais; na grande maioria das situações, o Direito verga-se à natureza.

Em termos valorativos, a suportação do dano pela esfera onde ocorra corresponde, em geral, à solução mais justa. Qualquer dano pressupõe a prévia atribuição de uma vantagem, em termos particularizados. Ao fazer correr contra o beneficiado o risco do súbito desaparecimento da sua vantagem, o Direito dá livre curso a uma forma de justiça distributiva: *ubi commoda, ibi incommoda*. E a contraprova torna-se edificante: o fazer correr o risco por quem não tenha tido o benefício das vantagens, enquanto elas existiam, seria uma fórmula maior de injustiça.

As considerações expendidas são dobradas por profundas considerações históricas e culturais.

III. Em aplicação da regra básica da suportação dos danos, acima apontada, pode considerar-se, por exemplo:

- que o desaparecimento das vantagens de personalidade – *maxime* a morte – corre por conta do atingido;
- que a destruição ou a deterioração de uma coisa corpórea é sofrida pelo proprietário ou por quem, sobre ela, tenha outro direito;
- que a impossibilitação de uma obrigação é suportada pelo credor.

[2621] GERHARD KEGEL, *Empfiehlt es sich den Einfluss grundlegender Veränderungen des Wirtschaftslebens auf Verträge gesetzlich zu regeln und in welchem Sinn?* Gutachten 40. DJT (1953), vol. I, 137-236 (200) e ERWIN DEUTSCH, *Allgemeines Haftungsrecht*, 2.ª ed. (1996), 1.

As regras mais complexas de atribuição de bens são acompanhadas pelas equivalentes regras de suportação de riscos.

327. Imputação e responsabilidade civil

I. Em situações particulares, a regra apontada da suportação dos danos pelas esferas onde ocorram é desviada por normas diversas que obrigam à sua imputação – isto é, à sua atribuição – a outras esferas.

Surge, aqui, a responsabilidade civil. Enquanto situação, ela pode ser definida como a ocorrência jurídica na qual um dano registado numa esfera é imputado a outra. A imputação faz-se através de uma obrigação: a obrigação de indemnizar.

A obrigação de indemnizar pode isolar-se pelas suas coordenadas e, designadamente:

- pela sua fonte: ela deriva de um dano e de uma imputação;
- pela seu conteúdo: a indemnização, isto é, a prestação equivalente a um determinado dano;
- pelo seu objetivo: a supressão de um dano, que vai ser repercutido na esfera adstrita a tal operação.

II. A situação mais simples na justificação de ocorrência de responsabilidade civil – portanto, de repercussão de danos em esferas nas quais elas não hajam, precisamente, ocorrido – é a da prática de factos ilícitos danosos: quando alguém, violando normas de Direito, provoque danos em esfera alheia, ocorre um condicionalismo que explica a quebra do princípio acima enunciado; o dano há-de ser suportado por quem o provoque e não em definitivo, pela esfera onde se tenha registado.

Esta derivação da responsabilidade civil corresponde à sua evolução histórica, a partir do antigo Direito romano[2622]. Resultaram, daí, consequências que se prolongaram até aos nossos dias. Assim:

- a responsabilidade civil assentou, primeiro, em cenários estritos tipificados na lei; ela concretizava-se apenas quando se verificas-

---

[2622] Quanto à origem e à evolução histórica da responsabilidade civil *vide* o nosso *Da responsabilidade civil dos administradores das sociedades comerciais* (1997), 399 ss., com indicações e *Tratado*, II/3, 291 ss..

sem factos específicos e não, em geral, sempre que alguém causasse danos ilícitos;
– a responsabilidade civil desenvolveu-se, dogmaticamente, em torno da prática ilícita de danos, excecionalizando todas as suas outras manifestações e apoiando-se, no apuramento dos seus pressupostos, apenas nas previsões de ilicitude civil;
– a responsabilidade civil apresentou-se sistematicamente como uma sanção – por vezes mesmo como uma punição – passando para segundo plano o seu fito essencial – a mera imputação de danos.

Todas estas sequelas foram historicamente superadas. Todavia, elas deixaram resquícios dogmáticos que permitem a vitalidade do instituto.

A responsabilidade civil tende a assentar em cláusulas gerais – portanto em descrições genéricas de realidades fácticas, por oposição aos clássicos catálogos de factos imputados. O exemplo mais acabado é, quanto à responsabilidade por atos ilícitos, o do artigo 483.º/1 do Código Civil.

A responsabilidade civil não deveria assentar dogmaticamente na prática de factos ilícitos nem desenvolver, em tais bases, os seus pressupostos: o essencial da sua concretização reside, tão-só, no dano e na imputação. Todavia, e porque historicamente a responsabilidade se desenvolveu em torno dos factos ilícitos, a doutrina destes funciona como a grande matriz de todo este instituto.

A responsabilidade civil visa, por fim, a supressão de um prejuízo; não tem, à partida, escopos punitivos nem sequer, de modo necessário, sancionatórios. Não obstante, o aspeto sancionatório e retributivo da responsabilidade civil tem conhecido um incremento recente.

III. Por razões de ordem técnica, a responsabilidade civil efetiva-se através de vínculos obrigacionais: as obrigações de indemnizar. Por isso, e num fenómeno típico de absorção estrutural, ela é tratada e estudada em Direito das obrigações.

Apesar desse fenómeno, deve ficar claro que a responsabilidade civil se ergue como um instituto geral de todo o Direito privado. Os danos que ela vai apagar são os desencadeados por supressões ocorridas em qualquer disciplina civil, desde o Direito da personalidade ao das sucessões.

Ela releva, pois, nas suas generalidades, na parte geral do Direito civil.

328. Títulos de imputação

I. A responsabilidade civil afirma-se sempre em detrimento de regra basilar da suportação dos danos pela esfera onde ocorram. Por isso, ela só se concretiza na presença de particulares eventos que, em termos jurídicos, justifiquem a imputação desses danos a uma esfera diferente; constituem tais eventos os títulos de imputação.

Nos primórdios, os títulos de imputação de danos redundavam sempre na prática de ilícitos danosos.

A revolução industrial e as consequências económico-sociais dela derivadas vieram provocar novas formas de pensar o problema.

Na verdade, em múltiplas ocasiões se verificou que certas pessoas recolhiam particulares benefícios por serem detentoras de meios perigosos para terceiros. Quando tal suceda, afigura-se razoável, ao Direito, fazer correr o risco dos danos provocados por tais meios não contra quem os suporte, mas contra aquele que deles se aproveite, independentemente do perpetrar de quaisquer factos ilícitos.

Chegou-se, assim, a um multiplicar de títulos de imputação.

II. No Direito atual, os títulos de imputação ordenam-se, com frequência, em três categorias[2623]:

– a imputação por facto ilícito ou por incumprimento;
– a imputação pelo risco;
– a imputação por facto lícito ou pelo sacrifício.

A imputação por facto ilícito[2624] tem lugar quando alguém, ilicitamente e com culpa, viole um direito alheio ou uma disposição destinada a proteger os seus interesses – artigo 483.º/1. A lei autonomiza a hipótese de o direito violado ser um crédito – artigo 798.º; nessa altura, a responsabilidade diz-se contratual ou obrigacional, obedecendo a pressupostos diversos.

[2623] *Tratado*, II/3, 405 ss. e *passim*.
[2624] Ainda dita delitual, extraobrigacional ou aquiliana (da *Lex Aquilia de damno*, de 286 a. C., segundo alguns autores, que lhe firmou as bases).

A imputação por facto ilícito postula duas instâncias de controlo do sistema sobre a sua estatuição:

– a ilicitude: o dano deve ser provocado em violação a normas jurídicas e sem que ocorra uma causa de justificação (por exemplo, a legítima defesa);
– a culpa: a ação deve assentar numa tal relação de meios-fins que o agente incorra num juízo de censura, seja por ter pretendido direta, necessária ou eventualmente atingir as normas violadas, (dolo), seja por não ter pretendido pautar-se pelos deveres de cuidado que ao caso caibam (negligência).

De resto, a ação deve ter sido desencadeada pelo imputado e o dano há-de ocorrer numa confluência meios-fins do agente.

III. A imputação pelo risco tem lugar quando o Direito faça correr por determinada esfera a eventualidade de danos registados em esferas diferentes; independentemente de qualquer facto ilícito, tal só sucederá em situações previstas na lei com esse efeito – *vide* artigo 483.º/2.

Em regra, as imputações pelo risco jogam contra o beneficiário de meios perigosos: utilização de animais – artigo 502.º – de veículos – artigo 503.º – de instalações de energia elétrica ou gás – artigo 509.º, etc.. Mas elas podem ocorrer por razões de oportunidade – artigo 500.º – ou por profundas motivações de tipo social, como sucede no campo dos acidentes de trabalho, repercutidos na esfera do empregador – artigo 283.º, do Código do Trabalho.

De natureza excecional, no seu início, as imputações pelo risco devem hoje ser apresentadas como desvios à regra de suportação dos danos nas esferas onde ocorram, e nada mais.

A imputação pelo risco não postula, por definição, qualquer ação destinada a provocar danos; assim sendo, não há que procurar o surgimento do dano numa confluência com os meios-fins do agente (o chamado "nexo de causalidade") mas, tão-só, numa sequência socialmente adequada à sua suscitação.

A imputação pelo risco, também dita objetiva por dispensar qualquer atuação do sujeito, deve promover uma definitiva emancipação da imputação de danos perante a responsabilidade aquiliana. Reside, aqui, uma área importante de evolução jurídico-científica da responsabilidade civil nos próximos tempos.

IV. A imputação por facto lícito ou pelo sacrifício postula o cometimento voluntário de um dano, mas em termos tais que a sua prática não possa ser considerada como ilícita. Não obstante, o Direito, tendo em conta que o autor do dano pode, dele, retirar vantagens, considera como injusto uma sua suportação, apenas, pelo titular da vantagem frustrada. Estabelece uma imputação dos danos verificados ao autor do comportamento, ainda lícito – artigo 339.º/2, 2.ª parte.

§ 81.º A PROPRIEDADE E A SUA TRANSMISSÃO

329. A propriedade; aceções e justificação

I. A propriedade constitui um instituto civil geral que ocupa um lugar dogmático e significativo-ideológico de relevo, no espaço jurídico.

A sua utilização intensiva em diversos domínios tem provocado uma refração linguística múltipla, de tal modo que o termo "propriedade" é, hoje, polissémico. Cabe afinar a terminologia.

A propriedade pode figurar:

– direitos subjetivos;
– uma relação entre os direitos subjetivos e o seu objeto;
– o próprio objeto dos direitos subjetivos em causa.

A primeira aceção surge como a mais correta, ainda que comporte diversos entendimentos que devem ser esclarecidos; a segunda deve ser substituída pela expressão titularidade; a terceira corresponde a bens ou a coisas, sendo preferível o recurso a estas designações.

II. Tomada em aceção jurídico-subjetiva, a propriedade pode traduzir:

– em sentido amplo, o conjunto dos direitos patrimoniais privados – por exemplo, o artigo 62.º/1 da Constituição da República;
– em sentido estrito, o direito real regulado nos artigos 1302.º e seguintes do Código Civil e que pode ser definido como a permissão normativa plena e exclusiva de aproveitamento de uma coisa corpórea.

Ainda aqui novas distinções são possíveis. Fala-se, efetivamente, em propriedade pública para isolar o direito subjetivo patrimonial constituído não por normas civis mas por normas administrativas – e, de novo, se poderia lidar com uma propriedade pública em sentido amplo, equivalente a todos os direitos patrimoniais públicos ou em sentido restrito, quando apenas relevasse o Direito patrimonial público. Mas a propriedade pública pode ainda traduzir o(s) direito(s) patrimonial(ais) privado(s) que se encontrem na titularidade do Estado ou de outras entidades públicas.

No Direito civil, a propriedade é sempre a estabelecida por normas de Direito privado, seja quem for o seu titular; fica no entanto subjacente que a "propriedade privada" corresponde, em termos paradigmáticos, à que se encontre na titularidade particular.

III. A propriedade tem um relevo jurídico que transcende o de uma mera espécie de direito subjetivo.

Em termos dogmáticos, ela comporta, pela sua impressividade, traços comuns a todos os direitos que, por razões histórico-culturais, foram desenvolvidos a seu respeito. Assim, ainda hoje, o Livro III do Código Civil está despojado de uma parte geral; a propósito do direito de propriedade surgem depois os princípios que deveriam corresponder a essa parte.

Em termos significativo-ideológicos, ela corporiza as representações políticas, históricas ou sociais que se prendem à apropriação privada da riqueza e, designadamente, da riqueza produtiva. Nesta dimensão ficam em causa quaisquer direitos privados.

IV. A propriedade é explicada, desde os tempos antigos, com recurso aos dois esquemas primordiais da sua constituição: a ocupação e o trabalho.

A ocupação faculta a apropriação a quem se apposse de bens sem dono; o trabalho permite-a àquele que, pelo seu labor, produza novos bens. A manutenção subsequente remontaria sempre a esses esquemas iniciais.

A legitimidade de todo esse processo seria aferida pela liberdade: sem um mínimo de bens postos à disposição exclusiva de cada um, as hipóteses de autorrealização e de livre escolha ficarão submetidas às graças do poder estabelecido.

330. Conteúdo; disponibilidade e transmissão

I. O conteúdo da propriedade – em sentido amplo ou restrito, sempre com a indicação de que, nesta última aceção, ela é paradigmática – depende, desde logo, dos bens sobre que recaia. As possibilidades do beneficiário serão muito diversas consoante se trate de um terreno ou de um bem móvel de consumo.

Como permissão de largo alcance, a propriedade deixa ao arbítrio do beneficiário tudo quanto não seja proibido ou, muito simplesmente, afastado do núcleo permissivo inicial. A permissão básica pode analisar-se em faculdades, poderes, deveres ou encargos, embora os primeiros devam ser estruturalmente dominantes.

De entre as faculdades clássicas atribuídas ao proprietário – cf. o artigo 1305.º do Código Civil – contam-se as de uso, fruição e disposição: o uso corresponde à utilização da coisa, segundo as suas naturais qualidades; a fruição integra a possibilidade de, sobre ela, desenvolver atividades produtivas; a disposição põe a tónica na natureza permissiva do conjunto e na possibilidade da sua transmissão.

II. A disponibilidade e a transmissibilidade constituem aspetos marcantes da propriedade que, nessa medida, são extrapoláveis para os outros direitos patrimoniais.

Tratando-se de direitos, eles apresentam sempre uma estrutura permissiva: o seu exercício fica na disponibilidade do sujeito, que pode renunciar à sua posição, remitir a dívida, abandonar a coisa, etc.. Em termos materiais – e nos limites do conteúdo do seu direito – ele poderá transformar o objeto do seu direito ou mesmo destruí-lo.

A transmissão – que implica uma faculdade jurídica normalmente inscrita no conteúdo dos direitos patrimoniais e, por excelência, no da propriedade – equivale à possibilidade de usar os bens enquanto valores de troca, fazendo-os circular na sociedade, seja onerosa, seja gratuitamente.

Inicialmente limitada à propriedade – artigo 1305.º – a transmissibilidade veio, no termo de uma evolução milenária, a enformar os diversos direitos patrimoniais privados, caracterizando, nessa medida, todo o Direito privado; *vide* os artigos 424.º e ss., 577.º e ss., 589.º e ss. e 595.º e ss..

331. A transmissão por morte

I. A propriedade anda associada, designadamente nos seus níveis representativos, ao tema da sua transmissão por morte. A garantia constitucional atinge-a, aliás, também nesse aspeto – artigo 62.º/1, da Constituição. Essa transmissibilidade é muito extensa, de tal modo que o Direito, querendo precisar-lhe os contornos, se pronuncia pela negativa, dizendo apenas o que não constitui objeto de sucessão – artigo 2025.º do Código Civil.

Fica pois assente a sobrevivência da propriedade – dos direitos patrimoniais privados – à vida dos seus titulares, numa posição que aparenta o maior relevo, quer num prisma psicológico, quer nas dimensões económicas, políticas e sociais. Boa parte da estruturação jurídico-privada disso depende: torna-se, assim, possível tratar a matéria jurídico-civil como se as diversas situações jurídicas fossem imunes à morte dos seus titulares; elas continuam sempre nos sucessores.

II. A transmissibilidade, por morte, dos direitos patrimoniais privados é, muitas vezes, associada à lógica da apropriação privada. Trata-se, porém, de uma associação, em si, menos clara: bem podia haver propriedade privada, revertendo tudo para o Estado, com a morte do seu titular.
Dois fatores contribuirão para esclarecê-la:

– a família: boa parte da transmissão por morte dos bens opera no quadro da família; fica explicada, pois, à luz das representações familiares, sociológicas e culturais;
– as posições passivas: a generalidade das posições ativas tem, como contrapartida, posições passivas de outros sujeitos; ora elas ficariam gravemente prejudicadas quando estas se extinguissem por morte dos vinculados; havendo transmissão por morte, elas poderão sempre ser atuadas contra os sucessores.

A transmissão da propriedade por morte garante, efetivamente, a sua lógica interna; mas fá-lo, sobretudo porque ao assegurar a subsistência das obrigações perante a morte do obrigado, assegura as correspondentes posições ativas.

ÍNDICE DE JURISPRUDÊNCIA

JURISPRUDÊNCIA PORTUGUESA

Casa da Suplicação

Casa da Suplicação 23-Nov.-1769, Direito subsidiário em matéria comercial – 644
Casa da Suplicação 9-Abr.-1770 (D. JOÃO, Cardeal), respeito pelos direitos adquiridos – 849
Casa da Suplicação 5-Dez.-1770 (JOSÉ DE SEABRA E SILVA), não-retroatividade das leis – 849
Casa da Suplicação 21-Jul.-1797 (CONDE DE POMBEIRO), não-retroatividade das leis – 849
Casa da Suplicação 14-Jul.-1820, invalidade de certas cláusulas postas pelos instituídos em vínculo – 624
Casa da Suplicação 24-Fev.-1824, emolumentos de corregedores – 625
Casa da Suplicação 27-Abr.-1824, supressão de sociedades secretas – 625
Casa da Suplicação 14-Jun.-1825, devedores dos vendedores do Terreiro Público – 625
Casa da Suplicação 26-Nov.-1825, morgados – 625
Casa da Suplicação 10-Dez.-1825, privilégio do foro no crime de falsidade – 625
Casa da Suplicação 15-Jun.-1826, venda em hasta pública de um prédio enfitêutico – 625
Casa da Suplicação 24-Out.-1826, novos assentos – 625
Casa da Suplicação 13-Fev.-1827, provimento de um médico – 625
Casa da Suplicação 23-Dez.-1828, sucessão intestada – 625
Casa da Suplicação 11-Abr.-1829, âmbito de doação de uma capela – 625
Casa da Suplicação 28-Jun.-1831, revogação de um acórdão – 625
Casa da Suplicação 11-Jul.-1832, tratado com a Grã-Bretanha – 625
Casa da Suplicação 30-Ago.-1832, administradores de capelas e morgados – 625

Tribunal Constitucional

TC n.º 11/83, de 12 de Outubro (JOSÉ MARTINS DA FONSECA), retroatividade fiscal – 853
TC n.º 40/84, de 3 de Maio (RAÚL MATEUS), inconstitucionalidade do assento do STJ 4/79 por, em processo penal, atentar contra as garantias dos arguidos – 638
TC n.º 93/84, de 30 de Julho (JORGE CAMPINOS), retroatividade; tutela da confiança – 854
TC n.º 62/85, de 5 de Março (MAGALHÃES GODINHO), sufraga o TC n.º 40/84 – 638
TC n.º 8/87, de 13 de Janeiro (MONTEIRO DINIS), declara a inconstitucionalidade do assento do STJ 4/79 e das normas nele envolvidas, com força obrigatória geral – 638

TC n.º 71/87, de 18 de Fevereiro (VITAL MOREIRA), retroatividade; tutela da confiança – 854
TC n.º 157/88, de 7 de Julho (CARDOSO DA COSTA), normas interpretativas – 859
TC n.º 303/90, de 21-Outubro (BRAVO SERRA), data da publicação; entrada em vigor – 802
TC n.º 62/91, de 13 de Março (SOUSA E BRITO), extinção da colonia – 572
TC n.º 359/91, de 9-Julho (MONTEIRO DINIS; vencidos: MESSIAS BENTO, NUNES DE ALMEIDA, BRAVO SERRA, MARIA DA ASSUNÇÃO ESTEVES, ALVES CORREIA e CARDOSO DA COSTA), declara inconstitucional, com força obrigatória geral, o assento do STJ de 23-Abr.-1987, por violação da não-discriminação dos filhos – 638, 647
TC n.º 70/92, de 24 de Fevereiro (ANTERO MONTEIRO DINIS), retroatividade; tutela da confiança – 854
TC n.º 95/92, de 17 de Março (ARMINDO RIBEIRO MENDES), retroatividade; tutela da confiança – 854
TC n.º 108/92, de 19-Março (ALVES CORREIA), inconstitucionalidade do assento de 13-Jul.-1988 – 648
TC n.º 126/92, de 17 de Junho (MESSIAS BENTO), apreciação de um assento – 651
TC n.º 256/92, de 8 de Julho (BRAVO SERRA), nota preambular – 710
TC n.º 810/93, de 7 de Dezembro (MONTEIRO DINIS), inconstitucionalidade parcial do artigo 2.º do Código Civil (assentos) – 638
TC n.º 407/94, de 17 de Maio (MONTEIRO DINIS), inconstitucionalidade parcial dos assentos – 639
TC n.º 410/94, de 18 de Maio (ASSUNÇÃO ESTEVES), inconstitucionalidade parcial dos assentos – 639
TC n.º 299/95 de 7 de Junho (MONTEIRO DINIS), inconstitucionalidade parcial dos assentos – 639
TC n.º 337/95, de 22 de Junho (FERNANDA PALMA), inconstitucionalidade parcial dos assentos – 639
TC n.º 426/95, de 6 de Julho (MONTEIRO DINIS), inconstitucionalidade parcial do artigo 2.º do Código Civil (assentos) – 639
TC n.º 743/96, de 28 de Maio (MONTEIRO DINIS), inconstitucionalidade parcial, com força obrigatória geral, do artigo 2.º do Código Civil (assentos) – 639
TC n.º 1197/96, de 21 de Novembro (ALVES CORREIA), validade dos assentos – 651
TC n.º 574/98, de 13 de Outubro (VÍTOR NUNES DE ALMEIDA; vencidos: LUÍS NUNES DE ALMEIDA, MARIA FERNANDA PALMA, PAULO MOTA PINTO e GUILHERME DA FONSECA), revogação dos assentos; princípio da confiança – 643
TC n.º 261/2002, de 18 de Junho (JOSÉ DE SOUSA BRITO), uniformização de jurisprudência – 654
TC n.º 3/2011, de 4 de Janeiro (JOÃO CURA MARIANO), inconstitucionalidade de um regulamento da Ordem dos Advogados – 557

Supremo Tribunal de Justiça (Pleno)

STJ (P), Assento de 26-Mai.-1961 (SOUSA MONTEIRO), gerentes de sociedades por quotas – 644
STJ (P), Assento de 9-Dez.-1964 (ALBUQUERQUE ROCHA), expropriação por utilidade pública – 645, 646

STJ (P), Assento de 11-Nov.-1966 (TORRES PAULO), arrendamento – 645, 646
STJ (P), Assento de 14-Jul.-1967 (TORRES PAULO), expropriação por utilidade pública – 645, 646
STJ (P), Assento de 15-Mai.-1973 (CARVALHO JÚNIOR), arrendamento – 645
STJ (P), Assento n.º 3/77, de 9-Nov. (BRUTO DA COSTA), gerentes de sociedades por quotas – 644
STJ (P), Assento n.º 5/78, de 25-Jul. (ÁLVARES DE MOURA), família; igualdade entre os cônjuges – 644, 646
STJ (P), Assento n.º 7/79, de 24-Jul. (OLIVEIRA CARVALHO), expropriação por utilidade pública – 645, 646
STJ (P), Assento n.º 6/79, de 19-Nov. (OLIVEIRA CARVALHO), família – 644, 646
STJ (P), Assento n.º 3/82, de 1-Jun. (MELO FRANCO), trabalho – 645, 647
STJ (P), Assento n.º 4/83, de 21-Jun. (JOAQUIM FIGUEIREDO), família – 644, 646, 648
STJ (P), Assento de 3-Mai.-1984 (AMARAL AGUIAR), arrendamento – 645, 646, 647
STJ (P), Assento de 16-Out.-1984 (AMARAL AGUIAR), família – 645, 646
STJ (P), Assento de 16-Out.-1984 (CORTE REAL), arrendamento – 645, 647, 648
STJ (P), Assento de 13-Fev.-1985 (MELO FRANCO), trabalho – 645, 647, 648
STJ (P), Assento de 23-Abr.-1987 (FERNANDES FUGAS), expropriação por utilidade pública – 645, 646, 647
STJ (P), Assento de 25-Jun.-1987 (SOLANO VIANA), família – 645, 646
STJ (P), Assento de 13-Jul.-1988 (ROSEIRA DE FIGUEIREDO), expropriação por utilidade pública – 645, 646
STJ (P), Assento de 29-Nov.-1989 (CASTRO MENDES), promessa bilateral com uma assinatura – 653
STJ (P), Assento de 3-Abr.-1991 (SOUSA MACEDO), trabalho – 645, 647, 648
STJ (P), Assento n.º 4/92, de 13-Jul.-1992 (CURA MARIANO), constitucionalidade dos assentos – 637
STJ (P), Assento n.º 5/93, de 9-Fev. (AUGUSTO MARTINS), arrendamento – 645, 647
STJ (P), Assento n.º 4/94, de 26-Jan. (MARTINS DA COSTA), família – 645, 646, 648
STJ (P), Assento n.º 2/95, de 1-Fev. (CÉSAR MARQUES), arrendamento – 645, 647
STJ (P), Assento de 31-Jan.-1996 (CARDONA FERREIRA), elevadores; assentos – 640
STJ (P), Assento n.º 15/97, de 20 de Maio (TOMÉ DE CARVALHO), terceiros, para efeitos de registo – 657
STJ (P), Assento n.º 3/99, de 18 de Maio (TORRES PAULO, vencido), terceiros, para efeitos de registo – 657
STJ (P), Assento n.º 1/2003, de 28-Nov.-2002 (CARMONA DA MOTA), assento em processo penal – 652
STJ (P), Assento n.º 2/2003, de 16-Jan.-2003 (FLORES RIBEIRO), assento em processo penal – 652

Supremo Tribunal de Justiça

STJ 24-Mai.-1901 (F. AZEVEDO), equidade – 607
STJ 27-Nov.-1925 (B. VEIGA), equidade – 607
STJ 27-Mai.-1930 (B. VEIGA), equidade – 607

STJ 17-Jun.-1931 (B. VEIGA), equidade – 607
STJ 20-Dez.-1935 (B. VEIGA), regime dos recursos – 634
STJ 17-Mar.-1971 (BERNARDES DE MIRANDA), morte como dano – 620
STJ 16-Jan.-1973 (EDUARDO CORREIA GUEDES), aplicação da lei no tempo – 856
STJ 8-Fev.-1974 (JOSÉ ANTÓNIO FERNANDES), aplicação da lei no tempo – 856
STJ 2-Dez.-1975 (MANUEL FERREIRA DA COSTA), aplicação da lei no tempo – 856
STJ 29-Jun.-1976 (JACINTO RODRIGUES BASTOS), retroatividade forte – 853
STJ 26-Abr.-1977 (JACINTO RODRIGUES BASTOS), revista ampliada – 653
STJ 26-Jun.-1980 (JACINTO RODRIGUES BASTOS), usos bancários – 587
STJ 8-Mai.-1984 (MOREIRA DA SILVA), usos bancários – 587
STJ 14-Fev.-1985 (CARDONA FERREIRA), usos; anatocismo – 580
STJ 24-Abr.-1985 (MIGUEL CAEIRO), limites dos assentos– 637
STJ 9-Mai.-1985 (LIMA CLUNY), constitucionalidade dos assentos – 637
STJ 15-Jan.-1987 (GÓIS PINHEIRO), equidade – 612
STJ 14-Mar.-1990 (BARROS SEQUEIRA), usos; anatocismo – 579
STJ 4-Fev.-1993 (RAÚL MATEUS), aplicação da lei no tempo – 856
STJ 6-Out.-1993 (RAMOS DOS SANTOS), interpretação; letra da lei – 698
STJ 20-Jan.-1994 (RAÚL MATEUS), tutela da confiança – 972
STJ 17-Fev.-1994 (FIGUEIREDO DE SOUSA), limites dos assentos – 637
STJ 22-Fev.-1994 (PAIS DE SOUSA), investimento de confiança – 972
STJ 8-Jun.-1994 (FERNANDO DIAS GUSMÃO), aplicação da lei no tempo – 856
STJ 28-Jun.-1994 (SÁ COUTO), investimento de confiança – 972
STJ 14-Fev.-1995 (CARDONA FERREIRA), usos; anatocismo – 580
STJ 26-Abr.-1995 (MIRANDA GUSMÃO), boa fé subjetiva – 966
STJ 22-Nov.-1995 (TORRES PAULO), extinção da colonia – 572
STJ 5-Mar.-1996 (MIRANDA GUSMÃO), tutela da confiança; pressupostos – 971
STJ 28-Mar.-1996 (SÁ COUTO), retroatividade forte – 853
STJ 24-Abr.-1996 (JOAQUIM DE MATOS), analogia (nega) – 764
STJ 4-Jul.-1996 (SOUSA INÊS), extinção da colonia – 572
STJ 28-Nov.-1996 (MIRANDA GUSMÃO), tutela da confiança; pressupostos – 971
STJ 9-Jan.-1997 (SOUSA INÊS), boa-fé; confiança – 971
STJ 14-Jan.-1997 (TORRES PAULO), tutela da confiança; danos – 968
STJ 27-Mai.-1997 (CARDONA FERREIRA), direitos de personalidade; direitos fundamentais – 936
STJ 9-Jul.-1997 (MATOS CANAS), imputação de confiança – 310
STJ 2-Out.-1997 (ALMEIDA E SILVA), tutela da confiança – 972
STJ 8-Out.-1997 (MATOS CANAS), boa-fé; abuso do direito – 972
STJ 14-Out.-1997 (MIRANDA GUSMÃO), tutela da confiança; pressupostos – 971
STJ 14-Out.-1997 (TORRES PAULO), ponderação das consequências da decisão – 499
STJ 5-Fev.-1998 (TORRES PAULO), tutela da confiança; pressupostos; sistema móvel – 971, 973
STJ 29-Abr.-1998 (VITOR DEVESA), imputação da confiança – 972
STJ 6-Mai.-1998 (FERNANDES MAGALHÃES), direitos de personalidade; direitos fundamentais – 936
STJ 2-Jun.-1998 (FERNANDO FABIÃO), direitos de personalidade; direitos fundamentais – 936

STJ 25-Jun.-1998 (MIRANDA GUSMÃO), tutela da confiança; pressupostos – 971
STJ 9-Jul.-1998 (TORRES PAULO), negócio jurídico – 952
STJ 22-Out.-1998 (NORONHA NASCIMENTO), direitos de personalidade; direitos fundamentais – 936
STJ 17-Nov.-1998 (GARCIA MARQUES), danos morais; pessoa coletiva – 949
STJ 11-Mar.-1999 (GARCIA MARQUES), tutela da confiança – 972
STJ 27-Abr.-1999 (FERREIRA RAMOS), tutela da confiança; pressupostos – 971
STJ 25-Mai.-1999 (FERNANDES MAGALHÃES), tutela da confiança; pressupostos – 971
STJ 25-Mai.-1999 (FRANCISCO LOURENÇO), boa-fé subjetiva – 966
STJ 29-Mar.-2001 (MIRANDA GUSMÃO), responsabilidade do produtor – 323
STJ 7-Mar.-2002 (BARATA FIGUEIRA), reenvio prejudicial – 376
STJ 9-Mai.-2002 (RIBEIRO COELHO), interpretação conforme as diretrizes – 371
STJ 19-Set.-2002 (NASCIMENTO COSTA), *vacatio legis*; prazos especiais – 810
STJ 19-Set.-2002 (OLIVEIRA BARROS), diretrizes não-transpostas – 370, 810
STJ 28-Nov.-2002 (EDMUNDO BAPTISTA), norma injusta; abuso do direito – 780
STJ 18-Dez.-2002 (MOITINHO DE ALMEIDA), diretrizes não-transpostas – 370
STJ 8-Mar.-2003 (EZAGÜY MARTINS), usos; anatocismo – 580
STJ 11-Mar.-2003 (AFONSO CORREIA), consumidor – 330
STJ 8-Jul.-2003 (FERNANDO ARAÚJO DE BARROS), usos; incoterms – 582
STJ 18-Set.-2003 (FERREIRA DE ALMEIDA), valor dos assentos – 652
STJ 22-Fev.-2005 (REIS FIGUEIRA), extinção da colonia – 572
STJ 29-Nov.-2005 (SOUSA GRANDÃO), norma que o intérprete criaria – 768
STJ 28-Mar.-2006 (JOÃO CAMILO), analogia (nega) – 764
STJ 8-Jun.-2006 (OLIVEIRA BARROS), norma injusta; abuso do direito – 781
STJ 14-Nov.-2006 (FERNANDES MAGALHÃES), norma injusta; abuso do direito – 781
STJ 4-Out.-2007 (RODRIGUES DA COSTA), proibição de analogia no Direito penal – 763
STJ 18-Dez.-2007 (URBANO DIAS), analogia (nega) – 765
STJ 17-Abr.-2008 (MOREIRA CAMILO), normas interpretativas – 860
STJ 28-Abr.-2008 (PEREIRA DA SILVA), aplicação no tempo – 660
STJ 30-Set.-2008 (PAULO SÁ), norma injusta; abuso do direito – 781
STJ 27-Nov.-2008 (SALVADOR DA COSTA), normas interpretativas – 860
STJ 5-Fev.-2009 (CUSTÓDIO MONTES), aplicação no tempo – 660
STJ 5-Fev.-2009 (OLIVEIRA ROCHA), morte como dano (mal) – 621
STJ 17-Fev.-2009 (HELDER ROQUE; vencidos, MÁRIO CRUZ e ERNESTO CALEJO), morte de pai de nascituro – 621
STJ 14-Mai.-2009 (FERNANDO FRÓIS), morte como dano – 620
STJ 7-Jul.-2009 (PIRES DA GRAÇA), morte como dano – 620
STJ 14-Jul.-2009 (SEBASTIÃO PÓVOAS), morte como dano – 620
STJ 22-Out.-2009 (SERRA BAPTISTA), morte como dano – 620
STJ 17-Dez.-2009 (GARCIA CALEJO), morte como dano (mal) – 621
STJ 13-Jan.-2010 (ARMINDO MONTEIRO), morte como dano – 620
STJ 13-Jan.-2010 (HENRIQUE GASPAR), programas de computador; analogia – 765
STJ 25-Mar.-2010 (MÁRIO CRUZ), analogia – 764
STJ 24-Jun.-2010 (ORLANDO AFONSO), extinção da colonia – 572
STJ 2-Nov.-2010 (FONSECA RAMOS), acidentes em auto-estrada; normas interpretativas – 860

STJ 16-Dez.-2010 (ALVES VELHO), equidade – 609
STJ 25-Jan.-2011 (GARCIA CALEJO), analogia; concessão e franquias – 765
STJ 8-Fev.-2011 (PAULO SÁ), acidentes em auto-estrada; normas interpretativas – 860
STJ 23-Fev.-2011 (PIRES DA GRAÇA), morte como dano – 620
STJ 14-Abr.-2011 (LOPES DO REGO), equidade – 609
STJ 7-Jun.-2011 (LOPES DO REGO), equidade – 609
STJ 6-Jul.-2011 (GRANJA DA FONSECA), equidade – 609
STJ 12-Jul.-2011 (MOREIRA ALVES), *vacatio legis*; prazo comum – 609, 810
STJ 12-Jul.-2011 (NUNO CAMEIRA), equidade – 609, 810
STJ 6-Set.-2011 (AZEVEDO RAMOS), *vacatio legis*; prazos especiais – 810
STJ 20-Out.-2011 (MARTINS DE SOUSA), tutela da confiança; pressupostos – 971
STJ 20-Out.-2011 (SILVA GONÇALVES), abuso do direito; modalidades – 968
STJ 27-Out.-2011 (TAVARES DE PAIVA), analogia; concessão e franquia – 765

Supremo Tribunal Administrativo (Pleno)

STA (P) 4-Jul.-1944, equidade – 607
STA (P) 17-Jul.-1952 (MOTA VEIGA), entrada em vigor imediata – 808

Supremo Tribunal Administrativo

STA 12-Jan.-1962 (LOPES NAVARRO), *vacatio legis* – 793
STA 19-Nov.-1992 (FOLQUE GOUVEIA), autorização legislativa; *vacatio* – 810
STA 21-Jun.-1996 (BENJAMIN RODRIGUES), proibição de analogia no Direito fiscal – 763
STA 9-Mar.-2000 (ALFREDO MADUREIRA), *vacatio legis* – 809
STA 30-Set.-2003 (ANTÓNIO MADUREIRA), não-aplicação analogias de normas excecionais – 763
STA 12-Fev.-2004 (CÂNDIDO DE PINHO), *vacatio legis* – 809

Relação de Coimbra

RCb 29-Out.-1991 (COSTA MARQUES), usos bancários – 587
RCb 29-Out.-1996 (EDUARDO ANTUNES), norma injusta; abuso do direito – 780
RCb 8-Jul.-1997 (FRANCISCO LOURENÇO), direitos fundamentais – 936
RCb 27-Jan.-1998 (SOUSA RAMOS), norma injusta; abuso do direito – 780
RCb 3-Mar.-1998 (GONÇALVES AFONSO), imputação de confiança – 972
RCb 23-Nov.-1999 (ARAÚJO FERREIRA), validade dos assentos – 651
RCb 27-Jan.-2000 (NUNO CAMEIRA), costume – 569

Relação de Évora

REv 11-Dez.-1975 (JOSÉ MANSO PRETO),
REv 25-Fev.-1988 (CARDONA FERREIRA), boa-fé objetiva – 964
REv 9-Nov.-1989 (RAÚL MATEUS), usos bancários – 587
REv 9-Jul.-1996 (MOTA MIRANDA), usos; anatocismo – 579-580
REv 12-Dez.-1996 (MOTA MIRANDA), aplicação da lei no tempo – 856
REv 2-Out.-1997 (MOTA MIRANDA), direitos de personalidade; direitos fundamentais – 936

REv 16-Out.-1997 (MOTA MIRANDA), direitos de personalidade; direitos fundamentais – 936
REv 20-Nov.-1997 (MOTA MIRANDA), tutela da confiança – 972
REv 2-Jul.-1998 (FONSECA RAMOS), danos morais – 949
REv 27-Out.-2010 (BERNARDO DOMINGOS), acidentes em auto-estrada; normas interpretativas – 860
REv 13-Jan.-2011 (ALVES DUARTE), morte como dano – 620
REv 21-Jun.-2011 (ALVES DUARTE), morte como dano – 621

Relação de Guimarães

RGm 6-Mar.-2008 (ESPINHEIRA BALTAR), normas interpretativas – 859
RGm 14-Dez.-2010 (CRUZ BROCHO), morte como dano – 620
RGm 27-Jan.-2011 (MANUEL BARGADO), morte como dano – 621

Relação de Lisboa

RLx 25-Jul.-1978 (BORDALO SOARES), constitucionalidade dos assentos – 638
RLx 25-Fev.-1986 (CURA MARIANO), norma injusta; abuso do direito – 779
RLx 4-Abr.-1990 (TAVARES DOS SANTOS), *vacatio legis* – 809
RLx 12-Dez.-1990 (COUTINHO DE AZEVEDO), constitucionalidade dos assentos – 637
RLx 12-Jan.-1993 (JOÃO PEDRO ARAÚJO CORDEIRO), data da publicação; entrada em vigor – 802
RLx 7-Jul.-1993 (CRUZ BROCO), usos; anatocismo – 579
RLx 17-Fev.-1994 (JOSÉ MANUEL DE CARVALHO RIBEIRO), norma injusta; abuso do direito – 779
RLx 11-Mai.-1995 (EDUARDO NUNES DA SILVA BAPTISTA), norma injusta; abuso do direito – 780
RLx 31-Out.-1996 (SILVA SALAZAR), usos; anatocismo – 579
RLx 12-Jun.-1997 (CARLOS VALVERDE), tutela da confiança; pressupostos – 971
RLx 20-Mai.-1999 (FERREIRA GIRÃO), boa-fé; tutela da confiança; inalegabilidade formal – 971
RLx 15-Jun.-1999 (BETTENCOURT FARIA), direitos de personalidade; direitos fundamentais – 936
RLx 14-Out.-1999 (CATARINA MANSO), direitos de personalidade; direitos fundamentais – 936
RLx 27-Out.-1999 (CÉSAR AUGUSTO DE SOUSA TELES), aplicação da lei no tempo – 856
RLx 27-Set.-2001 (FERNANDA ISABEL PEREIRA), consumidor; pessoa coletiva – 332
RLx 23-Mai.-2002 (ANA PAULA BOULAROT), venda de bens de consumo – 323
RLx 12-Jun.-2002 (TERESA FÉRIA), morte de pai de nascituro – 621
RLx 2-Jul.-2002 (RUA DIAS), direito moral de autor – 340
RLx 29-Mai.-2003 (LÚCIA DE SOUSA), não-invocabilidade, entre particulares, de diretrizes não transpostas – 370
RLx 3-Jun.-2003 (PIMENTEL MARCOS), usos bancários – 587
RLx 18-Mar.-2004 (FÁTIMA GALANTE), norma injusta; abuso do direito – 780
RLx 29-Abr.-2004 (FÁTIMA GALANTE), norma injusta; abuso do direito – 781
RLx 12-Jul.-2007 (PIMENTEL MARCOS), norma injusta; abuso do direito – 781

RLx 25-Set.-2007 (ROQUE NOGUEIRA), norma interpretativa – 860
RLx 16-Set.-2008 (ROQUE NOGUEIRA), aplicação de um assento – 652
RLx 16-Jun.-2011 (CATARINA ARELO MANSO), *culpa in contrahendo* – 967
RLx 13-Out.-2011 (MARIA JOSÉ MOURO), tutela da confiança; pressupostos – 971

Relação do Porto

RPt 1-Jun.-1993 (MATOS FERNANDES), norma injusta; abuso do direito – 779
RPt 2-Jul.1996 (GONÇALVES VILAR), usos; *incoterms* – 582
RPt 19-Mai.-1997 (ABÍLIO VASCONCELOS), boa-fé na ação pauliana – 964
RPt 22-Mai.-1997 (OLIVEIRA VASCONCELOS), natureza supletiva das proteções reflexas – 906
RPt 10-Jul.-1997 (AZEVEDO RAMOS), norma injusta; abuso do direito – 780
RPt 2-Fev.-1998 (SIMÕES FREIRE), direitos de personalidade; direitos fundamentais – 936
RPt 10-Mar.-1998 (AFONSO CORREIA), boa-fé; tutela da confiança; *venire* – 971
RPt 8-Mar.-1998 (MANUEL GONÇALVES FERREIRA), direitos de personalidade; direitos fundamentais – 936
RPt 16-Mar.-1998 (GONÇALVES FERREIRA), usos; anatocismo – 580
RPt 26-Nov.-1998 (OLIVEIRA VASCONCELOS), boa-fé; tutela da confiança – 971
RPt 9-Mar.-2000 (JOÃO BERNARDO), boa-fé; tutela da confiança – 971
RPt 13-Mar.-2000 (CAIMOTO JÁCOME), aplicação da lei no tempo – 856
RPt 30-Mar.-2000 (CUSTÓDIO MONTES), morte de pai de nascituro – 621
RPt 13-Jul.-2000 (MOREIRA ALVES), responsabilidade do produtor – 323
RPt 6-Mar.-2001 (DURVAL MORAIS), responsabilidade do produtor – 323
RPt 20-Mar.-2001 (AFONSO CORREIA), boa fé; tutela da confiança – 971
RPt 15-Jan.-2002 (MÁRIO CRUZ), usos; *incoterms* – 582
RPt 25-Mai.-2004 (ALBERTO SOBRINHO), valor dos assentos – 652
RPt 7-Jun.-2004 (SANTOS CARVALHO), responsabilidade pela confiança (caso do circuito automóvel) – 975
RPt 24-Jan.-2008 (MÁRIO CRUZ), morte de pai de nascituro – 621
RPt 1-Dez.-2010 (FILIPE CAROÇO), costume – 569

Procuradoria-Geral da República

PGR n.º 265/78, de 1-Mar.-1979 (JOSÉ CUNHA RODRIGUES), data da publicação; entrada em vigor – 802
PGR n.º 5/84, de 10-Jan.-1985 (ANTÓNIO FERNANDES CAEIRO), data da publicação; entrada em vigor – 802

Primeira Instância

3.ª Vara do Tribunal do Trabalho de Lisboa 8-Fev.-1941 (MANUEL REBELO DE ANDRADE), convenção coletiva de trabalho – 550

Tribunal arbitral

Tribunal arbitral, caso Governo da República Portuguesa/The Anglo Portuguese Telephone Company, Limited, 14-Mai.-1969 (JOAQUIM TRIGO DE NEGREIROS), equidade – 608

Tribunal arbitral, caso LISCONT, S.A./Administração do Porto de Lisboa, 22-Ago.-1988 (ANTÓNIO BARBOSA DE MELO), equidade – 609

JURISPRUDÊNCIA EUROPEIA

Tribunal de Justiça Europeu

TJE 5-Dez.-1967, Proc. n.º 19/67 (Van der Vecht), diversidade linguística; interpretação – 374

TJE 12-Nov.-1969, Proc. n.º 29/69 (Erich Stauder), diversidade linguística; interpretação – 374

TJE 17-Dez.-1970 (SACE), eficácia direta das diretrizes comunitárias – 369

TJE 27-Out.-1975 (Vivien Prais), Proc. 130/75, liberdade religiosa – 943

TJE 5-Abr.-1979 (Tullio Ratti), eficácia direta das diretrizes comunitárias – 369

TJE 12-Jul.-1979 (Marianne Koschniske), Proc. n.º 9/79, diversidade linguística; interpretação – 374

TJE 13-Dez.-1979 (Liselotte Hauer), Proc. 44/79, direito fundamental de propriedade – 943

TJE 17-Jan.-1980 (Camera Care, Ltd.), Proc. n.º 792/79, interpretação de instrumentos comunitários; efeito útil – 375

TJE 19-Jan.-1982 (Ursula Becker), eficácia imediata das diretrizes comunitárias – 369

TJE 17-Jan.-1984 (VBVB e VBBB), Procs. n.ᵒˢ 43 e 63/82, liberdade de opinião – 943

TJE 26-Fev.-1986 (Marshall), eficácia imediata das diretrizes comunitárias – 370

TJE 25-Nov.-1986 (Klensch), Procs. n.ᵒˢ 201 e 202/85, princípio geral da igualdade – 943

TJE 21-Mai.-1987 (Walter Rau), Proc. n.º 133 a 136/85, liberdade geral de comércio – 943

TJE 20-Set.-1988, Proc. 302/86 (Comissão c. Dinamarca), interpretação de instrumentos comunitários – 374

TJE 18-Mai.-1989 (R.F.A.), Proc. 249/86, tutela da família – 943

TJE 21-Set.-1989 (Hoechst AG), Proc. 46/87, inviolabilidade do domicílio – 943

TJE 7-Nov.-1989 (Adams), Proc. 145/83, proteção de dados pessoais – 943

TJE/I 25-Jul.-1991 (Holanda), Proc. n.º 353/89, liberdade de opinião – 943

TJE/I 8-Abr.-1992 (R.F.A.), Proc. 62/90, respeito pela esfera privada – 943

TJE 15-Dez.-1995 (Bosman), Proc. n.º 415/93, liberdade de associação – 943

TJE/I 30-Abr.-1996 (P./S.), Proc. 13/94, dignidade da pessoa – 942

TJE/I 13-Abr.-2000 (Karlsson), Proc. n.º 292/97, princípio geral da igualdade – 943

TJE 20-Jan.-2003 (Sterbenz), Proc. n.º 16/01, interpretação conforme com as diretrizes – 370

TJE 20-Nov.-2003 (Unterpetinger), Proc. n.º 212/01, interpretação conforme com as diretrizes – 370

TJE 7-Jan.-2004 (Comissão contra Reino de Espanha), Proc. n.º 58/02, interpretação conforme com as diretrizes – 370

TJE 29-Abr.-2004 (caso Terra Beudedarf-Handel GmbH), Proc. n.º 152/02, interpretação de diretrizes – 371

TJE 5-Out.-2004 (BERNARD PFEIFFER), Proc. n.º C-397/01, interpretação conforme com as diretrizes – 371

JURISPRUDÊNCIA ESTRANGEIRA

Alemanha

Bundesverfassungsgericht

BVerfG 15-Jan.-1958, direitos fundamentais; eficácia civil – 938
BVerfG 14-Fev.-1973, danos morais; constitucionalidade da interpretação criativa *contra legem* – 949
BVerfG 16-Mai.-1995, liberdade religiosa ("caso do crucifixo") – 491
BVerfG 24-Set.-2003, liberdade religiosa ("caso do véu islâmico") – 491

Bundesgerichtshof

BGH 6-Abr.-1960, liberdade de consciência – 938
BGH 24-Out.-1962, liberdade religiosa – 938

Bundesarbeitsgericht

BAG 3-Dez.-1954, liberdade de expressão – 938
BAG 29-Jun.-1962, liberdade de associação – 935
BAG 15-Ag.-1984, liberdade de criação artística – 938

França

Cour Impériale

CImp Colmar 2-Mai.-1855, chaminé falsa; abuso do direito – 976

ÍNDICE ONOMÁSTICO

Aarnio, Aulis – 462, 474, 476, 477
Abels, Peter – 78
Abreu, A. J. Teixeira d' – 109, 237, 677, 793, 796, 808, 827
Abreu, Abílio Vassalo – 379
Abudo, Ibrahim – 256
Achard, G. – 699
Achterberg, Norbert – 70, 98, 99
Adickes, Franz – 562, 564, 738
Adomeit, Klaus – 160, 319
Afonso, Gonçalves – 972
Afonso, Orlando – 572
Agäesse, Paul – 53
Agostino, Francesco d' –
Aguiar, Amaral – 645
Aguilar, Amado de – 535
Aicher, Josef – 891
Alarcão, Rui de – 75, 240
Albuquerque, Martim de – 125, 224, 466, 507
Albuquerque, Pedro de – 955
Albuquerque, Ruy de – 121, 125, 224, 466, 500
Alexy, Robert – 446, 458, 469, 475, 476, 477
Alguer, José – 529
Allgaier, Karl – 468
Almeida, Cândido Mendes de – 625, 849
Almeida, Carlos Ferreira de – 183, 188, 190, 192, 321, 500
Almeida, Ferreira de – 652
Almeida, J. R. Mendes de – 74
Almeida, Luís Nunes de – 643
Almeida, Marta Tavares de – 350
Almeida, Moitinho de – 370

Almeida, Vítor Nunes de – 643, 648
Alpa, Guido – 327, 401
Alpmann-Pieper, Annegerd – 156, 163
Altmann, Amandus – 461
Altmeppen, Holger – 160, 163, 164
Alves, Moreira – 323, 810
Alves, Pedro S. M. – 315
Alwart, Heiner – 494
Amann, Hermann – 163
Amaral, Alexandre Coelho do – 536
Amaral, Diogo Freitas do – 77, 110, 350, 431, 531, 543, 589, 610, 641, 642
Amaral, Francisco – 244
Amelio, Mariano d' – 528, 679, 751, 790, 826
Amend, Anja – 164
Andrade, Abel Pereira de – 74, 173, 237
Andrade, Manuel A. Domingues de – 69, 75, 76, 228, 239, 240, 423, 424, 425, 426, 527, 528, 529, 530, 541, 542, 543, 566, 573, 574, 575, 589, 590, 591, 633, 634, 677, 678. 679, 680, 683, 689, 692, 693, 696, 705, 726, 733, 749, 750, 751, 752, 760, 766, 767, 768, 789, 790, 791, 793, 825, 826, 847, 850, 851, 857, 881, 896
Andrade, Manuel Rebelo de – 550
Ankele, Jörg – 368
Annuss, Georg – 168
Antolic-Piper, Pia A. – 53
Antunes, Eduardo – 780
Antunes, José Engrácia – 476
Arangio-Ruiz, Vincenzo – 520, 522
Araújo, Fernando – 121, 481, 482
Arena, Celestino – 536

ARIN, FÉLIX – 210
ARISTÓTELES – 52, 122, 419, 469, 594, 595, 596, 604, 767, 768, 839
ARNAUD, A.-J. – 134, 135
ARNAUT, JOANA LIBERAL – 674
ARNDT, ADOLF – 468
ARNDT, HANS-WOLFGANG – 82
ARNDTS – 148, 171
ARNOLD, ARND – 167, 170
ARTZ, MARCUS – 320, 325, 332
ASCENSÃO, JOSÉ DE OLIVEIRA – 76, 77, 430, 536, 570, 589, 599, 606, 641, 644, 761, 802, 828, 866, 899
ASMUS, TORBEN – 340
ASQUINI, ALBERTO – 284, 285
ASSMANN, HEINZ-DIETER – 57, 58, 59
ASTUTI, GUIDO – 522, 523, 560
ATAÍDE, RUI – 255
AUBRY, C. – 200, 443
AUER, MARIETA – 442, 889
AUGUSTINUS, AURELIUS (SANTO AGOSTINHO) – 53
AUSFELD – 592
AUST, V. – 592
AUSTIN, JOHN LANGSHAW – 58, 190, 463, 500
AVERANIUS, MARTIN – 845, 846
AYNÈS, LAURENT – 200
AZEVEDO, ÁLVARO VILLAÇA – 154
AZEVEDO, ANTÓNIO JUNQUEIRA DE – 250
AZEVEDO, COUTINHO DE – 637
AZEVEDO, F. – 607

BACON, ROGER – 53
BADEN, EBERHARD – 701
BADURA, PETER – 94, 103
BAECK, ULRICH – 310
BALDUS, CHRISTIAN – 416
BALOSSINI, CAJO ENRICO – 574
BALTAR, ESPINHEIRA – 859
BALZAC – 137
BAMBERGER, HEINZ GEORG – 80
BAPTISTA, EDMUNDO – 780
BAPTISTA, EDUARDO NUNES DA SILVA – 780
BAPTISTA, SERRA – 620

BAR, CHRISTIAN VON – 400, 401, 437
BARGADO, MANUEL – 621
BARINETTI, PIETRO – 805
BARNEY, STEPHEN A. – 53
BARROS, FERNANDO ARAÚJO DE – 582
BARROS, OLIVEIRA – 370, 781
BÁRTHOLO, MARIA LUÍSA COELHO – 74
BARTHOLOMEYCZIK, HORST – 685, 696, 759
BARTSCH, MICHAEL – 143
BASEDOW, JÜRGEN – 372
BASTNAGEL – 594, 597
BASTO, NUNO CABRAL – 536, 551
BASTOS, JACINTO RODRIGUES – 587, 605, 653, 752, 853
BAUDOUIN, JEAN-LOUIS – 151, 152
BAUERREIS, JOCHEN – 296
BAUMANN, JÜRGEN – 598
BAUMBACH – 581, 582
BAUR, FRITZ – 965
BAUR, JÜRGEN F. – 965
BAYER, KARL – 52
BEACH, J. A. – 53
BEAUCAMP, GUY – 769
BECHTOLD, RAINER – 335
BECK, ALEXANDER – 591
BECK, JOHANN LUDWIG WILHELM – 841
BECKER, MICHAEL – 899
BECKER, PETER – 163
BECKMANN, ANSGAR – 470
BEHRENDS, OKKO – 88, 413, 414, 506, 521, 559, 560, 594, 757, 945
BELLI, CLAUDIO – 327
BÉNABENT, ALAIN – 79, 200
BENNET, JAMES C. – 264
BENÖHR, HANS-PETER – 141
BENSA – 148
BENTO, MESSIAS – 648, 651
BERESKA, CHRISTIAN – 163
BERGBOHM, KARL – 450
BERGER, CHRISTIAN – 166
BERGHEL, H. – 465
BERGHOF, OLIVER – 53
BERLAND, DAVID L. – 616
BERNARDO, JOÃO – 971
BERNATZIK – 878

BERTOLA, ARNALDO – 561
BESSNER, WOLFGANG – 436
BETTI, EMILIO – 211
BEVILÁQUA, CLÓVIS – 154, 236, 245, 246, 247, 273
BEVING, J. – 108, 172, 226
BIANCO, GIOVANNI – 420
BIEBACK, KARL-JÜRGEN – 459
BIERLING, ERNST RUDOLF – 424, 444
BIERMANN – 172, 912
BIGOT-PRÉAMENEU – 135
BIHLER, MICHAEL – 461
BINDER, JULIUS – 424, 435, 438, 446, 447, 448, 449
BIONDI, BIONDO – 413
BLAIR, ERIC ARTHUR – 56
BLECKMANN, ALBERT – 374, 375
BLOMEYER, A. – 939
BOBBIO, NORBERTO – 58, 563, 564, 737, 754, 759
BÖCKSTIEGEL, KARL-HEINZ – 584
BOESCHE, KATHARINA VERA – 167
BOGDANDY, ARMIN VON – 366, 373
BOGS, HARALD – 937
BÖHLER, MICHAEL – 266
BÖHME, MARKUS – 373
BOLAFFI, ENZO – 910
BOLDT, ANTJE – 164
BONELL, MICHAEL JOACHIM – 584
BONNECASE, JULIEN – 415
BORGES, CARLOS LEITE – 485
BOSCH – 939
BOTIVEAU, BERNARD – 209
BÖTTICHER – 897
BOUGLÉ, CLAIRE – 201
BOULAROT, ANA PAULA – 323
BOURANGER, JEAN – 413
BOURCART, G. – 277, 279
BRACKER, SUSANNE – 722
BRAMBRING, GÜNTER – 163
BRANAHL, UDO – 341
BRANDENBURG, HANS-FRIEDRICH – 782
BRANDT, LARS-PETER – 366, 401
BRAU – 160
BRAVIDOR, CHRISTOPH – 433

BRAVO, JOSÉ DIAS – 74
BREDIN, JEAN-DENIS – 133, 197
BRÉGI, JEAN-FRANÇOIS – 201
BREITKOPT, ALFRED – 470
BRENNER, MICHAEL – 806
BREUER, DIETER – 468, 469
BREUER, RÜDIGER – 937
BRINZ, ALOIS VON – 172, 738
BRISCH, KLAUS –
BRITO, EDVALDO – 250
BRITO, JOSÉ DE SOUSA – 572, 654
BROCHO, CRUZ – 620
BRODFÜHRER, MICHAEL – 744
BROEKMAN, JAN M. – 458, 477
BROHM, WINFRIED – 103
BRONZE, FERNANDO JOSÉ – 77, 634
BROOGINI, GERARDO – 592
BRORS, CHRISTIANE – 166
BROX, HANS – 78, 169, 891
BRÜGGEMEIER, GERT – 214, 215
BRUNS, CARL GEORG – 965
BRÜT, LORENZ – 733
BUBNER, RÜDIGER – 463
BUCCICO, EMILIO NICOLA – 401
BUCHER, EUGEN – 145, 235, 236, 272, 891
BÜDENBENDER, ULRICH – 166
BUDZIKIEWICZ, CHRISTINE – 165
BUFNOIR, C. – 199, 443
BUHL, JOACHIM – 470
BÜHLER, AXEL – 470
BUHLMANN, DIRK – 165
BULL, HANS PETER – 94, 97
BÜLLESBACH, ALFRED – 477
BULLINGER, MARTIN – 89, 90, 91, 92, 93, 936
BÜLOW, OSKAR – 443
BÜLOW, PETER – 166, 320, 325, 332
BULTMANN, PETER FRIEDRICH – 375
BUNTSCHECK, MARTIN – 335
BURCKHARDT, WALTHER – 737
BUREAU, DOMINIQUE – 327
BÜRGE, ALFONS – 201
BURGI, MARTIN – 94
BUSSE – 449
BYDLINSKI, FRANZ – 92, 99, 417, 428, 734

CABRAL, M. VILLAVERDE – 302
CAEIRO, ANTÓNIO FERNANDES – 802
CAEIRO, MIGUEL – 637
CAETANO, MARCELLO – 67, 110, 426, 428, 429, 536, 813
CAIANI, LUIGI – 759
CALAIS-AULOY, JEAN – 317, 320, 326, 327, 329, 330, 333
CALASSO, FRANCESCO – 593
CALDERA, RT. – 54
CALDERALE, ALFREDO – 154, 155, 156
CALEJO, ERNESTO – 621
CALEJO, GARCIA – 621, 765
CALLIESS, CHRISTIAN – 942, 943
CÂMARA, PAULO – 339
CAMEIRA, NUNO – 569, 609
CAMILO, JOÃO – 764
CAMILO, MOREIRA – 860
CAMPINOS, JORGE – 305, 854
CAMPOS, ABEL DE – 228
CAMPOS, DIOGO LEITE DE – 580
CANARIS, CLAUS-WILHELM – 122, 158, 160, 161, 162, 165, 182, 288, 289, 291, 367, 370, 372, 387, 434, 451, 467, 470, 494, 582, 726, 734, 737, 740, 742, 743, 744, 745, 746, 759, 760, 769, 775, 783, 924, 928, 937, 938, 939, 969, 973, 974
CANAS, MATOS – 310, 972
CANCELI, FILIPPO – 118
CANELAS, MAURÍCIO – 76
CANOTILHO, J. J. GOMES – 321, 379, 387, 571, 635, 636, 637, 773, 804, 935
CARBONNIER, JEAN – 79, 136, 139, 199, 200, 415, 739
CARCATERRA, ANTONIO – 594
CARDOSO, HIGINO LOPES – 255
CARLOS, ADELINO DA PALMA – 222
CARNAP, RUDOLF – 469
CARNEIRO, JOSÉ GUALBERTO DE SÁ – 630
CARNEIRO, MANUEL BORGES – 73, 106, 222, 223, 225, 792, 849
CAROÇO, FILIPE – 569
CARONI, PIO – 673
CARPI, F. – 591
CARVALHO JÚNIOR – 645

CARVALHO, CARLOS AUGUSTO DE – 244
CARVALHO, FERNANDO MARTINS DE – 629
CARVALHO, OLIVEIRA – 644, 645
CARVALHO, ORLANDO DE – 69, 75, 178, 281, 283, 881
CARVALHO, SANTOS – 975
CARVALHO, TOMÉ DE – 657
CASAREGIS, JOSEPHI LAURENTI MARIAE DE – 278
CASSESE, ANTONIO – 941
CASTELVETRI, LAURA – 553
CASTRO, MANUEL DE OLIVEIRA CHAVES E – 748, 749
CASTRO, VASCO DE – 75
CATALA, PIERRE – 138
CERAMI, PIETRO – 276
CHABAS, FRANÇOIS – 78
CHACAL, LYESS – 209
CHANG, MARIE PEI-HENG – 215
CHARMOT, D. – 415
CHARTIER, JEAN-LUC A. – 197
CHASSET, M. A. MAILHER DE – 844
CHAUSSE, A. – 415
CHEHATA, CHAFIK – 210, 211
CHENG, PENG – 215
CHEN-WISHART, MINDY – 206, 207
CHEVREAU, EMMANUELLE – 201
CHORÃO, MÁRIO BIGOTTE – 69, 76, 594, 881
CHRISTENSEN, RALPH – 373
CÍCERO, MARCO TÚLIO – 52, 53, 122, 503, 519, 521, 595, 699, 730, 839, 840, 844
CIULEI, GEORGE – 592, 594
CLAPHAM, ANDREW – 941
CLARKE, DONALD C. – 214
CLOSEN, MICHAEL L. – 207
CLUNY, LIMA – 637
COASE, R. H. – 481
COELHO, ALBERTO BALTAZAR – 654
COELHO, J. G. PINTO – 68, 74, 228
COELHO, LUÍS PINTO – 68, 69,74
COELHO, RIBEIRO – 371
COESTER, MICHAEL -- 552
COHEN, MATHILDE – 491
COING, HELMUT – 119, 123, 125, 127, 134, 139, 181, 276, 277, 278, 279, 280, 386,

460, 673, 725, 738, 872, 876, 883, 888, 890
COLLAÇO, ISABEL DE MAGALHÃES – 69, 431
COMAIR-OBEID, NAYLA – 210, 211
COMES, HEINRICH – 740
CONDE DE POMBEIRO – 849
CONRAD, HERMANN – 135
COOK, MICHAEL – 208
CORAPI, DIEGO – 155
CORDEIRO, ANTÓNIO M. MENEZES – 208
CORDEIRO, ANTÓNIO MENEZES – 70, 76, 77, 121, 122, 125, 126, 172, 178, 191, 281, 312, 315, 338, 339, 380, 382, 386, 387, 488, 499, 500, 907, 912
CORDEIRO, ANTÓNIO VEIGA MENEZES – 209
CORDEIRO, JOÃO PEDRO ARAÚJO – 802
CORNU, GÉRARD – 79
CORREIA, AFONSO – 330, 971
CORREIA, FERNANDO ALVES – 351, 648, 651
CORREIA, FERRER – 75, 240, 712
CORREIA, JOSÉ MANUEL SÉRVULO – 536, 957
CORREIA, MÁRIO DIAS – 950
CORREIA, MAXIMINO JOSÉ DE MORAES – 228
CORSI, FRANCESCO – 285
CORTELLINI – 945
CORTE-REAL – 645
CORTE-REAL, CARLOS PAMPLONA – 541
COSTA JÚNIOR – 301, 303, 304, 305
COSTA, ADALBERTO – 335
COSTA, AUGUSTO DA – 535
COSTA, BRUTO DA – 644
COSTA, E. – 222
COSTA, JOSÉ MANUEL CARDOSO DA – 648, 859
COSTA, MANUEL FERREIRA DA – 856
COSTA, MÁRIO JÚLIO DE ALMEIDA – 67, 229, 907
COSTA, MARTINS DA – 645
COSTA, NASCIMENTO – 810
COSTA, RODRIGUES DA – 763
COSTA, SALVADOR DA – 860
COSTA, VICENTE JOSÉ FERREIRA CARDOSO DA – 224, 225
COULSON, N. J. – 210

COURRÈGE, ORLANDO GARCÍA-BLANCO – 74
COUTO, SÁ – 853, 972
COVIELLO, LEONARDO – 148, 424, 880
CROME, CARL – 137
CROSS, FRANK B. – 696
CRUZ, EMÍDIO PIRES DA – 838, 844, 848
CRUZ, GUILHERME BRAGA DA – 67, 221, 234
CRUZ, MÁRIO – 582, 621, 764
CRUZ, SEBASTIÃO – 117, 121, 413, 414, 503, 518, 519, 520, 945, 946
CUNHA, MÁRIO AUGUSTO DA – 238
CUNHA, PAULO – 68, 69, 74, 75, 76, 110, 239, 240, 429, 634, 880, 881, 894, 903, 906, 908, 916, 933, 952
CUNHA, PAULO FERREIRA DA – 507
CURRAN, VIVIAN GROSSWALD – 186

DABBAK, CLAUDE – 209
DAEMGER, MICHAEL – 838, 839, 840, 841, 842, 843, 845, 846, 854
DAMAS, JENS-PETER – 493
DAMM, REINHARD – 333
DANZ, ERICH – 587
DARD, HENRI-JEAN BAPTISTE – 198
DARJES – 173
DÄUBLER, WOLFGANG – 156, 167, 168
DÄUBLER-GMELIN, HERTA – 159
DAUBNER-LIEB, BARBARA – 955
DAVID, M. – 89
DAVID, RENÉ – 183, 213, 258
DEAKIN, SIMON – 206, 207
DECKERT, MARTINA RENATE – 387
DEDEK, HELGE – 163
DEINHAMMER, ROBERT – 60, 491
DEKKERS, RENÉ – 199
DELCÒ, FABIO – 974
DELMONT-MAURI, J. L. – 54
DELVINCOURT, M. – 199
DEMANTE, A. M. – 199
DENECKE – 312
DENOZZA, FRANCESCO – 287
DERNBURG – 146, 148, 172, 782, 881, 912
DEROUSIN, DAVID – 201
DERRETT, J. DUNCAN M. – 615
DESCARTES – 128

DETHLOFF, NINA – 950
DEUTSCH, ERWIN – 344, 980
DEUTSCH, MARKUS – 310
DEVESA, VITOR – 972
DIAS, AUGUSTO SILVA – 568
DIAS, JOSÉ EDUARDO FIGUEIREDO – 344
DIAS, RUA – 340
DIAS, URBANO – 765
DIEDERICHSEN, UWE – 938
DIERKSMEIER, CLAUS – 229
DIESSELHORST, MALTE – 129
DIETSCH – 596
DIHLE – 596
DINIS, ANTERO MONTEIRO – 309, 638, 639, 647, 664, 854
DINIZ, MARIA HELENA – 250
DIRLMEIER, FRANZ – 52
DÖLLE, HANS – 141, 142
DOMAT, JEAN – 129, 134, 196, 217, 223
DOMINGOS, BERNARDO – 860
DOMRÖSE, RONNY – 366, 375
DONELLUS, HUGO – 90, 128, 134, 196
DOSPIL, JOACHIM – 163-164
DRAKE, C. D. – 548
DRAY, GUILHERME – 314
DRECHSLER, CAROLA – 366, 374
DROSTE-LEHNEN, BERNARDETTE – 858
DUARTE, ALVES – 620, 621
DUARTE, DAVID – 464
DUARTE, MARIA LUÍSA – 360
DUBISCHAR, ROLAND – 438, 477
DUGUIT, LÉON – 58, 882, 883, 885
DURANTON, M. – 199
DWORKIN, R. – 892
DYSON – 548

EBERS, MARTIN – 165
EBERT, INA – 166
EBERT, KURT HANNS – 271
ECK, E. – 838
ECKEBRECHT, MARC – 165
ECKERT, MICHAEL – 164
EDELMANN, JOHANN – 441
EHLERS, DIRK – 94, 98, 103, 941, 942, 943, 944

EHMANN, HORST – 163, 166
EHRICHE, ULRICH – 370
EICHLER, HERMANN – 272, 292
EIDENMÜLLER, HORST – 481
EISENHARDT, ULRICH – 78, 278
EISSER, GEORG – 597
EKELÖF, OLOF – 468
ELIAS – 548
ELLENBERGER, JÜRGEN – 328
ELLSCHEID, GÜNTER – 437
ELSENER, FERDINAND – 597
ELZE, HANS – 737
EMILIA, ANTONIO D' – 413
ENGEL, RÜDIGER – 343, 344
ENGELS, FRIEDRICH – 298, 534
ENGISCH, KARL – 57, 122, 446, 451, 460, 461, 467, 597, 598, 599, 681, 694, 726, 737, 740, 745, 756, 757, 759, 775, 776, 778
ENGLÄNDER, ARMIN – 481
ENNECCERUS, LUDWIG – 71, 78, 424, 529, 563, 574, 575, 587, 680, 696, 751, 759, 760, 783, 850, 851, 880, 897
ERBGUTH, WILFRIED – 345
ERICHSEN, HANS-UWE – 94
ERMAN – 80
ERNST, WOLFGANG – 159, 160
ESMEIN, A. – 135
ESMEIN, PAUL – 199
ESSER, JOSEF – 438, 460, 472, 476, 477, 598, 924
ESTEVES, MARIA DA ASSUNÇÃO – 639, 648, 665, 667
ESTORNINHO, MARIA JOÃO – 104, 110, 111
EVERLING, ULRICH – 182, 370
EWALD, FRANÇOIS – 136, 197

FABER, WOLFGANG – 331
FABIÃO, FERNANDO – 936
FABIO, UDO DI – 480, 485, 491
FABRICIUS, FRITZ – 584
FADDA – 148
FAGES, BERTRAND – 200
FALK, ULRICH – 436
FARIA, BETTENCOURT – 936

Fasel, Urs – 145
Fastenrath, Ulrich – 738
Faust, Florian – 163
Fechner, Erich – 124, 462, 472
Fechner, Frank – 341
Fedele, Pio – 598
Feijó, Carlos Maria – 251
Felgueiras, Luís Sottomayor – 261
Fellner – 437
Felser, Daniela – 164
Fenouillet, Dominique – 79, 327
Féria, Teresa – 621
Ferid, Murad – 415
Fernandes, José António – 856
Fernandes, Luís A. Carvalho – 76, 93, 94, 110, 867, 881, 896, 906, 908, 927
Fernandes, Matos – 779
Fernandes, Monteiro – 309
Ferrara Jr., Francesco – 285, 424, 566, 726
Ferrari, Giuseppe Franco – 942
Ferreira, Araújo – 651
Ferreira, Arménio Marques – 848
Ferreira, Fernando Amâncio – 660
Ferreira, Gonçalves – 580
Ferreira, J. O. Cardona – 580, 640, 655, 659, 936, 964
Ferreira, José Dias – 74, 228, 233, 422, 690, 692, 749, 848
Ferreira, Manuel Gonçalves – 936
Ferri, G. – 285
Fetzer, Thomas – 82
Fezer, Karl-Heinz – 319
Fichtner, Regis – 250
Figueira, Barata – 376
Figueira, Reis – 572
Figueiredo, António de – 305
Figueiredo, Cândido de – 623
Figueiredo, Joaquim – 644-645
Figueiredo, Roseira de – 645
Fikentscher, Wolfgang – 196, 201, 202, 205, 272, 417, 445, 460, 499, 673, 696, 707
Finkenhauer, Thomas – 163
Fischer, Michael W. – 471

Fischer, Nikolas – 166
Fisher, Michael J. – 212
Fiúza, Ricardo – 154, 155, 244, 249
Flege, Carsten – 167
Flobert, Pierre – 519
Floren, Dieter – 937
Flume – 160
Fonseca, Granja da – 609
Fonseca, Guilherme da – 643
Fonseca, José Martins da – 853
Fonseca, Rodrigo da – 302
Frada, Manuel Carneiro da – 734, 974
Franck, Jens-Uwe – 375
Franco, António de Sousa – 953
Franco, Melo – 645
Freire, Simões – 936
Freitas, Augusto Teixeira de – 67, 154, 173, 235, 244, 245, 246, 273
Freitas, Barjona de – 228
Freitas, José Lebre de – 655
Freitas, Justino António de – 108
Friedmann, Lawrence M. – 450, 474
Fróis, Fernando – 620
Frommel, Monika – 473
Frosini – 598
Fu, Hualing – 212
Fuensalida – 891
Fugas, Fernandes – 645
Führich, Ernst R. – 167, 369
Fukuyama, Francis – 315, 485, 486, 950

Gabba, C. F. – 848
Gadamer, Hans-Georg – 469, 471, 472, 473, 476
Gaffiot, Félix – 519
Gaio – 52, 89, 127, 520, 559
Gaitanides, Charlotte – 942
Gaiti, Joan. Dominici – 278
Galante, Fátima – 780, 781
Galbraith, John Kenneth – 318, 319
Galdia, Marcus – 368
Galgano, Francesco – 276, 277
Galvão, Sofia – 77
Gama, Guilherme Calmon Nogueira da – 250

GARCIA, MARIA DA GLÓRIA FERREIRA PINTO DIAS – 108, 345
GARSTKA, HANS JÜRGEN – 777
GASPAR, HENRIQUE – 765
GAUDEMET, EUGÈNE – 415
GAUL, BJÖRN – 168
GAUTHIER, RENÉ ANTOINE – 595, 596
GAZZONI, FRANCESCO – 610
GEBAUER, MARTIN – 358
GEDDERT, HEINRICH – 461, 462
GEIGER, THEODOR – 59
GÉNY, FRANÇOIS – 415, 424
GENZMER, E. – 181
GERALDES, ANTÓNIO SANTOS ABRANTES – 388, 655, 659
GERDES, STEPHANIE – 164
GERLAH, JOHAN W. – 344, 351
GERMAIN, MICHEL – 295
GERMANN, OSKAR ADOLF – 694, 782
GERN, ALFONS – 98, 100
GERNHUBER, JOACHIM – 610, 612, 950
GERSTNER, THEODOR – 564
GIERKE, OTTO VON – 57, 92, 142, 312, 932
GIESLER, JAN PATRICK – 167
GILLIS, FRITZ – 597, 611
GILSON – 128
GIOFFREDI, CARLO – 52
GIORGI, RAFFAELE DE – 464, 471, 477
GIORGIANNI, MICHELLE – 904
GIRÃO, FERREIRA – 971
GIVSAN, HASSAN – 472
GLEICHENSTEIN, HANS VON – 473
GLENN, H. PATRICK – 182, 615
GLINSKI, CAROLA – 326
GLOCKNER, H. – 926
GMÜR, RUDOLF – 145, 282
GODIN, ASMAA – 209
GODINHO, MAGALHÃES – 638
GOEBEL, JOACHIM – 484
GOEPPERT, H. – 838
GOES, MARIA – 315
GOGOL – 147
GOGOS – 146
GOLDSCHMIDT, LEVIN – 141, 276, 277, 278
GOLDSTAJN, ALEKSANDAR – 584

GOLDZIHER, IGNAZ – 210
GOMES, JANUÁRIO – 255, 340
GOMES, NUNO SÁ – 77
GOMES, ORLANDO – 250
GONÇALVES, A. DA PENHA – 76
GONÇALVES, LUIZ DA CUNHA – 74, 228, 228, 258, 295, 302, 303, 422, 548, 549, 587, 604, 677, 690, 749, 793, 827, 828, 834, 848
GONÇALVES, SILVA – 968
GONZÁLEZ, BLÁS PEREZ – 529
GORJÃO-HENRIQUES, MIGUEL – 335
GOTTHARDT, MICHAEL – 168
GOUVEIA, ALFREDO ROCHA DE – 632
GOUVEIA, F. C. ANDRADE DE – 74
GOUVEIA, FOLQUE – 810
GOUVEIA, JAIME DE – 68, 74
GOUVEIA, LÚCIO GRASSI DE – 386
GRABAU, FRITZ-RENÉ – 415
GRAÇA, PIRES DA – 620
GRAMSCH, WERNER – 598
GRANDÃO, SOUSA – 768
GRASNIK, WALTER – 126
GRASSETTI, CESARE – 89
GRAZIADEI, MICHELE – 185
GRECO, PAOLO – 285
GREENWOOD, DESMOND G. – 212
GREENWOOD, L. H. G. – 839
GRIGOLEIT, HANS CHRISTOPH – 165
GRILLER, STEFAN – 769
GRIMM, DIETER – 136
GRIMM, JAKOB – 416, 673
GROBYS, MARCEL – 168
GROEBEN, VON DER – 942
GRÖNFORS – 883, 888
GRÖSCHLER, PETER – 911
GROSSMANN-DOERTH, HANS – 584
GROSSO, GIUSEPPE – 592
GROTEFELD, STEFAN – 485
GROTIUS, HUGO – 129, 152
GRUNDMANN, STEFAN – 366, 401
GSELL, BEATE – 159, 326
GUARALDI, LUCIA – 826
GUARINO, ANTONIO – 592, 594
GUDEMANN, ALFRED – 412

GUEDES, EDUARDO CORREIA – 856
GUNDES, JÖRG – 944
GUNERMANN, HEINZ – 503
GÜPNER, GERHARD – 54
GUSMÃO, FERNANDO DIAS – 856
GUSMÃO, MIRANDA – 323, 966, 971
GUSMÃO, PAULO DOURADO DE – 504
GUYON, YVES – 296

HAAS, LOTHAR – 163, 491
HAAZEN, OLAV A. – 400
HABERMAS, JÜRGEN – 59, 462
HABERSACK, MATHIAS – 167, 358
HABSCHEID – 939
HAFERKAMP, HANS-PETER – 436
HAFT, FRITJOF – 453, 465, 488
HAGER, GÜNTER – 769
HÄHNCHEN, SUSANNE – 918
HALEEM, ABDEL – 209
HALLAQ, WAEL B. – 210
HALPÉRIN, JEAN-LOUIS – 139
HAMBURGER, PETER – 344
HAMMEL, FRANK A. – 166
HAMMEN, HORST – 130, 159
HAMMER, FRANK A. – 164
HAMMER, STEFAN – 450
HÄMMERLE, FERDINAND – 121
HANHÖRSTER, HEDWIG – 164
HARATSCH, ANDREAS – 358, 361, 369, 944
HARKE, JAN DIRK – 165
HARRIS, LISON – 212
HART, HERBERT L. A. – 463, 897
HÄRTING, NIKO – 166
HARTKAMP, A. S. – 152, 153
HARTKAMP, ARTHUR – 400
HASSEMER, WINFRIED – 437, 464, 465, 469, 473, 474, 477
HATTENHAUER, HANS – 140, 191, 460, 932
HAU, WOLFGANG – 163
HAUSSIG – 596
HAVERKATE, GÖRG – 457, 458, 459
HAYEK, SAMIR AL – 209
HECK, PHILIP – 71, 124, 125, 177, 178, 289, 424, 437, 438, 439, 440, 441, 442, 443, 445, 446, 451, 453, 680, 782

HEDEMANN, J. W. – 141, 142
HEERSTRASSEN, FRANK – 164
HEFFTER, HEINRICH – 939
HEGEL, GEORG WILHELM FRIEDRICH – 149, 409, 449, 471, 472, 926
HEGENBARTH, RAINER – 699, 727, 729
HEGSELMANN, RAINER – 464
HEIDEGGER, MARTIN – 471, 472
HEIDEL, THOMAS – 163, 582
HEIDERHOFF, BETTINA – 320, 322, 325, 332, 333, 975
HEINECCIUS, JOHANN GOTTLIER (HEINECKE) – 90, 105, 218, 223
HEISE, GEORG ARNOLD – 170, 171, 172, 174, 177
HEITMANN, HERMANN – 450
HELLER, THEODOR – 756
HEMMER – 159
HENKE, WILHELM – 104
HENKEL, HEINRICH – 55, 56, 461, 598, 599, 611, 775
HENNING, MAX – 209, 210
HENNINGER, THOMAS – 271, 415, 416, 417, 418, 419
HENSSLER, MARTIN – 156, 163, 291
HERBER, ROLF – 290
HERBERGER, M. – 775, 776
HERMANNS, FRITZ – 486
HERÓDOTO – 596
HÉRON, JACQUES – 852
HERRFAHRDT, HEINRICH – 739, 742, 759
HERRIGER, EUGEN – 449
HERRING, HERBERT – 54
HERTEL, CHRISTIAN – 163
HERTIN, PAUL W. – 340
HESPANHA, A. – 119
HESS, BURKHARD – 806, 844, 845, 847
HESSELINK, MARTIJN – 400, 401
HEUKELS, TON – 845, 854
HEUSSEN, BENNO – 163
HEYKE, HANS-EBERHARD – 492
HEYMANN, E. – 54
HILL, HERMANN – 459
HILLGRUBER, CHRISTIAN – 952
HINZ, MANFRED O. – 551

HIPPEL, EIKE VON – 318, 319, 321, 332
HIRSCH, CHRISTOPH – 165
HIRSCH, ERNST E. – 474
HIRSCH, GÜNTHER – 944
HITZIG, HERMANN FERDINAND – 592
HOEREN, THOMAS – 82, 117, 166
HOFBAUER, HANS – 551
HOFFMANN-RIEM, WOLFGANG – 92
HÖFLING, WOLFRAN – 957
HOFMANN, CHRISTIAN – 369
HOGUE, ARTHUR R. – 205
HOLDEN, HUBERT ASHTON – 503
HOLLÄNDER, PAVEL – 500
HOLTHAUSEN, JOACHIM – 168
HÖLZLE, GERRIT – 168
HOMANN, STEFAN – 168
HOMMELHOFF, PETER – 370
HONDIUS, EWOUD – 152, 400
HÖNN, GÜNTHER – 954
HONSELL, HEINRICH – 160
HONSELL, THOMAS – 707, 712, 719
HÖPFNER, CLEMENS – 370, 724
HOPT – 581, 582
HORN, NORBERT – 143, 399, 468, 476, 777
HORNEFFER – 596
HORNER, FRANZ – 456
HÖRNLE, TATJANA – 485
HÖRSTER, HEINRICH EWALD – 76, 110
HOSPERS, JOHN – 463
HOYNINGEN-HUENE, GERRICK FREIHERR VON – 598
HOYNINGEN-HUENE, PAUL – 470
HROMADKA, WOLFGANG – 160, 168
HRUSCHKA, JOACHIM – 473, 485, 889
HUBA, HERMANN – 469, 477
HUBER, EUGEN – 145, 160
HUBER, PETER – 163
HUBMANN, HEINRICH – 460
HÜBNER, A. – 465
HÜBNER, HEINZ – 386, 897, 913, 937
HUECK, ALFRED – 313
HUECK, GÖTZ – 939
HUGO, GUSTAV – 170, 171, 172, 225, 435
HUMBOLDT, WILHELM VON – 266
HÜMMERICH, KLAUS – 168
HUSA, JAAKKO – 181

IBBETSON, DAVID – 205
IMBERT, JEAN – 946
INÊS, SOUSA – 572, 971
IPSEN, JÖRN – 93, 100
IQBAL, MUNAWAR – 211
IRTI, NATALINO – 149
ISELE, HELLMUT GEORG – 141

JACOBS, MATTHIAS – 160, 168
JÁCOME, CAIMOTO – 856
JAEGER, PIETER GIUSTO – 287
JAHR, GÜNTHER – 911
JÁNOSKA, GEORG – 469
JANSSEN, LYDIA – 153
JAUERNIG, OTMAR – 80
JAUFFRED-SPINOSI, CAMILLE – 183, 258
JAYME, ERIK – 269, 401
JELLINEK, GEORG – 805
JHERING, RUDOLF VON – 51, 54, 58, 113, 202, 437, 438, 439, 457, 875, 876, 877, 878, 879, 880, 890
JOÃO, Cardeal, D. – 849
JOÃO I, D. – 507
JOCHUM, HEIKE – 131
JOHNSTON, ANGUS – 204, 206
JOLIF, JEAN YVES – 595, 596
JOLOWICZ, H. F. – 594
JONESCO, BASILE – 969
JORGE, FERNANDO PESSOA – 74
JOUSTRA, CARLA – 400
JUNKER, ABBO – 400
JÜSSEN, G. – 52, 53
JUSTINIANO – 88, 89, 105, 414, 503, 559, 805, 858, 960
JUSTO, ANTÓNIO DOS SANTOS – 77, 117, 121, 520, 871, 911

KAISER, DAGMAR – 326
KAISER, JOCHEN – 168
KALINOWSKI, GEORGES – 891
KALLEMBERG – 596
KALLRATH, JÜRGEN – 163
KALLWASS, WOLFGANG – 78, 100
KAMALI, MOHAMMAD HASHIM – 209, 210, 211

KAMANABROU, SUDABEH – 493
KANT, IMMANUEL – 54, 57, 62, 149, 444, 448, 461, 462, 484, 878, 887
KANTOROWICZ, HERMANN – 443, 673
KASER, MAX – 52, 88, 89, 121, 558, 559, 592, 597, 840
KASPER, FRANZ – 874, 883, 888
KASTENDIECK, KRISTINA – 484
KATCHI, ANTÓNIO – 260
KAUFMANN, ARTHUR – 56, 458, 464, 465, 469, 477, 478, 498, 683, 718
KAUFMANN, ERICH – 424, 447, 448, 449
KAUFMANN, HORST – 939
KAUZ, FRANK – 469
KEGEL, GERHARD – 160, 980
KELLER, ADOLF – 683, 684, 685, 698, 726
KELLNER, DOUGLAS – 319
KELSEN, HANS – 57, 92, 555, 883, 891
KEMPER, JOZEF A. R. – 469
KERVEGAN, JEAN-FRANÇOIS – 60
KHALLÂF, 'ABN AL-WAHHÂB – 209
KHAN, TARIQULLAH – 211
KINDLER, PETER – 358
KINGREEN, THORSTEN – 943
KIPP, THEODOR – 202, 592, 593, 674, 687, 874
KIRALFY, A. K. R. – 205, 615
KIRCHMANN, JULIUS VON – 694
KIRCHNER, CHRISTIAN – 375
KIRSCH, ANDREAS – 166
KIRSTE, STEPHAN – 479
KISCH, WILHELM – 142
KITZLER, ALBERT – 672
KLAPPSTEIN, VERENA – 582
KLATT, MATTHIAS – 698, 704, 723
KLAUER, IRENE – 358
KLEIN, FRIEDRICH – 417, 806
KLEIN, RÜDIGER – 778
KLEINFELLER – 413, 414
KLEITER, TOBIAS – 593
KLOEPFER, MICHAEL – 343, 343, 345, 347, 348, 350
KLUG, ULRICH – 469
KLUNZINGER, EUGEN – 78, 100, 880
KLUXEN, W. – 754

KNOBEL, ULRIKE – 956, 957
KNOTHE, HANS-GEORG – 951
KNOTT, HERMANN J. – 168
KNÜTEL, ROLF – 121, 506
KOCH, HANS-JOACHIM – 345, 440, 473, 775, 776, 777
KOCH, THORSTEN – 93, 100
KOCH, ULRICH – 550
KOENIG, CHRISTIAN – 358, 361, 369, 944
KÖHLER, HELMUT – 78, 141, 143, 204, 336, 441, 880
KOHLER, JOSEPH – 733, 756, 767
KOHLER, JÜRGEN – 344, 351
KÖHLER, MARKUS – 82
KOLLER, PETER – 160, 457, 461, 477
KÖNGDEN, JOHANNES – 360
KOPPELBERG, DIRK – 464
KOPPENFELS, KATHARINA VON – 168
KOSCHAKER, PAUL – 117, 146
KÖTZ, HEIN – 138, 142, 143, 147, 152, 177, 181, 182, 183, 189, 195, 205, 206, 208, 236, 271, 282, 287, 400
KRAMER, ERNST A. – 419
KRAMPE, CHRISTOPH – 911
KRAUSE, HERMANN – 290
KRAWIETZ, WERNER – 435, 458, 463, 469, 471, 477, 519, 521, 523
KREBS, PETER – 157
KREJCI, HEINZ – 296
KREUZER, KARL F. – 944
KRINGS, GÜNTER – 957
KRÖGER, DETLEF – 82
KRONSTEIN, HEINRICH – 460
KRÜGER, PAUL – 88, 89
KRÜGER, PAULUS – 503, 873
KRÜPER, JULIAN – 48, 474
KÜBLER, FRIEDRICH – 182
KÜHL, KRISTIAN – 57, 62
KÜHN, HANS-JÜRGEN – 477
KÜMPEL, SIEGFRIED – 338
KUNER, CHRISTOPHER – 82
KUNTZE-KAUFHOLD – 580
KUPISCH, BERTHOLD – 88, 160, 506
KUTSCHERA, FRANZ VON – 470

LABARTHE, FRANÇOISE – 327
LACOURSIÈRE, JACQUES – 150
LADWIG, BERND – 491
LAFFRANQUE, JULIA – 373
LAMEGO, JOSÉ – 474, 484, 939
LAMMEL, SIEGBERT – 278
LAMPE, ERNST-JOACHIM – 501
LANDO, OLE – 168
LANDSBERG, GERD – 344
LANGAN, P. ST. J. – 698, 730
LANGE, HEINRICH – 441
LANGE, HERMANN – 593
LANGHEINEKEN – 912
LARENZ, KARL – 57, 71, 77, 94, 96, 99, 100, 104, 122, 141, 177, 330, 424, 435, 437, 440, 447, 449, 454, 460, 468, 473, 474, 487, 555, 673, 734, 737, 740, 741, 742, 743, 744, 760, 770, 771, 775, 783, 873, 884, 887, 889, 891, 897, 908, 913, 918, 925, 926, 927, 930, 937, 939, 951
LARNAUDE, F. – 138
LAROCHE-GISSEROT, FLORENCE – 79
LAROMBIÈRE, M. L. – 199
LASK, EMIL – 447, 449, 459
LASSALLE, FERDINAND – 838
LATTE, PAUL – 592
LAUDENKLOS, FRANK – 482
LAUFS, ADOLF – 483
LAURENT, FERNAND – 199
LAWSON, FREDERIK – 230, 883
LEAL, FERNANDO MENDES – 74
LEÃO, DUARTE NUNES DE – 622, 799
LECHELER, HELMUT – 357, 941
LEENEN, DETLEF – 160, 164
LEHMANN, MICHAEL – 167, 409
LEHNSEN – 140
LEIBLE, STEFAN – 366, 375
LEIBNIZ, GOTTFRIED WILHELM – 54
LEINFELLNER, E. – 465
LEINFELLNER, W. – 465
LEIPOLD, DIETER – 78, 99
LEITÃO, AUGUSTO ROGÉRIO – 369
LEITÃO, LUÍS MENEZES – 218, 219, 221, 225, 226, 228, 232, 234, 235, 237, 238, 340, 734

LENEL, OTTO – 171, 177
LENK, HANS – 464
LENORMAND, MAURICE-H. – 535
LEOTARDI, HONORATI – 278
LEPA, MANFRED – 163
LEPSIUS, OLIVER – 92
LEQUETTE, YVES – 79, 200
LESSMANN, HERBERT – 291, 955
LETTZ, TOBIAS – 166
LEVEL, PATRICE – 838, 839, 841, 842, 858
LEVENEUR, LAURENT – 139
LEVERENZ, KENT – 897, 898
LEVI, VANNA – 327
LEVY, ERNST – 597
LEVY, HEINRICH – 448
LEWIS, W. J. – 53
LICARI, FRANÇOIS-XAVIER – 296
LIEB – 160
LIMA, FERNANDO ANDRADE PIRES DE – 68, 75, 76, 77, 110, 239, 240, 530, 589, 605, 690, 716, 726
LINCK – 550
LINDEMANN, MICHAEL – 48
LINGENTHAL, KARL SALOMO ZACHARIÄ VON – 137, 199
LINGERMANN, STEFAN – 168
LIPARTITI, CIRO – 568
LIPP, MARTIN – 130
LIPTOW, JASPER – 407
LÍVIO, TITO – 946
LLOMPART, J. – 476
LOCKE, JOHN – 54
LOHLKER, RÜDIGER – 208
LÖHNIG, MARTIN – 167
LOMBARDI, GABRIO – 88
LONGCHAMPS, FRANÇOIS – 883, 888
LONGO, CARLO – 520, 522
LONGO, GIANNETTO – 520, 521, 522
LOOK, FRANK VAN – 143
LOOSCHELDERS, DIRK – 962
LOPES, CARLOS ALBERTO – 360
LORENZ, STEPHAN – 162, 163, 166
LOSER-KROGH, PETER – 974
LOTZE, LOTHAR – 459
LOUREIRO, JOSÉ PINTO – 220

Lourenço, Francisco – 936, 966
Löwisch, Manfred – 78, 100, 160
Lübbe-Wolff, Gertrude – 846
Lüdemann, Jörn – 936
Lüer, Dieter W. – 163
Luhmann, Niklas – 61, 474, 475, 476
Lülling, Wilhelm – 344
Lumia, Isidoro la – 285
Lutter, Marcus – 160, 373, 375
Luttermann, Claus – 211
Luzkow, Jack Lawrence – 315
Lyon-Caen, Gérard – 277

Macedo, Sousa – 645
Machado, João Baptista – 57, 77, 588, 698, 848, 851, 852, 883, 970
Machete, Rui – 536
Mackeldey, Ferdinand – 108, 172, 225, 226, 235
Macriz – 146
Madaleno, Cláudia Alexandra dos Santos – 255
Madeira, Alberto Lopes – 238
Madureira, Alfredo – 809
Madureira, António – 763
Maffei, D. – 127
Magalhães, Felix Pereira de – 228
Magalhães, Fernandes – 781, 936, 971
Magalhães, J. M. Barbosa de – 229, 294, 295, 606, 632
Magnus, Ulrich – 401
Maihofer, Werner – 459
Maitland, Frederic William – 205, 206
Maiza, Mehrezia Labidi – 209
Malaurie, Philippe – 138, 200
Maleville – 135
Malheiros, Manuel – 269
Mallmann – 141
Mamopoulos – 147
Manfredini, Arrigo – 592
Mangoldt, Hermann von – 417, 806
Mankowski, Peter – 48
Mansel, Heinz-Peter – 160, 165, 182
Manso, Catarina Arelo – 936, 967
Manso, Eduardo Martins – 238

Manthe, Ulrich – 52, 520, 559
Marcadé, V. – 199, 443
Marchante, João Pedro – 746
Marcos, Pimentel – 587, 781
Marcos, Rui Manuel de Figueiredo – 132, 947
Marcuse, Herbert – 319
Mariano, Cura – 637, 779
Mariano, João Cura – 557
Maridakis – 146
Marinelli, Fabrizio – 148
Marino, Francisco Paulo de Crescenzo – 250
Markesinis, Basil – 204, 206, 207
Marmor, Andrei – 683, 697, 705
Marques, César – 645
Marques, Costa – 587
Marques, Garcia – 949, 972
Marques, José Dias – 69, 75, 503, 632, 894, 908
Marques, M. Reis – 227
Martens, Klaus-Peter – 93
Martens, Sebastien A. E. – 206, 208
Martinez, Pedro Romano – 308, 314, 382, 547, 553, 556
Martinez, Pedro Soares – 197, 301, 468, 536
Martinho, Joaquim Marques – 74
Martins, Ana Maria Guerra – 942
Martins, António Viana – 305
Martins, Augusto – 645
Martins, Ezagüy – 580
Martins, J. Mendes – 221
Martiny, Dieter – 581, 582
Marty, Jean-Paul – 292
Masing, Johannes – 62
Maspétiol, Roland – 888
Mateus, Raúl – 587, 638, 856, 972
Matos, André Salgado de – 108, 110, 114
Matos, Joaquim de – 764
Matta, Caeiro da – 74
Mattews, Gwynn – 315
Mattheus, Daniela – 165
Maturana, Humberto R. – 475

MAURER, HARTMUT – 94, 96, 97, 98, 114
MAUSEN, YVES – 201
MAUSER, WOLFRAM – 598
MAYERHÖFER, ALEXANDER – 165
MAYER-MALY, THEO – 297
MAZEAUD, HENRI – 78, 598
MAZEAUD, JEAN – 78
MAZEAUD, LÉON – 78
MAZUREK, P. – 464
MCLEOD, IAN – 463
MECKE, CHRISTOPH-ERIC – 436
MECKEL, MIRIAM – 502
MEDEIROS, RUI – 321, 526, 571, 935
MEDEMA, STEVEN G. – 481
MEDICUS, DIETER – 78, 101, 162, 163, 164, 176, 177, 347, 885, 897, 911, 912, 953, 954, 956
MEIER-HAYOZ, ARTHUR – 418, 419, 767
MEIRELES, HENRIQUE DA SILVA SEIXAS – 483
MELLO, JOSÉ ANTÓNIO GONSALVES DE – 243
MELO, ANTÓNIO BARBOSA DE – 609
MENDES, ARMINDO RIBEIRO – 75, 463, 631, 632, 635, 655, 656, 658, 854, 897
MENDES, CASTRO – 653
MENDES, JOANA MARIA PEREIRA – 344
MENDES, JOÃO DE CASTRO – 69, 75, 110, 875, 894, 896, 908, 934
MENDES, MANUEL OHEN – 629
MENDONÇA, MANUEL INÁCIO CARVALHO DE – 247
MENESES, MIGUEL PINTO DE – 73, 105, 219, 220
MENGER, ANTON – 142, 312
MERCURO, NICHOLAS – 481
MERÊA, MANUEL PAULO – 67, 107, 221, 244, 755
MERLE, PHILIPPE – 295
MERTENS, HANS-JOACHIM – 585
MERZ, HANS – 282
MESSNER, JOHANNES – 298, 534
METTENHEIM, CRISTOPH VON – 458, 459, 484
METZGER, AXEL – 373
MEUB, MICHAEL H. – 166
MEYER, ERNST – 460, 461

MEYER, HERBERT – 969
MEYER, JÜRGEN – 942
MEYER, RUDOLF – 583, 584
MICELI, THOMAS J. – 483
MICKLITZ, HANS-W. – 320, 325, 326, 328, 330, 333
MIKAT, PAUL – 937
MILSON, S. F. C. – 205
MINCKE, WOLFGANG – 463
MINWEGEN, ROMANO – 492
MIRANDA, BERNARDES DE – 620
MIRANDA, JOÃO – 344
MIRANDA, JORGE – 321, 431, 523, 525, 526, 571, 635, 714, 854, 934, 935
MIRANDA, MOTA – 580, 856, 936, 972
MIRANDA, PONTES DE – 247
MOCK, ERHARD – 433, 475
MÖLLERS, THOMAS M. J. – 580
MOLLNAN, KARL A. – 459
MOMMSEN, THEODOR – 88, 89
MONCADA, LUÍS CABRAL DE – 75, 109, 228, 229, 531, 604, 690, 749, 881
MONTEIRO, ANTÓNIO PINTO – 76, 160, 329, 587, 710, 978
MONTEIRO, ARMINDO – 620
MONTEIRO, PEDRO – 67
MONTEIRO, SOUSA – 644
MONTENEGRO, ARTUR – 121, 606
MONTES, CUSTÓDIO – 621, 660
MORAIS, CARLOS BLANCO DE – 524
MORAIS, DURVAL – 323
MOREIRA, ADRIANO – 536
MOREIRA, GUILHERME ALVES – 67, 74, 109, 173, 217, 228, 235, 236, 237, 246, 273, 294, 329, 424, 603, 676, 677, 690, 703, 749, 827, 848, 881
MOREIRA, VITAL – 321, 536, 571, 635, 636, 804, 854, 935
MORGADO, CARLA – 338, 339
MORTARI, VINCENZO PIANO – 754
MOSSA, LORENZO – 285
MOTA, CARMONA DA – 652
MOTSCH, RICHARD – 164, 166
MOURA, ÁLVARES DE – 644
MOURO, MARIA JOSÉ – 971

Müller, Friedrich – 60, 190, 407, 472, 474, 475, 486, 500
Müller, Helmut – 344
Müller, Jens – 270, 271, 273
Müller, Klaus J. – 164
Müller, Marcus – 402
Müller-Dietz, Heinz – 190
Müller-Erzbach, Rudolf – 290, 438
Muscheler, Karlheinz – 444
Musielak – 160
Muthers, Christof – 163
Muthorst, Olaf – 473, 737, 783

Nagel, Bernhard – 358, 941
Napier – 548
Nascentes, Antenor – 622
Nascimento, Noronha – 936
Nasi, Antonio – 598
Naucke, Wolfgang – 434
Navarro, Lopes – 793
Nawiasky, Hans – 759, 767, 883
Negreiros, Joaquim Trigo de – 608
Negri, Antonio – 444
Neiva, António da Cunha Pereira Bandeira de – 228, 510
Nery Junior, Nelson – 154
Nery, Rosa Maria de Andrade – 154
Nettelblat – 173
Nettesheim, Heinrich Cornelius Agrippa von – 54
Neuhaus, Kai-Jochen – 166
Neumann, Daniela – 78, 100
Neuner, Jörg – 289, 291, 375
Neves, António Castanheira – 68, 77, 437, 443, 444, 487, 505, 599, 606, 634, 637, 638, 654, 661, 664, 665, 667, 673, 696
Neves, J. Acúrsio das – 301
Niepmann, Birgit – 950
Niiniluoto, Ilkka – 476, 477
Niort, Jean-François – 139, 196
Nipperdey, Hans Carl – 71, 78, 177, 313, 529, 563, 574, 575, 587, 680, 696, 751, 759, 760, 782, 783, 851, 880, 897, 937
Nishino, Mototsugo – 456

Nogueira, José Artur Duarte – 121
Nogueira, Roque – 652, 860
Nonato, Orosimbo – 247
Noronha, F. E. – 259
Novais, Jorge Reis – 934
Nunes, Mário Rodrigues – 74
Nunn, Christian – 435
Nussbaum, Arthur – 292

Oeconomidis – 146
Oertmann, Paul – 424, 441, 564
Olavo, Fernando – 292, 632
Oliveira, J. Agostinho de – 74
Olzen, Dirk – 163, 169, 962
Opalek, K. – 463
Oppermann, Walther – 312
Orestano, Riccardo – 558
Orozco, Sebastián de Cobarruvias – 623
Ors, Alvaro d' – 840
Orwell, George – 56
Ossenbühl, Fritz – 94
Otero, Paulo – 59, 77, 100, 111
Ott, Claus – 482, 483, 892
Ott, Sieghart – 163, 164
Otte, Gerhard – 468
Otto, Carl Eduard – 805
Otto, Dirk – 122, 259, 446, 460, 681
Otto, Hansjörg – 979

Pacchioni, Giovanni – 89
Pace, Gaetano – 839, 842
Packard, Vance – 319
Page, Henri de – 199, 443
Paiva, Tavares de – 765
Paiva, Vicente Ferrer Neto – 510
Palandt, Otto – 80, 164
Palma, Maria Fernanda – 639, 643, 934
Papaleoni, Marco – 548
Papier, Hans-Jürgen – 94
Papiniano – 413, 506, 520, 521, 594
Pasteris, Carlo – 276, 280
Patrício, José Simões – 401
Patti, Salvatore – 401
Paulo, Torres – 499, 572, 645, 657, 952, 968, 971, 973

PAULUS, CHRISTOPH G. – 957
PAULUS, GOTTHARD – 461, 472
PAVLAKOS, GEORG – 190, 500
PAWLOWSKI, HANS-MARTIN – 103, 122, 175, 386, 387, 388, 454, 460, 473, 891, 897, 938
PAYET, MARIE-STÉPHANIE – 327
PECHSTEIN, MATTHIAS – 366, 374
PECZENIK, ALEKSANDER – 463, 469, 474
PEDROSA, A. L. GUIMARÃES – 108, 109
PEEL, EDWIN – 206
PEREIRA, ANDRÉ GONÇALVES – 568
PEREIRA, CAIO MÁRIO DA SILVA – 250
PEREIRA, FERNANDA ISABEL – 332
PEREIRA, JOEL TIMÓTEO RAMOS – 341
PEREIRA, RAVI AFONSO – 110
PEREIRA, TERESA SILVA – 401
PERGOLESE, FERRUCCIO – 535
PERLMUTTER, RICHARD M. – 207
PERNICE, ALFRED – 52
PERRON, EDGAR DU – 400
PETERS, FRANK – 165
PETERSEN, JENS – 460, 487, 500
PETRUCCI, ALDO – 276
PEURSEN, C. A. VAN – 463
PFORDTEN, DIETMAR VON DER – 485
PHILIPPS, LOTHAR – 462
PICKER, EDUARD – 120, 160
PICOD, YVES – 327
PIERGIOVANNI, VITO – 276
PIEROTH, BODO – 853
PILON, EUSTACHE – 138
PINHEIRO, GÓIS – 612
PINHEIRO, LUÍS DE LIMA – 581, 584
PINHEIRO-FERREIRA, SILVESTRE – 244, 301
PINHO, CÂNDIDO DE – 809
PINTO, CARLOS ALBERTO DA MOTA – 69, 76, 587, 690, 881, 896, 898, 927
PINTO, JOÃO MANUEL CORTEZ – 535
PINTO, PAULO MOTA – 76, 235, 587, 643
PIRES, ADRIANO BORGES – 629
PIROVANO, ANTOINE – 278, 280
PITTA, JOSÉ PEREIRA DE – 848
PITTA, PEDRO – 570
PLACHY, ADOLFO – 683

PLANIOL, MARCEL – 138, 199, 443
PLESSIS, JACQUES DU – 183
PODLECH, ADALBERT – 460, 462, 776
POFALLA, RONALD – 491
PÖGGELER, OTTO – 468, 472
POHLMANN, ANDRÉ – 165
POHLMANN, HANSJÖRG – 277
POHLMANN, ROSEMARIE – 462
POLLINGER, ANDREAS – 847
POLLOCK, FREDERICK – 205, 206
POPOVILIEV, M. – 847
POPPER, KARL R. – 458, 459
PORTALIS, JEAN ÉTIENNE MARIE – 135, 197
POSNER, RICHARD A. – 481
PÖTERS, STEPHAN – 373
POTHIER, R. J. – 129, 134, 196, 223, 225
POTHOFF, HEINZ – 312
POTTER'S, H. – 205
PÓVOAS, SEBASTIÃO – 620
PREE, HELMUTH – 726
PREIS, ULRICH – 290
PRINGSHEIM, FRITZ – 591, 592, 593, 594, 597
PRÜMM, HANS PAUL – 343, 344
PRÜTTING, HANS – 80
PUCHTA, GEORG FRIEDRICH – 52, 435, 436, 437, 562, 782, 873, 874
PUFENDORF, SAMUEL – 57, 58, 129, 173, 675
PUGLIATTI, SALVATORE – 92
PULEO, SALVATORE – 897
PÜTTNER, GÜNTER – 95

QUADROS, FAUSTO DE – 357, 568, 610
QUEIRÓ, AFONSO RODRIGUES – 110

RABEL, ERNST – 597
RACKAM, H. – 767
RADBRUCH, GUSTAV – 58, 417, 424, 447, 449, 459, 700
RAFI, ANUSHEN – 500
RAISCH, PETER – 280, 290, 292
RAISER, LUDWIG – 874, 888, 890
RAISER, THOMAS – 480
RAMADAN, SAÏD – 209, 211

Ramalho, Maria do Rosário Palma – 308, 312, 548
Ramm, Thilo – 141, 927, 937
Ramos, Azevedo – 780, 810
Ramos, Ferreira – 971
Ramos, Fonseca – 860, 949
Ramos, Sousa – 780
Ranieri – 160
Rascher, Jürgen – 738
Rau, C. – 200, 443
Ravà, Anna – 561, 755
Ray, Jean – 134, 197
Rebbert, Rudolf – 298, 533
Regelsberger, Ferdinand – 146, 172, 738, 756, 877, 878, 879, 880
Rego, Carlos Lopes do – 609, 642, 655
Rehbinder, Manfred – 119, 340
Rehme, Paul – 278
Rei, Maria Raquel – 908
Reich, Norbert – 320, 325, 326, 330, 332
Reichelt, Muna – 685, 726
Reidegeld, Ahmad A. – 209
Reimann, Mathias – 182, 183, 184, 185, 186, 615
Reinert-Schoerer, Marliese – 269
Reinhard, Thorsten – 164
Reinicke, D. – 745
Reinicke, G. – 745
Reininger, Robert – 459
Reis, José Alberto dos – 607, 619, 625, 626, 627, 629, 630, 632, 633, 847
Reis, Pascoal José de Mello Freire dos – 67, 73, 219, 227
Reitmann – 581
Renaud, Yvon – 151, 152
Renaut, Marie-Hélène – 201
Renck, Ludwig – 93, 104
Rengeling, Hans-Werner – 942
Requate, Jörg – 149
Rescigno, Pietro – 420, 826
Reutter, Wolfgang Paul – 417
Rezaei, Hassan – 212
Rhinow, René A. – 460
Ribeiro, Aureliano Strecht – 587
Ribeiro, Ernesto Carneiro – 245

Ribeiro, Flores – 652
Ribeiro, Joaquim de Sousa – 951
Ribeiro, José Manuel de Carvalho – 779
Ribeiro, Luís da Silva – 225
Riccobono, Salvatore – 594
Richardi, Reinhard – 93, 160, 551, 553
Rickert, Heinrich – 447, 449, 459
Rideout – 548
Riechers, Gert – 501
Riedel, Oskar – 451
Riehm, Thomas – 163
Riese, Nicole – 167
Riesenhuber, Karl – 360, 366, 367, 369, 370, 375
Rill, Heinz Peter – 769
Ring, Gerhard – 163
Ringstmeier, Andreas – 168
Ripert, Georges – 199, 295, 443
Ripperger, Tanja – 486
Ritter, F. – 54
Rittner, Fritz – 400
Robbach, Paul – 163
Roblot, R. – 295
Rocha, Albuquerque – 645
Rocha, M. A. Coelho da – 67, 73, 107, 108, 172, 221, 225, 226, 234, 235, 603, 676, 690, 748, 792, 827
Rocha, Manuel Soares da – 570
Rocha, Oliveira – 621
Rodrigues, António Coelho – 154, 245, 246
Rodrigues, Benjamin – 763
Rodrigues, José Cunha – 802
Rodrigues, Manuel – 628, 629, 632
Rodrigues, Ramon Honorato Correa – 570
Rodrigues, Samuel – 121
Rodrigues, Silvio – 250
Roellecke, Gerd – 408, 491
Rohe, Mathias – 211
Röhl, Hans Christian – 189, 465, 760, 883
Röhl, Klaus F. – 189, 465, 760, 883
Rolland, Walter – 163
Romano, Salvatore – 598

Romano, Santi – 57
Rondinone, Nicola – 527, 528
Ronellenfitsch, Michael – 351
Roque, Helder – 621
Roque, Miguel Prata – 942
Rosen, Lawrence – 211
Ross, Alf – 694
Roth, Herbert – 80, 166, 911, 912
Roth, Wulf-Henning – 328, 370
Rother, Werner – 125
Rottleuthner, Hubert – 434
Roubier, Paul – 892
Rückert, Joachim – 80, 131, 439, 482
Ruffert, Matthias – 941, 943
Rüfner, Wolfgang – 94
Ruggiero, Roberto de – 147, 424
Rümelin, Gustav – 562, 564
Rümelin, Max – 438, 440, 597
Rummel, Peter – 417, 418
Rüssmann, Helmut – 440, 469
Rüthers, Bernd – 78, 99, 160, 410, 880
Ruthven, Malise – 208

Sá, Paulo – 781, 860
Sabete, Wadgi – 488
Sachs, Michael – 417
Säcker, Franz Jürgen – 167
Salazar, Oliveira – 258, 273, 305, 538, 813
Salazar, Silva – 579
Saleilles, Raymond – 199, 443
Salmon, Wesley C. – 470
Sambuc, Thomas – 727
Sampaio, Afonso Leite de – 238
Sandulli, Aldo M. – 806
Santerre, E. Colmet de – 199
Santos, António Marques dos – 269, 584
Santos, Ary dos – 147
Santos, Ramos dos – 698
Santos, Rute Martins – 257
Santos, Tavares dos – 809
Saraiva, José Hermano – 76, 425, 426, 530, 531, 567, 589, 610, 681, 715, 751, 752, 767, 791, 826, 828
Saraiva, Margarida Pimentel – 74

Sauer, Wilhelm – 462, 599, 760
Savary, Jacques – 278
Savatier – 135
Savigny, Eike von – 190, 500
Savigny, Friedrich Carl von – 99, 119, 130, 131, 140, 170, 171, 172, 177, 202, 416, 417, 424, 435, 436, 443, 444, 453, 473, 522, 562, 583, 671, 672, 673, 674, 676, 677, 686, 687, 704, 707, 708, 726, 739, 782, 845, 846, 847, 873, 874, 875, 878, 879, 880, 881, 890, 912, 925
Schacht, Joseph – 210
Schäfer, Carsten – 163
Schäfer, Frank A. – 338
Schäfer, Hans-Bernd – 482, 483, 892
Schall, Alexander – 582
Schambeck, Herbert – 462
Schanze, Helmut – 468, 469
Schapp, Jan – 474, 877, 889, 890, 891, 953
Schaub – 550
Scheid, Stephan Mittelsten – 117
Scheider – 469, 477
Schellhammer, Kurt – 166
Scherillo, Gaetano – 520, 522, 560
Scherner, Karl Otto – 278
Scheuing, Dieter H. – 944
Scheyhing, Robert – 932
Schick, Robert – 769
Schiffauer, Peter – 474, 475
Schilling, Bruno – 805
Schima, Hans – 739
Schimmer, Roland – 165
Schinkels, Boris – 165
Schioppa, Antonio Padoa – 276
Schirrmacher, Christine – 208
Schlacke, Sabine – 345
Schlechtriem, Peter – 400
Schlieffen, Gräfin von – 122, 470
Schlodder, Antje – 168
Schlosser, Peter – 911
Schmid, Christoph U. – 401
Schmid, Wolfgang – 413
Schmidt, Alpmann – 156
Schmidt, Annika – 163
Schmidt, Christof – 367, 369

Schmidt, Detlef – 93, 94, 95, 99, 100
Schmidt, Jürgen – 157, 891, 962
Schmidt, Karsten – 290, 582
Schmidt, Marek – 370
Schmidt, Reimer – 344, 345, 454, 918
Schmitthoff, Clive M. – 583, 584
Schmoeckel, Mathias – 80, 142
Schmoller, Gustav – 298, 534
Schnapp, Friedrich E. – 192
Schneider, Hans-Peter – 417, 700
Schockenhoff, Martin – 167
Schoell – 945
Scholz, Heinrich – 447
Schrage, Eltjo J. H. – 508
Schramm – 463
Schreiber, Rupert – 462, 469
Schroeder, Friedrich-Christian – 723
Schroeder, Werner – 367, 368, 371
Schroth – 469, 477
Schubert, Werner – 141
Schulte-Nölke, Hans – 142, 158, 324
Schultze-von Lasaulx, H. A. – 290
Schulze, Reiner – 158, 165, 324, 400
Schurgens, Johann Baptist – 737
Schürnbrand, Jan – 167
Schwab, Dieter – 707
Schwab, Martin – 156, 162, 165, 166, 367, 370
Schwabe, Jürgen – 937, 938
Schwartze, Andreas – 366
Schwarz, A. B. – 173, 174
Schwarz, Fritz – 673
Schwarz, Günther Christian – 375, 376, 400
Schwarz, Kyrill-A. – 433
Schwarze – 942
Schwerdtner, Peter – 313, 933
Schwintowski, Hans Peter – 338, 481
Scialoja, Vittorio – 148, 592, 594
Scrutton, Thomas Edward – 205
Seabra, António Luís de – 228, 234, 392, 510
Seckel – 897
Seiler, Hans Hermann – 88
Sellier, Ulrich – 298, 534

Senne, Petra – 165
Sequeira, Barros – 579
Serafini – 148
Serra, Adriano Pais da Silva Vaz – 238, 239, 240, 241, 262, 393, 425, 566, 711, 712
Serra, Bravo – 648, 710, 802
Serrao, Feliciano – 518, 519, 520, 521, 522
Serrão, Joel – 243
Sevilha, Isidoro de – 53
Sforza, Cesarini – 880
Shi, Jiayou – 213, 214
Shi, Ping – 214, 215
Sieber, Ulrich – 944
Silva, Almeida e – 972
Silva, António de Moraes e – 623
Silva, Carlos Alberto B. Burity da – 252
Silva, Delgado da – 800
Silva, Fernando Emygdio da – 301, 303
Silva, Ferreira da – 637
Silva, Gomes da – 240, 875, 880, 894, 895, 904
Silva, Joana Aguiar e – 465, 507, 641, 673
Silva, José de Seabra e – 849
Silva, José Justino de Andrade e – 799-800
Silva, Luís Gonçalves da – 547
Silva, Maria Tavares da – 301, 303, 304, 305, 307, 548
Silva, Moreira da – 587
Silva, Nuno Espinosa Gomes da – 127, 132, 224, 506
Silva, Paula Costa e – 339
Silva, Pereira da – 660
Silva, Vasco Pereira da – 111, 344, 345
Silveira, Jorge Noronha e – 260
Simler, Philippe – 79, 200
Simon, Dieter – 123, 470
Simon, Dietrich von – 592
Sintenis, Carl Friedrich Ferdinand – 805
Sleckmann, Jan – 722

Soares (Filho), Fernando Luso – 121, 172, 221
Soares, António Lemos – 507
Soares, Bordalo – 638
Sobrinho, Alberto – 652
Soergel – 80
Sohm, Rudolf – 441
Sokolowski, von – 592
Somma, Alessandro – 366
Sommermann, Karl-Peter – 417
Sonnenberger, Hans Jürgen – 415, 584
Sontis – 146
Sourioux, Jean-Louis – 191
Sousa, António Ribeiro da Silva e – 535
Sousa, Figueiredo de – 637
Sousa, Lúcia de – 370
Sousa, Manoel de Almeida e (de Lobão) – 73, 220, 221, 623
Sousa, Manuel Joaquim de – 304
Sousa, Marcelo Rebelo de – 77, 108, 110, 114
Sousa, Martins de – 971
Sousa, Miguel Teixeira de – 77, 500, 612, 640, 650, 654, 655, 659, 850, 852-853, 859, 906
Sousa, Pais de – 655, 972
Sousa, Rabindranath Capelo de – 76, 110, 114, 881, 896, 908, 927, 955
Souza, Carmo d' – 259
Sparwasser, Reinhard – 343, 344
Spau, Hartwieg – 169
Speiger, Peter – 437
Spickhoff, Andreas – 167
Spier, Jaas – 400
Spina, Dora Briguori – 553
Stadler, Astrid – 78, 99, 880
Stahlmann, Günther – 477
Stammler, Rudolf – 424, 444, 445, 448, 449
Starck, Christian – 417, 806
Starck, Joachim – 335
Staub, Hermann – 743, 968
Staudenmeyer, Dirk – 324
Staudinger – 80, 164, 344, 351
Steck, Dieter – 167

Stein, Ursula – 583, 584, 585
Steinbeck, Anja Verena – 899
Steindl, Harald – 136
Steinmetz, Frank – 317, 320, 326, 327, 329, 330, 333
Steinvorth, Ulrich – 477
Steinwenter, Artur – 52, 754, 755, 759
Stendhal – 137
Stoffel-Munck, Philippe – 200
Stoljar, Samuel – 468
Stoll, Heinrich – 438, 439, 440
Stolleis, Michael – 90, 91
Stolz, Gerald – 165
Stone, Richard – 206, 207
Stoppel, Jan – 165
Storm, Peter-Cristoph – 343, 344
Storme, Matthias E. – 153
Stranzinger, Rudolf – 458
Strasser, Michaela – 462, 477
Streinz – 376
Stroux, Johannes – 594
Stürner, Rolf – 142, 160, 965
Südhoff, Stephan – 164
Sullivan, David – 315
Sutschet, Holger – 163, 166
Szramkiewicz, Romuald – 278

Tácito (Cornelius Tacitus) – 412
Takeshita, Ken – 472
Tallon, Denis – 138
Tammelo, Ilmar – 433, 457, 462, 477
Tarello, Giovanni – 134, 135
Taruffo, M. – 591
Tavares, José – 68, 74, 109, 228, 229, 599, 604, 690, 828, 881
Teichmann, Cristoph – 166-167
Teixeira, António Ribeiro de Liz – 73, 106, 107, 220, 221, 225, 676, 748
Teles, César Augusto de Sousa – 856
Telles, Inocêncio Galvão – 69, 74, 76, 77, 240, 294, 295, 608, 641, 703
Telles, José Homem Corrêa – 66, 73, 107, 129, 222, 223, 224, 225, 234, 508, 675, 690, 748
Telles, Patrícia Galvão – 568

Tempel, Otto – 400
Teonesto, Ferrarotti – 679
Terré, François – 79, 200, 327, 415, 416
Teubner, Gunther – 475, 476
Thaller, E. – 279
Theusner, Alexander – 213, 214
Thibaut, Anton Friedrich Justus – 140, 172, 416, 444, 450, 671, 672, 674, 726, 782
Thiel, Markus – 474
Thieme, Hans – 134, 141, 673
Thiessen, Jan – 165
Thon, August – 883
Timmermanns, Christian W. A. – 376
Tiny, Kiluange – 257
Tiny, N'Gunu – 257
Tobeñas, José Castán – 230
Toffoletto, Alberto – 287
Tomás, São – 53, 58, 523
Torre, Massimo la – 872
Trappe, Paul – 459
Traverso, Gian Giacomo – 591
Treder, Lutz – 769
Treitel – 206
Tremmel, Jörg – 484
Triebel, Volker – 168
Tripodi, Enzo Maria – 327
Tripp, Dietrich – 450, 457
Tröger, Tobias – 324
Tronchet – 135
Troplong, M. – 199, 443
Tsatsos, T. – 445
Tugendhat, Ernst – 465
Tuhr, Andreas von – 78, 424, 910, 912
Tuor, P. – 767

Ulrich, Ruy – 549
Unberath, Hannes – 204, 207
Uusitalo, Jurki – 476, 477

Valeri, Giuseppe – 285
Valverde, Carlos – 971
Van, Frans van der – 298, 533
Varela, Francisco J. – 475
Varela, João de Matos Antunes – 68, 75, 76, 77, 110, 237, 240, 424, 426, 530, 542, 543, 575, 589, 605, 631, 690, 715, 716, 726, 750, 752, 791
Varga, Csaba – 450, 471
Vasconcelos, Abílio – 964
Vasconcelos, Oliveira – 906, 971
Vasconcelos, Pedro Paes de – 76, 896
Veiga, António da Motta – 550
Veiga, António Manuel da – 633
Veiga, B. – 607
Veiga, Mota – 808
Velha, Ricardo da – 75
Ventura, Raúl – 121, 550, 712
Verbaan, D. A. – 153
Viana, Solano – 645
Vianna, M. A. de Sá – 244
Vicente, Dário Moura – 183, 195, 270, 341
Viehweg, Theodor – 122, 160, 466, 467, 468
Vieira, Alexandre – 304
Vierhaus, Felix – 140, 441
Vilaça, José Luís da Cruz – 335
Vilar, Gonçalves – 582
Vischer, Marcus – 845
Vital, Fezas – 536
Viterbo, Frei Joaquim de Santa Rosa de – 623
Vivante, Cesare – 282, 283, 286, 291
Voeltzel – 129
Vogenauer, Stefan – 615
Vogt, Alfons – 319
Vogt, Stefan – 319
Vonglis, Bernard – 699
Vonklisch, Andreas – 838, 845
Vossius, Oliver – 290
Vosskuhle, Andreas – 343, 344
Vranken, J. B. M. – 153

Wächter, Carl Georg von – 782, 965
Wadle, Elmar – 199
Wagner, Gerhard – 877
Wahl, Albert – 279, 292
Wald, Arnoldo – 250
Wälde, Thomas W. – 727

Waldeck, Jo. Petrus – 90, 105, 218
Walker, Wolf-Dietrich – 78, 168, 169, 891
Wall, Heinrich de – 114
Wallington – 548
Wallstein, Carolin – 164
Walter, Christian – 941
Walter, Tonio – 365
Wälzholz, Eckhard – 168
Wank, Rolf – 163, 684, 696, 707
Watt, Horatia Muir – 184
Weber, Hans-Joachim – 164
Weber, Hermann – 114
Wegerich, Thomas – 400
Wegmann, Bernd – 163
Weider, Manfred – 277
Weigelin, Ernst – 742, 759
Weiler, Joseph – 941
Weimar, Robert – 465, 474
Weinberger, Ota – 433, 450, 458, 470, 471, 474, 477
Weir, Tony – 266
Weitnauer, Wolfgang – 168
Welding, S. O. – 485
Wells, Herbert George – 852
Wendt – 172
Wendtland, Holger – 163
Wesenberg, Gerhard – 130, 416, 673
Westerhoff, Rudolf – 734
Westermann, Harm Peter – 80, 164, 328, 351
Westermann, Harry – 460
Westphalen, Friedrich Graf von – 156, 163, 166, 167
Wetzel, Thomas – 157
Whittaker, Simon – 962
Wieacker, Franz – 52, 119, 128, 129, 133, 138, 141, 145, 174, 175, 176, 177, 279, 435, 436, 437, 438, 522, 672, 673, 810, 890, 939
Wiedemann, Herbert – 313
Wieland, G. – 53
Wieland, Karl – 290
Wieser, Eberhard – 157
Wiethölter, Rudolf – 442

Wilburg, Walter – 973
Wilhelm, Jan – 159
Wilhelm, Walter – 174, 436, 672
Williams, Andrea D. – 319
Williams, Howard – 315
Wimmer, Rainer – 60
Windscheid, Bernard – 141, 146, 148, 201, 202, 436, 438, 674, 687, 874, 875, 912
Wissova, G. – 18, 592
Witt, Carl-Heinz – 162, 164
Wittenberg, Jeffrey D. – 207
Wittgenstein, Ludwig – 464
Wlassak, Moritz – 592
Wogau, Karl von – 400
Wolf, Christian – 435
Wolf, Erik – 141, 417, 700, 775
Wolf, Ernst – 313, 864
Wolf, Manfred – 77, 94, 96, 99, 100, 104, 141, 168, 330, 442, 555, 760, 783, 884, 889, 897, 908, 913, 918, 930, 937, 939, 951
Wolf, Rüdiger – 351
Wolff, Hans J. – 98
Wolff, Karl-August – 673
Würdinger, Markus – 761
Würtenberger, Thomas – 122, 446, 460, 681
Wüst – 159

Xavier, Alberto – 306, 535, 536, 537, 541, 543
Xavier, Bernardo – 548
Xavier, Rita Lobo – 955

Yan, Zhu – 214, 215
Young, Simon N. M. – 212
Yushkova, Olga – 165

Zaccaria, G. – 457, 464, 465
Zachariae, K.-S. – 199, 244
Zanker, Wolfgang – 957
Zeller, Ernst – 699
Zepos, Pan J. – 146, 147, 177, 468
Ziccardi, Fabio – 568

ZIMMER, DANIEL – 165
ZIMMERMANN, REINHARD – 80, 117, 160, 182, 183, 184, 185, 186, 206, 615, 962
ZIMMERMANN, RITA – 469, 475
ZIMMERMANN, ROLF – 457
ZINKE, HORST – 459, 473
ZIPPELIUS, REINHOLD – 468, 476
ZITELMANN, ERNST – 172, 176, 177, 241, 562, 742

ZOGLAUER, THOMAS – 470
ZÖLLNER, WOLFGANG – 489, 551
ZULEEG, MANFRED – 96
ZWEIGERT, KONRAD – 138, 142, 143, 147, 152, 177, 181, 182, 183, 189, 195, 205, 206, 208, 236, 271, 282, 287, 400

ÍNDICE BIBLIOGRÁFICO

200 ans de Code Civil/Des lois qui nous rassemblent/Assemblée Nationale/Cour de Cassation, *Exposition du 12 mars au 15 mai 2004*, 2004.
A revisão geral do Código Civil/Alguns factos e comentários, BMJ 2 (1947), 24-76.
AA.VV. – *Il Diritto romano nella formazione del giurista, oggi*, introd. FILIPPO CANCELI, 1989.
AARNIO, AULIS – *Denkweisen der Rechtswissenschaft*, 1979.
AARNIO, AULIS/ALEXY, ROBERT/PECZENIK, ALEKSANDER – *Grundlagen der Juristischen Argumentation*, em KRAWIETZ/ALEXY, *Metatheorie juristischer Argumentation* (1983), 9-87.
ABREU, A. J. TEIXEIRA D' – *Lições de Direito Civil Português*, 1.ª ed., 1898;
– *Curso de Direito Civil, 1 – Introdução*, 1910.
ABREU, ABÍLIO VASSALO – *vide* CANOTILHO, J. J. GOMES.
Abschlussenbericht der Komission zur Überarbeiten des Schuldrechts, 1992.
ABUDO, IBRAHIM – *A problemática e complexidade da aplicação da Lei de Família em Moçambique*, 2008, polic..
ACHTERBERG, NORBERT – *Die Rechtsordnung als Rechtsverhältnisordnung*, 1982;
– *Allgemeines Verwaltungsrecht/Ein Lehrbuch*, 2.ª ed., 1986.
ADICKES, FRANZ – *Zur Lehre von den Rechtsquellen ins besondere über die Vernunft und die Natur der Sache als Rechtsquellen*, 1872.
ADOMEIT, KLAUS – *Die gestörte Vertragsparität/ein Trugbild*, NJW 1994, 2467-2469;
– *Herbert Marcuse, der Verbraucherschutz und das BGB*, NJW 2004, 579-582.
AGOSTINO, FRANCESCO D' – *Epieikeia/Il tema dell'equità nell'antichità grega*, 1973.
AGUILAR, AMADO DE – *Donde veio e para onde vai o corporativismo português/Ensaio sobre o lugar do corporativismo na História*, s/d.
AICHER, JOSEF – *Das Eigentum als subjektives Recht – Zugleich ein Beitrag zur Theorie des subjektiven Rechts*, 1975.
ALBUQUERQUE, MARTIM DE – *vide* ALBUQUERQUE, RUY DE.
ALBUQUERQUE, MARTIM DE/ALBUQUERQUE, RUY DE – *História de Direito Português* 1, 1984/85, 10.ª ed., 1999.
ALBUQUERQUE, PEDRO DE – *Autonomia da vontade e negócio jurídico em Direito da família (Ensaio)*, 1986.
ALBUQUERQUE, RUY DE – *Em prol do Direito romano. À maneira de prefácio*, em *Estudos de Direito romano*, vol. I, 1989;
– *Direito de juristas – Direito de Estado*, RFDUL 2001, 751-807;
– *vide* ALBUQUERQUE, MARTIM DE.

ALBUQUERQUE, RUY DE/ALBUQUERQUE, MARTIM DE – *História do Direito Português*, II vol., 1984-85.
Alcorão Sagrado/O significado dos versículos, trad. port. SAMIR AL HAYEK, 1994.
ALEXY, ROBERT – *Theorie der juristischen Argumentation/Die Theorie des rationalen Diskurs als Theorie der juristischen Begründung*, 1978, 2.ª ed., 1991;
– *Die Idee einer prozeduralen Theorie der juristischen Argumentation*, em AULIS AARNIO/ILKKA NIINILUOTO/JURKI UUSITALO, *Methodologie und Erkenntnistheorie der juristischen Argumentation*, RTh BH 2 (1981), 177-188;
– *Begriff und Geltung des Rechts*, 1992;
– vide AARNIO, AULIS.
ALGUER, JOSÉ – vide GONZÁLEZ, BLÁS PEREZ.
ALLGAIER, KARL – *Toposbewusstsein als literaturwissenschaftliche Kategorie*, em DIETER BREUER/HELMUT SCHANZE, *Topik/Beiträge zur interdisziplinären Diskussion* (1981), 264-274.
ALMEIDA, CÂNDIDO MENDES DE – *Auxiliar Jurídico servido de Appendice a Decima Quarta Edição do Codigo Philippino ou Ordenações do Reino de Portugal recopiladas por mandado de El-Rey D. Philippe I, a primeira publicada no Brazil*, 1869, reimp. Gulbenkian, 1985.
ALMEIDA, CARLOS FERREIRA DE – *Os direitos dos consumidores*, 1982;
– *Negócio jurídico de consumo/Caracterização, fundamentação e regime jurídico*, BMJ 347 (1985), 11-38;
– *Texto e enunciado na teoria do negócio jurídico*, 2, 1990;
– *Introdução ao Direito comparado*, 2.ª ed., 1998;
– *Direito comparado, ensino e método*, 2000.
ALPA, GUIDO/BUCCICO, EMILIO NICOLA – *La riforma dei codici in Europa e il progetto di codice civile europeo*, 2002.
ALPA, GUIDO/LEVI, VANNA (org.) – *I diritti directriz consumatori e degli utenti*, 2000.
ALPMANN-PIEPER, ANNEGERD/BECKER, PETER – *Reform des Schuldrechts*, 2.ª ed., 2002.
ALTMANN, AMANDUS – *Freiheit im Spiegel der rationalen Gesetzes bei Kant*, 1982.
ALTMEPPEN, HOLGER – *"Fortschritte" im modernen Verjährungsrecht/Zwei Pannen aus dem Recht der GmbH*, DB 2002, 514-517.
ALWART, HEINER – *Die Vernünftigkeit des Bundesverfassungsgerichts*, JZ 2000, 227-232.
AMANN, HERMANN/BRAMBRING, GÜNTER/HERTEL, CHRISTIAN – *Die Schuldrechtsreform in der Vertragspraxis/Handbuch für Notare und Vertragsjuristen mit Gestaltungshinweisen und Formulierungsbeispielen*, com contributos de JÜRGEN KALLRATH, PAUL ROBBACH e BERND WEGMANN, 2002.
AMARAL, ALEXANDRE COELHO DO – *Corporativismo e Direito corporativo*, 1969/70.
AMARAL, DIOGO FREITAS DO – *Da necessidade de revisão dos artigos 1.º a 13.º do Código Civil*, Themis 1 (2000), 9-20;
– *Introdução ao estudo do Direito* 1, 2004;
– *Manual de Introdução ao Direito*, 1, com a colaboração de RAVI AFONSO PEREIRA, 2004.
AMARAL, DIOGO FREITAS DO/QUADROS, FAUSTO DE – *Aspectos jurídicos da empreitada de obras públicas: decisão arbitral sobre a obra hidráulica Beliche-Eta de Tavira*, 2002.

AMARAL, FRANCISCO – *Direito civil/Introdução*, 6.ª ed., 2006;
– *A Parte geral do novo Código Civil brasileiro. Influência do Código Civil português*, em Comemorações dos 35 anos do Código Civil II (2006), 43-55;
AMELIO, MARIANO D' – *Codice civile/Libro primo (Persone e famiglia)*, 1940.
AMEND, ANJA – *Auswirkung des neuen Verjährungsrechts auf das Erbrecht*, JuS 2002, 743-746.
ANDRADE, ABEL PEREIRA DE – *Commentario ao Codigo Civil Portuguez (Artt. 359.° e segg.)/Moldado nas prelecções do exmo. sr. dr. Sanches da Gama, lente da sexta cadeira da Faculdade de Direito da Universidade de Coimbra*, I, 1895.
ANDRADE, MANUEL A. DOMINGUES DE – *Sobre a recente evolução do Direito privado português*, BFD XXII (1947), 284-343;
– *Sobre o conceito de especificação de coisa" na promessa de compra e venda*, RLJ 80 (1948), 289-295;
– *Noções elementares de processo civil* (1948-1949), por ANTÓNIO MANUEL DA VEIGA;
– *Teoria Geral da Relação Jurídica*, 2 volumes, Coimbra, 1960;
– *Fontes de Direito/Vigência, interpretação e aplicação da lei*, BMJ 102 (1961), 141-166;
– *Ensaio sobre a teoria da interpretação das leis*, 2.ª ed., 1963;
– vide CORREIA, MAXIMINO JOSÉ DE MORAES.
ANDRADE, MANUEL REBELO DE – Sentença da 3.ª Vara do Tribunal do Trabalho de Lisboa, de 8-Fev.-1941, ROA 1, 2 (1941), 477-485.
ANKELE, JÖRG – *Zum Vorschlag der Kommission der Europäischen Gemeinschaften für eine Zweite gesellschaftsrechtliche Richtlinie*, BB 1970, 988-992.
ANNUSS, GEORG – *AGB-Kontrolle im Arbeitsrecht: wo geht die Reise hin?*, BB 2002, 458-463.
ARANGIO-RUIZ, VINCENZO – *Storia del diritto romano*, 7.ª ed., 1966.
ARAÚJO, FERNANDO – *Actualidade dos estudos romanísticos na formação do jurista*, em Estudos de Direito romano, vol. II, 1989-91;
– *Teoria económica do contrato*, 2007.
ARENA, CELESTINO – *La carta del lavoro: schema dell'ordine corporativo*, 1938.
ARISTÓTELES – *Tópicos*, versão bilingue greco-francesa, de BRUNSCHWIG, 1967;
– *Etica a Nicomaco*, II (= *Nikomachische Ethic*, trad. e com. FRANZ DIRLMEIER, 5.ª ed., 1969);
– *Ética a Nicómaco*, RENÉ ANTOINE GAUTHIER/JEAN YVES JOLIF, *Introduction, traduction et commentaire*, 2.ª ed. (1970), 1, 2, 157;
– *Ética a Nicómaco*, ed. bilingue grego/inglês de H. RACKAM (reimp., 1994).
ARNAUD, A.-J. – *Les origines doctrinales du Code civil français*, 1969.
ARNAUT, JOANA LIBERAL – *A inteligência das leis/Os "Elementos da Hermenêutica do Direito Portuguez" de José Manuel Pinto de Sousa (1754-1818) professor e diplomata*, 2011.
ARNDT, ADOLF – *Gesetzesrecht und Richterrecht*, NJW 1963, 1273-1284.
ARNDT, HANS-WOLFGANG – vide KÖHLER, MARKUS.
ARNDTS – *Lehrbuch der Pandekten*, 13.ª ed., 1886.
ARNOLD, ARND – *Gewährleistung beim Finanzierungsleasing nach der Schuldrechtsreform*, DStR 2002, 1049-1055.

ASCENSÃO, JOSÉ DE OLIVEIRA – *As relações jurídicas reais*, 1962;
— *A tipicidade dos direitos reais*, 1968;
— *Direito corporativo*, 1964, reimpr. 1971;
— *Direito Civil/Teoria Geral*, I – *Introdução. As pessoas. Os bens*, 2.ª ed., 2000; II – *Acções e factos jurídicos*, 2.ª ed., 2003; III – *Relações e situações jurídicas*, 2002;
— *O Direito. Introdução e teoria geral*, 13.ª ed., 2005;
— *Direito Civil/Direito de Autor e Direitos Conexos*, reimp., 2009.
ASMUS, TORBEN – *Die Harmonisierung des Urheberpersönlichkeitsrechts in Europa*, 2004.
ASQUINI, ALBERTO – *Una svolta storica del diritto commerciale*, RDComm XXXVIII (1940) I, 509-517;
— *Il diritto commerciale nel sistema della nuova codificazione*, RDComm XXXIX (1941) I, 429-438;
— *Sulle nuove posizioni del diritto commerciale*, RDComm XL (1942) I, 65-71.
Assentos das Casas da Supplicação e da Relação do Porto, CÂNDIDO MENDES DE ALMEIDA, *Auxiliar Juridico* (reimp. Fundação Gulbenkian) 1.
ASSMANN, HEINZ-DIETER – *Recht und Ethos im Zeitalter der Globalisierung*, em KRISTIAN KÜHL (org.), *Juristen-Rechtsphilosophie* (2007), 25-33.
ASTUTI, GUIDO – *Lezioni di storia del diritto italiano/Le fonti*, 1953;
— *Consuetudine (diritto intermedio)*, NssDI IV (1960), 310-320;
— *Legge (diritto intermedio)*, ED XXIII (1973), 850-871.
ATAÍDE, RUI – vide GOMES, JANUÁRIO.
AUBRY, C./RAU, C. – *Cours de Droit civil français d'après la méthode de Zachariae*, 6.ª ed., s/d, 8 volumes.
AUER, MARIETA – *Methodenkritik und Interessenjurisprudenz/Philipp Heck zum 150. Geburtstag*, ZEuP 2008, 517-533;
— *Subjektive Rechte bei Pufendorf und Kant*, AcP 208 (2008), 584-634.
AUGUSTINUS, AURELIUS (SANTO AGOSTINHO) – *In epistolam Ioannis ad Parthos/Tractatus decem* (415 d. C.), ed. bilingue latim/francês de PAUL AGÄESSE, 1961.
AUSFELD – *Aequitas*, no *Thesaurus Linguae Latinae*, 1 (1900), 1013-1017;
— *Aequus*, no *Thesaurus Linguae Latinae*, 1 (1900), 1928.
AUST, V. – *Aequitas*, na *Paulys Realenzyklopädie der klassischen Altertumswissenschaft*, por G. WISSOVA, I, t. 1 (1893), 604-605.
AUSTIN, JOHN LANGSHAW – *How to do Things with Words* (1975), trad. al. *Zur Theorie der Sprechakte*, 2.ª ed. por EIKE VON SAVIGNY, 1979.
AVERANIUS, MARTIN – *Savigny's Lehre vom intertemporalen Privatrecht*, 1993.
AYNÈS, LAURENT – vide MALAURIE, PHILIPPE.

BACON, ROGER – *Opus maius*, ed. bilingue latim/alemão, com introd. por PIA A. ANTOLIC-PIPER, 2008.
BADEN, EBERHARD – *Gesetzgebung und Gesetzesanwendung im Kommunikationsprozess*, 1977.
BAECK, ULRICH/DEUTSCH, MARKUS – *Arbeitszeitgesetz Kommentar*, 1999.
BALDUS, CHRISTIAN – *Auslegung und Analogie im 19. Jahrhundert*, em *Europäische Methodenlehre/Handbuch für Ausbildung und Praxis* (2006), 33-74.
BALOSSINI, CAJO ENRICO – *Il diritto delle consuetudine e degli usi*, 1974;

– *Usi (Teoria degli)*, NssDI XX (1975), 200-209.
BAMBERGER, HEINZ GEORG/ROTH, HERBERT – *Kommentar zum Bürgerlichen Gesetzbuch*, 2 volumes, 2.ª ed., 2007.
BAR, CHRISTIAN VON – *Die Resolution des Europäischen Parlaments vom 15. November 2001 zur Annährung des Zivil- und Handelsrechts der Mitgliedstaaten*, ZeuP 2002, 629-633.
BARINETTI, PIETRO – *Diritto romano: parte generale*, 2009.
BARTHOLOMEYCZIK, HORST – *Die Kunst der Gesetzesauslegung/Eine wissenschaftliche Hilfe zur praktischen Rechtsanwendung*, 1951.
BARTSCH, MICHAEL – *Das BGB und die modernen Vertragstypen*, CR 2000, 3-11.
BASEDOW, JÜRGEN – *Grundlagen des europäischen Privatrechts*, JuS 2004, 89-96.
BASTNAGEL – *De aequitate in iure romano*, BIDR 45 (1938), 357.
BASTO, NUNO CABRAL – *Ordem natural e organização plural*, ESC VI, 24 (1967), 115-154;
– *A natureza da convenção colectiva de trabalho. Supostos epistemológicos da sua indagação*, ESC 30 (1969), 60-87.
BAUDOUIN, JEAN-LOUIS/RENAUD, YVON – *Code Civil du Bas Canada*, 1993;
– *Code Civil du Québec Annoté*, em 12 volumes, a partir de 1995;
– *Code Civil du Québec*, 1996.
BAUERREIS, JOCHEN – *vide* LICARI, FRANÇOIS-XAVIER.
BAUMANN, JÜRGEN – *Grenzen der Individualen Gerechtigkeit im Strafrecht*, Summum ius (1963), 116-144.
BAUMBACH/HOPT – *Handelsgesetzbuch*, 32.ª ed., 2006.
BAUR, FRITZ/BAUR, JÜRGEN F./STÜRNER, ROLF – *Sachenrecht*, 17.ª ed., 1999.
BAUR, JÜRGEN F. – *vide* BAUR, FRITZ.
BEAUCAMP, GUY/TREDER, LUTZ – *Methoden und Technik der Rechtsanwendung*, 2.ª ed., 2011.
BECHTOLD, RAINER/BUNTSCHECK, MARTIN – *Die Entwicklung des deutschen Kartellrechts 2001 bis 2003*, NJW 2003, 2866-2874.
BECK, ALEXANDER – *Zu den Grundprinzipien der bona fides im römischen Vertragsrecht*, FS Simonius (1955), 9-27.
BECKER, MICHAEL – *Gestaltungsrecht und Gestaltungsgrund*, AcP 188 (1988), 24-68.
BECKER, PETER – *vide* ALPMANN-PIEPER, ANNEGERD.
BECKMANN, ANSGAR – *Einführung in die Logik*, 2.ª ed., 2003.
BEHRENDS, OKKO – *Der Zwölftafelprozess – Zur Geschichte des römischen Obligationenrechts*, 1974.
BEHRENDS, OKKO/KNÜTEL, ROLF/KUPISCH, BERTHOLD/SEILER, HANS HERMANN – *Corpus Iuris Civilis/Text und Übersetzung* I – *Institutionen*, 2.ª ed., 1997.
BELLI, CLAUDIO – *vide* TRIPODI, ENZO MARIA.
BÉNABENT, ALAIN – *Droit civil/Les obligations*, 11.ª ed., 2007.
BENNET, JAMES C. – *The Anglosphere Challenge/Why the English-Speaking Nations Will Lead the Way in the Twenty-First Century*, 2007.
BENÖHR, HANS-PETER – *Die Grundlage des BGB – Das Gutachten der Vorkommission von 1874*, JuS 1977, 79-82.
BERGBOHM, KARL – *Jurisprudenz und Rechtsphilosophie*, 1, 1892.
BERGER, CHRISTIAN – *Der Beschaffenheitsbegriff des § 434 Abs. 1 BGB*, JZ 2004, 276-283.

BERGHEL, H. – *vide* LEINFELLNER, E.W..

BERLAND, DAVID L. – *Stopping the pendulum: why stare decisis should constrain the court from further modification of the search incident to arrest exception*, Un. Il. LR 2011, 695-739.

BERNATZIK – *Kristische Studien über den Begriff der juristischen Person*, AöR 5 (1890), 169-318.

BERTOLA, ARNALDO – *Consuetudine (diritto canonico)*, NssDI IV (1960), 333-334.

BESSNER, WOLFGANG – *Die Begriffsjurisprudenz, der Rechtspositivismus und die Transzendentalphilosophie Immanuel Kants als Grundlagen der Soziologie und der politische Ethik Max Webers*, 1968.

BETTI, EMILIO – *Cours de Droit civil comparé des obligations*, 1957/58.

BEVILÁQUA, CLÓVIS – *Resumo de Legislação comparada sobre o direito privado*, 2.ª ed., 1897;
 – *Em defesa do projecto do Código Civil brasileiro*, 1906;
 – *Theoria geral do Direito civil*, 1908;
 – *Direito das obrigações*, 2.ª ed., 1910;
 – *Código Civil dos Estados Unidos do Brasil Commentado*, 2.ª ed., vol. IV, *Direito das Obrigações* 1, 1924 e 2, 1926.

BIANCO, GIOVANNI – em PIETRO RESCIGNO, *Codice civile* 1, 7.ª ed. (2008), 1 ss..

BIEBACK, KARL-JÜRGEN – *Inhalt und Funktion des Sozialstaatsprinzips*, Jura 1987, 229-237.

BIERLING, ERNST RUDOLF – *Juristische Prinzipienlehre*, a partir de 1894.

BIERMANN – *vide* DERNBURG.

BIHLER, MICHAEL – *Rechtsgefühl, System und Wertung/Ein Beitrag zur Psykologie der Rechtsgewinnung*, 1979.

BINDER, JULIUS – *Rechtsbegriff und Rechtsidee/Bemerkungen zur Rechtsphilosophie Rudolf Stammlers*, 1915;
 – *Philosophie des Rechts*, 1925;
 – *Bemerkungen zum Methodenstreit in der Privatrechtswissenschaft*, ZHR 100 (1934), 4-83.

BIONDI, BIONDO – *Funzione della jurisprudenza romana nella scienza giuridica e nella vita moderna*, RDCiv X (1964), 1-13.

Black's Law Dictionary, 7.ª ed., 1999.

BLECKMANN, ALBERT – *Zu den Auslegungsmethoden des EuGH*, NJW 1982, 1177-1182.

BLOMEYER, A. – *Gewissensprivileg im Vertragsrecht?*, JZ 1954, 309-312.

BOBBIO, NORBERTO – *Analogia*, NssDI I/1 (1957), 601-607;
 – *Diritto*, NssDI V (1960), 769-776;
 – *Consuetudine (teoria generale)*, ED IX (1961), 426-442;
 – *Lacune del diritto*, NsDI IX (1963), 419-424.

BÖCKSTIEGEL, KARL-HEINZ – *Die Bestimmung des anwendbaren Rechts in der Praxis internationaler Schiedsgerichtsverfahren*, FS Beitzke (1979), 443-458.

BOESCHE, KATHARINA VERA – *vide* SÄCKER, FRANZ JÜRGEN.

BOGDANDY, ARMIN VON – *Prinzipien der Rechtsfortbildung im europäischen Rechtsraum*, NJW 2010, 1-5.
 – *Deutsche Rechtswissenschaft im europäischen Rechtsraum*, JZ 2011, 1-6.

BOGS, HARALD – *Die Verfassungskonforme Auslegung von Gesetzen unter besondere Berücksichtigung der Rechtsprechung des Bundesverfassungsgerichts*, 1966.

BÖHME, MARKUS – *vide* CHRISTENSEN, RALPH.
BOLAFFI, ENZO – *Le eccezioni nel diritto sostanziale*, 1936.
BOLDT, ANTJE – *Der neue Bauvertrag/Schuldrechtsreform und Werkvertrag in der Praxis*, 2002.
BONELL, MICHAEL JOACHIM – *Das autonome Recht des Welthandels – Rechtsdogmatische und rechtspolitische Aspekte*, RabelsZ 42 (1978), 485-506.
BONNECASE, JULIEN – *L'école de l'exégèse en Droit civil*, 2.ª ed., 1924.
BOSCH/HABSCHEID – *Vertragspflicht und Gewissenskonflikt*, JZ 1954, 213-217.
BOTIVEAU, BERNARD – *Loi islamique et droit dans les sociétés árabes*, 1993.
BÖTTICHER – *Besinnung auf das Gestaltungrecht und Gestaltungsklagerecht*, FS Dölle 1 (1963), 41.
BOUGLÉ, CLAIRE – *vide* CHEVREAU, EMMANUELLE.
BOURANGER, JEAN – *Notations sur le pouvoir créateur de la jurisprudence civile*, RTDC 1961, 417-441.
BOURCART, G. – *Esquisse historique du Droit commercial jusqu'au Code de commerce Français de 1807*, ADC XXXIII (1924), 259-283.
BRACKER, SUSANNE – *Kohärenz und juristische Interpretation*, 2000.
BRAMBRING, GÜNTER – *vide* AMANN, HERMANN.
BRANAHL, UDO – *Medienrecht/Eine Einführung*, 4.ª ed., 2002.
BRANDENBURG, HANS-FRIEDRICH – *Die teleologische Reduktion/Grundlagen und Erscheinungsformen der auslegungsunterschreitenden Gezetzes einschränkung in Privatrecht*, 1983.
BRANDT, LARS-PETER – *Die Chancen für eine einheitliche Auslegung eines Europäischen Zivilgesetzbuches*, 2009.
BREDIN, JEAN-DENIS – apresentação à ed. *fac simile*, *Code Civil des français/Bicentenaire, 1804/2004*, 2004.
BRÉGI, JEAN-FRANÇOIS – *Droit romain: les obligations*, 2006.
BREITKOPT, ALFRED – *vide* KUTSCHERA, FRANZ VON.
BRENNER, MICHAEL – em HERMANN VON MANGOLDT/FRIEDRICH KLEIN/CHRISTIAN STARCK, *Kommentar zum Grundgesetz*, II, 6.ª ed. (2010).
BREUER, RÜDIGER – *Grundrechte als Anspruchsnormen*, FG 25. BVerwG (1978), 89-119.
BRINZ, ALOIS VON – *Lehrbuch der Pandekten*, 2.ª ed., 1873 a 1886;
– recensão a FRANZ ADICKES, *Zur Lehre von den Rechtsquellen insbesondere über die Vernunft und die Natur der Sache als Rechtsquellen und über das Gewohnheitsrecht* (1872), em KritV 15 (1873), 162-165.
BRODFÜHRER, MICHAEL – *Bewusste Lücken im Gesetz und der Verweis auf "Wissenschaft und Praxis"*, 2010.
BROEKMAN, JAN M. – *Die Rationalität des juristischen Diskurses*, em WERNER KRAWIETZ/ROBERT ALEXY, *Metatheorie juristischer Argumentation* (1987), 89-125;
– *Zur Ontologie des juristischen Sprecheakts*, FG Troiler (1987), 231-242.
BROHM, WINFRIED – *Städtebauliche Verträge zwischen privat- und öffentlichem Recht*, JZ 2000, 321-332.
BRONZE, FERNANDO JOSÉ – *Lições de introdução ao Direito*, 2.ª ed., 2006.
BROOGINI, GERARDO – *Iudex arbiterve/Prolegomena zum officium des römischen Privatrichters*, 1957.

BRORS, CHRISTIANE – *Die Falschlieferung in der Schuldrechtsreform*, JR 2002, 133-136.
BROX, HANS/WALKER, WOLF-DIETRICH – *Allgemeiner Teil des BGB*, 34.ª ed., 2010;
– *Allgemeines Schuldrecht*, 34.ª ed., 2010.
BRÜGGEMEIER, GERT/YAN, ZHU – *Entwurf für ein chinesisches Haftungsgesetz*, 2009.
BRUNS, CARL GEORG – *Das Wesen der bona fides bei der Ersitzung/Ein praktisches Gutachten nebst einem theoretischen Nachtrag*, 1872.
BRÜT, LORENZ – *Die Kunst der Rechtsanwendung/Zugleich ein Beitrag zur Methodenlehre der Geisteswissenschaften*, 1907.
BUBNER, RÜDIGER (publ.), *Sprache und Analysis*, 1968.
BUCCICO, EMILIO NICOLA – vide ALPA, GUIDO.
BUCHER, EUGEN – *Das subjektive Recht als Normsetzungsbefugnis*, 1965;
– *Die Entwicklung des deutschen Schuldrechts im 19. Jahrhundert und die Schweiz/ /Zugleich Besprechung der Materialien – Edition zum schweizerischen Handels- und Obligationenrecht vons Urs Fasel*, ZeuP 2001, 353-374;
– *Zu Europa gehört auch Lateinamerika!*, ZEuP 2004, 515-547
BÜDENBENDER, ULRICH – *Das Kaufrecht nach dem Schuldrechtsreformgesetz*, DStR 2002, 312-318.
BUDZIKIEWICZ, CHRISTINE – vide MANSEL, HEINZ-PETER.
BUFNOIR, C. – *Propriété et contrat/Théorie des Modes d'acquisition des droits réels et des Sources des Obligations*, 2.ª ed., 1924.
BÜHLER, AXEL – *Einführung in die Logik/Argumentation und Folgerung*, 3.ª ed., 2000.
BUHLMANN, DIRK – vide SCHIMMER, ROLAND.
BULL, HANS PETER – *Allgemeines Verwaltungsrecht/Ein Lehrbuch*, 6.ª ed., 2000.
BÜLLESBACH, ALFRED – *Systemtheoretische Ansätze und ihre Kritik*, em KAUFMANN/HASSEMER, *Einführung in Rechtsphilosophie und Rechtstheorie der Gegenwart* (1979), 235-253.
BULLINGER, MARTIN – *Fragen der Auslegung einer Verfassung*, JZ 2004, 209-214.
BULLINGER, MARTIN – *Öffentliches Recht und Privatrecht/Studien über Sinn und Funktionen der Unterscheidung*, 1968;
– *Öffentliches Recht und Privatrecht in Geschichte und Gegenwart*, FS Rittner 1991, 69-91.
BÜLOW, OSKAR – *Gesetz und Richteramt*, 1885.
BÜLOW, PETER – *Verbraucherkreditrecht im BGB*, NJW 2002, 1145-1150.
BÜLOW, PETER/ARTZ, MARCUS – *Verbraucherprivatrecht*, 2003.
BULTMANN, PETER FRIEDRICH – *Rechtsfortbildung von EG-Richtlinienrecht*, JZ 2004, 1100-1106.
BUNTSCHECK, MARTIN – vide BECHTOLD, RAINER.
BURCKHARDT, WALTHER – *Die Lücken des Gesetzes und die Gesetzesauslegung*, 1925.
BUREAU, DOMINIQUE – *Vers un critère général?*, em DOMINIQUE FENOUILLET/FRANÇOISE LABARTHE, *Faut-il recodifier le Droit de la consommation?* (2002), 52-84.
BÜRGE, ALFONS – *Zweihundert Jahre Code Civil des Français: Gedanken zu einem Mythos*, ZEuP 2004, 5-19.
Bürgerliches Gesetzbuch, 62.ª ed., 2003.
Bürgerliches Gesetzbuch, 68.ª ed. da Beck, 2011, com introdução de HELMUT KÖHLER.
BYDLINSKI, FRANZ – em PETER RUMMEL (org.), *Kommentar zum ABGB* 1 (1983);

– *Kriterien und Sinn der Unterscheidung von Privatrecht und öffentlichen Recht*, AcP 194 (1994), 319-351.

BYDLINSKI, FRANZ e outros – *Das bewegliche System im geltenden und künftigen Recht*, 1986.

CABRAL, M. VILLAVERDE – *O desenvolvimento do capitalismo em Portugal no século XIX*, 1976;
– *Sobre o século XIX português: a transição para o capitalismo*, Análise Social, XII (45), 1976/1.º, 106-126.

CAETANO, MARCELLO – *Lições de Direito Corporativo* 1, 1935;
– *Apontamentos para a História da Faculdade de Direito de Lisboa*, RFDUL XIII (1959);
– *O projecto de Código Civil*, O Direito 98 (1966), 211-216;
– *Manual de Direito administrativo*, 1, 10.ª ed., 1973.

CAETANO, MARCELLO/AMARAL, DIOGO FREITAS DO – *Manual de Direito administrativo*, 10.ª ed., 1973.

CAIANI, LUIGI – *Analogia (teoria generale)*, ED II (1958), 348-378.

CALAIS-AULOY, JEAN/STEINMETZ, FRANK – *Droit de la consommation*, 6.ª ed., 2003.

CALASSO, FRANCESCO – *Equità*, I – *Premesse storica*, ED 15 (1966), 65-69.

CALDERA, RT./DELMONT-MAURI, J. L./HEYMANN, E./RITTER, F. – *Moral, moralisch, Moralphilosophie/Neuzeit – A Die englische Tradition*, HWörtPh 6 (1984), 156-160.

CALDERALE, ALFREDO – *Il diritto privato in Brasile: dal vecchio al nuovo Codice Civile*, em ALFREDO CALDERALE (org.), *Il nuovo Codice Civile brasiliano* (2003, XV-XLVIII).

CALDERALE, ALFREDO – *Il nuovo Codice Civile brasiliano*, 2003.

CALLIESS, CHRISTIAN – *Die Charta der Grundrechte der Europäischen Union – Fragen der Konzeption, Kompetenz und Verbindlichkeit*, EuZW 2001, 261-268;
– *Die Europäische Grundrechts-Charta*, em DIRK EHLERS, *Europäische Grundrechte und Grundfreiheiten* (2003), 447-466;
– *Eigentumsgrundrecht*, em DIRK EHLERS (publ.), *Europäische Grundrechte und Grundfreiheiten* (2003), 381-397.

CÂMARA, PAULO – *Manual de Direito dos valores mobiliários*, 2.ª ed., 2011.

CAMPINOS, JORGE – *A ditadura militar 1926/1933*, 1975.

CAMPOS, ABEL DE – *Evocação do Visconde de Seabra*, BMJ 169 (1967), 21-58.

CAMPOS, DIOGO LEITE DE – *Anatocismo/Regras e usos particulares do comércio*, ROA 1988, 37-62.

CANARIS, CLAUS-WILHELM – *Die Feststellung von Lücken im Gesetz/Eine Methodologische Studie über Vorraussetzungen und Grenzen der richterlichen Rechtsfortbildung praeter legem*, 2.ª ed., 1983;
– *Die Vertrauenshaftung im deutschen Privatrecht*, 2.ª ed., 1983;
– *Systemdenken und Systembegriff in der Jurisprudenz*, 2.ª ed., 1983;
– *Grundrechte und Privatrecht*, AcP 184 (1984), 201-246;
– *Bewegliches System und Vertrauensschutz im rechtsgeschäftlicher Verkehr*, em FRANZ BYDLINSKI e outros, *Das bewegliche System im geltenden und künftigen Recht* (1986), 103-111;

— *Pensamento sistemático e conceito de sistema na Ciência do Direito*, trad. port. de ANTÓNIO MENZES CORDEIRO, 1996, 2.ª reimpr.;
— *Die Vertrauenshaftung im Lichte der Rechtsprechung des Bundesgerichtshofs*, FG (Wissenschaft) 50 Jahre BGH, 1 (2000), 129-197;
— *Wandlungen des Schuldvertragsrechts – Tendenzen zu einer "Materialisierung"*, AcP 200 (2000), 273-364;
— *Betr.: "Gemeinsame Erklärung zum Vorhaben des Erlasses eines Schuldrechtsmodernisierungsgesetzes im Jahre 2001*, em http://www.lrz–munchen. de/%7Etutorium/erwiderung.htm;
— *Die richtlinienkonforme Auslegung und Rechtsfortbildung im System der juristischen Methodenlehre*, FS Bydlinski (2002), 47-103;
— *Begriff und Tatbestand des Verzögerungsschadens im neuen Leistungsstörungsrecht*, ZIP 2003, 321-327;
— *Die Behandlung nicht zu ver-trender Leistungshindernisse nach § 275, Abs. 2 BGB beim Stuckkauf*, JZ 2004, 214-225;
— *Handelsrecht*, 24.ª ed., 2006;
— *As funções da Parte geral de um Código Civil e limites da sua prestabilidade*, em *Comemorações dos 35 anos do Código Civil* II (2006), 23-42;
— vide LARENZ.

CANCELI, FILIPPO – introdução a AA.VV., *Il Diritto romano nella formazione del giurista, oggi*, 1989.

CANOTILHO, J. J. GOMES – *Constituição dirigente e vinculação do legislador*, 1982.

CANOTILHO, J. J. GOMES/MOREIRA, VITAL – *Constituição da República Portuguesa Anotada*, 1.ª ed., 1979; 3.ª ed., 1997;
— *Constituição anotada*, 1, 4.ª ed., 2007.

CANOTILHO, J. J. GOMES/ABREU, ABÍLIO VASSALO – *Enfiteuse sem extinção. A propósito da dilatação legal do âmbito normativo do instituto enfitêutico*, RLJ 140 (2011), 206-239, a continuar.

CARBONNIER, JEAN – *Droit civil/Introduction*, 20.ª ed., 2000;
— *Droit civil*, 2004;
— *Droit civil I – Introduction, Les personnes, la famille, l'enfant, le couple*, 2004;
— *Droit civil*, 4 – *Les obligations*, 22.ª ed., 2000, 3 – *Les biens*, 19.ª ed., 2000 e 1 – *Les Personnes*, 21.ª ed., 2000; está disponível uma edição global, de 2004;
— *Les obligations*, 22.ª ed., 2002, ed. 2004.

CARCATERRA, ANTONIO – *"Justitia" nelle fonti e nella storia del diritto romano*, ACI Verona II (1951), 40.

CARDONA FERREIRA, J. O. – *A reforma do regime legal dos recursos cíveis de 2007. Algumas notas*, O Direito 2008, 317-331.

CARDOSO, HIGINO LOPES (org.) – *Guiné-Bissau/Índice de Legislação (1975-2005)*, 2007.

CARLOS, ADELINO DA PALMA – *Manuel Borges Carneiro*, em *Jurisconsultos portugueses do século XIX*, 2.º vol., 1960.

CARNAP, RUDOLF – *Abriss der Logistik mit besinderer Berücksichtigung der Relationstheorie und ihrer Anwendung*, 1929;
— *Einführung in die symbolische Logik/Mit besonderer Berücksichtigung ihrer Anwendungen*, 2.ª ed., 1960;

– *Logische Syntax der Sprache*, 2.ª ed., 1968;
– *Bedeutung und Notwendigkeit/Eine Studie zur Semantik und modalen Logik*, 1972, versão alemã de *Meaning and Necessity*, 1967;
– *Überwindung der Methaphysik durch logische Analyse der Sprache* (1931), em *Metaphysik*, publ. GEORG JÁNOSKA/FRANK KAUZ (1977), 50-78.

CARNEIRO, JOSÉ GUALBERTO DE SÁ – *Recurso para o Tribunal Pleno/Relatório apresentado à Comissão Revisora, sobre o Livro III, Título II, Capítulo VII, Secção VII, artigos 720.º a 726.º do Projecto*, ROA 7, n.º 3 e 4 (1947), 416-459.

CARNEIRO, MANUEL BORGES – *Direito civil de Portugal/contendo tres livros*/I. *Das pessoas:* II. *Das cousas:* III. *Das obrigações e acções*, 1, 1826; 2, 1827; 3, 1828; 4, 1840, portanto póstumo, pelo cuidado de E. COSTA.

CARONI, PIO – *Savigny und die Kodifikation (Versuch einer Neudeutung des "Berufs")*, SZGerm 86 (1969), 97-176.

CARPI, F./TARUFFO, M. – *Commentario breve al codice di procedura civile*, 6.ª ed., 2009.

CARVALHO, CARLOS AUGUSTO DE – *Direito Civil Brasileiro: recopilado ou nova consolidação das leis civis vigentes em 11 de Agosto de 1899*, 1915.

CARVALHO, FERNANDO MARTINS DE – *Algumas tendencias dos nossos tribunais: os chamados assentos do Supremo*, O Direito LXVIII (1936), 3-10.

CARVALHO, ORLANDO DE – *Critério e estrutura do estabelecimento comercial I – O problema da empresa como objecto de negócios*, 1967;
– *Direito civil (Teoria geral da relação jurídica)*, 1968-1969, polic. = A teoria geral da relação jurídica seu sentido e limite, 2.ª ed., 1981;
– *Teoria Geral do Direito Civil/Sumários desenvolvidos*, policop., 1981.

CASAREGIS, JOSEPHI LAURENTI MARIAE DE – *Discursus legalis de commercio*, dois tomos, 1719.

CASSESE, ANTONIO/CLAPHAM, ANDREW/WEILER, JOSEPH (ed.) – *Human Rights and the European Community: Methods of Protection*, 2 volumes, 1991.

CASTELVETRI, LAURA – *Analisi critica dei sistema contrattuale vigente nelle valutazioni della dottrina*, RDLav 1 (1982), 385-425.

CASTRO, MANUEL DE OLIVEIRA CHAVES E – *Estudo sobre o artigo XVI do codigo civil portuuez e especialmente sobre o direito subsidiario civil portuguez*, 1871.

CERAMI, PIETRO/PETRUCCI, ALDO – *Diritto commerciale romano/Profilo storico*, 3.ª ed., 2010.

CHABAS, FRANÇOIS – *vide* MAZEAUD, HENRI.

CHANG, MARIE PEI-HENG – *La résolution du contrat pour inéxécution/Étude comparative du droit français et du droit chinois*, 2005.

CHARMOT, D./CHAUSSE, A. – *Les Interprètes du Code civil*, em *Le Code civil (1804-1904)/ /Livre du Centenaire* (1904), 131-172.

CHARTIER, JEAN-LUC A. – *Portalis, père du Code Civil*, 2004.

CHASSET, M. A. MAILHER DE – *Traité de la retroactivité des lois ou commentaire approfondi du code civil* I, 1845; II, 1845.

CHAUSSE, A. – *vide* CHARMOT, D..

CHEHATA, CHAFIK – *Essai d'une théorie générale de l'obligation en droit mussulman*, 1969, reimp., 2005.

CHENG, PENG – *L'information précontractuelle en droit des assurances/Étude de droit comparé français et chinois*, 2005.

CHEN-WISHART, MINDY – *Contract Law*, 2.ª ed., 2008.
CHEVREAU, EMMANUELLE/MAUSEN, YVES/BOUGLÉ, CLAIRE – *Introduction historique au droit des obligations*, 2007.
CHORÃO, MÁRIO BIGOTTE – *Teoria Geral do Direito Civil*, 3 volumes, policop., 1972-1973;
– *Equidade* em *Temas Fundamentais de Direito* (1986), 85-94.
CHRISTENSEN, RALPH – *vide* PÖTERS, STEPHAN.
CHRISTENSEN, RALPH/BÖHME, MARKUS – *Europas Auslegungsgrenzen/Das Zusammenspiel von Europarecht und nationalem Recht*, RTh 40 (2009), 285-311.
CÍCERO, MARCO TÚLIO – *De Legibus* = *Opera* III, ed. Joannes Manfrè, 1753;
– *in Verren* II, ed. bilingue latim/inglês, trad. L. H. G. GREENWOOD, 1928;
– *De legibus*, ed. bilingue, trad. e anotada por ALVARO D'ORS, 1953;
– *De fato*, ed. bil. latim/alemão, trad. KARL BAYER, *M. Tulli Ciceronis, De Fato/ /Marcus Tullius Cicero, Über das Fatum*, 1963;
– *De officiis libri tres*, ed. HUBERT ASHTON HOLDEN, 1996, versão bilingue latim/alemão de HEINZ GUNERMANN (1976), 21;
– *De inventione*, ed. bilingue latim/francês, trad. G. ACHARD, 1994.
CIULEI, GEORGE – *L'equité che Cicéron*, 1972.
CLAPHAM, ANDREW – *Human Rights and the European Community: A Critical Overview*, 1991;
– *vide* CASSESE, ANTONIO.
CLARKE, DONALD C. – *China's Legal System: New Developments, New Challenges* (publ.), 2008.
CLOSEN, MICHAEL L./PERLMUTTER, RICHARD M./WITTENBERG, JEFFREY D. – *Contracts: contemporary cases, comments and problems*, 1997.
CMVM – Processo de Consulta Pública n.º 10/2008, publicado na RDS 2009, 483-545.
COASE, R. H. – *The problem of social cost*, J. Law & Econ. 3 (1960), 1-44.
Code Civil da Dalloz, 108.ª ed., 2009; 111.ª ed., 2012.
Code Civil des Français/Édition originale et seule officielle, An XII – 1804, reimp., sob o título *Code Civil des Français/Bicentenaire/1804-2004*, com apresentação de JEAN-DENIS BREDIN, 2004.
Code de Commerce da Dalloz, 107.ª ed., 2012.
Code de la Consommation, da Dalloz, 16.ª ed., 2011, com. YVES PICOD.
Código Civil Comentado, coordenado por ÁLVARO VILLAÇA AZEVEDO, a partir de 2003.
Código Civil da Guiné (com anotações) e Legislação Complementar, Faculdade de Direito de Bissau, intr. de RUI ATAÍDE, 9-14, 2006.
Código de Processo Civil/1.ª Revisão Ministerial, BMJ 121 (1962), 5-84, 122 (1963), 5-203, 23 (1963), 123 (1963), 5-215 e 124 (1963), 145-250, BMJ 123, 192.
COELHO, ALBERTO BALTAZAR – *Algumas notas sobre o julgamento ampliado da revista e do agravo*, CJ/Supremo V (1997) 1, 25-32.
COELHO, J. G. PINTO – *Direito Civil (Noções fundamentais)*, por J. R. MENDES DE ALMEIDA e J. AGOSTINHO DE OLIVEIRA, 1936-37.
COELHO, LUÍS PINTO – *Teoria Geral do Direito Civil*, polic., 1950-51;
– *Direito Civil/Teoria Geral da Relação Jurídica*, por JOSÉ DIAS BRAVO, 1953, polic..
COESTER, MICHAEL – *Vorrangprinzip des Tarifvertrages*, 1974.

COHEN, MATHILDE – *The Rule of Law as the Rule of Reasons*, ARSP 96 (2010), 1-16.
COING, HELMUT – *System, Geschichte und Interesse in der Privatrechtswissenschaft*, JZ 1951, 41-485;
– *Geschichte und Bedeutung des Systemgedankes in der Rechtswissenschaft*, 1956;
– *Die juristischen Auslegungsmethoden und die Lehren der allgemeinen Hermeneutik*, 1959;
– *Zum Geschichte des Begriffs "subjektives Recht"* (1959), em COING/LAWSON/ /GRÖNFORS, *Subjektives Recht* (1959), 7-23;
– *Bentham's importance in the development of "Interessenjurisprudenz" and general jurisprudence*, em The irish jurist 1 (1966), 336-351;
– *Die Bedeutung der europäischen Rechtsgeschichte für die Rechtvergleichung*, RabelsZ 32 (1968), 1-23;
– *Grundzüge der Rechtsphilosophie*, 3.ª ed., 1976;
– *Europäisches Privatrecht (1500 bis 1800)* – Band I – *Älteres Gemeines Recht*, 1985;
– *Europäisches Privatrecht (1800 bis 1914)* Band II *19. Jahrhundert*, 1989;
– Introdução à 13.ª ed. do STAUDINGERS *Kommentar zum BGB*, 1, 1995.
Collecçaõ das Leys, Decretos e Alvarás, que comprehende o feliz reinado del Rey Fidelíssimo D. Jozé o I. Nosso Senhor, desde o anno de 1761 até o de 1769, tomo II, 1770.
Collecçaõ das Leys, Decretos e Alvarás, que comprehende o feliz reinado del Rey Fidelíssimo D. Jozé o I. Nosso Senhor, desde o anno de 1761 até o de 1769, 1770.
Collecção de Decretos e Regulamentos mandados publicar por sua Magestade Imperial o Regente do Reino desde a sua entrada em Lisboa até à instalação das Câmaras Legislativas, 1840.
Collecção de Legislação/Cortes de 1821 a 1823, 1843.
Collecção de Leis e Outros Documentos Officiaes/Edição Official, 1841.
COMAIR-OBEID, NAYLA – *Les contrats en Droit musulman des affaires*, 1995;
– *The Law of Business Contracts in the Arab Middle East*, 1996.
COMES, HEINRICH – *Der rechtsfreie Raum/Zur Frage der normativen Grenzen des Rechts*, 1976.
Comissão do Código do Consumidor – *O Código do Consumidor/Anteprojecto*, 2006, com apresentação de ANTÓNIO PINTO MONTEIRO.
CONRAD, HERMANN – *Code Civil und historische Rechtsschule*, em *Deutschland-Frankreich* II (1943), 59-69.
Consumer Protection Charter do Conselho da Europa, de 17-Mai.-1973.
COOK, MICHAEL – *Der Koran/Eine Kurze Einführung*, 2005.
CORAPI, DIEGO – *L'unificazione del codice di commercio e del codice civile in Brasile*, em CALDERALE, *Il nuovo Codice Civile brasiliano* (2003), 3-14.
CORDEIRO, ANTÓNIO M. MENEZES – *A interpretação no Direito anglo-saxónico*, O Direito 141, 2009, 665-678.
CORDEIRO, ANTÓNIO MENEZES – *Direitos reais* 1, 1979;
– *Noções gerais de Direito*, 1979;
– *O novo regime do contrato-promessa*, BMJ 306 (1981), 27-59;
– *Da situação jurídica laboral: perspectivas dogmáticas do Direito do trabalho*, sep. ROA 1982;
– *Da boa fé no Direito civil*, 1985, 5.ª reimp., 2009;

– *Evolução juscientífica e direitos reais*, ROA 1985, 71-112;
– *Lei (aplicação da)*, em Enc. Pólis 3 (1985), 1046-1062;
– *Tendências actuais da interpretação da lei: do juiz-autómato aos modelos de decisão jurídica*, TJ 12 (1985), 1 ss.;
– *Princípios gerais de Direito*, Enc. Pólis 4 (1986);
– *Problemas de sistematização*, em *A feitura das leis*, 2 (1986), 135-149;
– *A excepção do cumprimento do contrato-promessa*, TJ n.º 27 (1987), 1-5;
– *Da alteração das circunstâncias/A concretização do artigo 437.º do Código Civil à luz da jurisprudência posterior a 1974*, 1987, com diversas reimpressões;
– *Direito das obrigações*, 1, 1987, reimpr.; 2;
– *O princípio do tratamento mais favorável no Direito do trabalho actual*, DJ III (1987/88), 111-139;
– *Teoria geral do Direito civil/Relatório*, separata da RFDUL 1988;
– *Ciência do Direito e metodologia jurídica nos finais do século XX* (1989), separata da ROA;
– *Pensamento sistemático e conceito de sistema na Ciência do Direito*, tradução de CLAUS-WILHELM CANARIS, *Systemdenken und Systembegriff in der Jurisprudenz*, 2.ª ed. (1983), 1989;
– *Teoria geral do Direito civil*, 2.ª ed., 2 volumes, policop., 1989-1990;
– *A decisão segundo a equidade*, O Direito 1990, 261-280;
– *Da aplicação da lei no tempo e das disposições transitórias*, Legislação 7 (1993), 7-29;
– *Dos conflitos temporais de instrumentos de regulamentação colectiva de trabalho*, em *Estudos em Memória do Professor Doutor João de Castro Mendes* (1994), 457-473;
– *Manual de Direito do trabalho*, 1994, reimpr.;
– *Tutela do ambiente e Direito civil*, em *Direito do ambiente*, coord. DIOGO FREITAS DO AMARAL/MARTA TAVARES DE ALMEIDA (1994), 377-396;
– *Aquisição de empresas*, separata da ROA (1995);
– *A boa fé nos finais do século XX*, ROA 1996, 887-912;
– anotação a STJ (Pleno) 31-Jan.-1996 (CARDONA FERREIRA), ROA 1996, 307-329;
– *Da inconstitucionalidade da revogação dos assentos*, em *Estudos Comemorativos dos Vinte Anos da Constituição* (1996), 799-811;
– *Da responsabilidade civil dos administradores das sociedades comerciais*, 1996;
– introdução à tradução portuguesa de CLAUS-WILHELM CANARIS, *Pensamento sistemático e conceito de sistema na Ciência do Direito*, 2.ª ed., 1996;
– *A posse: perspectivas dogmáticas actuais*, 3.ª ed., 2000;
– *Direitos reais/Sumários*, 2000;
– *Isenção de horário/Subsídios para a dogmática actual do Direito da duração de trabalho*, 2000;
– *A modernização do Direito das obrigações – I/Aspectos gerais e reforma da prescrição*, ROA 2002, 91-110;
– *Da reforma do Direito civil português*, O Direito 2002-2003, 31-44;
– *Da compensação no Direito civil e no Direito bancário*, 2003;
– *A modernização do arrendamento urbano*, O Direito 2004, 235-253;

– *A modernização do Direito civil* I – *Aspectos gerais*, 2004;
– *Igualdade rodoviária e acidentes de viação nas auto-estradas*, 2004;
– *Manual de Direito das sociedades*, 1.ª ed., 2004;
– *Vernáculo jurídico: directrizes ou directivas?*, ROA, 2004, 609-614;
– *Direito europeu das sociedades*, 2005;
– *Tratado de Direito civil português* I/1, 3.ª ed., 2005; I/2, 2.ª ed., 2002; II/1, 2009; II/2, 2010; II/3, 2010;
– *A aprovação do NRAU (Lei n.° 6/2006, de 27 de Fevereiro): primeiras notas*, O Direito 2006, 229-242;
– *Anteprojecto de Código do Consumidor*, O Direito 2006, 685-715;
– *A lei dos direitos dos utentes das auto-estradas e a Constituição (Lei n.° 24/2007, de 18 de Julho)*, ROA 2007, 551-572;
– *Manual de Direito Comercial*, 2.ª ed., 2007;
– *O Novo Regime do Arrendamento Urbano: dezasseis meses depois, a ineficiência económica no Direito*, O Direito 2007, 945-971;
– *Convenções colectivas de trabalho e Direito transitório: com exemplo no regime da reforma no sector bancário*, Est. Oliveira Ascensão II (2008), 1489-1511;
– *Da enfiteuse: extinção e sobrevivência*, O Direito, 2008, 285-315;
– *Editorial: a importância do Direito das sociedades*, RDS 2009, 5-8;
– *Manual de Direito bancário*, 4.ª ed., 2010;
– *O sistema lusófono de Direito*, ROA 2010, 17-119;
– *Direito das sociedades* I, 3.ª ed. 2011;
– *Litigância de má fé, abuso do direito de ação e culpa "in agendo"*, 2.ª ed., 2011;
– *Tratado de Direito civil*, IV, 3.ª ed., 2011;
– vide Costa, Almeida.
Cordeiro, António Menezes/Morgado, Carla – *Leis dos seguros anotadas*, 2002;
– *Leis da banca anotadas*, 3.ª ed., 2005.
Cornu, Gérard – *Droit civil/Introduction, Les personnes, Les biens*, 13.ª ed., 2007.
Corrêa Telles, J. H. – *Digesto Portuguez ou tratado dos direitos e obrigações civis accomodado ás leis e costumes da Nação Portugueza para servir de subsidio ao "Novo Codigo Civil"*, 1909 = 3.ª ed., 1849.
Correia, Fernando Alves – *Direito do ordenamento do território e do urbanismo*, 6.ª ed., 2004;
– *Manual de Direito do Urbanismo*, 1, 2.ª ed., 2004
Correia, José Manuel Sérvulo – *Legalidade e autonomia contratual nos contratos administrativos*, 1987.
Correia, Mário Dias – *A grande ruptura/A natureza humana e a reconstituição da ordem social*, trad. portuguesa de Francis Fukuyama, *The Great Disruption/Human Nature and the Reconstitution of Social Order* (1999), 2000.
Correia, Maximino José de Moraes/Andrade, Manuel de – *Em memória do Visconde de Seabra*, BFD XXVIII (1952), 270-301.
Correia, Sérvulo – *Sumários de Direito Corporativo*, 1971.
Corsi, Francesco – vide Ferrara Jr., Francesco.
Cortellini – *Leggi delle XII Tavole*, 1900.
Costa Júnior – *História breve do movimento operário português*, 1964.

COSTA, ADALBERTO – *Regime Legal da Concorrência*, 2004.
COSTA, ALMEIDA/CORDEIRO, MENEZES – *Cláusulas contratuais gerais*, 1986.
COSTA, AUGUSTO DA – *Factos e princípios corporativos*, 1934;
– *A nação corporativa/Textos legais, comentados e justificados*, 3.ª ed., 1937.
COSTA, MÁRIO JÚLIO DE ALMEIDA – *Enquadramento histórico do Código Civil português*, BFD XXXVII (1961), 138-160;
– *O ensino do Direito em Portugal no século XX (Notas sobre as reformas de 1901 e de 1911)*, BFD XXXIX (1963), 31-106;
– *Leis, Cânones, Direito, Faculdades de*, DHP 3 (reed. 1979), 453-470.
COSTA, VICENTE JOSÉ FERREIRA CARDOSO DA – *Elementa juris emphyteutici commoda methodo juventuti academicae adornata*, 1789;
– *Analyse das theses de Direito Enfiteutico que se defenderão no presente anno na Universidade de Coimbra*, 1814
– *Explicação da arvore que representa o projecto do Codigo Civil Portuguez*, 1822;
– *Que he o Codigo Civil*, 1822.
COULSON, N. J. – *A History of the Islamic Law*, 2007.
COVIELLO, LEONARDO – *Manuale di diritto civil italiano – Parte generale*, 1924.
CROME, CARL – *vide* LINGENTHAL, ZACHARIÄ VON.
CROSS, FRANK B. – *The Theory and Practice of Statutory Interpretation*, 2009.
CRUZ, EMÍDIO PIRES DA – *Da aplicação das leis no tempo (princípios gerais)*, 1940.
CRUZ, GUILHERME BRAGA DA – *Centenário da Morte de Manuel António Coelho da Rocha*, BFD XXVI (1950), 275-301;
– *A Revista de Legislação e de Jurisprudência/Esboço da sua História* 1, 1975.
CRUZ, PIRES DA – *Da aplicação das leis no tempo (princípios gerais)*, 1940.
CRUZ, SEBASTIÃO – *Actualidade e utilidade dos estudos romanísticos*, 1962;
– *Da "solutio" – terminologia, conceito e características, e análise de vários institutos afins*, I – *Épocas arcaica e clássica*, 1962;
– *Direito Romano (Ius Romanum)* 1 – *Introdução. Fontes*, 4.ª ed., 1984.
CUNHA, MÁRIO AUGUSTO DA – *Direito civil português/Das obrigações*, 1935.
CUNHA, PAULO – anotação a STJ 20-Dez.-1935 (B. VEIGA), O Direito 68 (1936), 13-16;
– *Direito Civil/Teoria Geral da Relação Jurídica*, tomo I por MARGARIDA PIMENTEL SARAIVA e ORLANDO GARCÍA-BLANCO COURRÈGE, 1937/38 e tomo II por MARIA LUÍSA COELHO BÁRTHOLO e JOAQUIM MARQUES MARTINHO, polic., 1936/37;
– *Cadeira de introdução ao Estudo do Direito*, I, por MAURÍCIO CANELAS (1945/46) e II, sem indicação do compilador;
– *Teoria Geral de Direito Civil* II e III, polic., 1961-62;
– *Teoria geral de Direito civil*, ed. 1971-72;
– *Teoria Geral de Direito Civil*, policop., 1971-1972 e 1972-1973.
CUNHA, PAULO FERREIRA DA/SILVA, JOANA AGUIAR E/SOARES, ANTÓNIO LEMOS – *História do Direito/Do Direito romano à Constituição Europeia*, 2005.
CURRAN, VIVIAN GROSSWALD – *Comparative Law and Language*, em REIMANN/ZIMMERMANN, *The Oxford Handbook of Comparative Law* (2008), 675-707.

DAEMGER, MICHAEL – *Rück- und Fortwirkung im Privatrecht/Überleitungsvorschriften privatrechtlicher Neuregelungen bis zum Bürgerliches Gesetzbuch von 1900 und vergleichende Darstellung der zugrundeliegenden Prinzipien mit der Rechtsprechung des Bundesverfassungsgerichts*, 2005.

DAMAS, JENS-PETER – *Ist die Rechtswissenschaft eine Wissenschaft?/Fallibilismus als Erkenntnistheorie der Rechtswissenschaft*, RTh 2003, 186-199.

DAMM, REINHARD – *Privatautonomie und Verbraucherschtuz*, VersR 1999, 129-141.

DANZ, ERICH – *Laienverstand und Rechtsprechung (§§ 157, 242 BGB)*, JhJb 38 (1899), 373-500;
  – *Rechtsprechung nach der Volkanschauung und nach dem Gesetz/Ein Beitrag zur Lehre von Gewohnheitsrecht und zur Gesetzauslegung*, JhJb 54 (1909), 1-81.

DARD, HENRI-JEAN BAPTISTE – *Code Civil des français avec des notes indicatives des lois romaines, coutumes, ordonnances, edits et déclarations qui ont rapport à chaque article ou Conférence du Code Civil avec les lois anciennes*, 1805.

DÄUBLER, WOLFGANG – *Die Auswirkungen der Schuldrechtsmodernisierung auf das Arbeitsrecht*, NZA 2001, 1329-1337;
  – *Neues Schuldrecht – ein erster Überlick*, NJW 2001, 3729-3734;
  – *Die Reform des Schadensersatzrechts*, JuS 2002, 625-630.

DÄUBLER-GMELIN, HERTA – *Die Entscheidung für die sogennante Grosse Lösung bei der Schuldrechtsreform*, NJW 2001, 2281-2289.

DAUBNER-LIEB, BARBARA – *Die geplante Schuldrechtsmodernisierung – Durchbruch oder Schnellschluss?*, JZ 2001, 9-18;
  – *Die Schuldrechtsreform – Das grosse juristische Abenteuer*, DStR 2001, 1572-1576;
  – *Reichweite und Grenzen der Privatautonomie im Ehevertragsrecht*, AcP 201 (2001), 295-332;
  – *Auf dem Weg zu einem europäischen Schuldrecht?*, NJW 2004, 1431-1434.

DAUBNER-LIEB, BARBARA/THIESSEN, JAN – *Das neue Leistungsstörungsrecht – Leitungshemmend und störaufällig?*, DStR 2002, 809-816.

DAUBNER-LIEB, BARBARA/HEIDEL, THOMAS/LEPA, MANFRED/RING, GERHARD – *Das Neue Schuldrecht*, com a colaboração de 16 outros autores, 2002.

DAVID, M. – *Gai institutiones secundum codicis veronensis apographum studemundianum et reliquias in Aegypto repertas*, 1964.

DAVID, RENÉ/JAUFFRED-SPINOSI, CAMILLE – *Les grands systèmes de droit contemporains*, 11.ª ed., 2002.

DEAKIN, SIMON/JOHNSTON, ANGUS/MARKESINIS, BASIL – *Tort Law*, 6.ª ed., 2008.

DECKERT, MARTINA RENATE – *Folgenorientierung in der Rechtsanwendung*, 1995.

DEINHAMMER, ROBERT – *Menschenrechte und Kulturrelativismus*, ARSP 96 (2010), 51-63.

DELCÒ, FABIO – *Die Bedeutung des Grundsatzes von Treu und Glauben beim Ersatz reiner Vermögensschäden*, 2000.

DELMONT-MAURI, J. L. – *vide* CALDERA, RT..

DELVINCOURT, M. – *Cours de Code Civil*, tomo 3.º, 1824.

DEMANTE, A. M./SANTERRE, E. COLMET DE – *Cours Analytique de Code Civil*, tomo 5, 2.ª ed., 1883.

DENECKE – *Vermögensrechtliches oder personrechtliches Arbeitsverhältnis?*, DAR 1934, 220-223.

DENOZZA, FRANCESCO – *vide* JAEGER, PIETER GIUSTO.

Der Koran, trad. al. MAX HENNING, 2006.
DERNBURG/BIERMANN – *Pandekten*, 7.ª ed., 1, 1902.
DEROUSIN, DAVID – *Histoire du droit des obligations*, 2007.
DESCARTES – *Discours de la Méthode*, 1637; 5.ª ed. publ. e an. por GILSON, 1976.
DETHLOFF, NINA – *Familienrecht/Eine Studienbuch*, 29.ª ed., 2009.
DEUTSCH, ERWIN – *Allgemeines Haftungsrecht*, 2.ª ed., 1996.
DEUTSCH, ERWIN – *Umwelthaftung: Theorie und Grundsätze*, JZ 1991, 1097-1102.
DEUTSCH, MARKUS – *vide* BAECK, ULRICH.
DIAS, AUGUSTO SILVA – *Problemas de Direito penal numa sociedade multicultural/O chamado infanticídio ritual*, RPCC 1996, 2, 209-232;
– *Faz sentido punir o ritual do fanado?/Reflexões sobre a possibilidade da excisão clitoridiana*, RPCC 2006, 2, 187-238.
DIAS, JOSÉ EDUARDO FIGUEIREDO/MENDES, JOANA MARIA PEREIRA – *Legislação ambiental sistematizada e comentada*, 4.ª ed., 2004.
Die "Principles of European Contract Law", III, ZeuP 2001, 707-713.
DIEDERICHSEN, UWE – *Das Bundesverfassungsgericht als oberstes Zivilgericht – ein Lehrstück der juristischen Methodenlehre*, AcP 198 (1998), 171-260.
DIERKSMEIER, CLAUS – *Karl Christian Friedrich Krause und das "gute Recht"*, ARSP 85 (1999), 75-94.
DIESSELHORST, MALTE – *Ursprünge des modernen Systemdenkens bei Hobbes*, 1968;
– *Zum Vermögensrechtssystem Samuel Pufendorfs*, 1976.
DIHLE – *Herodot und die Sophistik*, Philologus 196 (1962).
DINIZ, MARIA HELENA – *Tratado teórico e prático dos contratos*, 6.ª ed., 5 volumes, 2006;
– *Curso de Direito civil brasileiro*, 2 – *Teoria geral das obrigações*, 2009; 3 – *Teoria das obrigações contratuais e extracontratuais*, 25.ª ed., 2009.
Direito de passagem por território indiano, número especial da Themis, 2004.
Diskussionsentwurf eines Schuldrechtsmodernisierungsgesetzes de 4-Ago.-2000; este projeto estava disponível na *Internet*, num total de 630 páginas, podendo hoje ser comodamente consultado em CANARIS, *Schuldrechtsreform 2002* (2002), 3-347.
DÖLLE, HANS – *Das Bürgerliche Gesetzbuch in der Gegenwart*, 1950.
DOMAT, JEAN – *Les loix civiles dans leur ordre naturel*, 1756.
DOMRÖSE, RONNY – *vide* LEIBLE, STEFAN.
DONELLUS, HUGO – *Opera omnia/Commentatorium de iure civile cum notis Osvaldi Hilligeri*, 1840 ss.; a 1.ª ed. é do séc. XVI.
DOSPIL, JOACHIM – *vide* WEBER, HANS-JOACHIM.
DRAKE, C. D. – *Labour Law*, 3.ª ed., 1981.
DRAY, GUILHERME – em PEDRO ROMANO MARTINEZ e outros, *Código do Trabalho Anotado*, 8.ª ed. (2009), 139 ss..
DRECHSLER, CAROLA – *vide* PECHTSTEIN, MATTHIAS.
DROSTE-LEHNEN, BERNARDETTE – *Die authentische Interpretation/Dogmengeschichte Entwicklung und aktuelle Bedeutung*, 1990.
DUARTE, DAVID – *A norma de legalidade procedimental administrativa/A teoria da norma e a criação de normas de decisão na discricionariedade instrutória*, 2006.
DUARTE, MARIA LUÍSA/LOPES, CARLOS ALBERTO – *Tratado de Lisboa*, 2.ª ed., 2010.
DUBISCHAR, ROLAND – *Einführung in die Rechtstheorie*, 1983.

DUGUIT, LÉON – *Les transformations générales du droit privé depuis le Code Napoléon*, 2.ª ed., 1920;
— *Traité de droit constitutionnel*, 1, 3.ª ed., 1927.
DURANTON, M. – *Cours de droit civil français suivant le Code Civil*, tomo 10, 1830.
DWORKIN, R. – *Taking rights seriously*, 1977.

EBERS, MARTIN – *vide* SCHULZE, REINER.
EBERT, INA – *Das Recht des Verkäufers zur zweiten Andierung und seine Risiken für den Käufer*, NJW 2004, 1761-1764.
EBERT, KURT HANNS – *Rechtsvergleichung/Einführung in die Grundlagen*, 1978.
ECK, E. – *vide* GOEPPERT, H..
ECKEBRECHT, MARC – *Vertrag mit Schutwirkung für Dritte – Die Auswirkungen der Schuldrechtsreform*, MDR 2002, 425-428.
ECKERT, MICHAEL/WALLSTEIN, CAROLIN – *Das neue Arbeitsvertragsrecht/Vertragsgestaltung nach der Schuldrechtsreform und dem AGB – Recht*, Munique, 2002.
EDELMANN, JOHANN – *Die Entwicklung der Interessenjurisprudenz/Eine historisch-kritische Studie über die deutsche Rechtsmethodologie vom 18. Jahrhundert bis zum Gegenwart*, 1967.
EHLERS, DIRK – *Die Grundrechte des europäischen Gemeinschaftsrechts*, Jura 2002, 468-477;
— em PETER BADURA/MARTIN BURGI/DIRK EHLERS/HANS-UWE ERICHSEN/FRITZ OSSENBÜHL/HANS-JÜRGEN PAPIER/WOLFGANG RÜFNER, *Allgemeines Verwaltungsrecht*, 12.ª ed., 2002.
EHMANN, HORST/SUTSCHET, HOLGER – *Modernisiertes Schuldrecht/Lehrbuch der Grundsätze des neuen Rechts und seiner Besonderheiten*, com contributos de THOMAS FINKENHAUER e WOLFGANG HAU, 2002;
— *Schadensersatz wegen kaufrechtlicher Schlechtleistungen – Verschuldens- und/ /oder Garantiehaftung?*, JZ 2004, 62-72.
EHRICHE, ULRICH – *Die richtlinienkonforme Auslegung nationaler Rechte*, RabelsZ 59 (1995), 598-644;
— em STREINZ, *EUV/EGV* (2003), 2064 ss..
EICHLER, HERMANN – *Die Einheit des Privatrechts*, ZHR 126 (1964), 181-198;
— *Gesetz und System*, 1970;
— *Rechtssysteme der Zivilgesetzbücher* (1983), 118-124.
EIDENMÜLLER, HORST – *Effizienz als Rechtsprinzip*, 2.ª ed., 1998.
EISENHARDT, ULRICH – *Zu den deutschrechtlichen Wurzeln des Handelsrechts oder wie deutsch ist das deutsche Handelsrecht?*, FS Raisch (1995), 51-65;
— *Einführung in das Bürgerliche Recht*, 6.ª ed., 2010.
EISSER, GEORG – *Zur Deutung von "Summum ius summa iniura" im römischen Recht*, em *Summum ius summa iniuria/Individualgerechtigkeit und der Schutz allgemeiner Werte im Rechtsleben*, publ. pela Universidade de Tübingen (1963), 1-21.
EKELÖF, OLOF – *Topik und Jura*, em *Le raisonnement juridique* (1971), 43-62.
ELIAS/NAPIER/WALLINGTON – *Labour Law/Cases and Materials*, 1980.
ELLENBERGER, JÜRGEN – no *Palandt*, 71.ª ed. (2012).
ELLSCHEID, GÜNTER/HASSEMER, WINFRIED – *Interessenjurisprudenz*, 1974.

ELSENER, FERDINAND – *Billigkeit und Gnade im kanonischen Recht*, Summum ius (1963), 168-190.
ELZE, HANS – *Lücken im Gesetz/Begrif und Ausfüllung/Ein Beitrag zur Methodologie des Rechts*, 1916.
EMILIA, ANTONIO D' – *Sulla dottrina quale fonte del diritto*, SDHI 11 (1945), 13-36.
ENGEL, RÜDIGER – *vide* SPARWASSER, REINHARD.
ENGELS, FRIEDRICH – *A situação da classe trabalhadora em Inglaterra*, trad. port., 1975.
ENGISCH, KARL – *Die Einheit der Rechtsordnung*, 1935;
  – *Der Begriff der Rechtslücke/Eine analytische Studie zu Wilhelm Sauers Methodenlehre*, FS Wilhelm Sauer 70. (1949), 85-102;
  – *Die Idee der Konkretisierung in Recht und Rechtswissenschaft unserer Zeit*, 1953;
  – recensão a VIEHWEG, *Topik und Jurisprudenz*, ZStW 69(1957), 596-601;
  – *Auf der Suche nach der Gerechtigkeit/Hauptthemen der Rechtsphilosophie*, 1971.
ENGISCH, KARL/WÜRTENBERGER, THOMAS/OTTO, DIRK – *Einführung in das juristische Denken*, 11.ª ed., 2010.
ENGLÄNDER, ARMIN – *Grundzüge des modernen Rechtspositivismus*, Jura 2000, 113-118.
ENNECCERUS/NIPPERDEY – *Allgemeiner Teil des Bürgerlichen Rechts*, 1, 15.ª ed., 1959; 2, 1960.
ERBGUTH, WILFRIED/SCHLACKE, SABINE – *Umweltrecht*, 3.ª ed., 2009.
ERMAN/WESTERMANN – *Handkommentar zum BGB*, 12.ª ed., 2008.
ERNST, WOLFGANG – *Die Schuldrechtsreform 2001/2002*, ZRP 2001, 1-11;
  – *vide* ZIMMERMANN, REINHARD.
ERNST, WOLFGANG/GSELL, BEATE – *Nochmals für die "kleine Lösung"*, ZIP 2000, 1812-1816.
ERNST, WOLFGANG/ZIMMERMANN, REINHARD (publ.) – *Zivilrechtswissenschaft und Schuldrechtsreform*, 2001.
ESMEIN – *L'originalité du Code Civil*, em *Le livre du centenaire*, 1, 1904.
ESSER, JOSEF – *Grundsatz und Norm*, 1956;
  – *Interessenjurisprudenz heute*, JurJb 1 (1960), 111-119;
  – *Wandlungen von Billigkeit und Billigkeitsrechtsprechung im modernen Privatrecht*, Summum ius (1963), 22-40;
  – *Vorverständnis und Methodenwahl in der Rechtsfindung/Rationalitätsgrundlage richterlichen Entscheidungspraxis*, 2.ª ed., 1972;
  – *Juristisches Argumentieren im Wandel des Rechtsfindungskonzepts unseres Jahrhunderts*, 1979.
ESTORNINHO, MARIA JOÃO – *A fuga para o Direito privado/Contributo para o estudo da actividade de direito privado da Administração Pública*, 1996.
EVERLING, ULRICH – *Rechtsvereinheitlichung durch Richterrecht in der Europäischen Gemeinschaft*, RabelsZ 50 (1986), 193-232.
EWALD, FRANÇOIS (publ.) – *Naissance du Code Civil/La raison du législateur/Travaux préparatoires du Code Civil*, 2004.

FABER, WOLFGANG – *Elemente verschiedener Verbrauchbegriffe in EG-Richtlinien, zwischenstaatlichen Übereinkommen und nationalen Zivil- und Kollisionsrecht*, ZeuP 1998, 854-892.

FABIO, UDO DI – *Grundrechte als Werteordnung*, JZ 2004, 1-8.
FABRICIUS, FRITZ – *Internationales Handelsrecht und Weltfrieden – Eine Bestandsaufnahme*, FS Schmitthoff (1973), 100-144.
FAGES, BERTRAND – *Droit des obligations*, 2007.
FALK, ULRICH – *Ein Gelehrter wie Windscheid/Erkundungen auf den Feldern der sogennanten Begriffsjurisprudenz*, 1989.
FASEL, URS – *Handels- und obligationenrechtliche Materialen*, 2000.
FASTENRATH, ULRICH – *Lücken im Volkerrecht*, 1991.
FAUST, FLORIAN – *vide* HUBER, PETER.
FECHNER, ERICH – *Rechtsphilosophie/Soziologie und Methaphysik des Rechts*, 2.ª ed., 1962.
FECHNER, FRANK – *Medienrecht*, 4.ª ed., 2003.
FEDELE, PIO – *Equità canonica*, ED 15 (1966), 147-159.
FEIJÓ, CARLOS MARIA – *O novo Direito de economia de Angola*, 2005.
FELSER, DANIELA – *vide* HAMMER, FRANK A..
FENOUILLET, DOMINIQUE – *vide* TERRÉ, FRANÇOIS.
FERID, MURAD/SONNENBERGER, HANS JÜRGEN – *Das französische Zivilrecht*, 1/1, *Einführung und Allgemeiner Teil*, 2.ª ed., 1994.
FERNANDES, LUÍS A. CARVALHO – *Teoria Geral do Direito Civil*, 1 – *Introdução; pressupostos da relação jurídica*, 4.ª ed., 2009; 5.ª ed., 2010;
– *Teoria Geral do Direito Civil*, 2, 2.ª ed., 1996; 3.ª ed., 2001; 5.ª ed., 2010.
FERNANDES, MONTEIRO – *Direito do trabalho*, 11.ª ed., 1999.
FERRARA JR., FRANCESCO/CORSI, FRANCESCO – *Gli imprenditori e le società*, 14.ª ed., 2009.
FERRARI, GIUSEPPE FRANCO – *I diritti fondamentali doppo la Carta di Nizza/Il costituzionalismo dei diritti*, 2001.
FERREIRA, ARMÉNIO MARQUES – *O princípio geral da aplicação da lei civil no tempo*, 1995.
FERREIRA, FERNANDO AMÂNCIO – *Manual dos recursos em processo civil*, 9.ª ed., 2009.
FERREIRA, J. O. CARDONA – *Guia de recursos em processo civil*, 5.ª ed., 2010;
– *vide* SOUSA, PAIS DE.
FERREIRA, JOSÉ DIAS – *Se o princípio da não-retroactividade deve ser observado na aplicação de todas as leis?*, 1860;
– *Código Civil portuguez annotado*, 5 volumes, 1871 ss. e 2.ª ed., 1894 ss.;
– *Código de Processo Civil Annotado*, 1, 1887.
FERRI, G. – *Revisione del Codice Civile e autonomia del diritto commerciale*, RDComm XLIII (1945) I, 99-113.
FETZER, THOMAS – *vide* KÖHLER, MARKUS.
FEZER, KARL-HEINZ – *Imagewerbung mit gesellschaftskritischen Themen im Schutzbereich der Meinung- und Pressfreiheit*, NJW 2001, 580-583.
FIGUEIREDO, ANTÓNIO DE – *Portugal: Cinquenta anos de ditadura*, 1975.
FIGUEIREDO, CÂNDIDO DE – *Novo Diccionario da Lingua Portuguesa*, I, 1913.
FIKENTSCHER, WOLFGANG – *Roscoe Pound/Von der Zweckjurisprudenz zur "Sociological Jurisprudence"*, FS Larenz/70 (1973), 93-108;
– *Methoden des Rechts in vergleichender Darstellung*/I – *Frühe und religiöse Rechte/Romanischer Rechtkreis*, 1975; II – *Anglo-amerikanischer Rechtkreis*, 1975; III – *Mitteleuropäischer Rechtkreis*, 1976; IV – *Dogmatischer Teil*, 1977;
– *Synepëik und eine synepëische Definition des Rechts* em *Entstehung und Wandel rechtlicher Traditionen* (1980), 53-120.

FISCHER, MICHAEL W. – *Soziologische Geltung? Über Hegels Beitrag zur Soziologisierung der Wirklichkeitsvertändnisses*, em VARGA/WEINBERGER, *Rechtsgeltung*, ARSP BH 27 1986), 24-36.

FISCHER, NIKOLAS – *Das verbraucherschützende Widerrufsrecht und die Schuldrechtsreform – von § 361a BGB zu § 355 BGB – eine kritische Bestandsaufnahme*, DB 2002, 253-258

FISHER, MICHAEL J./GREENWOOD, DESMOND G. – *Contract Law in Hong Kong*, 2008.

FIÚZA, RICARDO (org.) – *Novo Código Civil Comentado*, 2003.

FLEGE, CARSTEN – *vide* SCHOCKENHOFF, MARTIN.

FLOBERT, PIERRE – *vide* GAFFIOT, FÉLIX.

FLOREN, DIETER – *Grundrechtsdogmatik im Vertragsrecht/Spezifische Mechanismen des Grundrechtsschutzes gegenüber der gerichtlichen Anwendung von Zivilrecht*, 1999.

FRADA, MANUEL CARNEIRO DA – *Teoria da confiança e responsabilidade civil*, 2007.

FRANCK, JENS-UWE – *Zum Nutzen der ökonomischen Theorie für das Europäische Privatrecht*, em KARL RIESENHUBER, *Europäische Methodenlehre* (2006), 120-131.

FRANCO, ANTÓNIO DE SOUSA – *Nota sobre o princípio de liberdade económica*, BMJ 355 (1986), 11-40.

FREITAS, AUGUSTO TEIXEIRA DE – *Consolidação das Leis Civis*, 1855, 5.ª ed., 1915.

FREITAS, JOSÉ LEBRE DE/MENDES, ARMINDO RIBEIRO – *Código de Processo Civil Anotado*, 3, 2003.

FREITAS, JUSTINO ANTÓNIO DE – *Instituições de Direito Administrativo Portuguez*, 2.ª ed., 1861; a 1.ª ed. é de 1857.

FRIEDMANN, LAWRENCE M. – *Das Rechtssystem im Blickfeld der Sozialwissenschaften*, 1981, versão alemã.

FROMMEL, MONIKA – *Die Rezeption der Hermeneutik bei Karl Larenz und Josef Esser*, 1981.

FROSINI – *Nozione di equità*, ED XV (1966), 69-82.

FU, HUALING/HARRIS, LISON/YOUNG, SIMON N. M. (publ.) – *Interpreting Hong Kong's Basic Law: the Struggle for Coherence*, 2008.

FUENSALIDA – *Observaciones críticas en tema de derecho subjectivo*, ADC 34 (1981), 3-39.

FÜHRICH, ERNST – *Reisevertrag nach modernisiertem Schuldrecht*, NJW 2002, 1082-1084.

FÜHRICH, ERNST R. – *Wirtschaftsprivatrecht*, 6.ª ed., 2002.

FUKUYAMA, FRANCIS – *The End of History and the Last Man*, 1992, reimpr., 2002;
 – *Trust/The Social Virtues and the Creation of Prosperity*, 1995; há trad. port. de CARLOS LEITE BORGES, Gradiva, 1996;
 – *The Great Disruption/Human Nature and the Reconstitution of Social Order*, 1999, reed., 2000; em português: *A grande ruptura/A natureza humana e a reconstituição da ordem social*, trad. por MÁRIO DIAS CORREIA, 2000.

GABBA, C. F. – *Teoria della retroattività delle leggi* 1, 3.ª ed., 1891; 2, 1897; 3, 1897; 4, 1898.

GADAMER, HANS-GEORG – *Vom Zirkel des Verstehens* (1959) = *Gesammelte Werke*, 2, 1986;
 – *Mensch und Sprache*, 1966 = *Gesammelte Werke*, 2, 1986;
 – *Wahrheit und Methode*, 4.ª ed., 1975;

– *Hermeneutik als Theoretische und praktische Aufgabe*, RInTPh n° 127-128 (1979), 239-259.

GAFFIOT, FÉLIX/FLOBERT, PIERRE – *Dictionnaire Latin-Français*, 2000.

GAIO – *Institutiones*, III, 157 = ed. bilingue latim/alemão de ULRICH MANTHE, *Gaius Institutiones/Die Institutionen des Gaius*, 2004.

GAITANIDES, CHARLOTTE – prenot. aos artigos 220.° a 245.°, no VON DER GROEBEN/ /SCHWARZE, *Kommentar zum Vertrag über die Europäische Union und zur Gründung der Europäischen Gemeinschaft*, 4.° vol. (2004).

GAITI, JOAN. DOMINICI – *De credito Tractatus ex libris, epistolis, cambiis*, 1696.

GALBRAITH, JOHN KENNETH – *American Capitalism/The Concept of Countervailing Power*, 1952;
– *The Essencial Galbraith* ed. ANDREA D. WILLIAMS, 2001.

GALDIA, MARCUS – *Rechtsvergleichendes Übersetzen* em *The European Legal Forum* (2003), 1-5.

GALGANO, FRANCESCO – *História do Direito comercial*, trad. port. sem data.

GALVÃO, SOFIA – *vide* SOUSA, MARCELO REBELO DE.

GARCIA, MARIA DA GLÓRIA FERREIRA PINTO DIAS – *Da justiça administrativa em Portugal. Sua origem e evolução*, 1993;
– *O lugar do Direito na protecção do ambiente*, 2007.

GARSTKA, HANS JÜRGEN – *Generalklauseln* em KOCH/*Methodenlehre* (1976), 96-122.

GAUDEMET, EUGÈNE – *L'interprétation du Code civil en France depuis 1804*, 1935.

GAUL, BJÖRN – *Schuldrechtsmodernisierung und Unternehmenskauf*, ZHR 166 (2002), 35-71.

GAZZONI, FRANCESCO – *Equità e autonomia privata*, 1970.

GEDDERT, HEINRICH – *Recht und Moral/Zum Sinn eines alten Problems*, 1984.

GEIGER, THEODOR – *Vorstudium zu einer Soziologie des Rechts*, 4.ª ed., 1987.

GÉNY, FRANÇOIS – *Méthode d'interprétation et sources en droit privé/Essai critique* I, 2.ª ed., 1954.

GENZMER, E. – *Zum Verhältnis von Rechtsgeschichte und Rechtsvergleichung*, ARSP 41 (1954/55), 326-347.

GERALDES, ANTÓNIO SANTOS ABRANTES – *Valor da jurisprudência cível*, CJ/Supremo VII (1999) 2, 5-20;
– *Recursos em processo civil/Novo regime*, 2.ª ed., 2008.

GERDES, STEPHANIE – *vide* HAMMER, FRANK A..

GERLAH, JOHAN W. – *Die Grundstrukturen des privaten Umweltrechts im Spannungsverhältnis zum öffentlichen Recht*, JZ 1988, 161-176;
– *Privatrecht und Umweltschutz im System des Umweltrechts*, 1989.

GERMANN, OSKAR ADOLF – *Probleme und Methoden der Rechtsfindung*, 1965.

GERN, ALFONS – *Neuansatz der Unterscheidung des öffentlichen Rechts vom Privatrecht*, ZRP 1985, 56-61.

GERNHUBER, JOACHIM – *Die Billigkeit und ihr Preis*, Summum ius (1963), 205-223;
– *Familienrecht*, 6.ª ed., 2010

GERSTNER, THEODOR – *Eisenbahn-Betriebs-Reglement und Verkehrs-Ordnung, ihre Entstehung und ihre rechtliche Natur*, AöR 11 (1896), 161-250.

Gesetz zur Modernisierung des Schuldrechts, publicado no *Bundesgesetzblatt* I, Nr. 61, de 29-Nov.-2001, 3138-3218.

GIERKE, OTTO VON – *Der Entwurf eines bürgerlichen Gesetzbuchs und das deutsche Recht*, 1889;
— *Deutsches Privatrecht* 1, 1895;
— *Recht und Sittlickeit*, Logos 6 (1916/17, reimp., 1963), 211-264.
GIESLER, JAN PATRICK – *Die Auswirkungen der Schuldrechtsreform auf Franchiseverhältnisse*, ZIP 2002, 420-427.
GILLIS, FRITZ – *Die Billigkeit/Ein Grundform des freien Rechts*, 1914.
GIOFFREDI, CARLO – *"Mores"*, NssDI X (1964), 919-921.
GIORGI, RAFFAELE DE – *Wahrheit und Legitimation im Recht/Ein Beitrag zur Neubegründung der Rechtstheorie*, 1980;
— *Abstraktion versus Institution? Phänomenologie und Geltungsgrund des Rechts in der Frühphilosophie des jungen Hegels*, FS Troller 80. (1987), 95-105.
GIORGIANNI, MICHELLE – *Contributo alla teoria dei diritti di godimento su cosa altrui* 1, 1940;
— *Diritti reali (diritto civile)*, NssDI V (1960), 748-753;
— *Obbligazioni*, NssDI XI (1965), 581-614.
GIVSAN, HASSAN – *Der verweigerte Dialog/Notizen zur Leitfrage des Symposions: "Worauf kann man sich noch berufen"*, ARSP BH 29 (1981), 9-18.
GLEICHENSTEIN, HANS VON – *Die Allgemeinheit des Rechts/Zum fragwürdigen Gerechtigkeltspathos sozialstaatlichen Rechtsreformen*, 1919.
GLENN, H. PATRICK – *Legal Traditions of the World*, 2007;
— *Comparative Legal Families and Comparative Legal Traditions*, em REIMANN/ /ZIMMERMANN, *The Oxford Handbook of Comparative Law* (2008), 421-440.
GLINSKI, CAROLA – *Umweltqualität*, em REICH/MICKLITZ, *Europaïsches Verbraucherrecht*, 4.ª ed. (2003), 939-1030.
GMÜR, RUDOLF – *Das schweizerische Zivilgesetzbuch verglichen mit dem deutschen Bürgerlichen Gesetzbuch*, 1965.
GOEBEL, JOACHIM – *Das System privatrechtlicher Wertung und die demokratische Genese des Rechts*, ARSP 2003, 372-386.
GOEPPERT, H./ECK, E. (publ.) – *Das Prinzip: "Gesetz haben keine rückwirkende Kraft" geschichetlich und dogmatische entwickelt*, JhJb 22 (1884), 14-20.
GOES, MARIA – *O fim da História e o último homem*, trad. port. de FRANCIS FUKUYAMA, *The End of History and the Last Man* (1992 reimpr., 2002), rev. científica de PEDRO S. M. ALVES, 1999.
GOGOS – *Das griechische Bürgerliche Gesetzbuch vom 15 März 1940*, AcP 149 (1944), 78-101.
GOLDSCHMIDT, LEVIN – *Ueber die wissenschaftliche Behandlung des deutschen Handelsrechts und den Zweck dieser Zeitschrift*, ZHR 1 (1858), 1-24;
— *Die Codification des Deutschen bürgerlichen und Handels-Rechts*, ZHR 20 (1874), 134-171;
— *Handbuch des Handelsrechts*, Teil B, 1 – *Geschichtlich-Literarische Einleitung und Grundlehren*, 1875, reimpr., 1973;
— *Universalgeschichte des Handelsrechts*, parte A do *Handbuch des Handelsrechts*, 3.ª ed., 1891, 2.ª reimpr., 1973.
GOLDSTAJN, ALEKSANDAR – *The New Law Merchant reconsidered*, FS Schmitthoff (1973), 172-185.

GOLDZIHER, IGNAZ – *Le dogme et la loi dans l'Islam/Histoire du développement dogmatique et juridique de la religion musulmane*, 2.ª ed., trad. FÉLIX ARIN, 2005; a 1.ª ed. é de 1920.
GOMES, JANUÁRIO – *Leis Marítimas*, 2004;
– *O ensino do Direito marítimo*, 2 volumes 2004.
GOMES, JANUÁRIO/ATAÍDE, RUI – *OHADA, Tratado, regulamentos e actos uniformes*, 2008.
GOMES, NUNO SÁ – *Introdução ao Estudo do Direito*, 1979/1980.
GOMES, ORLANDO – *Contratos*, 26.ª ed., atualizadores António Junqueira de Azevedo e Francisco Paulo de Crescenzo Marino, 2007;
– *Obrigações*, 17.ª ed., atualizador Edvaldo Brito, 2007.
GONÇALVES, A. DA PENHA – *Teoria Geral do Direito Civil*, 1.º vol., policop., 1981.
– *A evolução do movimento operário em Portugal*, 1905;
– *Comentário ao Código Comercial Português*, 2, 1914;
– *Tratado de Direito Civil*, 1, 1929; 7, 1933;
– *Tratado de Direito Civil em comentário ao Código Civil Português*, 14 volumes, a partir de 1929.
GONÇALVES, LUIZ DA CUNHA – *Tratado de Direito Civil em comentário ao Código Civil Português*, 14 volumes, a partir de 1929.
GONZÁLEZ, BLÁS PEREZ/ALGUER, JOSÉ – tradução castelhana de LUDWIG ENNECCERUS/HANS CARL NIPPERDEY, *Allgemeiner Teil des Bürgerlichen Rechts*, 1, 13.ª ed., 1943.
GÖPPINGER, H. – *Das Ermessen des Richters*, JurJb (1968/69), 86-125.
GORJÃO-HENRIQUES, MIGUEL – vide VILAÇA, JOSÉ LUÍS DA CRUZ.
GOTTHARDT, MICHAEL – *Der Arbeitsvertrag auf dem AGB-rechtlichen Prüfstand*, ZIP 2002, 277-289.
GOUVEIA, ALFREDO ROCHA DE – vide MARQUES, JOSÉ DIAS.
GOUVEIA, JAIME DE – *Direito Civil*, por F. C. ANDRADE DE GOUVEIA e MÁRIO RODRIGUES NUNES, 1939.
GOUVEIA, LÚCIO GRASSI DE – *Interpretação criativa e realização do Direito*, 2000.
GRABAU, FRITZ-RENÉ – *Über die Normen zur Gesetzes- und Vertragsinterpretation*, 1993.
GRAMSCH, WERNER – *Die Billigkeit im Recht*, 1938.
GRASNIK, WALTER – *Argumentation versus Interpretation*, JZ 2004, 232-237;
– *Die Meinungsmacher*, em FRIEDRICH MÜLLER, *Politik, [Neue] Medien und Sprache das Rechts* (2007), 105-117.
GRASSETTI, CESARE – vide PACCHIONI, GIOVANNI.
GRAZIADEI, MICHELE – *Comparative Law as the Study of Transplants and Receptions*, em REIMANN/ZIMMERMANN, *The Oxford Handbook of Comparative Law* (2008), 441-475.
GRECO, PAOLO – *Il diritto commerciale fra l'autonomia e la fusione*, RDComm XLV (1947) I, 1-11.
GREENWOOD, DESMOND G. – vide FISHER, MICHAEL J..
GRIGOLEIT, HANS CHRISTOPH – *Besondere Vertriebsformen ins BGB*, NJW 2002, 1150-1158.
GRIMM, DIETER – *Soziale, wirtschaftliche und politische Voraussetzungen der Vertragsfreiheit/Eine vergleichende Skizze* em *La formazione storica del diritto europeo*, 1977.

GROBYS, MARCEL – *AGB-Kontrolle von Arbeits- und Dienstverträgen nach dem Schuldrechtsmodernisierungsgesetz*, DStR 2002, 1002-1009.
GRÖNFORS – *Das subjektive Recht und der Persönlichkeisschutz im skandinavischen Privatrecht*, em COING/LAWSON/GRÖNFORS, *Subjektives Recht* (1959), 39-53.
GRÖSCHLER, PETER – *Zur Wirkungsweise und zur Frage der Geltendmachung von Einrede und Einwendung im materiallen Zivilrecht*, AcP 201 (2001), 48-90.
Grosses Schulwörterbuch Lateinisch-Deutsch, da Langenscheidt, 2001.
GROSSMANN-DOERTH, HANS – *Der Jurist und das autonome Recht des Welthandels*, JW 1929, 3447-3451.
GROSSO, GIUSEPPE – *Richerche intorno all'elenco classico dei "bonae fidei iudicia"*, RISG 1928, 39-96.
GROTEFELD, STEFAN – *Wie wird Moral ins Recht gesetz?*, ARSP 2003, 299-317.
GROTIUS, HUGO – *De jure belli ac pacis libri tres*.
GRUNDMANN, STEFAN – *Europäisches Schuldvertragsrecht – Struktur und Bestand*, NJW 2000, 14-23;
– *Systemdenken und Systembildung*, em KARL RIESENHUBER, *Europäische Methodenlehre* (2006), 217-243.
GSELL, BEATE – no *Staudinger Kommentar, Eckpfeiler des Zivilrechts* (2011), 559-624;
– *vide* ERNST, WOLFGANG.
GUARALDI, LUCIA – em PIETRO RESCIGNO, *Codice civile*, 1, 7.ª ed. (2008).
GUARINO, ANTONIO – *Equità (diritto romano)*, NssDl 6 (1960), 619-624.
GUNDES, JÖRG – *Verfahrensgrundrechte*, em DIRK EHLERS (publ.), *Europäische Grundrechte und Grundfreiheiten* (2003), 421-446.
GUSMÃO, PAULO DOURADO DE – *Introdução ao Estudo do Direito*, 1986.
Gutachten und Vorschläge zur Überarbeitung des Schuldrechts, publicados pelo Ministro Federal da Justiça, vol I, 1981; vol. II, 1981; vol. III, 1983.
GUYON, YVES – *Le nouveau Code de Commerce et le droit des sociétés*, RS 2000, 647-652.

HAAS, LOTHAR/MEDICUS, DIETER/ROLLAND, WALTER/SCHÄFER, CARSTEN/WENDTLAND, HOLGER – *Das neue Schuldrecht*, 2002.
HAAZEN, OLAV A. – *vide* SPIER, JAAS.
HABERMAS, JÜRGEN – *Strukturwandel der Öffentlichkeit/Untersuchungen zu einer Kategorie der bürgerlichen Gesellschaft*, 1969;
– *Faktizität und Geltung/Beiträge zur Diskurstheorie des Rechts und des demokratischen Rechtstaats*, 1992, 4.ª ed., 1998.
HABERSACK, MATHIAS – *Europäiches Gesellschaftsrecht*, 4.ª ed., 2011.
HABERSACK, MATHIAS/SCHÜRNBRAND, JAN – *Der Eigentumsvorbehalt nach der Schuldrechtsreform*, JuS 2002, 833-839.
HABSCHEID – *vide* BOSCH.
HAFERKAMP, HANS-PETER – *Georg Friedrich Puchta und die "Begriffsjurisprudenz"*, 2004.
HAFT, FRITJOF – *Einführung in das juristische Lernen*, 6.ª ed., 1997;
– *Recht und Sprache*, em KAUFMANN/HASSEMER, *Einführung in Rechtsphilosophie und Rechtstheorie der Gegenwart* (1977), 112-131;
– *Juristische Rethorik*, 8.ª ed., 2009.

HAGER, GÜNTER – *Rechtsmethoden in Europa*, 2009.
HÄHNCHEN, SUSANNE – *Obliegenheiten und Nebenpflichten*, 2010.
HALLAQ, WAEL B. – *A History of Islamic Legal Theories*, 2007;
– *The Origins and Evolution of Islamic Law*, 5.ª ed., 2008.
HAMBURGER, PETER – *Ausbau des Individualschutzes gegen Umweltbelastungen als Aufgabe des bürgerlichen und des öffentlichen Rechts*, 56, DJT (1986), 1.º vol., 16 ss..
HAMMEL, FRANK A. – AGB/*Notwendige Änderungen nach der Schuldrechtsreform*, 3 volumes, 2002.
HAMMEN, HORST – *Die Bedeutung Friedrich Carl v. Savignys für die allgemeinen dogmatischen Grundlagen des Deutschen Bürgerlichen Gesetzbuches*, 1983;
– *Zerschlagt die Gesetzestafeln nicht!*, JZ 2001, 1357-1359.
HAMMER, FRANK A. (publ.)/SÜDHOFF, STEPHAN/GERDES, STEPHANIE/FELSER, DANIELA – AGB/*Notwendige Änderungen nach der Schuldrechtsreform im Werk-, Dienst- und Darlehensvertragsrecht*, 2002.
HAMMER, STEFAN – *Geltung und diskursive Legitimität/Zur institutionallen Abhängigkeit der Geltungsbegriffs*, em *Rechtsgeltung*, publ. CSABA VARGA/OTA WEINBERGER, ARSP EH 27 (1986), 37-50.
HANHÖRSTER, HEDWIG – *vide* WEBER, HANS-JOACHIM.
HARATSCH, ANDREAS – *vide* KOENIG, CHRISTIAN.
HARKE, JAN DIRK – *Positives als negatives Interesse Beweiserleichterung beim Vertrauenschaden*, JR 2003, 1-5.
HARRIS, LISON – *vide* FU, HUALING.
HART, HERBERT L. A. – *O conceito de Direito*, 1968, trad. port. ARMINDO RIBEIRO MENDES, 1987.
HÄRTING, NIKO – *Fernabsatz – Änderung durch das Schuldrechtsmodernisierungsgesetz*, MDR 2002, 61-66.
HARTKAMP, A. S. – *Einführung in das neue Niederländische Schuldrecht*, I, AcP 191 (1991), 396-410.
HARTKAMP, ARTHUR/HESSELINK, MARTIJN/HONDIUS, EWOUD/JOUSTRA, CARLA/PERRON, EDGAR DU – *Towards a European Civil Code*, 2.ª ed., 1998.
HASSEMER, WINFRED – *Juristische Hermeneutik*, ARSP LXXII (1986), 195-212;
– *vide* ELLSCHEID, GÜNTER.
HATTENHAUER, HANS – *Grundbegriffe des bürgerlichen Rechts*, 1982;
– *Die geistesgeschichtlichen Grundlagen der deutschen Rechts*, 1987;
– *Zur Zukunft des Deutschen als Sprache der Rechtswissenschaft*, JZ 2000, 545-551.
HAVERKATE, GÖRG – *Gewissheitsverluste im juristischen Denken/Zur politischen Funktion der juristischen Methode*, 1977.
HECK, PHILIP – *Das Recht der grossen Haverei*, 1889;
– recensão a FELLNER, *Die rechtlich Natur der Inhaberpapier*, ZHR 37 (1890), 277--284;
– recensão a VON BAR, *Theorie und Praxis des Internationalen Privatrechts*, ZHR 38 (1890), 305-319;
– *Interessenjurisprudenz und Gesetzestreue*, DJZ 1905, 1140-1142;
– *Was ist diejenige Begriffsjurisprudenz, die wir bekämpfen?*, DJZ 1909, 1457-1461;
– *Gesetzesauslegung und Interessenjurisprudenz*, 1914;

- *Die reine Rechtslehre und die jungösterreichische Schule der Rechtswissenschaft*, AcP 122 (1924), 173-194;
- *Grundriss der Schuldrechts*, 1929, reimp. 1958;
- *Grundriss des Sachenrechts*, 1930;
- *Begriffsbildung und Interessenjurisprudenz*, 1932;
- *Das Problem der Rechtsgewinnung*, 1912, 2.ª ed., 1932;
- *Die Leugnung der Interessenjurisprudenz durch Hermann Isay*, AcP 137 (1933), 47-65;
- *Interessenjurisprudenz*, 1933;
- *Die Interessenjurisprudenz und ihre neuen Gegner*, AcP 142 (1936), 129-202 e 297-332;
- *Rechtserneuerung und juristische Methodenlehre*, 1936;
- *Rechtsphilosophie und Interessenjurisprudenz*, AcP 143 (1937), 129-196;
- *Der Allgemeine Teil des Privatrechts/Ein Wort der Verteidigung*, AcP 146 (1941), 1-27;
- *Das Problem der Rechtsgewinnung. Gesetzesauslegung und Interessenjurisprudenz. Begriffsbildung und Interessenjurisprudenz*, publ. ROLAND DUBISCHAR, com um posfácio de JOSEF ESSER, 1968;
- *Weshalb ein von dem bürgerlichen Rechte gesondertes Handelsprivatrecht?*, AcP 92 (1902), 438-466.

HEDEMANN, J. W. – *Fünfzig Jahre Bürgerliches Gesetzbuch*, JR 1950, 1-4.

HEERSTRASSEN, FRANK/REINHARD, THORSTEN – *Die Verjährung von Rechtsmängelansprüchen beim Beteiligungskauf nach der Schuldrechtsreform*, BB 2002, 1429-1437.

HEFFTER, HEINRICH – *Auswirkung der Glaubens- und Gewissensfreiheit im Schuldverhältnis*, 1968.

HEGEL, GEORG WILHELM FRIEDRICH – *System der Philosophie I – Die Logik*, 1830 = *Sämtliche Werke*, publ. H. GLOCKNER, 1929.

HEGENBARTH, RAINER – *Juristische Hermeneutik und linguistische Pragmatik/Dargestellt am Beispiel der Lehre vom Wortlaut als Grenze der Auslegung*, 1982.

HEGSELMANN, RAINER – *Normativität und Rationatität/Zum Problem praktischer Vernunft in der analytischen Philosophie*, 1979.

HEIDEGGER, MARTIN – *Sein und Zeit*, 1927 = *Gesamtausgabe*, 2, 1964;
- *Brief über den Humanismus*, 1949 = *Wegmarken*, 1967.

HEIDEL, THOMAS – vide DAUNER-LIEB, BARBARA.

HEIDERHOFF, BETTINA – *Vertrauen versus Vertragsfreiheit im europäischen Verbrauchervertragsrecht*, ZeuP 2001, 769-788;
- *Grundstrukturen des nationalen und europäischen Verbrauchervertragsrechts//Insbesondere zur Reichweite europäischer Auslegung*, 2004.

HEINECCIUS, JOHANN GOTTLIER (HEINECKE) – *Institutiones juris civilis*, sucessivamente reeditado em Coimbra; assim, na ed. de JO. WALDECK, 1814, reed, 1887.

HEISE, GEORG ARNOLD – *Grundriss eines Systems des gemeinen Civilrechts/zum Behuf von Pandekten-Vorlesung*, 1807.

HEITMANN, HERMANN – *Die Stellung der Interessenjurisprudenz innerhalb der Geschichte der juristischen Methodenlehre*, 1936.

HELLER, THEODOR – *Logik und Axiologie der analogen Rechtsanwendung*, 1961.

HENKE, WILHELM – *Wandel der Dogmatik des öffentlichen Rechts*, JZ 1992, 541-548.
HENKEL, HEINRICH – *Recht und Individualität*, 1958;
– *Einführung in die Rechtsphilosophie*, 2.ª ed., 1977.
HENNINGER, THOMAS – *Europäisches Privatrecht und Methode*, 2009.
HENSSLER, MARTIN – *Gewerbe, Kaufmann und Unternehmen/Herkunft und Zukunft der subjektiven Anknüpfung des Handelsrechts*, ZHR 161 (1997), 13-51;
– *Einführung in das Schuldrechtsmodernisierung*, em HENSSLER/GRAF VON WESTPHALEN, *Praxis der Schuldrechtsreform* (2002), 1.
HENSSLER, MARTIN/WESTPHALEN, FRIEDRICH GRAF VON – *Praxis der Schuldrechtsreform*, com contributos de CHRISTIAN BERESKA, KLAUS BRISCH, HELGE DEDEK, CHRISTOF MUTHERS e ANNIKA SCHMIDT, 2002.
HERBER, ROLF – *Probleme der gesetzlichen Fortentwicklung des Handels- und Gesellschaftsrechts*, ZHR 144 (1980), 47-73.
HERBERGER, M. – *Die deskriptiven und normativen Tatbestandsmerkmale im Strafrecht*, em KOCH/*Methodenlehre* (1976), 124-154.
HERMANNS, FRITZ – *Die Globalisierung*, em FRIEDRICH MÜLLER, *Politik, [Neue] Medien und die Sprache des Rechts* (2007), 165-189.
HERÓDOTO, 3,53 = DIETSCH/KALLEMBERG, *Herodoti Historiarum Libri* IX, 1 (1939), 233.
HÉRON, JACQUES – *Étude structurale de l'application de la loi dans le temps (à partir du Droit civil)*, RTDC LXXXIV (1985), 277-333 .
HERRFAHRDT, HEINRICH – *Lücken im Recht*, 1915.
HERTEL, CHRISTIAN – vide AMANN, HERMANN.
HERTIN, PAUL W. – *Urheberrecht*, 2004.
HESS, BURKHARD – *Intertemporales Privatrecht*, 1998.
HESSELINK, MARTIJN – vide HARTKAMP, ARTHUR.
HEUKELS, TON – *Intertemporales Gemeinschaftsrecht/Rückwirkung, Intertemporales Gemeinschaftsrecht: Ruckwirkung, Sofortwirkung und Rechtsschutz in der Rechtsprechung des Gerichtshofes der Europäischen Gemeinschaften*, 1990.
HEUSSEN, BENNO – vide OTT, SIEGHART.
HEYKE, HANS-EBERHARD – *Ist "Rechtswissenschaft" eine Wissenschaft?*, RTh 2003, 229-244.
HEYMANN, E. – vide CALDERA, RT..
HILL, HERMANN – *Einführung in die Gesetzgebungslehre*, Jura 1986, 57-67 (57) e *Rechtsdogmatische Probleme der Gesetzgebung*, Jura 1986, 286-296.
HILLGRUBER, CHRISTIAN – *Der Vertrag als Rechtsquelle*, ARSP 85 (1999), 348-361.
HINZ, MANFRED O. – *Tarifhoheit und Verfassungsrecht/Eine Untersuchung über die tarifvertragliche Vereinbarungsgewalt*, 1971.
HIPPEL, EIKE VON – *Verbraucherschutz*, 3.ª ed., 1986.
HIRSCH, CHRISTOPH – *Schadensersatz statt der Leistung*, Jura 2003, 289-298.
HIRSCH, ERNST E. – *Rechtssoziologie für Juristen/Eine Aufsatzsammlung*, 1984.
HIRSCH, GÜNTHER – *Die Grundrechte in der Europäischen Union*, RdA 1998, 194-200;
– *Gemeinschaftsgrundrechte als Gestaltungsaufgabe*, em KARL F. KREUZER/DIETER H. SCHEUING/ULRICH SIEBER, *Europäisches Grundrechtsschutz* (1998), 7-24.
HITZIG, HERMANN FERDINAND – *Beiträge zur Geschichte der iniuria im griechischen und römischen Recht*, 1899.
HOBBES, THOMAS – *De cive*, 1642;

– *Leviathan or the Matter, Forme and Power of a Commonwealth ecclesiasticall and civil*, 1651, reimp., 1985.

HOEREN, THOMAS – *Internet und Recht – Neue Paradigmen des Informationsrechts*, NJW 1998, 2849-2861;
– *Internet und Jurisprudenz/zwei Welten begegnen sich*, NJW 2000, 188-190;
– *E-Business und die Rezession: Was wird vom elektronischen Handel bleiben?*, NJW 2002, 37.

HOFBAUER, HANS – *Der Rechtscharakter der Tarifverträge und der Allgemeinverbindlicherklärung*, 1974.

HOFFMANN-RIEM, WOLFGANG – *Modernisierung von Recht und Justiz/Eine Herausforderung des Gewährleistungsstaates*, 2001.

HÖFLING, WOLFRAN/KRINGS, GÜNTER – *Der werwaltungsrechtliche Vertrag: Begriff, Typologie, Fehlerlehre*, JuS 2000, 625-632.

HOFMANN, CHRISTIAN – *Die Vorwirkung von Richtlinien*, em KARL RIESENHUBER, *Europäische Methodenlehre* (2006), 366-387.

HOGUE, ARTHUR R. – *Origins of the Common Law*, 1966, reimp., 1985.

HOLLÄNDER, PAVEL – *Kognitivismus versus Dezisionismus in der Gerichtsanwendung der Charta der Grundrechte und der Grundfreiheiten?*, RTh 2003, 487-504.

HOLTHAUSEN, JOACHIM – vide HÜMMERICH, KLAUS.

HÖLZLE, GERRIT – vide TRIEBEL, VOLKER.

HOMANN, STEFAN – vide RINGSTMEIER, ANDREAS.

HOMMELHOFF, PETER – *Zivilrecht unter dem Einfluss europäischer Rechtsangleichung*, AcP 192 (1992), 75-105.

HONDIUS, EWOUD – *Das neue Niederländische Zivilgesetzbuch/Allgemeiner Teil*, AcP 191 (1991), 378-432;
– vide HARTKAMP, ARTHUR.

HÖNN, GÜNTHER – *Zur Problematik der Privatautonomie*, Jura 1984, 57-74.

HONSELL, HEINRICH – *Sondertagung Schuldrechtsmodernisierung*, JZ 2001, 473-474.

HONSELL, THOMAS – *Historische Argumente im Zivilrecht/Ihr Gebrauch und ihre Wertschätzung im Wandel unseres Jahrhunderts*, 1982.

HÖPFNER, CLEMENS – *Die systemkonforme Auslegung/Zur Auflösung einfachgesetzlicher, verfassungsrechtlicher und europarechtlicher Widersprüche im Rechte*, 2008.

HOPT – vide BAUMBACH.

HORN, NORBERT – *Zur Bedeutung der Topiklehre Theodor Viehwegs für eine einheitliche Theorie der juristischen Denkens*, NJW 1967, 601-608;
– *Rationalität und Autorität in der juristischen Argumentation*, RTh 6 (1975), 145-160;
– *Topik in der rechtstheoretischen Diskussion*, em DIETER BREUER/HELMUT SCHANZE, *Topik/Beiträge zur interdisziplinären Diskussion* (1981), 57-64;
– *Ein Jahrhundert Bürgerliches Gesetzbuch*, NJW 2000, 40-46.

HORNEFFER – *Herodot Historien/Deutsche Gesamtausgabe*, por HORNEFFER/HAUSSIG//OTTO, 1955.

HORNER, FRANZ – *Die neuscholastische Naturrechtslehre: Möglichkeiten und Grenzen*, em *Woraus kann man sich noch berufen? Dauer und Wandel von Normen im Umbruchszeiten*, ARSP BH 29 (1987), 19-33.

HÖRNLE, TATJANA – *Menschenwürde und Lebenschutz*, ARSP 2003, 318-338.
HÖRSTER, HEINRICH EWALD – *A parte geral do Código Civil português/Teoria Geral do Direito Civil*, 1992.
HOSPERS, JOHN – *An Introduction to Philosophical Analysis*, 2.ª ed., 1970.
HOYNINGEN-HUENE, GERRICK FREIHERR VON – *Die Billigkeit im Arbeitsrecht/Ein Beitrag zur rechtsdogmatischen Präzisierung der Billigkeit im Zivilrecht, dargestellt am Beispiel des Arbeitsrechts*, 1978.
HOYNINGEN-HUENE, PAUL – *Formale Logik/Eine philosophische Einführung*, 2006.
HROMADKA, WOLFGANG – *Schuldrechtsmodernisierung und Vertragskontrolle im Arbeitsrecht*, NJW 2002, 2523-2530.
HRUSCHKA, JOACHIM – *Das Verstehen von Rechtstexten*, 1972;
– *Kant Rechtsphilosophie als Philosophie des subjektiven Rechts*, JZ 2004, 1086-1092.
HUBA, HERMANN – *Juristische Rhetorik*, Jura 1987, 517-521.
HUBER, PETER/FAUST, FLORIAN – *Schuldrechtsmodernisierung/Einführung in das neue Recht*, 2002.
HUBMANN, HEINRICH – *Grundsätze der Interessenabwägung*, AcP 155 (1956), 85-134;
– *Wertung und Abwägung im Recht*, 1977.
HÜBNER, A. – *vide* LEINFELLNER, E.W..
HÜBNER, HEINZ – *Allgemeiner Teil des Bürgerlichen Gesetzbuches*, 1985.
HUECK, ALFRED/NIPPERDEY, HANS CARL – *Lehrbuch des Arbeitsrechts*, 7.ª ed., 1963.
HUECK, GÖTZ – *Der Grundsatz der gleichmässigen Behandlung im Privatrecht*, 1958.
HUGO, GUSTAV – *Institutionen des heutigen römischen Rechts*, 1789.
HUMBOLDT, WILHELM VON – *Ueber das Entstehen der gramatischen Formen, und ihren Einfluss auf die Ideenentwicklung*, 1822 = *Gesammelte Schriften* (ed. Academia das Ciências Prussiana), IV (1905), 285-313;
– *Über den Dualis*, 1827 = *Gesammelte Schriften* (ed. Academia das Ciências Prussiana), VI (1907), 4-30;
– *Über die Verschiendenheit des menschlichen Sprachbaues und ihren Einfluss auf die geistige Entwicklung des Menschengeschlechts*, 1836 = *Gesammelte Schriften* (ed. Academia das Ciências Prussiana), VI (1907), 1-344;
– *Über den Zusammenhang der Schrift mit der Sprache*, 1838 = *Gesammelte Schriften* (ed. Academia das Ciências Prussiana), V (1906), 31-106;
– *Schriften zur Sprache*, publ. MICHAEL BÖHLER, 2007.
HÜMMERICH, KLAUS/HOLTHAUSEN, JOACHIM – *Der Arbeitnehmer als Verbraucher*, NZA 2002, 173-181.
HUSA, JAAKKO – *Überlegungen zu einer Theorie der Rechtsvergleichung als Rechtsphilosophie*, RTh 40 (2009), 473-492.

IBBETSON, DAVID – *A Historical Introduction to the Law of Obligations*, 1999, reimp., 2006.
IMBERT, JEAN – *"Fides" et "nexum"*, St. Arangio-Ruiz (1953), 339-363.
IPSEN, JÖRN/KOCH, THORSTEN – *Öffentliches Recht und Privatrecht/Abgrenzungsprobleme bei der Benutzung öffentlicher Einrichtungen*, JuS 1992, 809-816.
IQBAL, MUNAWAR/KHAN, TARIQULLAH – *Financial Engineering and Islamic Contracts*, 2005.

IRTI, NATALINO – *L'età della decodificazione*, 4.ª ed., 1999.
ISELE, HELLMUT GEORG – *Ein halbes Jahrhundert deutsches Bürgerliches Gesetzbuch*, AcP 150 (1949), 1-27.

Jacobi Cujacii Ig. Tolosatis Opera ad Parisiensem fabrotianam editionem diligentissime exactam, 12 volumes (1758-1783), ed. Paris; existe reimpressão de 1836 ss. – a 1.ª ed. é do séc. XVI.
JACOBS, MATTHIAS – *Der Rückgriff des Unternehmers nach § 478 BGB*, JZ 2004, 225-232.
JAEGER, PIETER GIUSTO/DENOZZA, FRANCESCO/TOFFOLETTO, ALBERTO – *Appunti di diritto commerciale* I, 7.ª ed., 2010.
JAHR, GÜNTHER – *Die Einrede des bürgerlichen Rechts*, JuS 1964, 125-132, 218-224 e 293-305.
JANSSEN, LYDIA – *Burgerlijk recht*, dois volumes, 2003.
JAUERNIG, OTMAR – *Bürgerliches Gesetzbuch*, 2, volumes, 13.ª ed., 2009.
JAUFFRED-SPINOSI, CAMILLE – *vide* DAVID, RENÉ.
JAYME, ERIK – *Betrachtungen zur Reform des portugiesischen Ehegüterrechts*, FS Imre Zajtay (1982), 261-269;
– (org.) *Das Recht der lusophonen Länder: Tagensereferente, Rechtsprechung, Gutachten*, 2000;
– *Die kulturalle Dimension des Rechts/ihre Bedeutung für das Internationale Privatrecht und die Rechtsvergleichung*, RabelsZ 67 (2003), 211-230.
JELLINEK, GEORG – *Gesetz und Verordnung*, 1887, reimp., 2005.
JHERING, RUDOLF VON – *Der Zweck im Recht* 1, 1877 e 2, 1883.
– *Der Zweck im Recht*, 5.ª ed., 1916
– *Geist des römischen Rechts auf den verschiedenen Stufen seiner Entwicklung* III, 1, 6.ª e 7.ª ed., 1924; a 1.ª edição é de 1861
– *Scherz und Ernst in der Jurisprudenz*, 13.ª ed., 1924, reimp., 1992
– *Recht und Sitte*, s/d
JOCHUM, HEIKE – *Das Erbe Friedrich Carl von Savignys*, NJW 2004, 568-573.
JOHNSTON, ANGUS – *vide* DEAKIN, SIMON.
JOHNSTON, ANGUS – *vide* MARKESINIS, BASIL.
JOLOWICZ, H. F. – *Roman foundations of modern law*, 1957.
JONESCO, BASILE – *Les effets juridiques de l'apparence en droit privé*, 1927.
JOUSTRA, CARLA – *vide* HARTKAMP, ARTHUR.
JUNKER, ABBO – recensão a *Towards a European Civil Code*, 2.ª ed., NJW 1999, 2427.
JÜSSEN, G. – *Moral, moralisch, Moralphilosophie/Lateinische Antike*, HWörtPh 6 (1984), 149-151;
– *Moral, moralisch, Moralphilosophie/Lateinische Patristik und lateinische Mittelalter*, HWörtPh 6 (1984), 151-153.
JUSTINIANO – na Novela LVIII = ed. alemã *Das corpus iuris civilis*, por CARL EDUARD OTTO/BRUNO SCHILLING/CARL FRIEDRICH FERDINAND SINTENIS, VII (1833), 307-309
JUSTO, ANTÓNIO DOS SANTOS – *A crise da romanística*, BFD 72 (1996), 13-132;
– *Direito privado romano* – I Parte geral (*Introdução. Relação jurídica. Defesa dos direitos*), 2.ª ed., 2003;

– *Introdução ao Estudo do Direito*, 4.ª ed., 2009;
– *Breviário de Direito privado romano*, 2010.
KAISER, DAGMAR – no *Staudingers Kommentar* (2004), 459 ss..
KAISER, JOCHEN – *vide* WOLF, MANFRED.
KALINOWSKI, GEORGES – *Logique et philosophie du droit subjectif*, APD IX (1964).
KALLWASS, WOLFGANG – *Privatrecht/Ein Basisbuch*, 17.ª ed., 2004.
KALLWASS, WOLFGANG/ABELS, PETER – *Privatrecht*, 20.ª ed., 2010.
KAMALI, MOHAMMAD HASHIM – *Principles of Islamic Jurisprudence*, 2003;
– *Shari 'ah Law: An Introduction*, 2008.
KAMANABROU, SUDABEH – *Die Interpretation zivilrechtlicher Generalklauseln*, AcP 202 (2002), 662-688.
KANT, IMMANUEL – *Die Methaphisik der Sitten*, 1797, em *Gesammelte Schriften* 6 (1907), 293-493;
– *Grundlegung zur Methaphysik der Sitten*, ed. Academia Prussiana das Ciências, IV, 1903;
– *Reflexionen zur Moralphilosophie*, n.º 6586 e n.º 6589 = *Kant's gesammelte Schriften*, ed. Academia Prussiana das Ciências, XIX, 1934.
KANTOROWICZ, HERMANN – *Der Kampf um die Rechtswissenschaft*, 1906;
– *Volksgeist und historische Rechtsschule*, HZ 108 (1913), 295-315.
KASER, MAX – *Mores maiorum und Gewohnheitstrecht*, SZRom 59 (1939), 52-101;
– *Das römische Zivilprozessrecht*, 1966;
– *Das römische Privatrecht* I – *Das altrömische, das vorklassische und klassische*, 2.ª ed., 1971 e II – *Die nachklassische Entwicklungen*, 1959;
– *Direito privado romano*, trad. SAMUEL RODRIGUES e FERDINAND HÄMMERLE, ed. F. C. Gulbenkian, 1999.
KASER, MAX/KNÜTEL, ROLF – *Römisches Privatrecht*, 17.ª ed., 2002.
KASPER, FRANZ – *Das subjecktive Recht – Begriffsbildung und Bedeutungsmehrheit*, 1967.
KASTENDIECK, KRISTINA – *Der Begriff der praktischen Vernunft in der juristischen Argumentation/Zugleich ein Beitrag zur Rationalisierung und ethischen Legitimation von rechtlichen Entscheidungen unter Unsicherheitsbedingungen*, 2000.
KATCHI, ANTÓNIO – *As fontes do Direito em Macau*, 2006.
KAUFMANN, ARTHUR – *Recht und Sittlichkeit*, 1964;
– *Über die Wissenschaftlichkeit der Rechtswissenschaft*, ARSP LXXII (1986), 425-442;
– *Vorüberlegungen zur einer juristischen Logik und Ontologie der Relationen*, RTh 17 (1986), 257-276;
– *Das Verfahren der Rechtsgewinnung/Eine rationale Analyse*, 1999.
KAUFMANN, ERICH – *Das Wesen des Völkerrechts und die clausula rebus sic stantibus/ /Rechtsphilosophische Studie zum Rechts-, Staats- und Vertragsbegriffe*, 1911;
– *Kritik der neukantischen Rechtsphilosophie/Eine Betrachtung über die Beziehung zwischen Philosophie und Rechtswissenschaft*, 1921;
– *Hegels Rechtsphilosophie*, 1931 = *Gesammelte Scriften*, 3, *Rechtsidee und Recht*, 1960.
KAUFMANN, HORST – *Die Einrede der entgegenstehende Gewissennspflicht*, AcP 161 (1962), 289-316.

KEGEL, GERHARD – *Empfiehlt es sich den Einfluss grundlegender Veränderungen des Wirtschaftslebens auf Verträge gesetzlich zu regeln und in welchem Sinn?* Gutachten 40. DJT (1953), vol. I, 137-236.

KELLER, ADOLF – *Die Kritik, Korrektur und Interpretation des Gesetzeswortlautes*, 1960.

KELSEN, HANS – *Zur Lehre vom öffentlichen Rechtsgeschäft*, AöR 31 (1913), 53-98 e 190-249;
- *Teoria pura do Direito*, 4.ª ed., trad. port. de JOÃO BAPTISTA MACHADO, 1960, reimp., 1976;
- *Allgemeine Rechtslehre*, 1925, reimpr. 1966;
- *Allgemeine Staatslehre*, 1925, reimp. 1966;
- *Reine Rechtslehre*, 2.ª ed. 1960, reimp., 1967.

KEMPER, JOZEF A. R. – *Topik in der antiken rhetorischen Techne*, em DIETER BREUER/HELMUT SCHANZE, *Topik/Beiträge zur interdisziplinären Diskussion* (1981), 17-32.

KERVEGAN, JEAN-FRANÇOIS – *Rechtliche und moralische Normativität/Eine "idealistisches" Plädoyer für den Rechtspositivismus*, RTh 39 (2008), 23-52.

KHALLÂF, 'ABN AL-WAHHÂB – *Les fondements du Droit musulman*, trad. fr. de CLAUDE DABBAK, ASMAA GODIN e MEHREZIA LABIDI MAIZA, 2008.

KHAN, TARIQULLAH – *vide* IQBAL, MUNAWAR.

KINDLER, PETER – recensão a MARTIN GEBAUER, *Grundfragen der Europäisierung des Privatrechts* (1999), AcP 199 (1999), 695-705.

KINGREEN, THORSTEN – *Gleichheitsrechte*, em DIRK EHLERS (publ.), *Europäische Grundrechte und Grundfreiheiten* (2003), 398-420.

KIPP, THEODOR – *Aequitas*, na *Paulys Realenzyklopädie der klassischen Altertumswissenschaft*, por G. WISSOVA, I, t. 1 (1893), 598-604;
- *vide* WINDSCHEID, BERNARD.

KIRALFY, A. K. R. – *English Law*, em J. DUNCAN M. DERRETT, *An Introduction to Legal Syatems* (1968), 157-193.

KIRCHMANN, JULIUS VON – *Die Werthlosigkeit der Jurisprudenz als Wissenschaft/Ein Vortrag gehalten in der Juristischen Gesellschaft zu Berlin*, 1848, com reimp., pelo menos, em 1932, em 1938, em 1956, em 1988, e em 1990.

KIRCHNER, CHRISTIAN – *Die ökonomische Theorie*, em KARL RIESENHUBER, *Europäische Methodenlehre* (2006), 93-119.

KIRSCH, ANDREAS – *Schuldrechtsreform und Unternehmen – Umstellungen bei Langzeitverträgen*, NJW 2002, 2520-2523.

KIRSTE, STEPHAN – *Die Zeitlichkeit des positiven Rechts und die Geschichtlichkeit des Rechtsbewusstseins/Momente der Ideengeschichte und Grundzüge einer systematischen Begründung*, 1998.

KISCH, WILHELM – *Fünfzig Jahre Bürgerliches Gesetzbuch*, NJW 1950, 1-3.

KITZLER, ALBERT – *Die Auslegungslehre des Anton Friedrich Justus Thibaut*, 1986.

KLAPPSTEIN, VERENA – em THOMAS HEIDEL/ALEXANDER SCHALL, *HGB/Handkommentar*, 2011.

KLATT, MATTHIAS – *Theorie der Wortlautgrenze/Semantische Normativität in der juristischen Argumentation*, 2004.

KLAUER, IRENE – *Die Europäisierung des Privatrechts*, 1998.

KLEIN, RÜDIGER – *Die Kongruenz des verwaltungsrechtlichen Ermessensbereichs und des Bereichs rechtlicher Mehrdeutigkeit/Versuch einer rechtstheoretischen Präzisierung ermessender Geistestätigkeit*, AöR 82 (1957), 75-122.

KLEINFELLER – *Interpretatio*, PWRE 9/2 (1916), 1709-1712.

KLEITER, TOBIAS – *Entscheidungskorrekturen mit unbestimmter Wertung durch die klassische römische Jurisprudenz*, 2010.

KLOEPFER, MICHAEL – *Umweltrecht*, 3.ª ed., 2004.

KLOEPFER, MICHAEL – *Umweltschutz als Aufgabe des Zivilrechts – aus öffentlichrechtlicher Sicht*, em *Umweltschutz und Privatrecht* (1990), 35-70.

KLUG, ULRICH – *Juristische Logik*, 4.ª ed., 1982; a 1.ª ed. é de 1953.

KLUNZINGER, EUGEN – *Einführung in das bürgerliche Recht*, 12.ª ed., 2004; 15.ª ed., 2011.

KLUXEN, W. – *Analogie*, no HWörtPh 1 (1971), 214-227.

KNOBEL, ULRIKE – *Wandlungen im Verständnis der Vertragsfreiheit*. 2000.

KNOTHE, HANS-GEORG – no *Staudingers Kommentar BGB* I, §§ 90-133 (2004).

KNOTT, HERMANN J. – *Unternehmenskauf nach Schuldrechtsreform*, NZG 2002, 249-256.

KNÜTEL, ROLF – vide BEHRENDS, OKKO;
– vide KASER, MAX.

KOCH – vide SCHAUB.

KOCH, HANS-JOACHIM – *Zur Rationalität richterlichen Entscheidens*, RTh 4 (1973), 183-206;
– *Umweltrecht*, 3.ª ed., 2010.

KOCH, HANS-JOACHIM/RÜSSMANN, HELMUT – *Juristische Begründungslehre/Eine Einführung in Grundprobleme der Rechtswissenschaft*, 1982.

KOCH, THORSTEN – vide IPSEN, JÖRN.

KOENIG, CHRISTIAN/HARATSCH, ANDREAS – *Europarecht*, 4.ª ed., 2003 e 7.ª ed., 2010.

KOENIG/HARATSCH – *Europarecht*, 4.ª ed., 2003.

KÖHLER, HELMUT – *Das neue UWG*, NJW 2004, 2121-2127;
– Introdução ao *Bürgerliches Gesetzbuch* da Beck, 55.ª ed., 2004; 60.ª ed., 2009; 62.ª ed., 2011;
– *BGB/Allgemeiner Teil*, 28.ª ed., 2004; 34.ª ed., 2010.

KOHLER, JOSEPH – *Noch einmal über Mentalreservation und Simulation*, JhJb 16 (1878), 325-356;
– *Die schöpferische Kraft der Jurisprudenz*, JhJb 25 (1887), 262-297;
– *Lehrbuch des Bürgerlichen Rechts* 1, 1906.

KOHLER, JÜRGEN – *Umwelthaftungsgesetz*, 2010;
– vide STAUDINGER.

KÖHLER, MARKUS/ARNDT, HANS-WOLFGANG/FETZER, THOMAS – *Recht der Internet*, 7.ª ed., 2011.

KOLLER, PETER – *Theorien des Sozialkontrakts als Rechtsfertigungsmodelle politischen Institutionen*, FG Weinberger (1984), 241-275;
– *Über Sinnfälligkeit und Grenzen des moralischen Relativismus*, ARSP BH 29 (1987), 55-70.

KÖNGDEN, JOHANNES – *Die Rechtsquellen des Europäischen Privatrechts*, em KARL RIESENHUBER, *Europäische Methodenlehre/Handbuch für Ausbildung und Praxis* (2006), 133-158.

KOPPELBERG, DIRK – *Die Aufhebung der analytischen Philosophie/Quine als Synthese von Carnap und Neurath*, 1987.
KOPPENFELS, KATHARINA VON – *Vertragsstrafen im Arbeitsrecht nach der Schuldrechtsmodernisierung*, NZA 2002, 598-602.
KOSCHAKER, PAUL – *Europa und das römische Recht*, 4.ª ed., 1966.
KÖTZ, HEIN – *Rechtsvergleichung und Rechtsdogmatik*, RabelsZ 54 (1990), 203-216;
– *Europäische Juristenausbildung*, ZEuP 1993, 268-278;
– *Savigny v. Thibaut und das gemeineuropäische Zivilrecht*, ZeuP 2003, 431-435.
KRAMER, ERNST A. – *Juristische Methodenlehre*, 2.ª ed., 2005.
KRAMPE, CHRISTOPH – recensão a HERBERT ROTH, *Die Einrede des bürgerlichen Rechts* (1988), AcP 191 (1991), 163-171.
KRAUSE, HERMANN – *Kaufmannsrecht und Unternehmensrecht*, ZHR 105 (1938), 69-132.
KRAWIETZ, W. – *Gesetz* em HWörtPh 3 (1974), 480-493;
– introdução a WERNER KRAWIETZ (publ.), *Theorie und Technik der Begriffsjurisprudenz* (1976), *Zur Einleitung: juristische Konstruktion, Konstruktion, Kritik und Krise dogmatischer Rechtswissenschaft*, 1-10;
– *Recht und Rationalität in der modernen Systemtheorie*, GS Tammelo (1984), 723-739.
KREBS, PETER – *Die grosse Schuldrechtsreform*, DB 2000, Beilage 14.
KREJCI, HEINZ – *Methodisches, Dogmatisches und Politisches zur Grundstatbestandsbildung im "Handelsrecht"*, FS F. Bydlinski (2002), 219-242.
KRINGS, GÜNTER – vide HÖFLING, WOLFRAN.
KRÖGER, DETLEF/KUNER, CHRISTOPHER – *Internet für Juristen*, 3.ª ed., 2001.
KRONSTEIN, HEINRICH – *Rechtsauslegung im wertgebundenen Recht*, 1957.
KRÜGER, PAUL – vide MOMMSEN, THEODOR.
KÜBLER, FRIEDRICH – *Rechtsvergleichung als Grundlagendisziplin der Rechtswissenschaft*, JZ 1977, 113-118.
KÜHL, KRISTIAN – *Recht und Moral*, em KRISTIAN KÜHL (org.), *Juristen-Rechtsphilosophie* (2007), 9-23;
– (org.) *Juristen-Rechtsphilosophie*, 2007.
KÜHN, HANS-JÜRGEN – *Soziale Gererchtigkeit als moralphilosophische Forderung/Zur Theorie der Gerechtigkeit von John Rawls*, 1984.
KÜMPEL, SIEGFRIED – *Bank- und Kapitalmarktrecht*, 3.ª ed., 2004.
KUNER, CHRISTOPHER – vide KRÖGER, DETLEF.
KUNTZE-KAUFHOLD – *Legal best Practices: von der tatsächlichen zur guten Übung in der Rechtsanwendung*, ARSP 95 (2009), 102-119.
KUPISCH, BERTHOLD – vide BEHRENDS, OKKO.
KUTSCHERA, FRANZ VON/BREITKOPT, ALFRED – *Einführung in die moderne Logik*, 7.ª ed., 2000.

La circulation du modèle juridique français, em Travaux de l'Association Henri Capitant, XLIV, 1993.
LACOURSIÈRE, JACQUES – *Histoire populaire du Québec*, 3 volumes, 1995-1996.
LADWIG, BERND – *Das islamische Kopftuch und die Gerechtigkeit*, ARSP 96 (2010), 17-33.
LAFFRANQUE, JULIA – *Europäisches versus estnisches Rechtssystem/Anschein oder Wirklichkeit?*, Rth 38 (2007), 203-218.

LAMEGO, JOSÉ – *"Sociedade aberta" e liberdade de consciência – O direito fundamental de liberdade de consciência*, 1985;
   – *Hermenêutica e jurisprudência*, I – *Hermenêutica e motivos hermenêuticos na jurisprudênda de valoração e na Filosofia do Direito analítica*, polic., 1987;
   – *Hermenêutica e jurisprudência/Análise de uma "recepção"*, 1989;
   – *"Teleologia da liberdade" e conceito de Direito: a compreensão criticista da juridicidade como exigência de "constitucionalização" do ordenamento jurídico*, 2001;
   – *O essencial sobre a Filosofia do Direito do idealismo alemão*, 2011.
LAMMEL, SIEGBERT – *Die Gesetzgebung des Handelsrechts*, em HELMUT COING, *Handbuch der Quellen*, vol. II, tomo II – *Gesetzgebung und Rechtsprechung* (1976), 571-1083.
LAMPE, ERNST-JOACHIM – *Rechtsanthropologie. Entwicklung und Problem*, ARSP 85 (1999), 246-269.
LANDO, OLE – *Das neue Schuldrecht des Bürgerlichen Gesetzbuchs und die Grundregeln des europäischen Vertragsrechts*, RabelsZ 67 (2003), 231-245.
LANDSBERG, GERD/LÜLLING, WILHELM – *Umwelthaftungsrecht*, 1991.
LANGAN, P. ST. J. – *Maxwell on the Interpretation of Statutes*, 20.ª ed., 1969.
LANGE, HEINRICH – *BGB/Allgemeiner Teil, Ein Studienbuch*, 3.ª ed., 1956.
LANGE, HERMANN – *Jus aequum und ius strictum bei den Glossatoren*, SZRom 71 (1954), 319-347.
LANGHEINEKEN – *Anspruch und Einrede nach dem Deutschen Bürgerlichen Gesetzbuch*, 1903.
LARENZ, KARL – *Hegels Zurechnungslehre und der Begriff der objektiven Zurechnung/Ein Beitrag zur Rechtsphilosophie der kritischen Idealismus und zur Lehre von der "juristischen Kausalität"*, V ss., *Das Problem der Rechtsgeltung*, 1929;
   – *Hegels Begriff der Philosophie und der Rechtsphilosophie*, em BINDER/BUSSE//LARENZ, *Einführung in Hegels Rechtsphilosophie* (1931), 5-29;
   – *Sittlickeit und Recht/Untersuchungen zur Geschichte des deutschen Rechtsdenkens und zur Sittenlehre*, 1943;
   – *Methodische Aspekte der "Güterabwagung"*, FS Klingmüller (1974), 235-248;
   – *Zur Struktur "subjektiver Rechte"*, FG Sontis (1977), 129-148;
   – *Methodenlehre der Rechtswissenschaft*, 6.ª ed., 2005.
LARENZ, KARL/WOLF, MANFRED – *Allgemeiner Teil des deutschen Bürgerlichen Rechts*, 8.ª ed., 1997, e 9.ª ed., 2004.
LARENZ/CANARIS – *Methodenlehre der Rechtswissenschaft*, 3.ª ed., 1995.
LARNAUDE, F. – *Le Code civil et la nécéssité de sa Revision*, em *Livre du Centenaire* (1904), 899-931.
LAROMBIÈRE, M. L. – *Théorie & Pratique des Obligations en commentaire des titres III & IV, Livre III, du Code Napoléon*, I, 1857; 5 volumes no total.
LASK, EMIL – *Rechtsphilosophie*, em *Gesammelte Schriften*, 1 (1923), publ. EUGEN HERRIGER, 275-331.
LASSALLE, FERDINAND – *Das System der erworbenen Rechte*, Theil I, também com o título *Die Theorie der erworbenen Rechte und der Collision der Gesetze, unter besonderer Berücksichtigung des römischen, französischen und preussischen Rechts*, 2.ª ed., 1880.

Latte, Paul – *Römische Religionsgeschichte*, 1960.
Laudenklos, Frank – *Methode und Zivilrecht in der ökonomischen Analyse des Rechts*, em Joachim Rückert, *Fälle und Fallen in der neueren Methodik des Zivilrechts seit Savigny* (1997), 289-313.
Laufs, Adolf – *Ein Jahrhundert wird besichtigt/Rechtsentwicklungen in Deutschland: 1900 bis 1999*, JuS 2000, 1-10.
Laurent, Fernand – *Principes de droit civil français*, vol. 1, 3.ª ed., 1878; vols. 15, 16, 17, 18, 19, e 20, todos 3.ª ed., 1878.
Le Code Civil – 1804-1904 – Livre du Centenaire, tomo I – *Generalités – Études spéciales* e tomo II – *Le Code Civil à l'Étranger – La question de la Revision*, 1904.
Le Code Civil, 1804-2004, Livre du Bicentenaire, coed. Dalloz/Litec, 2004.
Le Saint Coran, trad. francesa. intr. Lyess Chacal, 2005.
Leão, Duarte Nunes de – *Chronica Del Rei Dom Affonso o Quarto*, em *Primeira parte das chronicas dos Reis de Portugal, reformadas pelo licenciado Duarte Nunes de Lião, Desembargador na Casa da Supplicação, por mandado del Rei Dom Philippe o primeiro de Portugal, de gloriosa memoria*, 1600.
Lecheler, Helmut – *Einführung in das Europarecht*, 2.ª ed., 2003.
Leenen, Detlef – *Die Neugestaltung des Verjährungsrechts durch das Schuldrechtsmodernisierungsgesetz*, DStR 2002, 34-43;
– vide Zimmermann, Reinhard.
Lehmann, Michael – *Die Haftung für Werbeangabe nach neuem Schuldrecht*, DB 2002, 1090-1094.
Lehnsen – *Was ist am Bürgerlichen Gesetzbuch deutscher Ursprung?*, 1933.
Leible, Stefan/Domröse, Ronny – *Die Primärrechtskonforme Auslegung*, em Karl Riesenhuber, *Europäische Methodenlehre* (2006), 184-216.
Leibniz, Gottfried Wilhelm – *Essais de Théodicée sur la bonté de Dieu, la liberté de l'homme et l'origine du mal*, ed. bilingue com trad. alemã de Herbert Herring, 1999, o original é de 1710.
Leinfellner, E.W./Leinfellner, H./Berghel, H./Hübner, A. – *Wittgenstein and his Impact on Contemporary Thought/und sein Einfluss auf die gegenwärtige Philosophie*, 2, 1980.
Leinfellner, H. – vide Leinfellner, E.W..
Leipold, Dieter – *BGB I/Einführung und Allgemeiner Teil*, 3.ª ed., 2004; 6.ª ed., 2010.
Leitão, Augusto Rogério – *O efeito jurídico das directivas comunitárias na ordem interna dos Estados membros*, DDC 14 (1982), 7-59.
Leitão, Luís Menezes – *O ensino do Direito das obrigações/Relatório sobre o programa, conteúdo e método de ensino da disciplina*, 2001;
– *O enriquecimento sem causa no Direito civil*, 2005;
– *Direito de autor*, 2011.
Lenel, Otto – *Briefe Savignys an Georg Arnold Heise*, SZRom 36 (1915), 96-156.
Lenk, Hans – *Metalogik und Sprachanalyse/Studien zur analytischen Philosophie*, 1973.
Lenormand, Maurice-H. – *Manuel pratique du Corporatisme*, 1938.
Leotardi, Honorati – *Liber singularis, de usuris, et contractibus usurariis coërcendis*, 4.ª ed., 1682.
Lepa, Manfred – vide Dauner-Lieb, Barbara.
Lepsius, Oliver – *Hans Kelsen: Allgemeine Staatslehre (1925)*, JZ 2004, 34-35.

LEQUETTE, YVES – *vide* TERRÉ, FRANÇOIS.
LESSMANN, HERBERT – *Die willentliche Gestaltung von Rechtsverhältnissen im BGB/Inhalt und Grenzen des Parteiwillens bei der Willenserklärung*, JA 1983, 341-346 e 403-408;
– *Vom Kaufmannrecht zum Unternehmensrecht?*, FG Zivilrechtslehrer 1934/35 (1999), 361-381.
LETTZ, TOBIAS – *Die Falschlieferung durch den Verkäufer nach der Schuldrechtsreform*, JuS 2002, 866-872.
LEVEL, PATRICE – *Essai sur les conflits de lois dans le temps/Contribution à la théorie générale du droit transitoire*, 1959.
LEVENEUR, LAURENT – *Le Code Civil et le Droit communautaire* em PIERRE CATALA e outros (org.), *1804-2004/Le Code Civil: Un passé, un présent, un avenir* (2004), 929-951.
LEVERENZ, KENT – *Die Gestaltungsrechte des Bürgerlichen Rechts*, Jura 1996, 1-9.
LEVI, VANNA – *vide* ALPA, GUIDO.
LEVY, ERNST/RABEL, ERNST – *Index interpolationum quae in Iustiniani Digestis inesse dicuntur*, 1, 1927.
LEVY, HEINRICH – *Die Hegel-Renaissance in der deutschen Philosophie*, 1927.
LICARI, FRANÇOIS-XAVIER/BAUERREIS, JOCHEN – *Das neue französische Handelsgesetzbuch – ein kritischer Beitrag zur Methode der codification à droit constant*, ZeuP 2004, 132-152.
LIMA, FERNANDO ANDRADE PIRES DE/VARELA, JOÃO DE MATOS ANTUNES – *Noções fundamentais do Direito Civil*, 2 volumes, 1945;
– *Noções fundamentais de Direito civil*, I, 6.ª ed., 1973;
– *Código Civil Anotado* 1, 1.ª ed., 1967, 4.ª ed., 1987;
– *vide* VARELA, JOÃO ANTUNES.
LINCK – *vide* SCHAUB.
LINDEMANN, MICHAEL – *Recht und Neurowissenschaften*, em JULIEN KRÜPER, *Grundlagen des Rechts* (2010), 245-259.
LINGENTHAL, KARL SALOMO ZACHARIÄ VON – *Handbuch des französischen Civilrechts*, 3.ª ed., 4 volumes, 1827-1828.
LINGENTHAL, ZACHARIÄ VON/CROME, CARL – *Handbuch des Französichen Civilrechts*, 3.ª ed., 4 volumes, 1894.
LINGERMANN, STEFAN – *Allgemeine Geschäftsbedingungen und Arbeitsvertrag*, NZA 2002, 181-192.
LIPARTITI, CIRO – *Consuetudine (diritto internazionale)*, NssDI IV (1960), 327-333.
LIPP, MARTIN – *Die Bedeutung des Naturrechts für die Ausbildung der allgemeinen Lehren des deutschen Privatrechts*, 1980.
LIPTOW, JASPER – *Das Fallrecht als Modell sprachlicher Praxis*, em FRIEDERICH MÜLLER, *Politik, [Neue] Medien und die Sprache des Rechts* (2007), 56-69.
LÍVIO, TITO – *Ab urbe condita* 2.23 = FOSTER, *Livy in fourteen volumes*, ed. bilingue (1967), 1, 291-293.
LLOMPART, J. – *Gerechtigkeit und geschichtliches Rechtsprinzip*, ARSP 67 (1981), 39-60.
LOCKE, JOHN – *An essay concerning Understanding Human* = ed. Oxford, 1975.
LOHLKER, RÜDIGER – *Bibliographie des islamischen Rechts*, 2005.
LÖHNIG, MARTIN – *Irrtumsrecht nah der Schuldrechtsmodernisierung*, JA 2003, 516-522.

LOMBARDI, GABRIO – *Diritto pubblico/Diritto romano*, NssDI V (1964), 1020-1021.
LONGCHAMPS, FRANÇOIS – *Quelques observations sur la notion de droit subjectif dans la doctrine*, APD IX (1964), 63.
LONGO, CARLO/SCHERILLO, GAETANO – *Storia del diritto romano/Costituzione e fonti del diritto*, 1935.
LONGO, GIANNETTO – *"Lex"*, NssDI IX (1963), 786-794;
– *"Lex romana burgundium"*, NssDI IX (1963), 817-818.
LOOK, FRANK VAN – *Die zivilrechtlichen Generalklauseln in der Rechtsprechung des Reichsgerichts 1933-1945*, JR 2000, 89, 97.
LOOSCHELDERS, DIRK/OLZEN, DIRK – no *Staudingers Kommentar*, §§ 241-243 (2009).
LOPES, CARLOS ALBERTO – *vide* DUARTE, MARIA LUÍSA.
LORENZ, STEPHAN – *§ 241a BGB und das Bereicherungsrecht – zum Begriff der "Bestellung" im Schuldrecht*, FS Werner Lorenz 80. (2001), 193-214;
– *Rücktritt, Minderung und Schadensersatz wegen Sachmängeln im neuen Kaufrecht: Was hat der Verkäufer zu vertreten*, NJW 2002, 2497-2505.
LORENZ, STEPHAN/RIEHM, THOMAS – *Lehrbuch zum neuen Schuldrecht*, 2002.
LOSER-KROGH, PETER – *Kritische Überlegungen zur Reform des privaten Haftpflichtrechts//Haftung aus Treu und Glauben, Verursachung und Verjährung*, ZSR 2003, 127-228.
LOTZE, LOTHAR – *Das Recht als Instrument*, em KARL A. MOLLNAN (publ.), *Materialismus und Idealismus im Rechtsdenken/Geschichte und Gegenwart*, ARSP BH 31 (1987), 162-167.
LOUREIRO, JOSÉ PINTO – *Manuel de Almeida e Sousa*, em *Jurisconsultos Portugueses do Século XIX*, 1.º vol., 1947.
LÖWISCH, MANFRED/NEUMANN, DANIELA – *Allgemeiner Teil des BGB/Einführung und Rechtsgeschäftslehre*, 7.ª ed., 2004.
LÜBBE-WOLFF, GERTRUDE – *Das wohlerworbene Recht als Grenze der Gesetzgebung im neunzehnten Jahrhundert*, SZGerm 103 (1986), 104-139.
LÜDEMANN, JÖRN – *Die verfassungskonforme Auslegung von Gesetzen*, JuS 2004, 27-30.
LÜER, DIETER W. – *vide* OTT, SIEGHART.
LUHMANN, NIKLAS – *Legitimation durch Verfahren*, 2.ª ed., 1975;
– *Kommunikation über Recht in Interaktionssystemen*, em *Ausdifferenzierung des Rechts/Beiträge zur Rechtssoziologie und Rechtstheorie* (1981), 53-72;
– *Die Lebenswelt – nach Rücksprache mit Phänomenologen*, ARSP LXXII (1986), 176-194;
– *The Unity of the Legal System*, em GUNTHER TEUBNER (org.), *Autopoietic Law/a New Approach to Law and Society* (1988), 12-35;
– *Das Recht der Gesellschaft*, 1993.
LÜLLING, WILHELM – *vide* LANDSBERG, GERD.
LUMIA, ISIDORO LA – *L'autonomia del nuovo diritto delle imprese commerciali*, RDComm XL (1942) I, 1-9.
LUTTER, MARCUS – *Die Auslegung angeglichenen Rechts*, JZ 1992, 593-607.
LUTTERMANN, CLAUS – *Islamic Finance: Ein Dialog über Recht, Weltwirtschaft und Religionen*, JZ 2009, 706-715.
LUZKOW, JACK LAWRENCE – *The Revenge of History/Why the Past Endures, a Critique of Francis Fukuyama*, 2003.

LYON-CAEN, GÉRARD – *Contribution à la recherche d'une définition de Droit commercial*, RTDComm II (1948), 577-588.

MACHADO, JOÃO BAPTISTA – *Direito civil (Teoria geral)*, 1, 1967;
– *Sobre a aplicação no tempo do novo Código Civil*, 1968;
– *Âmbito de eficácia e âmbito de competência das leis (Limites das leis e conflitos de leis)*, 1970;
– *Introdução ao Direito e ao discurso legitimador*, 1983; 3.ª ed., 1989;
– *Tutela da confiança e "venire contra factum proprium"* (1985) = *Obra dispersa* I (1991), 345-423.

MACHETE, RUI – *Os princípios e classificações fundamentais do corporativismo*, SI XVIII, 99-100 (1969), 398-440.

MACKELDEY, FERDINAND – *Manuel de Droit romain, contenant la théorie des institutions, précédée d'une introduction à l'étude du Droit romain*, trad. da 10.ª ed. alemã, de J. BEVING, 3.ª ed. 1846.

MACRIZ – *Die Grundgedanken für die Ausarbeitung der Entwurfe eines griechischen Zivilgesetzbuches*, RabelsZ 9 (1935), 586-614.

MADALENO, CLÁUDIA ALEXANDRA DOS SANTOS – *Direito das obrigações guineense*, 2009.

MADEIRA, ALBERTO LOPES – *vide* SAMPAIO, AFONSO LEITE DE.

MAFFEI, D. – *Gli inizi dell'umanesimo giuridico*, 1964, reimpr..

MAGALHÃES, J. M. BARBOSA DE – *Código de Processo Comercial Anotado*, 2, 3.ª ed., 1912;
– *Estudos sobre o Novo Código de Processo Civil*, 2, 1947;
– *A revisão geral do Código Civil, a autonomia do Direito comercial e o problema da codificação*, ROA 10 (1950), 1 e 2, 1-58;
– em *Travaux de la semaine internationale de Droit/L'influence du Code civil dans le Monde* (1954), *Portugal*, 632-663.

MAGNUS, ULRICH – *Elemente eines europäischen Deliktsrechts*, ZeuP 1998, 602-614.

MAIHOFER, WERNER – *Idealismus und Materialismus im Rechtsdenken der Gegenwart*, em KARL A. MOLLNAN (publ.), *Materialismus und Idealismus im Rechtsdenken/ /Geschichte und Gegenwart*, ARSP BH 31 (1987), 185-195.

MAITLAND, FREDERIC WILLIAM – *vide* POLLOCK, FREDERICK.

MALAURIE, PHILIPPE – *L'utopie et le bicentenaire du Code Civil*, em PIERRE CATALA e outros (org.), *1804-2004/Le Code Civil: Un passé, un présent, un avenir* (2004), 1-8.

MALAURIE, PHILIPPE/AYNÈS, LAURENT/STOFFEL-MUNCK, PHILIPPE – *Les obligations*, 2.ª ed., 2007.

MALHEIROS, MANUEL/REINERT-SCHOERER, MARLIESE – *Die Entkolonialisierung und die Verbreitung des portugiesischen Rechtskultur*, em *2. Deutsch-Lusitanische Rechtstage/Seminar in Heidelberg 20/21-11-1992* (1994), 99-109.

MALLMANN – *50 Jahre BGB*, DRZ 1946, 52.

MANFREDINI, ARRIGO – *Contributi allo studio dell'"iniuria" in età repubblicana*, 1977.

MANKOWSKI, PETER – *Verändert die Neurobiologie die rechtliche Sicht auf Willenserklärungen?*, AcP 211 (2011), 153-195.

MANSEL, HEINZ-PETER – *Rechtsvergleichung und europäische Rechtseinheit*, JZ 1991, 529-534;
– *vide* ZIMMERMANN, REINHARD.

MANSEL, HEINZ-PETER/BUDZIKIEWICZ, CHRISTINE – *Einführung in das neue Verjährungsrecht*, JURA 2003, 1-12.
MANSO, EDUARDO MARTINS – vide SAMPAIO, AFONSO LEITE DE.
MANTHE, ULRICH – *Die Institutionen des Gaius* (2004), ed. bilingue publ. e traduzida de GAIO, *Institutiones* I, 1.
MARCADÉ, V. – *Explication theorique et pratique du Code Napoléon*, 5.ª ed., tomo 4 (1859), tomo 5.°, 5.ª ed., 1859.
MARCHANTE, JOÃO PEDRO – *Da detecção de lacunas no Direito português*, 2001.
MARCOS, RUI MANUEL DE FIGUEIREDO – *A legislação pombalina /Alguns aspectos fundamentais*, 1990.
MARCUSE, HERBERT – *One-Dimensional Man/Studies in the Ideology od Advanced Industrial Society* (1964), com 2.ª ed., nova introdução por DOUGLAS KELLNER, 1991.
MARIDAKIS – *La tradition européenne et le Code Civil hellénique*, St. Koschaker II (1954), 159-179.
MARINELLI, FABRIZIO – *Gli itinerari del Codice Civile*, 1995.
MARKESINIS, BASIL – vide DEAKIN, SIMON.
MARKESINIS, BASIL/UNBERATH, HANNES – *The German Law of Torts/A Comparative Treatise*, 4.ª ed., 2002.
MARKESINIS, BASIL/UNBERATH, HANNES/JOHNSTON, ANGUS – *The German Law of Contract/A Comparative Treatise*, 2.ª ed., 2006.
MARMOR, ANDREI – *Interpretation and Legal Theory*, 1992.
MARQUES, JOSÉ DIAS – *Teoria Geral do Direito Civil*, 1.° vol., 1958; 2.° vol., 1959;
– *Introdução ao Estudo do Direito*, 3.ª ed., 1970;
– *Introdução ao estudo do Direito*, 1986.
MARQUES, JOSÉ DIAS/GOUVEIA, ALFREDO ROCHA DE – *Código de Processo Civil Português*, 1962.
MARQUES, M. REIS – *O liberalismo e a codificação do Direito civil em Portugal. Subsídios para o estudo da implantação em Portugal do Direito moderno*, 1987.
MARTENS, KLAUS-PETER – *Die Einheit des Privatrechts und das Arbeitsrecht*, JuS 1987, 337-344.
MARTENS, SEBASTIEN A. E. – *Die Werte des Stare Decisis*, JZ 2011, 348-356.
MARTINEZ, PEDRO ROMANO – *Relatório de Direito do trabalho*, 1998;
– *Direito do trabalho*, 7.ª ed., 2007.
MARTINEZ, PEDRO SOARES – *Manual de Direito Corporativo*, 3.ª ed., 1971;
– *Filosofia do Direito*, 3.ª ed., 2003;
– *O pensamento filosófico de Portalis*, RFDUL 2006, 9-17.
MARTINS, ANA MARIA GUERRA/ROQUE, MIGUEL PRATA (ed.) – *Tratado que estabelece uma Constituição para a Europa*, artigos II-61.° a II-65.°, 2004.
MARTINS, ANTÓNIO VIANA – *Da I República ao Estado Novo*, 1976.
MARTINS, J. MENDES – *A Faculdade de Direito (Professores e Doutrinas)*, 1895.
MARTINY, DIETER – *Internationale Formulare*, em REITMANN/MARTINY, *Internationales Vertragsrecht*, 6.ª ed. (2006), 602 ss..
MARTY, JEAN-PAUL – *La distinction du droit civil et du droit commercial dans la législation contemporaine*, RTDComm 1981, 681-702.
MASING, JOHANNES – *Die Ambivalenz von Freiheit und Sicherheit*, JZ 2011, 753-758.

MASPÉTIOL, ROLAND – *Ambiguité du droit subjectif: méthaphysique, tecnique juridique ou sociologie*, APD IX (1964), 72.
MATOS, ANDRÉ SALGADO DE – *vide* SOUSA, MARCELO REBELO DE.
MATTA, CAEIRO DA – *Direito Civil Português* I – *Parte Geral*, 1909.
MATTEWS, GWYNN – *vide* WILLIAMS, HOWARD.
MATTHEUS, DANIELA – *Schuldrechtsmodernisierung 2001/2002 – Die Neuordnung des allgemeinen Leistungsstörungsrechts*, NJW 2002, 209-219.
MATURANA, HUMBERTO R./VARELA, FRANCISCO J. – *Autopoesis and Cognition/The Realization of Living*, 1980;
– *Der Baum der Erkenntnis/die biologische Wurzeln menschlichen Erkennens*, 2009.
MAURER, HARTMUT – *Allgemeines Verwaltungsrecht*, 13.ª ed., 2000.
MAUSEN, YVES – *vide* CHEVREAU, EMMANUELLE.
MAUSER, WOLFRAM – *Billigkeit/Literatur und Sozialethik in der deutschen Aufklärung/Ein Essay*, 2007.
MAYERHÖFER, ALEXANDER – *Die Integration der positiven Forderungsverletzung in das BGB*, MDR 2002, 549-556.
MAYER-MALY, THEO – *Römische Grundlagen des modernen Arbeitsrechts*, RdA 1967, 281-286.
MAZEAUD, HENRI – *Les notions de "droit", de "justice" et d'"équité"*, FS Simonius (1955), 229-233.
MAZEAUD, HENRI/MAZEAUD, LÉON/MAZEAUD, JEAN/CHABAS, FRANÇOIS – *Leçons de Droit Civil*, II/1 – *Obligations/Théorie générale*, 9.ª ed., 1998, II/2 – *Biens*, 8.ª ed., 1994 e I/2 – *Les personnes*, por FLORENCE LAROCHE-GISSEROT, 1997.
MAZEAUD, JEAN – *vide* MAZEAUD, HENRI.
MAZEAUD, LÉON – *vide* MAZEAUD, HENRI.
MAZUREK, P. – *Analytische Rechtstheorie*, em ARTHUR KAUFMANN/WINFRIED HASSEMER, *Einführung in Rechtsphilosophie und Rechtstheorie der Gegenwart* (1977), 164-173.
MCLEOD, IAN – *Legal Theory*, 4.ª ed., 2007.
MECKE, CHRISTOPH-ERIC – *Puchtas und Jherings Beiträge zur heutigen Theorie der Rechtswissenschaft*, ARSP 95 (2009), 540-552.
MECKEL, MIRIAM – *Kulturelle Konfrontation oder Kommunikative Konvergenz in der Wertgesellschaft?/Kommunikation im Zeitalter der Globalisierung*, RTh 29 (1998), 425-440.
MEDEIROS, RUI – *vide* MIRANDA, JORGE.
MEDEMA, STEVEN G. – *vide* MERCURO, NICHOLAS.
MEDICUS, DIETER – *Anspruch und Einrede als Rückgrat einer zivilistischen Lehrmethode*, AcP 174 (1974), 313-331;
– *Umweltschutz als Aufgabe des Zivilrechts – aus zivilrechtlicher Sicht*, em *Umweltschutz und Privatrecht/5. Trier Kolloquium zum Umwelt- und Technikrecht, Umweltschutz und Privatrecht* (1990), 5-33;
– *Abschied von der Privatautonomie?*, FS 30. Münchener Juristischen Gesellschaft (1996), 9-25;
– introdução a *Neues Schuldrecht*, da Beck, 2002;
– *Schuldrecht* I – *Allgemeiner Teil*, 13.ª ed., 2002;
– *Allgemeiner Teil des BGB/Ein Lehrbuch*, 8.ª ed. (2002); 10.ª ed. (2010), 17-20;

– vide HAAS, LOTHAR.
MEIER-HAYOZ, ARTHUR – *Berner Kommentar/zum schweizerischen Gesetzbuch, Einleitung, Artikel 1-10 ZGB* (1962)
MEIRELES, HENRIQUE DA SILVA SEIXAS – *Marx e o Direito civil (para a crítica histórica do "paradigma civilístico")*, 1990.
MELLO, JOSÉ ANTÓNIO GONSALVES DE – *Brasil*, DHP I (1979), 373-382.
MENDES, ARMINDO RIBEIRO – *Direito processual civil*, III – *Recursos* (1982, polic., e 1992, ed. impressa);
– *A reforma de 2007 dos recursos cíveis e o STJ*, em Estudos 10 anos da FDUNL 2 (2008), 545-573;
– *Recursos em processo civil/reforma de 2007*, 2009;
– vide FREITAS, JOSÉ LEBRE DE.
MENDES, JOÃO DE CASTRO – *Direito civil (Teoria Geral)*, 3 volumes, policop., 1967-1968;
– *Direitos, liberdades e garantias – alguns aspectos gerais*, em *Estudos sobre a Constituição*, 1, 1977;
– *Teoria Geral do Direito civil*, 1, 1978, reimpr. 1983 e 1986.
MENDES, MANUEL OHEN (org.) – *Assentos do Supremo Tribunal de Justiça*, 1981.
MENDONÇA, MANUEL INÁCIO CARVALHO DE – *Doutrina e prática das obrigações ou tratado geral de direitos de crédito*, 4.ª ed., I e II, 1956.
MENESES, MIGUEL PINTO DE – *Instituições de Direito Civil Português/tanto público como particular*, BMJ 161 (1966), 89-200, 162 (1967), 31-139 (*Livro I – Direito Público*), 163 (1967), 5-123 e 164 (1967), 17-147 (*Livro II – Do Direito das Pessoas*), 165 (1967), 39-156 e 166 (1967), 45-180 (*Livro III – Dos Direitos das Coisas*) e 168 (1967), 27-165, 170 (1967), 89-134 e 171 (1967), 69-168 (*Livro IV – Das Obrigações e Acções*);
– *História do Direito Civil Português*, BMJ 173 (1968), 45-108, 174 (1968), 5-60 e 175 (1968), 45-108, 174 (1968), 5-60 e 175 (1968), 45-109
MENGER, ANTON – *Das bürgerliche Recht und die besitzlosen Volksklassen* (1927), a 1.ª ed. é de 1890
MERCURO, NICHOLAS/MEDEMA, STEVEN G. – *Economics and the Law/From Posner to Post-Modernism*, 1997.
MERÊA, MANUEL PAULO – introdução ao *Codigo Civil Brasileiro Anotado*, 1917;
– *Codigo Civil Brasileiro Anotado*, 1917;
– *Esboço de uma história da Faculdade de Direito, 1.º período: 1836-1865*, BFD XXVIII (1952), 99-180;
– *Esboço de uma História da Faculdade de Direito*, BFD XXX (1954), 143-167;
– *Como nasceu a Faculdade de Direito*, BFD Supl. XV/Homenagem ao Doutor José Alberto dos Reis, I (1961), 151-168.
MERLE, PHILIPPE – *Droit commercial/Sociétés commerciales*, 9.ª ed., 2003.
MERTENS, HANS-JOACHIM – *Das lex mercatoria-Problem*, FS Odersky (1996), 857-872.
MERZ, HANS – *Obligationenrecht/Allgemeiner Teil*, I, 1984.
MESSNER, JOHANNES – *Die soziale Frage*, 6.ª ed., 1956.
METTENHEIM, CHRISTOPH VON – *Recht und Rationalität*, 1984;
– *Kant, die Moral und die Reform der Revision*, NJW 2004, 1511-1514.

METZGER, AXEL – *Allgemeine Rechtsgrundsätze im Europäischen Privatrecht: Ansätze für eine einheitliche Methodenlehre im Europäischen Mehrebenensystem*, RTh 40 (2009), 313-335.
MEUB, MICHAEL H. – *Fernabsatz und E-Commerce nach neuem Recht*, DB 2002, 359-363;
– *Schuldrechtsreform: Das neue Werkvertragsrecht*, DB 2002, 131-134.
MEYER, ERNST – *Grundzüge einer systemorientierten Wertungsjurisprudenz*, 1984.
MEYER, HERBERT – *Das Publizitätsprinzip im Deutschen Bürgerlichen Recht*, 1909.
MEYER, JÜRGEN – *Kommentar zur Charta der Grundrechte der Europäischen Union*, 2003.
MEYER, RUDOLF – *Bona fides und lex mercatoria in der europäischen Rechtstradition*, 1994.
MICELI, THOMAS J. – *Economics of the Law*, 1997.
MICKLITZ, HANS-W. – *Haftung für fehlerhafte Produkte und Dienstleistungen*, 1031-1081;
– *Produktsicherheit und freiher Warenverkehr*, em REICH/MICKLITZ, *Europaïsches Verbraucherrecht*, 4.ª ed. (2003), 849-938;
– *Rechtsschutz*, em REICH/MICKLITZ, *Europaïsches Verbraucherrecht*, 4.ª ed. (2003), 1083-1233;
– *Vertragsrecht*, em REICH/MICKLITZ, *Europaïsches Verbraucherrecht*, 4.ª ed. (2003), 457-734;
– no *Münchener Kommentar*, I, 5.ª ed. (2006), prenot. §§ 13 e 14.
MIKAT, PAUL – *Gleichheitsgrundsatz und Testierfreiheit*, FS Nipperdey 1 (1965), 581-604.
MINCKE, WOLFGANG – *Die finnische Rechtstheorie unter dem Einfluss der analytischen Philosophie*, 1979.
MINWEGEN, ROMANO – *Der Topos der "Einheit der Rechtsordnung" und des Rechtspositivismus im Lichte der Logik*, RTh 2003, 505-517.
MIRANDA, JOÃO – *vide* SILVA, VASCO PEREIRA DA.
MIRANDA, JORGE – anotação a TC n.º 11/83, de 12 de Outubro (JOSÉ MARTINS DA FONSECA), O Direito 106-119 (1974/87), 394-396;
– *O regime dos direitos, liberdades e garantias*, em *Estudos sobre a Constituição*, III (1979), 41-102;
– *Direito constitucional/Direitos fundamentais*, 1984;
– *Direitos fundamentais na ordem constitucional portuguesa*, Revista Española de Derecho Constitucional, 6 (1986), 107-138;
– *Direitos fundamentais*, 1987;
– *Direitos fundamentais/Introdução geral*, 1989;
– *Manual de Direito constitucional*, IV – *Direitos fundamentais*, 3.ª ed., 2000; V, 2.ª ed., 2000;
– (org.) *Timor e o Direito*, 2000;
– *Em vez do Código Civil, uma lei sobre leis*, Legislação 47 (2007), 5-23.
MIRANDA, JORGE/MEDEIROS, RUI – *Constituição portuguesa anotada* 1, 2.ª ed., 2010; II, 2006.
MIRANDA, PONTES DE – *Tratado de Direito Privado*, 1923 e ss..
MOCK, ERHARD – *Rechtsgeltung Legitimation und Legitimität im demokratischen Verfassungsstaat*, ARSP BH 27 (1986), 51-58.
MÖLLERS, THOMAS M. J. – *Standards als sekundäre Rechtsquellen/Ein Beitrag zur Bindungswirkung von Standards*, idem (2009), 143-171;
– (publ.) *Geltung und Faktizität von Standards*, 2009.

MOLLNAN, KARL A. (publ.) – *Materialismus und Idealismus im Rechtsdenken/Geschichte und Gegenwart*, ARSP BH 31 (1987).
MOMMSEN, THEODOR/KRÜGER, PAUL – *Corpus iuris civilis*, 16.ª ed., 1954.
MONCADA, LUÍS CABRAL DE – *Subsídios para uma História da Filosofia do Direito em Portugal*, 1938.
 – *Integração de lacunas e interpretação da lei*, RDES VII (1954), 159-195
 – *Lições de Direito civil/Parte geral*, 1, 3.ª ed., 1959
 – *Lições de Direito Civil/Parte Geral*, 1, 3.ª ed., 1959 e 4.ª ed. póstuma, 1995.
 – *Lições de Direito Civil*, 3.ª ed., 2 volumes, 1959; existe uma 4.ª ed., de 1962, mas publicada apenas em 1995, num volume único.
MONTEIRO, ANTÓNIO PINTO – *A Parte geral do Código, a teoria geral do Direito civil e o Direito privado europeu*, em *Comemorações dos 35 anos do Código Civil* II (2006), 57-76;
 – *vide* PINTO, CARLOS ALBERTO DA MOTA.
MONTENEGRO, ARTUR – *A conquista do Direito na sociedade romana*, 1934, reed. 1999, com pref. FERNANDO LUSO SOARES (Filho).
MORAIS, CARLOS BLANCO DE – *As leis reforçadas/As leis reforçadas pelo procedimento no âmbito dos critérios estruturantes das relações entre actos legislativos*, 1998.
MOREIRA, ADRIANO – *Direito Corporativo*, 1951.
MOREIRA, GUILHERME ALVES – *Observações à proposta de lei de 7 de Fevereiro de 1903, em que são interpretados alguns artigos do Código Civil*, RLJ 35 (1903), 513-522, 529-535, 561-569, 577-585, RLJ 36 (1903), 2-8, 17-22, 33-42, 49-55, 65-70, 81-86, 97-101, 129-132, 145-149, 161-165, 177-181, 193-197, 209-213, 224-228, 241-244, 257-260, 273-276, 289-292, 305-308, 32 1-324, RLJ 36 (1904), 353-356, 369-373, 385-389, 104-404, 417-421, 449-452, 465-468, 497-500, 513-517, 529-532, RLJ 37 (1904), 2-5, 17-20, 33-36, 65-68, 81-84, 97-100, 113-117, 129-132, 145-148, 161-164, 193-196, 209-212, 241-244, 256-260, 273-276, 289-292, 305-308, 321-324, 336-340, 353-360, 369-372, 385-388, 401-404 e RLJ 37 (1905), 417-420, 433-436, 449-452, 465-469, 481-484, 497-500 e 529-532;
 – *Estudo sobre a responsabilidade civil*, RLJ 37 (1905), 561-564, RLJ 38 (1905), 2-5, 17-20, 33-36, 49-52, 65-68, 81-84, 96-100, 113-116, 129-131, 144-147, 177--179, 192-196, 209-212, 224-228, 257-259, 273-275, 305-308, 321-324, 337-340, 353-356, 369-356, 369-372 e 385-388, RLJ 38 (1906), 417-420, 433-436, 449--451, 465-468, 481-483, 513-515, 529-532, 545-548 e 561-564, RLJ 39 (1906), 2-5, 17-19, 33-36, 49-52, 81-84, 97-99, 113-1 15, 145-147, 161-164, 193-196, 225-228, 257-259, 289-191, 305-308, 337-339, 353-356, 369-371, 385-388, 401--404 e 417-420 e RLJ 39 (1907), 449-452, 465-468, 481-483, 513-516, 545-547, 577-579 e 609-612, com extratos em BFD LIII (1977), 391-554;
 – *Instituições de Direito Civil português* 1, 1907;
 – *Da personalidade collectiva*, RLJ 40 (1907) 385-388, 401-403 e 433-436, RLJ 41 (1908), 449-45 1, 465-467, 481-483, 513-515, 545-547, 577-579, 593-595, 609-611 e 641-644, RLJ 41 (1908), 2-4, 15-19, 33-35, 49-51, 81-83, 97-99, 129-131, 145--147, 177-179, 193-195, 225-227, 241-243, 257-260, 289-291, 305-307, 321-323, 337-339, 353-355, 368-371, 385-387 e 101-404, RLJ 41 (1909), 433-435, 449-45 1, 465-467, 497-500, 513-515, 529-532, 545-547, 561-563, 577-579, 593-595 e

609-611 e RLJ 42(1909), 2-4, 17-19, 33-35, 49-51, 65-68, 81-84, 97-99, 113-115, 129-131, 145-163, 193-195, 225-227 e 257-259.
– *Instituições do Direito civil português*, 1 – *Parte Geral*, 1907;
– *Instituições de Direito civil*, 1, 1911.
MOREIRA, VITAL – *Direito corporativo*, 1973;
– vide CANOTILHO, J. J. GOMES.
MORGADO, CARLA – vide CORDEIRO, MENEZES.
MORTARI, VINCENZO PIANO – *Analogia (premesse storica)*, ED II (1958), 344-348.
MOSSA, LORENZO – *Scienza e metodi del diritto commerciale*, RDComm XXXIX (1941) I, 439-449;
– *Il diritto del lavoro, il diritto commerciale ed il Codice Civile*, RDComm XLIII (1945) I, 39-75.
MOTSCH, RICHARD – *Die Moderniesierung des Schuldrechts*, NJ 2002, 1-10;
– *Neues Schuldrecht: Rücktritt vom Kauf*, JR 2002, 221-226.
MÜLLER, FRIEDRICH – *Normstruktur und Normativität/Zum Verhältnis von Recht und der juristischen Hermeneutik, entwichelt an Fragen der Verfassungsinterpretation*, 1966;
– *Methodik, Theorie, Linguistik des Rechts*, 1997;
– *Strukturierende Rechtslehre*, 1984;
– *Politik, [Neue] Medien und die Sprache des Rechts*, 2007.
MÜLLER, JENS – *Der Allgemeine Teil im portugiesischen Zivilgesetzbuch/Entstehungsgeschichte und ausgewählte Einzelprobleme*, 2008.
MÜLLER, KLAUS J. – *Verjährung des Finlageanspruchs der GmbH nach der Schuldrechtsreform*, BB 2002, 1377-1382.
MÜLLER, MARCUS – *Gefahren einer optionalen europäischen Vertragsordnung*, EuZW 2003, 683-686.
MÜLLER-DIETZ, HEINZ – *Sprache und Recht*, FS Günther Jahr (1993), 127-155.
MÜLLER-ERZBACH, RUDOLF – *Rechtsfindung auf realer Grundlage*, DJZ 1906, 1235-1238;
– *Die Relativität der Begriff und ihre Begrenzung durch den Zweck des Gesetzes/zur Beleuchtung der Begriffsjurisprudenz*, JhJb 61 (1912), 343-384;
– *Deutsches Handelsrecht*, 2-3.ª ed., 1928;
– *Wohin führt die Interessenjurisprudenz/Die rechtspolitische Bewegung im Dienste des Rechtssicherheit und des Aufbaus der Rechtswissenschaft*, 1932;
– *Die Hinwendung der Rechtswissenschaft zum Leben und was sie hemmt*, 1939.
Münchener Kommentar zum Bürgerlichen Gesetzbuch, 5.ª ed., Munique, a partir de 2008, em curso de publicação; prevê-se que, quando completo, este comentário atinja as 25.000 páginas, em 11 volumes.
MUSCHELER, KARLHEINZ – *Hermann Ulrich Kantorowicz/Eine Biographie*, 1984.
MUTHORST, OLAF – *Grundlagen der Rechtswissenschaft/Methode – Begriff – System*, 2011.

NAGEL, BERNHARD – *Wirtschaftsrecht der Europäichen Union/Eine Einführung*, 4.ª ed., 2003.
NAPIER – vide ELIAS.
NASCENTES, ANTENOR – *Dicionário Etimológico da Língua Portuguesa*, 1932.
NASI, ANTONIO – *Giudizio d'equità*, ED XV (1966), 107-146
NAUCKE, WOLFGANG – *Über die juristische Relevanz der Sozialwissenschaften*, 1972.
NAWIASKY, HANS – *Allgemeine Rechtslehre als System der rechtliche Grundbegriffe*, 2.ª ed., 1948;

– *Teoria general del derecho*, trad. cast., 1962.
NEGRI, ANTONIO – *Alle origini del formalismo giuridico*, 1962.
NEIVA, ANTÓNIO DA CUNHA PEREIRA BANDEIRA DE – *Observações sôbre o Projecto do Codigo Civil*, 1860.
NERY JUNIOR, NELSON/NERY, ROSA MARIA DE ANDRADE – *Código Civil Anotado e Legislação Extravagante*, 2.ª ed., 2003.
NERY, ROSA MARIA DE ANDRADE – *vide* NERY JUNIOR, NELSON.
NETTESHEIM, HEINRICH CORNELIUS AGRIPPA VON – *De incertitudine et vanitate scientiarum* (Antuérpia, 1530), LIV = *Über die Fragwürdigkeit, ja Nichtigkeit der Wissenschaften, Künste und Gewerbe*, trad. alemã de GERHARD GÜPNER, 1993.
NEUHAUS, KAI-JOCHEN – *Dreissig Jahre Gewährleistungshaftung im Baurecht – Vor und nach der Schuldrechtsmodernisierung*, MDR 2002, 131-135.
NEUMANN, DANIELA – *vide* LÖWISCH, MANFRED.
NEUNER, JÖRG – *Handelsrecht – Handelsgesetz – Grundgesetz*, ZHR 157 (1993), 243-290;
– *Die Rechtsfortbildung*, em KARL RIESENHUBER, *Europäische Methodenlehre* (2006), 292-307.
NEVES, ANTÓNIO CASTANHEIRA – *Questão-de-Facto – Questão-de-Direito ou o Problema Metodológico da Juridicidade*, 1, 1967;
– *Lições de introdução ao Estudo do Direito*, 1968-1969;
– *O instituto dos "assentos" e a função jurídica dos supremos tribunais*, RLJ 105 (1972), 133-139 a RLJ 116 (1983), 8-9;
– *Escola histórica do Direito*, Polis 2 (1984), 1046-1062;
– Anotação a TC n.º 810/93, de 7 de Dezembro, RLJ 127 (1994), 63-72 e 79-96;
– *Escola da exegese*, Digesta 2 (1995), 181-193;
– *Escola do Direito livre*, Digesta 2 (1995), 193-201;
– *Fontes do Direito*, Digesta 2 (1995), 7-94;
– *Interpretação jurídica*, em *Digesta* 2 (1995), 337-377;
– *Jurisprudência dos interesses*, em Digesta 2 (1995), 215-246.
NEVES, J. ACÚRSIO DAS – *Memória sobre os meios de melhorar a indústria portuguesa*, 1820.
NIEPMANN, BIRGIT – *Aktuelle Entwicklungen im Familienrecht*, MDR 2000, 613-620.
NIORT, JEAN-FRANÇOIS – *Homo civilis/Contribution à l'histoire du Code Civil français*, 1, 2004.
NIPPERDEY, HANS CARL – *Grundrechte und Privatrechte*, FS Molitor (1962), 17-33;
– *vide* ENNECCERUS, LUDWIG;
– *vide* HUECK, ALFRED.
NISHINO, MOTOTSUGO – *Ein Versuch zur Rekonstruktion der Rechtsontologie*, em *East und West/Legal Philosophie in Japan*, ARSP BH 30 (1987), 130-138.
NOGUEIRA, JOSÉ ARTUR DUARTE – *Direito romano/Relatório*, 2000.
NONATO, OROSIMBO – *Curso de obrigações*, 2 volumes, s/d.
NORONHA, F. E. – *Understanding the Common Civil Code/An Introduction to Civil Law*, 2008.
NOVAIS, JORGE REIS – *As restrições aos direitos fundamentais*, 2.ª ed., 2010.
Novela 19, praefatio (*in fine*) (versão em latim) = ed. JOHANN LUDWIG WILHELM BECK, 1837.

NUNN, CHRISTIAN – *Rudolf Müller-Erzbach 1874-1959/Von der realen Methode über die Interessenjurisprudenz zum kausalen Rechtsdenken*, 1998.
NUSSBAUM, ARTHUR – *Die Auflösung des Handelsrechtsbegriffs*, ZHR 76 (1915), 325-336.

OECONOMIDIS – *La réception globale des droits étrangers: le droit grec*, RHDI (23) (1970), 333-357.
OERTMANN, PAUL – *Civilistische Rundschau*, AbürgR 1897, 102-148;
 – *Interesse und Begriff in der Rechtswissenschaft*, 1931.
OESTMANN, PETER (org.) – *Zwischen Formstrenge und Billigkeit/Forschungen zum vormodernen Zivilprozess*, 2009.
OLAVO, FERNANDO – *Recurso em matéria de registos de propriedade industrial/O assento de 8 de Maio de 1928*, GRLx 47 (1933), 81-82;
 – *Direito Comercial* I, 2.ª ed., 1970.
OLZEN, DIRK – no Staudinger, *Einleitung zum Schuldrecht, §§ 241-243*, 2009;
 – *vide* LOOSCHELDERS, DIRK.
OLZEN, DIRK/WANK, ROLF – *Die Schuldrechtsreform/Eine Einführung*, 2002.
OPALEK, K. – *Sprachphilosophie und Jurisprudenz*, em KRAWIETZ/OPALEK/PECZENIK//SCHRAMM, *Argumentation und Hermeneutik in der Jurisprudenz*, RTh BH 1 (1919), 153-161.
OPPERMANN, WALTHER – *Der Gemeinschaftgedanke im Arbeitsrecht*, JW 1937, 5-7.
Ordenações Afonsinas – 2.ª ed. Gulbenkian, 1998.
Ordenações del-Rei Dom Duarte – ed. Gulbenkian, 1988, introd. MARTIM DE ALBUQUERQUE, V-XXVI.
Ordenações Filipinas – ed. Gulbenkian, 1985.
Ordenações Manuelinas – ed. Gulbenkian, 1984.
ORESTANO, RICCARDO – *Dal* ius *al* fas/*Rapporto fra diritto divino e umano in Roma all'età primitiva all'età classica*, BIDR XLVI (1939), 194-273.
OROZCO, SEBASTIÁN DE COBARRUVIAS – *Tesoro de la Lengua Castellana o Española*, 1609, reimp., 1943.
ORWELL, GEORGE (pseudónimo de ERIC ARTHUR BLAIR) – *Nineteen Eighty-Four*, 1949.
Os setenta anos da Faculdade de Direito de Lisboa, 1984.
OTERO, PAULO – *Lições de Introdução ao Estudo do Direito* I, 2 tomos, 1998 e 1999;
 – *Legalidade e Administração Pública. O sentido da vinculação administrativa à juridicidade*, 2003.
OTT, SIEGHART – *Das neue Schuldrecht – Überleitungsvorschriften und Verjährung*, MDR 2002, 1-5.
OTT, SIEGHART/LÜER, DIETER W./HEUSSEN, BENNO – *Schuldrechtsreform*, 2002.
OTTE, GERHARD – *Zwanzig Jahre Topik-Diskussion: Ertrag und Aufgaben*, RTh 1 (1970), 183-197.
OTTO, DIRK – *Das Weiterleben des portugiesischen Rechts in Goa*, em 2. *Deutsch-Lusitanische Rechtstage/Seminar in Heidelberg 20/21-11-1992* (1994), 124-141;
 – *vide* ENGISCH, KARL.
OTTO, HANSJÖRG – no *Staudingers Kommentar*, §§ 255-304 (2004).

PACCHIONI, GIOVANNI/GRASSETTI, CESARE – *Diritto civile*, NssDI V (1964), 800-807.

PACE, GAETANO – *Il diritto transitorio/con particolare riguardo al diritto privato*, 1944.
PACKARD, VANCE – *The Hidden Persuaders*, 1957, 46.ª reimpr., 1976.
PAGE, HENRI DE – *Traité élémentaire de Droit civil belge/Principes – Doctrine – Jurisprudence*, tomo II – *Les obligations*, 3, 1.ª parte, 1964 ; e 2.ª parte, tomo IV, 3.ª ed., 1967.
PAIVA, VICENTE FERRER NETO – *Reflexões sobre os sete primeiros titulos do livro unico da parte 1.ª do Projecto do Codigo Civil portuguez*, 1859.
PALANDT – *Bürgerliches Gesetzbuch*, 71.ª ed., 2012.
PALMA, MARIA FERNANDA (org.) – *Jornadas de Direito processual penal e direitos fundamentais*, 2004.
PAPALEONI, MARCO – *Il diritto del lavoro nel paesi a "common law"*, 2 volumes, 1982.
PAPINIANO – D. 1.1.7 = *Corpus Iuris Civilis/Text und Übersetzung* II – *Digesten 1-10*, por OKKO BEHRENDS, ROLF KNÜTEL, BERTHOLD KUPISCH e HANS HERMANN SELLER, 1995.
PASTERIS, CARLO – *Diritto commerciale*, NssDI V (1960), 813-819.
PATRÍCIO, JOSÉ SIMÕES – *Do euro ao Código Civil europeu? Aspectos da convergência legislativa*, 2001.
PATTI, SALVATORE – *Kritische Anmerkungen zum Entwurf eines europäischen Vertragsgesetzbuches*, ZeuP 2004, 118-131.
PAULUS, CHRISTOPH G./ZANKER, WOLFGANG – *Grenzen der Privatautonomie*, JuS 2001, 1-9.
PAULUS, GOTTHARD – *Die juristische Fragestellung des Naturrechts*, 1979.
PAVLAKOS, GEORG – *Persons and norms: on the normative groundwork of discourse-ethics*, ARSP 85 (1999), 7-22.
PAWLOWSKI, HANS-MARTIN – *Problematik der Interessenjurisprudenz*, NJW 1958, 1561--1565;
– *Gedanken zur Methode der Gesetzesauslegung*, AcP 160 (1961), 209-237;
– *Zum sog. Verfolgungsrecht der Gerichtsvollziehers/Eine Kritik der Interessen- und Wertungsjurisprudenz*, AcP 175 (1975), 189-221;
– *Die Funktion der Wertbegriffs in der Rechtswissenschaft*, JuS 1976, 351-356;
– *Methodenlehre für Juristen/Theorie der Normen und der Gesetzes*, 3.ª ed., 1999;
– *Allgemeiner Teil des BGB/Grundlehren des bürgerlichen Rechts*, 6.ª ed., 2000.
PAYET, MARIE-STÉPHANIE – *Droit de la concurrence et droit de la consommation*, 2001.
PECHTSTEIN, MATTHIAS/DRECHSLER, CAROLA – *Die Auslegung und Fortbildung des Primärrechts*, em KARL RIESENHUBER, *Europäische Methodenlehre* (2006), 159-183.
PECZENIK, ALEKSANDER – *Grundlagen der juristischen Argumentation*, 1983;
– vide AARNIO, AULIS.
PEDROSA, A. L. GUIMARÃES – *Curso de Sciencia da Administração e Direito Administrativo/Introducção e parte geral* (com um *appendice sobre contencioso administrativo*), 1.ª ed., 1904;
– *Curso de Ciência da Administração e Direito Administrativo/I – Introdução e parte I (Parte geral)*, 2.ª ed., 1908, e Parte II, 1909
PEREIRA, ANDRÉ GONÇALVES/QUADROS, FAUSTO DE – *Direito internacional público*, 3.ª ed., 1993.
PEREIRA, CAIO MÁRIO DA SILVA – *Instituições de Direito civil*, II – *Teoria geral das obrigações*, 21.ª ed., atualizador Guilherme Calmon Nogueira da Gama, 2004; III – *Contratos*, 12.ª ed., atualizador Regis Fichtner, 2007.
PEREIRA, JOEL TIMÓTEO RAMOS – *Compêndio jurídico da sociedade da informação*, 2004.

PEREIRA, TERESA SILVA – *Proposta de reflexão sobre um Código Civil europeu*, ROA 2004, 497-608.
PERGOLESE, FERRUCCIO – *Corporativismo*, NssDI IV (1959), 861-864.
PERLMUTTER, RICHARD M. – *vide* CLOSEN, MICHAEL L.
PERNICE, ALFRED – *Zum römischen Gewohnheitstrecht*, SZRom 20 (1899), 127-171.
PERRON, EDGAR DU – *vide* HARTKAMP, ARTHUR.
PETERS, FRANK – *Der Bürge und die Einrede der Verjährung der Hauptschuld*, NJW 2004, 1430-1431.
PETERSEN, JENS – *Von der Interessenjurisprudenz zur Wertungsjurisprudenz/Dargestellt an Beispielen aus dem deutschen Privatrecht*, 2001.
PETRUCCI, ALDO – *vide* CERAMI, PIETRO.
PEURSEN, C. A. VAN – *Phänomenologie und analytische Philosophie*, 1969.
PFORDTEN, DIETMAR VON DER – *Was ist und wozu Rechtsphilosophie?*, JZ 2004, 157-166.
PHILIPPS, LOTHAR – *Über Relationen – im Rechtsleben und in die Normlogik*, RTh BH 3 (1981), 123-139.
PICOD, YVES (com.) – *Code de la Consommation*, da Dalloz, 16.ª ed., 2011.
PICKER, EDUARD – *Rechtsdogmatik und Rechtsgeschichte*, AcP 202 (2002), 763-859.
PIERGIOVANNI, VITO – *Diritto commerciale nel diritto medievale e moderno*, DDP/*Sezione Commerciale* IV (1990), 333-345.
PIEROTH, BODO – *Rückwirkung und Übergangsrecht/Verfassungsrechtliche Massstäbe für intertemporale Gesetzgebung*, 1981.
PILON, EUSTACHE – *Réforme du Code civil par voie de Revision générale*, em *Livre du Centenaire* (1904), 933-951.
PINHEIRO, LUÍS DE LIMA – *Contrato de empreendimento comum (joint-venture) em Direito internacional privado*, 1998;
  – *Direito comercial internacional*, 2005.
PINHEIRO-FERREIRA, SILVESTRE – *Observações sobre a Constituição do Imperio do Brazil e sobre a Carta Constitucional do Reino de Portugal*, 2.ª ed., 1835;
  – *Antologia do pensamento jurídico português/Silvestre Pinheiro Ferreira*, BMJ 12 (1949), 89-156.
PINTO, CARLOS ALBERTO DA MOTA – *Cessão da posição contratual*, 1970;
  – *Teoria Geral do Direito Civil*, 3.ª ed., 1985; 4.ª ed., por ANTÓNIO PINTO MONTEIRO e PAULO MOTA PINTO, 2005.
PINTO, JOÃO MANUEL CORTEZ – *A corporação/Subsídios para o seu estudo*, 1956.
PINTO, PAULO MOTA – *Declaração tácita e comportamento concludente no negócio jurídico*, 1995;
  – *vide* PINTO, CARLOS ALBERTO DA MOTA.
PIROVANO, ANTOINE – *Introduction critique au droit commercial contemporain*, RTDComm XXXVIII (1985), 219-263.
PITTA, JOSÉ PEREIRA DE – *Questões transitórias de Direito civil portuguez*, 1870.
PITTA, PEDRO – *O contrato de "colonia" na Madeira*, 1929.
PLACHY, ADOLFO – *La teoria della interpretazione/Genesi e storia della ermeneutica moderna*, 1974.
PLANIOL, MARCEL – *Inutilité d'une révision générale du Code civil*, em *Livre du Centenaire* (1904), 953-963.

PLANIOL, MARCEL/RIPERT, GEORGES – *Traité pratique de droit civil français*, 2.ª ed., tomo VI, *Obligations*, parte I, por PAUL ESMEIN, 1952.
PLESSIS, JACQUES DU – *Comparative Law and the Study of Mixed Legal Systems*, em REIMANN/ZIMMERMANN, *The Oxford Handbook of Comparative Law* (2008), 477-512.
PODLECH, ADALBERT – *Wertungen und Werte im Recht*, AöR 95 (1970), 185-223;
  – *Recht und Moral*, RTh 3 (1972), 129-148;
  – *Die juristische Fachsprache und die Umgangssprache*, em H.-J. KOCH/*Methodenlehre* (1976), 31-52.
POFALLA, RONALD – *Kopftuch ja – Kruzifix nein?*, NJW 2004, 1218-1220.
PÖGGELER, OTTO – *Dialektik und Topik*, em *Rehabilitierung der praktischen Philosophie*, 2 (1974), 291-331;
  – *Heidegger und die hermeneutische Philosophie*, 1983.
POHLMANN, ANDRÉ – *Die Haftung wegen Verletzung von Aufklärungspflichten/Ein Beitrag zur culpa in contrahendo und zur positiven Forderungsverletzung unter Berücksichtigung der Schuldrechtsreform*, 2002.
POHLMANN, HANSJÖRG – *Die Quellen des Handelsrechts*, em HELMUT COING, *Handbuch der Quellen und Literatur der neueren europäischen Privatrechtsgeschichte*, vol. I – *Mittelalter (1100-1500)* (1973), 801-834.
POHLMANN, ROSEMARIE – *Recht und Moral/Kompetenztheoretisch betrachtet*, ARSP BH 13 (1980), 225-242.
POLLINGER, ANDREAS – *Intertemporales Zivilprozessrecht*, 1988.
POLLOCK, FREDERICK/MAITLAND, FREDERIC WILLIAM – *The History of the English Law/ /Before the Time of Edward I*, 2.ª ed. por S. F. C. MILSON, I, 1968.
POLLOCK/MAITLAND – *The History of the English Law*, II, 1968.
POPOVILIEV, M. – *Le droit transitoire ou intertemporal*, RTDC VI (1908), 461-507.
POPPER, KARL R. – *Conjectures and Refutations: the Grouth of Scientific Knowledge*, 1965;
  – *Das Elend des Historizismus*, 2.ª ed., 1969;
  – *Die offene Gesellschaft und ihre Feinde*, 6.ª ed., 1980;
  – *Logik der Forschung*, 1982, 1.ª ed., 1935.
POSNER, RICHARD A. – *Economic Analysis of Law*, 5.ª ed., 1998; a 1.ª ed. é de 1973.
PÖTERS, STEPHAN/CHRISTENSEN, RALPH – *Richtlinienkonforme Rechtsfortbildung und Wortlautgrenze*, JZ 2011, 387-394.
POTHIER, R. J. – *Traité des obligations* (1761), de que existe uma interessante tradução em língua portuguesa de JOSÉ HOMEM CORRÊA TELLES, 1835, em dois volumes.
POTHOFF, HEINZ – *Ist das Arbeitsverhältnis ein Schuldverhältnis?*, ArbR 1922, 267-277.
POTTER'S, H. – *Historical Introduction to English Law and its Institutions*, 4.ª ed. por A. K. R. KIRALFY, 1958.
PREE, HELMUTH – *Die evolutive Interpretation der Rechtsnorm im kanonischen Recht*, 1980.
PREIS, ULRICH – *Der persönliche Anwendungsbereich der Sonderprivatrechte/Zur systematischen Abgrenzung von Bürgerlichen Recht, Verbraucherrecht und Handelsrecht*, ZHR 158 (1994), 567-613.
PRINGSHEIM, FRITZ – *Aequitas und bona fides*, Conf. XIV cent. Pandette (1930), 183-214;
  – *Bonum et aequum*, SZRom 52 (1932), 78-155.
Projecto do Código Civil Brasileiro (Projecto da Câmara n..° 1 de 1902 e emendas do

Senado com Parecer da Comissão Especial, ed. oficial, e *Trabalhos da Comissão especial do Senado*, vol. I-II, *Parecer e réplica*, de Ruy Barbosa I (1902).
PRÜMM, HANS PAUL – *Umweltschutzrecht/Eine systematische Einführung*, 1989.
PRÜTTING, HANS/WEGEN, GERHARD/WEINREICH, GERD – *BGB Kommentar*, 5.ª ed., 2010.
PUCHTA, GEORG FRIEDRICH – *Das Gewohnheitesrecht* I, 1828, reimp., 1965; II, 1837
PUCHTA – *Pandekten*, 8.ª ed., 1856;
PUCHTA, GEORG FRIEDRICH – *Cursus der Institutionen*, 1, 10.ª ed., 1893, publ. KRÜGER; a 1.ª edição é de 1841.
PUFENDORF, SAMUEL – *De jure nature et gentium libri octo*, 2.ª ed., 1684.
PUGLIATTI, SALVATORE – *Diritto pubblico e privato*, ED XII (1964), 696-746.
PULEO, SALVATORE – *I diritti potestativi (individuazione delle fattispecie)*, 1959.
PÜTTNER, GÜNTER – *Allgemeines Verwaltungsrecht*, 5.ª ed., 1979.

QUADROS, FAUSTO DE – *O Direito da União Europeia*, 2004;
– vide AMARAL, DIOGO FREITAS DO;
– vide PEREIRA, ANDRÉ GONÇALVES.
QUEIRÓ, AFONSO RODRIGUES – *Lições de Direito administrativo*, 1, 1976.

RABEL, ERNST – vide LEVY, ERNST.
RADBRUCH, GUSTAV – *Grundzüge der Rechtsphilosophie*, 1914;
– *Rechtsphilosophie*, 8.ª ed. por ERIK WOLF e HANS-PETER SCHNEIDER, 1973.
RAFI, ANUSHEN – *Kriterien für ein gutes Urteil*, 2004.
RAISCH, PETER – *Die Abgrenzung des Handelsrechts vom Bürgerlichen Recht als Kodifikationsproblem im 19. Jahrhundert*, 1962;
– *Geschichtliche Voraussetzungen, dogmatische Grundlagen und Sinnwandkung des Handelsrechts*, 1965;
– *Die rechtsdogmatische Bedeutung der Abgrenzung von Handelsrecht und bürgerlichen Recht/Zugleich ein Beitrag zur analogen Anwendung handelsrechtlicher Normen auf Nichtkaufleute*, JuS 1967, 533-542.
RAISER, LUDWIG – *Der Stand der Lehre vom subjektiven Recht im Deutschen Zivilrecht*, JZ 1961, 465-473.
RAISER, THOMAS – *Recht und Moral, soziologisch betrachtet*, JZ 2004, 261-266.
RAMADAN, SAÏD – *La Sharî 'ah/Introduction au Droit islamique*, 2.ª ed., 2001.
RAMALHO, MARIA DO ROSÁRIO PALMA – *Da autonomia dogmática do Direito do trabalho*, 2001;
– *Direito do trabalho/Relatório*, 2004;
– *Negociação colectiva atípica*, 2009.
RAMM, THILO – *Einführung in das Privatrecht/Allgemeiner Teil des BGB*, 2.ª ed., 1974.
RASCHER, JÜRGEN – *Die Rechtslehre des Alois von Brinz*, 1975.
RAU, C. – vide AUBRY, C..
RAVÀ, ANNA – *Analogia (diritto canonico)*, ED II (1958), 378-384;
– *Consuetudine (diritto canonico)*, ED IX (1961), 443-455.
RAY, JEAN – *Essai sur la structure logique du Code Civil français*, 1926.
REBBERT, RUDOLF – *Geschichte der Industrialisierung*, 1972.
REGELSBERGER, FERDINAND – *Pandekten* 1, 1893.

REGO, CARLOS LOPES DO – *Comentários ao Código de Processo Civil*, 1.ª ed., 1999.
REHBINDER, MANFRED – *Die Rezeption fremden Rechts in soziologischen Sicht*, RTh 14 (1983), 305-315;
– *Urheberrecht*, 13.ª ed., 2004.
REHME, PAUL – *Geschichte des Handelsrechtes*, 1914.
REI, MARIA RAQUEL – *Da expectativa jurídica*, ROA 1994, 149-180.
REICH, NORBERT – *Die Vorlagepflicht und teilharmonisierten Rechtsgebieten am Beispiel der Richtlinien zum Verbraucherschtuz*, RabelsZ 66 (2002), 531-552;
– *Der Verbraucher im Binnenmarkt*, em NORBERT REICH/HANS-W. MICKLITZ, *Europäisches Verbraucherrecht*, 4.ª ed. (2003), 9-80;
– *Finanzdienstleistungen*, em REICH/MICKLITZ, *Europäisches Verbraucherrecht*, 4.ª ed. (2003), 735-847.
REICHELT, MUNA – *Die Absicherung teleologischer Argumente in der Zivilrechtsprechung des Bundesgerichtshofes*, 2011.
REIDEGELD, AHMAD A. – *Handbuch Islam/Die Glaubens- und Rechtslehre der Muslime*, 2.ª ed., 2008.
REIMANN, MATHIAS/ZIMMERMANN, REINHARD – *The Oxford Handbook of Comparative Law*, 2008.
REINERT-SCHOERER, MARLIESE – *vide* MALHEIROS, MANUEL.
REINHARD, THORSTEN – *vide* HEERSTRASSEN, FRANK.
REINICKE, D. – *vide* REINICKE, G..
REINICKE, G./REINICKE, D. – *Die Ausfüllung primärer und sekundäre Gesetzlücken nach der Rechtsprechung des Bundesgerichtshofs*, NJW 1952, 1153-1157.
REININGER, ROBERT – *Wertphilosophie und Ethik*, 2.ª ed., 1946.
REIS, JOSÉ ALBERTO DOS – *Breve estudo sobre a reforma do processo civil e comercial*, 2.ª ed., 1929;
– *Código de Processo Civil Anotado*, VI, 1953;
– *Aplicação das leis de processo quanto ao tempo*, RLJ 86 (1953), 49-53 e 84-87.
REIS, PASCOAL JOSÉ DE MELLO FREIRE DOS – *Institutiones Juris Civilis Lusitani cum Publici tum Privati*, IV – *De obligationibus et actionibus*, 1815; existe trad. port. de MIGUEL PINTO DE MENESES, BMJ 168 (1967), 27-165, 170 (1967), 89-134 e 171 (1967), 69-168 (o Livro IV – *Das obrigações e acções*);
– *Institutiones Juris Civilis Lusitani*, 4 tomos, 3.ª ed., 1842; há uma tradução portuguesa, efectuada por MIGUEL PINTO DE MENESES e publ. no BMJ 161 (1966) e 162 a 166, 168, 170 e 170 (1967) sob o título *Instituições de Direito Civil Português*;
– *Instituições de Direito criminal português/Livro único*, trad. de MIGUEL PINTO DE MENESES, BMJ 155 (1966), 43-202.
RENAUD – *vide* BAUDOUIN.
RENAUD, YVON – *vide* BAUDOUIN, JEAN-LOUIS.
RENAUT, MARIE-HÉLÈNE – *Histoire du droit des obligations*, 2008.
RENCK, LUDWIG – *Über die Unterscheidung zwischen öffentlichem und privatem Recht*, JuS 1986, 268-272.
RENGELING, HANS-WERNER – *Grundrechtsschutz in der Europäischen Gemeinschaft//Bestandaufnahme und Analyse der Rechtsprechung des Europäischen Gerichtshofs zum Schutz der Grundrechte als allgemeine Rechtsgrundsätze*, 1993.

Repetitorium de HEMMER/WÜST, *Die Schuldrechtsreform/Eine komplette Darstellung aller relevanten Probleme des neuen Schuldrechts*, 2002.

República Democrática de Timor Leste/Ministério da Justiça – *Anteprojecto do Código Civil de Timor-Leste*, 2008.

REQUATE, JÖRG – *Recht und Justiz im gesellschaftlichen Aufbruch (1960-1975)/Bundesrepublk Deutschland, Italien und Frankreich im Vergleich*, 2003.

REUTTER, WOLFGANG PAUL – *"Objektiv Wirkliches" in Friedrich Carl von Savigny Rechtsdenken, Rechtsquellen und Methodenlehre*, 2011.

REZAEI, HASSAN – *Islamic Sharia and Cyberspace: Reflections on the Interactions of Sharia and Iranian Society in Cyberspace*, em *Beiträge* IV (2004), 105-124.

RHINOW, RENÉ A. – *Rechtssetzung und Methodik*, 1979.

RIBEIRO, AURELIANO STRECHT – *Código Comercial Português/actualizado e anotado*, vol. II, 1939.

RIBEIRO, ERNESTO CARNEIRO – *Ligeiras observações sobre as emendas do Dr. Ruy Barbosa feitas à redacção do projecto do Código Civil*, 1902.

RIBEIRO, JOAQUIM DE SOUSA – *O problema do contrato/As cláusulas contratuais gerais e o princípio da liberdade contratual*, 1997.

RIBEIRO, LUÍS DA SILVA – *Vicente Cardoso da Costa*, em *Jurisconsultos Portugueses do Século XIX*, 1.º vol., 1947.

RICCOBONO, SALVATORE – *La definizione dei "ius" al tempo di Adriano*, BIDR 53-54 (1948), 5-82.

RICHARDI, REINHARD – *Kollektivegewalt und Individualwille bei der Gestaltung des Arbeitsverhältnisses*, 1968;
– *Der Arbeitsvertrag im Zivilrechtssystem*, ZfA 1988, 221-255.

RICKERT, HEINRICH – *Kulturwissenschaft und Naturwissenschaft*, 2.ª ed., 1910;
– *Die probleme der Geschichtsphilosophie/Eine Einführung*, 3.ª ed., 1924;
– *Der Gegenstand der Erkenntnis/Einführung in die Tranzendentalphilosophie*, 6.ª ed., 1928.

RIDEOUT/DYSON, *Principles of Labour Law*, 4.ª ed., 1983.

RIECHERS, GERT – *Rechtssystem als normative Struktur und sozietaler/Anforderungen an eine Theorie der Positivität des Rechts*, RTh 29 (1998), 497-563.

RIEDEL, OSKAR – *Rechtslücken and Rechtsschöpfung/Ein Beitrag zur der Lükenlehre*, 1933.

RIEHM, THOMAS – *vide* LORENZ, STEPHAN.

RIESE, NICOLE – *Konkurrenz zwischen mietrechtlichen und allgemeinen Vorschriften bei anfänglicher auf einem Sachmangelberuhender Unmöglichkeit*, JA 2003, 162-168.

RIESENHUBER, KARL – *Die Auslegung*, em *Europäische Methodenlehre* (2006), 244-272.

RING, GERHARD – *vide* DAUNER-LIEB, BARBARA.

RINGSTMEIER, ANDREAS/HOMANN, STEFAN – *Die Answirkungen der Schuldrechtsreform aud die Insolvenzverwaltung*, ZIP 2002, 505-510.

RIPERT, G./ROBLOT, R. – *Traité de Droit Commercial*, com MICHEL GERMAIN, I/2, *Les sociétés commerciales*, 18.ª ed., 2003.

RIPERT, GEORGES – *vide* PLANIOL, MARCEL.

RIPPERGER, TANJA – *Ökomomik des Vertrauens*, 1998.

RITTER, F. – *vide* CALDERA, RT..

RITTNER, FRITZ – *Ein Gesetzbuch für Europa*, FS Mestmäcker (1996), 449-459.

ROBERT ALEXY, ROBERT – *Rechtssystem und praktische Vernunft*, RTh 18 (1987), 405-419.
ROBLOT, R. – *vide* RIPERT, G..
ROCHA, MANUEL ANTÓNIO COELHO DA – *Instituições de Direito Civil Portuguez*, 1.ª ed., 1844, 2.ª, 1848, 3.ª, 1852, 6.ª, de 1886, 7.ª, 1907, 8.ª, 1917.
ROCHA, MANUEL SOARES DA – *"A colonia" no Arquipélago da Madeira e a questão que gerou*, 1957.
RODRIGUES, ANTÓNIO COELHO – *Projecto do código civil brasileiro precedido de um projecto de lei preliminar*, 1893.
RODRIGUES, MANUEL – *As questões de direito e a competência do Supremo Tribunal de Justiça*, ROA 1, 1-2 (1941), 102-130;
– *Dos recursos (lições)*, por ADRIANO BORGES PIRES, 1943.
RODRIGUES, RAMON HONORATO CORREA – *Questões económicas* – I – *À margem da colonia na Madeira/produção, divisão da propriedade, nível de vida da população rural e agrícola*, 1953.
RODRIGUES, SILVIO – *Direito civil*, 2 – *Parte geral das obrigações*, 30.ªed. (2002), 9.ª tiragem, 2008; 3 – *Dos contratos e das declarações unilaterais da vontade*, 30.ª ed., 2004; 4 – *Responsabilidade civil*, 20.ª ed., 4.ª tiragem, 2007.
ROELLECKE, GERD – *Die Entkoppelung von Recht und Religion*, JZ 2004, 105-110;
– *Zur Unterscheidung von Rechtsdogmatik und Theorie/am Beispiel der Konzepte Hegels und Luhmanns*, JZ 2011, 645-652.
ROHE, MATHIAS – *Der Islam und deutsches Zivilrecht*, em *Beiträge zum Islamischen Recht* II, 2003.
RÖHL, HANS CHRISTIAN – *vide* RÖHL, KLAUS F..
RÖHL, KLAUS F./RÖHL, HANS CHRISTIAN – *Allgemeine Rechtslehre/Ein Lehrbuch*, 3.ª ed., 2008.
ROLLAND, WALTER – *vide* HAAS, LOTHAR.
ROMANO, SALVATORE – *Prinzipio di equità*, ED XV (1966), 83-106.
ROMANO, SANTI – *Diritto e morale*, em *Frammenti di un dizionario giuridico* (1947), 64-75.
RONDINONE, NICOLA – *Storia inedita della codificazione civile*, 2003.
RONELLENFITSCH, MICHAEL/WOLF, RÜDIGER – *Ausbau des Individuaischutzes gegen Umweltbelastungen als Aufgabe des bürgerlichen und des öffentlichen Rechte?*, NJW 1986, 1955-1961.
ROQUE, MIGUEL PRATA – *vide* MARTINS, ANA MARIA GUERRA.
ROSEN, LAWRENCE – *The Justice of Islam*, 2002.
ROSS, ALF – *Theorie der Rechtsquellen/Ein Beitrag zur Theorie des positiven Rechts auf Grundlage dogmenhistorischer Untersuchung*, 1929.
ROTH, HERBERT – *Die Einrede des bürgerlichen Rechts*, 1988;
– *Standzeit von Kraftfahrzeugen als Sachmangel*, NJW 2004, 330-331;
– *vide* BAMBERGER, HEINZ GEORG.
ROTH, WULF-HENNING – *Europäischer Verbraucherschutz und BGB*, JZ 2001, 475-490;
– *Die richtlinienkonforme Auslegung*, em KARL RIESENHUBER, *Europäische Methodenlehre* (2006), 308-333.
ROTHER, WERNER – *Elemente und Grenzen des zivilrechtlichen Denkens*, 1975.
ROTTLEUTHNER, HUBERT – *Rechtswissenschaft als Sozialwissenschaft*, 1973.

ROUBIER, PAUL – *Droits subjectifs et situations juridiques*, 1967.
RÜCKERT, JOACHIM – *Der Methodenklassiker Savigny (1779-1861)*, em RÜCKERT (publ.), *Fälle und Fallen in der neueren Methodik des Zivilrechts seit Savigny* (1997), 25-69;
— *Friedrich Carl von Savigny*, FS 200 Jahre Juristische Fakultät der Humboldt Universität zu Berlin (2010), 133-177;
— *Abwängung – die juristische Karriere eines unjuristischen Begriffs oder: Normenstrenge und Abwängung im Funktionswandel*, JZ 2011, 913-923;
— vide SCHMOECKEL, MATHIAS.
RUFFERT, MATTHIAS – *Die Mitgliedstaaten der Europäischen Gemeinschaft als Verpflichtete der Gemeinschaftsgrundrechte*, EuGRZ 1995, 518-530;
— *Grundrecht der Berufsfreiheit*, em DIRK EHLERS (publ.), *Europäische Grundrechte und Grundfreiheiten* (2003), 364-380.
RUGGIERO, ROBERTO DE – *Instituições de Direito civil*, trad. port. de ARY DOS SANTOS, 1, 1934.
RÜMELIN, GUSTAV – *Das Gewohneitsrecht*, JhJb XXVII (1889), 153-252.
RÜMELIN, MAX – *Bernhard Windscheid und sein Einfluss auf Privatrecht und Privatwissenschaft*, 1907;
— *Schadensersatz ohne Verschulden*, 1910;
— *Die Gerechtigkeit*, 1920;
— *Die Billigkeit im Recht*, 1921;
— *Rudolf von Jhering*, 1922;
— *Die Rechtssicherheit*, 1924;
— *Erlebte Wandlungen in Wissenschaft und Lehre*, 1930.
RÜSSMANN, HELMUT – recensão a ROBERT ALEXY, *Theorie der juristischen Argumentation/Die Theorie des rationalen Diskurs als Theorie der juristischen Begründung* (1978), RTh 10 (1979), 110-120;
— vide KOCH HANS-JOACHIM.
RÜTHERS, BERND – *Methodenfragen als Verfassungsfragen?*, RTh 40 (2009), 253-283.
RÜTHERS, BERND/STADLER, ASTRID – *Allgemeiner Teil des BGB*, 13.ª ed. (2003); 16.ª ed., 2009.
RUTHVEN, MALISE – *Der Islam/Eine Kurze Einführung*, 2005.
Ruy Barbosa/Cronologia da vida e da obra, 1999.

S. TOMÁS – *Summa theologica*, Cap. I, Lect II, 2 (11), ed. Leão XIII, 1882.
SABETE, WADGI – *La théorie du droit et le problème de la scientificité*, ARSP 85 (1999), 95-111.
SACHS, MICHAEL – *Grundgesetz Kommentar*, 5.ª ed., 2009.
SÄCKER, FRANZ JÜRGEN/BOESCHE, KATHARINA VERA – *Die geplante Neuregelung des Energievertragsrechts im Lichte der Schuldrechtsmodernisierung*, BB 2002, 27-34.
SALEILLES, RAYMOND – *De la possession des meubles/Études de droit allemand et droit français*, 1907 ;
— *Étude sur la théorie générale de l'obligation d'après le premier projet de Code Civil pour l'Empire Allemand*, 3.ª ed., 1914.
SALMON, WESLEY C. – *Logik*, trad. alemã JOACHIM BUHL, 2006.
SAMBUC, THOMAS – *Folgenerwägung im Richterrecht*, 1971.

SAMPAIO, AFONSO LEITE DE/MADEIRA, ALBERTO LOPES/MANSO, EDUARDO MARTINS – *Direito Civil Português/Das obrigações (de harmonia com as prelecções do Ex.mo Senhor Doutor Adriano Vaz Serra ao curso do 1.º ano jurídico de 1929-1930)*, 1930.
SANDULLI, ALDO M. – *Legge (diritto costituzionale)*, NssDI IX (1963), 630-651.
SANTERRE, E. COLMET DE – vide DEMANTE, A. M..
SANTOS, ANTÓNIO MARQUES DOS – *As normas de aplicação imediata no Direito internacional privado/Esboço de uma teoria geral*, 1 (1990), 656-690;
— *As relações entre Portugal, a Europa e o Mundo Lusófono e as suas repercussões no plano jurídico* (1999), em *Estudos de Direito internacional privado e de Direito público* (2004), 579-594.
SANTOS, RUTE MARTINS – vide TINY, KILUANGE.
SARAIVA, JOSÉ HERMANO – *Lições de introdução ao Direito*, 1963;
— *Apostilha crítica ao projecto de Código Civil (Capítulos I e II)*, ROA 1967, 5-141
SAUER, WILHELM – *Juristische Methodenlehre/zugleich eine Einleitung in die Methodik der Geisteswissenschaften*, 1940;
— *System der Rechts- und Sozialphilosophie*, 2.ª ed., 1949;
— *Die Gerechtigkeit/Wesen und Bedeutung im Leben der Menschen und Volker*, 1959.
SAVARY, JACQUES – *Le parfait negociant*, nov. ed., dois tomos, 1763.
SAVATIER – *L'art de faire les lois/Bonaparte et le Code civil*, 1927.
SAVIGNY, FRIEDRICH CAR VON – *Juristische Methodenlehre*, 1802-1803, por JAKOB GRIMM, publ. por GERHARD WESENBERG, 1951;
— *Vom Beruf unsrer Zeit für Gesetzgebung und Rechtswissenschaft*, 1814;
— *Geschichte des römischen Rechts im Mittelalter 2 – Geschichte des römischen Rechts in den neuen germanischen Staaten*, 2.ª ed., 1834, reimp., 1986;
— *System des heutigen römischen Rechts* (Sistema do Direito romano atual), 8 vols., publ. a partir de 1840;
— *System des heutigen römischen Rechts* 1, 1840, reimp., 1981;
— *Obligationenrecht als Theil des heutigen Römischen Rechts* I, 1851, e II, 1853.
SCHACHT, JOSEPH – *An Introduction to Islamic Law*, 1982, reimp..
SCHÄFER, CARSTEN – vide HAAS, LOTHAR.
SCHÄFER, FRANK A. – vide SCHWINTOWSKI, HANS-PETER.
SCHÄFER, HANS-BERND/OTT, CLAUS – *Lehrbuch der ökonomischen Analyse des Zivilrechts*, 4.ª ed., 2005.
SCHAMBECK, HERBERT – *Richteramt und Ethik*, 1982.
SCHAPP, JAN – *Das subjektive Recht im Prozess der Rechtsgewinnung*, 1977;
— *Hauptprobleme der juristischen Methodenlehre*, 1983;
— *Über die Freiheit im Recht*, AcP 192, 1992.
SCHAUB/KOCH/LINCK – *Arbeitsrecht-Handbuch*, 11.ª ed., 2005.
SCHEID, STEPHAN MITTELSTEN – *Reinhard Zimmermann und das römische-kanonische Recht als Grundlage einer europäischen Zivilrechtsordnung*, em THOMAS HOEREN (publ.), *Zivilrechtliche Entdecker* (2001), 411-442.
SCHEIDER/SCHROTH – *Sichtweisen juristische Entscheidung/Argumentation und Legitimation*, em ARTHUR KAUFMANN/WINFRIED HASSEMER, *Einführung in Rechsphilosophie und Rechtstheorie der Gegenwart* (1977), 254-272.

SCHELLHAMMER, KURT – *Die Haftung des Verkäufers für Sach- und Rechtsmängel – Neue Struktur und neuer Mangelbegriff*, MDR 2002, 241-246;
– *Das neue Kaufrecht: Die Sachmängelrechte des Käufers*, MDR 2002, 301-308;
– *Das neue Kaufrecht – Rechtsmängelhaftung, Rechtskauf und Verbrauchsgüterkauf*, MDR 2002, 485-490.
SCHERILLO, GAETANO – *Consuetudine (diritto romano)*, NssDI IV (1960), 301-310;
– vide LONGO, CARLO.
SCHERNER, KARL OTTO – *Die Wissenschaft des Handelsrechts*, em HELMUT COING, *Handbuch der Quellen*, vol. II – *Neuere Zeit (1500-1800)/Das Zeitalter des gemeinen Rechts*, tomo I – *Wissenschaft* (1977), 797-801.
SCHEYHING, ROBERT – *Zur Geschichte des Persönlichkeitsrechts im 19. Jahrhundert*, AcP 158 (1959/60), 503-525.
SCHICK, ROBERT – *Auslegung und Rechtsfortbildung*, em STEFAN GRILLER/HEINZ PETER RILL (publ.), *Rechtstheorie/Rechtsbegriff – Dynamik – Auslegung* (2011), 209-221.
SCHIFFAUER, PETER – *Wortbedeutung und Rechtserkenntnis/Entwickelt an Hand einer Studie zum Verhältnis von verfassungskonformer Auslegung und Analogie*, 1979.
SCHIMA, HANS – *Die Lückenlosigkeit des Rechtssystems und ihre Grenzen*, FS Max Gutzwiller 70. (1959), 523-534.
SCHIMMER, ROLAND/BUHLMANN, DIRK – *Schuldnerverzug nach der Schuldrechtsmodernisierung – Tatbestandsvoraussetzungen und Rechtsfolgen*, MDR 2002, 609-615.
SCHINKELS, BORIS – *Unbegrenzte richtlinienkonforme Rechtsfortbildung als Haftung Privater für Legislativunrechte?/Für ein subjektives Recht auf Transparenz*, JZ 2011, 394-401.
SCHIOPPA, ANTONIO PADOA – *Saggi di storia del diritto commerciale*, 1992.
SCHIRRMACHER, CHRISTINE – *Der Islam/Eine Einführung*, 2005.
SCHLACKE, SABINE – vide ERBQUTH, WILFRIED.
SCHLECHTRIEM, PETER – *"Wandlungen des Schuldrechts in Europa" – wozer und wohin*, ZeuP 2003, 213-221.
SCHLIEFFEN, GRÄFIN VON – *Wie juristen begründen/Entwurf eines rhetorischen Argumentationsmodells für die Rechtswissenschaft*, JZ 2011, 109-116.
SCHLODDER, ANTJE – *Der Arbeitsvertrag im neuen Schuldrecht*, 2004.
SCHLOSSER, PETER – *Selbständige peremptorische Einrede und Gestaltungsrecht im deutschen Zivilrecht*, JuS 1966, 257-268.
SCHMID, CHRISTOPH U. – *Legitimacy Conditions for a European Civil Code*, 2001.
SCHMID, WOLFGANG – *Die Interpretation in der Altertumswissenschaft*, 1971.
SCHMIDT, ALPMANN – *Express: Reform des Schuldrechts/Das neue BGB*, 2.ª ed., 2002.
SCHMIDT, CHRISTOF – *Der Einfluss europäischer Richtlinien auf das innerstaatliche Privatrecht am Beispiel des Einwendungsdurchgriffs bei verbundenen Geschäften*, 1997.
SCHMIDT, DETLEF – *Die Unterscheidung von privatem und öffentlichem Recht*, 1985.
SCHMIDT, JÜRGEN – *Aktionsberechtigung und Vermögensberechtigung – Ein Beitrag zur Theorie des subjektiven Rechts*, 1969;
– *Nochmals zur "formalen Struktur" der subjektiven Recht*, RTh 10 (1979), 71-79;
– *Vertragsfreiheit und Schuldrechtsreform/Überlegungen zur Rechtfertigung der inhaltlichen Gestaltungsfreiheit bei Schulverträgen*, 1985;
– no *Staudingers Kommentar*, § 242 (1995).

SCHMIDT, KARSTEN – *Spekulation oder skeptischer Empirismus im Umgang mit kodifizierten Recht?*, JuS 1985, 939-941;
- *Von Handelsrecht zum Unternehmens-Privatrecht?*, JuS 1985, 249-257;
- *Handelsrecht*, 5.ª ed., 1999;
- *Münchener Kommentar/HGB* V (2003), § 346.
SCHMIDT, MAREK – *Privatrechtsangleichende EU-Richtlinien und nationale Auslegungsmethoden*, RabelsZ 59 (1995), 569-597.
SCHMIDT, REIMER – *Die Obliegenheiten/Studien auf dem Gebiet des Rechtszwanges im Zivilrecht unter besonderer Berücksichtigung des Privatversicherungsrechts*, 1953;
- *Die Bedeutung der Entwicklung von Wirtschaft und Wirtschaftsrecht für das klassische Privatrecht/Eine Skizze*, FS Nipperdey I, 1965;
- *Umweltrecht*, 8.ª ed., 2010.
SCHMIDT, REINER /MÜLLER, HELMUT – *Einführung in das Umweltrecht*, 6.ª ed., 2001.
SCHMITTHOFF, CLIVE M. – *Das neue Recht des Welthandels*, RabelsZ 28 (1964), 47-77.
SCHMOECKEL, MATHIAS – *100 Jahre BGB: Erbe und Aufgabe*, NJW 1996, 1697-1705.
SCHMOECKEL, MATHIAS/RÜCKERT, JOACHIM/ZIMMERMANN, REINHARD – *Historicher-kritischer Kommentar zum BGB – I – Allgemeiner Teil*, §§ 1-240, 2003.
SCHMOLLER, GUSTAV – *Die soziale Frage/Klassenbildung, Arbeiterfrage, Klassenkampf*, 1918.
SCHNAPP, FRIEDRICH E. – *Von der (Un-)Verständlichkeit der Juristensprache*, JZ 2004, 473-481.
SCHOCKENHOFF, MARTIN/FLEGE, CARSTEN – *Neue Verjährungsfragen im Kapitalgesellschaftsrecht*, ZIP 2002, 917-925.
SCHOELL – *Legis duodecim tabularum reliquae*, 1864.
SCHOLZ, HEINRICH – *Die Bedeutung der Hegelschen Philosophie für das philosophische Denken der Gegenwart*, 1921.
SCHRAGE, ELTJO J. H. – *Utrumque Ius/Eine Einführung in das Studium der Quellen des mittelalterlichen gelehrten Rechts*, 1992.
SCHREIBER, RUPERT – *Logik des Rechts*, 1962;
- *Ethische Systeme als Kriterien zur Bewertung von Rechtsordnungen*, em ILMAR TAMMELO/AULIS AARNIO, *Zum Fortschritt von Theorie und Technik in Recht und Ethik*, RTh BH 3 (1981), 255-261.
SCHROEDER, FRIEDRICH-CHRISTIAN – *Die normative Auslegung*, JZ 2011, 187-194.
SCHROEDER, WERNER – *Die Auslegung des EU-Rechts*, JuS 2004, 180-186.
SCHROTH – vide SCHEIDER.
SCHUBERT, WERNER – *Materialien zur Entstehungsgeschichte des BGB: Einführung, Biographien, Materialen*, 1978.
SCHULTE-NÖLKE, HANS – *Die schwere Geburt des Bürgerlichen Gesetzbuchs*, NJW 1996, 1705-1710;
- vide SCHULZE, REINER.
SCHULTZE-VON LASAULX, H. A. – *Handel und Gewerbe. Gedanken zur Gruppierung des Rechtsstoffes*, AcP 145 (1939), 234-247.
SCHULZE, REINER – *Auf dem Weg zu einem europäischen Zivilgesetzbuch?*, NJW 1997, 2742-2743.

SCHULZE, REINER/EBERS, MARTIN – *Streitfragen in neuen Schuldrecht*, JuS 2004, 265-272, 366-371 e 462-468.
SCHULZE, REINER/SCHULTE-NÖLKE, HANS – (publ.) *Casebook/Europäisches Verbraucherrecht*, 1999;
 – *Die Schuldrechtsreform vor dem Hintergrund des Gemeinschaftsrechts*, 2001;
 – *Schuldrechtsreform und Gemeinschaftsrecht*, em REINER SCHULZE/HANS SCHULTE--NÖLKE, *Die Schuldrechtsreform vor dem Hintergrund des Gemeinschaftsrechts* (2001), 3-24.
SCHURGENS, JOHANN BAPTIST – *Lücken im Wettbewerbsgesetz*, 1907.
SCHÜRNBRAND, JAN – *vide* HABERSACK, MATHIAS.
SCHWAB, DIETER – *Einführung in das Zivilrecht*, 16.ª ed., 2005.
SCHWAB, MARTIN – *Der Dialog zwischen dem EuGH und nationalen Exegeten bei der Auslegung von Gemeinschaftsrecht und angeglichenem Recht*, ZGR 2000, 446-478;
 – *Das neue Schuldrecht im Überlick*, JuS 2002, 1-8;
 – *Schuldrechtsmodernisierung 2001/2002 – Die Rückabwicklung von Verträgen nach §§ 346 ff. BGB n. F.*, JuS 2002, 630-637;
 – *Grundfälle zu culpa in contrahendo, Sachwalterhaftung und Vertrag mit Schutzwirkung für Dritte nach neuem Schuldrecht*, JuS 2002, 773-778 e 872-878;
 – *Schadensersatzverlangen und Ablehnungsandrohung nach der Schuldrechtsreform*, JR 2003, 133-140.
SCHWAB, MARTIN/WITT, CARL-HEINZ – *Einführung in das neue Schuldrecht*, 5.ª ed., 2002.
SCHWABE, JÜRGEN – *Bundesverfassungsgericht und "Drittwirkung" der Grundrechte*, AöR 100 (1975) 442-470;
 – *Grundrechte und Privatrecht*, AcP 185 (1985), 1-8.
SCHWARTZE, ANDREAS – *Die Rechtsvergleichung*, em KARL RIESENHUBER, *Europäische Methodenlehre* (2006), 75-92.
SCHWARZ, A. B. – *Zur Entstehung des modernen Pandektensystems*, SZRom 62 (1921), 578-610.
SCHWARZ, FRITZ – *Was bedeutet Savigny heute?*, AcP 161 (1962), 481-499.
SCHWARZ, GÜNTHER CHRISTIAN – *Europäisches Gesellschaftsrecht*, 2000;
 – *Unternehmensrecht von den Herausforderungen des europäischen Binnenmarktes*, NJW 2000, 3481-3482.
SCHWARZ, KYRILL-A./BRAVIDOR, CHRISTOPH – *Kunst der Gesetzgebung und Begründungspflicht des Gesetzgebers*, JZ 2011, 653-659.
SCHWERDTNER, PETER – *Fürsorgetheorie und Entgelttheorie im Recht der Arbeitsbedingungen*, 1970;
 – *Das Persönlichkeitsrecht in der deutschen Zivilrechtsordnung*, 1977.
SCHWINTOWSKI, HANS PETER – *Ökonomische Theorie des Rechts*, JZ 1998, 581-588;
 – *Bankrecht*, 3.ª ed., 2011.
SCHWINTOWSKI, HANS-PETER/SCHÄFER, FRANK A. – *Bankrecht/Commercial Banking – Investment Banking*, 2.ª ed., 2004.
SCIALOJA, VITTORIO – *Del diritto positivo e dell'equità*, 1880;
 – *Studi giuridici*, III, 1.ª parte, s/d.
SCRUTTON, THOMAS EDWARD – *The Influence of Roman Law on the Law of England*, 1885, reimp..

SEABRA, ANTÓNIO LUÍS DE – *Resposta às reflexões do Sr. Doutor Vicente Ferrer Netto Paiva sobre os sete primeiros Capítulos do projecto do Código Civil Portuguez*, 1859.
SECKEL – *Die Gestaltungsrechte des bürgerlichen Rechts*, FS R. Koch (1903), reimpr. em separata, 1954.
SEILER, HANS HERMANN – *vide* BEHRENDS, OKKO.
SELLIER, ULRICH – *Die Arbeiterschutzgesetzgebung im 19. Jahrhundert*, 1998.
SENNE, PETRA – *Das Recht der Leistungsstörungen nach dem Schuldrechtsmodernisierungsgesetz*, JA 2002, 424-433.
SERRA, ADRIANO PAIS DA SILVA VAZ – *A revisão geral do Código Civil/Alguns factos e comentários*, BMJ 2 (1947), 24-76 = BFD 22 (1947), 451-513.
SERRAO, FELICIANO – *Legge (diritto romano)*, ED XXIII (1973), 794-849.
SERRÃO, JOEL – *João VI*, DHP III (1979), 402-404;
– *Pedro IV*, DHP V (1979), 35-39.
SEVILHA, ISIDORO DE – *The Etymologies*, trad. ingl., introdução e notas de STEPHEN A. BARNEY/W. J. LEWIS/J. A. BEACH/OLIVER BERGHOF, 2006.
SFORZA, CESARINI – *Diritto soggettivo*, ED XII (1964), 694.
SHI, JIAYOU – *La codification du Droit civil chinois au regard de l'expérience française*, 2006.
SHI, PING – *Die Prinzipien des chinesischen Vertragsrechts*, 2005.
SILVA, ANTÓNIO DE MORAES E – *Diccionario da Lingua Portuguesa*, II, 7.ª ed., 1878.
SILVA, CARLOS ALBERTO B. BURITY DA – *Teoria geral do Direito civil*, 2004;
SILVA, FERNANDO EMYGDIO DA – *As greves* 1, 1913.
SILVA, GOMES DA – *O dever de prestar e o dever de indemnizar* 1, 1944.
SILVA, JOANA AGUIAR E – *Para uma teoria hermenêutica da Justiça/Repercussões jusliterárias no eixo problemático das fontes e da interpretação jurídica*, 2011;
SILVA, JOANA AGUIAR E – *vide* CUNHA, PAULO FERREIRA DA.
SILVA, LUÍS GONÇALVES DA – em PEDRO ROMANO MARTINEZ e outros, *Código do Trabalho anotado*, 8.ª ed. (2009), 1155 ss..
SILVA, MARIA DA CONCEIÇÃO TAVARES DA – *Direito do Trabalho*, 1964-65.
SILVA, NUNO ESPINOSA GOMES DA – *Humanismo e Direito em Portugal no século XVI*, 1964;
– *História do Direito Português/Fontes do Direito*, 5.ª ed., 2011.
SILVA, PAULA COSTA E – *Direito dos valores mobiliários/Relatório*, 2004.
SILVA, VASCO PEREIRA DA – *Verde cor de Direito/Lições de Direito do ambiente*, 2002;
– *Em busca do acto administrativo perdido*, 2003, reimp. ed. 1995.
SILVA, VASCO PEREIRA DA/MIRANDA, JOÃO – *Verde Código/Legislação de Direito do ambiente*, 2004.
SILVEIRA, JORGE NORONHA E – *Nota de abertura* à ed. oficial do Código Civil de Macau/Versão Portuguesa, 1999.
SIMLER, PHILIPPE – *vide* TERRÉ, FRANÇOIS.
SIMON, DIETER – *Alle Quixe sind Quase/Aristoteles und die juristische Argumentation*, JZ 2011, 697-703.
SIMON, DIETRICH VON – *Begriff und Tatbestand der "Iniuria" im altromischen Recht*, SZRom 82 (1965), 132-187.
SLECKMANN, JAN – *Recht als normatives System/Die Prinzipientheorie des Rechts*, 2009.

SOARES, ANTÓNIO LEMOS – vide CUNHA, PAULO FERREIRA DA.
SOARES, FERNANDO LUSO (Filho) – prefácio a ARTUR MONTENEGRO, *A conquista do Direito na sociedade romana*, 1934, reed. 1999;
– *As Instituições de Coelho da Rocha: contributo para a formação do Direito civil português moderno. Alguns aspectos*, 1996/97, polic.
SOERGEL – *Bürgerliches Gesetzbuch*, 13.ª ed., a partir de 2000.
SOHM, RUDOLF – *Ueber Begriffsjurisprudenz*, DJZ 1909, 1019-1023.
SOKOLOWSKI, VON – *Der Gerechtigkeitsbegriff des römischen Rechtes*, St. Bonfante (1930), 1, 191.
SOMMA, ALESSANDRO – *Sprachgesetzgebung in Frankreich und Italien: Rechtsnationalismus oder Schutz der Schwächeren?*, ZeuP 1998, 701-715.
SOMMERMANN, KARL-PETER – em HERMANN VON MANGOLDT/FRIEDRICH KLEIN/CHRISTIAN STARCK, *Kommentar zum Grundgesetz*, II, 2.ª ed. (2010), Art. 20.
SONNENBERGER, HANS JÜRGEN – *Treu und Glauben – ein supranationaler Grundsatz?*, FS Odersky (1996), 703-721;
– vide FERID, MURAD.
SONTIS – *Das griechische Zivilgesetzbuch im Rahmen der Privatrechtsgeschichte der Neuzeit*, SZRom 78 (1961), 355-385.
SOURIOUX, JEAN-LOUIS – *Pour l'apprentissage du langage du droit*, RTDC 1999, 343-353.
SOUSA, MANOEL DE ALMEIDA E (DE LOBÃO) – *Segundas linhas sobre o processo civil ou antes addicções ás primeiras do Bacharel Joaquim José Caetano Pereira e Sousa*, 1816, reimp., 1910;
– *Notas de uso pratico, e criticas: addições, illustrações, e remissões. (Á imitação das de Muler a Struvio) Sobre todos os Titulos, e todos os §§. do Liv. primeiro das Instituições do Direito Civil Lusitano do Doutor Paschoal José de Mello Freire*, Parte I, 1816;
– *Tratado Practico das Avaliações e dos Damnos*, 1826;
– *Tractado das obrigações reciprocas que produzem acções civis*, 1828;
– *Notas de uso prático e críticas, addições, illustrações e remissões à imitação das de Muller a Struvio, sobre todos os titulos e todos os §§ do Livro primeiro das Instituições de Direito Civil Lusitano do Doutor Pascoal José de Mello Freire*, Parte I, idem, ao *Livro segundo*, Parte II e idem, ao *Livro terceiro*, Parte III; há uma edição da Imprensa Nacional, publicada a partir de 1847, em 32 volumes. Esta obra é conhecida, simplesmente, como *Notas a Mello*.
SOUSA, ANTÓNIO RIBEIRO DA SILVA E – *Diálogos fáceis sobre a economia corporativa, moral e humana*, 1941.
SOUSA, MANUEL JOAQUIM DE – *O sindicalismo em Portugal*, 2.ª ed., 1974.
SOUSA, MARCELO REBELO DE/GALVÃO, SOFIA – *Introdução ao estudo do Direito*, 1991.
SOUSA, MARCELO REBELO DE/MATOS, ANDRÉ SALGADO DE – *Direito Administrativo Geral – I – Introdução e princípios fundamentais*, 2004.
SOUSA, MIGUEL TEIXEIRA DE – anotação a STJ 15-Jan.-1987 (GÓIS PINHEIRO), O Direito 120 (1988), 561-566, 566-578;
– *Revisão do processo civil/Projecto*, ROA 1995, 353-416;
– *Sobre a constitucionalidade da conversão do valor dos assentos/Apontamentos para uma discussão*, ROA 1996, 707-718;

— *Estudos sobre o novo processo civil*, 2.ª ed., 1997;
— *A legitimidade popular na tutela dos interesses difusos*, 2003;
— *Aplicação da lei no tempo*, CDP 18 (2007), 3-15;
— *Reflexões sobre a reforma dos recursos em processo civil*, CDP 20 (2007), 3-13;
— *Linguagem e Direito*, nos Estudos em Honra do Professor Doutor José de Oliveira Ascensão, II (2008), 267-290;
— *Introdução ao estudo do Direito*, 2012.

SOUSA, PAIS DE/FERREIRA, CARDONA — *Processo civil*, 1997.

SOUSA, RABINDRANATH CAPELO DE — *Teoria geral do Direito civil*, 1, 2003.

SOUZA, CARMO D' — *Legal System in Goa*, vol. I, *Judicial Institutions (1510-1982)* e vol. II, *Laws and Legal Trends (1510-1969)*.

SPARWASSER, REINHARD/ENGEL, RÜDIGER/VOSSKUHLE, ANDREAS — *Umweltrecht/Grunzüge des öffentlichen Umweltschutzrechts*, 5.ª ed., 2003.

SPEIGER, PETER — *Interessenjurisprudenz in der deutschen Rechtsprechung/Analysen von höchtrichterlichen Entscheidungen zu Streitfragen aus den Zivilrecht*, 1984.

SPICKHOFF, ANDREAS — *Das System der Arzthaftung im reformierten Schuldrecht*, NJW 2002, 2530-2537.

SPIER, JAAS/HAAZEN, OLAV A. — *The European Group on Tort Law ("Tilburg Group") and the European Principles of Tort Law*, ZeuP 1999, 469-493.

SPINA, DORA BRIGUORI — *Contributo all'analisi dei rapporti tra la norma inderogabile e il contratto collettivo*, RDLav 1 (1982), 249-286.

SPRAU, HARTWIEG — no *Palandt*, 71.ª ed. (2012).

STADLER, ASTRID — *vide* RÜTHERS, BERND.

STAHLMANN, GÜNTHER — *Zur Theorie der Zivilprozessrechts/Von der Legitimation durch Erkenntnis zur Legitimation durch Verfahren*, 1979.

STAMMLER, RUDOLF — *Das Recht der Schuldverhältnisse in seiner allgemeinen Lehren*, 1897;
— *Theorie der Rechtswissenschaft*, 1911;
— *Wesen des Rechtes und der Rechtswissenschaft*, 1913;
— *Lehrbuch der Rechtsphilosophie*, 3.ª ed., 1928;
— *Die Lehre von dem richtigen Recht*, 2.ª ed., 1964, reimp..

STARCK, JOACHIM (intr.) — *Gewerblicher Rechtsschutz mit Wettbewerbs- und Urherberrecht*, 2004.

STAUB, HERMANN — *Die positiven Vertragsverletzungen*, 2.ª ed. (1913) = 1.ª ed., 26. DJT (1902), 31-56.

STAUDENMEYER, DIRK — *Europäisches Verbraucherschutzrecht nach Amsterdam/Stand und Perspektiven*, RIW 1999, 733-737.

STAUDINGER/KOHLER, JÜRGEN — *Umwelthaftungsrecht*, 2002.

STAUDINGERS — *Kommentar zum Bürgerlichen Gesetzbuch*, a partir de 2000, em permanente publicação; estão disponíveis muitas dezenas de volumes, ultrapassando as 50.000 p..

STECK, DIETER — *Das HGB nach der Schuldrechtsreform*, NJW 2002, 3201-3204.

STEIN, URSULA — *Lex mercatoria: Realität und Theorie*, 1995.

STEINBECK, ANJA VERENA — *Die Übertragbarkeit von Gestaltungsrechten*, 1993.

STEINDL, HARALD – *Überlegungen zum Verhältnis von Privatrecht, Gewerbefreiheit und Industrialisierung*, IC 15 (1981), 76-107;
— *Zur Genese des Privatrechts als "allgemeines Wirtschaftsrecht"*, FG Coing (1982), 349-386.
STEINMETZ, FRANK – *vide* CALAIS-AULOY, JEAN.
STEINVORTH, ULRICH – *Über die Rolle von Vertrag und Konsens in der politischen Theorie*, ARSP LXXXII (1986), 21-31.
STEINWENTER, ARTUR – *Zur Lehre vom Gewohnheitsrechte*, Studi Bonfante II (1930), 419-440;
— *Prolegomena zu einer Geschichte der Analogie*, FS F. Schulz II (1951), 345-363.
STOFFEL-MUNCK, PHILIPPE – *vide* MALAURIE, PHILIPPE.
STOLJAR, SAMUEL – *System and Topoi*, RTh 12 (1981), 385-393.
STOLL, HEINRICH – *Begriffe und Konstruktion in der Lehre der Interessenjurisprudenz*, FG Philipp Heck, Max Rümelin, Arthur Benno Schmidt (1931), 60-117.
STOLLEIS, MICHAEL – *Geschichte des öffentlichen Rechts in Deutschland I – Reichpublizistik und Policeywissenschaft 1600-1800*, 1988;
— *Geschichte des öffentlichen Rechts in Deutschland II – Staatsrechtlehre und Verwaltungswissenschaft 1800-1914*, 1992;
— *Geschichte des öffentlichen Rechts in Deutschland III – Status- und Verwaltungswissenschaft in Republik und Diktatur 1914-1945*, 1999.
STOLZ, GERALD – *vide* YUSHKOVA, OLGA.
STONE, RICHARD – *The Modern Law of Contract*, 6.ª ed., 2006.
STOPPEL, JAN – *Die beiderseits zu vertrende Unmöglichkeit nach neuen Schuldrecht*, Jura 2003, 224-229.
STORM, PETER-CRISTOPH – *Umweltrecht/Einführung in ein neues Rechtsgebiet*, 7.ª ed., 2002.
STORME, MATTHIAS E. – *La bonne foi/Rapport Néerlandais*, Travaux AHC XLIII (1992), 163-191.
STRANZINGER, RUDOLF – *Rationalitätskriterien für Gerechtigkeit*, ARSP BH 29 (1987), 101-129.
STRASSER, MICHAELA – *Notwendigkeit eines Gerechtigkeitsbegrifes in einer Gesellschaftsvertragstheorie*, RTh BH 3 (1981), 281-291.
STROUX, JOHANNES – *Die Griechischen Einflüsse auf die Entwicklung der römischen Rechtswissenschaft* (1933) = *Römische Rechtswissenschaft und Rhetorik*, 1949.
STÜRNER, ROLF – *Der hundertste Geburtstag des BGB – nationale Kodifikation im Greisenhalber?*, JZ 1996, 741-752.
STÜRNER, ROLF – *vide* BAUR, FRITZ.
SÜDHOFF, STEPHAN – *vide* HAMMER, FRANK A..
SULLIVAN, DAVID – *vide* WILLIAMS, HOWARD.
SUTSCHET, HOLGER – *vide* EHMANN, HORST.
SZRAMKIEWICZ, ROMUALD – *Histoire du droit des affaires*, 1989.

TÁCITO (CORNELIUS TACITUS) – *De Germania* (98 d. C.) = ed. anotada de ALFRED GUDEMANN, 1916.
TAKESHITA, KEN – *Von der Normativen zur Ontologischen Auffassung des Rechts*, ARSP BH 30 (1987), 167-176.

TALLON, DENIS – *L'avenir du Code en présence des projets d'unification européenne du Droit civil* em PIERRE CATALA e outros (org.), *1804-2004/Le Code Civil: Un passé, un présent, un avenir* (2004), 997-1009.

TAMMELO, ILMAR – *Zur Philosophie der Gerechtigkeit*, 1982.

TARELLO, GIOVANNI – *Le ideologie della codificazione nel secolo XVIII*, 1974.

TARUFFO, M. – *vide* CARPI, F..

TAVARES, JOSÉ – *Os princípios fundamentais do Direito civil*, 1, Primeira parte: Teoria geral do Direito civil, 2.ª ed., 1929; 2, 1928.

TEICHMANN, CRISTOPH – *Schuldrechtsmodernisierung 2001/2002 – Das neue Werkvertragsrecht*, JuS 2002, 417-424.

TEIXEIRA, ANTÓNIO RIBEIRO DE LIZ – *Curso de Direito Civil Portuguez ou commentario às instituições do Sr. Paschoal de Mello Freire sobre o mesmo Direito* I, 2.ª ed. (1848); a 1.ª ed. é de 1845 e a 3.ª, de 1856.

TELLES, INOCÊNCIO GALVÃO – *Cadeira de Direito Civil/Teoria Geral*, por FERNANDO MENDES LEAL e FERNANDO PESSOA JORGE, 2 volumes, 1947-48, dactil.;
  – *Aspectos comuns aos diversos contratos*, RFDUL VII (1950), 234-315;
  – *Contratos civis*, RFDUL X (1954), 16-245;
  – *Teoria Geral do Direito Civil/Sumários*, policop., 1979;
  – *Introdução ao Estudo do Direito*, 10.ª ed., dois volumes, 2000.

TELLES, JOSÉ HOMEM CORRÊA – *Digesto português*, 9.ª ed. (reimpr.), 1909; a 1.ª ed. é de 1835;
  – trad. de POTHIER, *Tratado das obrigações pessoais, e recíprocas nos pactos, contratos, convenções, etc.*, 2 volumes, 1835;
  – *Commentario critico á Lei da Boa Razão, em data de 18 de Agosto de 1769*, 1845;
  – *Theoria da interpretação das leis/Ensaio sobre a natureza do censo consignativo*, 1845; há ed. de 1815, 1824 e 1838;
  – *Digesto Portuguez do Tratado dos direitos e obrigações civis accomodado às leis e costumes da Nação portuguesa para servir de subsídio ao "Novo Codigo Civil"* (3.ª ed.), 1849, reimp., 1909; há ed. de 1835 e 1840, 3 volumes; nos diversos volumes, vai variando o subtítulo; existe um suplemento: *Manual de Processo Civil*, como 4.º volume ao Digesto.

TELLES, PATRÍCIA GALVÃO – *The interaction between treaty and custom in international law*, O Direito, 1997, 269-311.

TEMPEL, OTTO/WEGERICH, THOMAS – *Tagung für Rechtsvergleichung 1996*, NJW 1997, 36-40.

TEONESTO, FERRAROTTI – *Commentario teorico pratico comparato al codice civile italiano*, 1, 1872.

TERRÉ, FRANÇOIS – *Introduction générale au droit*, 7.ª ed., 2006.

TERRÉ, FRANÇOIS/FENOUILLET, DOMINIQUE – *Droit civil/Les personnes*, 7.ª ed., 2005.

TERRÉ, FRANÇOIS/SIMLER, PHILIPPE – *Droit civil/Les biens*, 8.ª ed., 2010.

TERRÉ, FRANÇOIS/SIMLER, PHILIPPE/LEQUETTE, YVES – *Droit civil/Les obligations*, 9.ª ed., 2002; 10.ª ed., 2009.

TEUBNER, GUNTHER – *Autopoiese im Recht/zum Verhältnis von Evolution und Steuerung im Rechtssyztem*, 1986;
  – *Evolution of Autopoietic Law*, em GUNTHER TEUBNER (org.), *Autopoietic Law/a New Approach to Law and Society* (1988), 217-241;

– *Introduction to Autopoietic Law*, em GUNTHER TEUBNER (org.), *Autopoietic Law/a New Approach to Law and Society* (1988), 1-11;
– *Recht als autopoietisches System*, 1989, traduzida em inglês (1993) e em português (1993), por JOSÉ ENGRÁCIA ANTUNES, ed. Fundação Gulbenkian.
THALLER, E. – *De la place du commerce dans l'histoire générale et du droit commercial dans l'ensemble des sciences*, ADComm 1892, 49-70, 97-128, 145-168, 192-215, 257-286.
The Oxford Dictionary of English Etymology – 1966.
The Qur'an/A new translation – trad. ingl. ABDEL HALEEM, 2005, reimp., 2008.
THEUSNER, ALEXANDER – *Das Konzept von allgemeinem und besonderem Teil im chinesischen Zivilrecht/Mechanismen, Ursachen und dogmatische Hintergründe der Rezeption deutschen Zivilrechts in China, dargestellt am Beispiel der Übernahme des Konzepts von allgemeinem und besonderem Teil*, 2005.
Thibaut und Savigny/Ihre programmatischen Schriften – publ. HANS HATTENHAUER, 1973.
THIBAUT, ANTON FRIEDRICH JUSTUS – *Theorie der logischen Auslegung des römischen Rechts*, 1799, reimp., 2007;
– *System des Pandekten-Rechts* 1, 1805;
– *Theorie der logischen Auslegung des römischen Rechts*, 2.ª ed., 1806; existe reimp., de 2007;
– *Ueber die Nothwendigkeit eines allgemeinen bürgerlichen Rechts für Deutschland*, 1814.
THIEL, MARKUS – *Recht und Sprache*, em JULIAN KRÜPER, *Grundlagen des Rechts* (2010), 230-244.
THIEME, HANS – *Aus der Vorgeschichte des Bürgerlichen Gesetzbuchs*, DJZ 1934, 968-971;
– *Das Naturrecht und die europäische Privatrechtsgeschichte*, 1947;
– *Savigny und das deutsche Recht*, SZGerm 80 (1963), 1-26.
THIESSEN, JAN – *vide* DAUNER-LIEB, BARBARA.
THOMAS – *Observations sur les actions in bonum et aequum conceptae*, NRH 25 (1901), 541-584.
THON, AUGUST – *Rechtsnorm und subjektives Recht – Untersuchung zur allgemeinen Rechtslehre*, 1878, há trad. italiana, de 1939.
TIMMERMANNS, CHRISTIAN W. A. – *Zur Entwicklung des europäischen Zivilrechts*, ZeuP 1999, 1-5.
TINY, KILUANGE/SANTOS, RUTE MARTINS/TINY, N'GUNU – *Investimentos em São Tomé e Príncipe/Legislação Básica*, 2006.
TINY, N'GUNU – *vide* TINY, KILUANGE.
TOBEÑAS, JOSÉ CASTÁN – *La ordenación sistemática del derecho civil*, 1954.
TOFFOLETTO, ALBERTO – *vide* JAEGER, PIETER GIUSTO.
TORRE, MASSIMO LA – *Disavventure del diritto soggettivo/Una vicenda teorica*, 1996.
TRAPPE, PAUL – *Prozesse der Macht in der pluralistischen Demokratie*, ARSP BH 29 (1987), 142-153.
Travaux de l'Association Henri Capitant, XXIX (1978), *L'interprétation par le juge des règles écrites*.
TRAVERSO, GIAN GIACOMO – *Codice di procedura civile annotato*, 3.ª ed., 1957.

TREDER, LUTZ – vide BEAUCAMP, GUY.
TREITEL – *The Law of Contract*, 20.ª ed., por EDWIN PEEL, 2007.
TREMMEL, JÖRG – *Institutionelle Verankerung der Rechte nachrückender Generationen*, ZRP 2004, 44-46.
TRIEBEL, VOLKER/HÖLZLE, GERRIT – *Schuldrechtsreform und Unternehmenskaufverträge*, BB 2002, 521-537.
TRIPODI, ENZO MARIA/BELLI, CLAUDIO – *Codice del consumo*, 2006.
TRIPP, DIETRICH – *Der Einfluss der naturwissenschaftlichen, philosophischen und historischen Positivismus auf die deutsche Rechtslehre im 19. Jahrhundert*, 1983.
TRÖGER, TOBIAS – *Zum Systemdenken im europäischen Schuldvertragsrecht/Probleme der Rechtsangleichung durch Richtlinien am Beispiel der Verbrauchsgüterkauf-Richtlinie*, ZeuP 2001, 525-540.
TROPLONG, M. – *Le droit civil expliqué suivant l'ordre des articles du code, depuis et y compris le titre de la vente ou commentaire du titre VI du livre III du code civil*, 2.ª ed., a partir de 1835.
TSATSOS, T. – *Zur Problematik des Rechtspositivismus*, 1964.
TUGENDHAT, ERNST – *Vorlesung zur Einführung in die sprachanalytische Philosophie*, 1976;
– *Selbstbewusstsein und Selbtbestimmung/Sprachanalytische Interpretationen*, 1979.
TUHR, ANDREAS VON – *Der Allgemeine Teil des Deutschen Bürgerlichen Rechts*, vol. I, 1910 e vol. II, tomo 1, 1914 e tomo 2, 1918, com reimp. em 1957.
TUOR, P. – *Das Schweizerische Zivilgesetzbuch*, 5.ª ed., 1948.

ULRICH, RUY – *Legislação operária portugueza*, 1906.
Um Código Civil para a Europa, org. pela Faculdade de Direito de Coimbra, 2002.
UNBERATH, HANNES – vide MARKESINIS, BASIL.
Universidade de Coimbra – *Estatutos da Universidade de Coimbra, compilados debaixo da immediata e suprema inspecção d'el-Rei D. José I pela Junta de Providência Litteraria*, Livro II (1772), Título VI, *Das Disciplinas que devem ser ensinadas no Quinto anno do Curso do Direito Civil*, Capítulo VI, *Da interpretação das leis*.

VALERI, GIUSEPPE – *Autonomia e limiti del nuovo diritto commerciale*, RDComm XLI (1943) I, 21-45;
– *Il Codice di Commercio I. Come fu suppresso II. Come devrà risorgere*, RDComm XLIII (1945) I, 11-19.
VAN, FRANS VAN DER – *Sozialgeschichte der Arbeit*, 2, 1972.
VARELA, FRANCISCO J. – *Principles of Biological Autonomy*, 1979;
– *Der mittlere Weg der Erkenntnis/der Brückenschlag zwischen wissenschaftlicher Theorie und menschlicher Erfahrung*, 1995;
– vide MATURANA, HUMBERTO R..
VARELA, JOÃO DE MATOS ANTUNES – *Noções fundamentais de Direito civil/Lições do Prof. Dr. Pires de Lima ao Curso do 1.° Ano Jurídico de 1944-45*, I, 1945.
– *Discurso proferido no centenário do Dr. Guilherme Alves Moreira*, BFD XXXVII (1961), 199-204;

– *Do projecto ao Código Civil*, 1966;
– *Código Civil*, Enc. Pólis 1 (1983), 929-944;
– *A elaboração do Código Civil*, em *A feitura das leis* 1 (1986), 17-34;
– vide LIMA, FERNANDO ANDRADE PIRES DE.

VARELA, JOÃO DE MATOS ANTUNES/LIMA, FERNANDO ANDRADE PIRES DE – *Noções fundamentais de Direito civil* 1, 6.ª ed., 1964, reimp., 1973.

VASCONCELOS, PEDRO PAES DE – *Teoria geral do Direito civil*, 6.ª ed., 2010.

VEIGA, ANTÓNIO DA MOTTA – *A regulamentação do salário*, 1944.

VENTURA, RAÚL – *Teoria da relação jurídica de trabalho*, 1, 1944;
– *Manual de Direito romano* I, 1964; II, 1968; III, 1973.

VERBAAN, D. A. (org.) – *Burgerlijk wetboek/wetboek van burgerlijk rechtsvordering*, 2004/2005.

Verzameling Nederlandse Wetgeving, 3, 1992.

VIANNA, M. A. DE SÁ – *Augusto Teixeira de Freitas/Traços Biographicos*, 1905.

VICENTE, DÁRIO MOURA – *Problemática internacional da sociedade da informação*, 2004;
– *Direito comparado*, I – *Introdução e parte geral*, 2008;
– *O lugar dos sistemas jurídicos lusófonos entre as famílias jurídicas*, em Estudos Prof. Martim de Albuquerque (2010), 401-429.

VIEHWEG, THEODOR – *Topik und Jurisprudenz (Ein Beitrag zur rechtswissenschaftlichen Grundlagenforschung)*, 5.ª ed., 1974, há reimp. de 2000; a 1.ª ed. é de 1953.

VIEIRA, ALEXANDRE – *Para a história do sindicalismo em Portugal*, 4.ª ed., 1974.

VIERHAUS, FELIX – *Die Entstehungsgeschichte des Entwurfes eines Bürgerlichen Gesetzbuches für das Deutsche Reich*, 1888;
– *Die Freirechtsschule und die heutige Rechtspflege*, DJZ 1909, 1169-1175.

VILAÇA, JOSÉ LUÍS DA CRUZ/GORJÃO-HENRIQUES, MIGUEL – *Código da Concorrência*, 2004.

VISCHER, MARCUS – *Die allgemeinen Bestimmungen des schweizerischen intertemporalen Privatrechts*, 1986.

VITAL, FEZAS – *Curso de Direito Corporativo*, 1940.

VITERBO, Frei JOAQUIM DE SANTA ROSA DE – *Elucidário das palavras, termos e frases que em Portugal antigamente se usaram e que hoje regularmente se ignoram*, 2.ª ed., 1865; a 1.ª ed. é de 1798.

VIVANTE, CESARE – *Trattato di diritto commerciale*, I – *I commercianti*, 5.ª ed., 1922.

VOELTZEL – *Jean Domat/Essai de reconstitution de sa philosophie juridique précédé de la biografie du jurisconsulte*, 1936.

VOGENAUER, STEFAN – *Sources of Law and Legal Method in Comparative Law*, em MATHIAS REIMANN/REINHARD ZIMMERMANN, *The Oxford Handbook of Comparative Law* (2008), 869-898.

VOGT, ALFONS/VOGT, STEFAN – *Die Entwicklung des Wettbewerbsrechts in der Zeit von 1975 bis 1979*, NJW 1981, 12-17.

VOGT, STEFAN – VOGT, ALFONS.

VONGLIS, BERNARD – *La lettre et l'esprit de la loi dans la jurisprudence classique et la rhétorique*, 1968.

VONKLISCH, ANDREAS – *Das intertemporale Privatrecht/Übergangsfragen bei Gesetzes- und Rechtsprechungänderungen im Privatrecht*, 1999.

Vossius, Oliver – *Über das Unternehmens-Privatrecht und wider die Methode aprioristischer Fragestellung in der Rechtswissenschaft*, JuS 1985, 936-939.
Vosskuhle, Andreas – *vide* Sparwasser, Reinhard.
Vranken, J. B. M. – *Einführung in das neue Niederländische Schuldrecht*, II, AcP 191 (1991), 411-432.

Wächter, Carl Georg von – *Die bona fides insbesondere bei der Ersitzung des Eigenthums*, 1871.
Wadle, Elmar – *Rezeption durch Anpassung: Der Code Civil und das Badische Landrecht/Erinnerung an eine Erfolgsgeschichte*, ZEuP 2004, 947-960.
Wagner, Gerhard – *Rudolph von Iherings Theorie des subjektiven Rechts und der berechtigenden Reflexwirkungen*, AcP 193 (1993), 319-347.
Wahl, Albert – *Précis Théorique et Pratique de Droit Commercial*, 1922.
Wald, Arnoldo – *Direito civil/2 – Direito das obrigações e teoria geral dos contratos*, 18.ª ed., 2009.
Wälde, Thomas W. – *Juristische Folgenorientierung*, 1979.
Waldeck, Jo. Petrus – *Institutiones Juris Civilis Heineccianae*, ed. 1887, correspondente à de 1814.
Walker, Wolf-Dietrich – *Die eingeschränkte Haftung des Arbeitsnehmers unter Berücksichtigung der Schuldrechtsmodernisierung*, JuS 2002, 736-743;
– *vide* Brox, Hans.
Wall, Heinrich de – *Die Anwendbarkeit privatrechtlicher Vorschriften im Verwaltungsrecht*, 1999.
Wallington – *vide* Elias.
Wallstein, Carolin – *vide* Eckert, Michael.
Walter, Christian – *Geschichte und Entwicklung der Europäischen Grundrechte und Grundfreiheiten*, em Dirk Ehlers (publ.), *Europäische Grundrechte und Grundfreiheiten* (2003), 1-19.
Walter, Tonio – *Entwurf einer Richtlinie zur sprachlichen Gestaltung europarechtlicher Texte*, NJW 2004, 582-584.
Wälzholz, Eckhard – *Auswirkungen der Schuldrechtsreform auf Gesellschaften und Geschäftsanteilsabtretung*, DStR 2002, 500-508.
Wank, Rolf – *Die Auslegung von Gesetzen*, 5.ª ed., 2011;
– *vide* Olzen, Dirk.
Watt, Horatia Muir – *Globalization and Comparative Law*, em Reimann/Zimmermann, *The Oxford Handbook of Comparative Law* (2008), 579-607.
Weber, Hans-Joachim/Dospil, Joachim/Hanhörster, Hedwig – *Neues Schuldrecht*, 2002.
Weber, Hermann – *Beitragsrückgewähr nach irrtümlich angenommener Mitgliedschaft in Zwangsverbänden – OVG Hamburg, MDR 1968, 1036*, JuS 1970, 169-175.
Wegen, Gerhard – *vide* Prütting, Hans.
Wegerich, Thomas – *vide* Tempel, Otto.
Weider, Manfred – *Das Recht der deutschen Kaufmannsgilden des Mittelalters*, 1934.
Weigelin, Ernst – *Die Lücken im Recht*, JhJb (1939/40), 1-30.
Weiler, Joseph – *vide* Cassese, Antonio.

WEIMAR, ROBERT – *Zur Theoriebildung in der Rechtswissenschaft*, GS Tammelo (1984), 703-722;
– *Rechtswissenschaft als Weltbild*, FG Troller (1987), 351-368.
WEINBERGER, CHRISTIANE/WEINBERGER, OTA – *Logik, Semantik, Hermeneutik*, 1979.
WEINBERGER, OTA – *Logische Analyse in der Jurisprudenz*, 1979;
– *Die Rolle des Konsenses in der Wissenschaft, im Recht und in der Politik*, em AARNIO/NIINILUOTO/UUSITALO, *Methodologie und Erkenntnistheorie der juristischen Argumentation*, RTh BH 2 (1981), 147-165;
– *Analytische-Dialektische Gerechtigkeitstheorie/Skizze einer handlungstheoretischen und non-kognitivischen Gerechtigkeitslehre*, em TAMMELO/AARNIO, *Zum Fortschritt von Theorie und Technik in Recht und Ethik*, RTh BH 3 (1981), 307-330;
– *Logische Analyse als Basis der juristischen Argumentation*, em KRAWIETZ/ALEXY, *Metatheorie juristischer Argumentation* (1983), 159-232;
– *Gesetzgebung und Motivation*, em ILMAR TAMMELO/ERHARD MOCK, *Rechtstheorie und Gesetzgebung*, FS Robert Weimar 1 (1986), 117-131;
– *Freiheit und die Trennung von Recht und Moral*, ARSP BH 29 (1987), 154-166;
– vide WEINBERGER, CHRISTIANE.
WEINREICH, GERD – vide PRÜTTING, HANS.
WEIR, TONY – *Die Sprachen des europäischen Rechts/Eine skytische Betrachtung*, ZEuP 1995, 368-374.
WEITNAUER, WOLFGANG – *Der Unternehmenskauf nach neuem Kaufrecht*, NJW 2002, 2511-2517.
WELDING, S. O. – *Die begriffliche Struktur moralischer Normen*, ARSP 2003, 562-569.
WELLS, HERBERT GEORGE – *The Time Machine*, 1895.
WENDT – *Lehrbuch der Pandekten*, 1888.
WENDTLAND, HOLGER – vide HAAS, LOTHAR.
WESTERHOFF, RUDOLF – *Die Elemente des bewegliches Systems*, 1991.
WESTERMANN – vide ERMAN.
WESTERMANN, HARM PETER – *Sonderprivatrechtliche Sozialmodelle und das allgemeine Privatrecht*, AcP 178 (1978), 150-195;
– *Verbraucherschutz/Empfiehlt sich bei der Aufnahme bisher entwickelter Verbraucherschutzvorschriften (z. B. Abzahlungsgesetz, AGB-Gesetz, Fernunterrichtsschutzgesetz) in das Bürgerliche Gesetzbuch eine einheiliche Abgrenzung ihrer Anwendung?/Gutachten und Vorschläge zur Überarbeitung des Schuldrechts*, Band III, 1983;
– *Das private Nachbarrecht als Instrument des Umweltschutzes*, em *Umweltschutz und Privatrecht* (1990), 103-132;
– *Das Schuldrecht 2002/Systematische Darstellung der Schuldrechtsreform*, com a colaboração de mais 6 civilistas, 2002.
WESTERMANN, HARRY – *Wesen und Grenzen der richterlichen Streitentscheidung im Zivilrecht*, 1955.
WESTPHALEN, FRIEDRICH GRAF VON – *AGB-Recht ins BGB – Eine erste Bestandsaufbnahme*, NJW 2002, 12-15;
– *Nach der Schuldrechtsreform: Neue Grenzen für Haftungsfreizeichnungs- und Haftungsbegrenzungsklauseln*, BB 2002, 209-216;

– *vide* HENSSLER, MARTIN.
WETZEL, THOMAS – *Das Schuldrechtsmodernisierungsgesetz – der grosse Wurf zum 0.01.2002?*, ZRP 2001, 117-126.
SIMON, WHITTAKER – *vide* ZIMMERMANN, REINHARD.
WIEACKER, FRANZ – *Zum System des deutschen Vermögensrechts*, 1941;
  – *Das Sozialmodell der klassischen Privatrechtsgesetzbücher und die Entwicklung der modernen Gesellschaft*, 1952;
  – *Privatrechtsgeschichte der Neuzeit*, 1.ª ed., 1952; 2.ª ed., 1967, reimp., 1996;
  – *Vertragspflicht und Gewissenskonflikt*, JZ 1954, 213-217;
  – *Vertragsbruch aus Gewissensnot*, JZ 1954, 466-468;
  – *Die juristische Sekunde/Zur Legitimation der Konstruktionsjurisprudenz*, FS Erik Wolf 60. (1962), 421-453;
  – *Wandlungen im Bilde der historischen Rechtsschule*, 1967;
  – *História do Direito privado moderno*, trad. port. A. HESPANHA, 1980;
  – *Römische Rechtsgeschichte* 1, 1988.
WIEDEMANN, HERBERT – *Das Arbeitsverhältnis als Austausch- und Gemeinschaftsverhältnis*, 1966.
WIELAND, G. – *Moral, moralisch, Moralphilosophie*, HWörtPh 6 (1984), 153-156.
WIELAND, KARL – *Handelsrecht* vol. I – *Das Kaufmänische Unternehmen und die Handelsgesellschaften*, 1921.
WIESER, EBERHARD – *Eine Revolution des Schuldrechts*, NJW 2001, 121-124.
WIETHÖLTER, RUDOLF – *Begriffs- und Interessenjurisprudenz*, FS G. Kegel (1977), 213-263.
WILBURG, WALTER – *Die Elemente des Schadensrechts*, 1941;
  – *Entwicklung eines beweglichen Systems im bürgerlichen Recht*, 1950;
  – *Zusammenspiel der Kräfte im Aufbau des Schuldrechts*, AcP 163 (1963), 346-379.
WILHELM, JAN – *Schuldrechtsreform 2001*, JZ 2001, 861-869.
WILHELM, WALTER – *Zur juristischen Methodenlehre im 19. Jahrhundert*, 1958
WILLIAMS, HOWARD/SULLIVAN, DAVID/MATTEWS, GWYNN – *Francis Fukuyama and the End of History*, 1997.
WIMMER, RAINER – *Politische Korrektheit (political correctness)/Verschäfter Umgang mit Normen im Alltag*, em FRIEDRICH MÜLLER, *Politik, [Neue] Medien und Sprache das Rechts* (2007), 71-80.
WINDSCHEID, BERNARD – *Die actio des römischen Civilrechts*, 1856;
  – *Zur Lehre des Codes Napoleon von der Ungültigweit der Rechtsgeschäfte*, 1847, reimp., 1969.
WINDSCHEID, BERNARD/KIPP, THEODOR – *Lehrbuch des Pandektenrechts*, 1, 9.ª ed., 1906; há reimp., de 1984.
WITT, CARL-HEINZ – *Schuldrechtsmodernisierungs 2001/2002 – Das neue Verjährungsrecht*, JuS 2002, 105-113;
  – *vide* SCHWAB, MARTIN.
WITTENBERG, JEFFREY D. – *vide* CLOSEN, MICHAEL L.
WITTGENSTEIN, LUDWIG – *Schriften* 8. vol., 1964.
WLASSAK, MORITZ – *Zur Geschichte der negotiorum gestio*, 1879.
WOGAU, KARL VON – *Modernisierung der Europäischen Gesetzgebung*, ZeuP 2003, 695-700.

WOLF, ERIK – *Die Typen der Tatbestandsmerkmässigkeit*, 1931;
— *Grosse Rechtsdenker der deutschen Geistesgeschichte*, 4.ª ed., 1963.
WOLF, ERNST – *Das Arbeitsverhältnis: Personenrechtliches Gemeinschaftsverhältnis oder Schuldverhältnis?*, 1970;
— *Allgemeiner Teil des bürgerlichen Rechts*, 3.ª ed., 1982.
WOLF, MANFRED – *Philipp Heck als Zivilrechtsdogmatiker/Studien zur dogmatischen Umsetzung einer Methodenlehre*, 1996;
— vide LARENZ, KARL.
WOLF, MANFRED/KAISER, JOCHEN – *Die Mängelhaftung beim Unternehmenskauf nach neuem Recht*, DB 2002, 411-420.
WOLF, RÜDIGER – vide RONELLENFITSCH, MICHAEL.
WOLFF, HANS J. – *Der Unterschied zwischen öffentlichem und privatem Recht*, AöR 76 (1950), 205-217.
WOLFF, KARL-AUGUST – *Kritik der Volksgeistlehre v. Savignys*, 1937.
WÜRDINGER, MARKUS – *Die Analogiefähigleit von Normen/Eine methodologische Untersuchung über Ausnahmevorschriften und deklaratische Normen*, AcP 206 (2006), 946-979.
WÜRTENBERGER, THOMAS – vide ENGISCH, KARL.

XAVIER, ALBERTO – *Direito corporativo* II (1972), com a colaboração de CARLOS PAMPLONA CORTE-REAL.
XAVIER, BERNARDO – *Convenção colectiva de trabalho*, Enc. Pólis 1 (1983), 1303-1311.
XAVIER, RITA LOBO – *Limites à autonomia privada na disciplina das relações patrimoniais entre cônjuges*, 2000.

YAN, ZHU – vide BRÜGGEMEIER, GERT.

YOUNG, SIMON N. M. – vide FU, HUALING.
YUSHKOVA, OLGA/STOLZ, GERALD – *Der Wegfall der Geschäftsgrundlage vor und nach der Schuldrechtsmodernisierung des Jahres 2001*, JA 2003, 70-76.

ZACCARIA, G. – *Deutsche und italienische Tendenzen in der neueren Rechtsmethodologie*, ARSP LXXII (1986), 291-314.
ZACHARIAE, K.-S. – *Le droit civil français*, trad. da 5.ª ed. alemã, por G. MASSÉ/CH. VERGÉ, 1857.
ZANKER, WOLFGANG – vide PAULUS, CHRISTOPH G..
ZELLER, ERNST – *Auslegung von Gesetz und Vertrag/Methodenlehre für die juristische Praxis*, 1989.
ZEPOS, PAN J. – estudos publicados em *Greek law*, 1949;
— *Der Einfluss des schweizerischen Privatrechts auf das griechischen Zivilgesetzbuch von 1946*, SchwJZ 56 (1960), 358-361;
— *Quinze années d'application du Code civil hellénique*, RIDC 14 (1962), 281-308;
— *Twenty years of civil code*, RHDI 20 (1967), 15-27;
— *"Topik" und "Glaubhaftmachung" im Prozess*, FS Larenz (1973), 289-292.
ZICCARDI, FABIO – *Consuetudine (diritto internazionale)*, ED XI (1961), 476-501.

ZIMMER, DANIEL – *Das neue Recht der Leistungsstörungen*, NJW 2002, 1-12.
ZIMMERMANN, REINHARD – *The Law of Obligations/Roman Foundations of the Civilian Tradition*, 1996;
– *Europa und das römische Recht*, AcP 202 (2002), 243-316;
– *vide* ERNST, WOLFGANG;
– *vide* SCHMOECKEL, MATHIAS.
ZIMMERMANN, REINHARD/LEENEN, DETLEF/MANSEL, HEINZ-PETER/ERNST, WOLFGANG – *Finis Litium? Zum Verjährungsrecht nach dem Regierungsentwurf eines Schuldrechtsmodernisierungsgesetzes*, JZ 2001, 684-699.
ZIMMERMANN, REINHARD/WHITTAKER SIMON (ed.) – *Good Faith in European Contract Law*, 2000.
ZIMMERMANN, RITA – *Die Relevanz einer herrschender Meinung für Anwendung, Fortbildung und wissenschaftliche Forschung des Rechts*, 1983.
ZIMMERMANN, ROLF – *Wahrheit – Sinndeutung – Kritik/Eine Elementare Positionsbestimmung zur Philosophie der Sozialwissenschaften*, ARSP LXXII (1986), 1-20.
ZINKE, HORST – *vide* ZINKE, POPPER.
ZINKE, POPPER/ZINKE, HORST – *Die Erkenntniswert politischer Argumente in der Anwendung und wissenschaftlichen Darstellung der Zivilrechts/Eine Untersuchung zur Bedeutung der "Kritischen Theorie" für die Jurisprudenz*, 1982.
ZIPPELIUS, REINHOLD – *Legitimation durch Verfahren?*, FS Larenz 70. (1973), 293-304;
– *Das Wesen des Rechts/Eine Einführung in die Rechtsphilosophie*, 1978.
ZITELMANN, ERNST – *Gewohneitsrecht und Irrthum*, AcP 66 (1883), 323-468;
– *Der Wert eines "allgemeinen Teils" des bürgerlichen Rechts*, GrünhutZ 33 (1906), 1-32.
ZOGLAUER, THOMAS – *Einführung in die formale Logik für Philosophen*, 3.ª ed., 2005.
ZÖLLNER, WOLFGANG – *Die Rechtsnatur der Tarifnormen nach deutschem Recht/Zugleich em Beitrag zur Abgrenzung von Rechtssetzung und Privatautonomie*, 1966;
– *Zivilrechtswissenschaft und Zivilrecht im ausgehenden 20. Jahrhundert*, AcP 188 (1988), 85-100.
ZULEEG, MANFRED – *Die Anwendungsbereiche des öffentlichen Rechts und des Privatrechts*, VwA 73 (1982), 384-404.
ZWEIGERT, KONRAD – *Rechtsvergleichung als universale Interpretationsmethode*, RabelsZ 15 (1949/50), 5-21.
ZWEIGERT, KONRAD/KÖTZ, HEIN – *Einführung in die Rechtsvergleichung auf dem Gebiete des Privatrechts*, 3.ª ed., 1996.

ÍNDICE IDEOGRÁFICO

abreviaturas, 15
advertências, 13
análise económica, 479
Angola, 251
aproximações ao Direito, 47
assentos, 622
  – (in)constitucionalidade, 637
  – evolução, 622
  – novos, 658
  – revista ampliada, 653
  – revogação, 639
  – – inconstitucionalidade, 648
atualismo, 686
autonomia privada, 951
  – áreas, 954
  – concretização, 951
  – noção, 951
  – tendências atuais, 956
autopoiese, 471

baldios, 566
bases de dados, 79
bibliografia, 73
boa-fé, 958
  – aspetos evolutivos, 977
  – concretizações objetivas, 966
  – e usos, 587
  – evolução, 958
  – objetiva, 964, 966
  – subjetiva – 964
  – – ética, 964
  – – psicológica, 964
Bolonha (preversão de), 72

Cabo Verde, 253

case law, 614
caso, 45, 63
civilismo
  – brasileiro, 243
  – lusófono em África, 251
  – – na Ásia, 258
  – português, 216
  – ver sistema lusófono
classificação germânica, 170
codificações, 63, 132
  – alemã, 139
  – aspetos gerais, 132
  – dos finais do século XX, princípios do século XXI, 149
  – francesa, 133
  – tardias, 144
código civil, 132
  – alemão, 139
  – – reforma, 156
  – brasileiro de 1916, 246
  – brasileiro de 2002, 248
  – europeu, 399
  – Napoleão, 133
  – tardios, 144
  – Vaz Serra, 238, 294, 377
  – – alterações, 377
coesão científica, 193
colonia, 569
comentários, 79
comercialidade substancial, 288
conceções globais, 433
conceitos indeterminados, 773
confiança, 969
continuum universal, 48
convenções coletivas de trabalho, 547

corporativismo, 533
corpus iuris civilis, 117, 412
costume, 558
    – evolução geral, 558
    – fundamentos, 562
    – modalidades, 564
    – na lei, 566
    – requisitos, 562
    – *vide* desuso, integração e usos
criatividade da decisão, 495
cultura, 46, 483

danos morais, 948
danos, 979
decisão, 45, 495
deveres, 914
    – funcionais, 920
    – genéricos, 919
diplomas complementares, 384
diplomas privados, 547
Direito
    – ciência prática, 45
    – cultura e aprendizagem, 46
    – e Moral, 51
    – estudo, 63
    – quadros ordenadores, 64
Direito civil, 83
    – aplicação direta, 353
    – aplicação subsidiária, 114, 353
    – atual, 390
    – como Direito comum, 112
    – de expressão portuguesa, 181
    – delimitação, 275
    – experiência lusófona, 84
    – génese e evolução, 117
    – papel cultural, 115
    – parte geral, 86
    – reforma, 393
    – *vide*: núcleo civilístico, sistema (Direito comparado)
Direito comercial, 275
Direito comparado, 64
Direito de Autor, 340
Direito do ambiente, 341
Direito do consumo, 317
    – codificação, 325
    – especificidades, 329
    – influência europeia, 320
    – natureza, 325
    – origens, 317
Direito do trabalho, 297
    – autonomia, 312
    – evolução, 300
    – origem, 297
Direito do urbanismo, 351
Direito europeu, 357
    – dificuldades científicas, 364
    – fontes civis, 360
    – interpretação e aplicação, 373
Direito público e Direito privado, 88
    – contraposição na experiência lusófona, 104
    – doutrinas, 93
    – especialidade, 99
    – evolução histórica, 90
Direito romano – *vide ius romanum*
direito subjetivo, 871
    – debate, 871
    – escola jurídico-formal, 888
    – Jhering, 875
    – modalidades, 895
    – negativismo, 882
    – neoempirismo, 882
    – protecionismo, 882
    – Regelsberger, 878
    – Savigny, 873
    – solução assumida, 892
Direito transitório, 837
    – doutrina lusófona, 849
    – evolução, 837
    – princípios clássicos, 844
direitos adquiridos, 842, 855
Direitos de conflitos, 352
direitos fundamentais, 933
    – Direito europeu, 941
    – eficácia civil, 933
direitos potestativos, 895
diretrizes, 360
    – jurisdicidade, 367
dogmática integrada, 501

doutrina, 668

encargos, 918
equidade, 590
  – aspetos doutrinários, 603
  – decisão segundo a, 609
  – Direito romano, 591
  – elementos gregos, 594
  – jurisprudência, 606
  – natureza, 612
  – no Código Civil, 590
  – noções forte e fraca, 598
esfera lusófona, 268
ética, 483
exceções, 910
expectativas, 907

faculdades, 903
família, 949
fontes do Direito, 503
  – aceções, 503
  – estado real, 511
  – europeias, 516
  – evolução lusófona, 506
  – inviabilidade de classificações, 516
  – voluntárias, 518
formalismo, 443

Goa, Damão e Diu, 258
Guiné, 255

historicismo (interpretação), 686

imperatividade da lei, 689
imputação de danos, 981
índice
  – bibliográfico, 1025
  – de jurisprudência, 991
  – geral do primeiro volume, 25
  – ideográfico, 1099
  – onomástico, 1001
institutos civis, 923
  – justificação, 927
  – noção, 923
  – sequência, 928

integração, 737
  – analogia, 754
  – – âmbito, 761
  – – *iuris*, 759
  – – origem e evolução, 754
  – – procedimento, 756
  – – proibição, 761
  – norma que o intérprete criaria, 766
  – *vide* lacunas
Internet, 79
interpretação
  – conforme com as diretrizes, 370
  – e aplicação do Direito europeu, 373
  – ver regras de interpretação
interpretação criativa, 385
interpretação criativa, 769
  – âmbito, 770
  – conceitos indeterminados, 778
  – noção, 769
  – normas injustas, 779
  – redução teleológica, 782
interpretação, 671
  – articulação, 729
  – aspectos gerais, 696
  – – histórico-comparatísticos, 707
  – – – inferências lógicas, 731
  – – – *occasio legis*, 709
  – – – opções subjetivas do legislador, 715
  – – – peso real, 716
  – – – preâmbulos, 709
  – – – trabalhos preparatórios, 711
  – – letra
  – – – ambiguidades, 704
  – – – evolução semântica, 702
  – – – imputação, 700
  – – – papel, 698
  – – sistemáticos, 718
  – – – coerência, 722
  – – – dinâmica do sistema, 722
  – – – generalidade, 718
  – – – lugares paralelos, 718
  – – – recondução a princípios, 720
  – – teleológicos, 725
  – – – interpretação evolutiva, 726

– – – ponderação das consequências, 727
– – – *ratio legis*, 725
– dados histórico-dogmáticos, 671
– elementos, 696
irracionalismo, 483
irrealismo metodológico, 452
ius mercatorum, 583
ius romanum
 – atualidade, 120
 – receção, 117, 170, 235

juiz-autómato, 495
jurisprudência analítica, 463
jurisprudência dos conceitos, 433
jurisprudência dos interesses, 437
jurisprudência elegante, 126
jurisprudência problemática, 466
jurisprudência, 385
jurisprudência, 614, 661
 – aspetos gerais, 614
 – ilustrativa, exemplar e constante, 616
 – instabilidade, 619
 – uniformização, 622
 – *vide* assentos
 – vinculativa, 664
justeza, 407

lacunas, 737
 – delimitação, 740
 – determinação, 746
 – modalidades, 742
 – na jurisprudência, 761
 – no Código Civil, 748, 768
 – noção, 737
 – *vide* integração
legislação extravagante, 383
legitimidade, 471
lei, 518
 – aceções atuais, 524
 – aplicação imediata, 856
 – cessação de vigência, 825
 – – antecedentes doutrinários, 827
 – – no Código Civil, 825
 – – por caducidade, 830

– – por desuso, 828, 833
– – por revogação, 834
– Código Civil, 527
– Direito romano, 518
– entrada em vigor, 789
– – Código Civil, 789
– – elementos históricos, 791
– – leis complementares, 793
– publicação, 797
– – data, 801
– – natureza, 803
– – regra geral, 797
– especial, 835
– evolução, 521
– imperatividade, 689
– retificações, 812
– – dogmática geral, 820
– – evolução do regime, 813
– *vacatio*, 805
– – contagem do prazo, 807
– – questões práticas, 809
leis interpretativas, 857
língua portuguesa, 266
língua, 189, 193, 265, 500

Macau, 260
materialidade subjacente, 975
Moçambique, 256
Moral, 56
 – contraposição ao Direito, 56
 – esferas, 55
 – evolução histórica, 51
 – liberdade, 61
 – neorelativismo, 58

negócios normativos, 554
nemo ius ignorare censetur, 689
neonaturalismo, 456
neopositivismo, 479
non liquet, 691
"normas" corporativas, 533, 541
 – eventual sobrevivência, 544
normas injustas, 779
novas disciplinas comerciais, 334
núcleo civilístico no Mundo, 195

obediência à lei, 693
obras do Autor, 7
obrigações, 914
ónus, 918
Ordenações, 216

pandetística, 126, 235, 671
parte geral, 170
– natureza, 173
– origem, 170
– valoração crítica, 174
personalidade e sua tutela, 930
poasitivismo, 443
– *vide* neopositivismo
poderes, 903
– funcionais, 910
politicamente correto, 58
positividade, 61
pré-codificação, 219
propriedade, 986
proteções reflexas e indiretas, 905
publicação (das leis), 797
– *vide* lei

realização do Direito, 407, 495
– compartimentação, 497
– dogmática integrada, 501
– operações materiais, 409
– parâmetros, 495
– regras, 410
receções, 64, 117, 674
recodificações, 149
redução teleológica, 782
referências materiais, 490
reforma do Código Civil, 390
– âmbito, 396
– oportunidade, 393
regras de interpretação
– Código de Seabra, 422
– Código Vaz Serra, 423
– Direito comparado, 415
– influência de conceções globais, 433
– Lei brasileira de 1942, 422
– natureza, 428
– tentativa de reforma, 429

regulamentos privados, 555
repristinação da lei, 836
responsabilidade civil, 981
responsabilidade patrimonial, 944
retroatividade, 844
revista ampliada, 653 – *vide* assentos
revistas, 15, 79

São Tomé e Princípe, 256
Savigny, 671
ser/dever ser, 48
sínteses hermenêuticas, 466
sistema
– no Direito comparado, 181
– – critérios, 183
– – – inversão, 184
– – – massa crítica, 186
– – – preconizados, 185
– – objeto da comparação, 188
– – papel da linguagem, 189
– teoria evolutiva, 126
sistema anglo-saxónico, 205
sistema chinês, 212
sistema indú, 258
sistema islâmico, 208
sistema lusófono, 263, 269
– autonomia, 269
sistema napoleónico, 196
sistema romano-germânico, 201
sistemática, 121
situações jurídicas, 863
– absolutas e relativas, 866
– analíticas e empresariais, 869
– ativas, 903
– ativas e passivas, 868
– noção, 863
– passivas, 914
– patrimoniais e não-patrimoniais, 867
– simples e complexas, 864
– unisubjetivas e plurisubjetivas, 865
stare decisis, 614
subjetivismo (interpretação), 683
sujeições, 917

Thibaut, 671

Timor, 261
tipos sociais, 585
títulos de imputação de danos, 983
tópica, 121
transmissão da propriedade, 986
  – por morte, 988
Tratado (o presente), 66

unificação do Direito privado, 281
usos, 573

– bancários, 585
– elementos, 575
– internos, 585
– natureza, 587
– no Código Civil, 576
– nos contratos internacionais, 581

valores do trabalho, 314